本书系 2016 年度国家社科基金项目"《淮南子》学史"（批准文号：16BZW088）最终成果

本书获浙江省台州市高等学校重点学科建设项目"中国古代文学与天台山文化"经费资助

李秀华 著

《淮南子》学史

上册

中华书局

图书在版编目(CIP)数据

《淮南子》学史/李秀华著. —北京:中华书局,2022.6
ISBN 978-7-101-15805-2

Ⅰ.淮… Ⅱ.李… Ⅲ.《淮南子》-研究 Ⅳ.B234.4

中国版本图书馆 CIP 数据核字(2022)第 114539 号

书　　名	《淮南子》学史(全二册)
著　　者	李秀华
责任编辑	陈　乔
责任印制	陈丽娜
出版发行	中华书局
	(北京市丰台区太平桥西里 38 号　100073)
	http://www.zhbc.com.cn
	E-mail:zhbc@zhbc.com.cn
印　　刷	三河市中晟雅豪印务有限公司
版　　次	2022 年 6 月第 1 版
	2022 年 6 月第 1 次印刷
规　　格	开本/710×1000 毫米　1/16
	印张 64¾　插页 4　字数 1000 千字
国际书号	ISBN 978-7-101-15805-2
定　　价	298.00 元

目　录

上　册

序 ··· 刘康德 1
导　论 ··· 1
　　第一节　关于淮南王刘安的几个问题 ························· 1
　　第二节　关于《淮南子》的几个问题 ···························· 11
　　第三节　《淮南子》学及其演进轨迹 ····························· 29

第一编　汉代《淮南子》学的形成与初兴

第一章　汉代《淮南子》学概说 ····································· 39
　　第一节　汉代《淮南子》学的时代背景 ························· 39
　　第二节　汉代《淮南子》学的演进过程 ························· 43

第二章　汉代《淮南子》版本的形成与演化 ························· 47
　　第一节　《淮南子》刘安原本与汉武帝秘府藏本 ··············· 47
　　第二节　《淮南子》刘向校定本 ································ 50
　　第三节　东汉中后期《淮南子》注本的兴起 ···················· 53

第三章　汉代《淮南子》文本的流传与校勘 ························· 61
　　第一节　从《新序》《说苑》引文看《淮南子》的文本流传 ······ 61
　　第二节　从《论衡》引文看《淮南子》的文本流传 ·············· 69
　　第三节　从《楚辞章句》《吕氏春秋注》引文看
　　　　　　《淮南子》的文本流传 ································ 76
　　第四节　汉代《淮南子》的文本校勘 ···························· 80

第四章　许慎的《淮南子注》 ······································ 86
　　第一节　许慎《淮南子注》的写作时间 ························· 86
　　第二节　许慎《淮南子注》的校注特色 ························· 90
　　第三节　许慎《淮南子注》的思想性 ···························· 98

第四节　《淮南子注》与《五经异义》《说文解字》的关系 ………… 107
第五章　高诱的《淮南子注》……………………………………………… 117
　　第一节　高诱的生平及著述 ………………………………………… 117
　　第二节　高诱《淮南子注》的主要内容 …………………………… 125
　　第三节　高诱《淮南子注》的校注特色 …………………………… 131
　　第四节　高诱《淮南子注》引书分析 ……………………………… 136
　　第五节　高诱《淮南子注》的思想性 ……………………………… 144
　　第六节　高诱《淮南子注》以儒解道的倾向 ……………………… 152

第二编　魏晋至唐五代《淮南子》学的低落

第一章　魏晋至唐五代《淮南子》学概说 ……………………………… 161
　　第一节　魏晋至唐五代《淮南子》学的时代背景 ………………… 161
　　第二节　魏晋至唐五代《淮南子》学的演进过程 ………………… 165
第二章　《淮南子》节选本的出现及注本始杂 ………………………… 168
　　第一节　魏征的《群书治要》本 …………………………………… 168
　　第二节　旧钞本《淮南鸿烈兵略间诂第廿》残卷 ………………… 171
第三章　魏晋至唐五代《淮南子》的文本流传 ………………………… 176
　　第一节　魏晋时期《淮南子》的文本流传 ………………………… 176
　　第二节　南北朝《淮南子》的文本流传 …………………………… 180
　　第三节　隋代《淮南子》的文本流传 ……………………………… 190
　　第四节　唐代初期《淮南子》的文本流传 ………………………… 194
　　第五节　盛唐时期《淮南子》的文本流传 ………………………… 199
　　第六节　唐中期至五代《淮南子》的文本流传 …………………… 203
第四章　《文心雕龙》《刘子》对《淮南子》的评价与吸纳 ………… 208
　　第一节　《文心雕龙》对《淮南子》的评价与吸纳 ……………… 208
　　第二节　《刘子》对《淮南子》的评价与吸纳 …………………… 219
第五章　《长短经》《意林》对《淮南子》文句的引用与辑录 ……… 241
　　第一节　《长短经》对《淮南子》文句的引用 …………………… 241
　　第二节　《意林》对《淮南子》文句的辑录 ……………………… 252

第三编　宋元《淮南子》学的再起

第一章　宋元《淮南子》学概说 …… 271
　　第一节　宋元《淮南子》学的时代背景 …… 271
　　第二节　宋元《淮南子》学的演进过程 …… 274

第二章　宋元《淮南子》刻本的出现 …… 278
　　第一节　苏颂所见七本及其缮写本 …… 278
　　第二节　北宋本的产生及流传 …… 284
　　第三节　南宋时期的《淮南子》版本 …… 296
　　第四节　谭叔端《新刊淮南鸿烈解》本 …… 301

第三章　宋元时期《淮南子》的文本流传 …… 308
　　第一节　北宋前期《淮南子》的文本流传 …… 308
　　第二节　北宋中后期《淮南子》文本的流传 …… 315
　　第三节　南宋前期《淮南子》的文本流传 …… 319
　　第四节　南宋后期《淮南子》的文本流传 …… 328
　　第五节　元代《淮南子》的文本流传 …… 335

第四章　宋元学者评读《淮南子》 …… 341
　　第一节　张嵲的《读淮南子》 …… 341
　　第二节　高似孙等人评读《淮南子》 …… 347
　　第三节　黄震的《读淮南子》 …… 356
　　第四节　元代学者评读《淮南子》 …… 363

第五章　《埤雅》《尔雅翼》对《淮南子》的训释 …… 372
　　第一节　《埤雅》对《淮南子》的补释、增释与改释 …… 372
　　第二节　《尔雅翼》对《淮南子》的补释、增释、改释及辨正 …… 380

第四编　明代《淮南子》学的勃兴

第一章　明代《淮南子》学概说 …… 397
　　第一节　明代《淮南子》学的时代背景 …… 397
　　第二节　明代《淮南子》学的演进过程 …… 400

第二章　明代《淮南子》刻本的繁荣 …… 404
　　第一节　二十八卷本道藏本及其子版本 …… 404

第二节　融合诸本的新二十八卷本——刘绩本 …………… 416

第三节　以王鏊本为代表的二十八卷本白文本 …………… 423

第四节　首个诸子丛书本——《中都四子集》本 ………… 429

第五节　新二十一卷本茅一桂本及其版本 ………………… 433

第六节　以吴勉学本为代表的二十一卷本白文本 ………… 440

第三章　明代《淮南子》版本的新变 ……………………… 445

第一节　《淮南子》评点本的出现 ………………………… 445

第二节　《淮南子》节选本的流行 ………………………… 450

第三节　单独刊行的《淮南子》评选本 …………………… 463

第四节　附属丛书的《淮南子》评选本的涌现——家刻本 … 468

第五节　附属丛书的《淮南子》评选本的涌现——坊刻本 … 475

第四章　刘绩的《淮南子》研究 …………………………… 486

第一节　刘绩对《淮南子》的评价及其补注概况 ………… 486

第二节　刘绩校勘《淮南子》文本的方法及得失 ………… 490

第三节　刘绩对《淮南子》旧注的补充与辨正 …………… 500

第四节　刘绩补注《天文训》《地形训》的成就 ………… 509

下　册

第五章　茅坤的《淮南子》评点 …………………………… 517

第一节　茅坤《淮南子》评点概况及各篇总评 …………… 517

第二节　茅坤对《淮南子》文本的细致分析 ……………… 522

第三节　茅坤对《淮南子》文意的深层挖掘 ……………… 526

第四节　茅坤对《淮南子》文章技艺的揭示 ……………… 533

第六章　明代其他学者对《淮南子》的评点 ……………… 539

第一节　袁宏道的《淮南子》评点 ………………………… 539

第二节　陈深的《淮南子》评点 …………………………… 550

第三节　穆文熙的《淮南子》评点 ………………………… 560

第四节　张榜的《淮南子》评点 …………………………… 565

第五节　陈仁锡的《淮南子》评点 ………………………… 570

第六节　汪明际等人的《淮南子》评点 …………………… 574

第七章　明代坊刻本中的《淮南子》评点 ············ 581
第一节　《评苑》本中的《淮南子》评点 ············ 581
第二节　《汇锦》本、《释评》本中的《淮南子》评点 ············ 589
第三节　《汇函》本中的《淮南子》评点 ············ 593

第八章　明代学者对《淮南子》的评说 ············ 599
第一节　宋濂的《淮南子辨》 ············ 599
第二节　杨慎对《淮南子》的评价与征引 ············ 601
第三节　王世贞对刘安及《淮南子》的评说 ············ 604
第四节　胡应麟对刘安及《淮南子》的评说 ············ 607
第五节　明本序跋中的《淮南子》评说 ············ 611

第五编　清代《淮南子》学的偏胜

第一章　清代《淮南子》学概说 ············ 619
第一节　清代《淮南子》学的时代背景 ············ 619
第二节　清代《淮南子》学的演进过程 ············ 621

第二章　清代《淮南子》版本的翻新与袭旧 ············ 627
第一节　庄逵吉校刊本的产生及盛行 ············ 627
第二节　庄逵吉本的子版本 ············ 634
第三节　《淮南子》明刊本的翻印本 ············ 638
第四节　余风犹存——清代《淮南子》节选本 ············ 647

第三章　清代《淮南子》版本的新变 ············ 654
第一节　批校本的盛行——二十八卷本批校本 ············ 654
第二节　批校本的盛行——清以前二十一卷本批校本 ············ 660
第三节　批校本的盛行——清代庄逵吉本批校本 ············ 674
第四节　清代《淮南子》影宋钞本的兴起 ············ 684

第四章　清代《淮南子》校注的发轫期 ············ 695
第一节　傅山的《淮南子评注》 ············ 695
第二节　惠栋、钱大昕的《淮南子》校注 ············ 702
第三节　钱塘的《淮南天文训补注》 ············ 707
第四节　庄逵吉的《淮南子》校注 ············ 717

第五章　清代《淮南子》校注的鼎盛期 ……………………… 732
　第一节　陈昌齐等人的《淮南子》校注 ………………… 732
　第二节　王念孙的《淮南内篇杂志》 …………………… 743
　第三节　王绍兰、洪颐煊的《淮南子》校注 …………… 757
　第四节　罗士琳、汪文台的《淮南子》校注 …………… 764

第六章　清代《淮南子》校注的渐退期 ……………………… 771
　第一节　曾国藩等人的《淮南子》校注 ………………… 771
　第二节　俞樾的《淮南内篇平议》 ……………………… 778
　第三节　蒋超伯等人的《淮南子》校注 ………………… 785
　第四节　孙诒让等人的《淮南子》校注 ………………… 794

第七章　清代学者对《淮南子》许高二注的整理 …………… 805
　第一节　许高二注相混问题的逐步发现 ………………… 805
　第二节　许高二注相混问题的初步解决 ………………… 813
　第三节　陶方琦对二注相混问题的纵深推进 …………… 820
　第四节　清代学者的《淮南子》许注辑佚 ……………… 833

第六编　民国《淮南子》学的转型

第一章　民国《淮南子》学概说 ……………………………… 849
　第一节　民国《淮南子》学的时代背景 ………………… 849
　第二节　民国《淮南子》学的演进过程 ………………… 852

第二章　民国《淮南子》版本的新变——集解本 …………… 855
　第一节　刘文典《淮南鸿烈集解》本的形成与出版 …… 855
　第二节　刘文典《淮南鸿烈集解》本的底本及影响 …… 863
　第三节　刘家立的《淮南集证》本 ……………………… 870

第三章　民国《淮南子》版本的转型——节选本 …………… 880
　第一节　面向国学教育的《淮南子》节选本 …………… 880
　第二节　面向学者的《淮南子》节选本 ………………… 889

第四章　民国《淮南子》版本的袭旧 ………………………… 900
　第一节　评点本的延续——《淮南子点勘》本 ………… 900
　第二节　《淮南子》旧本的民国翻印本 ………………… 904
　第三节　《淮南子》旧本的民国影印本 ………………… 909

第四节　《淮南子》旧本的民国整理本 …………………………… 911
　　第五节　《淮南子》旧本的民国批校本 …………………………… 915
第五章　民国《淮南子》校注的再次盛行 ……………………………… 920
　　第一节　民国早期的《淮南子》校注（一） ……………………… 920
　　第二节　民国早期的《淮南子》校注（二） ……………………… 928
　　第三节　二十年代后期的《淮南子》校注 ………………………… 935
　　第四节　三十年代的《淮南子》校注 ……………………………… 944
　　第五节　四十年代的《淮南子》校注 ……………………………… 953
第六章　民国时期《淮南子》研究的现代转型 ………………………… 961
　　第一节　民国前期的《淮南子》转型研究 ………………………… 961
　　第二节　民国中期的《淮南子》转型研究 ………………………… 975
　　第三节　民国后期的《淮南子》转型研究 ………………………… 986

结语——《淮南子》学的总体特征 ……………………………………… 995

主要征引文献 …………………………………………………………… 1001
后　　记 ………………………………………………………………… 1021

序

刘康德

呈现在我面前的是一本厚厚的巨著:《〈淮南子〉学史》。作者李秀华是我多年的老朋友。看到老朋友在出版《〈淮南子〉许高二注研究》之后,又向读者呈现这部《〈淮南子〉学史》,真为他高兴和自豪。我想,在接下来的若干年里,秀华君还必将为我们呈现另外的《淮南子》研究成果。他要穷尽这《淮南子》的一切。他的气质和秉性中蕴含着这种特征:不达到目的,誓不罢休。当我俩初次见面时,我就有这种体认。我当时就在心里说:方勇先生又招到了一位学术强者;秀华君的学术韧性将不逊于方勇先生。真是什么花儿开什么果。接下来的时间里,我们将期待着秀华君另外的《淮南子》研究成果面世。秀华、秀华,他要秀(show)尽他的一切才华。

如果说《〈淮南子〉许高二注研究》是对《淮南子》学的"点"上的研究的话,那么,《〈淮南子〉学史》则是对《淮南子》学各个"点"串联成"线"上的梳理和研究。所谓《淮南子》学的"点"上的研究,主要是对《淮南子》的文字的校勘和整理,而《淮南子》学的"线"上的研究,则主要是对《淮南子》的文本(当然也包括《淮南子》的文字)在历史上的传播与演进的梳理和研究。秀华君将二者结合起来,并凭藉一人之力完成这部巨著,实属不易。《淮南子》的文字的校勘与整理,需要作者的文字学功底,《淮南子》的文本的传播与演进的梳理和研究,则需要作者熟稔的历史知识。而各个历史阶段的《淮南子》学与这特定时代的关系,并作性质界定,则更需要作者的哲学思想、宽广的视野。通过《〈淮南子〉学史》,我们从中能够窥见秀华君的学术能力。假以时日,秀华君还可以做出更大的学问。

《〈淮南子〉学史》不仅就《淮南子》的文字、文本作梳理研究,还对《淮南子》的性质、作者及成书时间作了研究;尤其对刘安其人其事作了全面的清理,并提出了作者自己的看法。这使我们可以从中对秀华君的《淮南子》学有个全面的了解,就像我们可以从中对《淮南子》与刘安有个全面认知一样。

接下来,让我们还是回到《淮南子》与刘安的遭遇上来。秀华君在《〈淮南子〉学史》中指出："《淮南子》成书不久，即被进呈给汉武帝，并受到青睐，藏于秘府。因为淮南王（刘安）一案的牵连，《淮南子》一度被束之高阁。"这就是说《淮南子》因刘安案而被长期"束之高阁"。这是人（刘安）影响了书（《淮南子》）。那么，会不会出现另外一种情形，即因书（《淮南子》）而影响人（刘安）呢？因书而影响人的事例真是举不胜举……

所以，二十多年前，笔者就在《淮南子直解》的"前言"中说过这样的话："《淮南子》浸淫漫衍千百言的繁绮语言特征之形成，就似乎说明作者还是不通'多言数穷，不如守中'的老子之旨；而强调要对'道''多为之辞，以抒其情'，就是不懂'书不尽言、言不尽意'的玄理；同样，著'刘氏之书'非要著得'统天下、理万物、应变化、通殊类'，将全书体系写得鸿鸿烈烈万分廓宏、充填得壮壮实实盈满非常，就是不懂老子'物壮则老'的学说；而《要略》中自夸'刘氏之书'能'置之寻常而不塞，布之天下而不窕'，就是不懂天不自高、地不自深、'为而不恃、功成弗居'的老庄哲学；书稿撰成后又硬是献给汉武帝，就是想邀功领赏、彰显自身，这恰恰犯了老子说的'大患若身'之忌。……"设想，将秉有这种特征的《淮南子》献给当时正需旨意专一、精少管用统治理论的汉武帝，能怎么样？汉武帝只能碍于叔侄情分，将《淮南子》"爱"而秘藏，使得像太史公这样的人都不得见其书。这就是因《淮南子》而影响了人们对刘安的看法。

对此，秀华君也在《〈淮南子〉学史》中指出：《淮南子》中的思想言论大部分是袭用前人旧说，极少有自己的创见。那么，拿着这本几无创见的《淮南子》，汉武帝刘彻作何感想？汉武帝刘彻又是怎么看刘安的？说不定此时的刘彻在内心嘀咕：还亏你刘安组织一帮人来创作《淮南子》，与其这样，还不如我刘彻组织人马来写"刘氏之书"呢！所以说由书看人及影响人（作者），还真不是虚妄之言！至于要影响到以"谋反之名"诛杀刘安，这不是几句话能讲清楚的。我们暂且不表，"束之高阁"。

两千多年前，通过《淮南子》而影响了人们对刘安的看法。所以说"因为淮南王刘安一案的牵连，《淮南子》一度被束之高阁"的话，可能还得倒过来说。即使不倒过来说，说《淮南子》与刘安——书与人的关系处在互动中、互相影响着，这大概不会错。

两千多年后的今天，《〈淮南子〉学史》与秀华君——书与人的关系也处在互动中、互相影响着。秀华君其人（气质、秉性）其名（"show"尽一切才华）

决定了秀华君不甘做学术界的弱者——只"读文字",秀华君要做学术界的强者——"能文字"。于是就有了《〈淮南子〉学史》和《〈淮南子〉许高二注研究》及若干篇具有卓见学识的论文。而我们正是通过这些著作和论文,进一步认识了秀华君:秀华君真学者。我们为秀华君鼓劲:继续努力!加油!

更难能可贵的是,秀华君也通过自己的著作——《〈淮南子〉学史》认识自我。他在《结语——〈淮南子〉学的总体特征》中说:"由于作者才识有限,不能通读所有有关玄学、理学、心学的思想文献,把握其理论,从而无法很好地揭示《淮南子》在中国古代思想发展中的作用。此外,本书也未能很好地揭示《淮南子》在道教以及中国古代科技发展中的作用……同时,古代天文历法、山川地理等知识也需要有极高的学术素养才能全盘把握,非能一朝一夕解决,只有留待以后再深入探讨。"秀华君的这些自我评价倒是恰如其分的——"自知者明"。而且,秀华君对以后的学术取向又定了个很高的标准、很严的要求。这也就难怪学术界对他和他的著作有如此高的评价!

在我们期待不久将来能见到秀华君的《〈淮南子〉学史》修订本之同时,说几句不成熟的话语,供秀华君参考和批评:

其一,嵇康在《答释难宅无吉凶摄生论》中说"时日刚柔",说:"乾坤有六子,支干有刚柔,统以阴阳,错以五行,故吉凶可得,而时日是其所由,故古人顺之。"对此,我以《淮南子·天文训》作注:"凡日,甲刚乙柔,丙刚丁柔……甲乙寅卯,木也;丙丁巳午,火也;戊己四季,土也;庚辛申酉,金也;壬癸亥子,水也……"这些,算不算《淮南子》在魏晋的影响?

其二,《庄子·养生主》的庖丁"释刀"说"是以十九年而刀刃若新发于硎"的中"十九",与《淮南子·天文训》的"十九岁而七闰"中的"十九"之关系如何?

其三,《淮南子·天文训》:"木生于亥,壮于卯,死于未,三辰皆木(亥、卯、未合木局)也。火生于寅,壮于午,死于戌,三辰皆火(寅、午、戌合火局)也。……"这纳甲筮法中的五行三合局与汉京房《易》的关系又是什么呢?

壬寅五月于复旦大学

导　论

第一节　关于淮南王刘安的几个问题

一、刘安的生卒年与出生地

淮南王刘安的生卒年,在学术界似乎不成为问题,但细究起来仍有争议。刘安是汉高祖刘邦之孙、汉文帝少弟刘长之子。关于刘安的生年,《史记》《汉书》皆无明载。《史记·淮南衡山列传》谓:"孝文八年,上怜淮南王,淮南王有子四人,皆七八岁,乃封子安为阜陵侯,子勃为安阳侯,子赐为阳周侯,子良为东成侯。"①《汉书》所记亦同。根据这段文字,我们可以大致推断出刘安的生年。作为刘长长子,刘安取"皆七八岁"中的八岁更合情理。因此,汉孝文帝八年(前172),刘安当为八岁。据此前溯,刘安应出生在汉孝文帝元年,即公元前179年。这也是目前学术界通行的看法。但考虑到"皆七八岁"(《汉书》作"年皆七八岁")这个说法,含有大致估算的不确定之义,既可指四子皆七岁,也可指四子皆八岁,还可指四子中有七岁者和八岁者。所以,刘安在孝文帝八年也可能只有七岁,那么,他的生年就是孝文帝二年,即公元前178年。这种可能性,也不能不引起我们的注意。

相对于生年来说,刘安的卒年就十分明确。虽然《史记》各篇均未有清晰的记载,但《汉书·武帝纪》则明确载录了刘安的卒年:"元狩元年冬十月,行幸雍,祠五畤。获白麟,作《白麟之歌》。十一月,淮南王安、衡山王谋反,诛。"②即汉武帝元狩元年(前122)十一月。由此推算,刘安在世五十七或五十八年。

关于刘安的出生地,《史记》和《汉书》没有明载,但我们可以确定是当时

---

① 司马迁《史记》,中华书局1959年,第3080页。
② 班固《汉书》,中华书局1962年,第174页。

淮南国的首都寿春,即现在安徽省淮南市的寿县。刘安的父亲刘长三岁时就被立为淮南王,但并未立即迁居淮南国,而是为吕后所收养,生活在长安。至于何时迁居淮南国,已不可考。据《史记》记载,汉文帝三年(前177),刘长二十二岁时自其封地入朝拜见了皇帝。这说明刘长迁居淮南国已经有相当长的一段时间。大概在刘长二十、二十一岁的时候,刘安出生了。而此时,淮南国的都城正是寿春。《汉书·五行志》:"文帝二年六月,淮南王都寿春大风毁民室,杀人。"① 因此,刘安出生在寿春确无疑义。

二、刘安谋反一案

刘安一生中,最惨痛的莫过于以谋反罪名而身死国灭。淮南王一案,后果极其严重,不仅自己身死国灭,还牵连数千人丧命,再加上衡山王一案,死者竟达数万人②。刘安也因《史记》《汉书》的评赞而盖棺论定,背负谋反罪名而为天下耻笑,几乎成了皇帝警告诸侯的反面范本。封建时代的知识分子由于正统观念所限,对刘安谋反大都深信不疑,从未提出过质疑。明人陈继儒就说:"乃今观其辞,信闳博矣。胡乃谋为叛逆,自取灭亡,岂其未明大道耶? 使其果能'适情辞余,以己为度,不随物而动',则岂有此祸哉!"③ 时至今日,仍有学者依然相信刘安谋反乃确凿的历史事实④。为了正确认识刘安与《淮南子》在中国古代文化中的地位及价值,我们有必要对刘安谋反案作出辨析。

客观地说,刘安与中央政权确实存在紧张关系,这主要根于他童年遭遇

---

① 班固《汉书》,第1444页。
② 《史记·淮南衡山列传》:"上下公卿治,所连引与淮南王谋反列侯二千石豪杰数千人,皆以罪轻重受诛。"(司马迁《史记》,第3093页)《汉书·武帝纪》:"十一月,淮南王安、衡山王赐谋反,诛。党与死者数万人。"(班固《汉书》,第174页。)
③ 方勇主编《子藏·淮南子卷》第40册,国家图书馆出版社2017年,第543页。此外,明人王鏊说:"子胥自沉,吴不断发;申生自经,晋不绝绳。安之叛,叛于书也,书何负于安? 使招宾客而笃信其书,虽今存可也,书以安废可乎哉!"(见何宁《淮南子集释》,中华书局1998年,第1510页。)明人茅一桂也说:"昔刘安不务遵蕃臣职,丞辅汉天子,而专怀邪僻之计,身死国际,为天下笑,至今人人羞称之。"(见何宁《淮南子集释》,第1515页。)清人王谟虽认识有所进步,但性质仍未改变,他说:"若八公中左吴、伍被,皆与王共画反计,而雷被又以被斥亡之长安上书者,岂足与之言仁义道德哉! 谟尝读王《谏伐闽越书》,窃嘉其有忠爱之心,而文尤卓荦,即微此书,亦可以不朽,惜乎其终为客所误也。"(见何宁《淮南子集释》,第1519页。)
④ 今之学者,意见相左。相信刘安谋反的,如王云度,见其《刘安评传》第三章"历史转折时期的悲剧人物",南京大学出版社1997年,第62—134页。认为是冤案的,如陈广忠,见其《试析刘安冤案》一文,《安徽大学学报》(哲学社会科学版)2007年第4期,第11—13页。

父亲惨案而埋下的怨恨情绪。虽然是诸侯王之子,但刘安的童年并不幸福,甚至可以用凄惨来形容。刘长被定为叛逆罪之后,即被流放于蜀地,途中绝食身亡。根据《汉书》"遣其子、子母从居"的记载,当时年仅五六岁的刘安极有可能随父亲一起流放。尽管七八岁之时受封阜陵侯①,但刘安所经历的幼年丧父、家庭破碎、颠沛流离的痛苦似乎没有减轻,反而随着年龄的增长渐渐积聚了恐惧和怨恨情绪。就在汉文帝十六年(前164)朝廷要晋封刘安为淮南王之际,贾谊上疏说:"今淮南子少壮,闻父辱状,是立怨焉泣洽衿,卧则泣交项,肠至腰肘如缪维耳,岂能须臾忘哉?是而不如是,非人也。陛下制天下之命,而淮南王至如此极,其子舍陛下而更安所归其怨尔。特曰势未便,事未发,含乱而不敢言。若诚其心,岂能忘陛下哉!"②大致准确地觉察到了这种情绪,并进一步劝谏:"怨雠之人,不可贵也。"③《史记》《汉书》却将贾谊的这一说法大加发挥,其目的是为刘安谋反寻找一个强有力的动因,如《史记·吴王濞列传》说:"楚元王子、淮南三王或不沐洗十余年,怨入骨髓,欲一有所出之久矣。"④《淮南衡山列传》又说:"时时怨望厉王死,时欲畔逆,未有因也。"⑤即为明证。当然,刘安的恐惧和怨恨情绪,确实使他与中央政权始终处于一种微妙的关系之中,但决非能吞噬其理性,使其铤而走险。

相反,刘安把童年埋下的这些恐惧和怨恨情绪,转化成了改换其生存方式的动力。刘长素以刚烈勇猛著称,却在临死时说:"谁谓乃公勇者?吾安能勇!"⑥表达了对于勇而无文的醒悟。刘安显然也深以为是,所以想要发愤成为具有很高文化修养、能够建功立业和留名青史的学者。《淮南子·修务训》有一段话说得非常明白:"闲居静思,鼓琴读书,追观上古,及贤大夫,学问讲辩,日以自娱,苏援世事,分白黑利害,筹策得失,以观祸福,设仪立度,可以为法则,穷道本末,究事之情,立是废非,明示后人,死有遗业,生有荣名。如此者,人才之所能逮。然而莫能至焉者,偷慢懈惰,多不暇日之故。"⑦《史记》《汉书》指出刘安作为诸侯王与众不同的地方,也正是他"好读书鼓琴,不喜弋猎

---

① 阜陵,故城在今安徽全椒县南。
② 贾谊《新书》卷四《淮难》,《四部丛刊》本。矜,明梅鼎祚《西汉文纪》卷六引作"衿",当从。
③ 高诱《淮南鸿烈解叙》,见张双棣《淮南子校释》(增订本),北京大学出版社2013年,第1页。
④ 司马迁《史记》,第2828页。
⑤ 司马迁《史记》,第3082页。
⑥ 司马迁《史记》,第3080页。
⑦ 张双棣《淮南子校释》(增订本),第2025页。

狗马驰骋"的这一面。事实上,刘安凭借自己的地位和努力,最终还是实现了他的志向,尽管人生的结局很悲惨。

显然,刘安并没有被他的怨恨情绪所淹没,更不会因此丧失理智去谋夺天子之位。所谓谋反,实是子虚乌有。

首先,《史记·淮南衡山列传》除了一些基本史料外,大部分是根据伍被、雷被、严助等人的供辞改写而成,班固写《刘安传》《伍被传》全部照搬《史记》,皆难取信于人。文中说:"天子以伍被雅辞多引汉美,欲勿诛。"① 这里的"伍被雅辞",即是汉武帝所亲览过的供辞。"多引汉美",这在伍被对刘安的说辞中有十分明显的体现,如他称扬汉朝"天下安宁有万倍于秦之时",又说:"被窃观朝廷之政,君臣之义,父子之亲,夫妇之别,长幼之序,皆得其理,上之举错遵古之道,风俗纪纲未有所缺也。重装富贾,周流天下,道无不通,故交易之道行。南越宾服,羌僰入献,东瓯入降,广长榆,开朔方,匈奴折翅伤翼,失援不振。"② 并称赞汉武帝:"当今陛下临制天下,一齐海内,泛爱蒸庶,布德施惠。"③ 可见,在伍被等人的供辞中,千错万错都在刘安及其家人之身,一个杰出的诸侯王硬是被描绘成了一个弱智的野心家。

其次,自汉文帝开始,中央政权就加大了对诸侯国的控制和削夺,到了景帝、武帝时期更是登峰造极。他们在诸侯王身边安插拥有实权的监视者,要谋反简直比登天还难。从《史记·淮南衡山列传》看,淮南相、淮南内史、淮南中尉便是皇帝安插在刘安身边的监视者。《汉书·百官公卿表》:"诸侯王,高帝初置,金玺盭绶,掌治其国。有太傅辅王,内史治国民,中尉掌武职,丞相统众官,群卿大夫都官如汉朝。景帝中五年令诸侯王不得复治国,天子为置吏,改丞相曰相,省御史大夫、廷尉、少府、宗正、博士官,大夫、谒者、郎诸官长丞皆损其员。武帝改汉内史为京兆尹,中尉为执金吾,郎中令为光禄勋,故王国如故。损其郎中令,秩千石;改太仆曰仆,秩亦千石。"④ 诸侯国最重要的人事权牢牢把控在皇帝手里,国相掌治众官,内史管理国政,中尉掌控军队,相对独立在诸侯王之外。据《史记》记载,七国叛乱的时候,刘安本要响应,结果淮南相阳奉阴违,按兵不动;自己谋反的时候,刘安"欲发国中兵,恐相、二千石不听",

---

① 司马迁《史记》,第3094页。
② 司马迁《史记》,第3088页。
③ 司马迁《史记》,第3090页。
④ 班固《汉书》,第741页。

"与太子谋召相、二千石,欲杀而发兵",结果内史、中尉掌管兵权,都不听他的号令。可见,想要举兵对抗中央政权,谋夺帝位,对于刘安来说无疑痴人说梦。他不可能不明白这一点,也许司马迁自己也不相信刘安能谋反,所以在评赞中特意留下评语:"此非独王过也,亦其俗薄,臣下渐靡使然也。夫荆楚僄勇轻悍,好作乱,乃自古记之矣。"① 颇为耐人寻味。

刘安悲惨的人生结局,从历史经验来看似乎是注定的。他的出身、能力及名望,使汉武帝如芒在背,欲拔之而后快。然而,刘安对汉武帝却无敌意,甚至还带着感激、敬服之情。据《史记》所载,建元二年(前139)刘安入朝,与刚即位的汉武帝谈文论道,两人相见甚欢。这种看似和谐的关系,大概维持了四五年,直至建元六年(前135)刘安上书谏止汉武帝发兵讨伐闽越,始见裂痕。在奏疏中,刘安引用老子的言论,对用兵带来的严重后果反复论述,体现了他对民众、士卒的拳拳爱意,同时也隐含了对武帝即位以来"四年不登,五年复蝗,民生未复"的微议。这使想要大干一场的汉武帝内心大为不悦,并感到了威胁。他通过严助向刘安隐晦地传达了这些信息:"朕奉先帝之休德,夙兴夜寐,明不能烛,重以不德,是以比年凶菑害众。"② 并说:"朝有阙政,遗王之忧,陛下甚恨之。"③ 这些措辞让刘安陷入了极度的惶恐之中。随后(即元光元年,前134年)便与严助相结入朝,向武帝请罪。自此以后,刘安所遭受的政治压力,让他在治政主张上不得不改弦易辙,用实践行动公开拥护汉武帝的兴儒主张。《史记》本传载刘安"吾行仁义而见削,甚耻之""且吾高祖孙,亲行仁义,陛下遇我厚,吾能忍之"之类的话,就很能反映这一点。

但刘安的心里仍然恐惧不安,且感到深深的悲凉。他仅存的《屏风赋》明显反映了这种心理:

  惟斯屏风,出自幽谷。根深枝茂,号为乔木。孤生陋弱,畏金强族。移根易土,委伏沟渎。飘摇危殆,靡安措足。思在蓬蒿,林有朴樕。然常无缘,悲愁酸毒。天启我心,遭遇微禄。中郎缮理,收拾捐朴。大匠攻之,刻雕削斫。表虽剥裂,心实贞慤。等化器类,庇荫尊屋。列在左右,近君头足。赖蒙成济,其恩弘笃。何惠施遇,分好沾渥。不逢仁人,永为

---

① 司马迁《史记》,第3098页。
② 班固《汉书》,第2786页。
③ 班固《汉书》,第2787页。

枯木。①

这篇咏物赋历来无人注意,实际上可以视为一篇政治寓言赋。刘安以屏风自喻,极写他忠朴却又孤弱的本性,以及外界对他的种种迫害,字里行间闪现着悲苦和不安。同时,他也非常清楚自己的定位,不过是"庇荫尊屋""近君头足"而已。刘安给汉武帝的奏疏中也明说:"臣安幸得为陛下守藩,以身为障蔽,人臣之任也。"② 然而,朝廷既定的政策,皇帝深深的猜忌,最终将这扇"屏风"彻底抛弃和摧毁了,令人唏嘘不已。

三、刘安仙化过程

就在汉武帝绝了淮南王刘安在人间的生路之时,民间的方士又为刘安造了一条升往仙界的仙化之路。一个罪恶深重的谋逆者,居然摇身变成一个人人向往的神仙,这在古代神仙史上不能不说是一大奇观,其本身就寓意着民间对于刘安谋反的不认同。当然,刘安仙化并非方士凭空想象得来,而是外因与内因共同作用的结果。其外因是:汉武帝时期,整个社会自上而下弥漫着一股迷信神仙的浓厚风气,汉武帝本身就是一个典型,他先后迷信方士李少君、李少翁、栾大、公孙卿的长生不死之术,更别论王公大臣与民间百姓了。其内因是:刘安自己就是半个方士,能与方士一起炼丹制药,总结神仙方术,编写方术之书。正是在外因与内因的共同作用下,民间的方士自然很容易就为刘安造了一条通往仙界的仙化之路。

刘安仙化开始于他死后不久。《艺文类聚》引《列仙传》:"汉淮南王刘安,言神仙黄白之事,名为《鸿宝万毕》三卷,论变化之道,于是八公乃诣王,授《丹经》及《三十六水方》。俗传安之临仙去,余药器在庭中,鸡犬舐之,皆得飞升。"③ 此条记述不见于今本《列仙传》。《说郛》引《列仙传》:"《列仙传》者,光禄大夫刘向所撰也。初,武帝好方士,淮南王安亦招宾客,有枕中鸿宝密秘之书,言神仙使鬼物,及邹衍重道延命之术,世人莫见。先是安谋反伏诛,向父德为武帝治淮南王狱,独得其书,向幼而好之,以为奇。……至成帝时,向既司典籍,见上颇修神仙之事,乃知铸金之术,实有不虚,仙颜久视,真乎不谬,但世人

---

① 严可均辑《全上古三代秦汉三国六朝文》,中华书局1958年影印本,第188—189页。
② 班固《汉书》,第2785页。
③ 欧阳询《艺文类聚》,上海古籍出版社1965年,第1327页。

求之不勤者也,遂辑上古以来及三代、秦汉,博采诸家言神仙事者,约载其人,集斯传焉。"①可见,刘向喜好神仙方术是受刘安的影响,为了证实其不虚不谬,于是广搜神仙之事,为众仙立传,编成了《列仙传》。依此而言,刘向对刘安仙化的故事自然十分熟悉,将其载录传中也合情合理,所以《艺文类聚》所引当是《列仙传》佚文。《列仙传》成于刘向校书之时,即汉成帝河平三年(前26)至汉哀帝建平元年(前6),距离刘安死时仅有一百年左右。《列仙传》所谓"俗传",是指民间口耳相传。由此可知,刘安仙化当起源于民间传说,刘向将它写进《列仙传》,既昭其不虚不谬,又致其不被淹没。

约成于汉章帝元和三年(86)的《论衡》,也记载了刘安仙化的故事。《道虚篇》说:"儒书言:'淮南王学道,招会天下有道之人,倾一国之尊,下道术之士,是以道术之士,并会淮南,奇方异术,莫不争出。王遂得道,举家升天。畜产皆仙,犬吠于天上,鸡鸣于云中。'此言仙药有余,犬鸡食之,并随王而升天也。好道学仙之人,皆谓之然。"②这里的"儒书",《艺文类聚》卷九一、《太平御览》卷九一八引并作"传"。不管是儒书还是传书,都表明刘安仙化的故事在当时已广为流传,并且被各种文献记录在册。应劭(约153—196)《风俗通义》中亦有"淮南王安神仙"一条:"俗说淮南王安招致宾客方术之士数千人,作《鸿宝》《苑秘》、枕中之书,铸成黄白,白日升天。"并辩称:"亲伏白刃,与众弃之,安在其能神仙乎? 安所养士,或颇漏亡,耻其如此,因饰诈说,后人吠声,遂传行耳。"③认为刘安仙化不过是一些漏网逃亡的养士为了粉饰美化刘安而杜撰的说法,后人附和,才最终传行开来。这进一步证明了刘安仙化是起源于民间,由方士炮制,在东汉已成为流行的传说。

魏晋之时,刘安仙化的故事依然流行,崔豹《古今注》、张华《博物志》均有记载。在道教盛行以后,刘安仙化的故事又得到增饰,补充了很多细节,逐渐变得丰满。东晋道士葛洪为此作了很大贡献。他的《神仙传》专设"淮南王"一条。相比于《列仙传》,《神仙传》增饰了"八公"形象,不仅虚构八公之名,还描述其返老还童之术,并将刘安自到人世的悲惨结局改为得道升天的完满结局。葛洪说:"时王之小臣伍被,曾有过,恐王诛之,心不自安,诣阙告

---

① 陶宗仪《说郛》卷四十三,北京市中国书店1986年影印本,第14页。
② 黄晖《论衡校释》,中华书局1990年,第317—318页。
③ 王利器《风俗通义校注》,中华书局1981年,第115—116页。

变，证安必反。武帝疑之，诏大宗正持节淮南，以案其事。宗正未至，八公谓王曰：'伍被人臣，而诬其主，天必诛之，王可去矣，此亦天遣王耳。君无此事，日复一日，人间岂可舍哉？'乃取鼎煮药，使王服之，骨肉近三百余人，同日升天，鸡犬舐药器者，亦同飞去。八公与王驻马于山石上，但留人马踪迹，不知所在。宗正以此事奏帝，帝大懊恨，命诛伍被。"① 显然，葛洪不愿相信刘安谋反一事，于是罔顾刘安自到的历史事实，以汉武帝的懊恨衬托刘安得道轻举的洒脱，为刘安转入道教仙班扫清了道路。此外，葛洪又编造刘安在天界的情景。他描述说："昔淮南王刘安升天见上帝，而箕坐大言，自称寡人，遂见谪守天厕三年。"② 这标志着刘安正式成为道教神仙世界中的仙人③。

在刘安成为道教神仙之后，世人开始为他建庙宇，立祠堂，道士们忙着为他排座次。郦道元《水经注》记述："湖北对八公山。山无树木，惟童阜耳。山上有淮南王刘安庙。……余登其上，人马之迹无闻矣，惟庙像存焉。庙中图安及八士像，皆坐床帐如平生，被服纤丽，咸羽扇裙帔，巾壶枕物，一如常居。庙前有碑，齐永明十年所建也。"④ 可知八公山淮南王刘安庙建于齐代永明十年（492）。道士陶弘景则在《真灵位业图》中将"淮南八公"纳入道教的神仙谱系，排在第四等左位，刘安也因之有了座次。此后，关于刘安的仙话，屡屡见载于道教典籍。如唐代道士王松年撰《仙苑编珠》，卷上载有"刘安接士，八仙降庭"条；宋代道士陈葆光撰《三洞群仙录》，卷十载有"刘安鸡犬，静之龟鹤"条。其他典籍，诸如张君房《云笈七签》、李昉《太平广记》等，皆引有刘安仙化之事。值得注意的是，元代赵道一撰《历世真仙体道通鉴》，卷五列"刘安"一条，将各家之说糅合一体，详述了刘安升仙的过程，最后说："一云，安得《鸿宝》万年之术仙去，位太极真人。"⑤ 自此，刘安又有了"太极真人"的仙号，其

---

① 葛洪《神仙传》，《景印文渊阁四库全书》第1059册，第284—285页。
② 王明《抱朴子内篇校释》，中华书局1996年，第350页。
③ 葛洪对刘安留下的方术也非常重视。《神仙传》卷八："陈永伯者，南阳人也，得淮南王七里散方，试按合服之，二十一日忽然不知所在。永伯有兄子，名增族，年十七，亦服之，其父系其足，闭于密户中，昼夜使人守视之，二十八日亦不复见，不知之。"（《景印文渊阁四库全书》第1059册，第298页。）《抱朴子内篇》卷二《论仙》："夫作金皆在《神仙集》中，淮南王抄出，以作《鸿宝枕中书》，虽有其文，然皆秘其要文，必须口诀，临文指解，然后可为耳。其所用药，复多改其本名，不可按之便用也。"（王明《抱朴子内篇校释》，中华书局1985年，第21—22页。）又卷十九《遐览》："其变化之术，大者唯有《墨子五行记》，本有五卷，昔刘君安未仙去时，钞取其要，以为一卷。"（同上，第337页。）
④ 陈桥驿《水经注校证》，中华书局2007年，第750—751页。
⑤ 张继禹主编《中华道藏》第47册，华夏出版社2004年，第263页。

仙化故事越来越丰满,地位也越来越高。

四、刘安及其宾客的著述

刘安非常重视人文修养,不仅爱好神仙方术,也雅好艺文。他与宾客们一道,为世人留下了数目惊人的著述。

根据《汉书·艺文志》,刘安及其宾客著有《琴颂》《淮南道训》(后世又称《淮南九师道训》)二篇、《淮南内》二十一篇、《淮南外》三十三篇(高诱时仅见十九篇)、《淮南王赋》八十二篇、《淮南王群臣赋》四十四篇、《淮南歌诗》四篇。《汉书·艺文志》"兵权谋家"中,又有《淮南王》一种。根据《汉书·淮南王传》,刘安及其宾客又著有《中篇》八卷(亦称《枕中鸿宝苑秘书》)、《离骚传》《颂德》和《长安都国颂》。其中,《离骚传》之名,班固在《离骚序》中又称作《叙离骚传》,王逸的《楚辞章句叙》则称作《离骚经章句》,高诱的《淮南鸿烈解叙》则称作《离骚赋》,未知孰是。

根据《文选》李善注所引,刘安还著有《庄子略要》和《庄子后解》。《文选》卷二十六李善注《入华子岗是麻源第三谷》、卷三十一李善注《许征君询》、卷六十李善注《齐竟陵文宣王行状》均引淮南王《庄子略要》曰:"江海之士,山谷之人,轻天下,细万物,而独往者也。"①又《文选》卷三十五李善注《七命》引《庄子》曰:"庚市子肩之毁玉也。"下引淮南子《庄子后解》曰:"庚市子,圣人无欲者也。人有争财相斗者,庚市子毁玉于其间,而斗者止。"②此文中"淮南子"疑作"淮南王","王"讹作"子"。《淮南子》受《庄子》影响很深,经常化用《庄子》之语。从这个方面看,刘安撰写《庄子略要》和《庄子后解》,明显合乎逻辑。然而,《文选》李善注仅见上述引文,其他文献也不见有引用《庄子略要》和《庄子后解》之处。究其原因,要么是李善转引自他书,要么是李善误引。

后人依托刘安及其宾客而编撰的著述,又有《淮南万毕经》《淮南变化术》《淮南中经》《淮南八公相鹄经》《淮南王食经》《淮南王食目》《汉淮南王集》、淮南王刘安《太阳真粹论》《淮南王见机八宅经》《淮南王养蚕经》。清人黄以周说:"《万毕术》,旧题汉刘安撰。《汉志》不著录。《史记·龟策传》褚先生

---

① 萧统《文选》,上海古籍出版社1986年,第1250页。
② 萧统《文选》,第1614页。

见'万毕石朱方'。梁《七录》有《淮南万毕经》《淮南变化术》各一卷。或以为此即《汉志》'《淮南外书》'之一种。或以为淮南好方技,后世多依托其名以成书,如《淮南九师道训》《淮南八公相鹤经》亦皆袭其称,《万毕》未必是刘安《外书》。然褚少孙见其方,阮孝绪著诸《录》,其书自古矣。"①认为《万毕术》虽然古老,但不一定是刘安及其宾客所作,与《淮南九师道训》《淮南八公相鹄经》等多是托名之作。这些托名淮南王的著述,其中《淮南万毕经》《淮南变化术》《淮南中经》《淮南八公相鹄经》《淮南王食经》《淮南王食目》《汉淮南王集》等均为《隋书·经籍志》所著录,《太阳真粹论》《淮南王见机八宅经》为《宋史·艺文志》所著录,《淮南王养蚕经》为《江南通志》卷一百九十二所著录。

此外,根据一些文献的记载及引述,刘安及其宾客所撰写的诗歌辞赋,包含有《屏风赋》《薰笼赋》《八公操》《招隐士》和《淮南王曲》等篇。关于《屏风赋》,《艺文类聚》卷六十九、《初学记》卷二十五均引此赋全文,《太平御览》卷七百一则为摘引。关于《薰笼赋》,《北堂书钞》卷一百三十五、《太平御览》卷七百一十一均引用刘向《别录》:"淮南王有《薰笼赋》。"关于《八公操》,《搜神记》卷一、《乐府诗集》卷五十八并录此歌。郭茂倩说:"一曰《淮南操》。《古今乐录》曰:'淮南好道,正月上辛,八公来降,王作此歌。'谢希逸《琴论》曰:'《八公操》,淮南王作也。'"②关于《招隐士》,王逸《楚辞章句》卷十二:"《招隐士》者,淮南小山之所作也。"③然萧统《文选》卷三十三则将此篇归入刘安名下。关于《淮南王曲》,崔豹《古今注》卷中《音乐第三》:"《淮南王》,淮南小山之所作也。淮南王服食求仙,遍礼方士,遂与方士相携俱去,莫知所往。小山之徒,思恋不已,乃作《淮南王曲》焉。"④沈约《宋书》卷二十二《乐志》引有《淮南王篇》全文,郭茂倩《乐府诗集》则将《淮南王曲》与《淮南王篇》视为同一首诗歌。

令人遗憾的是,上述刘安及其宾客撰写的著作,除《淮南内》二十一篇、《屏风赋》《八公操》《招隐士》和《淮南王曲》较完整外,其余绝大部分失传或残存。

---

① 詹亚园主编《黄以周全集》第十册,上海古籍出版社2014年,第483页。
② 郭茂倩《乐府诗集》,中华书局1979年,第851页。
③ 洪兴祖《楚辞补注》,中华书局1983年,第232页。
④ 崔豹《古今注》,商务印书馆1937年,第9页。

第二节 关于《淮南子》的几个问题

一、《淮南子》的作者

关于《淮南子》的作者，最早由班固提出。他说："招致宾客方术之士数千人，作为《内书》二十一篇。"① 后代学者大都以班固之说为据，认为《淮南子》是刘安招集宾客所作。然而，像《淮南子》这样具有严密体例的著作，宾客方士几千人一起参与撰写，似乎不合情理。况且，这一群宾客方士在司马迁、班固看来鱼龙混杂，很不称职，即所谓"诸辨士为方略者，妄作妖言，谄谀王"②，"其群臣宾客，江淮间多轻薄，以厉王迁死感激安"③。显然，不经过筛选其中的精英，是很难完成此书的编撰工作的。

东汉末年的高诱则提出了更近于史实的看法。他说："天下方术之士多往归焉。于是遂与苏飞、李尚、左吴、田由、雷被、毛被、伍被、晋昌等八人，及诸儒大山、小山之徒，共讲论道德，总统仁义而著此书。"④ 高诱这一说法并非凭空捏造，而是源自王逸对《招隐士》所作的题解⑤。苏飞等八人，世称八公⑥。这八人大概精于黄老思想及神仙方术，是《淮南子》的主要撰写者。这在伍被对刘安的说辞中有所体现。伍被说："口虽未言，声疾雷霆，令虽未出，化驰如神，心有

---

① 班固《汉书》，第 2145 页。
② 司马迁《史记》，第 3082 页。
③ 班固《汉书》，第 2146 页。
④ 张双棣《淮南子校释》（增订本），第 1 页。
⑤ 王逸题解云："昔淮南王安，博雅好古，招怀天下俊伟之士。自八公之徒，咸慕其德而归其仁，各竭才智，著作篇章，分造辞赋，以类相从，故或称小山，或称大山。其义犹《诗》有《小雅》《大雅》也。小山之徒闵伤屈原，又怪其文升天乘云，役使百神，似若仙者，虽身沉没，名德显闻，与隐处山泽无异，故作《招隐士》之赋以章其志也。"（洪兴祖《楚辞补注》，第 232 页。）显然早于高诱提出"八公之徒"和"小山之徒"一说，但未明确是他们撰写了《淮南子》，仅是"著作篇章，分造辞赋"。
⑥ 在刘安仙化之后，"八公"的指称发生了变化，成为八位神仙的总称。葛洪《神仙传》将八公的姓名虚构为文五常、武七德、枝百英、寿千龄、叶万椿、鸣九皋、修三田、岑一峰。赵道一的《历世真仙体道通鉴》又描述这八位神仙的本领："一人能坐致风雨，立起云雾，画地为江河，撮土为山岳。一人能崩高塞渊，牧虎豹，致龙蛇，役神鬼。一人能分形易貌，坐在立亡，隐藏三军，白日尽暝。一人能乘虚步空，起海凌烟，出入无间，呼吸千里。一人能入火不焦，入水不濡，刃之不伤，射之不中，冬冻不寒，夏暑不汗。一人能千变万化，恣意所为，禽兽草木立成，转徙山川陵岳。一人能防灾度厄，辟邪却害，延年寿，长生久视。一人能煎泥成金，锻铅为银，水炼八石，飞腾流珠，乘龙驾云，浮游太清，任王所欲。"（《中华道藏》第 47 册，第 263 页。）显然，道教中的"八公"完全出于杜撰，与史实中的"八公"不是一回事。

所怀,威动万里,下之应上,犹影响也。"①《原道训》有类似言论:"当此之时,口不设言,手不指麾,执玄德于心而化驰若神。"②不仅用语相似,所反映的思想也都是"不言而信""不为而成"的黄老道家思想,可证伍被确实参与了撰写。至于大山、小山等人,则属于儒士,是《淮南子》吸纳儒家仁义和德治思想的主要推动者。除此之外,在刘安的宾客方士群体中,《史记》《汉书》还提及了赵贤、朱骄如、陈喜等。这些人有无参与编撰《淮南子》,已不得而知。总之,高诱的说法更具体切实,后世也多有信奉者。

至清代前期,王谟则修改了高诱的观点,他说:"窃意此八公者,乃相与作《外书》《中篇》之人,而此《内书》则大山、小山之徒为之也。虽已轶其姓名,要于高诱所谓儒者,或庶几焉。若八公中左吴、伍被,皆与王共画反计,而雷被又以被斥亡之长安上书者,岂足与之言仁义道德哉!"③认为八公的道德品质参差不齐,不足以担负撰写《淮南子》的重任,仅仅是《外书》《中篇》的编撰者,而大山、小山这些人才是《淮南子》的真正撰写者。王谟的修改,虽然更为具体,但离史实更远了。

不管是班固之说,还是高诱之说,他们都忽略了刘安在《淮南子》编撰中所起到的作用和所扮演的角色,仅仅把刘安看成是虚位的主持者。梁元帝萧绎说:"常笑淮南之假手,每蚩不韦之托人。"④便是将刘安视为虚位的主持者来嘲讽。但我们认为,刘安既是虚位的主持者,又是实际的统编者。这可从《淮南子》及刘安给汉武帝的上书中得到佐证。《齐俗训》云"越人便于舟",刘安上书亦云越人"便于用舟";《人间训》云:"乃使尉屠睢发卒五十万,为五军……而越人皆入丛薄中,与禽兽处,莫肯为秦虏……而夜攻秦人,大破之,杀尉屠睢,伏尸流血数十万,乃发谪戍以备之。"⑤刘安上书亦云:"秦之时尝使尉屠睢击越,又使监禄凿渠通道。越人逃入深山林丛,不可得攻。留军屯守空地,旷日引久,士卒劳倦,越出击之。秦兵大破,乃发谪戍以备之。"⑥显然,刘安十分熟悉《淮南子》的内容,以至于他遣词造句都能从书中信手拈来。此外,

---

① 司马迁《史记》,第 3090 页。
② 张双棣《淮南子校释》(增订本),第 66 页。
③ 何宁《淮南子集释》,第 1519 页。
④ 许逸民《金楼子校笺》,中华书局 2011 年,第 1 页。
⑤ 张双棣《淮南子校释》(增订本),第 1949 页。
⑥ 班固《汉书》,第 2785—2786 页。

《淮南子》一书四次提及"刘氏",一次提到"刘、项",宾客方士断无胆量使用这样的称呼,只有经过刘安之口或手才能做到。由此可见,刘安既是虚位的主持者,又是实际的统编者。明代人许国说:"盖当是时,招致宾客八公之徒,各纂见闻,取朿安手,成一家言,匪直一人一手之烈也。"① 年代稍晚的顾起元也说:"八公氏众诤之,刘安才一裁之尔矣。"② 都把刘安视为全书的统编者,是很有道理的。

二、《淮南子》的写作时间

关于《淮南子》的写作时间,很少有学者作过专门研究,直至熊礼汇撰写《〈淮南子〉的写作背景与写作时间》一文③,才有比较详细的论述。在熊礼汇之前,牟钟鉴说:"从客观条件来看,自平息七国叛乱到建元二年这十多年间,政治上较为平静,《淮南子》的写作时间大约就在这一时期的后半段,完成于刘安入朝前夕。"④ 所谓后半段,大概是指公元前146年至前139年。吴光的看法与之大同小异,他说:"刘安入朝之年乃武帝即位次年,其时刘安已献所作《淮南内篇》(即《淮南子》),则其书必在此前无疑了。从一般情况看,刘安要招致众多人员编出几十万言的书,不是一年就可完成的。因此,《淮南子》很可能是景帝时写成,到武帝时才献上。"⑤ 汉景帝于公元前156年至前141年在位,吴光认为《淮南子》就是在这个时期撰写完成。熊礼汇不同意二人的看法,他说:"从刘安编书的动机和著作提供的材料,可以断定《淮南子》的写作时间在建元元年冬十月后、建元二年冬十月之前这不到一年的时间内。"⑥ 其论证虽有可取之处,但结论值得商榷。

据《汉书》所载,《淮南子》的成书时间较为明确。班固说:"时武帝方好艺文,以安属为诸父,辩博善为文辞,甚尊重之。……初,安入朝,献所作《内篇》,新出,上爱秘之。"⑦ 这次入朝是刘安第一次觐见汉武帝,时间在建元二年

---

① 何宁《淮南子集释》,第1516页。
② 何宁《淮南子集释》,第1508页。
③ 此文曾以"《淮南子》写作时间新考"之名发表在《武汉大学学报》1994年第5期,今见于黄山书社2008年出版的《淮南子研究》(第二卷)。
④ 牟钟鉴《〈吕氏春秋〉〈淮南子〉思想研究》,齐鲁书社1987年,第161页。
⑤ 见《淮南子研究》(第二卷),第1页。
⑥ 《淮南子研究》(第二卷),第5页。
⑦ 班固《汉书》,第2145页。

（前139）。"新出"一语，"新"为时间副词，表示"刚刚"，所以，基本上可以判定《淮南子》的成书时间就是在公元前139年。这也是《淮南子》写作的结束时间。

但写作的开始时间，史书及其他文献均无明载。高诱在序文中说："初，安为辩达，善属文。皇帝为从父，数上书，召见。孝文皇帝甚重之，诏使为《离骚赋》，自旦受诏，日早食已，上爱而秘之。天下方术之士多往归焉。于是……总统仁义而著此书。"①这与班固的记载有很大出入。班固认为是刘安受汉武帝之命而作《离骚传》，高诱则认为是受汉文帝之命。根据高诱这段话，刘安受汉文帝召见，因撰写《离骚赋》而名气大振，很多能人异士无论远近，皆归附于他。由"于是"一词看，宾客归附以后，刘安便着手安排人手撰写《淮南子》。汉文帝召见刘安一事，其他文献未见记载，因此真假难辨。假如高诱所记不虚，那么《淮南子》就是在汉文帝召见刘安之后开始编撰。至于具体年份，高诱在注释《天文训》时提出了自己的看法。《天文训》："淮南元年冬，太一在丙子，冬至甲午，立春丙子。"高诱注曰："淮南王作书之元年也。"②所谓作书之元年，是指《淮南子》写作的第一年。"太一在丙子"，清代学者均以为是汉文帝十六年（前164），即丁丑年。这一年之前为丙子年（前165），因历法差异，清代学者将《淮南子》所说的"丙子"推算为"丁丑"。若按照高诱的看法，公元前164年就是《淮南子》写作的第一年。然而，此时刘安仅仅十五六岁，刚刚受封淮南王，宾客方士还未聚集其门，不可能有写书的条件，所以高诱的这一看法明显有误。那么，汉文帝召见刘安一事，或为高诱误记，或是发生在汉文帝改元以后（前163—前157年）。可见，高诱并没有解答刘安及其宾客具体从何时开始写作《淮南子》这个问题。

熊礼汇则提供了一个非常有参考价值的论据，即《齐俗训》："夫雕琢刻镂，伤农事者也；锦绣纂组，害女工者也。农事废，女工伤，则饥之本而寒之原也。夫饥寒并至，能不犯法干诛者，古今未之闻也。"这段文字出自汉景帝后元二年（前142）四月所颁发的一道诏令③。诏令有语曰："雕文刻镂，伤农事者也；锦绣纂组，害女红者也。农事伤则饥之本也，女红害则寒之原也。夫饥寒

---

① 张双棣《淮南子校释》（增订本），第1页。
② 张双棣《淮南子校释》（增订本），第384页。
③ 见《淮南子研究》（第二卷），第3页。

并至,而能亡为非者寡矣。"① 两者十分相似,可知《淮南子》的作者确实资用了汉景帝这封"布告天下"的诏令。由于《淮南子》的编撰体例很严密,参与编撰的人数众多,不可能按照所有人一起写完一篇接着又写一篇这样的方式撰写此书,而是分工合作,同时展开。因此,《淮南子》一书的开始写作时间必定是在汉景帝后元二年(前142)之后,至汉武帝建元二年(前139)结束,耗时约为四年。但熊礼汇又继续缩短其写作时间,提出是在建元元年冬十月后至建元二年冬十月之前不到一年的时间内。这个结论证据不力,臆测居多,在此不作辩驳。

三、《淮南子》的书名演变

《淮南子》一书的书名,经历了多次改换。此书本名"鸿烈",亦自称"刘氏之书"。《要略》篇说:"故著二十篇,有《原道》,有《俶真》,有《天文》……有《泰族》也。"② 可知《要略》一篇本不在此书主体之内,其作用相当于一篇序文,在于阐明全书的创作宗旨,对所著二十篇进行总揽和逐一提炼。该篇在总结《泰族》一文时又说:"此《鸿烈》之《泰族》也。"此是判断句,从语法上看,"之"字将"鸿烈"与"泰族"二词连接,表明从属关系。如果《泰族》为篇名,那么《鸿烈》就是书名。所以,东汉许慎注曰:"鸿,大也。烈,功也。凡二十篇,总谓之《鸿烈》。"③ 比许慎稍晚的学者高诱也说:"其义也著,其文也富,物事之类,无所不载,然其大较归之于道,号曰《鸿烈》。鸿,大也。烈,明也。以为大明道之言也。"④ 虽然他们对"鸿烈"的释义不同,但都明确指出《淮南子》成书之时的名字就叫《鸿烈》。《要略》于篇末又自称"刘氏之书",则进一步表明刘安对此书的看重。这实际上也是受了吕不韦自号《吕氏春秋》的影响,将出于众人之手的著作完全收归在自己名下,欲以立言不朽,垂名后世。

大约过了一百多年,刘向领校经传、诸子、诗赋,将《鸿烈》改称为《淮南》。高诱说:"光禄大夫刘向校定撰具,名之《淮南》,又有十九篇者谓之《淮南外篇》。"⑤ 刘向又把刘安的著作分成内、中、外篇,《淮南子》被命名为《内篇》,故

---

① 班固《汉书》,第151页。
② 张双棣《淮南子校释》(增订本),第2193页。
③ 张双棣《淮南子校释》(增订本),第2193页。
④ 张双棣《淮南子校释》(增订本),第1—2页。
⑤ 张双棣《淮南子校释》(增订本),第2页。

《汉书》中又有"内书""淮南内"之类的称呼。之后,《淮南子》便以"淮南"之名逐渐在东汉士人之中传播开来,如《论衡·自纪篇》:"《淮南》《吕氏》不无累害,所由出者家富官贵也。"① 这个时期,"淮南"一名已取代"鸿烈"之称而流行于世。当然,东汉文人在引用此书时并不总是以"淮南"之名相称,有时会出现随意性,如王充称"淮南书",但这些称呼皆非《淮南子》的正式书名。

刘向父子、班固把刘安的这部书列入"诸子",为它尊称为《淮南子》奠定了基础。大约在东汉中后期,"淮南子"这个书名开始出现,刘向的《新论》、王逸的《楚辞章句》和高诱的《吕氏春秋注》都有使用"淮南子"一名的现象。在尊称为子书后,《淮南子》的学术地位逐渐提高②。至魏晋南北朝,"淮南子"一名又取代"淮南"成为此书最流行的称呼,也成为后世最常用、正式的书名。葛洪辑抄的《西京杂记》并称"刘安子",以作为《淮南子》一书的别名,然仅此一例。

在"淮南子"这个书名流行的同时,又有学者将"淮南"与"鸿烈"两词并称,于是"淮南鸿烈"也成为《淮南子》的新书名,如葛洪《抱朴子外篇》:"故《淮南鸿烈》始于《原道》《俶真》,而亦有《兵略》《主术》。"③ 王筠《答湘东王示忠臣传笺》:"昔《淮南鸿烈》,事无的准;沛王通论,义止儒术。"④ "淮南鸿烈"不失为一个好书名,既保留了原名,又指明了著者,可在当时并未流行起来。迄至隋唐五代,"淮南鸿烈"这个书名才开始为学者所注意。《唐开元占经》引用《淮南子》时多次称《淮南鸿烈》,《意林序》亦称"《淮南鸿烈》,词章华赡"。《旧唐书·经籍志》著录有"《淮南鸿烈音》二卷",是史志正式称《淮南鸿烈》之始。两宋以来,《淮南子》被称作《淮南鸿烈》已是很常见的事。

"淮南鸿烈解"则是《淮南子》书名之中的一个误称。"鸿烈解"最初可能是高诱自题的注书之名。至南朝,梁元帝误将《鸿烈解》的作者说成是淮南王刘安。其《古今同姓名录》"刘安"一条:"淮南王",自注:"著《鸿烈解》者。"⑤到了南宋,已有学者把《淮南鸿烈解》等同于《淮南子》,如洪迈《容斋续笔》:

---

① 黄晖《论衡校释》,第1200页。
② 有学者不认为是尊称,如民国学者刘咸炘说:"庄逵吉曰只题《淮南》,不必称子,此说是也。……古书称引,皆但云淮南,不加子字。"(《推十书》第二册,成都古籍书店1996年,第934页。)这种说法明显与历史事实不符。
③ 杨明照《抱朴子外篇校笺》下册,中华书局1997年,第437—438页。
④ 欧阳询《艺文类聚》,上海古籍出版社1965年,第368页。
⑤ 萧绎《古今同姓名录》,《景印文渊阁四库全书》第887册,第12页。

"惟《淮南鸿烈解·天文训》篇：'寅为建……丑为闭，主太阴。'"① 明代文人继续着这种错误，如宋濂《诸子辨》："《淮南鸿烈解》二十一卷，汉刘安撰。"直到清代，仍有学者犯这样的错误。故《四库全书总目》批评说："诸书引用，遂并《淮南子》之本文亦题曰'淮南鸿烈解'，误之甚矣。"②

四、《淮南子》与今本《文子》抄袭公案

除作者、书名复杂外，《淮南子》的文本也遇到了一个难以绕开且十分棘手的问题，即与今本《文子》之间的抄袭问题。这个问题经过长达一千二百多年的讨论，竟然演化成了学术界一桩难以决断的公案。

针对这桩学术公案，张丰乾写有《出土文献与文子公案》一书，作了较为全面的梳理。根据他的梳理，在竹简《文子》出土之前，一部分学者认为今本《文子》是伪书，多半抄袭《淮南子》，如陶方琦、钱熙祚、章太炎、梁启超、杨树达、王叔岷、于大成等③；一部分学者认为今本《文子》不是伪书，《淮南子》多袭《文子》，如王应麟、马骕、毕沅、洪亮吉、孙星衍、沈钦韩等④。在竹简《文子》出土之后，大概有四种观点：一种是把竹简本与今本《文子》等同或大体等同，认为《淮南子》抄袭了《文子》，如唐兰、艾力农、江世荣、李定生、赵建伟、王云度等；一种是把竹简本和今本区别开来，认为竹简《文子》的出土可以确证今本《文子》抄袭了《淮南子》，如陈丽桂、胡文辉、曾达辉、陈广忠、何志华、向井哲夫等；一种是认为今本《文子》和《淮南子》没有互相抄袭的问题，如李厚诚、丁原明等；一种是认为古本《文子》中的内容为《淮南子》所袭取，而今本《文子》又大量抄袭了《淮南子》中的内容，如江宁、王三峡等。张丰乾通过细致研究，认为今本《文子》是对《淮南子》的抄袭和窜改，而《淮南子》也有可能称引了古本《文子》。这个结论具有较强的说服力。当然，在这个问题上，至今还没有人能够提供一锤定音的证据，只能随着研究的推进不断加深认识。

首先能够确定的是，《淮南子》与今本《文子》之间必定存在抄袭关系。今本《文子》全书近八成的文字（约 3 万余字），与《淮南子》相同或高度相似。除了用抄袭来解释这一现象，似乎别无他法。若能辨别《淮南子》与今本《文

---

① 洪迈《容斋随笔》，上海古籍出版社 1978 年，第 298 页。
② 永瑢等《四库全书总目》，中华书局 1965 年，第 1009 页。
③ 事实上，《文子》袭用《淮南子》的观点，最早由惠栋提出，王念孙予以认同。
④ 此外，明代刘绩亦持这种观点。

子》谁在前谁在后，则谁抄袭谁这个问题自然就迎刃而解。然而，这决非易事。尽管不少学者尝试从今本《文子》的用语及引述老子之文等方面来考定其产生年代，但其结论都不足以令人信服。

经过逐字逐句比对两书文字的重合情况，我们认为，今本《文子》应是抄袭了《淮南子》。抄袭者虽然学术水平不高，但非常狡猾。在与《淮南子》的重合文字中，除文子、老子、孔子等人名外，几乎隐去了一切具体的人名、地名、年代以及历史故事，甚至所引用的书名亦被抹去。如《淮南子·氾论训》："《周书》有言曰：'上言者，下用也；下言者，上用也。上言者，常也；下言者，权也。'此存亡之术也，唯圣人为能知权。"① 而《文子·道德》改作："老子曰：'上言者，下用也。下言者，上用也。上言者，常用也。下言者，权用也。唯圣人为能知权。'"② 显得非常谨慎。也正是由于这种谨慎，让我们产生了怀疑。若是《淮南子》抄袭了今本《文子》，那作者还要大费周章地去查找某些文句的出处。这显然不合常理。

在两书的重合文字中，今本《文子》大都缺乏基本的逻辑，更像是摘抄式的拼接，并有意对某些字词或文句次序作出改动。竹简《文子》残本的出土，进一步证明了今本《文子》的这种特点。经过比对此二本相似的内容，今本《文子》在文字上也作了明显改动。由此，我们可以得出一个基本的事实：即今本《文子》已非《文子》原本，它是在严重残缺的古本《文子》之上形成的，是出现在竹简《文子》之后。而且，竹简《文子》残本的出土，也带来了一个奇怪的现象，即它与《淮南子》基本没有重合文字，而今本《文子》却与《淮南子》有着大篇幅的重合。如果排除竹简《文子》残损部分的文字会与《淮南子》大篇幅重合的这种微小概率，那么，在逻辑上这只能用今本《文子》抄袭《淮南子》来解释了。

再检索不与《淮南子》重合的文句，我们发现，今本《文子》还与《逸周书》《孟子》《管子》《孝经》《韩诗外传》等典籍中的一些文字相同或高度相似。这些典籍的成书年代皆在《淮南子》之前。例如：

《逸周书·周祝解》："时之从也，勤以行，不知道者以福亡……故天为盖，地为轸，善用道者终无尽。地为轸，天为盖，善用道者终无害。天地

---

① 张双棣《淮南子校释》（增订本），第1428页。
② 王利器《文子疏义》，中华书局2000年，第244页。

之间有沧热,善用道者终不竭。陈彼五行必有胜,天之所覆尽可称。"①《文子·符言》作:"时之行,动以从,不知道者福为祸。天为盖,地为轸,善用道者终无尽。地为轸,天为盖,善用道者终无害。陈彼五行必有胜,天之所覆无不称。"②

《孟子·梁惠王下》:"乐民之乐者,民亦乐其乐;忧民之忧者,民亦忧其忧。乐以天下,忧以天下,然而不王者,未之有也。"③《文子·精诚》作:"夫忧民之忧者,民亦忧其忧;乐民之乐者,民亦乐其乐。故忧以天下,乐以天下,然而不王者,未之有也。"④

《管子·立政》:"始于不足见,终于不可及。"《管子·牧民》:"错国于不倾之地,积于不涸之仓,藏于不竭之府,下令于流水之原,使民于不争之官。明必死之路,开必得之门。不为不可成,不求不可得,不处不可久,不行不可复。"⑤《文子·精诚》作:"圣人之法,始于不可见,终于不可及,处于不倾之地,积于不尽之仓,载于不竭之府。出令如流水之原,使民于不争之官,开必得之门,不为不可成,不求不可得,不处不可久,不行不可复。"⑥

上述情况似乎让我们更坚定了这样一个事实:今本《文子》几乎全是依靠摘录、改写和拼凑前代典籍而成。因此,它大量抄袭《淮南子》也就不足为奇。除此之外,我们还发现,今本《文子》与《盐铁论》也有几处重合的文句和内容:

《盐铁论·忧边》:"夫守节死难者,人臣之职也;衣食饥寒者,慈父之道也。"⑦《文子·上仁》作:"故守节死难,人臣之职也;衣寒食饥,慈父之恩也。"⑧

《盐铁论·毁学》:"圣主设官以授任,能者处之;分禄以任贤,能者受

---

① 朱右曾《逸周书集训校释》,商务印书馆1937年,第148—150页。
② 王利器《文子疏义》,第179页。
③ 孙奭《孟子注疏》,北京大学出版社2000年,第49页。
④ 王利器《文子疏义》,第104页。
⑤ 黎翔凤《管子校注》,中华书局2004年,第80、14页。
⑥ 王利器《文子疏义》,第104页。
⑦ 王利器《盐铁论校注》,中华书局1992年,第161页。
⑧ 王利器《文子疏义》,第458页。

之。义贵无高，义取无多。"①《盐铁论·贫富》："君子遭时则富且贵，不遇，退而乐道。不以利累己，故不违义而妄取。"②《文子·上仁》作："德过其位者尊，禄过其德者凶。德贵无高，义取无多，不以德贵窃位，不以义取盗财。圣人安贫乐道，不以欲伤生，不以利累己，故不违义而妄取。"③

《盐铁论》成于汉昭帝始元六年（前81）以后，上距《淮南子》成书已经半个多世纪，却早于竹简《文子》随葬入墓的时间（前54年）。在这些重合的文句中，前一条为大夫所言，后两条为贤良所说，并不像是引述他人话语。况且在辩论的情形下，双方要脱口而出某一典籍中的话语，那必定是对这部典籍熟悉至极，或是这部典籍本来就享有崇高的地位。显然，《文子》在当时并不是这样的典籍。因此，今本《文子》摘抄《盐铁论》的可能性，要大过《盐铁论》对《文子》的引述。

比《盐铁论》作者桓宽年纪略小的刘向，曾领校经传诸子诗赋，必定见过《文子》。但他编著《说苑》，在引用《淮南子》与今本《文子》相重合的文句时，无一处是采用后者的。如《谈丛》篇："已雕已琢，还反于朴。"④同《淮南子·原道训》，《文子·道原》"反"作"复"。又此篇："小快害义，小慧害道，小辨害治，苟心伤德，大政不险。"⑤《淮南子·泰族训》"苟心"作"苛削"，其余同。《文子·微明》则作："小德害义，小善害道，小辩害治，苛悄伤德。大正不险。"⑥又《贵德》篇："君子致其道德，而福禄归焉。"⑦《淮南子·人间训》无"德"字，其余同，《文子·上德》则作："君子致其道，而德泽流焉。"⑧这些情况说明，经刘向所校理的《淮南子》与《文子》并未有大量重合的文句，今本《文子》极有可能是在刘向之后才出现。因此，今本《文子》应是抄袭了《淮南子》。

在两书重合的文句中，我们还能找出一些今本《文子》抄袭《淮南子》的

---

① 王利器《盐铁论校注》，第230页。
② 王利器《盐铁论校注》，第221页。
③ 王利器《文子疏义》，第457页。
④ 向宗鲁《说苑校证》，中华书局1987年，第395页。
⑤ 向宗鲁《说苑校证》，第385页。
⑥ 王利器《文子疏义》，第310页。
⑦ 向宗鲁《说苑校证》，第96页。
⑧ 王利器《文子疏义》，第302页。

可能性依据。例如,《淮南子·俶真训》:"是故形伤于寒暑燥湿之虐者,形苑而神壮。"高诱注曰:"苑,枯病也。壮,伤也。"①郭璞注《方言》"凡草木刺人,北燕朝鲜之间谓之茦,或谓之壮"句说:"今淮南人亦呼壮。壮,伤也,《山海经》谓刺为伤也。"②可见,此处的"壮"是两汉魏晋时期的淮南方言。"神壮"一语,在其他先秦两汉现存典籍中也不见使用。这句话的意思是说,形体受到寒暑燥湿的侵害,会造成形体枯萎,精神损伤。但今本《文子·道原》写成了"形究而神杜"。究,尽也。杜,塞也。其义变为形体耗尽而精神不畅,导致整句话的义理不顺。抄袭者可能不懂淮南方言,故对此妄加改动。反过来,若是《淮南子》抄袭,用淮南方言来改动《文子》原文,则于常理不通。

又如,《淮南子·览冥训》:"逮至当今之时,天子在上位,持以道德,辅以仁义,近者献其智,远者怀其德,拱揖指麾而四海宾服,春秋冬夏皆献其贡职,天下混而为一,子孙相代,此五帝之所以迎天德也。"③明显是《淮南子》作者对当时天子善治国政的颂扬。这个天子,高诱认为是汉武帝。"持以道德",即谨守黄老之道;"辅以仁义",即班固说的"专务以德化民""兴于礼义"。这是汉代前期帝王治国的基本策略,与刘安及其宾客们的思想是一致的,当然会得到他们的交口称赞。今本《文子·上礼》则写成:"贤圣勃然而起,持以道德,辅以仁义,近者进其智,远者怀其德,天下混而为一,子孙相代辅佐。"④显然抹去了话语的时代性,窜改的痕迹明显。反过来,若是《淮南子》窜改今本《文子》,还需要注入时代色彩,则于常理不通。

五、《淮南子》的思想构成——以治国思想为例

司马谈分诸子为阴阳、儒、墨、名、法、道德六家,班固分诸子为儒、道、阴阳、法、名、墨、纵横、杂、农、小说十家,都是以诸子各自的思想特征为依据。换句话说,思想特征是归类诸子为某家某派的唯一标准。

班固列《淮南子》为杂家,高诱谓《淮南子》"出入经道",说明他们对《淮南子》思想特征的把握有所偏差。前者认为《淮南子》兼通儒、墨,融合名、法,并看到了这些学派在国家机体与社会治理中不可或缺的作用,从而主张贯通

---

① 张双棣《淮南子校释》(增订本),第173页。
② 扬雄《方言》卷三,《四部丛刊》本。
③ 张双棣《淮南子校释》(增订本),第720页。
④ 王利器《文子疏义》,第530页。

百家。后者则认为《淮南子》的思想特征最接近《老子》,是游弋于经学与道家学术之间的一部书。显然,班固的认识主要从治道这一角度切入,指出《淮南子》的思想是由儒、墨、名、法等各家构成,而且各家思想之间并没有主次之分。高诱的认识则是建立在他对《淮南子》深入研究的基础之上,从主旨这一角度切入,指出《淮南子》的思想基本由道、儒二家构成,而且两家思想之间存在主次之分。客观上说,班固与高诱的说法各有所长,各有所短。班氏之说突出了《淮南子》整合百家的思想特征,却忽视它的思想主旨,且未提及兵家;高氏之说虽然突出了《淮南子》的思想主旨,却忽略了其他诸子的思想要素,并引入经学加以附会。如果取班固与高诱两家说法之长,即以道家为主,以儒家为次,以墨、法、名、兵、阴阳各家等为辅,就能比较完整地把握《淮南子》的思想构成①。

此书《要略》开篇即说:"夫作为书论者,所以纪纲道德,经纬人事,……又恐人之离本就末也,故言道而不言事,则无以与世浮沉;言事而不言道,则无以与化游息。"②所谓道与事,实际上就是本与末的关系。在刘安看来,要撰写一部成功的著作,就必须兼顾道与事,理清本与末。就《淮南子》而言,是将道家思想作为纲目,与其他诸子思想一起"经纬人事",前是本,后为末。今以治国思想为例来说明此书的思想构成。

(一)无为而治

无为思想的孕育、产生和发展经历了非常漫长的时期。它的起源最早可以追溯到远古先民在农耕文化下敬畏自然、依附自然、顺从自然的行为和心理。随着文明的不断发展,人与自然以及人自身之间的矛盾日益突出,暴政、虐民、争斗等乱象频发,一些社会精英如文王、吕尚、管仲,开始反思人的行为,无为思想就开始逐渐萌生。随后,更多的社会精英作了进一步思考,以老子和孔子最为杰出。老子将以前的无为思想发展、壮大,成功改造成自己根本性的思想之一。孔子则基于德政和礼治两方面,提出了无为而治的治国主张。自

---

① 21世纪以来,研究《淮南子》与先秦诸子的关系,研究《淮南子》征引先秦文献情况,成了两个热门课题。方娟写有《21世纪〈淮南子〉与先秦诸子关系研究综述》一文,发表在《西南农业大学学报(社会科学版)》2013年第5期,对其中一个热门课题作了综述,可供参考。至于征引先秦文献这个课题,朱新林《淮南子征引先秦诸子文献研究》一书,马庆洲《淮南子考论》中"《淮南子》与先秦文献"一章,均有较详细的论述,可供参考。
② 张双棣《淮南子校释》(增订本),第2170页。

此之后，两人的无为思想又不断被发展和改造。至西汉初年，无为观念更是风行一时。陆贾以儒家思想为基石，吸取黄老道家的思想养分，提出了致中和、重德化的无为主张，曹参更是将清静不扰、守而勿失的黄老思想应用到了治国实践之中。在这样的社会思潮下，面对形形色色的无为观念，刘安和他的门人进行了认真的总结和理性的融通，从不同的层面重新定义了无为这一概念。

《淮南子》的作者首先从老庄思想这个层面，提出"无为"就是"不先物为""不易自然"。他们说："是故圣人内修其本，而不外饰其末，保其精神，偃其智故，漠然无为而无不为也，澹然无治而无不治也。所谓无为者，不先物为也；所谓无不为者，因物之所为也。所谓无治者，不易自然也；所谓无不治者，因物之相然也。"①又说："无为者，道之体也；执后者，道之容也。无为制有为，术也；执后之制先，数也。放于术则强，审于数则宁。"②在吸取老庄思想的基础上，认为无为就是不在条件不成熟之前贸然行动，而是顺势因循或推动事物基于自然的行为，将"无为之道"下落至"术数"，突出了无为由道化成术的一面。因此，君主想要无为而治，就必须在体道的前提下掌握"循道理""因自然"之术。《原道训》说："故体道者逸而不穷，任数者劳而无功。夫峭法刻诛者，非霸王之业也；箠策繁用者，非致远之术也。离朱之明，察箴末于百步之外，不能见渊中之鱼。师旷之聪，合八风之调，而不能听十里之外。故任一人之能，不足以治三亩之宅也。循道理之数，因天地之自然，则六合不足均也。是故禹之决渎也，因水以为师；神农之播谷也，因苗以为教。"③显然，在作者看来，道与术是统一的。如果不务道德之本，专任术数之末，倚赖个人之能，其结果就只能是劳而无功，最终背离无为而治的原则。

接着，《淮南子》的作者又从黄老思想这个层面，提出"无为"就是"不以位为事""不以位为暴""不以位为惠"和"莫从己出"。黄老思想最重君道。《诠言训》说："民有道所同道，有法所同守。为义之不能相固，威之不能相必也，故立君以一民。君执一则治，无常则乱。君道者，非所以有为也，所以无为也。何谓无为？智者不以位为事，勇者不以位为暴，仁者不以位为惠，可谓无为矣。"④作者认为，君主的责任在于为民众建立统一的思想和规则，所以他自

---

① 张双棣《淮南子校释》(增订本)，第66页。
② 张双棣《淮南子校释》(增订本)，第1547页。
③ 张双棣《淮南子校释》(增订本)，第53页。循，原作"修"，今据王念孙校改。
④ 张双棣《淮南子校释》(增订本)，第1522页。

己就必须先要遵从一个不变的道,这个不变的道就是无为。在他们看来,无为就是执守一道,不相僭越,智者不借助自己的地位妄生事端,勇者不借助自己的地位妄行暴力,仁者不借助自己的地位妄施恩赏。同样的道理,君主身居高位,势位至上,更不可窃之以变易常规,肆意乱为。

要避免变易常规,肆意乱为,君主就必须严格控制自己的私意和欲望,一切行为做到"莫从己出"。《主术训》说:"古之置有司也,所以禁民,使不得自恣也。其立君也,所以剬有司,使无专行也。法籍礼义者,所以禁君,使无擅断也。人莫得自恣,则道胜,道胜而理达矣,故反于无为。无为者,非谓其凝滞而不动也,以其言莫从己出也。"① 社会有自下而上的层级架构,其目的就在于使每一个层级的人都不得自恣专行。君主处于层级的顶端,但并不代表其行为就不受任何约束,相反,他要带头遵守社会的法律制度和礼义规范,甘心执守于道,服从于理,依归于无为,这样才能够在处世行事时做到"莫得自恣""莫从己出"。从本质上说,《淮南子》的作者以黄老思想来界定无为,突出了无为即克己、自律的一面,意在制约君权,使之不得独断专行,从而实现无为而治。

《淮南子》的作者还从儒、法二家的事功思想这个层面,提出无为就是"循理举事""因资立功"。《修务训》说:"或曰:'无为者,寂然无声,漠然不动,引之不来,推之不往。如此者乃得道之像。'吾以为不然。尝试问之矣:若夫神农、尧、舜、禹、汤,可谓圣人乎?有论者必不能废。以五圣观之,则莫得无为明矣。……是故禹之为水,以身解于阳盱之河;汤旱,以身祷于桑山之林。圣人忧民,如此其明也,而称以无为,岂不悖哉!"② 很明显,作者批驳了当时把无为看成是垂拱端坐、寂静不动的流行观点。但这并不代表他们反对无为,相反,他们对"什么才是无为"这个问题作出了不同于流俗的回答:"夫地势、水东流,人必事焉,然后水潦得谷行。禾稼春生,人必加功焉,故五谷得遂长。听其自流,待其自生,则鲧、禹之功不立,而后稷之智不用。若吾所谓无为者,私志不得入公道,嗜欲不得枉正术,循理而举事,因资而立功,推自然之势,而曲故不得容者,事成而身弗伐,功立而名弗有,非谓其感而不应,攻而不动者。"③ 在他们看来,君主无为并非是不动不应,而是要成就更大的事功;要成就更大的

---

① 张双棣《淮南子校释》(增订本),第 988 页。"以其言",当作"以言其",正与"非谓其"相对。
② 张双棣《淮南子校释》(增订本),第 1982—1983 页。
③ 张双棣《淮南子校释》(增订本),第 1993 页。"推"原作"权",据王念孙校改。

事功,就须按客观规律办事,一方面要避免个人意志、欲望和巧诈的干扰,另一方面要利用事物的自然属性,因循事物本身的道理和外在的各种条件;在事功成就以后,又要懂得功成身退,事成而不自傲,功立而不自居。这些主张并非《淮南子》自创,明显受到了韩非子"随时以举事,因资而立功,用万物之能而获利其上"①观点的影响。可见,《淮南子》的作者从儒、法的事功思想这个层面来定义无为,使无为而治进一步从"道"下落为"术",其目的在于举大事,立大功,成就大有为。这样的君道无为思想,显然更易为统治者所接受。

(二)任法而治

从"君道无为"这方面说,道家与法家有其契合之处,都十分看重宇宙中的自然法则。但法家除了强调遵循自然法则之外,更加强调治国所必需的介质以及如何利用介质。对法家而言,治国的介质就在于"法"(即如今所谓制度)。若能使一国之"法"完全客观化,成为一器物,那君人者任之而治,同样可以臻至无为而治的境界。法家开宗学者慎到即说:"有权衡者,不可欺以轻重;有尺寸者,不可差以长短;有法度者,不可巧以诈伪。"②权衡、尺寸、法度皆为无知之物,必不欺人瞒世,用之既可不竭又可客观公正。此是法家治国思想的特出之处。刘安生当法家昌盛之后,自然不会无视法家之长。《主术训》说:"今夫权衡规矩,一定而不易,不为秦、楚变节,不为胡、越改容,常一而不邪,方行而不流,一日刑之,万世传之,而以无为为之。"③就是将法家思想的长处加以吸收。《淮南子》中法治思想相当浓厚,几乎可以自成体系。

《淮南子》探讨了国家立法的根据,认为:"法生于义,义生于众适,众适合于人心,此治之要也。"④法不是某人的个人意志,也不是某种游戏规则,而是依于民众意愿,达于民众心声而产生。此与现代立法精神亦不为遥远。法一旦确立,就具有无可置辩的重要地位。《主术训》说:"法者,天下之度量而人主之准绳也。"又说:"所谓亡国,非无君也,无法也。"⑤甚至相信"法"对于国家的意义和作用要高过君主,这无疑是大胆超前的认识。

法虽然确立,但不等于国家就会大治,最关键的还是守法和执法。在这方

---

① 王先慎《韩非子集解》,中华书局1998年,第168页。
② 见王天海等《意林校释》,中华书局2014年,第198页。
③ 张双棣《淮南子校释》(增订本),第929页。
④ 张双棣《淮南子校释》(增订本),第988页。
⑤ 张双棣《淮南子校释》(增订本),第988页。

面,《淮南子》一再强调君人者应该负有比平民更严厉的守法责任。《主术训》说:"法者非天堕,非地生,发于人间,而反以自正。是故有诸己不非诸人,无诸己不求诸人。所立于下者,不废于上;所禁于民者,不行于身。"又说:"有法者而不用,与无法等。是故人主之立法,先自为检式仪表,故令行于天下。"①君主独裁政体下,君主能够立法,也能够废法,这是法家学者所不能解决的悖论,也是二千年来所有学者不能解决的悖论。刘安没有思考立法权的问题,当然也没有这方面的意识,只能乞求人主遵照自己所立的法来行事。不过,法虽为君主自己所立,但一定程度上亦可牵制君主,所谓"法籍礼仪者,所以禁君,使无擅断也"②。君人者守法要严格,执法更要公正,不可以私枉公,不可因尊贵卑贱而变节:"县法者,法不法也;设赏者,赏当赏也。法定之后,中程者赏,缺绳者诛。尊贵者不轻其罚,而卑贱者不重其刑,犯法者虽贤必诛,中度者虽不肖必无罪,是故公道通而私道塞矣。"③只有守法和执法两个环节做到位了,任法而治才有可能达到理想的效果。

在转化成治国器物之后,法就被赋予了一定的客观稳定性。但从时间的长远和空间的广博来看,法毫无疑问又具有时限性和区域性。要想以一成不变之法永远范围人心,适应时势,这是《淮南子》作者所不能认同的。他们说:"以一世之度制治天下,譬犹客之乘舟,中流遗其剑,遽契其舟楫,暮薄而求之,其不知物类亦甚矣!"④为此,刘安批评了循古守旧的人,认为他们不知法治之源,所谓"知法治所由生,则应时而变;不知法治之源,虽循古终乱"⑤。对于古法,可袭其精神而不可袭其内容,"圣人论世而立法,随时而举事,……不法其已成之法,而法其所以为法"⑥。由此可见,《淮南子》所述的法并不是绝对的"一定而不易",适当时候也需要变更。但这种变更必须在体悟立法本意的前提下,因时与地,以有益于国计民生为目的:"圣人事穷而更为,法弊而改制,非乐变古易常也,将以救败扶衰,黜淫济非,以调天地之气,顺万物之宜也。"⑦

如此而言,《淮南子》就论及了立法、守法、执法、变法等各个环节,构筑起

---

① 张双棣《淮南子校释》(增订本),第988—989页。
② 张双棣《淮南子校释》(增订本),第988页。
③ 张双棣《淮南子校释》(增订本),第988页。
④ 张双棣《淮南子校释》(增订本),第1763页。
⑤ 张双棣《淮南子校释》(增订本),第932页。
⑥ 张双棣《淮南子校释》(增订本),第1185页。
⑦ 张双棣《淮南子校释》(增订本),第2102页。

一个任法而治的体系。尽管效果勿庸置疑,但其缺陷也尤为明显。法家过分强调法治的主体,却无视法治的客体也是有生命、有感情的能动之人,很容易走向严刑峻法这条歧路,故刘安又吸纳儒家者言以补偏救弊。

(三)圣贤之治

儒家是道家和法家攻击的主要对象,特别是法家,攻击可谓不遗余力。反过来,法家又成为儒家批驳的主要对象。法家虽然认识到了法治可以最大限度保证社会公平,但似乎忽略了法最终还是由人来执行这一事实。如果执法之人无良好的道德品质,即使拥有世界上最完美的法律,也可能终归一纸空文。荀子就很敏锐地观察到了这一点,提出圣贤才是治国之原,他说:"故械数者,治之流也,非治之原也;君子者,治之原也。"又说:"法不能独立,类不能自行,得其人则存,失其人则亡。"[①]荀子所说颇明法家之缺陷,刘安和他的宾客们又将儒家的这种德治(体现为圣贤之治)思想加以采撷,即使一书之中出现互相矛盾的言论,也在所不惜。

为宣扬圣贤之治,《淮南子》力斥法家之短:"法能杀不孝者,而不能使人为孔、曾之行;法能刑窃盗者,而不能使人为伯夷之廉。"[②]进而认为任法不足以图治:"若不修其风俗,而纵之淫辟,乃随之以刑,绳之以法,虽残贼天下,弗能禁也。"[③]对于治国来说,法只是一种工具和手段,"法者,治之具也,而非所以为治也,而犹弓矢,中之具,而非所以中也。"[④]甚至是可有可无的,《俶真训》说:"若夫墨、杨、申、商之于治道,犹盖之无一橑,而轮之无一辐,有之可以备数,无之未有害于用也。"[⑤]倘若用法不当,还会造成严重后果,即如《览冥训》所说:"若夫申、韩、商鞅之为治也,挬拔其根,芜弃其本,而不穷究其所由生,何以至此也?凿五刑,为刻削,乃背道德之本,而争于锥刀之末,斩艾百姓,殚尽太半,而忻忻然常自以为治,是犹抱薪而救火,凿窦而出水。"[⑥]法家既有此短,所以《淮南子》同时又倡言圣贤之治。

《淮南子》的作者论圣贤之治,首要的是崇拜圣贤力量。他们说:"国之所

---

① 王先谦《荀子集解》,中华书局 1988 年,第 232、230 页。
② 张双棣《淮南子校释》(增订本),第 2123 页。
③ 张双棣《淮南子校释》(增订本),第 2119 页。
④ 张双棣《淮南子校释》(增订本),第 2112 页。
⑤ 张双棣《淮南子校释》(增订本),第 195 页。
⑥ 张双棣《淮南子校释》(增订本),第 721 页。

以存者,非以有法也,以有贤人也;其所以亡者,非以无法也,以无贤人也。"①把圣贤有否看成是国家存亡的关键,而非法家所说的有法无法。刘安及其宾客津津乐道圣人治世的情景:"古者圣王在上,政教平,仁爱洽,上下同心,君臣辑睦,衣食有余,家给人足,父慈子孝,兄良弟顺,生者不怨,死者不恨,天下和洽,人得其愿。"②当然,圣人千世不一出,此种治世自然就千年不一遇,他只好责望于"人主"了。《主术训》说:"人主之一举也,不可不慎也。所任者得其人,则国家治,上下和,群臣亲,百姓附。所任非其人,则国家危,上下乖,群臣怨,百姓乱。……故人主诚正,则直士任事,而奸人伏匿矣;人主不正,则邪人得志,忠者隐蔽矣。"③意谓君人者得人则国治,失人则国危,同时君人者本身的道德素养("正"与"不正")也影响着得人与否。这种认识显然与荀子一脉相承。

《淮南子》论圣贤之治的另一个重点,就是张扬儒家的仁义之道。《泰族训》说:"虽有知能,必以仁义为之本,然后可立也。知能踳驰,百事并行。圣人一以仁义为之准绳,中之者谓之君子,弗中者谓之小人。"④可见,儒家所称道的圣贤是以仁义之道为内修之本,因此,圣贤之治亦可谓之为仁义之治。仁义之道同样系乎国家之存亡,"国之所以存者,仁义是也;人之所以生者,行善是也。国无义,虽大必亡;人无善志,虽勇必伤。"⑤历史上桀纣之所以败亡,汤武之所以昌盛,就在于推行仁义之道与否。作为敌国之君,桀纣"务广其地而不务仁义,务高其位而不务道德"⑥,这是他们败亡的根源。有鉴于此,《淮南子》的作者一再高唱以仁义为治道之本,而以法度为末。《泰族训》说:"治之所以为本者,仁义也;所以为末者,法度也。"又说:"故仁义者,治之本也。……且法之生也,以辅仁义,今重法而弃义,是贵其冠履而忘其头足也。故仁义者,为厚基者也。"⑦君主若是颠倒仁义和法度的关系,国家就有灭亡的危险。秦任商鞅之法而亡,就是因为"察于刀笔之迹,而不知治乱之本"⑧。当然,《淮南子》的

---

① 张双棣《淮南子校释》(增订本),第 2122—2123 页。
② 张双棣《淮南子校释》(增订本),第 893 页。
③ 张双棣《淮南子校释》(增订本),第 958 页。
④ 张双棣《淮南子校释》(增订本),第 2129 页。
⑤ 张双棣《淮南子校释》(增订本),第 1050 页。
⑥ 张双棣《淮南子校释》(增订本),第 1417 页。
⑦ 张双棣《淮南子校释》(增订本),第 2149 页。
⑧ 张双棣《淮南子校释》(增订本),第 2156 页。

作者并没有否定法的功能,而是认为法也应以仁义为其内核,体现出了糅合儒法的倾向。

综上所述,《淮南子》的治国思想,首以无为而治为本,次之以仁义之治、任法而治,试图整合道、儒、法、墨等诸家治国主张,大体能够反映整书的思想构成,同时体现了作者想要会通众家之长而又求变通的写作意图。《要略》篇说:"若刘氏之书,观天地之象,通古今之事,……弃其畛挈,斟其淑静,以统天下,理万物,应变化,通殊类,非循一迹之路,守一隅之指,拘系牵连之物,而不与世推移也。"① 显然,刘安十分理性地认识到了诸子各自的局限,希望探索出一条适合当代的治国新路来。他借表扬汉武帝的名义,表达了对这条治国新路的憧憬:"逮至当今之时,天子在上位,持以道德,辅以仁义,近者献其智,远者怀其德,拱揖指麾而四海宾服,春秋冬夏皆献其贡职,天下混而为一。"② 其中明显留有会通道、法、儒治国思想的痕迹。

第三节 《淮南子》学及其演进轨迹

一、《淮南子》学的概念

《淮南子》自产生以后,就没有停止过传播,至今已有两千余年的历史。在这个过程中,它吸引了很多学者,或传阅,或评议,或资用,或研究,客观上形成了一门关于刘安及其《淮南子》的学问,在中国古代学术与文化中留下了或轻或重的印记。这门关于刘安及其《淮南子》的学问,我们称之为"《淮南子》学"。

"《淮南子》学"这个概念,其雏形可追溯到南宋的黄震。他在《读孔氏书》中说:"《孔丛子》之后有《连丛》焉,又子顺第三子之后孔臧之书,臧为武帝大常,与安国同集古义。臧子琳,琳次子茂,茂传子卬,卬生仲骥,骥生子立,子立生子元,子元生子建,皆世其业。而建不仕莽,归阙里,生子仁,子仁生子丰,子丰能屈鲍彦《淮南子》之学。子丰生和,章帝幸其居,为临晋令而终。"③ 首次提

---

① 张双棣《淮南子校释》(增订本),第 2200 页。
② 张双棣《淮南子校释》(增订本),第 720 页。
③ 张伟等编《黄震全集》,浙江大学出版社 2013 年,第 1228—1229 页。

出"《淮南子》之学"的说法。事实上,其含义已与"《淮南子》学"相同,两者没有本质的差异。但后世学者没能把这个说法发扬光大,故而沉寂不闻[①]。

现代"《淮南子》学"这个概念,最早由台湾学者于大成提炼并使用。他写有《六十年来之淮南子学》一文,最初载录在1974年6月出版的《六十年来之国学》第四册上。尽管于大成首次提出并使用"淮南子学"一语,但他并未对这个概念作出界定,甚至未作任何说明。于氏在此文提要中说:"此文就六十年来治《淮南》之学之总成绩,分项列举,兼评诸家得失焉。"[②] 所谓"治《淮南》之学",就是于大成眼里的"《淮南子》学"。这里的"治",于氏又称作"研治"。他在此文前言中又说:"民国已来,学者研治此书,续有所见,订讹补阙,亦足以步伍清人。"[③] 由此可见,于大成所提出的"《淮南子》学",是专指研究《淮南子》而形成的一门学问,具体体现在研究者的著述中。他把"《淮南子》学"分成"笺校疏义之属""考定《淮南》用事出处者""论《淮南》思想及其书之板本者""《万毕术》"等几类,即为明证。显然,于大成是将"《淮南子》学"限定在研治《淮南子》这一范畴之内。若以这个标准来评价魏晋至宋元时期的"《淮南子》学",那么几乎可以说是一个空白,因为这个时期并没有几种像样的研究著作出现。

因此,我们并不局限在于大成对"《淮南子》学"的认识之中,而是从广义来看待这个概念。既要突出两千多年来学者研治《淮南子》的成就,又要兼顾《淮南子》在非研究层面的传播和接受。只有将"《淮南子》学"这个概念置于这样的视野中,才能更全面、更客观地描述出《淮南子》两千余年的流传史和研究史,才能更真实地感受到《淮南子》两千余年来所产生的影响。

二、《淮南子》学的研究现状

作为一部重要的子书,《淮南子》一直受到关注和研究。据统计,《淮南子》现存古本约一百一十多个,国内外研究《淮南子》的著述也已经超过一千种。这些著述绝大部分立足于《淮南子》文本的校勘整理、义理阐释和辨伪

[①] 仅有清代学者谢墉在为《淮南天文训补注》所作的序中提到了这一概念。他说:"读是书者,其毋以溉亭之学为淮南学哉!"(方勇主编《子藏·淮南子卷》第51册,第414页。)所谓淮南学,实际上就是淮南子之学。
[②] 于大成《淮南鸿烈论文集》,台北里仁书局2005年,第1533页。
[③] 于大成《淮南鸿烈论文集》,1535页。

考证等三大方面,而对于《淮南子》两千年来传播、接受与研究的这一历史过程关注不够。自古及今,关于《淮南子》的研究状况,归纳起来说主要有以下几类:

第一,对《淮南子》注文的校勘、辑佚与辨正。经学名家许慎、高诱相继为《淮南子》注解,是两汉《淮南子》学的集大成者,也为我们研读《淮南子》提供了最重要的资料。正因为如此,清代学者专心致力于许高二注的搜集、整理,如陆心源撰《淮南子许高二注》,陶方琦撰《淮南许注异同诂》,孙诒让撰《淮南子许慎高诱注》,叶德辉撰《淮南鸿烈间诂》,皆成绩斐然。近世以降,研究者开始注目许高注释本身的价值,研究面貌稍变,如吴承仕撰《淮南子许慎高诱注音辨正》,马宗霍撰《淮南旧注参正》,着重对注文进行辨误与补正,而当代学者的探讨已经深入到许高注文的训诂体例、术语、音读、词汇、语法等重要部分,显示了运用现代学科知识进行研究的新趋向。

第二,对近百年来《淮南子》研究成果的总结。这方面是台湾学者于大成肇其端,他撰写《六十年来之淮南子学》一文,不仅将六十年来研究《淮南子》的重要著作一一评述,而且首次使用"《淮南子》学"这一概念。本书即是采用了于先生提出的这个概念。其后,陈丽桂撰《〈淮南子〉研究八十年》,高晓荣撰《新时期大陆学界〈淮南子〉研究综述》,戴黍撰《国外的〈淮南子〉研究》,马庆洲撰《六十年来〈淮南子〉研究的回顾与反思》,杨栋撰《二十世纪〈淮南子〉研究》,比较全面地总结了近百年海内外学者研究《淮南子》的状况,实际上简单梳理了《淮南子》学在现当代发展的这一段历史。

第三,对《淮南子》所产生的学术作用和影响进行个案式研究。《淮南子》这部百科全书式的子书自问世后就不断为学者文人所资用,逐渐确立了其重要典籍的地位。陈桐生《〈史记〉与〈淮南子〉》、韩高年《论〈淮南鸿烈〉对汉大赋审美倾向的影响》、李宗桂《论〈淮南子〉与〈春秋繁露〉的思想同异》、雷健坤《〈淮南子〉与〈春秋繁露〉的思想比较》、周世辅《论〈淮南子〉与扬雄的哲学思想》、马白《〈淮南子〉与〈文心雕龙〉》、陈良运《〈文心雕龙〉与〈淮南子〉》、马育良《〈淮南子·要略〉与近世章胡诸子学论争》诸文章,即是从个案入手来探讨《淮南子》对后世学术所产生的作用与影响。

第四,海外学者对《淮南子》版本历史的梳理与研究。日本学者仓石武四郎撰《淮南子の历史》,美国学者罗斯撰《淮南子版本史》(The Textual History of the Huai-nan Tzu,这部著作的主要内容,陈静教授《自由与秩序的困惑——〈淮南子〉研究》一书有详细的介绍），虽是讨论《淮南子》的版本演变历史，但也可以视为《淮南子》学史的一个分支，具有十分重要的参考价值。

从总体上看，这些研究成果虽然涉及了《淮南子》研究的很多方面，也颇有价值，但都未从学术发展史的角度，对《淮南子》两千余年传播、接受与研究的漫长过程作一番全面、系统的梳理和研究。例如，对许高二注的研究集中在文献与训诂，未能结合社会背景、学术发展、个人学养等因素来讨论；对近百年《淮南子》研究成果的总结也只是截取一个时期，弃古代而不论；对《淮南子》所产生的学术作用及影响的研究，则还是停靠在一个一个"点"上，并未结成一条可以贯通的"线"。因此，就《淮南子》的研究现状而言，"《淮南子》学史"这个课题确实值得展开，同时也是《淮南子》研究中必要的工作。

三、《淮南子》学的演进轨迹

总体而言，《淮南子》学的发展很不平衡，两汉是它的形成与初兴时期，但此后七百余年显得较为沉寂，至北宋中期才有起色，传播的力度、学者关注和研究的力度在不断增强，至明中晚期再次达到勃兴的局面，清代以后因考据学的影响，其发展又显得较为单一，但成果极丰，民国建立后，西学更盛，《淮南子》学因而走上了现代转型的发展之路。具体说来：

汉代是《淮南子》学的形成与初兴阶段，也是《淮南子》学最重要的一个阶段。《淮南子》学在西汉形成，在东汉实现了它的第一次勃兴。自汉武帝即位至王莽覆灭这一百五十余年，是《淮南子》学的形成期。这个时期，《淮南子》集结成书，形成了刘安原本与汉武帝秘府藏本两个最原始版本。后因刘安谋反一案的牵连，《淮南子》被禁闭于深宫。司马迁虽对它只字未提，却可能是研读《淮南子》的第一人。刘向则是西汉《淮南子》学最重要的发展者。他曾领校诸子诗赋，写成了《淮南子》校定本。该校定本成为东汉的通行本，同时也影响至今。刘向撰写《说苑》《新序》，还大量引述《淮南子》，开启了汉代学者研读《淮南子》的热潮。其后，刘歆把《淮南子》归为《诸子》一略，扬雄又归在杂家，班固或受两人影响，将它归入诸子中杂家一类。进入东汉，《淮南子》受到的关注与日俱增，桓谭、王充、鲍彦等人皆有评述。特别是王充，他以批评的眼光审视《淮南子》，成为刘向之后又一位系统研究《淮南子》的学者。与此同时，班固也为刘安立传，并清楚地著录了《淮南子》产生和流传的情况。

东汉中期以后,《淮南子》学达至鼎盛。这个时期,学者热衷于注解《淮南子》,有许慎、马融、高诱相继作注,皆灿烂可观。高诱之后,《淮南子》学的第一次勃兴告退。

魏晋至唐五代是《淮南子》学的低落阶段。这个阶段没有出现专门研究《淮南子》的学术著作,甚至连一篇论文也不见传世。魏晋是《淮南子》学走入低落的开始。这个时期的《淮南子》学,主要体现在学者将《淮南子》应用于注释古书上,或引述其天文地理方面的知识,或发挥它在校勘方面的作用,或征引许慎、高诱注释用以训诂。这个时期,真正称得上研究刘安及《淮南子》的学者,仅有葛洪一人而已。南北朝时期,《淮南子》学略有起色,主要体现在南北方的学者不仅著书立说资用它,文人作文写赋也引述它。特别是刘勰的《文心雕龙》、萧绎的《金楼子》、刘昼的《刘子》大量辑录和化用它的文句,显示出《淮南子》对于学术的独特作用。隋唐五代,《淮南子》学不仅没有进步,反而有倒退的迹象。这个时期,《淮南子》学的主要特征就是其资料价值被广泛利用。晚唐五代时期,《淮南子》的文本还经历了可怕的灾难,即许慎、高诱二注不仅残佚,还混合在一书之中。

宋元时期是《淮南子》学的再起阶段。这主要得益于宋代统治者崇文抑武,优待士人。北宋前期,文人著述频繁征引《淮南子》,说明它流传较之以前更加广泛。北宋中期,苏颂曾见到七个《淮南子》版本,自己又缮写了两个新本,此时又有著名的北宋本,足见其版本之多。这是《淮南子》能够再起的前提条件。同时,《淮南子》的文本校勘也取得了极高成就,苏颂不仅分开了混在一书的许高二注,还留下了一篇《校淮南子题序》,成为《淮南子》学史上最重要的文献。南宋前期是《淮南子》学稳步向前推进的阶段。晁公武、尤袤最早将《淮南子》著录在自己的私人藏书目录中。这个时期,张嵲写有《读淮南子》一文,发表了一些不俗的见解。南宋后期是《淮南子》学向纵深推进的阶段,也是最能体现"再起"这一特征的阶段。这个时期,除文人著述频繁征引外,最重要的成就就是出现了像高似孙《淮南子题识》、周端朝《周氏涉笔》、黄震《读淮南子》这样专论《淮南子》的文章。到了元代,《淮南子》学开始下滑,仅有王恽、杨维桢、姚琏作过一些研究。

明代是《淮南子》学的勃兴阶段。但这一勃兴并非整个时期的勃兴,而是自明代中叶以后的勃兴。由于明初统治者极端严厉的集权制度和文化政策,使得明代前期的《淮南子》学基本处于停滞状态,仅有宋濂所写的《淮南子辨》，但涉嫌拼合他人说法，识见也不高妙。中期以来，《淮南子》学开始振兴，正统十年刊行道藏本，迈开了振兴的第一步。刘绩即取道藏本校成新本，其后版本便日益增多，极大地促进了《淮南子》的传播。刘绩又在许高注文的基础上作了大量补注及辨正，是这个时期《淮南子》学的代表人物。明代晚期，《淮南子》学可谓是暴兴，其主要体现：一是版本的数量比以前更多，种类也更丰富。这个时期产生的《淮南子》全本不下20个，出现了像茅一桂本、茅坤本这样流传极广的版本，而评选本更是不计其数，以张榜、汪明际选本为代表，可谓是形成了一门关于《淮南子》的选学。二是对《淮南子》的评点风行一时，其中以茅坤、袁宏道、陈深、穆文熙、张宾王、陈仁锡、汪明际等人的评点最具代表性，他们把对《淮南子》的古文评点推向了高峰。评点之外，王世贞、胡应麟等人通过撰写读书评论的形式，对刘安及其《淮南子》作了富有个性的研究。

清代是《淮南子》学的偏胜阶段。清代的《淮南子》学自始至终都在发展着，呈现出一种十分繁荣的局面。但这种繁荣又是畸形的，因为它完全立足于校勘与考据，而不涉及其他方面，造成了某种失衡，即所谓偏胜。清代前期，朴学的开创者和奠基人顾炎武曾取《淮南子》校读，傅山则专门撰有《淮南子评注》一书，揭开了清代《淮南子》学转向校勘、训诂的序幕。清代中期是考据学的全盛时期，也是清代《淮南子》学的鼎盛时期。所谓鼎盛，主要体现在三个方面：一是《淮南子》新版本大量产生，不仅出现盛极一时的庄逵吉本，还出现了像《四库全书荟要》本、《四库全书》本这样的"御览"本，也出现像北宋本的顾广圻影钞本、陈奂影钞本这样十分珍贵的版本；二是针对《淮南子》的批校本大量涌现，呈井喷景象，批校的底本也多种多样，总计近30种，出现了像惠栋、黄丕烈、顾广圻这样众多的名家批校本；三是《淮南子》校注作品的数量最多，且水平最高，总计约9种，其中，王念孙《淮南内篇杂志》的出现，是清代《淮南子》学达至鼎盛的标志。清代晚期，考据学已盛极而衰，《淮南子》学也同样如此。就版本而言，这个时期没有产生全新的版本，几乎都是翻刻本，最重要的要属浙江书局重刊庄逵吉本和刘履芬所影钞的北宋本。与此同时，批校本数量也在减少，且批校本的底本很单一。就校注而言，大多只是篇幅短小的读书札记，而专门的校注作品很少，其中以俞樾《淮南内篇平议》最为有名，但其学术水平不能与《淮南内篇杂志》相提并论。当然，《淮南子》学中还有一个很重要的文献问题在清代得到了有效解决。这个文献问题，就是许慎注和高诱注杂于一书的问题。经过钱塘、王念孙、洪亮吉、庄逵吉、徐养原、劳格、陆心源、陶方琦等人的不懈努力,相杂在一书的许高二注最终被区分开来,成为《淮南子》学史上最重要的成就之一。

民国时期是《淮南子》学的转型阶段,在《淮南子》学史上具有承上启下的重要地位。民国前十年,《淮南子》学的现代转型还不明显,考据学仍是主体。这个时期的版本多承袭旧本,其有异于清代之处,就是出现了为适应国学教育和国学研究的节选本,这可以视为《淮南子》学现代转型的体现。同时,谢无量在他的《中国哲学史》中讨论了《淮南子》相关的哲学问题,标志着《淮南子》新式研究的开始。二十年代是民国《淮南子》学的黄金时期,主要表现在:一是版本的发展与繁荣,这个时期《淮南子》迎来了像刘文典《淮南鸿烈集解》本这样富有革命性的新版本,还产生了著名的《四部丛刊》影印本,以及数不清的翻印本和评选本;二是校注作品的不断涌现,这个时期可谓是民国学者校注《淮南子》的鼎盛时期,出现了以刘文典《淮南鸿烈集解》和吴承仕《淮南旧注校理》为代表的八种校注作品,堪可与清人相比肩;三是新式研究的全面展开,这个时期,学者基本上是以撰写学术论文的形式开展研究,并把成果发表在期刊上,他们几乎都是以西学的视野和方法研究《淮南子》,是《淮南子》学向现代转型的重要体现。三十年代是民国《淮南子》学新式研究的鼎盛时期,胡适、冯友兰、吕振羽、杨幼炯、杨鸿烈等著名学者都有对《淮南子》的研究成果,还有姚璋、管道中、朱锦江等人在期刊上发表的一些专论文章,他们共同促成了三十年代《淮南子》研究的完全转型,其中以胡适的《淮南王书》最为杰出,另外,于省吾的《双剑誃淮南子新证》则是很有特色的校注作品。四十年代是民国《淮南子》学发展缓慢的时期,在版本方面毫无建树,校注方面则稍有可观,杨树达撰写的《淮南子证闻》最值得称道,新式研究方面仅有萧公权、陶希圣讨论《淮南子》的政治思想。这也宣告了一个学术时代的结束。

第一编

汉代《淮南子》学的形成与初兴

第一章 汉代《淮南子》学概说

第一节 汉代《淮南子》学的时代背景

封建时代,学术并非天下公器,它一直为统治者所掌管,是他们推行政治教化的主要工具。古代学术与政治的亲密关系,超过它与其他任何一个方面的关系。所以,欲求古代学术之演进,必求古代政治之演进。

秦始皇扫灭六国以后,用郡县制取代了分封制,推行"书同文""车同轨",并重用法家思想,暂时压制了游士活动和其他学派。刘邦目睹秦朝的快速败亡,对郡县制作了修改,把秦始皇消灭的分封制复活过来,从分封异姓诸侯王逐渐过渡到分封同姓诸侯王,以增强皇室对全国的统治力。以前被秦始皇压制的游士活动和学术流派,在这种政治环境下又重新活跃起来,几近消失的战国养士之风也死灰复燃,并盛行起来。

苏轼在《论养士》中说:"下至秦、汉之间,张耳、陈余号多士,宾客厮养,皆天下豪俊。而田横亦有士五百人。其略见于传记者如此。度其余当倍官吏而半农夫也。此皆奸民蠹国者,民何以支,而国何以堪乎?苏子曰:此先王之所不能免也。国之有奸,犹鸟兽之有鸷猛,昆虫之有毒螫也。区处条理,使各安其处,则有之矣,锄而尽去之,则无是道也。吾考之世变,知六国之所以久存,而秦之所以速亡者,盖出于此,不可以不察也。"[①] 认为养士对于国家政治来说是利弊并存,不可尽除。苏轼又说:"楚、汉之祸,生民尽矣,豪杰宜无几,而代相陈豨,从车千乘。萧、曹为政,莫之禁也。至文、景、武帝之世,法令至密矣,然吴王濞、淮南、梁王、魏其、武安之流,皆争致宾客,世主不问也。岂惩秦之祸,以为爵禄不能尽縻天下之士,故少宽之,使得或出于此也耶?"[②] 并认为汉初统治者不禁止养士,反而加以宽容相待,是基于秦亡的历史教训,看到了它

[①] 孔凡礼点校《苏轼文集》,中华书局1986年,第139—140页。
[②] 孔凡礼点校《苏轼文集》,第140—141页。

有利于政治的一面。

　　淮南王一家的兴衰,正与汉初的分封制和养士之风有着密切的关系。高祖十一年(前196),原来的异姓淮南王英布谋反,被剿灭后,刘邦遂立少子刘长为淮南王,取得了同姓诸侯王的地位和权力。刘长也开始养士,张苍等人说他:"及所置吏,以其郎中春为丞相,聚收汉诸侯人及有罪亡者,匿与居,为治家室,赐其财物爵禄田宅。爵或至关内侯,奉以二千石,所不当得,欲以有为。"①虽是为刘长谋反张本,但实则反映了刘长亦有养士的喜好。刘安接过淮南王封号后,更是乐此不疲。苏轼把诸侯所养之士分成智、辩、勇、力四类,刘长养士多为勇、力之类,而刘安养士多为智、辨之类。可以这样说,若没有汉初的分封制,没有对待养士的宽松政治,《淮南子》就不可能会出现,世上也就没有所谓《淮南子》学了。

　　然而,成也萧何,败也萧何。势力不断膨胀的诸侯王成了汉代中央集权的一大威胁。汉文帝在贾谊的建议下,开始对诸侯王采取强硬措施,力图缩小他们的势力范围。汉景帝更是接受晁错的建议,采用了更为激进的削藩政策。淮南王刘安就是在这次激进的削藩行动中,被卷入所谓"七国之乱"。汉武帝吸取教训,接受主父偃的建议,颁布推恩令,不断分化诸侯王的势力,用温柔富贵乡的方式彻底消除了诸侯王的威胁。淮南王刘安也在这温柔富贵乡中彻底覆亡。《淮南子》因此成了谋反者的著作,被禁于深宫之中,不得流布,《淮南子》学直到刘安覆亡百余年后才开始形成。

　　王莽新朝被推翻后,光武帝重新建立了统一的皇权政治,集权的程度更深。他在位三十三年(25—57),既勤勉政事,又奖励学术,范晔谓之"光武中兴"。继其位者明帝、章帝,亦足称明主,二帝相继在位共三十一年(57—88),史书称此间"天下安平,人无徭役,岁比登稔,百姓殷富,粟斛三十,牛羊被野"②,号为"明章之治"。他们同样奖励学术,尤其尊崇儒术。明、章之后,和帝、殇帝、安帝相继续位,统治期间虽然没有发生持久的内乱,但由于这三人皆年幼登基,母后临朝,外戚、宦官借机用事,威胁东汉政权根基的两大痼疾即外戚专政和宦官弄权,也在这个时期依次出现。和帝一朝,尚能维持平稳,但安帝以来,政权旁落,时局失控,国运式微。此后一百多年,外戚、宦官、豪强交替

---

① 司马迁《史记》,第3077页。
② 范晔《后汉书》,中华书局1965年,第115页。

把持朝政。几大势力集团之间既相互勾结，又针锋相对，国无宁日。汉献帝之时，东汉政权更是仰息豪强，名存实亡。

东汉政治兴衰影响学术演进最直接的反映，就是图书的存亡，而图书的存亡又在很大程度上影响着学术的兴衰。《后汉书·儒林传》说："初，光武迁还洛阳，其经牒秘书载之二千余两，自此以后，参倍于前。及董卓移都之际，吏民扰乱，自辟雍、东观、兰台、石室、宣明、鸿都诸藏典策文章，竞共剖散，其缣帛图书，大则连为帷盖，小乃制为滕囊。及王允所收而西者，裁七十余乘，道路艰远，复弃其半矣。后长安之乱，一时焚荡，莫不泯尽焉。"① 汉末兵乱，致使中央政府保存的六千余辆书籍茫然无存。高诱感慨："会遭兵灾，天下棋峙，亡失书传，废不寻修，二十余载。"② 他在这样险恶的政治环境中注解《淮南子》，不仅图书难得，而且注解过程也相当曲折。实际上，许慎注解《淮南子》，马融注解《淮南子》，也都与图书存亡有很大的关系。此二书就是在统治者为保护图书而组织校书活动中产生，汉代《淮南子》学也因此进入勃兴阶段。

除了政治的演进对学术的发展有重大影响外，思想的演进对学术的发展也同样重要。西汉前期，是中国古代思想发生重大变化的时期。这个时期，古代思想既趋向大融合又趋向大一统。自此以后，中国古代两千年思想走势基本就定形了。

因为天下初定，汉初统治者大都认同休养生息的政策，对清静无为的道家思想发生了浓厚兴趣。于是，道家思想就成了当时的主流，而名家、法家、纵横家、农家，乃至阴阳家，均纷纷附庸其上，使道家发展成了司马谈眼中具有宏大思想体系的黄老道家。文、景两朝，道家思想的主流地位更是不可撼动，上有汉文帝、窦太后的支持，下有淮南王刘安等人的张扬，一时王公贵臣靡不诵习。刘安组织宾客编撰《淮南子》，采用道家思想为根本，正是这个时代思想潮流的反映。汉武帝之时，道家思想开始受围剿，其主流地位被儒家思想所取代，从此就转入隐性传播和发展。

到了东汉，道家思想有所抬头。马援自称"颇哀老子，使得遨游"③，范升

---

① 范晔《后汉书》，第2548页。
② 张双棣《淮南子校释》（增订本），第2页。
③ 范晔《后汉书》，第836页。

"习《梁丘易》《老子》,教授后生"[①],淳于恭"善说《老子》,清静不慕荣名"[②],高恢"少好《老子》,隐于华阴山中"[③],翟酺"好《老子》,尤善图纬、天文、历算"[④],向栩"恒读《老子》,状如学道,又似狂生,好被发,著绛绡头"[⑤]。王充撰著《论衡》,也吸纳了黄老学中的自然思想[⑥],延熹八年,汉桓帝还派人到陈国苦县祠老子;九年,又亲祠老子于濯龙[⑦]。这个时期,还出现不少注《老》之作,如马融的《老子注》、刘陶的《匡老子》、张道陵的《老子想尔注》。高诱置身其中,不可能不受影响,他归纳《淮南子》之旨近《老子》,又说《吕氏春秋》所尚"以道德为标的,以无为为纲纪",即反映了他对道家思想的整体把握。

　　汉代思想演进至汉武帝有一大转变,即用儒家思想取代道家思想。他接受了儒者公孙弘、董仲舒等人的建议,推行了秦始皇没有完成的思想统一政策。从此以后,儒家思想成了封建时代的正统思想,其他各家都不能得到官方的支持而发展。儒家思想成为正统思想,继而造就了汉代经学盛行的学术格局,以及一大批熟读经书、精通训诂的经师。今文经学一直居于汉代经学的正宗,汉宣帝广集群儒于石渠阁,议定《五经》,东汉章帝大会诸儒于白虎观,考定《五经》异同,命史官撰成《白虎通义》,集今文经学之大成。古文经学则多自民间发展,其源于河间献王、鲁恭王、孔安国,起于王莽、刘歆,兴于东汉杜林、桓谭、郑兴、卫宏、贾逵、马融诸人。到了东汉中后期,今古文经学有了合流的迹象,许慎、马融、卢植、郑玄、高诱皆不固守一派,会通经义,甚至旁及诸子。因此,即使在经学一统的汉代,也有像许慎、马融、高诱这样的经师相继为《淮南子》作注,不断推动着《淮南子》学向前发展。

　　除道家思想、儒家思想外,汉代还流行神仙思想。神仙思想源于战国时代的阴阳家。阴阳家又起源于濒临海边的齐国,所以容易染上神秘主义色彩,衍生出神仙思想。秦汉之际,神仙思想极有市场,即使一代雄主如秦始皇、汉武帝,也都要受神仙家的摆弄。而像张良、董仲舒这样重要人物的身上,也能见到神仙思想的影子。淮南王刘安更是深陷其中,他组织宾客编撰的著作大都

---

① 范晔《后汉书》,第1226页。
② 范晔《后汉书》,第1301页。
③ 范晔《后汉书》,第2768页。
④ 范晔《后汉书》,第1602页。
⑤ 范晔《后汉书》,第2693页。
⑥ 见金春峰《汉代思想史》,中国社会科学出版社1997年,第537—540页。
⑦ 范晔《后汉书》,第3188页。

带有神秘主义的色彩,《淮南子》也不能例外。神仙思想渗透经学,就发展出了谶纬之学。即使博学如刘向,也几乎要被刘安的著作所迷惑。整个汉代学术界,或只有王充一人能够从这一神秘主义思潮中超拔出来,他猛烈批判刘安仙话以及《淮南子》的荒诞之说便是反映。

第二节 汉代《淮南子》学的演进过程

汉代是《淮南子》学最重要的一个阶段。《淮南子》学在西汉形成,并在东汉实现了它的第一次勃兴。

自汉武帝建元二年(前139)至王莽覆灭(公元23年)这一百五十余年,是《淮南子》学的形成期。成书不久,《淮南子》即被进呈给汉武帝,并受到青睐,藏于秘府。因为淮南王一案的牵连,《淮南子》一度被束之高阁,司马迁对它更是只字未提。尽管只字未提,但并不代表司马迁不熟悉《淮南子》。他撰写《史记·天官书》时,对《淮南子·天文训》的内容多有借鉴。明代陈深与清代诸多经师在评点、校注《天文训》时常提及《天官书》,即是明证。除此之外,《淮南子》还在构建天人古今知识体系、对待先秦诸子的思想方法、倡导法与时变和礼与俗化、主张审微和重时等一系列问题上,给《史记》以深刻的启示[①]。从这个方面说,司马迁可能是研读《淮南子》的第一人,也是《淮南子》学的第一个推动者。

司马迁之后,戴德也可能研读过《淮南子》。《大戴礼记》虽有与《淮南子》相近的文本,但其年代争议不断,只能存疑[②]。可靠的就是刘向。刘向的父亲刘德曾审理淮南王一案,刘安的许多著述为其所获,刘向因此研读了《淮南子》,并沉迷于刘安所编的方术之书。河平三年(前26),汉成帝下诏搜求天下遗书和校理官方藏书,《淮南子》就在此时得到解禁。刘向负责经传诸子诗赋,《淮南子》赫然在列。他把刘安的著述分门别类地整理成编,并校定《淮南子》,名之曰《淮南》。其校定本影响很大,成了东汉的通行本。刘向也因此对《淮南子》无比熟悉,在撰写《说苑》《新序》时,不仅大量援用《淮南子》中的历史和

[①] 详见陈桐生《史记与淮南子》一文,《东南大学学报》(哲学社会科学版)2002年第2期,第95—99页。
[②] 《大戴礼记·易本命》篇"天一,地一,人三"至"不食者不死而神"这一大段文字,与《淮南子·地形》篇中的文字很相似。但其中"无角者前齿者膏,有角者后齿者脂",《淮南子》作"无角者膏而无前,有角者指而无后",差异较大,戴书或别有所本。

寓言故事,有时还直接引用其中的论断。其《谈丛》篇模仿《说山训》《说林训》体例,《辨物》篇又多吸取《天文训》《地形训》的内容。可见,刘向为《淮南子》的广泛传播做了大量的工作,并开启了一个研读《淮南子》的热潮。

刘向之子刘歆亦受诏领校秘书,讲六艺传记,诸子、诗赋、数术、方技,无所不究,并在汉哀帝时完成其父未竟之业,最终撰成《七略》。《淮南子》便被他归在《诸子》一略。这说明刘歆对《淮南子》一书的性质有非常清晰的认识。约与刘歆同时的扬雄,撰著《法言》,专门针对《淮南子》发表了评论。他说:"或曰:'淮南、太史公者,其多知与?何其杂也。'曰:'杂乎杂,人病以多知为杂,惟圣人为不杂。'"①扬雄所谓杂,是指刘安之书不主一家,不能一以贯之。他是最早把《淮南子》归于杂家的学者,《汉书·艺文志》或受其影响。扬雄又说:"淮南说之用,不如太史公之用也。太史公,圣人将有取焉;淮南,鲜取焉尔。必也,儒乎!乍出乍入,淮南也。"②他以儒学为裁量标准,认为《淮南子》有时乖违经书,有时又契合经书,学者无所取用,所以还不如《史记》之有益于儒学。扬雄又称:"淮南王安多华少实。"③可见,扬雄以驳杂和多华为由基本否定了《淮南子》的价值。作为两汉之交的大儒,刘歆、扬雄对《淮南子》的关注和研究,无疑进一步扩大了该书的影响,也有力地推动了《淮南子》学的发展。

进入东汉,《淮南子》受到的关注更是与日俱增,《淮南子》学开始兴盛起来。其荒诞的记述引来了桓谭、王充等人的驳斥,其华美的语言也吸引了像鲍彦这样的青年俊才。

桓谭是当时少有几个富于批判和创新意识的学者之一。他驳斥说:"庄周寓言乃云'尧问孔子',《淮南子》云'共工争帝,地维绝',亦皆为妄作。"④否定了《淮南子》的怪异之说,显示出东汉士人回归理性的一面。桓谭又说:"淮南不贵盛富饶,则不能广聘骏士,使著文作书。"⑤认为刘安依靠自己的富贵才成就了《淮南子》,足见其独特的认识水平。

王充紧随其后,对刘安得道仙去的传说以及《淮南子》所记鬼怪奇异之事,作了更加猛烈的批判。考之《论衡》,《道虚篇》主要批判了刘安升天说的

---

① 汪荣宝《法言义疏》,中华书局 1987 年,第 163 页。
② 汪荣宝《法言义疏》,第 507 页。
③ 见王天海《意林校释》,第 316 页。
④ 严可均辑《全上古三代秦汉三国六朝文》,第 537 页。
⑤ 严可均辑《全上古三代秦汉三国六朝文》,第 539 页。

虚妄，《谈天篇》则主要驳斥了《淮南子·地形训》记述的不可信，《变虚篇》《感虚篇》《龙虚篇》《道虚篇》《语增篇》《儒增篇》《艺增篇》《说日篇》《四讳篇》诸篇，则批驳了《淮南子》各种虚妄之说，总计约有19处①。尽管王充是以批评的眼光审视《淮南子》，但他对其中天文、地理、故事、传说等方面的知识，甚至某些思想观念，也不加排斥，多有吸取②。可见，王充是继刘向之后又一位系统研究《淮南子》的学者。

与此同时，班固也为刘安立传。他在《史记·淮南衡山列传》的基础上加入了刘安编撰《淮南子》的正面描述，并将它列于"杂家者流"，著录为"《淮南内》二十一篇，王安"。这无疑代表着官方的态度，传达出《淮南子》可以自由流通的信号。班固自己也熟读了《淮南子》，《汉书·西域传》谓："淮南、杜钦、扬雄之论，皆以为此天地所以界别区域，绝内外也。"③便是明证。此外，《天文志》《地理志》《五行志》屡见与《淮南子》相近的文本，这恐怕是班固借鉴《淮南子》的结果。对于《淮南子》而言，班固也是一个十分关键的人物。后人通过他的记述，才能真正了解《淮南子》产生和流传的情况。

这个时候，《淮南子》确实可以自由流通，而且还受到皇室的青睐。汉章帝曾赐书黄香，其中就包括了《淮南子》④。黄香本人"知古今，记群书，无不涉猎，兼好图谶、天官、星气、钟律、历算，穷极道术"⑤，想必对《淮南子》作过一番精研。官方这种宽松的氛围，使《淮南子》得到了更广泛的传播。《孔丛子》载录有鲍彦与子丰论辩《淮南子》的情景："子丰善于经学，不好诸家书。鲍彦与子丰名齐而业殊，故谓子丰曰：'家书多才辞，莫过《淮南》也。读之令人断气，方自知为陋尔。'子丰曰：'试说其最工不可及者。'彦曰：'君子有酒，小人鼓缶，虽不可好，亦不可丑，此语何如？'"⑥子丰为汉章帝时人，建初元年（76）曾上疏言事，与鲍彦的论辩当是若干年以后的事。从中可以看出，鲍彦十分赞赏

---

① 具体情况详见本编第三章第二节。
② 详见岳宗伟《〈论衡〉引书研究》，复旦大学2006年博士学位论文，第124—138页。
③ 班固《汉书》，第3929页。
④ 《北堂书钞》卷一九引云："黄香诣东观，赐《淮南》《孟子》。"虞世南《北堂书钞》，天津古籍出版社1988年，第75页。《后汉书·黄香传》又云："初除郎中，元和元年，肃宗诏香诣东观，读所未尝见书。"（范晔《后汉书》，第2614页）。则可知黄香获赐是在公元84年以后。
⑤ 吴树平《东观汉记校注》，中华书局2008年，第763页。
⑥ 孔鲋《孔丛子》，上海古籍出版社1990年，第71页。关于《孔丛子》的真伪，宋代以来有过激烈的讨论。近年随着出土文献的面世，证明《孔丛子》是由汉魏孔氏后人不断增入而成书，所以这段记述应当可信。

《淮南子》的文辞,以为其他诸子莫能过之,所引《淮南子》语出自《说林训》。显然,在东汉初期,《淮南子》凭借广博深邃的内容和华美璀璨的文辞赢得了不少士人的肯定。

东汉中期以后,汉代《淮南子》学达至鼎盛。这个时期,学者更热衷于注解《淮南子》。许慎大约在汉安帝永初五年(111)任职东观时,最早为《淮南子》作注,题名为《鸿烈间诂》。他还把《淮南子》的一些词汇以及自己的注释成果,运用到《说文解字》之中。随后,马融也为《淮南子》作注,可惜已失传。东汉末年,战祸不断,图书亡失严重。建安十年(205),传承马融、卢植之学的高诱在非常困难的条件下,以极强的责任感重新注解《淮南子》,题名为《鸿烈解》,并在每篇篇目之下添一"训"字。高诱的注释旁征博引,详细精当,他对文本也认真加以校勘,保留了不少异文,是《淮南子》注书中的典范之作。

当然,这个时期也有一部分文人学者比较注意援采《淮南子》的内容,以助己著书立说。如王逸撰《楚辞章句》,引用《淮南子》约11例,多用其天文、地理、神话、传说等方面的知识。蔡邕《明堂月令论》说:"秦相吕不韦著书,取《月令》为纪号,淮南王安亦以取为第四篇,改名曰《时则》,故偏见之徒或云《月令》吕不韦作,或云淮南,皆非也。"① 这是学者最早探讨《淮南子·时则》篇与《礼记·月令》篇孰先孰后的问题。蔡氏批评了当时以吕不韦、刘安为《月令》作者的论调,并认为刘安的《时则》篇是袭取《月令》而成。

蔡邕、高诱之后,《淮南子》学的第一次勃兴告退。

---

① 蔡邕《蔡中郎集》卷三,明嘉靖二十七年(1548)任城杨贤刊本。

第二章　汉代《淮南子》版本的形成与演化

第一节　《淮南子》刘安原本与汉武帝秘府藏本

汉代是《淮南子》版本的源头所在，其形成与演化都在这个时期完成。刘安在寿春招集宾客编撰《淮南内篇》，并缮写成书，形成了《淮南子》的第一个版本，即刘安原本。随后，刘安携《淮南子》的一个副本进呈给汉武帝，武帝把它藏于秘府，是为秘府藏本。这两个版本可谓是后世一切版本的源头。

一、《淮南子》刘安原本

《淮南子》写成于汉武帝建元二年（前139）冬十月刘安入朝前夕。入朝后，刘安将缮写好的《内书》二十一篇作为礼物献给了汉武帝。显然，缮写完好的《淮南子》至少有两本以上。司马迁著成《史记》，即缮写了两本。他说："厥协六经异传，整齐百家杂语，藏之名山，副在京师，俟后世圣人君子。"① 又说："仆诚已著此书，藏之名山，传之其人通邑大都，则仆偿前辱之责，虽万被戮，岂有悔哉！"② 正本珍藏于个人秘所，副本则流通于京师等大都市。此二本同出一源，应无差别。同样的道理，刘安除献给武帝一本《淮南子》外，必定会自留一本《淮南子》于国都寿春。此本即可称为刘安原本。

刘安原本与今本《淮南子》差别不大。据《汉书·淮南王传》载："招致宾客方术之士数千人，作为《内书》二十一篇，《外书》甚众。又有《中篇》八卷，言神仙黄白之术，亦二十余万言。"③ 要特别注意这个"亦"字，它暗示了《内书》与《外书》合在一起有二十余万字。《汉书·艺文志》载"《淮南外》三十三篇"，可知《外书》的篇数要多出《内书》十二篇，即所谓"甚众"。由此推测，

---

① 司马迁《史记》，第3319—3320页。
② 班固《汉书》，第2735页。
③ 班固《汉书》，第2145页。

《外书》的字数当不低于《内书》，两者的字数皆有可能在10万字以上。据统计，今本《淮南子》字数约13万。这个情况说明，刘安原本与今本字数基本持平，散佚情况不明显。王仁俊《经籍佚文》辑得《淮南子》佚文仅3条，且有2条不能确定，即是明证。

除了字数相近外，刘安原本的篇数与篇目次序亦与今本相同。《要略》篇说："故著二十篇，有《原道》，有《俶真》，有《天文》，有《地形》，有《时则》，有《览冥》，有《精神》，有《本经》，有《主术》，有《缪称》，有《齐俗》，有《道应》，有《氾论》，有《诠言》，有《兵略》，有《说山》，有《说林》，有《人间》，有《修务》，有《泰族》也。"① 接着便根据这段文字所列次序逐篇概括大意。随后，又阐述了这样设计篇目与安排次序的原因："故言道而不明终始，则不知所仿依；言终始而不明天地四时，则不知所避讳；言天地四时而不引譬援类，则不识精微；言至精而不原人之神气，则不知养生之机；原人情而不言大圣之德，则不知五行之差；言帝道而不言君事，则不知小大之衰；言君事而不为称喻，则不知动静之宜；以称喻而不言俗变，则不知合同大指；已言俗变而不言往事，则不知道德之应；知道德而不知世曲，则无以耦万方；知氾论而不知诠言，则无以从容；通书文而不知兵指，则无以应卒；已知大略而不知譬谕，则无以推明事；知公道而不知人间，则无以应祸福；知人间而不知修务，则无以使学者劝力。欲强省其辞，览总其要，弗曲行区入，则不足以穷道德之意。故著书二十篇，则天地之理究矣，人间之事接矣，帝王之道备矣。"② 由刘安之意而论，《淮南子》的篇数、篇目次序，乃至篇中内容，都是事先精心设计，不能随意更改的。刘安原本当然也是如此。

刘安原本与今本亦有不同之处。首先是书名不同。刘安原本取名为《鸿烈》，今本多以《淮南子》《淮南鸿烈》之名行于世。其次是篇名差异。刘安原本篇名皆无"训"字，今本篇名有"训"字，皆是后人所加。

自刘安原本问世至刘安自杀，时间长约十八年。在这段时间，刘安及其宾客对于原本有无修改，已无从考证。从情理上说，这种可能性很小。原本产生时，刘安接近四十岁。此后，他醉心于神仙方术，将主要精力花费在求仙问药以及编撰《外书》《中书》上。从这个方面说，刘安原本较为稳定和成熟，是最

---

① 张双棣《淮南子校释》（增订本），第2170页。
② 张双棣《淮南子校释》（增订本），第2193页。

早的《淮南子》版本。此在刘安上呈汉武帝的谏书中有所反映。该谏书写于建元六年(前135),有几处化用了《淮南子》中的文字。如谏书说:"秦之时尝使尉屠睢击越,又使监禄凿渠通道。越人逃入深山林丛,不可得攻。留军屯守空地,旷日引久,士卒劳倦,越出击之。秦兵大破,乃发适戍以备之。"①《人间》篇:"乃使尉屠睢发卒五十万……使监禄无以转饷,又以卒凿渠而通粮道……而越人皆入丛薄中,与禽兽处,莫肯为秦虏。相置桀骏以为将,而夜攻秦人,大破之,杀尉屠睢,伏尸流血数十万。乃发适戍以备之。"②这不仅说明刘安非常熟悉《淮南子》文本,也反映了刘安原本的稳定与成熟。

刘安原本当为刘向之父刘德所得。元狩元年(前122),淮南王事发,刘德参与治案。《汉书·楚元王传》:"上复兴神仙方术之事,而淮南有《枕中鸿宝苑秘书》。书言神仙使鬼物为金之术,及邹衍重道延命方,世人莫见,而更生父德武帝时治淮南狱,得其书。"③《枕中鸿宝苑秘书》,即所谓《中书》。刘德得到了此书,刘安的其他书籍也极有可能为其所得。《汉书》说他:"修黄老术,有智略……德常持《老子》知足之计。"④《淮南子》从根本上说是一部黄老之书,深受老子思想影响,受到刘德的垂青,为其所收藏也不足为奇。刘德之后,刘安原本也许传至刘向手里,从此再无从得知其踪迹了。

二、《淮南子》汉武帝秘府藏本

《淮南子》成书不久,刘安就把它当作见面礼献给了新皇帝。班固记录了当时的情景:"初,安入朝,献所作《内篇》,新出,上爱秘之。"⑤"上爱秘之"这句话,富有深意。"爱",表示汉武帝喜欢这部书,爱惜这部书。"秘之"之意,则要加以讨论。《汉书·刘屈氂传》载:"上问:'丞相何为?'对曰:'丞相秘之,未敢发兵。'上怒曰:'事籍籍如此,何谓秘也?丞相无周公之风矣。周公不诛管、蔡乎?'"⑥《汉书·翟方进传》又载:"方进即日自杀。上秘之,遣九卿册赠以丞相高陵侯印绶,赐乘舆秘器,少府供张,柱槛皆衣素。"⑦从这两段引文看,所谓

---

① 班固《汉书》,第2783—2784页。
② 张双棣《淮南子校释》(增订本),第1949页。
③ 班固《汉书》,第1928—1929页。
④ 班固《汉书》,第1927页。
⑤ 班固《汉书》,第2145页。
⑥ 班固《汉书》,第2880页。
⑦ 班固《汉书》,第3424页。

"秘之",多指对不利事情秘而不宣,防止其扩散。推此而言,汉武帝对刘安所献《淮南子》,表面上喜形于色,但实际上是把它视为不利之事,所以下令秘藏。

那秘藏于何处呢?自然是宫廷秘府之中。《汉书·艺文志》:"迄孝武世,书缺简脱,礼坏乐崩,圣上喟然而称曰:'朕甚闵焉!'于是建藏书之策,置写书之官,下及诸子传说,皆充秘府。"[①] 秘府是一个位于深宫的藏书机构。刘歆《七略》说:"外则有太常、太史、博士之藏,内则有延阁、广内、秘室之府。"[②] 这个机构所藏之书,涉及诸子百家,不会轻易示人。刘安所献《淮南子》,就是被充入皇室的秘府之中。这个版本可称为汉武帝秘府藏本。

然而,汉武帝即位之初,即着手改变治国大略,被改造过的儒术很快占据上风,黄老术也因此渐受冷落。而《淮南子》仍是以黄老思想为根柢,与武帝预想不合,故难以受到真正的重视。十余年后,刘安又因谋反罪遭覆灭,他所献的《淮南子》则一直被封禁于秘府,就连司马迁都可能没有见过这个秘府藏本,导致他撰写《史记》时未对《淮南子》加以记录。可见,当时极少有人能够目睹汉武帝秘府藏本的真容。

秘府藏本这种状况,一直持续到汉成帝之际才有所改观。《汉书·成帝纪》载:"(河平三年秋八月)光禄大夫刘向校中秘书。谒者陈农使,使求遗书于天下。"[③] 刘歆亦说:"天汉之后,孔安国献之……皆古文旧书,多者二十余通,臧于秘府,伏而未发。孝成皇帝闵学残文缺,稍离其真,乃陈发秘臧,校理旧文,得此三事,以考学官所传,经或脱简,传或间编。"[④] 公元前26年,汉成帝诏令刘向等人校理经传诸子诗赋,秘府所藏之书方才向世人开放。也就是说,《淮南子》汉武帝秘府藏本有着长达一百一十余年的时间难见天日。在这么长的时间内,竹帛书籍很容易因保存不善而残缺错乱,即所谓"脱简""间编"。汉武帝秘府藏本当有可能遭遇此厄运。

第二节 《淮南子》刘向校定本

西汉末年,刘向负责校理诸子,将《淮南子》刘安原本与秘府藏本合为一

---

① 班固《汉书》,第1701页。
② 班固《汉书》,第1702页。
③ 班固《汉书》,第310页。
④ 班固《汉书》,第1969—1970页。

本,从而诞生了刘向校定本,定名为《淮南》。其后,刘向校定本遂成为通行本流播各地,学者研读皆使用此本。

一、刘向校定本的形成

刘向最有可能同时看到刘安原本和汉武帝秘府藏本。他从小就与淮南王刘安的著述结下了不解之缘。《汉书·楚元王传》说:"向字子政,本名更生。年十二,以父德任为辇郎……上复兴神仙方术之事,而淮南有《枕中鸿宝苑秘书》……更生幼而读诵,以为奇,献之,言黄金可成。上令典尚方铸作事,费甚多,方不验。上乃下更生吏,吏劾更生铸伪黄金,系当死。更生兄阳城侯安民上书,入国户半,赎更生罪。上亦奇其材,得逾冬减死论。"① 偏爱黄老之术的刘德获得了淮南王的大部分著述②。在家学的熏陶下,少年刘向对这些著述产生了浓厚兴趣,尤其沉醉于刘安的方术之书,差点因此丢了性命。刘向很早就熟悉《淮南子》,研读《淮南子》,自然也在情理之中。他五十二岁时接受汉成帝之命,领校经传诸子诗赋,终于可以名正言顺地汇合当时所见之本,对《淮南子》进行文本校定。

按照惯例,刘向每校定完一部子书,都会写一篇书录上奏给朝廷。《汉书·艺文志》说:"每一书已,向辄条其篇目,撮其指意,录而奏之。"③ 所以,刘向在校定完《淮南子》之后,应该也会写一篇书录,用以记述该书当时的文献情况及其校理过程,可惜文已不传。但刘向校定过《淮南子》,这一点不容置疑。高诱在《淮南鸿烈解叙》中明确指出:"光禄大夫刘向校定撰具,名之《淮南》,又有十九篇者谓之《淮南外篇》。"④ 撰具,即编成之意。刘向不仅对文本进行了校定,而且将它整理成书,改名为《淮南》。同时,他还把刘安的著述分

---

① 班固《汉书》,第 1928—1929 页。
② 梅鼎祚《西汉文纪》卷十七载:"右新书著定《关尹子》九篇,护左都水使者光禄大夫臣刘向言:所校中秘书《关尹子》九篇,臣向校雠太常存七篇,臣向本九篇,臣向辄除错不可考增阙断续者九篇,成,皆杀青,可缮写……至孝武皇帝时,有方士来,以七篇上,上以仙处之。淮南王安好道聚书,有此不出。臣向父德,因治淮南王事得之。臣向幼好焉,寂士清人,能重爱黄老清静,不可阙。臣向昧死上,永始二年八月庚子,护左都水使者光禄大夫臣向谨进上。"(《景印文渊阁四库全书》第 1396 册,第 536—537 页。)可见,刘安所私藏《关尹子》亦为刘向所获,所以,刘向得到《淮南子》刘安原本也不是不可能。然清人严可均疑此文为依托。(见严可均辑《全上古三代秦汉三国六朝文》,第 334 页。)
③ 班固《汉书》,第 1701 页。
④ 张双棣《淮南子校释》(增订本),第 2 页。

出内、外之篇,再有一部《枕中鸿宝苑秘书》称之为《中书》。据《汉书·艺文志》所载,刘向曾整理出《淮南外篇》33篇,而高诱仅见19篇,显然散佚严重,《淮南内》21篇则保持完整。

《淮南子》刘向校定本具体会产生于何时呢?高诱未予明言。我们要从刘向所编撰的《新序》和《说苑》两部著作入手来探寻答案。宋本《新序》每卷卷首皆写有:"阳朔元年二月癸卯,护左都水使者光禄大夫臣刘向上。"阳朔元年,即公元前24年,《新序》在此年之前即已成书[①]。宋本《说苑》每卷卷首也都写有:"鸿嘉四年三月己亥,护左都水使者光禄大夫臣刘向上。"鸿嘉四年,即公元前17年,《说苑》在此年之前即已成书。可知《新序》与《说苑》编撰成书的时间大约相隔七年。据统计,《新序》直接引自《淮南子》的文字约4处,而《说苑》直接引自《淮南子》的文字约有36处。这一现象说明,比《新序》成书晚了七年的《说苑》,大大提高了对《淮南子》的引用率。其中比较合理的解释是,《新序》成书之前,刘向还未校定《淮南子》,对于该书的价值还未有充分认识,故引用率不高;《新序》成书以后,才开始了《淮南子》的校理工作,对它的价值有了更深的认识,故引用率大幅度提高。按照这个推论,《淮南子》刘向校定本产生的具体时间,当在公元前24年至公元前17年之间。

二、刘向校定本的底本及流传

《淮南子》刘向校定本显然是建立在刘安原本与汉武帝秘府藏本的基础之上。至于其直接底本,是刘安原本还是汉武帝秘府藏本,已无从考证。既然《说苑》大量引用了《淮南子》刘向校定本中的文字,那么,通过考察这些引用文字,我们就能大致了解其文本情况。通过仔细对比,《淮南子》刘向校定本与今本《淮南子》在文字上的差异并不大,多数只是个别字词之间的差异[②]。从这个方面看,刘向校定本作为官方定本,可能是后世所有版本的祖本。换句话说,后世所有版本皆可能出自此本。

成于公元前17年之前的刘向校定本,由于刘向的声望,很快就在学者之间传播开来。扬雄于四十岁后游学京师,在汉成帝时担任黄门郎,有机会接

---

① 关于《新序》的成书年代,学者还有不同观点。其一,认为是成于汉成帝永始元年(前16);其二认为是成于河平四年(前24)。见李秀慧《新序研究》,首都师范大学2006年硕士学位论文,第7页。
② 详见本编第三章第一节。

触到刚刚杀青的刘向校定本。他晚年所作《法言》，成书于汉哀帝元寿元年（前2）。该书皆以"淮南"一词称谓刘安与《淮南子》。用"淮南"指称刘安之书，明显始于刘向。所以，扬雄应是阅读了刘向校定本，才会有如此称呼。随后，王充撰写《论衡》，其《谈天篇》两次称引，篇名分别为"《淮南》之《地形》""《淮南·地形》"。几乎与王充同时的鲍彦曾对孔子丰说："家书多才辞，莫过《淮南》也。"元和元年（84），黄香诣东观，汉章帝赐他《淮南》《孟子》两书。他们都是以"淮南"一词称呼刘安之书。这足以说明刘向校定本在当时即已广泛流传，学者所见皆是此本或其复制本。东汉中期以后，《淮南子》的注本渐渐多了起来，刘向校定本也因之不知所踪。最可能的结果是，被新起的注本用作底本，而其自身则淹没不见了。

第三节　东汉中后期《淮南子》注本的兴起

东汉中后期，由于多位学者注解《淮南子》，刘向校定本因此迅速演化出多个版本，主要有许慎注本、马融注本和高诱注本。版本的多样化也反映出《淮南子》学在汉代从初兴到高涨的发展特征。

一、《淮南子》许慎注本

作为"五经无双"的许慎，是目前已知最早注解《淮南子》的学者。他注解《淮南子》，当在汉安帝永初四年（110）至五年（111）之间，时任太尉祭酒[①]。许慎借此职务以"四府掾史"的身份参与东观校书，负责校理"诸子传记""百家艺术"。在工作之余，他利用东观藏书简略地为《淮南子》作了注解，自命其书曰《间诂》，自署其名曰"许慎记上"，并且上呈给了朝廷，世称许慎注本。

东观是东汉皇室贮藏典籍、档案及学者从事校书、著述的处所。许慎注本产生以后，最有可能藏身于此。马融非常推敬许慎，曾校书东观，也注解过《淮南子》，他应是见到和参考了许慎注本。建安十年（205），高诱注解《淮南子》，引用了大量异说，其中当有许注，说明他也曾见到和参考了许慎注本。

三国西晋之时，鲜有许慎注本的信息。直到东晋末年，才有较大改观。

[①] 详见本编第四章第一节。

《史记集解》两次引用徐广的说法，皆称"许氏说《淮南》"①，这是传世文献对许慎注本的最早记录。徐广（351—425）主要生活在东晋后期，卒于南朝宋初。从徐氏引述许注看，他的《史记音义》可能频繁使用许慎注本。

南朝时期，许慎注本的流传愈加广泛。裴骃注解《史记》即引用了不少许注。顾野王（519—581）撰《玉篇》，更是大量引用许注。仅《玉篇》残卷所引许注，就涉及除《天文》《地形》《时则》《精神》之外的其他17篇，约有36条②。这说明许慎注本传至此时，不仅保存完好，而且成为士人的常见之本。南朝重视编撰书目，宋有谢灵运造《四部目录》、王俭造《七志》，齐有王亮造《四部书目》，梁有任昉造《四部书录》、阮孝绪造《七录》等。这些书目均设有诸子一类，许慎注本无疑被载录在册，惜其亡佚不见。北魏贾思勰撰《齐民要术》，亦引用了少量许注。这说明，许慎注本的流传不只局限在江南，北方亦有其身影。

隋统一全国后，统治者注意搜求珍本和保护图书，虽国祚不长，但典藏书籍几达九万卷，即使盛唐时期也不能过之。许慎注本因之受益，流传更加广泛。杜台卿《玉烛宝典》、陆德明《经典释文》、萧吉《五行大义》、虞世南《北堂书钞》，皆频繁使用许慎注本，即为明证。

有唐一代，许慎注本流传最盛，文人引述多见许注。唐初文献如《群书治要》《文选》李善注等大量征引许注，遍及其全部篇目，折射出许慎注本的完整，故《隋志》录为二十一卷。盛唐时期，殷践猷、毋煚等人重修《群书四部录》二百卷，而后毋煚又略为四十卷，名为《古今书录》。《旧唐志》是基于《群书四部录》《古今书录》而成，故可推知此二书著录许慎注本应为《淮南间诂》。《开元占经》全用许慎注本，称名《淮南鸿烈间诂》。可见，《淮南鸿烈间诂》应是唐时许慎注本的名称。中唐时期，许慎注本仍很活跃，《意林》《一切经音义》《列子释文》《白氏六帖》也多见引述许注。尤其是《一切经音义》，所引许注几乎遍及全本，可以反映当时许慎注本的完整。其后近百年间，战乱不休，无数图书遭遇灭顶之灾，许慎注本或在此时残佚。

北宋初期，残佚的许慎注本被发现拼入高诱注本之中。苏颂最先发现这

---

① 见司马迁《史记》，第3227页。
② 《玉篇》成书以后，几经大规模修订，不复原本旧貌。幸赖清人黎昌庶、杨守敬出使日本，寻访散佚古书，得原本《玉篇》残卷收录在《古逸丛书》，《续修四库全书》第228册影印此本。

个问题,写有《校淮南子题序》一文来记述其校理情况。他从拼合本中辑出许注十八篇,缮写了一个新的许慎注本,可惜未能传之于世。其后,许慎注本仍被拼入在高诱注本中流传。南宋时期,晁公武《郡斋读书志》、陈振孙《直斋书录解题》所著录的许慎注本,均是与高诱注本的拼合本。这一情况也可以从同时代文人著述所引许注中得到证明。元明时期,学者对这一情况一无所知,刘绩、郭子章等人甚至否定许慎注本的存在。直到清代中期以后,徐养原、劳格、陆心源、陶方琦等人,才根据苏颂的序文把残佚的许慎注本从今本中区分出来,得到《缪称》《齐俗》《道应》《诠言》《兵略》《人间》《泰族》《要略》八篇许注。

二、《淮南子》马融注本

马融比许慎约小二十岁,据《后汉书》记载,他也曾为《淮南子》作注。其本传云:"融才高博洽,为世通儒,教养诸生,常有千数。……注《孝经》《论语》《诗》《易》《三礼》《尚书》《列女传》《老子》《淮南子》《离骚》。"[1] 马融的学术根基乃是古文经学,他所注《论语》《易》《三礼》《尚书》至今仍有残注存世,而其他注书则渺无可寻。

虽然马融的《淮南子注》也渺无可寻,但其成书的大致时间还是可以推知。《世说新语·文学篇》刘孝标注引马融《自叙》曰:"融字季长,右扶风茂陵人。少而好问,学无常师。大将军邓骘召为舍人,弃游武都。会羌虏起,自关以西道断。融以谓古人有言:'左手据天下之图,而右手刎其喉,愚夫不为。何则?生贵于天下也。'岂以曲俗咫尺为羞,灭无限之身哉!因往应之,为校书郎,出为南郡太守。"[2] 所谓"古人有言"云云,实出自《淮南子》。《精神训》说:"使之左据天下图,而右手刎其喉,愚夫不为。由此观之,生尊于天下也。"[3]《泰族训》亦说:"使人左据天下之图,而右刎喉,愚者不为也,身贵于天下也。"[4] 高诱注《吕氏春秋》引《淮南子》作:"左手据天下之图,右手刎其喉,愚夫弗为,生贵于天下也。"[5] 马融为何不直呼为《淮南子》之语?抑或另有所本?现已无

---

[1] 范晔《后汉书》,第1972页。
[2] 余嘉锡《世说新语笺疏》,中华书局1983年,第223页。
[3] 张双棣《淮南子校释》(增订本),第791页。
[4] 张双棣《淮南子校释》(增订本),第2129页。
[5] 许维遹《吕氏春秋集释》,中华书局2009年,第552页。

从得知。据《后汉书》记载,马融充任邓骘舍人是在永初二年(108),此时他正好三十岁。这说明,马融三十岁时就十分熟悉《淮南子》的文本了。那么,他注《淮南子》有没有可能在永初二年即已完成呢?当然有这个可能。但考虑到三十岁之前的马融,正忙于游学,师从名士挚恂,用力于《五经》,旁及诸子,应该少有才学和精力来注解《淮南子》。

永初四年(110),马融拜为校书郎中,与许慎、刘珍、刘騊駼等五十余人一道校书东观。《后汉书·刘珍传》:"永初中,为谒者仆射。邓太后诏使与校书刘騊駼、马融及《五经》博士,校定东观《五经》、诸子、传记、百家艺术,整齐脱误,是正文字。"① 他的主要任务是整理各类文献,纠错补漏,校正文字,《淮南子》位列其中。期间,许慎注《淮南子》,马融可能受其影响,亦注《淮南子》。陶方琦《许君年表》云:"许君《说文解字》中采用《淮南》字义不少,其注《淮南》必在《说文》未经正定之先。马融亦有《淮南子注》,必许君此注早成,同在东观校书,出以相示,故马融亦为注也。"② 这个说法有一定的道理。但是,马融供职东观的情况比较复杂。他两入东观③,第一次因忤触邓太后滞留东观长达十年(110—119 年),后因擅自辞归又被禁锢了一段时间④;第二次汉桓帝时期(147—167 年)复拜议郎,重在东观著述,不久因病去官⑤。第二次进入东观,马融至少六十九岁了,以如此高龄注解《淮南子》,其可能性似乎不大。因此,马融注本当产生于公元 110 年之后的十余年间。

马融注本的流传时间并不长。马融以明经闻名于当世,其所注经书自然更受学者重视。然而,据《隋书·经籍志》,至南朝梁代(502—557 年),马融的《周易注》《毛诗注》《孝经注》皆已散亡,其《论语注》也不见著录在册。李善注《文选》引用了 80 多条《淮南子》许慎注文,90 多条《淮南子》高诱注文,唯独不见引用马融的《淮南子》注文。《文选注》之前的各种文献,也见不到关于马融注文的任何蛛丝马迹。这说明,马融注本应该很早就失传了。即使是《后汉书》的作者范晔,也极有可能没有亲眼见过马融注本。他著录马融注解

---

① 范晔《后汉书》,第 215 页。
② 《北京图书馆藏珍本年谱丛刊》第 6 册,第 304 页。
③ 又有三人东观之说。《华峤谢表》:"马融博通,三入东观。"见周天游《后汉书八家辑注》,上海古籍出版社 1986 年,第 762 页。
④ 李贤注:"《融集》云,时左将奏融遭兄子丧,自劾而归,离署当免官。制曰:'融典校秘书,不推忠尽节,而盖薄诏除,希望欲仕州郡,免官勿罪。'禁锢六年矣。"(范晔《后汉书》,第 1970 页。)
⑤ 马融重回东观著述,是在梁冀自杀之前,即公元 159 年之前。

《淮南子》，当是根据当时仍存世的《马融集》。由于马融注本失传太早，所以，有关它的版本特征与文本情况就无从得知了。或许高诱注本以"一曰"等形式引用了马融注文，但已不能分辨出来。

三、《淮南子》"延笃注本"

相传马融注本之后，又有延笃注本。延笃是马融弟子[①]，亦被认为注解过《淮南子》。清人孙冯翼《许慎淮南子注序》说："汉延笃亦有《淮南子注》，隋唐二《志》均不载，其逸句惟《文选》嵇叔夜《养生论》注引一事。"[②] 所谓"《养生论》注引一事"，是指李善注嵇康《养生论》引用了一条延笃与《淮南子》相关的注文。引文说："《淮南子》曰：'豫章之生，七年可知。'延叔坚曰：'豫章与枕木相似，须七年乃可别耳。'"[③] 但陶方琦不同意孙冯翼的观点。他说："叔坚乃叔重之讹，后人因东汉有延笃，字叔坚，遂增入'延'字。孙氏问经辑本以谓延笃有《淮南注》，皆误也。"[④] 而于大成又不同意陶方琦的观点，认为《文选》李善注引《淮南》注文皆作许慎，不见引作许叔重者，无由发生许叔重误为叔坚的问题[⑤]。陶方琦主张延笃未注《淮南子》，但他给出的理由则是无稽之谈，不足以令人信服。

当然，孙氏仅以一条引文就断定延笃著有《淮南子注》，未免有些武断。首先，李善《文选注》仅引延笃一条注文，与引用许慎注、高诱注相比，显得很不合常理。同时，李善并未称"延笃注曰"，也未称"延笃《淮南子注》"，就算作孤证也很勉强，没有说服力。其次，明代周祈《名义考》引服虔曰："豫章生七年乃可知，以枕樟初生相似也。"[⑥]与此条注文相似，说明这一释义乃是当时常训，故无法确定延笃的释义就是针对《淮南子》原文而发。再次，延笃这条释义可能只是李善从其他书籍中嫁接过来的。李善注嵇康《琴赋》："《庄子》曰：'惠施多方，其书五车。'高诱曰：'惠施，宋人。'"[⑦]若按照孙冯翼等人的逻辑，那

[①]《后汉书·延笃传》曰："又从马融受业，博通经传及百家之言，能著文章，有名京师。……桓帝以博士征，拜议郎，与朱穆、边韶共著作东观。"范晔《后汉书》第 2103 页。
[②] 孙冯翼辑《许慎淮南子注》，商务印书馆 1937 年，第 2 页。
[③] 萧统《文选》，上海古籍出版社 1986 年，第 2292 页。
[④]《子藏·淮南子卷》第 49 册，第 50—51 页。
[⑤] 见于大成《淮南论文三种》，台北文史哲出版社 1975 年，第 7 页。
[⑥]《景印文渊阁四库全书》第 856 册，第 397 页。
[⑦] 萧统《文选》，第 847 页。

么,这条引文可以证明高诱著有《庄子注》。然而,事实上高诱并无此著。可知这条高注实为李善所嫁接。同样的道理,延笃这条注文极有可能是李善从其他书籍中嫁接过来的,根本不能证明延笃著有《淮南子注》一书。因此,所谓《淮南子》延笃注本实际上并不存在。

四、《淮南子》高诱注本

高诱注本是汉代最后一个《淮南子》版本,又是一个十分重要的注本。高诱在自序中说:"建安十年,辟司空掾,除东郡濮阳令,睹时人少为《淮南》者,惧遂陵迟,于是以朝铺事毕之间,乃深思先师之训,参以经传道家之言,比方其事,为之注解,悉载本文,并举音读。典农中郎将弁揖借八卷刺之,会揖身丧,遂亡不得。至十七年,迁监河东,复更补足。"① 可见,高诱注本初成于建安十年(205),后因弁揖借去其中八卷研读,却丢失未还,高诱只好在建安十七年(212)补注所丢失的八篇,再一次形成完本②。自公元205年至212年这八年间,高诱实际上完成了两个注本:第一个注本是原始注本,第二个注本是补注后的新注本。原始注本已丢失八篇,不知所终,而补注后的新注本有二十一篇,最终流传于后世。

高诱注本无疑是建立在刘向校定本基础之上③,但可能同时又参考了许慎注本和马融注本。相对许慎注本来说,高诱注本也有标志性的版本特征。该本每篇篇名下皆有题解,且结尾处遵循固定程序,即"故曰某某,因以题篇"。每一卷卷首名题作"淮南鸿烈解经",卷数之下署名"高氏注",并在每一篇篇

---

① 张双棣《淮南子校释》(增订本),第2页。
② 关于这一点,本可无疑,但后世学者徒生臆说。清人陆心源《淮南子高许二注考》说:"高氏自序云'弁揖借八篇刺之,会揖身丧,遂亡不得',是诱在时已亡八篇矣。隋唐之后,何以反得二十一篇乎?此高注原本有十三篇,无二十一篇之明证也。"(《续修四库全书》第1560册,第392页。)近人吴则虞《淮南子书录》说:"《缪称》八卷,悉为许诂旧文,序所云补足者非高自补之,言于河东得许诂以补其缺也。是高诱未尝尽注全书,把彼注兹以完篇卷。"(《文史》第二辑,中华书局1963年,第292页。)两人所说皆与事实不符,于大成已有驳斥。后世诸书引用高注,有很多溢出今本十三篇之外,无疑证明了高诱在当时确实为丢失的八卷重新作了注释而非仅取许注补之,也证明了高注原本是二十一篇而非十三篇。
③ 刘向所校经传诸子诗赋,几乎都成为东汉时期典籍流传的底本。高诱注书大都也以刘向本为底本,如《战国策》,吴师道说:"《国策》刘向校定本,高诱注,曾巩重校。"(吴师道重校《战国策校注》识语,《四部丛刊》本。)即为一例。

名后增一"训"字①。苏颂《校淮南子题序》描述高诱注本"分数篇为上下"。但"分数篇为上下"是不是高诱自己的行为,已无从考证。现存版本中,道藏本最早将《原道训》《俶真训》《天文训》《地形训》《时则训》《主术训》《氾论训》七篇均分成上、下两卷。若是高诱自己所分,那么,高诱注本显然是后世二十八卷本的源头。然而,《隋书·经籍志》《旧唐书·经籍志》《新唐书·艺文志》等官私目录,均未著录二十八卷本的《淮南子》,因此,高诱自分数篇为上下的可能性不大。

高诱注本刚产生不久,就为人所赏识。先有典农中郎将卞揖借去八卷研读,尔后有魏国人张晏著《汉书音释》加以利用。颜师古注《汉书》引张晏注云:"融风,立春木风也,火之母也,火所始生也。《淮南子》曰'东北曰炎风',高诱以为艮气所生也。炎风一曰融风。"②所引高注出自《地形》篇,与今本相同。

南北朝时,北朝学者刘芳(452—513)上疏魏宣武帝时曾多次引用高注为据。郦道元撰《水经注》、贾思勰撰《齐民要术》皆屡次引用高注。出身江南而生活在北方的颜之推,在《颜氏家训》中还提及了高诱注本:"逮郑玄注《六经》,高诱解《吕览》《淮南》,许慎造《说文》,刘熹制《释名》,始有譬况假借以证音字耳。"③然而,南方学者所著《史记集解》《玉篇》等均未引用高注。这些情况表明,高诱注本在北方流传较广,而在南方几乎不见流传。这可能与高诱是北方人有关。

隋统一全国,地理上的人为阻隔被消除,南北图书可以互通有无。高诱注本也因此突破区域限制,流向全国。《玉烛宝典》《五行大义》《北堂书钞》等均大量引述高注,即反映了这一点。自唐初至开元末年,是高诱注本传播的大盛时期。不但《隋志》《群书四部录》《古今书录》等书目将其载录在册,而且

---

① 尽管目前仍无直接证据证明"训"字是高诱所加,但明代宋邦义所刊《吕氏春秋》高诱注本,即于卷数之下题有"高氏训解"四字,高诱作《吕氏春秋序》,亦自用"训解"一词,可知训即解之义,为高诱之习惯用语。故高诱在《淮南子》篇名增一"训"字的可能性极大。清人姚范说:"疑'训'字高诱自名其注解,非《淮南》篇名所有,即诱序中所云'深思先师之训'也。《要略》无训字。"(《子藏·淮南子卷》第53册,第405页。)
② 班固《汉书》,第1515页。
③ 王利器《颜氏家训集解》,中华书局1993年,第529页。关于《颜氏家训》的成书年代,学者意见不一。余嘉锡等人认为是作于隋开皇九年平陈之后,而《四库提要》作者认为是成于北齐。参见朱明勋《〈颜氏家训〉成书年代析论》,《社会科学研究》2003年第4期,第152—154页。

文人著书立说,如欧阳询编《艺文类聚》、颜师古著《匡谬正俗》及《汉书注》、李善注《文选》、李贤注《后汉书》、徐坚撰《初学记》、司马贞撰《史记索隐》也多见征用。所引用的高注不仅数量多,还遍及了高诱注本的所有篇目。这种情况说明,高诱注本在此时还保持着完整和独立的面貌。这个时期,高诱注本也出现了新的变化。新旧《唐书》均著录高诱撰有《淮南鸿烈音》二卷,高诱曾在自叙中说:"悉载本文,并举音读。"但并未明言将音读别为一书。显然,这些音读原是融合在注文之中的。那么,这部二卷本的《淮南鸿烈音》,应是唐初以后好事者从高注本中析出而成。由此推测,当时应存在没有音读的高诱注本。

可能正是因为这种改造行为,再加上晚唐五代时局混乱,战争频发,以及其他一些不可预知的因素,高诱注本的完整性遭到破坏,永久性地失去了八篇,只剩下《原道》《俶真》《天文》《地形》《时则》《览冥》《精神》《本经》《主术》《氾论》《说山》《说林》《修务》十三篇,而且这十三篇高注与许注混合在一起。苏颂最先发现这一情况,他曾清理出这十三篇高注,并缮写成独立的高诱注本,但终不传于世。此后,高诱注本仍与许慎注本拼合在一起,以这种独特的方式流传至今。

第三章　汉代《淮南子》文本的流传与校勘

第一节　从《新序》《说苑》引文看《淮南子》的文本流传

所谓文本流传，是指《淮南子》的文本在学者之间主要以引用或引述等方式流传，无需特别标明其版本来源。考察各个历史时期《淮南子》的文本流传情况，不但有助于揭示《淮南子》对于古代学术所发挥的作用，还能反映《淮南子》文本的增删损益情况，及当时可能存在的版本差异。《淮南子》的文本虽由刘向校定，但在校定前后他著书立说皆有引用《淮南子》文本的情况，为我们保留了《淮南子》文本早期的某些面貌。

一、《新序》所引《淮南子》文本

《新序》成书于公元前24年，极有可能早于刘向校定《淮南子》。因此，借助《新序》所引《淮南子》文本，或能见出《淮南子》文本的最古面貌。兹列举如下，略加分析：

《新序·杂事》："赵文子问于叔向曰：'晋六将军孰先亡乎？'对曰：'其中行氏乎！'文子曰：'何故先亡？'对曰：'中行氏之为政也，以苛为察，以欺为明，以刻为忠，以计多为善，以聚敛为良。譬之其犹鞹革者也，大则大矣，裂之道也，当先亡。'"① 按：此文引自《道应》篇。今取影宋本与之相对照，映出两者文本不同之处②。影宋本作："赵文子问于叔向曰：'晋六将军，其孰先亡乎？'对曰：'中行知氏。'文子曰：'何乎？'对曰：'其为政也，以苛为察，以切为明，以刻下为忠，以计多为功。譬之犹廓革者也，廓之，大则大矣，裂之道也。'"两相对照，《新序》所引显然文义更完整。且"以欺为明"与上下文义契合，影宋

---

① 石光瑛《新序校释》，中华书局2001年，第142—145页。
② 《淮南子》诸本之中，北宋本最为近古。北宋本原本虽下落不明，但存有影写本。本书所引影宋本之文，均出自《四部丛刊》所影印的刘履芬影钞宋本。

本讹作"以切为明"则不类。这说明,北宋本与西汉古本在文本上已有不少变异。

《新序·杂事》:"晋文公伐原,与大夫期五日,五日而原不降,文公令去之。军吏曰:'原不过三日将降矣,君不待之?'君曰:'得原失信,吾不为也。'原人闻之曰:'有君义若此,不可不降也。'遂降,温人闻之,亦请降。"① 按:《国语·晋语四》《韩非子·外储说左上》《吕氏春秋·为欲》篇均载此事,但这段文字确是引自《淮南子·道应》篇。这里最明显的异文有两处:其一,两"五日",影宋本均作"三日"。然《国语》作"三日",《韩非子》作"十日",《吕氏春秋》又作"七日",说明各书记载不一。其二,"三日将降",影宋本作"一二日将降"。《国语》同影宋本,《韩非子》同《新序》。显然,这些异文已难定夺孰是孰非。

《新序·杂事》:"晋人伐楚,三舍不止。大夫曰:'请击之。'庄王曰:'先君之时,晋不伐楚,及孤之身,而晋伐楚,是寡人之过也。如何其辱诸大夫也?'大夫曰:'先君之时,晋不伐楚,及臣之身,而晋伐楚,是臣之罪也。请击之。'庄王俛泣而起,拜诸大夫。晋人闻之曰:'君臣争以过为在己,且君下其臣犹如此,所谓上下一心,三军同力,未可攻也。'乃夜还师。"② 按:此文引自《道应》篇。影宋本作:"晋伐楚,三舍不止。大夫请击之,庄王曰:'先君之时,晋不伐楚。及孤之身,而晋伐楚,是孤之过也。若何其辱群大夫?'曰:'先臣之时,晋不伐楚。今臣之身,而晋伐楚,此臣之罪也。请王击之。'庄王俛而泣涕沾襟,起而拜君大夫。晋人闻之曰:'君臣争以过为在己,且轻下其臣,不可伐也。'夜还师而归。"可知两者细微差异很多,刘向或作了加工。

《新序·杂事》:"宋景公时,荧惑在心,惧,召子韦而问焉。曰:'荧惑在心,何也?'子韦曰:'荧惑,天罚也;心,宋分野也,祸当君身。虽然,可移于宰相。'公曰:'宰相所使治国也,而移死焉,不详,寡人请自当也。'子韦曰:'可移于民。'公曰:'民死,将谁君乎?宁独死耳。'子韦曰:'可移于岁。'公曰:'岁饥,民饿必死,为人君欲杀其民以自活,其谁以我为君乎?是寡人之命固尽矣。子无复言矣。'子韦还走,北面再拜曰:'臣敢贺君,天之处高而听卑,君有仁人之言三,天必三赏君,今夕星必三徙舍,君延寿二十一岁。'公曰:

---

① 石光瑛《新序校释》,第505—507页。
② 石光瑛《新序校释》,第538—539页。

'子何以知之？'对曰：'君有三善，故三赏，星必三舍，舍行七星，星当一年，三七二十一，故曰延寿二十一年。臣请伏于陛下以司之，星不徙，臣请死之。'公曰：'可。'是夕也，星果三徙舍，如子韦言。老子曰：'能受国之不祥，是谓天下之王也。'"① 按：此文亦见于《吕氏春秋·制乐》篇，但据末尾"老子曰"云云，则可以肯定是引自《淮南子·道应》篇。除一些虚词不同外，两者还有少数异文。其一，"祸当君身"，影宋本作"祸且当君"。影宋本"祸且当君"，于义不明。《新序》"祸当君身"，与上下文义相合，《吕氏春秋》作"祸当于君"，亦近似《新序》。其二，"寡人请自当也"，影宋本无此句。其三，"民死"，影宋本作"臣死"。《吕氏春秋》亦作"民死"，说明西汉之时《淮南子》本作"民死"，北宋时讹为"臣死"。其四，"子无复言"，影宋本作"子韦无复言"。《吕氏春秋》亦作"子无复言"，可知北宋时衍出一"韦"字。其五，"舍行七星"，影宋本作"舍行七里"。《吕氏春秋》亦作"七星"，可知北宋时原本"七星"讹为"七里"。

二、《说苑》所引《淮南子》文本

《说苑》成书于公元前17年，当在刘向校定《淮南子》之后，从《说苑》引文或能见出刘向校定本的一些文本面貌。兹列举如下，并略加分析。

《说苑·建本》："今人诚能砥砺其材，自诚其神明，睹物之应，通道之要，观始卒之端，览无外之境，逍遥乎无方之内，彷徉乎尘埃之外，卓然独立，超然绝世，此上圣之所以游神也。然晚世之人莫能闲居静思，鼓琴读书，追观上古，友贤大夫，学问讲辩，日以自虞，疏远世事，分明利害，筹策得失，以观祸福，设义立度，以为法式，穷追本末，究事之情，死有遗业，生有荣名。此皆人材之所能逮也，然莫能为者，偷慢懈堕，多暇日之故也。"② 按：此文，他书之中也唯见于《淮南子·修务》篇，是淮南王刘安人生观的集中表述。刘向显然有感于此文，据《淮南子》本书而辑录至《说苑》，略有修改。尽管如此，但仍然可以反映出汉代古本的一些面貌。"日以自虞"，影宋本作"日以自娱"。王引之《经义述闻》："虞，古'娱'字。"③ 可见，《说苑》所据为古本。"疏远"，影宋本作"苏援"。杨树达说："《说苑·建本》篇云'疏远世事'，字作'疏远'，文义较明。盖《淮

---

① 石光瑛《新序校释》，第625—631页。
② 向宗鲁《说苑校证》，第64页。
③ 王引之《经义述闻》，上海古籍出版社2018年，第1293页。

南》假'苏'为'疏',假'援'为'远',而刘子政用本字易其文也。"① 可见,"苏援"为古本,而"疏远"或为刘向改易。

《说苑·建本》:"赵简子以襄子为后,董安于曰:'无恤不才,今以为后,何也？'简子曰:'是其人能为社稷忍辱。'异日,智伯与襄子饮而灌襄子之首,大夫请杀之,襄子曰:'先君之立我也,曰能为社稷忍辱,岂曰能刺人哉！'处十月,智伯围襄子于晋阳,襄子疏队而击之,大败智伯,漆其首以为酒器。"② 按:此文引自《道应》篇,亦与影宋本大同小异。较为明显的异文有两处:一是"不才",影宋本作"贱";二是"漆其首以为酒器",影宋本作"破其首以为饮器"。《史记·刺客列传》又作"漆其头以为饮器",未知孰是。

《说苑·贵德》:"圣王布德施惠,非求报于百姓也;郊望禘尝,非求报于鬼神也。山致其高,云雨起焉;水致其深,蛟龙生焉。君子致其道德,而福禄归焉。夫有阴德者必有阳报,有隐行者必有昭名。古者沟防不修,水为人害,禹凿龙门,辟伊阙,平治水土,使民得陆处。百姓不亲,五品不逊,契教以君臣之义,父子之亲,夫妇之辨,长幼之序。田野不修,民食不足,后稷教之辟地垦草,粪土树谷,令百姓家给人足。故三后之后,无不王者,有阴德也。周室衰,礼义废,孔子以三代之道教导于后世,继嗣至今不绝者,有隐行也。"③ 按:此文在他书之中唯见于《淮南子·人间训》。"求报于鬼神",影宋本作"求福于鬼神";"云雨起焉",影宋本脱一"雨"字。"有隐行者",影宋本讹作"有阴行者"。其余文本,两者几乎全同。这说明,刘向身边必有一部《淮南子》,抑或是他自己的校定本。这段文字保留了《淮南子》汉代古本的一些文本面貌。

《说苑·政理》:"成王问政于尹逸曰:'吾何德之行而民亲其上？'对曰:'使之以时而敬顺之,忠而爱之,布令信而不食言。'王曰:'其度安至？'对曰:'如临深渊,如履薄冰。'王曰:'惧哉！'对曰:'天地之间,四海之内,善之则畜之,不善则雠也;夏、殷之臣,反雠桀、纣而臣汤、武;夙沙之民,自攻其主而归神农氏。此君之所明知也,若何其无惧也？'"④ 按:此文引自《道应》篇。影宋本除无"忠而爱之,布令信而不食言"一句外,其余几乎全同。尹逸,影宋本作"尹佚";夙沙,影宋本作"宿沙"。"逸"与"佚"、"夙"与"宿",皆音近相通。这

---

① 《子藏·淮南子卷》第60册,第520页。
② 向宗鲁《说苑校证》,第75—76页。
③ 向宗鲁《说苑校证》,第96页。
④ 向宗鲁《说苑校证》,第152页。

反映出《淮南子》多假借字的情况。

《说苑·政理》:"鲁国之法:'鲁人有赎臣妾于诸侯者,取金于府。'子贡赎人于诸侯而还其金,孔子闻之曰:'赐失之矣。圣人之举事也,可以移风易俗,而教导可施于百姓,非独适其身之行也。今鲁国富者寡而贫者众,赎而受金则为不廉,不受则后莫复赎。自今以来,鲁人不复赎矣。'孔子可谓通于化矣。故老子曰:'见小曰明。'"①按:此文亦见于《吕氏春秋·察微》篇,但据末尾"老子曰"云云,则是引自《淮南子·道应》篇无疑。影宋本作:"鲁国之法:'鲁人为人妾于诸侯,有能赎之者,取金于府。'子赣赎鲁人于诸侯,来而辞不受金。孔子曰:'赐失之矣。夫圣人之举事也,可以移风易俗,而受教顺可施后世,非独以适身之行也。今国之富者寡而贫者众,赎而受金则为不廉,不受金则不复赎人。自今以来,鲁人不复赎人于诸侯矣。'孔子亦可谓知礼矣。故老子曰:'见小曰明。'"此中最大的异文是影宋本"孔子可谓通于化矣"作"孔子亦可谓知礼矣"。原文之意在于证明孔子能够"见小曰明",而影宋本用"知礼",显然不合原意,当以《新序》所引为正。可见,古书文本在流传过程中也会发生改变原意的讹误或窜改。

《说苑·尊贤》:"春秋之时,天子微弱,诸侯力政,皆叛不朝;众暴寡,强劫弱,南夷与北狄交侵,中国之不绝若线。"②按:此文引自《要略》,刘向作了较大修改。诸侯力政,影宋本作"诸侯力征"。古书中常见"政"读为"征"的情况。《汉书·艺文志》《五行志》皆有"诸侯力政"一语。可见,《说苑》作"诸侯力政"当是汉代古本如此,影宋本作"诸侯力征"当是后人所改。

《说苑·指武》:"问屈宜臼曰:'起问先生,先生不教。今王不知起不肖,以为令尹,先生试观起为之也!'屈公曰:'子将奈何?'吴起曰:'将均楚国之爵而平其禄,损其有余而继其不足,厉甲兵以时争于天下。'屈公曰:'吾闻昔善治国家者不变故,不易常。今子将均楚国之爵而平其禄,损其有余而继其不足,是变其故而易其常也。且吾闻兵者凶器也,争者逆德也。今子阴谋逆德,好用凶器,殆人所弃,逆之至也,淫泆之事也,行者不利。且子用鲁兵,不宜得志于齐而得志焉;子用魏兵,不宜得志于秦而得志焉。吾闻之曰非祸人不能成祸,吾固怪吾主之数逆天道,至今无祸。嘻!且待夫子也。'吴起惕然曰:'尚

---

① 向宗鲁《说苑校证》,第170页。
② 向宗鲁《说苑校证》,第174页。

可更乎？'屈公曰：'不可。'吴起曰："起之为人谋。"屈公曰："成刑之徒不可更已！子不如敦处而笃行之，楚国无贵于举贤。"① 按：此文当是引自《道应》篇，但刘向作了较大修改，抑或他别有所本。

《说苑·杂言》："今夫世异则事变，事变则时移，时移则俗易。……目察秋毫之末者，视不能见太山；耳听清浊之调者，不闻雷霆之声。何也？唯其意有所移也。"② 按：此文原是刘向自己的论述，但糅合了《淮南子》之文。"今夫世异"三句，引自《齐俗》篇，全同于影宋本。"目察秋毫之末"几句，引自《俶真》篇，但刘向在结论上作了重大修改，原书作："小有所志而大有所忘也。"与刘向"意有所移"的观点差异较大。从中也可以见出，刘向对《淮南子》文本非常熟悉，简直能信手拈来，为己所用。

此外，《说苑·谈丛》篇是刘向模仿《说山》《说林》两篇而成，主要用以汇录名言警句。他对《淮南子》文本至为熟悉，所以在《谈丛》篇辑录了不少《淮南子》的文句。具体如下：

"夫水出于山而入于海，稼生于田而藏于廪。圣人见所生，则知所归矣。"③ 按：此文引自《缪称》篇，影宋本作："故水出于山，入于海。稼生乎野，而藏乎仓。圣人见其所生，则知其所归矣。"

"一围之木，持千钧之屋；五寸之键，而制开阖，岂材足任哉？盖所居要也。"④ 按：此文引自《主术》篇，影宋本"一围"作"十围"。

"夫小快害义，小慧害道，小辨害治，苟心伤德，大政不险。"⑤ 按：此文引自《泰族》篇，影宋本"心"作"削"。

"一噎之故，绝谷不食；一蹶之故，却足不行。"⑥ 按：此文引自《修务》篇，影宋本作："一饱之故，绝谷不食；以一蹟之难，辍足不行。"

"位高道大者从，事大道小者凶。"⑦ 按：此文引自《泰族》篇，影宋本"位高""事大"后皆有"而"字。

---

① 向宗鲁《说苑校证》，第367—368页。
② 向宗鲁《说苑校证》，第418页。
③ 向宗鲁《说苑校证》，第384页。
④ 向宗鲁《说苑校证》，第385页。
⑤ 向宗鲁《说苑校证》，第385页。
⑥ 向宗鲁《说苑校证》，第390页。
⑦ 向宗鲁《说苑校证》，第390页。

"顺风而飞,以助气力;衔葭而翔,以备赠弋。"① 按:此文引自《修务篇》,影宋本"助"作"爱","葭"作"芦"。

"谤道己者,心之罪也;尊贤己者,心之力也。"② 按:此文化用自《人间》篇,影宋本作:"使人高贤称誉己者,心之力也;使人卑下诽谤己者,心之罪也。"

"食其口而百节肥,灌其本而枝叶茂。"③ 按:此文引自《泰族篇》,影宋本"茂"作"美"。

"已雕已琢,还反于朴。"④ 按:此文引自《原道》篇,影宋本同。

"循流而下易以至,倍风而驰易以远。"⑤ 按:此文引自《主术》篇,影宋本"倍"作"背。"汉人书"背"多作"倍",刘向所据当是古本。

"唇亡而齿寒,河水崩,其怀在山。"⑥ 按:此文引自《说林》篇,影宋本作:"唇竭而齿寒。河水之深,其壤在山。"

"河以委蛇故能远,山以凌迟故能高,道以优游故能化,德以纯厚故能豪。"⑦ 按:此文引自《泰族》篇,影宋本"德以纯厚故能豪"作"阴阳无为故能和"。显然,刘向是以儒家之言替代了《淮南子》的道家之言。

"坎井无鼋鼍者,隘也;园中无修林者,小也。"⑧ 按:此文引自《主术》篇,影宋本作:"塪井之无鼋鼍,隘也;园中之无修木,小也。"

"水激则悍,矢激则远。"⑨ 按:此文引自《兵略》篇,影宋本"悍"作"㪍"。

"财不如义高,势不如德尊。"⑩ 按:此文引自《修务》篇,影宋本"不如"作"不若"。

"君不能赏无功之臣,臣不能死无德之君。"⑪ 按:此文引自《主术》篇,影宋本"臣不能"作"臣亦不能"。

---

① 向宗鲁《说苑校证》,第 391 页。
② 向宗鲁《说苑校证》,第 393 页。
③ 向宗鲁《说苑校证》,第 393 页。
④ 向宗鲁《说苑校证》,第 395 页。
⑤ 向宗鲁《说苑校证》,第 395 页。
⑥ 向宗鲁《说苑校证》,第 395 页。
⑦ 向宗鲁《说苑校证》,第 396 页。
⑧ 向宗鲁《说苑校证》,第 397 页。
⑨ 向宗鲁《说苑校证》,第 397 页。
⑩ 向宗鲁《说苑校证》,第 399 页。
⑪ 向宗鲁《说苑校证》,第 399 页。

"知命者不怨天,知己者不怨人。"① 按:此文引自《缪称》篇,影宋本只是两句互倒。

"有鄙心者,不可授便势。有愚质者,不可予利器。"② 按:此文引自《主术》篇,影宋本作:"有野心者,不可借便势。有愚质者,不可与利器。"

"言出于己,不可止于人。行发于迩,不可止于远。"③ 按:此文引自《人间》篇,影宋本作:"言出于口者,不可止于人。行发于迩者,不可禁于远。""己"与"人"正相对,影宋本误"己"为"口",当以《说苑》所引为正。

"登高使人欲望,临渊使人欲窥,何也?处地然也。御者使人恭,射者使人端,何也?其形便也。"④ 按:此文引自《说山》篇,影宋本作:"登高使人欲望,临深使人欲窥,处使然也。射者使端,钓者使人恭,事使然也。"刘向辑录时当作了修改。

"君子之过,犹日月之蚀也,何害于明?小人可也,犹狗之吠盗,狸之夜见,何益于善?夫智者不妄为,勇者不妄杀。"⑤ 按:此文引自《泰族》篇。影宋本作"吠盗"作"昼吠","狸"作"鸱","妄为"作"妄发",又无"勇者"一句。

"钟子期死,而伯牙绝弦破琴,知世莫可为鼓也;惠施卒,而庄子深瞑不言,见世莫可与语也。"⑥ 按:此文引自《修务篇》,影宋本作:"钟子期死,而伯牙绝弦被琴,知世莫赏也;惠施死,而庄子寝说言,见世莫可为语者也。"两相对照,影宋本此文讹误甚多,当以《说苑》所引为正。

"寸而度之,至丈必差。铢而称之,至石必过。石称丈量,径而寡失。简丝数米,烦而不察。故大较易为智,曲辩难为慧。"⑦ 按:此文引自《泰族》篇,影宋本"石称"作"石秤","慧"作"惠。"

"腾蛇游雾而升,腾龙乘云而举,猿得木而挺,鱼得水而骛,处地宜也。"⑧ 按:此文引自《主术》篇。影宋本作:"夫螣蛇游雾而动,应龙乘云而举,猨得木而捷,鱼得水而骛。"

---

① 向宗鲁《说苑校证》,第 399 页。
② 向宗鲁《说苑校证》,第 401 页。
③ 向宗鲁《说苑校证》,第 402 页。
④ 向宗鲁《说苑校证》,第 403 页。
⑤ 向宗鲁《说苑校证》,第 405 页。
⑥ 向宗鲁《说苑校证》,第 406 页。
⑦ 向宗鲁《说苑校证》,第 408 页。
⑧ 向宗鲁《说苑校证》,第 408 页。

"天地之道,极则反,满则损。五采曜眼,有时而渝;茂木丰草,有时而落。物有盛衰,安得自若。"①按:此文引自《泰族》篇。影宋本作:"天地之道,极则反,盈则损。五色虽朗,有时而渝;茂木丰草,有时而落。物有降杀,不得自若。"

"肉自生虫,而还自食也;木自生蠹,而还自刻也;人自兴妖,而还自贼也。"②按:此文化用自《说林》篇,原文作:"山生金,反自刻;木生蠹,反自食;人生事,反自贼。"

综上所述,刘向编撰《新序》《说苑》二书引用《淮南子》之文,总计约38处。其中,绝大多数属于直接引用,仅有二三处属于化用。这说明刘向不仅熟读了《淮南子》,还直接利用他的《淮南子》校定本甚至是刘安原本,以帮助自己著书立说。同时,《新序》《说苑》引文也保存了这些古本的某些文本面貌,具有较高的文献价值。

第二节　从《论衡》引文看《淮南子》的文本流传

王充(27—约97),字仲任,会稽上虞(今浙江上虞)人。他是东汉为数不多的富有批判精神的学者之一,也是有名的无神论者。其《论衡》始作于汉明帝永平二年(59),终成于汉和帝永元二年(90)。该书对淮南王刘安及《淮南子》多有批判,同时又引述《淮南子》之文以为己用。基于这一点,王充可谓是对《淮南子》文本作细致和深入研究的第一人。按照引文的用途,《论衡》引文可以分成作为批判对象和作为立说材料两大类。

一、作为批判的对象引用

《论衡》一书是以"疾虚妄"为宗旨。根据这个宗旨,王充所引用的《淮南子》文本,其内容基本上是虚诞怪异之说,这样更有利于他展开批判。此类引文约11例,兹列举如下,略加分析:

传书曰:"宋景公之时,荧惑守心,公惧,召子韦而问之,曰:'荧惑在心,何也?'子韦曰:'荧惑,天罚也。心,宋分野也。祸当君。虽然,可移于宰相。'公

---

① 向宗鲁《说苑校证》,第409页。
② 向宗鲁《说苑校证》,第469页。

曰：'宰相所使治国家也，而移死焉，不祥。'子韦曰：'可移于民。'公曰：'民死，寡人将谁为也？宁独死耳。'子韦曰：'可移于岁。'公曰：'民饥，必死。为人君而欲杀其民以自活也，其谁以我为君者乎？是寡人命固尽也，子毋复言。'子韦退走，北面再拜曰：'臣敢贺君！天之处高而耳卑。君有君人之言三，天必三赏君。今夕星必徙三舍，君延命二十一年。'公曰：'奚知之？'对曰：'君有三善，故有三赏，星必三徙。三徙行七星，星当一年，三七二十一，故君命延二十一岁。臣请伏于殿下以伺之，星必不徙，臣请死耳。'是夕也，火星果徙三舍。"① 按：此文引自《道应》篇。刘向《新序·杂事》亦引此文。王充与刘向相距不过百年，其《论衡》《新序》这两段相同引文，足可证影宋本"祸且当君""子韦无复言""舍行七里"之讹误。王充批驳说："此言虚也。何则？皇天迁怒，使荧惑本景公身有恶而守心，则虽听子韦言，犹无益也。使其不为景公，则虽不听子韦之言，亦无损也。"② 在他看来，子韦之言皆是空话。

传书言："武王伐纣，渡孟津，阳侯之波逆流而击，疾风晦冥，人马不见。于是武王左操黄钺，右执白旄，瞋目而麾之，曰：'余在，天下谁敢害吾意者！'于是风霁波罢。"③ 按：此文引自《览冥》篇。"右执"，影宋本作"右秉"；"余在"，影宋本讹作"余任"；"风霁"，影宋本作"风济"。王充批驳说："此言虚也。……武王诛纣是乎，天当安静以祐之；如诛纣非乎，而天风者，怒也。武王不奉天令，求索己过，瞋目言曰'余在，天下谁敢害吾意者'，重天怒、增己之恶也，风何肯止？父母怒，子不改过，瞋目大言，父母肯贳之乎？如风天所为，祸气自然，是亦无知，不为瞋目麾之故止。夫风犹雨也，使武王瞋目以旄麾雨而止之乎？武王不能止雨，则亦不能止风。或时武王适麾之，风偶自止，世褒武王之德，则谓武王能止风矣。"④ 以逻辑严密的自然主义论调批判了《淮南子》中的物类相感论。

传书言："鲁阳公与韩战，战酣日暮，公援戈而麾之，日为之反三舍。"⑤ 按：此文引自《览冥》篇。"与韩战"，影宋本作"与韩构难"。王充批驳说："此言虚

---

① 黄晖《论衡校释》，第202—203页。耳卑，当作"听卑"。
② 黄晖《论衡校释》，第203—204页。
③ 黄晖《论衡校释》，第229页。
④ 黄晖《论衡校释》，第229—230页。
⑤ 黄晖《论衡校释》，第230页。阳公，原作"襄公"，今据刘盼遂校改。

也。凡人能以精诚感动天,专心一意,委务积神,精通于天,天为变动,然尚未可谓然。阳公志在战,为日暮一麾,安能令日反?使圣人麾日,日终不反。阳公何人,而使日反乎?《鸿范》曰:'星有好风,星有好雨。日月之行,则有冬有夏。月之从星,则有风雨。'夫星与日月同精,日月不从星,星辄复变。明日月行有常度,不得从星之好恶也,安得从阳公之所欲?"① 先强调精诚动天,而阳公好战,不合这一条,后又以日月行有常度否定阳公能使日反。

传书言:"师旷奏《白雪》之曲,而神物下降,风雨暴至。平公因之癃病,晋国赤地。"② 按:此文引自《览冥》篇。影宋本作:"师旷奏《白雪》之音,而神物为之下降,风雨暴至,平公癃病,晋国赤地。"王充批驳说:"传书之家,载以为是;世俗观见,信以为然。原省其实,殆虚言也。……师旷能鼓《清角》,必有所受,非能质性生出之也。其初受学之时,宿昔习弄,非直一再奏也。审如传书之言,师旷学《清角》时,风雨当至也。"③ 直接从源头上揭示此说的荒唐。

传书言:"仓颉作书,天雨粟,鬼夜哭。"④ 按:此文引自《本经》篇,与影宋本同。王充批驳说:"此言文章兴而乱渐见,故其妖变致天雨粟、鬼夜哭也。夫言天雨粟、鬼夜哭,实也。言其应仓颉作书,虚也。"⑤ 可见,王充的唯物论并不彻底,他只是不承认天与人之间有感应而已。

传书又言:"伯益作井,龙登玄云,神栖昆仑。"⑥ 按:此文亦引自《本经》篇,与影宋本同。王充批驳说:"夫言龙登玄云,实也。言神栖昆仑,又言为作井之故,龙登神去,虚也。夫作井而饮,耕田而食,同一实也。伯益作井,致有变动,始为耕耘者,何故无变?……夫益殆之凿井,龙不为凿井登云,神不栖于昆仑,传书意妄,造生之也。"⑦ 与前面的批驳一致,只是不承认神灵与人之间的感应关系。

儒书言:"卢敖游乎北海,经乎太阴,入乎玄关,至于蒙谷之上,见一士焉,深目玄准,雁颈而鸢肩,浮上而杀下,轩轩然方迎风而舞。顾见卢敖,樊然下其臂,遁逃乎碑下。敖乃视之,方卷然龟背而食合梨。卢敖仍与之语曰:'吾子

---

① 黄晖《论衡校释》,第 231—232 页。
② 黄晖《论衡校释》,第 241 页。
③ 黄晖《论衡校释》,第 242—243 页。
④ 黄晖《论衡校释》,第 249 页。
⑤ 黄晖《论衡校释》,第 249 页。
⑥ 黄晖《论衡校释》,第 252 页。
⑦ 黄晖《论衡校释》,第 253—254 页。

唯以敖为倍俗,去群离党,穷观于六合之外者,非敖而已？敖幼而游,至长不偷解,周行四极,唯北阴之未窥。今卒睹夫子于是,殆可与敖为友乎？'若士者悖然而笑曰：'嘻！子中州之民也,不宜远至此。此犹光日月而戴列星,四时之所行,阴阳之所生也。此其比夫不名之地,犹嵻峨也。若我南游乎冈浪之野,北息乎沉薶之乡,西穷乎杳冥之党,而东贯溟濛之先。此其下无地,上无天,听焉无闻,而视焉则营；此其外犹有状,有状之余,壹举而能千万里,吾犹未能之在。今子游始至于此,乃语穷观,岂不亦远哉？然子处矣。吾与汗漫期于九垓之上,吾不可久。'若士者举臂而纵身,遂入云中。卢敖目仰而视之,不见,乃止喜,心不怠,怅若有丧,曰：'吾比夫子也,犹黄鹄之与壤虫也,终日行,而不离咫尺,而自以为远,岂不悲哉！'"①按：此文引自《道应》篇,与影宋本大同小异。影宋本"雁颈"作"泪注","樊然"作"慢然","合梨"作"蛤梨","倍俗去群离党"作"背群离党","悖然"作"齗然","嵻峨"作"突奥","沉薶"作"沉墨","心不怠"作"心杯治"。《论衡》引作"合""倍""不怠",皆是汉时古本之面貌。王充认为卢敖既无翅膀又食蛤蜊,与普通人无异,不可能升天,并说："淮南王刘安坐反而死,天下并闻,当时并见,儒书尚有言其得道仙去、鸡犬升天者,况卢敖一人之身,独行绝迹之地,空造幽冥之语乎？"②批驳世俗之人尚能睁眼说刘安的瞎话,何况这无人认识的卢敖。

儒书言："共工与颛顼争为天子,不胜,怒而触不周之山,使天柱折,地维绝。女娲销炼五色石以补苍天,断鳌足以立四极。天不足西北,故日月移焉；地不足东南,故百川注焉。"③按：此文是拼合《天文》和《览冥》两篇文字而成。影宋本《天文训》："共工与颛顼争为帝,怒而触不周之山,天柱折,地维绝。天倾西北,故日月星辰移焉；地不满东南,故水潦尘埃归焉。"《览冥训》："于是女娲炼五色石以补苍天,断鳌足以立四极。"王充批驳说："以天道人事论之,殆虚言也。与人争为天子,不胜,怒触不周之山,使天柱折,地维绝,有力如此,天下无敌。以此之力,与三军战,则士卒蝼蚁也,兵革毫芒也,安得不胜之恨,怒触不周之山乎？……说者曰：'鳌,古之大兽也,四足长大,故断其足,以立四极。'夫不周,山也；鳌,兽也。夫天本以山为柱,共工折之,代以兽足,骨有腐

---

① 黄晖《论衡校释》,第 321—324 页。
② 黄晖《论衡校释》,第 325 页。
③ 黄晖《论衡校释》,第 469—470 页。

朽，何能立之久？"① 在他看来，既然共工可以触崩不周山，那就没有不胜之理，而且鳌足易朽，不可做天柱。认识虽浅，但亦能切中要害。从王充引"说者曰"云云推测，似乎当时已有注解《淮南子》者。这一情况若属实，那么许慎并不是最早注解《淮南子》的汉代学者。

儒者曰："日中有三足乌，月中有兔、蟾蜍。"② 按：此文引自《精神》篇，影宋本作："日中有踆乌，而月中有蟾蜍。"王充批驳说："夫日者，天之火也，与地之火无以异也。地火之中无生物，天火之中何故有乌？火中无生物，生物入火中，燋烂而死焉，乌安得立？夫月者，水也，水中有生物，非兔、蟾蜍也。兔与蟾蜍久在水中，无不死者。"③ 是以征实之法反驳《淮南子》中这个神话。

《淮南书》又言："烛十日。尧时十日并出，万物焦枯，尧上射十日。"④ 按：此文是王充以意引自《淮南子》。影宋本《俶真训》："烛十日而使风雨。"《本经训》："逮至尧之时，十日并出，焦禾稼……上射十日而下杀猰貐。"对于"十日"，王充批驳甚详，他说："夫日犹月也，日而有十，月有十二乎？星有五，五行之精，金、木、水、火、土各异光色。如日有十，其气必异。今观日光无有异者，察其小大前后若一。如审气异，光色宜殊；如诚同气，宜合为一，无为十也。……淮南见《山海经》，则虚言真人烛十日，妄纪'尧时十日并出。'"⑤ 认为是刘安迷信《山海经》、神仙之说而妄记。

传曰："鲁哀公欲西益宅，史争以为不祥。哀公作色而怒，左右数谏而弗听，以问其傅宰质睢曰：'吾欲西益宅，史以为不祥，何如？'宰质睢曰：'天下有三不祥，西益宅不与焉。'哀公大说。有顷，复问曰：'何谓三不祥？'对曰：'不行礼义，一不祥也。嗜欲无止，二不祥也。不听规谏，三不祥也。'哀公缪然深惟，慨然自反，遂不益宅。"⑥ 按：此文引自《人间》篇。影宋本"质睢"作"折睢"，"规谏"作"强谏"，"缪然深惟"作"默然深念"，"慨然"作"愤然"。王充批驳这个民间四大禁忌之一"西益宅"的主要思路，就是为什么不是东面、南面、北面不祥，而唯独是西面不祥，展现了朴素的辩证法。

---

① 黄晖《论衡校释》，第470—471页。
② 黄晖《论衡校释》，第502页。
③ 黄晖《论衡校释》，第502页。
④ 黄晖《论衡校释》，第509页。
⑤ 黄晖《论衡校释》，第509—511页。
⑥ 黄晖《论衡校释》，第968页。

二、作为立说的材料引用

王充是东汉难得一见的喜立己说的一位学者,他引述《淮南子》之文,并不全是作为批判的对象,有时也将它们融入自己的立说之中,成为自己学说的有机组成部分。此类引用约有9例,兹列举如下,略加分析:

《淮南书》曰:"仁鄙在时不在行,利害在命不在智。"① 按:此文引自《齐俗》篇,影宋本"仁鄙"讹作"仕鄙"。王充引用此文,是用来帮助证明"有命"这个结论。"在时""在命",皆指人力所不能左右的一种固定趋势,正契合王充的"命禄"论。

"越王翳逃山中,至诚不愿,自冀得代。越人熏其穴,遂不得免,强立为君。"② 按:此文是王充以意引自《原道》篇,影宋本作:"越王翳逃山穴,越人熏而出之,遂不得已。"这条引文只是被王充用作素材,说明人有所谓天命。他说:"天命当然,虽逃避之,终不得离,故夫不求自得之贵欤?"③ 即是王充为此条引文赋予的意旨。

"杨子哭歧道,墨子哭练丝也。盖伤离本,不可复变也。人之性,善可变为恶,恶可变为善,犹此类也。"④ 按:"杨子哭"二句,是王充以意引自《说林》篇,影宋本作:"杨子见逵路而哭之,为其可以南可以北;墨子见练丝而泣之,为其可以黄可以黑。"王充引此文,用以说明人性渐化的后果。由于人性渐化,已离其本,所以杨子、墨子哭之。

"三苗之民,或贤或不肖,尧、舜齐之,恩教加也。"⑤ 按:此文亦是王充以意引自《齐俗》篇,影宋本作:"三苗之民,皆可使忠信,或贤或不肖,唯唐虞能齐其美。"王充用这条引文来说明教化可使人的天性发生变易。

"狌狌知往,乾鹊知来。"⑥ 按:此文引自《氾论》篇,影宋本作:"猩猩知往而不知来,乾鹊知来而不知往。"王充引用此文,与其后"鹦鹉能言,三怪比龙"来说明物性能产生变化这个道理。

---

① 黄晖《论衡校释》,第24页。
② 黄晖《论衡校释》,第26页。
③ 黄晖《论衡校释》,第27页。
④ 黄晖《论衡校释》,第70页。
⑤ 黄晖《论衡校释》,第78页。
⑥ 黄晖《论衡校释》,第292页。《论衡·是应篇》亦引此语。

传语曰:"尧舜之俭,茅茨不剪,采椽不斫。"① 按:此文亦是王充以意引自《主术》篇,影宋本作:"于是尧乃身服节俭之行,而明相爱之仁,以和辑之。是故茅茨不翦,采椽不斲。"王充引此文,用来帮助分析"语增"这个概念。他说:"夫言茅茨采椽,可也;言不剪不斫,增之也。《经》曰'弼成五服',五服,五采服也。服五采之服,又茅茨、采椽,何宫室、衣服之不相称也?服五采,画日月星辰,茅茨、采椽,非其实也。"② 可见,"语增"就是指夸饰不实。

儒书称:"鲁般、墨子之巧,刻木为鸢,飞之三日而不集。"③ 按:此文亦是王充以意引自《齐俗》篇,影宋本作:"鲁般、墨子以木为鸢而飞之,三日不集,而不可使为工也。"王充引此文,用来帮助分析儒书喜夸饰而多失实的特点。他说:"夫言其以木为鸢飞之,可也;言其三日不集,增之也。"④ 即使从现代科学的角度看,也没有人能够造出持续飞行三日而不坠下的木鸢,王充的分析无疑是正确的。

"纣作象箸而箕子讥,鲁以偶人葬而孔子叹。"⑤ 按:此文引自《本经》篇,影宋本"讥"作"叽"。王充引此文,用以说明贤者能够根据事象预见祸福,根据经验预知来事。他说:"缘象箸见龙干之患,偶人睹殉葬之祸也。太公、周公俱见未然,箕子、孔子并睹未有,所由见方来者,贤圣同也。"⑥ 就是肯定贤圣预见祸福、预知来事的能力。

总之,《论衡》引用《淮南子》文本,共计约 19 处,其中仅有 2 处明确称呼为《淮南书》,其余或称《传书》,或称《儒书》,或称《传》,或称"儒者曰",或暗引。从"传书""儒书""儒者"的称呼看,王充对《淮南子》一书的思想性质并未有深刻的认识。当然,他比刘向引用《淮南子》要进步得多。刘向不仅不称书名,而且大多只是材料的罗列。王充则不一样,他引用《淮南子》文本,一是作为批判的对象,二是作为立说的材料,将引文与自撰文字有机结合成一个整体,为后世应用《淮南子》提供了一个范本。

---

① 黄晖《论衡校释》,第 352 页。
② 黄晖《论衡校释》,第 352—353 页。
③ 黄晖《论衡校释》,第 365 页。
④ 黄晖《论衡校释》,第 365 页。
⑤ 黄晖《论衡校释》,第 1073 页。
⑥ 黄晖《论衡校释》,第 1073 页。

第三节　从《楚辞章句》《吕氏春秋注》引文看《淮南子》的文本流传

东汉中后期,训诂之学发展至鼎盛,各种注书层出不穷。这个时期,《淮南子》开始被应用于注书中。王逸撰《楚辞章句》、服虔撰《汉书音训》、应劭撰《汉书音义》、高诱注《吕氏春秋》,均见有引用《淮南子》的情形①。这些注书的引用,使《淮南子》的文本发挥了与刘向、王充书不一样的作用。

一、《楚辞章句》所引《淮南子》文本

王逸的《楚辞章句》是继刘安、班固、贾逵之后对屈原作品作出研究的一部专著,大概成书于他担任校书郎期间,即元初二年(115)至建光元年(121)之间。王逸注《楚辞》,多次引用《淮南子》以资佐证。这是《淮南子》已知最早被用于注书的一次记录。同时也说明东观校书活动期间,官藏《淮南子》对校书者皆予开放,从而吸引了像许慎、马融、王逸等大学者的关注。这个时期可谓是《淮南子》文本的大流行时期。据统计,《楚辞章句》引用《淮南子》文本约有 13 例。兹列举如下:

《淮南子》曰:"昆仑县圃,维绝,乃通天。"② 按:此文是王逸以意引自《地形》篇,影宋本作:"倾宫、旋室、县圃、凉风、樊桐,在昆仑阊阖之中。"

《淮南子》曰:"日出汤谷,浴乎咸池,拂于扶桑,是谓晨明。登于扶桑,爰始将行,是谓胐明。"③ 按:此文引自《天文》篇,影宋本前两句作"日出于旸谷,浴于咸池"。

《淮南子》言:"白水出昆仑之山,饮之不死。"④ 按:此文引自《地形》篇,影宋本作:"是谓丹水,饮之不死。"王念孙校《淮南子》,引王逸此注以证"丹水"

---

① 服、应二书早佚,颜师古注《汉书》曾引用二人说法。服虔,生卒年不详,字子慎,河南荥阳人,其生活年代在汉灵帝中平(185—189 年)前后。《汉书·司马相如传》"使灵娲鼓琴而舞冯夷",颜师古注引服虔曰:"灵娲,女娲也。伏牺作琴,使女娲鼓之。冯夷,河伯字也,《淮南子》曰:'冯夷得道,以潜大川。'"(班固《汉书》,第 2597 页。)应劭(约 153—196),字仲瑗,河南南顿人。《汉书·司马相如传》"涉丰隆之滂濞",颜师古注引应劭曰:"丰隆,云师也。《楚辞》曰'吾令丰隆乘云兮',《淮南子》曰'季春三月,丰隆乃出以将雨'。"(班固《汉书》,第 2559 页。)
② 洪兴祖《楚辞补注》,第 26 页。引文用以注解《离骚》"夕余至乎县圃"句。
③ 洪兴祖《楚辞补注》,第 27 页。引文用以注解《离骚》"总余辔乎扶桑"句。
④ 洪兴祖《楚辞补注》,第 30 页。引文用以注解《离骚》"朝吾将济于白水兮"句。

乃"白水"之误①。

《淮南子》言："弱水出于穷石,入于流沙也。"② 按:此文引自《地形》篇,影宋本作："弱水出自穷石,至于合黎,余波入于流沙。"

《淮南子》言："共工与颛顼争为帝,不得,怒而触不周之山,天维绝,地柱折,故东南倾也。"③ 按:此文引自《天文》篇,影宋本作："昔者,共工与颛顼争为帝,怒而触不周之山,天柱折,地维绝。天倾西北,故日月星辰移焉;地不满东南,故水潦尘埃归焉。"

《淮南》言："昆仑之山九重,其高万二千里也。"④ 按:此文引自《地形》篇,影宋本作："掘昆仑虚以下地,中有增城九重,其高万一千里百一十四步二尺六寸。"

《淮南》言："尧时十日并出,草木焦枯,尧命羿仰射十日,中其九日,日中九乌皆死,堕其羽翼,故留其一日也。"⑤ 按:此文引自《本经》篇,影宋本作："逮至尧之时,十日并出,焦禾稼,杀草木,而民无所食。……尧乃使羿诛凿齿于畴华之野,杀九婴于凶水之上,缴大风于青丘之泽,上射十日而下杀猰貐,断修蛇于洞庭,禽封豨于桑林。"

《淮南》言："日出汤谷,入虞渊也。"⑥ 按:此文引自《天文》篇,影宋本作："日出于旸谷,……至于虞渊,是谓黄昏。"

《淮南》言："冯夷得道,以潜于大川也。"⑦ 按:此文引自《齐俗》篇,影宋本作："冯夷得道,以潜大川。"

《淮南》言："赤水出昆仑也。"⑧ 按:此文是王逸以意引自《地形》篇,影宋本作："赤水出其东南陬,西南注南海丹泽之东。"

《淮南》言："钟山之玉,烧之三日,其色不变。"⑨ 按:此文是王逸以意引自

---

① 详见《子藏·淮南子卷》第45册,第324页。
② 洪兴祖《楚辞补注》,第32页。引文用以注解《离骚》"夕归次于穷石兮"句。
③ 洪兴祖《楚辞补注》,第91页。引文用以注解《天问》"地何故以东南倾"句。王逸注《怨世》"高阳无故而委尘兮"句又引《淮南子》曰:"颛顼与共工争为帝。"(第243页。)
④ 洪兴祖《楚辞补注》,第92页。引文用以注解《天问》"增城九重,其高几里"句。
⑤ 洪兴祖《楚辞补注》,第96页。引文用以注解《天问》"羿焉彃日,乌焉解羽"句。
⑥ 洪兴祖《楚辞补注》,第167页。引文用以注解《远游》"朝濯发于汤谷兮"句。王逸注《九叹》"囚灵玄于虞渊"句又引《淮南》言:"日出汤谷,入于虞渊。"(第311页。)
⑦ 洪兴祖《楚辞补注》,第173页。引文用以注解《远游》"令海若舞冯夷"句。
⑧ 洪兴祖《楚辞补注》,第228页。引文用以注解《惜誓》"涉丹水而驼骋兮"句。
⑨ 洪兴祖《楚辞补注》,第260页。引文用以注解《哀时命》"采钟山之玉英"句。

《俶真训》,影宋本作:"譬若钟山之玉,炊以炉炭,三日三夜而色泽不变。"

从上面的引文看,王逸引用《淮南子》文本绝大多数属于略引、意引,而非直引。所谓略引,就是引者根据自己的需要截取或者删改某些文字而加以引用,并不能完全反映文本的原始面貌。这种引用方法也是注书中常见的引用方法。所谓意引,就是引者非直取原文,而是概括文意而引。王逸资用《淮南子》,多数是截取地理名物、神话传说这些内容,体现了《淮南子》在东汉注书中的训诂、考据之用。

二、《吕氏春秋注》所引《淮南子》文本

高诱注解《吕氏春秋》,是在注解《淮南子》之后,即公元212年之后。可能因为太熟悉《淮南子》,且两书又存在很亲密的关系,所以,他注解《吕氏春秋》时,就大量引用了《淮南子》的文本。

据统计,《吕氏春秋注》引用《淮南子》文本约有21例。按照用途,这些引文可分为用于文本校勘、用于训释名物、用于类比文句、用于解释文意四类。

(一)用于文本校勘

《淮南子》云"越王翳"也[1]。按:此文引自《原道训》,影宋本作:"越王翳逃山穴。"

《淮南》云"山穴"也[2]。按:此文引自《原道训》,影宋本作:"越王翳逃山穴。"

《淮南》记曰"王孙绰"[3]。按:此文引自《览冥训》,影宋本作:"是犹王孙绰之欲倍偏枯之药而欲以生殊死之人,亦可谓失论矣。"

(二)用于训释名物

《淮南》记曰"轶鶡鸡于姑余"是也[4]。按:此文引自《览冥训》,影宋本"鶡"作"鸥"。

《淮南子》曰:"日出阳谷。"[5] 按:此文引自《天文训》,影宋本作:"日出于旸谷。"

---

[1] 许维遹《吕氏春秋集释》,第39页。引文用以注解《贵生》篇"王子搜患之"句。
[2] 许维遹《吕氏春秋集释》,第39页。引文用以注解《贵生》篇"逃乎丹穴"句。
[3] 许维遹《吕氏春秋集释》,第661页。引文用以注解《别类》篇"鲁人有公孙绰者"句。
[4] 许维遹《吕氏春秋集释》,第317页。引文用以注解《本始》篇"指姑之东"句。
[5] 许维遹《吕氏春秋集释》,第614页。引文用以注解《求人》篇"日出九津、青羌之野"句。

（三）用于类比文句

《淮南》记曰："鱼相忘乎江湖，人相忘乎道术。"① 按：此文引自《俶真训》，影宋本作"乎"作"于"。

《淮南子》曰："下有茯苓，上有兔丝。"② 按：此文引自《说山训》，影宋本同。

《淮南》记曰："慈母在于燕，适子念于荆。"③ 按：此文引自《说林训》，影宋本作："慈母吟于巷，适子怀于荆。"

《淮南》记曰："蜂房不能容鹤卵。"④ 按：此文引自《俶真训》，影宋本无"能"字。

（四）用于解释句意

《淮南》记曰："人甘非正为蹠也，蹠而焉往。"⑤ 按：此文引自《缪称训》，影宋本作："人之甘甘，非正为蹠也，而蹠焉往。"

《淮南》记曰："急辔利錣，非千里之御也；严刑峻法，非百王之治也。"⑥ 按：此文引自《缪称训》，影宋本作："急辔数策者，非千里之御也。"可知北宋之时，"严刑峻法"一句已脱。

《淮南》记曰："万人之众无废功，千人之众无绝良。"⑦ 按：此文引自《主术训》，影宋本作："千人之群无绝梁，万人之聚无废功。"高氏引"梁"作"良"，或为古本。

《淮南》记曰："左手据天下之图，右手刎其喉，愚夫不为也。"⑧ 按：此文引自《泰族训》，影宋本作："使人左据天下之图而右刎喉，愚者不为也。"

《淮南》记曰："牛马之气烝生虮虱，虮虱气烝不能生牛马。"⑨ 按：此文引自《泰族训》，影宋本"虮虱"与"气烝"之间有"之"字。

---

① 许维遹《吕氏春秋集释》，第 40 页。引文用以注解《贵生》篇"得道之人，其不相知"句。
② 许维遹《吕氏春秋集释》，第 211 页。引文用以注解《精通》篇"兔丝非无根也，其根不属也，伏苓是"句。
③ 许维遹《吕氏春秋集释》，第 212 页。引文用以注解《精通》篇"身在乎秦，所亲爱在于齐"句。
④ 许维遹《吕氏春秋集释》，第 304 页。引文用以注解《论大》篇"井中之无大鱼也"句。
⑤ 许维遹《吕氏春秋集释》，第 53 页。引文用以注解《功名》篇"功名之不可得逃"句。
⑥ 许维遹《吕氏春秋集释》，第 55 页。引文用以注解《功名》篇"罚虽重，刑虽严，何益"句。
⑦ 许维遹《吕氏春秋集释》，第 102 页。引文用以注解《用众》篇"夫以众者，此君人之大宝也"句。
⑧ 许维遹《吕氏春秋集释》，第 269 页。引文用以注解《不侵》篇"如此其重也"句。又高诱注《知分》篇"达乎死生之分"句引《淮南》记曰："左手据天下之图，右手刎其喉，愚夫弗为，生贵于天下也。"（第 552 页。）按：此文引自《精神训》，影宋本作："使之左据天下图而右手刎其喉，愚夫不为。由此观之，生尊于天下也。"
⑨ 许维遹《吕氏春秋集释》，第 305 页。引文用以注解《论大》篇"定贱小在于贵大"句。

《淮南》记曰:"欲治之君不世出,可与治之臣不万一,以不万一待不世出,何由遇哉!"① 按:此文引自《泰族训》,影宋本作:"欲治之主不世出,而可与兴治之臣不万一,以万一求不世出,此所以千岁不一会也。"可知影宋本后"万一"二字前脱"不"字。

《淮南》记曰:"子贡让而亡义。"② 按:此文引自《齐俗训》,影宋本作:"子赣让而止善。"

《淮南》记曰:"子路受而劝德。"③ 按:此文引自《齐俗训》,影宋本同。

《淮南》记曰:"先唱者穷之路,后动者达之原也。"④ 按:此文引自《原道训》,影宋本前句后有"也"字。

《淮南》记曰:"楚有卖其母者,而谓其买者曰:'此母老矣,幸善食之。'"⑤ 按:此文引自《说山训》,影宋本作:"邢人有鬻其母,为请于买者曰:'此母老矣,幸善食之而勿苦。'"可知影宋本"郢"讹作"邢"。

《淮南子》曰:"塞其耳而欲闻五音,掩其目而欲督青黄,不可得也。"⑥ 按:此文引自《主术训》,影宋本作:"是犹塞耳而听清浊,掩目而视青黄也。"

总之,高诱的《吕氏春秋注》引用《淮南子》文本,并不像王逸《楚辞章句》那样基本囿于解释地理名物和神话传说,而是扩展到用于校勘文本、类比文句和解释文意上来。尤其是解释文意,此为训诂家纵深利用《淮南子》的反映。

第四节　汉代《淮南子》的文本校勘

汉成帝诏令刘向校理诸子诗赋,这是《淮南子》文本校勘史的开始。其后,尽管官方主导了《淮南子》文本的校勘,但也有像高诱、刘绩、茅一桂、庄逵吉、刘文典这样优秀的校勘家,相继为《淮南子》作校勘。

---

① 许维遹《吕氏春秋集释》,第 400 页。引文用以注解《观世》篇"而治必待之,治冥由至"句。
② 许维遹《吕氏春秋集释》,第 419 页。引文用以注解《察微》篇"不取其金,则不复赎人矣"句。
③ 许维遹《吕氏春秋集释》,第 419 页。引文用以注解《察微》篇"鲁人必拯溺者矣"句。
④ 许维遹《吕氏春秋集释》,第 472 页。引文用以注解《审应》篇"凡主有识,言不欲先"句。
⑤ 许维遹《吕氏春秋集释》,第 552 页。引文用以注解《长利》篇"故能以必死见其义"句。
⑥ 许维遹《吕氏春秋集释》,第 620 页。引文用以注解《贵直》篇"所欲奚自来"句。

一、刘向、许慎等人的文本校勘

从现存文献看,刘向是最早校勘《淮南子》文本的学者,他开始了《淮南子》文本的校勘历史。根据前面的讨论,我们知道刘向校定本是产生于公元前24年与前17年之间,那么他校勘《淮南子》文本也是发生在这个时期,当时他的官职为光禄大夫,但具体时间已无从知晓。刘向没有留下《淮南子书录》来记述他的校勘过程,仅高诱在序文中说:"光禄大夫刘向校定撰具,名之《淮南》,又有十九篇者谓之《淮南外篇》。"所谓校定撰具,是指考订校正各篇并缮写成书。在竹简作为主要书写载体的年代,很多古书都是以散篇的形式流传,重复、杂乱的情况在所难免,刘向的书录和叙录中经常出现"除复重"字样,便是明证。刘安及其宾客著书不少,篇数众多,流传日久,难免杂乱,因此,刘向校勘《淮南子》的一大工作也可能是"除复重"。除其重复之后,则需要对文本进行厘定,即高诱所说的校定;校定之后,则需要缮写校定后的文本,使之成书,即高诱所说的撰具。由于文献缺乏,刘向对《淮南子》的文本具体做了哪些校勘,已无从考证。尽管如此,后世各种版本的《淮南子》,其文本的根源无疑都是来自于刘向校定之文。

《淮南子》的文本经刘向校定之后,传播甚广。但过了一百三十余年,其文本又开始出现脱讹、散乱的情况,太尉祭酒许慎受命校书东观,涉及五经、诸子、传记、百家艺术,期间写成了《淮南鸿烈间诂》一书。所谓间诂,就是简略的笺注,基本不包含文本校勘。从现存的八篇许注看,许慎确实没有进行文本校勘,所采用的底本或直接就是刘向校定本。

比许慎稍晚的马融也曾一起受命校书东观,不同的是,他滞留东观长达十年,而且早在校书东观之前就已熟读《淮南子》。因此,马融校注《淮南子》的时间难以确定,从而校勘其文本的时间也无法准确得知,很可能是在他居留东观的后期,即公元115至119年。由于马融注片语无存,其文本校勘的具体情况同样无从知晓,他的再传弟子高诱或许在注释中有引述,但无法辨明。

二、高诱的文本校勘

就两汉而言,高诱无疑是《淮南子》文本校勘的杰出代表。据统计,现存高注十三篇中,以"某或作某"的方式校勘文本有68例,以"一作某"的方式校勘文本2例。兹列举如下:

《原道训》3 例："冯夷、大丙之御也"，高氏校曰："夷或作迟也，丙或作白。"①"春风至则甘雨降"，高氏校曰："风或作分合。""无味而五味形焉"，高氏校曰："形或作和也。"②

《俶真训》4 例："百姓曼衍于淫荒之陂"，高氏校曰："陂，或作野。""美者不能滥也"，高氏校曰："（滥）或作监。""灌以濊水"，高氏校曰："濊或作嚓（当是潦字之讹）。""人得自乐其间"，高氏校曰："或作'文德自乐其间'。"

《天文训》4 例："十三度七十六分度之二十六"，高氏校曰："六，或作八。"③"西方曰皓天"，高氏校曰："皓，或作昊。"④"清妙之合专易"，高氏校曰："（专）一作搏。""正朝夕"，高氏校曰："（正）一作月。"⑤

《地形训》4 例："虚以下地"，高氏校曰："地，或作池。""玉横维其西北之隅"，高氏校曰："横，或作彭。""洋水出其西北陬"，高氏校曰："（洋）或作养也。""夸父、耽耳在其北方"，高氏校曰："耽……或作摄。"

《时则训》6 例："其兵戟"，高氏校曰："戟，或作弩也。"⑥"蟋蟀居奥"，高氏校曰："奥，或作壁也。"⑦"群鸟翔"，高氏校曰："（翔）或作养。"⑧"以御秋气"，高氏校曰："气，或作兵也。""水始涸"，高氏校曰："涸，或作盛。""其祀井"，高氏校曰："井，或作行。"⑨

《览冥训》5 例："蚕咡丝而商弦绝"，高氏校曰："咡，或作珥。"⑩"燕

---

① 本节所引《淮南子》文及高注，均出自张双棣《淮南子校释》（增订本）。由于引文极多，不烦一一标其页码。关于高诱此校，《文选》卷三十四《七发》李善注引《淮南子》曰："昔冯迟、太白之御，六云霓，游微雾，骛忽荒。"又引许注："冯迟、太白，河伯也。"（萧统《文选》，第1570页。）可知许本正作"冯迟""大白"。
② 任渊《山谷内集诗注》卷四引《淮南子》此句正作"和"。任氏属南宋中晚期人，可能见过苏颂缮写的许注本，以此知许本当作"和"。
③ 据刘绩演算，应作"二十八"而非"二十六"，这说明高诱之时《淮南子》的文本即有不少讹误。
④ 蔡卞《毛诗名物解》卷十六《天说》引《淮南子》正作"西方曰昊天"。蔡卞是北宋后期人，当见过许本《淮南子》。
⑤ 以上2例"一作某"的校勘形式，与高注风格不类，或为后人所加。
⑥ 颜师古《匡谬正俗》卷三："按《黄帝素问》及《淮南子》等诸书说，五方之兵：东方其兵矛，南方其兵弩，中央其兵剑，西方其兵戈，北方其兵铩。"（《景印文渊阁四库全书》第221册，第484页。）初唐盛行许本，师古所见即是许本。
⑦ 《逸周书·时训解第五十二》作"蟋蟀居辟"，《礼记·月令》作"蟋蟀居壁"。
⑧ 《吕氏·仲秋纪》《礼记·月令》均作"群鸟养羞"。
⑨ 《吕氏·仲秋纪》《礼记·月令》均作"其祀行"。
⑩ 《淮南子·天文训》又作"蚕珥丝而商弦绝"，大概此书原本就有两种写法。

雀佼之",高氏校曰:"佼,或作骹。""径蹑都广",高氏校曰:"蹑,或作绝也。""短褐不完",高氏校曰:"短,或作袒字。"① "恒娥窃以奔月",高氏校曰:"奔月,或作坌肉。"

《精神训》8例:"肾为雨",高氏校曰:"雨,或作电。"② "敎志胜而行不僻",高氏校曰:"胜,或作遁。""此精神之所以能登假于道也",高氏校曰:"(登假于道)或作蝦蟆云气。""且人有戒形而无损于心",高氏校曰:"戒,或作革。""癫者趋不变",高氏校曰:"(癫)或作介。""素题不枅",高氏校曰:"枅,或作刮也。""其余无足利矣",高氏校曰:"利,或作私。""乃性仍仍然",高氏校曰:"仍仍,或作聆聆。"

《本经训》7例:"出外而调于义",高氏校曰:"义,或作德也。""明可见者可得而蔽也",高氏校曰:"蔽,或作察。""鬼夜哭",高氏校曰:"鬼,或作兔。"③ "桀为璇室、瑶台",高氏校曰:"璇,或作旋。瑶,或作摇。""积牒旋石",高氏校曰:"(旋石)或作旋石。"④ "木工不斲",高氏校曰:"斲,或作琢。""赘妻鬻子",高氏校曰:"赘……或作赁妻。"

《主术训》8例:"耳能听而执正进谏",高氏校曰:"谏,或作谋也。""四海之云凑",高氏校曰:"凑……或作蒸。""禽兽昆虫与之陶化",高氏校曰:"昆虫,或作鬼神。""不能与山居者入榛薄险阻也",高氏校曰:"阻,或作涂也。""擒之焦门",高氏校曰:"焦,或作巢。"⑤ "假舆马者,足不劳而致千里",高氏校曰:"假,或作驾。"⑥ "鹰隼未挚",高氏校曰:"鹰,或作隼。""不必循旧",高氏校曰:"旧,或作咎也。"

《氾论训》5例:"履天子之籍",高氏校曰:"籍,或作阼也。""东至会稽、浮石",高氏校曰:"会稽,或作沧海。""悔不杀汤于夏台",高氏校曰:

---

① 《列子·力命》殷敬顺释文引许慎注《淮南子》:"楚人谓袍为褊。"据此,许本应作"褊"。
② 《太平御览》卷三百六十三《人事部·形体》引《文子》作"肾为电"。据大成考证,《文子》作于《淮南子》之后,其引《淮南子》所据本为许本。
③ 杨慎《丹铅馀录·摘录》卷四引《汉书·纬书》作"兔夜哭"。
④ 张双棣说:"旋石,依高注'石'当为'玉'。……又高注曰'或作旋石',若本作'旋石',何必有此语?《文选注》引正作'璇玉'。"(《淮南子校释》(增订本),第880—881页。)
⑤ 《吕氏·仲秋纪·简选》篇"焦门"正作"巢门"。
⑥ 玄光作于至正甲辰(1364年)六月的《独庵独语·序》云:"夫驾舆马者,足不劳而致千里。乘舟楫者,不能游而绝江海。"(《大正新修大藏经》第82册,第559页。)此语出《淮南子》,与高诱所校相同。玄光是日本僧人,或见过许慎注本。

"台，或作官。"　"天下纳其贡职者回也"，高氏校曰："回，或作固。"① "令有重罪者出犀甲一戟"，高氏校曰："犀，或作三。"

《说山训》4例："名不可得而扬"，高氏校曰："扬，或作象也。""亦以沦于无形矣"，高氏校曰："形，或作有也。""人莫鉴于沫雨"，高氏校曰："沫雨，或作流潦。"②　"履百金之车"，高氏校曰："车，或作履也。"

《说林训》4例："杀头而便冠"，高氏校曰："头，或作颐。""难与为谋"，高氏校曰："谋，或作豫也。""虽善者弗能为工"，高氏校曰："善，或作巧。""又况一不信者乎"，高氏校曰："一或作一。"③

《修务训》6例："司马庾谏曰"，高氏校曰："庾，秦大夫也，或作唐。"④　"剑之始下型"，高氏校曰："型，或作卢也。""侧室争鼓之"，高氏校曰："侧室，或作庙堂也。""不期于洪范、商颂"，高氏校曰："颂，或作容。""今鼓舞者"，高氏校曰："鼓舞，或作郑舞。""据句枉"，高氏校曰："枉，或作掘也。"

在这70例文本校勘中，有10例可以基本确定是来自许慎注本，说明高诱当时使用了许本作为参校本；又有6例来自《吕氏春秋》《礼记月令》和《汉书》，说明高诱校勘时还资用了其他书籍。与清代学者的校勘相比，高诱的校勘虽然仅仅是保留异文，不作辨正，缺乏深度，但他这种使用参校本与资用他书的校勘方法，无疑开了后世校勘学的先河，对清代学者尤有启蒙意义。

高诱还用同样的方法校勘了《吕氏春秋》的文本，而《淮南子》正是他校勘时的重要参校对象。例如，《吕氏春秋·有始览》"东南曰熏风"，高诱校曰："熏风，或作景风。"《淮南子·地形训》正作"景风"；《吕氏春秋·孟夏纪》"王善生，苦菜秀"，高诱校曰："善，或作瓜也。"《淮南子·时则训》正作"瓜"；《吕氏春秋·孟冬纪》"其祀行，祭先肾"，高诱校曰："行，或作井。"《淮南子·时则训》正作"井"；《吕氏春秋·审应览·淫辞》篇"前呼舆謣，后亦应之"，高诱校曰："舆謣，或作邪謣。"《淮南子·道应训》作"邪许"，当为许本，

---

① 《后汉书·文苑列传·杜笃传》李贤注引《淮南子》正作"天下纳其贡职者固"。初唐多见许本，李贤所据即为许本。
② 《文子·守清》篇正作"人莫鉴于流潦"，当是许本。
③ 吴承仕说："此注当云'壹或作臺，臺，犹持也'……古书壹字转写多改从一，臺形近壹，又转讹作一，持又误为待，踪迹几不可寻矣。"（《子藏·淮南子卷》第53册，第330页。）
④ 《吕氏·开春论·期贤》篇正作"司马唐"。

而高本或作"邪謣";《吕氏春秋·离俗览》"而自投于苍领之渊",高诱校曰:"苍领,或作青令。"《淮南子·齐俗训》作"清泠",当与"青令"同。可见,在《淮南子》的文本校勘史上,高诱是刘向之后又一个十分重要的校勘者,两人的作用不分伯仲。

第四章　许慎的《淮南子注》

第一节　许慎《淮南子注》的写作时间

王充曾在《论衡》中提到"说者"解释《淮南子》"断鳌足以立四极"一句，或此时已有人注解《淮南子》。但就现存文献的记述而言，许慎则是第一个为《淮南子》作注的学者。关于许慎《淮南子注》的写作时间及其他情况，《后汉书》均不置一语，需要作进一步讨论。

一、"太尉祭酒臣许慎记上"所含信息

众所周知，《淮南子》已知最古最全的版本是北宋本。虽原本已失，但其影写本传世。此本每卷卷首署名为"太尉祭酒臣许慎记上"，刊于明正统年间的道藏本也有相同署名。细味此语，既自称"臣"又自言"记上"，这是古代士人向朝廷献书时的用语。考之古史，皆有同例。例如，刘向为汉成帝校理经传、诸子、诗赋，每校完一书，都要"条其篇目，撮其指意，录而奏之"①，他进呈《战国策》一书时自称"护左都水使者光禄大夫臣向""护左都水使者光禄大夫臣向所校《战国策书录》"②，进呈《晏子》时自称"护左都水使者光禄大夫臣向""臣向昧死上"③，进呈《荀子》时自称"臣向昧死上言，护左都水使者光禄大夫臣向言所校雠中《孙卿书录》"④。根据这些用语推测，那么，"太尉祭酒臣许慎记上"是许慎把《淮南子注》进呈给朝廷时自己题写的署名。

这个署名并非后人补题。后人补题一般不会使用"臣""记上"等词，如南宋徐民瞻校刊《陆士衡文集》题"晋平原内史吴郡陆机士衡"，明冷宗元校刊《颜氏家训》题"北齐黄门侍郎颜之推撰"，清庄逵吉校刊《淮南子》题"汉涿郡

---

① 班固《汉书》，第1701页。
② 严可均辑《全上古三代秦汉三国六朝文》，第331页。
③ 严可均辑《全上古三代秦汉三国六朝文》，第332页。
④ 严可均辑《全上古三代秦汉三国六朝文》，第333页。

高诱注"。日本岩崎氏静嘉堂藏北宋刊本《说文解字》(即《四部丛刊》本),每卷卷首下题"汉太尉祭酒许慎记"或"汉太尉祭酒许氏记",应是南唐徐铉校刊后仿许慎的《淮南子注》所题。若是自题,一般也不会直称本朝之名,如魏征刊行《群书治要》题为"秘书监钜鹿男臣魏征等奉敕撰",日本藏高山寺唐抄本《冥报记》题作"吏部尚书唐临撰"①。因此,这个署名肯定是许慎自题。这个署名实际上包含了许慎校注《淮南子》的时间信息,即许慎当时正担任太尉祭酒。

二、许慎担任太尉祭酒的期限

关于许慎何时担任太尉祭酒,又何时卸任太尉祭酒这个问题,清代学者众说纷纭。严可均《许君事迹考》说:"张禹,襄国人,有传,居太尉位极久。……其明年为安帝永初元年,禹复为太尉。东观校书之诏下于四年二月,时禹尚为太尉也,其明年正月禹罢,以光禄勋李修代。计许君为太尉祭酒至此已十余年。"②认为许慎大约是在永元十二年(100)被辟为太尉祭酒,至永初五年(111)结束。陶方琦《许君年表》说:"(和帝)永元二年庚寅,许君此时当举孝廉。……故许君由郡功曹乃举孝廉,即辟公府为太尉南阁祭酒。"③又说:"《安帝纪》'元初六年,诏三府掾属高第,能惠利牧养者各五人,光禄勋与中郎将选孝廉郎宽博有谋、清白行高者五十人,出补令、长、丞、尉',许君以南阁祭酒充东观校书已十余年,必在此时乃除洨长。"④认为许慎是在永元二年(90)担任太尉祭酒,至元初六年(119)结束。诸可宝《许君疑年录》则说:"(建初)五年庚辰,举孝廉,辟太尉府南阁祭酒。"⑤又说:"(建初八年)许君即非前年鲍昱之辟,亦必辟于此时。"⑥认为许慎是在建初五年(80)或建初八年(83)辟任太尉祭酒。至于卸任时间,则与陶方琦所说相同。

汉武帝以后,汉代士人入仕的一般程序为:先受学《五经》,学成以后入本地任职,再由州郡推举,如举孝廉、察茂才,最后待诏接受朝廷征辟。对于特殊

---

① 见大阪市美术馆编《唐钞本》,京都同朋舍昭和五十六年(1981),第 86 页。
② 严可均《说文校议》卷十五,《续修四库全书》第 213 册,第 618 页。
③ 北京图书馆编《北京图书馆藏珍本年谱丛刊》第 6 册,北京图书馆出版社 1999 年,第 299—300 页。
④ 《北京图书馆藏珍本年谱丛刊》第 6 册,第 306—307 页。
⑤ 《北京图书馆藏珍本年谱丛刊》第 6 册,第 355 页。
⑥ 《北京图书馆藏珍本年谱丛刊》第 6 册,第 360 页。

人才,则皇帝直接诏举,进行所谓贤良对策。许慎既非特殊人才,又非名门望族,其入仕当然是按照一般程序。建初八年,许慎先以高材生的身份被贾逵选为弟子,学成以后回到汝南郡,任郡功曹①。《太平御览》引《汝南先贤传》:"许慎为功曹,奉上以笃义,率下以恭宽。"②可知许慎在当时颇有政声。师从贾逵以后,许慎更加精悉《五经》,赢得了"五经无双许叔重"的美誉。正是基于这些因素,汝南郡守才推举许慎为孝廉。

许慎当是在永元五年(93)举孝廉,被辟任为太尉祭酒。考之《后汉书》,永元四年(92),汉和帝诏令公卿议论举孝廉一事。太尉丁鸿、司空刘方提议:"自今郡国率二十万口岁举孝廉一人,四十万二人,六十万三人,八十万四人,百万五人,百二十万六人。不满二十万二岁一人,不满十万三岁一人。"③汝南郡当时人口有二百多万,应岁举十人。许慎在这个时候举孝廉,合情合理。且永元五年张酺为太尉,此人通《尚书》,守经义,又与许慎同郡,他辟任许慎为祭酒十分可信。

至于许慎任期的下限,清代学者大都认为是在元初六年(119)。但以许冲"故太尉南阁祭酒慎""今慎已病"的口吻,似乎许慎在这一年已去官很久。今暂且存疑,采用一般说法。总之,许慎开始担任太尉祭酒一职是在公元93年,最终御任太尉祭酒一职是在公元119年。

三、《淮南子注》的具体写作时间

根据上面的推断,那么,许慎的《淮南子注》就是写在公元93年到119年之间。然而,这过于笼统。其实,《淮南子注》的写作时间还可以更具体一些。

许慎把《淮南子注》献给朝廷,察其一生,唯有充任东观校书时才是他献书的最佳时机。许冲在《上书进〈说文〉》中说:"慎前以诏书校书东观,教小黄门孟生、李喜等,以文字未定,未奏上。"④即反映了这一点。《后汉书·邓后纪》载:"(永初)三年秋……乃博选诸儒刘珍等及博士、议郎、四府掾史五十余人,诣东观雠校传记。事毕奏御,赐葛布各有差。又诏中官近臣于东观受读经

---

① 陶方琦、诸可宝等人认为汉代士人皆少时(18至20岁)担任郡功曹。这未免有些武断,如马融42岁、楼望26岁时才任职功曹。
② 李昉《太平御览》,中华书局1960年,第1237页。
③ 范晔《后汉书》,第1487页。
④ 严可均辑《全上古三代秦汉三国六朝文》,第742页。

传,以教授宫人,左右习诵,朝夕济济。"① 又《安帝纪》载:"(永初四年二月)诏谒者刘珍及《五经》博士,校定东观《五经》、诸子、传记、百家艺术,整齐脱误,是正文字。"② 自永初三年(109)末至永初四年(110)初,最高统治者开始运作东观校书活动。此时,许慎正担任太尉祭酒,以"四府掾史"的身份应诏,而小黄门孟生、李喜即所谓"中官近臣",也师从许慎,受读儒家经传。这次校书活动,规模盛大,有刘珍、刘騊駼、许慎、马融、窦章及《五经》博士等五十余人参加。由于人数众多,所以校书活动应该不会维持太久,所谓"事毕奏御,赐葛布各有差"即是反映。许慎这次校书东观,只是临时征调,不可能长期居留。算上授业小黄门孟生、李喜等人的时间,许慎任职东观大概只有二三年。由此可知,许慎向朝廷进呈《淮南子注》,当是在永初四年到永初六年之间。

　　许慎之学重在儒家经传,于《五经》最妙。他注解《淮南子》,或是因为这次东观校书活动的机缘巧合所促成。观现存许注八篇,注文极简略,应是在短时间内完成。许慎自名其注曰"间诂",自署其名曰"记上"。吴则虞说:"间,谓间隙也;记,犹笺识也。言得其间而笺识之,犹王氏《杂志》、俞氏《平议》之摘句说经。"③ 像这样的注释方式,花费的时间显然不会很长。推此而言,许慎自永初四年开始校注《淮南子》,至永初五年即告结束,当合乎实际情况。

　　陶方琦、诸可宝等清代学者,也言及了许慎《淮南子注》的写作时间。陶氏《许君年表》把这个时间定在永初四年,但又说:"许君《说文解字》中采用《淮南》字义不少,其注《淮南》必在《说文》未经正定之先。《马融传》'马融亦有《淮南子注》',必许君此注早成,同在东观校书,出以相示,故马融亦为之注也。"④ 似又认为《淮南子注》在许慎东观校书之前就已完成。诸可宝则认为许慎是在永初五年写作《淮南王书间诂》的,并说:"许君两注书似校秘书而后作,盖在东观然后取材宏富矣。"⑤ 今人张震泽亦言及了许慎撰作《淮南子注》的时间。他指出,《淮南鸿烈间诂》当作于永初二年前后。他引安帝这年七月所下诏书为据,认为此诏明示征求有道术者之意见,而《淮南王书》内容正是

---

① 范晔《后汉书》,第 424 页。
② 范晔《后汉书》,第 215 页。
③ 吴则虞《〈淮南子〉书录》,《文史》(第二辑),第 292 页。
④ 《北京图书馆藏珍本年谱丛刊》第 6 册,第 304 页。
⑤ 《北京图书馆藏珍本年谱丛刊》第 6 册,第 376—377 页。"两注书"是指《淮南子注》和《汉书注》两书。

多言道术阴阳璇玑之事,但其书难读,故许慎可能于此时承诏为之诂训[①]。《后汉书·安帝纪》:"间令公卿郡国举贤良方正,远求博选,开不讳之路,冀得至谋,以鉴不逮,而所对皆循尚浮言,无卓尔异闻。其百僚及郡国吏人,有道术、明习灾异阴阳之度琁机之数者,各使指变以闻。二千石长吏明以诏书,博衍幽隐,朕将亲览,待以不次,冀获嘉谋,以承天诫。"[②]细究汉安帝这封诏书,其意并非求书而是求擅长术数之人,所以不可为据。诸家偏执一词,正说明了许慎《淮南子注》的写作时间很难确考。

但他们都忽略了"太尉祭酒臣许慎记上"这条最为关键的信息。此明显是校书、进呈时的题语,许慎一生唯在东观校书授业时才有机会直接使用。许冲进献《说文解字》《孝经孔氏古文说》并不能随意而成,多是借助了宦官孟生、李喜的力量。《后汉书·虞诩传》记载:"永建元年,代陈禅为司隶校尉。数月间,奏太傅冯石、太尉刘熹、中常侍程璜、陈秉、孟生、李闰等,百官侧目,号为苛刻。"[③]可见,孟生、李喜二人官至中常侍,权势极大。作为许慎的学生,他们自然会照应其师。许冲这次没有奏上《淮南子注》,表明此书应在东观时就已校注并上呈。因此,我们把许注问世的时间定在永初五年,应该不会偏离历史事实太远。

第二节　许慎《淮南子注》的校注特色

许慎的《淮南子注》虽已残佚不全,但今本仍有八篇比较完整。同一书中,许注八篇与高注十三篇的注释风格泾渭分明,各自浑然如出一家之手。就许注篇目来说,虽然简单寥落,但也基本形成了自己的训诂特点,并能与高注相区别。此外,清代学者关于许注的辑佚之作极多,亦可用以佐证。

一、多以韵文粗论全篇大意

苏颂《校淮南子题序》称"许于篇下粗论大意",可知许慎对每篇的核心思想都做了粗略的概括。今存八篇仍都存有许慎题解,或能窥其面目。兹列举

[①] 见张震泽《许慎年谱》,辽宁大学出版社 1986 年,第 80 页。
[②] 范晔《后汉书》,第 210 页。
[③] 范晔《后汉书》,第 1870 页。

如下：

《缪称》题解："缪异之论,称物假类,同之神明,以知所贵。"①

《齐俗》题解："齐,一也。四宇之风,世之众理,皆混其俗,令为一道也。"

《道应》题解："道之所行,物动而应,考之祸福,以知验符也。"

《诠言》题解："诠,就也。就万物之指以言其征,事之所谓,道之所依也。"

《兵略》题解："兵,防也。防乱之萌,皆在略谋,解喻至论,用师之意也。"

《人间》题解："人间之事,吉凶之中,征得失之端,反存亡之几也。"

《泰族》题解："泰言古今之道,万物之指,族于一理,明其所谓也。"

《要略》题解："凡《鸿烈》之书二十篇,略数其要,明其所指,字其微妙,论其大体。"

上述八篇题解,带有明显的韵文色彩,基本是整齐的四言或五言,间有韵语。许慎少负才学,又从贾逵受《离骚》,对于韵文写作当然可以做到纯熟自如。他的《说文解字叙》就是一篇标准的韵文：

其建首也,立一为耑,方以类聚,物以群分,同条牵属,共理相贯,杂而不越,据形系联,引而申之,以穷万原。毕终于亥,知化穷冥。于时大汉,圣德熙明,承天稽唐,敷崇殷中,遐迩被泽,渥衍沛滂,广业甄微,学士知方,探赜索隐,厥谊可传。粤在永元,困顿之年,孟陬之月,朔日甲申。曾曾小子,祖自炎神,缙云相黄,共承高辛。太岳佐夏,吕叔作藩。俾侯于许,世祚遗灵。自彼徂召,宅此汝濒。窃卬景行,敢涉圣门。其弘如何,节彼南山,欲罢不能。既竭愚才,惜道之味。闻疑载疑,演赞其志。次列微辞,知此者稀。傥昭所尤,庶有达者,理而董之。②

全是整齐的四言句,且进行了不规则的押韵,似是一首长篇四言诗。此文作于汉和帝永元十二年,比《淮南子注》早出十一个年头。许慎在长期的著述

---

① 张双棣《淮南子校释》（增订本）,第1059页。本章所引今本《淮南子》正文及许注均出自此书,由于引文繁多,故不一一标举页码。
② 许慎《说文解字》,中华书局1963年影印本,第319页。

过程中,形成了简便、洗练的笔法,他以简单的韵文句式粗论篇章大意,正是这种笔法的运用。

许慎粗论篇章大意,综合了篇名的涵义和《要略》篇的相关论述。如他粗论《道应》篇大意,前两句是推衍篇名之意,后两句则化用了《要略》篇所论,即"揽掇遂事之踪,追观往古之迹,察祸福利害之反,考验乎老庄之术,而以合得失之势者也"。又如粗论《诠言》篇大意,前一句解释篇名中的字义,后面四句同样化用了《要略》篇的论述,即"所以譬类人事之指,解喻治乱之体也,差择微言之眇,诠以至理之文,而补缝过失之阙者也""言道而不言事,则无以与世浮沉"。由此可见,许慎非常重视《要略》篇,把它看成是理解全书的一把钥匙,认为此篇概论全书大体,简明全书要旨,能够指出全书微妙之所在。在《淮南子》一书的整体架构中,《要略》篇确实发挥了如此作用,相当于全书的《后叙》。司马迁著《史记》,最后一篇为《太史公自序》,总结全书,分列篇章,申述己意,作用类似于《要略》。司马迁这样的构思,很有可能受了刘安的启发。段玉裁说:"许书十四篇既成,乃述其著书之意,而为五百四十部冣目,记其文字都数,作韵语以终之,略放《大史公自序》云。"① 那么,许慎撰《说文解字叙》亦当是效仿刘安作《要略》篇了。与《要略》篇不同的是,许慎在粗论各篇大意时,使用了更加集中、精练的笔法,寥寥数语,直陈其意,这也可能是受制于注文而不便展开的结果。

二、偏重训释字词、名物、史事

一部比较完备的注疏作品,通常会在解释原文相关字词、名物、典章、史事等内容的同时,不忘自己展开思考,推衍原文的微言大义,并且有时还会引经据典,胪列诸家说法。赵岐的《孟子章句》、郑玄的《三礼注》、高诱的《淮南子注》及《吕氏春秋注》,无不如此。可能只是因为完成校书任务,又加上时间短促,或者兴趣缺乏,许慎注解《淮南子》,仅仅偏重于训释字词、名物和史事,其他方面则较少兼顾,其内容远不如赵、郑、高三家丰富。

字词是构成文本的基本单位,阐明其义,则是注疏者最基础的工作。许注的重心即在于此。许慎具备小学家和经学家的双重身份,他以小学家的身份撰《说文解字》,以经学家的身份注《淮南子》。因而,在训释字词方面,两书还

---

① 段玉裁《说文解字注》,上海古籍出版社1981年影印经韵楼原刻本,第753页。

是有较大的区别,前者旨在探求文字之本义,后者则着重于随文释义,诚如白兆麟所论:"注疏体着眼于词义的自然状态,是解释言语作品里的具体义、使用义;辞书体着眼于词语存在的非自然状态,即储存状态的词义。"① 这里所讲的随文释义,就是依随一定的语境,解释字词的具体义、使用义。许注释词多以这种方式出现。察其体例,主要有以单字释单字、以双字(含多字)释单字、以复合词释复合词等几种。

以单字释单字,格式多为"甲,乙(也)","甲"和"乙"之间存在异体字、同源、同义近义、一词多义、词义相关等几种关系。异体字关系,如《缪称》"伋于不己知者,不自知也",许注:"伋,急。"同源关系,如《缪称》"勿挠勿撄,万物将自清",许注:"撄,缨。"同义近义关系最常见,如《道应》"文王砥德修政,三年而天下二垂归之",许注:"砥,砺也。"一词多义现象,如同是解释"拖",《齐俗》"胡貉、匈奴之国,纵体拖发",许注:"拖,纵也。"《人间》"拖其衣被",许注:"拖,夺。"② 词义相关现象,如《要略》"若然者,挟日月而不烑",许注:"烑,光也。"

以双字(含多字)释单字,这类注释也比较常见,反映了东汉时期复合词的不断丰富。格式多为"甲,乙丙(也)",如《兵略》"易则用车",许注:"易,平地也。"有时候增字解释,格式为"甲,甲乙(也)"或"甲,乙甲(也)",如《泰族》"宋人有以象为其君为楮叶者",许注:"象,象牙也。"又此篇"奚仲不能旅",许注:"旅,部旅也。"当然,还有不少以多字释单字的释例,如《诠言》"周公殷臑不收于前",许注:"臑,前肩之美也。"

刘安之时,词汇虽以单音节词居多,但正朝着复音节词的方向发展,《淮南子》中也有体现。许慎以复合词释复合词,格式多为"甲乙,丙丁(也)",如《缪称》"道之有篇章、形埒者,非至者也",许注:"形埒,兆朕。"许慎有时也以一个长句来解释复合词,如《人间》"掘藏之家必有殃",许注:"掘藏,谓发冢,得伏藏,无功受财。"许慎甚至有时候还以单音词来解释复合词,如《齐俗训》"大夫端冕,以送迎之",许注:"端冕,冠也。"此类释词多是说明该词的属性。

严格地说,名物训诂也是释词的一种。由于训诂家特别重视对名物的解

---

① 白兆麟《新著训诂学引论》,上海辞书出版社2005年,第35页。
② 拖,影宋本、道藏本作"施"。

释,所以很早就形成了专门的名物学,并出现了专著,如《释名》《毛诗草木鸟兽虫鱼疏》。鉴于其特殊的地位,这里有必要予以特别指出。所谓名物,是指事物及其专有名称。从狭义上说,包括草木、鸟兽、虫鱼等动植物及其名称;从广义上说,又包括星宿、山川、郡国、车马、宫室、服冠、器具等事物及其名称,当然也包括人物的名字。

许慎在训释名物方面,也表现出浓厚的兴趣。据统计,许注八篇释人名约158个,释地名约30个,释草木名约7个,释鸟兽名约17个,释山水名约14个,释器具名约14个,释郡国、民族名约17个,释宫室、服冠名约7个,释星宿名约2个,释乐曲名约11个,总计约277个。对于简略的许注来说,训释名物显然占据了很大篇幅。从统计数据看,许慎倾向于解释人名和地名,两者比重达到了67.9%。

许慎训释名物一般比较简练,方法也单一,如《齐俗》篇"豫让、要离,非不知乐家室,安妻子,以偷生也",许注:"豫让,智伯臣。要离,吴王阖间臣。"其体例大都如此。但有时也较为详细,如《道应》篇"遂成国于岐山之下",许注:"岐山,今之美阳北山也,其下有周地,因是以为天下号也。"但这种情况很少见。

《淮南子》的作者主张以事说理,因而喜欢借用历史故事以做谈资。许慎曾从贾逵受《左氏春秋》《穀梁春秋》《古文尚书》,还研习了《汉书》,所以对各个时期的历史事件、历史人物都很熟悉。这样的学术素养,使他在解释史事时游刃有余,甚至表现出一种特殊的偏好。据统计,许注八篇解释史事约有49例,基本上为上古三代和春秋战国之事。许慎有丰厚的史学修养,他解释史事多取材于《春秋左传》《史记》《吕氏春秋》《韩诗外传》以及《春秋穀梁传》。例如,《人间》篇"蔡女荡舟,齐师大侵楚",许注:"齐桓公与蔡姬乘舟,姬荡舟,公惧,止之,不可。公怒,归之蔡,蔡人嫁之。公伐楚,至召陵而胜之也。"此注取材《左传·僖公三年》,文字近同。又如,《泰族》篇"师延为平公鼓朝歌北鄙之意,师旷曰'此亡国之乐也'",许注:"灵公进新声平公,平公以问师旷,师旷曰:'纣以师延作靡靡之乐,纣亡,师延东走,自投濮水而死,得此音必于濮上也。'"此注取材《史记·乐书》,文字亦近同。但更多时候是袭其意而不袭其辞,用自己的语言重新概括。如《泰族》篇"宋伯姬坐烧而死",许注:"伯姬,宋共公夫人,夜失火,待傅母,不至不下堂,而及火死之也。"关于此事,《春秋穀梁传》记为:"伯姬之舍失火,左右曰:'夫人少辟火乎?'伯姬曰:'妇人之义,傅母不在,宵不下堂。'左右又曰:'夫人少辟火乎?'伯姬曰:'妇人之义,保母不在,宵不下堂。'遂逮乎火而死。"① 许慎显然对此作了概括。

许慎偏重训释字词、名物和史事的风格,当与他一生致力于《说文解字》的撰写有关。许冲称赞《说文》:"天地鬼神,山川草木,鸟兽昆虫,杂物奇怪,王制礼仪,世间人事,莫不毕载。"② 足见许慎知识的广博和志趣之所在。至于"王制礼仪",许注中也有不少说解,如《齐俗》篇"夫儒墨不原人情之终始,而务以行相反之制,五缞之服",许注:"五缞,谓三年、朞、九月、五月、三月服也。"当然,训释字词、名物和史事的最终目的,还是为了疏通文意,许慎也花了很大的气力串讲句意,兹不赘述。

三、少用训诂术语,注文简略质朴

训诂学早在春秋战国时期就开始萌芽,到了西汉,已经风行一时,《汉书·艺文志》著录大量的训诂著作即是其证。东汉以后,这种迅猛势头持续不断,卫宏、杜子春、郑兴、郑众、贾逵等名家辈出,可以说训诂学至此臻于鼎盛。训诂术语也随之渐趋繁多,并有了相对固定的用法。许慎注解《淮南子》,尽可资鉴使用,但他似乎忽略了这一点,反而很少使用训诂术语,注文因而显得简略质朴。

许慎少用训诂术语,直接导致了他注《淮南子》两种最普遍的释文体例:一是直陈其义;二是以语气词"也"字结尾,表示判断或肯定。所谓直陈其义,就是不借助任何术语和语气词,直接把词意或文意叙述出来。释词意,如《道应训》"言未卒,齧缺继以雠夷",许注:"雠夷,熟视不言"。释句意,如《齐俗训》"是故得一人,所以得百人也",许注:"一人来得其心,百人来亦得其心。"许慎以"也"字句体释文,与直陈其义并无本质的区别。颜之推说:"也,是语已及助句之辞,文籍备有之矣。"③ 据粗略统计,许注八篇使用"也"字高达840余次,说明这种释文体例最为常用。

少用并不等于不用,考许注八篇,部分注文使用了一些简单明了的术语。释词术语,如"谓""谓之""谓…为…""犹""貌""类"。"谓"一般用在以具体释抽象或以一般释特殊的情况下,并且被释词放于"谓"的前面。如《齐俗》

---

① 杨士勋《春秋穀梁传注疏》,北京大学出版社2000年,第312—313页。
② 许慎《说文解字》,第320页。
③ 王利器《颜氏家训集解》,第436页。

篇"君臣以相非,骨肉以生怨,则失礼义之本也,故抅而多责",许注:"抅,谓以权相交,权尽而交疏。"① 此类用法,许注八篇约有33例。"谓之"与"谓"的用法则有不同,被释词总是放在"谓之"的后面,多用于某一概念的解释。如《诠言》篇"祀其鬼神于明堂之上",许注:"庙之中谓之明堂也。"此类用法,约有9例。"谓…为…"乃是许慎解释方言的专用术语,下文将有集中讨论。"犹"往往表示释者与被释者之间存在同义或近义的关系。如《缪称》篇"锦绣登庙,贵文也",许注:"登,犹入也。"此类用法,约有10例。"貌"和"类"作用相同,通常放在动词或形容词的后面,以表示被释词的某种性质或某种状态。用"貌"字,如《兵略》篇"士卒殷轸,此军之大资也",许注:"轸,乘轮多盛貌。"八篇中仅此1例。用"类"字,如《人间》篇"其始成𦣻然善也,而后果败",许注:"𦣻,高壮类。"八篇中亦仅此1例。

释句术语则包括"言""故"。"言",相当于现代汉语"说的是""是说",通常放在释文的开头,主要用来表示概括和疏通一句话或一段话的大意。如《道应》篇"回坐忘矣",许注:"言坐自忘其身,以至道也。"此类用法约有46例②,可知这也是许慎常用的术语之一。"故"用以揭示因果关系,带有推导的性质。如《缪称》篇"人多欲亏义,多忧害智",许注:"贪忧闭塞,故害智也。"此类用法约有48例。

总之,许注虽然使用了一些术语,但相对全部注文来说,表现得并不突出,导致注释体例较为单一。然而,术语的使用颇能反映注家的注释风格。考之《说文解字》,许注八篇所用的术语,也经常出现在此书。据统计,《说文》使用"谓之"约154例,使用"谓"约7例,使用"犹"约14例。这说明许慎《淮南子注》与《说文解字》的写作风格基本一致。

四、重视对江淮楚地方言的解释

古代学者展开对各地方言的系统研究,应是自扬雄开始。他撰写的《輶轩使者绝代语释别国方言》是研究方言的开山之作,也点燃了汉代学者研究方言的热情。贾逵、许慎、王逸、何休、郑玄、高诱等人,都在其注书中给予了足够的

---

① 两"抅"字,影宋本、道藏本均作"构"。
② 其中包括了用以解释词语的6例,如《诠言训》"动之为物,不损则益,不成则毁,不利则病,皆险也",许注:"险,言危难,险不可行。"然这些解释大都与整个句意相关。

重视。就许慎来说，《说文解字》共使用173条方言，提及地名近40个，为我们保留了东汉初期汉语方言的宝贵材料[1]。刘安所招揽的宾客文人绝大部分来自江淮楚地，他们编撰《淮南子》也多用楚语。许慎凭借对各地方言的熟悉，在注解此书时能够给予特别的指明和解释，可与《说文》相得益彰。

根据许注八篇和陶方琦的《淮南许注异同诂》，许慎解释江淮楚地方言共有13例，兹列于下：

《原道》篇1例："妇人不孀"，许注："楚人谓寡妇曰孀。"[2]

《俶真》篇1例："莫鉴于流潦，而鉴于澄水"，许注："楚人谓水暴溢曰潦。"[3]

《齐俗》篇5例："桓褐不完者"，许注："楚人谓袍曰桓。"[4]"其衣致暖而无文，其兵戈铢而无刃"，许注："楚人谓刃顿为铢。""必有菅屦跐跨、短褐不完者"，许注："楚人谓袍为短褐大布。""譬若綄之见风"，许注："綄，候风之羽也，楚人谓之五两。"[5]《齐俗》篇"为天下显武"，许注："楚人谓士为武。"

《道应》篇3例："卢敖就而视之，方倦龟壳，而食蛤梨"，许注："楚人谓倨为倦。""卢敖仰而视之，弗见，乃止驾，心杯治"，许注："楚人谓恨不得为杯治也。""朝菌不知晦朔"，许注："朝菌，朝生暮死之虫也，生水上，状似蚕蛾。一名孳母，海南谓之虫邪。"[6]

《说林》篇1例："山云蒸，柱础润"，许注："楚人谓柱碣曰础。"[7]

《要略》篇2例："玄眇之中，精摇靡览"，许注："楚人谓精进为精摇，靡小皆览之。""弃其畛挈，斟其淑静"，许注："楚人谓泽浊为畛挈也。"

由上可知，许慎解释楚语的体例，不外乎"楚人谓……为……""楚人谓……曰……""楚人谓之……"三种。对于这些难懂的方言，许慎相当于用通俗语翻译了一遍。所释之词"孀""潦""桓""铢""綄""武""倦"皆是单

---

[1] 见李恕豪《许慎的方言研究》，《天府新论》1995年第4期，第64—67页。
[2] 《子藏·淮南子卷》第48册，第421页。
[3] 《子藏·淮南子卷》第48册，第452页。
[4] 《子藏·淮南子卷》第48册，第569页。陶氏《淮南许注异同诂补遗》又引许注作"楚人谓袍为桓褐"。
[5] 《子藏·淮南子卷》第48册，第575页。孙冯翼《许慎淮南子注》辑作："綄，候风也，楚人谓之五两。"（见《丛书集成初编》本，第17页。）
[6] 扬雄的《方言》、许慎的《说文解字》以及汉人其他注书中均未出现海南地区的方言，并且当时海南之地远离汉王朝中心，其方音俗语，学者一般难以知晓，故"海南"或是"淮南"之误。
[7] 《子藏·淮南子卷》第49册，第34页。

音节词,而"杯治""朝菌""精摇""畛挈"皆为复音节词,表明江淮楚地的语言十分丰富,且与中原词汇差别较大。有学者就由此认为楚方言不属华夏语,也有学者持反对意见,认为楚方言是楚人和当地土著的语言互相渗透、融合而成的一种"混合语",仍属华夏语[①]。其实,楚方言与秦、齐、鲁、吴等其他方言并无本质的不同,只是楚语的地方特色显得更加突出。

有学者指出,《说文解字》解释方言俗语所涉及地域次数最频繁的依次是楚、齐、秦三地,其中楚地约 24 次(其中"楚" 17 次、"东楚" 2 次、"南阳" 2 次、"淮南" 1 次、"九江" 1 次、"江淮之间" 1 次),齐 17 次,秦 16 次[②]。许慎为汝南郡召陵人[③],而且他的主要活动场所是以洛阳为中心,往东靠近齐鲁大地,往西靠近旧秦之地,向南则邻近江淮楚地,自然比较熟悉楚、齐、秦三地的方言。再加上他对语言文字的天生敏感,许慎在注解《淮南子》时就能够发现楚语的细微之处,并用最通俗的话语诠释出来。同时,许注对于楚语的解释也为后人提供了珍贵的史料价值。清代学者杭世骏纂集《续方言》、洪亮吉编撰《汉魏音》,就收录了若干条许慎《淮南子注》训释楚地方言的注文。

第三节　许慎《淮南子注》的思想性

许慎在《说文解字叙》中,系统阐述了文字的起源、构造及其释义的基本原则,并且创造性地提出了汉字"分别部居""据形系联"的研究方法,可知他是一位极具思想的语言文字学家。许慎撰《五经异义》,收罗众家观点,不固守师法,不囿古、今派之争,或从古文,或从今文,不从者独出己意,可知他又是一位极具思想的经学家。他的《淮南子注》尽管简略、疏阔,但其中某些注文依然可以折射出这位思想者的闪光之处。

一、《淮南子注》体现的经学思想

东汉士人皆以经学成就相尚,许慎当时也是以经学名家,而非《说文解

[①] 见杨建忠《上古楚方言性质考论》,《湖南师范大学社会科学学报》2009 年第 2 期,第 123 页。
[②] 见李恕豪《许慎的方言研究》,《天府新论》1995 年第 4 期,第 66—67 页。
[③] 关于许慎确切的籍里,学术界也有过争议。可参阅顿嵩元的《许慎故里考辨》(《郑州大学学报》哲学社会科学版,1989 年第 3 期)、张汝鲤的《许慎为东汉召陵郡里人补证》(《复旦学报》社会科学版,1987 年第 1 期)和《许慎史料拾遗》(《河南师大学报》社会科学版,1984 年第 2 期)等文。但许慎为汝南郡人则是确定无疑的。

字》。对于《五经》,他做过全面、细致的研究和整理,形成了一套自己的经学体系。许注八篇不但涉及了许慎评判儒家《六经》和解说《周易》的问题,还直接利用了《五经异义》的成果,从中能够管窥其经学思想。

"六经"一词,最早见于《庄子·天运》篇:"丘治《诗》《书》《礼》《乐》《易》《春秋》六经,自以为久矣,孰知其故矣。"① 淮南王之时,虽然经学的格局没有建立起来,但所谓"六经"的说法则已十分流行。《淮南子》一书即留下了不少评述《六经》的言论,说明编撰者对于儒家经典也深有研究。许慎在解释这些言论时,一般都注入了自己思想的成分。许注八篇中,《诠言》和《泰族》篇中有两处比较集中地显现:

> 《诗》之失僻,许注:"《诗》者,衰世之风也,故邪而以之正。小人失其正,则入于僻。"《乐》之失刺,许注:"乡饮酒之乐歌《鹿鸣》,《鹿鸣》之作,君有酒肴,不召其臣,臣怨而刺上者非也。"《礼》之失责。许注:"礼无往不复,有施于人则责之。"(《诠言》)

> 温惠柔良者,《诗》之风也。淳庞敦厚者,《书》之教也。清明条达者,《易》之义也。恭俭尊让者,《礼》之为也。宽裕简易者,《乐》之化也。刺几辩义者,《春秋》之靡也。故《易》之失鬼,许注:"《易》以气定吉凶,故鬼也。"《乐》之失淫,许注:"《乐》变之于郑声,淫也。"《诗》之失愚,许注:"诗人怒,怒近愚也。"② 《书》之失拘,许注:"《书》有典谟之制,拘以法也。"《礼》之失忮,许注:"《礼》尊尊卑卑,尊不下卑,故忮也。"《春秋》之失訾。许注:"《春秋》贬绝不避王人,书人之过,相訾也。"六者,圣人兼用而财制之。(《泰族》)

很显然,《淮南子》和许慎有关《六经》的评判都是总论式的,并非针对某一具体内容。《淮南子》作者一方面承认《六经》的长处,但另一方面更多地表达了批评的声音,反复指出《六经》的局限所在。许慎身为正统的古文经学家,并未盲目地反驳这些批评意见,来为《六经》辩护,而是客观地正视,逐一为之作进一步的说解,表现出一定程度的认可。下面就许慎对《六经》的评判,分别阐述之。

---

① 郭庆藩《庄子集释》,中华书局1961年,第531页。
② 庄逵吉云:"怒,疑当作'怨'。"(见张双棣《淮南子校释》[增订本],第2108页。)

(一)对《诗》《乐》的评判

古者诗乐一体,许慎论诗即论乐,论乐亦即论诗。他认为,《诗》《乐》乃是时代风气不断衰变的产物。这一观点也是发源自《淮南子》,《氾论训》说:"《诗》《春秋》,学之美者也,皆衰世之造也。儒者循之,以教导于世,岂若三代之盛哉!以《诗》《春秋》为古之道而贵之,又有未作《诗》《春秋》之时。"在许慎看来,衰世之人为满足自己享乐的私欲或者发泄自己的某种情绪而造《诗》《乐》,若不导之以《雅》《颂》正音,则必定会流变成淫僻的郑声,失去"《乐》所以移风易俗,歌长其音"①的教化和美俗功能。他因此认为,《诗》所以失之于"愚",《乐》失之于"刺",其根本原因就在于"邪而不能以之正"。许慎举《鹿鸣》为例②,以为此诗是臣下因怨刺君上未召其共享酒肴而作,并指出这种行为是非常不可取的,可知他雅乐正音的观念十分强烈。这正如司马迁所说:"《雅》《颂》之音理而民正,嘄噭之声兴而士奋,郑卫之曲动而心淫。"③让《诗》《乐》担负起导引民众走向"温惠柔良"之风的政教责任,大概是两汉正统文人学者的共同期望。

(二)对《书》的评判

许慎师从贾逵习《古文尚书》,对其内容和体制都了如指掌。《淮南子》的作者批评《尚书》失之拘泥,许慎随而推论,指出《尚书》之拘泥主要反映在固守"典""谟"等一成不变的体式和规范上,由此而缺乏变通的精神。"典""谟"为《尚书》中的两种文体,《书序》言:"典、谟、训、诰、誓、命之文,凡百篇,所以恢弘至道,示人主以轨范也。"④有《尧典》《舜典》《大禹谟》《皋陶谟》,可谓至重、垂范之典章。汉代士人多待之以推崇备至之心,如班固感叹:"虽尧、舜之盛,必有典谟之篇,然后扬名于后世,冠德于百王,故曰:'巍巍乎其

---

① 《淮南子·缪称训》许注。此篇又说:"故禹执干戚舞于两阶之间,而三苗服。"许注:"三苗畔禹,禹风以礼乐而服之也。"可见,许慎非常崇信儒家礼乐的教化力量。

② 陈寿祺认为这是高诱用鲁诗义之例,误。又吴承仕说:"然许慎所治,《毛诗》学也,不宜以《鹿鸣》为刺诗。而陈乔枞引高诱诗说,皆为鲁学,文证甚明,则此注为高诱义,于理为近。或许慎随顺本文,故以鲁学说之,不固守毛义也。"(《子藏·淮南子卷》第53册,第309页。)吴氏后一说更近实,《五经异义》即有不用《毛诗》义的例子。如《五经异义疏证》卷下"天子驾数"一条:"《易》孟京、《春秋》公羊说'天子驾六',《毛诗》说'天子至大夫驾四,士驾二'。……谨案:《礼·王度记》曰'天子驾六,诸侯与卿同驾四,大夫驾三,士驾二,庶人驾一',说与《易》《春秋》同。"(《续修四库全书》第171册,第108页。)

③ 司马迁《史记》,第1176页。

④ 孔颖达《尚书正义》,北京大学出版社2000年,第11—13页。

有成功,焕乎其有文章也!'"① 周磐"学《古文尚书》《洪范五行》《左氏传》,好礼有行,非典谟不言"②。而许慎大胆批评"典谟之制",在东汉尚属首次,体现了他独特的经学思想。

(三)对《易》的评判

《周易》一书起源于远古先民占卜的实践活动,只是随着知识阶层的不断参与和改造,这种卜筮的性质逐渐褪色,但民间至今还在利用《周易》进行占卜。汉代传《易》者,大致说来只有两个方向:一是以章句训诂解《易》,代表为孟喜、费直;二是以阴阳灾异解《易》,代表为京房、高相。根据《说文解字叙》和《五经异义》,许慎对孟氏《易》学和京氏《易》学都比较熟悉。《淮南子》的作者批评《周易》过分渲染飘忽不定的神秘色彩,许慎借此指出,《易》由于以卦气来决定人事吉凶,故而显得神秘。京氏说《易》最能体现这一倾向,例如他解《既济》卦:"建丙戌至辛卯,卦气分节气。始丙戌受气,至辛卯成正象。考六位,分刚柔,定吉凶。积算起辛卯至庚寅,周而复始。"③ 完全朝着占卜的方向理解了。但许慎认为《周易》的局限正在于此,从侧面表明他对京氏说《易》的不认可。他自己解《易》,谨遵古文派的路数,自章句训诂上求其大义。如《缪称》篇"《易》曰'同人于野,利涉大川'",许注:"言能同人道至于野,则可以济大川。大川,大难也。"又此篇"《易》曰'亢龙有悔'",许注:"仁君动极在上,故有悔也。"丝毫没有穿凿附会之弊。

(四)对《礼》的评判

《淮南子》作者对儒家的礼书和礼仪规范尤其反感,批评之声不绝于耳。在他们看来,"礼"虽然可以造就"恭俭尊让"的人,但更会衍生虚伪投机者,所谓"为礼者相矜以伪"。同时,"礼"过分在意形式,不揣人情,很容易走向强施于人和违逆人性的一面,即所谓失之于"责"④,失之于"忮"⑤。许慎基本上默

---

① 班固《汉书》,第 4235 页。
② 范晔《后汉书》,第 1311 页。
③ 京房《京氏易传》卷上,《四部丛刊》本。
④《主术训》:"今人之才,或欲平九州,并方外,存危国,……而乃责之以闺阁之礼、晦奥之间,……是犹以斧劗毛,以刀抵木也,皆失其宜矣。"又《诠言训》:"大乐无怨,大礼不责。"可知"责"乃苛求之义,即强施于人。
⑤《齐俗训》:"今世之为礼者,恭敬而忮。"许慎注曰:"忮,害也。"又《庄子·天下》:"不忮于众。"郭象注曰:"忮,逆也。"(郭庆藩《庄子集释》,第 1082 页。)此处,释"害"或"逆"皆可通。恭敬过度,不合人情,故笔者认为"忮"作"违逆"更近原意。

认了这些批评意见,还进一步解释说,"礼"总是要在主客之间来回往复,我若施礼于人,则必求人回礼于我,故有强施之嫌,并且"礼"使尊者更尊,卑者更卑,造成森严的等级分别,故有违人情。可见,许慎对于"礼"之弊害有着清醒的认识。

(五)对《春秋》的评判

《淮南子》作者站在诸侯王的立场,对《春秋》褒扬臣民忠义的做法表示赞赏①,同时又对《春秋》不留情面而直书王侯之过的做法表示了批评。他们认为,《春秋》的不足之处就在于过多的刺讥和诋毁。而以我们现代的眼光来看,这正是《春秋》的长处,张扬了实录和批判的史学精神。许慎精悉《春秋》公羊、穀梁、左氏三家说,当然非常明白《春秋》不为王者隐恶,直书其过的笔法,但囿于正统文人的意识和专制政治的淫威,不可能明显表露他的称赏之情。

总之,通过上述许慎有关《六经》的评判,我们能够发现,许慎是一个富有自己思想和通达精神的经学家。这也可从《五经异义》的一段论述中得到证明:"《礼》戴说《王制》云'五十不从力政,六十不与服戎',《易》孟氏、《韩诗》说'年二十行役,三十受兵,六十还兵',《古周礼》说'国中自七尺以及六十,野自六尺以及六十有五,皆征之'。谨按:《五经》说皆不同,是无明文可据。汉承百王而制,二十三而役,五十六而免。六十五已老,而周复征之,非用民意。"②不唯《五经》之说是从,并且敢于批评周朝的兵役制度不能以民意为本,此是郑玄辈不能为之。

二、《淮南子注》体现的子学思想

《淮南子》与《吕氏春秋》的性质很相似,都是对先秦学术的一次大总结,儒、道、法、兵、墨、阴阳、名、农等诸家思想并流其中。许慎注解此书,不能不接触到以上各家的言论,其释文虽然主要以训诂明义,但有时也直接阐发义理,在一定程度上显露出他对诸子百家学说的认识水平。由于《五经异义》和《说文解字》几乎不关涉诸子百家思想,所以这些有关诸子百家方面的释文,就为

---

① 如《泰族训》:"泓之战,军败君获,而《春秋》大之,取其不鼓不成列也。宋伯姬坐烧而死,《春秋》大之,取其不逾礼而行也。"赞赏之情溢于言表。
② 陈寿祺《五经异义疏证》,《续修四库全书》第171册,第6页。

我们考察许慎的子学思想提供了重要依据。

(一) 许慎对道家思想的阐释

《淮南子》的道家倾向十分明显,高诱即认为它接近老子思想①。黄老学在汉初拥有很大的势力,尽管后来遭到抑制,但士人诵习道书的兴趣未泯。许慎无疑也诵习了道书,《道应训注》引有《老子》"塞其兑"之语,《说文·皿部》引有《老子》"道盅而用之"之语,即是明证。许慎在《淮南子注》中对道家的哲学概念、无为论、养生论和持后论作了自己的阐释。

关于宇宙生成问题的探索,《老子》肇其端,《庄子》助其流,《淮南子》集其成,并出现了一些专有概念,如"无有""光耀""物物"等,许慎均作了阐释:

> 洞同天地,浑沌为朴,未造而成物,谓之太一。许注:"太一,元神,总万物者。"……故动而为之生,死而为之穷,皆为物矣,非不物而物物者也。许注:"不物之物,恍惚虚无。"物物者,亡乎万物之中。许注:"物物者,造万物者也,此不在万物之中也。"(《诠言》)

> 光耀问于无有,许注:"光耀可见,而无有至虚者。"曰:"子果有乎?其果无有乎?"许注:"有形生于无形,何以能生物,故问果有乎?其无有也?"无有弗应也。……光耀曰:"贵矣哉!孰能至于此乎?予能有无矣,未能无无也。"许注:"言我能使形不可得,未能殊无形也。"(《道应》)

在道家宇宙论中,"太一""无有""不物而物物者"同处一个层面,而"光耀""物"又是一个层面,前者化生后者。"太一"这个概念最早见于《庄子·列御寇》和《庄子·天下》,而《淮南子》中频繁见用。《诠言》篇所谓"太一",是指天地未分,浑朴为一的状态②,而许慎解释为原始天神(或最高的神),总掌万物生灵者,明显具有人格神的意志。汉武帝以来,立有泰一祠,大概士人一直视"太一"为真神,然许慎此注与原意并不相宜。"物物者"同样出自《庄子》,《在宥》篇:"有大物者,不可以物,物而不物,故能物物。明乎物物者之非物也,岂独治天下百姓而已哉!"③《淮南子》承此而用,含义未变,仍指一种非人非物的无形力量。许慎认为物物者制造了万物,又不在万物之中,亦贴

---

① 详见本编第五章第五节。
② 另外又指"天神"的名字,如《天文训》:"太微者,太一之庭也。紫宫者,太一之居也。"
③ 郭庆藩《庄子集释》,第 394 页。

近原意。

《道应》篇"光耀"与"无有"的这段对话,完全取自《庄子·知北游》。成玄英说:"光曜者,是能视之智也。无有者,所观之境也。智能照察,故假名光曜;境体空寂,故假名无有也。"① 成氏以佛解道,有失本旨。许慎以"光耀"为可视但无实在形体者,并非是真正的无形者,所谓"能有无,未能无无"。在他看来,无形生有形,故而在万物创生的进程中,"无有"要比"光耀"高出一级。许慎的说法是对原文的延伸阐释。

关于无为而治,《淮南子》既有继承老庄思想的一面,又有改造创新的一面。他们进一步糅合了法家的因循论,使"无为而治"更具可操作性。许慎皆能理解透彻,时有精彩之语:

> 勿惊勿骇,万物将自理;勿挠勿撄,万物将自清。许注:"言治天下,各顺其情。"(《缪称》)

> 譬若舟、车、楯、肆②、穷庐,固有所宜也。许注:"水固宜舟,陆地宜车,沙地宜肆,泥地宜楯,草野宜穷庐。"故老子曰"不上贤"者,言不致鱼于木,沉鸟于渊。许注:"物各因其宜,故不须用贤也。"(《齐俗》)

道家主张无为而治,是基于万物的自然本性,而反对人为的干预。许慎说"治天下各顺其情",亦即此意。《淮南子》的作者以因循论重新诠释了老子的"不尚贤"。他们认为,只要利用好事物的特点和规律,就能达致无为而治的效果,贤人便无所用之。许慎说"物各因其宜",正符合此意。然而,许慎毕竟是崇尚儒术的经学家,有时也会表露出儒家的倾向:

> 圣人在上,化育如神,太上曰:"我其性与?"许注:"太上,皇德之若也。我性自然也。"其次曰:"微彼其如此乎?"许注:"其次,五帝时也。其民如此,故我治之如彼。"(《缪称》)

> 能不以天下伤其国,而不以国害其身者,为可以托天下也。许注:"言不贪天下之利,故可以天下托也。"(《诠言》)

> 老子说:"太上,下知有之;其次,亲之誉之;其次,畏之侮之。……功成事

---

① 郭庆藩《庄子集释》,第 759 页。
② 卢文弨云:"今本《淮南》肆讹作肆,唯叶林宗本作肆。"(见张双棣《淮南子校释》[增订本],第 1127 页。)

遂,百姓皆谓我自然。"①《缪称》篇所言,便是化用此意,用以说明圣人无为而治的两大境界。而许慎将"太上""其次"落实为三皇五帝之时,明显附上了儒家的色彩。老子又说:"贵身于天下,若可托天下;爱以身为天下者,若可寄天下。"②《诠言》篇所言,即脱胎于此,而许慎又以儒家的义利观来解释,显然偏离了原书之意。

关于养生论,刘安较为重视。他身处诸侯王被蚕食、削弱之时,很清楚自己的危险处境,所以在《淮南子》中花了很大篇幅来探究避祸求福、养生保身之道。至于如何养生保身,《淮南子》认为,就是要认识和处理好"形"与"神"、"心"与"欲"的关系。许慎似乎对刘安的养生论兴趣浓厚,试看他的解释:

> 故神制则形从,许注:"神制谓情也,情欲使不作也③,而形体从心以合。"形胜则神穷。许注:"形胜谓人体躁动,胜其精神,神穷而去也。"聪明虽用,必反诸神,许注:"聪明虽用,于内以守,明神安而身全。"谓之太冲。许注:"冲,调也。"(《诠言》)
>
> 圣人胜心,许注:"心者,欲之所生也。圣人止欲,故胜其心,而以百姓为心也。"众人胜欲。许注:"心欲之而能胜之也。"(同上)

许慎认为,"神"的特点是虚静,"形"的特点是躁动,应以虚静节制躁动,同时"欲"为"心"所生,要使欲望不作就要控制好"心",否则"神""形"就会失位,"心""欲"就会失调。此中,"神"的地位更根本,神守则身全。圣人能够守神胜心,所谓"至道之人,其心先定,不可临以利,夺其志也"④,而普通人很难做到这一点,所以就常常为"形""欲"所困。

道家主张守柔持后,《老子》《列子》两书多有论述。老子说:"是以圣人后其身而身先,外其身而身存。"⑤壶丘子林说:"子知持后,则可言持身矣。"⑥《淮南子》的作者对此亦有引述,许慎作了阐发:

---

① 朱谦之《老子校释》,中华书局1984年,第68—70页。
② 朱谦之《老子校释》,第50页。
③ 此处义不可通,吴承仕认为疑作"神制,谓制情欲使不作也"(《子藏·淮南子卷》第53册,第310页。)亦不明朗。"情"疑当作"静",与下文"躁动"相对。
④ 《淮南子·缪称训》许注。
⑤ 朱谦之《老子校释》,第30页。
⑥ 杨伯峻《列子集释》,中华书局1979年,第239页。

> 列子学壶子,观景柱而知持后矣。许注:"先有形而后有影,形可亡而影不可伤。"(《缪称》)
>
> 《兵略》者,所以明战胜攻取之数,形机之势,诈谲之变,体因循之道,操持后之论也。许注:"持后者,不敢为主而为客也。"(《要略》)

壶子用影柱喻意持后,许慎明其因果,认为在形与影之间,形先而影后,形虽亡而影不伤,形为主而影为客,可以从影子的运行轨迹得出应该持后的道理。许慎的解释很形象,也很准确。

(二)对邹衍、公孙龙等人思想的评述

战国中后期,齐国兴起了一个专论阴阳五行的学派。邹衍是其代表,他的大九州说、五德终始说,对秦汉两代产生了深远影响。《淮南子》明确化用了阴阳五行的理论,在遇到这些言论时,许慎通常会作出进一步的解释,《齐俗》篇有较为集中的体现:

> 有虞氏之祀,其社用土,……其服尚黄。许注:"舜土德也,故尚黄。"夏后氏,其社用松,……其服尚青。许注:"木德,故尚青也。"殷人之礼,其社用石,……其服尚白。许注:"金德,故尚白也。"周人之礼,其社用栗,祀灶,许注:"夏祭先灶,周火德也。邹子曰:'五德之次,从所不胜,故虞土、夏木、殷金、周火。'"……其服尚赤。许注:"火德,故尚赤也。"

许慎这些注释,显然运用了邹衍的五德终始说。邹衍"称引天地剖判以来,五德转移,治各有宜,而符应若兹"[1]。所谓"五德转移",即如许注所引"五德之次,从所不胜",即土德不胜木德,木德不胜金德,金德不胜火德,火德不胜水德,水德不胜土德,如此终始循环。这在《文选》李善注也有引述:"《七略》曰'邹子有《终始五德》,言土德从所不胜,木德继之,金德次之,火德次之,水德次之。'"[2] 又引:"邹子曰'五德从所不胜,虞土、夏木、殷金、周火。'"[3] 许慎之时,汉章帝试图通过召开白虎观会议,以达到汇通《五经》异同,统一学术的目的。其中邹衍的五德终始说被改造成赤、白、黑三统说,所谓周为天正,色尚赤;殷为地正,色尚白;夏为人正,色尚黑[4]。可见,许慎熟知邹氏理论,自有其

---

[1] 司马迁《史记》,第2344页。
[2] 萧统《文选》,第953页。
[3] 萧统《文选》,第2561页。
[4] 陈立《白虎通疏证》,中华书局1994年,第363页。

政治和学术的背景。

约与邹衍同时的另一怪才,便是公孙龙。他创立的名学,足可配称为中国哲学史上的一朵奇葩。然而,二千年来几乎都是被批判的对象。许慎对公孙龙及其学说的态度亦无例外:

> 公孙龙折辩抗辞,别同异,离坚白,许注:"公孙龙,赵人,好分析诡异之言,以白马不得合为一物,离而为二也。"不可以众同道也。(《齐俗》)
>
> 公孙龙粲于辞而贸名。许注:"公孙龙以白马非马、冰不寒、炭不热为论,故曰贸也。"(《诠言》)

公孙龙著述数万言,如今仅存《白马论》《指物论》《通变论》《坚白论》《名实论》等篇,另有《迹府》一篇为后人杂凑。许慎此注提及了"白马非马""离坚白""冰不寒""炭不热"[①]等几个有名的命题,将其归之为"诡异之言",认为公孙龙正是依靠这种诡辩伎俩邀名买誉,从中可以表明他不予认可的立场。

此外,许慎还对法家的代表人物商鞅、申不害的学说作了简要评述。他认为商鞅之术在于"启之以利,塞之以禁"[②],即以利益开启民竞,以法禁塞止民乱,并说申不害治理韩国,"有三符验之术也"[③]。同时,许慎又对法家的另一代表人物韩非报以同情之心,认为韩非作《孤愤》乃是"说孤生之愤志"[④]。《说文·八部》引韩非曰"背厶为公",《厶部》引韩非曰"苍颉作字,自营为厶",可知许慎也熟读了韩非子的文章。

第四节 《淮南子注》与《五经异义》《说文解字》的关系

许慎的《淮南子注》归根结底是训诂学著作,与《五经异义》《说文解字》的性质一致。既然同出一人之手,三书之间就会存在关联。事实上,《淮南子

---

① 炭不热,《庄子·天下》作"火不热"。《庄子·天下》篇还记录了公孙龙子的22个命题,足见其杰出的析辩才华。
② 《淮南子·泰族训》许注。
③ 《淮南子·泰族训》许注。王充《论衡·效力篇》:"韩用申不害,行其《三符》,兵不侵境,盖十五年。"(黄晖《论衡校释》,第586页。)明人董说《七国考》卷十二《韩刑法》认为"刑符者,即申不害'三符'之一也",其余二符无考。
④ 《淮南子·泰族训》许注。

注》和《五经异义》《说文解字》确有互相吸取之处。

一、《淮南子注》与《五经异义》

《淮南子注》大约成于永初五年(111),《五经异义》则成书于永元八年(96)至永元十二年(100)年之间,显然要比《淮南子注》早出一段时间。由此而言,许慎注解《淮南子》之时已是一位博通的经师,当然会贯通他的学术成果。《五经异义》是许慎经学研究的集大成者。陈寿祺说:"永元十五年,司空徐防言太学试博士,皆以意说,不修家法,妄生穿凿,轻侮道术,……是时师法已衰,至安帝薄于艺文,博士倚席不讲,经术之风微矣。叔重此书盖亦因时而作,忧大业之陵迟,救末师之蹖陋也。"① 可见,许慎著《五经异义》,旨在厘定是非,重振经术。今存许注八篇中,仍然能够找到许慎吸取《五经异义》成果的痕迹:

《齐俗》篇:"有虞氏之祀,其社用土。"许注:"封土为社。"《五经异义》谓:"今《孝经》说曰:社者,土地之主。土地广博,不可遍敬,封五主以为社。古《左氏》说:共工氏有子曰句龙,为后土,后土为社。"② 按:《说文·示部》:"社,地主也。"可知许慎此注是采用今文《孝经》说。

《齐俗》篇:"殷人之礼,其社用石。"许注:"以石为社主也。"《五经异义》谓:"大夫以石为主,礼无明文。大夫、士无昭穆,不得有主。今山阳民俗,祠有石主。"③ 按:许慎此注应是独出己见。

《道应》篇:"于是散宜生乃以千金求天下之珍怪,得驺虞、鸡斯之乘。"许注:"驺虞,白虎黑文而仁,食自死之兽,日行千里。"《五经异义》谓:"今《诗》韩、鲁说:驺虞,天子掌鸟兽官。古《毛诗》说:驺虞,义兽,白虎黑文,食自死之肉,不食生物,人君有至信之德则应之。……谨按:古《山海经》《邹子书》云'驺虞,兽',说与《毛诗》同。"④ 按:《说文·虍部》:"虞,驺虞也,白虎黑文,尾长于身,仁兽,食自死之肉。"三书说法尽同,可知许慎此注采用古文《毛诗》说。

《道应》篇:"文侯受觞而饮,醮而不献。"许注:"醮,尽。"《五经异义》谓:

---

① 《续修四库全书》第171册,第142页。
② 《续修四库全书》第171册,第21页。
③ 《续修四库全书》第171册,第46页。
④ 《续修四库全书》第171册,第133页。

"《韩诗》说：一升曰爵，爵，尽也，足也。……又觓罚有过，一饮而尽，七升为过多。"① 按：《广雅·释诂》王念孙疏证："爵与釂亦声近义同。"可知许慎此注采用《韩诗》说。

《兵略》篇："仰取象于天，俯取度于地，中取法于人，乃立明堂之朝，行明堂之令。"许注："明堂，布政之宫，有十二月之政令也。"② 《五经异义》谓："讲学大夫淳于登说：明堂，在国之阳，丙巳之地，三里之外，七里之内，而祀之就阳位，上圆下方，八窗四闼，布政之宫。"③ 按：《说文》中亦有引淳说之例，淳氏当是许慎的良师益友，可知许慎此注主采淳氏之说。

《人间》篇："郊望禘尝，非求福于鬼神也。"许注："郊，祭天。望，祭日月星辰山川也。"《五经异义》谓："今欧阳、夏侯说：六宗者，上不及天，下不及地，旁不及四时，居中央，恍惚无有神助，阴阳变化，有益于人，故郊祭之。《古尚书》说：六宗，天地神之尊者，谓天宗三，地宗三。天宗，日、月、北辰；地宗，岱山、河、海。……谨案：夏侯、欧阳说云宗实一而有六，名实不相应。《春秋》'鲁郊祭三望'，言郊天，日、月、星、河、海、岱，凡六宗。……故言三望六宗与《古尚书》说同。"④ 按：贾逵说："六宗者，天宗三，日、月、星也；地宗三，河、海、岱也。"⑤ 可知许慎此注应是脱胎于古文《尚书》和业师贾氏之说。

《泰族》篇："时搜振旅，以习用兵也。"许注："出曰治兵，入曰振旅也。"《五经异义》谓："是以《公羊》说曰：'师出曰祠兵，入曰振旅。祠者，祠五兵矛、戟、剑、楯、弓、鼓及祠蚩尤之造兵者。'"⑥ 按：《穀梁传·庄公八年》："出曰治兵，习战也。入曰振旅，习战也。"⑦ 两家说法近同，许慎取之。

《泰族》篇："《乐》之失淫。"许注："乐变之于郑声，淫也。"《五经异义》谓："今《论语》说：郑国之为俗，有溱、洧之水，男女聚会，讴歌相感，故云'郑声淫'。《左传》说：烦手淫声，谓之郑声者，言烦手踯躅之声，使淫过矣。许君

---

① 《续修四库全书》第 171 册，第 9 页。
② 《兵略训》又云："万乘之主，卒葬其骸于旷野之中，祀其鬼神于明堂之上。"许注："庙之中谓之明堂也。"这里是随文为注，此"明堂"不同于彼"明堂"。
③ 《续修四库全书》第 171 册，第 54 页。
④ 《续修四库全书》第 171 册，第 15—16 页。
⑤ 孔颖达《尚书正义》，第 69 页。
⑥ 《续修四库全书》第 171 册，第 89 页。
⑦ 杨士勋《春秋穀梁传注疏》，第 85 页。

谨案:《郑诗》二十一篇,说妇人者十九,故郑声淫也。"① 按:就《五经异义》而言,许慎认为"郑声淫"是因为《郑诗》过多地描述妇人,而不取《论语》今文和《左传》之说,此可为许慎此注之佐助。

综上所述,许慎《淮南子注》在吸纳经学家的观点时不拘一格,有时多派并用,包括今文《孝经》说、古文《毛诗》说、今文《韩诗》说、古文《尚书》说、《春秋》毂梁说,也包括侍中贾逵、讲学大夫淳于登的说法,也有自创新说。这说明,许慎虽然处在古、今文经学派系斗争最激烈的时期,却没有被自己古文家的身份所束缚,对于今文经学的合理说法同样取之不黜。可见,许慎反对古、今文家固守门户,倡导彼此融和、各取所长。有学者认为,许慎非常厌恶今文经学者浅陋的学风,称之"俗儒鄙夫",指责他们蔽于浅习而不知博学通识②,未免夸大其辞。

二、《淮南子注》与《说文解字》

许慎《淮南子注》与《说文解字》之间的关系问题,清代学者陶方琦做过探讨,撰有《〈淮南〉〈说文〉补诂》八卷,惜已不传。他在自叙中说:"冀有达者,理而正之。"③吾辈不敢自诩达者,但希望能够把这个问题的讨论延续下去。

(一)两书关系总论

《说文解字》的撰作经历了一个漫长的过程。对于其始创时间,学者意见不一。陶方琦认为,许慎草创《说文》当在和帝永元八年(96)④。诸可宝又认为,当在章帝章和二年(88)⑤。我们认为,许慎草创《说文》,当在他辟任太尉南阁祭酒即永元五年(93)之后。这个时期,许慎具备了深厚的经学功底,学术正走向成熟。同时,他身在京师,既可以很方便地向业师贾逵讨教,又有更多机会与同仁学友切磋。这些条件的交汇,促成了许慎撰写《说文》的实际行动。尽管草创时间不明朗,但《说文》初稿和定稿的时间则历历可征。初稿成

---

① 《续修四库全书》第171册,第101—102页。
② 见康国章《古、今文经学之争与许慎的〈说文解字〉》,《殷都学刊》2004年第3期,第101页。
③ 《续修四库全书》第1567册,第540页。
④ 《许君年表》:"永元八年,许君此时当草《说文》。许冲《后叙》曰'博问通人,考之于逵,作《说文解字》',是时逵复为侍中,许君又辟公府,故得以考正也。"见《北京图书馆藏珍本年谱丛刊》第6册,第300页。
⑤ 见《北京图书馆藏珍本年谱丛刊》第6册,第364页。

形于汉和帝永元十二年(100),定稿完成于汉安帝建光元年(121)①。从永元五年到建光元年,《说文》花费了许慎近三十年的心血,仅增补和修订,就用去了二十二年的时光,可谓是他一生的学术结晶。

许慎校书东观,注解《淮南子》,正好处在《说文》初稿和定稿完成的中间时期。此种机缘,为许注与《说文》的相互吸收创造了条件。初稿成形后,许慎继续博问通人,不断修补,成绩斐然。永初四年(110),他以太尉南阁祭酒的身份被征调至东观。就在这个时期,许慎直接利用《说文》未定稿时的部分成果来注解《淮南子》。东观校书结束以后,许慎隐居家中继续修补《说文》。这一次他又把注解《淮南子》时遇见的新文字及新训义吸收进来,直至定稿。总而言之,相融互补是二者关系的大势,正如陶方琦所说:"以《说文》补《淮南》之注,亦可以《淮南》之注补《说文》也。"②

通过对比,《淮南子注》与《说文》确实存在很多相合的释义。今本《说文》是许慎定本,所以,已很难从中分辨哪些属于许注采用《说文》之说,哪些属于《说文》采用许注之说。作为一部字典,《说文》以考究字原为主要目的,即着重于分析汉字的构造和解释汉字的本义,并不考虑汉字在具体语境下的使用义。这是《说文》释义的一个根本特征。由此推测,许注中凡解释字之本义的说法应当有很大部分是取自《说文》的。事实上,《淮南子注》此类训诂,与《说文》相合者颇多。陶方琦认为,这其中既有许慎采《说文》以注《淮南》者,又有《说文》即本《淮南》之义者。也就是说,《淮南子注》与《说文》相得益彰。然而,世人重《说文》而轻许注,实不知许注对《说文》成书的贡献。

(二)许注与《说文解字》相近释义

陶方琦撰《淮南许注异同诂》,已将许慎佚注与《说文解字》作了对比,但对于许注八篇与《说文》的相近释义,则未暇顾及③。现将两者的相近释义汇集起来,以加深我们对《淮南子注》与《说文》关系的认识。

《缪称》篇13例:1."犹中衢而致尊邪",许注:"道六通谓之衢。尊,酒

---

① 许慎《说文解字叙》:"粤在永元,困顿之年,孟陬之月,朔日甲申。"许冲《上书进〈说文〉》:"建光元年九月己卯朔二十日戊戌上。"
② 陶方琦《汉孳室文钞》卷四《〈淮南〉〈说文〉补诂叙》,《续修四库全书》第1567册,第538—539页。
③ 陶氏所辑许注与《说文》同者,约有55例。许注八篇与《说文》相近释义之例,或在他的《〈淮南〉〈说文〉补诂》一书中,但已失传。

器也。"《说文·行部》:"衢,四达谓之衢。"① 又《酉部》:"尊,酒器也。"2."自视犹觖如也"②,许注:"觖,不满也。"《说文·欠部》:"欿,食不满也。"3."目之精者,可以消泽而不可以昭誋",许注:"誋,诫也。"《说文·言部》:"誋,诫也。"4."若眯而抚",许注:"眯,芥入目也。"《说文·目部》:"眯,草入目中也。"5."男子树兰,美而不芳",许注:"兰,芳草。"《说文·艸部》:"兰,香草也。"6."子产腾辞",许注:"腾,传也。"《说文·马部》:"腾,传也。"7."无所用之,碧瑜粪土也",许注:"瑜,玉也。"《说文·玉部》:"瑜,瑾瑜,美玉也。"8."可谓不踰于理乎",许注:"踰,越。"③《说文·足部》:"踰,越也。"9."吴铎以声自毁",许注:"铎,大铃,出于吴也。"《说文·金部》:"铎,大铃也。"10."晖日知晏",许注:"晖日,鸩鸟也。晏,无云也。"《说文·鸟部》:"鸩,毒鸟也,……一名运日。"④ 又《日部》:"曹,星无云也。"⑤ 11."鲁以偶人葬而孔子叹",许注:"偶人,桐人也。"《说文·人部》:"偶,桐人也。"12."交拱之木无把之枝",许注:"把,握也。"《说文·手部》:"把,握也。"13."度伎能而裁使之者",许注:"裁,制也。"《说文·衣部》:"裁,制衣也。"

《齐俗》篇15例:1."有诡文繁绣、弱緆罗纨,必有菅屦跐踦、短褐不完者",许注:"弱緆,细布也。纨,素也。菅,茅也。"《说文·糸部》:"緆,细布也。"又《说文·糸部》:"纨,素也。"《说文·艸部》:"菅,茅也。"2."其于以致雨,不若黑蜧",许注:"黑蜧,神蛇也,潜于神渊,盖能兴云雨。"《说文·虫部》:"蝹,蛇属,黑色,潜于神渊,能兴风雨。"⑥ 3."狙猱得㙲防",许注:"防,堤。"《说文·自部》:"防,隄也。"4."羌氏僰翟,婴儿生皆同声",许注:"羌,西戎。僰,西夷也。"《说文·羊部》:"羌,西戎牧羊人也。"又《说文·人部》:"僰,犍为蛮夷。"5."若玺之抑埴",许注:"玺,印也。"《说文·土部》:"玺,王者印也,所以主土。"6."中国冠笄",许注:"笄,簪。"《说文·竹部》:"笄,簪

---

① 许慎《说文解字》,中华书局1963年,第44页。本节所引《说文》,均出自此本,由于引文众多,故不一一标明页码。
② 叶德辉《淮南鸿烈解诂》卷下辑《唐本玉篇》作"自视欿如也",许注作"欿,不满也"。
③ 又《道应训》"子发攻蔡,踰之",许注:"踰,越,胜之也。"
④ 王念孙《广雅疏证》卷十《释鸟》:"《淮南·缪称训》'晖日知晏',……晖与运同。"(中华书局1983年,第380页。)
⑤ 又《说文·日部》:"晏,天清也。"《广雅疏证》卷三《释诂》:"曹,亦曀,通作晏。"(第82页。)
⑥ 《玉篇》卷二十五《虫部》"蜧"与"蝹"同(《四部丛刊》本)。

也。"7."男女切踦",许注:"踦,足。"《说文·足部》:"踦,一足也。"8."无皮弁揩笏之服",许注:"笏,佩玉也。"《说文·曰部》:"曶,出气词也。……一曰佩也。"①9."綸组节束",许注:"束,缚也。"《说文·束部》:"束,缚也。"10."葬墙置翣",许注:"翣,棺衣饰也。"《说文·羽部》:"翣,棺羽饰也。"11."为宽裕者曰勿数挠",许注:"裕,饶也。"《说文·衣部》:"裕,衣物饶也。"12."驽马十舍,旬亦至之",许注:"旬,十日也。"《说文·勹部》:"旬,偏也,十日为旬。"13."负扆而朝诸侯",许注:"户牖之间谓之扆。"《说文·户部》:"户牖之间谓之扆。"14."为行者相揭以高",许注:"揭,举。"《说文·手部》:"揭,高举也。"15."短褐不掩形而炀灶口",许注:"炀,炙。"《说文·火部》:"炀,炙燥也。"

《道应》篇16例:1."何以异于枭之爱其子也",许注:"枭子长,食其母。"《说文·鸟部》:"枭,不孝鸟也。"2."爝火甚盛",许注:"爝,炬火也。"②《说文·火部》:"爝,苣火祓也。"3."是直圣人之糟粕耳",许注:"糟,酒滓也。"《说文·米部》:"糟,酒滓也。"4."列田百顷而封之执圭",许注:"楚爵功臣赐以圭,谓之执圭。"《说文·土部》:"圭,瑞玉也,上圜下方。……楚爵有执圭。"5."大司马捶钩者年八十矣",许注:"捶,锻击也。"《说文·手部》:"捶,以杖击也。"6."屈商乃拘文王于羑里",许注:"羑里,地名也,在河内汤阴。"《说文·羊部》:"羑,进善也。……文王拘羑里,在汤阴。"7."得骓虞、鸡斯之乘",许注:"骓虞,白虎黑文而仁,食自死之兽,日行千里。"《说文·虍部》:"虞,骓虞也,白虎黑文,尾长于身,仁兽,食自死之肉。"8."玄豹黄罴青犴",许注:"犴,胡地野犬也。"《说文·豸部》:"豻,胡地野狗也。"③9."相女童,击钟鼓",许注:"相,视之。"《说文·目部》:"相,省视也。"10."终日行不离咫尺",许注:"八寸为咫,十寸为尺。"《说文·尺部》:"咫,中妇人手长八寸,谓之咫。"又:"尺,十寸也。……十寸为尺。"11."罔两问于景曰",许注:"罔两,水之精物也。"《说文·虫部》:"蝄蜽,山川之精物也。"12."扶桑受谢",许注:"扶桑,日所出之木也。"《说文·木部》:"榑,榑桑,神木,日所出也。"④13."倒

---

①《穆天子传》卷一洪颐煊校曰:"曶,古笏字。"(清嘉庆十一年平津馆刊本。)
②《玉篇》卷二十一《火部》:"炬亦作苣。"
③《玉篇》卷二十三《豸部》:"豻亦作犴。"
④桂馥《说文解字义证》卷十六:"榑,通作扶。"(《续修四库全书》第209册,第487页。)

杖策,錣上贯颐",许注:"策,马捶。"《说文·竹部》:"策,马箠也。"①14. "两蛟挟绕其船",许注:"蛟,龙属也。鱼满二千五百斤,蛟来为之主也。"②《说文·虫部》:"蛟,龙之属也。池鱼满三千六百,蛟来为之长。"15. "约车申辕",许注:"申,束。"《说文·申部》:"申,神也。七月阴气成,体自申束。"16. "醮而不献",许注:"醮,尽。"《说文·酉部》:"醮,饮酒尽也。"

《诠言》篇6例:1. "羿死于桃棓",许注:"棓,大杖。"《说文·木部》:"棓,梲也。"又《说文·木部》:"梲,木杖也。"2. "自负而辞助",许注:"自负,自恃。"《说文·贝部》:"负,恃也。"3. "舜弹五弦之琴",许注:"古琴五弦,至周有七律,增为七弦也。"《说文·琴部》:"琴,禁也。神农所作,洞越,练朱五弦,周加二弦。"4. "菰饭犒牛弗能甘也",许注:"菰,凋胡也。"《说文·艸部》:"苽,雕苽,一名蒋。"③5. "不遑启处",许注:"启,开。"《说文·口部》:"启,开也。"6. "日月廋而无溉于志",许注:"溉,灌也。"《说文·水部》:"溉,水。……一曰灌注也。"

《兵略》篇13例:1. "毋爇五谷",许注:"爇,烧。"《说文·火部》:"爇,烧也。"2. "莫不设渠堑傅堞而守",许注:"堞,城上女墙。"《说文·土部》:"堞,城上女垣也。"④3. "刑德奇侅之数",许注:"奇侅,阴阳奇秘之要,非常之术。"《说文·人部》:"侅,奇侅,非常也。"⑤4. "溪肆无景",许注:"肆,极也。"《说文·穴部》:"窔,深肆极也。"⑥5. "修铩短鈒",许注:"鈒,小矛也。"《说文·金部》:"鈒,矛也。"6. "挽辂首路死者",许注:"辂,挽辇横木也。"《说文·车部》:"辂,车軨前横木也。"7. "伐棘枣而为矜",许注:"矜,矛柄。"《说文·矛部》:"矜,矛柄也。"⑦8. "剡撕棨",许注:"剡,锐也。"《说文·刀部》:"剡,锐利也。"9. "势侔则有数者禽无数",许注:"侔,等。"《说文·人部》:

---

① 陆德明《经典释文》卷二十一《春秋公羊音义》:"箠,本又作捶。"(上海古籍出版社1985年影印本,第1260页。)
② 慧琳《一切经音义》卷四十一引《淮南子》:"一渊不两蛟。"并引其注文:"蛟,龙属也,池鱼满三千六百,则蛟来为之长。"(《续修四库全书》第197册,第88页。)当是许注,与《说文》正合。
③ 《集韵》卷二《模韵》:"或作菰。"(见《景印文渊阁四库全书》第236册,473页。)
④ 《说文·土部》:"垣,墙也。"可知两者完全同义。
⑤ 《集韵》卷二《咍韵》:"侅通作賌。"
⑥ 由此可知许慎认为'肆'与'极'同义。
⑦ 清人臧庸《拜经日记》卷八"矜"条:"后世字书韵学混淆,致改《玉篇》误从'今',唐以来字书遂无有作'矜'者。"(《续修四库全书》第1158册,第120页。)

"俾,齐等也。"10."羊肠道,发笱门",许注:"发笱,竹笱,所以捕鱼。"《说文·竹部》:"笱,曲竹,捕鱼笱也。"11."挤其揭揭",许注:"挤,排也。"《说文·手部》:"挤,排也。"12."前后不相撚",许注:"撚,揉蹋也。"《说文·手部》:"撚,……一曰蹂也。"13."撑巨旗",许注:"撑,卷取也。"《玉篇·手部》引《说文》:"搴,取也。"

《人间》篇8例:1."人莫蹪于山而蹪于垤",许注:"垤,蚁封也。"《说文·土部》:"垤,蚁封也。"2."攘袪薄腋",许注:"袪,袂。"《说文·衣部》:"袪,衣袂也。"3."遣卒戍陈",许注:"戍,守也。"《说文·戈部》:"戍,守边也。"4."所浼者多矣",许注:"浼,污。"《说文·水部》:"浼,污也。"5."又利越之犀角、象齿、翡翠、珠玑",许注:"翡,赤雀。翠,青雀。员者为珠,类者为玑。"《说文·羽部》:"翡,赤羽雀也。"又《说文·羽部》:"翠,青羽雀也。"《说文·玉部》:"玑,珠不圜也。"6."一军守九嶷之塞",许注:"九嶷,在零陵也。"《说文·山部》:"嶷,九嶷山,舜所葬,在零陵营道也。"7."使马圉往说之",许注:"圉,养马者。"《说文·㚔部》:"圉,囹圄,所以拘罪人。……一曰:圉人,掌马者。"8."吾怨之,憯于骨髓",许注:"憯,痛。"《说文·心部》:"憯,痛也。"

《泰族》篇7例:1."雩兑而请雨",许注:"兑,说也。"《说文·儿部》:"兑,说也。"2."非券之所责也",许注:"券,契也。"《说文·刀部》:"券,契也。"3."尧乃妻以二女,以观其内",许注:"二女,娥皇、女英。"《说文·女部》:"娥,帝尧之女,舜妻娥皇字也。"4."乃澄列金、木、水、火、土之性",许注:"澄,清也。"①《说文·水部》:"澂,清也。"②5."既入大麓",许注:"林属于山曰麓。"《说文·林部》:"麓,守山林吏也。……一曰林属于山为麓。"6."骖欲驰,服欲步",许注:"骖,騑。"《说文·马部》:"騑,骖,旁马。"7."陈簠簋,列樽俎",许注:"器方中者为簠,圆中者为簋也。"《说文·竹部》:"簠,黍稷圜器也。"又《说文·竹部》:"簋,黍稷方器也。"③

《要略》篇8例:1."览取挢掇",许注:"掇,拾也。"《说文·手部》:"掇,拾取也。"2."与昼宵寒暑并明",许注:"宵,夜。"《说文·宀部》:"宵,夜

---

① 又《要略》篇"澄澈神明之精",许注亦云:"澄,清也。"
② "澄"乃"澂"之俗字。
③ 许注与《说文》释义正好相反,盖传写之误。

也。"3."提名责实",许注:"提,挈也。"《说文·手部》:"提,挈也。"4."说捍抟囷",许注:"抟,圆也。"《说文·手部》:"抟,圜也。"5."标举终始之坛也",许注:"标,末也。坛,场也。"《说文·木部》:"标,木杪末也。"又《说文·土部》:"坛,祭场也。"6."以馆清平之虚",许注:"馆,舍也。"《说文·食部》:"馆,客舍也。"7."躬擐甲胄",许注:"擐,贯著也。"《说文·手部》:"擐,贯也。"8."一朝用三千钟赣",许注:"赣,赐也。"《说文·贝部》:"赣,赐也。"

综上所述,许注八篇与《说文》相近释义约有 86 例,加上陶氏所辑许注与《说文》同者 55 例,总计约 141 例。依此可以推断,那些散亡的大半许注与《说文》相近释义者肯定不在少数。这足以证明,许注和《说文》之间相融互补的关系十分深厚。许慎晚年当取《五经异义》《淮南子注》二书,对《说文解字》详加比勘和修补。从这个方面说,《淮南子注》对《说文解字》的成书贡献巨大。

第五章　高诱的《淮南子注》

第一节　高诱的生平及著述

在汉代学术史上,高诱不应该被忽略。张舜徽将他与经学大师郑玄相提并论,认为"汉末郑玄之注经,高诱之注子,皆大有功于典籍者"①。可惜的是,范晔撰《后汉书》,竟然没有高诱的一席之地,就连高诱的名字也没有提过,给我们造成至今难以弥补的缺憾。因此,有必要对他的生平及著述作一番考究。

一、高诱的生平

要了解高诱的生平,还是要从高诱自己所作的两篇序文——《淮南鸿烈解叙》和《吕氏春秋序》入手。《淮南鸿烈解叙》中有一段很关键的记述:

> 自诱之少从故侍中同县卢君,受其句读,诵举大义。会遭兵灾,天下棋峙,亡失书传,废不寻修,二十余载。建安十年,辟司空掾,除东郡濮阳令,睹时人少为《淮南》者,惧遂凌迟,于是以朝餔事毕之间,乃深思先师之训,参以经传道家之言,比方其事,为之注解,悉载本文,并举音读。典农中郎将弁揖借八卷刺之,会揖身丧,遂亡不得。至十七年,迁监河东,复更补足。②

"同县卢君"是指涿郡涿县人卢植,这一点可以肯定。高诱所谓"深思先师之训",也能从注文中找到依据。卢植说:"日,甲至癸也。"③《时则训》高注亦说:"日,从甲至癸也。"《礼记》卢植注云:"明堂即大庙也。天子太庙,上可以望气,故谓之灵台。中可以序昭穆,故谓之太庙。圆之以水,似辟,故谓之辟

---

① 张舜徽《汉书艺文志通释》,湖北教育出版社 1990 年,第 186 页。
② 张双棣《淮南子校释》(增订本),第 2 页。本章所引《淮南子》之文及注,均出自此本,因引文众多,恕不一一标明页码。
③ 萧子显《南齐书》,中华书局 1972 年,第 142 页。

雍。"①《本经训》高注亦云:"明堂,王者布政之堂。……其中可以序昭穆,谓之太庙。其上可以望氛祥,书云物,谓之灵台。其外圆,似辟雍。"可见,他们之间确实存在师承关系。而且,卢植在汉灵帝熹平年间担任过侍中一职。因此,"卢君"确指卢植无疑。

卢植是汉末大儒,《后汉书》及其他诸书对卢氏都有较为详细的记述,这对考证高诱的生平很有帮助。《后汉书》本传载:"卢植,字子幹,涿郡涿人也。身长八尺二寸,音声如钟。少与郑玄俱事马融,……学终辞归,阖门教授。"②这是卢植首次教授子弟,时值大将军窦武援立汉灵帝,时间大约从建宁元年(168)开始。这个时期,卢植刚刚学成归来,又未有名誉,所以不可能大规模地收授门徒。直到担任九江太守后,卢植才名播四海,学生于是慕名而来。这是东汉私学教育的一个普遍现象。《后汉书·儒林传》载:"自光武中年以后,干戈稍戢,专事经学,自是其风世笃焉。……若乃经生所处,不远万里之路,精庐暂建,赢粮动有千百。其著名高义开门受徒者,编牒不下万人,皆专相传祖,莫或讹杂。"③即可见一斑。《三国志·先主传》记述刘备:"年十五,母使行学,与同宗刘德然、辽西公孙瓒俱事故九江太守同郡卢植。"④刘备生于汉桓帝延熹四年(161),十五岁即汉灵帝熹平四年(175)师从卢植。此时,卢植因文武兼备而被举为九江太守,负责平息东夷叛乱。不久,他便以病去官,可能隐居在缑氏山(今河南省洛阳东南)中教授子弟。大约在熹平五年(176),卢植复征拜为议郎,与马日磾、蔡邕、杨彪、韩说等人一起在东观领校《五经》记传,补续《汉记》,很快转任侍中,熹平六年(177)迁为尚书⑤。

高诱自言"从故侍中同县卢君受其句读",表明他投入卢氏门下当是在熹平五年卢植担任侍中之际。由此可见,高诱与公孙瓒、刘备、刘德然几乎是同时入门的弟子。高诱又称自己师从卢植后,"会遭兵灾,天下棋峙",图书散亡失修,至建安十年(205)他任职东郡濮阳令时已经有二十余年。考汉末史事,"兵灾"应是指发生在汉灵帝中平元年(184)的黄巾之乱,只有这次兵祸才彻

---

① 孔颖达《毛诗正义》,北京大学出版社2000年,第1221页。
② 范晔《后汉书》,第2113页。
③ 范晔《后汉书》,第2588页。
④ 陈寿《三国志》,中华书局1959年,第871页。
⑤ 《后汉书·文苑列传·郦炎传》:"炎病不能理对,熹平六年,遂死狱中,时年二十八。尚书卢植为之诔赞,以昭其懿德。"(范晔《后汉书》,第2648—2649页。)故知卢植当在此时担任尚书一职。

底让东汉王朝陷入"天下棋峙"的局面。而且,此次兵祸距离高诱担任濮阳令有二十二年,正符合高氏自己的描述。这从侧面证明,高诱确实是在熹平五年师从卢植。

黄巾事起后,卢植便担任北中郎将,奉命平乱,从此东征西讨,不可能再有时间收授子弟。刘备、刘德然、高诱等人就是因为这次兵祸而不能继续学业的。《三国志·先主传》说:"灵帝末,黄巾起,州郡各举义兵,先主率其属从校尉邹靖讨黄巾贼有功,除安喜尉。"① 可知刘备这时已经辞学,加入到平叛的行列了。中平六年(189),卢植托病求归,隐居在上谷军都山,又重新开始招收弟子。《太平寰宇记》引《后汉书》说:"尚书卢植隐居上谷军都山,立黉肆教授,好学者自远方而至。"② 这是卢氏最后一次教授子弟,初平三年(192)便辞世。齐思和却认为高诱是在此时师从卢植,他说:"诱从之受学,盖在其归隐之后。"③ 不仅于理不通,与高诱的自述也明显不符。

根据高诱受学卢植的开始时间,可大致推断出高氏的生年。古代所谓"少"是指未成年之时,即二十岁以下。孔颖达《毛诗正义》:"少而端悫,则长大无情欲者,此谓十五、六之时也。"④《礼记·王制》郑玄注引《尚书传》曰:"年十五始入小学,十八入大学。"⑤依此而言,高诱师从卢植,接受小学训练,当是在他十五岁至二十岁之间。以高氏熹平五年(176)受学卢植为起点,向上推溯,高诱的生年大概在汉桓帝永寿三年(157)至延熹四年(161)之间。取其中间值,高诱大约生于延熹二年(159)。

高诱为涿郡涿县人,其字不详。近人陈祺寿说:"《金楼子·聚书篇》云'范鄱阳胥经饷书,如高道注《战国策》之例是也',四库馆辑《永乐大典》本改'道'为'诱',馆臣案云'诱原本作道,谨校改'。愚按'道'不当改。《诗·召南》'吉士诱之',《毛诗》'诱,道也',高涿郡名诱,字道,名字正相应。"⑥陈氏之见虽显牵强,但可备一说。少年高诱离开涿郡,去往京师洛阳求学,师从同郡卢植,接受古文经学的熏陶。从高氏注解《淮南子》《吕氏春秋》时非常熟

---

① 陈寿《三国志》,第872页。
② 乐史《太平寰宇记》,中华书局2007年,第1403页。
③ 齐思和《中国史探研》,中华书局1981年,第241页。
④ 孔颖达《毛诗正义》,第544—545页。
⑤ 孔颖达《礼记正义》,北京大学出版社2000年,第472页。
⑥ 见何宁《淮南子集释》,中华书局1998年,第1550页。

练地征引《诗经》《尚书》《周礼》《礼记》《明堂月令》《周易》《春秋》《公羊传》《左传》《论语》《孟子》《孝经》《尔雅》等儒家典籍的情况看,高诱尤其擅长记诵。这一习惯可以反映出,他在师从卢植之后,最基本的课程便是读经,所谓"受其句读,诵举大义"。

高诱在卢植门下读经诵典,释文明义,持续到黄巾事起。从中平元年至任职东郡濮阳令这段长达二十二年的时间里,高诱行事无可稽考。只是《吕氏春秋序》说:"诱正《孟子章句》,作《淮南》《孝经》解毕讫,家有此书,寻绎案省,大出诸子之右。"① 高诱作《淮南解》始于建安十年,可知此前他还校正过《孟子章句》。因为马融和卢植均未致力《孟子》一书,所以对高诱来说,校正《孟子章句》属于开创性的工作,也是他迈入学术研究的首次尝试。

建安十年(205),高诱被曹操辟任为司空掾,成为司空的佐治官员,年秩百石②。同年,升任为东郡濮阳令,年秩千石③。在战乱肆虐的年代,一介儒生高诱能被曹操看上,除了他自身的才能外,大概与其师卢植有很大关系。《三国志》裴松之注引《续汉书》载曹操语曰:"故北中郎将卢植,名著海内,学为儒宗,士之楷模,乃国之桢幹也。……敬遣丞掾修坟墓,并致薄醊,以彰厥德。"④足见卢植在曹操心目中的地位,他的弟子自然不会被小觑。并且,曹操为稳固自身权位亦大肆招揽人才。据《资治通鉴》载,建安十年"郭嘉说操多辟青、冀、幽、并名士以为掾属,使人心归附,操从之"⑤。高诱是卢植高徒,也是幽州名士,符合曹操甄选人才的标准,正好为其所用。

做上濮阳县令后,高诱十分勤于政事,以致注解《淮南子》都是在处理完政务的空暇中进行。书成之后,典农中郎将弁揖借去其中八卷研读。"弁"同古"卞"字,《元和姓纂》云:"魏卞揖生统,为晋琅琊内史。"⑥ 卞氏至两晋时期发展成为名望大族。据《资治通鉴》胡三省注引《魏志》:"曹公置典农中郎

---

① 许维遹《吕氏春秋集释》,第3页。
② 杜佑《通典》卷二十《职官二》:"司空属官:长史一人,掾属二十九人,令史及御属三十二人。"杜氏自注:"正曰掾,副曰属。《汉书注》云:'公府掾比古元士三命者也。'或曰:汉初,掾史辟皆上言之,故有秩,皆比命士。其所不言,则为百石属,其后皆自辟除,故通为百石云。"(中华书局1988年,第521页。)
③ 班固《汉书·百官公卿表》:"县令、长,皆秦官,掌治其县。万户以上为令,秩千石至六百石。"后汉之制,大县置令一人,比千石。(第742页。)
④ 陈寿《三国志》,第650—651页。
⑤ 司马光《资治通鉴》,中华书局1956年,第2060页。
⑥ 林宝《元和姓纂》,中华书局1994年,第1302页。

将,秩二千石。"① 可见,高诱之才学在当时即受到像弁揖这样达官贵人的赏识。建安十七年(212),高诱升迁为河东郡(今山西省永清县等地)的监官,继续利用空暇时间将注文修补和完善。

在完成《淮南子》的校释工作后,高诱紧接着又注解了《孝经》《吕氏春秋》和《战国策》等书。这个时候,他正步入人生的晚年。依《吕氏春秋序》所言,高氏先注《孝经》,后注《吕氏春秋》。对于《战国策注》,则没有文献记载作于何时。不过,通过检索我们发现,《淮南子》高注十三篇引用《孟子》约有11例,引用《孝经》《吕氏春秋》《战国策》均只有1例;而其后完成的《吕氏春秋注》引用《孝经》增至8例,引用《淮南子》约有20例,引用《战国策》却只有1例。根据这一现象可以推知,高诱形成了每注解一部典籍都会大量征引他所注释的前一部典籍内容之习惯。因此,我们可以推测出《战国策注》当是作于《吕氏春秋注》之后的。

按照常理,像《吕氏春秋》(《汉志》录为二十六篇)、《战国策》(《汉志》录为三十三篇)这样大部头的著作,再加上当时书写条件的限制,注释起来是非常耗费时间的。依此推论,高诱完全有可能生活到汉魏易代,直至魏文帝在位时期。取其断限,高诱当卒于黄初七年(226)左右。然其确切的卒年已无材料可考,齐思和以为"其卒或在魏明帝时矣"②,也只是一时猜测之语。

总之,高诱大约生在公元159年,卒于公元226年左右,与曹操、刘备的生活年代十分接近。高诱把大半生的精力用在训释儒家经传和诸子著作之上,虽然未能成就政治功名,但也足可以立言不朽,垂往后世。刘文典在《吕氏春秋集释序》中夸赞说:"汉代大师高诱寻绎此书,以为大出诸子之右,复依师训,为之诂解,并举音读,其可宝贵,直与许氵交长《说文解字》并驱争先。"③ 足见高诱学术功绩之大。

二、高诱的著述

《光绪顺天府志》著录高诱的著述,有《礼记注》《明堂月令注》《孝经解》《正孟子章句》《战国策注》《吕氏春秋解诂》《淮南鸿烈解诂》《鸿烈音》等④。

---

① 司马光《资治通鉴》,第1990页。
② 齐思和《中国史探研》,第242页。
③ 见许维遹《吕氏春秋集释》,第3页。
④ 见周家楣《光绪顺天府志》,北京古籍出版社1987年,第6405—6409页。

民国时期编纂的《河北通志稿》基本上沿袭了《光绪顺天府志》的著录①。然而,《顺天府志》的有些说法值得商榷。

(一)《正孟子章句》《孝经解》

《正孟子章句》是对《孟子章句》一书的校理与辨正。《后汉书·程曾传》和《后汉书·赵岐传》皆载两人著有《孟子章句》。程曾约于汉明帝时作《孟子章句》,比赵岐作《孟子章句》早近一个世纪。那高诱所校正的究竟是哪一部《孟子章句》?《顺天府志》推想是程曾的《孟子章句》,但没有提供任何证据。程曾当时名望不大,并且其书早已失传。赵岐则为汉末名儒,本传称其"多所述作,著《孟子章句》《三辅决录》传于时"②,可知赵氏的《孟子章句》在当时即广为流传。赵岐又娶高诱师祖马融之兄的女儿为妻,与卢植、马日䃅等人均有交往。因此,高诱对赵岐及其《孟子章句》不可能不熟知,校正该书顺理成章。高注有一条引文大致可以反映这一情况。《览冥训》高注:"《孟子》曰'王者师臣也'。"今本《孟子》不见此文,但赵岐的注文有类似之语:"王者师臣,霸者友臣也。"③大概是高诱误将注文记为《孟子》的正文,恰好可以说明他对赵氏《孟子章句》很熟悉。所以,高诱校正的《孟子章句》应为赵岐所著。《正孟子章句》早佚,清人马国翰详取《淮南子》《吕氏春秋》《战国策》高注中凡涉及《孟子》者,辑为《孟子高氏章句》一卷④,后来俞樾用同样的方法辑有《孟子高氏义》一书⑤,但两书均非《正孟子章句》原来的内容。《清史稿·艺文志》录为"汉高诱《孟子章句》一卷"⑥,当是以马国翰所辑为据。

《孝经解》作于《淮南鸿烈解》之后,即汉献帝建安十七年(212)之后,其训释体例当近于《淮南鸿烈解》。高诱之前,郑众、马融、何休、郑玄等经学大师都曾为《孝经》作注,且并行于世,高诱想要在《孝经解》中别创新义,显然非常困难。这是该书过早失传的原因之一。

(二)《礼记注》《明堂月令注》

高诱是否撰著《礼记注》和《明堂月令注》,不仅他自己未曾提及,就是现

---

① 见张国淦《河北通志稿》,北京燕山出版社1993年,第2422页。
② 范晔《后汉书》,第2124页。
③ 孙奭《孟子注疏》,第126页。
④ 此书收录在马国翰《玉函山房辑佚书》卷四十七《经编·孟子类》,《续修四库全书》第1203册,影印清光绪九年(1883)长沙琅嬛馆刻本。
⑤ 《孟子高氏义》收录在俞樾《俞楼杂纂》卷十七,并见于清光绪二十五年(1899)所刻《春在堂全书》。
⑥ 赵尔巽《清史稿》,中华书局1976年,第4251页。

存文献也没有明确的记载。后人仅根据一些典籍的相关引文,不详加考察,便认定高诱注解过《礼记》和《明堂月令》,这种做法固不可取。

《初学记》卷三约有 13 处引用《礼记·月令》的内容,并引有高注①。宋人祝穆《古今事文类聚·续集》卷六引《礼记·儒行》"儒有一亩之宫,环堵之室",又引高诱注《礼记》曰:"堵,长一丈,高一丈,面环一堵为方丈,故曰环堵之室。"②《御定渊鉴类函》卷十四亦引高诱《礼记注》曰:"䴅,伯劳也。伯劳夏至后应阴而杀蛇,乃磔之棘上而始鸣也。"③若以这些材料为依据,高诱无疑著有《礼记注》。但实际上这只是假象,因为这些材料的准确性值得质疑。《初学记》只有引《礼记·月令》时才引用高注,引用该书其他篇目的内容时却丝毫不见高注的踪迹。经查,《初学记》所引高注与《吕氏春秋注》几乎完全相同,差别只在几字之间。可见,《初学记》所谓的《礼记·月令》高注,不过是摘取高诱《吕氏春秋注》的相关注文。祝氏和谢氏所引高注《礼记》之文,则来自《淮南子·原道训》高注:"堵,长一丈,高一丈,面环一堵,为方一丈,故曰环堵。"《御定渊鉴类函》所引高注《礼记》之文,则来自《吕氏春秋·仲夏纪》高注:"䴅,伯劳也。是月,阴作于下,阳发于上,伯劳夏至后应阴而杀蛇,磔之于棘而鸣于上。"④因此,认为高诱著有《礼记注》,没有切实的文献依据。

《明堂月令》的成篇早于《礼记·月令》和《礼记·明堂位》,内容大似相近,被认为是《周书·月令》的异名⑤。高诱有无《明堂月令注》,朱彝尊作了很好的回答,他说:"高诱注《礼》,隋唐宋《经籍》《艺文志》俱不载,近代藏书家目录亦无,惟《艺文类聚》曾引之。《月令》四卷,题曰《明堂月令注》。乙亥二月,忽获之吴兴书贾舟中,乃旧本。读之,其字句与今本《月令》颇有不同,……较之《吕览》,其文正同,盖好事者以诱所注《吕览》钞出成书。"⑥可见,所谓《明堂月令注》应是好事者抄录《吕氏春秋注》而成。

(三)《淮南鸿烈解》《淮南鸿烈音》《淮南万毕术注》

高诱的《淮南鸿烈解》及其相关问题,已见前面章节,兹不赘述。

---

① 见徐坚《初学记》,中华书局 1962 年,第 43—58 页。
② 祝穆《古今事文类聚》,《景印文渊阁四库全书》第 927 册,第 115 页。谢维新《古今合璧事类备要·别集》卷十四引同。
③ 张英《御定渊鉴类函》,《景印文渊阁四库全书》第 982 册,第 329 页。
④ 许维遹《吕氏春秋集释》,第 103 页。䴅,《四部丛刊》本作"鵙"。
⑤ 蔡邕《蔡中郎文集》卷十《明堂月令论》:"《周书》七十二篇,而《月令》第五十三。"(《四部丛刊》本)
⑥ 朱彝尊《经义考》(第五册),台湾中研院中国文哲研究所筹备处 1997 年,第 93—94 页。

高诱精通音韵学,自称训解《淮南子》"悉载本文,并举音读"。考高注十三篇,标举音读共290余次①,倘若加上失传的八篇音读,那数量非常可观。大概在唐初以后,有好事者将其析出,定名为《淮南鸿烈音》,共得两卷。所以,新旧《唐志》并有著录,尔后便告失传,诸家书目又未见载录。《顺天府志》说:"诱注十三篇内,并载音读,疑即《鸿烈音》散入注中。"②实属本末倒置之见。

　　高诱是否注解《淮南万毕术》,历代史志及书目均未明确著录。《史记正义》引高诱注《淮南子》云:"取鸡血与针磨捣之,以和磁石,用涂棋头曝干之,置局上,即相拒不止也。"③此文不见于今本高注,茆泮林认为这是《万毕》中语,并依此推断"高诱是并注《淮南万毕术》者"④。茆氏此论是建立在不可靠的引文之上,不足取信。《初学记》和《太平御览》俱引《淮南万毕术》,有时并引注文,但未名为高注。惟《御览》卷三百四十四称"高诱注曰'鱼肠,文绕屈譬若鱼肠'"⑤,考其所引正文及注文,均出自《修务训》一篇,知《御览》误作《淮南万毕术》。明代李时珍自注《本草纲目》时,多次引用《淮南万毕术》注文,并标上"高诱注云"。除此之外,再难找到直接的文献依据。从《淮南万毕术》注文的内容看,基本上属于古代方术范畴,应该是刘安及其术士自注。从高诱的知识结构看,高氏立足于经学和子学,不具备为《淮南万毕术》作注的主客观条件。因此,认为高诱著有《淮南万毕术注》,并不可靠。

(四)《吕氏春秋注》《战国策注》

　　《吕氏春秋》一书深得高诱喜爱,以为大出诸子之右,于是"复依先儒旧训,輒乃为之解焉,以述古儒之旨,凡十七万三千五十四言"⑥。《四库全书简明目录》对高注表示了肯定,赞其多明古义⑦。《吕氏春秋注》是高诱唯一保存完整的著作。

　　继《吕氏春秋注》后,高诱又注解了《战国策》。这在梁代萧绎的《金楼子·聚书篇》已有提及。但自产生至唐初之际,《战国策注》已散佚大半。到《崇文总目》编订之时,高注进一步散佚,只存八卷。经曾巩搜求,不仅补足了

---

① 详细的统计数据见本章第三节。
② 周家楣《光绪顺天府志》,第6409页。
③ 司马迁《史记》,第463页。
④ 茆泮林辑《淮南万毕术》卷一,民国六年(1917)潮阳郑氏刻《龙溪精舍丛书》本。
⑤ 李昉《太平御览》,第1583页。
⑥ 许维遹《吕氏春秋集释》,第3页。
⑦ 见永瑢《四库全书简明目录》,古典文学出版社1957年版,第467页。

《战国策》正文三十三卷,又得高注两卷,他说:"此书有高诱注者二十一篇,或曰三十二篇,《崇文总目》存者八篇,今存者十篇。"① 鲍彪评价高注:"既疏略无所稽据,注又不全,浸微浸灭,殆于不存。"② 亦可大致反映其流传情况。

此外,清人严可均辑《全后汉文》时,将《高僧传》中的《道潜论》逸文归之高诱名下。齐思和辨析说:"无论道潜东晋人,非高诱所及见,即刘伶亦远在高氏之后。检《高僧传》,此本系孙绰之文,且严氏已收入孙绰文。此处重出,疑系剪粘移钞之误。"③ 表明也是子虚乌有。

第二节 高诱《淮南子注》的主要内容

通观高注十三篇,高诱的《淮南子注》内容十分广博,很好地发扬了马融"既精既博"的学术追求。大概包含以下几方面:

一、辨析字形,释词通句

这是高注中的主体部分,具有核心地位。刘安和高诱尽管都同属汉代文人,但其间相距了三百余年,字形以及用语习惯肯定会经历诸多变更。针对书中难懂晦涩的字词,高诱均以浅显易懂的当代语作了解释。同时,又能联系文中语境,努力挖掘某些字词的深层涵义。高诱还经常串讲句意,以疏通整个句子。高氏不厌其烦地做这些工作,根本目的在于探求作者的原意。此亦是古文一派的宗旨。

汉字形体与其涵义有密切关系,因此辨析字形在一定程度上也是解释字义。高注比较注意辨析书中的古今字,多采用"某,某字""某,古某字"的术语形式。例如,《俶真训》"若夫无秋毫之微,芦苻之厚,四达无境,通于无圻",高注:"圻,垠字也。"又如,《氾论训》"纣拘于宣室,而不反其过,而悔不诛文王于羑里",高注:"羑,古牖字。"再如,《说山训》"呙氏之璧,夏后之璜,揖让而进之以合欢",高注:"呙,古和字。"

作为汉语的词,从构成方式上可分为单纯词和合成词,从词性上又可分

---

① 刘向集录《战国策》,上海古籍出版社 1985 年,第 1201 页。
② 刘向集录《战国策》,第 1209 页。
③ 齐思和《中国史研探》,第 242 页。

为实词和虚词。《淮南子》中的各种词也可以如此分类，高注皆所涵盖。由于汉字结构和汉语语法的特殊性，长期以来形成了音训、形训、义训的训诂方法。以全局观之，高诱释词也主要运用了这三种方法。音训即以音求义。王引之说："夫诂训之要，在声音，不在文字。"①俞樾也说："古训多存乎声，以声求之，义斯在矣。"②这类训诂在高注中出现不少。例如，《天文训》"加十五日，指丙则芒种，音比大吕"，高注："吕，侣也。"《时则训》"季冬之月，……律中大吕"，高注："吕，旅也。"又如，《说林训》"狐死首丘，寒将翔水，各哀其所生"，高注："哀，爱也。"形训即以形说义。高注中这类训诂并不多。例如，《地形训》"介鳞者夏食而冬蛰"，高注："介，甲。"又如，《原道训》"仿洋于山峡之旁"，高注："两山之间为峡。"义训即不借助音和形，直陈其义。这类训诂最为常见，高注中不胜枚举。有同义相训者，如《原道训》"古之人有居岩穴而神不遗者"，高注："遗，失也。"有以狭义释广义者，如《时则训》"君子斋戒，处必掩，身欲静，去声色，禁嗜欲"，高注："声，丝竹金石之声也。色，美色也。"有以共名释别名者，如《本经训》"芟野菼，长苗秀"，高注："菼，草也。苗，稼也。"有设立界说者，如《主术训》"冬伐薪蒸"，高注："大者曰薪，小者曰蒸。"有描写形象者，如《原道训》"秋风下霜，倒生挫伤"，高注："草木首地而生，故曰倒生。"有比拟事物者，如《说林训》"华不时者不可食也"，高注："若今八、九月食晚瓜，令人病瘧，此之类。"③

高诱释词一般使用固定的训诂术语，体现了东汉训诂学的成熟程度。据统计，高注十三篇释词术语出现最频繁的大致有："犹"，约 248 例；"曰"，约 157 例；"因曰"，约 8 例；"谓"，约 104 例；"谓之"，约 58 例；"为"，约 100 例。对于词在特定语境中的引申义，高氏则用"喻（谕）"来表达。如《俶真训》"是故自其异者视之，肝胆胡越"，高注："肝胆，谕近。胡越，谕远。"又如《说山训》"介子歌龙蛇，而文君垂泣"，高注："龙以喻文公也，蛇以自喻也。"如此用法，约有 74 例。当然，"喻（谕）"也可以视为一种指明修辞的术语。如《俶真训》"巫山之上，顺风纵火，膏夏紫芝与萧艾俱死"，高注："紫、芝，皆谕贤智也。萧、艾，贱草，皆谕不肖。"就直接指明了本体和喻体。高诱还以"互文"之语指出

---

① 王引之《经义述闻》，上海古籍出版社 2018 年，第 1451 页。
② 俞樾《群经平议》卷十一，《续修四库全书》第 178 册，第 187 页。
③ 以上义训分类，参照周大璞《训诂学要略》，湖北人民出版社 1984 年，第 114—117 页。

书中存在的同义避复现象。例如,《说林训》"璧瑷成器,磋诸之功;镆邪断割,砥砺之力",高注:"力亦功,互文也。"这样的用法约有4例。

若仅仅释词,则不能通贯文意,所以高诱有时会直接阐明句意,有时会在释词之后再阐明句意。这就为读者更进一步理解原书提供了参考价值。高氏在疏通文句时多用"言""故""故曰""谓"等术语①。例如,《精神训》"精神入其门,而骨骸反其根,我尚何存",高注:"言人死各有所归,我何犹常存?"又《览冥训》"今夫调弦者叩宫宫应,弹角角动,此同声相和者也",高注:"叩大宫则少宫应,弹大角则少角动,故曰同音相和。"

二、训解名物典章

与许慎一样,高诱也热衷于名物的训诂。据统计,十三篇高注中,释草木名约40个,释鸟兽名约50个,释虫类名约32个,释鱼类名约14个,释人名约217个,释山名约98个,释水名约41个,释地名约60个,释星宿名约50个,释国名约48个,释器物名约80个,释宫室名约14个,释车马类名9个,释服冠名约14个,总计解释名物约766个②。

与许慎不同的是,高诱解释名物的方式呈现多样化。有时简略,如《地形训》"镐出鲜于,凉出茅卢、石梁",高注:"鲜于、茅卢、石梁,皆山名也。"有时详细,如《天文训》"穷奇,广莫之所生也",高注:"穷奇,天神也,在北方道,足乘两龙,其形如虎。"有时根据字面意思,推测其名称的形成,如《俶真训》"故许由、方回、善卷、披衣得达其道",高注:"其人方直回旋,因曰方回。见其善卷。披衣而行,因曰披衣。"值得指出的是,高诱解释古代地名、山名、水名时多会标明在其当下的地理名称或位置。如《主术训》"然而围于匡",高注:"匡,宋邑也,今陈襄邑西匡亭是也。"这类注释约有38例。由此说明,注疏古书并不只是端坐斗室,必要时还需实地考察,同时也说明高诱游历之广。

---

① 根据王明春的统计,《淮南子》高注使用"言"328例,其中用于释词者20例;使用"故"239例;使用"故曰"313例,见《高诱训诂术语研究》,山东师范大学2004年硕士学位论文,第18—19页。但王氏将许注八篇也纳入了统计范围,实际数据不够准确。减去许注八篇的用例,则"言"约有262例,"故"约194例,"故曰"约312例。另据笔者统计,使用"谓"约有7例。

② 以上数据未排除重复的注释。这里所谓"虫名""鱼名""人名""水名""器物名"都是比较宽泛的说法,比如虫名包含了蛇类名,鱼名包含了龙属名,人名包含了神人、仙人名,水名包括川、泽、海等名,器物名包括农具、兵器、玉器之名。

"所谓典章者,朝廷之大法,祖宗之旧制"[1],后来成为一切法令和制度的总称,包括礼乐、职官、典籍、法律等。由于高诱善治儒家经传,所以对先秦时代的各种制度都非常熟悉,解释《淮南子》这方面的内容就显得得心应手了。例如释礼制,《氾论训》"古之制,婚礼不称主人",高注:"当婚者之身,不称其名也,称诸父兄师友。"又如释税制官制,《氾论训》"头会箕赋,输于少府",高注:"头会,随民口数,人责其税。箕赋,似箕然敛人财多,取意也。少府,官名,如今司农。"另外,《天文》和《时则》两篇还涉及很多上古的乐律、时令和司法制度,高诱均能一一解释详备,有时并证以儒家经传。如《时则训》"命有司修群禁,禁外徙,闭门闾,大搜客",高注:"《传》曰:'禁旧客,为露情也。有新客,搜出之,为观釁也。'"应该说,高诱有关典章制度的诠释,为我们研究古代社会提供了珍贵的史料。

三、考述史传典故

所谓史传,是指历史事件与历史传说,也包括古代神话。所谓典故,是指有关历史人物、典章制度的故事或传说,亦称掌故。《淮南子》的作者宣称:"又恐人之离本就末也,故言道而不言事,则无以与世浮沉;言事而不言道,则无以与化游息。"根据这一原则,他们说理论道多以人事为载体,而尽量减少空言玄谈。因此,《淮南子》一书就包含了大量的历史事件、神话传说和典故。然而,这些历史事件、神话传说以及典故因为服务于"言道"这一目的,所以常常叙述得十分简略,甚至浓缩成一句话、一个词语。为更好地阅读和理解此书,考证和补述这些史传典故就显得很有必要。高诱自然注意到了这一点,于是考述史传典故也成为高注的一个重要内容。

刘安和他的宾客们皆怀有深厚的历史意识,喜从历史事件中总结经验教训。他们采掇史事远至上古三代,近至秦皇汉武,叙述时多以精练、概括性的话语。如《精神训》:"仇由贪大钟之赂而亡其国,虞君利垂棘之璧而擒其身。"高诱解释时大都将这些史事展开,重点描述其过程和结果,比如他解释前者:"仇由,近晋之狄国也。晋智襄子伐之,先赂以大钟,仇由之君贪,开道来受钟,为和亲,智伯因是以兵灭取其国也。"据统计,高注考述史实约有31事,年代多限于春秋战国时期,主要集中在《精神训》和《氾论训》两篇。高诱考述史

---

[1] 赵汝愚编《宋名臣奏议》卷四十,《景印文渊阁四库全书》第431册,第452页。

事多取材于《左传》《战国策》和《国语》，也有少数取自《史记》《汉书》。例如，释"子罕不以玉富"（《精神训》）一事即取自《左传·襄公十五年》；释"愍王专用淖齿而死于东庙"（《氾论训》）一事即取自《战国策·秦策》；释"耳听朝歌北鄙靡靡之乐"（《原道训》）一事即取自《史记·乐书》。

汉代子书中，《淮南子》可以说是一部文学性很强的著作了，包含丰富的神话传说便是其文学特征之一。其神话多描述上古蛮荒时代的天神和英雄人物，如"共工与颛顼争为帝"（《天文训》）、"夸父弃其策，是为邓林"（《地形训》）、"女娲炼五色石以补苍天"（《览冥训》）、"恒娥窃以奔月"（《览冥训》）等。高诱皆一一为之注解，有时征引师说，如释女娲神话；有时取材《山海经》，如释夸父神话。其传说可以分为历史传说和民间传说。历史传说，如"傅说骑辰尾"（《览冥训》）、"苍颉作书"（《本经训》）、"伯益作井"（《本经训》）、"羿死为宗布"（《氾论训》）、"神龟见梦元王"（《说山训》）、"尧眉八彩"（《修务训》）等。民间传说，如"公牛哀七日化虎"（《俶真训》）、"历阳一夕为湖"（《俶真训》）、"庶女叫天"（《览冥训》）、秦始皇"铸金人"（《氾论训》）等。高诱并未因为这些传说荒诞不经而大加批判，反而以信者的姿态扩充之。比如，他释公牛哀这则传说："江淮之间，公牛氏有易病，化为虎，若中国有狂疾者，发作有时也。其为虎者便还食人，食人者因作真虎，不食人者更复化为人。"以中原狂疾比附，增加其可信度；以描述人虎互化情形，增加其传奇性。我们从这条注文也能看出，高诱对地方风俗比较熟悉。此在其他篇目中也有体现，例如《时则训》"令国傩"，高注："傩，散宫室中区隅幽暗之处，击鼓大呼，以逐不祥之气，如今驱疫逐除是也。"由此观之，高诱确是一位博闻多识的学者。

典故是古代文学作品中十分常见的修辞手法，最早起源于何时已不能确考。但可以肯定地说，《淮南子》一书在"历史故事"向"成语典故"的进化过程中起到了催化的作用。例如《精神训》："然颜渊夭死，季路菹于卫，子夏失明，冉伯牛为厉。"此为成语典故的雏形。而《览冥训》："西老折胜，黄神啸吟。"《主术训》："孙叔敖恬卧，而郢人无所害其锋。市南宜辽弄丸，而两家之难无所关其辞。"则走向了成语典故的模式。这种高度浓缩的典故，不经注者诠释，一般读者很难弄懂。据统计，高注共释典故约18个，大多叙述详细，其中"孔氏不丧出母"是关于礼制方面的典故。

四、阐发文句义理

"义理"一词最初专指儒家经义,所谓"及歆治《左氏》,引传文以解经,转相发明,由是章句、义理备焉"[1],后来内涵扩大,也可指诸家之名理。魏晋玄学、宋明理学皆可称为义理之学。作为古文经学家,高诱走的是一条以训诂明义的治学路子,不可能把重点放在探究义理之上。阐发义理在高注中并不多见,所占比重相对较小。但义理阐发最能见出注家的思想水平,这里有必要予以指出。

高诱阐发义理,基本是针对原书的某一句话或某一个命题。所述义理,既有道家的,也有儒家的。例如《原道训》"执道理以耦变,先亦制后,后亦制先",高注:"道当随事为变,不必待于先,人事当在后,趋时当居先也。"原文旨在说明以"道"应变,不争先后,而高注引入"人事""趋时"的概念,显然有所发挥。又如《览冥训》"夫道之与德,若韦之与革,远之则迩,近之则远",高注:"革之质象道,韦之质象德。欲远去之,道反在人侧;欲以事求之,去人已远也。无事者近人,有事者远人。"原文旨在说明道德之难以把握性,而高注以人事比附,作了更加细化的阐释。这两例属道家义理,然似乎存在道儒结合的倾向。再如《本经训》"乐者所以致和,非所以为淫也",高注:"乐荡人之邪志,存人之正性,致其中和而已,非所为自淫过也。"此是阐发儒家义理,融进了高氏对音乐教化功能的深层认识。观高注十三篇,义理阐释多集中在《原道训》《俶真训》《览冥训》《精神训》四篇。

高诱阐发义理,最精彩的无疑是对《淮南子》"异道则治,同道则乱"的独特解释。这一解释并非随意和模糊,而是一以贯之地出现在注文中:

> 《主术训》:"是故君臣异道则治,同道则乱,各得其宜,处其当则上下有以相使也。"高注:"君所谓可,臣亦曰可;君所谓否,臣亦曰否;是同也。莫相匡弼,故曰乱也。君得君道,臣得臣道,故曰得其宜也。"

> 《说山训》:"故同不可相治,必待异而后成。"高注:"同,谓君所谓可,臣亦曰可,君所谓否,臣亦曰否,犹以水济水,谁能食之,是谓同,故不可以相治。异,谓齐君之可,替君之否,引之当道,是谓异也,故可以成事也。"

---

[1] 班固《汉书》,第1967页。

很显然,高诱的阐发体现了他关于君臣治道的深刻思考,是对《淮南子》原有思想的深层挖掘。在高诱看来,君上挟威以制,臣下曲意奉承,上下蒙蔽,似是而非,此所谓同道而相乱;君上纳谏从流,守其君道,臣下齐可替否,尽其臣道,上下相知,虽争实助,此所谓异道而相治。联系高氏所处的时代,这实际上是他针对汉末君臣失道的政治现实有感而发,也是他向统治者提供的新见解。可见,高诱不愧是一位极具思想的训诂家。

第三节　高诱《淮南子注》的校注特色

讨论高注的训释特色,当以两汉留存下来的其他注书为参照。古籍汉注保存完整的大致有孔安国的《尚书传》①、河上公的《道德经注》、王逸的《楚辞章句》、赵岐的《孟子章句》、郑玄的《三礼注》及《毛诗笺》、何休的《春秋公羊传注》、赵爽的《周髀算经注》等几种。此外,后世发现的残本注书以及清人辑出的注书亦存不少②。如此众多的古籍汉注,说明注疏学在汉代发展到了高峰。高诱注解《淮南子》就吸取了这门学科的既有成果,但从训释的细节看,高注又表现出有别于其他注书的特色。

一、篇篇皆作题解

先秦时代,学者著书多不题名,或者仅有篇名而无书名,其名称多数是后人追加。吕不韦之时则有不同,他自以为他的书能够"备天地万物古今之事"③,故冠名《吕氏春秋》。这是古人自名其书之始,也是以学术争名之始。刘安不仅将他的书命名为《鸿烈》,而且对每篇的篇名作了精心设计,使用了极为凝练的词语。高诱很敏锐地注意到了这个问题,他篇篇作题解,用以揭示其篇名的内涵。这种训释体例,唯在赵岐的《孟子章句》能见到④,但《孟子》的篇名皆取自篇中首句,赵氏为之解题,颇有附会之嫌。

---

① 旧说西汉孔传,然宋人吴棫、朱熹始疑其伪,清人阎若璩撰《古文尚书疏证》一书专辨东晋梅赜所献《古文尚书》及孔安国传皆属伪造,其说已成定论。
② 残本有:《古文孝经》孔安国注(敦煌残卷)、《忠经》郑玄注(一卷)、严君平《道德真经指归》(存第七至十三卷)、张鲁《老子想尔注》(存卷上)。辑本有:服虔《春秋传服氏注》(袁钧辑)、《世本》宋衷注(张树辑)以及马国翰所辑的多种汉人注书。
③ 司马迁《史记》,第 2510 页。
④ 赵岐对《梁惠王》《公孙丑》《滕文公》《离娄》《万章》《告子》《尽心》这七个篇名均作了详解。

今本高注十三篇中，每篇篇名下皆有高诱的解题。由此推见，高氏必定作了全部篇名的题解，惜其八篇已亡。他解题遵循比较固定的套路，基本上先解释篇名之字义，接着综合起来阐明篇名之内涵，最后以"因以题篇"作结①。例如《俶真》篇之名，高诱解曰："俶，始也。真，实。说道之实始于无有，化育于有，故曰俶真，因以题篇。"又如《精神》篇之名，高诱解曰："精者，人之气。神者，人之守也。本其原，说其意，故曰精神，因以题篇。"考赵岐《孟子章句》的题解，术语多用"故以题篇""因以题篇"等字样。高诱曾校正《孟子章句》，大概是受此影响。

二、细化音注方式

音韵学发展到东汉，进入了兴盛期。为某字或某词标举音读，成为东汉学者注书的一个重要内容。以郑玄注为例，其《周礼注》音注约449例②，《仪礼注》音注约32例，《礼记注》音注约111例，《毛诗笺》音注约27例，总数约619例。高诱注书也十分看重这一方面，仅《淮南子》高注十三篇的音注就达298例③。但高氏音注的特色不在于数量多，而在于较之郑玄更加细化了注音的方式。

首先，高氏的音注术语呈现多样化态势。据统计，在这298例音注中，采用"某读某（含某读某某之某）"式239例，采用"某读曰某（含某读曰某某之某）"式23例，采用"某读如某（含某读如某某之某）"式9例，采用"某读为某（含某读为某某之某）"式2例，采用"读某为某"式2例，采用"某读若某某之某"式4例，采用"某读似某"式4例，采用"某读近某"式5例，采用"某一读某"式1例，采用"某读某某同（含某读某某之某同）"式6例，采用"某读与某某同"式1例，采用"某读如某某同"1例，采用"某音某"式1例④。相比之下，

---

① 其中《地形训》《览冥训》《氾论训》《说山训》四篇直接阐明篇名内涵，《修务训》"因以题篇"作"用以题篇"，而庄逵吉本作"因以题篇"，"用"当是"因"字之误。
② 其中引郑众、杜子春等人的音注288例，占64%，这一情况可以反映自东汉初期注音之学便已热门。
③ 此处数据是以北宋本为底本得来。除去完全重复，实际注音的汉字和词语共267个，其中又出现一字多音的现象，约有18例。
④ 《原道训》高注："蘁，履也，音展，非展也。"与其他音注模式不类。刘文典说："汉代诸师，皆言'读'不言'音'。凡言某音某，皆后人所加。"（《三余札记》卷二《吕氏春秋斠补·介立篇》）

郑玄注基本上只是使用"读为""读如""读曰""读…为…"这几个术语①。音注模式的多样化,表明高诱对提高音读的准确性作了进一步探索。

其次,高氏音注较多地引入了方言音。如《原道训注》:"楚人读蹞为蹟。"《俶真训注》:"搬,读楚人言杀也。"《地形训注》:"元,读常山人谓伯为亢之亢也。"《时则训注》:"扑,读南阳人言山陵同。"《览冥训注》:"瀷,读燕人强秦言敕同也。"《本经训注》:"露,读南阳人言道路之路。"《说山训注》:"埵,读似望,作江、淮间人言能得之也。"《说林训注》:"荷,读如燕人强秦言胡同也。"《修务训注》:"跱,读燕人言躁操善趋者谓之跱同也。"② 常山属冀州,燕地属幽州,高诱身为涿郡人,自然熟悉幽冀地区的方言。高诱曾任河东郡监官,对秦地(南阳亦属之)的方言也不会陌生。江淮楚地为刘安的封国之所,其语言文化是高诱必须加以研究的。他把这些地方的乡音与原字音读相对照,是力求其发音的准确。这种音注方式不仅在郑玄注中不能见到,就是在其他两汉文人的注书中也不多见。

再次,高氏还自创"急气言""缓气言""笼口言""闭口言"以及四者交叉的音注方法。"急气言",如《说林训注》:"鳞读似邻,急气言乃得之也。"《修务训注》:"嗜,读权衡之权,急气言之。"有时又跟发音力度和发音部位有关,如《氾论训注》:"刜,挤也,读近茸,急察言之。"《说山训注》:"辚,读近兰,急舌言之乃得也。"有时又与"闭口言"结合,如《俶真训注》:"渗,读延秸曷问,急气闭口言也。"缓气言,如《原道训注》:"蛟,读人情性交易之交,缓气言乃得耳。"《本经训注》:"朕,读近殆,缓气言之。"有时也与发音部位有关,如《修务训注》:"垫,读似质,缓气言之者,在舌头乃得。"笼口言,如《地形训注》:"惷,读人谓惷然无知之惷也,笼口言乃得。"《本经训注》:"惷,读近贮益之胅戆,笼口言之也。"至于"急气言""缓气言"具体所指,自六朝以来就不能明之。今人周祖谟认为,前者相当于后来的平声,为韵母之细音(有介音[i]);后者相当于仄声,为韵母之洪音(无介音[i])③。日本学者平山久雄对此作了更加精

---

① 其他术语"读当为""读皆为""读亦为""读当皆为""读亦当为""读或为"皆是"读为"的衍生物,"读当如""读皆如"皆是"读如"的衍生物。在619例音注中,"读为"式385例,"读如"式140例,"读曰"式29例,"读…为…"式51例,占了总数的98%。
② 类似音注约有14例。
③ 见周祖谟《问学集·颜氏家氏音辞篇注补》,中华书局1966年,第408—409页。

审的辨析,可供参考①。至于"笼口言""闭口言"具体所指,周祖谟认为前者是"论韵之开合",后者是"论韵尾之开闭"②。周先生的上述解释提升到了音理层面,然高诱这种音注方法实际上只是描述某字的发音过程和状态,说明他精于审读字音。

三、广罗方言俗语

古人很早就注意到了不同地区的言语差异,颜之推所谓:"夫九州之人,言语不同,生民已来,固常然矣。自《春秋》标齐言之传,《离骚》目《楚词》之经,此盖其较明之初也。后有扬雄著《方言》,其言大备。"③不少文人将其本地的方言俗语采入著述中,如屈原著《离骚》,刘安撰《淮南》。博通的注书者当然不会忽视原书中存在的方言现象,如郑玄之注经,高诱之注子。但无论是从地域的广度,还是从方言的数量及复杂程度,郑注都不能与高注同语④。

据统计,高注十三篇罗列方言约有 51 例,算上音注中引入的方言共 65 例,出现了 17 处不同的地名。所及地区皆位于长江以北,说明高诱对于吴越、巴蜀、南楚、两广等地的方言并不熟悉。参照扬雄的《方言》,我们可以将高注所述方言粗略归为燕赵、秦、中原、齐鲁和淮楚等五大区域:一是燕赵方言区:"幽冀",出现 5 次;"幽州",出现 5 次;"燕",出现 5 次;"河东",出现 2 次;"常山",出现 1 次。二是秦方言区:"秦",出现 2 次;"三辅",出现 4 次。三是中原方言区:"兖豫",出现 1 次;"洛冢",出现 4 次;"洛下",出现 1 次。四是齐鲁方言区:"齐",出现 1 次;"青徐",出现 2 次;"青州",出现 2 次;"兖州",出现 3 次。五是淮楚方言区:"江淮",出现 3 次;"楚",出现 22 次;"南阳",出现 2 次。

从内容上看,高诱搜罗的方言大致包括三个方面:一是方言音;二是各地对同一名物的不同称呼;三是各地的特色俗语。关于方言音,前文已有分析。对名物不同称呼的考察,则是高氏研究方言的重点。例如释鸟名,《时则训》高注:"苍庚,《尔雅》曰'商庚、黎黄,楚雀也',齐人谓之搏黍,秦人谓之黄

---

① 见平山久雄《高诱注〈淮南子〉与〈吕氏春秋〉的"急气言"与"缓气言"》一文,《古汉语研究》1991年第 3 期,第 39—44 页。
② 见周祖谟《问学集·颜氏家氏音辞篇注补》,第 409 页。
③ 王利器《颜氏家训集解》,第 529 页。
④ 郑玄所释方言基本局限在秦和齐鲁之地,另外其引郑众注涉及了沛国和越地。

流离,幽冀谓之黄鸟。"又如释器名,《精神训》高注:"臿,铧也,青州谓之铧,有刃也,三辅谓之䦆也。"这类方言约有 31 例,占近一半。关于各地的特色俗语,有表示称谓的,如《说山训》高注:"江淮谓母为社。"有描述自然现象的,如《精神训》高注:"楚人谓树上大本小如车盖状为越,言多荫也。"有描写动作形态的,如《说林训》高注:"鈺者,提马,洛家谓之投翩。"像此类方言,还有"孀""武""堁""茠""䜩""昧"等,约 20 例。正是凭借内容的丰富和所及区域的广大,高注所存方言在研究中国汉语史和方言学方面具备了重要价值。

四、校勘与阙疑并重

两汉十分注重整理古籍,刘向等人校理天下群书是一个高峰,而东汉统治者更是专设校书郎一职,掌管校雠之事。此风遂愈行愈烈,使得校勘不仅成为小学教育的一个重要内容,而且还化为古文经学家的一种治学意识。许慎、马融、卢植等人曾在东观典校书籍,郑玄注书也不乏校勘之例。高诱自称"睹时人少为《淮南》者,惧遂陵迟"[1],即明显地流露了这种意识。他注解《淮南子》的一个重要目的便是正其讹误,使其不致散乱流失。为此,高诱广搜不同版本,仔细参照对比,留下了许多校勘之文。从类型上划分,高氏校勘主要有两种:一种是以"字之误"直陈其误,提出正字。例如《天文训》"星,正月建营室",高注:"'星'宜言'日',……此言'星,正月建营室',字之误也。"又如《地形训》"海闾生屈龙",高注:"《诗》云'隰有游龙',言'屈',字之误也。"有时也以逻辑推断,如《精神训》"使之左据天下之图,而右手刎其喉,愚夫不为",高注:"天下至大,非手所据,故不言手也。"[2]另外一种是以"或作"来表示其他版本的文字差异,而不作出取舍。此种校勘数量最多,约有 66 例[3]。高诱的这类校勘既保留了不少古本的文字面貌,又体现了他严谨的治学态度。

高诱严谨治学态度的另一体现,便是对于没有能力解释的都付诸阙如,同

---

[1]《淮南鸿烈解叙》。
[2] 观高此注,他当见过有"手"字的版本。刘文典说:"惟《吕氏春秋·不侵篇》高注引此文,《知分篇》高注引《泰族篇》文,'左'下并有'手'字。《文子·上义篇》,《后汉书·仲长统传〈昌言·法诫篇〉》,《马融传》,《三国志·彭羕传》,《世说新语·文学篇·注》,亦并作'左手据天下之图'。……高所见本脱'手'字,故曲为之说耳。"(《三余札记》卷一《淮南子补·精神篇》)
[3] 详见本编第三章第四节。

时对于他人说法也不一概埋没,而是留存在注文当中,以示存疑。他说:"浅学寡见,未能备悉,其所不达,注以未闻。"① 考高注十三篇,注以"未闻"之语约有8例,例如《地形训》"伊出上魏",高注:"上魏,山名也,处则未闻。"又如《时则训》"五月官相,其树榆",高注:"榆说未闻也。"另有1例,高氏自谦"诱不敏",见于《天文训》。所谓"未闻""不敏",均是阙如之辞,高诱欲以此引起"博物君子览而详之"②。高氏之前,《淮南子》已有多家注文。高诱在表达自己见解的同时,往往又会以"一曰""或曰""一说""或说"引述他人说法。例如《俶真训》"足蹀阳阿之舞,而手会绿水之趋",高注:"绿水,舞曲也。一曰:绿水,古诗也。"又如《说山训》"将军不敢骑白马",高注:"为见识者。一说:白,凶服,故不敢骑也。"这种做法实际上是存疑,可以让读者择善而从。

校勘与阙疑并重,使高注更加朴实和厚重,体现了一位古文经学家尊重客观,追求实证的治学风范。这在两汉注书之中,亦是一道独特的风景。

第四节 高诱《淮南子注》引书分析

旁征博引是汉人注疏的一个显著特征,高诱的《淮南子注》也不例外。引书并非材料的简单堆集,而是注疏的有机组成部分。它寓含了注释者的深刻用意,也能体现注释者的知识结构和学术涵养,同时还能在一定范围内反映当时某些文献书籍的流传情况,因而值得研究。

一、高注引书概况

高注十三篇引书共29种,总计约194例③。刘歆、班固曾把先秦以来至汉代的所有典籍分为六艺略、诸子略、诗赋略、兵书略、术数略、方技略等六大类。高诱距班固未远,对于这些分类至为熟悉。现就依据《汉书·艺文志》的分类,对高注引书的详细情况加以罗列、统计。

---

① 《淮南鸿烈解叙》。
② 《淮南鸿烈解叙》。
③ 在高注版本中,唯北宋本、道藏本最善。本次统计即以北宋本为底本,其中文字并参照道藏本、何宁的《淮南子集释》以及张双棣的《淮南子校释》等版本。统计数据不仅包括明引,即直接标明书名或篇名,也包括了暗引,即不直接标明书名或篇名,只引原文。此次统计数据未计高注佚文,若算上佚文,共计198例。

(一)六艺类

引用《诗经》。班固《汉志》录"《诗经》二十八卷,鲁、齐、韩三家","《毛诗》二十九卷,《毛诗故训传》三十卷"①。据统计,高注引《诗》约55例,重复引用4例,首见于《原道训》:"令雨师洒道,使风伯扫尘。"高注:"雨师,毕星也,《诗》云:'月丽于毕,俾滂沱矣。'"其体例大都如此。与今本《毛诗》相比照,高注引《大雅》约13例,引《小雅》约10例,引《风》诗约20例,引《颂》诗约9例。另有3例引文,无所附丽,它们是《俶真训》《本经训》高注所引"剧读《诗》蹶角之蹶也",以及《说山训》高注所引"《诗》所谓室迩人远"。

引用《尚书》。《汉志》录"《尚书古文经》四十六卷,为五十七篇"②。高注引《尚书》约5例,其中1例直接标明为《洪范》之篇,其余《虞书·益稷》2例,《夏书·禹贡》《虞书·舜典》各1例,首见于《地形训》。

引用《周礼》《礼记》《礼》《记》《曲礼》与《明堂月令》。《周礼》原名《周官》,对其名称的变化,学界历来争论不已,比较一致的看法是,王莽时期刘歆将《周官》改名为《周礼》③。高注引用全部称作《周礼》,即是这一事实的反映。大概出于对王莽篡汉的忌讳,《汉志》仍录为"《周官经》六篇",并注:"王莽时刘歆置博士。"④高注引《周礼》约8例,《时则训注》所引"《周礼》'马五尺以下曰驹'也",不见于今本。《礼记》的成书亦是一桩学术公案,至今未有一致看法。但有一点可以肯定,郑玄之时《礼记》已经集结成书。在高注中,出现了《礼记》《礼》《记》《曲礼》等多个名称,察其引文出处,基本来自《礼记》。高注称呼之多,即表明当时《礼记》版本的错综复杂。《汉志》录为"《礼古经》五十六卷,《经》十七篇,后氏、戴氏","《记》百三十一篇,七十子后学者所记也"⑤。高注引《礼记》约10例⑥,称《礼记》名3例,称《记》名2例,直接标明《曲礼》篇名2例。高诱称"礼"名,情况显得比较复杂,因为"礼"也可能是指

---

① 班固《汉书》,第1707—1708页。
② 班固《汉书》,第1705页。
③ 荀悦《前汉纪》卷二十五:"歆以《周官》六篇为《周礼》,王莽时歆奏以为礼经,置博士。"(《四部丛刊》本)关于《周礼》详细的书名演变过程,可参阅王雪萍《〈周礼〉书名流变考》一文,《南京社会科学》2007年第2期,第77—82页。
④ 班固《汉书》,第1709页。
⑤ 班固《汉书》,第1709页。
⑥ 其中1条属暗引,《说林训》注:"匩,读如'孔子射于矍相民'之'矍'。"引自《礼记·射义》。另外,《太平御览》卷四百四十七引《淮南子注》:"《月令》曰命妇官染绢。"算上此文,高注引《礼记》共11例。

礼制而非书籍之义。考其4例称"礼"名之文,有2例出自《礼记》,1例出自《仪礼》①,1例未知出处②。《明堂月令》一名更加复杂,蔡邕以为是《周书·月令》的异名,钱大昕、段玉裁则主张出于《明堂阴阳》③。《汉志》无著录。高注引《明堂月令》约3例,察其内容,其中2例与《逸周书·月令解第五十三》和《礼记·月令第六》相同,另有1例不见于此二书④。

引用《易》。《汉志》录为"《易经》十二篇,施、孟、梁丘三家"⑤。高注引《易》约3例,其中2例取自《系辞下》,1例取自《蒙卦》,首见于《览冥训》。

引用《春秋》《春秋传》《左传》《传》《公羊传》与《国语》《战国策》《世本》《地理志》。班固把许多后来属于史部的文献归入《春秋》一类,应是取《春秋》记言记事之通义。《汉志》录为"《春秋古经》十二篇,《经》十一卷""《左氏传》三十卷""《公羊传》十一卷""《穀梁传》十一卷"⑥。高注引《春秋》经文和传文,使用了《春秋》《春秋传》《左传》《传》《公羊传》等名称。称《春秋》名1例,属经文。称《春秋传》名2例⑦。称《左传》名2例。称《传》名最多,约有31例⑧,察其出处,基本来自《左传》,可知高诱所谓《传》当指《左传》。称《公羊传》名1例,出自《昭公二十二年》。至于《穀梁传》,高诱虽未直呼其名,然高注"常事曰视,非常曰观"⑨即出自此书。《国语》《战国策》《世本》都是叙述春秋战国史事的史书,也是汉代儒者著书立说重点援引的对象。《汉志》分别录为"《国语》二十一篇,左丘明著""《战国策》三十三篇,

---

① 《氾论训》高注:"此大夫之妾,士之妻,谓之女母,礼为之缌麻三月。"
② 《说山训》高注:"礼:庶子丧出母期。"
③ 见王连龙《〈周书·月令〉异名考》,《沈阳师范大学学报》(社会科学版)2008年第1期,第76页。
④ 《原道训》高注:"《明堂月令》曰'清风至则谷雨'是也。"
⑤ 班固《汉书》,第1703页。
⑥ 班固《汉书》,第1722—1723页。
⑦ 《原道训》高注所引"《春秋传》曰鸤鸠来巢",又见于《公羊传》和《穀梁传》。考两汉传世文献,《春秋传》是对《春秋》传义的一个通称,有时指《公羊传》,有时指《穀梁传》,有时指《左传》,不一而定。如《盐铁论·周秦》引《春秋传》曰:"子有罪,执其父;臣有罪,执其君;听失之大者也。"(王利器《盐铁论校注》,第585页。)即出自《公羊传·成公十六年》。郑玄《毛诗笺》引《春秋传》曰:"出曰治兵,入曰振旅,其礼一也。"(孔颖达《毛诗正义》,第754页。)即出自《穀梁传·庄公八年》。荀爽《延熹九年举至孝对策陈便宜》引《春秋传》曰:"上之所为,民之归也。"(范晔《后汉书》,第2051页。)即出自《左传·襄公二十一年》。同时,还有许多引文不在这《春秋三传》之内,当是已经失传的其他各家的传义。
⑧ 其中有2例属于暗引,出自《左传·襄公十五年》和《左传·襄公二十五年》。
⑨ 《淮南子·原道训》高注。

记春秋后"《世本》十五篇,古史官记黄帝以来讫春秋时诸侯大夫"①。高注引《国语》约5例,其中出自《楚语》2例,《周语》《吴语》《鲁语》各1例。引《战国策》2例,首见于《氾论训》。引《世本》2例,首见于《氾论训》。值得指出的是,《世本》在以后的流传过程中渐渐散失,至北宋时《崇文总目》已不载录,随后辑佚者不断,以清人八种辑本最为完备②。高注引文"伯余制衣裳"被雷学淇辑本收录,"仪狄作酒"被秦嘉谟辑补本收录,显示了重要的史料价值。《地理志》为《汉书》中的一篇,根据班固自己的分类原则,应归属六艺类。高注引《地理志》2例,皆见于《地形训》。

引用《论语》《孝经》《尔雅》。《论语》虽未立为经,但东汉时期取得了与《五经》齐等的地位,成为士人入学的必修课目。《汉志》录为"《论语》古二十一篇""《齐》二十二篇""《鲁》二十篇,《传》十九篇"③,列于《五经》之后。高注引《论语》约21例④,其中引自《述而》《雍也》篇各4例,《宪问》《泰伯》《子路》《八佾》篇各2例,《先进》《微子》《阳货》《为政》《仁里》篇各1例。《孝经》与《论语》属同等地位,也是士人入学的必修课目。《尔雅》则是汉人训诂的重要典籍,不知何故,班固将它并入《孝经》一类。《汉志》分别录为"《孝经古孔氏》一篇二十二章,《孝经》一篇十八章""《尔雅》三卷二十篇,《小尔雅》一篇"⑤,列于《六艺略》之末。高注引《孝经》仅1例,即《本经训注》:"《孝经》曰'宗祀文王于明堂,以配上帝'也。"见于今本《圣治章》。高注引《尔雅》6例,其中引自《释木》《释鸟》《释草》《释宫》各1例,有2例不见于今本⑥。

(二)诸子类

引用《孟子》《说苑》。作为儒家的经典之一,《孟子》在两汉的地位并不高,东汉略有上升的趋势。《汉志》录为"《孟子》十一篇"⑦,列入《诸子略》一

---

① 班固《汉书》,第1714页。
② 《世本》版本颇为复杂,有所谓古《世本》,即成于先秦时期;有所谓楚汉《世本》,即被增入新史料而成新本。见陈建梁《〈世本〉析论》,《史学史研究》1996年第1期,第55页。清代学者王谟、孙冯翼、陈其荣、秦嘉谟、张澍、雷学淇、茆泮林、王梓材等均有辑本,1957年商务印书馆合印成《世本八种》。
③ 班固《汉书》,第1716页。
④ 其中借孔子之言而引《论语》5例,暗引1例,即《修务训》高注:"朝闻道,夕死可矣,何恨之有乎?"出自《里仁》篇。
⑤ 班固《汉书》,第1718页。
⑥ 《说林训》高注:"蜘蛆,蟋蟀,《尔雅》谓之蜻蛚之大腹也。"又此篇:"雏礼,《尔雅》谓禅笠。"
⑦ 班固《汉书》,第1725页。

类。高注引《孟子》约 11 例,多意引而少直引,表现出化孟子学说为己用的倾向。此外,《太平御览》卷四百四十七引《淮南子》注文:"子产相郑,以乘车济朝涉者,《孟子》曰'惠而不知为政'。"① 此注当属高注,所引孟子之言出自《离娄下》。《说苑》为刘向的著作,《汉志》未明言其篇数,把它归为诸子中的"儒家者流"。高注引《说苑》仅 1 例,即"《说苑》曰:'桀之居,左河济,右太华,伊阙在其南,羊肠在其北'"。此文出自《贵德》篇。

引用《老子》《庄子》《列子》。相对来说,《老子》在汉代的影响要远超《庄子》和《列子》。仅《汉志》载录说解《老子》的就有邻氏、傅氏、徐氏、刘向四家,而《庄子》《列子》皆无传者。高注引《老子》约 5 例,出自今本第六十、四十六、五十九、三十六、三十九章。引《庄子》仅 1 例,《俶真训》高注:"庄子曰'生乃徭役,死乃休息'也。"此文不见于今本《庄子》,当是引自被郭象削去的篇章,可知高诱所见应是五十二篇本。至于《列子》,高诱未予明引,仅《主术训》高注"詹何曰'未闻身治而国乱'",见于《说符》篇②。高诱引用这些典籍的情况,可以看成是道家遭受汉代经师冷遇的一个缩影。

引用《吕氏春秋》《淮南子》。《淮南子》在很多方面袭用了《吕氏春秋》的材料和观点,然高诱引《吕氏春秋》仅 1 例,《地形训》高注:"《吕氏春秋》曰'果之美者,沙棠之实'也",出自《孝行览·本味》篇。与此相反,高注以《淮南》之文解《淮南》者却有不少。据查,高注以《天文》《原道》《穆称》《主术》等篇名引用了《淮南子》中的 4 条文字。

(三)诗赋类

引用《楚词》《七谏篇》。《楚词》即《楚辞》,在司马迁时代就可能集结成书,后来刘向、王逸又作了整理和增修。《汉志》却仅以个人赋著录,不称《楚辞》。高诱明引《楚辞》1 例,《览冥训》高注:"《楚词》曰'鳌载山下,其何以安之'是也。"此文出自屈原的《天问》。另外,《氾论训》高注:"《七谏篇》曰'荆文悟而徐亡'是也。"《七谏》篇,王逸认为是东方朔所作③,载于《楚辞》。这种情况表明,高诱之时《楚辞》中的某些篇章仍旧还以单篇形式流传。

引用《幽通赋》。班固二十岁时所作《幽通赋》,收录在《汉书·叙传》内。

---

① 李昉《太平御览》,第 2055 页。
② 此文又见于《淮南子·道应训》,故很难肯定是引自《列子》。
③ 《华阳国志》卷十说是"屈原《七谏》章"(《四部丛刊》本),《太平御览》卷五百七十八引《大周正乐》亦云:"屈原自伤怀忠而见疑,……著《离骚》《九歌》《九叹》《七谏》之辞。"(第 2661 页。)

高诱引《幽通赋》2例,即《说山训》高注:"《幽通赋》曰'养流睇而猿号'是也。"《修务训》高注:"《幽通赋》曰'申重茧以存荆'是也。"此外,《艺文类聚》卷九十三《兽部上》引用《淮南子》注文"《幽通赋》曰北叟颇识其倚伏"①,当属高注。

(四)数术类

引用《山海经》。《山海经》记述天下珍怪奇物,班固将其归属"数术"一类,《汉志》录为"《山海经》十三篇"②。高注引《山海经》2例,均属间接引用。例如,《地形训》高注:"玄股民,其股黑,两鸟夹之,见《山海经》也。"《海外东经》:"玄股之国在其北,其为人衣鱼食䳒,使两鸟夹之。"③高诱所说即是本于此篇。

引用《括地像》。《括地像》,又称《河图括地象》④。考传世文献,此书首次出现在《后汉书》延岑对公孙述的说辞中,王逸《楚辞章句》也见引用。可知《括地象》应是西汉末年乘谶纬之风而产生的。此书没有引起后世文人的更多注意,不仅《汉志》未见著录,以后各朝《史志》也不见载录。高诱引《括地象》仅1例,为间接引用,《地形训》高注:"有五城十二楼,见《括地像》,此盖诞,实未闻也。"

二、高注引书特点

由上可知,引用文献成为高诱注释的主要手段之一。纵观高注十三篇,高氏引书大致体现了以下三个特点:

(一)儒家六艺类文献占绝对多数

高注引用儒家六艺类文献达18种,计163例,分别占全部引书的62%和84%,若算上《孟子》,则分别为65.5%和89.7%。据此而言,高诱引用儒家六艺类文献占了绝对多数,这是他引书的一个最为显著的特点⑤。由于高诱首

---

① 欧阳询《艺文类聚》,第1616页。
② 班固《汉书》,第1774页。
③ 袁珂《山海经校注》,巴蜀书社1993年,第312页。
④ 常璩《华阳国志》卷三《蜀志》引《河图括地象》曰:"岷山之地,上为井络,帝以会昌,神以建福。"《三国志》卷三十八《蜀书八》《水经注》卷三十三《江水一》引同。
⑤ 据徐志林《〈吕氏春秋〉高诱注研究》的统计,高注共引群书394例,其中引《传》82例,引《诗》78例,引《周礼》48例,引《论语》28例,引《孝经》8例,引《书》7例,引《尔雅》6例,引《公羊传》5例,引《易》5例,引《春秋传》4例。见安徽大学2003年硕士学位论文,第78—88页。由此可知,大量引用儒家六艺类文献也是高诱《吕氏春秋注》的显著特点。

先是一位经师,自少跟随卢植学习经学,儒家经传就成了他知识结构的主要依托,自然会在以后的学术研究中显现出来。若按后世所谓《十三经》来统计,高注共引书159例,占全部引文的82%。这从一个侧面反映了高诱所具备的经学素养。

(二)多以记诵的方式引用

诵读经典是汉代入学教育的必用之法,王充引《传》曰:"男子不读经,则有博戏之心。"① 翟方进甚至被誉为读经博士。高诱自言受卢君句读,诵举大义,即是读经。这种读经教育造就了高氏超强的记诵能力,使得他引书能够信手拈来。我们可以换个角度思考,如果高诱每次引文都要查照原书,按照当时的条件,那要完成这样的工作量是不可想象的。根据高注的引书情况,高诱对于《诗经》《左传》《三礼》《论语》《孟子》至为熟悉。既然是凭借记诵的方式引用,那么难免会存在误差或者错误的地方。例如,《说山训》高注引《诗》曰:"展转伏枕,寤寐永叹。"察其原文,《陈风·泽陂》:"寤寐无为,辗转伏枕。"②《小雅·小弁》:"假寐永叹,维忧用老。"③ 高诱引用时各取一句,合而为一,记诵的痕迹比较明显。又如,《时则训》高注引《传》曰:"雀入海为蛤也。"又引:"雉入于淮为蜃。"然考其原文,《春秋三传》中并无这些文字,而是全部出自《大戴礼记·夏小正》篇,显然记忆有误。这样的现象还出现过多次,兹不一一列举。由此可以说明,高注引书多依靠记诵的方式。

(三)注意吸纳当朝的典籍

封建时代文人之间有种不好的风气,便是爱厚古而薄今。这个陋俗在汉儒身上体现得尤为明显,王充就曾指出:"夫俗好珍古不贵今,谓今之文不如古书。"④ 因此,他们著书立说往往以古书为经,以古语为纬,容易失掉创新的元素。相对来说,高诱虽厚古,但不薄今,表现出通儒的本色。他引书不拘古今,既广涉汉以前的古书,又注意吸纳当朝典籍。对于两汉文献,高注引用了《河图括地象》、东方朔的《七谏》篇、刘向的《说苑》、班固的《汉书·地理志》和《幽通赋》。这种情况在赵岐《孟子章句》和郑玄《三礼注》中是不能见到的。

---

① 黄晖《论衡校释》,第1126页。
② 孔颖达《毛诗正义》,第534页。
③ 孔颖达《毛诗正义》,第876页。
④ 黄晖《论衡校释》,第1173页。

三、高注引书功用

注家征引文献一般不会偏离为注文服务的宗旨,引文在整个注文中总是起着这样或那样的作用。归纳起来说,高注引书主要发挥了以下几处功用:

(一)比附原书文句

针对原书的一些文句,高诱喜欢从其他文献中寻找与其意相连或相似的文句来比附。此种比附并不是文献材料的简单罗列,而通常是高诱释文的重要辅助手段,这一功用最为常见。例如,《原道训》"春风至,则甘雨降",高注则引《明堂月令》"清风至,则谷雨"加以比附。"谷雨"为二十四节气之一,其时雨水增多,利于农作物生长,亦可称之"甘雨",由此可见,高诱所引确与原书文句意思接近。又如,《俶真训》"当此之时,崤山崩,三川涸",高注引《左传》"山崩川竭,亡国征也"加以比附。不但与原书文句的意思相连,而且还把原意推进了一层,上升至"亡国征兆"的层面。高注引书比附,有时甚至直接将引文充当释文。此在本章第五节将有论及,兹不赘述。从读者的立场看,高诱这种引书比附的做法,不但对理解原书提供了参照,而且能够开阔他们的视野。

(二)解释名物典章

解释名物典章,仅仅依靠注家个人所见所闻那是远远不够的,还必须要借助历代文献的相关记载。高注引书的另一个主要功用,便是解释原书所涉及的名物典章。高诱引《周礼》《礼记》主要用来解释典章制度,例如《氾论训》"被之以燋火",高注:"燋火,取火于日之官也,《周礼》'司燋掌行火之正令'。"又此篇"殷人殡于两楹之间",高诱引《礼记》曰:"殷殡之于堂上两柱之间,宾主共。"引《尔雅》基本用来解释花草鸟兽之名,例如《时则训》"正月官司空,其树杨",高诱引《尔雅》曰:"杨,蒲柳也。"又此篇"苍庚鸣,鹰化为鸠",高注:"苍庚,《尔雅》曰'商庚'。"引《汉书·地理志》《说苑》全部用来解释山川地理,如《地形训》"西王母在流沙之濒",高诱引《地理志》曰:"西王母石室,在金城临羌西北塞外也。"

(三)用来表示音读

经书一直为人们所耳熟能详,高诱看到了这一点,遂引述其中文句,用以表示一些难懂或怪僻字的音读。应该说,这种获取音注材料的方式也是高注一大特色。高诱主要从《诗经》《左传》《礼记》等儒家经传中选择用以注音的材料。据统计,高诱引《诗》作为音读约9例,如《原道训》高注:"抱,读

《诗》'克岐克嶷'之'嶷'也。"《天文训》高注:"藁,读如《诗》'有猫有虎'之'猫'。"引《传》(即《左传》)作为音读约4例,如《说山训》高注:"麖,读《传》曰'有蜚不为灾'之'蜚'。"《览冥训》高注:"唱,读《左传》'甓女人娴姶'之'姶'。"引《礼记》作为音读1例,《说林训》高注:"罿,读如'孔子射于矍相氏'之'矍'。"这些难懂或怪僻的汉字,经高诱如此注音,就变得通俗明了了。

(四)借以校勘文字

由于人们的重视,经典著作在流传过程中产生的讹误要少于普通书籍。高诱有时即引用经书之文,来校勘《淮南子》原文。例如,《天文训》"星正月建营室",高注:"'星'宜言'日',《明堂月令》'孟春之月日在营室,仲春之月在奎娄,季春之月在胃',此言'星正月建营室',字之误也。"又如,《地形训》"海闾生屈龙",高注:"屈龙,游龙,鸿也。《诗》云'隰有游龙',言'屈',字之误。"高诱如此校勘,显得颇有说服力。当然,高氏唯经典是从的心理于此也表现得较为明显。

第五节　高诱《淮南子注》的思想性

古文派学者注书,虽然不如今文派那样注重挖掘圣人的微言大义,但也不是纯粹客观地解词释句,而是或多或少渗入了自己的主观认识,体现出一定的思想深度。尤其自郑玄以来,以今文辅助古文,思想阐释的成分在不断增多。高诱的《淮南子注》即反映了这样的趋势。

一、高诱对《淮南子》的评价

高诱治《淮南子》多年,非常熟悉此书的内容和观点。在序文中,他直接表达了对《淮南子》的评价。高诱说:

> 初,安为辩达,善属文。皇帝为从父,数上书,召见。孝文皇帝甚重之,诏使为《离骚赋》,自旦受诏,日早食已,上爱而秘之。天下方术之士多往归焉。于是遂与苏飞、李尚、左吴、田由、雷被、毛被、伍被、晋昌等八人,及诸儒大山、小山之徒,共讲论道德,总统仁义,而著此书。其旨近《老子》,淡泊无为,蹈虚守静,出入经道。言其大也,则焘天载地,说其细也,则沦于无垠,及古今治乱,存亡祸福,世间诡异瑰奇之事。其义也著,

其文也富,物事之类①,无所不载,然其大较归之于道,号曰《鸿烈》。鸿,大也,烈,明也,以为大明道之言也。故夫学者不论《淮南》,则不知大道之深也。是以先贤通儒述作之士,莫不援采以验经传。

这段文字主要涉及了《淮南子》的作者、《淮南子》的思想主旨以及《淮南子》的地位等三个问题。

关于《淮南子》的作者,汉人说法颇见分歧。《盐铁论》最早提及,其《晁错》篇说:"淮南、衡山修文学,招四方游士,山东儒、墨聚于江、淮之间,讲议集论,著书数十篇。"②笼统指出刘安的书是由他所招揽的山东儒、墨之士所作。《论衡·谈天篇》则说:"淮南王刘安召术士伍被、左吴之辈,充满宫殿,作道术之书,论天下之事。《地形》之篇,道异类之物、外国之怪,列三十五国之异,不言更有九州。"③首次明确提出《淮南子》是术士伍被、左吴之流所作。王充还把伍被、左吴等人称作"八公"④。班固未承王充之说,又笼统地指为刘安和他的数千宾客所作,或者干脆归为刘安一人⑤。其后,王逸又提出:"昔淮南王安,博雅好古,招怀天下俊伟之士。自八公之徒,咸慕其德,而归其仁,各竭才智,著作篇章,分造辞赋,以类相从,故或称小山,或称大山。其义犹《诗》有《小雅》《大雅》也。小山之徒,闵伤屈原,又怪其文升天乘云,役使百神,似若仙者,虽身沉没,名德显闻,与隐处山泽无异,故作《招隐士》之赋,以章其志也。"⑥在王充所说"八公"之外,又增添了"小山之徒"。高诱则进一步明确了具体的作者,认为是刘安和他的宾客苏飞、李尚、左吴、田由、雷被、毛被、伍被、晋昌以及大山、小山之徒等人所著。显然,高诱此说是综合和补充了王充、班固、王逸三人的意见。自此之后,尤其是明清学者,多宗高诱之说。然而,八公之徒与民间传说纠缠在一起,真假难辨,其具体所指至今不得而知,高诱的说法也就无从证明了。

关于《淮南子》的思想主旨,高诱首次作出了总结。高诱认为,从内容上

---

① 北宋本、道藏本"之"皆作"其"。
② 王利器《盐铁论校注》,第113页。
③ 黄晖《论衡校释》,第474页。
④ 《论衡》卷七《道虚篇第二十四》:"淮南王刘安,孝武皇帝之时也。……伍被之属,充满殿堂,作道术之书,发怪奇之文,合景乱首。八公之传,欲示神奇,若得道之状,道终不成,效验不立,乃与伍被谋为反事。"(黄晖《论衡校释》,第319—320页。)
⑤ 见《汉书》卷四十四《淮南衡山济北王传》。《汉志》著录"淮南内二十一篇",直接署名淮南王刘安。
⑥ 洪兴祖《楚辞补注》,第232页。

看,《淮南子》可谓义明文富,无所不涉,但从思想主旨上看,则归于一个主调,便是道家义旨,即所谓"淡泊无为,蹈虚守静","大较归之于道"。然而,细绎高氏这段评语,《淮南子》的思想主旨似乎还存在一个次调,那便是儒家义旨,即所谓"总统仁义","出入经道"。高诱的这一总结,无疑是对扬雄、刘歆、班固把《淮南子》归为杂家的不认同。高诱在"杂家说"之外别立一"道家说",从此两说平分秋色,各有支持者。支持"杂家说"的,远如高似孙、刘绩,近如范文澜、冯友兰。支持"道家说"的,远如张存心、章学诚,近如梁启超、胡适。支持"道家说"的,以胡适最为典型。他说:"道家集古代思想的大成,而《淮南书》又集道家的大成。道家兼收并蓄,但其中心思想终是那自然无为而无不为的'道'。"① 其实,两说皆有其道理。"杂家说"是根据各篇章的内容和立意来判定,而"道家说"是从全书的思想基调出发。

然而,后世支持"道家说"的学者往往忽视了高诱所概括的主、次两个基调,过分夸大了《淮南子》道家思想的成分。纵观《淮南子》二十一篇,比较纯净发挥道家思想的只有《原道》《俶真》《精神》《道应》诸篇,其他诸篇皆糅合了道、儒、法、阴阳、墨、兵等多家思想。因此,认为《淮南子》"集道家的大成"未免失之片面。相对后世的纯道家说,高诱所概括的一道一儒、一主一次,反而更加贴近原书思想的面貌。

关于《淮南子》一书的地位,高诱也是率先加以肯定。出于对刘安叛逆事件的忌讳,西汉文人大多不敢正视《淮南子》所取得的成就。刘安事发后,汉武帝将他的书斥为邪说②,而司马迁不置一语,扬雄又极尽贬低之语。随着东汉王朝对刘安一事的宽容,《淮南子》日益受到关注和重视。高诱正面评价《淮南子》的地位正是这一形势的必然结果。他首先肯定了《淮南子》所达到的思想深度,以为"学者不论《淮南》,则不知大道之深也"。这与扬雄的看法形成鲜明反差,反映出汉末士人开始转向玄谈的哲学理趣。接着,他又把《淮南子》看成是经学的辅翼,将它与儒家经传相提并论,所谓"先贤通儒述作之士,莫不援采以验经传""参以经传道家之言,比方其事,为之注解"。高诱对《淮南子》地位的正面评价,逐渐成为主流。后世学者对《淮南子》的称赏远多

---

① 《子藏·淮南子卷》第 55 册,第 559 页。
② 班固《汉书》卷六《武帝纪·遣谒者巡行天下诏》:"日者,淮南、衡山修文学,流货赂,两国接壤,怵于邪说,而造篡弑,此朕之不德。"(第 174 页。)

于批评,皆由高诱发凡起例。

二、高诱对道家思想的阐释

高诱能在刘歆、班固"杂家说"之外指出《淮南子》近于《老子》之旨,又能较为成功地解释其中的道家言论,表明他对道家有很深的认识。这与汉末社会及思想界发生的变化有莫大关系。尽管两汉经学挟以天子之威一统学界,但士人关注和研究道家的这条脉络并未中断。以《老子》为例,西汉有河上公、严君平注,东汉有马融注。随着汉末动荡加剧,老庄思想乘势重新抬头,成为批判经学的有力武器。在这样的背景下,高诱虽尽染经学习气,但也不可能无视这股涌动的新思潮。因此,重视和研读道家典籍,汲取其精髓入援经学,亦属正常现象,其《淮南子注》对道家观念多有阐释。

首先,对老庄思想作了整体概括。高诱论老子为"淡泊无为,蹈虚守静",论庄子为"轻天下,细万物,其术尚虚无"①,"作书三十三篇,为道家之言也"②。高诱还指出了道家"贵柔""贱言"的主张。《原道训》高注:"言强之为小也,道家所不贵也。……言柔之为大也,道家所贵。"此即"贵柔"。《说山训》高注:"道贵无言,能致于神。"又说:"道贱有言,而多反有言,故曰伤其神。"此即以"不言"为贵。高诱的这些归纳,基本上把握到了老庄思想的核心。

其次,对道家的主要观念作了阐释。这主要体现在高诱对"无为"与"有为"、"无"与"有"、"养形"与"养神"、"贵柔"与"贱言"等几组道家概念的解释上。

一是"无为"与"有为"。《说山训》:"人无为则治,有为则伤。"高注:"道贵无为,故治也。有为则伤,道不贵有为也,故有为者伤。"人若顺无为之道则身治,背无为之道而妄作则身伤。此处,高诱以"贵"与"不贵"来说明道家提倡"无为"而贬低"有为"的主张。对于"无为"和"有为"的解释,高诱基本沿用了《淮南子》道家派的观点。他说:"无为者,不为物为也。"③无为者,即任物

---

① 许维遹《吕氏春秋校释》,第347页。
② 《淮南子·修务训》高注。《吕氏春秋·必己》篇高注又说:"著书五十二篇,名之曰《庄子》。"(许维遹《吕氏春秋校释》,第347页。)一般来说,今本《庄子》三十三篇为郭象整理,高诱恐未见及,《修务训》高注当为后人窜改,应以《吕氏春秋》高注为是。
③ 《淮南子·原道训》高注。吴承仕说:"各本并非也,下文云'所谓无为者,不先物为也',疑此注亦当作'不先物为',以本文相互释之,说义至当。"(《子藏·淮南子卷》第53册,第160页。)

之自为,不强行介入,不代大匠斲。又说:"火不可以爇井,淮不可以灌山,而以用之,非其道,故谓之有为也。"①有为者,即不遵循事物的规律而妄行。这比老庄所论更为积极。对道家的无为之道,高诱也表达了一定的倾慕之情,如《览冥训》"圣人在位,怀道而不言,泽及万民",他就直接将"道"释作"自然无为之道"。

二是"无"与"有"("无形"与"有形")。高诱在注文中多次论及道家重"无"而轻"有"的观点。如《原道训》高注:"自无形适有形,离其本也;自有形适无形,不能复得。道家所弃,故曰而以衰贱也。"在高氏看来,道家显然是以"无"为本,以"有"为末,本末之间不可倒置。又《俶真训》高注:"未有形象,道所尚也。"《精神训》高注:"道尚空虚,贵无形。"《主术训》高注:"道贵无形,无形不可奈何,道之所以为贵也。"可见,高诱非常注重道家的贵"无"思想,这是魏晋玄学贵无论的先声。至于"无形"与"有形"的关系,高诱也沿用了《淮南子》道家派的看法,即"无形而生有形"②,如《原道训》高注:"无形生有形,故物大祖也。"又《说山训》高注:"初未有天地生天地,故无形生有形也。"

三是"养形"与"养神"。形神论是道家颇具现实意义的理论,因为它关系到养生,所以历来为学者所重视。高诱亦给予了很大关注,《俶真训》高注:"道家养形养神,皆以寿终。"字里行间表示了他的肯定。道家所谓养神、养形,又分主次,所谓"治身,太上养神,其次养形"③,同时要以神制形,所谓"以神为主者,形从而利;以形为制者,神从而害"④。高诱对此表示赞同,《精神训》高注:"若此养形之人,导引其神,屈伸跳踉,是非真人为之道也。"又《原道训》高注:"神清静,故利;形有情欲,故害也。"关于如何养神,高诱全盘接受了《淮南子》道家派的观点。他在注文中反复应用了"清静""情欲""内守"的理论。清静说,如《原道训》高注:"性当清静,以奉天素,而反嗜欲,故为之累也。"《俶真训》高注:"得其本清静之性,故能明。"情欲说,如《原道训》高注:"好为情欲之事者,未尝不自伤也。"《说山训》高注:"心无情欲之累,精神不耗,故多寿。"内守说,如《俶真训》高注:"神清者,精神内守也,情之嗜欲不能

---

① 《淮南子·修务训》高注。
② 《淮南子·俶真训》。
③ 《淮南子·泰族训》。
④ 《淮南子·原道训》。

干乱。"《精神训》高注:"多情欲,故神不内守。"《说山训》高注:"治正性,神内守,故无病也。"总之,在高诱看来,"养神"就必须保持自己的清静本性,除去情欲,内守精神,使其不外越。

三、高诱的宗经、崇儒意识

高诱虽然将《淮南子》的思想主旨定为一道一儒,一主一次,并在注文中应用了诸多道家言论,但通观高诱全注,这方面的比例还是很小,更多的是引据儒家经典,体现出强烈的宗经、崇儒意识。高诱生当以经学顺取功名的汉季,自幼熟读经书,后又潜心儒家学术,宗经、崇儒的意识早已在他心里扎下根,化为其世界观、人生观的一部分,决定着他的价值取向。因而,无论是著书立说,还是为人处世,高诱都会自觉或不自觉地流露出这种意识。他自称注《淮南子》"参以经传道家之言"①,注《吕氏春秋》"复依先师旧训,辄乃为之解焉,以述古儒之旨,……若有纰缪不经,后之君子断而裁之,比其义焉"②,就很明显地表达了高氏欲以儒家经传来裁切《淮南子》和《吕氏春秋》的动机,希望后人能够指正他不合经义的地方。就《淮南子注》而言,高诱强烈的宗经、崇儒意识主要体现在以下三个方面:

(一)大量引据儒家经传之言

高注旁征博引,直接标明引书名称的,如《诗经》《明堂月令》《春秋》《传》《春秋传》《左传》《春秋公羊传》《论语》《孟子》《周礼》《尔雅》《礼记》《周易》《国语》《孝经》《尚书》《曲礼》《老子》《庄子》《世木》《战国策》《山海经》《楚词》《吕氏春秋》《说苑》《地理志》《幽通赋》《括地像》,几近三十种,并且旁及《杨朱》《墨子》等书。其中,引用儒家经传之言所占的比重极大,引《老子》《庄子》反而很小,其他诸子百家之书更是少之又少③。对于一部以道家言论为宗、融合百家之学的《淮南子》来说,高诱如此注释显得不甚协调。这种注书行为,显然是为他的宗经、崇儒意识所驱使。

(二)释文多以儒家经义为准

高诱之时,汉代训诂学发展到顶峰,名家代出,关于某字某词某名物典章

---

① 《淮南鸿烈解叙》。
② 许维遹《吕氏春秋校释》,第3页。
③ 具体统计情况,详见本章第四节。

的各种说法,可谓取之不尽。然高氏疏解字词文意却不大引述某家某说,而是广引儒家经传,并依之为准的,体现了明显的宗经倾向。

高诱有时根据《诗经》《春秋》来裁断原书说法,折射出他以《五经》为依傍的心态。例如,《时则训》"季夏之月……凉风始至,蟋蟀居奥",高注:"《诗》云'七月在野',此曰居奥,不与《经》合。"原书是说蟋蟀季夏六月开始居留在室中西南角①,而高诱认为这不符合《诗经》"七月在野"的说法。又如,《修务训》"秦王乃发车千乘,步卒七万,属之子虎",高注:"《传》曰'率车五百乘以救楚',凡三万七千五百人,此曰'千乘、步卒七万',不合也。"高诱以《春秋左传》的记述为准,指出原书所说不符合史实。又如,《精神训》"公子扎不以有国为尊,故让位",高注:"扎,吴寿梦之少子,延州来季子也,让位不受兄国,《春秋》贤之。"原书意在称赞吴公子季扎是一个"不以天下为贵"的"无累之人",而高诱以《春秋》的评价表示了不同看法。又如,《原道训》"越王翳逃山穴,越人熏而出之,遂不得已",高注:"在春秋后,故不书于《经》也。"所谓"经",当指《春秋经》。高诱认为越王翳这一事情发生在《春秋经》编定之后,故《春秋经》未予记载。又如,《览冥训》"譬如隋侯之珠、和氏之璧,得之者富,失之者贫",高诱在解释完"和氏之璧"这个典故后说:"文王在春秋前,成王不以告,故不书也。"楚文王(前689—前677年在位)、楚成王(前671—前626年在位)均为春秋时人,而卞和向此二王献玉一事,《春秋经》却不载,高氏以为是"成王不以告"之故。像这种用《春秋经》来显示历史时代的做法,高注中还有不少,如《主术训注》:"威王,齐宣王之父也,在春秋后。"又此篇:"武灵王出春秋后,以大贝饰带、胡服。"这些材料说明,高诱是有意在为《春秋经》辩护,他考释史传也以《春秋经传》为主。

高诱有时自己不作解释,直接引用《诗经》《周易》《周礼》《左传》《论语》《孟子》《孝经》等儒家经传的言论来充当。例如,《原道训》"不谋而当,不言而信,不虑而得,不为而成",高注:"《诗》云'不识不知,顺帝之则',故曰不谋而当,不虑而得也。"又如,《说林训》"逸夫阴谋,百姓暴骸",高注:"《论语》曰'恶利口之覆邦家',故曰百姓暴骸也。"诸如此类,还有不少,可知宗经观念已深入其里。

高诱有时自己作了解释,然后又引儒家经传加以比附或者补充,实际上

---

① 《仪礼》卷三十七《士丧礼》、卷四十七《少牢馈食礼》郑玄注云:"室中西南隅谓之奥。"

反映了他以经义诠释诸子,从而达到诸子辅经的治学目的。例如,《原道训》"忧悲者,德之失也",高注:"德尚恬和,以忧悲为失,《论语》曰'其德坦荡'是也。"高诱自解颇不失原旨,但又引孔子"君子坦荡荡,小人长戚戚"之语比附,实是混合了儒者之"德"与道者之"德"。又如,《主术训》"是以人臣藏智而弗用,反以事转任其上矣",高注:"贤臣见其不肯为谋,故转任其上,令自制之,《诗》云仲山甫'既明且哲,以保其身'。"原书是说,如果君人者不守本分,与臣下争职,那么臣下就会藏智弗用,把责任推给君人者。这显然是阐述法家的南面之术,而高诱断以《诗·大雅·烝民》之旨,说明贤臣须遇明君,否则亦可明哲保身的道理。

(三)尊崇儒家圣人,服膺儒家学说

《淮南子》书中颇多对儒家圣人和儒家学说进行讥讽、挖苦的言论,出于宗经、崇儒的意识,高诱不可能无视这些言论,他在注解时,往往为之曲说,欲以尊崇儒家圣人,维护儒家学说。

汉世儒家以尧、舜、禹、汤、文、武、周公、孔子为圣人,尤其尊崇孔子。高诱在注文中不失时机地维护、颂扬这些圣人。例如,《原道训》"治在道不在圣",高注:"治,为也,虽圣不得为,故曰在道。孔子是也。"原书宣扬的是治世在于行自然无为之道而不在于圣人的道家观念,高诱竟以孔子比附,实为崇拜孔子的心理所致。又如,《俶真训》:"周室衰而王道废,儒、墨乃始列道而议,分徒而讼。于是博学以疑圣,华诬以胁众,……以买名誉于天下。"这完全是剽剥儒、墨的言论。而高注说:"博学杨、墨之道,以疑孔子之术;设虚华之言,以诬圣人,劫胁徒众也。"将孔子从受批判的对象中剥离出来,故意把原文曲解成杨、墨之徒攻击孔子与儒家,其实质是表达他对于杨、墨之徒诋毁孔子形象和儒家学说的不满。再如《氾论训》:"古之制,婚礼不称主人,舜不告而娶,非礼也。立子以长,文王舍伯邑考而用武王,非制也。礼三十而娶,文王十五而生武王,非法也。"原书虽然对舜、文王"非礼""非制""非法"的行为有所微议,高诱逐一为之辩解。他说:"父顽,常欲杀舜,舜知告则不得娶也。不孝莫大于无后,故孟子曰'舜不告,犹告耳'。"又说:"伯邑考,武王兄。废长立圣,以庶代嫡,圣人之权耳。……冠而娶,十五生子,重国嗣也,不从故制也。"《氾论》篇还论及周公"诛管蔡之罪","有杀弟之累",高诱也为之辩解,认为管、蔡二人"导纣子禄父为流言,欲以乱周",周公杀他们是为了挽救国家,属于大义灭亲。高氏的这些解释显得有点牵强,但从中足见其浓厚的尊圣情结。对于儒家的另一个重要代表人物——孟子,高诱同样报以赞赏不已的情感。《氾论训》高注:"孟子受业于子思之门,成唐虞三代之德,叙《诗》《书》、孔子之意,塞杨、墨淫辞,故非之也。"字里行间显露他对孟子发扬光大孔子学说的肯定和敬佩,同时又表达了他对杨朱、墨家学说的厌恶。

除了尊崇儒家圣人外,高诱也服膺儒家学说,常借注文以宣明仁义之道。《淮南子》多有对儒家仁义思想的批判和否定的言论。《俶真》篇说:"是故道散而为德,德溢而为仁义,仁义立而道德废矣。"又说:"孔墨之弟子,皆以仁义之术教导于世,然而不免于偏。身犹不能行也,又况所教乎!是何则?其道外也。"在他们看来,"仁义"乃衰世所造,是大道凌迟的产物,并非治道之本。高诱对此当然不会认同,他说:"圣人趋时,冠挂弗顾,履遗不取,必用仁义之道,以济万民。"[①]相信"仁义"才是治道的根本。高诱还把五帝三王的成功归结为常修仁义,把桀纣的败亡归结为不修仁义,认为尧、舜因"其政常仁义,民无犯法干诛"[②]而刑罚不用,桀、纣因"仁义之道不复修设"[③]而身死人手。他由此坚信"唯仁义不可改耳,故万世不更矣"[④],甚至以为获取仁义的名誉比之实际事务更为重要,所谓"享仁义之名,重于治饭之实"[⑤]。这不能不说是近于迷狂的崇拜。

第六节 高诱《淮南子注》以儒解道的倾向

高诱自少接受正统的经学教育,牢固树立了对儒家发自内心的认同感,故其处世、立说皆怀有深厚的宗经、崇儒意识。同时,高诱治学又渊源于通儒马融、卢植,很容易接受儒、道互补的思维方式。这些因素导致他在注解《淮南子》时会自觉或不自觉地滑向以儒解道,即以儒家的观点来解释道家的言论,从而造成对原书思想的某种偏离。高诱喜用儒家的仁义之道、王道思想以及孟子的性善论,来改造性地诠释《淮南子》中的道家学说。

---

① 《淮南子·修务训》高注。
② 《淮南子·氾论训》高注。
③ 《淮南子·览冥训》高注。
④ 《淮南子·氾论训》高注。
⑤ 《淮南子·说林训》高注。

一、以仁义之道诠释道家学说

高诱服膺儒家的仁义之道几近迷狂的状态,并赞誉它是"仁义之善道"[①],用以改造性地诠释《淮南子》中的道家学说。

《原道训》:"是故不道之道,莽乎大哉!夫能理三苗,朝羽民,从裸国,纳肃慎,未发号施令而移风易俗者,其唯心行者乎!法度刑罚,何足以致之也?"结合上下文,此是视虞舜为"处无为之事,行不言之教"[②]的圣人而展开议论,阐发的是老庄自然无为之道。而高诱注"朝羽民"则言"使之朝者,德以怀远也",注"其唯心行者"则言"唯仁化为能然也",注"法度刑罚,何足以致之"则言"明不如仁心化之为大"。经高氏这么一解释,虞舜成了拥有"仁德""仁心"的圣君,他是以仁义之道更化天下,而非自然无为之道。高诱所说的"仁化",即是孔孟"天下归仁""民之归仁"[③]的另一阐释。从注家应该忠实文本的原则来衡量,高注显然偏离了原书的本旨。

《俶真训》:"夫圣人用心,杖性依神,相扶而得终始,是故其寝不梦,其觉不忧。"这里的"圣人"乃是深知养神、养形的道家真人。《庄子·大宗师》说:"古之真人,其寝不梦,其觉无忧,其食不甘,其息深深。"[④]《在宥》篇又说:"无视无听,抱神以静,形将自正。必静必清,无劳女形,无摇女精,乃可以长生。"[⑤]《淮南子》所论即本之于此。而高诱注"其觉无忧"则言"志存仁义,患不得至,故不忧也",把修心养性的真人说成了内修仁义而不忧的圣人。高氏此注发挥的是孔子"仁者不忧"的观点[⑥],与原书意旨也相距甚远[⑦]。

《精神训》:"或者生乃徭役也,而死乃休息也。天下茫茫,孰知之哉?其生我也不强求已,其杀我也不强求止。欲生而不事,憎死而不辞,贱之而弗憎,贵

---

① 《淮南子·氾论训》高注。
② 朱谦之《老子校释》,第 10 页。
③ 孔子曰:"克己复礼为仁。一日克己复礼,天下归仁焉。"(邢昺《论语注疏》,北京大学出版社 2000 年,第 177 页。)孟子曰:"民之归仁也,犹水之就下、兽之走圹也。"又曰:"今天下之君有好仁者,则诸侯皆为之驱矣。"(孙奭《孟子注疏》,第 234 页。)
④ 郭庆藩《庄子集释》,第 228 页。
⑤ 郭庆藩《庄子集释》,第 381 页。
⑥ 子曰:"知者不惑,仁者不忧,勇者不惧。"(邢昺《论语注疏》,第 137 页。)子曰:"君子道者三,我无能焉:仁者不忧,知者不惑,勇者不惧。"(第 223 页。)
⑦ 《俶真》篇又说:"是故圣人内修道术,而不外饰仁义,不知耳目之宣,而游于精神之和。"明确排斥"仁义"之说。

之而弗喜，随其天资而安之不极。"又云："齐死生，则志不慑矣。"这里所阐述的明显是庄子死生等观的思想。刘歆《革终论》引庄周云："生为徭役，死为休息。"①《庄子·达生》曰："生之来不能却，其去不能止。"②《齐物论》曰："死生无变于己，而况利害之端乎！"③此皆《淮南子》所本。但高诱注"憎死"句则言"唯义所在，故不辞也"，注"齐死生"句则言"不畏义死，不乐不义生，其志意无所慑惧，故曰等也"，完全以儒家的"义"去裁量生死的价值。高氏的解说应是本自《孟子》和《韩诗外传》，所谓"生亦我所欲也，义亦我所欲也，二者不可得兼，舍生而取义者也。生亦我所欲，所欲有甚于生者，故不为苟得也。死亦我所恶，所恶有甚于死者，故患有所不辟也"④，"（君子）畏患而不避义死"⑤。他用来解释《淮南子》齐同生死的道家观点，显然有失本旨。

二、以王道思想诠释道家学说

以王道施政天下，一直是儒者孜孜以求的政治理想。关于王道，儒家有一整套系统的理论，所谓"礼、乐、刑、政，四达而不悖，则王道备矣"⑥。若从"政"的角度看，王道不外乎君明臣贤、爱民、富民等内容。高诱有时即用这些理论来曲解《淮南子》中的道家学说。

先看君明臣贤。《本经训》："太清之治也，和顺以寂漠，质真而素朴，……当此之时，玄元至砀而运照，凤麟至，蓍龟兆，……机械诈伪，莫藏于心。"这是道家所设想的无有君臣、纯任自然的"至德之世"⑦。但高诱注"玄元"句则言"盛德之君，恩仁广大，遍照四海也"，将这一"至德之世"归功于圣君的仁恩浩荡。又《览冥训》："昔者，师旷奏白雪之音，而神物为之下降，风雨暴至，平公癃病，晋国赤地。"这旨在说明天人感通、物类相应的道理。而高诱注"平公"句则言"唯圣君能御此异，使无灾耳，平公德薄不能堪，故笃病而大旱也"，完全

---

① 严可均辑《全上古三代秦汉三国六朝文》，第 3291 页。
② 郭庆藩《庄子集释》，第 630 页。
③ 郭庆藩《庄子集释》，第 96 页。
④ 孙奭《孟子注疏》，第 363 页。
⑤ 许维遹《韩诗外传集释》，中华书局 1980 年，第 52 页。
⑥ 孔颖达《礼记正义》，第 1264 页。
⑦《淮南·俶真训》："古者至德之世，贾便其肆，农乐其业，大夫安其职，而处士修其道。当此之时，风雨不毁折，草木不夭，九鼎重味，珠玉润泽，洛出丹书，河出绿图。"《庄子·马蹄》："故至德之世，其行填填，其视颠颠。当是时也，山无蹊隧，泽无舟梁；万物群生，连属其乡；禽兽成群，草木遂长。"（郭庆藩《庄子集释》，第 334 页。）两者本质相通，皆是行自然无为之道的远古社会。

滑向了儒家的灾异论,以突出君主昏明对于政治的重要性。《主术训》称蘧伯玉为卫相,"以弗治治之",敌国因此不敢加兵,而高诱则认为是因为蘧伯玉很贤能,外敌惧怕,才不敢加兵。这样,高氏就把道家的无为政治改换为儒家的贤能政治了,蘧伯玉也由道家人物改换为儒家所崇尚的贤臣。这些解释透露出高诱对"君明臣贤"理想的心理诉求。他身处汉末衰世,对朝纲不振,君昏臣奸的局面痛心疾首,心中自然渴望有圣明的君主和贤能的大臣来力挽狂澜。高诱把他的愿望灌注在注文里,无疑是用心良苦。《精神训》引《老子》曰:"万物背阴而抱阳,冲气以为和。"而高诱注以"君臣以和致太平",可谓是他心目中王道政治的最高境界了。

再看爱民、富民。《说山训》:"好弋者先具缴与矰,好鱼者先具罟与罛,未有无其具而得其利。"此为格言警句,寓意是说获取利益就必须倚靠一定的工具或手段。而高诱注"未有"句则言"未见君无道而能得民心也",完全是强加之义。高诱的解释当来自儒家的民本思想,孟子称"善教得民心"[1],戴德亦称"国不务大而务得民心"[2]。在高诱看来,得民心者,民亦爱之。又《原道训》:"故达于道者,不以人易天,……是以处上而民弗重,居前而众弗害。"这明显是道家以不争为争的思想,老子说:"是以圣人处上而人不重,处前而人不害,是以天下乐推而不厌。"[3]即《淮南子》所本。而高诱视"达于道者"为得民心者,故注"居前"句则称"民戴仰而爱之也",偏离了原书本旨。富民是儒家民本思想的又一体现。孟子说:"养生丧死无憾,王道之始也。"[4] 可知使百姓富足同样是王道的基础。《原道训》:"夫太上之道,……收聚畜积而不加富,布施禀授而不益贫。"这段文字发挥老庄道论,以繁芜的言辞反复描述了"道"无所不在、无所不能的特征,而高诱解释为:"收聚畜积,国有常赋也。不加富者,为百姓,不以为己有也。布施禀授,匡困乏,予不足也。以公家之资,故不益贫也。"不惜扭曲原文,把道家的"太上之道"引上了儒家富民的王道之路。

三、以性善论诠释道家的人性论

高诱曾著《正孟子章句》,深知孟子的各种观点,尤其欣赏孟子的性善论。

---

[1] 孙奭《孟子注疏》,第421页。
[2] 王聘珍《大戴礼记解诂》,中华书局1983年,第65页。
[3] 朱谦之《老子校释》,第286页。
[4] 孙奭《孟子注疏》,第12页。

在注文中,高氏多次应用性善论来诠释道家的人性论。

《俶真训》:"是故圣人之学也,欲以反性于初,而游心于虚也。"联系上下文,这里所讲的"反性于初",是指世俗的人多以仁义礼乐之名行欺诈好利之实,致使人性渐失,而圣人能够抛开世俗的干扰,复归到虚静的本性。《淮南子》一直把人性的本质归之于虚静,所谓"人生而静,天之性也"①,"人性安静,而嗜欲乱之"②,但从不做道德上的善恶判断。高诱的注解却又是一番道理,他说:"人受天地之中以生,《孟子》曰'性无不善',而情欲害之,故圣人能返其性于初也。"今本《孟子》无此语,仅《告子》篇:"人性之善也,犹水之就下也。人无有不善,水无有不下。"③在高诱看来,人由天地之正气化生,自然就秉赋了"善"之本性,只是不断受到情欲的外化而遭到破坏,圣人能够去除情欲的侵袭,复返于"善"的本性。这为孟子的性善说补充了本体论证明④。

《说山训》设计了一则寓言:"人有嫁其子而教之曰:'尔行矣,慎无为善。'曰:'不为善,将为不善邪?'应之曰:'善且由弗为,况不善乎?'此全其天器者。"很明显,这里所讲的"善"与"不善",并不是针对人的本性而言,而是指人的行为施于实际事务所呈现出来的道德倾向。由这则寓言可以看出,作者反对"为善",当然也反对"为不善",即不求"善"名,也不得"恶"名,顺自然而为,以全其天性。此近于老庄之言,老子说:"(天下)皆知善之为善,斯不善已。"⑤庄子说:"为善无近名,为恶无近刑。"⑥与儒家提倡的为善不为恶迥然异趣。高诱则完全依于儒家的立场来解释,他说:"器,犹性也,孟子曰'人性善',故曰全其天性。"将"善"规定为人的天性,显然违背了原书的意旨。

《氾论训》中,《淮南子》道家学派还对"为善"和"为不善"作了系统论述:"天下莫易于为善,而莫难于为不善也。所谓为善者,静而无为也。所谓为不善者,躁而多欲也。适情辞余,无所诱或,循性保真,无变于己,故曰为善易。

---

① 《淮南子·原道训》。
② 《淮南子·俶真训》。
③ 孙奭《孟子注疏》,第347页。
④ 高诱的说法当受《左传》启发,《成公十三年》载刘子的话说:"吾闻之,民受天地之中以生,所谓命也。"(孔颖达《春秋左传正义》,第866页。)命即性。高诱将性善与天地正气相关联,可谓是一种本体上的论证方法。孟子讨论性善,并未追究其本体上的依据。徐复观认为,心善是孟子性善论的根据(见《中国人性论史·先秦篇》,上海三联书店2001年,第147—152页。),与高说不同。
⑤ 朱谦之《老子校释》,第9页。
⑥ 郭庆藩《庄子集释》,第115页。

越城郭,逾险塞,奸符节,盗管金,篡弑矫诬,非人之性也,故曰为不善难。"这里的"为善"是顺应清静无为之天性,"为不善"即是走向清静无为的反面。然而,高诱的解释却偷梁换柱,再次运用孟子的性善论来替代。他说:"为善,静身无欲,信仁而已,慎其天性,故易。为不善,贪欲无厌,杀人自成,戾其天性,故难也。"又说:"皆非人本所受天之善性也。"经如此解释,"为善"就变换成了顺应仁善的天性,"为不善"即是违逆仁善的天性,最终转向儒家义理。

四、以儒家其他观点诠释道家学说

《精神训》:"故知宇宙之大,则不可劫以死生;知养生之和,则不可县以天下;……知许由之贵于舜,则不贪物。"这本是道家的主张,即轻天下,细万物,重养生。而高诱把"养生之和"解释为"正道",认为"己修正道不惑,故不可示以天下之穷势而移"。所谓"正道",应是指儒家的先王之法或孔孟之道。郑玄说:"无使先王之正道坏。"[①] 韩愈也说:"夫杨墨行,正道废,且将数百年,以至于秦,卒灭先王之法,烧除其经,坑杀学士,天下遂大乱。"[②] 即是其证。高氏如此解释,无疑偏向了儒家义旨。

《精神训》:"衰世凑学,不知原心反本,直雕琢其性,矫拂其情,以与世交。……达于至道者则不然,……性有不欲,无欲而不得;心有不乐,无乐而弗为。"根据上下文,这是《淮南子》作者批判儒者的言论。他们把儒学称为"衰世之学",认为儒者以礼乐胁迫人性,是舍本逐末的做法。而高诱注"不知原心反本"则说:"趋其末,不修稽古之典,苟邀名号耳,故曰不知原心反本也。"所谓"稽古之典",是指先代的典籍和制度,为儒家修文德之载体。班固论赞:"汉承百王之弊,高祖拨乱反正,文景务在养民,至于稽古礼文之事,犹多阙焉。孝武初立,卓然罢黜百家,表章《六经》。……兴太学,修郊祀,改正朔,定历数,协音律,作诗乐,建封禅,礼百神,绍周后,号令文章,焕焉可述。后嗣得遵洪业,而有三代之风。"[③] 这可以视作高诱"修稽古之典"的最好注脚。他用来解释"原心反本",偏离原书本义很远。同时,高诱还以儒家的音乐教化理论曲解"达于至道者",他注"心有不乐"句说:"其志正,不乐邪淫之乐,则无有

---

① 孔颖达《毛诗正义》,第1342页。
② 马其昶《韩昌黎文集校注》,上海古籍出版社1986年,第214页。
③ 班固《汉书》,第212页。

正乐而不为乐,言皆为之乐也。"这与心无所乐而无所不乐的道家义旨也相距甚远。

总之,高诱注解《淮南子》,是有意将其引向儒家意旨,存在明显的以儒解道倾向,在一定程度上偏离了原书的思想本旨。从注疏家应该忠实于文本的角度看,高诱这种注解方法并不值得提倡。有学者就把高诱以儒解道的注释作为错误进行批驳,如许匡一的《〈淮南子〉许、高注辨正》[①]。但从学术史的意义看,高氏注解无疑有其价值。其一,促进儒、道互补,欲以重振经学。高诱以儒解道,努力消泯儒道两家在认知上的成见,相对于原书来说是偏离,但相对于整个思想界来说又是一种创新。高氏所谓"参以经传道家之言,比方其事",则是他促进儒、道互补的直接表露。高诱以儒解道,并非仅仅为其宗经、崇儒的意识所驱使,还源于他重振经学的动力。他有意借"子"传"经",融通"经""子",努力为汉末经学焕发活力找寻一条新途。其二,在汉魏学术之间发挥了承上启下的作用。玄学是魏晋思想的代表,其产生并非一蹴而就,也是脱胎于汉末学术。玄学家主要通过诠释《易》《老》《庄》来推进玄学的发展。以儒解道与以道解儒,则是他们最常用的注释方法。高诱的以儒解道,显然为他们所继承。郭象解释"无为",就颇受《淮南子》的启发,其融合儒、道的做法也可以见出高诱的影响。如《庄子·逍遥游注》:"夫圣人虽在庙堂之上,然其心无异于山林之中,世岂识之哉!"[②] 将儒家的圣人和道家的"神人"合二为一,这与高诱"真人虽在远方,心存王也"[③],可谓异路同归。

[①] 如许匡一驳高诱注《本经训》"玄元至砀而运照"句时说:"原注以为'运照'者为'盛德之君'的大恩,不确。'当此之时',即上文所说作者理想之中的远古'太清之始'那个'道'主宰一切的清静无为的太平世界,'玄光'应指道的光辉,非言仁德之君的恩光。'玄元至砀而运照'谓'道'的光辉极其浩荡普照天下。'恩仁'之说,亦是以儒家眼光来曲解道家。作者在本书多次歌颂的远古'至德之世',根本不存在什么'君恩'和'仁'政。"(《武汉教育学院学报》1994年总第13卷第49期,第63页。)
[②] 郭庆藩《庄子集释》,第28页。
[③]《淮南子·俶真训》高注。

第二编

魏晋至唐五代《淮南子》学的低落

第一章　魏晋至唐五代《淮南子》学概说

第一节　魏晋至唐五代《淮南子》学的时代背景

东汉末年，社会大乱，开启了中国近四百年的动荡分裂局面。先是三国对峙，战乱不休，生灵涂炭。曹操《蒿里行》："白骨露于野，千里无鸡鸣。生民百遗一，念之断人肠。"可谓是这个时期人民悲苦命运的生动写照。西晋虽有短暂的统一，但随后又陷入八王之乱、五胡乱华这更为惨烈的乱世。北方由此落入匈奴、鲜卑等少数民族手里，长达三百年之久。南方尽管不如北方那样政权林立，更迭频繁，但也经过东晋、宋、齐、梁、陈等朝代的更替，动荡局面并没有多少改善。魏晋以来三百六十余年间，大大小小的政权大概有三十余个，其中每一个政权的建立，都少不了血雨腥风。在这样的局面中，不惟古代人民，古代文化也同样是艰难前行着。

魏晋南北朝这一长久动荡分裂的局面，自然也深刻地影响了古代学术的发展。其中，影响最明显的莫过于经籍的保存与流传。《隋书·经籍志》说："魏氏代汉，采掇遗亡，藏在秘书中、外三阁。魏秘书郎郑默，始制《中经》，秘书监荀勖，又因《中经》，更著《新簿》，分为四部，总括群书。一曰甲部，纪六艺及小学等书；二曰乙部，有古诸子家、近世子家、兵书、兵家、术数；三曰丙部，有史记、旧事、皇览簿、杂事；四曰丁部，有诗赋、图赞、汲冢书。大凡四部合二万九千九百四十五卷。但录题及言，盛以缥囊，书用缃素。至于作者之意，无所论辩。惠、怀之乱，京华荡覆，渠阁文籍，靡有孑遗。"[1]生活在魏晋之际的荀勖对保存在官方藏书机构的图书作了清理，将其著录入册，总计近三万卷，并把古诸子家、近世子家列入乙部。这里的古诸子家，当是指先秦诸子，而近世子家应是指汉魏诸子。按照荀氏的分法，《淮南子》当被列入乙部近世子家之中。然而，这近三万卷的图书消亡在随后的八王之乱和永嘉之乱中，官方所

---

[1] 魏征《隋书》，中华书局1973年，第906页。

藏《淮南子》恐怕也难逃厄运。

东晋南迁，著作郎李充用荀勖的《新簿》对照见存的图书，仅有三千余卷。到了刘宋元徽年间，图书稍有增益。《隋书·经籍志》又说："元徽元年，秘书丞王俭又造《目录》，大凡一万五千七百四卷。俭又别撰《七志》：一曰《经典志》，纪六艺、小学、史记、杂传；二曰《诸子志》，纪今古诸子；三曰《文翰志》，纪诗赋；四曰《军书志》，纪兵书；五曰《阴阳志》，纪阴阳图纬；六曰《术艺志》，纪方技；七曰《图谱志》，纪地域及图书。……齐永明中，秘书丞王亮、监谢朏，又造《四部书目》，大凡一万八千一十卷。齐末兵火，延烧秘阁，经籍遗散。"① 王俭担任刘宋秘书丞时，清理出官藏图书一万五千余卷，并著《七志》将其著录，其中有《诸子志》，记录古今诸子。《淮南子》官方藏本若不亡，即被列入《诸子志》中。到了齐代，秘书阁的图书仅增加两千余卷，但不久再一次毁于齐末的战火之中。

梁代统治者较重视文治，秘书阁藏书恢复了不少，达到二万三千余卷。梁元帝平定侯景之乱后，搜集公私图书，使藏书增加到了七万余卷，但遗憾的是，周师入郢，焚毁了十之八九。梁武帝期间，隐居不仕的阮孝绪参照公私书目撰成《七录》，不仅有《子兵录》，还增加了《佛录》和《道录》。这两录应是后世《佛藏》和《道藏》的源头。可见，《淮南子》后被列入《道藏》并非空穴来风，或与这个时期人们对刘安的认识有关。阮孝绪在《七录序》中说："有梁之初，缺亡甚众，爰命秘书监任昉躬加部集。又于文德殿内，别藏众书，使学士刘孝标等重加校进。"② 刘孝标注《世说新语》，曾引用《淮南子》，说明梁代秘书阁应藏有《淮南子》一书，但恐怕后来亦难免兵火之患。

政治相对稳定的南方，其官藏书籍的命运尚且如此，更何况动荡更甚、混乱相寻的北方。《隋书·经籍志》说："其中原则战争相寻，干戈是务，文教之盛，苻、姚而已。宋武入关，收其图籍，府藏所有，才四千卷。赤轴青纸，文字古拙。后魏始都燕、代，南略中原，粗收经史，未能全具。孝文徙都洛邑，借书于齐，秘府之中，稍以充实。暨于尔朱之乱，散落人间。后齐迁邺，颇更搜聚，迄于天统、武平，校写不辍。后周始基关右，外逼强邻，戎马生郊，日不暇给。保定之始，书止八千，后稍加增，方盈万卷。周武平齐，先封书府，所加旧本，才至

---

① 魏征《隋书》，第906—907页。
② 严可均《全上古三代秦汉三国六朝文》，第3345—3346页。

五千。"① 不管北方朝廷如何努力，官方藏书都很难突破一万卷。

对于《淮南子》学来说，《淮南子》能否广泛流传是关键。如果士人连《淮南子》这部书都读不到，就谈不上《淮南子》学了。魏晋南北朝由于战乱分裂，极大地限制了书籍的保存和流传，官藏《淮南子》几经焚毁即是明证。而且，从这个时期文人著述引用《淮南子》的情况看，《淮南子》高诱注本基本流传于北方，而许慎注本基本流传于南方。这也是南北分裂造成的结果。同时，作为近世子书，《淮南子》必然不会像传统经史书籍那样受到官方的重点保护，客观上也被削弱了流传的力度和广度。从这个方面说，魏晋南北朝动荡分裂的政治局面，是《淮南子》学由东汉的兴盛逐渐走向低落的最重要的外部原因。

除动荡分裂这一政治局面的影响外，魏晋南北朝这个时期流行的神仙思想，也对《淮南子》学产生了较大影响。相对于汉代的神仙思想来说，魏晋南北朝的神仙思想更加紧密地依附于道教，更加富有理论体系。这个时期的道教得到了长足的发展，不仅有了成熟的神学理论，而且还涌现出大量的道书，仅魏晋二百年间，阮孝绪《七录》著录的道书就有420余种，更遑论南北朝。在这个时期，道士们注重三教融合，依托老庄，吸纳儒学，暗用佛学，开辟出内丹派与外丹派的神仙思想体系。其中以葛洪、陶弘景的理论最为典型。葛洪首次把长生与成仙的理论体系化，既论证了它的可能性，又证明了它的现实性。他相信刘向的《列仙传》决非虚言，进而在《抱朴子内篇》中的《论仙》《至理》等篇反复论证长生与成仙的可能性，又在《金丹》《仙药》《对俗》等篇反复论述长生与成仙的现实性，把炼服金丹作为长生与成仙的根本。这显然继承了汉魏以来方术之士的理论与实践。刘安及其宾客正是这些方术之士的杰出代表。在葛洪等人的思想认识下，人们大多只关心刘安长生与成仙的传说，只关心刘安长生与成仙的实践，对更富有学术性的《淮南子》反而关注很少。葛洪在刘向《列仙传》的基础上扩展成《神仙传》，丰富了淮南王刘安的成仙故事，将他彻底仙化，为后世文人学者留下了许多的遐想空间。这在一定程度上也抑制了《淮南子》学的发展。

神仙思想之外，魏晋南北朝又产生了一股不同于以往的思想潮流，即玄学。玄学是这个时期士人思维精细化、逻辑化和深度化的产物，其理论体系大略包括王弼、何晏所主张的贵无论，阮籍、嵇康所主张的自然论，裴頠所主张的

---

① 魏征《隋书》，第907—908页。

崇有论,以及郭象所主张的独化论。不管哪一理论、哪一派别,都无法与《易》《老》《庄》脱离干系。而《淮南子》正与此三书关系紧密,玄学家当有借鉴。但由于《淮南子》流传受到限制,他们当中能见到此书者不多,所以,其著述中均未见到引述,诚为可惜。但郭象对于庄子无为论的阐述,应该是受到了《淮南子》的影响。如郭象说:"无为者,非拱默之谓也,直各任其自为,则性命安矣。"① 《淮南子·修务》篇说:"吾所谓无为者,私志不得入公道,嗜欲不得枉正术,循理而举事,因资而立功,权自然之势,而曲故不得容者,故事成而身弗伐,功立而名弗有,非谓其感而不应,迫而不动者。"② 两者论述有异曲同工之处,如今也难以指实。

杨坚结束近四百年的动荡分裂局面,建立了隋朝,同时也带来许多加强大一统的新的文化政策。首先是思想意识形态的统一,主张以儒学为立国之本,把经义作为士人的考试内容。这是他恢复儒学正统地位的重要举措。其次,改革考试制度,引导士人以明经来求取功名。再者,奉行儒、道、释三教并行的宗教政策。这些文化政策为唐代的统治者所承袭,并不断得到完善。只是在三教并行的宗教政策方面有所调整,唐高祖武德八年(625)下诏调整三教序位,诏云:"老教、孔教,此土先宗,释教后兴,宜崇客礼。令老先,次孔,末后释宗。"③ 也就是说,道教获得了优先发展的权利。这对唐代士人影响深远,他们当中大多数是道教的信徒或崇信者。开元年间,唐玄宗又下诏,令人搜访天下道经,汇编成《开元道藏》,共收入道书三千余卷(或言五千余卷)。《淮南子》在魏晋时就被列入道经,至唐代被纳入《开元道藏》显然是十分自然的事。这样的政治和文化环境下,刘安的神仙形象也不断得到雅化,被引入到诗文当中,成为浪漫主义的象征。而作为学术性较强的《淮南子》,除学者著书立说频繁加以征引外,罕有单独对它进行研究者。这也是隋唐五代《淮南子》学低落的表现。

需要指出的是,学者著书立说,能够频繁征引《淮南子》,这与隋唐时期《淮南子》的广泛流传存在很大关系。根据《旧唐书·经籍志》的记载,唐玄宗开元九年(721),毋煚撰《古今书录》四十卷,著录当时图书近五万二千卷。虽

---

① 郭庆藩《庄子集释》,第369页。
② 张双棣《淮南子校释》(增订本),第1993页。
③ 释道宣《续高僧传》卷二十五,《续修四库全书》第1282册,第225页。

然大部分毁于安史之乱,但至唐文宗开成年间又聚集到了五万六千多卷,以至《旧唐书》的编撰者称赞为"艺文之盛"。又据《新唐书·艺文志》记载,隋代官方藏书竟有三十七万卷之多。隋唐经籍的繁荣,在某种程度上代表了其文化的繁荣。新旧唐《志》均著录《淮南子》许高二本,暨《淮南鸿烈音》,即说明了《淮南子》在隋至唐前期广泛流传的事实。这也是《淮南子》能频繁被征引的重要原因。

然而,至晚唐五代,战乱再次来袭,其惨烈程度不亚于魏晋南北朝,官府辛苦积攒的图书又一次遭遇毁于战火的厄运。《淮南子》许高二本,就在这个时期发生残缺,日本所保存的旧钞本《淮南鸿烈兵略间诂第廿》残卷,即反映了这一事实,很有可能就是因为战火所致。这对《淮南子》学来说,不能不说是一个巨大的损失,至于对中国古代训诂之学来说,也是一个不小的损失。

第二节 魏晋至唐五代《淮南子》学的演进过程

魏晋至隋唐五代《淮南子》学远不如汉代《淮南子》学那么繁荣,总体上处于一个低落的阶段,没有出现专门研究《淮南子》的学术著作,甚至连一篇专论文章也不见于世。因此,其演进过程相对平缓,无有特出之处。

魏晋时期是《淮南子》学走入低落的开始阶段。这个时期的《淮南子》学,主要体现在不少学者将《淮南子》应用于注释古书上,如王肃编注《孔子家语》、张揖注《汉书》、如淳注《汉书》、张晏注《汉书》、崔譔注《庄子》、晋灼撰《汉书集注》、郭璞注《山海经》和《穆天子传》、张湛注《列子》、王嘉撰《拾遗记》等,或引述其天文地理方面的知识,或发挥它在校勘方面的作用,或征引许高注释用以训诂。

这个时期,称得上钻研刘安及其《淮南子》的学者,仅有葛洪一人而已。他不仅完成了将刘安仙化、升入道教的过程,而且在撰写《抱朴子》时,对《淮南子》多有关注和吸收。《抱朴子外篇·喻蔽》说:"子又讥云:'乍入乍出,或儒或墨。'夫发口为言,著纸为书。书者所以代言,言者所以书事。……陶朱、白圭之财不一物者,丰也;云梦、孟诸所生万殊者,旷也。故《淮南鸿烈》始于《原道》《俶真》,而亦有《兵略》《主术》;庄周之书,以死生为一,亦有畏牺、慕龟、请粟救饥。若以所言不纯而弃其文,是治珠瑿而刺眼,疗湿痹而刖足,患蒉蓍而刈谷,憎枯枝而伐树也。"① 明确反对有人因《淮南子》杂出百家而要弃其文章的说法。他本人的《抱朴子》即确立了儒道双修的基调,这与高诱评价《淮南子》"出入经道"亦相一致。根据王明的《抱朴子内篇校释》,《畅玄》"而不烦衔芦之卫",是化用《淮南子·修务》篇"衔芦而翔,以备矰弋"一句;《畅玄》"不恃曲穴之备",是化用《淮南子·修务》篇"蚁知为垤,獾貉为曲穴"一句;《论仙》"牛哀成虎",是化用《淮南子·俶真》篇"鲁牛哀病,七日化为虎"一句;《对俗》"乾鹄知来",是化用《淮南子·氾论》篇"乾鹄知来而不知往"一句;《对俗》"以狸头之治鼠漏,以啄木之护龋齿",实取自《淮南子·说山》篇"狸头愈鼠,啄木愈龋"一句;《对俗》"方诸求水于夕月",是化用《淮南子·天文》篇"方诸见月则津而为水"一句;《对俗》"阳燧引火于朝日",是《淮南子·天文篇》"阳燧见日则燃而为火"一句。这些证据,足可以见出葛洪曾深入研读《淮南子》,并以之应用于著书立说,可谓是魏晋《淮南子》学第一人。

南北朝的《淮南子》学略有起色,主要体现在南北方的学者不仅注书、立说资用它,如裴松之注《三国志》、沈约著《宋书》、刘孝标注《世说新语》、郦道元注《水经》、皇侃疏《论语集解》、萧绎著《金楼子》、刘勰著《文心雕龙》、刘昼著《刘子新论》、顾野王撰《玉篇》、贾思勰撰《齐民要术》、颜之推撰《颜氏家训》等,而且文人作文写赋也引述它,如沈重作《钟律议》、庾信作《枯树赋》。这其中,刘勰的《文心雕龙》、萧绎的《金楼子》、刘昼的《刘子》,几乎不称引《淮南子》之名,却大量辑录和化用它的文句。尤其是《金楼子》和《刘子新论》两书,简直触篇即是,鲜明地反映了《淮南子》在学者著书立说中所发挥的作用。这个时期,梁太子萧统在《答晋安王书》中首次正面称赞了刘安,感叹:"淮南礼贤,远致宾游,广招英俊,非惟藉甚当时,故亦传声不朽。"② 认为他能够传名于不朽。僧人慧皎又在《神异论》中非常豁达地看待刘安仙去传说,他说:"灵迹怪诡,莫测其然。但典章不同,袪取亦异,至如刘安、李脱,书史则以为谋僣妖荡,仙录则以为羽化云翔。"③ 由此可见,这时期士人心里不再充斥对刘安的反感,而是试着去肯定,去感受,故而刘安仙去之说逐渐走进了他们的审美世界中。这个时期,还需要留意一位长期居留北方的南方学者颜之推。他撰

---

① 杨明照《抱朴子外篇校笺》下册,中华书局1997年,第435—438页。
② 严可均《全上古三代秦汉三国六朝文》,第3064页。
③ 释慧皎《高僧传》,中华书局1992年,第399页。

写《颜氏家训》，不仅引用《淮南子》中《俶真》《缪称》篇"景柱"一语以证明古无影字，还用高诱注来说明学者对于字音的重视。《音辞》篇说："夫九州之人，言语不同，生民已来，固常然矣。自《春秋》标齐言之传，《离骚》目《楚词》之经，此盖其较明之初也。后有扬雄著《方言》，其言大备。然皆考名物之同异，不显声读之是非也。逮郑玄注《六经》，高诱解《吕览》《淮南》，许慎造《说文》，刘熹制《释名》，始有譬况假借以证音字耳。"① 这说明了《淮南子》高诱注本在北方的流传和利用。

相对于南北朝的《淮南子》学来说，隋唐五代的《淮南子》学并没有进步，甚至还要逊色。学者把主要精力投入到诗文创作之中，投入到钻研儒家经书及佛书、道书之中。这个时期，《淮南子》学的主要特征就是《淮南子》的资料价值被广泛利用。

隋代虽短，但书籍流传广泛，陆德明撰《经典释文》、杜台卿撰《玉烛宝典》、萧吉撰《五行大义》、杜公瞻编《编珠》、虞世南编《北堂书钞》，都有引用《淮南子》的情况。不仅引述频次高，而且对注文的引述比以往更加广泛，说明许慎注本、高诱注本基本取代了无注本而流传于世。

唐初，魏征编《群书治要》，撷取《原道》《本经》《主术》《缪称》《齐俗》《道应》《氾论》《诠言》《说山》《人间》《泰族》有关治道的精要之句，为《淮南子》创造了第一个节选本。随后，欧阳询编撰《艺文类聚》，孔颖达等奉命编撰《毛诗正义》《周礼正义》《春秋左传正义》《春秋公羊传正义》，房玄龄等人奉命重修梁、陈、北齐、北周、隋五朝史，释道宣编撰《广弘明集》，释道世编撰《法苑珠林》，李善等注释《文选》，司马贞撰写《史记索隐》，张守节撰写《史记正义》，徐坚编撰《初学记》，瞿昙悉达编撰《唐开元占经》，赵蕤撰写《长短经》，殷敬顺撰写《列子释文》，马总编撰《意林》，杜佑撰写《通典》，白居易编撰《白氏六帖》，释慧琳撰写《一切经音义》，段成式撰写《酉阳杂俎》，徐锴撰写《说文解字系传》，都存在征引《淮南子》的情况，充分发挥了《淮南子》作为文献资料的价值，从中亦显现出许慎注本与高诱注本的不同之处。与此同时，刘安仙去的传说愈传愈美，唐代诗人将其引入诗歌创作之中，形成了一个非常特别的"鸡犬"意象。尽管刘安仙话愈传愈美，但《淮南子》的文本大概在晚唐五代经历了可怕的灾难，即许慎注本和高诱注本不仅残佚，还混合在一书之中。

---

① 王利器《颜氏家训集解》，第 529 页。

第二章 《淮南子》节选本的出现及注本始杂

第一节 魏征的《群书治要》本

魏晋至唐五代尽管长达七百余年,但有案可查的《淮南子》版本记录几乎没有,尤其是魏晋六朝,等于空白。这主要是由于文献过早失传所致。魏征主持编撰的《群书治要》,本质上只是一部杂纂之书,但从版本学的角度看,他所节选的《淮南子》可以看成是《淮南子》版本史上的第一个节选本。后来,民国的节选本或多或少受到了《群书治要》本的影响。

一、《群书治要》本是首个节选本

魏征等人编撰的《淮南子》之《群书治要》本,可以说是《淮南子》版本史上第一个节选本。唐时皆为手钞本,所以又可称为"节钞本"。清人叶德辉说:"古书无刻本,故一切出于手钞,或节其要以便流观。如《隋志》所载梁庾仲容《子钞》,其书虽佚不传,而唐魏征《群书治要》、马总《意林》,固其流派也。……至刻本书之节钞者,宋坊行有《十七史详节》,托名于吕祖谦,然未有及于他书者。魏了翁节录《五经正义》为《五经要义》,是为节钞《义疏》之始。正以《义疏》过繁,故摘其要以便省览,然未有及于经文者。"[1]马总的《意林》是在三十卷《子钞》的基础上增损而成,其中卷二抄录了大概两千余字的《淮南子》文本,但既无分篇又没有连成段落,就像《说储》《说山》《说林》等篇一样只是格言警句的汇合。因此,梁代庾仲容《子钞》所抄录的《淮南子》,并非真正意义上的节选本,本质上不过是文句辑录而已。

文句辑录多不能连缀成文,而文本节选却需要注意连缀成文。从这个方面看,魏征所编《淮南子》之《群书治要》本,才是《淮南子》第一个合格的节选本。当然,魏征等人主观上并没有为《淮南子》提供一个节钞本的意图,也

---
[1] 叶德辉《书林清话》,中华书局1959年,第30页。

只是为了摘取其中符合其编书标准的文本。然而，客观上他们所抄录的《淮南子》，井井有条，既有篇目，又有大段文字，其间还包括少量注文，决非零碎化的文句辑录可比，称其为节选本没有任何问题。

二、《群书治要》本的选文标准

《群书治要》节钞了唐前文献六十余种①，共五十卷，《淮南子》则占了整整一卷的篇幅，列于第四十一卷。《群书治要》本撷取了《原道》（附带注文约167字）、《本经》（附带注文约573字）、《主术》（附带注文约1825字）、《缪称》（附带注文约192字）、《齐俗》（附带注文约1433字）、《道应》（附带注文约494字）、《氾论》（附带注文约1148字）、《诠言》（附带注文约304字）、《说山》（附带注文约64字）、《人间》（附带注文约311字）、《泰族》（附带注文约1696字）11篇，总计约8207字。

《群书治要》是应唐帝国最高统治者的要求而编撰，所以，在择取典籍和简化文本方面都非常精审。《唐会要》卷三十六载："贞观五年九月二十七日，秘书监魏征，撰《群书政要》，上之。太宗欲览前王得失，爰自六经，讫于诸子。上始五帝，下尽晋年。征与虞世南、褚亮、萧德言等始成凡五十卷，上之，诸王各赐一本。"②可见，《群书治要》成书于贞观五年（631），且缮写了多本，所择取典籍是以六经为首，史籍次之，诸子在末，时间跨度也很大。

魏征在《群书治要序》中说："皇上以天纵之多才。……以为六籍纷纶，百家踳驳，穷理尽性，则劳而少功，周览泛观，则博而寡要。故爰命臣等，采摭群书，剪截淫放，光昭训典。圣思所存，务乎政术，缀叙大略，咸发神衷，雅致钩深，规摹宏远，网罗治体。"③这段话非常清楚地阐述了《群书治要》精简文本的标准。因为古代经籍众多纷乱，又立言驳杂不一，既难以遍览，又"劳而少功""博而寡要"。因此，魏征等人根据唐太宗的要求，以是否关乎治国理政方略（即务乎政术）为标准来取舍文本，摒弃那些淫词狂语（即剪截淫放），以连缀文章主体文本（即缀叙大略）、选择雅正深沉的文本（即雅致钩深）为手段来精简和组织文本，从而达到汇集古书中道论、政论之精粹（所谓网罗治体）的目

---

① 方濬师《蕉轩随录》卷十二："魏征等奉敕撰《群书治要》，首六经，讫《袁子正书》《抱朴子》，共六十七种。"（中华书局1995年，第485页。）又有说六十八种者。
② 王溥《唐会要》，中华书局1955年，第651页。
③ 《续修四库全书》第1187册，第1页。

的。他们完成《淮南子治要》这个节选本,无疑也运用了这些标准和手段。

根据既定的标准及手段,魏征等人所节钞的《淮南子》文本形成了比较鲜明的特征。首先,几乎都是关乎治道的议论文字,使文本呈现出庄重、雅致的整体风格。《主术》篇中大量文本被摘取,即是很明显的体现。其次,为防止"博而寡要",删除了原书很多繁芜的表述,使文本看起来更简洁、清爽。例如,《本经》篇选文:"凡人之性,心平欲得则乐,歌舞节则禽兽跳矣。有忧则悲哀,有所侵犯则怒,怒则有所释憾矣。"① 而原书作:"凡人之性,心和欲得则乐,乐斯动,动斯蹈,蹈斯荡,荡斯歌,歌斯舞,歌舞节则禽兽跳矣。人之性,心有忧丧则悲,悲斯哀,哀斯愤,愤斯怒,怒斯动,动则手足不静。人之性,有侵犯则怒,怒则血充,血充则气激,气激则发怒,发怒则有所释憾矣。"② 足足删除了54字,仅剩下不到一半的字数。必要时,魏征等人还会作出改动,如把"心有忧丧则悲,悲则哀"改成"有忧则悲哀"。从这些方面看,《淮南子治要》显然是一个富有特色的节选本,也是一个比较成功的节选本。

三、《群书治要》本的底本及流传

从版本源流来说,《群书治要》本是以《淮南子》许慎注本为底本改造而成的。关于《群书治要》本的底本问题,清人陶方琦做过系统考察。要解决这个问题的关键,就在于辨别清楚《群书治要》所选用的注文是来自许注还是高注。他撰写《淮南许注异同诂》一书,对照出《群书治要》所选用的注文与《说文解字》释义相同者达22例。例如,《主术》篇:"而不能与胡人骑原马而服騊駼",《群书治要》引注曰:"原,国名,在益州西南,出千里马。騊駼,北野马。"陶方琦按:"许作'国名',即《隐十一传》'温、原、絺、樊'之原,与高作'駹'解异也。《说文》亦无'駹'字,'騊'下云:'騊駼,北野之良马。'与此作'北野马'正同。"③ 又如,《人间》篇"以突隙之烟焚",《群书治要》引注曰:"突,灶突也。"陶方琦按:"《说文》'突,灶突也',与注《淮南》说正合。"④ 而且,《群书治要》所引《原道》《本经》《主术》注文多与今存高注相异,而所引《缪称》《齐俗》《道应》《诠言》《人间》《泰族》注文多与今存许注相同。唐贞观年间,

---

① 《续修四库全书》第1187册,第539页。
② 张双棣《淮南子校释》(增订本),第893页。
③ 《子藏·淮南子卷》第48册,第550—551页。
④ 《子藏·淮南子卷》第49册,第35页。

《淮南子》许慎注本、高诱注本皆为二十一卷,各自保持完整,并行别传。因此,陶方琦所列证据极有说服力,可证《淮南子治要》的底本确是许慎注本。

由于《群书治要》是为皇帝及皇胄宗亲而编,多藏于朝廷秘府与王公贵族府邸,故其流传范围极窄,终未能走向民间。自它产生以后千余年中,传世文献鲜有提及。方浚师说:"日本刊之,其凡例云:'此书距今殆千年,而宋明诸儒无一言及者,则其亡失已久。'云云。谨阅《四库全书·目录》,亦未载有此书,知日本所云不谬。"① 所言大体不差。即便是唐朝皇帝,也仅有唐玄宗、唐德宗谈及过此书②。有研究者认为,该书在南宋时已残缺不全,至元初很可能彻底散失③。相对于国内反响平平而言,《群书治要》在日本则热闹非凡,出现了诸如平安本、金泽本、骏河本、尾张本等多个版本。其中金泽本点校了包括《淮南子》在内的大多数文本,而尾张本最早于18世纪晚期传入中国。由此可知,作为《淮南子》第一个节选本,《淮南子治要》在长达千余年时间里并未产生多少国内影响,反而在日本得到了大范围流传。回传中国以后,《淮南子治要》这个节选本才发挥出重要的文献价值,清代王念孙、民国刘文典皆频繁借以校勘《淮南子》文本,而张文治纂辑《淮南子治要》,则完全是模仿魏征的《淮南子治要》而来。

第二节　旧钞本《淮南鸿烈兵略间诂第廿》残卷

今日本东京国立博物馆藏有所谓唐钞本《淮南鸿烈兵略间诂第廿》残卷。该本在民国初期传入中国,于省吾撰写《淮南子新证》时,即利用了此本,对学术界产生了一定的影响。

一、《兵略间诂》旧钞本的版本情况

吴则虞曾亲见《兵略间诂》旧钞本,他说:"日本萩秋歌卷背唐(旧)钞本

---

① 方浚师《蕉轩随录》,第485页。
② 王应麟《玉海》卷五十四引集贤注记:"天宝十三载十月,敕院内别写《群书政要》,刊出所引《道德经》文。先是院中进魏文正所撰《群书政要》,上览之,称善,令写十数本分赐太子以下。"又引《邺侯家传》:"上曰:'朕欲知有古政理之要,而史籍广博,卒难寻究,读何书而可?'对曰:'昔魏征为太子略群书之言理道者,撰成五十卷,谓之《群书理要》,今集贤合有本。'"(上海书店1987年,第1027页。)所谓"政要""理要",皆避李治名讳而改。
③ 见金光一《群书治要研究》,复旦大学2010年博士学位论文,第46页。

《淮南鸿烈兵略间诂》第廿,自首句至'国无守城矣'止。孙人和先生借示。据云出自东瀛古寺香炉之下,字迹与敦煌卷子略近。"[1]孙人和(1894—1966),字蜀丞,江苏盐城人。孙氏毕业于北京大学,精于文献校勘,多有史籍、子书方面的校勘之作,又喜收古书书画。孙氏何时得此钞本,吴则虞未予明示。于省吾的《淮南子新证》写成于1939年,说明他在此前即见到了旧钞本。

根据日本东京博物馆的描述,该旧钞本是彩笺墨书,位于著名的书法帖《秋萩贴》的背面。秋萩贴则由二十段不同颜色的纸拼接而成,据说第一段纸的书写者是小野道风(894—966),第二段以下是藤原行成(971—1027),但并无确实的证据。也有人认为是平安时代后期的作品,或是伏见天皇(1265—1317,1287—1298在位)所写。东京博物馆又描述说,《秋萩帖》第二段纸以下各纸纸背另有书迹,内容正是《淮南鸿烈兵略间诂第廿》,所用楷书遒劲而端正,乃唐人七至八世纪的钞本。

经仔细观察,该钞本首行卷名题"淮南鸿烈兵略间诂第廿",其下署名"高氏注",次行篇名仍题"兵略间诂",卷末则题"淮南鸿烈解卷第廿"。该旧钞本亦非《兵略》全篇,自开头"古之用兵者"至"唯无一动,国无守城矣",其篇幅大致相当于全篇的一半。该旧钞本将《兵略》卷序编为第二十,既不同于二十一卷本《淮南子》的第十五,也不同于二十八卷本《淮南子》的第二十二。若真是七至八世纪的唐钞本,那该旧钞本无疑是目前除《淮南子治要》这个节选本之外唐代仅存的残本,显然具有十分重要的文献价值。

二、《兵略间诂》旧钞本的产生时间

然而,这个旧钞本到底是不是产生于七至八世纪的唐朝呢?很值得深入讨论。东京国立博物馆以其遒劲端正的楷书为据,即判定为七至八世纪的唐钞本,显得有些武断。我们知道,钞本并非仅局限于唐代,自五代至清末,就一直作为一种重要版本形式而存在,就连工程浩大的《永乐大典》《四库全书》也是钞本。虽然文字的书写具有时代性,但也可以作为一种稳定的流派风格而被不断地摹写,就连著名的《兰亭集序》也有很多摹本。《秋萩贴》第二段纸以下的书写者是藤原行成,或是平安时代后期的某位书法家,或是伏见天皇。不管是谁书写,都距所谓的唐钞本有三百至六百年之久,将墨迹泼洒在这一

---

[1] 吴则虞《淮南子书录》,《文史》第二辑,第300页。

个珍贵的古钞本背面,于情于理都不合。因此,东京国立博物馆的结论值得推敲。

通过考察该旧钞本的避讳情况,或能为我们提供新的看法。该钞本中,"世""民""治""显""隆"等字,都没有经过任何形式的避讳处理。而《古逸丛书》影写唐钞本《汉书·食货志》中,这些字都以缺笔方式呈现避讳。唐太宗时期写本《南华真经·刻意品第十五》中"世",《达生品》中"民"皆缺末笔。日本大阪市立美术馆编《唐钞本》所收《南华真经》《汉书》中"世""民"二字亦缺末笔,所收《世说新语》中"治"换成了"理",皆为避讳所致。唐代的避讳,高宗之前较为宽松,诸如"世""民",只要不相连即可不避[①]。但高宗以后,避讳日趋严格。据学者研究,李虎、李昞、李渊、李世民、李治、李隆基等人的名讳之事,占了唐代避讳用例总数的86%以上[②]。可见,唐代的钞本非常注重对"世""民""治""隆"等字的避讳。如果此旧钞本是七至八世纪的钞本,那么应该作出相应的避讳,但事实并未如此。可见,日本东京博物馆认为该旧钞本是产生于公元七至八世纪这一结论,很难站得住脚。

当然,我们也应该注意到该旧钞本中所使用的俗字[③]。据考察,该旧钞本中"功(功)""因(因)""支(支)""景(景)""流(流)""暴(暴)""龍(龙)""隱(隐)""原(原)""夷(夷)"等俗字的写法,皆与唐玄宗时期颜元孙编的《干禄字书》所录相同。尤其值得注意的是,该旧钞本中还有两个讹文"揖(揖)"[④]、"陵(陵)",亦与唐代宗时期张参编的《五经文字》所录相同。这种频繁出现唐代俗字与讹字的现象,说明该旧钞本产生于唐代的可能性较大。但鉴于避讳的问题,该旧钞本当是产生于晚唐五代。

三、《兵略间诂》旧钞本的文献价值

作为《淮南子》现存最早的古本,《兵略间诂》旧钞本的文献价值显然无庸置言。其中,最大的价值在于它是判断许慎注本与高诱注本何时杂于一书

---

① 唐太宗曾下诏曰:"依《礼》二名,义不偏讳,尼父达圣,非无前指。近世以来,曲为节制,两字兼避,废阙已多,率意而行,有违经语。今宜依据礼典,务从简约,仰效先哲,垂法将来。其官号人名,及公私文籍,有'世'及'民'两字不连读,并不须避。"(《贞观政要·礼乐第二十九》,《四部丛刊》本。)
② 见王建《中国古代避讳史》,贵州人民出版社2002年,第131页。
③ 张涌泉认为,俗字存在于汉字史上各个时期,俗字具有时代性。(见《敦煌俗字研究》,上海教育出版社2016年,第2页。)
④ 写于龙纪二年(890)的伯二五一〇号《论语》郑氏注亦有此讹文。此本"民"避讳与不避讳并存。

的关键证据。

根据苏颂的记述,《淮南子》许慎注本卷首名题"间诂",下署名"许慎记上",而高诱注本卷首名题"鸿烈解经",下署名"高氏注"。但是,这个旧钞本卷首名既题"间诂",下署名却为"高氏注",而且其卷的序号亦不同于现存任何一个版本①,完全打乱了许、高注本的各自特征,符合苏颂所说的"非复昔时之体"。可见,这个钞本与苏颂在集贤院时(约1053—1061年)所见到的七个《淮南子》版本极为相似②,也是许高二注拼合之本无疑。

北宋本曾被认为是《淮南子》现存的最早版本。学者根据书中的避讳情况,断定该本产生于宋仁宗在位期间(1022—1063年)。经字字比对,《兵略间诂》旧钞本与北宋本《兵略训》之间约有一百多处的异文,其中有三处异文值得提出来。一是:"营军辨,赋地极,错军处,此司马之官也。"注曰:"军司马,司主兵马者也。"此处正文15字,注文9字,均不见于包括北宋本在内的后世所有版本。二是:"纣之卒百万而有百万之心。"而北宋本及后世其他所有版本均作"纣之卒百万之心"。三是:该旧钞本卷末写成:"唯无一动,国无守城矣。"而北宋本及后世所有版本在这两句之间均有"动则凌天振地,扤泰山,荡四海,鬼神移徙,鸟兽惊骇,如此则野无校兵"27字,明显是旧钞本所遗漏。

这三处特别的异文能充分证明,该旧钞本与北宋本及后世所有版本之间并不存在共同的祖本。换个角度说,这三处特别的异文表明,以旧钞本为代表的另一版本系自北宋以来就在国内消亡③,否则,后世所有版本中不可能找不出与之相同的文本。由此说明,该旧钞本一定早于北宋本。旧钞本中,"刑""形"二字不分,一律写作"刑",长沙马王堆汉墓出土的帛书《老子》《黄帝四经》,定州汉墓出土的竹简《文子》,均有这种情况,但北宋本及后世所有版本,则分得很明白。按照书写规律,这也能证明该旧钞本要早于北宋本。同时,北宋本以缺笔方式所体现的避讳字"玄""殷""恒"等,在该旧钞本中都没有避讳。因此,该旧钞本不仅早于北宋本,而且其产生的时间必定在北宋建立之前(960年)。此与我们前面得出的该旧钞本产生于晚唐五代这个结论相

---

① 苏颂见到的部分版本也乱了卷序,有的以《人间篇》为第七,有的以《精神篇》为第十八,参差不齐。
② 苏颂《校淮南子题序》所谓或于"间诂"上云"高氏",正与此题名相同。
③ 南宋晁公武、陈振孙各自家藏本皆题"许慎记上",两人均未见有题"高氏注"的版本。这从一个侧面说明,以旧钞本为代表的版本系统已不存于世。

一致。如果根据这个结论,那么许慎注本与高诱注本相混于一书,则是发生在晚唐五代。

根据新旧唐《志》的著录,许慎注本与高诱注本在唐玄宗之前皆以完本并行别传,不相混杂。这也可以从这个时期的文人著述所引许高二注的情况得到证明。所以,该旧钞本一定不会是唐太宗时代的钞本,因而也不可能是七世纪的钞本。那会不会是八世纪的钞本呢？答案是否定的。一是该旧钞本未避皇帝名讳,如"隆""显"等字；二是这个时期的文献引述《兵略》篇注文并未出现张冠李戴的现象。如《史记索隐》"斥候"下司马贞引许慎注《淮南子》云:"斥,度也。候,视也。"① 旧钞本作:"斥,斥发。候,视也。"② 慧琳《一切经音义》卷八十四引许叔重注《淮南子》:"阖合,鼓鼙声也。"③ 旧钞本作:"䪪,鞍鞴声也。"两书所引许注,与旧钞本几乎全同。若依据该旧钞本的署名,司马贞、慧琳所引注文应该署名高诱而非许慎。所以,该旧钞本也不可能是八世纪的钞本。综合起来,该旧钞本只能是晚唐五代的钞本。因此,许高注本混杂于一书就是始于晚唐五代。

---

① 司马迁《史记》,第 2870 页。
② 此注前有"发,有所发见"之句,疑引文中"发"字是涉此而误,当作"度"。
③ 《续修四库全书》第 197 册,第 509 页。

第三章 魏晋至唐五代《淮南子》的文本流传

第一节 魏晋时期《淮南子》的文本流传

魏晋两百余年,《淮南子》的文本由汉末高诱校理之后,主要在长江以北地区流传,不少学者将它应用于著书立说和注释古书上,如王肃编注《孔子家语》、张揖注《汉书》①、如淳注《汉书》②、张晏注《汉书》③、崔譔注《庄子》④、晋灼撰《汉书集注》⑤、郭璞注《山海经》和《穆天子传》、张湛注《列子》⑥、王嘉撰《拾遗记》⑦,从而保存了《淮南子》在魏晋时期的一些文本面貌。

一、《孔子家语》及王肃注所引《淮南子》文本

《孔子家语》一书最大的问题就是其真伪问题,即使近几十年来相关的出

---

① 张揖,字稚让,魏国清河人,曾在魏明帝太和年间(227—232年)担任博士,著有《广雅》。《汉书·司马相如传》颜师古注引张揖曰:"鹢,水鸟也,画其象于船首,《淮南子》曰'龙舟鹢首',天子之乘也。"(班固《汉书》,第2543页。)此文引自《本经训》,张揖之说当来自高诱注。又此篇颜师古注引张揖曰:"《淮南子》云:'九州之外曰八泽,八泽之外乃有八纮,北方之纮曰委羽。'"(班固《汉书》,第2568页。)此文属摘引,出自《地形训》。

② 如淳,生平不详,曾任魏国陈郡丞。《汉书·武帝纪》颜师古注引如淳曰:"阂,亦陔也。《淮南子》曰若士者谓卢敖曰:'吾与汗漫期乎九陔之上。'陔,重也,谓九天之上也。"(班固《汉书》,第1063页。)此文引自《道应》篇。影宋本"陔"作"垓"。

③ 张晏,生平无考。《汉书·五行志》颜师古注引张晏曰:"《淮南子》曰'东北曰炎风',高诱以为艮气所生也,炎风一曰融风。"(班固《汉书》,第1515页。)此文引自高诱注本《地形训》。

④ 崔譔《庄子注》已佚,唐陆德明《经典释文》卷二十六《庄子音义·大宗师》注引崔譔云:"《淮南》作'子永行年五十四而病伛偻。'"(第1449页。)此文引自《精神训》。

⑤ 晋灼,生平不详,西晋时人,曾任尚书郎。《汉书·楚元王传》颜师古注引晋灼曰:"列,肆也。《淮南子》云'舜葬苍梧,不变其肆',言不烦于民也。"(班固《汉书》,第1953页。)此文引自《齐俗》篇。许注本"不烦于市有所废",晋灼之说或本于许慎注本。

⑥ 张湛,生卒年不详,字处度,高平人,主要生活在东晋中期。他的《列子注》大概作于隆和元年(362)以后,引用《淮南子》仅2例,皆出自《地形训》。

⑦ 王嘉(?—390),字子年,陇西安阳(今甘肃秦安县)人。《拾遗记》卷六引《淮南子》云:"鹊知人喜。"此文不见于今本《淮南子》。

土文献不断涌现,但研究者也未能借此有效解决这个问题,所以,《孔子家语》为王肃编注的传统观点依然可信①。

王肃(195—256),字子雍,东海郡郯县(今山东郯城县)人。王肃在自序中说:"郑氏学行五十载矣,自肃成童,始志于学,而学郑氏学矣。"所谓郑氏学,是指郑玄创立的经学。据《后汉书》本传记载,郑玄自汉灵帝建宁四年至光和七年(171—184),因被禁锢而潜心著述,由此创立郑学。可见,王肃写这篇序文大约是在公元234年前后。那么,他引述《淮南子》,编注《孔子家语》,也应该是在这一年前后,距离高诱注解《淮南子》仅有二十余年的时间。

《孔子家语》及王肃自注引用《淮南子》数量不多,大约只有3例②。兹列举如下,并略加分析。

孔子曰:"小辩害义,小言破道。《关雎》兴于鸟,而君子美之,取其雌雄之有别;《鹿鸣》兴于兽,而君子大之,取其得食而相呼。"③按:此文引自《泰族》篇,影宋本作:"孔子曰:'小辩破言,小利破义,小义破道,小见不达,必简。'……《关雎》兴于鸟,而君子美之,为其雌雄之不乖居也。《鹿鸣》兴于兽,君子大之,取其见食而相呼也。"原书中"孔子曰"几句与"《关雎》兴于鸟"几句,完全不相属,王肃对此摘引拼合,全部归属孔子之言。这更能说明《孔子家语》的拼凑性。

《淮南子》曰:"多力而弗疧。"亦不治之貌者也④。按:引文出自《地形》篇,影宋本作:"食木者多力而奰。"高诱对"奰"字有注解,说明他所见本确作"奰",而王肃所见本作"弗疧",或是许慎注本。

《淮南》取此义曰:"无角者膏而无前,有角者脂而无后。"豚属而脂,羊属无前后,皆谓锐小也⑤。按:此文引自《地形训》,影宋本"脂"讹作"指"。王肃

---

① 关于这个问题,邬可晶著有《〈孔子家语〉成书考》一书,作了专门的研究和探讨,认为今本《孔子家语》乃魏晋时人(王肃之徒、孔子二十二世孙孔猛的嫌疑较大)杂采古书、参以己意编纂而成的一部晚出之书(但不能完全排斥其中保存了部分古本《孔子家语》内容的可能性),跟《汉书·艺文志》著录的古本《孔子家语》并非一事;前人认为《孔子家语》系"伪书"的看法,似不容轻易否定。这个结论基本可信。见其《〈孔子家语〉成书时代和性质问题的再研究》,复旦大学2011年博士学位论文,第288—289页。
② 实际上,《孔子家语》与《淮南子》相近文本还有很多,但也见于其他文献,故无法确定是否是引自《淮南子》。
③ 《孔子家语》卷二《好生第十》正文引,《四部丛刊》本。
④ 《孔子家语》卷六《执辔第二十五》注文引。
⑤ 《孔子家语》卷六《执辔第二十五》注文引。

用"取此义"三字,说明他相信《淮南子》此文是袭取了《大戴礼记》。这恐怕是本末倒置。高诱注此文说:"膏,豕也,熊猨之属;无前,肥从前起也。脂,牛羊麋之属也。无后,肥从后起也。"① 而王肃不取,或可证他所见本是许慎注本。

综上所述,王肃引用《淮南子》文本,其主要用途在于注释《孔子家语》,有时也把《淮南子》中的一些言论归之于孔子,明显有伪造之嫌。

二、郭璞注书所引《淮南子》文本

郭璞(276—324),字景纯,河东闻喜(今山西闻喜县)人。他是一位博学多才的学者,曾注解《周易》《山海经》《尔雅》《穆天子传》《方言》和《楚辞》等书。郭璞的这些注书产生于何时,现有文献都没有确切的记述,大约是在公元300年至324年之间。其《山海经注》《尔雅注》《穆天子传注》皆引用过《淮南子》,总计约有17例②。按照其用途,可分成帮助训释字义、帮助解释名物和帮助解释神话传说三类。

(一)帮助训释字义

《山海经》卷五《中山经》郭注引《淮南子》曰:"狸头已瘕也。"③ 按:此文引自《说山训》,影宋本作:"狸头愈鼠。"

《山海经》卷五《中山经》郭注引《淮南子》曰:"鸡头已瘘。"按:此文引自《说山训》,影宋本同。

《山海经》卷十八《海内经》郭注引《淮南子》曰:"木大则根㩙。"按:此文引自《说林训》,影宋本"木大"作"大木"。

《尔雅》郭注引《淮南子》曰:"渔者不争隈。"④ 按:此文引自《览冥训》,影宋本同。

《尔雅》郭注引《淮南子》云:"似蛇床。"⑤ 按:此文是郭璞略引自《说林训》,影宋本作"蛇床似蘪芜而不能芳"⑥。

---

① 张双棣《淮南子校释》(增订本),第483页。
② 另有1例,非直引,《山海经》卷五《中山经》郭璞注:"启母化为石而生启,在此山,见《淮南子》。"
③ 本节所引《山海经》郭璞注,均出自《四部丛刊》本。
④ 邢昺《尔雅注疏》,北京大学出版社2000年,第229页。
⑤ 邢昺《尔雅注疏》,第271页。
⑥《氾论训》又作:"蛇床之与蘪芜也,此皆相似者。"

（二）帮助解释名物

《山海经》卷三《北山经》郭注引《淮南子》曰："薄水出鲜于山。"按：此文引自《地形训》，影宋本作"镐出鲜于。"

《山海经》卷四《东山经》郭注引《淮南子》曰："东方大渚曰少海。"按：此文引自《地形训》，影宋本作"东方曰大渚，曰少海。"

《山海经》卷五《中山经》郭注引《淮南子》曰："弋钓潇湘。"按：此文引自《兵略训》，影宋本作"南卷沅湘"。

《山海经》卷十一《海内西经》郭注引《淮南子》云："弱水出穷石。"按：此文引自《地形训》，影宋本"出"后有"自"字。

《山海经》卷十六《大荒西经》郭注引《淮南子》曰："昔者共工与颛顼争帝，怒而触不周之山，天维绝，地柱折。"按：此文来自《天文训》，影宋本"天维绝，地柱折"作"天柱折，地维绝"。郭注所引同于王逸《楚辞章句》所引，或是郭璞直接取自王书。

《穆天子传》卷二郭注引《淮南子》曰"其贝带骏翻"是也[①]。按：此文引自《主术训》，影宋本作："赵武灵王贝带鵕鸃而朝。"

《穆天子传》卷三郭注引《淮南子》曰："昆仑去地一万一千里，上有层城九重。或上倍之，是谓阆风。或上倍之，是谓玄圃。"按：此文是郭璞略引自《地形训》，影宋本"阆风"作"凉风"，"玄圃"作"悬圃"。

（三）帮助解释神话传说

《山海经》卷七《海外西经》郭注引《淮南子》曰："天下有道，飞黄伏皂。"按：此文引自《览冥训》，影宋本作："青龙进驾，飞黄伏皂。"

《山海经》卷八《海外北经》郭注引《淮南子》曰："龙身一足。"按：此文来自《地形训》，影宋本作："人面龙身而无足。"

《山海经》卷九《海外东经》郭注引《淮南子》亦云："尧乃令羿射十日，中其九日，日中乌尽死。"按：今本《淮南子》无此文，或为佚文，或是郭璞提炼《本经训》相关文字而成。

《山海经》卷十六《大荒西经》郭注引《淮南子》曰："后稷龙在建木西，其人死复苏，其半为鱼。"按：此文引自《地形训》，影宋本作："后稷垄在建木西，其人死复苏，其半鱼在其间。"

---

① 本节所引《穆天子传》郭璞注，均出自《四部丛刊》本。

《山海经》卷十六《大荒北经》郭注引《淮南子》曰:"蔽于委羽之山,不见天日也。"按:此文引自《地形训》,影宋本无"天"字。

总之,郭璞三注书引用《淮南子》文本约 17 例,大多数属于略引和意引。其中有 13 例来自《山海经注》,说明他认识到了《淮南子》与《山海经》之间的亲密关系。由于郭璞精通训诂,所以,他引用《淮南子》文本都是为注释古书服务。此外,引文有少数文本与今本《淮南子》不相对应,说明郭璞见到的版本与今本有一些差异。

第二节　南北朝《淮南子》的文本流传

相对于魏晋时期来说,南北朝一百六十余年,《淮南子》的文本流传更加活跃。不仅学者著书立说资用它,如裴松之注《三国志》、沈约著《宋书》①、刘孝标注《世说新语》②、郦道元注《水经》、皇侃疏《论语集解》③、萧绎著《金楼子》④、刘勰著《文心雕龙》、刘昼著《刘子》、顾野王撰《玉篇》、贾思勰撰《齐民要术》等,而且作家作文写赋也引述它,如沈重作《钟律议》⑤、庾信作《枯树

---

① 沈约(441—513),字休文,吴兴郡武康(今浙江德清县)人。《宋书》成于永明六年(488)。《宋书·王僧绰传》引《淮南》云:"以石投水,吴、越之善没取之。"(中华书局 1974 年,第 1851 页。)此文是略引自《道应训》。另外,《宋书·律历志》暗用多条《淮南子·天文训》中的文本。

② 刘峻(463—521),字孝标,平原(今山东平原县)人。《世说新语注》当成于天监六、七年间(507—508)。《世说新语注·贤媛》引《淮南子》曰:"人有嫁其女而教之者,曰:'尔为善,善人疾之。'对曰:'然则当为不善乎?'曰:'善尚不可为,而况不善乎!'"(余嘉锡《世说新语笺疏》,第 787—788 页。)此引文出自《说山训》,与今文字出入较大。影宋本作:"人有嫁其子而教之,曰:'尔行矣,慎无为善。'曰:'不为善,将为不善邪?'应之曰:'善且弗为,况不善乎?'"当是刘孝标凭记忆引之。

③ 皇侃(488—545),吴郡(今江苏苏州市)人。《论语集解义疏》大约成于梁武帝时期。此书卷七引《淮南子》云:"尧时有十日并出,草木燋枯。尧命羿令射之,中其九日,日中乌皆死焉。"(上海古书流通处 1921 年影印《知不足斋丛书》本。)此文当是皇侃转引自《楚辞章句》引文。

④ 萧绎(508—555),字世诚,号金楼子,兰陵(今江苏武进)人,死后被追尊为元帝。《金楼子》大约成于萧绎 46 岁即 553 年之后。其《立言篇》引《淮南》言:"萧条者形之君,寂寞者身之主。"此文出自《齐俗训》,影宋本"身"作"音"。接着又引此书云:"教者生于君子,以被小人;利者兴于小人,以润君子。"(许逸民《金楼子校笺》,第 776 页。)此文出自《缪称训》,影宋本作:"教本乎君子,小人被其泽;利本乎小人,君子享其功。"文本差别较大,萧绎或别有所本。此外,《金楼子》还大量暗用《淮南子》文句。

⑤ 沈重,梁代博士,生平不详。其《钟律议》引《淮南子》云:"一律而生五音,十二律而为六十音,因而六之,故三百六十音以当一岁之日。律历之数,天地之道也。"(魏征《隋书》,第 397 页。)按,此文引自《天文训》。影宋本"六之"后有"六六三十六"一句。

赋》①。当然,这个时期文本流传最大的不同,在于首次出现了许慎注本被引述的情况,反映了《淮南子》注本开始大范围传播的历史事实。在这些著述中,《三国志注》《水经注》《刘子》《玉篇》《齐民要术》资用《淮南子》文本最频繁。《刘子》《文心雕龙》另有专文论述,今就其余四种所引《淮南子》文本详加论述。

一、裴松之《三国志注》所引《淮南子》文本

裴松之(372—451),字世期,河东闻喜(今山西闻喜县)人。他注《三国志》,是因为受了宋文帝元嘉三年(426)所下的诏命,最终完成于元嘉六年(429)。

据统计,《三国志注》引《淮南子》文本约有7例,全部用来帮助解释郤正《释讥》中的文句。郤正(?—278),字令先,河南偃师人,蜀国官员,曾著《释讥》以解嘲明志。裴松之频繁引用《淮南子》注解《释讥》,正可说明郤正使用了《淮南子》中的典故。兹列举如下:

《淮南子》曰:"禹为水,以身请于阳盱之河;汤苦旱,以身祷于桑林之际,圣人之忧民如此,其明也。"② 按:此文引自《修务训》,影宋本"身请"作"身解","阳盱"作"阳眄","汤苦旱"无"苦"字,"桑林之际"作"桑山之林"。裴氏引此文,用来帮助解释郤正《释讥》中"桑林祷而甘泽滋"一句。

《淮南子》曰:"秦穆公谓伯乐曰:'子之年长矣,子姓有可使求马者乎?'对曰:'良马者,可以形容筋骨相也。相天下之马者,若灭若没,若失若亡,其若此马者,绝尘却辙。臣之子皆下才也,可告以良马而不可告以天下之马。天下之马,臣有所与共儋缠采薪九方堙,此其相马,非臣之下也,请见之。'穆公见之,使之求马,三月而反,报曰:'已得马矣,在于沙丘。'穆公曰:'何马也?'对曰:'牝而黄。'使人往取之,牡而骊。穆公不悦,召伯乐而问之曰:'败矣,子之所使求马者也!毛物牝牡尚弗能知,又何马之能知?'伯乐喟然太息曰:'一至此乎!是乃所以千万里臣而无数者也。若堙之所观者天机也,得其精而忘其粗,在其内而忘其外,见其所见而不见其所不见,视其所视而遗其所不视,若

---

① 《枯树赋》当作于庾信陷于西魏不能南归之初,即梁承圣三年(554)。此赋引《淮南子》云:"木叶落,长年悲。"(倪璠《庾子山集注》,中华书局1980年,第53页。)按,该文引自《说山训》。影宋本"木叶"作"桑叶"。

② 陈寿《三国志》,第1038页。

彼之所相者,乃有贵乎马者。'马至,而果天下之马也。"《淮南子》又曰:"伯乐、寒风、秦牙、葛青,所相各异,其知马一也。"①按:前一文引自《道应训》,后一文引自《齐俗训》。影宋本"谓"作"请","却辙"作"弭彻","天下"作"千里";"寒风"作"韩风","葛青"作"筦青"。裴氏引此二文,用来帮助解释郤正《释讥》中"昔九方考精于至贵,秦牙沉思于殊形"二句。

《淮南子》曰:"瓠巴鼓瑟,而鲟鱼听之。"又曰:"瓠梁之歌可随也,而以歌者不可为也。"②按:前一文引自《说山训》,后一文引自《齐俗训》。影宋本"鲟鱼听之",作"淫鱼出听";"瓠"作"狐","而以"作"其所以"。裴氏引此二文,用来帮助解释郤正《释讥》中"瓠梁讬弦以流声"一句。

《淮南子》曰:"楚将子发好求技道之士。楚有善为偷者,往见曰:'闻君求技道之士,臣偷也,愿以技备一卒。'子发闻之,衣不及带,冠不暇正,出见而礼之。左右谏曰:'偷者,天下之盗也,何为礼之?'君曰:'此非左右之所得与。'后无几何,齐兴兵伐楚。子发将师以当之,兵三却。楚贤大夫皆尽其计而悉其诚,齐师愈强。于是卒偷进,请曰:'臣有薄技,愿为君行之。'君曰:'诺。'偷即夜出,解齐将军之帐,而献之子发。子发使人归之,曰:'卒有出采薪者,得将军之帐,使使归于执事。'明日又复往取枕,子发又使归之。明日又复往取簪,子发又使归之。齐师闻之大骇,将军与军吏谋曰:'今日不去,楚军恐取吾头矣!'即旋师而去。"③按:此文引自《道应训》。影宋本"备"作"赍","及带"作"给带","卒偷进"作"市偷进","帐"作"帷","即旋"作"则还"。裴氏引此文,用来帮助解释郤正《释讥》中"楚客潜寇以保荆"一句。

《淮南子》曰:"卢敖游乎北海,经乎太阴,入乎玄阙,至于蒙毂之上。见一士焉,深目而玄准,戾颈而鸢肩,丰上而杀下,轩轩然方迎风而舞,顾见卢敖慢然下其臂,遁逃乎碑下。卢敖俯而视之,方卷龟壳而食合梨。卢敖乃与之语曰:'惟敖为背群离党,穷观于六合之外者,非敖而已乎!敖幼而好游,长不喻解,周行四极,惟北阴之不窥,今卒睹夫子于是,子殆可与敖为交乎?'若士者,龂然而笑曰:'嘻乎!子中州民,宁肯而远至此?此犹光乎日月而戴列星,阴阳之所行,四时之所生,此其比夫不名之地,犹突奥也。若我南游乎冈寅之野,

---

① 陈寿《三国志》,第1038—1039页。
② 陈寿《三国志》,第1039页。
③ 陈寿《三国志》,第1039页。

北息于沉墨之乡,西穷冥冥之党,东贯鸿蒙之光,此其下无地而上无天,听焉无闻,视焉则眴,此其外犹有沉沉之汜,其余一举而千万里,吾犹未能之在。今子游始至于此,乃语穷观,岂不亦远哉!然子处矣,吾与汗漫期于九垓之上,吾不可以久。'若士举臂而竦身,遂入云中。卢敖仰而视之,弗见乃止,曰:'吾比夫子也,犹黄鹄之与壤虫,终日行不离咫尺,自以为远,不亦悲哉!'"[1]按:此文引自《道应训》。影宋本"准"作"鬌","戾颈"作"泪注","俯"作"就","合梨"作"蛤梨","长不喻解"作"至长不渝","不窥"作"未辟","交"作"友","贯"作"开","沉沉"作"汰沃","不亦悲哉"作"岂不悲哉"。其中,"准""合梨",《论衡》所引亦同,说明当时古本即如此。裴氏引此文,用来帮助解释郄正《释讥》中"卢敖翱翔乎玄阙,若士竦身于云清"二句。

二、郦道元《水经注》所引《淮南子》文本

郦道元(约466—527),字善长,范阳涿州(今河北涿州)人。《水经注》的成书年代,目前学术界还没有定论,当在延昌四年至正光五年(515—524)之间。据统计,《水经注》引《淮南子》文本约有17例,其中有2例重合,实际上只有16例。今列举如下:

《淮南子》称:"高万一千里百一十四步三尺六寸。"[2] 按:此文引自《地形训》。影宋本"三"作"二"。

《淮南子》曰:"昔禹治洪水,身祷阳纡。"……高诱以为"阳纡,秦薮",非也[3]。按:此文是郦道元以意引自《修务训》。影宋本作"以身解于阳盱之河",高诱注作"阳盱河在秦地"。郦道元否定了高注,这是《淮南子》学史上首次有人驳正高注。

又按《淮南》之书:"昆仑之上,有木禾、珠树、玉树、璇树,不死树在其西,沙棠、琅玕在其东,绛树在其南,碧树、瑶树在其北。旁有四百四十门,门间四里,里间九纯,纯丈五尺。旁有九井,玉横维其西北隅。北门开,以纳不周之风。倾宫、旋室、县圃、凉风、樊桐,在昆仑阊阖之中,是其疏圃,疏圃之池,浸之黄水。黄水三周复其原,是谓丹水,饮之不死。河水出其东北陬,赤水出其

---

[1] 陈寿《三国志》,第1040—1041页。
[2] 陈桥驿《水经注校证》,中华书局2007年,第2页。
[3] 陈桥驿《水经注校证》,第3页。

东南陬，洋水出其西北陬。凡此四水，帝之神泉，以和百药，以润万物。昆仑之丘，或上倍之，是谓凉风之山，登之而不死。或上倍之，是谓玄圃之山，登之乃灵，能使风雨。或上倍之，乃维上天，登之乃神，是谓太帝之居。禹乃以息土填鸿水，以为名山，掘昆仑虚以为下地。"高诱曰："地，或作池。"① 按：此文引自《地形训》。除了文句次序与影宋本不同外，其文本几乎与影宋本全同，较明显的异文有："纳"，影宋本作"内"；"玄"作"悬"。但实际上这两组异文并无本质不同，古书多见通假。所引高注亦与影宋本同。今存《地形训》为高注本，由此益可证明，郦道元据用之本是高诱注本。

《淮南子》曰："九折注于海，而流不绝者，昆仑之输也。"② 按：此文引自《览冥训》，影宋本"九折"前有"河"字。

《淮南子》曰："武王欲筑宫于五行之山。周公曰：'五行险固，德能覆也，内贡回矣。使吾暴乱，则伐我难矣。'君子以为能持满。"高诱云："今太行山也，在河内野王县西北上党关。"③ 按：此文引自《氾论训》，郦氏略有删改。所引高注，影宋本无"西"字，其余全同，这说明郦氏所据高本与今存高本很接近。

《淮南子》曰："清漳出谒戾山。"高诱云："山在沾县。"④ 按：此文引自《地形训》。影宋本"谒戾山"作"楬戾"，高注作："楬戾山在上党治。"据《汉书·地理志》，沾县是上党郡辖区。影宋本"治"当是"沾"字之误。

《淮南子》曰："伊水出上魏山。"⑤ 按：此文引自《地形训》。影宋本作"伊出上魏"，"水""山"二字当是郦氏所增。

《淮南子》曰："岐水出石桥山。"⑥ 按：此文引自《地形训》。影宋本作"歧出石桥"，"水""山"二字当是郦氏所增。

《淮南子》曰："汶出弗其，西流合济。"高诱云："弗其，山名，在朱虚县东。"⑦ 按：此文引自《地形训》。影宋本"西流合济"作"流合于济"，高注作："弗其山在北海朱虚县东也。"《水经注·汶水》篇又引《淮南子》曰："汶出弗其。"高诱曰："山名也。"说明郦氏所见本必有"名"字。因此，今本高注当脱

---

① 陈桥驿《水经注校证》，第 11 页。
② 陈桥驿《水经注校证》，第 149 页。
③ 陈桥驿《水经注校证》，第 230 页。
④ 陈桥驿《水经注校证》，第 271 页。
⑤ 陈桥驿《水经注校证》，第 373 页。
⑥ 陈桥驿《水经注校证》，第 441—442 页。
⑦ 陈桥驿《水经注校证》，第 585 页。

"名"字。

《淮南子》曰:"狢渡汶则死。"① 按:此文引自《原道训》。影宋本作"貈度汶而死"。狢、貈二字通假。

《淮南子》曰:"白公问微言,曰:'若以水投水,如何?'孔子曰:'淄、渑之水合,易牙尝而知之。'"② 按:此文引自《道应训》,略有删减。影宋本"淄"作"菑"。

《淮南子》曰:"潍水出覆舟山。"③ 按:此文引自《地形训》,影宋本作:"维出覆舟。""水""山"二字当是郦氏所增。

《淮南子》曰:"沮出荆山。"④ 高诱云:"荆山在左冯翊怀德县。"按:此文引自《地形训》。影宋本"沮"作"睢",注文句末有"之南"二字。王念孙引郦氏引文,以证今本"睢"是"雎"之误,斯是确证。沮、雎二字通,郦道元所见本或为汉时古本。

《淮南子》曰:"徬徨于山岬之旁。"注曰:"岬,山胁也。"⑤ 按:此文引自《原道训》。影宋本"徬徨"作"仿洋","岬"作"峡"。高注作:"两山之间为峡。"郦氏未明注者,与今本高注相异,或为许慎注本。

《淮南子》曰:"若木在建木西,木有十华,其光照下地。"⑥ 按:此文引自《地形训》。影宋本作:"若木在建木西,末有十日,其华照下地。"两相对照,其中必有讹误。

此外,还有1例引文属于意引,已很难找到对应文本。总之,《水经注》所引《淮南子》,基本出自《地形训》,几乎都是用来解释山水名物。这或能说明《水经》与《地形》篇之间存在关联。同时,《水经注》多次明确称引高注,也能说明高诱注本主要在北方流传。

三、顾野王《玉篇》所引《淮南子》文本

顾野王(519—581),字希冯,吴郡吴县(今江苏苏州)人。《玉篇》大约成

---

① 陈桥驿《水经注校证》,第582页。
② 陈桥驿《水经注校证》,第628页。
③ 陈桥驿《水经注校证》,第630页。
④ 陈桥驿《水经注校证》,第752页。
⑤ 陈桥驿《水经注校证》,第777页。
⑥ 陈桥驿《水经注校证》,第824页。

于大同九年(543),是顾野王年轻时的力作,其版本较复杂,有唐本《玉篇》、宋本《玉篇》以及日本藏原本《玉篇》。据统计,宋版《玉篇》引用《淮南子》文本约12例①。由于《玉篇》是字书,所以,顾氏引用《淮南子》文本的目的都是为了训释字义。兹列举如下:

《淮南子》曰:"土胜水者,非一圤塞江。"按:此文引自《说林训》。影宋本作:"土胜水者,非以一墣塞江。"顾氏引此文,用以诠释"圤"字之义。

《淮南》:"道有形埒。"按:此文引自《缪称训》。影宋本作:"道之有篇章形埒者。"顾氏引此文,用以诠释"埒"字之义。

《淮南》曰:"嫫母、仳倠。"按:此文引自《修务训》,影宋本同。顾氏引此文,用以诠释"倠"字之义。

《淮南》:"分流僢驰。"顾氏云:"僢,相背也,与'舛'同。"按:此文引自《说山训》。影宋本"僢"作"舛"。影宋本此篇为高注,顾氏引作"僢",当是许本。顾氏引此文,用以诠释"僢"字之义。

《淮南》曰:"顠偶。"按:此文不见于今本《淮南子》。顾氏引此文,用以诠释"顠"字之义。

《淮南》:"靥辅在颊前则好。"按:此文引自《说林训》。影宋本"辅"作"酺"。顾氏引此文,用以解释"靥"字之义。

《淮南子》曰:"听雷者聭。"注云:"耳中聭聭然。"按:此文引自《说山训》。影宋本"聭"作"聋",无注。顾氏所见本当是许慎注本,引此文是用以解释"聭"字之义。

《淮南》:"至味不嗛。"" 嗛,衔也。"按:此文引自《说林训》。影宋本"嗛"作"慊",无注。顾氏引此文,用以解释"嗛"字之义。

《淮南子》云:"夏后之璜不能无考。"按:此文引自《氾论训》。影宋本"夏后"后有"氏"字。顾氏引此文,用以解释"考"字之义。

《淮南》:"曳梢肆柴。"按:此文引自《兵略训》,影宋本同。顾氏引此文,用以解释"梢"字之义。

《淮南子》:"死而弄其柖责。""络床为柖。"按:此文引自《说山训》。影

---

① 本节所引宋版《玉篇》,均出自日本宫内厅书陵部图书寮文库藏本。宋版《玉篇》已不复《玉篇》原貌,故统计数据不一定可靠。此外,陶方琦《淮南许注异同诂续补》辑录唐本《玉篇》引《淮南子》正文约6例,引许注约34例。

宋本"弄"作"弃","招责"作"招簀",无注。顾氏引此文,用以解释"招"字之义。

《淮南子》曰:"大厦既成,燕雀相贺;汤沐既具,虮虱相吊。"按:此文引自《说林训》。影宋本作"汤沐具而虮虱相吊,大厦成而燕雀相贺"。顾氏引此文,用以解释"虱"字之义。

总之,顾野王撰写《玉篇》,大量引用了《淮南子》的文本及注文,充分发挥了《淮南子》在训诂方面的作用。同时,《玉篇》据用许慎注本,说明许本主要在南方流传。

四、贾思勰《齐民要术》所引《淮南子》文本

贾思勰,生平不详,益都(今山东青州)人,曾任高阳郡太守。他的农学名著《齐民要术》,约成于北魏永熙二年至东魏武定二年间,即公元533至544年。相比于同时期其他文献来说,《齐民要术》更加重视刘安所编之书,不仅引用了《淮南子》,也引用了《淮南万毕术》。在引用《淮南子》文本的同时,又大量引入原书注文,为我们保留了不少许慎注本与高诱注本的早期面貌。据统计,《齐民要术》引用《淮南子》文本约有15例,兹列举如下:

《淮南子》曰:"圣人不耻身之贱也,愧道之不行也。不忧命之长短,而忧百姓之穷。是故禹为治水,以身解于阳盱之河。汤由苦旱,以身祷于桑林之祭。神农憔悴,尧瘦癯,舜黎黑,禹胼胝,由此观之,则圣人之忧劳百姓亦甚矣。故自天子以下,至于庶人,四肢不勤,思虑不用,而事治求赡者,未之闻也。"[①] 按:此文引自《修务训》,属略引。与影宋本主要异文有:影宋本"为治水"作"之为水","汤由苦旱"作"汤旱","桑林之祭"作"桑山之林","黎"作"黧","勤"作"动"。《三国志注》也引作"桑林之际",说明当时的版本作"桑林之际"而非"桑山之林"。

《淮南子》曰:"耕之为事也劳,织之为事也扰。扰劳之事,而民不舍者,知其可以衣食也。人之情,不能无衣食。衣食之道,必始于耕织。物之若耕织,始初甚劳,终必利也众。"又曰:"不能耕而欲黍粱,不能织而喜缝裳,无其事而求其功,难矣。"[②] 按:前一文引自《主术训》,后一文引自《说林训》。影宋本"始

---

① 缪启愉《齐民要术校释》,中国农业出版社1998年,第1—2页。
② 缪启愉《齐民要术校释》,第45页。

于耕织"后有"万民之所容见也"一句;"缝裳"作"采裳"。

《淮南术》曰:"从冬至日数至来年正月朔日,五十日者民食足,不满五十日者,日减一斗;有余日,日益一斗。"① 按:《淮南术》当为《淮南子》之误。此文引自《天文训》。影宋本作:"以日冬至数来岁正月朔日,五十日者民食足。不满五十日,日减一十("斗"字之误);有余日,日益一升。"影宋本第一句不成文义,当从《齐民要术》所引。

《淮南子》曰:"夫地势水东流,人必事焉,然后水潦得谷行。(水势虽东流,人必事而通之,使得循谷而行也。)禾稼春生,人必加功焉,故五谷遂长。(高诱曰:加功,谓'是薅是蓘',芸耕之也。遂,成也。)听其自流,待其自生,大禹之功不立,而后稷之智不用。"② 按:此文引自《修务训》,正文与注文几乎全同于影宋本。影宋本"五谷遂长"作"五谷得遂长","芸耕"作"耘耔","大禹"作"鲧禹"。

"禹决江疏河,以为天下兴利,不能使水西流;后稷辟土垦草,以为百姓力农,然而不能使禾冬生。岂其人事不至哉?其势不可也。(春生、夏长、秋收、冬藏,四时不可易也。)"③ 按:此文引自《主术训》。影宋本"后稷"作"稷";"然而"作"然"。今本无此注,当是高注脱文。

"食者民之本,民者国之本,国者君之本。是故人君上因天时,下尽地利,中用人力,是以群生遂长,五谷蕃殖。教民养育六畜,以时种树,务修田畴,滋殖桑麻。肥、硗、高、下,各因其宜。丘陵、阪险不生五谷者,树以竹木。春伐枯槁,夏取果蓏,秋畜蔬食,(菜食曰蔬,谷食曰食。)冬伐薪蒸,(火曰薪,水曰蒸。)以为民资。是故生无乏用,死无转尸。(转,弃也。)"④ 按:此文引自《主术训》。影宋本三个"本"字后均有"也"字,"人君"作"人君者","树以"作"以树"。注文"火曰薪,水曰蒸",影宋本作"大者曰薪,小者曰蒸"。

"故先王之制,四海云至,而修封疆;(四海云至,二月也。)虾蟆鸣,燕降而通路除道矣;(燕降,三月。)阴降百泉,则修桥梁。(阴降百泉,十月。)昏张中,则务树谷;(三月昏,张星中于南方。张,南方朱鸟之宿。)大火中,即种黍、

---

① 缪启愉《齐民要术校释》,第57页。《齐民要术》称引《淮南万毕术》约有4例,皆为全称,仅此处为"淮南术"。由于该引文见于《天文训》,故"淮南术"乃"淮南子"之误。
② 缪启愉《齐民要术校释》,第74—75页。
③ 缪启愉《齐民要术校释》,第75页。
④ 缪启愉《齐民要术校释》,第75页。

菽;(大火昏中,六月。)虚中,即种宿麦;(虚昏中,九月。)昴星中,则收敛蓄积,伐薪木。(昴星,西方白虎之宿。季秋之月,收敛蓄积。)所以应时修备,富国利民。"① 按:此文引自《主术训》。影宋本"制"作"政","通"作"达","树"作"种","收"作"牧"。注文中,除"三月昏""昴星"两条与影宋本高注相同外,其余五条皆异。究其原因,贾思勰可能同时参用了高许二本。

又曰:"为治之本,务在安民;安民之本,在于足用;足用之本,在于勿夺时;(言不夺民之农要时。)勿夺时之本,在于省事;省事之本,在于节欲;(节,止;欲,贪。)节欲之本,在于反性。(反其所受于天之正性也。)未有能摇其本而靖其末,浊其源而清其流者也。"② 按:此文引《诠言训》《泰族训》之文拼合而成。影宋本"安"作"宁","欲"作"用","靖"作"静"。所引注文均不见于今本《诠言训》和《泰族训》(此二篇为许慎注本),应是高注佚文。

"夫日回而月周,时不与人游。故圣人不贵尺璧而重寸阴,时难得而易失也。故禹之趋时也,履遗而不纳,冠挂而不顾,非争其先也,而争其得时也。"③ 按:此文引自《原道训》。影宋本"不纳"作"弗取","不顾"作"弗顾"。

《淮南子》曰:"蔄先稻熟,而农夫薅之者,不以小利害大获。"高诱曰:"蔄,水稗。"④ 按:此文引自《泰族训》。影宋本"蔄"作"离","害"作"伤"。今本此篇乃许注本,无注。可见,贾氏引述以高诱注本为主。

《淮南子》曰:"夫移树者,失其阴阳之性,则莫不枯槁。"高诱曰:"失,犹易。"⑤ 按:此文引自《原道训》。影宋本"移"作"徙"。

《淮南子》曰:"原蚕而一岁再登,非不利也,然王者法禁之,为其残桑也。"⑥ 按:此文引自《泰族训》。影宋本"原"讹作"螈"。

《淮南子》曰:"草木未落,斧斤不入山林。(九月,草木解也。)"⑦ 按:此文引自《主术训》。影宋本"斧斤不入"作"斤斧不得入",高注作:"九月,草木节解。"

《淮南子》曰:"贾多端则贫,工多技则穷,心不一也。"高诱曰:"贾多端非

---

① 缪启愉《齐民要术校释》,第 75 页。
② 缪启愉《齐民要术校释》,第 75—76 页。
③ 缪启愉《齐民要术校释》,第 76 页。
④ 缪启愉《齐民要术校释》,第 142 页。
⑤ 缪启愉《齐民要术校释》,第 256 页。
⑥ 缪启愉《齐民要术校释》,第 326 页。
⑦ 缪启愉《齐民要术校释》,第 380 页。

一术,工多技非一能,故心不一也。"① 按:此文引自《诠言训》。今本此篇为许慎注本,无注,贾氏所引乃高注乃佚文。

总之,贾思勰引用《淮南子》,有着非常明确的目的,即将此书涉及农家的言论辑出,有机地融进他的《齐民要术》之中。同时,贾氏据用的是高诱注本,不仅保存了不少高注佚文,而且说明了高本主要在北方流传的事实。

第三节 隋代《淮南子》的文本流传

隋代虽然享国三十八年,但这个时期《淮南子》文本的流传,与南北朝相比,其活跃程度有过之而无不及。《经典释文》《玉烛宝典》《五行大义》《编珠》《北堂书钞》皆有征引《淮南子》的情况②。不仅引述的频次更高,而且注文的引述也更加广泛。这说明,许慎注本和高诱注本基本取代了无注本而流传于世。

一、《经典释文》所引《淮南子》文本

陆德明(550—630)撰《经典释文》三十卷,大约成于隋灭陈(589年)前后③,共引用《淮南子》正文及注文约21例,涉及到《原道训》《俶真训》《地形训》《览冥训》《精神训》《本经训》《主术训》《缪称训》《齐俗训》《道应训》《氾论训》《说山训》《修务训》十三篇。根据该书所引《淮南子》正文及注文,可知陆德明当时主要参用的版本是许慎注本。最直接的证据是他在《经

---

① 缪启愉《齐民要术校释》,第472页。
② 《五行大义》被汉学家李约瑟誉为"关于五行的最重要的中古时代的书籍"。此书大约成于594年,随后在国内失传。日本天瀑山人林衡有辑存本。据统计,《五行大义》引用正文及暗引高注约36例,来自《天文》《精神》《主术》《泰族》等篇。《编珠》由杜公瞻在大业七年(611)奉敕编撰,原有四卷,今存前二卷。该书明引《淮南子》文本仅2例。其中1例不见于今本,卷一引《淮南子》曰:"日西垂,景在树端,谓之桑榆。"并引注文:"言其光在桑榆树上也。"(《景印文渊阁四库全书》第887册,第49页。)这段引文与注文当出自《天文训》,但今本已佚,这或能说明《淮南子》在隋代以后还存在文本散失的情况。
③ 《经典释文》始撰于陈后主至德元年(583),而关于成书时间,学者分歧不断。有的认为成于隋大业三年至李唐建国之前;(见王弘治《〈经典释文〉成书年代释疑》,《语言研究》2004年第2期,第105—106页。)有的认为是成于王世充篡位期间(见孙玉文《〈经典释文〉成书年代新考》,《中国语文》1998年第4期,第309—312页。);宋人李焘、清人桂馥则认为成于入唐以后。笔者以为,王、孙两先生以地名建置沿革为证,颇有说服力,《经典释文》一书当是在隋朝完成。

典释文》中称引"许慎注"达5次。例如,《庄子音义·应帝王》引《淮南子》许慎注云:"至深也。"① 此文属略引,出自《兵略训》。今本此篇为许本,注文作:"九旋,九回之渊,至深者也。"② 可见,陆氏所据当属许本无疑。又如,《庄子音义·胠箧》引许慎注《淮南》云:"楚会诸侯,鲁、赵俱献酒于楚王,鲁酒薄而赵酒厚。楚之主酒吏求酒于赵,赵不与,吏怒,乃以赵厚酒易鲁薄酒奏之,楚王以赵酒薄故围邯郸也。"③ 此文引自《缪称训》。今本此篇为许本,注文作:"鲁与赵俱朝楚,献酒于楚,鲁酒薄而赵酒厚。楚之主酒吏求酒于赵,不与,楚吏怒,以赵所献酒于楚王易鲁薄酒,楚王以为赵酒薄而围邯郸。"④ 显然,两者之间仅有细微差别,当是文本流传中的损益所致,可以进一步证明陆氏所据为许本。

根据这个结论,《经典释文》所引文本则能显示当时许高二本的差异。例如,今存高本《俶真训》"大块载我以形"中"大块",《释文》引许本作"大昧";今存高本《览冥训》"其行填填"中"填填",《释文》引许本作"莫莫";今存高本《精神训》"三月而胎"中"胎",《释文》引许本作"胚";今存高本《本经训》"龙门未开"中"开",《释文》引许本作"凿";今存高本《主术训》"小者以为楫楔"中"楫楔",《释文》引许本作"楼榍";又高本此篇"鸱夜撮蚤蚊,察分秋豪",《释文》引许本作"鸱夜聚蚤,察分豪末";今存高本《氾论训》"车裂而死"中"车",《释文》引许本作"铍";今存高本《修务训》"南荣畴耻圣道之独亡于己"中"畴",《释文》引许本作"幬"。当然,《经典释文》所引文本,亦能显示许本在流传过程中的某些变化。例如,今存许本《道应训》"采薪者九方堙"中"堙",陆氏所见本作"皋";又此篇"心在魏阙之下"中"魏",陆氏所见本作"巍"。此外,陆德明所见《淮南子》不止许本一种,他在《庄子音义·骈拇》中引《淮南》云:"俞儿、狄牙尝淄、渑之水而别之……《淮南子》一本作'申儿',疑'申'当为'臾'。"⑤ 此文引自《氾论训》,此篇乃高注本,"俞儿"正作"臾儿",所以,这里的"一本"很有可能就是高诱注本。

---

① 陆德明《经典释文》,第1457页。
② 张双棣《淮南子校释》(增订本),第1632页。
③ 陆德明《经典释文》,第1468页。
④ 张双棣《淮南子校释》(增订本),第1110页。
⑤ 陆德明《经典释文》,第1463页。

二、《玉烛宝典》所引《淮南子》文本

如果说许本和高本文本的并行流传在《经典释文》中不十分明显的话，那么，在《玉烛宝典》中就体现得十分明显了。《玉烛宝典》十二卷，是杜台卿（？—597）按照月令排序而记录古代礼仪及社会风俗的著作，大约成书于隋代开皇初年①。与《经典释文》不同的是，《玉烛宝典》并非是从文本校勘的角度来引述《淮南子》，而是立足于文本所表达的内容，故而经常出现大段引文。据统计，《玉烛宝典》引用《淮南子》文本约 36 例，高诱注文约 33 例，许慎注文约 10 例，涉及《原道训》《天文训》《地形训》《时则训》《主术训》《缪称训》《道应训》《说山训》《说林训》九篇②。

相比于以往的文献来说，《玉烛宝典》引用《淮南子》时，大多数标明了篇名，这尚是首次。而且，与今本不同的是，《玉烛宝典》所标明的篇名均无"训"字，为我们认识《淮南子》版本早期的面貌提供了参考。就该书所引文本而言，今本《淮南子》篇名中的"训"字，或是隋以后人所加。此外，杜台卿还同时见到了许慎注本与高诱注本。他引用《淮南子·主术》曰："故先王之政，四海之云至而修封疆。"引高诱曰："春分之后，四海出云。"紧接着又许慎曰："海云至，二月也。"③即是明证。这说明，在隋代初期许高二本已突破区域限制，并行流传于各地。

《玉烛宝典》引述《淮南子》，其弥足珍贵的是保留了不少散佚的许注与高注。例如，卷一引《淮南子》曰："獭知水之高下。"引高诱注云："高下，犹深浅。"④此文引自《缪称》篇，今为许慎注本，注文作："水之所及，则獭避而为穴也。"⑤故有别于杜氏所引高注。又如，卷十一引《淮南子·天文》曰："冬至，井水盛，盆水溢，羊乳。"并引许慎曰："乳，羊脱毛也。"⑥今本该篇为高诱注本，无注。正因为如此，《玉烛宝典》成为后世学者辑佚许注的重要来源。当然，

---

① 李延寿《北史》卷五十五《杜台卿列传》："隋开皇初，被征入朝。台卿采《月令》，触类广之，为书名《玉烛宝典》十二卷，至是奏之，赐帛二百疋。"（中华书局 1974 年，第 1991 页。）可知《玉烛宝典》在隋前就基本成形。该书大概宋后失传，由黎昌庶等人在日本寻访得之。原本十二卷，今缺第九卷。
② 引述高诱注文大都使用高曰、高诱注云的形式，其中有部分未标明注者名，而引述许慎注文则基本是使用许慎曰的形式。
③ 杜台卿《玉烛宝典》，《续修四库全书》第 885 册，第 26 页。
④ 《续修四库全书》第 885 册，第 3 页。
⑤ 张双棣《淮南子校释》（增订本），第 1120 页。
⑥ 《续修四库全书》第 885 册，第 94 页。

《玉烛宝典》也显示了当时许本与高本的文本差异。例如，今存高本《原道训》"羽者妪伏"中"羽"，杜氏引许本作"剖"；今存高本《天文训》"气钟首"中"钟"，杜氏引许本作"种"。

三、《北堂书钞》所引《淮南子》文本

隋炀帝大业年间(605—618年)，出现了两部类书，即《编珠》和《北堂书钞》。后者由虞世南担任隋秘书郎时编撰，原载一百七十三卷，现有一百六十卷。这两部类书皆把《淮南子》作为援引的对象，特别是《北堂书钞》，所引《淮南子》文本已经构成了它不可或缺的组成部分。

《北堂书钞》的篇幅远大于《编珠》，因而所引《淮南子》文本的数量也远非《编珠》可比。据统计，《北堂书钞》引用《淮南子》达到了大约237例，涉及除《诠言训》之外的所有篇目。这是以往所有文献所不能比肩的。除去自身的误传、误刻，《北堂书钞》实际上保留了许多不同于今本的异文，从中能窥见隋代古本的一些文本面貌。例如，今本《原道训》"空穴之中"中"空"，《北堂书钞》引作"土"；今本《天文训》"重浊者凝滞而为地"中"凝滞"，《北堂书钞》引作"淹滞"；今本《览冥训》"羽翼弱水"中"羽翼"，《北堂书钞》引作"濯羽"；又此篇"浮游不知所来"中"来"，《北堂书钞》引作"求"；今本《精神训》"日内有蹲乌"中"蹲"，《北堂书钞》引作"踆"；今本《本经训》"煎熬焚炙"中"焚"，《北堂书钞》引作"燔"；今本《齐俗训》"难与言化"，《北堂书钞》引作"不可与言俗"；今本《氾论训》"禹劳天下"中"劳"，《北堂书钞》引作"勤"；今本《兵略训》"发如秋风，疾如骇龙"，《北堂书钞》引作"发如猋风，疾如骇电"；今本《说林训》"无国之稷"中"无"，《北堂书钞》引作"芜"。正因为如此，《北堂书钞》成了后世学者如王念孙、刘文典诸人校勘《淮南子》文本的重要资用对象。当然，《北堂书钞》引用《淮南子》文本并不精审，随意删改的现象时有发生，故不可尽信。

从虞世南引述《淮南子》注文的情况看，他显然同时见到了许慎注本和高诱注本，因而保留了一些不见于今本的注文。据统计，《北堂书钞》保留有大约3例高注佚文，9例许注佚文[①]。《北堂书钞》所引文本，也能见出当时许高二本的某些差异。例如，今存高本《原道训》"禽兽有芃"中"芃"，《北堂书钞》

---

① 其中所存高注佚文，参见拙文《淮南子高诱注佚文辑考》，《古籍整理研究学刊》2010年第2期。

引许本作"机";今存高本《俶真训》"越舲蜀艇,不能无水而浮",《北堂书钞》引许本作"越舲吴艇,不能无水而行";今存高本《本经训》"缴大风于青丘之泽"中"泽",《北堂书钞》引许本作"野";今存许本《齐俗训》"狐梁之歌可随也"中"狐",《北堂书钞》引高本作"匏";今存许本《兵略训》"旷旷如夏"中"旷旷",《北堂书钞》引高本作"阔阔";今存高本《说山训》"欲美和者",《北堂书钞》引许本作"奏雅乐者"。

值得指出的是,《北堂书钞》所引文本中还有不见今本者约6例。例如,《北堂书钞》引《淮南子》曰:"高悬大鉴,坐见四邻。"并引注云:"取大鉴高悬之,兑水在下,兑中见四邻也。"① 宋人郭知达《九家集注杜诗》亦引此正文,但称作"《淮南万毕术》云"。类书辗转传抄,错讹者甚多,所以,《北堂书钞》所引亦不能尽信,只能大概反映《淮南子》文本在流传过程中确有脱讹现象。

第四节 唐代初期《淮南子》的文本流传

唐代初期是指唐建立至开元前夕(618—712年)这段时间。这个时期的学术活动逐渐活跃,经学、史学、子学及文学都得到了长足的发展,诞生了许多有名的学术著作。这些著作大都存在引用《淮南子》的情况,显示了《淮南子》在唐代初期非常活跃的传播状态。

一、《艺文类聚》所引《淮南子》文本

唐取代隋不久,唐高祖李渊便敕令欧阳询、令狐德棻等一众十余人编写《艺文类聚》。该书成于武德七年(624),是继《北堂书钞》后又一部大型类书,征引古籍达1430余种。《淮南子》依然是其援引采择的重要对象之一,据统计,《艺文类聚》引用《淮南子》文本约167例,涉及了《淮南子》的所有篇目。

细究所引文本,虽然引用了1例许慎《淮南子注》之文②,但仍然可以肯定

---

① 虞世南《北堂书钞》卷一百三十六《服饰部三·镜六十五》,天津古籍出版社1988年影印清光绪十四年孔氏影宋刊本,第592页。本节所引该书之文皆出自此本。
② 《艺文类聚》卷八十九《木部下》:"许慎《淮南子注》曰:'展禽之家树柳,行惠德,因号柳下惠,一曰邑名。'"(第1530页。)今本高注作:"柳下惠,鲁大夫展无骇之子,名获,字禽。家有大柳树,惠德,因号柳下惠。一曰:柳下,邑。"(张双棣《淮南子校释》[增订本],第1814页。)当是《艺文类聚》编者提炼高注而来,误记为许注,故不可信。

此书所据本乃是高诱注本。据统计，《艺文类聚》引用高注约有 27 例，其中有 6 例不见于今本，当属高注佚文①。由于《艺文类聚》所据用的是高本，所以，从中可以见出许高二本的某些文本差异。例如，今存许本《缪称训》"春女思，秋士悲"，《艺文类聚》两引高本均作"春女悲，秋士哀"。又许本此篇"昔二凤皇至于庭，三代至乎门，周室至乎泽，德弥粗，所至弥远"，《艺文类聚》引高本作"昔者二皇凤至于庭，三代凤至于门，周室至于泽，德弥浇，所至弥远"②。今存许本《泰族训》"破九龙之钟"中"钟"，《艺文类聚》引高本作"鼎"。当然，还可从中见出高本在流传过程中的一些文本变异。例如，今存高本《主术训》"不能与越人乘干舟而浮于江湖"中"干"，《艺文类聚》引作"舿"。今存高本《修务训》"夫雁顺风，以爱气力；衔芦而翔，以备矰弋"，《艺文类聚》引作"夫雁从风而飞，以爱气力；衔芦而翔，似备弋缴"③。然而，与《北堂书钞》一样，《艺文类聚》的文本质量亦不高，固不可尽信。

二、《五经正义》及五朝史所引《淮南子》文本

唐高祖之后，唐太宗更是大兴文治。他在贞观元年（627）诏令颜师古等人考定五经文字，诏令孔颖达等人撰定《五经义疏》，最终形成《五经正义》。其中《毛诗正义》《周礼注疏》《春秋左传注疏》《春秋公羊传注疏》皆有引用《淮南子》文本的情况，据统计，共约 15 例，涉及《俶真训》《天文训》《齐俗训》《精神训》《本经训》《主术训》《氾论训》《说山训》《泰族训》九篇。从引用的文本看，该四书所据用的版本，极有可能是许慎注本。《毛诗正义》引《淮南子》云："久血为磷。"并引许慎云："谓兵死之血为鬼火。"④ 此文出自《主术训》，今本为高诱注本，无注。这是编撰者据用许慎注本的直接证据。因此，从该四书所引用的文本，可以见出许高二本的某些差异。例如，今存高本《俶真训》"以涅染缁则黑于涅"中"缁"，《周礼注疏》卷四十引作"绀"；今存高本《天文训》"是谓县车"中"车"，《春秋公羊传注疏》卷四引作"舆"；今存高本《精神训》"伯牛有疾"中"疾"，《春秋左传注疏》卷三十八引作"癞"；今存高本《主术训》"乾鹄知来"中"乾"，《毛诗正义》卷二十一、《周礼注疏》卷七均

---

① 详见拙文《淮南子高诱注佚文辑考》。
② 欧阳询《艺文类聚》，第 1708 页。
③ 欧阳询《艺文类聚》，第 1578 页。从句式对仗来说，今存高本首句明显有脱文，当从《艺文类聚》所引。
④ 孔颖达《毛诗正义》，第 612 页。

引作"鴅"。

在统一经学义理之后，唐太宗又在贞观三年(629)诏令房玄龄、魏征等人重修梁、陈、北齐、北周、隋五朝史。其中《梁书》《隋书》引用《淮南子》文本约3例。《隋书・志第七・礼仪七》引:"故《淮南子》曰:'楚庄王冠通梁，组缨。'注云:'通梁，远游也。'"[①]正文及注文均不见于今本，当是今本脱文。又《隋书・志第十一・律历上》引:"《淮南子》云:'秋分而禾蔈定，蔈定而禾熟。律数十二而当一粟，十二粟而当一寸。'蔈者，禾穗芒也。"[②]引文出自《天文训》。今存高本注文作:"蔈，禾穗粟孚甲之芒也。"可知《隋书》所据为高注本，与《五经正义》所据本不同。故《隋书・经籍志》著录两种《淮南子》，均为二十一卷，分别标明"许慎注"和"高诱注"。

在修史的同时，颜师古、李贤等人又忙着注释古史。颜师古的《汉书注》成于贞观十五年(641)，引用《淮南子》约有9例，涉及《原道训》《天文训》《齐俗训》《道应训》《说山训》《人间训》等篇。其中1例似乎是引用许注，而冠以《淮南子》之名。《汉书》卷五十七颜师古注曰:"成庆，古之勇士也，事见《淮南子》。"[③]今本《齐俗训》"成庆"作"成荆"，注文作"成荆，古勇士也"。颜师古对《淮南子》十分熟悉，他在另一部成于永徽三年(652)的《匡谬正俗》中也引用《淮南子》约2例，且有1例兼引高注，说明颜氏通常使用的是高诱注本[④]。

三、《后汉书注》及佛书所引《淮南子》文本

在颜师古完成《汉书注》三十余年后，章怀太子李贤主持注释了《后汉书》。该书成于上元年间(675—677)，出现大量引用《淮南子》文本的情况。据统计，《后汉书注》引用《淮南子》约82例，涉及了《淮南子》所有篇目，其中有6例兼引高注，2例独引高注，2例独引许注。所引许高注文，各有1例不见于今本，当为佚文。这说明李贤等人见到过许高二本，使用高本的频率

---

① 魏征《隋书》，第265页。
② 魏征《隋书》，第402页。
③ 班固《汉书》，第2428页。
④ 颜师古《匡谬正俗》卷六引《淮南子》曰:"夫马之为草驹之时，跳跃扬蹄，翘足而走，人不能制。"高诱曰:"五尺已下为驹，放在草中故曰草驹。"(《景印文渊阁四库全书》第221册，第501页。)此文引自《修务训》。"足"，今本作"尾"，显示出文本在流传过程发生了变化。

高于许本。《后汉书》引《淮南子》文本,并不审慎,不少文本皆是节引,有时将正文、注文糅合在一起引用,却冠以《淮南子》之名。例如,李贤注《后汉书·张衡传》引《淮南子》曰:"孔子见禾三变,始于粟,生于苗,成于穟,乃叹曰:'我其首禾乎?'"并引高诱注云:"禾穟向根,君子不忘本也。"① 此文引自《缪称训》,今本作:"夫子见禾之三变也,滔滔然曰:'狐乡丘而死,我其首禾乎?'"注文作:"夫子,孔子也。三变,始于粟,粟生于苗,苗成于穗也。禾穗垂而向根,君子不忘本也。"② 显然,"始于粟"等文是来自注文,而李贤等人将其混入正文。值得指出的是,所引高注与今本许注高度相似,若不是李贤等人误记,则我们有理由怀疑许高二注互窜现象可能很早就发生了,抑或是今本许注中窜入了高注。《后汉书注》所引文本有的亦可以明今本之讹。例如,《后汉书·文苑传注》引《淮南子》曰:"今舞者便娟,若秋药被风。"③ 此文节引自《修务训》,"便娟"今本作"便媚"。"便娟"形容舞姿轻盈,先秦两汉作品中较常见;"便媚"多指轻浮谄媚,先秦两汉作品中极少见。根据上下文,今本"媚"当是"娟"字之讹。

唐高宗年间,佛书的编撰也较为流行。释道宣(596—667)与释道世均参加过显庆间玄奘译场,分别编有一部佛书。前者在《弘明集》的基础上编撰了《广弘明集》,后者则编撰了皇皇大作《法苑珠林》。两书都有引用《淮南子》的情况,说明《淮南子》已为佛教学者所注意,并说明《淮南子》已在寺院流传。《广弘明集》初次成书于唐高宗麟德元年(664),续补工作持续到乾封三年前后,引用《淮南子》仅1例,出自《缪称训》。《法苑珠林》初编于显庆四年(659),终成于总章元年(668),引用《淮南子》亦仅1例,出自《主术训》和《说山训》。

四、《文选注》所引《淮南子》文本

除了被应用于注释经学、史学和子学等学术著作外,《淮南子》还被李善应用于注释文学总集。李善(630—689)注释《文选》,完成于显庆三年(658)。《文选注》旁征博引,引书近千种。就《淮南子》而言,该书引用

---

① 范晔《后汉书》,第1933页。
② 张双棣《淮南子校释》(增订本),第1082页。
③ 范晔《后汉书》,第2644页。

《淮南子》正文约318例,引用高诱注文约48例,引用许慎注文约64例,涉及《淮南子》所有的篇目。其引用频次远超唐初的《艺文类聚》,即使是隋代的《北堂书钞》,也要甘拜下风,是整个唐代引用《淮南子》最多的书籍。

鉴于许注今存仅有八篇,《文选注》所引许注也就成了非常珍贵的文献资料。清人孙冯翼辑《许慎淮南子注》、叶德辉辑《淮南鸿烈间诂》,都将它如数收入进去。此外,保留的高注佚文也不在少数,大约有13例①。由于李善高频率引用许高二本,所以就能够显示当时许高二本的某些文本差异。例如,今存高本《原道训》"出于无垠之门",《文选·西京赋注》引许本作"出于无垠鄂之门";又高本此篇"峭法刻诛"中"诛",《文选·西征赋注》引许本作"刑"。今存高本《览冥训》"飞鸟铩翼,走兽废脚",《文选·蜀都赋注》引许本作"飞鸟铩羽,走兽废足";又高本此篇"恒娥窃以奔月",《文选·游仙诗注》引许本作"常娥窃而奔月"。今存高本《本经训》"积牒旋石",《文选·吴都赋注》引许本作"积迭旋玉"。今存许本《缪称训》"持无所监"中"持",《文选·出郡传舍哭范仆射注》引高本作"叠"②;今存许本《齐俗训》"牺牛粹毛"中"粹",《文选·杂诗注》引高本作"骍";今存高本《说山训》"莫鉴于沫雨"中"沫雨",《文选·海赋注》引许本作"流潦"。此外,《文选注》所引文本有时也能正今本之讹。例如,《文选·西京赋注》引《淮南子》曰:"闺门重袭,以避奸贼。"③此文引自《主术训》,今本"闺"讹作"闰"。《文选·长杨赋注》引《淮南子》曰:"高皇帝奋袂执锐,以为百姓请命于皇天。"④此文引自《氾论训》,影宋本"皇天"讹作"室天"。

当然,《文选注》引用《淮南子》有时也不精审,会出现随意改字的情况。例如,李善注《文选·于安城答灵运》引《淮南子》曰:"云台之高,堕者折脊碎胫。"⑤此文引自《俶真训》,今本"胫"作"脑",在《文选注》之前的《艺文类聚》亦引作"脑"。又如,李善注《文选·和伏武昌登孙权故城》引《淮南子》曰:

---

① 详见拙文《淮南子高诱注佚文辑考》。
② 原作"臺",据王念孙校改。叠,古"握"字。
③ 萧统《文选》,第53页。
④ 萧统《文选》,第406页。
⑤ 萧统《文选》,第1191页。

"秦、楚、燕、赵之歌也,异转而皆乐。"① 此文引自《修务训》,今本"赵"作"魏",《文子·精诚》篇亦作"魏"。可见,《文选注》虽多为清代和民国的校勘家所倚赖,但也不可尽信。

第五节 盛唐时期《淮南子》的文本流传

盛唐短短四十余年,学术活动继续了初唐时期的盛况,各种著作也是应运而生。这些著作大多引用过《淮南子》文本,显示出《淮南子》在盛唐依然保持着旺盛的传播力。

一、《史记索隐》《史记正义》所引《淮南子》文本

成于开元八年(720)之前的《史记索隐》②,便把《淮南子》作为重要的援引对象。据统计,《史记索隐》引用《淮南子》正文约14例,引用许注约6例,引用高注约2例,涉及《原道训》《俶真训》《天文训》《本经训》《主术训》《缪称训》《氾论训》《兵略训》《说山训》《修务训》十篇③。显然,司马贞同样见过许高二本,他在《史记索隐》中显示了许高二本的某些文本差异。例如,今存高本《俶真训》"骑蜚廉,而从敦圄",《史记索隐·司马相如列传》引许本作"骑飞龙,从淳圉";今存高本《修务训》"服剑者期于铦利",《史记索隐·苏秦列传》引许本作"服剑者贵于剡利"。

就在司马贞写成《史记索隐》后不久,张守节于开元二十四年(736)又写成了一部性质相同的学术著作——《史记正义》。此书引用《淮南子》正文7例,许注1例,高注1例,涉及《俶真训》《地形训》《氾论训》《人间训》《修务训》等篇。然而,张氏所谓"高诱注《淮南子》"云云,察其内容,应是取自《淮

---

① 萧统《文选》,第1410页。
② 见牛巧红《司马贞〈史记索隐〉研究》,郑州大学2013年博士学位论文,第16页。
③ 其中有1例引用的是高诱注文,却冠以《淮南子》之名。《史记索隐》引《淮南子》云:"乌号,柘桑,其材坚劲,乌栖其上,将飞,枝劲复起,号呼其上。伐取其材为弓,因曰'乌号'。"(司马迁《史记》,第3010页。)此文取自《原道训》高注,略有删减。影宋本"栖"作"跱"。由此可以确证,司马贞使用过高诱注本。又有1例不见于今本,《史记索隐》引《淮南子》云:"虽有金城,非粟不守。"(司马迁《史记》,第2044页。)当是司马贞误记。

南万毕术》,而非高注①。因此,张氏很有可能没有见到高诱注本,其所据本应是许慎注本。另外,成于开元十七年(729)的《贞观政要》也引有《淮南子》1例,出自《道应训》。

二、《初学记》所引《淮南子》文本

为了引典、检索的方便,唐玄宗亦命徐坚等人编纂大型类书《初学记》。该书成于开元十三年(725),曾大量引用《淮南子》文本。据统计,《初学记》引用《淮南子》正文约109例,明引许注约9例,明引高注约10例,未明注者引文约6例,涉及了除《缪称训》外的其他二十篇。可见,徐坚等人在当时是见过许高二本的,他们在《初学记》中保存了一些佚文,也成为后世辑佚者的重要资用对象。根据所引文本,《初学记》亦显示了许高二本的某些文本差异。例如,今存高本《俶真训》"迎春则泮而为水"中"泮",《初学记·地部下·冰》引许本作"释"②;今存高本《天文训》"其帝炎帝",《初学记·器物部·火》引许本作"其帝祝融"③;又高本此篇"四宫者所以为司赏罚"中"四宫",《初学记·天部上·星》引许本作"四守"。

当然,《初学记》所引文本最有价值的地方,在于它显示了一个许高二注的文本流传问题。《初学记》引许慎注云:"汤遭旱,作土龙以象云从龙也。"④今本《地形训》高注作:"汤遭旱,作土龙以像龙,云从龙,故致雨也。"⑤两注高度相似。又《初学记·岁时·部冬》引许慎注云:"不见日,故龙以目照之,盖长千里,开为昼,瞑为夜,吹为冬,呼为夏。"⑥今本《地形训》高注作:"一曰:龙

---

① 《史记正义》引高诱注《淮南子》云:"取鸡血与针磨捣之,以和磁石,用涂碁头曝干之,置局上,即相拒不止也。"(司马迁《史记》,第463页。)《太平御览》卷九百八十八引此文称作《淮南万毕术》,即为明证。可见,张守节引用《淮南子》并不精审,有时以意引之。例如,《史记正义·夏本纪》引《淮南子》云:"汤败桀于历山,与末喜同舟浮江,奔南巢之山而死。"(司马迁《史记》,第89页。)今本《淮南子》无相同文字,仅《修务训》说:"(汤)整兵鸣条,困夏南巢,谯以其过,放之历山。"(张双棣《淮南子校释》[增订本],第1982页。)
② 此句,《初学记》引用两次,另一次引作"向春则泮而为水",说明每次所据版本不同。又今本《精神训》:"冰之凝,不若其释也,又况不为冰乎!"(张双棣《淮南子校释》[增订本],第797页。)可知作"释"亦可。《意林》卷二引此文亦作"释",而此书据用许本,则作"释""泮"二字,乃许高之别。
③ 此句,今存高注有"旧说祝融"一语,《太平御览·火部二·火下》亦引作"祝融",并引有佚注,故可知是许本。
④ 徐坚《初学记》,中华书局1962年,第24页。
⑤ 张双棣《淮南子校释》(增订本),第476页。
⑥ 徐坚《初学记》,第59页。

衔烛以照太阴,盖长千里,视为昼,瞑为夜,吹为冬,呼为夏。"①两者亦十分相似。又《初学记》引许慎注曰:"有军事相围守,则月晕。以芦灰环,缺其一面,则月晕亦阙于上。"②今本《览冥训》高注作:"将有军事相围守,则月运出也。以芦草灰随牖下月光中令圜画,缺其一面,则月运亦阙于上也。"③两注也很相似。这些情况说明,不大可能是《初学记》将高注误引作许注,也不大可能全是高诱在为《淮南子》作注时所吸取的许注④,而是今本确实存在许注羼入高注的现象。

三、《唐开元占经》所引《淮南子》文本

就在《初学记》成书之际,开元期间的一部奇书《大唐开元占经》也正在编撰。它的奇特之处,一在于它是印度后裔瞿昙悉达主持编撰,二在于它是古代一部非常少见的占星书。据《四库全书总目提要》考证,《开元占经》成于开元十七年(729)以前。今人观点大致相似,认为该书作于译《九执历》之后,终止用《麟德历》之前,即公元718—728年之间。作为承载古代天文地理知识的宝库,《淮南子》自然成了《开元占经》引述的重要古书。同时,《开元占经》的引述也为我们了解《淮南子》在盛唐时期的文本流传情况起到了独特作用。

据统计,《开元占经》正文引用《淮南子》文本约39例,其注文引用《淮南子》文本约51例。由于该书的注文很有可能在后人传抄过程中被掺入了一些内容,所以这里仅以其正文的引述情况作为讨论对象。这39例引述文本,涉及《天文训》(约26例)、《地形训》(约1例)、《览冥训》(约5例)、《精神训》(约1例)、《本经训》(约2例)、《泰族训》(约1例)六篇,其中还有不见于今本者约3例⑤。

---

① 张双棣《淮南子校释》(增订本),第509页。
② 徐坚《初学记》,第9页。
③ 张双棣《淮南子校释》(增订本),第656页。
④ 高诱是一个十分严谨的注释家,在使用他人观点时,基本会"一曰""或曰""一说""旧说""先师说"等形式加以点明,一般不会用而不言。
⑤ 《开元占经》卷一百十六引《淮南子》云:"犀置狐穴,狐不敢复居。"(《景印文渊阁四库全书》第807册,第1008页。)又引《淮南子》曰:"狐九尾者,九配得其所,子孙繁息,明后当旺也。"(同上,第1009页。)这2例均是误引书名所致,前者《太平御览》卷八百九十引称《淮南万毕术》,后者《初学记》卷二十九引称《白虎通》。又卷一百二十:"《淮南》所谓'井见而贵臣拘'者也。"(同上,第1037页。)这1例仅见于《开元占经》,或是《淮南子》脱文。

《开元占经》引用《淮南子》，其最大的特色便是仅以许慎注本为据，并首次显示了许本的书名和卷首题名。据统计，《开元占经》正文明引许注约 4 例，暗引许注约 16 例，而无一例引用高注[①]。这是该书据用许本的证据之一。另外一个更重要的证据，就是它称引了许本的书名和卷首题名。据统计，《开元占经》称引"淮南鸿烈"一名 4 次，称引"淮南鸿烈间诂"一名 1 次，称引"淮南天文间诂"一名 4 次[②]。根据陶方琦等人的研究，"淮南鸿烈间诂"便是许慎注本的书名。又据北宋本第二十一卷许注篇名"淮南鸿烈要略间诂"，可知"淮南天文间诂"就是许慎注本的卷首题名。这样仿佛就为我们展现了唐代开元时期许本的某些旧貌。

而且，与今存高本相比勘，《开元占经》还为我们保留了许高二本的某些文本差异。例如，今存高本《天文训》"重浊者凝滞而为地"中"凝"，《开元占经》引许本作"淹"；又高本此篇"日行一度而岁有奇四分度之一"中"日行"，《开元占经》引许本作"日行危"；又高本此篇"西北为蹢通之维"中"蹢通"，《开元占经》引许本作"迁通"；又高本此篇"其帝炎帝"，《开元占经》引许本作"其帝祝融"；又高本此篇"其兽为朱鸟"，《开元占经》引许本作"其兽为朱雀"；又高本此篇"其国益地岁熟"中"益"，《开元占经》引许本作"增"；又高本此篇"背者强"，《开元占经》引许本作"顺者强"；又高本此篇"左者衰"，《开元占经》引许本作"左者丧"；又高本此篇"西北即杀"中"杀"，《开元占经》引许本作"煞"；又高本此篇"不可迎也而可背也"中"背"，《开元占经》引许本作"顺"；又高本此篇"紫宫执斗而左旋"中"左旋"，《开元占经》引许本作"佐还"；又高本此篇"夏至牛首之山"中"山"，《开元占经》引许本作"维"；又高本此篇"贲星坠而勃海决"中"贲星"，《开元占经》引许本作"奔星"。今存高本《本经训》"太清之治"中"治"，《开元占经》引许本作"世"。今存高本《泰族训》"蛟龙伏寝于渊而卵剖于陵"中"剖"，《开元占经》引许本作"乳"。

[①] 暗引的注文，无一例与今存高注相同，必属许注无疑。正因为如此，叶德辉辑《淮南鸿烈间诂》，将《开元占经》所引注文悉数纳入其中。
[②] "淮南鸿烈"，有 1 次写成"淮南鸿列"，北宋本最后一卷亦题"淮南鸿列"，可见只是书写差异。"淮南天文间诂"，有 2 次误写成"淮南天文问诂"，北宋本有两卷均题为"间诂"，可见"问诂"是"间诂"之误。

第六节　唐中期至五代《淮南子》的文本流传

唐中期至五代,是指从唐代宗大历元年(766)到宋朝建立前夕(959年),近两百年时间。这个时期的学术活跃程度已不能与唐前期相比,大型图书的编撰也明显少于前期。这个时期,《列子释文》《意林》《通典》《白氏六帖》《一切经音义》《酉阳杂俎》《说文解字系传》等书都有引用《淮南子》的情况[①],从中可以见出这个时期《淮南子》文本流传过程中的某些面貌。

一、《白氏六帖》所引《淮南子文本》

为作诗作文方便,白居易在贞元、元和年间编撰了一部类似现代辞典的类书,名为《事类集要》,共30卷,当时人称为《白氏六帖》。此书引用了不少《淮南子》文本,据统计,大概有79例,涉及《原道训》(约6例)、《俶真训》(约6例)、《天文训》(约12例)、《地形训》(约5例)、《时则训》(1例)、《览冥训》(约8例)、《本经训》(约2例)、《主术训》(1例)、《齐俗训》(约3例)、《道应训》(1例)、《氾论训》(约3例)、《诠言训》(1例)、《兵略训》(约2例)、《说山训》(约4例)、《说林训》(约6例)、《人间训》(约5例)、《修务训》(约5例)、《泰族训》(约3例)、《要略》(1例)19篇,另有4例不见于今本。

在这不见于今本的4例引文中,部分是白居易误引所致,并非全是《淮南子》佚文。《白氏六帖·霜》引《淮南子》:"邹衍事燕惠王,尽其忠贞,左右谮之。王弃衍,衍仰天而哭,感霜降。"[②] 此条引文不见于今本,《北堂书钞·天部四·霜篇十九》引《淮南子》作:"邹衍事燕惠王尽诚,左右谮之王。王系之,夏五月,天为之下霜。"[③]《艺文类聚·岁时上·夏》《初学记·霜第三》亦引,"诚"作"忠",当是《淮南子》佚文。《白氏六帖·桥》《白氏六帖·鹊》同引《淮南子》:"乌鹊填河成桥,而渡织女。"[④] 此文不见于今本,《御定分类字锦》卷五十五引此文则称"《风土记》",故难以定夺是佚文还是误引。《白氏六

---

① 关于意林对《淮南子》文本的引述,将在本编第五章作详细讨论。杜佑(735—812)的《通典》有两百卷,大约成于德宗贞元十七年(801),是一部史学理论之作,引用《淮南子》文本仅8例,涉及《天文训》《地形训》《时则训》《览冥训》四篇。其中有1例不见于今本,《通典》卷四十四《礼四·沿革四·吉礼三》:"《淮南子》:'太平之时,五日一风,一年七十二风。'"(第1225页。)当是误引所致。
② 白居易《白氏六帖事类集》卷一《霜二十》,文物出版社1987年影印宋刻本。
③ 虞世南《北堂书钞》,第692页。
④ 白居易《白氏六帖事类集》卷二十九《鹊十四》。

帖·慎》引《淮南子》:"覆车之下无伯夷。"① 此文不见于今本,与《韩非子·安危》"覆舟之下无伯夷"仅一字之异,当是误引所致。

因为是为方便作文作诗而编写《白氏六帖》,所以白居易在引用时常以意取之,删改是其常见手段。从这个方面说,《白氏六帖》虽然高频率引用《淮南子》,但所引文本琐屑,又因袭《艺文类聚》《初学记》等书,因而价值并不高。据统计,《白氏六帖》明引许注、高注各1例,但皆因袭《艺文类聚》和《初学记》而来。值得注意的是,《白氏六帖》还引有6例未明注者的注文,大都不见于其他类书。察其内容,既有高注,又有许注。《白氏六帖·月》引注云:"以芦灰环月,缺其一面,则月晕亦缺。"②《白氏六帖·灰》引同,这条注文很难分辨注者。又《白氏六帖·星》引注云:"彗,所以除旧布新。"③ 根据《初学记》,这条注文为许注。又《白氏六帖·雷》引《淮南子》:"雷,激气也,以为鞭策。"④ 这是误把高注作正文。又《白氏六帖·炭》引注曰:"冰寒炭热,无时得合。"⑤ 今本《齐俗训》无此注文,当属高注。又《白氏六帖·猿》引:"言残林木以求之。"⑥ 是《说山训》高注的一部分。可见,白居易在当时极有可能同时看到了许高二本。

二、《一切经音义》所引《淮南子》文本

唐中期至五代时期,引用《淮南子》最频繁的要属释慧琳(737—820)编撰的《一切经音义》。该书有一百卷,其编撰过程自唐德宗贞元四年(788)开始,至唐宪宗元和五年(810)结束。《一切经音义》虽综合了玄应的成果,但鉴于慧琳的生活年代与玄应相距不远,故此书对考察《淮南子》在中唐时期的文本流传,特别是对于许慎注本,仍有着不可忽视的作用。

据统计,《一切经音义》引用《淮南子》正文约136例,涉及《原道训》(约16例)、《俶真训》(约13例)、《天文训》(约12例)、《精神训》(约7例)、《主术训》(约3例)、《齐俗训》(约15例)、《道应训》(约3例)、《氾论训》(约2

---

① 白居易《白氏六帖事类集》卷八《慎五十》。
② 白居易《白氏六帖事类集》卷一《月第四》。
③ 白居易《白氏六帖事类集》卷一《星第五》。
④ 白居易《白氏六帖事类集》卷一《雷十六》。
⑤ 白居易《白氏六帖事类集》卷五《炭三十四》。
⑥ 白居易《白氏六帖事类集》卷二十九《猿第六十四》。

例)、《诠言训》(约3例)、《兵略训》(约4例)、《说山训》(约8例)、《说林训》(约12例)、《人间训》(约4例)、《修务训》(约2例)、《泰族训》(约24例)、《要略》(约6例)16篇。实际上,《一切经音义》引用许注比引用正文还要频繁,这是它明显不同于其他文献引用《淮南子》的地方。据统计,《一切经音义》引用许注约148例,涉及除《时则训》《缪称训》和《要略》外的其他18篇。虽然引用的频次很高,但重复引用的情况很常见。例如,《一切经音义》引《淮南子》:"群生莫不喁喁然仰其德。"① 此文出自《俶真训》,被引用了5次。又如,《一切经音义》引许注:"潮水涌起,迁者为涛。"此注出自《人间训》,被引用了4次。

尽管如此,《一切经音义》仍然保留了许本的不少异文和注文,同时也能证明至元和年间(806—820年)许慎注本仍然保持完整。其所保留的异文,能使我们进一步窥见许高二本的文本差异。例如,今存许本《原道训》"鸟排虚而飞"中"虚",《一切经音义》引许本作"空";又高本此篇"奇丽激抮之音"中"抮",《一切经音义》引许本作"轸";今存高本《天文训》"阳燧见日则燃而为火"中"燃",《一切经音义》引许本作"爇";今存高本《齐俗训》"兽穷则觢"中"觢",《一切经音义》引许本作"攫";今存高本《说山训》"深则达五藏"中"达",《一切经音义》引许本作"汰";今存高本《说林训》"苏秦以百诞成一诚",《一切经音义》引许本作"苏秦以百诡成一信"。

《一切经音义》所引用的许注,也成了孙冯翼辑《许慎〈淮南子注〉》、叶德辉辑《淮南鸿烈间诂》的重要来源。据统计,孙氏辑录《一切经音义》所引许注共11条,叶氏辑录共65条,足见其珍贵的文献价值。

三、《酉阳杂俎》所引《淮南子》文本

作为唐代笔记小说集,段成式(803—863年)编著的《酉阳杂俎》也把《淮南子》作为素材来源。该书大约成于唐文宗太和九年(835)之后,明引《淮南子》约有5例,暗引《淮南子》多例。《酉阳杂俎》卷十一《广知》引《淮南子》云:"兔丝,琥珀苗也。"② 此文不见于今本,无考,或为许慎注文。卷十四《诺皋记上》又云:"河伯,人面,乘两龙,一曰冰夷,一曰冯夷……《淮南子》言

---

① 本节所引《一切经音义》之文,均出自《续修四库全书》第196—197册影印本。
② 本节所引《酉阳杂俎》,均出自《四部丛刊》本。

'冯迟'。"冯迟,今本皆作"冯夷"。《文选·枚乘〈七发〉注》引许注:"冯迟、太白,河伯也。"① 可见,段成式所据用的版本应是许慎注本。又卷十六《广动植之一》引《淮南子》:"以蛋为蠛蠓。"此引文亦不见于今本,《太平御览》卷九百四十五《虫豸部二》引许注:"飞虫,蠛蠓。"② 可进一步证明段氏所据本就是许本。

然而,该书《续集》卷三《支诺皋下》又说:"予读《淮南子》云:'夫播棋丸于地,圆者趣窐,方者止高,各从其所安,夫人又何上下焉! 若风之过箫也,忽然感之,可以清浊应矣。'高诱注云:'清,商;浊,宫也。'"这条引文出自《齐俗训》。今本此篇为许慎注本,此文无注。"趣窐"今本作"走泽","止高"今本作"处高",或为许高二本之别。由此来看,段氏当时应该也见到了高诱注本。

四、《说文解字系传》所引《淮南子》文本

晚唐至五代这个时期,由于社会动荡不安,文化和学术活动在一定程度上受到了抑制,鲜有大型书籍问世。《淮南子》的文本传播频次和范围也因此受到了影响。这百余年来,现存文献中仅徐锴的《说文解字系传》比较频繁地利用了《淮南子》。

《说文解字系传》大约成于南唐时期(937—974)。据统计,该书引用《淮南子》文本约27例,涉及《原道训》(约6例)、《俶真训》(约3例)、《天文训》(约2例)、《地形训》(约4例)、《时则训》(1例)、《览冥训》(约4例)、《精神训》(1例)、《本经训》(约3例)、《主术训》(1例)、《道应训》(1例)、《说山训》(1例)十一篇;明引高诱注文3例,暗引高诱注文1例③。

清人严元照指斥《说文系传》存在七大缺点,妄改经典和征引太支是其中两大缺点。实际上,徐氏引用《淮南子》也表现出了这两个缺点。他并不总是忠实于原本,有时为了获取佐证而不惜更改原本,且多节引。例如,《说文系传》:"隈,崖也,其内曰澳,其外曰隈,从水,奥声。臣锴按:《淮南子》:'渔者以

---

① 萧统《文选》,第1570页。
② 李昉《太平御览》,第4196页。
③ 《说文系传》卷十八引:"《淮南子》曰:尧之时,猰貐凿齿,皆为民害,乃使羿上射十日,下杀猰貐。注云:状若龙首。一曰:似狸,善走,食人。"(徐锴《说文解字系传》,中华书局1987年,第192页。)此引文出自《本经训》,今本高注作:"猰貐,兽名也,状若龙首。或曰:似狸,善走而食人,在西方也。"(张双棣《淮南子校释》[增订本],第855页。)虽有异文,但仍可证徐氏所引为高注。

其限隩曲崖相让。'内谓岸内,曲隈外曲也。"① 此文引自《原道训》,但影宋本作:"渔者争处湍濑,以曲隈深潭相予。"并无"隩""崖"二字。可见,徐氏所引文本多半是为取证而擅改。由于《说文系传》所引全为高注,所以,几乎可以肯定徐氏见到的仅是高本。《说文系传》:"束,缚也……《淮南子》:'荷缠束薪者,曰九方堙。'"② 此文引自《道应训》,今本此篇为许注本,"束"作"采",这或是许高二本之别。

---

① 徐锴《说文解字系传》,第 222 页。
② 徐锴《说文解字系传》,第 124 页。

第四章 《文心雕龙》《刘子》对《淮南子》的评价与吸纳

第一节 《文心雕龙》对《淮南子》的评价与吸纳

刘勰,字彦和,生卒年不详,主要生活在南朝梁代,曾与太子萧统、宰相沈约相过从。他的《文心雕龙》,可谓是中国古代文艺史上划时代的著作。这部著作体密思精,纵横捭阖,也可谓是对其前代典籍的大总结。作为汉代有名的子书,《淮南子》自然也成为刘勰密切关注的对象之一。他在《文心雕龙》中不仅对刘安及《淮南子》作出评价,而且还自觉吸纳《淮南子》的一些思想及言论,接受它的影响和启发[①]。

一、《文心雕龙》对刘安及《淮南子》的评价

淮南王刘安一直被史书描写成阴谋野心家,如从《汉书》的"卫青在位,淮南寝谋"到《三国志》的"汲黯在朝,淮南寝谋",而刘勰在这方面不置一词,对刘安作了正面的褒扬。他在《文心雕龙·诏策》中说:"是以淮南有英才,武帝使相如视草;陇右多文士,光武加意于书辞:岂直取美当时,亦敬慎来叶矣。"[②]《汉书·淮南王传》:"时武帝方好艺文,以安属为诸父,辩博善为文辞,甚尊重之。每为报书及赐,常召司马相如等视草乃遣。"[③] 显然,刘勰称誉刘安为"英才",要比班固的"辩博""善为文辞"更有分量。孔融《荐祢衡疏》:"淑质贞亮,英才卓跞。"[④] 可见,英才先要以美好的品格为前提,这实际上暗示了刘勰对

[①] 关于《文心雕龙》与《淮南子》之间存在的联系,学术界讨论不多,有过专论文章,如马白的《淮南子与〈文心雕龙〉》(见《文史哲》1991年第6期,第96—101页)、陈良运的《文心雕龙与淮南子》(见《文史哲》2000年第3期,第47—52页)、郭鹏的《简论淮南子对文心雕龙的影响》(见南阳师范学院学报2003年第8期,第74—81页)等,但多数是捕风捉影之谈,不足取信。
[②] 杨明照《增订文心雕龙校注》,中华书局2000年,第265页。
[③] 班固《汉书》,第2145页。
[④] 萧统《文选》,第1668页。

刘安被定为阴谋野心家的不认同，故而敢用"英才"一词称誉他。

当然，作为文艺批评家，刘勰主要还是从文才来定义英才的。《神思》篇说："人之禀才，迟速异分，……淮南崇朝而赋《骚》，枚皋应诏而成赋。虽有短篇，亦思之速也。"① 高诱曾说："诏使为《离骚赋》，自旦受诏，日早食已上。"② 不到一天时间便写成了一篇赋，这就是刘勰所说的"思之速"，体现了他对刘安文思敏捷的肯定。若仅仅是文思敏捷，还不足以称为英才。英才之英，必然要有杰出的作品。刘勰在《辨骚》中大段引用刘安的《离骚传》，作为对《离骚》的定评："昔汉武爱《骚》，而淮南作《传》，以为：'《国风》好色而不淫，《小雅》怨诽而不乱，若《离骚》者，可谓兼之。蝉蜕秽浊之中，浮游尘埃之外，皭然涅而不缁，虽与日月争光可也。'"③ 在刘勰心目中，《离骚》的地位很高，列在"宗经"后，而在"明诗"前。他的《辨骚》依次引用了刘安、班固、王逸、汉宣帝、扬雄的说法，独对班固作出了批评。刘勰说："四家举以方经，而孟坚谓不合传，褒贬任声，抑扬过实，可谓鉴而弗精，玩而未核者也。"④ 显然，是对刘安首先把《离骚》比肩甚至超越《诗经》的高度认可。这就从侧面印证了他是把刘安的《离骚传》视为杰出作品，故而能以英才称誉之。

除了评价刘安本人外，刘勰也评价了刘安主持编撰的《淮南子》。这首先体现在他的诸子观念之中。刘勰继承传统看法，把《淮南子》归为诸子一类。但由于刘勰具有强烈的宗经、崇儒意识，所以对诸子的评价远不如《诗经》《离骚》。在他看来，诸子多蔓延杂说，且喜夸饰，难合风雅之旨。刘勰说："或叙经典，或明政术，虽标论名，归乎诸子。何者？博明万事为子，适辨一理为论，彼皆蔓延杂说，故入诸子之流。"⑤ 又说："盖风雅之兴，志思蓄愤，而吟咏情性，以讽其上，此为情而造文也；诸子之徒，心非郁陶，苟驰夸饰，鬻声钓世，此为文而造情也。故为情者要约而写真，为文者淫丽而烦滥。"⑥ 因而常常会出现徒具文

---

① 杨明照《增订文心雕龙校注》，第370页。李祥补注说："《汉书·淮南王传》云'武帝使为《离骚传》'，王逸《楚辞序》又云作'离骚经章句'，并与《淮南序》不同。传及章句非崇朝所能成，疑高说得之。"（第372页。）
② 张双棣《淮南子校释》（增订本），第1页。
③ 杨明照《增订文心雕龙校注》，第50页。这段对《离骚》的评论文字，《史记·屈原贾生列传》引述更加详细，但未指明为刘安所撰，直至班固写《离骚序》才予以指明。
④ 杨明照《增订文心雕龙校注》，第50页。
⑤ 杨明照《增订文心雕龙校注》，第230页。
⑥ 杨明照《增订文心雕龙校注》，第416页。

采而无真情实感的情况。从这个方面说,《淮南子》因论述枝蔓,文采华丽,只能归入诸子之流。此与汉末高诱"出入经道"的评价相去甚远。当然,刘勰并未从根本上否定诸子,他说:"诸子者,入道见志之书。"① 又说:"诸子以道术取资,屈宋以《楚辞》发采。"② 认为诸子并非离经叛道之书,而是明道言志之书。因此,从这个方面说,《淮南子》虽论述枝蔓,但也能取资道术,是一部富有自己个性的书。

其次,也体现在刘勰对《淮南子》的具体看法之中。他说:"昔东平求诸子、《史记》,而汉朝不与。盖以《史记》多兵谋,而诸子杂诡术也。然洽闻之士,宜撮纲要,览华而食实,弃邪而采正,极睇参差,亦学家之壮观也。研夫孟荀所述,理懿而辞雅;……《吕氏》鉴远而体周,《淮南》泛采而文丽。斯则得百氏之华采,而辞气□文之大略也。"③ 这段评论文字包含两点:第一,《淮南子》属于诸子之书,虽杂有诡术,但也能为有识之士提纲撮要,得以壮观;第二,《淮南子》可谓百家的代表作之一,其特点是广采诸家思想观点,而文辞极显华丽。这两点显然是刘勰在认真研读《淮南子》之后所取得的认识,也是他评价《淮南子》的精髓所在。特别是"文丽"这一点,与东汉谈《淮南子》的文气不同,确是道前人之所未道。

此外,刘勰还对《淮南子》中的某些怪诞记述作了评判。他说:"然繁辞虽积,而本体易总,述道言治,枝条五经。其纯粹者入矩,踳驳者出规。……《列子》有移山跨海之谈,《淮南》有倾天折地之说,此踳驳之类也。是以世疾诸混同虚诞。按《归藏》之经,大明迁怪,乃称羿弊十日,嫦娥奔月。殷《易》如兹,况诸子乎?"④《一切经音义》引许慎注《淮南子》云:"踳,相背也。……《庄子》云:'踳驳,不调一也。'"⑤ 可知踳驳是乖离常识、驳杂不一之意。在刘勰看来,《淮南子》中的某些内容乖离常识,驳杂不一,如《天文训》:"昔者共工与颛顼争为帝,怒而触不周之山,天柱折,地维绝。"⑥ 此即刘勰所谓"倾天折地"之说所本。刘勰认为,这类内容多出儒家经义标准之外,因而常被世人痛斥,视

---

① 杨明照《增订文心雕龙校注》,第 228 页。
② 杨明照《增订文心雕龙校注》,第 574 页。
③ 杨明照《增订文心雕龙校注》,第 230 页。
④ 杨明照《增订文心雕龙校注》,第 229 页。《四部丛刊》本"弊"作"斃",当从。
⑤《续修四库全书》第 197 册,第 507 页。
⑥ 张双棣《淮南子校释》(增订本),第 276 页。

为虚诞。但他并未完全赞同流俗的看法,反而为之开脱,认为像《归藏》这样的经书都难免记载此类内容,更何况像《淮南子》这样的子书。可见,刘勰虽然有浓厚的征圣、宗经意识,但对诸子这类虚妄怪诞的内容也不是一概排斥,只是将其归为"踳驳之类"。

二、《文心雕龙》谋篇布局受《淮南子》影响

(一)刘勰以《原道》为首篇之名是效仿《淮南子》

今本《淮南子》第一篇为《原道训》,其实,这个篇名中的"训"字是高诱或后人据高注本所增,它的最初篇名就是《原道》。而《文心雕龙》第一篇的篇名也是《原道》,与《淮南子》完全相同。这决非偶然,说明刘勰在为《文心雕龙》谋篇布局时受到了《淮南子》的影响。不仅篇名相同,而且都将其置于全书之首,这也说明两者在构思全书方面有着大致相同的观念和方法论。

首先,两者都认为道是现实世界的本原,它化生了天地万物。高诱注解"原道"一词:"原,本也。本道根真,包裹天地,以历万物,故曰原道。"① 是说天地万物为道所涵养,故本于道,根于道。这其中当然也包括刘勰所要讨论的文。刘勰说:"文之为德也大矣,与天地并生者何哉?夫玄黄色杂,方圆体分,日月叠璧,以垂丽天之象;山川焕绮,以铺理地之形。此盖道之文也。"② 可知天象地形也是道所化生,同样本于道,根于道,刘勰称之为道之文。《淮南子·天文训》说:"天地未形,冯冯翼翼,洞洞灟灟,故曰太昭。道始于虚霩,虚霩生宇宙,宇宙生气。气有涯垠,清阳者薄靡而为天,重浊者凝滞而为地。……积阳之热气生火,火气之精者为日;积阴之寒气者为水,水气之精者为月。日月之淫气,精者为星辰。天受日月星辰,地受水潦尘埃。"③ 刘勰所谓"玄黄色杂",即"天地未形";"方圆体分",即"清阳者薄靡而为天,重浊者凝滞而为地";"日月叠璧",即"火气之精者为日""水气之精者为月";"垂丽天之象",即"天受日月星辰";"山川焕绮",即"地受水潦尘埃"。由此可知,刘勰所思考的道化生天地万物的过程,实与《淮南子》相合。而且,《淮南子》在《原道》《俶真》之后设《天文》《地形》两篇,这对刘勰把天象、地形看成是"道之

---

① 张双棣《淮南子校释》(增订本),第2页。
② 杨明照《增订文心雕龙校注》,第1页。
③ 张双棣《淮南子校释》(增订本),第276页。

文"有直接的影响①。他又从道之文引申出人之文,认为人文也是根源于道,所谓"人文之元,肇自太极"②,所谓"惟人参之,性灵所钟,是谓三才,为五行之秀,实天地之心,心生而言立,言立而文明,自然之道也"③。既然道是本原,是源头,自然应列为首篇。

其次,两者都强调本末一体、执本统末的方法论④。本末观念自先秦以来就很流行,至《淮南子》则集其大成。刘安及其宾客进一步阐述了本末一体、执本统末的思想主张。《文心雕龙》虽然广涉群书,但在本末方法论这一方面受《淮南子》的影响也比较明显。第一,两书均主张本末有序,执一应万。《淮南子·诠言训》:"先本而后末。"⑤又《人间训》:"见本而知末,观指而睹归,执一而应万,握要而治详,谓之术。"⑥而刘勰在《总术》篇中也说:"务先大体,鉴必穷源。乘一总万,举要治繁。"⑦第二,两书均认为本末一体,本正而末从。《淮南子·精神训》:"譬犹本与末也,从本引之,千枝万叶莫得不随也。"⑧又《缪称训》:"辟若伐树而引其本,千枝万叶则莫得弗从也。"⑨又《说林训》:"见其一本而万物知。"⑩而刘勰在《序志》篇中说:"振叶以寻根,观澜而索源。"⑪在《章句》篇中又说:"振本而末从,知一而万毕矣。"⑫虽然文字表述不同,但化用《淮南子》文意仍然有迹可循。第三,两书均把这种本末一体、执本统末的方法论贯通于全书⑬。根据这种方法论,刘勰《文心雕龙》效仿《淮南子》,以《原道》篇为

---

① 高诱注解"天文"一语云:"文者,象也。天先垂文象,日月五星及彗孛,皆谓以谴告一人,故曰天文。"(张双棣《淮南子校释》[增订本],第277页。)天文即天象,日月星辰是其表现。刘勰显然受此启发。
② 杨明照《增订文心雕龙校注》,第1页。
③ 杨明照《增订文心雕龙校注》,第1页。
④ 详见马白《淮南子与文心雕龙》一文,《文史哲》1991年第6期,第100页。
⑤ 张双棣《淮南子校释》(增订本),第1560页。
⑥ 张双棣《淮南子校释》(增订本),第1872页。
⑦ 杨明照《增订文心雕龙校注》,第530页。
⑧ 张双棣《淮南子校释》(增订本),第729页。
⑨ 张双棣《淮南子校释》(增订本),第1066页。
⑩ 张双棣《淮南子校释》(增订本),第1835页。
⑪ 杨明照《增订文心雕龙校注》,第611页。
⑫ 杨明照《增订文心雕龙校注》,第440页。
⑬ 两书其他篇目也多有论述这种方法论的情况,如《淮南子·本经训》:"今背其本而求于末,释其要而索之于详,未可与言至也。"(张双棣《淮南子校释》[增订本],第834页。)《淮南子·主术训》:"故通于本者不乱于末,睹于要者不惑于详。"(同上,第988页。)《文心雕龙·宗经》篇:"是以楚艳汉侈,流弊不还,正末归本,不其懿欤!"(杨明照《增订文心雕龙校注》,第27页。)《文心雕龙·诠赋》篇:"然逐末之俦,蔑弃其本,虽读千赋,愈惑体要。"(同上,第97页。)《文心雕龙·议对》篇:"若文浮于理,末胜其本,则秦女楚珠,复存于兹矣。"(同上,第333页。)诸如此类的论述屡见不鲜。

全书之本，自然是居于首篇之位。

（二）以《序志》总结全书亦是效仿《淮南子》

为自己的书作总结，写序文，滥觞于《吕氏春秋》，至汉初《淮南子》已基本成熟，其最后一篇《要略》无疑是对全书的总结，具体阐述了编著原则、写作目的、全书结构以及各篇的主要观点。司马迁所撰《太史公自序》，居于《史记》最末，亦是受《淮南子》启发，代表了古书自序的正式成熟。《文心雕龙》最后一篇《序志》，也是作者的自序，从中可以看出它效仿《淮南子·要略》篇的痕迹。

《要略》开篇便说："夫作为书论者，所以纪纲道德，经纬人事，上考之天，下揆之地，中通诸理。虽未能抽引玄妙之中才，繁然足以观终始矣。总要举凡，而语不剖判纯朴，靡散大宗，则为人之惛惛然弗能知也。故多为之辞，博为之说，又恐人之离本就末也，故言道而不言事，则无以与世浮沉；言事而不言道，则无以与化游息。故著二十篇，有《原道》，有《俶真》，有《天文》，有《地形》，有《时则》，有《览冥》，有《精神》，有《本经》，有《主术》，有《缪称》，有《齐俗》，有《道应》，有《氾论》，有《诠言》，有《兵略》，有《说山》，有《说林》，有《人间》，有《修务》，有《泰族》也。"①《文心雕龙·序志》篇也有一段与之作用相同的文字："盖《文心》之作也，本乎道，师乎圣，体乎经，酌乎纬，变乎骚，文之枢纽，亦云极矣。若乃论文叙笔，则囿别区分，原始以表末，释名以章义，选文以定篇，敷理以举统，上篇以上，纲领明矣。至于割情析采，笼圈条贯，摛《神》《性》，图《风》《势》，苞《会》《通》，阅《声》《字》，崇替于《时序》，褒贬于《才略》，怊怅于《知音》，耿介于《程器》，长怀《序志》，以驭群篇，下篇以下，毛目显矣。位理定名，彰乎大易之数，其为文用，四十九篇而已。"②

细绎这两段文字，它们之间存在相似之处。《要略》"夫作为书论者"至"繁然足以观终始矣"，《序志》"盖《文心》之作也"至"亦云极矣"，均是阐述以道为本的编著原则；《要略》"总要举凡"至"则无以与化游息"，《序志》"若乃论文叙笔"至"纲领明矣"，均是阐述执本统末的写作宗旨③；《要略》"故著

---

① 张双棣《淮南子校释》（增订本），第2170页。
② 杨明照《增订文心雕龙校注》，第611页。
③ 《序志》还有一段与《要略》论述更接近的文字："唯文章之用，实经典枝条，五礼资之以成文，六典因之致用，君臣所以炳焕，军国所以昭明，详其本源，莫非经典。而去圣久远，文体解散，辞人爱奇，言贵浮诡，饰羽尚画，文绣鞶帨，离本弥甚，将遂讹滥。"（杨明照《增订文心雕龙校注》，第610页。）说明离本就末的危害，可用详其本源的方法加以解决。

二十篇"至"有《泰族》也",《序志》"至于割情析采"至"四十九篇而已",均是阐述全书的结构。很明显,刘勰认真地研读了《淮南子·要略》,并仿效它撰写了《序志》。

三、《文心雕龙》化用《淮南子》的文句

《文心雕龙》吸纳《淮南子》文句,大都不露痕迹,多是对《淮南子》文句的改写和化用。据统计,刘勰化用《淮南子》文句约有6例,具体如下:

"仲尼革容于欹器"①,此句出自《铭箴》篇。《淮南子·道应训》:"孔子观桓公之庙,有器焉,谓之宥卮。孔子曰:'善哉乎,得见此器。'顾曰:'弟子取水。'水至灌之,其中则正,其盈则覆。孔子造然革容曰:'善哉,持盈者乎!'"②《荀子·宥坐》篇、《说苑·敬慎》篇均有这则寓言故事,文字及内容略有不同。"桓公之庙",《说苑·敬慎》篇作"周庙"。《淮南子》"有器焉",《荀子》《说苑》均作"有欹器焉",《淮南子》或夺"欹"字。但是,"造然革容"四字,《荀子》《说苑》均无,可知刘勰此句应是本之于《淮南子》。

"男子树兰而不芳,无其情也"③,此文出自《情采》篇。《淮南子·缪称训》:"男子树兰,美而不芳,继子得食,肥而不泽,情不相与往来也。"许慎注曰:"兰,芳草,女之美芳也,男子树之盖不芳。"④男子无女子一般的性情和气质,所以种出的兰花没有芳香。刘勰化用这句话,以说明文章若不能表达自己的真情实感是不能取信于人的,所谓"言与志反,文岂足征"⑤。

"狐腋非一皮能温,鸡跖必数千而饱矣"⑥,此文出自《事类》篇。《淮南子·说山训》:"天下无粹白狐,而有粹白之裘,掇之众白也。善学者,若齐王之食鸡,必食其跖数十而后足。"⑦《吕氏春秋》亦有此二句,但并未像《淮南子》这样连在一起。前句"掇",《吕氏》作"取"。范文澜说:"高诱注曰:'跖,鸡足踵也。喻学取道众多然后优。'彦和语即本《淮南》文,《淮南》又本《吕氏

---

① 杨明照《增订文心雕龙校注》,第139页。
② 张双棣《淮南子校释》(增订本),第1353—1354页。
③ 杨明照《增订文心雕龙校注》,第416页。
④ 张双棣《淮南子校释》(增订本),第1088页。
⑤ 杨明照《增订文心雕龙校注》,第416页。
⑥ 杨明照《增订文心雕龙校注》,第473页。
⑦ 张双棣《淮南子校释》(增订本),第1743页。

春秋·用众》篇。'数千'似当作'数十','数千'不将太多乎！"①刘勰化用此句，以说明博见、博学的重要。

"苍颉造之,鬼哭粟飞"②,此文出自《练字》篇。《淮南子·本经训》："昔者仓颉作书而天雨粟,鬼夜哭。"③《论衡·感虚篇》："书传言：'仓颉作书,天雨粟,鬼夜哭。'此言文章兴而乱渐见,故其妖变致天雨粟,鬼夜哭也。"④《论衡》所引,也是从《淮南子》中出。刘勰化用此句,以突出文字的巨大作用。

"珠玉潜水,而澜表方圆"⑤,此文出自《隐秀》篇。《淮南子·地形训》："水员折者有珠,方折者有玉。"⑥刘勰用富有韵味的优美语言改写此句,用以说明"隐"之玩味无穷。

"夫画者谨发而易貌,射者仪毫而失墙,锐精细巧,必疏体统"⑦,此文出自《附会》篇。《淮南子·说林训》："画者谨毛而失貌,射者仪小而遗大。"高诱注曰："谨悉微毛,留意于小,则失其大貌。仪望小处而射之,故能中。事各有宜。"⑧《吕氏春秋·处方》篇作："今夫射者仪毫而失墙,画者仪发而易貌,言审本也。"⑨显然,刘勰是合两书而用之,但文意则是取自《淮南子》。

四、《文心雕龙》吸纳《淮南子》的思想

《文心雕龙》在吸纳《淮南子》的思想时,同样是不露痕迹。但若从某些概念的使用以及某些问题的阐述上,还是能找到《文心雕龙》吸纳《淮南子》思想的地方。

其一,关于"神与物游"的论述。

"神与物游"是刘勰在阐述文学构思活动时提出的重要概念。他在《神思》篇中说："古人云：'形在江海之上,心存魏阙之下。'神思之谓也。文之思也,其神远矣。故寂然凝虑,思接千载；悄焉动容,视通万里；吟咏之间,吐

---

① 《范文澜全集》第四卷,河北教育出版社2002年,第543页。
② 杨明照《增订文心雕龙校注》,第484页。
③ 张双棣《淮南子校释》(增订本),第841页。
④ 黄晖《论衡校释》,第249页。
⑤ 杨明照《增订文心雕龙校注》,第495页。
⑥ 张双棣《淮南子校释》(增订本),第471页。
⑦ 杨明照《增订文心雕龙校注》,第520页。
⑧ 张双棣《淮南子校释》(增订本),第1799页。
⑨ 许维遹《吕氏春秋集释》,第670页。

纳珠玉之声；眉睫之前，卷舒风云之色；其思理之致乎！故思理为妙，神与物游。"①范文澜说："《庄子·让王》篇：'中山公子牟谓瞻子曰，身在江海之上，心居乎魏阙之下，奈何！'案公子牟此语，谓身在草莽，而心怀好爵，故瞻子对以重生则轻利。彦和引之，以示人心之无远不届，与原文本义无关。"②《庄子》这段话，《吕氏春秋·审为》篇全部袭用，仅"瞻"作"詹"。《淮南子·道应训》亦见袭用，作："中山公子牟谓詹子曰：'身处江海之上，心在魏阙之下，为之奈何？'"③此外，《淮南子·俶真训》还有一句与此相关的论述："是故身处江海之上，而神游魏阙之下，非得一原，孰能至于此哉！"④首次把"身处"与"神游"对举。先秦典籍中，惟《庄子》谈"游"最频繁，多讲神人之游、真人之游，也提出过"心有天游"的说法，但并未出现"神游"一词⑤。

从刘勰的这段论述看，他所谓"古人云"句应是直接出自《淮南子》。证据有三：一是受《淮南子》"神游"一句的启发，刘勰提出了"神思""神与物游"等概念；二是所引"形在江海之上"两句，其字数与《淮南子·道应训》相等，而不同于《庄子》《吕氏春秋》；三是"心居乎魏阙之下"中"居"字，古注中无有训"存"之义，而《说文·土部》："在，存也。"刘勰所谓"心存"，即是从《淮南子》"心在"而来。可见，刘勰是把《俶真训》和《道应训》的文句加以融合、改造和延伸。

在这延伸中，最重要的是"神与物游"，它描述了文学创作与构思中的形象思维活动。所谓思接千载、视通万里，这是形象思维的超越时空性。所谓吐纳珠玉之声、卷舒风云之色，这是形象思维的无限联想性。刘勰所提出的"神与物游"，直观地显示了人的精神活动之于客观世界的反应⑥。实际上，《淮南子》很早就有类似的描述文字。《俶真训》说："夫目视鸿鹄之飞，耳听琴瑟之声，

---

① 杨明照《增订文心雕龙校注》，第369页。
② 《范文澜全集》第四卷，第440页。
③ 张双棣《淮南子校释》（增订本），第1270页。
④ 张双棣《淮南子校释》（增订本），第182页。
⑤ 先秦诸子中，最早出现"神游"一词的是《列子》，《列子·黄帝》篇："盖非舟车足力之所及，神游而已。"（杨伯峻《列子集释》，第41页。）然此书真伪争议较大。除此之外，就要数《淮南子》为早了。
⑥ 范文澜引《札记》曰："此言内心与外境相接也。内心与外境，非能一往相符会，当其窒塞，则耳目之近，神有不周；及其怡怿，则八极之外，理无不浃。然则以心求境，境足以役心；取境赴心，心难于照境。必令心境相得，见相交融，斯则成连所以移情，庖丁所以满志也。"（《范文澜全集》第四卷，第441页。）

而心在雁门之间,一身之中,神之分离剖判,六合之内,一举而千万里。"①又说:"神经于骊山太行而不能难,入于四海九江而不能濡。"②这两段文字不仅描述了人的形象思维的无限联想性,也描述了它的超越时空性。刘勰的论述与之非常相似,当是受其启发而来。

而且,"神与物游"这个概念的提出,也极有可能是受《淮南子》"神与化游"的影响。《原道训》说:"泰古二皇,得道之柄,立于中央,神与化游,以抚四方。是故能天运地滞,轮转而无废,水流而不止,与万物终始。"③此处的化,是指造化,是对道化生天地万物过程与结果的形象性概括。所谓神与化游,其实质是对天地万物本体上的一种神秘体验。但文学艺术上的形象构思,无需强调对天地万物的本体把握,只要一般感性的把握即可。因此,刘勰受《淮南子》的启发,将"神与化游"改造成了"神与物游",用以描述文学上的神思。

其二,关于文与情关系的讨论。

关于文与质关系的讨论,先秦时代就已常见于诸子之书,但文与情关系的讨论,则始于《淮南子》。刘勰在《文心雕龙·情采》篇中专门探讨了文与情的关系,并创造性地提出了"为情造文"和"为文造情"的观点。若细究《淮南子》与《文心雕龙》关于文与情关系的讨论,就会发现它们之间存在比较明显的联系。

首先,刘勰的文情关系论是建立在文质关系的基础之上,而关于这方面的论述,有明显借鉴《淮南子》的痕迹。《情采》篇说:"夫水性虚而沦漪结,木体实而花萼振,文附质也。虎豹无文,则鞟同犬羊;犀兕有皮,而色资丹漆,质待文也。"④这里虽然突出了文质彬彬的重要,但同时不能忽略"附"字的使用。文附质,表示文从属于质,质为文之主,无质则文将无所附丽,失去意义。《淮南子·本经训》说:"故钟鼓管箫,干戚羽旄,所以饰喜也。衰绖苴杖,哭踊有节,所以饰哀也。兵革羽旄,金鼓斧钺,所以饰怒也。必有其质,乃为之文。"⑤必须先有喜、哀、怒为之质,才有各种礼仪为之文,刘勰所谓文附质,亦即此意。喜、哀、怒是人的情感,自然可以引出情与文的关系来。刘勰受此启发,所以在

---

① 张双棣《淮南子校释》(增订本),第 195 页。
② 张双棣《淮南子校释》(增订本),第 254 页。
③ 张双棣《淮南子校释》(增订本),第 1 页。
④ 杨明照《增订文心雕龙校注》,第 415 页。
⑤ 张双棣《淮南子校释》(增订本),第 893 页。

《情采》篇说:"夫铅黛所以饰容,而盼倩生于淑姿;文采所以饰言,而辩丽本于情性。故情者文之经,辞者理之纬;经正而后纬成,理定而后辞畅。此立文之本源也。"① 在他看来,文采虽用来装扮语言,但它的绮丽华美仍然要植根于人的真性情,所以,文学作品的文采须以人的情感为纲。这显然是对《淮南子》"必有其质,乃为之文"观点的运用和发挥。

其次,刘勰提出为情造文和为文造情,也是有借鉴《淮南子》的明显痕迹。他说:"昔诗人什篇,为情而造文;辞人赋颂,为文而造情。何以明其然?盖风雅之兴,志思蓄愤,而吟咏情性,以讽其上,此为情而造文也;诸子之徒,心非郁陶,苟驰夸饰,鬻声钓世,此为文而造情也。故为情者要约而写真,为文者淫丽而烦滥。而后之作者,采滥忽真,远弃风雅,近师辞赋,故体情之制日疏,逐文之篇愈盛。"②《诗经》的作者因内心悲愤沉积、情思喷涌,而吟咏诗歌,所以是因情而造文;诸子这类作者是为了沽名钓誉而竞相夸饰,所以是因文而造情。因情而造文,所以语约而情真;因文而造情,所以语滥而情寡。这些观点在《淮南子》中已有萌芽。《缪称训》说:"文者所以接物也,情系于中而欲发外者也。以文灭情则失情,以情灭文则失文。文情理通,则凤麟极矣,言至德之怀远也。"③ 需要特别指出的是,《淮南子》所说的文,并非专指文学作品,也包括待人接物时的礼乐文饰,如《齐俗训》说:"礼者,体情制文者也。"④ 在《淮南子》的作者看来,礼乐文饰(当然包括诗歌)虽是人们欲望的外现,但其根本内核仍是来自人们心里的真情实感,两者并不总是相得益彰,有时文过饰非而无情,有时感情泛滥而无文,只有文情兼通,才能达到极致的境界。显然,刘勰从中受到启示,专门从文艺这个角度重新阐述了文与情的关系,而《淮南子》提出的"文情理通",仍是他所赞同的极致境界⑤。

---

① 杨明照《增订文心雕龙校注》,第415页。
② 杨明照《增订文心雕龙校注》,第416页。
③ 张双棣《淮南子校释》(增订本),第1090页。
④ 张双棣《淮南子校释》(增订本),第1178页。
⑤ 《情采》篇末尾赞曰:"言以文远,诚哉斯验。心术既形,英华乃赡。吴锦好渝,舜英徒艳。繁采寡情,味之必厌。"(杨明照《增订文心雕龙校注》,第416页。)即为明证。

第二节 《刘子》对《淮南子》的评价与吸纳

刘昼(514—565),字孔昭,渤海阜城(今河北交河)人。河清初,举秀才,应试不第。著有《六和赋》《高才不遇传》《金箱璧言》。又有《刘子》(一名《刘子新论》)十卷,旧题刘昼所作,或以为是《金箱璧言》之别称。关于《刘子》的作者,自唐宋以后至今争议未休。主张刘昼说和主张刘勰说,可谓平分秋色。本书仍采用《刘子》为刘昼所作这一传统观点。同属杂家著作,《刘子》与《淮南子》之间有着十分亲密的关系。《刘子》中许多言论虽未明言来自《淮南子》,但实际上都是辑录、化用《淮南子》而来。从这个方面说,《淮南子》对《刘子》的成书有着非常重要的作用。

一、《刘子》评价《淮南子》的"杂"

由于政治的原因,汉代学者大都贬斥《淮南子》,扬雄、王充是其代表。至北齐,刘昼对《淮南子》却抱有十分通达的态度。这种通达态度完全是植根于他的杂家观念。其《九流》篇说:"杂者,孔甲、尉缭、尸佼、淮南之类也。明阴阳,通道德,兼儒墨,合名法,苞纵横,纳农植,触类取与不拘一绪,然而薄者,则芜秽蔓衍,无所系心也。"① 显然,刘昼的杂家观念是脱胎于班固而有所延伸。班固评论杂家:"杂家者流,盖出于议官。兼儒墨,合名法,知国体之有此,见王治之无不贯,此其所长也。及荡者为之,则漫羡而无所归心。"② 可知刘昼的说法多取之班固。在刘昼看来,《淮南子》可谓杂家的典型著作,它兼通了儒家、道家、阴阳家、名家、法家、纵横家和农家,尽管有时会显得蔓芜杂乱,无中心思想,但能够按照自己的标准取舍融合诸家观点,而不固守一端。这是《淮南子》作为杂家著作的长处。

同时,《淮南子》也不是游离在其各家之外,而是有会同之处。其《九流》又说:"观此九家之学,虽旨有深浅,辞有详略,俏傥形反,流分乖隔;然皆同其妙理,俱会治道,迹虽有殊,归趣无异。"③ 可见,这个会同之处就在于妙理治道。虽然表达的言辞和形式各异,甚至俏傥相乖,意旨也深浅不同,但《淮南子》与《孟子》《庄子》《墨子》《韩非子》《公孙龙子》等书的归趣无异,最终都在阐

---

① 傅亚庶《刘子校释》,中华书局1998年,第521页。
② 班固《汉书》,第1742页。
③ 傅亚庶《刘子校释》,第521页。

述有补于世的妙理和治道。正是这种认识，让刘昼意识到了《淮南子》的重要性，故而在撰著《刘子》时大量吸纳《淮南子》的内容。可以说，《淮南子》的不少观点已化为《刘子》思想内容的有机组成部分，很多文句已化为《刘子》文本的有效组成部分。

二、《刘子》篇名构思取自《淮南子》

一是《清神》篇。

《淮南子》最早出现"清神"一词。《齐俗训》说："是故凡将举事必先平意清神。神清意平，物乃可正。"①《说文·水部》："清，澄水之貌。"所谓清神，就是使精神像澄水一样清朗，实际上就是洗涤污垢、澡雪精神之意。这个词在《淮南子》中虽然只出现了一次，但另一个词"神清"出现的频率则更高，约有4次，其内涵与"清神"并无二致②。可见，清神是《淮南子》在修身方面的一贯主张。刘昼在熟读《淮南子》之后，便借用"清神"这个词语作为篇名，列在全书之首。

此外，刘昼对"清神"的不少论述也是取自《淮南子》。《淮南子》对形、心、神三者关系的论述比较散漫，《原道训》说："夫形者，生之舍也；气者，生之充也；神者，生之制也。"③《精神训》："故心者，形之主也；而神者，心之宝也。形劳而不休则蹷，精用而不已则竭，是故圣人贵而尊之，不敢越也。"④《俶真训》又说："人莫鉴于流沫，而鉴于止水者，以其静也；莫窥形于生铁，而窥于明镜者，以睹其易也。夫唯易且静，形物之性也。由此观之，用也必假之于弗用也，是故虚室生白，吉祥止也。夫鉴明者尘垢弗能薶，神清者嗜欲弗能乱。"⑤显然是散见于各篇，并不具有系统性。

刘昼则将其聚集在《清神》一篇中，既层次清晰，又富系统性。该篇论述

---

① 张双棣《淮南子校释》，第1159页。影宋本、道藏本夺"清神"二字，其他诸本均有。今本《文子·下德》篇亦有此文，但今本《文子》实抄袭《淮南子》而成，故"清神"一词仍最早出现在《淮南子》。
② 另外三例：《俶真训》："夫鉴明者尘垢弗能薶，神清者嗜欲弗能乱。"（张双棣《淮南子校释》，第243页。）《兵略训》："所谓十守者，神清而不可浊也……"（同上，1645页。）《泰族训》："神清志平，百节皆宁，养性之本也；肥肌肤，充肠腹，供嗜欲，养生之末也。"（同上，第2119页。）可见，清神是养性的工夫，神清是养性要达到的结果，内涵并未有变化。
③ 张双棣《淮南子校释》，第140页。
④ 张双棣《淮南子校释》，第755页。
⑤ 张双棣《淮南子校释》，第243页。

说:"形者,生之器也;心者,形之主也;神者,心之宝也。故神静而心和,心和而形全;神躁而心荡,心荡则形伤。将全其形,先在理神。故恬和养神,则自安于内;清虚栖心,则不诱于外。神恬心清,则形无累矣;虚室生白,吉祥至矣。人不照于昧金而照于莹镜者,以莹能明也;不鉴于流波而鉴于静水者,以静能清也。镜水以明清之性,故能形物之形。由此观之:神照则垢灭,形静则神清;垢灭则内欲永尽,神清则外累不入。"① 从这段文字看,《清神》存在明显袭用《淮南子》的痕迹。不同的是,刘昼在继承《淮南子》观点的基础上,清理出一条自内而外、由外向内的修身之路。自内而外,强调的是理神和养神的先决作用,即神静才会心和,心和才能形全,否则心形俱伤。由外向内,也就是形静有助于神清。

如何才能做到形静?刘昼仍是袭用《淮南子》的观点而加以发挥。《原道训》:"夫孔窍者,精神之户牖也;而气志者,五藏之使候也。耳目淫于声色之乐,则五藏摇动而不定矣。五藏摇动而不定,则血气滔荡而不休矣。血气滔荡而不休,则精神驰骋于外而不守矣。"② 对这段文字,《刘子》在借鉴时作了更详细的阐述:"今清歌奏而心乐,悲声发而心哀,神居体而遇感推移。以此而言之,则情之变动,自外至也。夫一哀一乐,犹塞正性,况万物之众以拔擢而能清心神哉!故万人弯弧以向一鹄,鹄能无中乎?万物眩曜以惑一生,生能无伤乎?七窍者,精神之户牖也;血气者,五脏之使候也。耳目之于声色,鼻口之于芳味,肌体之于安适,其情一也。七窍蔽于攻取,则精神驰骛而不守;血气縻于趣舍,则五脏滔荡而不安。嗜欲连绵于外,心腑壅塞于内,蔓衍于荒淫之波,留连于是非之境,而不败德伤生者,盖亦寡矣。"③ 七窍、血气是自内而外、由外向内的门户,耳目鼻口肌体若是逐于声色芳味安适,血气若是沦于是非利欲之场,精神就不能内守,从而伤生败德。所以,形静就需要关闭门户,除去嗜欲。

圣人是能够关闭门户、除去嗜欲的典范,《清神》篇末尾说道:"是以圣人清目而不视,静耳而不听,闭口而不言,弃心而不虑,贵德而忘贱。故尊势不能动,乐道而忘贫,故厚利不能倾,容身而处,适情而游,一气浩然,纯白于衷。故形不养而性自全,心不劳而道自至也。"④ 这段论述也是取自《淮南子》。《精神

---

① 傅亚庶《刘子校释》,第1页。
② 张双棣《淮南子校释》,第741页。
③ 傅亚庶《刘子校释》,第1—2页。
④ 傅亚庶《刘子校释》,第2页。

训》:"清目而不以视,静耳而不以听,钳口而不以言,委心而不以虑,弃聪明而反太素,休精神而弃知故。"①《诠言训》:"古之存己者,乐德而忘贱,故名不动志;乐道而忘贫,故利不动心。"② 又《精神训》:"若夫至人,量腹而食,度形而衣,容身而游,适情而行,余天下而不贪,委万物而不利。"③ 刘昼将这三处文字加以整合修饰,化为《清神》篇的有机组成部分,很好地传达了他个人的思想。因此,《清神》这一篇名取自《淮南子》,是客观事实。

二是《文武》篇。

文武这个词语,在先秦典籍中比较常见,《左传》《逸周书》《商君书》《庄子》《荀子》《韩非子》等书均见使用,但含义有所不同。例如,《商君书·修权》:"凡赏者,文也;刑者,武也。文武者,法之约也。"④ 是以赏刑为文武。《庄子·天运》:"一盛一衰,文武伦经。"成玄英疏:"夏盛冬衰,春文秋武,生杀之理,天道之常。"⑤ 是以生杀为文武。《刘子》使用文武为篇名,其义均异于此二书,实是取自《淮南子》。

《文武》篇说:"白羽相望,霜刃竞接,则文不及武;干戈既韬,礼乐聿修,则武不及文。"⑥ 显然,刘昼是以干戈为武,以礼乐为文。他在篇末进一步论述文与武的关系时又说:"秦之季叶,土崩瓦解,汉祖躬提三尺之剑,为黔首请命,跋涉山川,蒙犯矢石,出百死以绩一生,而争天下之利,奋武厉诚,以决一旦之命。当斯之时,冠章甫,衣缝掖,未若戴金胄而攐犀甲也。嬴项既灭,海内大定,以武创业,以文止戈,征邹、鲁诸生,而制礼仪,修三代之乐,朝万国于咸阳。当此之时,修文者荣显,习武者惭忸,一世之间而文武递为雄雌。以此言之,治乱异时,随务引才也。今代之人,为武者则非文,为文者则嗤武,各执其所长而相是非,犹以宫笑角,以白非黑,非适才之情、得实之论也。"⑦ 这段论述的内容及观点完全是基于《淮南子》,只是文辞略有改动而已。《氾论训》说:"逮至高皇帝,存亡继绝,举天下之大义,身自奋袂执锐,以为百姓请命于皇天。当此之时,天下雄隽豪英,暴露于野泽,前蒙矢石,而后堕溪壑,出百死而给一生,以争

---

① 张双棣《淮南子校释》,第 797 页。
② 张双棣《淮南子校释》,第 1560 页。
③ 张双棣《淮南子校释》,第 805 页。
④ 蒋礼鸿《商君书锥指》,中华书局 1986 年,第 83 页。
⑤ 郭庆藩《庄子集释》,第 503 页。
⑥ 傅亚庶《刘子校释》,第 293 页。
⑦ 傅亚庶《刘子校释》,第 293—294 页。

天下之权,奋武厉诚,以决一旦之命。当此之时,丰衣博带而道儒墨者,以为不肖。逮至暴乱已胜,海内大定,继文之业,立武之功,履天子之图籍,造刘氏之貌冠,总邹、鲁之儒墨,通先圣之遗教,戴天子之旗,乘大路,建九斿,撞大钟,击鸣鼓,奏《咸池》,扬干戚。当此之时,有立武者见疑。一世之间,而文武代为雌雄,有时而用也。今世之为武者则非文也,为文者则非武也,文武更相非,而不知时世之用也。此见隅曲之一指,而不知八极之广大也。"①刘邦以马上得天下,是谓尚武;不以马上治天下,是谓崇文。文武并用,才是治国之长策。显然,《刘子》对于文与武的认识与主张,完全是取自《淮南子》。因此,以《文武》为篇名自然也是取自《淮南子》。

三是《兵术》篇。

在先秦汉初的现存著作中,含兵字为篇名的,除《淮南子》外,还有《孙子兵法》(有《兵势》一篇)、《尉缭子》(有《兵谈》《兵教》《兵令》三篇)、《吴子兵法》(有《治兵》一篇)、《鹖冠子》(有《世兵》《兵政》两篇)。从篇名的含义看,《刘子》中的"兵术",与《淮南子》中的"兵略"最为接近。"术"与"略"均可训为"道",所以,兵术与兵略在含义上有相通之处,都可指兵家之道,要比兵势、兵谈、兵教、兵令、治兵这些词语涵括更广。因此,刘昼构思《兵术》篇之名也是取自《淮南子》。

除篇名含义接近外,两篇在观点上也有十分接近之处。《淮南子·兵略训》说:"兵静则固,专一则威,分决则勇,心疑则北,力分则弱。……故纣之卒百万之心;武王之卒三千人皆专而一。故千人同心则得千人力,万人异心则无一人之用。……夫五指之更弹,不若捲手之一挃;万人之更进,不如百人之俱至也。……故将必与卒同甘苦、俟饥寒,故其死可得而尽也。故古之善将者,必以其身先之,暑不张盖,寒不被裘,所以程寒暑也;险隘不乘,上陵必下,所以齐劳佚也;军食熟然后敢食,军井通而后敢饮,所以同饥渴也;合战必立矢射之所及,所以共安危也。故良将之用兵也,常以积德击积怨,以积爱击积憎,何故而不胜!"②这是论述将卒同心及其无往而不胜的效果。《刘子·兵术》篇对此也有类似的论述:"虎兕多力,而受制于人者,心不一、力不齐也。万人离心,不如百人同力;千人递战,不如十人俱至。……将得众心,必与同患:暑不

---

① 张双棣《淮南子校释》,第1408页。
② 张双棣《淮南子校释》,第1614—1640页。

张盖,寒不御裘,所以均寒暑也;隘险不乘,丘陵必下,所以齐劳逸也;军食熟然后敢食,军井通而后敢饮,所以同饥渴也;三军合战,必立矢石之下,所以共安危也……苟得众心,则人竞趋死。以此众战,犹转石下山,决水赴壑,孰能当之矣。"① 显然,不仅观点接近,《刘子·兵术》甚至还直接袭用《淮南子·兵略》中的文辞。这是刘昼构思《兵术》这一篇名及其内容受《淮南子》影响的最有力证据。

四是《类感》篇。

现存先秦典籍均未见使用"类感"一词,即使在汉代文献中,这个词也极为罕见②。类感,顾名思义,就是同类感应,属于阴阳家的思想范畴。《淮南子》大量吸收了阴阳家的观点,因而很明显地出现了同类感应的论述。刘昼熟读《淮南子》,从《淮南子》的论述中提炼出了《类感》这个篇名。

从阴阳家的角度看,所谓同类感应,就是说同属阳类或同属阴类的事物之间能够互相感应,但这种感应又是微妙难识的。《淮南子·天文训》说:"毛羽者,飞行之类也,故属于阳。介鳞者,蛰伏之类也,故属于阴。日者,阳之主也,是故春夏则群兽除,日至而麋鹿解。月者阴之宗也,是以月虚而鱼脑减,月死而蠃蛖膲。……物类相动,本标相应。故阳燧见日则燃而为火,方诸见月则津而为水,虎啸而谷风至,龙举而景云属,麒麟斗而日月食,鲸鱼死而彗星出,蚕珥丝而商弦绝,贲星坠而勃海决。"③《览冥训》也说:"夫物类之相应,玄妙深微,知不能论,辩不能解。故东风至而酒湛溢,蚕咡丝而商弦绝,或感之也。画随灰而月运阙,鲸鱼死而彗星出,或动之也。……故山云草莽,水云鱼鳞,旱云烟火,涔云波水,各像其形,类所以感之。"④ 这两段文字不断出现"物类相动""本标相应""物类之相应""或感之""或动之""类所以感之"的表述,无疑启发了刘昼撰写《类感》篇。

该篇出现了与《淮南子》几乎相同的论述:"是以飞行者,阳之群也;蛰伏者,阴之类也。故日夏至而鹿角解,月亏而蚌蛤胎,麒麟斗而日蚀,鲸鱼死而彗

---

① 傅亚庶《刘子校释》,第386页。
② 仅罗愿《尔雅翼》卷十三引汉代纬书《春秋说题辞》:"鸡为积阳,南方之象,火阳精,物炎上。故阳出鸡鸣,以类感也。"(石云孙点校《尔雅翼》,黄山书社1991年,第137页。)但亦不是作为一个词语来使用。
③ 张双棣《淮南子校释》(增订本),第276—277页。
④ 张双棣《淮南子校释》(增订本),第653页。

星出,东风至而酒盈溢,蚕含丝而商弦绝,新谷祭而旧谷缺,龙举一井而云弥九天,虎啸一谷而风扇万里,阳燧在掌而太阳火,方珠运握而少阴水,类感之也。……螣蛇雄鸣于上风,雌鸣于下风,而化成形。以斯至精相应,不待召而自感者,类之所应也。"①《淮南子·泰族训》有言:"螣蛇雄鸣于上风,雌鸣于下风,而化成形,精之至也。"② 可见,刘昼的这些论述完全是基于《淮南子》而来。因此,《类感》这一篇名的构思,是取自《淮南子》无疑。

五是《言苑》篇。

"言苑"一词,不见于《刘子》之前的文献。苑,可指会集之地、中心地带。因此,所谓言苑,即指美言聚集之所。这一含义,与《淮南子》中的《说山》《说林》两篇的篇名含义如出一辙。高诱注曰:"说道之旨,委积若山,故曰说山。"③ 又曰:"木丛生曰林,说万物承阜,若林之聚矣,故曰说林。"④ 都是指言论的聚积之所,与"言苑"之义并无不同。而且,言与说相类,苑与山、林相类。由此可以判断,刘昼极有可能是受了"说山""说林"这两个词语的启发,而自创"言苑"一词作为篇名。

除篇名含义相袭外,《言苑》篇还将《淮南子》中的一些言论吸收到篇中。例如,《说林训》:"冬冰可折,夏木可结,时难得而易失。"⑤《言苑》作:"故春角可卷,夏条可结,秋露可凝,冬冰可折。"⑥ 又《说林训》:"羿之所以射远中微者,非弓矢也。"⑦《言苑》作:"是以羿无弧矢,不能中微,其中微者,非弧矢也。"⑧ 这可以进一步说明刘昼构思《言苑》的篇名及内容是受了《淮南子》的影响。

三、《刘子》有限改写《淮南子》文句

所谓有限改写,是指刘昼在辑录《淮南子》文句时,保留了原书大部分的文字表述,自己有选择性地作了改写。改写的幅度有大有小,但均未改变原书固有的观点。这一类型表明,《淮南子》的某些表述及主张均得到了作者的认

---

① 傅亚庶《刘子校释》,第 474—475 页。
② 张双棣《淮南子校释》(增订本),第 2086 页。
③ 张双棣《淮南子校释》(增订本),第 1661 页。
④ 张双棣《淮南子校释》(增订本),第 1763 页。
⑤ 张双棣《淮南子校释》(增订本),第 1840 页。
⑥ 傅亚庶《刘子校释》,第 510 页。
⑦ 张双棣《淮南子校释》(增订本),第 1796 页。
⑧ 傅亚庶《刘子校释》,第 510 页。

同,作者取而用之。

一是小幅度改写,这在《刘子》中比较常见,据统计,约有 8 例。兹列举如下,并略加分析:

《刘子·专务》:"瞽无目而耳不可以察,专于听也;聋无耳而目不可以闻,专于视也。"① 《淮南子·说林训》:"鳖无耳而目不可以瞥,精于明也。瞽无目而耳不可以察,精于聪也。"② 按:刘昼的改写,本质上只改易了一个字,即把"精"改成了"专"。"精"虽可训为"专",但刘昼直接用"专"字,其意是欲突出此篇"专务"的主旨。

《刘子·专务》:"若心不在学而强讽诵之者,虽入于耳而不谛于心,譬若聋者之歌,效人为之,无以自乐,虽出于口,则越而散矣。"③《淮南子·原道训》:"夫内不开于中而强学问者,不入于耳而不著于心。此何以异于聋者之歌也?效人为之而无以自乐也,声出于口则越而散矣。"④ 按:首句虽经刘昼改写,但大意未变,谛、著皆含审明之义,所以,《刘子》辑录这段文字,实际上并未改变《淮南子》的原意,都强调心之于学问的根本作用,只是《刘子》侧重心专,《淮南子》侧重心明。

《刘子·贵农》:"衣食者,民之本也,民者,国之本也。"⑤《淮南子·主术训》:"食者,民之本也。民者,国之本也。国者,君之本也。"⑥ 按:《刘子》立足点在贵农之上,所以取用《淮南子》时删除了"国者,君之本也"一句。

《刘子·贵农》:"神农之法曰:'丈夫丁壮而不耕,天下有受其饥者;妇人当年而不织,天下有受其寒者。'故天子亲耕,后妃亲织,以为天下先。是以其耕不强者,无以养其生;其织不力者,无以盖其形。衣食饶足,奸邪不生;安乐无事,天下和平;智者无所施其策,勇者无以行其威。故衣食为民之本,而工巧为其末也。是以雕文刻镂伤于农事,锦绣纂组害于女工。农事伤,则饥之本也;女工害,则寒之源也。饥寒并至,而欲禁人为盗,是扬火而欲无其炎,

---

① 傅亚庶《刘子校释》,第 49 页。
② 张双棣《淮南子校释》(增订本),第 1805 页。
③ 傅亚庶《刘子校释》,第 49 页。
④ 张双棣《淮南子校释》(增订本),第 114 页。王叔岷云:"'不入于耳'句,'不'疑本作'虽',今本作'不',涉上下文'不'字而误。刘子《新论·专学篇》正作'虽入于耳'。"(见《淮南子校释》[增订本],第 122 页。)
⑤ 傅亚庶《刘子校释》,第 112 页。
⑥ 张双棣《淮南子校释》(增订本),第 1026 页。

挠水而望其静，不可得也。"①《淮南子·齐俗训》："故神农之法曰：'丈夫丁壮而不耕，天下有受其饥者。妇人当年而不织，天下有受其寒者。'故身自耕，妻亲织，以为天下先。……是故其耕不强者，无以养生；其织不力者，无以揜形；……衣食饶溢，奸邪不生，安乐无事，而天下均平，故孔丘、曾参无所施其善，孟贲、成荆无所行其威。……夫雕琢刻镂，伤农事者也；锦绣纂组，害女工者也。农事废，女工伤，则饥之本而寒之原也。夫饥寒并至，能不犯法干诛者，古今未之闻也。"②按：刘昼这段论述拼合了《淮南子》《文子》的文字，自"神农之法"至"勇者无以行其威"是取自《文子》，而"故衣食为民之本"至末尾是辑录自《淮南子·齐俗训》。这客观上也反映出《淮南子》确实包含贵农的思想，刘氏取之以架构《贵农》篇。

《刘子·赏罚》："善赏者，因民所喜以劝善；善罚者，因民所恶以禁奸。故赏少而善劝，刑薄而奸息。赏一人而天下喜之，罚一人而天下畏之，用能教狭而治广，事寡而功众也。"③《淮南子·氾论训》："故圣人因民之所喜而劝善，因民之所恶以禁奸，故赏一人而天下誉之，罚一人而天下畏之。故至赏不费，至刑不滥。……故圣人守约而治广者，此之谓也。"④按：赏罚乃古代政治思想中十分重要的组成部分，诸子百家均有论述，以法家居多。刘昼专辟《赏罚》一章专论之，可见他思想的敏锐性。《淮南子·氾论训》中，自"古之善赏者，费少而劝众"至此段引文末尾，亦专论赏罚，刘昼显然深受影响，取其部分论点来阐述善赏善罚的突出效果。

《刘子·赏罚》："是以明主之赏罚，非为己也，以为国也。适于己而无功于国者，不加赏焉；逆于己而有劳于国者，不施罚焉。"⑤《淮南子·缪称训》："明主之赏罚，非以为己也，以为国也。适于己而无功于国者，不施赏焉；逆于己便于国者，不加罚焉。"⑥按：今本《文子》亦袭有《淮南子》这段文字。《淮南子·缪称训》并未有专门论述赏罚的文字，刘昼特意从中摘出这些文句，仅改易个别字词，用以说明何谓善赏善罚。

---

① 傅亚庶《刘子校释》，第112页。
② 张双棣《淮南子校释》（增订本），第1226—1227页。
③ 傅亚庶《刘子校释》，第149页。
④ 张双棣《淮南子校释》（增订本），第1467页。
⑤ 傅亚庶《刘子校释》，第150页。
⑥ 张双棣《淮南子校释》（增订本），第1108页。

《刘子·适才》:"故伊尹之兴土功也,长胫者使之蹋锸,强脊者使之负土,眇目者使之准绳,伛偻者使之涂地。因事施用,仍便效才,各尽其分而立功焉。"[1]《淮南子·齐俗训》:"故伊尹之兴土功也,修胫者使之跖钁,强脊者使之负土,眇者使之准,伛者使之涂,各有所宜,而人性齐矣。"[2] 按:刘昼改写之处主要体现在最后一句,是围绕"适才"这一主题而来,落脚点在于人尽其才,各施其用,突出的是"适"。而《淮南子》之意是让人的天性得到发挥,突出的是"齐"。

《刘子·明权》:"孝子之事亲,和颜卑体,尽孝尽敬;及其溺也,则揽发而拯之,非敢侮慢,以救死也。故溺而捽父,祝则名君,势不得已,权之所设也。"[3]《淮南子·氾论训》:"孝子之事亲,和颜卑体,奉带运履;至其溺也,则捽其发而拯,非敢骄侮,以救其死也。故溺则捽父,祝则名君,势不得不然也。此权之所设也。"[4] 按:权,即衡,即秤。《荀子·正名》杨倞注云:"称之权,所以知轻重者也,能权变适时,故以喻道也。"[5] 适时权变乃先秦较为流行的思想,并非《淮南子》首创。《刘子》则取《淮南子》立论,说明设权的必要性。

二是大幅度改写。尽管这一类型改易的文字较多,但终究未改变原文要表达的意思,其目的主要是为了适应全篇文字表述的齐整。据统计,约有4例。兹列如下,并略加分析:

《刘子·防欲》:"耳目之于声色,鼻口之于芳味,肌体之于安适,其情一也。然亦以之死,亦以之生,或为贤智,或为庸愚,由于处之异也。"[6]《淮南子·俶真训》:"耳目之于声色也,口鼻之于芳臭也,肌肤之于寒燠,其情一也,或通于神明,或不免于痴狂者,何也?其所为制者异也。"[7] 按:《文子·十守》篇亦有与《淮南子》相近的文本。刘昼改写为"或为贤智""或为庸愚"等皆有齐整句式的作用,也是在《淮南子》的基础上进一步渲染感官欲望对人的正反影响。

《刘子·辨乐》:"荆轲入秦,宋意击筑,歌于易水之上,闻者瞋目,发直穿冠;赵王迁于房陵,心怀故乡,作《山水》之讴,听者呜咽,泣涕流连。此皆淫

---

[1] 傅亚庶《刘子校释》,第279页。
[2] 张双棣《淮南子校释》(增订本),第1210页。
[3] 傅亚庶《刘子校释》,第411页。
[4] 张双棣《淮南子校释》(增订本),第1429页。
[5] 王先谦《荀子集解》,第430页。
[6] 傅亚庶《刘子校释》,第10页。
[7] 张双棣《淮南子校释》(增订本),第243页。

洸凄怆、愤厉哀思之声,非理性和情德音之乐也。……今怨思之声施于管弦,听音者不淫则悲。淫则乱男女之辨,悲则感怨思之声,岂所谓乐哉!"①《淮南子·泰族训》:"今取怨思之声,施之于弦管,闻其音者,不淫则悲,淫则乱男女之辩,悲则感怨思之气,岂所谓乐哉!赵王迁流于房陵,思故乡,作为《山水》之呕,闻者莫不殒涕。荆轲西刺秦王,高渐离、宋意为击筑而歌于易水之上,闻者莫不瞋目裂眦,发植穿冠。因以此声为乐而入宗庙,岂古之所谓乐哉!"②按:刘昼调整了《淮南子》文句的次序,将原文改成"荆轲入秦""宋意击筑""闻者瞋目""听者呜咽,泣涕流连"等,都是为适应四言一句的形式,以达到齐整全篇的效果。但句意基本未发生变化,都是要辨明音乐的本质。《淮南子》立足于治道之本,用这段文字来说明"音不调乎《雅》《颂》者不可以为乐"的观点。刘昼辑录这段文字,则用以说明音乐应是"德音之音""盛德之乐"的所谓雅乐。

《刘子·妄瑕》:"牛蹢之窪,不生鲂鱮;巢幕之窠,不容鹄卵;崇山廓泽,不辞污秽;佐世良材,不拘细行。何者?量小不足以包大形,器大无分小瑕也。人之情性,皆有细短。若其大略是也,虽有小过,不足以为累;若其大略非也,虽有衡门小操,未足与论大谋。张景阳,鄞中之大淫也,而威诸侯;颜浊邹,梁父之大盗也,而为齐勋臣。此皆有所短,然而功名不朽者,大略得也。袁精目、鲍焦立节抗行,不食非义之食,乃饿而死,不能立功拯溺者,小节申而大略屈也。"③《淮南子·氾论训》:"夫牛蹢之涔,不能生鳣鲔,而蜂房不容鹄卵,小形不足以包大体也。夫人之情,莫不有所短。诚其大略是也,虽有小过,不足以为累;若其大略非也,虽有闾里之行,未足大举。夫颜啄聚,梁父之大盗也,而为齐忠臣。……景阳淫酒,被发而御于妇人,威服诸侯。此四人者,皆有所短,然而功名不灭者,其略得也。季襄、陈仲子立节抗行,不入洿君之朝,不食乱世之食,遂饿而死。不能存亡接绝者何?小节伸而大略屈。"④按:刘昼在辑录《淮南子》这段文字时,除了为齐整句式而改易文字外,还更改了事例中的名物,但关于"小节与大略"的根本观点,并未有丝毫变化。

《刘子·随时》:"鲁哀公好儒服而削,代君修墨而残,徐偃公行仁而亡,燕

---

① 傅亚庶《刘子校释》,第62页。
② 张双棣《淮南子校释》(增订本),第2149页。
③ 傅亚庶《刘子校释》,第261页。
④ 张双棣《淮南子校释》(增订本),第1449页。

哙为义而灭。夫削残亡灭，暴乱之所招也。而此以仁义儒墨而遇之，非仁义儒墨之不可行，非其时之所致也。"①《淮南子·人间训》："夫徐偃王为义而灭，燕子哙行仁而亡，哀公好儒而削，代君为墨而残。灭亡削残，暴乱之所致也，而四君独以为仁义儒墨而亡者，遭之时务异也。非仁义儒墨不行，非其世而用之，则为之擒矣。"② 按：《淮南子》这段文字是为了论证"时之不可行"这一观点，《刘子》所谓"行非于时"，也是持同样看法。可见，刘昼受《人间训》启发，提出"适时而行"的主张，用以作为《随时》一篇的主旨。他辑录此文，主要作了次序调整，又将"徐偃公"与"燕哙"互换位置，将原书"灭亡削残"改为"削残亡灭"，却未改动"仁义儒墨"，是其所失。

四、《刘子》完全改写《淮南子》文句

所谓完全改写，是指刘昼辑录文句时绝大部分替换了原书的表述，有时仅是文字的不同，有时所表达的句意也会有较大改变。这种类型更多地体现了《刘子》对《淮南子》思想观点的化用，从侧面揭示出《淮南子》对《刘子》成书的重要贡献。这种改写很常见，据统计，约有12例。兹列举如下，并略加分析：

《刘子·防欲》："夫蜂虿螫指，则穷日烦扰；蚊虻嘬肤，则通宵失寐。"③《淮南子·俶真训》："蜂虿螫指，而神不能憺，蚊虻嘬肤，而知不能平。"④ 按：《刘子》此文明显是脱胎于《淮南子》。原书之意是说蜂虿蚊虫会让人的神情不安宁，而刘昼将其改写为蜂虿蚊虫对人更平实的影响，其目的是为了说明人们知道躲避虫害，却不知道防止内在欲望的伤害。

《刘子·去情》："飘瓦击人，虚舟触己，虽有忮心而不怒者，以彼无情于击触故也。"⑤《淮南子·诠言训》："方船济乎江，有虚船从一方来，触而覆之，虽有忮心，必无怨色。"⑥ 按：《刘子》此文来自《淮南子》，无需置疑，但两者文字表述大异，文意的侧重点也有不同。《淮南子》以虚船喻虚己游世，《刘子》改写

---

① 傅亚庶《刘子校释》，第586—587页。
② 张双棣《淮南子校释》（增订本），第1958页。
③ 傅亚庶《刘子校释》，第11页。
④ 张双棣《淮南子校释》（增订本），第255页。
⑤ 傅亚庶《刘子校释》，第21页。
⑥ 张双棣《淮南子校释》（增订本），第1505页。

后则以飘瓦、虚舟喻无情，强调去情的重要性。

《刘子·崇学》："耳形完而听不闻者，聋也；目形全而视不见者，盲也。人性美而不监道者，不学也。耳之初窒，目之始昧，必不吝百金，而迎医千里。人不涉学，犹心之聋盲，不知远祈明师以攻心术，性之蔽也。"①《淮南子·泰族训》："且聋者耳形具而无能闻也，盲者目形存而无能见也。夫言者所以通己于人也，闻者所以通人于己也。瘖者不言，聋者不闻，既喑且聋，人道不通。故有瘖聋之病者，虽破家求医，不顾其费。岂独形骸有瘖聋哉？心志亦有之。"②按：刘昼不仅在文字表述上作了改写，而且将论述的重心由心志不明于道转移到不学即不明于道，从而为"崇学"这个全篇主旨服务。

《刘子·履信》："同言而信，信在言前；同教而行，诚在言外。君子知诚信之为贵，必抗信而行，指麾动静，不失其符。"③《淮南子·缪称训》："同言而民信，信在言前也。同令而民化，诚在令外也。圣人在上，民迁而化，情以先之也。动于上不应于下者，情与令殊也。"④按：《文子·精诚》篇亦有与《淮南子》相近的文本。刘昼紧扣《淮南子》此文中的诚信二字而改写原文，"君子知诚信"几句，是反《淮南子》之意而成，强调诚信的重要性。

《刘子·思顺》："后稷善播植，不能使禾稼冬生，逆天时也。禹虽善治水，凿山穴川，不能回水西流，逆地势也。人虽材艺卓绝，不能悖理成行，逆人道也。故循理处情，虽愚蠢可以立名；反道为务，虽贤哲犹有祸害。"⑤《淮南子·主术训》："禹决江疏河，以为天下兴利，而不能使水西流。稷辟土垦草，以为百姓力农，然不能使禾冬生。岂其人事不至哉？其势不可也。夫推而不可为之势，而不循道理之数，虽神圣人不能以成其功，而况当世之主乎！"⑥按：刘昼明显袭用了《淮南子》的思想观点，但文字表述几乎全异。刘氏改写时着重增添一个逆字，即逆天时、地势、人道，及一个奇字，即反道为奇，从而反衬出"顺"的正面意义，突出全篇的主旨。当然，在本质上，刘昼并未改变《淮南子》"推可为之势"和"循道理之数"的无为主张。

---

① 傅亚庶《刘子校释》，第 37 页。
② 张双棣《淮南子校释》（增订本），第 2143—2144 页。
③ 傅亚庶《刘子校释》，第 89 页。
④ 张双棣《淮南子校释》（增订本），第 1073 页。
⑤ 傅亚庶《刘子校释》，第 100 页。
⑥ 张双棣《淮南子校释》（增订本），第 951 页。"循"原作"修"，今据王念孙校改。

《刘子·爱民》:"獭未祭鱼,不施网罟;豺未祭兽,不修田猎;鹰隼未击,不张罻罗;霜露未沾,不伐草木。"① 《淮南子·主术训》:"豺未祭兽,罝罦不得布于野;獭未祭鱼,网罟不得入于水;鹰隼未挚,罗网不得张于溪谷;草木未落,斤斧不得入山林。"② 按:《文子·上仁》篇亦有与《淮南子》相同的文本。《刘子》此文后有几句阐述:"草木有生而无识,鸟兽有识而无知,犹施仁爱以及之,奚况生人而不爱之乎?"③ 可见,刘昼主要是作为素材来改写《淮南子》这段文字,既有齐整句式又有引出爱民这一主题的目的,而《淮南子》要表现的主题则是先王治政重视民生,与之略有不同。

《刘子·妄瑕》:"是以荆岫之玉,必含纤瑕,骊龙之珠,亦有微颣,然驰光于千里,飞价于侯王者,以小恶不足以伤其大美也。今志人之细短,忘人之所长,以此招贤,是书空而寻迹,披水而觅路,不可得也。"④ 《淮南子·氾论训》:"夫夏后氏之璜不能无考,明月之珠不能无颣,然而天下宝之者,何也?其小恶不足妨大美也。今志人之所短,而忘人之所修,而求得其贤乎天下,则难矣。"⑤ 按:《文子·上义》篇亦有与《淮南子》相近文本。《刘子》全袭《淮南子》"小恶不足妨大美"的观点,但以更加优美的文辞作了修改。

《刘子·适才》:"伏腊合欢,必歌《采菱》,牵石挽舟,则歌嘘嗷,非无激楚之音,然而弃不用者,方引重抽力,不如嘘嗷之宜也。"⑥ 《淮南子·道应训》:"今夫举大木者,前呼邪许,后亦应之,此举重劝力之歌也。岂无郑、卫激楚之音哉?然而不用者,不若此其宜也。"⑦ 按:《刘子》此处也是全袭《淮南子》之意,即人们的行事要与事情本身相适宜,但文辞表述则大异其趣,增加"采菱""嘘嗷"二词,使得文辞更显典雅。

《刘子·观量》:"夫钓者虽有籊竿纤纶,芒钩芳饵,增以詹何之妙,不能与罾罟争多;弋者挟繁弱之弓,贯会稽之箭,加以蒲苴之巧,不能与罻罗竞获。何者?术小故也。江河之流,烂胔漂尸,纵横接连,而人饮之者,量大故也;盆盂

---

① 傅亚庶《刘子校释》,第 123 页。
② 张双棣《淮南子校释》(增订本),第 1026—1027 页。
③ 傅亚庶《刘子校释》,第 123 页。
④ 傅亚庶《刘子校释》,第 259 页。
⑤ 张双棣《淮南子校释》(增订本),第 1450 页。
⑥ 傅亚庶《刘子校释》,第 278 页。
⑦ 张双棣《淮南子校释》(增订本),第 1241 页。

之水,鼠尾一曳,必呕吐而弃之者,量小故也。"①《淮南子·原道训》:"夫临江而钓,旷日而不能盈罗,虽有钩箴芒距,微纶芳饵,加之以詹何、娟嬛之数,犹不能与网罟争得也。射者扞乌号之弓,弯棊卫之箭,重之羿、逢蒙子之巧,以要飞鸟,犹不能与罗者竞多。何则?以所持之小也。"②《要略》篇:"夫江河之腐胔不可胜数,然祭者汲焉,大也。一杯酒白,蝇渍其中,匹夫弗尝者,小也。"③按:显然,《刘子》此处是拼合不同篇目的文句而加以改写,尽管文辞表述大异《淮南子》,但思想观点几无变化。唯作者所增"术小""量大""量小"三个概念,符合"观量"这一主旨,是为一大亮点。

《刘子·正赏》:"越人腥蛇以飨秦客,秦客甘之以为鲤也,既觉而知其是蛇,攫喉而呕之,此为未知味也。赵人有曲者,托以伯牙之声,世人竞习之,后闻其非,乃束指而罢,此为未知音也。宋人得燕石,以为美玉,铜匣而藏之,后知是石,因捧匣而弃之,此为未识玉也。"④《淮南子·修务训》:"楚人有烹猴而召其邻人,以为狗羹也而甘之,后闻其猴也,据地而吐之,尽写其食,此未始知味者也。邯郸师有出新曲者,托之李奇,诸人皆争学之,后知其非也,而皆弃其曲,此未始知音者也。鄙人有得玉璞者,喜其状,以为宝而藏之,以示人,人以为石也,因而弃之,此未始知玉者也。"⑤按:刘昼以《淮南子》"未始知味""未始知音""未始知玉"为纲,几乎全部改换了原有的文字表述,但终不能抹去化用《淮南子》的痕迹。

《刘子·正赏》:"镜形如杯,以照西施,镜纵则面长,镜横则面广,非西施貌易,所照变也。"⑥《淮南子·齐俗训》:"窥面于盘水则员,于杯则随,面形不变其故,有所员、有所随者,所自窥之异也。"⑦按:这是刘昼化用《淮南子》观点非常典型的例子,是袭其意不袭其辞的代表。两者均阐明了这样一个道理:事物的本质或真相虽然只有一个,但因受外在影响而能化生出不同的现象。

《刘子·惜时》:"昔之君子,欲行仁义于天下,则与时竞驰,不吝盈尺之璧,而珍分寸之阴。故大禹之趋时,冠挂而不顾;南荣之访道,踵趼而不休;仲尼

---

① 傅亚庶《刘子校释》,第425—426页。
② 张双棣《淮南子校释》(增订本),第38页。
③ 张双棣《淮南子校释》(增订本),第2194页。
④ 傅亚庶《刘子校释》,第486页。
⑤ 张双棣《淮南子校释》(增订本),第2050页。
⑥ 傅亚庶《刘子校释》,第486页。
⑦ 张双棣《淮南子校释》(增订本),第1202—1203页。

栖栖,突不暇黔;墨翟遑遑,席不及暖。"①《淮南子·原道训》:"夫日回而月周,时不与人游,故圣人不贵尺之璧而重寸之阴,时难得而易失也。禹之趋时也,履遗而弗取,冠挂而弗顾,非争其先也,而争其得时也。"②《修务训》:"南荣畴耻圣道之独亡于己,身淬霜露,欹躇跌,跋涉山川,冒蒙荆棘,百舍重跰,不敢休息。"又此篇:"孔子无黔突,墨子无暖席。"③按:《刘子》此处也是拼合不同篇目的文句而加以改写,袭用《原道训》"争其得时"之意,而把《修务训》南荣畴、孔子、墨子汲汲于行道的形象全部改造成惜时者的形象,用以论证全篇主旨,不可谓不成功。

五、《刘子》概括提炼《淮南子》文句

《刘子》的写作风格接近于骈文,像先秦两汉子书那样广泛使用寓言说理,似乎不太切合实际。因此,作为一部融合百家思想的杂家著作,《刘子》使用概括提炼这种方式吸纳《淮南子》的内容,是不可避免的现象。据统计,《刘子》根据提炼《淮南子》的言论,大约有3例。兹列举如下,并略加分析:

《刘子·文武》:"墨子救宋,重跰而行;干木在魏,身不下堂。行止异迹,存国一焉。"④《淮南子·修务训》:"夫墨子跌蹞而趋千里,以存楚、宋;段干木阖门不出,以安秦、魏。夫行与止也,其势相反,而皆可以存国,此所谓异路而同归者也。"⑤按:刘昼以六个齐整的四言句式概括提炼了《淮南子》关于墨子和段干木的一段论述,既精练明朗,又相契于文武的主题,显示出刘氏高超的语言熔铸能力。

《刘子·诫盈》:"昔仲尼观欹器而革容,鉴《损》《益》而叹息,此察象而识类,睹霜而知冰也。"⑥《淮南子·道应训》:"孔子观桓公之庙,有器焉,谓之宥卮。孔子曰:'善哉乎!得见此器。'顾曰:'弟子取水!'水至,灌之,其中则正,其盈则覆。孔子造然革容曰:'善哉,持盈者乎!'"⑦《人间训》:"孔子读

---

① 傅亚庶《刘子校释》,第504页。
② 张双棣《淮南子校释》(增订本),第79—80页。
③ 张双棣《淮南子校释》(增订本),第2038、1993页。
④ 傅亚庶《刘子校释》,第293页。
⑤ 张双棣《淮南子校释》(增订本),第2001页。
⑥ 傅亚庶《刘子校释》,第346页。这则寓言故事又见于《荀子·宥坐》篇,文字颇有不同。但《刘子》必本于《淮南子》:其一,革容二字与《淮南》合;其二,诫盈与《淮南》所谓持盈合,《荀子》则无盈字。
⑦ 张双棣《淮南子校释》(增订本),第1353—1354页。

《易》至《损》《益》，未尝不喟然而叹曰：'益损者，其王者之事与！'"①《说山训》："鲁以偶人葬而孔子叹，故圣人见霜而知冰。"②按：很明显，刘昼概括提炼了来自《淮南子》的两则关于孔子的寓言，又拼合《说山训》的文句而成有机整体。这两则寓言皆与盈（自满）相关，适合全篇主旨，故为《刘子》所化用。

《刘子·祸福》："昔宋人有白犊之祥，而有失明之祸。虽有失明之祸，以至获全之福。北叟有胡马之利，卒有奔坠之患。虽有奔坠之患，而至保身之福。"③《淮南子·人间训》："昔者，宋人好善者，三世不解，家无故而黑牛生白犊，以问先生，先生曰：'此吉祥，以飨鬼神。'居一年，其父无故而盲，牛又复生白犊，其父又复使其子以问先生。其子曰：'前听先生言而失明，今又复问之，奈何？'其父曰：'圣人之言先忤而后合，其事未究，固试往复问之。'其子又复问先生，先生曰：'此吉祥也，复以飨鬼神。'归，致命其父，其父曰：'行先生之言也。'居一年，其子又无故而盲，其后楚攻宋，围其城。当此之时，易子而食，析骸而炊之，丁壮者死，老病童儿皆上城，牢守而不下，楚王大怒，城已破，诸城守者皆屠之。此独以父子盲之故得无乘城。军罢围解，则父子俱视。夫祸福之转而相生，其变难见也。近塞上之人，有善术者，马无故亡而入胡，人皆吊之，其父曰：'此何遽不为福乎？'居数月，其马将胡骏马而归，人皆贺之，其父曰：'此何遽不能为祸乎？'家富良马，其子好骑，堕而折其髀，人皆吊之，其父曰：'此何遽不为福乎？'居一年，胡人大入塞，丁壮者引弦而战，近塞之人，死者十九，此独以跛之故，父子相保。故福之为祸，祸之为福，化不可极，深不可测也。"④按：《淮南子》这两则寓言，皆是要说明祸福相生互转而又无法预测的道理。刘昼以骈文之言进行概括提炼，保留了相生互转这层意思，却剔除了无法预测之义，以适应《祸福》篇的因果报应主旨。

六、《刘子》对《淮南子》文句的阐发

刘昼吸纳《淮南子》思想观点的深度体现，就是他对《淮南子》一些言论的阐述和发挥。这一类型的吸纳实际上就是化用古书，通常都偏离了原书本意，而自创新见。这在《刘子》中也很常见，据统计，约有15例，兹列举如下，

---

① 张双棣《淮南子校释》（增订本），第1879页。喟，原文作"愤"，今据王念孙校改。
② 张双棣《淮南子校释》（增订本），第1726页。
③ 傅亚庶《刘子校释》，第456页。
④ 张双棣《淮南子校释》（增订本），第1899页。

并略加分析：

《刘子·防欲》："故林之性静，所以动者，风摇之也；水之性清，所以浊者，土浑之也；人之性贞，所以邪者，欲眩之也。身之有欲，如树之有蝎，树抱蝎则还自凿，身抱欲而返自害。"①《淮南子·俶真训》："水之性真清而土汩之，人性安静而嗜欲乱之。"②《说林训》："木生蠹，反自食；人生事，反自贼。"③按：显然，刘昼拼合了《淮南子》不同篇目的文句，并加以阐发。他的阐述和发挥都是围绕"嗜欲乱之"这四字而展开，不仅增加了类比，还将"人性安静"改成"人之性贞"，"人生事"改成"身抱欲"，反复渲染了人欲的危害，使"防欲"这个主题更加鲜明突出。

《刘子·去情》："是以媒扬誉人，而受誉者不以为德；取庸强饭，而蒙饱者不以为惠。婴儿伤人，而被伤者不以为怨；侏儒嘲人，而获嘲者不以为辱。何者？有情于誉饱，虽蒙惠而非德；无情于伤辱，虽获毁而无憾。"④《淮南子·缪称训》："媒妁誉人，而莫之德也；取庸而强饭之，莫之爱也。"⑤《说山训》："狂者伤人，莫之怨也；婴儿詈老，莫之疾也；贼心亡也。"⑥按：《刘子》此处也是拼合《淮南子》不同篇目的文句而加以阐发。他拈出"有情""无情"来解释《淮南子》这几句话，完全是自己的发挥。《缪称训》强调诚心的重要，《说山训》强调无害人之心的重要，而刘昼将"情"视为是非利害之心，已非《淮南子》本意了。

《刘子·去情》："使信士分财，不如投策探钩；使廉士守藏，不如闭扃全封。何者？有心之于平，不若无心之不平也；有欲之于廉，不若无欲之不廉也。今人目若骊珠，心如权衡，评人好丑，虽言得其实，彼必嫌怨；及其自照明镜，模刻其容，丑状既露，则内惭而不怨。向之评者，与镜无殊，然而向怨今惭者，以镜无情而人有心故也。三人居室，二人交争，必取信于不争者，以辩彼此之得失。夫不争者未必平，而交争者未必偏，而信于不争者何也？以争者之心，并挟胜情故也。"⑦《淮南子·诠言训》："天下非无信士也，临货分财必探筹而定

---

① 傅亚庶《刘子校释》，第10页。
② 张双棣《淮南子校释》（增订本），第243页。
③ 张双棣《淮南子校释》（增订本），第1860页。
④ 傅亚庶《刘子校释》，第20页。
⑤ 张双棣《淮南子校释》（增订本），第1066页。
⑥ 张双棣《淮南子校释》（增订本），第1866页。也，原文作"止"，今据陈昌齐校改。
⑦ 傅亚庶《刘子校释》，第20—21页。

分,以为有心者之于平,不若无心者也。天下非无廉士也,然而守重宝者,必关户而全封,以为有欲者之于廉,不若无欲者也。人举其疵则怨人,鉴见其丑则善鉴。……三人同舍,二人相争,争者各自以为直,不能相听,一人虽愚,必从旁而决之,非以智也,以不争也。"①按:此处,刘昼是拼合《淮南子》同篇文句而加以阐发。他主要阐述和发挥了"人举其疵"和"三人同舍"几句,进一步论述了无情对于摆脱是非利害纠缠的作用。

《刘子·思顺》:"司马蒯聩,天下之攻击剑者也。令提剑锋而掉剑觚,必刎其指,而不能以陷腐木,而况金甲乎?若提其觚而掉其锋,则虽凡夫,可以陆斩犀象,水截蛟龙矣。顺理而行,若执剑觚,逆情而动,如执剑锋,欲无伤乎,其可得乎?"②《淮南子·主术训》:"故握剑锋,以离北宫子、司马蒯蒉,不使应敌;操其觚,招其末,则庸人能以制胜。"③按:这段论述是《刘子》阐发《淮南子》观点的典型代表。原书 30 余字,《刘子》则用了 80 余字,详细阐述了提剑锋与提剑觚所产生的截然不同的后果,进而论证了"顺理"与"逆情"的差异,有力地支撑了全篇的主旨。此与《淮南子》原来的本末思想稍有不同。

《刘子·从化》:"迅风扬波,高下相临,山隆谷窊,差以寻常,较而望之,犹曰水平,举大体也。故世之论事,皆取其多者,以为之节。"④《淮南子·氾论训》:"水激兴波,高下相临,差以寻常,犹之为平。"⑤按:高诱注曰:"虽有激波犹以为平,平者多也。"⑥显然,刘昼所谓举大体、取其多者,是受到了高诱的启发。此与《淮南子》"不以小过掩其大美"的主张略有出入。

《刘子·妄瑕》:"尧有不慈之诽,舜有卑父之谤,汤有放君之称,武有杀主之讥;齐桓有贪淫之目,晋文有不臣之声,伊尹有诬君之迹,管仲有僭上之名。"⑦《淮南子·氾论训》:"然尧有不慈之名,舜有卑父之谤,汤武有放弑之事,五伯有暴乱之谋。"⑧按:此处,刘昼主要将"汤武有放弑之事""五伯有暴乱之谋"这两句展开阐述,又增伊尹、管仲二人,强化了《淮南子》原有观点。

---

① 张双棣《淮南子校释》(增订本),第 1515—1547 页。
② 傅亚庶《刘子校释》,第 100 页。
③ 张双棣《淮南子校释》(增订本),第 1014 页。
④ 傅亚庶《刘子校释》,第 131—132 页。
⑤ 张双棣《淮南子校释》(增订本),第 1444 页。
⑥ 张双棣《淮南子校释》(增订本),第 1446 页。
⑦ 傅亚庶《刘子校释》,第 259 页。
⑧ 张双棣《淮南子校释》(增订本),第 1449 页。

《刘子·慎隙》："故墙之崩隤,必因其隙;剑之毁折,皆由于璺。尺蚓穿堤,能漂一邑;寸烟泄突,致灰千室。怨之始也,微于隙璺,及其危害,大于墙剑。祸之所伤,甚于邑室,将防其萌,急于水火。"① 《淮南子·人间训》："夫墙之坏也于隙,剑之折必有啮,圣人见之蚤,故万物莫能伤也。"② 按:隙,壁缝也,是指墙壁细微的裂缝,刘昼借以比喻小害且易忽之事。他在《淮南子》简短言论的基础上作了大量阐发,突出了积小怨能成大祸、积小害能成大患的道理,进而论证了"慎隙""防萌"的必要性。这是对《淮南子》原有观点的延伸发展。

《刘子·和性》："夫欧冶铸剑,太刚则折,太柔则卷。欲剑无折,必加其锡;欲剑无卷,必加其金。何者?金性质刚而锡性质柔,刚柔均平,则为善矣。"③ 又此篇："是以智者宽而栗,严而温,柔而毅,猛而仁。刚而济其柔,柔而抑其强;强弱相参,缓急相弼。以斯善性,未闻连物而有悔吝者也。"④ 《淮南子·氾论训》："故圣人之道,宽而栗,严而温,柔而直,猛而仁。太刚则折,太柔则卷,圣人正在刚柔之间,乃得道之本。"⑤ 按:此处,刘昼是以"欧冶铸剑"的寓言来阐述《淮南子》"太刚则折,太柔则卷"的道理,并将"刚柔之间"的观点展开论述,重点诠释了刚柔相济的和性之内涵。"柔而直",刘昼改成"柔而毅"。其实,两者没有本质的差别,韩康伯注《周易系辞》云:"直,刚正也。"⑥ 《文选》刘良注云:"毅,刚也。"⑦ 可见,两者训义可互通,然《淮南子》是直与卷相对,而《刘子》无此相对之字。

《刘子·明权》："量有轻重,则形之于衡。今加一环于衡左则右蹶,加之于右则左蹶,唯莫之动则平正矣。"⑧ 《淮南子·主术训》："衡之于左右,无私轻重,故可以为平。"⑨ 按:《刘子》这段文字可以看成是《主术训》这条言论的详细注解,使之形象生动,更加通俗易懂。

---

① 傅亚庶《刘子校释》,第 336 页。
② 张双棣《淮南子校释》(增订本),第 1941 页。
③ 傅亚庶《刘子校释》,第 370 页。
④ 傅亚庶《刘子校释》,第 371 页。
⑤ 张双棣《淮南子校释》(增订本),第 1396 页。
⑥ 孔颖达《周易正义》,北京大学出版社 2000 年,第 10 页。
⑦ 李善等《六臣注文选》,中华书局 1987 年,第 906 页。
⑧ 傅亚庶《刘子校释》,第 411 页。
⑨ 张双棣《淮南子校释》(增订本),第 929 页。

《刘子·观量》:"夫睹焦侥之节,知非防风之胫;视象之牙,知其大于豕也;见狸之尾,知其小于豹也。故睹一可以知百,观此可以明彼。"① 《淮南子·说林训》:"见象牙乃知其大于牛,见虎尾而知其大于狸,一节见而百节知也。"② 按:显然,刘昼紧扣《淮南子》"一节见而百节知"这个观点展开阐述,不仅增加了类证,还增益了原有观点,即"观此可以明彼",从而与"观量"的篇旨相连。

《刘子·利害》:"利害者,得失之本也;得失者,成败之源也。故就利而避害,爱得而憎失,物之恒情也。人皆知就利而避害,莫知缘害而见利;皆识爱得而憎失,莫识由失以至得。有知利之为害,害之为利,得之成失,失之成得,则可与谈利害而语得失矣。"③《淮南子·修务训》:"见利而就,避害而去,其情一也。"④ 又《人间训》:"众人皆知利利而病病也,唯圣人知病之为利,知利之为病也。"⑤ 按:此处,刘昼也是拼合不同篇目的文句而加以阐发,把《淮南子》关于利害这方面零散的论述集中了起来,而重点放在利害得失之间的转化上。这对加深认识《利害》篇主旨有一定的作用。

《刘子·正赏》:"由今人之画鬼魅者易为巧,摹犬马者难为工,何者？鬼魅质虚,而犬马形露也。质虚者,可托怪以示奇;形露者,不可诬罔以是非,难以其真而见妙也。托怪于无象,可假非而为是;取范于真形,则虽是而疑非。"⑥《淮南子·氾论训》:"今夫图工好画鬼魅,而憎图狗马者,何也？鬼魅不世出,而狗马可日见也。"⑦ 按:《刘子》这段文字可谓是对《淮南子》此条言论的一种理论阐述。刘昼所提出的"质虚""形露"这两个高度凝练的概念,反映了他对《淮南子》这条言论的透彻理解。所谓质虚,就是本质虚无;所谓形露,就是具象外露。鬼魅本质虚无,可为人搬弄,故易巧;狗马具象外露,须以真示人,故难工。刘氏的阐述完全斩除了《淮南子》关于鬼魅的一点神秘色彩,显然更

---

① 傅亚庶《刘子校释》,第425页。
② 张双棣《淮南子校释》(增订本),第1820页。
③ 傅亚庶《刘子校释》,第450页。
④ 张双棣《淮南子校释》(增订本),第2024页。
⑤ 张双棣《淮南子校释》(增订本),第1879页。
⑥ 傅亚庶《刘子校释》,第485页。
⑦ 张双棣《淮南子校释》(增订本),第1388页。《韩非子·外储说》有关于画鬼最易的寓言:"客有为齐王画者,齐王问曰:'画孰最难者？'曰:'犬马难。''孰易者？'曰:'鬼魅最易。夫犬马,人所知也,旦暮罄于前,不可类之,故难。鬼魅,无形者,不罄于前,故易之也。'"(王先慎《韩非子集解》,第270—271页)。显然,《淮南子·氾论训》这条言论是概括自《韩非子》,而《刘子》又是以《淮南子》为基础而展开论述的。

深刻,更具理论性。

《刘子·激通》:"登峭岭者则欲望远,临浚谷者必欲窥墟。墟墓之间使情哀,清庙之中使心敬。此处无心而情伪之发者,地势使之然也。"①《淮南子·说山训》:"登高使人欲望,临深使人欲窥,处使然也。"② 按:《淮南子·说山训》论述的是一般现象,而《刘子》的阐述使之更加具体。以峭岭代表高,以浚谷代表深,然后又用望远、窥墟分别替代望和窥,并增以墟墓、清庙二句,最终很自然地得出"地势使之然"的结论。很明显,这是刘昼对《淮南子》"处使然"观点的具体运用。

总之,《刘子》吸纳《淮南子》的思想和言论,虽然书中不见有任何指明,但上述所有例证都确定不移地证明了这一事实。从上面的分析也可以看出,刘昼对《淮南子》作过深入的研究,足以称得上是南北朝时期《淮南子》学的代表人物。

---

① 傅亚庶《刘子校释》,第498页。
② 张双棣《淮南子校释》(增订本),第1719页。

第五章　《长短经》《意林》对《淮南子》文句的引用与辑录

第一节　《长短经》对《淮南子》文句的引用

赵蕤(约659—742),字太宾,号东岩子,梓州盐亭县(今四川盐亭县)人,与李白并称"蜀中二杰"。他编著的《长短经》,可谓是盛唐时期一部出色的子书。据该书《三国权》篇说:"自隋开皇十年庚戌岁灭陈,至今开元四年丙辰岁,凡一百二十六年,天下一统。"① 可知《长短经》大致成书于公元716年。这部书的性质与《刘子》略为相似,都杂合了诸子百家之说,但所使用的材料更加庞杂,涉及大量史料,其论述重点则是落在事关治国理政的文韬武略上。就材料的使用来看,《长短经》远不如《刘子》洗练、精当,大多时候只是材料的堆积,这可以从《长短经》引用《淮南子》的情况得到反映。

赵蕤引用《淮南子》,一般只作为论证的材料,仅做了删减和拼合的工作,基本上不进行改写和阐发。当然,这并不意味着《淮南子》被当成了类书一样的工具书,仍旧能见出它对于《长短经》成书的作用及赵蕤思想观点的影响。据统计,《长短经》征引《淮南子》共计约18例,其中有5例属于暗引,2例为张冠李戴②。纵观全书,赵蕤几乎都是以篇题为主旨展开论述,根据这个特点,

---

① 赵蕤《长短经》,中华书局2017年,第364页。
② 《长短经·大体》篇自注:"《淮南子》云:'巧匠为宫室,为圆必以规,为方必以矩,为平直必以准绳。功已就矣,而不知规矩准绳,而赏巧匠。宫室已成,不知巧匠,而皆曰某君某王之宫室也。'"(第4—5页。)此文不见于今本《淮南子》,而与《吕氏春秋·似顺论·分职》篇之文几乎全同,《吕氏》惟无"矣"字,《吕氏》"皆曰"后有"善"字。又《是非》篇:"《淮南子》曰:'东海之鱼名鲽,比目而行;北方有兽名曰娄,更食更候;南方有鸟名曰鹣,比翼而飞。夫鸟兽鱼鲽,犹知假力,而况万乘之主乎?独不知假天下之英雄俊士,与之为伍,岂不痛哉!'"(第141页。)此文不见于今本《淮南子》,而是取自《韩诗外传》,略有删改。《韩诗外传·第二十六章》:"东海之鱼名曰鲽,比目而行,不相得不能达。北方有兽名曰娄,更食更视,不相得不能饱。南方有鸟名曰鹣,比翼而飞,不相得不能举。西方有兽名曰蹶,前足鼠,后足兔,得甘草必衔以遗蛩蛩距虚,其性非爱蛩蛩距虚,将为假足之故也。夫鸟兽鱼犹知相假,而况万乘之主乎!而独不知假此天下英雄俊士,与之为伍,则岂不病哉!"(转下页)

下面就以引用过《淮南子》的篇章为对象,分析《长短经》对《淮南子》思想材料的吸纳和运用。

一、《任长》《论士》《君德》篇所引《淮南子》文句

《君德》篇讨论统治者的品德问题,《任长》《论士》两篇则讨论统治者的用人问题。赵蕤在讨论这些问题时,对《淮南子》相关的言论多有引用。

(一)《任长》篇所引文句

所谓任长,是指统治者根据个人所长来任用人才,即如三国魏人桓范所说"帝王用人,度世授才"。除标题外,篇中还出现了"任其长""任长之道"的表述,所以"任长"便是此篇的主旨。《任长》篇引用《淮南子》2例,其中暗引1例,明引1例。兹列举如下,并略加分析:

"昔伊尹之兴土工也,强脊者使之负土,眇者使之推,伛者使之涂,各有所宜,而人性齐矣。"① 按:此文暗引自《淮南子·齐俗训》,赵蕤略有删减。原文作:"故伊尹之兴土功也,修胫者使之跖钁,强脊者使之负土,眇者使之准,伛者使之涂,各有所宜,而人性齐矣。"② 工、功两字,古时通用。《长短经》中"推"字,当是"准"字之误。此处的"人性",并非指人之所以为人的本质,而是指每个人身体方面天生或后天形成的特质,如修胫者、强脊者、眇者、伛者。赵蕤将其理解为特长,亦未尝不可。《淮南子》强调每个人都各有所宜,即所谓齐;而《长短经》强调的是像伊尹这样的领导者能因人而用。可见,赵蕤引用此文,并非吸纳其核心观点,而是作为论证的材料。

《淮南子》曰:"天下之物,莫凶于奚毒。然而良医橐而藏之,有所用也。麋之上山也,大章不能跂;及其下也,牧竖能追之,才有修短也。胡人便于马,越人便于舟,异形殊类,易事则悖矣。"③ 按:此文为赵蕤拼合《淮南子》不同篇目的文字而来。《主术训》:"天下之物,莫凶于鸡毒,然而良医橐而藏之,有所用也。……鹿之上山,獐不能跂也,及其下,牧竖能追之,才有所修短

(接上页)(许维遹《韩诗外传集释》,第192—193页。)《淮南子·道应训》有一段与《韩诗外传》此文相关的记述:"北方有兽,其名曰蹶,鼠前而菟后,趋则顿,走则颠,常为蛩蛩距虚取甘草以与之。蹶有患害,蛩蛩距虚必负而走。"(张双棣《淮南子集释》[增订本],第1257页。)但《长短经》并无引用。

① 赵蕤《长短经》,第7页。
② 张双棣《淮南子集释》(增订本),1210页。
③ 赵蕤《长短经》,第8页。

也。"①《齐俗训》:"胡人便于马,越人便于舟,异形殊类,易事而悖。"② 即为《长短经》所本。《主术训》文前还有一段论述:"是故贤主之用人也,犹巧工之制木也,大者以为舟航柱梁,小者以为楫楔,修者以为榱榱,短者以为朱儒枅栌,无大小修短,得其所宜,规矩方圆,各有所施。"③ 指明了帝王用人就要让才能长短不一的人在适宜条件下各有所施展。《齐俗训》此文则进一步说明,若是颠倒了这种适宜条件,如让越人骑马,胡人乘舟,就会使事情遭遇失败。这正好符合赵氏所说的"任长之道"④,故被赵氏拼合而加以引用。从中也能看出赵氏对《淮南子》的熟悉程度。

(二)《论士》篇所引文句

《论士》篇集中讨论了国君要好士、求士、知士和用士的问题。此篇赵蕤自注引用《淮南子》2例,均为明引,兹列举如下,并略加分析:

《淮南》曰:"待騕褭、飞兔而后驾,则世莫乘车矣;待西施、洛浦而后妃,则终身不家矣。然不待古之英俊而自足者,因其所有而遂用之也。"⑤ 按:此文出自《齐俗训》,文字微异,原文作:"夫待騕裹、飞兔而驾之,则世莫乘车;待西施、毛嫱而为配,则终身不家矣。然非待古之英俊,而人自足者,因所有而并用之。"⑥ 从材料的使用上看,赵蕤引用此文,是用来说明国君好士的重要性。因

---

① 张双棣《淮南子集释》(增订本),第976页。王念孙云:"'鸡毒',当作'奚毒',……《广雅》《本草》并作'奚毒'。"(见《淮南子校释》[增订本],第979页。)《长短经》所引即可佐证王氏之说。
② 张双棣《淮南子集释》(增订本),第1210页。
③ 张双棣《淮南子集释》(增订本),第976页。
④ 《任长》篇末尾总结说:"由此观之,使韩信下帏,仲舒当戎,于公驰说,陆贾听讼,必无曩时之勋而显今日之名也。故任长之道,不可不察。"(赵蕤《长短经》,第8页。)实质上正是《淮南子》所谓"异形殊类,易事而悖"观点的体现。只有将每个人的才能放置在最适合它施展的情形下,才能得到用人的正面效果。此即为任长之道。
⑤ 赵蕤《长短经》,第52页。
⑥ 张双棣《淮南子集释》(增订本),第1211页。"騕裹",许维遹说:"要裹之名,本取叠韵,故或作要褭,《后汉书·张衡传》云:'斥西施而弗御兮,羁要褭以服箱。'章注引《吕览》亦作'要褭'。"(见《淮南子校释》[增订本],第1216页。)要、褭二字,古时相通,故《长短经》所引可佐证许氏之说。"毛嫱",王念孙说:"《群书治要》引此,作'西施、络慕',又引注,作'西施、络慕,古好女也',《太平御览·兽部八》引作'落慕'。……今本作毛嫱者,后人不知络慕所出,又见古书多言毛嫱、西施,故改之耳,不知他自作'毛嫱',此自作'络慕',不必同也。"洛浦、络慕、落慕,读音相近,或可相通,《长短经》所引亦可佐证王氏之说。妃与配为古今字,《长短经》所引"后妃",于义为长,似当从。并,王念孙说:"《群书治要》引此,'并'作'遂',于义为长。遂,即也。言因所有而即用之,故不待古之英俊而人自足也。今本作'并'者,后人依《文子·下德》篇改之耳。"(以上见《淮南子校释》[增订本],第1216—1217页。)《长短经》所引也可以佐证王氏之说。由此可见,《长短经》引用《淮南子》之文,同样具有校勘价值,但为后世学者所忽略。

为国君常以古之士人的标准衡量今之士人,往往借口"国无士"而轻视今之士人,所以赵氏引用此文,形象地说明这种行为的危害,从而突出善待今之士人的重要性。

《淮南子》曰:"未有其功而知其贤者,唯尧之知舜也,功成事立而知其贤者,市人之知舜也。"① 按:此文出自《淮南子·氾论训》,略有差异,原文作:"故未有功而知其贤者,尧之知舜也;功成事立而知其贤者,市人之知舜也。"② 在这段引文之前,赵蕤作了一段议论,他说:"天下无灾害,虽有贤德,无所施材。老子曰:'大道废,有仁义;国家昏乱,有忠臣。'"③ 这说明贤士常作用于国家危难之际,所以客观上造成了君王识士、知士之难。赵氏引用《淮南子》此文,进一步说明君王也需要极高的智慧才能正确地识士和知士。

(三)《君德》篇所引文句

所谓君德,是指君王应具有的品德。《君德》篇多以儒家标准专论历代君王品德之优劣。赵蕤自注此篇时,引用《淮南子》1例,用以评判梁元帝。

《君德》篇正文说:"梁元帝聪明才学,克平祸乱,而卒致倾覆,何也?虞南曰:梁元聪明伎艺,才兼文武,杖顺伐逆,克雪家冤,成功遂事,有足称者。但国难之后,伤夷未复,信强寇之甘言,袭褊心于怀楚;蕃屏宗支,自为仇敌,孤远悬僻,莫与同忧,身亡祚灭,生人涂炭,举鄢郢而弃之,良可惜也。"赵蕤自注:"议曰:《淮南子》云:'夫仁智,才之美者也。所谓仁者,爱人也;所谓智者,知人也。爱人则无虐刑,知人则无乱政。此三代所以昌也。智伯有五过人之才,而不免于身死人手者,不爱人也;齐王建有三过人之巧,而身虏于秦者,不知贤也。故仁莫大于爱人,智莫大于知人。二者不立,虽察慧捷巧,不免于乱矣。'"④ 这段文字出自《淮南子·泰族训》,颇多删减。原文作:"故仁知,人材之美者也。所谓仁者,爱人也;所谓知者,知人也。爱人则无虐刑矣,知人则无乱政矣。治由文理,则无悖谬之事矣;刑不侵滥,则无暴虐之行矣。上无烦乱之治,下无怨望之心,则百残除而中和作矣,此三代之所昌。故《书》曰:'能哲且惠,黎民怀之。何忧讙兜,何迁有苗。'知伯有五过人之材,而不免于身死人手者,不爱人也。齐王建有三过人之巧,而身虏于秦者,不知贤也。故仁莫大

---

① 赵蕤《长短经》,第57页。
② 张双棣《淮南子集释》(增订本),第1450页。
③ 赵蕤《长短经》,第56—57页。
④ 赵蕤《长短经》,第86—87页。

于爱人,知莫大于知人。二者不立,虽察慧捷巧,劬禄疾力,不免于乱也。"① 显然,赵蕤引用《淮南子》此文,对梁文帝仅有世俗所谓的聪明才学表达了不满。在他看来,真正的聪明是知人,最大的才德是爱人,但梁元帝并不具有这两大品德,就像智伯、齐王建一样,仅有"察慧捷巧"之类的小聪明、小才学,最终不免覆亡的命运。可见,这一处材料,赵蕤运用得十分精当,在评判梁元帝的同时,又点明了君王应该具有既智且仁的真正品德。

二、《反经》《是非》篇所引《淮南子》文句

《反经》《是非》是《长短经》中较有特色的两篇文章。《淮南子》的文句被运用其中,因而也获得了一些新的意义。

(一)《反经》篇所引文句

所谓反经,是指儒家经义行诸于实践的过程中必然会催生反经义的现象。抽象地说,就是事物的正面在一定条件下会走向它的反面。《反经》篇专门列举和讨论了历史上从经义走向反经义的事例及言论,确有发人深省之处。此篇正文引有《淮南子》1例,为暗引。

《反经》篇说:"子路拯溺而受牛谢。孔子曰:'鲁国必好救人于患也。'子贡赎人而不受金于府。孔子曰:'鲁国不复赎人矣。'子路受而劝德,子贡让而止善。由此观之,廉有所在而不可公行。"并在"子贡赎人"句下附有注文:"鲁国之法,赎人于他国者,受金于府也。"② 此文虽未称引《淮南子》之名,但从其内容及附录的注文看,无疑是出自该书《齐俗训》,略有删减。原文作:"子路撜溺而受牛谢,孔子曰:'鲁国必好救人于患。'子赣赎人而不受金于府,孔子曰:'鲁国不复赎人矣。'子路受而劝德,子赣让而止善。孔子之明,以小知大,以近知远,通于论者也。由此观之,廉有所在而不可公行也。"③ 注文同。今存《齐俗训》属于许慎注本,《长短经》所引注文与今本相同,可知赵蕤所据用的版本是许本。"撜",与"拯"同。孙诒让《周礼正义》云:"赣,正字;贡,假借字。"可见,《长短经》所引与今本几无差异,仅作了删减。赵蕤将《淮南子》这段文字置于《反经》篇,并自注此文曰:"反廉也。"可知是用来证明讲廉洁、讲

---

① 张双棣《淮南子集释》(增订本),第2163页。
② 赵蕤《长短经》,第121—122页。
③ 张双棣《淮南子集释》(增订本),第1142页。

谦让所产生的反面影响。当然,并不是说讲廉洁、讲谦让就会产生反面影响,而是要看在何种场合、何种条件下。《淮南子》所谓"廉有所在而不可公行",就是对子贡不分场合、不守规则讲廉洁谦让而产生负面影响的批判性总结。赵蕤根据这一点,将其作为"反廉"的材料,具有一定的道理。但他又将这个事例偏向上行下效这一主旨,似乎削弱了用来证明"反廉"的作用①。

(二)《是非》篇所引文句

所谓是非,是指言论一正一反,相互对立。《是非》篇专从诸子百家之说中,按照正与反的顺序择取了许多对立的言论。这在古代典籍中独具匠心,颇有特色。此篇引用《淮南子》3例,其中明引2例,暗引1例,两"非"一"是"。兹列举如下,略加分析:

是曰:《韩子》曰:"释法术而以心理,尧舜不能正一国;去规矩而妄意度,奚仲不能成一轮。使中主守法术,拙匠执规矩,则万不失矣。"非曰:《淮南子》曰:"夫矢之所以射远贯坚者,弓弩力也;其所以中的剖微者,人心也。赏善罚暴者政令也,其所以行者精诚也。故弩虽强不能独中,令虽明不能独行。"②按:《长短经》所引出自《泰族训》,与原文略有差异。原文作:"夫矢之所以射远贯牢者弩力也,其所以中的剖微者正心也。赏善罚暴者政令也,其所以能行者精诚也。故弩虽强不能独中,令虽明不能独行,必自精气所以与之施道。"③从材料的使用看,《淮南子》这条言论,是被置于《韩非子》相应观点的对立面。韩非子十分笃信客观的法术和规矩的力量,而否定人的主观心理及意识的作用。赵蕤认为,作为这种观点的对立面,《淮南子》虽然承认客观法令及工具的作用,但更相信人的主观心理及内在品质的根本作用。虽然不是直接的评难,但《淮南子》这条言论确实可以看成是《韩非子》唯法术规矩是从的对立面。

---

① 赵蕤在自注中又引西汉匡衡《上疏言政治得失》:"孔子曰:'能以礼让为国乎?'何有?朝廷者,天下之桢干也,公卿大夫相与修礼恭让,则人不争;好仁乐施,则下不暴;上义高节,则人兴行;宽柔惠和,则众相爱。此四者,明王之所以不严而化成也。何者?朝有变色之言,则下有争斗之患;上有自专之士,则下有不让之人;上有克胜之佐,则下有伤害之心;上有好利之臣,则下有盗窃之人。此其本。"(赵蕤《长短经》,第122页。)强调的便是上行下效的道理。可能因为子路、子贡乃当世名士,其行为会对普通民众发生影响,故有此论。

② 赵蕤《长短经》,第132页。

③ 张双棣《淮南子集释》(增订本),第2086页。"贯牢",《群书治要》《长短经》均引作"贯坚",说明当时许本应是如此。今本"坚"作"牢",当为后人所改。王念孙云:"'正心'本作'人心',与'弩力'相对为文。今作'正心'者,后人妄改之耳。《群书治要》及《太平御览·工艺部二》引此,并作'人心'。"(见《淮南子校释》[增订本],第2093页。)《长短经》所引亦可佐证王氏之说。

是曰：神农形悴，唐尧瘦臞，舜黎黑，禹胼胝，伊尹负鼎而干汤，吕望鼓刀而入周，墨翟无黔突，孔子无暖席，非以贪禄位，将欲起天下之利，除万人之害。非曰：李斯以书对秦二世云："申子曰：'有天下而不恣睢，命之曰以天下桎。'若尧禹然，故谓之桎也。夫以人徇己，则己贵而人贱；以己徇人，则己贱而人贵。故徇人者贱，而所徇者贵。自古及今，未有不然。夫尧禹以身徇天下，谓之桎者，不亦宜乎？"① 按："神农形悴"一段，虽无说明出处，但按之古代典籍，是出自《淮南子·修务训》无疑，文字上作了删减和重组。原文作："若以布衣徒步之人观之，则伊尹负鼎而干汤，吕望鼓刀而入周，伯里奚转鬻，管仲束缚，孔子无黔突，墨子无暖席。是以圣人不高山、不广河，蒙耻辱以干世主，非以贪禄慕位，欲事起天下利而除万民之害。盖闻传书曰：'神农憔悴，尧瘦臞，舜霉黑，禹胼胝。'由此观之，则圣人之忧劳百姓甚矣！"② 从材料的使用看，赵蕤是把《淮南子》此文作为正方，即肯定尧、舜、禹这些圣人为民兴利除害的辛苦而伟大的工作，而把李斯嘲讽尧、禹的言论作为反方，非常直观地反映了秦汉之际士人思想的活跃及差异，自有其意义。

是曰：公孙弘曰："力行近乎仁，好问近乎智，知耻近乎勇。知此三者，知所自理，知所以自理，然后知所以理人。天下未有不能自理而能理人者也。此百代不易之道。"非曰：《淮南子》曰："夫审于毫厘之计者，必遗天下之大数；不失小物之选者，惑于大事之举。今人才有欲平九州、存危国，而乃责之以闺阁之礼，修乡曲之俗，是犹以斧剪毛，以刀伐木，皆失其宜矣。"③ 按：《长短经》所引出自《主术训》，略有删减。原文作："是故审毫厘之计者，必遗天下之大数；不失小物之选者，或于大事之举。譬犹狸之不可使搏牛，虎之不可使搏鼠也。今人之才，或欲平九州，并方外，存危国，继绝世，志在直道正邪，决烦理挐，而乃责之以闺阁之礼、隩窔之间；或佞巧小具，谄进愉说，随乡曲之俗卑，下众人

---

① 赵蕤《长短经》，第142—143页。
② 张双棣《淮南子校释》（增订本），第1992—1993页。"孔子无黔突"两句，蒋超伯说："《后汉书·苏竟传注》作'孔席不暖，墨突无黔'，杜诗亦云'贤有不黔突，圣有不暖席'，今本'孔、墨'二字误倒，当互易之。"郑良树也说："《天中记》二七引此二句作'墨子无黔突，孔子无煨席'，《文选·班固答宾戏》曰'圣喆之治，栖栖遑遑，孔席不暖，墨突不黔'，韩愈《争臣论》'孔席不暇暖，墨突不得黔'，并以'暖席'为孔子，'黔突'为墨子，与《天中记》引同。"（见《淮南子校释》[增订本]，第1995页。）《长短经》所引可为蒋、郑之说再添一证。可见，"孔席不暖，墨突不黔"是自《淮南子》以来流行的说法，今本当是颠倒致误。于大成仅据《文子》和《刘子》否定蒋、郑之说，恐非确论。
③ 赵蕤《长短经》，第147页。

之耳目,而乃任之以天下之权、治乱之机,是犹以斧劗毛,以刀抵木也,皆失其宜矣。"① 从材料的使用看,《淮南子》此文是被设计成公孙弘言论的反方而存在。作为正方的公孙弘认为,若有人知晓力行、好问、知耻之理,那就能自治,能自治的人方能治理他人。而作为反方的《淮南子》认为,太过计较小节的人必然失于大数,很难干成大事,而具有存危继绝的大将之才,却苛责以乡曲礼俗,必不合适。在赵蕤看来,公孙弘所谓力行、好问、知耻,就像闺阁之礼、乡曲之俗一样,都属于小节。这显然不符合当时通行的经学价值观,从中或许体现了赵蕤身上纵横家的个性。客观地说,公孙弘所主张的力行、好问、知耻属于人的品质范畴,并不是小节,与《淮南子》这条言论不能成为正反方。

三、《忠疑》《卑政》《势运》所引《淮南子》文句

(一)《忠疑》篇所引文句

所谓忠疑,是指忠而见疑。这是封建时代君臣关系中的一个敏感又常见的问题。此篇讨论这个问题也只是点到为止,篇幅短小,明引《淮南子》1例。

《忠疑》篇:"《淮南子》曰:'亲母为其子治扢秃,出血至耳,见者以为爱子之至也。使在于继母,则过者以为憎也。事之情一也,所从观者异耳。从城上视牛如羊,视羊如豚,所居高也。窥面于盘水则圆,于杯则隋。面形不变其故,有所圆有所隋者,所自窥之异也。今吾虽欲正身而待物,庸讵知世之所自窥我者乎?是知天下是非无所定也,世各是其所是,非其所非。今吾欲择是而居之,择非而去之,不知世之所是非者,孰是孰非哉?'"② 按:此文引自《齐俗训》,赵蕤作了删减、颠倒和拼合的工作。原文作:"天下是非无所定,世各是其所是,而非其所非。……今吾欲择是而居之,择非而去之,不知世之所谓是非者,不知孰是孰非?……故趣舍合,即言忠而益亲;身疏,即谋当而见疑。亲母为其子治扢秃,而血流至耳,见者以为其爱之至也,使在于继母则过者以为嫉也。事之情一也,所从观者异也。从城上视牛如羊,视羊如豕,所居高也。窥面于盘水则员,于杯则随,面形不变其故,有所员有所随者,所自窥之异也。今吾虽

---

① 张双棣《淮南子校释》(增订本),第 976—977 页。"以刀抵木",王念孙云:"'木'当言伐,不当言抵,盖伐误为氏(伐、氏字形相似),后人因加手旁耳。《说山训》云:'刀便剃毛,至伐大木,非斧不克。'是其证。《群书治要》引此,正作'以刀伐木'。"(见《淮南子校释》[增订本],第 982 页。)《长短经》所引亦可佐证王氏之说。
② 赵蕤《长短经》,第 431 页。

欲正身而待物,庸遽知世之所自窥我者乎?"① 从材料的使用看,赵蕤将《淮南子》此文位于《忠疑》篇末尾,尝试对产生忠疑问题的原因进行探讨。他借此认为,由于每个人都有自己的是非标准,每个人看待同一件事情的角度不同,所以相互之间就会发生忠疑问题。赵蕤在篇末所做的结论,即"故有忠而见疑者,不可不察",也是自《淮南子》"言忠而益亲""谋当而见疑"两句而来的。

(二)《卑政》篇所引文句

所谓卑政,与高论相对,具体是指治政不以光鲜诱人、玄妙难行为高,而以切合时务、深入基层为贵。《卑政》篇引用《淮南子》共2例,其中1例为正文所引,1例为注文所引。特别正文所引《淮南子》,做到了首尾呼应,足能见出《淮南子》对此篇的形成所发挥的重要作用。

《淮南子》曰:"济溺人以金玉,不如寻常之𦆴。"② 按:此文引自《说林训》,略有不同。原文作:"予拯溺者金玉,不若寻常之𦆴索。"③ 从材料的使用看,《淮南子》此文为《卑政》篇的开篇之语,实际上起到了引出中心论点的作用。因为金玉可比喻成无切实用途的高论,而"寻常之𦆴"可比喻成切近时务的卑政,所以赵蕤用它引出了"政贵卑以济事者也"的中心论点。一番引用论证之后,赵蕤在篇末对开头的《淮南子》此文作了呼应。他说:"由是言之,夫理者不因时俗之务而贵奇异,是饿者百日以待粱肉、假人金玉以救溺子之说矣。"④ 确实显示了《淮南子》此文对中心论点的支撑作用。

《淮南子》曰:"体道者逸而不穷,任数者劳而无功。离朱之明,察针末百步之外,而不能见泉中之鱼;师旷之聪,合八风之调,而不能听十里之外。故任一人之能,不足以理三亩之宅;循道理之数,因天地之自然,则六合不足均也。"⑤ 按:此文引自《原道训》,文字略有删减。原文作:"故体道者逸而不穷,

---

① 张双棣《淮南子校释》(增订本),第1202—1203页。嫉,害也。悢,怒也。两字字义相异,赵蕤引作"悢",未知何据。陈昌齐说:"'不知孰是孰非'句,'不知'二字盖因上句而误衍。"(见《淮南子校释》[增订本],第1204页。)《长短经》所引可佐证陈氏之说。
② 赵蕤《长短经》,第460页。
③ 张双棣《淮南子校释》(增订本),第1820页。王念孙云:"'寻常之𦆴索',本作'寻常之𦆴',其'索'字则后人所加也。(高注同)此文以'佩、富、𦆴'为韵,若作'𦆴索'则失其韵矣。"(见《淮南子校释》[增订本],第1823页。)《长短经》所引可佐证王氏之说。道藏本作"𦆴索",王氏所校乃道藏本,故有此说。
④ 赵蕤《长短经》,第462—463页。
⑤ 赵蕤《长短经》,第462页。

任数者劳而无功。夫峭法刻诛者,非霸王之业也;棰策繁用者,非致远之术也。离朱之明,察箴末于百步之外,而不能见渊中之鱼。师旷之聪,合八风之调,而不能听十里之外。故任一人之能,不足以治三亩之宅也。修道理之数,因天地之自然,则六合不足均也。"① 从材料的使用看,《淮南子》此文是赵蕤为"圣人任道以通其险"所做的注脚。这里的圣人即"体道者",任道即"循道理之数,因天地之自然",通其险即"六合不足均"。与其说是做注脚,不如说是赵蕤对此文进行了提炼。

(三)《势运》篇所引文句

所谓势运,即客观时势的运行,与荀子所说的"不为尧存,不为桀亡"的天行之常相似。但势运所涉及的范围更广,还包括人类社会中不为人所左右的形势及时运。此篇正文明引《淮南子》1例。

《淮南子》曰:"游者不能拯溺,手足有所争急也;灼者不能救火,身体有所痛也;林中不卖薪,湖上不鬻鱼者,有所余也。故世治则小人守正,而利不能诱也;世乱则君子为奸,而刑不能禁也。"② 按:此文引自《齐俗训》,赵蕤作了较多的删减。原文作:"游者不能拯溺,手足有所急也;灼者不能救火,身体有所痛也。夫民有余即让,不足则争。让则礼义生,争则暴乱起。扣门求火,莫弗与者,所饶足也;林中不卖薪,湖上不鬻鱼,所有余也。故物丰则欲省,求赡则争止。秦王之时,或人菹子,利不足也;刘氏持政,独夫收孤,财有余也。故世治则小人守政,而利不能诱也;世乱则君子为奸,而法弗能禁也。"③ 从材料的使用看,《淮南子》此文是作为《势运》篇的主干材料,用来论证世之所谓君子小人未必出自人性而皆为势运的产物这一观点。在《淮南子》原书中,《长短经》引用的这段文字,是用以论证"仁鄙在时不在行,利害在命不在智"这个观点。

---

① 张双棣《淮南子校释》(增订本),第53页。刘文典云:"《文选·琴赋注》《群书治要》引,箴并作针。"《长短经》所引亦与此同。《一切经音义》卷五十九引《说文》云:'渊,亦深泉也。'渊中之鱼,《长短经》引作'泉中之鱼',或为许本。"王念孙说:"'修'当为'循'。隶书'循''修'二字相似,故'循'误为'修'。循道理,因天地,循亦因也。若作'修',则非其指矣。《太平御览·地部二》《居处部八》引此并作'循'。《文子·道原》篇亦作'循',《俶真》篇、《主术》篇亦有'修'作'循'者,详各篇。"(见《淮南子校释》[增订本],第54页。)《长短经》所引亦可佐证王氏之说。
② 赵蕤《长短经》,第470—471页。
③ 张双棣《淮南子校释》(增订本),第1227页。政,景宋本作"正",与《长短经》同,当是古本原貌。刘文典云:"《御览》九百三十五引'所有余也',作'有所余也'。"《长短经》所引可再添一证。又云:"《群书治要》引'法'作'刑'。"(见《淮南子校释》[增订本],第1234—1235页。)《长短经》所引亦可再添一证。

若将赵蕤提出的"势运"与《淮南子》中的"时""命"两相对照,或从中可看出他所受到的启发。

四、《定名》《兵权》所引《淮南子》文句

(一)《定名》篇所引文句

所谓定名,是指以名称定义万事万物,也就是文中所说的"物定于彼,非名不辩"。此篇暗引《淮南子》1例。《定名》篇说:"见本而知末,执一而应万,谓之术。"① 此文引自《淮南子·人间训》,赵蕤作了删减。原文作:"见本而知末,观指而睹归,执一而应万,握要而治详,谓之术。"② 从材料的使用看,赵蕤引用此文是为"术"这个名称作一定义,属于"定名"的一个例证。

(二)《兵权》篇所引文句

所谓兵权,是指兵之权要,是军事战争中最根本、最重要的东西。《兵权》是《长短经》中篇幅最长的一篇,又由二十四篇短文构成,几乎涵盖了古代军事的方方面面。此篇引用《淮南子》2例,其中明引1例,暗引1例。

赵蕤在题解中说:"黄帝与蚩尤战,颛顼与共工争,尧伐驩兜,……《淮南子》曰:'以废不义而授有德者也。'是知取威定霸,何莫由斯?"③ 按:赵氏所引出自《兵略训》,文字略异。原文作:"兵之来也,以废不义而复有德也。"④ 从材料的使用看,赵蕤引用此文,是用来支撑军事战争亦有正面价值这个观点,从而揭示军事战争存在的必然性。

在《兵权》的第一篇《出军》中,《长短经》还暗引了《淮南子》。其文曰:"将既知兵,主既择将,天子居正殿而召之曰:'社稷安危,一在将军。今某国不臣,愿烦将军应之。'乃使太史卜斋择日,授以斧钺。君入太庙,西面而立,将军北面而立。君亲操钺,持其首,授其柄,曰:'从是以上至天者,将军制之。'乃复操柄,授与刃,曰:'从是以下至渊者,将军制之。'将既受命,拜而报曰:'臣闻国不可从外理,军不可从中御,二心不可以事君,疑志不可以应敌。臣既

---

① 赵蕤《长短经》,第475页。
② 张双棣《淮南子校释》(增订本),第1872页。
③ 赵蕤《长短经》,第480—481页。
④ 张双棣《淮南子校释》(增订本),第1573页。王叔岷云:"古钞卷子本'复'作'授',《文子》同。"(见《淮南子校释》[增订本],第1578页。)古钞卷子本就是日本所藏旧钞本残卷,产生于晚唐五代,《长短经》所引亦与之相同,可见,"授有德"当是唐代通行本的原貌。

受命,专斧钺之威,臣不敢还诸。'乃辞而行,凿凶门而出。"① 这段文字引自《淮南子·兵略训》,略有删改。原文作:"凡国有难,君自宫召将,诏之曰:'社稷之命在将军耳。今国有难,愿请子将而应之。'将军受命,乃令祝史太卜斋宿三日,之太庙,钻灵龟,卜吉日,以受鼓旗。君入庙门,西面而立;将入庙门,趋至堂下,北面而立。主亲操钺,持头,授将军其柄,曰:'从此上至天者,将军制之。'复操斧,持头,授将军其柄,曰:'从此下至渊者,将军制之。'将已受斧钺,答曰:'国不可从外治也,军不可从中御也。二心不可以事君,疑志不可以应敌。臣既以受制于前矣,鼓旗斧钺之威,臣无还请,愿君亦以垂一言之命于臣也。君若不许,臣不敢将。君若许之,臣辞而行。'乃爪鬋,设明衣也,凿凶门而出。"② 从材料的使用看,《淮南子》此文是被用来描述古代国君为将领率兵出战而饯行时的庄重仪式,其所包含的深意就是赋予"将在外君命有所不受"以合法性。

综上所述,《长短经》对《淮南子》文句的辑录,不仅说明《淮南子》在此书论述过程中发挥了一定的作用,还体现出了重要的文献价值。既能借以校正今本,又能反映赵氏所据本乃唐代通行之本,与魏征所据本当属同源。

第二节 《意林》对《淮南子》文句的辑录

马总(?—823),字会元,陕西扶风人,为中唐名臣,论著亦极多,新旧《唐书》均有传③。他编撰的《意林》是现存最早一部抄录诸子百家之语的著作,代表了中唐学者系统梳理子书的最高成就。根据《意林》前面戴叔伦序和柳伯

---

① 赵蕤《长短经》,第482—483页。
② 张双棣《淮南子校释》(增订本),第1656—1657页。《长短经》所引这段文字,与《六韬》卷三《龙韬·立将》亦有部分文句重合:"凡国有难,君避正殿,召将而诏之曰:'社稷安危,一在将军。今某国不臣,愿将军帅师应之。'将既受命,乃命太史卜,斋三日,至太庙,钻灵龟,卜吉日,以授斧钺。君入庙门,西面而立,将入庙门,北面而立。君亲操钺持首,授将其柄,曰:'从此上至天者,将军制之。'复操斧持柄,授将其刃曰:'从此下至渊者,将军制之。'……将已受命,拜而报君曰:'臣闻国不可从外治,军不可从中御。二心不可以事君,疑志不可以应敌。臣既受命,专斧钺之威,臣不敢生还。"(《四部丛刊》本。)《六韬》真伪难辨,《长短经》所引或合二书而来。
③ 关于马总的生平,《四库提要》说:"《唐书·总本传》但称其系出扶风,不言为何地人。其字《唐书》作会元,而此本则题曰元会,均莫能详也。传称其历任方镇,终于户部尚书,赠右仆射,谥曰懿。陈振孙《书录解题》称总仕至大理评事,则考之未审矣。"(永瑢等《四库全书总目》,中华书局1965年影印本,第1060页。)可作参考。

存序①,可知此书成于唐德宗贞元三年(787)之前,为马总早年的作品。《意林》并非凭空独创,它是马总在梁代庾仲容《子钞》的基础上增损而成。《四库提要》说:"初,梁庾仲容取周、秦以来诸家杂记凡一百七家,摘其要语为三十卷,名曰《子钞》。总以其繁略失中,复增损以成此书。宋高似孙《子略》称,仲容《子钞》,每家或取数句,或一二百言。马总《意林》,一遵庾目,多者十余句,少者一二言,比《子钞》更为取之严,录之精。今观所采诸子,今多不传者,惟赖此仅存其概。"②显然,马总不满意《子钞》的繁略失当,所以采用了更为精严的取录标准来裁剪诸子之书。

《意林》原有六卷,大异于《子钞》的三十卷,本身就说明马总并不是简单承袭《子钞》,而是按照自己的意愿重新进行了编撰。从这个方面说,《意林》是马总的独撰,可以视为他个人诸子学成就的体现。作为汉代重要子书,《淮南子》自然成了《意林》不可或缺的取用对象。马总辑录《淮南子》的方式,主要是摘录和缩略,从中反映了他对《淮南子》的研究水平。

一、《意林》辑录《淮南子》的基本情况

今本《意林》存五卷,据研究者统计,卷一录子书20家,共录文314条;卷二录子书15家,共录文326条;卷三录子书9家,共录文222条;卷四录子书7家,共录文205条;卷五录子书20家,共录文209条③。其中,《淮南子》被列于卷二之末,题作"《淮南子》二十二卷"④。以《四部丛刊》本为统计对象,《意林》共辑录《淮南子》之文105条,占录文总数的8.2%,在所录71家子书中,比重不可谓不重,由此也可以看出马总对《淮南子》的重视程度。

这里作为统计单位的"条",并不是统计者的主观裁定,而是马总自己摘记出的具有语境、语意相对完整的一段文字。《意林》所辑录的《淮南子》105条文字,依次来自《原道》篇3条、《俶真》篇4条、《天文》篇1条、《地形》篇3条、《览冥》篇3条、《精神》篇1条、《本经》篇2条、《主术》篇9条、《缪称》篇8条、《齐俗》篇13条、《道应》篇3条、《氾论》篇11条、《兵略》篇1条、

---

① 戴序的落款时间为"贞元二年五月二十一日",柳序的落款时间为"贞元丁卯岁夏之晦",即贞元三年。又据柳序"予懿马氏之作"云云,说明《意林》编撰完毕,故可确定此书成于贞元三年之前。
② 永瑢等《四库全书总目》,第1060页。
③ 见王韧《〈意林〉版本源流考索》,《云梦学刊》2012年第2期,第119页。
④ 今存《淮南子》版本中无有作"二十二卷"者,当是"二十一卷"误为"二十二卷"。

《说山》篇20条、《说林》篇18条、《人间》篇2条、《修务》篇2条、《泰族》篇1条①。可见，马总是严格按照《淮南子》原有的篇目次序排列的，表明他逐篇逐句地认真研读了《淮南子》，并非随手翻阅、随手摘记。

应该引起注意的是，《说山训》《说林训》两篇的文字，皆为语境、语意相对完整的格言警句，《意林》所引多达38条，占总数的36.2%，足见马氏对这两篇的喜爱。细究《意林》所有辑录的文句，绝大部分也是语境、语意相对完整的格言警句，故可推测马总在辑录各书文字时，应是受了这两篇的启发。尤其是《意林》一书的书名，与"说林"一词相仿，大概也是受了《淮南子》的影响。在先秦子书中，《韩非子》亦有一篇名为《说林》的文章，《淮南子》的《说林》之名肯定是承此而来，但内容的类型并不相像。《韩非子·说林》篇全部为寓言故事，而《淮南子·说林》都是格言警句。戴叔伦在序中说："大理评事扶风马总元会家有乎史，幼而集录，探其旨趣，意必有归，遂增损庚书，详择前体，裁成三轴，目曰《意林》。"②这里只解释了"意"字，即探其旨趣，意必有归。就"意"字之义，显然更近于格言警句。至于"林"字，高诱说："木丛生曰林。"所以，"意林"之义即是各种富有旨趣的格言警句的汇聚。显然，马总将他的书取名为《意林》，是受《淮南子·说林》而非《韩非子·说林》的影响。

二、《意林》辑录《淮南子》的总体原则

辑录诸子之书，是马总编著《意林》的根本方法。至于总体原则，因马总未作自序而无法明示，但从他的两位好友所作的序文中可见一斑。戴叔伦说："上以防守教之失，中以补比事之阙，下以佐属文之绪，有疏通广博、洁净符信之要，无僻放拘刻、谶蔽邪荡之患。……君子曰：'以少为贵者。'其是之谓乎。"③由此可知，总体原则就是以少为贵，具体地说，就是既要做到博通畅达、简练切实的精要，又要避免出现拘谨刻板、放荡邪僻的毛病，同时还要达到有补于教化、世事和撰文的目的。这是戴氏基于《意林》提出的，虽有拔高嫌疑，但也能看出《意林》在辑录诸子方面标准的严谨性和统一性。

---

① 需要说明的是，《意林》辑录《淮南子》时并未标明篇名，仅罗列在一起。这些具体数据，是笔者逐条比对统计得来。《四部丛刊》本误把《主术训》最后一条与《缪称训》第一条合为一条，笔者统计时已将其分开。
② 王天海《意林校释》，中华书局2014年，第1页。
③ 王天海《意林校释》，第1—2页。

柳伯存的序文尽管没有像戴序这样浓厚的儒家色彩，但也反复提及了以少为贵的总体原则。他说："《管》《晏》《文》《荀》议论闳肆，《淮南鸿烈》词章华赡，皆缃缃数万言，可谓庶矣。而部帙繁广，寻览颇难，梁朝庾仲容抄成三帙，汰其沙石，簸其秕糠，而犹兰荪杂于萧艾，瑶玙隐于璞石。扶风马总精好前志，务于简要，又因庾仲容之钞，略存为六卷，题曰《意林》。圣贤则糟粕靡遗，流略则精华尽在，可谓妙矣。"①柳氏特别提到了《淮南子》，认为它文辞华丽丰腴，但洋洋大观数万言，卷帙过繁，不易阅览，虽然庾仲容做了选择裁剪工作，但仍然兰艾相杂，玉石共存，所以，马总按照"务于简要"的根本原则，重新进行了选择裁剪，达到了除去糟粕、尽取精华的境地。柳伯存又说："予扁舟涂水，留滞庐陵，扶风为余语其本尚，且曰：'编录所取，先务于经济，次存作者之意，罔失篇目，如面古人。'予懿马氏之作，文约趣深，诚可谓怀袖百家，掌握千卷，之子用心也，远乎哉！"②所谓文约趣深，即指言辞简约而旨趣隽永。这是对"务于简要"的正面补充，若仅仅追求简要而忽略旨趣，那么所谓意林就名不副实了。

此外，柳序还转述了马总自己的编撰意图。马总认为，《意林》旨趣之先，在于诸子经世济民的思想言论，其次才去尽力囊括诸子篇章和保留诸子原意。基于这种意图，《意林》并不是以忠于诸子原文为第一要务，缩略、删改原文乃此书最常见的现象。《淮南子》当然也不例外，甚至也不是遵照上述原则而被摘记和缩略的，下面将详述这个问题。

三、《意林》辑录《淮南子》的特点

如果将魏征等人的《群书治要》与《意林》相对照，就很容易发现两者在处理《淮南子》文本方面存在明显的差异。前者几乎都是大段摘录，基本不改动原文，可以视为《淮南子》真正的节选本，而后者几乎都是断断续续的摘录，对所录文字多数作了改动，可谓是编撰者的再创造③。《意林》对《淮南子》的辑录，既有遵循总体原则的一面，也有偏离的一面，呈现出儒家言论不突出、确实以简要为务、重形式而轻思想、好改结论性文句的四个主要特点。

---

① 王天海《意林校释》，第4页。
② 王天海《意林校释》，第4页。
③ 据统计，在这105条录文中，与今本《淮南子》全部相同及存在一字差异者，仅有12条，占总数的11.4%。

一是儒家言论不突出。

《淮南子》虽被列入杂家,但从思想基调看,诚如高诱所说的"出入经道",即道家为主,儒家为次。其中,《修务训》《泰族训》两篇阐述儒家言论最多。高诱在注解《修务训》的篇题时说:"修勉务趋,圣人趋时,冠毁弗顾,履遗不取,必用仁义之道,以济万民,故曰修务。"[①]但《意林》摘录《修务训》仅2条,且均与仁义之道无关。即使是《意林》所有《淮南子》录文中,与仁义相关的也仅有1条。《意林》录《原道训》:"以道为竿,以德为纶,礼乐为钩,仁义为饵,投之江,浮之海,万物皆得。"[②]但还是排在道家的"道"与"德"之后,并非真正的儒家言论。因此,从这个方面说,《意林》在辑录《淮南子》时,并没有很好地奉行"防守教之失""先于经济"的总体原则。

《意林》不但没有突出儒家言论,反而还辑录了《淮南子》揶揄儒家圣人的言论。例如,《意林》辑录《氾论训》:"古人婚礼不称主人,舜不告瞽叟而娶,非礼。立子以长,文王舍伯邑考,非制。礼三十而家,文王十六而生武王,非法。"[③]又如,辑录《主术训》:"使孔墨为天下,天下尽儒墨,得其要也。"[④]舜、周文王、孔子皆在揶揄之列。这说明马总在辑录《淮南子》时,其重心并不是挑选所谓经世济民之论,亦非有意要突出儒家言论。

二是确实以简要为务。

马总批评《子钞》繁略失中,而他自己只顾奉行"务于简要"的编撰原则。诸子百余家,《意林》仅用六卷将其囊括,可谓简略到极致。《意林》以不足三千字的规模裁制了十余万言的《淮南子》,不仅辑录的文句数量有限,而且对所辑录的文句大部分作了缩写,下文将作详细探讨。

三是重形式而轻思想。

中唐时期,科举制度愈加成熟,许多身处下层的文人皆能因之晋升权要,如白居易、韩愈。这就无疑是文人入仕的强心剂,而会著文作诗则是入仕的必备条件。因此,熟读、学习和揣摩古人文句成了中唐文人的一大课业。《意林》或许也是这一课业的产物。戴叔伦所谓佐属文之绪,在马总辑录《淮南子》文句时得到了很好的贯彻,使全文呈现出一种重文句形式之美而轻其思想之深

[①] 张双棣《淮南子校释》(增订本),第1983页。
[②] 王天海《意林校释》,第250页。
[③] 王天海《意林校释》,第267页。
[④] 王天海《意林校释》,第257页。

的倾向。

马总重视文句的形式之美,主要体现在他热衷于删除虚词,使文句在字数上尽量相等,形式上看起来更加紧凑、美观。这类做法约有 13 例,具体如下:

《原道训》1 例:"色者白立而五色成,道者一立而万物成。"① 原文作:"色者,白立而五色成矣;道者,一立而万物生矣。"(张双棣《淮南子校释》[增订本],第 96 页。)

《俶真训》1 例:"冰迎春则释为水,水向冬则凝为冰。"② 原文作:"夫水向冬则凝而为冰,冰迎春则泮而为水。"(同上,第 165 页。)

《主术训》1 例:"力胜其任,则举之者不重;智能其事,则为之者不难。"③ 原文作:"力胜其任,则举之者不重也;能称其事,则为之者不难也。"(同上,第 951 页。)

《缪称训》2 例:"治国者若设网,引其纲,万目张。"④ 原文作:"譬若设网者,引其纲而万目开矣。"(同上,第 1099 页。)"治国者若张琴瑟,大弦绲,小弦绝。"⑤ 原文作:"治国辟若张瑟,大弦绲,则小弦绝矣。"(同上,第 1124 页。)

《齐俗训》1 例:"萧条者形之君,寂寞者音之主。"⑥ 原文作:"故萧条者,形之君;而寂漠者,音之主也。"(同上,第 1194 页。)

《道应训》1 例:"未得兽者,唯恐创少;已得,唯恐创多。"⑦ 原文作:"夫未得兽者,唯恐其创之小也;已得之,唯恐伤肉之多也。"(同上,第 1356 页。)

《氾论训》1 例:"治国有常,利民为本,政教有经,令行为上。苟利于民,不必法古;苟周于事,不必循常。法度制令,各因其宜,变古未可非,循俗不足多。百川异源,皆归于海;百家异业,皆务于治。"⑧ 原文作:"治国有常,而利民为本。政教有经,而令行为上。苟利于民,不必法古。苟周于事,不必循旧。……法度制令,各因其宜。故变古未可非,而循俗未足多也。百川异源而皆归于海,百家殊业而皆务于治。"(同上,第 1370 页。)

---

① 王天海《意林校释》,第 249 页。
② 王天海《意林校释》,第 250 页。
③ 王天海《意林校释》,第 257 页。
④ 王天海《意林校释》,第 259 页。
⑤ 王天海《意林校释》,第 260 页。
⑥ 王天海《意林校释》,第 263 页。
⑦ 王天海《意林校释》,第 267 页。
⑧ 王天海《意林校释》,第 268 页。

《说山训》4 例:"拘囹圄者患日长,当死市者患日短。"① 原文作:"拘囹圄者以日为修,当死市者以日为短。"(同上,第 1680 页。)"狐白之裘,天子披之。为狐计者,不如走泽。"② 原文作:"狐白之裘,天子被之而坐庙堂,然为狐计者,不若走于泽。"(同上,第 1688 页。)"君子不容非类,日月不应非气。"③ 原文作:"日月不应非其气,君子不容非其类也。"(同上,第 1700 页。)"同污无异涂。众曲不容直,众枉不容正。故人众则食狼,狼众则食人。"④ 原文作:"此所谓同污而异涂者。众曲不容直,众枉不容正,故人众则食狼,狼众则食人。"(同上,第 1722 页。)

《说林训》1 例:"田中之水流入海,附耳之语闻千里。"⑤ 原文作:"田中之潦,流入于海;附耳之言,闻于千里。"(同上,第 1825 页。)

马总轻视原书的思想,主要体现在他喜爱截取描述性的文字,而常常舍弃具有思想深度的评论性文字。这种情况在《意林》辑录《淮南子》时也比较常见,据统计,约有 11 例。兹列举如下,并略加分析:

"历阳之都,一夕成湖。"⑥ 按:此文引自《俶真训》,原文作:"夫历阳之都,一夕反而为湖,勇力圣知与罢怯不肖者同命。"(同上,第 264 页。)马氏以优美的文字仅摘录了历阳一夕为湖的民间传说,而省去了原书后面的结论,即在天灾面前,无论何人都是一样的命运,从而明显削弱了原书的思想性。

"圣人若镜,不将不迎,应而不藏。"⑦ 按:此文引自《览冥训》,原文作:"故圣人若镜,不将不迎,应而不藏,故万化而无伤。"(同上,第 668 页。)万化无伤是圣人若镜的结果,马氏取因弃果,这也是他忽视原书思想的表现。

"今执政者薄德增刑,有似执弹而欲来鸟,挥棁而欲狎犬。"⑧ 按:此文引自《主术训》,原文作:"执政有司不务反道,矫拂其本而事修其末,削薄其德,曾累其刑,而欲以为治,无以异于执弹而来鸟,捬棁而狎犬也,乱乃逾甚。"(同上,第 909 页。)"今""者"二字为马氏所增,"有似"为马氏改易,使表述更富简

---

① 王天海《意林校释》,第 273 页。
② 王天海《意林校释》,第 274 页。
③ 王天海《意林校释》,第 274 页。
④ 王天海《意林校释》,第 276 页。
⑤ 王天海《意林校释》,第 279 页。
⑥ 王天海《意林校释》,第 250 页。
⑦ 王天海《意林校释》,第 253 页。
⑧ 王天海《意林校释》,第 255 页。

洁之美。但他又把"乱乃逾甚"这个结论抛弃了,不利于传达原书对薄德增刑危害性的揭示。

"翻棋丸于地,圆者走泽,方者处高。"① 按:此文引自《齐俗训》,原文作:"譬若播棋丸于地,员者走泽,方者处高,各从其所安,夫有何上下焉!"(同上,第1154—1155页。)马氏所录止于一般现象的描述,却放弃了原书"有何上下"这一"齐"的思想。

"趣舍礼俗,犹宅之居也,东家谓之西,西家谓之东。"② 按:此文引自《齐俗训》,原文作:"趋舍礼俗,犹室宅之居也,东家谓之西家,西家谓之东家,虽皋陶为之理,不能定其处。"(同上,第1218页。)原书之意,是说没有一成不变的礼俗,也没有放之四海而皆适用的礼俗,礼俗必定因人因地而不同。马氏所录,显然会造成一知半解。

"溜水足以溢壶榼,江河不能满漏卮。"③ 按:此文引自《氾论训》,原文作:"今夫溜水足以溢壶榼,而江河不能实漏卮,故人心犹是也。"(同上,第1472页。)马氏所录也是止于一般现象的描述,注重文字的对称美,而对"人心犹是"这一发人深省的文字弃之不顾,甚为可惜。

"马免人于难者,死葬之以盖,蒙之以衾。牛有德于人,葬之以大车。"④ 按:此文引自《氾论训》,原文作:"故马免人于难者,其死也葬之;牛其死也,葬以大车为荐。牛马有功,犹不可忘,又况人乎?"(同上,第1479页。)很明显,马氏省去了原书关于不可忘人之功这一更深层次的论述。

"画孟贲之目,大而不可畏;画西施之面,美而不可悦。"⑤ 按:此文引自《说山训》,原文作:"画西施之面,美而不可说;规孟贲之目,大而不可畏;君形者亡焉。"(同上,第1719页。)《淮南子》此文在古代人物绘画理论史上有着非常重要的影响。所谓君形者亡,就是徒具外形而内无神采。马氏把这个最核心也最有价值的观点舍弃了,典型地反映了他轻视原书思想的倾向。

"屠者食藿羹,为车者多步行,陶人用缺盆,匠人居狭庐。"⑥ 按:此文引自

---

① 王天海《意林校释》,第261页。
② 王天海《意林校释》,第265页。
③ 王天海《意林校释》,第270页。
④ 王天海《意林校释》,第271页。
⑤ 王天海《意林校释》,第275页。
⑥ 王天海《意林校释》,第279页。

《说林训》,原文作:"屠者羹藿,为车者步行,陶者用缺盆,匠人处狭庐,为者不得用,用者弗肯为。"(同上,第1820页。)马氏所录仍然是止于一般现象的描述,即劳动者往往不能享用自己的劳动成果,而把造成这一现象的根本原因舍弃不顾,从而降低了这个格言警句的思想深度。

"林木茂而斧斤入,质的张而弓矢集。"① 按:此文引自《说林训》,原文作:"质的张而弓矢集,林木茂而斧斤入,非或召之,形势所致者也。"(同上,第1849页。)马氏所录还是止于一般现象的描述,而原书最后一句理性地分析了造成这种现象的原因,即主观无意愿而客观强所致,发人深省。

"戟以攻城,镜以照形。宫人得戟则以刈葵,盲人得镜则以盖卮。"② 按:此文引自《人间训》,原文作:"夫戟者所以攻城也,镜者所以照形也。宫人得戟则以刈葵,盲者得镜则以盖卮,不知所施之也。"(同上,第1958页。)原书旨在嘲讽那些混淆事物真正用途的人,马氏所录显然没有这种效果。

四是好改结论性文句。

就抄书而言,一般要忠实于原文,但马总似乎不太看重这个原则。他在辑录《淮南子》遇到自己不满意的文句时,径直予以改写,展现了强烈的个性。这类被改写的文句,多属于原书中带有结论性的句子,马总好改此类文句,显示出他喜以己意解释古书的学术特点。据统计,这类改写结论性文句,比较典型的约有5例,兹列举如下,并略加分析:

"木击折轴,水戾破舟,不怨木石而罪巧拙,何也?智有不周。"③ 按:此文引自《主术训》,原文作:"木击折轊,水戾破舟,不怨木石而罪巧拙者,知故不载焉。"(同上,第929页。)两者根本的差别在"智有不周"和"知故不载"含义的不同上。周,密也,智有不周,即智巧有疏忽之处。可见,马氏的改写是用来解释"罪巧拙"一句,强调人智的百密一疏。而原书"知故不载",是用来重点解释"不怨木石"一句,强调木石的无意识、无巧诈。马氏所改显然大失原意。于大成说:"《文子》作'智不载也',《邓析子》作'故不载焉',并可证此文之不误。《意林》乃臆改而失文意者,不可据也。"④

---

① 王天海《意林校释》,第280页。
② 王天海《意林校释》,第282页。
③ 王天海《意林校释》,第256页。
④ 见张双棣《淮南子校释》(增订本),第932页。

"知天将赦而多杀人,或知天赦多活人,其望赦同,刑罪异也。"①按:此文引自《说山训》,原文作:"或曰知其且赦也而多杀人,或曰知其且赦也而多活人,其望赦同,所利害异。"(同上,第1750页。)多活人为利,多杀人为害,赦免这一行为相同,但对人所造成的利害关系不同,即所谓"利害异"。马总改成"刑罪异",可谓不明所以。

"遗腹子不思父,无爱心也。"②按:此文引自《说林训》,原文作:"遗腹子不思其父,无貌于心也。"(同上,第1805页。)"无爱心"与"无貌于心",是完全不同的含义。遗腹子出生之前,其父即已不在人世,出生之后更不可能见到其父容貌,即《淮南子》所谓的无貌于心,所以不会产生思念父亲的感情。而马总改成"无爱心",不仅大失原意,而且观点尤显庸俗,毫无识见。

"中夏用箑,至冬不去,举衣过水,至陆不下,此不知变也。"③按:此文引自《说林训》,原文作:"中夏用箑,快之,至冬而不知去;褰衣涉水,至陵而不知下;未可以应变。"(同上,第1830页。)很明显,"不知变"与"未可以应变",其义不同。前者强调自身主动做出的变化,后者强调对外界变化所做出的反应。马总未明此理,遽改原文而失其原意。

"狂人伤人,莫之怨,婴儿詈老,莫之疾,无心也。"④按:此文引自《说林训》,原文作:"狂者伤人,莫之怨也,婴儿詈老,莫之疾也,贼心亡也。"(同上,第1866页。)贼,害也,贼心即害心。无害心与无心,含义亦有差异。由于上文有"伤人""詈老",所以原书用"害心"相应,马氏改成"心",显然不如原文精当。

四、《意林》对《淮南子》文句的缩写

在"务于简要"的编撰原则下,马总对所录《淮南子》文句基本上作了缩写。其缩写的方式,大致有据用原文缩写和改易原文缩写两种。

(一)据用原文缩写

所谓据用原文缩写,就是选用原书的文字而重新加以拼合,最终形成更为简洁的表述。这类缩写基本不改变《淮南子》原来的文意。据统计,此类缩写

---

① 王天海《意林校释》,第277页。
② 王天海《意林校释》,第278页。
③ 王天海《意林校释》,第279页。
④ 王天海《意林校释》,第281页。

较为典型的约有8例,具体如下:

引自《精神训》1例:"生有七尺之形,死为一棺之土,安知喜憎利害耶!"① 原文作:"吾生也有七尺之形,吾死也有一棺之土。吾生之比于有形之类,犹吾死之沦于无形之中也。然则吾生也物不以益众,吾死也土不以加厚,吾又安知所喜憎利害其间者乎!"(同上,第748页。)

引自《缪称训》1例:"车无三寸辖则不可驰,户无五寸楗则不可闭。故君子所须要也。"② 原文作:"故终年为车,无三寸之辖,不可以驱驰;匠人斲户,无一尺之楗,不可以闭藏。故君子行期乎其所结。"(同上,第1066页。)

引自《齐俗训》2例:"广厦宏屋,连闼通房,人所安也,鸟入之而忧。深林囊薄,人人之而畏,鸟入之则安。深溪峭岸,峻木寻枝,猨狖所乐,人则慄也。"③ 原文作:"广厦阔屋,连闼通房,人之所安也,鸟入之而忧。高山险阻,深林丛薄,虎豹之所乐也,人人之而畏。川谷通原,积水重泉,鼋鼍之所便也,人人之而死。《咸池》《承云》《九韶》《六英》,人之所乐也,鸟兽闻之而惊。深溪峭岸,峻木寻枝,猨狖之所乐也,人上之而慄。"(同上,第1147—1148页。)"禀道通物,所为各异,得道一也。犹屠牛而烹其肉,或甘剂万方,本一牛也。伐豫章,或为棺椁,或为梁柱,亦一木也。"④ 原文作:"所为者各异,而所道者一也。夫禀道以通物者,无以相非也。譬若同陂而溉田,其受水钧也。今屠牛而烹其肉,或以为酸,或以为甘,煎熬燎炙,齐味万方,其本一牛之体。伐楩柟豫樟而剖梨之,或为棺椁,或为柱梁,披断拨檖,所用万方,然一木之朴也。"(同上,第1193页。)

引自《道应训》1例:"墨者田鸠,欲见秦惠王,三年不得见。一至楚,楚王悦之。物固有近之而远,远之而近。故大人之行,不可掩以绳。"⑤ 原文作:"墨者有田鸠者,欲见秦惠王,约车申辕,留于秦,周年不得见。客有言之楚王者,往见楚王,楚王甚悦之,予以节,使于秦。至,因见予之将军之节惠王而说之。出舍,喟然而叹,告从者曰:'吾留秦三年不得见,不识道之可以从楚也。'物固有近之而远,远之而近者。故大人之行,不掩以绳,至所极而已矣。"(同上,第

---

① 王天海《意林校释》,第254页。
② 王天海《意林校释》,第259页。
③ 王天海《意林校释》,第261页。
④ 王天海《意林校释》,第262页。
⑤ 王天海《意林校释》,第266页。

1345—1346页。)

引自《说山训》2例:"郢人买屋栋,与之车毂,大虽可而长不足。"① 原文作:"郢人有买屋栋者,求大三围之木,而人予车毂,跪而度之,巨虽可,而长不足。"(同上,第1738页。)"侏儒问天高于长人,长人曰:'吾不知也。'曰:'尔去天近于我也。'问事当问近者。"② 原文作:"侏儒问径天高于修人,修人曰:'不知。'曰:'子虽不知,犹近之于我。'故凡问事必于近者。"(同上,第1756页。)

引自《修务训》1例:"楚人有烹狙召邻,邻者以为狗羹,食甚美,后闻其狙,据地吐之,未始知味也。邯郸有吹者,托名李奇,人争学之,后知其非,皆弃其曲,未始知音也。"③ 原文作:"楚人有烹猴而召其邻人,以为狗羹也而甘之,后闻其猴也,据地而吐之,尽写其食。此未始知味者也。邯郸师有出新曲者,托之李奇,诸人皆争学之,后知其非也,而皆弃其曲。此未始知音者也。"(同上,第2050页。)

(二)改易原文缩写

所谓改易原文缩写,是指作者根据文意自造一些文句以替换相应原文,以达到简化原文的目的。这类缩写多有偏离原书文意之处,可视为编撰者的再创造。据统计,此类缩写较为典型的约有7例,兹列举如下,并略加分析:

"聋者学歌,无以自乐。夫内心不开而强学问,如聋者效歌,出于口,越而散矣。"④ 按:此文引自《原道训》,原文作:"夫内不开于中而强学问者,不入于耳而不著于心。此何以异于聋者之歌也?效人为之而无以自乐也,声出于口则越而散矣。"(同上,第114页。)聋者学歌、聋者效歌,皆是马总根据文意所造。

"以道为竿,以德为纶,礼乐为钩,仁义为饵,投之江,浮之海,万物皆得。"⑤ 按:此文引自《俶真训》,原文作:"是故以道为竿,以德为纶,礼乐为钩,仁义为饵,投之于江,浮之于海,万物纷纷,孰非其有?"(同上,第181—182页。)显然,"万物皆得"是马氏把末尾的疑问句改成肯定句而来。

---

① 王天海《意林校释》,第276页。
② 王天海《意林校释》,第277页。
③ 王天海《意林校释》,第283页。
④ 王天海《意林校释》,第250页。
⑤ 王天海《意林校释》,第250页。

"十围之木,能持千钧之屋;五寸之楗,能制开阖之门。非材有巨细,所居要耳。使孔墨为天下,天下尽儒墨,得其要也。"① 按:此文引自《主术训》,原文作:"故十围之木持千钧之屋,五寸之键制开阖,岂其材之巨小足哉?所居要也。孔丘、墨翟修先圣之术,通六艺之论,口道其言,身行其志,慕义从风而为之服役者不过数十人。使居天子之位,则天下徧为儒墨矣。"(同上,第1009页。)"非材有巨细",乃马氏改疑问句为肯定句而来。"使孔墨为天下"三句,改写痕迹尤为明显,但并不完全符合原意。

"刍狗土龙始成,则衣以绮绣,及其用毕,则弃之土壤。"② 按:此文引自《齐俗训》,原文作:"譬若刍狗土龙之始成,文以青黄,绢以绮绣,缠以朱丝,尸祝袀袨,大夫端冕以送迎之。及其已用之后,则壤土草蒯而已,夫有孰贵之!"(同上,第1184页。)显然,马氏改成"弃之土壤",虽增强了原书"有孰贵之"之意,但实属作者的发挥,与原意不相契合。

"父溺则揽父发而拯之,非敢骄侮,以救死也。"③ 按:此文引自《氾论训》,原文作:"孝子之事亲,和颜卑体,奉带运履;至其溺也,则捽其发而拯,非敢骄侮,以救其死也。"(同上,第1429页。)"父溺"一句,是马氏据文意而改,但未偏离原意。

"郢人自卖其母,而请买者曰:'此母老矣,望善饴之。'此大不义而欲为小义。"④ 按:此文引自《说山训》,原文作:"郢人有鬻其母,为请于买者曰:'此母老矣!幸善食之而勿苦。'此行大不义而欲为小义者。"(同上,第1757页。)改易之处是在"望善饴之"句,其中"饴"乃食以美食之意,与原书之意微异。

"鸿鹄在卵也,一指蔑之则破;及其羽翅成也,背负青天,膺摩赤霄,哺且子不能得也。"⑤ 按:此文引自《人间训》,原文作:"夫鸿鹄之未孚于卵也,一指篾之,则靡而无形矣;及至其筋骨之已就,而羽翮之既成也,则奋翼挥𩙿,凌乎浮云,背负青天,膺摩赤霄,翱翔乎忽荒之上,析惕乎虹蜺之间,虽有劲弩、利矰微缴,蒲苴子之巧,亦弗能加也。"(同上,第1941页。)"在卵""羽翅成"等用语,皆马氏据文意而改。此文原书83字,《意林》仅用32字,足见缩写幅度

---

① 王天海《意林校释》,第257页。
② 王天海《意林校释》,第262页。
③ 王天海《意林校释》,第269页。
④ 王天海《意林校释》,第277页。
⑤ 王天海《意林校释》,第282页。

之大。

上述15例缩写,其表述基本清楚,大体能保持文意的完整。但有时因过度追求简略,马总往往断章取义,致使原书文意零碎,不相连贯,造成无厘头式的缩写。这可以视为《意林》缩写中的一大不足。例如:

"乞火不若取燧,寄汲不如凿井。譬羿请不死之药于西王母,姮娥窃而食之,不知不死之药所由生也。"①按:此文引自《览冥训》,原文作:"譬若羿请不死之药于西王母,恒娥窃以奔月,怅然有丧,无以续之。何则？不知不死之药所由生也。是故乞火不若取燧,寄汲不若凿井。"(同上,第721页。)"不知不死之药所由生"这句话,原书是用来解释嫦娥为何"怅然有丧",而《意林》断章取之,有因而无果,使读者不明所以。

"客有见子贱,子贱曰:'客独有三过:望我而笑,是慢也;交浅而言深,是患也;语不称师,是反也。'客一体耳,或以为君子,或以为小人,此视之异也。"②按:此文引自《齐俗训》,原文作:"故宾有见人于密子者,宾出,密子曰:'子之宾犹有三过;望我而笑,是攫也。谈语而不称师,是返也。交浅而言深,是乱也。'宾曰:'望君而笑,是公也。谈语而不称师,是通也。交浅而言深,是忠也。'故宾之容一体也,或以为君子,或以为小人,所自视之异也。"(同上,第1202页。)根据原文,《意林》仅截取了被人视为小人的一段描述,但末尾又保留"或为君子,或为小人"这一句,显然不相对应,容易使读者陷入困惑。

"人有嫁其女,教之曰:'慎无为善。'女问其故,曰:'善尚不为,况不善乎！'"③按:此文引自《说山训》,原文作:"人有嫁其子而教之曰:'尔行矣,慎无为善！'曰:'不为善,将为不善邪？'应之曰:'善且由弗为,况不善乎！'"(同上,第1680页。)马氏将"将为不善邪"这个疑问句改成"女问其故"这个肯定句,完全不达原书之意,致使答非所问,理蕴全失。

"一棋不足以见智,一弦不足以见悲。"④按:此文引自《说林训》,原文作:"行一棋不足以见智,弹一弦不足以见悲。"(同上,第1800页。)马氏把"行""弹"这两个动词删除,使文句的主语由人变成了物,造成搭配不当,原意尽失。

---

① 王天海《意林校释》,第254页。
② 王天海《意林校释》,第263页。
③ 王天海《意林校释》,第273页。
④ 王天海《意林校释》,第278页。

五、《意林》辑录《淮南子》的文献价值

在《意林》所辑录的 105 条文句中,无一条不在今本《淮南子》之中。这在很大程度上说明,自中唐以来《淮南子》的版本开始稳定下来,文本丢失的情况很少见。除辑录《淮南子》正文之外,《意林》还附带引用了不少注文。据统计,约有 21 条,其内容大都不同于今本。叶德辉说:"惟《治要》《意林》虽未明称许注,而证以他书同引者可以类推。且唐人所见时许高二本尚未羼合,则其异于高注者,可灼知其为许注矣。"① 这表明马总当时据用的是许慎注本。在今本许注缺失十三篇的情况下,《意林》所引许注就显示出了重要的文献价值。叶德辉编《淮南鸿烈间诂》时,即把《意林》所附带辑录的这 21 条注文悉数纳入书中。

除有助于辑佚的价值外,《意林》所录条文亦有一定的版本价值和校勘价值。就版本价值而言,由于《意林》据用的是许本,尽管马氏改易的地方较多,但仍可以借用他书与学者的研究成果,从中见出许高二本的文本差异。例如,今存高本《原道训》"策蹏马而欲教之"中"蹏",《意林》引许本作"跟"②;今存高本《俶真训》"冰迎春则泮而为水"中"泮",《意林》引许本作"释";今存高本《天文训》"令不收则多淫雨"中"收",《意林》引许本作"时"③;今存高本《地形训》"食水者善游能寒"中"能",《意林》引许本作"耐"④;今存高本《地形训》"夜生者似母"中"夜",《意林》引许本作"莫";今存高本《本经训》"苍颉作书",《意林》引许本作"仓颉作字"⑤;今存高本《主术训》"木击折辖"中

---

① 《子藏·淮南子卷》第 49 册,第 455—456 页。
② 于大成说:"《意林》所据为许本,许似用本字作'跟'也。"(见张双棣《淮南子校释》[增订本],第 50 页。)此外,《意林》"策"作"捶"。焦循《孟子正义》:"捶,同箠。"又许慎《说文·竹部》:"策,马箠也。"可知此二字义通,或为许高之别。
③ 今本高诱注曰:"干时之令不收纳,则久雨为灾。"(张双棣《淮南子校释》[增订本],第 294 页。)这表明高本作"收",作"时"或为许本。
④ 刘文典说:"能,读曰耐。《吕氏春秋·审时篇》高注:'能,耐也。'《汉书·赵充国传》:'汉马不能冬。'师古曰:'能,读曰耐。'正与此文一例。《家语·执辔篇》'食水者善游而耐寒',是其证矣。"于大成说:"作'能'、作'耐',乃高、许所据本异,'而'字之有无,亦二家之异也。"(见张双棣《淮南子校释》[增订本],第 478—479 页。)
⑤ 陶方琦说:"《意林》引许注:'仓颉,黄帝史臣也。造文字则诈伪生,故鬼哭也。'按,《说文·叙》云'黄帝之史仓颉',与注《淮南》说同。《意林》引许本作'仓',今高本作'苍',亦异。"于大成说:"此文许、高二本有别,许作'仓颉作字',故其注云'造文字也';高作'苍颉作书',故其注云'视鸟迹之文造书'也。"(见张双棣《淮南子校释》[增订本],第 845 页。)

"轊",《意林》引许本作"轴"①；今存高本《说林训》"绣以为裳则宜"中"裳"，《意林》引许本作"被"②。

就校勘价值而言，后世学者多借以校正今本《淮南子》之误。例如，今本《缪称训》"无一尺之楗"，刘文典说："一尺，《意林》引作'五寸'，当以《意林》为是。本书《主术训》'五寸之键，制开阖之门'，楗即键也。"③今本《道应训》"周年不得见"，刘文典说："《意林》引'周'作'三'，以下文'吾留秦三年'核之，则作'三'是也。"④今本《说山训》"至陵而不知下"，王念孙说："'陵'当为'陆'字之误也。'陆'与'水'相对，作'陵'则非其指矣。《意林》引此正作'陆'。"⑤今本《说林训》"毁渎而止水"，王念孙说："'毁'当为'凿'，俗书'凿'字或作'鑿'，因误而为'毁'。渎与窦同。《意林》引此正作'披蓑救火，凿渎止水'。《览冥》篇亦作'凿窦'。"⑥今本《泰族训》"螟蚕一岁再收"，刘文典说："《意林》引'收'作'熟'，'收'之为误字益明矣。"⑦

《意林》所录文句的校勘价值，还体现在明清学者刊刻新本时用于参校。例如，北宋本、道藏本《说山训》"兰生幽宫，不为莫服而不芳"中"宫"字，当作"谷"。《说文·宫部》："宫，室也。"幽宫，即幽僻之室，兰显然不会自生于幽室，而《管子·度地》："山之沟，一有水，一毋水者，命曰谷水。"⑧兰自可生于如此环境，故作"谷"于义为长，《意林》引此正作"谷"。刘绩本、王萤本、庄逵吉本亦皆作"谷"，当是参校《意林》而来。又如，北宋本、道藏本《说林训》"翩者扣舟""为之异"，《意林》分别引作"网者动之""为道异"，而王萤本正同于《意林》，说明王萤曾用《意林》校勘《淮南子》。再如，北宋本、道藏本《说林训》"十牖毕开"中"毕"字、"不若一户之明"中"若"字，《意林》分别引作"之""如"，而庄逵吉本同于《意林》，说明庄逵吉曾用《意林》校勘《淮南子》。

---

① 于大成云："《意林》作'轴'，《文子》同，知许本作'轴'，此作'轊'，《邓析子》同，则高本自作'轊'也。"（见张双棣《淮南子校释》[增订本]，第932页。）
② 于大成说："高注既引《诗》'绣裳'，则高本必作'裳'字无疑。《意林》是用许本，则许本作'被'也。"（见张双棣《淮南子校释》[增订本]，第1838页。）
③ 见张双棣《淮南子校释》（增订本），第1073页。
④ 见张双棣《淮南子校释》（增订本），第1346页。
⑤ 见张双棣《淮南子校释》（增订本），第1832页。
⑥ 见张双棣《淮南子校释》（增订本），第1865页。
⑦ 见张双棣《淮南子校释》（增订本），第2164页。
⑧ 黎翔凤《管子校注》，第1054页。

此外，《意林》所录文句中还有不少异文，由于缺乏文献依据，已难以判定是马氏所改还是许本原文[①]。总之，《意林》虽然大肆缩减、改易《淮南子》原文，但仍然具有一定的文献价值。

[①] 例如，今存高本《俶真训》"越舲蜀艇"中"舲"，《意林》引作"舼"；今存高本《主术训》"能称其事"，《意林》引作"智能其事"；又此篇"相生之气"中"气"，《意林》引作"势"；又此篇"不能游而绝江海"中"能"，《意林》引作"假"；今存许本《缪称训》"多惧害勇"中"害"，《意林》引作"妨"；又此篇"猨狖之捷来措"中"措"，《意林》引作"刺"；今存许本《齐俗训》"广厦阔屋"中"阔"，《意林》引作"宏"；又此篇"播棋丸于地"中"播"，《意林》引作"翻"；又此篇"强亲者虽笑不和"，《意林》引作"强欢者虽笑不乐"；又此篇"林中不卖薪"中"卖"，《意林》引作"货"；今存高本《氾论训》"礼三十而娶"中"娶"，《意林》引作"家"；又此篇"非不贪生而畏死也"中"贪"，《意林》引作"贵"；又此篇"江河不能实漏卮"中"实"，《意林》引作"满"；今存高本《说山训》"貂裘而负笼"，《意林》引此句前有"衣"字；又此篇"褰衣涉水"，《意林》引作"举衣过水"；今存高本《说林训》"田中之潦"中"潦"，《意林》引作"水"。

第三编

宋元《淮南子》学的再起

第一章　宋元《淮南子》学概说

第一节　宋元《淮南子》学的时代背景

魏晋南北朝动荡分裂的局面,持续了近四百年,而晚唐五代这种局面不足一百年,这要归功于宋太祖赵匡胤。他建宋称帝,很快结束了晚唐五代动荡分裂的政治局面。在长年的战争生涯中,宋太祖深刻认识到兵乱对于社会与人民的戕害,也深刻认识到拥兵自重的将领对于中央政权的威胁,故而确立了崇文抑武的基本国策。这对两宋文化的发展产生了深远影响。陈寅恪在《邓广铭宋史职官志考证序》中说:"华夏民族之文化,历数千载之演进,而造极于赵宋之世。"① 这造极一世的宋代文化,虽然一方面源自隋唐文化的积淀,但另一方面又正是宋代统治者崇文抑武这一基本国策的产物。

崇文抑武首要是崇儒。《宋会要辑稿·崇儒一》载:"宋初,增修国子监学舍,修饰先圣十哲像,画七十二贤及先儒二十一人像于东西廊之板壁。"② 这是对隋唐五代以儒学立国文化政策的继承与增强,有助于笼络读书人和保持政治的稳定。其后宋太宗、宋真宗皆谨守不失,有过之而无不及。同时,他们又较开明和宽容,不排斥道家和佛家之说,允许并存发展。甚至在治国方面,宋初统治者还一定程度上采纳道家清静无为的主张。据罗从彦《豫章文集》卷二载,宋太祖尝幸至华州龙兴观,问道士苏澄以养生术,苏澄回答说:"臣之养生,不过精思练气耳。若帝王养生,则异于是。老子曰:'我无为而民自化,我无欲而民自朴。'无为无欲,凝神太和,昔黄帝享国永年者,得此道也。"③ 太祖听了非常高兴,厚赐苏澄。江少虞《皇朝类苑》卷二又载宋太宗曾读《老子》,感叹说:"伯阳五千言,读之甚有所益,治身治国之道,并在其内。"④ 清静无为

---

① 陈寅恪《金明馆丛刊二编》,三联书店2001年,第277页。
② 徐松《宋会要辑稿》,上海古籍出版社2014年,第2742页。
③《景印文渊阁四库全书》第1135册,第658页。
④《景印文渊阁四库全书》第874册,第20页。

的治国策略,使经济、文化得到了快速发展,到宋仁宗时,国力臻至鼎盛。

经济、文化的繁荣,明显带动了出版业的繁荣。北宋的雕版技术非常发达,流行极广,出现了官刻、私刻、坊刻三大系统,以浙、蜀、闽三地的刻书业最为有名。生活在宋仁宗时期的苏颂,在馆阁校理《淮南子》时就见到了《淮南子》的七个版本,官刻本、私刻本兼有。这在宋代之前是不可能见到的现象,这也是宋代出版业发达的见证。《淮南子》在宋代能更加广泛地传播,显然得益于此,《淮南子》学能够再起,显然也得益于此。

同时,宋初统治者奉行隋唐以来形成的三教并存的宗教政策,自己又亲近老庄之书,从而使道教在北宋得到了不逊于唐代的繁荣。大中祥符七年(1014),宋真宗祀老子于太清宫,加封老子为太上混元皇帝。又诏命张君房主持编纂《大宋天宫宝藏》,收入道书五千四百余卷,刻印后称为《万寿道藏》。宋徽宗又命人重新校理《万寿道藏》,称作《政和万寿道藏》,全部予以雕版印刷。《淮南子》自唐以来就在《道藏》之中,宋代也不例外。由于《道藏》面向民间,面向大众,在一定程度上促进了《淮南子》在宋代的流传,使更多的读书人能够接触到《淮南子》。这对宋代《淮南子》学的再起亦发挥了作用。

道教、佛教的大肆流行,引起了很多知识分子的忧虑。宋仁宗期间,一股复兴儒学的思想潮流在涌动。同时,社会的稳定、经济的繁荣,也为这股潮流提供了便利条件。清人全祖望说:"庆历之际,学统四起。齐、鲁则有士建中、刘颜夹辅泰山而兴。浙东则有明州杨、杜五子,永嘉之儒志、经行二子,浙西则有杭之吴存仁,皆与安定湖学相应。闽中又有章望之、黄晞,亦古灵一辈人也。关中之申、侯二子,实开横渠之先。蜀有宇文止止,实开范正献公之先。"[①] 随后有周敦颐、邵雍、张载、程颢、程颐,南宋有杨时、朱熹、陆九渊、林希逸等人,将这股思想潮流转换成了一套具有严密理论体系的理学,对后世产生了深远影响。他们虽各立学统,但都自觉与只知章句训诂之学的汉儒相区别,把阐发儒家义理、推行经世致用作为己任。

《淮南子》主旨虽然本于道家,但又杂糅百家,亦重儒学,因此也含有可供理学家资用的内容。如《齐俗训》:"率性而行谓之道,得其天性谓之德。"[②] 虽近于《老》《庄》,但朱熹取为己用。他在《杂学辨》中说:"故率性而行,则无往

---

① 黄宗羲原著、全祖望补修《宋元学案》,中华书局1986年,第2页。
② 张双棣《淮南子校释》(增订本),第1135页。

而非道。此所以天人无二道,幽明无二理,而一以贯之也。"①朱熹还引用《淮南子》及高注来帮助解释理学问题。如解释人禀气不同的问题,朱熹问弟子:"人有敏于外而内不敏,又有敏于内而外不敏,如何?"弟子回答:"莫是禀气强弱?"朱熹说:"不然。《淮南子》曰:'金水内明,日火外明。'气偏于内故内明,气偏于外则外明。"②这句引文找不到对应的文字。《天文训》:"明者吐气者也,是故火曰外景;幽者含气者也,是故水曰内景。"③当是朱熹以意引之。又如,解释人的魂魄的问题,弟子安卿问:"体与魂有分别,如耳目是体,聪明便是魄。"朱熹回答:"是。魂者气之神,魄者体之神。《淮南子注》谓:'魂,阳神也;魄,阴神也。'此语说得好。"④事实上,朱熹多次引用高诱这一注解来解答弟子关于魂魄的疑惑,同时也表示了他对高氏这个观点的认同。可见,《淮南子》虽然不如先秦诸子那样地位显明,但也是宋代理学家常读的一部子书。

宋代理学的崛兴,无疑给宋代学术带来很多显著的变化,其中之一便是学者好发议论,注重思辨,敢抒己见。这个特点也影响到了宋代的《淮南子》学。如史铸增注王十朋《会稽三赋》说:"……且许慎之注《说文》则曰:'盦山,会稽山也,一曰九江当涂也。'及为《淮南子》之注,不曰在会稽,而独曰在九江当涂者,必有据于前世而然。至杜预集解《左传》,凡释山川地理未尝不详,此不过祖述于旧文。如是,则涂山之注以为寿春地者,其来者远。斯二者,是确乎不可易之说也,故愚所以有取焉耳。至于旧经所载,良由后世夸诞者傅会其说,为之粉饰,有戾于古,故愚所以无取焉耳。夫何乡元注《水经》,与李昉《太平御览》类,皆不究其原,妄非杜预寿春之注,是以撰《会稽志》诸公,亦就证在越州。惜乎!不为甄明如此。"⑤就是辨析一个地名,史铸就生发出许多议论来。而且,宋代还产生了多篇专门评论刘安及《淮南子》的文章,其观点各有不同,不相沿袭,也是宋儒这种好发议论、敢抒己见的理学精神的反映。

辽金是与两宋对峙的政权,其治下的经济、文化远不能与两宋相比肩。特别是学术方面,几乎见不到有多少著作流传于世。《淮南子》学在北方几乎处于停滞状态,仅有李俊民《庄靖集》、蔡松年《萧闲老人明秀集注》存在少量

---

① 朱熹《晦庵先生朱文公文集》卷七十二,《四部丛刊》本。
② 黎靖德编《朱子语类》,中华书局1986年,第75页。
③ 张双棣《淮南子校释》(增订本),第276页。
④ 黎靖德编《朱子语类》,第1686页。
⑤ 《宋集珍本丛刊》第44册,线装书局2004年,第407页。

引用《淮南子》的情况，且这些引用文本大多转自他书。元代接管中原以来，实施了与宋代统治者相反的基本国策，即重武抑文。读书人因此失去了尊严和跻身上层的机会，只好投身于俗文化的创作之中。尽管如此，金元统治者比较重视道教，金章宗明昌元年（1190）下令重修《道藏》，编刻《大金玄都宝藏》，共六千四百多卷。南宋末年，全真教道士宋德方在蒙古贵族的支持下，重修《道藏》，编刻《大元玄都宝藏》，共七千八百余卷。《淮南子》显然亦在其列。重修《道藏》，不仅保存了《淮南子》一个稳定的版本，也促进了它在北方的流传。

第二节　宋元《淮南子》学的演进过程

宋代统治者崇文抑武，优待士人，直接促成了宋代学术的全面繁荣。同时，宋代统治者允许儒、道、释三教融合，并存发展。理学家发展理学时，又广纳诸子。受其沾溉，宋代诸子研究的风气开始变得浓厚。《淮南子》显然也得益于此，不断受到学者的关注。《淮南子》学经过长达七百多年的低落状态之后，再一次逐渐兴起。

北宋时期，《淮南子》的流传非常广泛。这是《淮南子》学能够在宋代再起的前提条件。这个时期，《太平广记》《太平御览》《太平寰宇记》《事类赋》《尔雅注疏》《重修广韵》《东原录》《册府元龟》《类篇》《礼书》《营造法式》《考古图》《事物纪原》《鸡肋集》《埤雅》《乐书》《毛诗名物解》等书，皆有征引《淮南子》文本的情况。其中，《太平御览》引用的文本几乎占了《淮南子》原书篇幅的三分之一，对于考察许慎、高诱注本具有重要的文献价值。此外，苏颂任职集贤院时，曾负责校理《淮南子》，见到了《淮南子》的七个版本。他通过精心校对，细心分辨，清理出了掺杂在同一书里的许慎注和高诱注，并用黄纸分别缮写，形成了两个新的版本。珍贵的北宋本，也是产生于宋仁宗时期。那么，这个时期见诸文献的《淮南子》版本，足足有十个之多。因此，从被文人频繁引述和拥有多个版本这两方面来看，《淮南子》在北宋时期的流传是非常广泛的。而且，这个时期，苏颂所留下的《校淮南子题序》一文，成为《淮南子》学史上最重要的一篇校勘文献，为清代学者的进一步研究奠定了最扎实的基础。同时，学者引述《淮南子》文本，并非仅仅作为单纯的材料，有时也对它作出解释或辨析。如吕大临《考古图》卷八引《淮南子》："窥面于盘水则圜,于杯随,面形不变其故,有所圜有所随者,所自窥之异也。"吕氏说:"随,当读椭,狭长也。盖古杯之形皆狭长。又闻使房士大夫言,辽主燕用玉杯,狭长有舟,其世子亦用之。"① 引文出自《齐俗训》,原书无注。吕大临非常细致地解释了引文中"随"字的音义,实际上是对《淮南子》文本的一种训释。这种情况并频繁出现在陆佃的《埤雅》中,客观上形成了陆佃对《淮南子》文本的补释、增释和改释,也是陆佃研究《淮南子》文本的一种反映。

南宋前期是宋元《淮南子》学稳步向前推进的阶段。这个时期,《绀珠集》《韵补》《海录碎事》《楚辞补注》《山谷外集诗注》《后山诗注》《演繁露》《西溪丛语》《隶释》《路史》《尔雅翼》《律吕新书》《慈湖诗传》《容斋随笔》等书,皆有征引《淮南子》的情况。其中,《楚辞补注》引用的数量最多,又大量引用注文,进一步显示了南宋前期《淮南子》许高二注相杂之本的流行。《尔雅翼》引述《淮南子》,不仅充分发挥了它在注释字书方面的作用,而且作者罗愿反过来又针对引文多数作了评析,对所引注文作了驳正,客观上形成了对《淮南子》的补释、增释、改释,在某种程度上可以看成是对《淮南子》文本的训诂,是罗愿研究《淮南子》的反映。这个时期,《淮南子》也最早被著录在文人私撰的书目之中,如晁公武的《郡斋读书志》、尤袤的《遂初堂书目》,因而至少可以看到南宋前期《淮南子》的晁氏、尤氏家藏本。尽管南宋一些士大夫藏有《淮南子》,但宋廷遭遇靖康之难,官方所藏七万余卷书荡然靡遗,给南宋初期士大夫造成无书可读的局面。张嵲在《读淮南子》一文中,即对这种情况有所表露。他辗转借到苏颂家族藏本,终于畅快地阅读了《淮南子》,并写下一篇简短的评读性文章。文章寄寓了他对刘安的深切同情,又发表了一些不俗的见解。

南宋后期是宋元《淮南子》学向纵深推进的阶段,也是最能体现"再起"这一特征的阶段。这个时期,《岁时广记》《项氏家说》《记纂渊海》《庄子口义》《玉海》《困学纪闻》《小学绀珠》《汉艺文志考证》《六书故》等书,皆有征引《淮南子》的情况。其中,王应麟的《玉海》《困学纪闻》《小学绀珠》《汉艺文志考证》引用最为频繁,也最为典型。《玉海》还具体记述王氏当时所见本的版本情况,实际上是一种与北宋本非常相近的版本。陈振孙撰写《直斋书录解题》,也把这个时期他家所藏《淮南子》著录在册,其版本情形与王应麟所见本也很接近。当然,这个时期《淮南子》学最重要的成就,即是出现了像高

---

① 吕大临《考古图》,《故宫珍本丛刊》第470册,海南出版社2001年,第110页。

似孙《淮南子题识》、周端朝《周氏涉笔》、黄震《读淮南子》等专论《淮南子》的文章。他们评论的基调各不相同。高似孙以肯定为主调，称赞《淮南子》"卓然出人意表"，认为它与《离骚》《庄子》《列子》《吕氏春秋》为一路。周氏、黄震则以批判为主调，前者批评《淮南子》抄袭《文子》，又杂出百家，前后矛盾；后者则认为春秋战国以来诸子遗毒余祸都汇集到了刘安，他所作的《淮南子》也多是"误人之鄙论"。不能不说各有侧重，各有所见，难定于一。

南宋时期，学者还持续讨论了《礼记·月令》《吕氏春秋·十二纪》《淮南子·时则训》三者的关系问题。南宋初期，范浚在《月令论》中说："既非周公时书，又非吕不韦书，又非始皇既为帝时书，则《月令》果何人作耶？予详求其说，盖以为吕氏使其客人人著所闻，集论以为《十二纪》，初非出一手也。至汉淮南王安，与苏飞、李尚及诸儒大山、小山等著书，又取《吕氏·十二纪》附益为《时则训》，今见《淮南鸿烈解》，盖亦诸儒为之，而非出一手也。夫《十二纪》既非出一手，汉人取而附益之又非出一手，已而礼家抄合于《礼记》，则《月令》岂一人之为哉？"① 范氏大胆否定了《月令》出自周公之手的传统观点，指出《月令》实是汉儒杂合《吕氏·十二纪》《淮南·时则训》而成。南宋中期的罗泌对类似范浚这样的说法进行了驳斥。他说："敬授人时，此帝尧之急政，圣人以之首书，民事之为重可知矣。《礼》有《月令》，世皆以为出于《管子》，不韦之书，故傅子云'《月令》取《吕氏春秋》'，至杜君卿，乃以为出于《管子》，不韦编之以为《十二纪》之首，汉世戴圣始取以入《礼记》。盖以《管子》有《幼官》《四时》之篇，然亦不知周公已有《时训》，而《时令解》见之周书，此蔡氏所以谓为周公之作。……况乃太尉秦有，则非出于周代，是亦不知刘安《时则》之训本之《月令》，而亦时有增损，顾得谓汉时乎？"② 罗泌崇信上古史，显然反对《月令》非周公所作的说法，认为《淮南·时则训》是源自《月令》而有所增损。南宋末期的王应麟作了总结，他说："《月令》一书，汉马融、贾逵，晋孔晁，皆以为作于周公，郑玄、高诱、孔颖达谓吕不韦所作。汉淮南王安取《吕氏·十二纪》附益为《时则训》，而礼家复有增加。孔颖达《正义》曰：'官名、时事多不合周法。'有四证。然《周书》先有《月令》，郑谓不韦作者，以《吕氏春秋·十二纪》与此同也。李林甫注《月令》云：'周公作《时训》，定二十四

---

① 曾枣庄等主编《全宋文》第194册，上海辞书出版社2006年，第33—34页。
② 罗泌《路史》卷四十三"唐书月令"条，《景印文渊阁四库全书》第383册，第615—616页。

气,辨七十二候.'夏后《小正》、周公《时训》,皆《月令》之宗首,《管子》有《四时》《五行》篇,《淮南子》有《时则训》。"① 虽未明确反对各家说法,但实际上已经否定郑玄、孔颖达等人的说法,认为《礼记·月令》是取自《周书·月令》,实为周公所作,《管子》诸篇、《淮南·时则训》皆出于此。

  相对于南宋《淮南子》学来说,元代《淮南子》学正走向下坡路。这跟社会动荡不安和统治者不重视学术有关。但仍然有学者作了某些研究,代表了元代《淮南子》学的成就。这个时期,《席上腐谈》《律吕成书》《诗传通释》《吴越春秋音注》《四书集义精要》《老子衍义手钞》《四书通证》《唐诗鼓吹》《诗集传名物钞》《礼记纂言》《渊颖集》《文献通考》《战国策校注》《诗传旁通》《风雅翼》《说郛》等书,皆有征引《淮南子》的情况,体现了《淮南子》在学者著书立说中所发挥的作用。其中,以陶宗仪《说郛·读子随识》引用最为典型。此书辑录《淮南子》文句,近似马总的《意林》,多能反映辑录者的择文观念。这个时期,也有学者深入评论刘安及《淮南子》的文章。王恽写有《读淮南子》一文,基本是以自居经学正宗的意识来评论《淮南子》,承认《淮南子》具有辅翼儒家经传的作用。杨维桢则撰文痛批刘安,但又在《后斋记》一文阐发《淮南子》的持后论。而姚琏《察虚实》在一定程度上阐释了《淮南子·兵略训》中的思想。

---

① 王应麟《玉海》卷十二"周时训、周书月令"条,上海书店 1987 年影印本,第 221 页。

第二章　宋元《淮南子》刻本的出现

第一节　苏颂所见七本及其缮写本

虽然唐代就有雕版印刷技术，但发展非常缓慢，此时古书仍以手抄本为主，《淮南子》亦是如此。五代始有大规模的刻书活动，北宋以来雕板技术更是得到迅猛发展，因而出现了大量的古书刻本。宋元时期，《淮南子》的版本已从以手抄本为主走向以刻本为主。《淮南子》的刻本最早或是苏颂所见七种版本。苏颂在《校淮南子题序》中说："今校崇文旧书与蜀川印本暨臣某家书凡七部，并题曰《淮南子》。二注相参，不复可辨。惟集贤本卷末有前贤题载……今此七本皆有高氏训叙，题卷仍各不同，或于《解经》下云'许慎记上'，或于'间诂'上云'高氏'，或但云《鸿烈解》，或不言'高氏注'，或以《人间篇》为第七，或以《精神篇》为第十八。参差不齐，非复昔时之体。"①可见，在这七种版本中，苏氏只明确了四种版本，其余三种版本已无从知晓。对这四种已明确的版本，依据苏颂的说法，可分别命名为崇文旧书本、蜀川印本、集贤本和苏氏家藏本。

一、崇文旧书本

崇文旧书本，顾名思义，就是北宋崇文院所藏的旧本《淮南子》。北宋建置崇文院，实是承袭唐制。唐太宗贞观十三年（639）始设崇贤馆，置学士等官，掌管东宫经籍图书，唐高宗上元二年（675）改称崇文馆。五代时期，仅后唐留有崇文馆，然其主名为宏文馆②。宋太宗太平兴国三年（978）建三馆书院③，赐名崇文院，已非东宫藏书之所，而是国家大型藏书之地。《郡斋读书志》于

---

① 苏颂《苏魏公文集》，中华书局1988年，第1007—1008页。
② 后唐庄宗同光三年（925）秋七月，宏文馆上言："请依六典，改宏文馆为崇文馆。"（见《旧五代史·庄宗纪》）唐明宗天成二年（927）又诏崇文馆依旧为宏文馆。
③ 三馆，指昭文馆、史馆、集贤院。

"《说苑》二十卷"自注:"曾子固校书,自谓得十五篇于士大夫家,与崇文旧书五篇合为二十篇,又叙之。"①曾子固,即曾巩(1019—1083)。他与苏颂几乎同年,校理《说苑》时亦见过崇文旧书本的《说苑》。可见,崇文旧书是当时校书家对崇文院所藏之书的通称。苏颂提到的崇文旧书,就是指这个书院收藏的《淮南子》。

崇文旧书本,到底是传至北宋的唐五代时期的版本,还是北宋初期新出现的版本,则难以断定。但我们倾向于后者,因为历经晚唐五代战乱局面,图书转存极为不易。若以北宋崇文院建立时间及苏颂、曾巩担任馆阁校勘和集贤校理的时间为参考②,崇文旧书本当是产生在10世纪后期与11世纪初期之间。

根据苏颂的描述,崇文旧书本题名为"淮南子",载有高诱序文,其注文却是许高二注的混合体。至于卷首题名,或为"解经",下标"许慎记上";或为"间诂",上标"高氏";或仅有"鸿烈解",不标明注者。至于其真实情况,我们现在也无法辨明。

二、蜀川印本

蜀川印本,顾名思义,是指蜀地以雕板印刷的《淮南子》版本。《通典》卷九《食货九·钱币下》云:"益州,今蜀川之地。"③据《旧唐书·地理志》,隋置蜀郡,唐武德四年(621)改为益州,至德二年(757)又改蜀郡为成都府。故蜀川亦指成都府,为唐代政治、经济、文化中心之一,也是雕板印刷的发祥地。北宋朱翌说:"雕印文字,唐以前无之。唐末益州始有墨版,后唐方镂《九经》。"④叶德辉引晚唐柳玭说:"中和三年癸卯夏,銮舆在蜀之三年也。余为中书舍人,旬休,阅书于重城之东南。其书多阴阳杂记、占梦相宅、九宫五纬之流,又有字书小学,率雕板印纸,浸染不可晓。"两者正相印证。叶德辉对此评价说:"此虽节载《训序》之文,固信以为唐有刻板书之证。特当时所刻印者,非经典四部

---

① 孙猛《郡斋读书志校证》,上海古籍出版社1990年,第437页。
② 苏颂于宋仁宗皇祐五年(1053)任馆阁校勘,嘉祐二年(1057)改任集贤校理。曾巩于嘉祐五年(1060)历迁馆阁校勘、集贤校理。
③ 杜佑《通典》,第190页。
④ 朱翌《猗觉寮杂记》,商务印书馆1939年《丛书集成初编》本,第78页。

及有用之书,故世人不甚称述耳。"① 可知唐末蜀地虽有雕板印书,但因技术不高,又多术数、杂记之书,所以被学者所忽略。依此而言,唐末还未出现《淮南子》的雕印本。

进入五代,雕板印刷技术得到了发展和推广。成都作为蜀国都城,依然是当时刻书的热门地点之一。据史所记,前蜀刻印过杜光庭的《道德经广圣义》、贯休的《禅月集》,后蜀刻印过《文选》《初学记》《白氏六帖》以及《九经》②。但鉴于五代混乱局面,以及雕板刻印的巨大成本,《淮南子》被刻印付梓的可能性很小。

北宋初年,刻书亦不多,甚至还有以抄书为业的,至真宗、仁宗而始盛。宋真宗时,国子监书版达十余万,比宋初增至数十倍,宋仁宗时雕板更多,大量刊刻医书和史籍③。在宋代刻书行业中,蜀地仍然具有举足轻重的地位。宋太祖开宝四年(971)派人到成都开雕《大藏经》,蜀本也由此得名,驰誉全国④。因此,苏颂提到的蜀川印本应是刊刻于真宗、仁宗时期。揣摩苏氏的口吻,刊刻于宋仁宗时期的可能性最大。

蜀川印本亦题名"淮南子",载有高诱序文,其注文也是许慎注与高诱注的杂合体,卷题与崇文旧书本一样不可辨明。通常来说,蜀刻本宋体遒劲方正,一般为白口,左右双栏,无书耳,有八行、九行、十行、十一行、十二行、十三行、十四行诸种行格,其中尤以八行、九行的大字本最为著名,且最易辨认⑤。《淮南子》之蜀川印本,其特征亦大体不离于此。

三、集贤本

集贤本,当然是指出自集贤院的刻本,或是集贤院所藏之本。集贤院始建于唐玄宗开元五年(717),在乾元殿设置写经、史、子、集四部书院使。开元十三年(725),改名为集贤殿书院,通称集贤院,设置集贤学士、直学士、侍读学士、修撰官等官负责校理经籍。宋承唐制,集贤院是当时的三馆之一,成为皇家藏书和校书的重地。

---

① 叶德辉《书林清话》,中华书局1957年,第19页。
② 详见张爱民《中国印刷史》,浙江古籍出版社2006年,第32页。
③ 张爱民《中国印刷史》,第43页。
④ 见《顾廷龙文集》,上海科技文献出版社2002年,第469页。
⑤ 《顾廷龙文集》,第470页。

苏颂曾担任集贤院校理,所谓集贤本就是他在这个时期见到的。关于苏颂担任集贤院校理的时间,各种文献说法不一。邹浩《故观文殿大学士苏公行状》说:"皇祐四年……召试学士院。明年,改大理寺丞。时公与冯公京同试,入最优等,除馆阁校勘。至和初,同知太常礼院。嘉祐二年,改集贤校理,编定集贤院书集,再迁太常博士。前后在馆九年,官冷俸薄,而奉翁夫人、陈夫人,养诸姑姊妹与外族之无归者凡数十人,躬自刻厉,甘旨无阙,婚嫁以时,妻子衣食之用常不足,而公处之晏如也。"①认为苏颂是在嘉祐二年(1057)担任集贤院校理,至嘉祐五年(1060)升任太常博士为止。而《福建通志稿·苏颂传》说:"嘉祐四年,迁集贤校理,充编定馆阁书籍官、同知礼院如故。"②又认为苏颂是在嘉祐四年(1059)担任集贤院校理。颜中其所编《苏颂年表》也认为是在嘉祐四年,其云:"二月,迁集贤校理,与蔡抗、陈襄、陈绎同为馆阁编定书籍官。"③言之凿凿,似乎更有道理。总之,苏颂是在1057年或1059年首次见到集贤本。

北宋官方刻书主要由国子监负责,而集贤院主要是藏书和校书的场所,很少刻书行世。所以,苏颂所见到的集贤本,应是集贤院所藏之本。该本与崇文旧书本、蜀川印本不同之处,在于卷末(通常是最后一卷的卷末)写有前辈的题识。苏颂在《校淮南子题序》中说:"惟集贤本卷末有前贤题载云:'许标其首,皆曰间诂,《鸿烈》之下谓之记上。高题卷首,皆谓之鸿烈解经,《解经》之下曰高氏注,每篇之下皆曰训,又分数篇为上下,以此为异。'《崇文总目》亦云如此。"④这个题识对于苏颂区分许慎注本和高诱注本十分关键,对后世学者研究许慎注本和高诱注本也有非常重要的文献价值。至于集贤本的版本特征,根据苏颂的描述,书名题为《淮南子》,前面载有高诱的序文,注文也是许高二注的混合体。至于卷首题名和署名,许慎注本与高诱注本也是相混在一起,现在同样难以辨明。

四、苏氏家藏本

苏氏家藏本,是根据苏颂所谓"臣某家书"而命名的,并非苏颂自称。"家

---

① 苏颂《苏魏公文集》,第1204—1205页。
② 苏颂《苏魏公文集》,第1233页。
③ 苏颂《苏魏公文集》,第1258页。
④ 苏颂《苏魏公文集》,第1008页。

书"一词,显然是指家中所保存的书籍。苏颂在《龙图阁直学士修国史宋公神道碑》中说:"家书数万卷,多文庄、宣献手泽与四朝赐札,藏秘惟谨,或缮写别本,以备出入。"① 亦即此义。北宋前期,私家藏书极为盛行。据统计,北宋前期收藏万卷以上的藏书家多达80余人,苏颂亦在其中②。

苏颂出身书香门第之家,其父苏绅擅长文章,曾任史馆修撰、翰林学士,具有较高的文学修养。苏颂自己也才学俱佳,视书籍为珍宝,善待和善用书籍。他于《书帙铭》中说:"惟苏氏世,宜学以儒,何以遗后? 其在此书。"并诫其子孙:"非学何立? 非书何习? 终以不倦,圣贤可及。"③ 明显流露出藏书、用书的意识。正是在这种意识的支配下,苏颂自少时便尽力寻求书籍,甚至一一校勘,撰写题识,藏之于家。《魏公谭训》卷三记录了他与神宗的一段对话:"神宗问祖父:'卿家必有异书,何故父子皆以博学知名?'祖父对曰:'臣家传朴学,唯知记诵而已。'上曰:'此尤难也。'祖父云:'吾收书已数万卷,自小官时得之甚艰,又皆亲校手题,使门阀不坠。则此文当益广,不然,耗散可待,可不戒哉!'"④ 似乎把藏书当成了自己的使命。苏颂担任馆阁校勘、集贤院校理近十年,也为其藏书赢得了得天独厚的便利。苏象先描述说:"祖父在馆阁九年,家贫俸薄,不暇募佣书传写秘阁书籍,每日记二千言,归即书于方册。家中藏书数万卷,秘阁所传者居多。"⑤ 这数万卷藏书中,大多由苏氏自己传写秘阁书籍而来。

显然,《淮南子》也是数万卷藏书中的一部,故可称之为苏氏家藏本。但这个本子极有可能是苏颂在担任馆阁校勘(1053年)之前收藏的,因为他在馆阁曾用此本参校过官藏《淮南子》。苏氏家藏本与崇文旧书本、蜀川印本一样,亦题名"淮南子",亦载高诱序文,其注文亦是许慎注与高诱注相杂合,卷题的具体情况亦不可辨明。

苏氏家藏本及崇文旧书本、蜀川印本、集贤本的卷数,苏颂皆未明确指出。但从他"或以《人间篇》为第七,或以《精神篇》为第十八"的话语中或可推知,这些版本的卷数应该都是二十一卷。在目前存世的所有二十一卷本中,

---

① 苏颂《苏魏公文集》,第776页。
② 见《宋代收藏万卷以上藏书家简表》,范凤书《中国私家藏书史》,大象出版社2001年,第62—67页。
③ 苏颂《苏魏公文集》,第1104页。
④ 苏颂《苏魏公文集》,第1135页。
⑤ 苏颂《苏魏公文集》,第1139页。

《精神》篇列第七，《人间》篇列第十八，苏颂所见本仅仅是把这两者的位置对换了一下，总卷数应该仍是二十一卷。

五、苏颂缮写本

在苏颂校理所见七种版本之后，最终用黄纸缮写了高诱注本和许慎注本的《淮南子》各一种。苏颂说："互相考正，去其重复，共得高注十三篇，许注十八篇。又按，高氏《叙》：'典农中郎将卞揖借八卷，会揖丧，遂亡，后复补足。'今所阙八篇，得非后补者失其定著外？所阙卷但载淮南本书，仍于篇下题曰'注今亡'，许注仍不录叙。并以黄纸缮写，藏之馆阁。"[1] 由这段文字可知，苏颂缮写的高诱注本《淮南子》，其基本特征为：前有高诱叙文，其中有十三篇篇下题作"高诱注"，有八篇篇下题作"注今亡"，仅载正文。缮写的许慎注本《淮南子》，其基本特征为：前未录高诱叙文，其中有十八篇篇下题作"许慎注"，有三篇篇下题作"注今亡"，仅载正文。与他所见到的七种版本相比，苏颂缮写本已将拼合在一起的高诱注与许慎注截然分开了，各自独立成一本，只是两本注文各有缺失。苏颂显然非常重视他的新生版本，用朝廷专供的黄纸进行缮写，并藏之于集贤院。

集贤院也是苏颂缮写本完成的地方。程俱《麟台故事》载："嘉祐四年正月，右正言秘阁校理吴及言：'祖宗更五代之弊，设文馆以待四方之士，而公相率繇此而进，故号令风采，不减汉、唐。近年用内臣监馆阁书库，借出书籍，亡失已多，又简编脱落，书吏补写不精，非国家崇乡儒学之意。请选馆职三两人，分馆阁吏人编写书籍。其私借出若借之者，并以法坐之。仍请求访所遣之书。'上乃命置馆阁编定书籍官，以秘阁校理蔡抗、陈襄、集贤校理苏颂、馆阁校勘陈绎等四人，分昭文、史馆、集贤、秘阁书而编定之，令不兼他局，二年一代……至嘉祐六年，三馆、秘阁上所写黄本书六千四百九十六卷，补白本书二千九百五十四卷。"[2] 可知，苏颂专任集贤院的编定书籍官仅三年时间，即1059—1061年。因苏颂在《校淮南子题序》中提到了集贤本，所以，他的《淮南子》缮写本，几乎可以肯定就是在专任集贤院编定书籍官这三年中完成的。

苏颂是为公家校书，其缮写本自然是作为公家图书而被秘藏于集贤院。

---

[1] 苏颂《苏魏公文集》，第1008页。
[2] 张富祥《麟台故事校证》，中华书局2000年，第269页。

即使是苏颂本人,也不能将它移藏其家。因此,该本的流传范围显然十分有限。这也增加了该本失传的风险,尤其增加了该本毁于兵燹的危险。《宋史·艺文志》谓:"迨夫靖康之难,而宣和、馆阁之储荡然靡遗。"① 发生在1127年的靖康兵乱,几使馆阁藏书丧失殆尽。这其中极有可能就包含苏颂缮写本。若此种假设为真,那么苏颂缮写本存世不过匆匆六十余载而已。然《宋史·艺文志》著录有:"许慎注《淮南子》二十一卷,高诱注《淮南子》十三卷。"② 苏颂缮写本亦有许注本与高注本之分,皆二十一卷,只是许注本亡注文三卷,高注本亡注文八卷。因此,苏颂缮写许注本实际上是十八卷,高注本是十三卷。可见,《宋史·艺文志》所载十三卷的高诱注本很有可能是来源于苏颂缮写本。

《宋史·艺文志》自称:"宋旧史,自太祖至宁宗,为书凡四。志艺文者,前后部帙,有亡增损,互有异同。今删其重复,合为一志。盖以宁宗以后史之所未录者,仿前史分经、史、子、集四类而条列之,大凡为书九千八百十九部,十一万九千九百七十二卷云。"③ 说明《宋史·艺文志》是在宋宁宗(1194—1224年在位)之前旧史所录书籍的基础上继续增录宁宗之后书籍而成。《淮南子》作为古籍,显然是著录于旧史。从这个方面说,苏颂缮写本最迟在宋宁宗时期还可能存世,但自此之后便堙没无迹,不录于任何史籍。尽管苏颂缮写本存世的时间不长,但在《淮南子》版本史上有着特别的意义。许高二注混合以后,苏颂缮写本第一次将其分开成书,拨开了历史的迷云。这一成果近八百年来未曾引起学者的关注,直到清代中晚期才显示出它的学术价值。

第二节　北宋本的产生及流传

北宋本是《淮南子》已知古本中最重要的版本之一,受到了清人黄丕烈、顾广圻、陶方琦等人的一致推崇。因此,有必要对它的产生及流传再作详细讨论。

---

① 脱脱《宋史》,中华书局 1977 年,第 5033 页。
② 脱脱《宋史》,第 5207 页。
③ 脱脱《宋史》,第 5033—5034 页。

一、北宋本的产生及版本特征

"北宋本"一名,明确见于清代学者陈奂(1786—1863)所撰的题识。他说:"此北宋本。旧藏吴县黄荛圃百宋一廛,后归同邑汪阆源家。"① 缘何能确定是北宋之本?学者悉据其中的避讳字而定。"匡""筐""敬""撒""境""镜""殷"等字,皆为宋太祖时期(960—976)明令需要避讳的字;"玄""弦(弦)""眩""炫""朗""恒"等字,皆为宋真宗时期(997—1022)明令需要避讳的字;"贞"则是宋仁宗时期(1023—1064)明令需要避讳的字。在该本正文之中,这些字均以缺笔形式进行避讳处理②。"曙"乃宋英宗名讳,"顼"乃宋神宗名讳,而北宋本对此皆未作出任何形式的避讳处理。根据古代避讳的规律,几乎可以断定北宋本就是产生于宋仁宗朝。

除了避讳字这一依据外,北宋本所具有的部分版本特征与当时学者的描述基本一致,这也可以作为辅证。苏颂在宋仁宗嘉祐四年至六年(1059—1061),担任集贤院的编定书籍官。在此期间,他校理、编定《淮南子》,写了一篇名为《校淮南子题序》的序文。序文说:"然今此七本皆有高氏训叙,题卷仍各不同,或于《解经》下云'许慎记上'……参差不齐,非复昔时之体。"③ 北宋本也有高氏训叙,除卷十、二十一外,卷首皆题"淮南鸿烈解",其下均有"许慎记上"字样。这一版本特征与苏颂的描述相差无几,可以证明北宋本的出现与苏颂任职集贤院非常接近。

清代藏书家杨绍和(1830—1875)在收得北宋本之后,将它著录在《楹书隅录》一书。该书卷三详细描述了北宋本的主要版本特征:

> 北宋本《淮南鸿烈解》二十一卷,十二册一函……每半叶十二行,行大二十二字、小二十五字。有"王氏彦昭""王氏家藏""楝亭曹氏藏书""百宋一廛黄丕烈印""复翁""顾千里经眼记""汪士钟印""阆源""三十五峰园主人"各印。每册签题《淮南子》,许叔重注,北宋本第几册。每卷第二行题"太尉祭酒臣许慎记上","慎"字惟卷十八缺笔,当是修补之叶。④

---

① 《子藏·淮南子卷》第29册,国家图书馆出版社,2017年,第3页。
② 《天文训》"蚕珥丝而商弦绝"之"弦",影钞本未见缺笔,但注文则缺笔补之。
③ 苏颂《苏魏公文集》,第1008页。
④ 杨绍和《楹书隅录》,《续修四库全书》第926册,第651页。

从每册的题签看,把北宋本分作十二册一函,肯定是宋亡以后的藏书家所为。北宋本每半页十二行,行中字大者为正文,字小者为注文。由于每半页行数较多,字体又小,故学者多谓之小字本①。黄丕烈说:"此书宋刻字既小又多破体,并印本漫漶处,故校难。"②不仅指明了北宋本是出自刻版印刷,还道出了其字小的特征。汪士钟的《艺芸书舍宋元本书目》也特意在"淮南子"条目下注明"小字"。可见,北宋本属于小字本,已成为清代学者的共识。根据杨氏的描述,北宋本在近千年的流传过程中辗转换了多个主人,并且出现过破损。其第十八卷第一页的撰者题名与其他各卷略有不同,"许慎"的"慎"字缺笔,这是该页被修补或替换的证据。

作为宋刻本,北宋本在《淮南子》的古本系统中显得弥足珍贵。遗憾的是,北宋本原本至今下落不明。庆幸的是,清代学者留下了三种基于北宋本的影钞本。通过这些影钞本,北宋本的其他一些版本特征亦可为我们所了解。首先,北宋本的书名题作"淮南鸿烈解",虽与苏颂所见七本的书名皆题作"淮南子"不同,但其单鱼尾版心内同样题作"淮南子"。其次,北宋本前有高诱的叙文,题名为"淮南鸿烈解叙",其末尾直接与第一卷卷首相连,同在一页。再次,北宋本的第十卷卷首名题作"淮南鸿烈间诂第十",第二十一卷卷首名题作"淮南鸿列要略间诂第二十一",其余十九卷的卷首名皆题作"淮南鸿烈解卷第 X"(X 代表卷数),二十一卷的卷尾名全部题作"淮南鸿烈解卷第 X"(X 代表卷数)。

尽管各卷皆署名许慎,但北宋本自身的特征清晰地表明,它是一个拼合本,其注文是许慎注与高诱注的混合体。从卷首名看,第十卷、第二十一卷皆有"间诂"字样,无疑同属一个版本系统,而其余十九卷作"淮南鸿烈解",其版本当别有所属,故北宋本为拼合本的痕迹明显。从高诱叙文与署名许慎的不统一看,北宋本的注文是许高二注混合体的痕迹也一样明显。苏颂曾说:"臣某据文推次,颇见端绪,高注篇名皆有'故曰''因以题篇'之语,其间奇字并载音读。许于篇下,粗论大意。"③对照北宋本,其《原道训》《俶真训》《天文

---

① 顾廷龙在《唐宋蜀刻本简述》说:"一般的十一行、十二行,自不能与八、九行的大字本相比,可以称为中字本;十三、十四行的则应以小字本名之。"(《顾廷龙文集》,第471页。)若按这个标准,北宋本应属中字本。
② 黄丕烈《荛圃藏书题识》,上海远东出版社1999年,第330页。
③ 苏颂《苏魏公文集》,第1008页。

训》《地形训》《时则训》《览冥训》《精神训》《本经训》《主术训》《氾论训》《说山训》《说林训》《修务训》十三篇的解题均有"故曰""因以题篇"之语，而《缪称训》《齐俗训》《道应训》《诠言训》《兵略训》《人间训》《泰族训》《要略》八篇的解题均无此二语，只是粗论大意。由此可见，北宋本的注文为许高二注混合体，与苏颂所见七本相同。

二、北宋本在宋明时期的流传

两宋时期，北宋本曾广泛流传，应用于士人之间。北宋道士陈景元（1024—1094）《道德真经藏室纂微篇》引《淮南子·道应训》"石乞入曰"及"楚军恐取吾头"二句，皆与北宋本相同。而"石乞""楚军"，后世所有存世古本分别作"石乙""楚君"。这说明，陈景元所据版本应是北宋本，或至少是与北宋本有同一祖本的版本。南宋学者杨齐贤《李太白集分类补注》卷十四引《淮南子·本经训》"太清之治"，罗浚《宝庆四明志》卷十一引《淮南子·道应训》"于是欣非瞋目勃然"，皆与北宋本相同。而"治""瞋目"，后世所有存世古本分别作"始""瞑目"。这表明，南宋之时北宋本仍然在士人中流传和应用。

据《楹书隅录》所记，北宋本钤有"王氏彦昭""王氏家藏"两枚印章。由于文献不足，王彦昭的个人情况不明。据现有文献查索，自宋以后历史上符合"王彦昭"这一称呼的约有四人：王汉之（1054—1123，字彦昭）、王彦昭（生卒年不详，僧人）[①]、王克明（1128—1194[②]，字彦昭）、王鉴（1427—1471，字彦

[①] 据南宋僧人祖琇《僧宝正续传》卷四："（真觉禅师）客退必秉炬开卷，于宗教之书，无所不读。初在金陵，大师王彦昭，尝请益雪窦所谓'三昆无事，道人孰胜'。"（蓝吉富《禅宗全书》第4册，北京图书馆出版社2004年，第583页。）真觉禅师卒于绍兴五年（1135），可知僧人王彦昭主要生活在此年前后。

[②] 这一生卒年，是依据《钦定续通志》考证《宋史》本传"绍兴五年卒"为"绍熙五年卒"推算而来。《钦定续通志》卷五百八十二云："《宋史》本传称克明为绍兴、乾道间名医。考乾道为孝宗年号，若克明以绍兴五年卒，安得有名乾道间耶？又考张子盖救海州，据《宋史·高宗本纪》系绍兴三十二年事，于时克明尚在，其非卒于绍兴五年可知。'兴'字为'熙'字之讹，今改。"（《景印文渊阁四库全书》第401册，第110页。）绍熙乃宋光宗赵惇年号，绍熙五年即公元1194年。若以此为据，则王克明的生卒年为1128—1194年。若以《宋史》本传为据，则王克明的生卒年为1069—1135年。然而，绍兴是宋高宗年号，乾道是其继承者宋孝宗年号，《宋史》所谓"绍兴五年卒"显然与前述相矛盾，当误。《宋史》本传主要取材于叶适所撰《翰林医痊王君墓志铭》，而叶适（1150—1223）生活在宋孝宗、光宗、宁宗朝，与王克明当有交集。故本书取用《钦定续通志》之说。

昭）①。就生平材料而言，这四人中王汉之、王克明收藏《淮南子》的可能性最大。王汉之是衢州常山人，出身书香门第，其父王介乃当时著名诗人，曾任秘阁校理。他自己亦饱读经史，学识渊奥，被朝廷进封龙图阁直学士、延康殿学士。北宋本问世于宋仁宗朝，为王汉之所收藏，也属情理之事。王克明原是饶州乐平人，后迁居湖州乌程县。他幼时体弱，立志自学医书，遂精通医道，累任朝廷医官，成为当时名医。又据杨绍和所述，北宋本唯第十八卷首页的署名中"慎"字缺笔，他认为这是修补的痕迹。"慎"字缺笔，显然是避宋孝宗赵昚（1162—1189年在位）之讳。这说明，北宋本在宋孝宗朝应该有过修补或交易活动。而王克明的主要活动恰好集中在宋孝宗朝，加之他喜爱读书，所以，相对来说，王克明收藏北宋本的可能性更大。但有学者断定王克明是北宋本的拥有者，这种看法很值得商榷②。无论是王汉之还是王克明收藏《淮南子》，"王氏家藏"的印章表明北宋本成了王氏传家之宝，在王家肯定保存过一段相当长的时间。

宋亡以后至明末，北宋本鲜有耳闻，渐成孤本。这可以从各版本的文本差异中得到证明。例如，北宋本《天文训》"十二月指子"之"子"，所有存世明本

---

① 何乔新《椒邱文集》卷三十《中宪大夫延安太守王公墓志铭》云："予友太原王公彦昭，以劲气直节闻天下。自为御史，謇謇不自恤，至贬县令，迁郡守，其所以事上临下者，劲直不少衰。士大夫识与不识，闻其名，皆知其为贤也。成化十有七年，予持宪节宣抚山西，公殁且葬十余年矣。其子纲知予与公为同年友，以状来乞铭。呜呼！公，予益友也，不敢靳也。顾不腆之辞，不足使公不朽也。公讳鉴，彦昭其字也……成化辛卯，以疾乞谢事，郡人数千欲诣阙，请留。公力止之，乃得归。是岁十二月十九日终于家。"（《景印文渊阁四库全书》第1249册，第460—461页。）据此，王鉴之生卒年、名字等皆可推知。

② 陈静说："在讨论北宋原本的流传时，最早拥有这个本子的人被认定是王克明。王克明是在乌程退休的，他拥有的北宋原本就保存在他的家中，而乌程也是茅一桂的合作者温博的家乡。"（《自由与秩序的困惑：〈淮南子〉研究》，云南大学出版社2004年，第94页。）又说："进一步的证据可以在茅一桂里看到，茅一桂的合作者温博是乌程人，而王克明正是在乌程仕，茅一桂和温博校勘《淮南子》使用的校本之一，很可能就是二十一卷的北宋本。也许，温博从王克明的后人那里借得了这个本子，也有可能他购买了这部书，但是没有在上面钤印。无论如何，北宋原本在王家保存了四五百年，后来落到了曹寅的手中。"（同上，第72页。）无论从逻辑还是论据，陈氏之说皆不充分。首先，温博是明万历年间人，距离王克明四百余年，虽是同乡，但谁也不能保证王家数百年扎根在乌程县不迁移，故温博从王克明后人借得或购得北宋本只是臆测之辞。其次，茅一桂、温博校刊《淮南子》所用校本中并无明言有宋本，只称"与允文汇藏经钞本，参相校雠"（见何宁《淮南子集释》，第1515页。）再次，茅一桂、温博所刊《淮南子》，其异文处多与道藏本同，而与北宋本异。如《原道训》："大道坦坦，去身不远，求之近者，往而复反。"此句，北宋本在"能存之此，其德不亏"句之前，而茅一桂本与王溥本、王鏊本等本，皆在"追则能应"之前。若以北宋本作过参校，则决非如此。总之，断定王克明是北宋本的拥有者并无切实的证据。

（包括清代庄逵吉本）均作"丑"；北宋本《地形训》"寒冰之所积也"之"冰"，所有存世明本均作"水"；又北宋本此篇"牡土之气"之"牡"，所有存世明本均作"壮"；北宋本《时则训》"以索奸人"之"索"，所有存世明本均作"塞"；北宋本《精神训》"故儒者非能使人弗欲也欲而能止之"之"也欲"，"非能使人勿乐也乐而能禁之"之"也乐"，所有存世明本均无；北宋本《本经训》"推移而无故"之"移"，所有存世明本均作无此字；北宋本《主术训》"不足者逮于用"之"逮"，所有存世明本均作"建"；又北宋本此篇"知饶馑有余不足之数"之"饶"，所有存世明本均作"饥"；北宋本《缪称训》"君子惧失义"之"义"，所有存世明本均作"仁义"；北宋本《齐俗训》"处势然也"之"势"，所有存世明本均作"世"；北宋本《道应训》"在其内而忘其外"之"其内"，所有存世明本均无"其"字；北宋本《兵略训》"抗泰山"之"抗"，所有存世明本均作"抗"；北宋本《修务训》"欣若七日不食"之"若"，所有存世明本均作"然"。上述例证表明，北宋本在元明时期为世人所罕睹，且不见用于当时的校书者和刊书者。最合理的解释就是，北宋本流传到明代已成孤本，一直被藏书家秘藏于高阁。

三、北宋本在清代前中期的流传

有清一代，作为孤本的北宋本迎来了活跃期。不仅几易其主，而且开始在士人中传阅，发挥着独特的校勘作用。据杨绍和所记，清代前中期，北宋本先后经过了曹寅、黄丕烈、顾广圻、汪士钟等藏书家之手。

曹寅（1658—1712），字子清，号楝亭。曹氏藏书达3287种，共10万余卷，其中宋刊本极多，书中皆钤有"楝亭曹氏藏书"印章。其《楝亭书目》著录《淮南子》为："《淮南子》，旧本，汉淮南刘安著，二十一卷，一函十二册。"[①] 概称"旧本"，说明曹寅对其年代并无考证。至于曹寅何时、何地、从何人手中将北宋本揽入家中，已不可确考。其《和芷园消夏十首·曝书》言："十五年间万卷藏，中年方觉曝书忙。遥怜挥汗缤翻处，时有微风送古香。"胡绍棠说："这组诗是和其弟曹荃《消夏》十首，作于康熙三十一年秋。"[②] 康熙三十一年，即1692年。此时曹寅35岁，正任苏州织造，其藏书活动已持续十五年。由此可知，曹寅收藏北宋本，必定是在1677—1712年之间。

[①] 曹寅《楝亭书目》，《丛书集成续编》第5册，新文丰出版公司1988年，第473页。
[②] 胡绍棠《楝亭集笺注》，北京图书馆出版社2007年，第82页。

收藏古籍珍本需要大量钱财作为后盾,曹氏家族虽贵显当世,但是钱财有一个累积的过程。曹寅之父曹玺担任江宁织造二十余年,曹寅自己也在1690年至1712年间相继担任苏州、江宁两地织造,还兼做一段时间的两淮巡盐御史①。凭借职务之便,曹寅甚至通过亏空国库的手段为曹家累积钱财②。清代前期,江浙一带的藏书风气很盛,当时万卷以上的藏书家大都出于这个地区③。因此,曹寅于1690年后在江浙地区,从其他藏书家或书商手里收购北宋本的可能性非常大④。曹寅死后,曹家迅速败落,所藏之书开始大量散失,其中有不少归于他的外甥富察昌龄。按照惯例,富察氏都会在藏书上钤上自己的印章⑤。然而,北宋本并无其印,说明它未曾落入昌龄之手,仍然为曹寅后人所保存。浦起龙(1679—1762)在批校明代刘绩补注本时说:"宋本每叶廿四行,每行廿二字,行中字形不齐等。"⑥根据所述特征,这里的"宋本"就是北宋本。可见,曹家时代北宋本便在学者之间传阅,用于校勘了。

继曹寅之后,黄丕烈是北宋本又一位极具声名的主人。黄氏在嘉庆二十一年(1816)四月写的一篇题跋中,讲明了他获得北宋本的由来:"余收得宋刻,系曹楝亭藏书,故五柳主人于扬州得之,以归余者也。"⑦五柳主人,即苏州书商陶蕴辉。他常年混迹于书肆,其书多来自于吴铨⑧。可知在黄丕烈之前,陶蕴辉是北宋本的拥有者。陶氏在扬州购得北宋本,似乎能说明北宋本就一直存于曹寅后人的手里。因为曹寅人生中最辉煌岁月(担任两淮巡盐御史、主

---

① 胡适《红楼梦考证》云:"可知曹寅当康熙二十九年至三十二年时,做苏州织造;三十一年至三十二年,他兼任江宁织造;三十二年以后,他专任江宁织造二十年。"又云:"曹寅是八旗的世家,几代都在江南做官,他的父亲曹玺做了二十一年的江宁织造;曹寅自己做了四年的苏州织造,做了二十一年的江宁织造,同时又兼做了四次的两淮巡盐御史。"(《胡适文存2》,北京大学出版社1998年,第444页。)
② 详见[美]史景迁著,陈引弛等译《曹寅与康熙:一个皇室宠臣的生涯揭秘》,上海远东出版社2005年,第109—112页。
③ 详见王凤书《中国私家藏书史》"清代收藏万卷以上藏书家简表",第271—276页。
④ 巧合的是,王汉之曾在宋徽宗朝担任过苏州、江宁知府,若北宋本为其所得,那此本流落苏州、江宁之地,被曹寅收得亦未可知。
⑤ 李文藻《琉璃厂书肆记》云:"夏间,从内城买书数十部,每部有'楝亭曹印',其上又有'长白敷槎氏堇斋昌龄图书记',盖本曹氏而归于昌龄者。"(《丛书集成三编》第79册,新文丰出版公司1996年,第394页。)
⑥ 《子藏·道家部·淮南子卷》第5册,第393页。
⑦ 黄丕烈《荛圃藏书题识》,第330页。
⑧ 李文藻《琉璃厂书肆记》云:"五柳居陶氏在路北近来始开而旧书颇多,与文粹堂皆每年购书于苏州,载船而来。五柳多璜川吴氏藏书。"(《丛书集成三编》第79册,第394页。)《黄荛圃先生年谱》云:"又按,蕴辉,名珠琳,原籍乌程,移家吴门。"(《北京图书馆藏珍本年谱丛刊》第127册,第111页。)

持刊刻《全唐诗》)正是在扬州度过,这个地方显然会留有他珍贵的藏书。那北宋本何时归于黄丕烈呢?查江标所撰《黄荛圃先生年谱》,黄氏大约在乾隆五十六年(1791)开始与陶蕴辉交往。又据钮树玉《非石日记钞》:"(丙辰)六月一日,到黄荛圃家,观影宋本《荀子》,有缺页。又观宋本《淮南子》、金本《本草》。"① 丙辰,即嘉庆元年。此年,钮氏到黄家观摩到了北宋本。故可推知,黄丕烈在 1791 至 1796 年之间从陶蕴辉手里得到了北宋本。

黄丕烈最尊崇宋本,自号佞宋主人。其《百宋一廛赋序》云:"予以嘉庆壬戌迁居县桥,构专室,贮所有宋椠本书,名之曰百宋一廛。"② 可见,黄氏于嘉庆壬戌(1802)后在北宋本钤上了"百宋一廛黄丕烈印",把它藏于百宋一廛。嘉庆十一年(1806),黄氏大病初愈,又在北宋本上增钤"复翁"印记③。他还把北宋本写入《求古居宋本书目》④,希望"子孙其世守之,勿为豪家所夺"⑤。但事与愿违,在黄氏生前北宋本就被迫转手他人。顾广圻于嘉庆庚辰(1820)写了一篇跋文,他明确说道:"汪君阆源收藏宋椠《淮南子》,予借读一过而书其后。"⑥ 由此可知,黄丕烈将北宋本转手他人最迟发生在 1820 年。而嘉庆二十一年,黄丕烈在一篇跋文中表露,他曾用北宋本参校旧钞本。这说明,1816 年北宋本仍归黄氏。因此,北宋本必定是在 1816 年至 1820 年之间易主于汪士钟。

尽管北宋本在黄丕烈手里仅 30 年左右,但对其流传来说是一个重要的转折期。黄氏是首位高度赞誉北宋本的清代学者,为世人重视北宋本开了先河。他说:"子书唯《淮南》世鲜宋刻,故近今翻刻从前校雠皆未及宋刻。"⑦ 又说:"小字本《淮南鸿烈解》二十一卷,每半叶十二行,每行大字二十二字,小廿五字,栋亭曹氏旧物也。相传惠松厓绝称明芦泉刘绩补注本,惠尝见宋本者也,其实刘出于正统十年《道藏》,不如宋椠远甚。"⑧ 认为不论是新近翻刻的旧本,还是学者赞不绝口的刘绩补注本,都远不及北宋本。黄氏还进一步推动了

---

① 钮树玉《非石日记钞》,《丛书集成初编》第 57 册,商务印书馆 1939 年,第 9 页。
② 王欣夫辑《顾千里集》,中华书局 2007 年,第 1 页。
③ 江标《黄荛圃先生年谱》云:"十一年丙寅四十四岁。先生是年更号'复翁'。"(《北京图书馆藏珍本年谱丛刊》第 127 册,第 171 页。)
④ 著录为"淮南鸿烈解二十卷,十二册"。(《丛书集成续编》第 68 册,上海书店出版社 1994 年,第 1015 页。)原二十一卷,此处未知何故写成二十卷。
⑤ 江标《黄荛圃先生年谱》,《北京图书馆藏珍本年谱丛刊》第 127 册,第 263 页。
⑥ 王欣夫辑《顾千里集》,第 334 页。
⑦ 黄丕烈《荛圃藏书题识》,第 330 页。
⑧ 王欣夫辑《顾千里集》,第 10—11 页。

北宋本的传播，挖掘其校勘价值。当时著名的学者顾广圻、钮树玉等人均到黄家目睹过北宋本，他本人用北宋本校勘二十八卷的旧钞本，断断续续达十六年之久①。

作为北宋本的继任主人，汪士钟虽然不及黄丕烈那样声名远播，但对北宋本的流传作了更为巨大的贡献。汪氏出身富商家庭，拥有非常雄厚的财力，其艺芸书舍收藏宋本达到300余部，在清代藏书家中首屈一指。尽管是以商人身份混迹于书肆，但汪氏对藏书有着自己独到的见解。他并不以独享孤本为荣，遇到世所罕传的善本，则本着"使数百年来弗克寓目者，今乃可家置一部"②的理想，积极予以摹刻。正是在这种开明思想的指引下，汪氏不仅允许学者入舍看书，还允许学者借书出舍。顾广圻、陈奂能够影钞北宋本，显然都是得益于此。自从影钞本出现以后，北宋本的影响日益扩大。更为重要的是，假如没有影钞本，关于北宋本的一切将会被淹没在历史长河里。从这个方面说，汪士钟在北宋本的持续流传中发挥了关键的作用。

顾广圻虽非北宋本的主人，却是北宋本流传史上一位不得不说的重要人物。他与黄丕烈、汪士钟均有密切交往，这也是他能够在北宋本上钤上"顾千里经眼记"之印的根本原因。顾广圻与黄丕烈最为相知。黄氏曾动情地说："余性喜读未见书，而朋友中与余赏奇析疑者，唯顾子千里为最相得。岁丙辰，千里借寓读书，兼任雠校。故余所好之书，亦千里知之最深。每遇奇秘本为余所未见者，千里必代购以归余。四五年来，插架中可备甲编之物正不乏也。岁辛酉，余四赴计谐，宾主之欢遂散。然翰墨因缘，我两人无一日去怀。"③从中可以看出，两人自1796至1801年以宾主相称达六年之久。这期间，顾广圻为黄氏校勘、代购珍贵古本，自然十分熟悉北宋本。其校记云："庚申春杪……是岁七月，借得宋椠，细勘一过，校《道藏》为胜，刘绩本以下无论也。后世得此者，尚知而宝之。"④庚申，即嘉庆五年，公元1800年。这年顾氏从黄丕烈手里借得

---

① 黄丕烈在1801年9月为旧钞本所写的序跋中说："暇日当取宋刻正之。"又在1816年4月写的跋文中说："余既收得，同人怂恿校出，忽忽未有暇也。偶一校及，又中止……前辍校不知几何年，而今兹三月下浣一日始复校此，旬日之间，事阻者三四日，草草毕工，略具面目。"(《荛圃藏书题识》，第330页。)
② 王欣夫辑《顾千里集》，第129页。
③ 黄丕烈《荛圃藏书题识》，第254—255页。
④ 王欣夫辑《顾千里集》，第333页。

北宋本,详细校勘一遍后断言:"此于今日洵为最善之本矣。"① 这一评判与黄丕烈如出一辙。顾氏在嘉庆九年(1804)写成的《百宋一廛赋》中,又重申了这一评判:"高解《鸿烈》,盖云善哉。向贵芦泉,顿成陪台。愤《道藏》之赝鼎,每张目而一欷。"② 希望引起学者对北宋本的珍视。基于这种想法,顾氏二十年后又从汪士钟手里借读北宋本,特意写了一篇长跋文。文中详列北宋本文本优于其他版本的地方,多达52处。且谓:"以上诸条,实远出道藏本之上,而他本无论矣。至于注文足正各本之误者尤不胜枚举,兹弗具述。"③ 经过顾氏的研究,北宋本的校勘价值也因之进一步凸显。

四、北宋本在晚清民国时期的流传

与黄丕烈一样,汪士钟保藏北宋本不过30余年,杨以增(1787—1855)成了北宋本在晚清时期的新主人。至于杨以增何时购得北宋本,其子杨绍和在《楹书隅录》卷三中有明确记载。他说:"咸丰壬子(1852),先公得于袁浦,亟思锓木,以惠艺林。"④ 袁浦,是江浙相接之地。杨以增在1848年升任江南河道总督兼漕运总督后,曾大力搜求古籍珍本,江南旧藏大多汇集其手。江标《聊城杨氏海源阁藏书目跋》云:"吾郡黄荛圃先生所藏书,晚年尽以归之汪阆源观察。未几,平阳书库扃钥亦疏,在道光辛亥、壬子间,往往为聊城杨端勤公所得,至庚申而尽出矣。"⑤ 可知,原属汪氏的北宋本在1852年辗转到了杨以增手里,被秘藏于海源阁。北宋本由此开始了在北方流传的历程。

杨以增之后,杨绍和成了北宋本在杨家的第二代主人。在杨氏的保护下,北宋本幸免于捻军之乱。同治癸亥(1863),杨绍和为北宋本撰写题跋,充分肯定了它的版本价值。他感叹说:"世行诸子,不乏旧帙,惟是书自北宋已有舛脱,《尔雅疏》《埤雅》《集韵》《太平御览》各书所引,往往视今本同误,最少佳刻。若此至精至善之本,实于人间无两,固硕果之仅存者矣。"⑥ 有鉴于此,杨氏两代皆欲"怀铅提椠",摹刻北宋本而传诸后世。尽管未能"得酬斯愿",但他

---

① 王欣夫辑《顾千里集》,第334页。
② 王欣夫辑《顾千里集》,第10页。
③ 王欣夫辑《顾千里集》,第336页。
④ 杨绍和《楹书隅录》,《续修四库全书》第926册,第651页。
⑤ 曹景英、马明琴主编《海源阁研究资料》,山东友谊书社1990年,第167页。
⑥ 《续修四库全书》第926册,第651页。

详细记录北宋本的版本信息,将它著录于《楹书隅录》之中,也为后人提供了十分权威的版本史料。

杨绍和之后,其子杨保彝(1852—1910)成了北宋本在杨家的第三代主人。他继续奉行"闭关锁书"之策,使北宋本幸免于八国联军之乱。杨保彝晚年开始清理杨家藏书,自编《海源阁藏书目》《海源阁宋元秘本书目》,分别著录北宋本为"《淮南鸿烈解》二十一卷,十二册一函""北宋本《淮南鸿烈解》二十一卷,十二册一函"。可见,晚清七十余年,虽然历经各种动荡局势,北宋本在杨家依然保存完好。然而,也正是由于这种过度保护的行为,北宋本又回到了被锁深闺的封闭状态,无法再嘉惠学林。

杨保彝去世后,其嗣子杨承训(1900—1970)成了北宋本在杨家的第四代主人,也是末代主人。由于时局激烈动荡,海源阁在杨承训手里已经风雨飘摇,大多数藏书毁于兵燹,一些珍贵宋本遭到出售,几乎丧失殆尽。也是在杨承训时期,北宋本被迫流寓各地,最终踪迹全无。

据《山东省教育厅呈报海源阁藏书情形(一)》所记,杨承训曾于1927年夏及1928年10月将大批宋元明版及孤本秘密运抵天津,打算出售[①]。北宋本当是在1927年夏运抵天津的。傅增湘《藏园群书经眼录》著录了北宋本,并注云:"海源阁书,丁卯十月廿九日与叶誉虎赴津观书,劳姓送阅,索五千元。"[②] 可知,傅氏1927年10月至天津观书,即见到了北宋本。对于杨氏运抵天津的包括北宋本在内的宋元珍本,张元济曾联合傅增湘几次谋划购买,但因为售价过高而作罢[③]。

---

① 此文载:"惟查海源阁现存书籍,为数极属寥寥,访闻海源阁藏书种类繁多,内有《楹书隅录》一套,为海源阁之精华,此书多系宋元明版及孤本,于民国十六年夏曾杨承训秘将此书运津多种,又于十七年阳历十月间运津大批书籍,声言在津招股影印,后未实现,曾于十七年秋经旅津聊城人士在津沽书店内发现代售海源阁书籍情事。"(《海源阁研究资料》,第38页。)
② 曹景英、马明琴主编《海源阁研究资料》,第207页。其著录情况为:"《淮南鸿烈解》二十一卷,汉许慎、高诱撰。宋刊本,半页十二行,行大字二十二字,小字二十五字。有顾广圻跋,见《楹书隅录》,不录。钤有曹楝亭、黄丕烈、顾广圻、汪士钟诸印。"
③ 1927年11月30日,张元济致信傅增湘:"昨得王君九兄来信,谓海源阁有宋元本二十六种,捆载到津出售。并抄来清单一纸。检对《楹书隅录》,均有其书,似非伪托。每种开价少者千元,多者乃至几千元,未免过于离奇。兹抄呈一分,敬祈察阅……《淮南鸿烈解》四千五……以上王君九抄来,云书在天津。"(《海源阁研究资料》,第105页。)傅增湘致信张元济:"海源阁书到津廿六种皆得见。二孟一黄为李木老所得,五千元以外,余廿三种让值至七万五千元。叶玉虎欲纠同志集款收之。商量结果,留十五种,还值三万二千元,不成。又数日再商,十三种予以三万九千元(连小费)。(转下页)

1929年，杨承训把北宋本售给了出价更高的日本人，日本人将它转运到了满铁大连图书馆。据《日寇侵略东北时期伪满铁大连图书馆史料》记载："1929年(昭和四年)一月，又专拨十万元巨款，派专人到京津沪一带搜买大量中国古籍。其中珍贵的精抄名刊甚多，计有宋版八种，元版十余种。列简目如下。宋版八种：《淮南鸿烈解》(通称《淮南子》，二十一卷十二册，海源阁旧藏。)……"[①] 郦承铨于30年代初在大连图书馆，也亲眼目睹过北宋本。他说："余所见书叶，为卷第七十一影。有四经四史之参白方印，大连图书馆藏朱文方印。"[②] 显然，北宋本是由日本人带到大连图书馆的事实无可置辩。1937年6月，大连图书馆向社会各界展出所藏的219种珍贵宋元版古籍，北宋本当在其中。1945年日本投降后，苏联接管了大连图书馆，在此期间北宋本下落不明。据史料记载，在日本馆长与苏联馆长交接期间，馆藏图书被大量盗运散失与暗自焚毁，宋版图书全部被盗，部分原刊以及稀贵的手稿、舆图和重要的地方文献资料，也被盗走转运甚多[③]。由此看来，北宋本极有可能被盗运出国，藏在苏联某地。然而，至今七十多年来北宋本原本音讯全无，或许在20世纪40年代就毁于战火了[④]。

(接上页)亦不成。只得作罢矣……十三种如后：北宋本《淮南子》（小字）……此十三种印本皆佳。"（同上，第107页。）1929年2月16日，张元济再致信傅增湘："海源阁书去岁在津发见者，闻李木老买得三种外，余尚未售。玉虎在沪屡次谈及，深虑其流出海外……玉虎谓书十五种，据最近消息四万元似可脱手。明训则以为过昂，尚须磋减。弟以此书本无定值，既已阁置年余，除东渡外，国内未必有甚销路，减价之望亦似在情理之中……《淮南鸿烈解》（北宋本，十二行廿二字）六千。"（同上，第109页。）

① 杨力生《日寇侵略东北时期伪满铁大连图书馆史料》，图书馆学研究，1982年第6期，第106页。关于北宋本被卖给日本人一事，王献唐在1930年发表的《海源阁藏书之损失与善后处置》一文中亦有详细描述："数月以前即有杨氏在天津售书风传，余固不信；以杨氏富有田产，绝不至以卖书为生计也。既而其传愈确，并言售书原因，系今海源阁主人，在津贸易亏折，逼而至此，余仍不信。最后仍传书已卖出矣，有宋椠十二种，最初叶誉虎、张岱珊、梁众异等三人，合出六万元，杨氏不肯出让，乃以八万元间接售于日本人。其经手者，为北平琉璃厂之王某，恍惚离迷，将信将疑。最近展转从北平方面，得其售书总单，为转录于下……北宋本《淮南鸿烈解》十二册四千八百元。"（《海源阁研究资料》，第67—68页。）
② "七"当是"二"之误。见郦承铨《记大连图书馆所收海源阁藏宋本四种》(《海源阁研究资料》，第191页。)此文1946年7月发表在《文化先锋》五卷二十四期上。文中说："余十余年前，得大连图书馆此四种书影，当时闻以六万元重价合贸。"故可推知，郦氏于30年代初见过北宋本。
③ 杨力生《日寇侵略东北时期伪满铁大连图书馆史料》，第109页。
④ 最近网上流传一种流失俄罗斯的海源阁宋本，自称藏于俄罗斯国立图书馆。经仔细核校，此本当是北宋本原本，颇令人欣喜。

第三节　南宋时期的《淮南子》版本

一、晁公武家藏本

晁公武(1101—1174[①])是南宋初期名闻遐迩的藏书家。他出身书香门第,其家累世藏书,数量宏富。晁氏对此感慨地说:"夫世之书多矣,顾非一人之力所能聚;设令笃好而能聚之,亦老将至而耄且及,岂暇读哉! 然则,二三子所以能博闻者,盖自少时已得先达所藏故也。公武家自文元公来,以翰墨为业者七世,故家多书,至于是正之功,世无与让焉。"[②] 正是这嗜书如命的家风、家教以及可观的家藏,成就了中国现存最早的一部带有题解的私家藏书目录著作——《郡斋读书志》。

《郡斋读书志》的成书具有阶段性。该书最初成于宋高宗绍兴二十一年(1151),但直到宋孝宗淳熙年间(约在1180—1184年)才由晁氏门人杜鹏举刊刻发行,此即是四卷本的蜀刻本。但后来晁公武对这个初稿不满意,进行了大量修订与补充,由他的另一位门人姚应绩编辑刊行,此即是二十卷本的蜀刻本。这两个版本的初刻本均已失传,宋理宗淳祐九年(1249),前者由黎安朝在袁州重刊,世称袁本;后者由游钧在衢州重刊,世称衢本[③]。

不管是袁本,还是衢本,都著录了《淮南子》一书,但题解文字前后差异很大。袁本著录并题解云:"《淮南子》二十一卷。右汉刘安撰。安,淮南厉王子也,袭封,招致儒士宾客,讲论道德,总统仁义,作为《内书》二十一篇。后汉许慎注。慎标其首皆曰'间诂',次曰'淮南鸿烈',自名注曰'记上'。第七、十九阙。"[④] 衢本著录并题解云:"《淮南子》二十一卷。右,汉刘安撰。淮南厉王长子也。袭封,招致儒士宾客,讲论道德,总统仁义,著《内书》二十一篇,号曰《鸿烈》。鸿,大也;烈,明也。以为大明道之言也。避父讳,以'长'为'修'。后汉许慎注。慎自名注曰'记上'。今存《原道》《俶真》《天文》《地形》《时则》《览冥》《精神》《本经》《主术》《缪称》《齐俗》《道应》《氾论》

[①] 关于晁公武的生卒年,学术界有不同的结论。据最新研究,晁公武当生于徽宗建中靖国元年(1101),卒年则在孝宗淳熙初年。见郝润华《晁公武评传》,南京大学出版社2006年,第25—26页。
[②] 晁公武《衢本昭德先生郡斋读书志序》,见孙猛《郡斋读书志校证》,上海古籍出版社1990年,第15页。
[③] 见孙猛《郡斋读书志校证》,第1—2页。
[④] 孙猛《郡斋读书志校证》,第510页。

《诠言》《兵略》《说山》《说林》等十七篇。《李氏书目》亦云第七、第十九亡，《崇文目》则云存者十八篇①。盖《李氏》亡二篇，《崇文》亡三篇，家本又少其一，俟求善本是正之。"②

袁本题解仅73字，衢本多达165字，这说明晁公武后期对所藏《淮南子》作了更详细的检视。然而，两者为何有如此之大的文字差异？这个问题更值得我们去追索。对照两者，最重要的文字差异有两处：一是袁本有"慎标其首皆曰'间诂'，次曰'淮南鸿烈'"等字，而衢本删之；袁本只说"第七、十九阙"，等于就是少了《精神》《修务》这两篇，而衢本详列所存十七篇篇目，明言"家本"少了《人间》《修务》《泰族》《要略》这四篇。造成这些差异最可能的原因，或是晁公武撰写初稿时只是抄录了《李氏书目》有关《淮南子》的记述③，而修补时认真检视了自家的藏本，实录其详细信息；或是晁公武撰写初稿时用到的《淮南子》版本是井度藏本，而后面修补时用到的是自家藏本。若是前者，晁氏所录《淮南子》，即为自己的家藏本。但若是后者，晁氏所录《淮南子》，则来自两种不同的版本。这需要我们作进一步的探讨。

首先，从袁本与衢本两处最重要的文字差异来看，晁氏前期所见之本卷首都有"间诂""淮南鸿烈"字样，后期所见之本则没有；前期所见之本仅缺了《精神》《修务》两篇，后期所见之本则少了《人间》《修务》《泰族》《要略》四篇，但《精神》篇仍存。显然，前期与后期所见之本分属不同的版本。其次，袁

---

① 所谓"崇文目"，即指《崇文总目》。此书成于宋仁宗庆历元年（1041），原有六十六卷，现已严重残缺，《四库全书》本存其十二卷，清代钱东垣本存其五卷。前者卷五著录为《淮南子》二十一篇，许慎注、高诱注。后者卷三著录为《淮南子》二十一卷，原释，许慎注；《淮南子》二十一卷，原释，高诱注。显然，两者皆未言缺损，可知后世辑存本《崇文总目》已非原书之旧。
② 孙猛《郡斋读书志校证》，第509—510页。宛委别藏本、瞿钞本等皆脱《吕氏春秋》《淮南子》此页。
③ 晁公武所谓"李氏书目"，是指李淑的《邯郸图书志》。《四库提要》卷七"《关氏易传》"条目下云："晁公武《读书志》谓李淑《邯郸图书志》始有之。《中兴书目》亦载其名，云'阮逸诠次刊正'。……逸与李淑同为神宗时人，故《李氏书目》始有也。"（永瑢《四库全书总目》，第48页。）即是以《邯郸图书志》为《李氏书目》。《邯郸图书志》又叫《邯郸书目》，《郡斋读书志》卷九著录，其云："《邯郸图书志》十卷。右，皇朝李淑献臣撰。淑，若谷之子也。载其家所藏图书五十七类。经、史、子、集，通计一千八百三十六部，二万三千一百八十六卷。其外又有《艺术志》《道书志》《书志》《画志》，通为八目。"（孙猛《郡斋读书志校证》，第405页。）陈振孙《直斋书录解题》卷八著录，其云："《邯郸书目》十卷，学士河南李淑献臣撰，号《图书十志》。皇佑己丑自作序以示子孙曰朋、圭、刍者，其子寿朋、复圭、德刍也。"（上海古籍出版社1987年，第231页。）可见，此书成于宋仁宗皇佑元年（1049）。作为具有提要的私家藏书目录，《李氏书目》显然成了晁氏《读书志》的重要参考材料。根据晁氏关于《淮南子》的描述，李氏家藏本缺第七、十九两篇，而袁本题解也说缺第七、十九两篇。这应该不是偶然的，很有可能就是晁氏初稿的题解直接照录了《李氏书目》，并非其自藏本的真实情况。

本《昭德先生郡斋读书志序》云："余家自文元公来,以翰墨显者七世,故家多书,至于是正之功,世无与让焉。然自中原无事时,已有火厄,及兵戈之后,尺素不存也。余仕宦连蹇,久益穷空,虽心志未衰而无书可读,每恨之。"[1]晁家以前虽多藏书,但火灾兵乱之后荡然不存,已无书可读。这就是说,即使晁家以前藏有《淮南子》,也已毁于兵火。此序又云:"余惕然从其命,凡得书若干部,计若干卷。今三荣僻左少事,日夕躬以朱黄雠校舛误。每终篇,辄撮其大指论之。"晁公武得井度赠书后,于宋高宗绍兴二十一年(1151)前后闲暇之时进行校理[2],并作题解记之。如果袁本序文所言不虚,那么晁公武所见之本就是井度藏本。这个版本卷首题有"间诂""淮南鸿烈"字样,亦题"许慎记上",但自晁氏题解"总统仁义"云云来看,依然是许慎注与高诱注的混合本。

与袁本序文不同的是,衢本序文中晁公武对井度赠书及自己的藏书总量作了精确描述,他说:"公武惕然从其命。书凡五十箧,合吾家旧藏,除其复重,得二万四千五百卷有奇。今三荣僻左少事,日夕躬以朱黄雠校舛误。每终篇,辄撮其大旨论之。"[3]可知井度赠书有五十箧,晁家藏书也并非"尺素不存",其留存之书,晁公武称为"吾家旧藏"。慧琳《一切经音义》注"箧簏"云:"小曰箧,大曰簏。"箧、簏,原义均为竹箱,箧只是更小的竹箱。这种书箱能容纳的图书肯定有限,按普通图书算,当在15—20部之间,所以五十箧赠书也就是在750—1000部左右。据孙猛统计,袁本(仅限前志)收书1035部,衢本收书1468部[4]。结合起来看,晁氏前期所撰四卷本《读书志》确实是以井度赠书为主体,而后期修补时也确实增加了许多晁家旧藏。再检索"家本"一词,袁本(仅限前志)出现5次,诸如"宇文季蒙家本"(卷二上)、"夏竦李巽家本"(卷二上)、"晁美叔家本"(卷四上)、"欧阳永叔苏子瞻晁文元宋景文家本"(卷四上)、"李邯郸淑家本"(卷四上),但无一是指晁氏家本;而衢本出现13次,其中有6次专指晁氏家本。由此可见,晁公武在撰写《读书志》初稿时确未添进自家藏本,到后期修补时才将井度赠书与自家藏本融合一体。因此,如果排

---

[1] 孙猛《郡斋读书志校证》,第17页。
[2] 袁本序文无"绍兴二十一年元日,昭德晁公武序"之句,但王应麟《玉海》卷五十二《艺文》著录了四卷本的晁公武《读书志》,并说:"初,南阳井氏传录蜀中书甚富,举以与公武。公武分为四部:经类十,史类十三,子类十六,集类三。每读一书,撮其大旨论之,绍兴二十一年自序。"(第998页。)可见,四卷本《读书志》原有"绍兴二十一年"句,袁本当脱此句。
[3] 孙猛《郡斋读书志校证》,第15页。
[4] 孙猛《郡斋读书志校证》,第2页。

除《淮南子》袁本题解是抄自《李氏书目》的话,那么,晁公武在绍兴二十一年(1151)前后所见到的版本肯定是井度藏本,晚年修补时用到的版本则是晁氏家藏本,衢本题解便是对自己家藏本的详细记述。

晁氏家藏本虽然也题"许慎记上",但其题解引用了大量高诱序文中的内容,故可肯定此本亦是许高二注的拼合本。余嘉锡说:"许注自《崇文总目》已只存十八篇,苏颂以七本互校,所得许注亦仅与《总目》适合。《晁志》所载许慎注已有十七篇,而今本又有三篇为《晁志》所无,是宋时许注当共存二十篇矣。其数转溢出苏颂所见本之外,此事之所必无。盖晁氏不知其中杂有高注耳。"[①] 这更加证明,宋仁宗以来《淮南子》就没有许注与高注单行流传的完本,所有版本均是拼合之本。因此,就很难弄清楚这些拼合之本的底本,晁氏家藏本也不例外。并且,这个时期《淮南子》各家藏本普遍缺损,如崇文官方本缺三卷,李淑家藏本缺二卷。晁氏家藏本虽著录为二十一卷,但实际上只存了十七卷。晁公武本人迫切希望能得到善本,来加以补正。这个愿望显然落空了,晁氏家藏本也很快消失在了历史的长河。

二、尤袤藏本

晁公武之后,陈振孙之前,尤袤(1127—1194)算得上是南宋一位很有特色的藏书家,他所藏之书大多出于手抄。杨万里在《益斋藏书目序》中说:"盖延之每退则闭户谢客,日计手抄若干古书。其子弟亦抄书,不惟延之手抄而已也。其诸女亦抄书,不惟子弟抄书而已也。"[②] 可见,尤氏酷爱抄书,也乐于举全家之力投身其中。他把抄书视为一种养身之法,尤氏说:"吾所抄书今若干卷,将汇而目之。饥读之以当肉,寒读之以当裘,孤寂而读之以当朋友,幽忧而读之以当金石琴瑟也。"[③] 这段话也透露出尤袤要为全部抄书编写目录的打算。

他的《遂初堂书目》,正是在这一动机下完成的。毛平仲于序中说:"晋陵尤延之始自青衿,迄夫白首,嗜好既笃,网罗斯备,日增月益,昼诵夕思,重之不以借人,新若未尝触手。耳目所及,有虞监之亲钞;子孙不忘,多杜侯之手校。表层楼而俪富,托名山而共久,不已盛乎!若其剖析条流,整齐纲纪,则有目录

---

① 余嘉锡《四库提要辨证》,中华书局1980年,第830页。
② 杨万里《诚斋集》,《景印文渊阁四库全书》第1161册,第69页。
③ 《景印文渊阁四库全书》第1161册,第69页。

一卷。甲乙丙丁之别,可以类知;一十百千之凡,从于数举。"① 明确指出了《遂初堂书目》多手抄本、手校本的事实。此书目把《淮南子》列于"杂家类",仅录其书名"淮南子"而已。由于这种极简记法,《淮南子》尤氏藏本的版本信息就无从知晓了。但几可肯定的是,尤氏藏本当属手抄本。

三、陈振孙藏本

如果说尤袤是南宋前期一位富有特色的藏书家,那么,生活在南宋后期的陈振孙(1179—1262②)就是一位名副其实的藏书大家。周密(1232—1298)在《齐东野语》卷十二中说:"近年惟直斋陈氏书最多,盖尝仕于莆,传录夹漈郑氏、方氏、林氏、吴氏旧书,至五万一千一百八十余卷,且仿《读书志》作解题,极其精详,近亦散失。"③ 陈振孙的藏书数量在当时首屈一指,甚至超过了南宋皇家图书馆——中兴馆阁的藏书量。陈氏一生辗转多地,求书不辍,特别喜欢传录名家旧藏,所以,藏书中亦多见手抄本。陈氏所藏之书,皆自其二十岁以后得来,他说:"愚未冠时,无书可观,虽二史亦从人借。"④ 二十岁之前,即便是《史记》《汉书》,家中亦无所藏。然而,陈氏毕生搜求的五万多卷书籍,到了元初,则已散失殆尽。袁桷(1266—1327)说:"翰林承旨赵孟頫家本,得于雪溪陈侍郎振孙伯玉,号直斋。其家藏书冠东南,今尽散落,余家亦得其数十种。"⑤ 便明确描述了这种结局。

陈振孙仿照《郡斋读书志》的体例,作了《直斋书录解题》,用以著录他的所有藏书。与晁公武、尤袤一样,陈振孙也将《淮南子》列入"杂家类",著录为:"《淮南鸿烈解》,二十一卷。"下自作解题曰:"汉淮南王安与宾客撰。后汉太尉许慎叔重注。案《唐志》又有高诱注。今本既题许慎记上,而详序文则是高诱,不可晓也。序言自诱之少,从同县卢君受其句读。卢君者,植也。与之同县,则诱乃涿郡人。又言是建安十年辟司空掾,东郡濮阳令,十七年迁监河东。则诱乃汉末人,其出处略可见。"⑥ 与《郡斋读书志》不同的是,《直斋书录

---

① 尤袤《遂初堂书目》,商务印书馆1935年《丛书集成初编》本,第1页。
② 其生卒年,历来众说纷纭。这里取用何广棪之说,详见《陈振孙生卒年新考》,载《文献》2001年第1期,第158—161页。
③ 周密《齐东野语》,中华书局1983年,第217页。
④ 陈振孙《直斋书录解题》,第133页。
⑤ 袁桷《清容居士集》卷四十六《跋定武禊帖》,《四部丛刊》本。
⑥ 陈振孙《直斋书录解题》,第301—302页。

解题》著录《淮南子》的书名是"淮南鸿烈解"。书名的不同,极可能昭示着两者版本的不同。从陈振孙的记述看,陈氏藏本无疑也是许慎注与高诱注的拼合之本。由于未见到苏颂的校理成果,他对这种拼合现象感到困惑,即所谓"今本既题许慎记上,而详序文则是高诱,不可晓也"。基于书名、卷数及拼合之特点,我们有理由怀疑陈氏藏本就是北宋本,或者至少是与北宋本同源的宋刻本(手抄本)。陈氏藏本大概自1199年以后由陈振孙搜求而来,又在他死后至元初这段时间(1262—1327)散落在东南之地。

第四节 谭叔端《新刊淮南鸿烈解》本

谭叔端,名正孙,叔端是其字,生平不详,湖南茶陵人。谭氏生活在宋元之际,是当时有名的私人刻书家。晁公武、陈振孙所收藏的《淮南子》版本皆属旧本,谭叔端则刻印了一个新本。他把这个新本题名为《新刊淮南鸿烈解》,一直藏于深阁,不为学者所注意。

一、新刊本的著录情况

《新刊淮南鸿烈解》最早著录在清末藏书家缪荃孙的《艺风堂藏书记》中。此书录为:"《新刊淮南鸿烈解》二十一卷。宋刻本。每半叶十行,行十八字。高五寸五分,广四寸。白口,单边。首行'新刊淮南鸿烈解卷第一',次行'太尉祭酒臣许慎记上'。注甚简。每卷末有'茶陵后学谭叔端纂校'一行。目录之后有三墨印:一小方印,两字不可识;一大方印'耘香谭氏'朱文;一香炉形'书乡'二字白文。似是坊刻,罗纹纸,浅黄色湿。墨印极古雅,中多删节。《道藏》刊本,又各家书目未载。书估以为宝,因亦以重值收之。惟《读书杂志》所记佳字尚存一二处,宋讳缺笔亦少。后有装书记两行,无藏印。"① 这两行装书

---

① 缪荃孙《艺风堂藏书记》,上海古籍出版社2006年,第256页。然而,据台湾"故宫博物院"所记,此本仅卷一、卷二、卷四至十二、卷十八卷尾题"茶陵后学谭叔端纂校"一行。此本辗转各藏书家后,书印极多:有"增湘长寿"白方、"沅叔"朱方、"岳棻"朱方、"宜春堂"朱方、"山阴沈仲涛珍藏秘籍"朱方、"宋本"朱方、"藏园秘籍孤本"朱方、"贵池刘世珩鉴藏经籍金石书画记"朱方、"世珩珍秘"白方、"沅叔审定宋本"朱方、"聚学书藏"白方、"沅叔心赏"白方、"书潜"朱方、"傅增湘印"白方、"莱阳堂印"朱方、"葱石读书记"白方、"江安傅增湘沅叔珍藏"朱方、"抱蜀庐"朱方、"寅白"蓝方、"刘之泗印"白文蓝方、"刘之泗"白文蓝方、"公鲁"蓝方、"畏斋"蓝方、"承荫宦"蓝方、"圣颀秘籍识赏宝之"朱长、"公鲁"朱方、"双鉴楼"朱方、"藏园秘籍"朱方、"企驎轩"白方、"藏园"朱方、"江安傅沅叔考藏善本"朱方、"江安傅增湘字沉叔别号藏园"朱方、"江安傅氏藏园鉴定书籍之记"朱方。

记，一行是"嘉靖改元腊月廿六日重装"，即明代嘉靖元年（1522）无名氏重装；另一行是"同治乙丑八月魏唐金敬珍袭重装"，即清代同治四年（1865）魏唐金重装。

1914年10月，谭氏新刊本转手安徽贵池人刘世珩，缪荃孙又在此题记的基础上代写了一篇较长的跋文：

《淮南子》二十一卷。宋刊节本，每半叶十行，行十八字，小字同。高□□□□□□□□，黑口单边。板心标"淮一"二字，首行"新刊淮南鸿烈解卷第一"，次行"太尉祭酒臣许慎记上"，卷末有"茶陵后学谭叔端纂校"一行。目录后有两方印：一模黏一耗□谭氏，一鼎式"书乡"二字。《淮南》止见小字影钞宋本，此本字画精雅，纸墨均旧，然各书目均未著录，似是道家所刊，而谭叔端亦无可考。节去本文约十之四，注每卷刻许慎名，然既不全采许注，亦不全采高注，略存数条而已。至其佳处，今以庄本校之。如《原道训》"而大与宇宙之总"未脱"与"字，"欲肉之心亡于中"，"肉"不作"害"；"俗上气力"，"上"不作"尚"；"不谋而成"，"谋"不作"为"；"结激楚之遗音"，"音"不作"风"；《俶真训》"藿蔖炷煌"，"藿"不作"萑"，"炷"不作"炫"；"秉皓白而不涅"，"涅"不作"黑"；《地形训》"昭之以日月"，"昭"不作"照"；《时则训》"远乡皆至"，"乡"不作"方"；"以索奸人"，"索"不作"塞"；《览冥训》"推蹶三王之法度"，"度"不作"籍"；"仁人处位而不言"，"人"不作"君"；"保其性命于天而不夭于人"，"性"不作"修"，"天"上有"于"字；"皆柱生而无其本者也"，"柱"不作"狂"。《精神训》"精神者天之有也"未脱"者"字。《主术训》"鞁靻铁铠"，"鞁"不作"鞍"；"无功而妄赏"，"妄"不作"厚"；"其计事可用"，"事"不作"乃"；"虽遇烦难之事"未脱"遇"字。《缪称训》"无蔽财"，"蔽"不作"废"；"夜行者瞑目而前其手"未脱"者"字。《齐俗训》"令三月婴儿"，"令"不作"今"；"不中规"，"中"不作"得"；"成不力者"，"力"不作"强"；"而仁不能解也"，"仁"不作"人"。《道应训》"其度安至"，"至"不作"在"；"奡适而无道也"，"而"不作"其"；"明日又复往"未脱"日"字。《兵略训》"整鸾举麟"，"整"不作"蛰"。《说山训》"魂曰：'无有。'魄曰：'何无有何得而闻也'"未脱"魄曰何无有"五字；"善且不可为"，"不可"不作"由弗"；"六畜生多耳目者不祥"，"祥"不作"详"。《说林训》"无饵之钩"，"钩"不作"钓"；"十牖毕开"，"毕"不作"之"。《诠言训》"使在己者得宜","宜"不作"而";"随时三年,时去我走,先时三年,时在我后"不作"时去我先,去时三年";"自信其能","能"不作"情"。《人间训》"病温而强之食","温"不作"湿";"推道理而不行","理"不作"体";"延露阳曲","曲"不作"局"。《修务训》"此教训之所俞也","俞"不作"谕";"项橐年七岁"未脱"年"字;"服剑者期于铦利","铦"不作"恬";"孽子之相似者","孽"不作"李"。《泰族训》"雨露所润","润"不作"濡"。《要略》"经山林之形","林"不作"陵";"乃始物物引类"上"物"字不作"揽";"则通其所以无为","通"不作"同",与王怀祖先生《读书杂志》所引大半相合,其佳可知。庄本固未足凭,谭君仲修许益斋欲刊影宋本为校勘记,从无见过此本者,故虽节本亦摹播之,取其罕见也。岁在阏逢摄提格小阳月,贵池刘世珩跋。[①]

1931年,《新刊淮南鸿烈解》本又转手四川江安人傅增湘,其《藏园群书经眼录》卷七著录了此本,并作了较为详细的描述:"《新刊淮南鸿烈解》二十一卷,汉许慎、高诱撰。宋元间茶陵谭叔端刊本,题'新刊淮南鸿烈解',次行题'太尉祭酒臣许慎记上'。半叶十行,每行十八字,黑口,左右双栏。前许慎叙,次篇目,标题大字占双行,下署'汉淮南王刘安撰',篇目终亦大字标题,有'松山谭氏'方木记,又'书香'鼎式墨记。各卷后有'茶陵后学谭书端纂'一行。序中缝有'攸武后甫刋'五字,卷一第二叶有'攸武陵刋'四字。钤有贵池刘世珩藏印。有缪荃孙观款,傅岳棻长跋。傅按:此书慎字不避,当是宋元间坊本。然古今不见著录,断为海内孤本。自黄丕烈旧藏小字本为日人以重金收去后,推为海内最古之本矣。辛未岁获之上海。"[②] 这些著录情况,为我们认识谭叔端的《新刊淮南鸿烈解》本提供了可靠的依据。

二、新刊本的版本特征

根据缪荃孙和傅增湘的著录,我们能很清晰地概括谭叔端《新刊淮南鸿烈解》本的主要版本特征:

首先,从时代看谭氏新刊本是宋刊本,从版式看属于中字本。由于谭叔端生平已不可考,定为宋刊本并无十分切实的依据。但叶德辉、傅增湘均主张这

---

① 何宁《淮南子集释》,第1530—1531页。
② 傅增湘《藏园群书经眼录》,中华书局2009年,第658页。

一观点。叶德辉在《书林清话》卷三中将谭叔端的刻书活动归为"宋私宅家塾刻书"一类。傅增湘则作诗四首，名为《题宋茶陵本淮南子》，且明言："茶陵旧传刻本最著者，为陈仁子校刊《文选》六臣注。松山谭氏刊此书已在宋末，刊工渐趋圆浑，虽无年月可考，然可以风气定之。此本古今书目均不载。"①是以"风气"确定谭氏新刊本是产生于宋末。除《淮南子》外，谭叔端还刻印了《新刊精选诸儒奥论策学统宗前集》五卷。阮元说："此书标题《新刊精选诸儒奥论策学统宗》，其下列名：心易谭巽中叔刚校正、存理谭金孙叔金选次、桂山谭正孙叔端订定。三谭皆冠以古云后学，三人姓名既不经见，古云亦不知其何地？……《四库全书提要》载后集八卷、续集七卷、别集五卷共二十卷，而阙其前集，今从元板影录以成完书。"②《四库全书总目提要》在《残本诸儒奥论策学统宗提要》中，则直接冠以"元谭金孙编"。这显然是把谭叔刚、谭叔金、谭叔端三人都视为元人。那么，《新刊淮南鸿烈解》就可以视为元刊本了。综合起来说，谭叔端新刊本是产生于宋元之际的刻本，则大体不差。谭氏新刊本每半页十行，每行十八字，且字画精美，其行数、字数皆少于小字本的北宋本，一般被视为中字本。

其次，谭氏新刊本并非全本，而是一个删节本，其正文与注文均遭到删节。缪荃孙认为被删削的正文达到了全书的十分之四，所谓"中多删节""节去本文约十分之四"，注文删削更为严重，"略存数条而已"，所谓"注甚简"。傅增湘也注意到了这个删节现象，最初讲"虽文字微有裁省而篇弟无改"，后又讲"于文字颇有节略"。从注文看，谭氏新刊本删节确实严重，如《原道训》："禀受无形。"注云："无形，万物之未形者。"影宋本的注文则为："禀，给也。授，予也。无形，万物之未形也。皆生于道，故曰禀授无形也。"删除了大约三分之二的文字。不仅如此，就连原书非常重要的篇名解题也都被删除了。可见，谭氏新刊本属于删节本无疑。

再者，谭氏新刊本仅目录下署名"汉淮南王刘安撰"，叙文及篇名下则统一贯以"太尉祭酒臣许慎记上"字样。这种布局显示了谭氏对于《淮南子》的精心整理，但也给学者造成了该本为许慎注本的错觉。傅增湘所谓"前许慎叙"，便失之审慎。此本前有叙文，名为"淮南鸿烈解叙"。众所周知，这篇叙文

---

① 傅增湘《藏园群书题记》，上海古籍出版社1989年，第1032页。
② 阮元《揅经室集外集》卷三《新刊精选诸儒奥论策学统宗提要》，《四部丛刊》本。

出自高诱,许慎并无类似叙文流传,只不过谭叔端冠以许慎之名而已。甚至现在还有研究者认为,谭氏新刊本属于纯粹的许注本①。很显然,这个观点站不住脚。许注在苏颂之时即已丢失三篇,与高注相混在一起恐怕还要更早,要追溯到晚唐五代。即使产生于宋仁宗之际的北宋本,也不过是许高二注的拼合本。因此,谭氏新刊本根本不可能是纯粹的许注本,其注文实来自对原有注文的删改。本质上,它仍是一个许高二注的拼合之本。

这个删节过的拼合本,由于年代久远,刻印精美,又是海内孤本,所以缪荃孙、刘世珩、傅增湘都将它视作珍宝,所谓"书估以为宝""世珩珍玩""宋本之亚者"②。对于这个宝贝的出身,藏书家有不同意见。缪荃孙、傅增湘一致认为出自坊本,即民间书坊所刻印;而叶德辉主张是宋代私宅家塾刻印③,即家刻本。谭氏新刊本比较讲究,不但行宽字少,印制精美,且标有刻工之名,刻印了三个墨印,自称"桂山谭氏"④、"书乡"。墨印的印制,很能说明谭氏新刊本是重视质量的家塾刻本,而非牟取利润的坊间刻本。今存宋元板刻《孔丛子》,每半页十行,每行十七字,字体精美,每卷卷尾亦印制墨印一枚,自称"茶陵桂山书院校正板行"。此与谭氏新刊本十分相像,两者当有联系,可谓是家塾刻本的典范。

三、新刊本的版本渊源

就现存版本来说,除北宋本(如今仅见影钞本)外,谭氏新刊本确可推为最古之本。尽管这个古本不是全本,在版式、字体等方面也与北宋本有很大不

---

① 杨佳在《宋元之际茶陵谭氏著述及刻书考》一文中说:"然就今存《淮南子》宋刊本而言,皆为许注。当知两宋之末,许注仍甚流行。"(《图书馆》2018年第1期,第103页。)
② 傅氏赋诗云:"鼎式书牌墨记方,叔端纂校姓名详。节文疑出坊行本,汲古宜加宋乙章。"自注:"汲古阁藏书有宋本乙字印,余旧藏《纂图互注礼记郑注》即钤此印,盖宋本之亚者,亦不乏见也。"(《藏园群书题记》,第1033页。)
③ 叶德辉著录:"茶陵谭叔端,刻《新刊淮南鸿烈解》二十一卷,见缪《续记》。(云:每卷后有"茶陵谭叔端纂校"一行。目录后有三墨印:一小方印,两字不可识;一大方印,"耘香谭氏"朱文;一香炉形,"书乡"二字。)又刻《新刊精选诸儒奥论策学统宗前编》五卷,见《阮外集》。(云:标题下列名"心易谭巽中叔刚校正,存理谭金孙叔金选次,桂山谭正孙叔端订定"。三谭皆冠以"古云后学",三人姓名既不经见,"古云"亦不知其何地。德辉按:"古云"为茶陵之别名,见《茶陵州志》。)《后集》八卷,《续集》七卷,《别集》五卷,见《四库存目》。(云:元谭金孙编,金孙子叔金,号存理,自称古云人,不知古云为何地也。文理冗赘,殆麻沙书贾陋所为。)大抵椠刻风行,精雕细校,于官刻本外俨若附庸之国矣。"(《书林清话》,第84—85页。)
④ 由于墨印辨识困难,缪荃孙识作"耘香谭氏",傅增湘识作"松山谭氏"。笔者认为应该是"桂山谭氏",《新刊精选诸儒奥论策学统宗》署名"桂山谭正孙叔端"即为证据。

同，但并不意味着两者在版本渊源上没有任何关联。我们就以缪荃孙所列48条与清代庄逵吉本的异文为例，讨论谭氏新刊本的版本渊源问题。

在这48条异文中，谭氏新刊本完全同于北宋本，而不同于道藏本、刘绩本、茅一桂本、庄逵吉本等者有8条。具体为：《原道训》"欲肉之心亡于中"中"肉"字，藏本作"寅"，刘本、茅本、庄本作"害"；《原道训》"俗上气力"中"上"字，藏本、刘本、茅本、庄本均作"尚"；《时则训》"远乡皆至"中"乡"字，藏本、刘本、茅本、庄本均作"方"；《时则训》"以索奸人"中"索"字，藏本、刘本、茅本、庄本均作"塞"；《齐俗训》"不中规也"中"中"字，藏本、刘本、茅本、庄本均作"得"；《齐俗训》"而仁不能解也"中"仁"字，藏本、刘本、茅本、庄本均作"人"；《修务训》"此教训之所俞也"中"俞"字，藏本、刘本、茅本作"喻"，庄本作"谕"；《修务训》"项橐年七岁"中"年"字，藏本、刘本、茅本、庄本均无。这八条异文，不仅能佐证谭氏新刊本年代的久远，也能说明它与北宋本在底本上存在一定的关联。谭氏新刊本独同于北宋本的异文，集中在《原道训》《时则训》《齐俗训》《修务训》四篇。这或许表明，谭氏新刊本在校勘此四篇时参考了北宋本，抑或此四篇的底本两者存在着交织关系。

当然，谭氏新刊本也有很多不同于北宋本及后世诸本的异文。据统计，缪氏所列48条异文中有23条这样的异文，具体为：《原道训》"不谋而成"中"谋"字，北宋本及后世诸本均作"为"；《原道训》"结激楚之遗音"中"音"字，北宋本及后世诸本均作"风"；《俶真训》"秉皓白而不涅"中"涅"字，北宋本及后世诸本均作"黑"；《览冥训》"推蹶三王之法度"中"度"字，北宋本及后世诸本均作"籍"；《览冥训》"仁人处位而不言"，北宋本及后世诸本均作"仁君处位而不安"；《览冥训》"保其性命于天而不夭于人"，北宋本及后世诸本均作"保其修命天而不夭于人虐也"；《览冥训》"皆枉生而无其本者也"中"枉"字，北宋本及后世诸本均作"狂"；《主术训》"鞣輎铁铠"中"鞣"字，北宋本及后世诸本均作"鞅"；《主术训》"无功而妄赏"中"妄"字，北宋本及后世诸本均作"厚"；《主术训》"其计事可用"中"事"字，北宋本及后世诸本均作"乃"；《缪称训》"夜行者瞑目而前其手"中"者"字，北宋本及后世诸本均脱；《道应训》"奚适而无道也"中"而"字，北宋本及后世诸本均作"其"；《道应训》"明日又复往"中"日"字，北宋本及后世诸本均脱；《诠言训》"使在己者得宜"中"宜"字，北宋本及后世诸本均作"而"；《诠言训》"随时三年，时去我走；先时三年，时在我后"，北宋本作"先时"作"去时"，藏本等诸本"我走"作"我先"，

"先时"作"去时";《诠言训》"自信其能"中"能"字,北宋本及后世诸本均作"情";《说山训》"魂曰无有魄曰何无有何得而闻也"中"魄曰何无有"五字,北宋本、藏本、茅本、庄本均无,而刘本作"魄曰无有";《说山训》"善且不可为",北宋本及后世诸本均作"善且由弗为";《说林训》"无饵之钩"中"钩"字,北宋本及后世诸本均作"钓";《人间训》"延露阳曲",北宋本及后世诸本均作"延路阳局";《泰族训》"雨露所润"中"润"字,北宋本及后世诸本均作"濡";《要略》"经山林之形"中"林"字,北宋本及后世诸本均作"陵";《要略》"乃始物物引类"中"物物"二字,北宋本、藏本、刘本作"揽物物",庄本作"揽物"。

这些异文为谭氏新刊本所独有,集中在《原道训》《俶真训》《览冥训》《主术训》《缪称训》《诠言训》《说山训》《说林训》《人间训》《泰族训》《要略》十一篇。除《原道训》外,正区别于在底本上与北宋本有交织的《时则训》《齐俗训》《修务训》三篇。这一现象说明,谭氏新刊本的底本又与北宋本及后世诸本的底本有着明显的差异,或许其年代更加久远。

谭氏新刊本的这些异文,其中不乏讹误,但有的也可以体现出一定的校勘价值。例如,《缪称训》"夜行者瞑目而前其手"之"者"字,北宋本及后世诸本均脱。此句前有"故行险者不得履绳,出林者不得直道"两句,均有"者"字,谭氏新刊本作"夜行者",正与之为对。且《说林训》云:"夜行者掩目而前其手。"① 可证原书本作"夜行者"。谭氏新刊本这条异文可补各家校勘之缺。又如,《览冥训》"保其性命于天而不夭于人",北宋本及后世诸本均作"保其修命天而不夭于人虐也",文不成义。王念孙以为"天"字是衍文。谭氏新刊本则文句通顺,可备一说。

然而,由于谭氏新刊本随后成为海内孤本,又被藏书家锁于深闺,所以,它的校勘价值一直没有得到挖掘。晚清以来,此本先由缪荃孙以重金收购,后又辗转藏于刘世珩、傅岳棻、傅增湘、沈仲涛等手,最后深藏于台湾博物馆。正是这种独特的流传状况,导致谭氏新刊本不仅没有复制本,也没有以之为底本的流变本,从而掩盖了它的版本价值。

---

① 张双棣《淮南子校释》(增订本),第1825页。

第三章 宋元时期《淮南子》的文本流传

第一节 北宋前期《淮南子》的文本流传

自晚唐五代到北宋前期,是《淮南子》文本发生重大变化的时期。这个重大变化,就是许高注本的散佚与相杂。厘清《淮南子》文本在北宋前期的流传情况,有助于我们更具体、更深入地认识这个重大变化。所谓北宋前期,是指北宋建立至宋仁宗即位之前这段时期,即960年至1021年。这个时期,《太平广记》《太平御览》《太平寰宇记》《事类赋》《尔雅注疏》《重修广韵》《东原录》《册府元龟》等书皆有征引《淮南子》文本的情况。其中,《东原录》《册府元龟》引用很少,且多转引,无甚价值,惟《太平御览》引用数量最多,《事类赋》次之。

一、《太平御览》所引《淮南子》文本

《太平御览》是北宋官编的大型类书,分五十五部,五百五十门,共计一千卷。此书始编于太平兴国二年(977),完成于太平兴国八年(983),引书数量达1690余种。书前有《太平御览经史图书纲目》,《淮南子》名列其中。

就现存文献而言,《太平御览》引用《淮南子》文本的数量应属最多。据统计,此书引用《淮南子》共计约1126例[①],注文约809条,总计约5万1千余字,约占全书(包括注文)的28%[②]。具体说来,引用《原道训》约52例,《俶真训》约41例,《天文训》约80例,《地形训》约88例,《时则训》约64例,《览冥训》约42例,《精神训》约20例,《本经训》约36例,《主术训》约40例,

---

① 其中约有28例不见于今本《淮南子》,但这并不代表都是佚文,因为《太平御览》张冠李戴的不在少数,例如卷二十四《时序部九》:"《淮南子》曰:春气发而百草生,正得秋而万物成实。"(李昉《太平御览》,第116页。)此文非出自《淮南子》而是出自《庄子·庚桑楚》。

② 若两者都将注文除去,《太平御览》引用的文本规模占《淮南子》全书的50%以上。但需要指出的是《太平御览》重复引用的频次较高,实际引用的比例在30%左右。

《缪称训》约35例,《齐俗训》约67例,《道应训》约31例,《氾论训》约57例,《诠言训》约22例,《兵略训》约42例,《说山训》约116例,《说林训》约122例,《人间训》约38例,《修务训》约50例,《泰族训》约47例,《要略》约9例。可见,《太平御览》引文涉及了《淮南子》各篇,以《天文训》《地形训》《说林训》《说山训》为最多,亦可见出《太平御览》的编撰者是把《淮南子》作为一部重要的古书而加以吸纳。

由于《太平御览》引用的文本数量极多,因而对揭示《淮南子》在五代宋初之际的文本流传状况有着不可忽视的作用。首先,最大的作用是反映许慎注本与高诱注本在五代宋初之际的流传情况。众所周知,今本《淮南子》乃许注八篇与高注十三篇相杂之本。至于许本与高本何时散佚又何时相混这个问题,历代学者均未作过深入的探讨,多都忽视了《太平御览》对探索这个问题的作用。该书引用许高注文达800余条,涉及了《淮南子》所有篇目[①]。具体见下表:

《太平御览》引用高许二注情况对比一览表(单位:条)

篇目	引用注文总数	引用高注数量	引用许注数量	高许二注各占百分比
《原道训》	55	52	3	94.5% : 5.5%
《俶真训》	26	7	19	26.9% : 73.1%
《天文训》	83	51	32	61.4% : 38.6%
《地形训》	82	35	47[②]	42.7% : 57.3%
《时则训》	76	44	32	57.7% : 42.3%
《览冥训》	50	36	14[③]	72% : 28%
《精神训》	17	15	2[④]	88.2% : 11.8%

---

① 《太平御览》征引古书并不十分严谨,就《淮南子》而言,所引用的文本中有很多反切和直音音读,且不见于今本。据查,少数音读是抄自唐代类书,更多的是抄自已经失传的《淮南子》版本,抑或是编撰者自加,不可确考。因此,它所征引的注文是否全为许高古注,无人可以确保。一般来说,像类书这种大型工具书,编者自撰注释极属罕见,况且,《太平御览》所引注文大部分与今本许高古注相同。从这个方面说,《太平御览》所引注文全部为许高古注应该是没有问题的。至于《太平御览》所引注文的划分,是遵照清代学者对今本《淮南子》所做的厘定,即高注十三篇与许注八篇,与今本许高二注相同或相似者自然容易分清,不同者则应视为相应篇目中的注文之佚文,属于许注八篇的即为高注佚文,属于高注十三篇的即为许注佚文。

② 其中2条抄袭《初学记》。
③ 其中1条抄袭《初学记》。
④ 其中1条抄袭《艺文类聚》。

续表

篇目	引用注文总数	引用高注数量	引用许注数量	高许二注各占百分比
《本经训》	32	13	19①	40.6% : 49.4%
《主术训》	20	8	12	40% : 60%
《缪称训》	24	11	13	45.8% : 54.2%
《齐俗训》	21	14	7	66.7% : 33.3%
《道应训》	28	4②	24	14.3% : 85.7%
《氾论训》	58	55	3	94.8% : 5.2%
《诠言训》	8	4③	4	50% : 50%
《兵略训》	38	6④	32	15.8% : 84.2%
《说山训》	56	48	8⑤	85.7% : 14.3%
《说林训》	61	53	8	86.7% : 13.3%
《人间训》	16	2⑥	14	12.5% : 87.5%
《修务训》	35	30	5	85.7% : 14.3%
《泰族训》	18	4	14	22.2% : 77.8%
《要略》	5	1	4	20% : 80%

　　从统计学来看,上表体现出两个特点:一是,在今存许注八篇中,《太平御览》所引高注数量,相比于今存高注十三篇普遍要低许多⑦,尤其是《道应训》《诠言训》《人间训》《泰族训》《要略》五篇引用数量在 5 条以下,这与高注多详的特征不相匹配;在今存高注十三篇中,《太平御览》所引许注数量则颇不平衡,以《天文训》《地形训》《时则训》三篇为最多,皆在 30 条以上;《俶真训》《览冥训》《本经训》《主术训》四篇次之,皆在 10 条至 20 条之间;《说山训》《说林训》两篇又次之,《原道训》《精神训》《氾论训》《修务训》四篇最

---

① 所引此篇注文,存在许高二注合于一处的情况,例如,卷九百二十七《羽族部十四·大风》:"大风,鸷鸟,在东方。一云:大风,风伯也。"(李昉《太平御览》,第 4119 页。)前一说为许注,后一说为高注,或许其所据版本就存在许高二注相混之处。
② 其中 2 条疑似许注。
③ 其中 1 条抄自《农政全书》。
④ 其中 4 条乃许高二注相混,颇难分辨。《太平御览》卷 357《兵部八十八·楯下》引注文:"高诱曰:'栝,剪括也。淇卫菌蕗,箭所出也。'"这条注文和其后第一条注文,皆与今本许注基本相同,但第三条与今本不同,第四条今本则无。若《太平御览》此处所据确为高本,那么已是许高二注相参之本。
⑤ 其中 1 条抄自《北堂书钞》。
⑥ 其中有 1 条抄自《艺文类聚》。
⑦ 据统计,许注八篇中,《太平御览》引用的高注数量总计约 43 条,平均每篇 5.4 条;高注十三篇中,《太平御览》引用的高注数量总计约 433 条,平均每篇 33.3 条。

少,皆在5条以下。

显然,这两个特点能够折射出《淮南子》高诱注本与许慎注本的流传状况。在《太平御览》成书七十余年后,苏颂撰写《校淮南子题序》,文中描述了许高二注相参、不复可辨的情形,并说:"互相考正,去其重复,共得高注十三篇,许注十八篇。"① 也就是说,许高二注至苏颂之时,不仅有相互掺和的现象,而且高注存十三篇,许注存十八篇,但苏颂并未指明存世的具体篇目。而《太平御览》引用许高二注的数据及特点表明,苏颂所描述的许本与高本的流传状况,很有可能在宋太宗太平兴国年间(976—984年)就已出现,再次佐证了我们前面提出的许高注本在晚唐五代即已相混的结论。通过这些数据及特点,我们还能大致推断,宋太宗时期许高二本皆非完本,许本中《原道训》《精神训》《修务训》三篇散佚的可能性最大,而高本中《道应训》《诠言训》《人间训》《泰族训》《要略》五篇散佚的可能性最大,且此后几十年中还在陆续散佚。

其次,《太平御览》所引《淮南子》文本,还能揭示许高二本的一些文本差异②。例如,今存高本《俶真训》"其兄掩户而入觇之"中"掩",《太平御览》引许本作"启";又今存高本此篇"剥之若槁"中"槁",《太平御览》引许本作"橐";又今存高本此篇"割之犹濡"中"濡",《太平御览》引许本作"蠕";又今存高本此篇"牛蹄之涔"中"涔",《太平御览》引许本作"踵";又今存高本此篇"袭九窾,重九熬",《太平御览》引许本作"袭九空,重九望";又今存高本此篇"蚑蛲嚌肤而知不能平"中"知",《太平御览》引许本作"性";又今存高本此篇"越舲蜀艇"中"舲",《太平御览》引许本作"觟";今存高本《天文训》"其帝炎帝",《太平御览》引许本作"其帝祝融";又今存高本此篇"天阿者群神之阙也"中"阿",《太平御览》引许本作"河";又今存高本此篇"十二岁而一康"中"康",《太平御览》引许本作"荒";今存高本《地形训》"建木在都广",《太平御览》引许本作"建木在广都";又今存高本此篇"有昆仑之球琳、琅玕焉"中"球",《太平御览》引许本作"璆";又今存高本此篇"无角者膏而

---

① 苏颂《苏魏公文集》,第1008页。
② 《太平御览》的文本质量堪忧,明代胡应麟说:"《御览》向行抄本,十年来始有刻,而讹谬特甚。非老师宿儒,即一篇半简,莫能句读。至姓名颠舛,世代鲁鱼,初学之士读之,或取入诗文用,误人不鲜。"(《少室山房笔丛》,中华书局1958年,第467页。)传世本,即便是《四部丛刊》影印本,讹谬亦甚多,故须谨慎辨之,不可尽据。本书所论,基本都是在正文与注文中同时出现过的文本。

无前,有角者脂而无后"中"无前""无后",《太平御览》引许本作"兑前""兑后";又今存高本此篇"阳阏生乔如,乔如生干木"中两"乔如",《太平御览》引许本均作"鳞鲐";今存高本《时则训》"毋烧灰,毋暴布"中两"毋"字,《太平御览》引许本均作"无";又今存高本此篇"少皓、蓐收之所司者"中"皓",《太平御览》引许本作"皞";今存高本《览冥训》"庶女叫天"中"叫",《太平御览》引许本作"告";今存高本《本经训》"竹实满"中"满",《太平御览》引许本作"盈";今存高本《主术训》"乘干舟而浮于江湖"中"干",《太平御览》引许本作"舲";又今存高本此篇"推移大牺"中"牺",《太平御览》引许本作"戏";今存许本《缪称训》"子产练染也"中"练",《太平御览》引高本作"绢";又今存许本此篇"猨狖之捷来乍"中"乍",《太平御览》引高本作"措";又今存许本此篇"阴谐知雨",《太平御览》引高本作"蟾知将雨";今存许本《齐俗训》"拂之于四达之衢"中"拂",《太平御览》引高本作"袚";又今存许本此篇"不足以论之"中"论",《太平御览》引高本作"喻";今存许本《道应训》"愿以技赍一卒"中"赍",《太平御览》引高本作"该";今存许本《诠言训》"以数杂之寿"中"杂",《太平御览》引高本作"匝";今存许本《兵略训》"腐荷之矰"中"矰",《太平御览》引高本作"橹"。

再次,《太平御览》所引《淮南子》文本,还对校勘原书发挥了巨大作用。在《淮南子》校勘史上,庄逵吉是较早挖掘和集中利用《太平御览》校勘价值的清代学者。据统计,庄氏在校勘其所刻新本时,资借《太平御览》达220余次。其后,王念孙、梁玉绳、孙冯翼、陶方琦、叶德辉、刘文典等学者在辑校《淮南子》时皆倚重此书,其中以王念孙、刘文典最为典型。尽管如此,《太平御览》对于《淮南子》文献整理的作用仍然未得到充分发挥。例如,关于高注的辑佚,清代以来的学者均付诸阙如,更遑论对《太平御览》所引高注的利用。

二、《太平广记》《太平寰宇记》所引《淮南子》文本

《太平广记》也是李昉等人奉命编纂,宋太宗太平兴国二年(977)开始,次年(978年)结束,略早于《太平御览》。该书引用《淮南子》仅5例,引用许注2条,高注1条,多转引自前代书籍,故无甚价值。其中有1条不见于今本,卷二二五《伎巧一》:"宋景公造弓,九年乃成而进之,弓人归家,三日而卒。盖匠者心力尽于此弓矣。后公登兽圈之台,用此弓射之,矢越西霸之山,彭城之东,

余劲中石饮羽焉。"自注:"出《淮南子》。"① 据查,今本《淮南子》并无此文,抑或是《太平广记》误引。

《太平寰宇记》乃乐史(930—1007年)所撰。至于该书的成书年代,研究者意见不一,大体不晚于宋真宗咸平五年(1002)②。该书引用《淮南子》约20例,其中,有2例将注文误为正文,另有2例为误引他书,1例不见于今本。卷一百六十九引《淮南子》云:"豆之美者有木豆。"③ 今本无此文。又卷一百二十九引《淮南子》云:"楚相作期思之陂,灌雩娄之野。"④ 与《太平御览》卷七十二引同,当为高本,此中"陂",今存许本《人间训》作"水",或是高许二本之别。

三、《事类赋注》《尔雅注疏》《重修广韵》所引《淮南子》文本

《事类赋注》的作者吴淑(947—1002),曾参与编撰《太平御览》。他大概在990年至994年之间,以赋体及自注形式独立完成此书,共30卷。据统计,《事类赋注》共引《淮南子》约133例,引用许高注文约33条,其中高注约20条,许注约13条。虽然引用数量可观,但《事类赋注》所引文本几乎都与《太平御览》相同,不同者仅5例⑤。因此,它的文献价值非常有限。

但有一例引文需引起注意,《事类赋注》引《淮南子》曰:"管仲文锦也,虽丑登朝;子产练帛也,美而不尊。"并引注云:"管仲虽不及圣,犹文锦也。子产先恩后法,如练帛也,虽温,不堪为宗庙服。"⑥ 此文引自《缪称训》,今本此篇为许注,许注作:"管仲相齐,明法度,审国刑,不能及圣,犹文锦,虽恶,宜以升庙也。子产相郑,先恩而后法,犹练染为衣,温厚而非宗庙服也。"⑦ 尽管所引文字略有差异,但《事类赋注》此处所据明显是许慎注本。与此同时,《太平御览》亦引《淮南子》曰:"管子文锦也,虽丑登庙;子产绢染也,美而不尊。"首句附注文曰:"相桓公以霸功成事,衣文锦之服,大书在明堂,故曰虽丑登庙也。"次句附注文曰:"子产相郑,以乘车济朝涉者,孟子曰:'惠而不知为政。'绢染者,

---

① 李昉《太平广记》,中华书局1961年,第1729页。
② 见张保见《〈太平寰宇记〉成书再探》一文,《中国地方志》2004年第9期,第58页。
③ 乐史《太平寰宇记》,中华书局2007年,第3232页。
④ 乐史《太平寰宇记》,第2548页。
⑤ 《事类赋注》在引用注文时与《太平御览》略显不同,好将原书多条注文汇成一条注文。
⑥ 吴淑《事类赋注》,中华书局1989年,第197页。
⑦ 张双棣《淮南子校释》(增订本),第1087页。

以子产喻母人。《月令》曰：'命妇宫染绢。'温暖其民,如人之母也。"① 很明显,《太平御览》此处所据是高诱注本。这可以说明当时既有许本《缪称》篇,也有高本《缪称训》,后者并未失传。

就在吴淑完成《事类赋注》之时,邢昺亦完成了《尔雅注疏》。邢昺(932—1010),字叔明,曹州济阴郡(今山东曹县)人。他的《尔雅注疏》引用《淮南子》虽然仅有2例,但皆注明了篇名,显然是据原书而引,非转引者可以同语,因而具有较高的文献价值。

邢昺疏"淮南子云似蛇床者"曰："案,《淮南子·氾论》篇云：'夫物之相类者,世主之所乱惑也；嫌疑肖像者,众人所炫耀也。故狠者类知而非知也,愚者类君子而非君子也,戆者类勇而非勇也。使人相去也,若玉之与石也,葵之与苋也,则论人易矣。夫乱人者,若芎藭之与藁本,蛇床之与麋芜者。'许慎云：'此四者,药草臭味之相似,其治病则力不同是也。'"② 今本此篇为高诱注本,"类君子而非君子"作"类仁而非仁","葵之与苋"作"美之与恶"。于大成说："《尔雅·释草·疏》引亦作'故狠者类知而非知也,愚者类君子而非君子也,戆者类勇而非勇也',与《治要》同。当许本如此也。今高注云'愚者不能断割,有似于仁,非真仁也',则高本自作'仁','仁'非误字。"③ 可知许本作"类君子而非君子",而高本作"类仁而非仁"。王念孙说："'美之与恶',本作'葵之与苋'。葵与苋不相似,故易辨,此言物之不相似者。下言物之相似者,皆各举二物以明之。若云'美之与恶',则不知为何物矣。盖俗书'美'字作'羙','葵'字作'羙','羙'之上半与'羙'相似,因误而为'羙',后人不解其故,遂改为'美之与恶'耳。《群书治要》及《尔雅疏》《埤雅》《续博物志》引此,并作'葵之与苋',是其证。"④ 说明今本"美之与恶"是误文,《尔雅注疏》可以正之。且今本高注作："言其相类,但其芳臭不同,犹小人类君子,但其仁与不仁

---

① 李昉《太平御览》,第2055页。
② 邢昺《尔雅注疏》,北京大学出版社2000年,第271页。
③ 见张双棣《淮南子校释》(增订本),第1461页。
④ 见张双棣《淮南子校释》(增订本),第1461页。此外,《尔雅注疏》另一例也被王念孙用来校勘今本。王念孙说："'封壤'二字,义不相属。'封壤'本作'封畔',此后人以意改之也。封、畔皆谓田界也。……'封畔'与'肥饶'相对为文。下文'以曲隈深潭相亭',曲隈、深潭亦相对为一也。《太平御览·皇王部六》《尔雅·释草·疏》引此并作'封畔'。"(见张双棣《淮南子校释》[增订本],第74页。)

异也。"①也与《尔雅注疏》所引许注意趣迥异。这说明邢昺所据为许本无疑。《太平御览》引《氾论训》许注3条,而《尔雅注疏》又增此1条,几乎可以佐证当时许注《氾论》篇并未失传。

《重修广韵》是陈彭年等人奉诏修撰,成书于宋真宗祥符元年(1008)。该书引用《淮南子》约27例,其中2例将注文误为正文。与今本相对照,《重修广韵》所引保留了一些异文。例如,《广韵》引《淮南子》曰:"无鑯之钩,不可以得鱼。"②此文引自《说林训》。刘台拱云:"《广韵》'鑯'字注云:'钩逆铓。'引《淮南子》'无鑯之钩,不可以得鱼'。今各本俱作'无饵之钓',系后人妄改。"马宗霍云:"'鑯'字金旁与'饵'字食旁相近,后人多见'饵',少见'鑯',或传写改'鑯'为'饵',亦未可知。'钓'当作'钩'。"③刘、马之说诚是。所谓钩逆铓,即钩上倒刺,若钩无倒刺,则鱼不能得。又如,《广韵》引《淮南子》云:"廬屋之下,不可坐也。"④此文引自《说山训》,今本作:"沮舍之下,不可以坐。"高注:"沮舍,坏也。"吴承仕云:"注'舍'字,涉本文而衍,《广韵》引《淮南》,注作'廬,坏也',文异而音义同。"⑤

总之,上述文献对《淮南子》的征引,能客观地反映北宋前期该书许高二本的流传状况。大体来说,二本均无完本,高本散佚多,而许本散佚较少。成书于宋仁宗庆历元年(1041)的《崇文总目》是对北宋前期文献的总录。它记载了《淮南子》的散佚情况,只可惜残缺不见。《四库》馆臣从《永典大乐》中辑出,仅著录为:"《淮南子》二十一篇,许慎注,高诱注。"虽其题解文字已遗失,但把许高二注合为一处著录,似可见出许高注本已经相混的事实⑥。

第二节 北宋中后期《淮南子》文本的流传

所谓北宋中后期,是指宋仁宗至北宋灭亡,即1022年至1127年。对于北宋前期《淮南子》文本所发生的重大变化,生活在北宋中期的苏颂撰写《校

---

① 张双棣《淮南子校释》(增订本),第1462页。
② 《广韵》卷一"鑯",《四部丛刊》本。
③ 见张双棣《淮南子校释》(增订本),第1847页。
④ 《广韵》卷二"廬",《四部丛刊》本。
⑤ 见张双棣《淮南子校释》(增订本),第1683页。
⑥ 苏颂《校〈淮南子〉题序》中有"《崇文总目》亦云如此""诚如《总目》之说"云云,可证原有题解。又据该序,崇文馆藏有《淮南子》的旧版本,此本亦已许高二注相杂。

淮南子题序》，最早对此作了描述。这篇文章是《淮南子》校勘史上最重要的文献。根据这篇文章的描述推断，北宋中后期已经没有单独流传的许高完本。即使是苏颂所清理出来的十八篇许注，也在这个时期不断散佚。《类篇》《礼书》《营造法式》《考古图》《事物纪原》《鸡肋集》《埤雅》《乐书》《毛诗名物解》等书，都有征引《淮南子》的情况。其中，《类篇》《礼书》《营造法式》《考古图》《乐书》引用数量极少，且多见转引，无甚价值，而《事物纪原》《埤雅》等书所引则值得注意。

一、《事物纪原》所引《淮南子》文本

《事物纪原》乃高承所撰，大约成书于宋神宗（1067—1085 年在位）之后。关于《事物纪原》的作者和成书年代，研究者意见不一。《四库全书总目》云："《事物纪原》十卷，明正统间南昌简敬所刊。前有敬序云：'作者佚其姓名。'考赵希弁《读书附志》云：'《事物纪原》十卷，高承撰。承，开封人。自博弈嬉戏之微，鱼虫飞走之类，无不考其所自来。双溪项彬为之序。'陈振孙《书录解题》亦云：'《中兴书目》作十卷，高承撰，元丰中人。凡二百十七事。今此书多十卷，且多数百事，当是后人广之耳。'云云，则此书实出高承，敬序未详考。惟检此本所载，凡一千七百六十五事，较振孙所见，更数倍之，而仍作十卷，又无项彬原序，与陈赵两家之言，俱不合，盖后来又有增益，非复宋本之旧。"①今之研究者有的认为该书成于明代，有的认为该书成于宋代②。本书取成于宋代说。

所谓事物纪原，即考索每事每物的渊源起始。据统计，《事物纪原》引用《淮南子》正文约 35 例，用以解释大约 30 类事物的渊源起始③。此外，《事物纪原》专引 2 条《齐俗训》许注，用以解释"五服"一事的渊源起始。实际上，《事物纪原》在引用正文之时常附带引用注文，约有 15 条。其中，直称"许慎注云""许慎注曰"者约 10 条，剩余 5 条则以"注""注云"的形式出现。这是《事物纪原》引用《淮南子》的一个显著特征，即高承以为他据用的版本是许慎

---

① 永瑢《四库全书总目》，第 1146 页。
② 前者详见张志和《〈事物纪原〉成书于明代考》，《东方论坛》2001 年第 4 期。后者详见朱仙林《〈事物纪原〉初本成于宋代考》，《历史文献研究》（总第 31 辑），2012 年第 1 期。
③ 另有 1 例不见于今本《淮南子》。卷十引《淮南子》曰："燧人望辰心，钻木生火。"（高承《事物纪原》，中华书局 1989 年，第 54 页。）当属误引。徐干《中论·治学篇》有"燧人察辰心而钻火"一句。

注本①。但只要将其引文与今本相对照,就能发现不少被他称为许注的注文,实际上与今本高注相同。例如,卷三"衣裳"一事引:《淮南子》曰:'伯余初作衣。'许慎注云:'黄帝臣也,一云伯余,黄帝也。'"②此与今本《氾论训》高注完全相同。类似情况还出现了6次,涉及《地形训》《主术训》《氾论训》《说林训》四篇。这种情况说明,高承所用之本每篇均署名为许慎,犹如北宋本每篇都有"许慎记上"一样,但实质上掺杂了高注,是许高二注相杂之本。叶德辉辑佚许注时,将《事物纪原》引用的这些注文纳入其中,显然有失审慎。从《事物纪原》引用的注文看,当时许注篇目或又散佚了《地形训》《主术训》《氾论训》《说林训》四篇。

二、《鸡肋集》《埤雅》《毛诗名物解》所引《淮南子》文本

《鸡肋集》是晁补之自编之文集,大约成于元祐九年(1094),今传七十卷,为其弟晁谦之增补而成,于绍兴七年(1137)刊行。该书引用《淮南子》仅1例,《鸡肋集》引《淮南王书》曰:"子贡诈而全鲁,诈不可以为恒;弦高诞而存郑,诞不可以为常。"③"子贡诈"二句不见于今本,"弦高诞"二句见于今本《泰族训》。可见,晁氏别有所本。

《埤雅》是陆佃所著。陆佃(1042—1102),字农师,号陶山,越州山阴(今浙江绍兴市)人。他师从王安石,学识广博,长于训诂之学,著述颇丰,今存《尔雅新义》和《埤雅》二书。《埤雅》的成书过程很长,最终成于宋哲宗绍圣二年(1095)左右。《埤雅》引用《淮南子》约54例,其中有5例虽不见于今本,但皆非佚文,有3例实属误引。《埤雅》卷二《释鱼·鼋》引《淮南子》曰:"烧鼋致鳖。"④而《太平御览》引《淮南万毕术》曰:"鼋暗得火,可以燃铁,烧鼋致鳖。"⑤又《埤雅》卷十四《释木·桐》引《淮南子》曰:"桐木成云。"⑥而《续编珠》卷二《花木部》引此文称名《万毕术》。又《埤雅》卷十四《释木·枌》引

---

① 《事物纪原》征引《淮南子》,几乎没有转引他书的情况。引文多次出现具体的篇名,如"《淮南子·说山训》曰""又《氾论训》""《淮南子·诠言训》曰""《淮南子·齐俗训》曰""《淮南子·道应训》""《淮南子·氾论训》曰"云云。这足以说明高氏据原书而引,非转引他书者可比。
② 高承《事物纪原》,第146页。
③ 晁补之《鸡肋集》卷四十《晋侯复曹》,《四部丛刊》本。
④ 陆佃《埤雅》,《北京图书馆古籍珍本丛刊》第5册,书目文献出版社1998年,第272页。
⑤ 李昉《太平御览》,第4143页。
⑥ 《北京图书馆古籍珍本丛刊》第5册,第353页。

《淮南子》曰:"槐之生也,五日而兔目,十日而鼠耳。"①而《初学记》卷二十八《木部》引《庄子》曰:"槐之生也,入季春五日而兔目,十日而鼠耳。"②可见,前两例是《淮南万毕术》之文,后一例则是《庄子》之文。有2例当是袭引他书。《埤雅》卷三《释兽·豹》引《淮南子》曰:"猵使虎申,蛇令豹止,物各有所制也。"③而《太平御览·兽部四》引此文亦称《淮南子》,无"各"字。又《埤雅》卷十八《释草·兰》引《淮南子》曰:"芸草可以死复生。"④此文实是转引自邢昺《尔雅疏》,而《尔雅疏》又是转引自《说文解字》。

《埤雅》所引文本,在一定程度上反映了《淮南子》在北宋流传过程中发生文本讹误的事实。例如,卷一《释鱼·鲋》引《淮南子》曰:"月虚而鱼脑减。"⑤此与今本同。王念孙云:"'虚'当为'亏',字之误也。('亏'字脱去右半,因误而为'虚'。《埤雅》引此已误。)月可言盈亏,不可言虚实。《太平御览·鳞介部十三》引此正作'月亏',《艺文类聚·天部上》《御览·天部四》引此,并作'月毁'。(盖许慎本。)毁亦亏也。"⑥据查,《埤雅》之前的文献无有引作"月虚而鱼脑减"者,《埤雅》与北宋本产生的年代极为接近,由此可证,"月亏"讹作"月虚",应是发生在北宋。同时,《埤雅》所引文本又能显示北宋本的某些文本错误。例如,卷八《释鸟·斵木》引《淮南子》曰:"狸头愈鼠,鸡头已瘘,虻散积血,斵木愈龋,此类之推者也。膏之杀鳖,鹊矢中猬,烂灰生蝇,漆见蟹而不干,此类之不推者也。"⑦此文出自《说山训》,其中"烂灰生蝇"一句,影宋本、道藏本均作"烂灰生绳"。明人刘绩校曰:"蝇生于灰,旧本作'绳',非也。"⑧《埤雅》引作"蝇",可证刘绩之说。

《毛诗名物解》为蔡卞所著。蔡卞(1048—1117),字符度,兴化仙游人。该书成书年代与陆佃的《埤雅》相仿,引用《淮南子》约11例,且大多同于《埤雅》。有1例值得注意,卷九《虎》引《淮南子》曰:"虎之乳子不能搏,噬者杀

---

① 《北京图书馆古籍珍本丛刊》第5册,第355页。
② 徐坚《初学记》,第689页。
③ 《北京图书馆古籍珍本丛刊》第5册,第282页。
④ 《北京图书馆古籍珍本丛刊》第5册,第381页。
⑤ 《北京图书馆古籍珍本丛刊》第5册,第268页。
⑥ 见张双棣《淮南子校释》(增订本),第286页。
⑦ 《北京图书馆古籍珍本丛刊》第5册,第312页。
⑧ 见张双棣《淮南子校释》(增订本),第1746页。

之,为其堕武。此君子所以贵夫箕裘也。"① 今本《说林训》作:"虎有子不能搏,攫者辄杀之,为堕武也。"② 未知蔡氏所据何本,或是他自改。

第三节　南宋前期《淮南子》的文本流传

所谓南宋前期,是指南渡之际至宋宁宗即位前夕,即 1127 年至 1195 年。这个时期,《绀珠集》《韵补》《海录碎事》《楚辞补注》《山谷外集诗注》《后山诗注》《演繁露》《西溪丛语》《隶释》《路史》《尔雅翼》《律吕新书》《慈湖诗传》《容斋随笔》等书,皆有征引《淮南子》的情况,从中能够反映《淮南子》在南宋前期的某些文本面貌。其中,朱胜非的《绀珠集》引用方式很特别,即先提炼词语以归纳文意,再辑录《淮南子》相应的文句,但大都转引自《初学记》,无甚价值。程大昌的《演繁露》引用《淮南子》仅 2 例,有 1 例称名《淮南子·天文训第三》,说明其所据之本与北宋本卷首名相同。而《楚辞补注》《尔雅翼》《容斋随笔》所引最值得关注。

一、《韵补》《海录碎事》所引《淮南子》文本

《韵补》是吴棫所著。吴棫(约 1100—1154),字才老,建安(今福建建瓯)人,宣和六年(1124)进士。《韵补》成书于南宋初年,是宋明以来研究上古韵部的开山之作,在古音韵学上具有很高的地位。据统计,《韵补》引《淮南子》约 14 例。吴氏于《书目》中列有《淮南子》一书,并自注曰:"汉淮南王所作《鸿烈解》,前数篇多韵语。"③《鸿烈解》实是高诱注本的书名,或吴氏所见之本每卷皆署名"高氏注"。卷五"赫"字引:"《淮南子》:'污壑窅陷之中。'高诱云:'壑,读如赫赫明明之赫。'"④ 即为一证。就这 14 例引文而言,《韵补》确实只征引了《原道训》(7 例)、《俶真训》(2 例)、《天文训》(2 例)、《览冥训》(1 例)、《精神训》(2 例)前面五篇的文本。今取引文与北宋本相对照,发现两者之间亦有异文。例如,卷一"驷"字引《淮南子》:"四时为马,阴阳为驷,

---

① 蔡卞《毛诗名物解》,《景印文渊阁四库全书》第 70 册,第 571 页。
② 张双棣《淮南子校释》(增订本),第 1820 页。
③ 吴棫《韵补》,《景印文渊阁四库全书》第 237 册,第 59 页。
④《景印文渊阁四库全书》第 237 册,第 131 页。

乘云陵霄,与造化者俱。"① 此文出自《原道训》,影宋本"䭾"作"御"。顾炎武云:"䭾,古音则俱反,与俱、区、骤为韵。'御'字正释'䭾'字,而今本为不通音者竟改本文'䭾'字为'御'。按《韵补》引此正作'䭾'。"王念孙亦持此说。但于大成不同意,他说:"窃谓作'䭾'作'御',乃许、高之异同,非此是而彼非也。许本作'䭾',《御览》《韵补》所引是也。《文子》各本,以朱弁注本最得其真,朱注本作'䭾',尤为许本作'䭾'之明证。作'御'者,高本耳。"② 于说臆测居多,应以顾、王之说为长。

《海录碎事》是叶廷珪编写的一部类书。叶廷珪,生卒年不详,字嗣忠,号翠岩,瓯宁(今福建建瓯)人,徽宗政和五年(1115)进士。该书成于宋高宗绍兴十九年(1149),引用《淮南子》约32例。察其所引文本,约有11例抄自《文选注》《艺文类聚》《太平御览》等书,其余应是引自原书,因为有2例标明了具体篇名。标明具体篇名,一般都是引用原书的反映。该书卷七上引:"《淮南鸿烈解叙》:'一尺缯,好童童;一升粟,饱蓬蓬。兄弟二人不相容。'"③ 此文出自今本高叙,"不相容"作"不能相容"。北宋本、道藏本前有高序,均题名《淮南鸿烈解叙》。可见,叶氏所据之本当与北宋本及道藏本的底本有关联。又卷十上引:"《淮南子·览冥》篇说女娲云:'功烈上际九天,下契黄垆,乘雷车,服应龙,骖青蛇,援绝瑞,席萝图,黄云络,前白螭后奔。'"④ 此文有删改,影宋本"服应龙"作"服驾应龙","青蛇"作"青虬","奔"之后有"蛇"。此外,卷四下引《淮南子》曰:"昆仑山上有鸿宫。"⑤ 此文不见于今本。这两例引文表明,叶氏当别有所本。

二、《楚辞补注》所引《淮南子》文本

《楚辞补注》为洪兴祖所撰,大约成于他担任饶州知州之时,即绍兴二十四年(1154)左右。洪兴祖补注《楚辞》,非常重视征引古代典籍。据统计,《楚辞补注》引用经部书籍53种,史部书籍30种,子部书籍81种,集部书籍73种,

---

① 《景印文渊阁四库全书》第237册,第67页。
② 见张双棣《淮南子校释》(增订本),第29页。
③ 叶廷珪《海录碎事》,《景印文渊阁四库全书》第921册,第277页。
④ 《景印文渊阁四库全书》第921册,第476页。
⑤ 《景印文渊阁四库全书》第921册,第158页。

共237种①。在所引书籍中,《淮南子》被引次数仅次于《文选五臣注》和《说文解字》,居所引子部书籍之首②。这正好能说明《淮南子》与《楚辞》的关系很亲密。据统计,《楚辞补注》共引《淮南子》正文约137例,有3例不见于今本,有8例虽见于今本,但是抄自《文选注》《北堂书钞》《初学记》等书。此外,《楚辞补注》附带引用注文约64条,单独引用注文约10条。

洪兴祖在引用《淮南子》文本时,虽然有抄袭和转引他书的情况,但如此众多的引文,能证明他肯定据用过原书。而且,引文中亦存有他据用原书的痕迹。《楚辞补注·九怀》:"《史记注》云'郭璞曰《淮南》所谓曾折摩地,扶舆猗委也'。按,今《淮南子》云:'曾挠摩地,扶于猗那。'"③"今《淮南子》"这句话非常清楚地表明,洪氏用了当时流传的《淮南子》版本来查照郭璞的引文,发现差异并写入其书中。又《楚辞补注·离骚》:"《淮南子》曰:'若木在建木西,末有十日,其华照下地。'注云:'若木端有十日,状如连珠。华,光也,光照其下也。一云:状如莲华。'"④"状如连珠",是转引《初学记》所引高注;"状如莲华",则是今本高诱的注文。可见,洪氏在抄录《初学记》的同时又参照了原书。

洪氏所据之本,其状况也能从引文中得到部分反映。首先,所据之本每卷署名"许慎"而非"高诱"。《楚辞补注》附引的注文几乎都是以"注云"的形式出现⑤,而单独引用的注文少数称为"《淮南子注》云",多数称为"许慎云""许慎曰"。这说明洪兴祖当时看到的原本就是署名许慎。在他的意识里,《楚辞补注》所有引用的注文都是出于许慎之手。其次,原书实际上仍是许高二注相杂之本。这可以从以"许慎云""许慎曰"为形式的单独引文中得到证明。此类引文有7条,除1条抄自李善《文选注》外,其余皆出自今本《俶真训》(1条)、《地形训》(1条)、《本经训》(2条)、《主术训》(2条)四篇。这四篇今本皆属高注本,而洪氏皆以为许注。例如,《楚辞补注·九怀》:"许慎云:'巍巍高大,故曰魏阙。'"⑥此文出自今本《俶真训》高注,原文作:"魏阙,王者门外阙

---

① 见朱佩弦《洪兴祖〈楚辞补注〉研究》,华中师范大学2015年博士学位论文,第237页。
② 这个结论是基于朱佩弦《洪兴祖〈楚辞补注〉研究》一文的统计数据而提出的。该文统计,《文选五臣注》被引次数为319次,《说文解字》被引次数为159次,《淮南子》被引次数为124次。《淮南子》被引次数,据笔者统计为137次,与之略有出入。
③ 洪兴祖《楚辞补注》,中华书局1983年,第273页。
④ 洪兴祖《楚辞补注》,第28页。
⑤ 仅有1例以"注"的形式出现,5例无任何标识。
⑥ 洪兴祖《楚辞补注》,第272页。

也,所以县教象之书于象魏也。巍巍高大,故曰魏阙。"① 显然,洪氏所引乃是摘引。叶德辉辑录此文许注为:"魏阙,天子两观也。一曰魏阙,王之阙也。"② 两注区别颇大,这能证明洪氏所据原书仍是许高二注相杂之本。

今取影宋本与《楚辞补注》引文相互比勘,两者的文本高度相似,很少有异文。这说明,南宋初期流传的《淮南子》版本与今本在文本上已无多大差异,高注十三篇和许注八篇拼合于一书的结构也已经定型。但洪氏所据之本并不是北宋本,当为别本。影宋本《俶真训》高注"矰弋射身短矢也"中"身",《楚辞补注·惜诵》引作"鸟"。影宋本《天文训》"至于渊虞"中"渊虞",《楚辞补注·天问》引作"渊隅"。又影宋本《天文训》"至于蒙谷"中"至",《楚辞补注·天问》引作"沦"。影宋本《诠言训》许注"博其棋,不伤为之也"中"之",《楚辞补注·招魂》引作"牟"。上述例证表明,洪兴祖应是使用了不同于北宋本的另一种本子。

三、《后山诗注》等书所引《淮南子》文本

《后山诗注》为任渊所撰。任渊(约1090—1164年),字子渊,成都新津人。此书刻于绍兴二十五年(1155),引用《淮南子》约10例,其中有2例抄自《太平广记》等书,余下几例大多同于今本。惟"孔突不暇黔"一句引:"《淮南子》曰:'孔子无墨突,墨子无暖席。'"③ 墨突,仅明叶近山本同,而影宋本、道藏本作"默突",刘绩本、茅一桂本、庄逵吉本等作"黔突"。可见,任氏所据之本或是俗本。

《西溪丛语》为姚宽所著,大约成于绍兴年间。该书引用《淮南子》约3例,卷下"宣室"引:"《淮南子》云:'武王破纣,杀之于宣室。'许叔重云:'宣室,在朝歌城外。宣室,殷宫名。一曰:宣室,狱也。'"④ 此文出自《本经训》,所谓许叔重云云,实与今本高注相同。这说明姚氏所见之本虽署名"许慎记上",但仍是许高二注相杂之本。

《隶释》为洪适所著。洪适(1117—1184),字景伯,饶州鄱阳人,宋高宗绍兴十二年(1142)中博学鸿词科。《隶释》成于乾道二年(1166),引用《淮南

---

① 张双棣《淮南子校释》(增订本),第191页。
② 《子藏·淮南子卷》第49册,第465页。
③ 任渊《后山诗注》卷七《陈留市隐者》,《四部丛刊》本。
④ 姚宽《西溪丛语》,中华书局1993年,第126页。

子》约5例,附引注文2条。洪适皆是据原书而引,有时称名"《淮南子·地形训》",有时称名"许祭酒",引其注文:"咸池,星名;水鱼,天神。"①亦与今本高注同。由此说明,洪适所据之本,是署名为"太尉祭酒臣许慎记上"的许高二注相杂之本,与北宋本、道藏本同。与今本存有异文2例:卷一释"阳灵台碑"引注文"有神灵者",今本"灵"作"圣";卷十释"逢盛碑"引"重以逢蒙门子之巧",今本"逢"作"逢"。

《路史》是罗泌撰写的一部杂史著作。罗泌(1131—1189),字长源,号归愚,吉州庐陵(今江西吉安县)人。该书成于乾道六年(1170),引用《淮南子》约87例,基本是据原书而引。罗泌多次提及具体篇名,诸如《淮南子·修务》《淮南·修务》《淮南·本经》《淮南子·览冥》《淮南·冥览》《淮南·齐俗》《淮南·人间》等,这是《路史》据原书而引的最有力证据。罗氏称引《淮南子》的书名也多样化,诸如《淮南子》《淮南》《鸿烈》《淮南鸿烈》《鸿烈解》《淮南鸿烈解》,尤其最后两个书名,揭示了罗氏所据之本存有高诱的叙文,或与北宋本相同。此外,《路史》引用注文常署名许叔重、许氏,而非高诱。如卷二十引:"《淮南子》以为尧皆命羿除之,故许氏云:'羿臣尧,河伯溺杀人,羿射其左目,风伯坏人室屋,羿中其膝,又诛九婴、窫窳之属。"②此文出《氾论训》,所引许注与今本高注相同。这表明,罗氏所据之本也是题"许慎记上",而实是许高二注相杂之本。

《路史》引证《淮南子》,基本是用作史料,摘引居多,因而文献价值不高。取之与影宋本相较,异文略有几处。如《路史》卷二十二引《淮南子》"会诸侯于涂山,执玉帛者列万国"③,影宋本"会"作"合",无"列"字。《左传·哀公七年》:"合诸侯于涂山,执玉帛者万国。"④然历代文献引《左传》此文,"合"多作"会",罗氏或有所本。

四、《尔雅翼》所引《淮南子》文本

罗愿(1136—1184),字端良,号存斋,徽州歙县(今安徽歙县)人,宋孝宗乾道二年(1166)进士。罗氏长于考证,为朱熹、杨万里等推重,其《尔雅翼》

---

① 洪适《隶释》卷二《西岳华山亭碑》,《四部丛刊》本。
② 罗泌《路史》,《景印文渊阁四库全书》第383册,第184页。
③ 《景印文渊阁四库全书》第383册,第217页。
④ 孔颖达《春秋左传正义》,第1890页。

成书于淳熙元年(1174),共三十二卷。该书引用《淮南子》正文约119例。其中,有3例明显转抄他书,有2例不见于今本①。该书还大量引用《淮南子》注文,约有43条。

尽管存在转抄他书的现象,但《尔雅翼》据《淮南子》原书而引,也是不容置疑的事实。首先,大量且广泛的引用,这是判断《尔雅翼》据原书而引的重要凭据。其次,罗愿在引用时一般都题名《淮南子》《淮南》,有时又题名《淮南鸿烈》,并且有1次提及具体的篇名,即《淮南子·时则训》,这是《尔雅翼》据原书而引的典型特征。罗愿不仅依据《淮南子》原书引用文本,而且他所据之本也肯定是完本,因为《尔雅翼》所引涉及了全书的每一篇。

通过分析《尔雅翼》的引文,我们还可以判断,罗愿所据之本与北宋本非常接近。理由有:

其一,在《尔雅翼》所引42条注文中,称名"许慎""许叔重""许氏"者约34条,称名高诱者1条,但可以肯定是转抄自李善《文选注》②,其余7条则不言姓氏。并且,这34条署名许氏的注文,涉及《天文训》(2条)、《时则训》(10条)、《览冥训》(3条)、《本经训》(2条)、《道应训》(约4条)、《氾论训》(1条)、《说山训》(4条)、《说林训》(4条)、《修务训》(1条)、《泰族训》(1条)、《要略》(1条)十一篇③,基本可以说明罗愿所据之本每篇均署名为"许慎记上",与北宋本同。

其二,引自《天文训》《时则训》《览冥训》《本经训》《氾论训》《说山训》《说林训》《修务训》八篇的所谓许注,均与今本高注相同。例如,卷十六《释鸟四·枭》:"《淮南子》'鼓造辟兵,寿尽五月之望',许叔重曰:'鼓造,盖谓枭,

---

① 不见于今本者:卷十一《释木三·槐》引《淮南子》:"槐之生,入季春五日而兔目,十日而鼠耳,更旬而始规,二旬而叶成。"(石云孙点校《尔雅翼》,第120页。)《太平御览》卷五百九十四《木部三》亦引此文,称名《淮南子》,"季春"前有"入"字,"二旬"后无"而"字。但今本实无此文。又卷十九《释兽二·豹》引《淮南》曰:"军正执豹皮以正其众。"(同上,198页。)《事物纪原》卷二亦引此文,称作《宋志》徐广引《淮南子》。

② 卷十七《释鸟五·鹢鹩》:"《西京赋》亦曰:'鸟则鹢鹩鸹鸧,驾鹅鸿鹍。'……高诱注《淮南》云:'长胫绿色,其形似雁。'鹩又作霜。"(石云孙点校《尔雅翼》,第179页。)此文出自《原道训》,今本"色"作"身"。李善《文选·西京赋注》引:"高诱《淮南子注》曰:'鹢鹩,长胫绿色,其形似雁。'"(萧统《文选》,第66页。)罗愿转抄此书的痕迹十分明显。

③ 还有1条找不到对应的篇目。卷二十一《释兽四·獭》:"许叔重注《淮南子》则以为用鲤。"(石云孙点校《尔雅翼》,第220页。)

一曰虾蟆。今世人五月望作枭羹,亦作虾蟆羹。'"① 此文出自《说林训》,今本为高注篇目,文字全同。可见,罗愿所据之本也是许高二注相杂之本,与北宋本同。

其三,《尔雅翼》所引文本与影宋本高度相似。例如,卷十四《释鸟二·鹦鹉》引《淮南子》曰:"鹦鹉能言,而不可使长,得其所言而不得其所以言也。"② 此文出自《说山训》。王念孙云:"'不可使长','长'下当有'言'字。下高注曰'不知所以长言',下注又曰'不能自为长主之言',则有'言'字明矣。脱去'言'字,则文不成义。《艺文类聚·鸟部中》《太平御览·羽族部》十一引此,皆有'言'字。"③ 可见,北宋本已脱"言"字,罗愿所见之本亦同。又如,卷二十四《释虫一·蚕》引《淮南》曰:"螈蚕一岁再收,非不利也。"④ 此文出自《泰族训》,全同于影宋本。王念孙云:"'收'本作'登',此后人以意改之也。《尔雅》曰:'登,成也。'《天文》篇曰'蚕登'、'蚕不登'是也。《尔雅翼》引此作'收',则所见本已误。"⑤ 北宋中期之前文献无有引作"收"者,作"收"字当是在北宋中期始误。张双棣说:"《说文》无'螈'字。'螈'为'蝶螈'之'螈',《尔雅·释鱼》:'蝶螈,蜥蜴。'道藏本等作'螈',庄逵吉改作'原',当是。……《齐民要术·种桑柘》引《淮南子》曰:'原蚕一岁再登。'亦作'原蚕'。"⑥《太平御览》卷八百二十五、卷九百五十五引《淮南子》均作"原蚕"。可见,作"螈"也当是在北宋中期始误。

当然,我们不能因此就肯定罗愿所据之本是北宋本,因为两者同样存在异文。例如,卷十六《释鸟四·隼》:"又解《淮南子》'鸟力胜日而服于雏礼',引《尔雅》谓之鹠鸼,秦人谓之祀祝。"⑦ 鹠鸼,影宋本作"䳄䳑",是古本。罗愿引作"鹠鸼",当据《尔雅》而改。又如,卷三十《释鱼五·蟾蠩》引《淮南子》曰:"月照天下,食于詹诸。"⑧ 食,影宋本作"蚀",古字食与蚀相通。鲍彪《战国策

---

① 石云孙点校《尔雅翼》,第 166 页。
② 石云孙点校《尔雅翼》,第 150 页。
③ 见张双棣《淮南子校释》(增订本),第 1673 页。
④ 石云孙点校《尔雅翼》,第 252 页。
⑤ 见张双棣《淮南子校释》(增订本),第 2164 页。
⑥ 张双棣《淮南子校释》(增订本),第 2164 页。
⑦ 石云孙点校《尔雅翼》,第 164 页。
⑧ 石云孙点校《尔雅翼》,第 307 页。

校注》引《淮南子·说林训》："月照天下,食于詹诸。"① 亦与《尔雅翼》同。鲍彪与罗愿的生活年代相同,两书的成书时间也接近。可见,当时或有作"食"的版本流传。

五、《容斋随笔》等书所引《淮南子》文本

《容斋随笔》为洪迈所著。洪迈(1123—1202),字景卢,号容斋,饶州鄱阳(今江西波阳)人,绍兴十五年(1145)中博学宏词科。《容斋随笔》前后共五集,历近四十年而成。此书《续笔》《四笔》共引《淮南子》正文约14例,附引注文约8例。其中,有1例将注文误引为正文,还有1例引自高诱序文。虽然引用的数量不多,但其文献价值较高。

首先,引文显示了洪氏所据之本的版本特征。《续笔》卷七"淮南王"条云:"汉淮南厉王死,民作歌以讽文帝,曰:'一尺布,尚可缝;一斗粟,尚可舂。兄弟二人不相容。'此《史》《汉》所书也。高诱作《鸿烈解叙》,及许叔重注文,其辞乃云:'一尺缯,好童童;一升粟,饱蓬蓬。兄弟二人不能相容。'殊为不同,后人但引尺布斗粟之喻耳。"② 这说明,洪氏所据之本前有高诱的《鸿烈解叙》,而后面每卷又署名为许慎。洪氏引用的这首民歌,不仅出现在高诱的叙文中,又出现在《天文训》的注文中,所以,洪氏称"许叔重注文"云云。这一特征明显与北宋本、道藏本相同。此外,洪迈引用《淮南子》多称具体篇名,诸如"《淮南子·原道训》""《淮南鸿烈解·天文训》篇""《淮南子·齐俗训》""《淮南子·氾论训》篇""《淮南子·修务训》"。可见,洪氏所据之本,其书名题为《淮南鸿烈解》,篇名都带"训"字,这又与北宋本、道藏本相同。

其次,洪氏所据之本亦是许高二注相杂之本。卷七"淮南王"条又云:"《汉书·艺文志》'《淮南内》二十一篇''《淮南外》三十三篇',列于杂家。今所存者二十一卷,盖内篇也。"③ 所谓"今所存者"云云,即表明洪氏所据之本为完本。在附引的8条注文中,称名"许叔重"者4条,出自《原道训》《兵略训》《氾论训》《修务训》;称名"高诱"者1条,引自《齐俗训》。但所引许注有3条与今本高注相同,所引高注则与今本许注相同,这表明洪氏所据之本是许高二

---

① 鲍彪《战国策校注》卷六,《四部丛刊》本。
② 洪迈《容斋随笔》,上海古籍出版社1978年,第296页。
③ 洪迈《容斋随笔》,第296页。

注相杂之本无疑①。

再者,引文显示了洪氏所据之本与北宋本的一些文本差异。《续笔》卷七"建除十二辰"条引《淮南鸿烈解·天文训》篇云:"寅为建,卯为除,……亥为收,主大德;子为开,主太岁;丑为闭,主太阴。"②现存诸本中,惟影宋本"收"作"牧",这一引文或可证洪氏所据之本不是北宋本。又"主太阴",影宋本、道藏本、叶近山本均脱"太阴"二字,而刘绩本、茅一桂本、庄逵吉本等均有"太阴"二字。此或是洪氏断句不同所致。王引之说:"'太阴'二字,乃下属为句,与下文'太阴在卯'之属相同。'主'下当别有所主之事,而今脱去。王应麟《小学绀珠》始误读'主太阴'为句,刘本遂重'太阴'二字,而各本及庄本从之,非也。"③若依王氏之说,那么洪迈实早于王应麟误读"主太阴"为句。

除引述《淮南子》的文本外,洪迈还对刘安和《淮南子》作了一定的研究。《容斋续笔》说:"寿春有八公山,正安所延致客之处,传记不见姓名,而高诱叙以为苏飞、李尚、左吴、田由、雷被、毛被、伍被、晋昌等八人,然唯左吴、雷被、伍被见于史。雷被者,盖为安所斥,而亡之长安上书者,疑不得为宾客之贤也。"④批评了刘安滥养宾客的行为。《容斋四笔》"礜石之毒"一条说:"《淮南子》曰:'人食礜石死,蚕食之而不饥。'予仲兄文安公镇金陵,因秋暑减食,当涂医汤三益教以服礜石圆,已而饮啖日进,遂加意服之,越十月而毒作,鼻衄血斗余,自是数数不止,竟至精液皆竭,迨于捐馆。偶见其语,使人追痛,因书之以戒未来者。"⑤用实际事例证实《淮南子》之说,颇有经世致用的精神。

《律吕新书》为蔡元定所著。蔡元定(1135—1198),字季通,世称西山先生,建阳(今属福建南平市)人。该书成于淳熙丁未(1187)正月朔旦之前,朱熹为之作序。引用《淮南子》约6例,全部来自《天文训》一篇。

---

① 例如,《四笔》卷五"冯夷姓字"条引:"《淮南子·原道训》又曰:'冯夷、大丙之御也,乘云车,入云蜺。'许叔重云:'皆古之得道、能御阴阳者。'"(洪迈《容斋随笔》,第 676 页。)今本"蜺"作"蜺",高注作:"夷或作迟也,丙或作白,昔古之得道、能御阴阳者也。"又如,《续笔》卷九"有扈氏"引:"《淮南子·齐俗训》曰:'有扈氏为义而亡,知义而不知宜也。'高诱注云:'有扈,夏启之庶兄也,以尧舜举贤,禹独与子,故伐启。启亡之。'"(同上,第 323 页。)全同于今本。至于洪氏为何又称引高注,当是他所据或不止一本。
② 洪迈《容斋随笔》,第 297—298 页。
③ 见张双棣《淮南子校释》(增订本),第 402 页。
④ 洪迈《容斋随笔》,第 296 页。
⑤ 洪迈《容斋随笔》,第 662 页。

引文几乎与今本全同。卷二《黄钟之实第三》引《淮南子》"为积分十七万七千一百四十七"中"十七万",影宋本、道藏本均误作"七十万",可知蔡氏当另有所本。

《慈湖诗传》乃杨简所著。杨简(1141—1226),字敬仲,号慈湖,慈溪人。该书大约成于绍熙五年(1194)之后,引用《淮南子》约6例,引用许高注文各1条。卷十六引:"许氏《淮南子注》云:'复,重窟也。'"①今本高注作:"復穴,重窟。"又引:"《淮南子》:'污壑穿陷之中。'高诱注云:'壑,读如赫赫明明之赫。'"②此文出自《原道训》,与今本相同。从所引注文来看,杨氏所据之本仍是许高二注相杂之本,但各卷署名或不统一。

《山谷外集诗注》为史容所撰。史容,生卒年不详,字仪甫,眉州青神人。此书最终完成于嘉定元年(1208),引用《淮南子》仅1例。史容注"诗如大小山"一句:"按许子解《淮南鸿烈》,其叙云:'安袭封淮南王,方术之士多往归焉,遂与苏飞、李尚、左吴、田由、雷被、毛被、伍被、晋昌等八人,及诸儒大山、小山之徒,共讲论道德,总统仁义,而著此书。'"③这段引文明显是出自高诱的《淮南鸿烈解叙》,而史氏名为"许子"之序。许子,即许慎。可见,史氏所见之本仍是题为"许慎记上"的许高二注相杂之本。

总之,从南宋前期文献对《淮南子》的征引情况看,这个时期《淮南子》根本不存在许高二注独立流传的完本,无一不是许高二注相杂之本。作为最早的私人藏书目录,《郡斋读书志》同样记录了这个事实。晁公武在题解中称"以为大明道之言也""以长为修"云云,皆是高诱《淮南鸿烈解叙》中的内容;又称"慎自名注曰记上",说明每卷又题名"许慎记上"。可知,晁氏家藏本也是许高二注相杂之本无疑。而且,这个时期所流传的《淮南子》版本,署名高诱者极少,不少藏本已出现缺损现象。

第四节 南宋后期《淮南子》的文本流传

南宋后期,《淮南子》流传的版本依然是许高二注相杂之本,文本也未发

---

① 杨简《慈湖诗传》,《景印文渊阁四库全书》第73册,第249页。
② 《景印文渊阁四库全书》第73册,第257页。
③ 史容《山谷外集诗注》卷十,《四部丛刊》本。"王"原作"山",误。

生明显变化。这个时期,《岁时广记》《项氏家说》《记纂渊海》《玉海》《困学纪闻》《小学绀珠》《汉艺文志考证》《六书故》等书,皆有征用《淮南子》的情况。其中,《记纂渊海》《玉海》《六事故》所引《淮南子》文本较多,值得关注。大约在景定二年(1261),周应合撰写《景定建康志》,其中卷三十三《文籍志一》著录有《淮南子》,说明了宋末《淮南子》流传于南京的事实。

一、《记纂渊海》所引《淮南子》文本

《记纂渊海》是潘自牧纂辑。潘自牧,生卒年不详,字牧之,浙江金华人,宋宁宗庆元元年(1195)进士。《记纂渊海》大约成于潘氏担任福州州学教授之时,即嘉定二年(1209)前后。该书引用《淮南子》总计约282例,其中有2例不见于今本[①]。

尽管《记纂渊海》有不少引文是转抄自《艺文类聚》《太平御览》等书,但据用原书而引也是不容否定的事实。首先,他把注文中的某些文字不慎混入正文,这是潘氏据原书而引的证据之一。《性行部之十六·耽好》引《淮南子》:"善游者溺,善骑者堕,各以其所好,反自为祸。是故好事者,未尝不中伤也。"[②] 此文出自《原道训》,今本"不中伤也"作"不中",高注:"中,伤也。"《性行部之十·势利相轧》引《淮南子》:"猛兽食颢善民,鸷鸟攫老弱。"[③] 此文出自《览冥训》,今本无"善"字,高注:"颢,善。"这显然是潘氏在引用原书时不慎将正文与注文混合在一起的结果。其次,《记纂渊海》在引用《淮南子》时高频次称引具体篇名,这是据原书而引的最有力证据。据统计,潘氏称名《淮南子·原道训》4次、《淮南子·俶真训》3次、《淮南子·精神训》3次、《淮南子·主术训》2次、《淮南子·缪称训》4次、《淮南子·齐俗训》3次、《诠言训·淮南子》2次、《淮南子·兵略训》2次、《淮南子·说山训》3次、《淮南

[①] 从《淮南子》版本发展史看,《记纂渊海》若完全是据原书而引,则不当有佚文。《记纂渊海·议论部之十六·物无遁形》引《淮南子》:"高垂大镜,坐见四邻。"(《北京图书馆古籍珍本丛刊》第71册,书目文献出版社2000年,第91页。)《北堂书钞·服饰部五·镜》《太平御览·服用部十九·镜》均见引用,"垂"作"悬"。然《九家集注杜诗》赵彦材注引为《淮南万毕术》,当从。又《记纂渊海·议论部之二十一·影响相应》引《淮南子》:"邹衍尽忠于燕惠王,王信谗系之。邹子仰天而哭,正夏而天为之降霜。"(同上,第109页。)《文选·诣建平王上书》李善注同引,"王信谗系之"作"惠王信谮而系之"。显然,潘氏是抄自《文选注》。可见,所谓佚文皆因抄袭前代文献而所致,非自原书而来。
[②] 《北京图书馆古籍珍本丛刊》第71册,第235页。
[③] 《北京图书馆古籍珍本丛刊》第71册,第211页。

子·说林训》5次、《淮南子·人间训》1次、《淮南子·修务训》2次、《淮南子·泰族训》1次①，总计约35次，涉及13篇。

既然是据原书而引，那就一定存在所据之本。若取潘氏所引之文与影宋本相对照，就能发现潘氏所据之本与影宋本在文本上有着极高的相似度。两者异文却很少见，大概仅有10余例。如《论议部之十五·因小陋大》引《淮南子》"弯棊卫之箭"，影宋本"棊"作"綦"；《论议部之三十六·力所不及》引《淮南子》"察毫末于百步之外"，影宋本"毫"作"针"；《论议部之十五·不器易盈》《识见部之二·易足》均引《淮南子》"入腹不过壶浆"，影宋本"壶"作"瓢"；《论议部之二·随材器使》引《淮南子》"各随所施"，影宋本"随"作"有"；《识见部之十一·豫备》引《淮南子》"虽渗旱灾害之殃"，影宋本"渗"作"涔"；《论议部之十七·物各有宜》引《淮南子》"人之困惫者也"，曾慥《类说》卷二十五"良医活人"条亦引作"惫"，影宋本"惫"作"慰"；《论议部之三十四·识者难欺》引《淮南子》"唯狷顿不谬其情"，影宋本"谬"作"失"；《人情部之四·激厉》引《淮南子》"赏一人而天下谕之"，影宋本"谕"作"誉"；《性行部之四·愚暗》引《淮南子》"篙终而以水为浅"，影宋本"浅"作"测"；《性行部之二十二·公平》引《淮南子》"无地而不注"，影宋本"注"作"澍"。

此外，还有几例异文具有较高的文献价值。《兵戎部之二·兵法》引《淮南子》"涉水则多舟弓"，影宋本及后世诸本均无"则"字。然《玉海》卷一百四十一引此文亦有"则"字。于省吾说："涉水多弓，不词，本应作'涉则用弓'。此言水中不便于用弩鐖以发矢，故曰用弓。注'故以弓便'，'以'字正释'用'字。且'易则用车'，与'险则用骑'对文；'涉则用弓'，与'隘则用弩'对文。"②《记纂渊海》所引可佐证于说。《人情部之三·惩创》引《淮南子》"畏马之蹶也不敢骑"，潘氏在"蹶"字下自注："一作辟。"③影宋本"蹶"正作"辟"。《识见部之十一·谨微》引《淮南子》"墙之坏必于隙"，影宋本"必"作"也"。陶鸿庆云："'也'当作'必'。"④《记纂渊海》所引可证陶说。《论议部之十四·微小有知》引《淮南子》"狂马不自触于木"，王应麟《困学纪闻》卷

---

① 潘氏称名时并非总是一致，其中，称《淮南子训道篇》(即《原道训》)2次，《俶真训》2次，《淮南子缪称篇》1次，《齐俗训》2次，《淮南说林训》1次，《说林训》2次，《淮南修务训》1次。
② 见张双棣《淮南子校释》(增订本)，第1654页。
③ 《北京图书馆古籍珍本丛刊》第71册，第505页。
④ 见张双棣《淮南子校释》(增订本)，第1943页。

十《地理》引作"狂马不触木"。影宋本作"任马不触木",文不成义,"任"字当误。此句应与下一句"猲狗不自投于河"相对为文,则潘氏所引于义为长,当从。《问学部之四·遂非》引《淮南子》"邪必蒙正以自为辞",影宋本"辞"作"辟"。王念孙云:"'辟'字义不可通,当是'辞'字之误。"刘文典说:"'辟'假为'譬'。'托善以自为解'、'蒙正以自为譬',相对为文,义亦正相对。"① 然《记纂渊海》所引可证王说是而刘说非。

上述异文说明,潘氏所据之本虽然与北宋本很相似,但并不是北宋本,而更接近于南宋末期的王应麟所据之本。从"一作辟"来看,潘氏当见过北宋本。

二、王应麟著书所引《淮南子》文本

《玉海》是王应麟个人编撰的一部类书。王应麟(1223—1296),字伯厚,号深宁居士,庆元府鄞县(今宁波市鄞州区)人。王氏博学多才,长于考证,著有《玉海》《小学绀珠》《汉艺文志考证》《困学纪闻》等。这些著作都大量引用《淮南子》,以《玉海》《困学纪闻》最值得关注。这从侧面也说明了《淮南子》对于王应麟学术的影响力。

《玉海》始编于淳祐元年(1241)之后,初成于宝祐四年(1256),最终大约成于咸淳七年(1271)②。该书引用《淮南子》约153例,涉及《淮南子》的全部篇目,虽然有转抄李善《文选注》等他书的情况,但绝大多数是来自于原书。据统计,王氏引用《淮南子》时,称名《天文训》5次、《地形训》3次、《时则训》3次、《览冥训》1次、《精神训》1次、《本经训》2次、《主术训》4次、《缪称训》1次、《齐俗训》7次、《道应训》2次、《氾论训》1次、《诠言训》2次、《兵略》1次、《说山训》1次、《人间训》1次、《修务训》3次、《泰族训》4次③,总计约45

---

① 见张双棣《淮南子校释》(增订本),第2131页。
② 见《〈玉海〉成书考略》,《荆楚学刊》2015年第2期,第87页。然而,细查《玉海》引《淮南子》之文,遇"慎"字时,有时避宋孝宗赵昚之讳改作"谨",如《玉海》卷三十一《圣文》"尧戒"条引《淮南子·人间训》:"尧戒曰:'战战栗栗,日谨一日。'"(日本内阁文库藏元至元六年刻本。)今本"谨"作"慎";卷一百二十五《汤司直臣》条引用注文时把"许慎"改成"许谨"。有时又不再避讳,如卷一百十《音乐》"尧磬鼓"条同引"尧戒"之言,则仍作"慎"字。因此,在宋亡以后王应麟对《玉海》应该还有修订。
③ 另称名"淮南王《地形》之篇"1次,"《淮南子·主术》篇"1次,"《淮南子·道训》篇"1次。所谓道训篇,即《道应训》一篇,当脱"应"字。

次,前面或冠以"淮南子",或冠以"淮南"。这是《玉海》据原书而引的最有力证据。

继《玉海》之后,王应麟又私撰了一部类书,即《小学绀珠》。该书大概成于宋亡以后,引用《淮南子》及注文约33例。其引用方式与《玉海》很不相同,基本属于摘抄词语而引,发挥了《淮南子》作为古代知识宝库的作用,但文献价值不高。

《汉艺文志考证》是王应麟在文献学方面的一部力作,其写作时间尚不明确,书中分类多与《玉海》相似,当是作于《玉海》初成之后。该书引用《淮南子》及注文约20例,称名《淮南子·天文训》1次、《天文训》1次、《淮南子·兵略训》2次。

王氏另一部学术力作《困学纪闻》,其写作时间亦不明确,当成于宋亡以后。该书引用《淮南子》及注文约37例,称名《天文训》2次、《时则训》4次、《主术训》1次、《诠言训》1次、《人间训》3次、《修务训》1次、《要略》1次,前面或贯以"淮南子",或贯以"淮南"。这也是王氏据原书而引的坚实依据。

作为南宋藏书在万卷以上的藏书家,王应麟所据之本应是他的家藏本。当然,王氏性喜抄书,因而,其家藏本也有可能是在他担任秘书监和国史编修时,抄录自馆阁藏本。《玉海》卷五十五《艺文·著书类》著录有"汉《淮南鸿烈》"一书,并云:"《鸿烈》二十一篇,其二十篇:《原道》《俶真》《天文》《地形》《时则》《冥览》《精神》《本经》《主术》《缪称》《齐俗》《道应》《氾论》《诠言》《兵略》《说山》《说林》《人间》《修务》《泰族》,而终之以《要略》。"又引《序》曰:"安与苏飞、李尚、左吴、田由、雷被、毛披、伍被、晋昌等八人,及诸儒大山、小山之徒,讲论道德,总统仁义,而著此书。其旨近老子,大较归之于道,号曰《鸿烈》。鸿,大也,烈,明也,以为大明道之言也。刘向校定。又有十九篇,谓之《外篇》。"① 这两段文字说明,王氏所据之本应是带有注文的完本,《玉海》所引之文遍及《淮南子》各篇即是明证。其中,"毛披"二字同于影宋本②,而道藏本及后世诸本均作"毛被",这表明王氏所据之本与北宋本应该存在亲密的关系。

---

① 王应麟《玉海》,第1038—1039页。
② 王应麟《汉艺文志考证》卷七引此文,亦作"毛披"。并云:"许慎注标其首皆曰'问诂',自名注曰'记上'。"(《景印文渊阁四库全书》第675册,第77页。)问诂,当是间诂之讹。

两本之间的亲密关系,还可以从其他引文中得到进一步体现。《玉海》卷八十七《器用》"周简圭"条引:"《淮南子·说山训第十六》:'明月之珠,出于蚌蜄。周之简圭,出于垢石。'注(许慎):'大圭也,美玉,出于石中。'"① 这段引文隐藏着三个信息:其一,"说山训第十六"这个卷首名与影宋本完全一致,同样源于宋代的明代道藏本此篇为"卷之二十三",篇名下并无"第十六"字样。这说明,王氏所据之本与北宋本在结构布置上当完全一致。其二,王氏认为这条注文属于许慎,故其所据之本必题"许慎记上",此亦与北宋本相同。其三,王氏引用的这条注文,实际上是高注,故其所据之本必为许高二注相杂之本,此亦与北宋本相同②。《困学纪闻》引:"《吕氏》《淮南》曰'候雁来',高诱、许叔重注以'候雁来'为句。"并引注曰:"宾爵,老爵也。栖宿人堂宇之间,有似宾客,故曰宾爵。"③ 在王氏看来,高诱注《吕氏》和许慎注《淮南》"候雁来"一句,都是同一条注文。这明显于理难通。事实上,这条注文只属高诱一人,因为高诱既有《吕氏注》,又有《淮南注》。王氏所谓许慎注,实是高诱注。所以,《困学纪闻》这条引文,一方面表明王氏所据之本为许高二注相杂之本,另一方面又说明王氏对《淮南子》的这一版本特征未能加以辨认。

两本之间的亲密关系,还体现在它们的异文极少。当然,这些异文对于我们了解《淮南子》文本在南宋后期的流传情况,以及校勘今本,都有一定的价值,例如:

《玉海》卷一百十引《淮南子·主术训》"伐罄而食",影宋本作"罄鼓而食"。王念孙云:"'罄鼓而食',当为'伐罄而食',今作'罄鼓'者,涉注文而误也。《周官·大司乐》曰:'王大食三侑,皆令奏钟鼓。'奏钟鼓而食,故曰伐罄而食。高注引《诗》'鼓钟伐罄',正释'伐罄'二字之义,若云'罄鼓而食',则文不成义矣。且伐罄而食,奏雍而彻,相对为文。……《玉海·音乐部·乐器类》引此正作'伐罄而食'。"④ 据此而言,《玉海》所据之本当不是北宋本,与道藏本亦相异。

---

① 王应麟《玉海》,第1599页。
② 《玉海》卷一百八十四《食货》"汉常满仓"条引:"《淮南子·精神训》许慎注:'敖仓,古常满仓也。'"(第3371页。)今本注文作:"敖,地名。仓者,以之常满仓也,在今荥阳县北。"(张双棣《淮南子校释》[增订本],第796页。)又今本《说山训》注文:"敖仓,古常满仓,在荥阳北。"(同上,第1788页。)两者均属高注。可证其所据之本确为许高二注相杂之本。
③ 王应麟《困学纪闻》卷五《礼记》,《四部丛刊》本。
④ 见张双棣《淮南子校释》(增订本),第1041页。

《困学经闻》卷十二《考史》引《淮南·人间训》"使监禄转饷",影宋本及后世诸本均作"使监禄无以转饷"。王念孙云:"'无以'二字,后人所加。此言使监禄转饷,又使用卒凿渠而通粮道也。《史记·主父传》'使监禄凿渠运粮,深入越',是其证。'使监禄'下加'无以'二字,则文不成义矣。《困学纪闻》引此无'无以'二字。"① 此亦能说明《玉海》所据之本当不是北宋本。

《困学纪闻》卷十三《考史》引《淮南·要略》注文"中国以鬼神之亡日忌",影宋本"亡"作"士",道藏本、刘绩本作"事"。于大成说:"景宋本注'士'当为'亡',《困学纪闻》十三引正如此,鬼神亡日故有忌也。然则帝杀黑龙也,介推焚死也,皆所谓鬼神亡日也。许君生于东汉,在《新序》既出之后,或亦用其说乎?"②《说文·士部》:"士,事也。"士与事,古字通用。"士"与"亡",形近易讹。影宋本作"士"或是传写之误③,北宋本未必如此。

三、《六书故》所引《淮南子》文本

《六书故》为戴侗所著。戴侗,生卒年不详,字仲达,永嘉人。《六书故》当成于宋亡之际。该书引用《淮南子》约29例,引用注文6条,其中4条皆注明"高诱曰"④。虽然《六书故》引用的文本数量不是很多,但察其内容,乃是据原书而引,因而在一定程度上能透见《淮南子》文本在当时的流传情况。

首先,从所引注文均注明"高诱曰"来看,宋末已有署名高诱的刻本流传。其次,戴氏所据之本仍是许高二注相杂之本。卷十八解"鱕"字引:"《淮南子》曰:'角鱕不厌薄。'高诱曰:'刀剑羽间覆角也。'"⑤ 此文出自《齐俗训》,今本此篇乃许注,而戴氏引为高注,说明他所据之本仍是许高二注相杂之本,也说明他未能辨清这一版本特征。

其次,《六书故》引文能表明戴氏所据之本与北宋本之间的某些文本差异,显示出两者当是不同的版本,例如:

《六书故》卷三解"猋"字引《淮南子》曰:"追猋归忽。"此文出自《原道

---

① 见张双棣《淮南子校释》(增订本),第1951页。
② 见张双棣《淮南子校释》(增订本),第2181页。
③ 顾广圻、刘履芬影宋本均作"士",而陈奂影宋本作"事"。
④ 其中,引《原道训》(约3例)、《览冥训》(约1例)、《精神训》(约2例)、《主术训》(约1例)、《道应训》(约1例)、《兵略训》(约3例)、《说山训》(约4例)、《说林训》(约8例)、《人间训》(约1例)、《修务训》(约1例),总计10篇。
⑤ 本节所引《六书故》之文,均出自清乾隆四十九年(1784)李鼎元刻本。

训》,影宋本"焱"作"猋"。段玉裁说:"古书'焱'与'猋'二字多互讹,如班固《东都赋》'猋猋炎炎',当作'焱焱炎炎'。"① 可见,戴氏所据之本已是"猋"讹为"焱"。

《六书故》卷八解"伹"字引《淮南子》曰:"使伹吹竽。"戴氏按语:"今俗亦以拙钝为伹。"引文出自《说林训》,影宋本"伹"作"伹"。王念孙云:"高读与燕言鉏同,则其字当从且,不当从旦。《说文》:'伹,拙也。从人,且声。'……《广韵》:'伹,拙人也。'意与高注'不知吹人'相近。又高注'读燕言鉏同',与《说文》'从人且声'及《玉篇》'七闾'、'祥闾'二音并相近,若然,'伹'为'伹'之误也。"俞樾云:"高注曰'伹,古不知吹人',此殆望文生训。且既不知吹矣,又何能中节乎?《文子·上德》篇作'使倡吹竽,使工捻窍',然则'伹'、'氐'二字乃'倡'、'工'之误。……'倡'字阙坏成'伹'字,隶书'工'与'氏'形似而误。高据误本作注,曲为之说,失之矣。"② 两字同时而误的可能性很低,俞樾之说亦有偏颇,《六书故》所引可证王说是而俞说非。

《六书故》卷十八"鞟"字引《淮南子》曰:"譬之犹鞟革也,大则大矣,列之道也。"此文出自《道应训》,影宋本作:"譬之犹廓革者也,廓之,大则大矣,裂之道也。"这里面最重要的异文,就是"鞟"与"廓"。《说文》无"廓"字,《原道训》"廓四方",高诱注:"廓,张也。"《说文·革部》:"鞟,去毛皮也。"戴氏自注:"凡革不去其毛,张而完暴之,谓之鞟。""廓"与"鞟",古无互用之例。《淮南子》此文当作"鞟",古本或如此。《六书故》引文实际上还保留了其他古字,如卷十"眰"字引《淮南子》曰:"眰然而眠。"此文出自《原道训》,影宋本"眠"作"视"。殷敬顺《列子释文·天瑞》:"眠,古视字也。"③ 这些古字若非戴侗所改,则说明他别有所本。

第五节　元代《淮南子》的文本流传

《淮南子》现存诸本之中,无有元本,谭叔端所刻《新刊淮南鸿烈解》也只是宋元之际的版本。因此,元代典籍所引《淮南子》文本,就成为我们了解元

---

① 段玉裁《说文解字注》,第490页。
② 见张双棣《淮南子校释》(增订本),第1792页。
③ 杨伯峻《列子集释》,第1页。

代《淮南子》文本流传的重要桥梁。据考查，俞琰撰《席上腐谈》、刘瑾撰《律吕成书》《诗传通释》、徐天祜撰《吴越春秋音注》、刘因撰《四书集义精要》、王守正撰《老子衍义手钞》、张存中撰《四书通证》、郝天挺注《唐诗鼓吹》、许谦撰《诗集传名物钞》、吴澄撰《礼记纂言》、吴莱撰《渊颖集》、马端临撰《文献通考》、吴师道撰《战国策校注》、梁益撰《诗传旁通》、刘履编《风雅翼》、陶宗仪编《说郛》等，皆见引用《淮南子》文本的情况。然而，这其中有很多著作都是转引自其他文献，无深入讨论的必要。

一、《老子衍义手钞》所引《淮南子》文本

《老子衍义手钞》又名《道德真经衍义手钞》，被收录在明代《正统道藏·洞神部》。关于此书及作者，王恽《秋涧集》卷四十二录有一篇《老子衍义序》。这篇序文说："壬辰冬，予应聘至都，既馆寿宫，嗣教玄逸张公，与一杖者相陪来谒，须眉皓白，气貌魁伟，敦兮其若朴，听其言冲冲然，殆有所深蕴，随见所赋诗，顾非澹泊忘言者。寻西还求辞，方知君为重阳宫主玄学师也。既而其徒执老子书请见，稽首再拜，为致师求序。"[①] 王重民解释说："此杖者即王丈，亦即王守正也。《秋涧文集》作《老子衍义序》，当即《道德真经衍义手钞》之简称。又白云霁《道藏目录详注》谓'五峰清安逸士王守正集'，《序》称'重阳宫主玄学师'，盖守正号清安逸士，曾为重阳宫主玄学师也。"[②] 壬辰冬，即元世祖至元二十九年（1292），说明《老子衍义手钞》成于1292年之前，而作者就是自号清安逸士的重阳宫主玄学师王守正。

所谓衍义，多用史事典故比附老子之言；所谓手钞，则详细摘录这些史事典故的内容，并标明出处。衍义、手钞，均见引用《淮南子》之处。据统计，《老子衍义手钞》共引《淮南子》文本约10例，其中衍义2例，手钞8例。从此书引述《淮南子》的情况看，可以确定是据用原书而引。因为王氏引用时经常称呼具体篇名，有所谓《淮南子鸿烈解·道训》篇、《淮南子鸿烈解·道应训》篇、《淮南子·主术训》、《淮南鸿烈解·主术训》篇。从这些篇名看，王守正所据用的版本，书名当题为《淮南子》，而卷首名题为《淮南鸿烈解》，与北宋本、道藏本相同。

---

① 王恽《秋涧先生大全文集》，《四部丛刊》本。
② 王重民《老子考》，中华图书馆协会1927年，第283页。

《老子衍义手钞》多把注文当成正文来引用。例如,《老子·持而盈之章第九》衍义云:"楚白公胜,得荆国,不能以府库分人。"钞:"《淮南子鸿烈解·道训》篇云:'白公名胜,常封于白,故云白公胜,乃楚平王之孙太子建之子也。'"①手钞所引并非正文,而是注文。且"常封于白"云云,当是王氏自加。又如《老子·天下之至柔章第四十三》手钞引《淮南鸿烈解·主术训》篇云:"虽瞽而大治,晋国使无有乱政,故贵于有所见者也。"②此文亦非正文,同于今本高注,高注"虽瞽"作"虽盲"。原书"陶喑而为大理",高注称"虽喑"云云,则"师旷瞽而为大宰皋",亦应称"虽瞽",故当从手钞所引。这似可说明,王氏所据之本并非北宋本。

尽管王氏引用《淮南子》文本并不是很严格,但他对《淮南子》似乎还作了研究。王氏说:"或自立别号者,《子思子》《太公金匮》《淮南子》《盐铁论》……《万毕术》是也。或探玄经奥义,或探儒术礼书,或宗律历天文,或附阴阳象纬,或拘以名法,或约以机权,各尽所长,互陈其旨,然有或为或作,乍弛乍张,各滞一隅,罕能通贯,以兹量较,难以及之于无为之道焉。"③《淮南子》《万毕术》都是刘安及其宾客的著作,王氏将它们列入"自立别号者"一类,也就是不以自己姓氏称其书,而别立名号。在他看来,《淮南子》只是"乍弛乍张,各滞一隅,罕能贯通"的一部子书。"各滞一隅"似不是允评,而"罕能通贯"是为确评。

二、《四书通证》所引《淮南子》文本

张存中,生卒年不详,字德庸,新安人,生活在元代初期。他的《四书通证》当成于泰定五年(1328)之前。此书虽然仅引用《淮南子》1例,但几乎可以肯定是据原书而引。因为张氏在《四书通证群书总目》中列有"《淮南子》"一书。所谓群书总目,实际上就是征引书目。张氏在《群书总目》中罗列了56种书籍的名字,《淮南子》是其中之一。可见,《淮南子》已经指定成为张氏的征引书目。此外,《四书通证》的引文还具体到了篇名。《论语集注通证》卷下引:"《淮南子·原道训》:'蘧伯玉年五十,而知四十九年非。'"又引注文:

---

① 王守正《道德真经衍义手钞》,《中华道藏》第12册,第118页。
② 《中华道藏》第12册,第160页。
③ 《中华道藏》第12册,第161页。

"卫大夫蘧瑗,今年所行是,则顾知去年之所行非也,岁岁悔之以至于死,故有四十九年非。"① 这是张氏据原书而引的有力证据。引文"知四十九年非"中"知"字,影宋本、道藏本、刘绩本均作"有",而茅一桂本、张炜如本均作"知"。王叔岷说:"《事文类聚前集》四六引'有'作'知',《北山录十·外信第十六》云:'夫蘧大夫五十知四十九年非。'字亦作'知'。"② 这说明,在元代既有作"知"的版本,又有作"有"的版本。因此,《四书通证》所据之本当不同于北宋本,或是与茅一桂本有渊源关系的版本。

三、《文献通考》所引《淮南子》文本

马端临(1254—1324),字贵与,号竹洲,饶州乐平(今江西乐平)人。他的《文献通考》是中国古代一部非常重要的典籍,书成于元成宗大德十一年(1307),分为田赋考、钱币考、选举考、学校考、职官考、经籍考等24门。

马端临对《淮南子》非常熟悉,且在《经籍考》中为《淮南子》留有一席之地。《经籍考四十·子·杂家》著录"《淮南子》二十一卷",并在此文下依次辑录了晁公武《郡斋读书记》关于《淮南子》的题解、洪迈《容斋随笔》关于刘安及《淮南子》的评论、高似孙《子略》关于刘安及《淮南子》的评论、《周氏涉笔》关于《淮南子》的评论和陈振孙《直斋书录解题》关于《淮南子》的题解。这是《淮南子》学史上汇录历代学者关于《淮南子》评述材料的开始,对后世学者研究《淮南子》影响很深。明代王鏊校刊《淮南子》,前置《淮南子序略》,茅一桂校刊《淮南子》,前置《淮南子总评》一栏,即是受马氏《经籍考》的影响。清初的陈梦雷编撰《古今图书集成》,设置《经籍典·淮南子汇考》也是效仿马氏《经籍考》。清末的王仁俊编撰《淮南子许注考证》,也使用了与马书相同的体例。

从马氏汇录历代学者的评论材料来看,他应当亲自见过《淮南子》一书,当然也就见过《淮南子》在当时的版本。据统计,《文献通考》引用《淮南子》约15例,其中大部分都是转引他书。唯卷一百三十五《乐考·柎瓶》引刘安曰:"穷乡之社,扣瓮柎瓶,相和而歌,以为乐。"③ 此文引自《精神训》,今本"乡"

---

① 张存中《四书通证》,《景印文渊阁四库全书》第203册,第690页。
② 见张双棣《淮南子校释》(增订本),第84—85页。
③ 马端临《文献通考》,中华书局1986年影印本,第1202页。

作"鄙","瓴"作"瓺"。于大成说:"'乡'之与'鄙',乃许、高二家之异,非出后人所改。《御览》四百八十六引注与今本合,知高本确作'穷鄙',则作'穷乡'者许本也。观《类聚》《御览》连引下文,凡作'穷乡'者必与今本相异,可知原有二本,非出后人所改也。"① 又向承周说:"瓺盆未闻可拊,'瓺'乃'瓴'之讹。《风俗通·音声篇》谓'缶,瓦器,秦人鼓之以节歌。'"② 可见,马氏所引与北宋本、道藏本差异较大。如果马氏不是转引自《北堂书钞》等类书,则他所见到的版本还保留有许注《精神》一篇。但这种可能性几乎极低,因为元代《淮南子》的版本与今本不会有多大差别。

四、《说郛》所引《淮南子》文本

陶宗仪(1329—1412?),字九成,号南村,台州黄岩人,后迁居上海,编著有《说郛》《南村辍耕录》等十余种。《说郛》原有 100 卷,录书 600 余种,后陶珽续补成 120 卷,录书达 1200 余种,但已失原书面貌。今传《说郛》乃近人张宗祥据多种明钞残本配补而成。关于《说郛》的产生时间,昌彼得说:"《说郛》成书之时代,伯希和氏以杨维祯曾序其书,而杨氏卒于洪武三年,因推测当成于元代,其言甚是。案陶氏《辍耕录》成书于至正廿六年,孙作《南村小传》缕列陶氏著作,以《说郛》冠首,《辍耕录》次之,是孙作亦认为《说郛》系陶氏之第一部著作。复据以上所论《说郛》成书之性质,及其与《辍耕录》之关系,且《说郛》中于元代著者,辄冠'皇元'二字,则《说郛》之纂辑成于元代,可为定论。"③ 据此,陶宗仪虽生活至明代建文皇帝之时,但其《说郛》为元代著作则无疑义。

《说郛》卷六有《读子随识》。杨树达说:"识字依事之先后分三义:最先为记识,一也;认识次之,二也;最后为知识,三也。记识、认识皆动作也,知识则名物矣。余谓识字当以记识为本义。"④ 可见,所谓随识,就是随手记录之意,并非随意评论、认识之意。因此,所谓读子随识,即是陶氏在阅读诸子之书时摘录格言警句式的笔记。这种读书笔记与唐代马总的《意林》非常接近,不同的是,《读子随识》没有像《意林》那样对原书文句进行大幅度的删改。

---

① 见张双棣《淮南子校释》(增订本),第 792—793 页。
② 见张双棣《淮南子校释》(增订本),第 792 页。
③ 昌彼得《说郛考》,台北文史哲出版社 1979 年,第 12—13 页。
④ 杨树达《积微居小学述林全编》,上海古籍出版社 2007 年,第 14 页。

《读子随识》辑录有《淮南子》文句,但都未标明具体篇名。据统计,《说郛》辑录文句总计约19条,其中依次为《原道训》3条、《主术训》1条、《齐俗训》1条、《氾论训》1条、《说山训》3条、《说林训》2条、《人间训》1条、《俶真训》1条、《道应训》1条、《说山训》2条、《泰族训》1条,不仅篇目次序紊乱,还有2条分别来自《战国策》和《韩非子》,而陶氏均误为《淮南子》[①]。此外,《读子随识·淮南子》:"牛蹄之涔,无尺之鲤;颓腐之山,无丈之材。"[②] 此文出自《俶真训》,原文"涔"作"涔","颓腐"作"块阜"。《淮南子》各本皆无作"颓腐"者,陶氏所引当来自《艺文类聚》。这些情况说明,陶氏辑录《淮南子》文句并不严谨,有不少文句并非引自原书,而是来自像《艺文类聚》《类说》这样的类书。因此,《说郛》所引《淮南子》文本,并不能真实地反映元代《淮南子》版本的文本面貌。而且,它所辑录文句的质量也不能与《意林》相提并论。

[①]《读子随识·淮南子》:"郑、周之女,粉白黛黑,非知而见之者以为神。"(《子藏·淮南子卷》第36册,第541页。"郑周"原作"郑州周",今据涵芬楼1927年影印本删)。此文见于《战国策·楚策三》,原文"黛黑"后有"立于衢闾"四字。《读子随识·淮南子》:"伍子胥出走,边侯得之。子胥曰:'上求我,以我有美珠也,今我已亡之矣,且曰子取之。'边侯恐而释之。"(同上,第541—542页。)此文见于《韩非子·说林》,两者略有不同,原文作:"子胥出走,边候得之。子胥曰:'上索我者,以我有美珠也。今我已亡之矣,我且曰子取吞之。'候因释之。"(王先慎《韩非子集解》,第172页。)然陶氏所引与《艺文类聚》所引仅一字之差,即"恐"作"忱"。这说明陶氏当据《艺文类聚》而非原书。

[②]《子藏·淮南子卷》第36册,第541页。

第四章　宋元学者评读《淮南子》

第一节　张嵲的《读淮南子》

如果说北宋中期苏颂的《校〈淮南子〉题序》，是现存最早关于《淮南子》文本校勘的一篇专论文章，那么，南宋初期张嵲的《读〈淮南子〉》，就是现存最早评读《淮南子》的一篇专论文章。张嵲（1096—1148年），字巨山，湖北襄阳人，后半生攀附秦桧，为世人所讥。他擅长诗文，少时师从陈与义，作诗颇受其影响，又能自成一家，著有《紫微集》三十六卷传世。《紫微集》原载三十卷，自明以来，久无传本。《四库》馆臣从《永乐大典》中辑出，析为三十六卷。《读淮南子》一文，即收录在此书卷三十二。

一、张嵲评读《淮南子》的时间

张嵲《读淮南子》一文，篇幅很短，仅170余字，兹全录于下：

> 《淮南子》文甚类《荀子》，而引义推类，则《新序》《说苑》之流。其间事实可用者甚众，晋、魏以后，诸人颇采取之，藉使不合于经，犹当广异闻也。窃独悲八公者深博识事如此，而不能脱王安于祸，岂不能用其言耶？将斯路之信艰，不可以智免也？韩文有曰"发桺而苗薅之"，盖出于此，然薅作耨，乃传写之误，当以韩文为正。乱来，余求是书十五年，至壬戌冬从苏仁仲借得之，始获抄览。余悯古书未见售于今之人，未有镂印者，恐其散佚不全，乃别加装褙而归之。①

张嵲身处两宋之交，这个时期正好时局动荡，战火不断，官藏书籍几乎毁于一旦。《宋史·艺文志》说："最其当时之目，为部六千七百有五，为卷

---

① 《全宋文》第187册，第198页。

七万三千八百七十有七焉。迨夫靖康之难,而宣和、馆阁之储,荡然靡遗。"①士大夫需要觅书而读,颇为不易。叶梦得在《绀书阁记》中说:"绍兴初,余为守,当大兵之后,屯戍连营,城郭郁为榛莽,无复儒衣冠盖,尝求《周易》,无从得。"②《周易》本是受人们重视、寻常易得之书,遭遇国难之后,便成为稀少罕见的书籍了。

与叶氏同时代的张嵲,也有同样遭遇。他曾于绍兴七年(1137)担任校书郎兼史馆校勘,再迁著作郎。这三个职位,皆与皇家藏书有非常亲密的关系,也最利于士大夫访读珍贵古籍。然而,张嵲却在《读管子》一文中说:"予求《管子》书久矣。绍兴己未,乃从人借得之,伏而读者累月,始颇究知其义训。"③绍兴己未,即绍兴九年(1139),此时,张嵲仍在馆阁供职,居然见不到《管子》,更别说《淮南子》了。

所以,他又在《读淮南子》中说:"乱来,余求是书十五年,至壬戌冬从苏仁仲借得之,始获抄览。"壬戌,即绍兴十二年(1142)。张嵲在这一年的冬季才借到《淮南子》,但整个过程足足用去了十五年时间。也就是说,他在建炎二年(1128)就有通读《淮南子》的打算,然而,当时无书可读。后来又因时局不稳,书籍散亡极其严重,张嵲一直在不断的寻访之中。从这个方面说,他在绍兴十二年之前,应该只接触到了被他书引证的《淮南子》的只言片语,为其所吸引,才萌发了进一步阅读它的打算。十五年不间断的寻访之路,即是明证。终于在绍兴十二年冬天,张嵲斯愿得偿,不仅获睹了全书之貌,也开始了通读和摘抄《淮南子》的学术活动。至于阅读《淮南子》花费了多少时间,张嵲未予明说,当不会少于阅读《管子》所用去的"累月"。

二、张嵲所读之本的版本情况

张嵲比较注重训诂考据之学,也十分在意所读之书的版本。其《读管子》云:"然舛脱甚众,其所未解尚十二三,用上下文义及参以经史训诂,颇为是正其讹谬,疑者表而发之,其所未解者置之,不敢以意穿凿也。既又取其间奥于理、切于务者抄而藏于家,将得善本而卒业焉。"④很清楚地表明,他颇擅长训诂

---

① 脱脱《宋史》,第5033页。
② 《全宋文》第147册,第332页。
③ 《全宋文》第187册,第196页。
④ 《全宋文》第187册,第196—197页。

之学,精通文本校勘,同时又非常重视善本的价值。基于这样的学术观念,张嵲喜欢在读书札记中描述所读之书的版本情况,亦在情理之中。

《读淮南子》就为我们描述了他当时所读之本的版本情况。其文云:"韩文有曰'发柹而苗薅之',盖出于此,然'薅'作'耨',乃传写之误,当以韩文为正。乱来,余求是书十五年,至壬戌冬从苏仁仲借得之,始获抄览。余悯古书未见售于今之人,未有镂印者,恐其散佚不全,乃别加装褙而归之。"仔细寻绎这段文字,实际上能够发现张氏所读之本的版本来源及状况。

首先,张嵲所读之本的版本来源。要解决这个问题的关键,就是张嵲提到的苏仁仲这个人。苏仁仲,《宋史》无传,生卒年不详。吕祖谦《入越录》描述:"(淳熙元年九月)四日,饭已,……访苏仁仲、计议师德于偏门外,皆前日初至所历也。"又说:"仁仲,苏子容丞相孙,致仕闲居,年垂八十,道前辈事亹亹不厌。出旧书数种,《管子》后子容手书:'庆历乙酉家君面付。'犹苏河阳所藏也。纸尾铭款云:'惟苏氏世官学以儒,何以遗后? 其在此书,非学何立,非书何习? 终以不倦,圣贤可及。'其曰'书袠铭戒'者,子容所识;其曰'先公铭戒'者,铭语亦同,盖子容之子所识也。纸背多废,笺简刺字异今制者,末云:'牒件状如前,谨牒。'如前辈所记,署衔多杭州官,称子容云'知府舍人',乃知杭州时也。"① 淳熙元年,即公元1174年,此时苏仁仲年近八十,向前推溯,仁仲当生于1095年左右,与张嵲几近同年。最可值得注意的是,他是苏子容之孙。

周南《康伯可传》也说:"仁仲,丹阳魏公孙,子正女婿也,颇能道子正爱赏伯可语。"② 丹阳魏公,即苏魏公。苏颂,字子容,原籍福建同安,后徙居江苏丹阳,去世后被追封魏国公,世称魏公。他是北宋的大藏书家,私人藏书在万卷以上,曾对《淮南子》作过系统校勘,接触到七种《淮南子》版本,其中就包括自己的家藏本。苏颂的藏书自然会传至他的孙子苏仁仲手里,吕祖谦所谓"出旧书数种"云云,即是明证。张嵲与苏仁仲交好,所以能从他手里借到《淮南子》。甚至可以推测,张嵲所读的《管子》,同《淮南子》一样,也应该是苏家的自藏本。正因为所读之本为苏氏家藏本,而市面上又不见有出售《淮南子》者,更无新刻本问世,所以,张嵲才格外珍视,特意再加保护,裱褙此本,以防散佚。

---

① 《全宋文》第261册,第402页。
② 《全宋文》第294册,第169页。

其次,张嵲所读之本的版本状况。苏颂在《校淮南子题序》中描述了其家藏本的一些情况。说他的家藏本同其他六本一样,许高二注已经相互掺合,再无办法将两者区别开来。而且,他的家藏本前有高诱的《淮南鸿烈解叙》,但每卷的题名不与其他六本相同。至于具体的题名,苏颂未予明说。根据他的描述,卷首名或题"鸿烈解经",或题"鸿烈间诂",署名或题"许慎记上",或题"高氏注",已难确切知晓。此外,张嵲又在《读淮南子》中透露出有关文本的一个具体问题。他注意到韩愈作文曾化用《淮南子》"发栉而苗薅之"一句,进而发现其所读之本存在"薅"传写为"耨"之误。韩愈在《唐故司徒兼侍中中书令赠太尉许国公神道碑铭》中说:"吾苗薅而发栉之几尽。"① 张嵲所引与之略异,但出自《淮南子》无疑。《兵略训》:"故圣人之用兵也,若栉发耨苗,所去者少而所利者多。"② 现存诸本均作"耨",无有作"薅"者。《说文》有"薅"而无"耨"字,《说文·蓐部》:"薅,拔去田草也。"耨,本为除草农具,亦有除草之义。《淮南子·说山训》又说:"治国者若鎒田,去其害苗者而已。"③ 则"薅""耨""鎒"三字同义,但当以"薅"字为正。《别本韩文考异》卷三十二樊汝霖引《淮南子》此文正作"薅"。樊汝霖(1215—?),永嘉人,字泽霖,善治《尚书》,是南宋后期人,他引作"薅",或别有所本,抑或根据张嵲之说而改,已难判定。我们能够肯定的是,张嵲所读之本的版本状况,与北宋本相比,应该差异不大。

三、张嵲对刘安及《淮南子》的评价

先是张嵲对刘安的评价。他读《淮南子》,自书及人,对淮南王刘安作了一番感慨。张嵲连发疑问,感叹:"窃独悲八公者深博识事如此,而不能脱王安于祸,岂不能用其言耶?将斯路之信艰,不可以智免也?"对于淮南王刘安一案,历代士大夫绝大多数都认同《史记》和《汉书》的意见,将刘安视为朝廷的叛逆,看成是反面案例加以宣扬,很少敢有自己的见解。即使苏轼,也不例外。苏轼说:"昔淮南王谋反,所惮独汲黯,以谓说公孙丞相,若发蒙耳。今种蚖虱小臣,而敢为大奸,愚弄朝廷,若无人然,不幸而有淮南王,当复谁惮乎?"④ 虽

---

① 魏仲举《五百家注韩昌黎集》,中华书局 2019 年,第 1322 页。
② 张双棣《淮南子校释》(增订本),第 1573 页。
③ 张双棣《淮南子校释》(增订本),第 1757 页。
④ 苏轼《苏轼文集》,第 833—834 页。

重点不在批评刘安,但实质包含了他这种同于《史记》《汉书》的观点。张嵲对刘安之事连续发问,显示了其独立探索的可贵精神。他的见解主要有两点:

第一,淮南王刘安门下有像八公这样众多"深博识事"的士人,应该能使刘安避免灾祸,然而不能者,当是刘安不用其言。张嵲应该是基于《淮南子》而作出这样的思考。因为在他看来,《淮南子》一书展现了"深博识事"的长处,作为编撰者的八公自然也是"深博识事"。然而,南宋后期的士人不认同这种见解,如洪迈在《容斋续笔》中说:"寿春有八公山,正安所延致客之处,传记不见姓名,而高诱叙以为苏飞、李尚、左吴、田由、雷被、毛被、伍被、晋昌等八人,然唯左吴、雷被、伍被见于史。雷被者,盖为安所斥,而亡之长安上书者,疑不得为宾客之贤也。"① 戴溪在《西汉论》一文中也说:"卫太子开博望苑以通宾客,淮南王安好文学,喜立名誉,招致宾客,皆以此取败,盖自天子至于诸侯壹是。"② 养士取败,养不贤之士更是自取其败,与张嵲之见不同。

第二,淮南王刘安的人生之路确实太过艰难,即使才智超群亦不可幸免。张嵲这个见解可谓很大胆,实际上隐含着淮南王覆亡是注定的这样的认识。言外之意,西汉朝廷逐个剪灭诸侯王乃既定方针,这几乎决定了刘安的命运。因此,从这个方面说,淮南王刘安遇祸而诛,既非宾客又非他自己的原因,纵使才智超群也无可奈何。张嵲这一识见,深深寄寓了他对刘安的同情,在封建士大夫群体中难觅其匹,表现出超凡的洞察力。

后是张嵲对《淮南子》的评论。张氏访求《淮南子》十五年,自然不会一读而过,这就决定了他对《淮南子》的评论并非泛泛而谈。他说:"《淮南子》文甚类《荀子》,而引义推类,则《新序》《说苑》之流。其间事实可用者甚众,晋、魏以后,诸人颇采取之,藉使不合于经,犹当广异闻也。"总体而言,张嵲对《淮南子》持肯定意见。具体说来:

其一,在文辞文风上,《淮南子》与《荀子》十分类似。这个观点显然发前人之所未发。刘勰曾说:"研夫《孟》《荀》所述,理懿而辞雅,……《淮南》泛采而文丽。"③ 认为《荀子》说理纯正,文辞典雅,而《淮南子》杂取各家,文辞华丽。就刘勰所论而言,《淮南子》并不与《荀子》相类,两书差别很大。但司马

---

① 洪迈《容斋随笔》,第 297 页
② 《全宋文》第 283 册,第 293 页。
③ 杨明照《增订文心雕龙校注》,第 230 页。

光《集注扬子序》说:"孟子好《诗》《书》,荀子好《礼》,杨子好《易》;孟子之文直而显,荀子之文富而丽,杨子之文简而奥。"①又认为《荀子》的文辞富丽堂皇,与刘勰意见不一。若以司马光的意见为正,那张嵲把《淮南子》与《荀子》相类比,自然是合理的。实际上,《荀子》文章在典雅与富丽之间,既持论纯正,又排比纵横,染有赋体色彩。而《淮南子》产生之时正处于汉赋上升期,亦沾染赋体之风。张嵲认为《淮南子》在文辞上与《荀子》相类,应该从这方面来理解更加合理。

其二,在论事说理上,《淮南子》则与刘向的《新序》《说苑》同属一类。此处,张嵲实际上误倒了两者的位置。前面我们讨论过,刘向著《新序》《说苑》,曾大量吸纳和化用《淮南子》的文句,亦袭取《淮南子》中的事例来说理。以此观之,应是《新序》《说苑》受《淮南子》影响,从而在论事说理上与《淮南子》相类。从思想主旨看,班固将《新序》《说苑》列入儒家,而将《淮南子》列入杂家,显然不属同类。可见,张嵲的观点独树一帜,敏锐地洞察到了两者所存在的联系。

其三,在学术价值上,《淮南子》载录了很多实用的事理,魏晋以后的学者往往借之以著书立说。张嵲认为,这些事理即使有些不合儒家经义,也能起到增广异闻的作用。从前面我们讨论《淮南子》文本的流传状况中可以看出,无论是经、史之作,还是子书、词章,均有征引《淮南子》的现象,足证张嵲所言不虚。张氏在评论《淮南子》与儒家经书的关系之时,用了"藉使"这个词语,颇值得玩味。"藉使不合于经",即假使不合于经、如果不合于经之义。言外之意,《淮南子》几乎没有不合于儒家经义的地方,即使有,亦不可全盘否定,权当增广异闻。

张嵲这种对待《淮南子》所表现出的宽广的学术眼光,为宋代很多学者所不具备。例如,年纪稍长的赵明诚(1081—1129),他说:"《淮南子》云'涂山氏化为石而生启',其事不经,固已难信,今又以少姨为涂山氏之妹,庙而祀之,其为浅陋尤甚,盖俚俗所立淫祀也。"②所谓不经,就是以儒家经义来裁断《淮南子》,不合即不经。这反映出赵明诚对古代神话传说的价值认识不足。生活在南宋后期的史绳祖批评更加激烈,他严厉驳斥说:"古今灵怪之言,莫极于

---

① 《全宋文》第 56 册,第 119 页。
② 赵明诚《金石录》卷二十四《唐少姨庙碑》,《四部丛刊》本。

《淮南子》。盖刘安惚慌诞妄,自托于仙,而著《鸿烈》之书,不足信也。而后人多引《淮南子》以注屈原《天问》,朱文公常辨之云:'《淮南子》似因《天问》而设为傅会之说也。'余尝疑其所载常娥一事,许慎注云:'常娥,羿妻也。羿请不死之药于西王母,常娥窃之以奔月。'后汉张衡《灵宪论》遂引之为证,且云'常娥托身于月,是为蟾蜍'。余又笑其岂有人而变为蟾蜍之理,假如其说而化为蟾,则蠢尔何形容? 尚乌得为月中仙乎? ……学者不观正史及经注字义,而惟怪诞之说是信,是盖吾夫子所云'未见好德如好色也',可不悲夫!"[①] 固守经史之正,而不能转换学术眼光,乃是当时很多学者的治学之弊。实际上,《淮南子》所录怪诞之事、怪诞之说,不应以信与不信去评判,而应视为古人思维和心理的一种投射,再不济,就诚如张嵲所说可以"广异闻",为后世小说家所资用。可见,张嵲评读《淮南子》,体现了不同于传统士人的独到的学术视野。

第二节 高似孙等人评读《淮南子》

高似孙对《淮南子》的评读,集中体现在他的目录学著作《子略》之中。生活年代比高似孙略晚的周朝端,著有《周氏涉笔》,首次对《淮南子》作了猛烈的批判。此二人的观点,集中代表了南宋中期学者对《淮南子》的认识水平。

一、高似孙撰写《淮南子题识》的时间

高似孙(1158—1231),字续古,号疏寮,庆元府鄞县(今浙江宁波市)人。宋孝宗淳熙十一年(1184)进士,历官校书郎、著作佐郎、徽州通判,后为礼部侍郎、处州知州,卒赠通议大夫。他才思敏捷,著述极丰,另有《剡录》《史略》《纬略》《骚略》《蟹略》《砚笺》《疏寮集》《文苑英华纂要》等。《子略》是一部专门汇考子书的目录学著作,共四卷。据《四库全书总目》所载,《子略》对三十八家子书撰有题识,《淮南子》即名列其中[②]。因此,高似孙对《淮南子》的评读,就反映在他的《淮南子题识》之中。高似孙撰写《淮南子题识》的时间,

---

[①] 史绳祖《学斋佔毕》,上海商务印书馆《丛书集成初编》本,第45—46页。
[②] 《四库提要》云:"其有题识者,凡《阴符经》……《淮南子》……,实共三十六篇。"(永瑢等《四库全书总目》,第790页。)本书据此称高似孙评论《淮南子》的文字为《淮南子题识》。

大约就是他撰写《子略》的时间。高氏喜欢为自己的书作序,而且大部分的序文都写明了时间,唯独《子略序》无标明时间的文句。这就为我们留下了疑问,需要略作考察。

高氏于《纬略序》中说:"似孙既辑《经略》《史略》《子略》《集略》,又辑《诗略》。事有逸者、琐者,为《纬略》,盖与诸《略》相为经纬。"① 可知《子略》是写于《经略》《史略》之后,而写在《集略》《纬略》之前。这条信息便是我们考察《子略》写作时间的关键。

《史略》国内久佚,日本内阁文库藏本载高氏自序:"乃为网罗散轶,稽辑见闻,采菁猎奇,或标一二。仍依刘向《七录》法,各汇其书而品其指意。后有才者,思欲商榷千古,钤括百家,大笔修辞,缉熙盛典,殚极功绪,与史并驱,其必有准于斯。宝庆元年十月十日修,十一月七日毕。似孙序。"② 宝庆元年,即宋理宗登位之年(1225)。又杨守敬《日本访书志》卷七辑录高氏《纬略序》云:"嘉定壬申春,程氏淮新刊尚书公《演繁露》成,以寄先公,先公得书,昼夜看不休,……一月后,甫得卷十二,而先公已捐馆,展卷辄堕泪,然不可因此而失传,略识其事以为之序。呜呼!后四年乙亥正月十日,似孙书。"③ 后四年乙亥,即宋宁宗嘉定八年(1215)。若以这两篇序文的写作时间为依据,则《史略》晚于《纬略》,与高氏前面所言龃龉不通。其实,《史略序》中"宝庆元年十月十日修,十一月七日毕"这句话,说的是对《史略》进行修订,不足一月便告完工。可见,《史略》的成书并不在宝庆元年,具体时间不可知晓。因此,《子略》的写作时间,其下限在 1215 年,上限已难确定。那么,高氏《淮南子题识》的写作时间显然是在 1215 年之前。

二、高似孙眼中的淮南之奇

高诱曾评价《淮南子》:"说其细也,则沦于无垠,及古今治乱,存亡祸福,世间诡异瑰奇之事。"最早以"奇"字评价其内容,但并未作进一步的展开。高似孙评价《淮南子》,最多的就是一个"奇"字,当是受高诱的启发。而其他学者评述《淮南子》内容,喜用"妄"字、"怪"字、"诡"字。例如,东汉桓谭说:

---

① 高似孙《纬略》,上海商务印书馆 1939 年《丛书集成初编》本,第 1 页。
② 《全宋文》第 292 册,第 193—194 页。
③ 《续修四库全书》第 930 册,第 592 页。

《淮南子》云'共工争帝,地维绝',亦皆为妄作。"①认为此书的一些内容是依靠不切实际的妄想而杜撰出来的。又如,南宋初期王观国说:"惟《淮南子》云:'乌鹊填河成桥而渡织女。'其说怪诞不足信。"②程大昌《禹贡论》亦说:"若世所传《山海经》《穆天子传》《淮南子》之类,所记山川名物类,皆卓然奇诡,如诞工之写鬼神,懭恍无著,不可推执,则臣皆不敢引一语以汨经也。"③认为此书的一些内容皆荒诞不经,甚至会扰乱儒家经义,决不可取信而用之。可见,他们以"妄""怪""诞"字评价《淮南子》,仅仅是立足于书中内容这一个方面。然高似孙用"奇"字,则涉及到了《淮南子》的多个方面。

一是,淮南之奇在于有奇才。高似孙说:"少爱读《楚辞》淮南小山篇,耸峻璝磊,他人制作不可企攀者。又慕其《离骚》有传,窈窕多思致,每曰:'淮南,天下奇才也。'"④刘勰曾称誉刘安为"英才",而高似孙称为"天下奇才",尚是首次。二者之说各有侧重。《淮南子·泰族训》:"知过万人者谓之英。"英才,即指才智超群之人。奇才,则指具有异常才能之人;冠以"天下"二字,则又指有异常才能的罕见之才。高似孙作出如此评价,是基于淮南王宾客所写的辞赋《招隐士》和淮南王自己所写的《离骚传》两篇文章。高氏认为,这两篇文章各有特色,他人不可企及。可见,高氏所说的奇才,主要是异于常人的文才。这与刘勰的评价并未存在本质的不同。

二是,淮南之奇在于好奇谋、养奇士。高似孙又在《吕氏春秋题识》中说:"淮南王尚奇谋,募奇士,庐馆一开,天下隽绝驰骋之流,无不雷奋云集,蜂议横起,璝诡作新,可谓一时杰出之作矣。"⑤至于如何好奇谋,高似孙未予以细说。他或受司马迁记叙的影响,《史记·淮南衡山列传》云:"诸辨士为方略者,妄作妖言,谄谀王,王喜,多赐金钱,而谋反滋甚。"⑥司马迁又说刘安好与太子刘迁、宾客伍被相谋。从这个方面看,高氏评刘安"尚奇谋",稍稍带有一些贬义色彩。当然,奇谋必定需要奇士的参与。所以,在高似孙看来,"尚奇谋"与"募奇士"相辅相成。这些奇士包括苏飞、李尚、左吴、田由、雷被、毛被、伍被、

---

① 严可均辑《全上古三代秦汉三国六朝文》,第 537 页。
② 王观国《学林》,上海商务印书馆 1939 年《丛书集成初编》本,第 107 页。
③ 程大昌《禹贡论》,《景印文渊阁四库全书》第 56 册,第 98 页。
④ 高似孙《子略》,上海商务印书馆 1939 年《丛书集成初编》本,第 36 页。
⑤ 高似孙《子略》,第 35 页。
⑥ 司马迁《史记》,第 3082 页。

大山、小山等人。他们才智出众，好辩善谋，喜逞奇方异术，新人耳目，最终造就了《淮南子》之奇，成为当时最为杰出的一部子书。从这个方面看，高似孙又未贬低淮南王好奇谋、养奇士的行为。

三是，淮南之奇在于其书多名物之奇、传说之奇。高似孙在《淮南子题识》中说："当是时，孝武皇帝隽锐好奇，盖又有甚于淮南。《内篇》一陈，与帝心合，内少君，下王母，聘方士，搜蓬莱，神仙谲怪，日日作新，其有感于《淮南》所谓昆仑增城、璇室悬圃、弱水流沙者乎！武虽不仙，犹享多寿。王何为者？卒不克终，士之误人，一至于此。"①在这里，高氏提出了一个新奇且大胆的观点，认为汉武帝比刘安更爱好猎奇，他沉迷神仙方术，是受了《淮南子》所描述的名物之奇的触动。"昆仑虚中有曾城九重""旋室、县圃在昆仑阊阖之中""弱水出自穷石，绝流沙"，皆来自《地形训》。高氏认为，这些都是神仙世界中的名物，汉武帝读了以后便产生向往之意。事实上，这些名物也见于《山海经》，《淮南子》只是作了更加系统且又夸张的描述。汉武帝沉迷神仙方术，应该有多方面的原因。众所周知，刘安献《淮南子》给汉武帝，是在武帝即位的第二年（前139年）。此时，武帝才十七八岁，虽然很喜欢《淮南子》，但不至于因之而沉迷神仙方术。神仙方术自战国秦代以来，逐渐弥漫成一股社会风气，至刘安、武帝之时已经非常浓厚了。《淮南子》所记，或只加重了汉武帝的好奇心，与他后来迷恋神仙方术的种种举动，并无关系。高似孙的说法，提供了一种观察《淮南子》的新视角，而不可视为确论。高氏还将汉武帝与淮南王作对比，敢于为淮南王的悲惨命运鸣不平。所谓"王何为者"，实际上是对《史记》《汉书》记述淮南王谋反之事的否定。高似孙不像张嵲那样，把淮南王悲惨命运的原因归之于朝廷，而是归之于他所募养的奇士。从这个方面说，高氏又是批评淮南王的养士行为。

在高氏看来，《淮南子》对神仙世界某些事物的描述，并非来自《山海经》，而是受《离骚》的影响。他说："《淮南》之奇，出于《离骚》。"②这个说法有一定道理。首先，刘安是第一个专门研究《离骚》的专家，写有《离骚传》一文，那么，他的《淮南子》受《离骚》影响，也是在情理之中。其次，《离骚》中的许多名物，也曾出现在《淮南子》中。《离骚》有"夕余至乎县圃"，而《淮南子》有

---

① 高似孙《子略》，第36页。
② 高似孙《子略》，第36页。

"或上倍之,是谓悬圃"。《离骚》有"吾令羲和弭节兮",《淮南子》有"爰止羲和,爰息六螭"。《离骚》有"望崦嵫而勿迫",而《淮南子》有"日入崦嵫,经于细柳"①。《离骚》有"饮余马于咸池兮",而《淮南子》有"日出于旸谷,浴于咸池"。《离骚》有"总余辔乎扶桑",而《淮南子》有"拂于扶桑,是谓晨明"。《离骚》有"折若木以拂日兮",而《淮南子》有"若木在建木西"。《离骚》有"倚阊阖而望予",而《淮南子》有"排阊阖,沦天门"。《离骚》有"朝吾将济于白水兮",而《淮南子》有"白水出昆仑之山,饮之不死"。《离骚》有"吾令丰隆乘云兮",而《淮南子》有"季春三月,丰隆乃出"。《离骚》有"夕归次于穷石兮",而《淮南子》有"弱水出自穷石"。《离骚》有"见有娀之佚女",而《淮南子》有"有娀在不周之北,长女简翟,少女建疵"。《离骚》有"巫咸将夕降兮",而《淮南子》有"轩辕丘在西方,巫咸在其北"。《离骚》有"求榘矱之所同",而《淮南子》有"知榘彟之所周"。《离骚》有"吕望之鼓刀兮",而《淮南子》有"太公之鼓刀"。《离骚》有"邅吾道夫昆仑兮",而《淮南子》有"掘昆仑虚以下地"。这些名物绝大部分属于神话传说中的名物,展现了楚地浓郁的巫文化色彩。因此,高似孙认为《淮南》之奇出于《离骚》是有根据的。在《淮南子》学史上,高似孙是最早提出这一观点的学者。

四是,淮南之奇在于其书文字之奇、说理之奇。高似孙又说:"然其文字殊多新特,士之厌常玩俗者,往往爱其书,况其推测物理,探索阴阳,大有卓然出人意表者。唯扬雄氏曰:'淮南说之用,不如太史公之用。太史公之用,圣人将有取焉。淮南,鲜取焉耳。'悲夫!"②"文字殊多新特",即是文字之奇;"卓然出人意表",即是说理之奇。这是高似孙从文学性与思想性两个方面,对《淮南子》所作的评价。文字之奇,主要体现在"新特"二字,即指《淮南子》语言的新颖奇特。刘勰只讲到了《淮南子》词藻的华丽,而未涉及到其新颖奇特的一面。可见,高氏所提出的文字新特的看法,是对《淮南子》文学性的新探索。然而,高氏并未予以展开。以他《淮南》之奇出于《离骚》的观点来看,《淮南子》文字的新颖奇特,最有可能是指它好用赋体语言、楚地语言,喜用赋体章法。至于说理之奇,高氏亦只言"推测物理""探索阴阳"。从其用语以及《淮南子》杂有阴阳家思想来看,说理之奇,最有可能是指书中多物类相感、阴阳

---

① 今本《天文训》无此文,据《初学记》引,《太平御览》引略同。
② 高似孙《子略》,第36页。

相薄之理。《天文训》《览冥训》两篇，此类说理居多，对于两宋严格守正的儒士而言，可谓"卓然出人意表"。

三、高似孙眼中的淮南之杂

《淮南子》的"杂"，早已为学者所洞悉。西汉扬雄说《淮南子》"乍出乍入"，这是学者以其为杂的开始。至刘歆、班固，则明确把它列入杂家，这是《淮南子》取得杂家属性的正式宣告。后世学者论及《淮南子》的学术派别归属，大都不能脱其窠臼。高似孙也不例外，也明显意识到了《淮南子》的杂。但与班固相比，高氏讨论得更加具体，并不仅仅是针对它杂取各家思想观点这一个方面。

首先，《淮南子》之杂在于它意杂文复。高似孙说："又读其书二十篇，篇中文章，无所不有，如与《庄》《列》《吕氏春秋》《韩非子》诸篇，相经纬表里。何其意之杂出，文之沿复也？"① 高诱评《淮南子》"物事其类，无所不载"，高似孙说"无所不有"，亦是承袭其意而已。无所不有，即内容的全面性。内容全面，就很容易导致文意的错杂。高氏重点指出了《淮南子》与《庄子》《列子》《吕氏春秋》《韩非子》之间的关系，即相互经纬表里。由于《庄子》等书皆在《淮南子》之前，故换句话说，即是这些先秦子书的思想内容在《淮南子》中错见迭出。《庄子》《列子》属道家，《吕氏春秋》属杂家，《韩非子》又属法家，刘安及其宾客不加统筹地将它们的某些言论吸收进来，这是造成《淮南子》"意之杂出"的主要原因。

在高氏之前，东汉高诱看出了《淮南子》与《吕氏春秋》的关系，称《吕氏春秋》"与孟轲、孙卿、淮南、杨雄相表里"，东晋张湛则看出了《淮南子》对《列子》的承袭，他说："《庄子》《慎到》《韩非》《尸子》《淮南子》《玄示》《旨归》，多称其言。"② 南朝的刘勰则把《庄子》《列子》《淮南子》归为一类，所谓《庄子》云"蜗角有伏尸之战"，《列子》有"移山跨海之谈"，《淮南》有"倾天折地之说"，"此踳驳之类"。高似孙在三人说法的基础上，又增入《韩非子》一书。但他特别强调《淮南子》对《吕氏春秋》的承袭，高氏很确定地说："及观

---

① 高似孙《子略》，第 36 页。
② 杨伯峻《列子集释》，第 279—280 页。

《吕氏春秋》,则淮南王书殆出于此者乎!"① 这显然要比高诱的说法更加直截了当,认为《淮南子》就是抄袭《吕氏春秋》而成。高似孙的观点,对后来的学者产生了一定影响。如宋元之交的王应麟即说:"《庄子》逸篇十有九,《淮南鸿烈》多袭其语,唐世司马彪注犹存,《后汉书》《文选》《世说注》《艺文类聚》《太平御览》间见之。"② 明代的张时彻则说:"《淮南子》袭《庄》《列》《文子》《韩非子》《吕氏春秋》而为之者也。"③ 说法皆有进一步的发展。

如果"意之杂出"是从思想内容方面说《淮南子》的杂,那么,"文之沿复"就是从语言表达方面说《淮南子》的"杂"。沿,因循也;复,繁复也。文之沿复,即是说《淮南子》的语言表达不避重复,缺少变化,故而显得繁琐错杂。客观地讲,《淮南子》之文确实重复繁琐,给人以交叉错杂之感。例如,《原道训》以"夫"开篇形容"道",即用了154字,典型的赋体表达方式,冗长繁琐。又如,"鲸鱼死而彗星出"一句,既见于《天文训》,又见于《览冥训》;"猨狖之捷来措"一句,既见于《缪称训》,又见于《诠言训》,不避重复。高似孙应该是最早触及《淮南子》这个问题的学者。

其次,淮南之杂在于驳然不一。高似孙又说:"《淮南》之奇,出于《离骚》;《淮南》之放,得于《庄》《列》;《淮南》之议论,错于不韦之流;其精好者,又如《玉杯》《繁露》之书。是又非独出于淮南,所谓苏飞、李尚、左吴、田由、雷被、毛被、伍被、大山、小山诸人,各以才智辩谋,出奇驰隽,所以其书驳然不一。虽然,淮南一时所延,盖又非止苏飞之流也。"④ 由此观之,所谓驳然不一,既体现在《淮南子》文风手法的不一,又体现在《淮南子》写作水平的参差不齐。

就文风手法而言,《淮南子》有奇有放,有叙有议。前文讨论过"奇",此处不再赘述。所谓放,是指《淮南子》为文汪洋恣肆,不懂收敛,近似玄奥。高氏认为这个特点是得之于《庄子》和《列子》。据近人王叔岷统计,《淮南子》一书有280余处袭用《庄子》之语。故其文风受《庄子》影响,也是在情理之中。《列子》有不少用于说理的寓言故事,同样出现在《淮南子》中,说明两书的关系不一般。由于《列子》一书存在争议,这里姑且不论,但认为《淮南子》的文风手法得之于《庄子》,则是高似孙最早提出的观点。《淮南子》说理,有叙有

---

① 高似孙《子略》,第35页。
② 王应麟《困学纪闻》卷十《庄子逸篇》,《四部丛刊》本。
③ 张时彻《芝园外集》,《续修四库全书》第1123册,第601页。
④ 高似孙《子略》,第36页。

议,就议论而言,高氏认为是与《吕氏春秋》同流。尽管《淮南子》大量袭用《吕氏春秋》的文句和观点,但两者在文章风格及表现手法方面还是有明显差异。稍后的黄震就不认同高氏这一看法。

就写作水平而言,《淮南子》也表现出驳然不一的特点,其中十分优秀的,高氏称为"精美者",可与董仲舒的《春秋繁露》,特别是《玉杯》篇比肩而列。高似孙把董仲舒的散文作为评价标准,显示了他亲近质朴典雅、引经据典之文,而反感华丽谲怪、纵横排宕之文。实际上,《淮南子》中的大多数文章都属于后者,能合于前者的,或只有《时则训》《缪称训》两篇而已,但高似孙并未明示。

关于《淮南子》为何驳杂不一的原因,高似孙也作了思考。他相信,这主要是由于此书的作者众多不一所造成的。在他看来,《淮南子》的作者是一个大群体,可分作三个层次:第一层次为淮南王刘安,第二层次为八公及淮南大山、小山之徒,第三层次为淮南王延请的其他宾客。这些作者各有各的才智,各有各的个性,把他们各自写作的文章合编为一书,自然存在驳杂不一的现象。高似孙关于《淮南子》作者的论述,相对于高诱之说而言,显然又有所发展。

总之,高似孙对《淮南子》的评论,比之张嵲的《读淮南子》,内容更全面,观点更具体,有些方面也更深刻,在《淮南子》学史上产生了一定的影响。元代马端临即在《文献通考》中辑录高氏评语,明代王鏊重刻《淮南子》时又将它辑录在前,尔后茅一桂承袭王本,又把它作为茅本前面《淮南总评》的内容之一,从而广泛流传。

四、周氏《涉笔》对《淮南子》的批判

周氏《涉笔》一书早佚,历代学者亦关注甚少,仅有《文献通考》引用此书较为频繁,大约有18例。据仝卫敏考证,周氏《涉笔》全称《西麓涉笔》,作者为周端朝,成书于南宋中晚期[①]。这个结论大致可信。周端朝(1172—1234),字子静,号西麓,浙江永嘉人,宋宁宗嘉定四年(1211)进士,是南宋永嘉派的代表人物,生活年代比高似孙略晚。

周氏《涉笔》中,有一段针对《淮南子》的评论文字,为《文献通考》卷

---

① 仝卫敏《周氏〈涉笔〉考》,《古籍整理研究学刊》2007年第1期,第93页。

二百十三《经籍考四十·子·杂家》所辑录。兹全录于下：

> 《淮南子》多本《文子》，因而出入儒、墨、名、法诸家，虽章分事汇，欲成其篇，而本末愈不相应。且并其事，自相舛错，如云："武王伐纣，载尸而行，海内未定，故不为三年之丧。"又云："天下未定，海内未辑，武王欲昭文王之令德，使夷狄各以其贿来贡，辽远未能至，故治三年之丧，殡两楹，以俟远方。"当诸子放言之时，不自相考，几无一可信者。又谓武王用太公之计，为三年丧，以不蕃人类。又甚矣！①

很显然，这段文字就一个主要基调，即批判。全以批判的笔调评论《淮南子》，这在《淮南子》学史上尚属首次。周氏批判《淮南子》，主要围绕以下两个方面：

其一，《淮南子》各篇首尾不能呼应，实际无法成篇。继高似孙提出《淮南子》出于《吕氏春秋》的主张之后，周氏又提出了《淮南子》多本于《文子》的说法。周氏当是最早提出这个说法的学者。周氏所见《文子》，也是现在的传世本。出土本《文子》的发现，基本可以判定传世本《文子》为伪书，故而周氏这个说法不能成立。《文子》属于道家文献，"多本《文子》"，就意味着《淮南子》是以道家学说为主干，同时杂取儒、墨、名、法各家言论。周氏的这一观点，是兼有班固的杂家说和高诱的道家说，颇显独到之处。但在周氏看来，正是这种主唱道家又杂取各家的做法，使《淮南子》在论述之时本末不能呼应，首尾不能兼顾。周氏认为，虽然全书分章分篇，且每篇都设有一个主题，作者也希望能以类相从，各成整体，但事与愿违，很多内容皆游离在中心主题之外，难以成篇。客观地说，《淮南子》确实有论述散漫、主题不集中的弊病，但不至于不能成篇，像《天文》《地形》《时则》《兵略》《要略》诸篇均为结构紧凑、论述集中之篇。周氏的批判似乎过于严厉。

其二，《淮南子》所载之事自相矛盾，不能取信于人。对于这个方面，周氏举以实例，加之批判，说服力强。"武王伐纣"一段，出自《齐俗训》，属于直引。"天下未定"一段，出自《要略》篇，属于摘引。"武王用太公之计"几句，属于意引，出自《道应训》。周氏认为，《齐俗训》既言武王不为三年之丧，《要略》和《道应训》又称武王治三年之丧，自相矛盾，龃龉不通。王念孙在校订

---

① 马端临《文献通考》，第1746页。

《齐俗训》"武王伐纣"这段文字时说:"不为三年之丧始,当作'故为三年之丧'。……此言武王为三年之丧,而禹则朝死暮葬,与武王不同,非谓武王不为三年之丧也。下文云:'修干戚而笑镢插,知三年而非一日。''干戚'二字承上文'舜舞干戚'而言,'镢插'二字承'禹令民聚土'而言,'一日'二字承'禹朝死暮葬'而言,'三年'二字则承武王'为三年之丧'而言。若云'不为三年之丧',则与下文相反矣。《要略》云:'武王誓师牧野,以践天子之位,天下未定,海内未辑,武王欲昭文王之令德,使夷狄各以其贿来贡,辽远未能至,故治三年之丧,殡文王于两楹之间,以俟远方。'彼言武王治三年之丧,正与此同。若云不为三年之丧,则又与《要略》相反矣。《道应》篇述武王之事,亦云'为三年之丧,令类不蕃'。以上三篇,皆谓武王始为三年之丧,故高注云:'三年之丧始于武王也。'"①桓谭《新论·正经第九》亦说:"此武王已毕三年之丧,欲卒父业。"②说明武王还是服了三年之丧,王氏之说似是,但终无确证。

其实,周氏认为《淮南子》记事自相舛错,这也是客观事实。因为出于众人之手,统编时又不能全面兼顾,致使书中立论有相互矛盾之处,亦属正常。例如,同是议论"仁义",《本经训》说:"知道德然后知仁义之不足行也,知仁义然后知礼乐之不足修也。今背其本而求于末,释其要而索之于详,未可与言至也。"③而《泰族训》则说:"故仁义者,治之本也。今不知事修其本,而务治其末,是释其根而灌其枝也。"④又如,同是议论"法",《主术训》说:"所谓亡国,非无君也,无法也。"⑤而《泰族训》则说:"故国之所以存者,非以有法也,以有贤人也;其所以亡者,非以无法也,以无圣人也。"⑥舛错如此,足见周氏所批不虚。但他又因之扩大化,称诸子无一可信者,显然是偏激之论。

第三节　黄震的《读淮南子》

黄震(1213—1280),字东发,庆元慈溪(今浙江宁波)人。宋理宗宝祐四

---

① 见张双棣《淮南子校释》(增订本),第1188页。
② 严可均《全上古三代秦汉三国六朝文》,第546页。
③ 张双棣《淮南子校释》(增订本),第834页。
④ 张双棣《淮南子校释》(增订本),第2149页。
⑤ 张双棣《淮南子校释》(增订本),第988页。
⑥ 张双棣《淮南子校释》(增订本),第2122—2123页。

年(1256)进士,私谥文洁先生。黄震是著名的理学家,其学宗朱熹,兼叶适"功利之学",主张经世致用,知先行后,倡导"非圣人之书不可观,无益之诗文不作可也"①,反对空谈义理,自创"东发学派"。著有《黄氏日抄》《古今纪要》《戊辰修史传》《读书一得》《礼记集解》《春秋集解》等。其中,《黄氏日抄》乃黄震治学的代表之作,卷五十五至五十八为《读诸子》札记,《读淮南子》就列于卷五十五。此外,《黄氏日抄》卷四十六《读史》辟有"淮南衡山"一篇,专论淮南王谋反之事。黄震自居儒家义理之正,素有轻视诸子之嫌。对于《淮南子》,他接过周氏《涉笔》的大棒,发起了进一步的批判,与此同时,又增入对刘安其人其事的批判,故而批判的锋芒较之周氏更深入,也更全面。

一、刘安养士致祸论

对于刘安养士,以前未有大加斥责者。即使是离刘安最近的司马迁,也仅仅说刘安"阴结宾客",说他的败亡是"臣下渐靡使然也",班固承袭司马迁之说,亦不见有斥责之声。随后的学者亦未发展司马迁的说法。至南宋之时,刘安养士一事,则开始受到较大的质疑,高似孙说"士之误人",王应麟说"不得为宾客之贤",到了黄震,则大加发挥,抛出了更为具体的刘安养士致祸论。

首先,刘安所养之士,是纵横之士,是游士。黄震在《读史·淮南衡山》一文中说:"自三代选举之法废,士无教养,溢出为纵横之说。战国四豪,复渊薮之余风,到汉未泯,而天下为一,无所复售其奸。往往诸侯之好事者,若陈豨,若梁王,若吴楚王,若淮南衡山王,无不以游士败者。士习之所趋,可畏哉!学校既兴,科目继之,士心始有所底,然则为人上者,其可不以人才为意?而轻议学校科举,鄙天下士者,盖未之思也。"②在黄氏看来,纵横之士是从周代士人群体中分化出来的,他们素无教养,而游士在本质上,与纵横之士也并无不同,他们居无定所,事无常主,唯利是图。战国时代的纵横之士、游士,在两宋学者的心里普遍不善,地位低下。如曾巩(1019—1083)说:"战国之游士则不然,不知道之可信,而乐于说之易合,其设心注意,偷为一切之计而已。"③杨时(1053—1135)也说:"周衰,教养选士之法废,而纵横之士始相与乘时射利,

---

① 张伟主编《黄震全集》,浙江大学出版社 2013 年,第 3358 页。
② 张伟主编《黄震全集》,第 1578 页。
③ 《全宋文》第 57 册,第 341 页。

观时君之好,因其刚柔缓急、喜怒爱恶之变,阳开阴阖,以迁惑其志,摇吻动喙,卒取卿相者,无国无之。自是朝无常度,而士亦鲜克有廉耻之行矣。"① 可见,士之不善是刘安致祸的根本。同时,黄震认为,刘安亦是不安分的诸侯王,所谓诸侯之好事者,为那些心怀奸邪的纵横之士、游士提供了舞台,自身又受其熏染,终致败亡。当然,黄震并没有否定真正的士,他称之为"人才",希望人主不可因此轻视人才,而应该通过规范的制度选拔人才、重用人才。

其次,刘安所养之士,好立异说怪论。黄震又说:"自周衰,天下乱,诸子蜂起,争立异说,而各以祸其人之国。汉兴,一切扫除,归之忠厚。诸子之余党,纷然无所售。诸侯王之好事而不知体要者,稍稍收之,亦无不以之自祸。安不幸贵盛而多材,慷慨而喜事,起而招集散亡,力为宗主,于是春秋战国以来,纷纷诸子之遗毒余祸,皆萃于安矣。安亦将如之何而不诛灭哉?其徒乃羞之,托言上升,鸡犬预焉。呜呼!凡世之自诡仙去者,皆淮南上升之类尔。"② 这段文字实际上体现了黄震的诸子观。总体上,他对战国诸子持否定意见,称之为祸国者。黄震认为,汉代一统之初,诸子的余党仍在,只要招揽他们,祸事自至,如梁王、吴王、楚王,而淮南王刘安更是不明体要,大肆招揽,将诸子所有的遗毒余祸集于一身,被诛灭当然不可避免。黄氏所谓的遗毒余祸,主要是指诸子好立异说怪论。对于异说怪论,黄震在《黄氏日抄》中反复了表达自己的不满。他称誉朱熹"精究圣贤之传,排辟异说,所力任者,在万世之道统"③,批评异端之士是"掇拾异说,而本无所定见者"④。在他眼里,《淮南子》便是诸子余党的异说怪论的集合,它的出现加速了刘安的败亡。

不仅如此,淮南王的宾客在刘安被剿灭之后,不思反省,还依托神仙之说,标新立异,自神其术,所谓"托言上升,鸡犬预焉",更为黄氏所深恶痛绝。他在考察淮南王家族的史事时说:"淮南厉王母,本赵王张敖美人,事高祖,有娠而留赵。贯高谋反,美人逮系,既生厉王,惠即自杀。其后,厉王谋反自杀,厉王子安谋反自杀,子衡山王赐亦谋反自杀,恚气之所钟如此。然厉王椎辟阳侯,杀之,辟阳侯死有余罪,非过也。晋孙恩以逆死,妖党谓其为水仙。淮南王安以逆死,方士谓其为仙而上升。小人羞讳文饰之言类如此,而淮南鸡犬之事,

---

① 《全宋文》第 124 册,第 371 页。
② 张伟主编《黄震全集》,第 1755 页。
③ 张伟主编《黄震全集》,第 1417 页。
④ 张伟主编《黄震全集》,第 1811 页。

至今为口实,然则,黄帝乌嘑鼎湖之事,又可信耶?"① 黄震认为,刘安明明因谋反而死,所养方士却夸虚他升仙上天,编造鸡犬之事,乱人耳目,以至于传成事实,遗惑后人。这些方士,黄氏痛斥为小人,其结论就是:养士如此,刘安焉得不亡?

黄震大谈刘安养士致祸论,或有其时代背景。两宋党争是宋代政治的重要形态,其影响深入到社会的各个层面,对士大夫阶层更是至深至远。黄震目睹党争下宋代朝廷的日益衰败,直至灭亡,对党争的祸害深有体会,故而斥之切,恨之深,他称孙恩的宾客为妖党,即是反映。以这种心态来看待刘安养士,自然不会有很客观的认识,更多的是为了达到自己借古鉴今的目的。

二、《淮南子》"类书之博者"论

作为理学家,黄震自居经义之正,以弘扬儒家道统为己任,因而在他眼里,诸子之说皆是异说,诸子之闻皆是异闻。他将这种观念渗透到了对《淮南子》的评价当中,其《读淮南子》云:"《淮南鸿烈》者,淮南王刘安以文辩致天下方术之士,会粹诸子,旁搜异闻以成之。凡阴阳造化、天文地理、四夷百蛮之远、昆虫草木之细,瓌奇诡异,足以骇人耳目者,无不森然罗列其间,盖天下类书之博者也。而愚谓此刘安之所以灭欤!"② 这里的"类书",与《四库》所列类书,应当不是同一种含义。《四库》中的类书属于工具书,是分门别类地罗列资料,以资学习、研究之用。黄氏说《淮南子》是类书,应该是基于《天文》《地形》《时则》《览冥》这几篇而言。但本质上,《淮南子》并不是罗列资料的工具书,它有自己的思想主张,有自己的编撰体例,所以,此类书不同于彼类书。

当然,黄氏这段评论的重心并不在"类书"二字上,而是在"博"字上。对于《淮南子》的"博",黄震分析得比较细致。首先是阴阳造化。据统计,《淮南子》全书仅"阴阳"一词就出现了82次,"造化"一词出现了12次,大多数是用来阐述老庄宇宙生成论、阴阳家物类相感论。其次是天文地理。《淮南子》专辟《天文》《地形》两篇,系统整理了上古的天文地理知识。其次是四夷百蛮之远、昆虫草木之细。这两方面的知识主要见于《天文》《地形》《时则》三篇,同时亦散见于其他各篇。这些便是黄氏所谓天下类书之博的体现。

---

① 张伟主编《黄震全集》,第1578页。
② 张伟主编《黄震全集》,第1755页。

通常来说,评价某书内容广博,均属褒义。然黄震评《淮南子》,则是个例外。他认为,正是《淮南子》的这种"博"把刘安导向了死路。在他看来,《淮南子》的"博"并不是儒家真正意义上的广博。首先,它是淮南王延请的方士汇集诸子异说、天下异闻而成,多与儒家经义不合。其次,它所罗列的阴阳造化之理、天文地理之事、昆虫草木之细,无不是以"瑰奇诡异""骇人耳目"相标榜,与儒家力求淳厚之美不符。因而,《淮南子》的"博",并不是黄震这位理学家眼中的"博",而仅仅是异说异闻的荟粹,适足以使刘安自取灭亡。

黄震之所以对《淮南子》有这样的批判,是因为他一直用他所信仰的儒家道统为标准,来认识、取舍此书。黄氏在《读淮南子》中反复重申了这个标准。他说:"夫圣人之治天下,君臣父子以相生,桑麻谷粟以相养,其义在六经,其用在民生日用之常,如此而已耳。"[①] 所谓儒家道统,不过是四书五经之义、君臣父子之理、民生日用之常,何需异说怪论,博人耳目,乱人心智。黄震接着又说:"孔子不语怪力乱神,诸子之所语者,怪而已。古语有之,君子道其常,小人道其变。诸子之所道者,变而已。自庄、列以来,无一不然。于以汨天下之正理,惑生民之耳目。《鸿烈》所集,大率此类。"[②] 在他看来,诸子反孔子之道,争相语怪道变,尤其是《庄子》《列子》产生以后,更是如此。黄氏甚至把诸子与小人对等,说他们扰乱儒家道统,蛊惑平民。作为子书中的杂家著作,《淮南子》会集诸子的异说异闻,自然成了黄震重点批判的对象之一。

三、对《淮南子》具体言论的评说

由于黄震仔细研读了《淮南子》,他的批判自然不会让人觉得"大而无当"。从整体上批判完刘安及《淮南子》之后,黄氏开始着手于《淮南子》的细微之处,挑出一些具体言论加以评述,有称扬者,亦有贬损者。黄震在《读淮南子》中说:"而于其纷然类集之中,乃有自反其说,足以明天下之常者。"[③] 所谓自反其说,顾名思义,就是自己反对自己的说法。这似乎很难说通。黄氏的本意是说,在《淮南子》所集异说异闻中,也有返正返本之言,也足以能阐明天下之常理。言外之意,《淮南子》中也有符合儒家经义的言论。"自反其说"是

---

① 张伟主编《黄震全集》,第 1755 页。
② 张伟主编《黄震全集》,第 1755 页。
③ 张伟主编《黄震全集》,第 1755 页。

黄震对《淮南子》的正面肯定，与周氏《涉笔》"自相舛错"之完全批判不同。

反本之名言。《读淮南子》："如曰：'橘柚冬生而人曰冬死，死者众也。荠麦夏死而人曰夏生，生者多也。江河之回曲，亦时有南北，而人谓江河东流者，以大氐为本。'此为反本之名言。"① 这段引文出自《修务训》。今本"以大氐为本"句前，还有"摄提镇星日月东行，而人谓星辰日月西移者"一句，说明黄氏所引乃略引。高诱注此句说："氐，犹更。言其余星辰皆西行，故曰大氐为本也。"② 高诱注《氾论训》"水激兴波，高下相临，差以寻常，犹之为平"句又说："虽有激波，犹以为平，平者多也。"③ 杨倞注《荀子·宥坐》"维周之氐"云："氐，本也。"④ 可见，大氐即大体，"以大氐为本"，即不以小害大、不以少害多之意。《淮南子》这条言论，可以启发人们出言行事时应着眼于大局，落脚于根本。故黄氏认为是"反本之名言"。

惊世之精语。《读淮南子》："又云：'言其所不行，行其所非。'此足为惊世之精语。"⑤ 引文出自《氾论训》，今本作："今儒墨者称三代文武而弗行，是言其所不行也。非今时之世而弗改，是行其所非也。"⑥ 黄氏删"儒墨"一句，当是尊儒而为。《淮南子》此文涉及到言行是否一致这个问题，而这个问题又是宋代理学家时常讨论的问题。黄震在解释孔子"古者言之不出，耻躬之不逮也"这句话时说："其形于言也，常恐行有不类，惕然愧耻，而不敢轻于言。其见于行也，常恐不副所言，惕然愧耻，而不敢不勉于行。则言日以精，行日以修，庶几君子之归，而不至骎骎陷入虚诞欺罔之域，则可无负于文公'知行并进'之训矣。君子小人之分，决于言行之相顾与否。言行之相顾不相顾，又决于此心之知耻与否。吾徒其可不日加警省，而徒以多言为能哉！"⑦ 可见，言行切于知行，言行相顾与否，即代表知行能否并进。《淮南子》此文触及了理学的重要问题，故被黄氏赞为"惊世之精语"。

误人之鄙论。《读淮南子》："又云：'毁誉之于人，犹蚊虻之一过。'此最为

---

① 张伟主编《黄震全集》，第1755页。
② 张双棣《淮南子校释》（增订本），第2017页。
③ 张双棣《淮南子校释》（增订本），第1446页。
④ 王先谦《荀子集解》，第523页。
⑤ 张伟主编《黄震全集》，第1755页。
⑥ 张双棣《淮南子校释》（增订本），第1388页。
⑦ 张伟主编《黄震全集》，第2264页。

误人之鄙论。"① 引文出自《俶真训》,今本"人"作"己"。此篇乃是道家《庄子》《列子》思想的集合。《庄子·逍遥游》:"举世而誉之而不加劝,举世而非之而不加沮。"② 与《淮南子》此文有异曲同工之妙。道家看轻个人毁誉,而儒家却十分注重个人毁誉,因为这事关个人之名节。两宋以来,理学家更视之如生命。若不关心个人毁誉,就很可能会有丧失君子名节的危险。故黄氏特意加一"最"字,以示严厉斥责,视为"误人之鄙论"。

不相参照之弊。《读淮南子》:"始作衣者一人耳,十三卷以为伯余,十九卷以为胡曹。此则集众为书,不相参照之弊云。"③ 十三卷,即《氾论训》,此篇说:"伯余之初作衣也,緂麻索缕,手经指挂,其成犹网罗。"④ 十九卷,即《修务训》,此篇说:"昔者仓颉作书,容成造历,胡曹为衣,后稷耕稼,仪狄作酒,奚仲为车。"⑤ 高注引《世本》曰:"伯余制衣裳。"⑥ 孔颖达引《世本》曰:"胡曹作冕。"⑦ 然《吕氏春秋·勿躬》篇又说:"胡曹作衣。"⑧ 可见,刘安以前的文献就记述不一。当然,统编者对此亦失于审查,负有一定责任,诚如黄震所说,《淮南子》确有"不相参照之弊"。

四、对《淮南子》文本的摘录

黄震在评述《淮南子》的具体言论之后,又在《读淮南子》的末尾附录了一些文句。具体为:"九方皋,'皋'字作'堙'(见十二卷);丈人谓老人杖而行者(见十二卷注);蛤棃(十二卷);舟以离岸为张,傍岸为欼(十四卷);介子龙蛇之歌(十六卷);荐梅(六卷)。"⑨ 值得注意的是,黄氏以卷数代替篇目,从中透露出他所读之本的一些版本信息。他提到了六卷、十二卷、十三卷、十四卷、十六卷、十九卷,经仔细查证,皆与篇名一一对应,可知黄氏所读之本为二十一卷本,而非苏颂见到过的卷分上下的版本(很有可能是二十八卷本)。

---

① 张伟主编《黄震全集》,第 1755 页。
② 郭庆藩《庄子集释》,第 16 页。
③ 张伟主编《黄震全集》,第 1755 页。
④ 张双棣《淮南子校释》(增订本),第 1360 页。
⑤ 张双棣《淮南子校释》(增订本),第 2024 页。
⑥ 张双棣《淮南子校释》(增订本),第 1365 页。
⑦ 孔颖达《春秋左传正义》,第 1672 页。
⑧ 许维遹《吕氏春秋集释》,第 450 页。
⑨ 张伟主编《黄震全集》,第 1755 页。

黄震附录上述文句,未作进一步的说明,如今已很难找寻其目的之所在,或只是为了备忘而记,或只是读之有感而记。如黄氏说:"九方皋,'皋'字作'堙'。"此文出自《道应训》,原文曰:"臣有所与供儋缠采薪者九方堙,此其于马,非臣之下也,请见之。"① 李善《文选注》引《吕氏春秋》亦作"九方堙",《庄子·徐无鬼》作"九方歅",《列子·说符篇》作"九方皋",然陆德明《庄子释文》引《淮南子》亦作"九方皋"。黄氏所谓"皋"字作"堙",应是参考了这些文献。又如黄氏摘录注文:"丈人,谓老人杖而行者。"此文亦出《道应训》,与原注略有不同,原注作:"丈人,老而杖于人者。"② 当是黄氏误记,他在解释"丈人"一词时又引用了这条注文。黄氏说:"程云'尊严之称',朱云'长老之称',扬云'丈者黍龠尺引之积'。愚按,王充《论衡》云:'人形以一丈为正,故名男子为丈夫,尊翁妪为丈人。'此说亦可辅诸说,若《淮南子》谓'老者杖于人为丈人',恐未然。"③ 可证黄氏误记。然而,他对《淮南子》这条注文并不认同。总之,黄震对《淮南子》的摘录,表明他确实认真细读了该书,所以,他的这些说法并不是无根之论。

第四节　元代学者评读《淮南子》

相对宋代学者来说,元代学者很少专门撰写文章来评说《淮南子》,而是侧重于从该书的某一方面出发进行深入的阐述。这虽然不是对《淮南子》的专门研究,但客观上代表了元代学者对《淮南子》的认识水平,也是《淮南子》学史上不可忽视的一部分。

一、王恽的《读淮南子》

王恽(1227—1304),字仲谋,号秋涧,卫州路汲县(今河南卫辉市)人。他好学善文,工于诗画,著有《玉堂嘉话》《秋涧先生全集》等。王恽曾撰《读淮南子》,重点从艺文这个方面对《淮南子》进行评说,被收录在《秋涧集》卷四十四。

---

① 张双棣《淮南子校释》(增订本),第1286页。
② 张双棣《淮南子校释》(增订本),第1302页。
③ 张伟主编《黄震全集》,第114页。

王恽的《读淮南子》篇幅很短，全文不过一百三十余字。文章说："《淮南鸿宝书》，出大山等徒所述。在艺文言，掇百家之绪余耳，特变其文，而为小大异同之论，然自得者鲜矣，读之者不无所益。至于阴阳造化之机，治道兴衰之理，正有吾六经与信史昭在。又亲于其身为不善者，虽著书立言，君子有所不道。予所以读之者，取其事实可训，及汉文近古，三代之气有凝而未散者。至元丙戌岁十月二十三日题。"① 可知，王恽的《读淮南子》是写于元世祖至元二十三年，即1286年。自全篇文字来看，王恽是以经学家身份来评说《淮南子》的。

首先，王恽有意突出《淮南子》作者的儒家身份及《淮南子》内容的儒学成分。既然阅读了《淮南子》，那王恽不可能不知道高诱序文关于《淮南子》作者的说法。高诱是说苏飞、李尚等八人和诸儒大山、小山之徒所作。苏飞等八人，史称"八公"，大都为道人方士，王恽弃而不论，仅突出了诸儒大山等人。王逸说："小山之徒，闵伤屈原，又怪其文升天乘云，役使百神，似若仙者，虽身沉没，名德显闻，与隐处山泽无异，故作《招隐士》之赋，以章其志也。"② 所谓"名德显闻"，正契合儒者之心。可见，王恽弃"八公"不论，而独称大山，正是其自居经学正宗意识的反映。王恽后面又说，《淮南子》关于阴阳、治道等方面的思想，也有与经书、正史相合的地方。儒家的阴阳学说主要立足于《周易》。而《汉书·艺文志》说刘安聘请懂《易》者九人，作《淮南道训》。清代学者胡兆鸾因此辑有《淮南子周易古义》一卷，马国翰辑有《周易淮南九师道训》一卷，足以证明《淮南子》中的儒学成分。至于治道，高诱说"出入经道"，即儒、道互补。可见，王恽指出《淮南子》内容的儒学成分，是有根据的，但他有意弃道家、法家等思想而不论，则又是其自居经学正宗意识的反映。

其次，王恽重点评论了《淮南子》的古文特征。这一方面既有批评又有肯定。王恽对刘安抱有很深的成见，主要是因为他因谋反而落罪。王恽称刘安这种行为为"不善者"，有此不善，刘安的书也就不值得阅读。而且，刘安在编撰《淮南子》时，又尽拾先秦诸子牙慧，变易诸子文章，鲜有自得，所以令人阅读的兴趣不高。但王恽又说，他之所以读《淮南子》，是在于它所记之事能垂戒后人，更在于它的文章保留着凝而不散的"三代之气"。王恽并未阐明这三代

---

① 王恽《秋涧先生大全文集》卷四十四，《四部丛刊》本。
② 洪兴祖《楚辞补注》，第232页。

之气是什么,宋人时澜《尚书详解序》说:"今观其议论渊源,辞气超迈,唐虞三代之深意奥旨,皆有以发其机而启其秘于千载之下。不谓先生居今之世,而言论风旨,霭乎唐虞三代之气象也。"① 就这段议论而言,所谓三代之气,是指辞气超迈、意旨深奥、议论风雅。说到底,也就是近似于《尚书》《周易》《诗经》一样的文章风格。然而,这样的文章风格,在《淮南子》中还是很少见,大多数文字更近于辞赋与战国纵横家之文。王恽作出如此评说,仍是根于他的经学正宗之意识。

此外,王恽把《淮南子》称作《淮南鸿宝书》,是不正确的说法。刘向曾得到淮南王刘安的《鸿宝》《苑秘》之类的书籍。这类书籍皆记载奇方异术,与《淮南子》不属同类。《淮南子》原名《鸿烈》,不闻有《鸿宝》之称,王恽这一误称,或能表明《淮南子》在他心目中是更近于方术一类的书籍。

二、杨维桢对刘安及《淮南子》的评论

杨维桢(1296—1370),字廉夫,初号梅花道人,又号铁崖、抱道老人、东维子等,浙江诸暨人,泰定四年(1327)进士。他长于乐府诗,也擅书法,其诗号曰"铁崖体",著有《铁崖先生古乐府》《东维子文集》等。尽管擅名诗坛,但他认真阅读过《淮南子》,对淮南王也非常熟悉,并留下了自己的评论文字。

(一)对淮南王刘安的批判

与黄震的养士致祸论不同,杨维桢将批判的矛头指向了淮南王刘安本人,极力反对淡化刘安本人的责任。他有一篇名为《或问淮南王安》的专论文,重点探讨了淮南王败亡的原因。其文云:

> 或问:淮南王安再亡国,班史以为荆楚剽轻好作乱,其俗使然者,虽安有不免耶?老人曰:居下必湿,履满必倾。安父子蹈亡国之行,而淮南之国遂除为郡司,论者尚欲以地俗文之,何也?岂闵安之好文喜客,善抚百姓,流声誉,贤于其先之骄蹇不法者耶?然其所聚客至千人,多方术之流,则其所养非贤可知已。其所师者伍被,则足以刑其躯,而亡其国矣。於乎!安亲罹父难,而又躬自蹈之,其父子薦亡(薦读曰荐)者自取之也,又何地俗之咎耶?君子不悼尺布斗粟之谣于淮民也,而悼悖子之疏,不听

---

① 《全宋文》第292册,第218页。

于封国之始也。(初,文帝封属王子安为列侯,贾谊知其必王,上疏白淮南王悖逆,天下孰不知,今又尊奉罪人子,子岂忘其父哉?予之众,积之财,所谓假贼兵为虎翼者也。)①

由此文可知,杨维桢对司马迁、班固所给出的"地俗使然"的结论非常不满,文中大力批判了这个结论。所谓地俗使然,就是说淮南王刘安的败亡不在于他自己,而在于受楚地民风剽悍、好犯上作乱的习气所致。在杨氏看来,他们提出这样的观点,等于是在为淮南王刘安粉饰、为淮南王刘安开脱。实际上,"淮南王安再亡国"中"再"字,就很鲜明地表达了杨维桢对刘安的批判态度,隐含了杨氏对刘安未能避免重蹈父辈亡国之路的强烈不满。

首先,杨维桢与黄震、王应麟的认识一致,也认为刘安所养之士非贤士,这是导致刘安再亡国的主要原因。杨氏眼中的"贤士",即孔子所谓:"不逆诈,不亿不信,抑亦先觉者,是贤乎!"②就是既诚且智之士。而在刘安所养数千宾客中,方士之流居多,他们大多以机诈待人,好文过饰非,决非既诚且智之士。所以,杨氏相信,刘安最大的错误就是以伍被为王者之师。在他看来,伍被是事主不忠不诚之士,以其为师,焉可不亡。

其次,杨维桢认为,刘安再亡国是刘安本性悖逆,并非地俗使然。所谓荐亡,出自《汉书·淮南王传》。班固说:"淮南僭狂,二子受殃。安辩而邪,赐顽以荒,敢行称乱,窜世荐亡。"颜师古注:"荐读曰荐。荐,再也。长迁死雍,其子安又自杀也。"③杨氏则不取此义,释为"自取之",强调刘安的身份便是"悖子",在被封国之时就埋下了不顺从的种子,故再亡国乃是其自取之祸。杨氏引用贾谊上给汉文帝的疏文,进一步说明刘安悖子的身份与后果。刘安被视为悖子,一方面在于他乃罪人之子,另一方面在于他本性之中即含有悖逆的因子。杨氏认为,君子感到悲悼的应该是贾谊上给汉文帝的疏文,而非讥讽汉文帝的民谣。杨氏的这些看法,显示了他作为儒家学者的强烈的正统观念,但未必客观公正。

(二)对《淮南子》持后论的阐发

至正十年(1350),杨维桢的学生殷奎为自己筑造了一间书室,取名为"后

---

① 李修生主编《全元文》第42册,凤凰出版社2004年,第412页。
② 邢昺《论语注疏》,第224页。
③ 班固《汉书》,第4250页。

斋"。杨氏为此写了一篇《后斋记》，着重阐述了"后"的思想理念。其文曰：

> 予尝读《淮南子》之书，而爱其《原道》之文，足以发明老子不先之义也。其言曰："先者难为知，而后者易为攻也。先者，后之弓矢质的也。犹鐏之与刃，刃犯难而鐏无患者，何也？以其托于后位也。"又曰："后者非谓其底滞而不发，凝竭而不流，周于数而合于时者也。"吁，《淮南子》之为此言也，不知者以为藏智之券。要之，物势当然之故也。执其势者，月不与日而出，火必续烟而焰。持棋者，若巩索之距，莫敢先动。反之于己，若蘧伯玉焉可也，伯玉不明四十九年之非，则不明今年之是也。殷生奎椎鲁而好学，其受业予门，有所独悟，不敢以多上于群游，退然恒若有所不及，且名其书室曰"后"。自后者，人先之。人先，情也，不知有周于数而合于时者也。故予以《淮南子》之说推而语之，生勉之，毋曰后以甘自后也，而先人者莫御焉。生其勉之，周于数而合于时，则千万人吾往矣。至正十年二月初吉会稽杨维桢说。①

这篇文章是围绕《淮南子·原道训》关于先后的几句话而展开，对其持后论作了比较深入的阐发，可以从以下几方面来解读。

第一，《淮南子》持后论是发明老子不先之义。所谓不先，即《老子·六十七章》"不敢为天下先"的概称。《淮南子》中，确实有不少篇目存在阐发老子这一思想的情况。除《原道训》外，如《主术训》说："主道员者，运转而无端，化育如神，虚无因循，常后而不先也。"②人主之道，在于因循，如圆转无方，故应常后不先。这是对老子"不敢为天下先，故能成器长"（《六十七章》）的发明。《缪称训》说："列子学壶子，观景柱而知持后矣。故圣人不为物先，而常制之，其类若积薪樵，后者在上。"③形在前而影随后，先者为下而后者在上，故不为物先却能常制物。这是对老子"欲先人，必以身后之"（《六十六章》）的发明。《要略》篇又说："《兵略》者，所以明战胜攻取之数，形机之势，诈谲之变，体因循之道，操持后之论也。"许慎注曰："持后者，不敢为主而为客也。"④这是对老子"吾不敢为主而为客"（《六十九章》）的发明。可见，《淮南

---

① 《全元文》第42册，第501页。
② 张双棣《淮南子校释》（增订本），第950页。
③ 张双棣《淮南子校释》（增订本），第1116页。
④ 张双棣《淮南子校释》（增订本），第2174页。

子》的持后论,诚如杨氏所言,在很多方面发明了老子的不先之义。

第二,《淮南子》持后论非藏智之券。《主术训》说:"君人者释所守而与臣下争,则有司以无为持位,守职者以从君取容,是以人臣藏智而弗用,反以事转任其上矣。"① 显然,这里的藏智,包含阳奉阴违、行伪使诈之义,属于贬义。但历代学者基本不用此义,近人陆宗舆说:"老氏曰:'大智若愚。'惟愚始成其智,一用其智,必反生其蔽,是智之宜藏。《易传》所称:'显诸仁,藏诸用。'用即智也。用晦者,即藏智之谓也。"又说:"藏智,非屏弃之,乃深藏之。既名为用,已可见其必有所用。有所用而不以为尚,则合乎藏用之旨。如持利刃而不露其锋,虽近人人毋畏焉,以其藏也。藏则在身而无害于物,有用而无伤于德。此藏智之真义。"② 明显是用之于褒义,认为老子的"大智若愚"就是藏智,并把藏智上升到了一种极高的智慧。杨维桢所用"藏智",当然不是指一种哲学智慧,而是与《淮南子》所用一样,都属于贬义词。由于持后论深深地隐藏了它的目的,表面上给人一种明哲保身的假象,所以,容易使人误认为是一种玩弄阴谋的藏智之说。

第三,《淮南子》持后论的要义在于"物势当然"。王念孙说:"势者,位也。……所居曰势。"③ 那么,物势当然,就是指事物所处的形势决定了它合理的状态,就像靶子在弓箭之前,刀柄在刀刃之后,不得不如此。在杨氏看来,就如日月不同出,但火必连烟而起;就如执子下棋,不敢先动;就如蘧伯玉不经历四十九年之非,就不能坚定现今之是。《淮南子》主张持后,就是基于对事物形势的审视,也是对"物势当然"这一客观规律的遵守,并不是藏智之券,玩弄阴谋。

第四,《淮南子》持后论的本质是"周于数而合于时"。杨维桢认为,《淮南子》的持后论,并不是要求人们甘居于后而静止不前,即"非谓其底滞而不发,凝竭而不流",其本质在于人的行为应该把握合适的时机和谨守一定的规律。杨氏反复强调"周于数而合于时"一句,实际上就是挖掘《淮南子》持后论的积极意义。所谓周于数,高诱说:"周,调也;数,术也。"④ 调即适配,故"周于数",即包含主动遵守规律之义。所谓合于时,高诱说:"时行则行,时止则

---

① 张双棣《淮南子校释》(增订本),第 995 页。
② 陆宗舆《易经证释》,天津救世新教会 1938 年铅印本。
③ 王念孙《读书杂志》,台湾世界书局 1988 年影印本,第 687 页。
④ 张双棣《淮南子校释》(增订本),第 87 页。

止也。"① 即包含主动把握时机之义。在杨氏看来,争先是人之常情,自后则是个人的选择,争先者不知要谨守规律和把握时机,而自后者也不应不顾规律和时机而甘居其后。所以,他勉励殷奎,当形势合适、时机来临时,就一定不能以"后者"自居,而要有"虽千万人吾往矣"的勇气去把握它,去建设自己的事业。杨氏敏锐地察觉到了《淮南子》持后论的积极一面,也是对《淮南子》思想的一种发展。

三、姚琏对《淮南子》民气虚实论的阐发

姚琏(1301—1368),一名廷用,字叔器,晚号云山一懒翁,徽州路歙县(今安徽歙县)人,略晚于杨维桢。姚氏曾师从理学家胡炳文,担任紫阳书院学官、吴江州教授,著有《云山一懒翁集》二卷传世。其中,该书卷一载有一篇题为《察虚实》的政论文,自《淮南子》之言而展开,客观上对《淮南子》的思想作了进一步阐发。

细观这篇文章的内容,可推知此文大约写于刘福通红巾军起义之始,即至正十一年(1351)。文章篇幅不长,兹全录于下:

《淮南子》曰:"善兵者能实其民气,以待人之虚;不能者虚其民气,以待人之实。"故识民气之虚实,知所以用兵矣。今国家之民气虚耶?实耶?在彼者,方以实乘我之虚;在我者,更自虚以济彼之实。而究其所由虚实,则此民气之所以虚,即彼民气之所以实。何也?此日与国为难者,初非敌国外患也,即上之民也,即上之贪官污吏视如家鸡圈豕,惟所咀啮剥肤而椎髓者也。其已逞者,不胜愤懑不平之意,奋臂大呼,共起而报私仇,气自万倍。其未动者,隐隐抱痛,切齿腐心,观望时势,亦如将攫之鸟,卑飞敛翼。而吾乃以悠悠忽忽、全无纪律之师,当其已逞,我之虚既不胜彼之实,乃受命临戎者,复曾无惩戒,所经之地,鸡犬一空,货财罄尽,妻女为掳,甚且系降者以为获,捕平民以为贼,屠城洗邑,泄怒示威。此即乱念未萌,逃避无所,尚且迫而思变,矧含冤之众,愤既不伸,生复无所,有不斩木揭竿、互相策应者耶?故曰:此民气之所以虚,即彼民气之所以实。然则如之何而后可?曰其必戢将卒以安众心,施实惠以定民志,尽反前之所

---

① 张双棣《淮南子校释》(增订本),第87页。

为焉,而国乃可治也。①

所引《淮南子》之文出自《兵略训》,下面就民气、虚实这两个方面,来分析姚氏对《淮南子》这一兵家思想的阐发和应用。

第一,将兵家的"民气"导向儒家的"民本"。

"民气"一词,最早见于《管子·内业》:"是故民气杲乎如登于天,杳乎如入于渊,淖乎如在于海,卒乎如在于己。是故此气也,不可止以力,而可安以德;不可呼以声,而可迎以音。"② 可见,民气是指民众的精神气质。尔后,《礼记》《吕氏春秋》《淮南子》及汉初文人如贾谊、晁错等均见使用,其义虽与《管子》所言相通,但具体指向各有不同。从兵家思想看,"民气"近于"士气"。《兵略训》说:"吴王夫差地方二千里,带甲七十万,南与越战,栖之会稽;北与齐战,破之艾陵;西遇晋公,擒之黄池。此用民气之实也。其后骄溢纵欲,距谏喜谀,憿悍遂过,不可正喻,大臣怨怼,百姓不附。越王选卒三千人,擒之干隧,因制其虚也。"③ 夫差开始屡败强敌,实由士气振奋、百姓亲附所致,后来因自我骄纵,沉溺享乐,致使士气离散,百姓不附,终遭失败。晁错上书汉文帝说:"窃闻战胜之威,民气百倍;败兵之卒,没世不复。自高后以来,陇西三困于匈奴矣,民气破伤,亡有胜意。"④ 亦是"民气"近于"士气"的体现。

但姚燧所理解的这个"民气"概念,并不是从兵家思想出发的,而是趋近于儒家的民本思想。文中,姚氏并没有站在官方的立场对那些起义者进行指责或者咒骂,反而从民心、民生方面来为他们开脱。他认为,那些起义者并非来自敌国,不属于外患,只是从被压迫者转变成了反抗者。他们原为天子之民,却被贪官污吏视为鸡豕,肆意压榨其血汗,最终官逼民反。这些反抗者,亦只是心中不平、欲报私仇而已。还有许多处于观望、未有反意的普通民众,却被毫无纪律可言的朝廷军队推向了反抗的一边,因为朝廷军队对所到之处实施了惨无人道的泄愤、抢劫和屠杀行为。当民生无望,自然就会民心思变;民心思变,自然就会民气耗散;民气耗散,自然就会国将不治。姚燧认为,要使国家可治,就必须斩除违法乱纪的士兵和将领以安抚民心,施给民众切实的惠利

---

① 《全元文》第49册,第46页。
② 黎翔凤《管子校注》,第931页。
③ 张双棣《淮南子校释》(增订本),第1651页。
④ 班固《汉书》,第2278页。

以恢复民生,坚定民志。可见,姚氏所理解的民气,与兵家所谓"士气"的关系并不大,而与民生、民心、民志关系非常密切,无疑是儒家民本思想的体现。

第二,注重民气虚实转换理论的应用。

所谓虚,即亏,即弱。所谓实,即满,即强。《淮南子》从兵家的角度详细阐述了民气之虚与实的关系,《兵略训》说:"夫气之有虚实也,若明之必晦也。故胜兵者非常实也,敢兵者非常虚也。善者能实其民气,以待人之虚也;不能者虚其民气,以待人之实也。故虚实之气,兵之贵者也。"① 即兵家所谓民气,其虚与实是相对待而存,像明与暗一样,此消彼长,此长彼消。而且,敌对双方的虚与实,并不是恒定的,皆时虚时实,时实时虚,也就是虚实之间可以相互转换。

姚氏非常欣赏《淮南子》关于民气虚实对待而存及相互转换的理论,把它应用到了对元代官府与起义者之间虚与实的观察之中。在他看来,官府之民气为虚,起义者之民气为实,起义者是以实乘虚,而官府是以虚济实,那么,胜负显而易见。造成这一结果的责任,完全是在官府这一边。官员与将卒无恶不作,不仅引起了起义者暴动,并将无数的处于观望的普通民众推向了起义者一边,是自亏民气,自弱民气,故官府之民气已虚至极点。而起义者这一边正含冤不平,满腔愤怒,又得到无数的处于观望的普通民众的支持,故起义者之民气实至极点。姚氏认为,要改变这种局面,就必须促使国家之民气由虚转向实,唯一的途径就是惩污吏,抚民心,施实惠,定民志。显然,这是姚氏对《淮南子》民气虚实理论的应用。

---

① 张双棣《淮南子校释》(增订本),第1651页。

第五章 《埤雅》《尔雅翼》对《淮南子》的训释

第一节 《埤雅》对《淮南子》的补释、增释与改释

前面已讨论《埤雅》《尔雅翼》征引《淮南子》所反映的文本情况,但需要指出的是,此二书引用《淮南子》文本,并非只是作为材料而堆集,更多时候会针对引文作出进一步的训释,有时又会将其作为结论融入书中,客观上形成了对《淮南子》正文的补释、增释和改释,同时也形成了对《淮南子》注文的辨正,因而具有较高的价值,值得我们再次讨论。

所谓补释,是指所引正文,原书并无注释,引用者为此补充了自己的解释。所谓增释,是指所引正文,原书已有注释,引用者加以引用,并在此基础上进一步增补自己的解释或论述。所谓改释,是指所引正文,原书已有注释,但引用者不直接加以引用,或化用,或改易,试图从新的角度作出自己的解释。所谓辨正,是指引用者针对所引正文,更多时候是针对所引注文,提出不同意见,并作出自己的分析与辨正。《埤雅》《尔雅翼》在这些方面各有侧重,不可一概而论。

《埤雅》是陆佃关于名物训诂方面的名著,共二十卷,其中《释鱼》二卷、《释兽》三卷、《释鸟》四卷、《释虫》二卷、《释马》一卷、《释木》二卷、《释草》四卷、《释天》二卷。因欲有辅于《尔雅》,故取名《埤雅》。《四库提要》评价该书:"其说诸物,大抵略于形状而详于名义。寻究偏旁,比附形声,务求其得名之所以然。又推而通贯诸经,曲证旁稽,假物理以明其义,中多引王安石《字说》。"[①] 当为确评。由于该书基本是引用《淮南子》正文,明引注文仅1例,其他注文多以化用形式吸取。因此,《埤雅》几乎没有针对注文的辨析,而对于正文则有补释、增释和改释三类。兹列于下,并略加分析。

---

① 永瑢等《四库全书总目》,第342页。

一、《埤雅》对《淮南子》的补释

卷四《释兽·貉》:"《字林》曰:'貉似狸,善睡。'狐善疑,貉善睡,故狐貉之厚以居也,其营窟,与獾皆为曲穴,以避雨旸,亦以防患。故《淮南子》曰:'蚁知为垤,獾貉为曲穴,虎豹有茂草,野彘有艽莦,阴以防雨,景以蔽日,此亦鸟兽之所以智也。'俗云:'獾貉同穴而异处。'獾之出穴,以貉为导。"① 按:所引《淮南子》之文,出自《修务训》,最后一句或为陆佃所改,今本作"此亦鸟兽之所以知求合于其所利",无注。陆佃之说是解"獾貉为曲穴"一句。可知獾貉不仅各为曲穴,而且同出一穴。

卷四《释兽·麋》:"《淮南子》曰:'孕妇见兔而子缺唇,见麋而子四目。物有似然而似不然者。'麋有四目,其二夜目也,《类从》所谓'目下有窍,夜即能视之'是也。"② 按:所引《淮南子》之文,出自《说山训》,原书无注。陆佃认为,麋鹿有四目,二目用以夜视,故孕妇"见麋而子四目"。王充《论衡·命义篇》:"遭者,遭得恶物象之故也。故妊妇食兔,子生缺唇。"③《博物志》:"妊娠者不可啖兔肉,又不可见兔,令儿唇缺。"④ 可用以解释"孕妇见兔而子缺唇"一句。然多怪说,权当饭后茶余之谈。

卷四《释兽·羆》:"羆似熊而大,为兽亦坚中,长首、高脚、从目,能缘能立,遇人则擘而攫之。俗云:'熊羆眼直,恶人横目。'《淮南子》曰'熊罴之动以攫搏,兕牛之动以抵触'是也。"⑤ 按:所引《淮南子》之文,出自《说山训》,原书无注。攫即搏,《一切经音义》引《说文》:"攫,爪持也。"吕延济注《文选·鲁灵光殿赋》:"攫,举爪也。"陆佃之说与所引《淮南子》之文的联结点即在"攫"字上。

卷五《释兽·狗》:"《义训》曰:'良犬,韩有卢,宋有鹊。卢黑色,鹊黑白色。'《淮南子》曰'若鹊之驳',言黑白杂也。"⑥ 按:所引《淮南子》之文,出自《修务训》,原书无注。《说文·马部》:"驳,马色不纯。"未言黑白色相杂。又《孔丛子·执节》:"申叔问曰:'犬马之名,皆因其形色而名焉。唯韩卢、宋鹊

---

① 《北京图书馆古籍珍本丛刊》第5册,第284页。
② 《北京图书馆古籍珍本丛刊》第5册,第288页。
③ 黄晖《论衡校释》,第53页。
④ 范宁《博物志校证》,中华书局1980年,第109页。
⑤ 《北京图书馆古籍珍本丛刊》第5册,第289页。
⑥ 《北京图书馆古籍珍本丛刊》第5册,第293页。

独否，何也？'子顺答曰：'卢黑色，鹊白色，非色而何？'"① 与陆佃之说相近，故以黑白相杂为驳。

卷六《释鸟·鹊》："《淮南子》曰：'太阴所建，蛰虫首穴而处，鹊巢向而为户。'又曰：'蛰虫、鹊巢皆向天一。'盖鹊巢开户，向天一而背岁，故《博物志》云：'鹊背太岁也。'先儒以为，鹊巢居而知风，蚁穴居而知雨，鹊岁多风则去乔木，巢旁枝，故能高而不危也。然则，强而不淫，知风之自而作其巢，知岁之所在而开其户者，鹊也。强而不淫，所以成德，成德故有行；知风之自而作其巢，知岁之所在而开其户，所以趋时，趋时故有功。故《诗》以譬国君积行累功。"② 按：所引《淮南子》之文，前者出自《天文训》，后者出于《氾论训》，原书均无注。《天文训》说："天神之贵者，莫贵于青龙，或曰天一，或曰太阴。太阴所居不可背而可乡，北斗所击不可与敌。"③ 所以，鹊巢向天一而开户。《人间训》又说："夫鹊先识岁之多风也，去高木，而巢扶枝。"④ 陆佃即用此文。《诗经·召南·鹊巢》"维鹊有巢"，郑笺："鹊之作巢，冬至架之，至春乃成，犹国君积行累功，故以兴焉。"⑤ 陆佃又发挥此说，显示出他解释《淮南子》之文的儒家倾向。

卷八《释鸟·䴆木》："郭璞曰'口如锥，长数寸，常䴆木食虫，因名云者'是也。《淮南子》曰：'狸头愈鼠，鸡头已瘘，虻散积血，䴆木愈龋，此类之推者也。膏之杀鳖，鹊矢中猬，烂灰生蝇，漆见蟹而不干，此类之不推者也。'《说文》曰：'㨾，齿蠹也。'以类相摄，故䴆木愈之。"⑥ 按：所引《淮南子》之文，出自《说山训》，原书无注。㨾，亦作龋，即蛀牙之病。陆佃所谓以类相摄，亦即《淮南子》所说啄木鸟以䴆木食虫为生，而龋亦可赖之而愈。

卷十一《释虫·蚕》："蚕，阳物也，恶水，食而不饮。《淮南子》曰：'蚕食而不饮，蝉饮而不食，蜉蝣不食不饮。'……《蚕书》曰：'饲蚕勿用雨露湿叶。'盖蚕性恶湿。"⑦ 按：所引《淮南子》之文，出自《地形训》，原书无注。《礼记》郑玄注："风戾之者，及早凉脆采之，风戾之使露气燥，乃以食蚕，蚕性恶湿。"⑧ 即

---

① 《孔丛子》卷五《执节第十七》，《四部丛刊》本。
② 《北京图书馆古籍珍本丛刊》第5册，第297页。
③ 张双棣《淮南子校释》（增订本），第411页。
④ 张双棣《淮南子校释》（增订本），第1949页。
⑤ 孔颖达《毛诗正义》，第75页。
⑥ 《北京图书馆古籍珍本丛刊》第5册，第312页。
⑦ 《北京图书馆古籍珍本丛刊》第5册，第330页。
⑧ 孔颖达《礼记正义》，第1552页。

为陆佃所本。

卷二十《释虫·虹》:"蜺为挈贰,贰盖言二,《淮南子》曰'天二气则成虹'是也。虹,淫气也,故又借为实虹小子之虹,虹,溃也。《诗》曰:'蝃蝀在东,莫之敢指。'说者以为,夫妇过礼,则虹气盛,讳之莫之敢指。《文子》曰:'至治之世,虹霓不见。'则夫妇过礼,虹气为盛,理或然也。盖地气还矣,天气不复,于是成虹。虹,天之淫气也,夫水气之在天成虹。又天之淫气尔,尚且恶之如此,而况于人乎!"①按:所引《淮南子》之文,出自《说山训》,原书无注。高诱于"天二气"无解,释"地二气"则为阴阳,陆佃不取,而是重点阐述了虹为天之淫气的主张。《诗经·蝃蝀》毛说:"夫妇过礼则虹气盛,君子见戒而惧,讳之莫之敢指。"②陆佃对此大加发挥,体现出明显的理学色彩。

二、《埤雅》对《淮南子》的增释

卷三《释兽·獭》:"《淮南子》曰:'鹊巢知风之自,獭穴知水之高下。'言岁多风,则鹊作巢卑,水之所及,则猨獭移穴,其预知有如此也。"③按:所引《淮南子》之文,出自《缪称训》,今本"知风之自"作"知风之所起",许注作:"岁多风,则鹊作巢卑;水之所及,则獭避而为穴也。"④很明显,陆佃在许注的基础上,增了"其预知"一句,可谓有画龙点睛的作用。

卷四《释兽·猬》:"猬状似鼠,性极狞钝,物少犯近,则毛刺攒起如矢。《尔雅》所谓'汇毛刺者',即此也。见鹊便仰腹受啄,中其矢辄烂,故《淮南子》云:'鹊矢中猬,此理之不可推也。'"⑤按:所引《淮南子》之文,出自《说山训》,高注:"中,亦杀矣。"陶弘景注《本草经》说:"田野中时有此兽,人犯近,便藏头足,毛刺人,不可得捉,能跳入虎耳中。而见鹊便自仰腹受啄,物有相制,不可思议尔。"⑥或为陆佃所本。

卷四《释兽·猫》:"《传》曰:'骐骥骅骝,捕鼠于深宫之中,曾不如跛猫。'言殊技也,是故天下之材在于因任。《淮南子》曰:'伊尹之兴土功也,修胫者

---

① 《北京图书馆古籍珍本丛刊》第5册,第396页。
② 孔颖达《毛诗正义》,第241页。
③ 《北京图书馆古籍珍本丛刊》第5册,第280页。
④ 张双棣《淮南子校释》(增订本),第1116页。
⑤ 《北京图书馆古籍珍本丛刊》第5册,第286页。
⑥ 唐慎微《重修政和证类本草》卷二十一《中品·猬皮》,《四部丛刊》本。

使之跰镬,强脊者使之负土,眇者使之准,伛者使之涂。'盖如是矣。"① 按:所引《淮南子》之文,出自《齐俗训》,许注依次为:"长胫以蹋插者,使而入深""脊强者,在负重""目不正,因令睎""伛人涂地,因其俛也"。②《初学记》引《东方朔传》曰:"骐骥騄耳,飞兔麟駬,天下之良马者也。将以捕鼠于深宫之中,曾不如跛猫。"③ 显然为陆佃所本。他在此说及许注的基础上,总结出"天下之材在于因任"这一观点,是对原文认识的深化。

卷四《释兽·麋》:"《月令》'仲夏曰鹿角解,仲冬曰麋角解',鹿以夏至陨角而应阴,麋以冬至陨角而应阳。《淮南子》曰'日至而麋鹿解'是也。说者以为,鹿角者挟阴之阳也,故应阴而陨角;麋角者挟阳之阴也,故应阳而陨角。盖鹿肉食之燠,以阳为体也;麋肉食之寒,以阴为体也。以阳为体者,以阴为末;以阴为体者,以阳为末。角,末也,故其应阴阳如此。"④ 按:所引《淮南子》之文,出自《天文训》,高注:"日冬至麋角解,日夏至鹿角解。"⑤ 此与《月令》在角解的时间上略有出入。陆佃在高诱"夏至""冬至"之说的基础上,重点阐述角解与阴阳的关系,是对高注的进一步补充。

卷六《释鸟·乌》:"乌,阳物也,感阴气而翅重,故俗以此占其雨否。《淮南子》曰:'螣蛇游雾而殆于蝍蛆,乌力胜日而服于雏礼。'乌,阳物也。"⑥ 按:所引《淮南子》之文,出自《说林训》,高注:"乌在日中而见,故曰胜日。"⑦ 陆佃反复强调乌为阳物,即是从《淮南子》及高注中得出,进而以阴阳释之,略可补充高注。

卷七《释鸟·鹈》:"郭璞曰:'今之鹈鹕也,好群飞,沉水食鱼,故名洿泽。'鹈形似鹗而大,人足,其鸣自呼,颔下胡大如数升囊,因以盛水贮鱼。《淮南子》所谓'鹈鹕饮水数斗而不足,鳣鲔入口若露而死'是也。"⑧ 按:所引《淮南子》之文,出自《齐俗训》,许注:"鹈胡,污泽鸟。"⑨ 仅指出了鹈鹕的别名,陆佃则主

---

① 《北京图书馆古籍珍本丛刊》第 5 册,第 287 页。
② 张双棣《淮南子校释》(增订本),第 1212—1213 页。
③ 徐坚《初学记》,第 704 页。
④ 《北京图书馆古籍珍本丛刊》第 5 册,第 288 页。
⑤ 张双棣《淮南子校释》(增订本),第 285 页。
⑥ 《北京图书馆古籍珍本丛刊》第 5 册,第 301 页。
⑦ 张双棣《淮南子校释》(增订本),第 1769 页。
⑧ 《北京图书馆古籍珍本丛刊》第 5 册,第 307 页。
⑨ 张双棣《淮南子校释》(增订本),第 1224 页。

要针对"饮水数斗而不足"一句而展开注释。陆机说:"鹈,水鸟,形如鹗而极大,喙长尺余,直而广,口中正赤,颔下胡大如数升囊,好群飞。若小泽中有鱼,便共抒水满其胡而弃之,令水竭尽鱼在陆地,乃共食之。"① 此即为陆佃所本。

卷十《释虫·蝇》:"《类从》曰:'蝇生于灰。'盖蝇值水溺死,以置灰中,须臾即活。《淮南子》以为'烂灰生蝇',正谓此也。"② 按:所引《淮南子》之文,出自《说山训》,高注:"烂,腐。"③ 陆佃则补充了蝇如何生于灰一说,更有助于读懂原文。

卷十一《释虫·蚕》:"再蚕,谓之原蚕,一名魏蚕。今以晚叶养之,先王之法禁焉。《淮南子》曰:'原蚕再登,非不利也,然王者之法禁之,为其残桑也。'郑云:'蚕为龙精。月直大火,则浴其种,是蚕与马同气。物莫能两大,禁原蚕者,为害马欤?'然则,原蚕有禁,非特欲以护桑,又以害马故也。今蚕负马迹,亦其验欤?里俗谓之夏蚕,亦曰热蚕,亦曰晚蚕。自世衰道微,先王之禁不行,而民间一岁至有三蚕者矣。是以桑弱而马耗也。"④ 按:所引《淮南子》之文,出自《泰族训》,许注:"原,再也。"⑤ 陆佃之说引申极广,虽不完全是针对《淮南子》此文而发,但可以视为对《淮南子》此文的详细注脚。

卷十一《释虫·螟》:"食心曰螟,食叶曰䗱,食节曰贼,食根曰蟊。《尔雅》所谓:'食苗心,螟;食叶,䗱;食节,贼;食根,蟊。'许慎《说文》以为,吏冥冥犯法即生螟,乞贷则生䗱,抵冒取民财则生蟊。然则,灵芝、朱草、秠秬之钟其美,与螟、䗱之钟其恶,虽不同,其系王者之政一也。《淮南子》曰:'枉法令,即多虫螟。'其以此乎?"⑥ 按:所引《淮南子》之文,出自《天文训》,今本"即"作"则",高注:"食心曰螟,谷之灾也。"⑦ 陆佃依据许慎的说法,强调官吏的不法行为与天灾有着密不可分的联系,王者之政就是要消除不法行为,从而消除与之相关的天灾,所以,他认为《淮南子》"枉法令则多虫螟"亦是此意。

卷十三《释木·梅》:"《淮南子》注曰:'一梅不足为百人酸。'喻少不能有

---

① 陆机《毛诗草木鸟兽虫鱼疏》,《景印文渊阁四库全书》第70册,第14页。
② 《北京图书馆古籍珍本丛刊》第5册,第324页。
③ 张双棣《淮南子校释》(增订本),第1746页。
④ 《北京图书馆古籍珍本丛刊》第5册,第330页。
⑤ 张双棣《淮南子校释》(增订本),第2163页。
⑥ 《北京图书馆古籍珍本丛刊》第5册,第332页。
⑦ 张双棣《淮南子校释》(增订本),第294页。

所胜,故曰金重于羽者,岂谓一钩金与一舆羽之谓哉?"① 按:所引《淮南子》注文,出自《俶真训》,高注作:"譬若梅矣,百梅足以为百人酸,一梅不足为百人酸也。"② 显然,陆佃摘引而已,但他又引申出多少轻重之义。

卷十四《释木·桐》:"《淮南子》曰:'梧桐断角,马蟊截玉。'言柔弱之胜刚强如此。《论衡》曰:'枫桐速长,故其皮肌不能坚也。'老子曰:'大器晚成。'岂不信哉!"③ 按:所引《淮南子》之文,出自《说山训》,高注:"言柔胜刚。"④ "皮肌不能坚"即柔弱,能"断角"即柔弱胜刚强,故陆佃赞为"大器晚成"。

卷十六《释草·苹》:"《淮南子》曰:'夫萍树根于水,木树根于土,天地之性也。'故苹飘聚根反,日暴则死矣。萍之殖根,以水为地也。"⑤ 按:所引《淮南子》之文,出自《原道训》,高注:"萍,大苹也。"⑥ 高注未解萍树根于水的原因,陆佃增释之。

卷十八《释草·兰》:"《淮南子》曰:'男子树兰,美而不芳。'说者以为,兰,女类也,故男子树之不芳。夫草木之性,兰宜女子树之而灵也。"⑦ 按:所引《淮南子》之文,出自《缪称训》,许注:"兰,芳草,女之美芳也,男子树之,盖不芳。"⑧ 陆佃所谓"说者以为"云云,也是化用许注,引申出女子树兰而灵的含义。

三、《埤雅》对《淮南子》的改释

卷二《释鱼·蚌》:"鳖孚乳以夏,蚌孚乳以秋。蚌闻雷声则瘦,其孕珠若怀妊然,故谓之珠胎,与月盈朒。《淮南子》所谓'日至而麋鹿角解,月死而螺蚌膲'者也。"⑨ 按:所引《淮南子》之文,出自《天文训》,"螺蚌",影宋本、藏本误作"蠃碓",他本作"蠃蚨"。螺蚌与蠃蚨,音近义同。高注:"膲,肉不满,言

---

① 《北京图书馆古籍珍本丛刊》第5册,第346页。
② 张双棣《淮南子校释》(增订本),第180页。
③ 《北京图书馆古籍珍本丛刊》第5册,第353页。
④ 张双棣《淮南子校释》(增订本),第1748页。
⑤ 《北京图书馆古籍珍本丛刊》第5册,第368页。
⑥ 张双棣《淮南子校释》(增订本),第55页。
⑦ 《北京图书馆古籍珍本丛刊》第5册,第381页。
⑧ 张双棣《淮南子校释》(增订本),第1088页。
⑨ 《北京图书馆古籍珍本丛刊》第5册,第273页。

应阴气也。"①《说文·月部》:"朔而月见东方,谓之缩朒。"《九章算术》刘徽注"盈不足"云:"盈者谓之朓,不足者谓之朒。"②陆佃所谓"与月盈朒",即与月盈缩,故月亏而蚌朒,与高注略异。

卷四《释兽·猰》:"《淮南子》曰:'虎豹之文来射,猰狄之捷来措。'置之于槛曰措。"③按:所引《淮南子》之文,出自《缪称训》,许注:"措,刺也。"④《说文·手部》:"措,置也。"一人之训,说法不同若此。刺者,杀也。陆佃则云"置之于槛曰措",即关在牢圈中。两说不同,各有道理。

卷六《释鸟·雁》:"燕一名玄鸟,雁一名朱鸟。玄鸟以春分来,朱鸟以春分去。《淮南子》曰'燕雁代飞',此之谓也。"⑤按:所引《淮南子》之文,出自《地形训》,高注:"燕,玄鸟也,春分而来,雁春分而北诣漠中也。燕秋分而去,雁秋分而南诣彭蠡,故曰代飞也。"⑥事实上,陆佃此说应是删改高注而来,故不如高注详细。

卷八《释鸟·燕》:"《诗》曰:'天命玄鸟,降而生商。'言天命玄鸟,下而生商,故简狄吞其卵而生契。《淮南子》曰:'契生于卵。'此之谓也。"⑦按:所引《淮南子》之文,出自《修务训》,高注:"契母,有娀氏之女简翟,吞燕卵而生契,幅背而出。《诗》云'天命玄鸟,降而生商'是也。"⑧显然,陆佃之说只是对高注的缩写,严格意义上并不属于改释。

卷十二《释马·骅》:"骅足,言制之而动也,今字犚从马,一绊其足,骅从马,二绊其足,……《淮南子》曰:'是犹两绊骐骥,而求其致千里也。'两绊,言骅其足。"⑨按:所引《淮南子》之文,出自《俶真训》,高注:"两者,双也。"⑩《说文·马部》:"骅,马后左足白也。"陆佃不取许说,而由高注引申为"二绊其足",用以解释《淮南子》之文。

---

① 张双棣《淮南子校释》(增订本),第286页。
② 《九章算术》卷七,《四部丛刊》本。
③ 《北京图书馆古籍珍本丛刊》第5册,第289—290页。
④ 张双棣《淮南子校释》(增订本),第1118页。
⑤ 《北京图书馆古籍珍本丛刊》第5册,第302页。
⑥ 张双棣《淮南子校释》(增订本),第476页。
⑦ 《北京图书馆古籍珍本丛刊》第5册,第310页。
⑧ 张双棣《淮南子校释》(增订本),第508页。
⑨ 《北京图书馆古籍珍本丛刊》第5册,第340页。
⑩ 张双棣《淮南子校释》(增订本),第272页。

卷十六《释草·蘴》:"《尔雅》曰'青谓之葱',《诗》曰'有怆葱珩',葱,窃青也。《淮南子》曰:'君子之于善也,犹采薪者见青葱则拔之。'言无所不取矣。"①按:所引《淮南子》之文,出自《说山训》,高注:"言无所舍也,君子行善亦如之。"②其实,无所不取与无所舍同义,故陆说与高注相并无本质不同,仅多增释了"青葱"一词。

卷十六《释草·蒲卢》:"《诗》曰:'不流束蒲。'蒲性轻扬善浮,故此亦或谓之蒲,蒲亦善浮故也。《淮南子》曰:'百人抗浮。'说者曰:'蒲,一名浮。'盖是矣。"③按:所引《淮南子》之文,出自《说山训》,高注:"抗,举也。浮,瓠也。"④《说文·艸部》:"蒲,水艸也,可以作席。"而瓠,即匏瓜之类,亦今之葫芦,与蒲义不相属。可见,尽管皆能浮于水,但陆佃所谓蒲之浮与高诱所谓瓠之浮显然不同。

卷十九《释天·风》:"《淮南子》曰:'东风至而酒湛溢。'《造化权舆》以为,东方之气,风也。故冻非东风不能解,湛非东风不能溢。"⑤按:所引《淮南子》之文,出自《览冥训》,高注:"东风,木风也。酒湛,清酒也。米物下湛,故曰湛。木味酸,酸风入酒,故酒酢而湛者沸溢,物类相感也。"⑥高诱以"味"解,而陆佃以"气"解,差异若此。

综上所述,陆佃《埤雅》补释《淮南子》约 8 例,增释《淮南子》约 13 例,改释《淮南子》约 8 例,客观上形成对《淮南子》的训释达 29 例。其内容几乎全部属于字词训诂、名物训释一类,可以帮助读者加深对《淮南子》的认识和理解。

第二节 《尔雅翼》对《淮南子》的补释、增释、改释及辨正

罗愿的《尔雅翼》,实是模仿《埤雅》而写就的一部训诂学名著。《尔雅翼》之义,犹如《埤雅》之义,或有裨于《尔雅》,或辅翼于《尔雅》。《尔雅翼》共

---

① 《北京图书馆古籍珍本丛刊》第 5 册,第 364 页。
② 张双棣《淮南子校释》(增订本),第 1685 页。
③ 《北京图书馆古籍珍本丛刊》第 5 册,第 366 页。
④ 张双棣《淮南子校释》(增订本),第 1695 页。
⑤ 《北京图书馆古籍珍本丛刊》第 5 册,第 391 页。
⑥ 张双棣《淮南子校释》(增订本),第 655 页。

三十二卷,其中《释草》八卷、《释木》四卷、《释鸟》五卷、《释兽》六卷、《释虫》四卷、《释鱼》五卷。《四库提要》高度评价此书:"考据精博,而体例谨严,在陆佃《埤雅》之上。应麟后序称其即物精思,体用相涵,本末靡遗,殆非溢美。"①《尔雅翼》征引《淮南子》正文及注文极多,针对其中某些正文或注文,罗愿或补释,或增释,或改释,或辨正,客观上代表了他研究《淮南子》的成果,具有一定的价值。兹列于下,并略加分析。

一、《尔雅翼》对《淮南子》的补释

卷四《释草四·葵》:"《淮南》曰:'圣人之于道,犹葵之与日也,虽不能以终始哉,其乡之诚也。'夫天有十日,葵与之终始,故葵从癸,《说文》云:'揆,葵也。'即所谓揆之以日者。"②按:所引《淮南子》之文,出自《说林训》。原文说葵之与日不能终始,罗愿则说葵与天上十日能相终始。至于"十日",大概是因为癸是天干第十位,而葵从癸,故有十日。显然,此为罗愿臆说。

卷十一《释木三·槐》:"《淮南子》曰:'老槐生火,久血为磷,人不怪。'《庄子》曰:'水中有火,乃焚大槐。'老槐当夏间,其上忽自起火,焚烧枝叶,所谓极阴生阳者也。古者冬取槐檀之火,槐檀色黑,北方之行也。"③按:所引《淮南子》之文,出自《氾论训》,高诱仅注"久血"句,"老槐"句则无注。《汉书·京房传》载京氏语曰:"今异至不应,灾将随之。其法大水,极阴生阳,反为大旱,甚则有火灾,春秋宋伯姬是矣。"④皇侃《论语集解义疏》说:"槐檀色黑,冬是水,水色黑,故冬用槐檀也。"⑤可见,罗愿之说皆本之古义。

卷十四《释鸟二·雎鸠》:"《淮南子》曰:'《关雎》兴于鸟,而君子美之,为其雌雄之不乖也。《鹿鸣》兴于兽,君子大之,取其见食而相呼也。'则古之说《诗》者与此异矣。然则,何以言《关雎》乐而不淫?曰:后妃之意,乐得贤女,以配君子,则不淫之义自显矣。"⑥按:所引《淮南子》之文,出自《泰族训》,原书无注。《后汉书》李贤注:"《诗·关雎》,乐得贤女,以配君子也。"⑦罗愿发挥

---

① 永瑢等《四库全书总目》,第342页。
② 石云孙点校《尔雅翼》,第44页。
③ 石云孙点校《尔雅翼》,第120页。
④ 班固《汉书》,第3174页。
⑤ 皇侃《论语集解义疏》,上海商务印书馆1939年《丛书集成初编》本,第251页。
⑥ 石云孙点校《尔雅翼》,第146页。
⑦ 范晔《后汉书》,第2788页。

此说,用以解释《淮南子》"雌雄之不乖"。

卷十五《释鸟·燕》:"亦云:'入水为蜃蛤。'《淮南》云'燕之为蛤'是也。今人言蜃是蛟类,吐气为楼台,伺燕栖集则食之。又言龙噬烧燕,水枯竭者投之立涨,今人亦投以求雨。人食燕者,则不可以适河。然则,燕与蛟龙、蜃蛤之气相往来,盖水类。"① 按:所引《淮南子》之文,出自《地形训》,属意引,原文作"燕雀入海化为蛤",无注。罗愿据五行之说,认为燕、蛟龙、蜃蛤均属水类,故有《淮南子》一说。张仲景《金匮要略》:"燕肉勿食,入水为蛟龙所噉。"② 亦为罗氏所本。

卷十七《释鸟五·鸧》:"《淮南》云:'凤皇曾逝万里之上,鸿鹄、苍鹤莫不惮焉。'则苍鹤之为鸧必矣。玄鸧,长足,群飞。天之将霜,先知之而鸣,不过旬日而下霜矣。然则,鸧之警霜,犹鹤之警露也。"③ 按:所引《淮南子》之文,出自《览冥训》,属于意引,原书无注。罗愿以苍鹤为鸧,并引《物类相感志》中语释之。

卷十八《释兽一·麟》:"《淮南子》曰:'麒麟斗而日月蚀。'盖岁星散为麟,岁失其序则麟斗,麟斗则日月蚀矣。麒麟善走,故良马因之,亦名为麒麟也。"④ 按:所引《淮南子》之文,出自《天文训》,今本无注,然《初学记》引许慎注曰:"麒麒,大角之兽,故与日相动。"⑤ 而罗愿不取,以汉代纬书《春秋保乾图》"岁星散为麟"一句为据,再作解释。

卷二十三《释兽六·鼱》:"鼱穴甚小,故《淮南》曰:'塘漏若鼱穴,一璞之所能塞也。'《本草》说鼱鼠云:'此虫极细,不可卒见。'则是虫之极小者耳,非鼠之类也。"⑥ 按:所引《淮南子》之文,出自《人间训》,今本无注。唐慎微《证类本草》:"鼱鼠,有毒,食人及牛、马等皮肤成疮,至死不觉。此虫极细,不可卒见。"⑦ 即为罗愿所本。

卷二十六《释虫三·虮》:"又《淮南子》曰:'汤沐具而虮虱相吊,大厦成

---

① 石云孙点校《尔雅翼》,第154页。
② 张仲景《金匮要略》卷下《妇人产后病第二十一》,《四部丛刊》本。
③ 石云孙点校《尔雅翼》,第178页。
④ 石云孙点校《尔雅翼》,第184页。
⑤ 徐坚《初学记》,第6页。
⑥ 石云孙点校《尔雅翼》,第247页。
⑦ 唐慎微《重修政和证类本草》卷二十一《鼱鼠》,《四部丛刊》本。

而燕雀相贺。'以言祸福有非类而相及者。"①按：所引《淮南子》之文，出自《说林训》，高注仅解："厦，屋。"罗愿则对整句作了补充解释。木具与蚁虱非类，然祸相及；大厦与燕雀非类，然福相及。故罗愿谓"祸福有非类而相及者"。

二、《尔雅翼》对《淮南子》的增释

卷三《释草三·卷耳》："卷耳，菜名也，幽冀谓之檀菜，雒下谓之胡枲，江东呼为常枲。叶青白色，似胡荾，白华细茎。……盖'采采卷耳'，职之贱者。《淮南子》称'瞽师庶女，位贱尚菒，权轻飞羽'，许叔重曰：'尚，主也。菒者，菒耳，菜名也。主是官者，至微贱也。瞽师庶女，复贱于主枲之官，故曰权轻飞羽。'观此，则主枲之官，位之微者。《周礼》顾不可考，或成周以前，周南之官有之，不然，则醢人酒人之属也。"②按：所引《淮南子》正文及注文，均出自《览冥训》。今本此篇为高诱所注，罗愿误为许注。罗氏所谓"幽冀谓之"云云，亦是来自高注。他不仅详述了菒菜的样态，并在高注的基础上增入了对主枲之官的考证。

卷六《释草六·蔆》："《淮南》曰：'欲学讴者，必先征羽、乐风；欲美和者，必先始于阳阿、采菱。'许叔重曰：'阳阿、采菱，乐曲之和。一曰：阳阿，古之名俳，善和者。'盖采菱者众所共，故取节奏宜和为曲，以与众乐之。"③按：所引《淮南子》正文及注文，出自《说山训》。此篇为高注，罗愿误为许注。《艺文类聚》引《襄阳耆旧传》："昔楚有善歌者，王其闻与？始而曰下里巴人，国中唱而和之者数万人；中而曰阳阿、采菱，国中唱而和之者数百人；既而曰阳菱白露，朝日鱼丽，含商吐角，绝节赴曲，国中唱而和之者，不过数人。盖其曲弥高，其和弥寡。"④采菱之歌，和之者有数百人，即罗氏所谓与众乐之。

卷十《释木二·桃》："《淮南子》曰：'羿死于桃棓。'棓，大杖也，言为桃木所击死，由是以来鬼畏之。其实桃西方之木，味辛气恶，物或恶之，木之不用桃，犹菜之不用辛也。古者出冰，桃弧棘矢，以除其灾。荆楚设之，以共御王事，则其来久矣。"⑤按：所引《淮南子》之文，出自《诠言训》，此外，自"棓大杖"

---

① 石云孙点校《尔雅翼》，第272页。
② 石云孙点校《尔雅翼》，第32—33页。
③ 石云孙点校《尔雅翼》，第62页。
④ 欧阳询《艺文类聚》，第771页。
⑤ 石云孙点校《尔雅翼》，第108—109页。

至"鬼畏之",为暗用许注。罗愿并未否定原注的意见,而是从桃木味辛气恶、桃木用于除灾等方面作了进一步的阐述。

卷十五《释鸟三·雀》:"雀,小佳,依人以居。其小者黄口,贪食易捕。老者益黠难取,号为宾雀。《淮南子》:'季秋候雁来,宾雀入大水为蛤。'许叔重释之曰:'宾雀者,老雀也,栖宿人家堂宇之间,如宾客也。'"① 按:所引《淮南子》正文及注文,均出自《时则训》。今本此篇为高诱所注,罗愿误为许注。罗氏在高注的基础上,特意突出了老雀之"老而益黠"的一面。

卷十六《释鸟四·隼》:"《说文》解'雠'云:'祝鸠也。'思允切,又去鸟从十,作隼,则雠乃与隼通,凡《诗》之'翩翩者雠'皆隼也。又解《淮南子》'乌力胜日,而服于雠礼',引《尔雅》谓之鹪鹩,秦人谓之祀祝,闻蚕时晨鸣人舍者,鸿鸟皆畏之。据许所说,则是今鸦鸹尔。"② 按:所引《淮南子》正文及注文,均出自《说林训》。今本此篇为高诱所注,罗愿误为许注。罗愿从《说文》中得出雠即隼,又从高注中得出雠即鸦鸹。至于罗氏所说"鸦鸹",《御定佩文韵府·鹪鸠》释为:"江东谓之乌臼,又曰鸦鸹,小于乌,今俗谓之驾犁。五更辄鸣,曰架架格格,至曙乃止。古有催明之鸟,名唤起者,盖即此也。"③

卷十七《释鸟五·雁》:"按,《淮南鸿烈》云'雁乃两来',仲秋鸿雁来,季秋候雁来。候雁比于鸿雁而小,故说《诗》者推鸿雁为鸿,而别以此为雁也。今北方有白雁似鸿而小,色白,秋深乃来,来则霜降,河北谓之霜信,盖白露降五日而鸿雁来,寒露五日而候雁来。候雁之来,在霜降前十日,所以谓之霜信。……今《月令》及《周书》乃不复有鸿雁、候雁之别。《月令》则云:'八月鸿雁来,九月鸿雁来宾。'《周书》则曰:'白露之日鸿雁来,寒露之日又来。'既是一种,何得前后不齐如此,似不应尔。许叔重注'二雁'则以为,仲秋时候之雁,从北漠中来,过周洛,南至彭蠡。季秋时候之雁,从北漠中来,南之彭蠡,以为八月来者其父母也,是月来者盖其子也,羽翼稚弱故在后耳。而宾字读联下句,谓之宾雀,不取来宾之义。今《淮南》乃并作'候雁',此当有所据。"④ 按:所引《淮南子》之文,出自《时则训》,属于意引。此篇为高注,罗愿误为许注。原文均作"候雁",无有"鸿雁"与"候雁"之分。《礼记·月令》《周书》均

---

① 石云孙点校《尔雅翼》,第154页。
② 石云孙点校《尔雅翼》,第164页。
③ 张玉书等编《御定佩文韵府》,《景印文渊阁四库全书》第1017册,第163页。
④ 石云孙点校《尔雅翼》,第175—176页。

作"鸿雁",亦无有"鸿雁"与"候雁"之分。可见,分为鸿雁、候雁,实是罗愿一家之言。他在高注的基础上,化用《周书》,对所谓雁乃两来,作了更加具体的描述。

卷十九《释兽二·䮰》:"许氏解《淮南子》称:'䮰虞,白虎,黑文,食自死之兽,日行千里。'䮰虞之色,虽与《山海经》所说不合,然汉儒大抵皆以为白虎。又其言白虎性仁,食自死之兽,《瑞应图》曰'仁而不害',今白虎不甚搏杀,坐食而已。或云虎之老而仁者,有合于仁,如䮰虞之义,此先儒之所为说欤?"① 按:所引《淮南子》注文,出自《道应训》,今本此篇为许注。罗愿一方面肯定许慎以䮰虞为白虎之说,另一方面则从䮰虞"食自死之兽"这个特点出发,解释其性仁的性格。

卷十九《释兽二·猩猩》:"后世之谈猩猩者,以为若妇人被髪,但足无膝,常群行,遇人则以手自掩其形。好饮酒著履。人有取之者,置酒以斗石许,而作履相连,猩猩始见,必大骂曰:'诱我也。'辄能知诱者之姓名,及其祖先并道之,乃绝走远去。既去不能忍,已而复来,稍稍相劝,染指于酒而尝之,蹑履而试之,已而又去,去而复来,厌态如初。既而不能忍,则连臂号泣,相与就醉蹑履,而为人所禽。故《淮南》云'猩猩知往而不知来',以能知诱之者为知往,不知被祸为不知来。"② 按:所引《淮南子》之文,出自《氾论训》。高注:"猩猩,北方兽名,人面兽身,黄色。《礼记》曰:'猩猩能言,不离走兽。'见人狂走,则知人姓字,此知往也。又嗜酒,人以酒搏之,饮而不能息,不知当醉以擒其身,故曰不能知来也。"③ 很明显,罗愿之说是据高注而展开,是对高注的增释。李肇《唐国史补》:"猩猩者,好酒与履。人有取之者,置二物以诱之。猩猩始见,必大骂曰:'诱我也。'乃绝走远去,久而复来,稍稍相劝,俄顷俱醉,其足皆绊于履,因遂获之。"④ 即为罗氏所本。

卷二十五《释虫二·蜉蝣》:"又许叔重注《淮南子》言:'朝菌者,朝生暮死之虫也,生水上,状似蚕蛾,一名孳母,海南谓之虫邪。'则亦蜉蝣之类。按,今水上有虫,羽甚整,白露节后,即群浮水上,随水而去,以千百计,宛陵人谓之

---

① 石云孙点校《尔雅翼》,第198页。
② 石云孙点校《尔雅翼》,第204—205页。
③ 张双棣《淮南子校释》(增订本),第1438页。
④ 李肇《唐国史补》,上海古籍出版社1979年,第64页。

白露虫。"① 按：所引《淮南子》注文，出自《道应训》，今本此篇为许注。《诗经》毛传："蜉蝣，渠略也，朝生夕死，犹有羽翼以自修饰。"② 故罗愿依此认为，许慎所解朝菌，亦是蜉蝣之类，并详细描写了这类昆虫的习性。

卷二十五《释虫二·螗螂》："螗螂，有斧虫，有不过、蟷蠰、莫䝙、蛑、石螂、巨斧等名。许叔重又云'世谓之天马'，盖骧首奋臂，颈长而身轻，其行如飞，有马之象。"③ 按：所引《淮南子》注文，出自《时则训》。此篇为高注，罗愿误为许注。显然，罗氏不仅详述了螳螂的别名，而且针对高诱所谓"天马"作了想象性的描述。

卷二十五《释虫二·青蛉》："《淮南子》称：'虾蟆为鹑，水虿为蟌蕂，皆生非其类，唯圣人知其化。'又称：'水虿为蟌，孑孓为蚊，兔啮为蟹。物之所为，出于不意，弗知者惊，知者不怪。'详此类变易，固不足惊。又人皆习知，不待圣人也，彼将因众人耳目之所见，以极视听之所不接，盖发端于此耳。水虿既化青蛉，青蛉相交，还于水上，附物散卵，出复为水虿，水虿复化焉，交相禅无已。"④ 按：所引《淮南子》之文，前者出自《齐俗训》，许慎注"水虿"句："青怜也。"注"唯圣人"句："其化视阴入阳，从阳入阴。"后者出自《说林训》，高诱注"水虿"句："蟌，青蜓。"注"知者"句："怪，惑也。"蟌，许慎所谓青怜，高诱所谓青蜓，罗愿所谓青蛉，实指同一物，即今之所谓蜻蜓。罗氏在许高二注的基础上，增注了"知者不怪"一句，并详细解释了蜻蜓的习性。

卷二十六《释虫三·蜂》："蜂种类至多，其黄色细腰者，谓之稚蜂，腰间极细，仅相联属。天地之性，细腰纯雄，大腰纯雌。纯雄谓蜂，纯雌龟鳖之属也。《列子》亦曰：'纯雌其名大腰，纯雄其名稚蜂。'言无雌雄而自化，故《淮南子》以蜂之类为贞虫，言其无欲也。"⑤ 按：贞虫，见于《淮南子》之《原道训》《地形训》和《说山训》。唯《说山训》"贞虫之动以毒螫"，高注云："贞虫，细腰蜂，蜾蠃之属，无牝牡之合曰贞，而有毒，故能螫。"⑥ 罗愿所引当来自此篇，他更具体地描述了贞虫"细腰"及"无欲"的特点。

---

① 石云孙点校《尔雅翼》，第 260 页。
② 孔颖达《毛诗正义》，第 550 页。
③ 石云孙点校《尔雅翼》，第 261 页。
④ 石云孙点校《尔雅翼》，第 263 页。
⑤ 石云孙点校《尔雅翼》，第 267 页。
⑥ 张双棣《淮南子校释》（增订本），第 1759 页。

卷二十七《释虫四·螽》:"螽之字又作蝗,其种类不一,故曰'百螣时起'。许氏以为:'百螣动股,蝗属也,时起害稼。'动股则阜螽,阜螽则今螽虫也。"① 按:"百螣时起"属暗引《淮南子》正文,与所引注文,均出自《时则训》。此篇为高注,罗愿误为许注。陆机《毛诗草木鸟兽虫鱼疏》:"阜螽,蝗子,一名负蠜。今人谓蝗子为螽子,兖州人亦谓之螣。"②玄应《一切经音义》:"蝗虫,螽也,《礼记》'蝗虫为灾'是也,谓螽虫者也。"③或为罗氏所本。

卷二十八《释鱼一·鲤》:"鲤者,鱼之主,形既可爱,又能神变,乃至飞越江湖。孟春之月,应阳而动,上负冰,獭于是时取而四面陈之,谓之祭鱼。故《淮南子·时则训》:'孟春之月,鱼上负冰,獭祭鱼。'许慎皆曰鲤也,今人但谓之赤鲤。"④ 按:所引《淮南子》之文,出自《时则训》。今本此篇为高注,罗愿误为许注。高注云:"是月之时,鲤鱼应阳而动,上负冰也。獭,猨也。是月之时,獭祭鲤鱼于水边,四面陈之,谓之祭鱼也。"⑤ 显然,罗氏大量化用高诱之说,仅增释了鲤的习性及种类。《尔雅》郭璞注:"今赤鲤鱼。"⑥或为罗氏所本。

卷三十《释鱼三·蜎》:"《淮南子》曰:'孑孓为蚊。'许叔重曰:'孑孓,结蛋,水中倒跂虫,读廉絜。'予按,《说文》:'孑,无右臂也。'一曰单也,健也。'孓,无左臂也。'一曰孑孓,短也。今孑孓,春秋间积水恶浊则生之,其身既短,好耸腰而上,群浮水际,遇人暂下。其行一曲一直,独以腰为力,若人无臂然,又终朝不已,若甚健者,故有孑孓之名。孑又音吉,孓音厥,又九勿切,或为蛣蟩,字异而音义同。俗又名钉倒虫,即许氏倒跂之义也。经日稍久,则蜕而为蚊,足有文彩,白黑相间,憯于常蚊。"⑦ 按:所引《淮南子》之文,出自《说林训》。今本此篇为高注,罗愿误为许注。《尔雅》郭璞注:"井中小蛣蟩,赤虫,

---

① 石云孙点校《尔雅翼》,第281页。
② 《景印文渊阁四库全书》第70册,第17页。
③ 徐时仪《一切经音义三种校本合刊》,上海古籍出版社2008年,第321页。
④ 石云孙点校《尔雅翼》,第284页。
⑤ 张双棣《淮南子校释》(增订本),第532页。
⑥ 邢昺《尔雅注疏》,第327页。
⑦ 石云孙点校《尔雅翼》,第304页。对于孑孓,罗愿在卷十六《释鸟四·蚊母》中又有解释。他说:"《淮南》曰:'水虿为蟌,孑孓为蚊,兔啮为蟹。物之所为,出于不意,弗知者惊,知者不怪。'今孑孓,污水中无足虫也,好自伸屈于水上,见人辄沉,久之蜕为花蚊扬去。盖水虫之变化类如此,人所同知,非出于不意也。"(第169页。)罗愿通过解释孑孓的变化,否定了《淮南子》所谓"出于不意"的观点,相当于是对原文的辨正。

一名子乎。"① 即为罗愿所本。他在高注的基础上，非常详细地描述了子乎的外形、习性及变育，并认为高诱所谓到跂虫，即俗之钉倒虫。

卷三十一《释鱼四·鳖》："《淮南子》曰：'鳖无耳而目不可以瞥，精于明也。'岂绝其一原，视得精专而善司察欤？又道家以鳖为厌，岂厌之使不得灵欤？《淮南子》曰：'蛟龙伏寝于渊，而卵剖于陵。'许氏曰：'蛟龙，鳖类。'岂蛟龙得其类则不去也？"② 按：所引《淮南子》正文，分别出自《说林训》和《泰族训》。前者今本为高注，后者今本为许注，而罗愿皆以为许注。前者，高注为："不可以瞥，瞥之则见也。"③ 后者，许注为："蛟龙，鳖属也，乳于陵而伏于渊，其卵自孕也。"④ 罗氏通过三个反问句，表达了鳖因无耳而视专、鳖因厌而不灵、蛟龙因类鳖而不去的观点，是对《淮南子》此文的进一步解释。

卷三十二《释鱼五·腾蛇》："又《淮南子》称：'上古圣人，服驾应龙，骖青虬，前白螭，后奔蛇。'说者以为，奔蛇即腾蛇，皆瑞应之物。乃知前古盖尝为用矣。郭氏所注《淮南》云'蟒蛇'者，蟒盖'奔'字之误。亦有时以蜕，故仲长统诗云'飞鸟遗迹，蝉蜕亡壳，腾蛇弃鳞，神龙丧角'是也。"⑤ 按：所引《淮南子》之文，出自《览冥训》，高注："奔蛇，腾蛇也，从在于后。皆瑞应也。"⑥ 很明显，罗愿所谓"说者以为"云云，即是指高注，他在此基础上增入了腾蛇会蜕皮的特征。《尔雅》郭璞注"腾蛇"："龙类也，能兴云雾而游其中。《淮南》云蟒蛇。"⑦ 此亦为罗氏所本。

卷三十二《释鱼五·蝘蜓》："蝘蜓似蜥蜴，灰褐色，在人家屋壁间，状虽似龙，人所玩习。故《淮南》云：'禹南济于江，黄龙负舟，禹视龙犹蝘蜓，龙亡而去。'比之蝘蜓，言不足畏。扬子云'执蝘蜓，嘲龟龙'，盖陋之也。一名守宫，又名壁宫。"⑧ 按：所引《淮南子》之文，出自《精神训》，属于摘引。高注："蝘蜓，蜥蜴也，或曰守宫也。"⑨ 罗愿在高注的基础上，又增释了蝘蜓之形状、颜色、

---

① 邢昺《尔雅注疏》，第 331 页。
② 石云孙点校《尔雅翼》，第 312 页。
③ 张双棣《淮南子校释》（增订本），第 1807 页。
④ 张双棣《淮南子校释》（增订本），第 2089 页。
⑤ 石云孙点校《尔雅翼》，第 323 页。
⑥ 张双棣《淮南子校释》（增订本），第 701 页。
⑦ 邢昺《尔雅注疏》，第 337 页。
⑧ 石云孙点校《尔雅翼》，第 325 页。
⑨ 张双棣《淮南子校释》（增订本），第 780 页。

习性,并认为它虽丑陋,亦不足畏。

三、《尔雅翼》对《淮南子》的改释

卷十四《释鸟二·反舌》:"反舌,春始鸣,至五月止。能变其舌,反易其声,以效百鸟之鸣,故名反舌,又名百舌。《淮南子》曰:'人有多言者,犹百舌之声;人有少言者,犹不脂之户。'谓多言而不得其要,徒为譊譊耳。"① 按:所引《淮南子》之文,出自《说山训》。高注:"百舌,鸟名也。能易其舌,效百鸟之声,故曰百舌也。以喻人虽事多言,无益于事。"② 显然,罗愿虽未明引高注,但实际上化用了其中部分内容。高诱说多言无益于事,罗氏则认为,多言若不得要领,只会给人以喧闹之感。这明显是他自己的见解。

卷十四《释鸟二·鶂》:"《淮南鸿烈》曰:'男子植兰,美而不芳;继子得食,肥而不泽;情不相与往来也。'盖情在腹中之子,故于所乳之子,为情不往来,所以病而不泽也。世传伯奇化为鶂,岂亦母所不爱为此耶?然少鶂已有伯赵氏,岂待伯奇而后有?姑广异闻尔。"③ 按:所引《淮南子》之文,出自《缪称训》,许注:"继子有假母也。"④ 显然,罗愿不取许注,自抒新见,认为母子之情仅根于血缘。段成式说:"百劳,博劳也。相传伯奇所化。取其所踏枝鞭小儿,能令速语。南人继母有娠,乳儿病如虐,唯鶂毛治之。"⑤ 即为罗氏所本。

卷十六《释鸟四·鸩》:"鸩,毒鸟也,似鹰,大如鸮,毛紫黑色,长颈赤喙。雄名运日,雌名阴谐。天晏静无云,则运日先鸣。天将阴雨,则阴谐鸣之。故《淮南子》云:'晕日知晏,阴谐知雨也。'"⑥ 按:所引《淮南子》之文,出自《缪称训》,许注:"晖日,鸩鸟也。晏,无云也。天将晏静,晖日先鸣也。阴谐,晖日雌也,天将阴雨则鸣。"⑦ 运与晖通。罗愿也明显化用了许注,但引申出"雄名运日",使其说法更全面。

卷二十四《释虫一·蚕》:"《淮南子》曰:'蚕珥丝而商弦绝。'谓新丝出,故丝脆。五音之中,商弦最急,故先绝。亦蚕,午火也,商,金音也。火壮金囚,

---

① 石云孙点校《尔雅翼》,第 147 页。
② 张双棣《淮南子校释》(增订本),第 1694 页。
③ 石云孙点校《尔雅翼》,第 150 页。
④ 张双棣《淮南子校释》(增订本),第 1089 页。
⑤ 段成式《酉阳杂俎前集》卷十六《广动植之一》,《四部丛刊》本。
⑥ 石云孙点校《尔雅翼》,第 167 页。
⑦ 张双棣《淮南子校释》(增订本),第 1120 页。

应之而绝。珥丝,或为饵丝,或曰上下丝于口,故曰咡丝。"① 按:所引《淮南子》之文,出自《天文训》,高注:"蚕老丝成,自中彻外,然视之如金精珥,表里见,故曰珥丝。一曰:弄丝于口,商音清,弦细而急,故先绝也。"② 高诱解珥丝为老丝,而罗愿解为新丝,显然,罗氏于高注无甚取。他根据五音对应五行之理,重新解释了《淮南子》此文,别有一番意味。

卷二十六《释虫三·蝼》:"蝼,小虫,穴土中,好夜出,今人谓之土狗。一名蝼蛄,一名硕鼠,一名𪓹,亦一名蟪蛄。以孟夏鸣,应阴之虫,其出入与蚓同时。《淮南子》:'孟夏之月,蝼蝈鸣,蚯蚓出。'盖四月阴气始动于下,故二物应之而鸣,又蟥亦随出,至冬则又随尽。"③ 按:所引《淮南子》之文,出自《时则训》,高注:"蝼,蝼蛄也。蝈,虾蟆也。四月阴气始动于下,故类应鸣也,丘蟥蠢蝡也。"④ 罗愿亦是化用高注,但将"丘蟥蠢蝡"改成了蟥、蝼蝈随出随尽之说。

四、《尔雅翼》对《淮南子》的辨正

卷五《释草五·萍》:"《说文》曰:'萍无根,浮水而生。'《楚辞》曰:'窃伤兮浮萍兮无根。'然《淮南》云:'萍植根于水,木植根于地。'盖萍以水为地,垂根于中,则所垂者乃是根。今或反根于上,为日所暴即死,是与失土同也。"⑤ 按:所引《淮南子》之文,均出自《原道训》。此处,罗愿是在辨析萍有根还是无根的问题。由他的论述可知,罗愿认同《淮南子》萍有根的观点。

卷七《释草七·芐》:"《淮南子》曰:'今夫地黄主属骨,而甘草主生肉之药也,以其属骨责其生肉,以其生肉论其属骨,是犹王孙绰之欲倍偏枯之药,而欲以生殊死之人,亦可谓失论矣。'今地黄能生肌肉,与《淮南》说异。"⑥ 按:所引《淮南子》之文,出自《览冥训》。罗愿主要针对《淮南子》"地黄主属骨"的说法提出异议。事实上,地黄能生肌肉是自古以来就流行的说法。《太平御览》引《本草经》:"地黄,一名地髓。治伤中,长肌肉。生咸阳。"⑦ 孙思邈《千

---

① 石云孙点校《尔雅翼》,第252页。
② 张双棣《淮南子校释》(增订本),第292页。
③ 石云孙点校《尔雅翼》,第273页。
④ 张双棣《淮南子校释》(增订本),第561页。
⑤ 石云孙点校《尔雅翼》,第54页。石本"窃伤兮"一句,原作"窃哀兮浮萍,况淫兮无根",今据日本内阁文库藏明本改。
⑥ 石云孙点校《尔雅翼》,第73页。
⑦ 李昉《太平御览》,第4379页。

金药方》:"地黄丸,治少小胃气不调,不嗜食,生肌肉方。"① 反而,《淮南子》主属骨之说,其他文献罕见,故罗氏有此异议。

卷十三《释鸟一·鹊》:"鹊者,乌之属,故《周礼》总谓之乌鸟。又以其色驳,名之为驳鸟。《淮南》曰:'若鱼之跃,若鹊之驳,此自然者,不可损益。'……又知岁之多风,则去高木而巢扶枝。或曰水大则巢高,水小则巢卑。巢皆取木之枝梢,不取坠枝。巢中亦涂饰,横梁其中。相传见其上梁者贵云。"② 按:明引"若鱼之跃"几句,出自《修务训》,无注。"知岁之多风"几句属暗引,出自《人间训》,原文作"鹊先识岁之多风也,去高木而巢扶枝",许注:"扶,旁。"③ 许慎以扶枝为树之旁枝,而罗愿不取,认为是树之枝梢。徐锴说:"梢,树枝末也。"④ 就是鹊巢都筑于树之枝头。同时,他对《淮南子》"去高木"的说法亦有异议,认为水之大小影响着鹊巢之高低。

卷十四《释鸟二·鴷木》:"鴷木,易识之鸟,而许叔重解《淮南子》'仲春之月,仓庚鸣',一说以为鴷木,非也。此鸟喙端有钩,尝见其啄啄不止,顷之挚翼不能去,若负痛者,使人视之,啄在木中,力脱之,遂死。盖平时得虫,则以钩取之。此时无虫,钩误着木,不能去也。"⑤ 按:所引《淮南子》正文及注文,均出自《时则训》。今本此篇为高注,罗愿误为许注。罗氏认为,啄木鸟乃易辨之鸟,不应与仓庚相混,故而否定了高注中的"一说"。

卷十八《释兽一·駃騠》:"《淮南子》曰:'屈商拘文王于羑里,于是散宜生乃以千金求天下之珍怪,得駃騠、鸡斯之乘,以献于纣。'则文王之马有名駃騠者,可见于此是马也。……后之学者,不得其说,乃以駃騠不践生草,又曰义兽。许叔重解《淮南子》亦云:'食自死之兽。'夫駃騠,虎也,搏杀援噬之类,又其修且硕如此,安能曰得夫兽之自死者而食之?"⑥ 按:所引《淮南子》正文及注文,均出自《道应训》。很明显,罗愿不认同许慎以駃騠为虎、为义兽的观点,相信《淮南子》此文中的"駃騠"是指马而非虎。

卷二十一《释兽四·兔》:"《淮南鸿烈》曰:'昔苍颉作书,而天雨粟,鬼夜

---

① 孙思邈《备急千金药方》卷五下《少小婴孺方下》,清光绪四年(1878)长洲黄学熙刊江户医学影宋刻本。
② 石云孙点校《尔雅翼》,第141页。
③ 张双棣《淮南子校释》(增订本),第1953页。
④ 徐锴《说文解字系传》,第108页。
⑤ 石云孙点校《尔雅翼》,第148页。
⑥ 石云孙点校《尔雅翼》,第185—186页。

哭。'以为鬼恐为书所劾,故哭而悲之。许叔重乃云:'鬼或作兔,兔恐见取毫作笔,害及其躯,故夜哭。'夫自黄帝苍颉至于秦,盖二千余年,蒙恬乃始作秦笔,而兔毫竹管又出于鹿毛木管之后,彼之哭者骨朽久矣。许说非也。"① 按:所引《淮南子》正文及注文,均出自《本经训》。今本此篇为高注,罗愿误为许注。罗愿依据毛笔的发展历史,旗帜鲜明地否定了高注中有关"兔夜哭"的说法。显然,他对神话传说的认识还不是非常清楚。

卷二十五《释虫二·蟋蟀》:"古称'腾蛇游雾而殆于即且',即且乃蜈蚣耳。许叔重谓:'蟋蟀为即且,上蛇,蛇不敢动。'亦非也。"② 按:所谓古称云云,乃是引自《淮南子》,与所引注文,均出自《本经训》。今本此篇为高注,罗愿误为许注。罗氏否定了高注以蝍蛆为蟋蟀的说法,认为蝍蛆是蜈蚣。

卷二十六《释虫三·虻》:"《淮南子》曰:'夏至而流黄泽,石精出,蝉始鸣,半夏生,蚊虻不食驹犊,鸷鸟不搏黄口。'许叔重以为,五月微阴在下未成,驹犊黄口,肌血脆弱,故蚊虻、鸷鸟应阴不搏食之也。然则,古者郊必用犊,将事于四海山川,则饰黄驹,岂物所不伤、纯全至洁耶?"③ 按:所引《淮南子》正文及注文,均出自《时则训》。今本此篇为高注,罗愿误为许注。他对《淮南子》"不食驹犊"的说法提出异议,认为古人祭祀必用驹犊,当有所伤害。《礼记·郊特牲》:"于郊,故谓之郊。牲用骍,尚赤也;用犊,贵诚也。"④ 此为罗氏立说所本。

卷三十《释鱼三·鲛》:"《淮南子》曰:'一渊不二鲛。'许叔重以为:'鲛者,鱼之长,其皮有珠,今世以为刀剑之口者是也。一说:鱼二千斤为鲛。'是以二物为一物也,皮有珠、饰刀剑者,是鲛鳍之鲛,满二千斤,为鱼之长,是蛟龙之蛟。"⑤ 按:所引《淮南子》正文及注文,均出自《说山训》。今本此篇为高注,罗愿误为许注。他不认同高注中的"一说",认为鲛与蛟是二物而非一物。然高诱注《吕氏春秋》又多次提到"鱼二千斤为蛟"的说法,表明当时鲛与蛟通。

卷三十《释鱼三·蟾蜍》:"《淮南子》曰:'月照天下,食于詹诸。'许叔重以为:'詹诸,月中虾蟆,食月。'夫日月之食,莫有知其审者。故圣人书'日有

---

① 石云孙点校《尔雅翼》,第 222 页。
② 石云孙点校《尔雅翼》,第 261 页。
③ 石云孙点校《尔雅翼》,第 271 页。
④ 孔颖达《礼记正义》,第 927 页。
⑤ 石云孙点校《尔雅翼》,第 302 页。

食之',言若有物食之者,而不知其名云尔,阙疑之义,谨重之至也。后世诗人皆祖叔重之说,以为虾蟆所食。然按张衡《灵宪》云:'羿请不死之药于西王母,常娥窃之以奔月,遂托身于月,是为蟾蠩。'然则,詹诸盖常娥之别名,非蛙黾之类也,顾无得而考之。"① 按:所引《淮南子》正文及注文,均出自《说林训》。今本此篇为高注,罗愿误为许注。罗氏不认同高注所谓詹诸食月、虾蟆食月的观点,认为詹诸或是嫦娥之别名,但已不可考。

卷三十二《释鱼五·螣蛇》:"螣蛇,龙类,有鳞无足,能兴云雾而游其中,其行千里,因风而化。《淮南子》曰:'蛟龙伏寝于渊,而卵剖于陵;螣蛇雄鸣于上风,雌鸣于下风,而化成形,精之至也。'甘戊曰:'螣蛇游于雾露,乘于风雨而行,非千里不止。然则,暮托宿鳅鳣之穴,所以然者何也?用心不一也。'二说不同,盖《淮南子》说'其风化之时,则其感至精',甘戊言'其乘游之时,则用心不一',各有所主。今卜筮者得螣蛇,辄以为疑滞不决,盖亦足以见螣蛇之趣操云。"② 按:所引《淮南子》之文,出自《泰族训》。罗愿此处并不是否定《淮南子》之说,而是辨析其与甘戊之说的不同。主张两说各有所主,即各有各的合理性。罗氏所引甘戊之言,实出于刘向的《说苑·杂言》。

综上所述,罗愿的《尔雅翼》补释《淮南子》约 8 例,增释《淮南子》约 18 例,改释《淮南子》约 5 例,辨正《淮南子》约 11 例,客观上形成对《淮南子》的训释达 42 例。尤其是在辨正《淮南子》正文及注文方面,即使遇到许慎说法有误,罗愿也能敢于指陈,体现了他独立思考、勇抒己说的治学精神。罗愿的这些训释大都旁征博引,立说平实,可以视为《淮南子》许高二注的有机补充,具有较高的价值,可知《四库提要》的评价绝非虚夸。

---

① 石云孙点校《尔雅翼》,第 307 页。
② 石云孙点校《尔雅翼》,第 323 页。

第四编

明代《淮南子》学的勃兴

第一章　明代《淮南子》学概说

第一节　明代《淮南子》学的时代背景

赵匡胤和朱元璋都是依靠武力建立政权，统一全国。但是，若从文化发展这个角度来看，则北宋前期与明代前期判然有别。北宋前期，文化包括学术迅速繁荣起来，而明代前期与元代相比，其实并没有多少起色。这与明代前期统治者推行的政治策略有关。

先是前所未有地加强皇权，不仅废除了丞相制，还设立锦衣卫、东厂、西厂等机构，实行特务统治。不要说文人学者被监视，就算是最普通的百姓也在监视之中。在这样的恐怖环境下，文人自然不敢畅所欲言。相比于著书立说而言，还是缄口不语可靠。

接着是加强思想意识形态的控制。据《明史·赵俶传》载，洪武六年（1373）朱元璋诏令赵俶等人："汝等一以孔子所定经书为教，慎勿杂苏秦、张仪纵横之言。"[1]赵俶等受命后，奏请颁布正定《十三经》于天下，摒弃《战国策》及阴阳谶卜诸书，勿列学宫。永乐年间，胡广等人奉明成祖之命纂修《四书大全》《五经大全》等书，颁行全国，令读书人诵习。《明史·外国传》载永乐十三年（1415）明成祖的话说："往儒臣进《五经四书大全》，请上表，朕许之，以此书有益于治也。"[2]这些都是明初统治者加强思想意识形态控制的直接表现。

接着是推行八股取士的科举制度。这一考试制度，在内容上限定为《四书》《五经》及程朱理学，在表达形式上限定为"排偶"文体。科举制度与文人的功名利禄挂钩，对文人有着极强的引导作用。绝大多数读书人半生精力都是耗费在《四书》《五经》及玩弄排偶对仗的文字游戏之中。

---

[1] 张廷玉《明史》，中华书局1974年，第3955页。
[2] 张廷玉《明史》，第8451页。

再接着是施行恐怖的文化政策。明太祖大兴文字狱,常因一二字谐音斩杀文人。明成祖又颁布了极严的文化禁令。《客座赘语》卷十"国初榜文"载:"永乐九年七月初一日,该刑科署都给事中曹润等奏:乞敕下法司,今后人民倡优装扮杂剧,除依律神仙道扮,义夫节妇,孝子顺孙,劝人为善,及欢乐太平者不禁外,但有亵渎帝王圣贤之词曲、驾头、杂剧,非律所该载者,敢有收藏传诵、印卖,一时拿送法司究治。奉旨:'但这等词曲,出榜后,限他五日,都要干净将赴官烧毁了,敢有收藏的,全家杀了。'此等事,国初法度之严如此,祖训所谓顿挫奸顽者。"[①] 单单装扮一些杂剧,演唱和收藏一些词曲,就要严厉至斩杀全家的地步。这般禁令足可以让文人钳口寝言。

明初统治者的这些政治和文化政策,明显制约了明代前期学术的多样化发展,诸子学除《老子》外大都处于停滞不前的状态。《淮南子》当然也不例外。自明代开国(1368年)至明英宗正统十年(1445)之前,这近八十年间,《淮南子》学与元代相比并不见有任何起色,多数时间寂寂无声。此与明初统治者的这些政策无疑具有紧密的关系。

明代皇帝极权制,至明英宗正统年间开始松懈,宦官乘机弄权。特别是在经历"土木堡之变"和"英宗复辟"之后,统治者对人民思想意识形态的控制已远不如明初那么严密,力度正在逐渐减弱。文人被压抑的心声也有机会得到倾吐。因此,这个时期的思想和学术开始活跃起来。与此同时,商品经济也逐渐活跃,手工业品的生产不断增多,农产品的商品化程度日益加深,海外贸易也日益频繁。这些新的经济方式一直在冲击着文人的头脑。在这些条件的促使下,阳明心学迅速崛起,给压抑天性许久的明代文人甚至普通百姓送来了自我解放的良药,尤其对晚明社会产生了不可估量的影响。

明中叶以后,政治、经济、思想的这些变化,很快就引起了学术的变化。以前经史研究一统天下、程朱理学一统天下的局面被打破,诸子学开始暴兴。即使处于边缘的子书,也一概被纳入文人学者的眼中,成为他们校刻、吟赏和评论的对象。特别是归有光、唐顺之、茅坤等人广泛采用评点方式研究诸子文章之后,文人学者纷纷效仿,有推进学业的,有服务科考的,有谋取利润的,一时间诸子评点之作充斥书肆。作为不是很显明的子书,《淮南子》同样受到了"关照",一方面不断被校刻出版,另一方面不断被评点。《淮南子》学也自明代

---

① 顾起元《客座赘语》,中华书局1987年,第347—348页。

中叶以来进入勃兴的阶段。

商品经济的发展促进了出版业的繁荣。美国汉学家史景迁认为，十六世纪晚期的明代似乎进入了辉煌的顶峰，其文化艺术成就引人注目，城市与商业也极其繁荣，中国的印刷技术、制瓷及丝织业水平，都使同时期的欧洲难望其项背。可见，明代的印刷技术在当时处于世界领先水平。明代印刷技术的发展，主要体现在雕板宋体字的定型与使用、图书装订方式的改进及彩色套印技术的发明等方面。这些发展既是出于图书市场不断扩张的需要，又反过来推动着图书行业的进步和繁荣。再加上明代政府对出版业的宽松政策，以及举业书籍的商品化，致使明代中叶以后的刻书活动十分兴盛。除四书五经外，诸子之书也是明代读书人课业的重要对象，被广泛刻印也在情理之中。胡应麟（1551—1602）说："近岁，市人转相摹刻诸子百家之书，日传万纸。学者之于书，多且易致如此。其文词学术，当倍蓰于昔人，而后生科举之士，皆束书不观，游谈无根。"① 即是明证。作为诸子之一，《淮南子》自然不在排除之列。据统计，明代《淮南子》全本约有33个，节选本约有17个，其中约有13个属非独立刊行本。这些版本大多数幸存于世，不仅反映了《淮南子》在明代中晚期传播之广，也显示出明代版本相对于前代所发生的巨大变化。

明代中晚期阳明心学的盛行，在一定程度上促使学者去关注《淮南子》在这方面的思想资源，同时又促使学者运用心学思想来评点《淮南子》。晚明重要心学家王以悟，曾师从阳明心学北传的代表人物孟云浦。他在《州学生任庵王君墓志铭》一文中说："《淮南子》曰：'天下有至富而非金玉也，适情知足则富矣。'余读此二语，每慨然有取焉。盖儒者之学，随其见在所居之位，乐其日用之常，于情皆顺而无不适也，于己皆得而无不足也。情欲其适，则有不适者矣；知欲其足，则有不足者矣。然则，淮南之言非至言也。虽然，世有不适而适者得焉，世有不足而足者胜焉。然则，淮南之言有味乎！其言之也。故余读此二语，每慨然有取焉。"② 所引《淮南子》之语出自《缪称训》，王氏作了删减。他围绕《淮南子》"适情知足"的说法展开论述，提出"不适而适""不足而足"的新见解，体现了心学家对待人情物欲的深刻认识。学者运用心学思想评点《淮南子》，多出现在坊刻本如《诸子玄言评苑》之中。该书不仅伪托王阳明、

---

① 胡应麟《少室山房笔丛》，中华书局1958年，第68页。
② 王以悟《王惺所集先生文集》，《明别集丛刊》第五辑第七册，黄山书社2015年，第142页。

王艮等知名心学家之名，还多次使用心学术语评论《淮南子》。从上述两方面看，明代中叶以来开始盛行的心学，确实影响了明代的《淮南子》学。

道教、佛教在明代也十分昌盛，比宋元时期有过之而无不及。特别是道教，明代皇帝大都待之宽容，支持其发展。而且，很多皇帝迷信神仙方术，客观上促进了道教在明代的繁荣。明成祖即位之初，就命人重修《道藏》。这一工作持续到明英宗正统十年（1445）才结束，是为《正统道藏》。后又有明神宗命人修纂《万历续道藏》。《淮南子》被列于《正统道藏》，一直流传至今。道藏本虽然主要在道观之间传播，但对明代中后期《淮南子》学的勃兴，起到了非常关键的作用。刘绩校刊、补注《淮南子》，所用底本主要就是道藏本。自刘绩本刊行后，《淮南子》其他版本如雨后春笋般涌现，极大地促进了《淮南子》的传播，从而振兴了明代的《淮南子》学。明代道教、佛教的昌盛，也影响到了学者对《淮南子》的评点。茅坤评点《淮南子》，时见比附道书和佛书；袁宏道评点《淮南子》，时见禅宗思想。这些都是十分明显的体现。

第二节　明代《淮南子》学的演进过程

明代《淮南子》学的勃兴，并不是整个时期的勃兴，而是自明代中叶道藏本刊行以后，逐渐向前发展，直至明代晚期暴兴，从而呈现出勃兴的状态。因此，明代《淮南子》学的演进过程，可以从明代前期、明代中期和明代晚期三个阶段来观照。

明代前期，即指大明开国（1368年）至明宣宗宣德十年（1435）这近七十年。由于明初统治者极端严厉的集权制度和文化政策，使得这个时期的诸子学基本处于停滞状态，《淮南子》学也不例外。这个时期，梁寅撰《诗演义》、胡广撰《诗传大全》和《性理大全书》、刘三吾撰《书传会选》、张九韶编《理学类编》、王祎撰《王忠文集》、徐一夔撰《始丰稿》等，皆有征引《淮南子》的情况。其中，大多著述不仅引用数量少，而且多转自他书。唯《书传会选》引："《淮南子·天文训》云：'天有九野。'高诱注：'九天之野也。'其说以中央八方九天分二十八宿，配诸国分野，与前说略同。"[①] 称引具体的篇名，当是据原书而引。刘氏笃定是高诱注，说明他看到的版本署名为"高氏注"而非"许慎记上"，这

---

① 刘三吾《书传会选》，《景印文渊阁四库全书》第63册，第38页。

与明中叶以后的道藏本不是同出一源。杨士奇编《文渊阁书目》，其中卷二就著录了《淮南子》三种不同的版本，即"《淮南子》一部四册（阙）""《淮南子》一部五册（阙）""《淮南子》一部五册（完全）"①。此外，宋濂在《诸子辨》中对《淮南子》作了辨析，学者称为《淮南子辨》。但这篇文章颇有拼合他人说法之嫌，识见也不高妙。由此可见，明代前期七十年，《淮南子》学的发展还不如元代。

明代中期，即指自明英宗即位（1436年）至嘉靖末年（1566）这一百三十年。明英宗正统十年，道士们修成《道藏》，这不仅是道教史上的大事，实际上也是明代《淮南子》学发展史上的大事。《淮南子》道藏本的出现和快速传播，开启了明代《淮南子》学振兴的步伐。自刘绩主取坊间仿制的道藏本校刊成新本以后，明代中期《淮南子》的版本便日益繁多，有黄焯重刊刘绩本、王蓥白文本、吴仲白文本、安正堂本、傅霖重刊王蓥本等。版本的日益繁多，也促进了《淮南子》的传播，学者著书立说征引《淮南子》的情况也就越来越频繁。这个时期，韩邦奇撰《苑洛志乐》、倪复撰《钟律通考》、刘绩撰《三礼图》、季本撰《诗说解颐》、梅鷟撰《尚书考异》、陈士元撰《论语类考》《名疑》、陈耀文撰《稽疑》《正扬》《天中记》、杨慎撰《古音略例》《丹铅余录》《谭苑醍醐》《升庵集》、胡居仁撰《易像钞》、熊过撰《周易象旨决录》、叶山撰《叶八白易传》、陆粲撰《左传附注》、李贤撰《大明一统志》、陆釴撰《山东通志》、邵宝撰《学史》、陆深撰《俨山外集》、周琦撰《东溪日谈录》、何良臣撰《阵纪》、唐顺之撰《稗编》、张之象注《盐铁论》、祝允明撰《怀星堂集》、孙承恩撰《文简集》、尹台撰《洞麓堂集》、冯惟讷撰《古诗纪》、郎瑛撰《七修类稿》等，皆有征引《淮南子》的情况。其中，大多数著作引用量很少，转引他书的可能较大。唯杨慎诸书所引最具学术深度，对王世贞等产生了影响，而陈耀文《天中记》所引最具文献价值，为近人王叔岷、郑良树、于大成校勘《淮南子》文本所资鉴。

当然，代表明代中期《淮南子》学最高水平的学者就是刘绩。他不仅创造了《淮南子》的一个质量较高的新版本，还在许慎、高诱注文的基础上作了大量补注及辨正。其中最有特色的要属他补注《天文训》一篇。刘绩特别针对高诱不能明了的天文术数，作了较为详细的演算。对于刘绩的这些成就，近人

---

① 见杨士奇《文渊阁书目》，商务印书馆1938年《丛书集成初编》本，第83页。

吴则虞赞叹说："颇渊雅,与明人蹈虚逞肊者不同。"① 确是公允之论。

明代晚期,即指明穆宗隆庆元年(1567)至明亡(1644年)这近八十年。这个时期,《淮南子》学可谓暴兴,最主要的体现就是《淮南子》的版本比之明代中期,不仅版本数量更多,而且版本种类更丰富,另外是学者基本以评点的方式对《淮南子》作了各方面的考察和研究。

在版本方面,明中期产生的二十八卷本在隆庆、万历年间继续流行,有甘来学重刊王蓥本、黄克缵重刊王蓥本、王元宾刊本、叶近山本、刘莲台本、《中立四子集》本及无名氏的明钞本。吴勉学还把二十八卷的王蓥本改造成了二十一卷本的白文本,随后又有黄之寀剜刻本。与此同时,茅一桂创造了一个新的二十一卷本,很快就取代二十八卷本而流行于各地。但就其文本质量而言,茅一桂本并不比道藏本和刘绩本要好。在茅一桂本的基础上,相继诞生了汪一鸾本、张维城本、张象贤本、吴郡顾氏本,并且诞生了非常有特色的评点本,即茅坤批评本和张忮如集评本。在茅坤批评本的影响下,明代晚期涌现一大批评选本,有独立刊行的《淮南鸿烈解辑略》和《淮南子删评》,也有附属于丛书的《诸子品节》本、《诸家儁语》本、《诸子奇赏》本和《汉魏别解》本,也有坊间所刻的《淮南子玄言评苑》本、《九子全书评林》本、《诸子折衷汇锦》本、《二十九子品汇释评》本、《诸子汇函》本和《子品金函》本。当然,还有一批只选不评的版本,如沈津的《百家类纂》本、陈文烛的《淮南子选》本、施观民的《古四家选》本、陈继儒的《艺林粹言》本和荪园的《诸子十五种》本。

明代晚期这些流行的《淮南子》评点本和评选本,载录了不计其数的评点,也出现了不计其数的评点者,当然,这其中大部分是托名者。若不管评点者的真伪,仅仅看重评点本身,那真是蔚为壮观。明代《淮南子》学的另一大成就,便是明代学者所留下的评点。这些评点者可以确定姓名的,有茅坤、袁宏道、陈深、穆文熙、张宾王、陈仁锡、汪明际等人。其中以茅坤的评点最具代表性和最有影响力。他在明万历九年(1581)以后开始评点《淮南子》,并把成果刊刻成《淮南鸿烈批评》一书。茅坤评点的一大重心,即是针对《淮南子》的文意深旨、语言风格、谋篇布局、说理方式而展开,极大拓宽了古人研究《淮南子》的视野。其后,袁宏道、陈深继承了茅坤评点的主要方向,皆大力揭示和评论《淮南子》的文章技艺,把对《淮南子》的文学研究推向了高峰。评点

---

① 吴则虞《淮南子书录》,《文史》第二辑,第294页。

之外，王世贞、胡应麟等人通过撰写读书评论的形式，对刘安及其《淮南子》作了富有个性的研究。

此外，这个时期，很多学者虽然没有专门研究《淮南子》，但在著书立说时对《淮南子》多有征引。朱载堉撰《乐律全书》《律历融通》、王志长撰《周礼注疏删翼》、朱谋㙔撰《诗故》、冯复京撰《六家诗名物疏》、朱朝瑛撰《读诗略记》、毛晋撰《陆氏诗疏广要》、赵南星撰《学唐正说》、孙毂撰《古微书》、陈第撰《毛诗古音考》、何楷撰《诗经世本古义》《古周易订诂》、张次仲撰《待轩诗记》《周易玩辞困学记》、黄道周撰《月令明义》、曹学佺撰《蜀中广记》、郭宗昌撰《金石史》、董说撰《七国考》、周祈撰《名义考》、徐炬撰《徐氏笔精》、方以智撰《通雅》《物理小识》、周婴撰《卮林》、冯时可撰《雨航杂录》、徐应秋撰《玉芝堂谈荟》、胡应麟撰《少室山房笔丛》、高濂撰《遵生八笺》、刘宗周撰《人谱类记》、徐光启撰《农政全书》、胡世安撰《异鱼图赞补》、万民英撰《三命通会》、邢云路撰《古今律历考》、李时珍撰《本草纲目》、张介宾撰《类经》《景岳全书》、卢之颐撰《本草乘雅半偈》、冯琦编《经济类编》、徐元太撰《喻林》、顾起元撰《说略》、章潢撰《图书编》、陈禹谟撰《骈志》、陈禹谟补注《北堂书钞》、彭大翼撰《山堂肆考》、王世贞撰《弇州四部稿》等，皆有征引《淮南子》的情况。虽然这其中有一些著述是转引他书，但大部分还是引自原书，得益于明代晚期《淮南子》刻本的繁荣。例如，《经济类编》几乎全文征引了《淮南子》中的十三篇，为我们考察它的所用本提供了条件。经过考察，《经济类编》所用本是茅一桂本。因为征引的《道应训》有"子韦曰可移于民公曰臣死寡人谁为君乎宁独死耳"这二十一字，就排除了道藏本。又《主术训》"乘众人之制者，则天下不足有也"中"制"字，刘绩本、王鏊本等作"势"。符合这两个条件的只有茅一桂本。而《喻林》同引《主术训》这一句，正作"势"，说明它用了刘绩本。明代《淮南子》版本的繁荣对《淮南子》学兴盛的作用，于此可见一斑。

第二章　明代《淮南子》刻本的繁荣

第一节　二十八卷本道藏本及其子版本

二十八卷本《淮南子》，在明以前的书目中皆未有记录。但是，苏颂《校淮南子题序》曾提及高诱注本"每篇之下皆曰训，又分数篇为上下"①，而上下篇之分正是二十八卷本的根本特征。因此，二十八卷本的渊源可追溯至北宋之际，只是在宋元时期并没有兴盛起来。直到明代《正统道藏》刊刻以后，《淮南子》二十八卷本才大行其道。

一、道藏本

所谓道藏本，专指《正统道藏》本。正统是明英宗年号，然《道藏》的编纂始于明成祖永乐四年（1406），历经两代天师张宇初、张宇清及通妙真人邵以正的努力，才于正统十年（1445）最终完成并镂板发行②。《正统道藏》每函卷首有落款为"正统十年十一年十一日"的御制题识，但这并不代表所有道书都在这个时间刊刻完成。《英宗实录》卷一百五十："正统十二年二月……刊造道藏经毕，命颁天下道观。"③明确记载《正统道藏》是在1447年2月全部刊刻完工。因此，道藏本《淮南子》应是在1445年至1447年之间刻板发行的。

---

① 吴则虞认为分数篇为上下是高诱所为，他说："高注则具载本文，且析篇帙之繁重为上下卷。"又说："宋本《淮南》，有分二十一卷者，有分二十八卷者。其分二十一卷者，仍隋唐之旧，分二十八卷者，沿高注析《原道》等七篇为上下卷，因得此数，清人讥为《道藏》妄改，非也。"（《文史》第二辑，第292页。）吴氏所言仅是揣测之辞，无切实依据。若是高诱所为，隋唐史志无理由不载录二十八卷本《淮南子》。故分数篇为上下，当是晚唐五代时人所为。
② 对于正统道藏的编纂刊刻年代、编纂人，学术界有不同意见。虞万里《正统道藏编纂刊刻年代新考》认为，《正统道藏》编纂始于永乐十七年，告成于二十年，主持者是武当山玉虚宫提点任自垣；并且认为，《道藏》自纂修成书后的永乐末年就由内府与《永乐北藏》一起有组织、有步骤地刊刻，经洪熙、宣德而告成于正统初年。详见《史林》2006年第4期。
③ 台湾中研院史语所校印《明英宗实录》，上海书店出版社1984年，第2944页。

依千字文次序，道藏本标以动、神、疲三字。"动"分"动一"至"动十二"，包括卷一至卷十四；"神"分"神一"至"神九"，包括卷十五至卷二十三；"疲"分"疲一"至"疲五"，包括卷二十四至卷二十八。道藏本每半页十行，每行十七字，行间疏朗。此本前有"淮南鸿烈解叙"，卷一至卷二十七首行均题"淮南鸿烈解"，而最后一卷首行题"淮南鸿烈要略间诂"，但每卷次行均题"太尉祭酒臣许慎记上"，末行所题均同于首行。二十一篇中，《原道训》《俶真训》《天文训》《地形训》《时则训》《主术训》《氾论训》这七篇均分作上、下两卷。尽管道藏本由道士主持刊行，但实际上一切活动仍是官府所主导，属于官刻本无疑，其印制自然十分精良。

从渊源来看，道藏本的祖本应是出自北宋《道藏》。理由有四：第一，《正统道藏》的编纂体例与《大宋天宫宝藏》完全一致。张君房说："臣于时尽得所降到道书，并续取到苏州旧道藏经本千余卷，越州、台州旧道藏经本亦各千余卷，及朝廷续降到福建等州道书《明使摩尼经》等，与诸道士依三洞纲条、四部录略，品详格，商较异同，以铨次之，仅能成藏，都卢四千五百六十五卷，起千字文'天'字为函目，终于'宫'字号，得四百六十六字。"① 按三洞四部分类和以千字文为序，皆为《正统道藏》所继承。且道藏本所标"动""神""疲"三字，皆在"宫"字之前，似可说明《淮南子》在北宋已入藏。第二，道藏本保留了部分宋太祖和宋真宗时期的避讳字"匡""筐""朗""恒"等②，这些字均以缺笔形式体现，而宋仁宗时期的"贞"字未作避讳处理。宋代《道藏》也正好是在宋真宗时期刊刻完工。这些情况说明，道藏本的底本极有可能出自北宋《道藏》。第三，道藏本最后一卷首行题"淮南鸿烈要略间诂"，与北宋本相同。这可说明道藏本的祖本与北宋本当在同一个时期。第四，苏颂提及的高注本分数篇为上下，是来自集贤本卷末的前贤题识，而张君房曾充任集贤校理，在编纂道藏时很可能取用过集贤本，并接受了将数篇分为上下的做法。《淮南子》在北宋入藏时就可能是二十八卷本。因此，道藏本的底本源自北宋《道藏》并非稀奇之论。

道藏经刊行以后，明英宗将它颁赐给全国各地的道观，《淮南子》亦列

---

① 张君房《云笈七签·序》，《四部丛刊》本。
② 但也有宋太祖和宋真宗时期的"敬""撒""境""镜""殷""玄""弦""眩""炫"等字，皆未作避讳处理。

其中。如正统十三年(1448)"置贵州道纪司,时有敕赐道藏经于贵州在城大道观,而其地未有道纪司,礼部尚书胡濙以为请,故有是命"①;正统十四年(1449)"赐道藏经于南京神乐观,从太常少卿王一居奏请也"②。由此可知,道藏本《淮南子》肯定具有多个副本,被分藏于各地的道观③。这极大地促进了道藏本的传播,也易于学者传阅。明代有十多个与道藏本有着密切联系的二十八卷本,便是明证。然而,自入清以来,或由于战祸,或由于二十一卷本大兴,道藏本传播渐弱,也不容易在学者间传阅了。就连有名的庄逵吉,也没有见过真正的道藏本。顾广圻在批评庄刻本时说:"此刻实未真见藏本,所见传校藏本者耳。故其所言藏本,大率如扣槃扪烛而已。"④尽管如此,道藏本仍然具有相当大的影响力。清代嘉庆时期(1796—1821),蒋元庭编纂《道藏辑要》,将《淮南子》收入虚集⑤,世称"道藏辑要本"。光绪三十二年(1906),成都二仙庵又重刊《道藏辑要》,增补了一些道书。这两次道藏经翻印,都是以《正统道藏》为底本。由于道藏本的稀缺,翻刻本就发挥了很大的作用。现存道藏本《淮南子》,原藏于北京白云观,卷末钤有"白云观印"。

二、安正堂本与王元宾本

安正堂本与王元宾本,在版本形式上有着惊人的一致性,就像一对孪生兄弟。这主要体现在:其一,两书皆二十八卷,皆以六艺即礼(卷一至六)、乐(卷七至十一)、射(卷十二至十四)、御(卷十五至十七)、书(卷十八至二十四)、数(卷二十五至二十八)为序,每页书口皆题"淮南子",下标相应的六艺序号;其二,两书不但文本几无差别,而且编排也一样,每半页皆十行,每行皆二十一

---

① 《明英宗实录》,第 3221—3222 页。
② 《明英宗实录》,第 3436 页。
③ 据陈国符《道藏源流考》,明代被赐道藏经的道观有:北京白云观、云真观、庆州藏经阁、元通观、恒山九天宫、阳城紫徽宫、嵩山黄箓殿、周至县楼观、华山太虚庵、万寿阁、冶城山朝天宫、狮子山卢龙观、长寿山朝真观、方山洞玄观、金陵玄妙观、溧阳太虚观、溧阳泰清观、句容县青元观、茅山元符宫、茅山九霄万福宫、句容县乾元观、苏州玄妙观、嘉定集仙宫、仪征县元妙观、杭州三茅宁寿观、当涂县希夷观、宣城县玄妙观、逍遥山万寿宫、龙虎山太上清宫、武当山玄天玉虚宫、三台县佑圣观等。见中华书局1949年,第 204—214 页。
④ 王欣夫辑《顾千里集》,第 333 页。
⑤ 法国汉学家莫尼卡女士考察了分藏在中国大陆、台湾及日本、法国图书馆中的 14 部《道藏辑要》,发现这 14 部书的道经编号和编排顺序都不同。见尹志华《〈道藏辑要〉的编纂与重刊》,《中国道教》2012年第 1 期,第 55 页。故《淮南子》列入"虚集"不一定是确定不变的。

字,就连每个文字在行中的位置都相同;其三,两书有相同的版本差错,例如,卷十二原本排序为"射字",但此卷每页书口依然写作"乐"。基于这些一致性,安正堂本与王元宾本之间就必定存在一本摹刻另一本的关系。那到底谁是母本?那就要解决谁先谁后的问题。

安正堂本书末印有书牌,内容为"太岁癸巳孟夏安正堂重刊行"。虽有具体时间,但无皇帝年号,给确定该本年代留下了争议。吴则虞认为,"太岁癸巳"当是指万历二十一年(1593),严灵峰予以认同[①];而美国学者罗斯教授认为,应是指嘉靖十二年(1533)。

安正堂是明代著名的书坊,坊址在福建建阳县,堂主先后有刘宗器、刘仕中、刘双松、刘莲台。其刻书的活跃期,据《书林清话》卷五"刘宗器安正堂"一条所考,起自弘治十七年(1504),止于万历三十九年(1611)。若以此为准,那安正堂本书牌上的"太岁癸巳",既可指1533年,也可指1593年。两者之中,哪一个可能性更大?我们认为,1533年的可能性更大。理由有二:

其一,从统计学来看,安正堂于嘉靖年间所刻之书,多半没有标明年号,如刻朱迁《诗经疏义》二十卷,书牌为"癸未年仲夏安正堂刊";刻《增刊校正王状元集诸家注分类东坡先生诗》三十卷,书牌为"丙戌岁孟冬月安正堂新刊";刻《韩文正宗》二卷,书牌为"庚寅年季夏月安正堂新刊行";刻《临川王先生荆公文集》一百卷,书牌为"岁次甲午年仲春安正堂新刊"[②]。而于万历年间所刻之书,几乎都标明了年号,如刻《明朝张柱国发刻骆会魁家传葩经讲意金石节奏》四卷,书牌为"万历岁次丁酉孟秋月书林安正堂刘双松梓";刻《孟子全图》一册,书牌为"万历戊戌岁孟秋月书林刘氏双松梓";刻《新刻琼山白真人文集》十四卷,书牌为"万历戊戌岁仲秋月安正堂刘双松氏梓"。可见,刘双松主导了万历年间安正堂的刻书活动,他一般有标明年号的习惯,且书牌文句相

---

① 吴则虞《淮南子书录》说:"建阳刘宗器安正堂,弘治初始刻书,以刻医籍文集著称。余所见者有:弘治十七年刻《针灸资生经》七卷,正德六年刻《东莱博议》二十五卷,嘉靖三年刻《宋学士文集》二十六卷,万历二十年刻《秦淮海集》四十卷,《后集》六卷。此书碑牌题'太岁癸巳',以长历推之,盖刻于万历二十一年。"(《文史》第二辑,第293页。)严灵峰《周秦汉魏诸子知见书目》(第五卷)即据此著录,称为"明万历二十一年建阳刘氏安正堂刊本"。(台北正中书局1978年,第82页。)

② 王重民说:"此本无总目,每卷篇目在正文前,有吴澄序,应从元本出,然集内'构'字悉注'御名',则又源出宋本也。卷末有'岁次甲午年仲春安正堂新刊'牌记,不见诸家著录。考《书林清话》卷五《明人私刻坊刻书》条,载刘氏安正堂刻书颇详,亦未及是书。牌记未标年号,考明代有三甲午:一为永乐十二年,一为成化十年,一为嘉靖十三年,此殆嘉靖十三年刻本也。"(《中国善本书提要》,上海古籍出版社1983年,第517页。)

似。对照而言，《淮南子》安正堂本的书牌文句，与嘉靖年间所刊之书相似，故其中的"癸巳"，并非指万历二十一年，而是指嘉靖十二年。

其二，《嘉靖建阳县志》卷五《学校志》"书坊书目"条下所列"诸子"中，有《淮南子》一书。此县志修定于嘉靖癸丑，即嘉靖三十二年（1553）。《万历建阳县志》则无"书坊书目"一条。可知，1553年之前，建阳的书坊就已刊刻《淮南子》，而这个版本极有可能就是安正堂本。据此，"太岁癸巳"又是指向嘉靖十二年。

而王元宾本是私家刻本。王元宾，山东滕县人，生卒年不详。《道光滕县志》卷七录有《王元宾列传》，言其事迹颇详："王元宾，字国贤，号对峰，中嘉靖甲子乡试，连登甲第。初授蠡县。……值徐党秉铨，遂放归田里，公洒然无愠色。载返初服，创一精舍，题之曰'晤言室'，游息其间。时憩东皋别墅，与二三同志盘桓松下，更相酬和，不减江右风流。有轩三楹，颜曰'抚松'。药畦中忽产芝数丛，更名'茹芝园'。所著有《滕志》《茹芝园集》《诗经疏抄》，行于世。"① 由此可见，王元宾为嘉靖四十三年（1564）举人，四十四年（1565）进士②。他不仅为官正直，还能诗善文，酷爱书法，颇有老庄之风神。

王元宾何时校刊《淮南子》，已不可确考。根据这篇传记，王元宾谈文论道的活动，是出现在他由蠡县知县迁为大理寺评事之后。查《光绪蠡县志》卷四《秩官》，王元宾于嘉靖四十四年授蠡县知县，隆庆二年（1568）任满。他担任大理寺评事的时间并不长，很快就擢迁监察御史，隆庆六年（1572）又升任承天府知府。③ 不久，遭父丧丁忧。明代丁忧制度规定，文职官吏遭遇父母亡故，须离职守丧（不计闰）二十七个月④。据此，王元宾大约是在万历三年（1575）补任凤翔太守，后因触犯张居正禁令，被罢官。1582年，张居正病逝，王元宾又被起用，旋即再遭免职。王氏自言："至万历癸未，余归田，而杨公治滕且三年，坠者举，废者兴。"⑤ 可见，1583年他已彻底归隐，并参与编撰《滕县县志》。1585年《滕县县志》成书以后，其事不详。王元宾一生，仕途曲折，不但任官

---

① 《道光滕县志》，《中国地方志集成·山东府县志辑75》，凤凰出版社2008年，第159—160页。
② 《山东通志》卷十五称："王元宾，滕县人，乙丑进士。"（《景印文渊阁四库全书》第540册，第79页。）与此相合。
③ 见《万历承天府志》，书目文献出版社1992年《日本藏中国罕见地方志丛刊》本，第141页。
④ 见赵克生《明代丁忧制度述论》，《中国史研究》2007年第2期，第115—128页。
⑤ 《万历滕县志·王序》，书目文献出版社1992年《日本藏中国罕见地方志丛刊》本，第4页。

多地,而且任期较短。这就增加了我们判断他校刊《淮南子》时间的难度,或在1568—1582年王氏任官期间,或在1583年以后王氏放归田里之时。唯一可以确定的是,王元宾本的出现肯定要晚于安正堂本。

根据这个结论,那王元宾本就是对安正堂本的摹刻,甚至可以说是复制。从王元宾生平看,他的活动几乎都集中在山东、河北、陕西等地,与南方的福建似不相干。但安正堂本乃坊刻本,属于一般商品,容易南北流通。所以,身处北方的王元宾仍然可以轻松得到南方雕版发行的安正堂本。他以安正堂为摹本,将每卷次行的"太尉祭酒臣许慎记上",剜改为"太尉祭酒许慎记上、蕃王元宾校梓",再刻印发行,即所谓王元宾本。蕃,乃滕县旧称。根据这一署名,王元宾似乎是做了文本校勘。但与安正堂本对照看,他的校勘成效极其有限。如安正堂本《地形训》"羊肠孟门"注文"弘农阴山",王元宾本"阴"作"隐"①。然王本并无依凭,当是阴隐二字形近误刻。然而,有些明显的文本错误,两本却一并出现。如《兵略训》"及至中将,上不知天道,下不知利利"之"利利"应当作"地利",这是明显的错误,王元宾却未能校正。由此推定,王元宾本在文本上几乎全部复制了安正堂本。

虽然文本上复制了安正堂本,但在版本形式上,王元宾本有意要显示不同。安正堂本四周双边,同向双鱼尾,而王元宾本四周单边,对向双鱼尾;安正堂本上书口题"淮南子",其下六艺序号用圆圈圈住;而王元宾本并无圆圈圈住;安正堂本版心中卷数涉及到"二十"("二十"除外),几乎都写作"廿"②,而王元宾本仍用原数字;安正堂本将页码刻在双鱼尾之下,其中涉及到"二十"("二十"除外),亦写作"廿",而王元宾本将页码与卷数同刻在版心之中,页码仍用原数字;安正堂本下书口为空白,而王元宾本以白文标示各卷综合后的相应页码。此外,较大不同还体现在两本对高诱序文的处理上。安正堂本题"淮南鸿烈解叙",以异于正文的行书刻印;而王元宾本题"淮南鸿烈解序",采用与正文一致的字体刻印。尽管两本在版式上有所不同,但并不能掩盖安正堂本是王元宾本的母本这一事实。

那安正堂本又来自何本?其书牌"太岁癸巳孟夏安正堂重刊行"中的"重

---

① 吴则虞《淮南子书录》说:"又(《地形训》)'戴角者无上齿',此本'戴'作墨钉。《兵略训》'上不知天道下不知地利'下,此本有'鼓不出库诸侯莫不慑悚'一长段。(此段当在"五兵不厉天下莫之敢当"之下而误越于此。)"(《文史》第二辑,第293页。)今查二本,此两处并无相异。不知吴氏所据为何。
② 卷二十六例外。

刊"究指何意？只要将道藏本与安正堂本认真比对，这两个问题就可迎刃而解。安正堂本有很多特征，都指向它是出自道藏本。最有力的特征便是千字文顺序的残留。例如，卷一《原道训上》第二页第8—9行、第四页第8—9行之间，均标有"动一"字样；卷二十七《泰族训》第二页第9—10行、第五页第5—6行、第十二页第11—12行之间、第十七页第8—9行、第十九页第9—10行、第二十页第13—14行之间，均标有"动四"字样。而且，这些字样的位置与道藏本如出一辙①。还有一个有力的特征，就是安正堂本《天文训》采用了与道藏本完全一致的方形天文图。当时，刘绩本的圆形天文图已经流行，而安正堂本仍袭用了道藏本旧式的天文图。另外，安正堂本每卷卷首名与次行署名，皆与道藏本一致。尤其是最后一卷卷首名，均题作"淮南鸿烈要略间诂"。而且，安正堂本有与道藏本相同而他本不误的误文。例如，《原道训》"凤以之翔"，而两本均误作"凤之以翔"。安正堂本也有与道藏本相同而他本没有的脱文，如《道应训》"子韦曰可移于民公曰臣死寡人谁为君乎宁独死耳"这二十一字。这些特征共同印证了安正堂本是来自道藏本这一事实。因此，其书牌中的"重刊"，便是针对道藏本而言。鉴于安正堂本与王元宾本的关系，道藏本自然也是王元宾本的底本。

三、叶近山本与刘莲台本

随着叶近山本与刘莲台本的刊行，盛极一时的二十八卷本也进入了出版的尾声，伴之而起的是二十一卷本的崛兴。同安正堂本与王元宾本一样，叶近山本与刘莲台本亦有着高度的相似性。此二本之前，均列有高诱的《淮南鸿烈解叙》、茅一桂的《重校淮南鸿烈解引》《淮南鸿烈解总目》及《淮南鸿烈解总评》，只是次序稍有不同②。此外，此二本均半页12行，每行25字，属于小字本，卷首署名亦相似，叶近山本题"太尉祭酒臣许慎辑"，刘莲台本题"太尉祭酒许慎辑"。显然，两本之间存在密切的亲缘关系。要理清谁是谁的衍生本，就要解决谁先谁后的问题。

叶近山，生卒年不详，活跃在万历年间。他是福建建阳人，专注于坊刻，自

---

① 所谓位置，是指"动一""疲四"处于左右两行的文本之间。所谓位置一致，是指同一位置的左右两行的文本相同。例如，安正堂本卷二十七《泰族训》，"疲四"处在第十九页第9—10行之间，左行文本为"君子与小人之性"，右行文本为"其两爱之一性也"，查照道藏本，两本正相同。
② 刘莲台本次序为：茅一桂序、高诱序、总目、总评。

称"书林近山叶贵""书林叶近山"。可知,叶贵是其本名,近山当为其号。据查,叶近山还出版过《皇明一统纪要》十五卷、《皇明人物考》六卷①。前者书末有"万历新科岁仲冬月广居堂叶近山梓行"牌记,书前有"原板叶氏梓行"字样及叶氏本人的识语。此识语云:"《一统志》固我朝设官分理,纪经制、舆图、形胜、风俗、土产及历代事迹、人物,亦所以鸣一统之盛者也。第其书浩富,非人人所易窥。兹集纂各省所属名山、大川、胜境、人材、土产及大明官制,分为数卷,使舆图之广,不出户庭,天下事悉在目睫间矣。观者得无称为简便也欤!"②这段话折射出叶近山不仅仅是个书商,其身上还饱含着服务于读书人的信念与追求。

叶近山刊行《淮南子》的时间,据其牌记"万历辛巳孟春叶近山梓行",是在万历九年,即1581年。但此本前有署名"白下陈邦泰"书写的茅一桂序,茅序落款时间为"万历壬午岁(1582年)夏四月"。不但与茅一桂本的茅序时间"万历庚辰年(1580年)夏四月"不一致,而且与叶氏梓行《淮南子》的时间也相龃龉。这容易使人产生困惑。较为合理的解释是,陈邦泰将自己手写茅序的时间,误成了茅序撰写的时间,而叶近山梓行《淮南子》,正好在1581年年末与1582年年初之交,以致忽略了这个细节。从中可以推知,叶氏快要完成刻板时才见到茅一桂本,只好匆忙将茅本序文、总评移植到自己的刻本中来。其目的主要是方便读者研读,并借重茅一桂本的名气来拓展销路。

刘莲台同样来自福建建阳,生卒年不详,是明代晚期安正堂的堂主。在刘氏刻本的牌记上,他常自称"书林莲台刘永茂""书林刘莲台""书林拱秀堂刘莲台""建邑书林安正堂刘莲台"。可知,永茂是其本名,莲台当是其字。据查,刘莲台还刻印过《鼎锲全相唐三藏西游传》十卷③、《新刊性理大全》七十卷④、《周易本义》等书。

由于没有标明时间的牌记,刘莲台刊刻《淮南子》的时间已不能明确。从事理上分析,刘莲台本只能晚于叶近山本。我们知道,此二本都有茅一桂本的序文及总评,而茅一桂本刊于1580年,叶近山本刊于1581年,若是刘莲台本早于叶近山本,那刘氏必须赶在1581年前得到茅一桂本,并出版《淮南子》,

---

① 谢伯阳编《全明散曲·引用书目举要》,齐鲁书社1994年,第29页。
② 《大明一统纪要》,日本早稻田大学图书馆藏明万历元年(1573)叶近山刻本。
③ 卷四、卷九题为"新锲全像唐三藏西游释厄传"。
④ 牌记为"建邑书林安正堂刘莲台重刊",出版时间为万历三十六年,即1608年。

而叶氏也必须马不停蹄地仿照刘莲台本,在一年内完成《淮南子》的出版。鉴于茅一桂本刻于江苏长洲,且刻板工程量浩大,这几乎是不可能完成的任务。因此,刘莲台本只能晚于叶近山本。刘莲台本刊首语有一段话,颇值得玩味。他说:"予尝论诸子曰:'文学之奇宕者漆园,论议之温醇者河汾,学问之该练者莫如淮南。'奈坊刻者注释未备,字眼谬落,予往苦于思索,故参以经传道家之言,比方其事,增补注释,订其字眼。"论诸子一段,是借用温博之说,自不必多言。其"坊刻者注释未备"云云,则值得注意。所谓坊刻本,刘莲台之前,有安正堂刊本。安正堂是其家族一脉传承的刻书坊,他不可能攻击自己。因而,除安正堂刊本之外,这个坊刻本只能是1581年刊行的叶近山本了。所以,刘莲台本肯定要晚于叶近山本,具体年代无考,大概刻于1582年以后。

刘莲台批评叶近山本注释未全,文本多见谬误,字体也刻印不清,试图刊行新版,以取代之。但就其刊首语而言,刘氏袭用他人论述,窃为己有,固知其水平不高。他刊行新版,并未兑现"增补注释""订其字眼"的承诺,反而依葫芦画瓢,将叶近山本从头到脚复制一遍,不仅没有加以改善,反而制造了更多错误。从这个方面说,刘莲台才是那个草草完成的坊刻者。但不管如何,叶近山本是刘莲台本的底本,这一点无可否认。

那叶近山本的底本又是何本?吴则虞说:"此以道藏本为底本。正文讹夺极多,注文亦删削不全。"[①] 但没有提供任何文献依据。我们认为,叶近山本确实是来自道藏本,理由如下:

其一,叶近山本采用了方形天文图,亦无错置"帝张四维"至"为四时根"这段文字的版本错误,且最后一卷的卷首名题作"淮南鸿烈要略间诂",三者合一,便是道藏本的独有特征。

其二,叶近山本有与道藏本相同而他本没有的脱文。例如,《时则训》"先荐寝庙"中"寝"字,叶本、藏本同脱;《精神训》"君子义死,而不可以富贵留也;义为,而不可以死亡恐也",叶本、藏本同脱"而不可以富贵留也义为"十字;《主术训》"而不能与山居者入榛薄险阻也"中"与"字,叶本、藏本同脱;《齐俗训》"而刀如新剖硎"中"硎"字,叶本、藏本同脱;《泰族训》"重莫若国,栋莫若德",叶本、藏本同脱"国栋莫若"四字。

其三,叶近山本有与道藏本相同而他本没有的误文。例如,《时则训》"下

---

① 吴则虞《淮南子书录》,《文史》第二辑,第293页。

水上腾,循行国邑",注文"恐有浸渍,伤害五谷"中"渍"字,叶本、藏本同误作"清";《览冥训》"纵矢蹑风"中"矢"字,叶本、藏本同误作"失";《缪称训》注文"形埒,兆朕"中"朕"字,叶本、藏本同误作"服";《齐俗训》"非不知繁升降槃还之礼也"中"繁"字,叶本、藏本同误作"繄";又此篇注文"棘下,乐名"中"名"字,叶本、藏本同误作"石";《道应训》注文"使祖而捕鱼"中"祖"字,叶本、藏本同误作"袒";《氾论训》注文"于堂上,平旦祭也"中"旦"字,叶本、藏本同误作"且";《兵略训》"今乘万民之力而反为残贼"中"贼"字,叶本、藏本同误作"贱";又此篇注文"蚈,马蠸也"中"蚈"字,叶本、藏本同误作"研"。《说林训》注文"秦人谓之祀祝"中"秦"字,叶本、藏本同误作"奏";又此篇"非以一刀残林也"中"林"字,叶本、藏本同误作"秋";又此篇注文"闻秦通治崤关"中"关"字,叶本、藏本同误作"开";《泰族训》"尸不越樽俎而代之"中"代"字,叶本、藏本同误作"伐"。

其四,叶近山本有与道藏本相同而他本不同的文本。例如,《地形训》注文"荆山在左冯翊怀德县之南"中"德"字,叶本、藏本同作"得";《览冥训》"骄主而像其意"中"骄"字,叶本、藏本同作"桥";《主术训》"小者以为楔楔"中"楔"字,叶本、藏本同作"楔";《修务训》"由此观之,则圣人忧劳百姓甚矣"中"此"字,叶本、藏本同作"以";又此篇注文"纨,素,齐所出"中"齐"字,叶本、藏本同作"胁";《泰族训》"朋党比周,各推其与"中"与"字,叶本、藏本同作"兴";又此篇注文"王建任用后胜之计"中"计"字,叶本、藏本同作"记"。

需要特别指出的是,安正堂本作为道藏本的重刊本,亦同样存在上述叶本与藏本的一致之处。鉴于安正堂本的产生地正是叶近山的家乡,所以,叶近山本的底本也极有可能是安正堂本。当然,这与叶近山本来自道藏本的说法并不冲突。道藏本可谓是此二本共同的母本。叶近山本来自道藏本,并增入了茅一桂序、总目及总评,而吴则虞批之甚严,难免有些夸大其辞。虽然叶近山本存在许多与道藏本相同的误文和脱文,但并非全部照搬不动,有的地方也作了校对。例如,《缪称训》"周室至乎泽"中"周"字,藏本脱而叶本不脱;《道应训》"子韦曰可移于民公曰臣死寡人谁为君乎宁独死耳",藏本脱此二十一字,但叶本不脱;《氾论训》"适情辞余"中"余"字,藏本脱而叶本不脱。这表明,叶近山本必定参考了他本,绝非仅是简单的翻刻。张双棣评价此本说:"是书盖据道藏本翻刻。藏本误者,是书多误,藏本不误者,是书亦有夺。然亦间有可取者,如《氾论》篇高注,诸本作'服,中失马',此本作'服,中马也',此本是,而诸本衍'失'字。是书注文有删削。"① 可谓公允之论。以叶近山本为底本的刘莲台本,则遭遇到了更加严厉的批评。于大成《淮南王书考》批评此本说:"书中讹字误文,开卷即是,夺文错简,动逾数百,刊印之劣,在《淮南》诸本中,直可谓之第一。"② 以营利为目的的坊刻本,大率皆如此。

四、佚名氏明钞本

二十八卷本还有一个不知名的明钞本,民国十三年(1924)藏于京师图书馆,现藏于国家图书馆。此本高五寸八分,宽七寸三分,四边朱丝双栏,朱口,中缝无字,半页十行,行大小字不一律。钤有"无相自在室主人觉元"朱印、"士礼居藏"白印、"荛圃手校"朱印、"黄丕烈"白印、"荛圃过眼"白印、"京师图书馆收藏之记"朱印、"京师图书馆收藏之印"朱印。此本卷十一卷末,题有"己巳(1869年)四月朔翰题借校于太湖厅公廨",卷二十八卷末题有"嘉兴唐翰题借校,己巳六月望校毕记,十月复校",以及黄丕烈"丙子(1816年)四月朔续校毕"手迹。此本书末载有黄丕烈的两篇跋文,落款时间分别为"辛酉(1801年)九月重阳后二日"及"丙子四月朔"。

关于此钞本产生的具体年代,已不能确考。黄丕烈在1801年前后收藏此本时说:"此《淮南鸿烈解》二十八卷,旧钞本。余得诸颜家巷张秋塘处,云是其先世青父公所藏。卷中有校增字,如高诱撰文云云,皆其笔也。"③颜家巷,位处于苏州。张秋塘,乃黄丕烈亲密书友,曾为黄氏提供了很多珍本古籍。张秋塘生平无考④,但其先祖张青父,文献多有记述。叶炽昌纪事诗曰:"千羊不如一貉多,墨光纸质细摩挲。《淮南》旧出清河舫,三百年来一刹那。"并引《青毡杂志》:"张丑,字青父,情之孙,父应文,字茂实,博综古今。与王世贞相善,自嘉定徙长洲。丑好法书、名画,搜讨古今,上自秦汉,下及当代,为《清河书画

---

① 张双棣《淮南子校释》(增订本),第2212页。
② 于大成《淮南鸿烈论文集》,里仁书局2005年,第26页。
③ 屠友祥校注《荛圃藏书题识》,上海远东出版社1999年,第330页。该书校注者屠友祥将题目写成"淮南子二十八卷",下用小字注云:"校宋旧钞本。"然黄氏并未言是"宋旧钞本",此实足以贻误后学。
④ 叶昌炽案曰:"欣夫有何义门、陈少章手批《唐诗鼓吹》,有顾千里题签,云嘉庆三年得于张秋塘所。中附署名庚者致千里尺牍一通,云:'何校《唐诗鼓吹》系舍表弟之物,其值前已面致一切,如已端正,幸为酌给,以济其用。'云云,则知秋塘名庚无疑。"(《藏书纪事诗》,上海古籍出版社1989年,第226页。)

舫》十二卷。"① 可知张青父即是张丑（1577—1643），为明代著名的书画鉴赏家、藏书家。

张丑是昆山玉峰人，他的父亲张应文亦精于藏书。叶昌炽引其《清秘藏》："藏书贵宋刻。大都书写肥瘦有则，佳者有欧、柳笔法，纸质匀洁，墨色清纯，为可爱耳。若夫格用单边，间多讳字，虽辨证之一端，然非考据要诀。余向见元美家班、范二《书》，乃真宋朝刻之秘阁，特赐两府者。……所见《左传》《国语》《老》《庄》《楚词》《史记》《文选》、诸子、诸名家诗文集约千百册，一一皆精好。较之元美所藏，不及多矣。"② 张氏对宋刻本作了高度肯定，主张藏书要讲究宋刻，认为自己所收宋本远不如王世贞。张家藏书不仅善择宋本，而且注重钞本。这大概与他们热爱书画有关。除《淮南子》钞本外，清人瞿镛《铁琴铜剑楼藏书目》卷二十三著录："《玉山名胜集》二卷（旧钞本），此亦明人钞本，旧为张青父所藏者。字迹古雅可爱，首题'玉峰顾瑛仲瑛编次'。"③ 看来，张青父收藏的钞本不在少数，明钞本亦在其列。但他收藏的《淮南子》钞本，未见有文字标明其年代。要考证其年代，只能从该钞本本身去寻找线索。

首先，从避讳情况看，该钞本中玄、絃、弦、眩、朗、弘、殷、境、敬、儆、惊、匡、筐、贞、恒等字，均未作避讳处理，而北宋本均作了避讳处理。这就基本排除了是宋代钞本的可能。其次，该钞本"淮南鸿烈解叙"下标有"动一"，卷二之下标有"动二"，卷三之下标有"动三"，卷四之下标有"动四"④，与《正统道藏》本相合，说明两本之间具有亲缘关系。再次，该钞本有与《正统道藏》本相同而他本没有的脱文。例如，《精神训》"君子义死而不可以富贵留也义为而不可以死亡恐也"，钞本、藏本同脱"而不可以富贵留也义为"十字；《道应训》"子韦曰可移于民公曰臣死寡人谁为君乎宁独死耳"，钞本、藏本同脱此二十一字；《泰族训》"重莫若国栋莫若德"，钞本、藏本同脱"国栋莫若"四字。这些脱文都是道藏本标志性的脱文。且道藏本保留了一些宋代避讳字，最后一卷卷首名题"淮南鸿烈要略间诂"，亦与北宋本接近，但该钞本都没有这些特征。所

---

① 叶昌炽《藏书纪事诗》，第224页。
② 叶昌炽《藏书纪事诗》，第224—225页。
③ 瞿镛《铁琴铜剑楼藏书目》，《清人书目题跋丛刊》第3册，中华书局1990年，第373页。
④ 黄丕烈称此本有张青父校增字，但他又说："卷中有青父校增字句，当据别本，今悉照道藏删去，虽是弗存，以归画一。"（《荛圃藏书题识》，第330页。）所谓"删去"，只是在字上画圈。而"动一"至"动四"，皆不见画圈，甚或黄氏根据道藏本，还用朱笔补上了"动五"直至"疲五"。此外，细查该钞本"动"字，字迹一致。故可排除"动一"至"动四"为后人增补的可能。

以,从年代来说,道藏本无疑要早于该钞本。由此推断,该钞本必写于明正统十年(1443)之后,而不是所谓的"宋旧钞本"。

在弄清了明钞本的大致年代之后,我们也可以很容易得出另一个结论:即明钞本的底本是道藏本。明钞本除了与道藏本一样的脱文,也有一样的衍文。例如,《天文训》"正东万八千里则从中北亦万八千里也",钞本、藏本两句之间同衍"则中从北亦万八千里"九字。此外,钞本还存在与道藏本正文误入注文的相同错误。例如,《时则训》"是月也,日穷于次,月穷于纪,星周于天",而钞本同藏本,将"次月穷于纪星周于"八字误入注文。这些证据进一步证明了明钞本的底本就是道藏本这一事实。

作为钞本,明钞本采用了行书,字迹秀雅,但注文字体过细,影响了阅读。黄丕烈即说:"所校之本(指明钞本,笔者注)又系小字旧钞,兼细如蝇头,故校尤难。"[1] 再加上它只是道藏本的翻钞本,故难有较好的版本价值。但作为稀见的钞本,明钞本仍显得珍贵。

第二节 融合诸本的新二十八卷本——刘绩本

在道藏本颁赐各地之后,二十八卷本开始在明代风行起来。这其中最有名的便是刘绩本,它成了《淮南子》版本史上又一个重要的版本。

一、刘绩生平考略

刘绩生卒年不详。《明一统志》卷五十九载:"刘绩,江夏人,幼聪敏不羁,贯穿群籍,尤精于考究。凡所撰述古雅冲淡,根极理要,负一时物望。弘治庚戌进士,历吏部员外、补镇江知府。所著有《礼记正训》《芦泉诗文集》。"[2] 又《乾隆镇江府志》卷二十三载:"刘绩,字用熙,湖广武昌人,庚戌进士,弘治十八年由吏部员外郎任(知府)。"[3] 由此可知,刘绩于1490年登进士第,1505年由吏部员外郎升任镇江知府,其主要活动集中在1490至1505年前后。他是一位博览群书、擅长考据的优秀学者,在当时颇负名望。《升菴全集》卷

---

[1] 黄丕烈《荛圃藏书题识》,第330页。
[2] 李贤等纂《明一统志》,《景印文渊阁四库全书》第473册,第215页。
[3] 高得贵纂《乾隆镇江府志》,《中国地方志集成·江苏府县志辑27》,上海书店1991年,第461页。

八十一载:"俗传龙生九子不成龙,各有所好。弘治中,孝庙御书小帖,以问内阁,李文正公具疏以对,据圭峰罗玘、芦泉刘绩之言。"①"芦泉"即刘绩之号,连大名鼎鼎的李东阳也要根据刘绩之说来回答皇帝的问题,足见其学问之精、名望之盛。据黄虞稷《千顷堂书目》所录,刘绩著述有《春秋左传类解》二十卷、《三礼图》二卷、《六乐图》二卷、《礼记正训》《太玄经注》《管子补注》二十四卷、《淮南子补注》二十八卷②。

除优秀学者这一身份外,刘绩还是一位尽职的官吏。《孝宗皇帝实录》卷二百十一载:"(弘治十七年)户部复议吏部员外郎刘绩所陈二事:一,山东灾伤,泰安州东岳祠香钱每季以数万计,多为官府渔猎,宜取之籴米赈济,仍令巡抚官稽考;一,议者请折收起运粮米省脚价,以备赈济,但其时粮米已入粮长之手,宜行巡抚官追访。每石原收耗米若干,折银之数已收本色若干,正耗当用若干,余剩者追米赈济。上从其议,谓香钱赈济,仍令巡抚官查照先年事例,斟酌以闻。"③身为吏部员外郎却去谈论户部的事,并且其建议还为皇帝所接受,显示了刘绩较好的社会责任感和治政能力。

二、王溥初刻本

补注《淮南子》,只是刘绩众多学术研究工作中的一项而已。刘绩本的形成,也非刘绩一人之力。其中有一位自称"后学"的王溥,做了校勘和出版的工作。关于王溥,其生平事迹已淹没不闻。查《孝宗皇帝实录》,有名为王溥的官吏,弘治四年(1491)做过直隶武平卫指挥佥事,弘治五年(1492)由户部郎中升布政司右参议,弘治十七年(1504)做过河南府知府。这三者所描述的是否是同一人,已难考定。同时,这个王溥与刘绩有无交集,是否做了刘绩本的校勘和出版工作,如今也不可考。总之,刘绩本的初版是由王溥主导完成的,世称王溥本。

王溥本书末载有"弘治辛酉芦泉刘绩识"之语,表明了它的出版时间,即弘治十四年(1501)。该本每半页九行,每行十七字,四周双边,双黑鱼尾,双

---

① 杨慎《升菴全集》,商务印书馆1937年,第1067页。
② 《三礼图》,《四库全书总目》著录为四卷。《续通志》卷一百五十七又载:"《六乐说》,无卷数,明刘绩撰。"(《景印文渊阁四库全书》第394册,第471页。)与《六乐图》当属同一书。
③ 《明孝宗实录》,台湾中研院史语所1962年校印本,第3944页。

大黑口。前有高诱叙、目录,卷首名题"淮南鸿烈解"①,依次署名"汉太尉祭酒许慎记上""后学刘绩补注""后学王溥校刊"。刘绩补注之文,大都用"绩按"形式加以标识。就刻印质量而言,王溥本显得很一般。张双棣说:"此书刻印粗疏,墨迹不均,间有淡而难见、浓而费识者,抑或有笔画不全者。"②不但刻印粗疏,而且出现明显的文本错误,即卷六《天文训下》中"帝张四维"至"为四时根"一段,包括注文共286字,原处在"日短夜修"与"道曰规"之间,现却错入到"有其岁司也"至"摄提格之岁"之间。北宋本、道藏本等版本均无此种情况,显然是王溥本独有的文本错置。

三、黄焯翻刻本

大概是因为刘绩本的反响不错,随后延平人黄焯翻刻了此本,世称黄焯本。徐阶曾写有《湖广左参政黄君焯墓志铭》,详述了黄氏的生平事迹:

> 往予在延平,所与游者两人,君及谏议剑溪郑君是也。郑君为人慷慨,尚志节,而君冲夷简远,有翛然之度。两人者,其气味不相类,然皆与予好也。其后,予督学江西,郑君卒。今予幸登朝,而君以嘉靖丁未二月七日,年六十五卒。自予去延平,至于今十四年耳,而两人者相继沦没。夫两人者,予所冀以为且复用者也,而皆已不可作,予宁能无怃然哉!君讳焯,字子昭,龙津其号,延平之南平人。君生三十年,举正德甲戌之士,拜南京礼部精膳主事。满三载,封父如其官,母吴太安人,迎养之官邸。己卯,宁庶人叛,谍言将犯金陵,势张甚,君入再拜,言曰:"儿有官,贼至当死,大人其行矣。"于是家人尽哭,君终不色变。辛巳,迁仪制郎中。黄人子入太学后,期系治之如法。嘉靖癸未,迁知永州。人惰不事耕作,其就死辄破产饭僧,及无以葬,则举而委诸野。尤耻贫贱。苟贫贱矣,女子虽字,舍之他适。苟贵富,有气力,即往往夺人妻。君至痛绳之,以绝故事。有司用兵九溪诸蛮,费皆自民出,而郡有盐引钱,率给私使。君悉敛贮之,曰:"以是供军饷。"后遂不敢有盗盐引钱者。九疑相传有舜冢,为置祀田,设守者二人。作濂溪先生祠,辟东山书院,聚博士弟子教之。又廪学子杨成章贡之,州人以是知学。庚寅,迁湖广左参政。会其使病,君摄事,

---

① 最后一卷的卷首语题为"淮南鸿烈间诂"。
② 张双棣《淮南子校释》(增订本),第2211页。

再逾月,名声出使上。人咸望君为真,而君素不能饰言貌以悦于世,数曰:"吾幸有亲在,得归效一日之养足矣。"壬辰,遂致其事,葺观物园,奉亲读书其间。朋旧过从,破崖岸与之接,及有所请属,执拂衣而起。盖予与君游三年,未尝见君言之及私也。予是以敬君,而往来于观物益习。君亦不予鄙,遣其诸子前后受学焉。今其丰神面目,犹宛然见之,而身则既卒且葬矣。君平生善为诗文,所著有《尊美堂政录》五卷、《修来编》《中庸读法》《贻光堂集》。①

根据这篇传记,可以推定黄焯生于成化十九年(1483),卒于嘉靖二十六年(1547)。黄焯三十岁时(1514年)登进士第,授南京礼部精膳主事,1521年迁仪制郎中,1523年又迁永州知州②,1530年再迁湖广左参政,1532年辞官归家。从这篇传记来看,黄焯任永州知州长达八年之久,是他政绩最显著的时期。这个时期,黄焯也热衷于编书、刻书。嘉靖七年(1528),编成《浯溪诗文集》二卷③;嘉靖九年(1530),刻印徐用诚的《玉机微义》五十卷④。因此,黄焯翻刻王溥校刊的刘绩本,最有可能是在1523至1530年之间⑤。

---

① 焦竑《焦太史编辑国朝献征录》,《四库存目丛书·史部》第105册,齐鲁书社1996年,第17页。此外,郝玉麟《福建通志》卷四十六与吴栻的《南平县志·列传第二十二》亦略述了黄氏生平。前者云:"黄焯,字子昭,南平人。正德甲戌进士。由南礼部主事,历任永州知府。禁永人亲殁破产饭僧之俗。时用兵讨九溪蛮,焯取郡盐引钱,贮库供饷,民赋渐纾,遂为式。又置舜冢祀田,建濂溪祠,辟东山书院,聚文学子弟教之。官终湖广左参政。"(《景印文渊阁四库全书》第529册,第586页。)后者云:"黄焯,字子昭,正德甲戌进士。……焯以进士,由南礼部精膳司主事,历知永州府。永民惰于耕桑,焯劝导之。永之风俗,亲殁,辄多破产斋僧。若无以葬,则委之于野,焯禁而治之,俗因为之一变。前用兵于九溪蛮,军需悉出自民。郡有盐引,前守钱氏卒入于私橐。焯令贮库,以充兵饷,民赋渐纾。郡治有舜冢,置祀田,设守者二人。建周濂溪祠。辟东山书院,聚文学子弟教之,郡人由是益知学。擢湖广左参政,摄潘篆三月,百度惟贞,库羡毫无所取。以疾告归,葺观物园,孝奉二亲,朝夕承志。亲殁,祭葬如礼。日从事翰墨,著述自娱。接亲旧,破崖岸。非分请托,则嘿不应。林居十馀年,非公事未尝一入城府。所著有《遵美堂政录》《修来篇》《论语中庸读法》《贻光堂集》,藏于家。祀乡贤。"(《中国地方志集成·福建府县志辑9》,第672页。)可相互参证。
② 但据《康熙永州府志》记载,黄焯于嘉靖三年(1524年)始任永州知州,十年(1531年)方至结束,与此略有出入。
③ 《四库全书总目》云:"焯自号龙津子,始末未详。是书成于嘉靖戊子,辑元结以下至明代诸人题咏碑铭。前列《浯溪小志》,纪其山水之胜。"(第1748页。)
④ 《四库全书总目》云:"其书虽皆采掇诸家旧论旧方,而各附案多所订正,非恇饤抄撮者可比。嘉靖庚寅,延平黄焯刻于永州。"(第873页。)
⑤ 严灵峰云:"前有嘉靖庚寅黄焯'刻淮南子序'于永州东山书院,高诱淮南鸿烈解旧叙。"又称此本为"明嘉靖十四年东山书院刊本('国立中央图书馆藏')"。(《周秦汉魏诸子知见目录》第5卷,第74页。)但据北京图书馆藏本,前面并无"刻淮南子序"一文。既称嘉靖庚寅(嘉靖九年),又说是嘉靖十四年刊本,显然不相一致。严氏之说或误。

虽为翻刻,但黄焯本的版式也有变化。该本半页十行,每行十八字,四周单边,白口。前有题名为高诱的《淮南鸿烈旧叙》以及《淮南鸿烈解目录》。卷首名亦题"淮南鸿烈解",依次署名"汉许慎记上、江夏刘绩补注""延平黄焯校刊"。刘绩补注之文,亦用"绩按"加以标识。书末附录按语,以"刘绩曰"开头,只是摘录王溥初刻本的刘绩识语。从刻印的质量看,黄焯本较之王溥本,甚至更为粗疏。并且,黄焯本还存在明显的版本错误,即《齐俗训》"故未是者"下误入《泰族训》"照下人之俊也"至"伊尹"三百零七字。此三百零七字,适为王溥本第二十七卷之第十八页,盖黄焯所据之本误装篇页,校者不省,连行直下,可谓荒率矣①。此外,黄焯本还继承了王溥本文本错置的错误。总体而言,黄焯本鲜有改进,其版本质量甚至不如王溥本。

四、刘绩本的底本及流传

不论是王溥本,还是黄焯本,皆可称之为刘绩本。作为二十八卷本,刘绩本的祖本是不是出自道藏本?关于这个问题,研究者颇有争议。吴则虞认为,此书祖本,盖别一宋刻,非出自道藏②,但未提供任何文献依据。郑良树承袭其说,撰成《刘绩本淮南子斠记》《淮南子传本知见记》二文加以详证。于大成则持反对意见,写了《刘绩本淮南子出于藏本考》一文,对郑良树的观点进行逐条批驳,并说:"余以刘本与藏本详加对勘,知其确出藏本无疑。至其异于藏本者,皆刘氏所校改。"③他们争论的焦点,就在于刘绩补注中屡次出现的"旧本""一本"和"别本"上。郑氏把"旧本""一本""别本"混为一谈,认为"旧本"必指北宋之刊刻本,又疑为五代以前之刊本,"一本""别本"盖五代以前之刊本。于大成则把"旧本""一本""别本"析分得很明确,认为所谓"旧本",即是藏本;所谓"一本",多指他篇、他书或上下文;所谓"别本",实指《太平御览》④。美国学者罗斯在详加研究后认为,刘绩本的底本不止一个,而是旧本、一本和别本的混合本⑤。

---

① 见吴则虞《淮南子书录》,《文史》第二辑,第294页。
② 《文史》第二辑,第294页。
③ 《"国立"政治大学学报》第32期,第41页。日本学者仓石武太郎亦持此观点,他说:"由正统藏所出者,有刘绩补注本,亦二十八卷。"(日本内藤虎次郎等《先秦经籍考》,商务印书馆1931年,第332页。)
④ 《"国立"政治大学学报》第32期,第73页。
⑤ 见陈静《自由与秩序的困惑》,第84页。

刘绩以"一本""一本作""一作"方式列举的异文,似乎表明他确实用了其他一些《淮南子》版本来参校其底本。弄清"一本""一作"的真正所指,有利于揭示刘绩本的底本。于大成认为,刘绩所谓"一本",系据他篇、他书或上下文言之,并进行了较为详细的考述①。今摘其要,罗列于下:

《原道训》"于越生葛絺",刘绩校曰:"于越,一作於越,夷言发声也。"(《子藏·淮南子卷》第5册,第416页。)于大成说:"刘氏改干为于者,据误本《汉书》也,谓'一作于越者',据春秋为言也;谓'夷言发声也'者,据小颜注《汉书》文也。"(《刘绩本淮南子出于藏本考》,《"国立"政治大学学报》第32期,第47页。)

《览冥训》"追猋归",刘绩校曰:"一本作追猋归思。"②(《子藏·淮南子卷》第6册,第49页。)于大成说:"藏本无忽字,刘本正文亦无,知刘本实出藏本也。藏本正文虽夺忽字,然高注云:'忽然便归。'其义虽非,知本有忽字也。"(同上。)

《主术训》"百官修同",刘绩校曰:"同,一作通。"(《子藏·淮南子卷》第6册,第170页。)于大成说:"《艺文类聚》十一、《太平御览》七十七引此皆作'修通',《文子·上仁》篇同。藏本实亦作通,亦与刘氏所云一本合也。"(同上。)

《缪称训》"可以形势接而不可以昭誋",刘绩校曰:"一作昭諎,非。"(《子藏·淮南子卷》第6册,第208页。)于大成说:"藏本此文实作'昭諎',刘氏所云一本,实即藏本。"(第45页。)

《缪称训》"于己何以利",刘绩校曰:"一本无以字。"(《子藏·淮南子卷》第6册,第218页。)于大成说:"刘氏以上'于彼何益'句无以字,故云然耳,非有本作'于己何利'者也。"(第46页。)

《缪称训》"晖日知晏",刘绩校曰:"晖,一作运。"(《子藏·淮南子卷》第6册,第233页。)于大成说:"《御览》九百二十七、《政和证类本草》三十引此文,正作'运日'。刘此所谓一本者,斥《御览》言之也。"(第46页。)

《说林训》"所以为之则同",刘绩校曰:"一作所为之则同。"(《子藏·淮南子卷》第6册,第559页。)于大成说:"'所以为之则同',以字涉下句'所以为之'而误衍,衍以字则义不可通,刘氏故云然耳。"(第46页。)

《说林训》"猿狖之捷来乍",刘绩校曰:"来乍,一作来措。"(《子藏·淮南

---

① 见《"国立"政治大学学报》第32期,第45—47页。
② 思,当是忽字之形讹。

子卷》第 6 册,第 559 页。)于大成说:"《缪称》篇云:'猨狖之捷来措.'刘氏据彼文为说也。"(第 46 页。)

《人间训》"或直于辞而害于事者",刘绩校曰:"一作直于辞而不可用者。"(《子藏·淮南子卷》第 7 册,第 17 页。)于大成说:"下文云:'此所谓直于辞而不可用者也.'刘氏所谓'一作'云云者,斥既误之下文言之也。"(第 46 页。)

《泰族训》"挺胕而朝天下",刘绩校曰:"一作擂笏。"(《子藏·淮南子卷》第 7 册,第 145 页。)于大成说:"《要略》篇云:'擂笏而朝天下.'刘氏所谓'一作擂笏'者,斥《要略》篇言之也。"(第 47 页。)

由上可知,于大成虽然对刘绩本中的"一本""一作"作了辨析,但至少有两例不能自圆其说。一是《主术训》"百官修同",道藏本作"百官修通",如果刘绩本是以道藏本作底本,则不应说"同一作通"。二是《缪称训》"可以形势接而不可以昭誋",道藏本"昭誋"作"昭誌",如果刘绩本是以道藏本作底本,则不应说"一作昭誌,非"。

因此,我们认为,刘绩本并非是对某个版本的简单翻刻,而是一个经刘绩校改的复合本。当然,它有一个基础性的底本。这个基础性的底本,就是刘绩不断提到的"旧本"。但这个"旧本"并不是《正统道藏》本,而是出自坊间的仿制本。刘绩说:"旧本残讹,自诱注时已不能辨,如以'禁苛'为'奈何'类甚多。"[1] 像以"禁苛"为"奈何"这一类的残讹,道藏本是不存在的,却最有可能出现在坊间俗本之中。虽然是坊间俗本,但这个"旧本"与道藏本存在非常亲密的关系。首先,两者均为二十八卷,且《原道训》《俶真训》《天文训》《地形训》《时则训》《主术训》《氾论训》七篇分为上下卷的文本分界点完全一致。这是一种不容否认的天然联系。其次,旧本与道藏本的卷首题名,前二十七卷完全一致,最后一卷也均有"淮南鸿烈间诂"字样,说明两本之间当有承袭。再者,刘绩补作《天文训》天文图时说:"旧图有甲丙丁庚辛,而无乙戊己壬癸,今皆补完。"[2] 刘绩本之前的北宋本、道藏本,其天文图确如刘绩所说,说明旧本的天文图与道藏本相同。此外,于大成所列他本不误,而刘本与道藏本同误者 37 条[3],亦可证旧本与道藏本不一般的关系。

---

[1] 何宁《淮南子集释》,第 1504 页。
[2] 《子藏·淮南子卷》第 5 册,第 554 页。
[3] 见《刘绩本淮南子出于藏本考》,《"国立"政治大学学报》第 32 期,第 68—73 页。

"旧本"是刘绩本基础性的底本，那"一本""别本"又起何作用呢？我们认为，"一本"是一个为"旧本"提供参照的《淮南子》版本①，"别本"则不指《淮南子》的版本，而是指刘绩所见到的其他书籍。于大成通过比勘，将其视为《太平御览》，这个观点可信。刘绩说："暇中据他书补数千字，改正数百字，删去数百字。"② 可见，"别本"的作用也极大，可依之直接删改、补正"旧本"的文字。从这个方面说，刘绩本显然是一个在"旧本"基础上经刘氏大力改造后的新本。刘本之"新"，尤能从《天文训》的天文图中得到体现。以前的旧本，包括北宋本和道藏本，天文图都是方形的，仅有"甲丙丁庚辛"，而刘绩本则将此图改造成了圆形，并补齐了"乙戊己壬癸"。因此，罗斯教授认为刘绩本是一个混合本，也不是十分准确。

刘绩本问世以后，产生了良好的效果。不仅衍生了多个以之为底本的版本，如黄焯本、吴仲本、王蓥本，它的版本质量也获得了后世学者的美誉。如王念孙在评价他见到的各种版本时说："惟道藏本为优，明刘绩本次之，其余各本，皆出二本之下。"③ 吴则虞评价更高，他说："《百宋一廛书录》云：'刘绩翻《道藏》本不如宋刻。'此佞宋者之言，不足为据。……注文佳胜，不但藏本不能及，即北宋小字本亦所未逮。"④ 当然，轻之者亦有之。于大成说："改之而是者固多，改之而非者亦不少也。"⑤ 认为刘本得失参半，实属公允之论。不管毁誉如何，刘绩本在《淮南子》的版本体系中还是有着重要的位置。

第三节　以王蓥本为代表的二十八卷本白文本

王蓥本与吴仲本，都是紧随王溥本、黄焯本之后的版本。它们存在一个共同的特征，即均为二十八卷的白文无注本。以现存的版本来看，王蓥本是《淮南子》最早的白文无注本，吴仲本则次之。这在《淮南子》版本历史上亦是值得书写的一笔。

---

① 刘绩常用"一作"，而很少用"一本"。"一作"乃校勘常用语，其义宽泛，而不专指某一本。各种不同的版本，包括引用他书，皆见刘绩使用此语。"一本"则是专指《淮南子》的一个版本。
② 何宁《淮南子集释》，第1504页。
③ 《子藏·淮南子卷》第46册，第331页。
④ 吴则虞《淮南子书录》，《文史》第二辑，第294页。
⑤ 于大成《刘绩本淮南子出于藏本考》，《"国立"政治大学学报》第32期，第41页

一、王莹本

王莹,生卒年不详。《光绪寿州志》卷十六《职官志》有王氏小传,其文曰:"王莹,字鼎文,闽县人,举《春秋》魁。嘉靖间,由沔阳学正,迁知寿州。政尚严肃,综理精密,众莫敢犯。兴芍陂水利,重祀典,铸祭器,入为刑部郎中。"① 又据此书卷十三所记,王莹于嘉靖四年(1525)任寿州知州,至十二年(1533)结束,任期达九年。这期间,王莹治政有方,且大兴文教,颇有政绩。据《古今图书集成·方舆汇编·职方典·凤阳府部汇考》记载,王莹在正阳镇建造了安丰书院,又继修董李二贤祠,并增加在君子祠的祭祀次数。除此之外,王莹还高度重视淮南王刘安之书。他说:"《淮南子》云淮南宾客集而著书也。集中所记,虽醇驳不一,要之汉犹近古也。寿州古淮南地,莹不敏,承乏于兹,吊古问俗,因慨是书之鲜焉。或曰鲜矣安之以,于戏有是哉!'子胥自沉,吴不断水;申生自经,晋不绝绳。'安之叛,叛于书也,书何负于安?使招宾客而笃信其书,虽今存可也,书以安废可乎哉!"② 鉴于寿州地区《淮南子》少有流传,又笃信不能因人废书,王莹故而与寿州进士范庆合力校刊了此书。

范庆,生卒年不详。《光绪寿州志》卷十九《人物志》有范氏小传,其文曰:"范庆,字吉甫。正德己卯(1519年)举人,嘉靖乙未(1535年)授襄阳知县。洁己爱民,不阿权要。以监司荐转太仆寺丞,志操益励,卒于官。"③ 可知,他与王莹相识相交,合作校刊《淮南子》,就是在他未授襄阳知县之前,即王莹担任寿州知州期间(1525—1533年)。

王莹本书末载有王氏自己的跋文。跋文落款时间为"嘉靖上章摄提格玄月既望",即嘉靖庚寅(1530年)九月十六日。这可以视为王莹本刊刻出版的时间。此本每半页九行,每行十七字,四周单边,白口无鱼尾,字体劲健,印制精美。此本之前虽有意抹去高诱叙文,但集晁公武、洪迈、高似孙、周氏、陈振孙、刘绩诸家评语为一文,题为《淮南子序略》。与以前诸本都不同的是,王莹本卷首名题作"淮南子",后接"第某卷"(某为序号),次行署名"汉太尉祭酒臣许慎记上、后学闽中王莹寿春范庆校正"。作为白文无注本,王莹本显然版式新颖,独树一帜。

---

① 《光绪寿州志》,《中国地方志集成·安徽府县志辑21》,上海书店1998年,第207页。
② 何宁《淮南子集释》,第1510页。
③ 《光绪寿州志》,《中国地方志集成·安徽府县志辑21》,第269页。

关于王莹本的底本,前贤亦多有研究。吴则虞说:"此与王溥本同出一源,惟无注,文字亦略有出入。"①并认为出入之处盖是由王莹、范庆校订而成。仓石武太郎则认为,不惟"同出一源",王莹本实际上就是以刘绩本(王溥本)为蓝本。他说:"其蓝本所据,叙中未有明言,但云沔中童太史,寄与善本,得遂素志。余定此为刘绩本。"②这个童太史寄来的善本就是刘绩本,也成了王莹本的底本,其理由是王莹本不仅引有刘绩识语,而且承袭了刘绩本《天文训》《时则训》中独有的文本错误③。美国学者罗斯亦持此说,并补充了一些证据,认为王莹本继承了刘绩本《天文训》脱漏275字的错误④,采取了与刘绩本相同的圆形天文图,有诸本皆缺而刘绩本独有的《精神训》"脾主舌"一句⑤。可见,王莹本的底本出自刘绩本,学者并无疑义。

然而,刘绩本并不是王莹本唯一倚靠的版本,王莹、范庆同时还参校了所谓河南版。王莹描述说:"因忆居楚时,少华先生尝进诸馆下,欲梓而未果。乃复搜诸箧中,得河南板,然种种多鱼豕脱漏参焉,旋复止。既而,沔中童太史闻之,乃寄善本以勗其存。居亡何,值有公委虑囚之颍,清盐之徐、之滁、之和,编差之毫,盘仓之英、六,每携之行,暇则参互考校,得其二一。然恐井蠡之窥测,未可以尽信也,因与其乡进士范子庆共订正焉,乃刻。"⑥"居楚时",即嘉靖四年之前,王莹担任沔中学正时期。其时,许宗鲁(1490—1559),字东侯,号少华,于嘉靖二年升任佥事湖广提学,正与王莹相识。许氏雅好版刻,曾送《淮南子》于王氏馆下。王莹所谓河南板,是否为许氏所送,已难考定。然而,河南板脱讹情况非常严重,不足以作为板刻的底本,导致王氏刊刻《淮南子》的计划再度搁浅。童太史听闻此事后,不久便寄来了善本。童太史亦是王莹任职沔中时的好友。《资治通鉴》卷五十胡三省注曰:"沔中七郡,魏兴、新城、上庸、襄阳、义成、竟陵、江夏也。"刘绩乃江夏人,他与王溥校刻的《淮南子》流传于沔

---

① 吴则虞《淮南子书录》,《文史》第二辑,第294页。
② 日本内藤虎次郎等《先秦经籍考》,第334页。
③ 仓石武太郎说:"卷首《淮南子序略》中,并列晁氏《读书志》、洪氏《容斋随笔》、高氏《子略》、周氏《涉笔》、陈氏《书录解题》之说,末有芦泉刘绩曰,而引其识语。又于《天文训》之'何谓九野''何谓五星'等,另行抬头。又'岁行十二度百一十二分度之一'(二是三之误),《时则训》之'草木早落,国乃有恐',脱乃字,此仅刘本之误者而袭用之。"(《先秦经籍考》,第334页。)
④ 据统计,实有279字,即"帝张四维"至"为四时根"一段,但并非是脱漏,而是移居到了该篇的其他位置。
⑤ 见陈静《自由与秩序的困惑》,第89页。
⑥ 何宁《淮南子集释》,第1510页。

中地区,也是情理之事。结合前面所论,故童太史所寄善本,必为刘绩本。王崟奔波各地时,随身携带着刘绩本和河南板,公务之余,相互参校考正。从这个方面说,河南板之长,亦被取入王崟本了。

二、王崟本的重刻本

王崟以寿州知州身份校刻的《淮南子》,不断为其继任者所修订和完善。

第一位是傅霖。《乾隆忻州志》卷四载其小传:"傅霖,字应期,忻州人。嘉靖壬戌进士。初授吏曹,以宗亲改寿州知州,请罢寿春驿、正阳镇巡检,并协助征岛金米。迁大名府同知,再迁河南佥事,备兵睢,陈实仓廪、简材勇大计,为权贵所构,罢归。神庙即位,谓日者执政狗爱憎,刺举多不厌众心,命所司廉察,以名上。除平度州知州,迁湖广荆西道。会中贵营显陵,费役万计,抗颜与争,并驳其履亩之举,艰归,补辽海兵备道。二年,复为同官所构,中以计典。弟需以御史家居抗,疏理其冤,都御史亦以上闻,诏以原官起用,卒坚卧弗起。居乡,立祭田,赡族人,煮粥哺饥者。"①《光绪寿州志》亦列其传曰:"傅霖,太原人,进士。嘉靖四十二年知寿州。旧制:寿州代天长损夫四十二名,固镇损夫二十四名,代凤临二县斋膳夫银一百八十两,祗候一百两,府学库役十六两,代徐州雇夫银一百两,定远雇夫银一百两,五河军器银四十两。霖请于上官,悉免之,岁省民财无算。乃裁减轿夫十六名,灯夫二十七名,解夫三十名。"②可知,他于嘉靖四十一年(1562)登第进士,次年即授寿州知州,是一位正直为民的好官吏。又据《寿州志》,傅霖任职寿州,至嘉靖四十五年(1566)期满。由此推测,傅霖修订、重刻王崟本,当是在 1563 至 1566 年之间。此本现藏台湾"中央"图书馆。

第二位是甘来学。《雅州府志》卷九载其小传:"甘来学,郡人,隆庆进士,官至云南兵备道。莅政清廉,兵民感戴。"③《光绪寿州志》亦列其传曰:"甘来学,四川人。隆庆间知寿州。详减里甲银一千四百四十两六钱,均徭银三百三十三两三钱,民快工食、鞍马草料军饷等银二千七百二十九两六钱。寿

---

① 《乾隆忻州志》,《中国地方志集成·山西府县志辑 12》,上海书店 1998 年,第 116 页。《山西通志》卷一百二十七亦存此传。
② 《中国地方志集成·安徽府县志辑 21》,第 207—208 页。
③ 曹抡彬等纂辑《雅州府志》,台北成文出版社 1969 年影印本,第 223 页。

民至今戴德。"①又据《汀州府志》卷十六,万历十二年(1584)甘氏分守漳南道。查《寿州志》,甘来学于隆庆二年(1568)至四年(1570)任知州。由此推知,甘来学修订、重刻王蓥本,应是在1568至1570年之间。但有论者称这是王蓥本的万历刻本②,不知何据。

第三位是黄克缵。黄克缵重刻王蓥本,公私书目均未见载录,其书亦不见踪迹。惟《增订四库简明目录标注》邵章续录云:"明嘉靖王蓥刊无注本,九行十八字,刻于寿州,万历黄克缵又翻印。"③黄克缵乃明代能臣,《福建通志》卷四十五传曰:"黄克缵,字绍夫,晋江人。万历庚辰进士,累官刑部尚书。受神宗顾命,有安邦固本大臣之褒。熹宗即位,拜工部尚书。裁魏珰紫阶石费三十万,珰又欲取南畿旧殿废铜,克缵不应,珰怒,遂挂冠归。寻起南冢宰,致仕卒。"④又《光绪寿州志》:"黄克缵,晋江人,万历中知寿州。爱民礼士,而不避权要。常语寮佐曰:'受职自有定分,名节千古不磨。'申请编派等则,名曰一条编,至今赖之。"⑤著有《数马集》五十一卷、《古今疏治黄河全书》四卷。据《寿州志》,黄克缵于万历十一年(或云九年)任知州,至万历十三年期满。以此推知,黄氏重刻王蓥本,应是在1583(或1581)至1585年之间。可惜的是,黄克缵重刻本如今已无处可寻。

傅霖、甘来学、黄克缵修订重刻王蓥本,固然是受前任知州王蓥的影响,但又缘于他们管辖的地区,乃古淮南之地,这里流传着淮南王刘安的传说,以及他的书。不断重刻刘安的书,不仅体现了他们对这位历史名人的重视,还反映了他们把《淮南子》视为寿州骄傲的共识。傅霖等人刻印《淮南子》的接力行为,客观上完善了王蓥本,也推动了王蓥本的传播。同时,从一侧面彰现了王蓥本的版本魅力。

三、吴仲本

继王蓥本首创白文无注本之后,武进人吴仲也以刘绩本为底本,刻印

---

① 《中国地方志集成·安徽府县志辑21》,第208页。
② 见陈静《自由与秩序的困惑》,第89页。
③ 邵懿辰《增订四库简明目录标注》,上海古籍出版社1979年,第508页。
④ 《景印文渊阁四库全书》第529册,第548页。此言黄氏晋江人,而刻于万历三十九年的《古今疏治黄河全书》署名"温陵黄克缵"。温陵乃泉州别称,晋江旧属泉州,故二者无有抵牾。
⑤ 《中国地方志集成·安徽府县志辑21》,第208页。

了又一个白文无注本。吴仲,生卒年不详。《光绪武进县志》载其小传:"吴仲,字亚夫,武进人。正德十二年进士,知浙江江山县。嘉靖初,擢监察御史。时武定侯郭勋怙宠作奸,仲劾之,直声震台省。议浚通惠河,户部岁省运费二十万缗。擢湖广参政,历南京太仆少卿。仲负经济才,持论凿凿,副名实。尝曰:'士大夫谈说经济非难,惟切中事情,若操刃而割,无一不中肯綮,斯为难耳。'然竟不尽其用。"① 可见,吴仲是1517年进士,几乎与黄焯同时。他身负经邦济世之才,为政务实。并且,吴氏亦雅好校刻。正德十三年(1518)至嘉靖二年(1523)之间,他帮助林有年考订编补了北宋赵抃的《赵清献公文集》②;嘉靖十年(1531),他又帮助吴廷翰校刊了明初郭奎的《望云集》③。

据学者考究,吴仲本的底本来自黄焯本,最重要的依据在于它继承了黄焯本误置307字的版本错误④。这就为我们进一步弄清吴仲本的刊刻时间,提供了一个切入点。黄焯于1530年至1532年间担任湖广左参政,而吴仲亦由监察御史迁湖广参政。尽管后者任职时间不明,但必是在黄焯任职之后,即1532年之后。黄焯在永州翻刻《淮南子》,随后携书进入湖广。故而黄焯本为吴仲所熟知,这是十分正常的事。因此,吴仲本的刊刻时间必定是在1532年之后⑤。

罗振常描述吴仲本说:"嘉靖刊,小字本。半页十行,十九字,无注。每卷

---

① 《光绪武进阳湖县志》,《中国地方志集成·江苏府县志辑37》,上海书店1991年,第518页。《雍正处州府志》卷九亦录其小传:"吴仲,武进人,嘉靖初,由御史补郡。精敏,持大体,片言折狱,吏畏民怀。修筑通济堰,数十年废坠,不逾时成。作兴学校,勤于课试。凡经品题,皆为名士。先以修通惠河绩效,擢湖广参政,又擢太仆少卿。栝人至今思之。"(台湾成文出版社1983年《中国方志丛书》本,第1091—1092页。)

② 林有年《嘉靖重刻赵清献公文集后序》:"遂谋之同寅陆君仁杰、曾君天叙、杨君时明,嘱江山尹吴亚甫考订编补而新之,托姓名于不朽,庸非幸欤!"江山尹,即江山知县。据《同治江山县志》卷六载,吴仲于正德十三年任本地知县,嘉靖二年前卸任。详见台北成文出版社1970年,第608页。

③ 吴廷翰《望云集序》:"子章吾乡先生,其履历不可考,其清忠直亮之气、慷慨奇特之节、坚贞静一之守、雄健俊逸之才,庶几见之,犹幸而有是集也,而可泯乎哉? 集付栝守吴君亚甫校刊之,亚甫亦以余言为然也。"(吴文治《明诗话全编》,江苏古籍出版社1997年,第3472页。)又《善本书室藏书志》卷三十五:"《望云集》五卷(裘抒楼钞本)。《集》有赵汸、宋濂二序。嘉靖辛卯,郡后学吴廷翰付栝守吴亚夫校刊,廷翰有序。"(《清人书目题跋丛刊二》,中华书局1990年,第833页。)

④ 见吴则虞《淮南子》书录,《文史》第二辑,第294—295页。

⑤ 美国学者罗斯认为,黄焯本出版时间在1530年,以10年为流传期,故吴仲本出版时间在1540年前后。见陈静《自由与秩序的困惑》,第88页。此属主观推测,文献依据不足。

端题汉刘向定、许慎记上、明毘陵后学吴仲校刊。"又评价吴仲本说:"《淮南子》各刻本从来无善本,多经删改,故惟士礼居有宋刊小字本,独称完善。……适王雪澄方伯方校此书,因以质之。据方伯谓:'此本与宋本同者十之七八,可称善本。惟《齐俗训》与《泰族训》有互错之简,为可异耳。'案此盖因底本篇页错订,复刻时既改其行款,连累而下,未及改列,故致如此,可见明人校刊之疏。然所据本必甚古,足资考订,固瑕不掩瑜也。"① 与他本相较,吴仲本最大的不同在于其卷前署名添入了"汉刘向定"之语。高诱所谓"光禄大夫刘向校定撰具,名之《淮南》",即是吴氏添入此语的根据。罗振常判定吴仲本的底本"甚古",并不符合历史事实。

第四节 首个诸子丛书本——《中都四子集》本

与道藏本一样,《中都四子集》本也是以一套丛书命名的版本,但它是从属于诸子丛书,是《淮南子》版本史上首个诸子丛书本。

一、《中都四子集》本的产生

所谓中都,实际就是凤阳府。据《明史·地理志》载:"洪武二年九月建中都,置留守司于此。六年九月曰中立府。七年八月曰凤阳府。"② 由于"中都"不久改称"中立",故"中都四子"又称"中立四子"。所谓四子,是指《老子》《庄子》《管子》和《淮南子》。《四库提要》说:"《中都四子集》六十四卷,明朱东光编。东光,字符曦,浦城人,隆庆戊辰进士,官分巡淮徐道。以老子在亳,庄子在濠梁,管子在颍,淮南子在寿春,皆中都所辖地,因与凤阳府知府张登云裒而刊之。"③ 此即《中都四子集》本名称之由来。《中都四子集》本(或云《中都四子》本),一称《中立四子集》本(或云《中立四子》本)。即便是编校者自己,其叫法也不一致,如张登云谓"中立四子",李太和则称"中都四子集"。

此本半页十行,每行二十一字。前有《淮南鸿烈解叙》,后缀郭子章的《淮南子题辞》。第一卷卷首题"淮南鸿烈解",次行题"汉汝南许慎记上",第三行

---

① 罗振常《善本书所见录》,商务印书馆1958年,第103—104页。
② 张廷玉《明史》,第912页。
③ 永瑢等《四库全书总目》,第1136页。

题"涿郡高诱注释",第四行题"明临川朱东光辑订",第五行题"宁阳张登云参补",第六行题"休宁吴子玉翻校"。其余二十七卷均不再署名。书末载有张登云《叙中立四子刻后》和李太和《刻中都四子集叙》两篇跋文。通过这三篇文章,我们大致能够了解《中都四子集》本产生的过程。

李太和,本名当为李光前,太和是其字①。他的生平事迹不详,自言"蜀泸",大概是四川泸州人。李氏在写于"万历己卯孟夏"的《刻中都四子集叙》中说:"复念士生其地,未能尽见四子之书,使不为刊布,是握独挈之宝,无以慰斯民春饥之望也。第书乏善本,老、庄之注舛杂,而房氏、高氏二注被宋人削去,则博如杨太史用修,以不见二书注为嗛。张君乃求得高注本于郭工部相奎,得房注本于王博士凤翔,遂汇为《中都四子集》。值兵宪,朱公以文武才辉,备兵颍上,谭剑之暇,即翻群书以说,而尤注心四子。张君进是集,遂手为裁订以授之梓。余承乏郡佐,顾轨鞭弭,无能为役,略加参考,而与徽吴生子玉校证,君遂刻之郡斋。"②万历己卯,即万历七年,公元1579年。这一年,他正担任凤阳府通判。从李氏的表述看,《中都四子集》的编校,主要出于两个因素。其一,凤阳府辖地,《老子》《庄子》《管子》《淮南子》流传不广,甚至读书人都难得尽见;其二,此四书素缺善本,特别是注文,《老》《庄》舛杂,《管子》《淮南》削夺,即使是杨慎,也以不见房玄龄、高诱之注为憾。在这些因素的驱动下,以凤阳知府张登云为首的编校组,包括朱东光、李太和、吴子玉等人,广搜四子善本,互相考订校正,汇成《中都四子集》,最终由张登云在郡府刻印出版。

其中,《淮南子》的高注本是由郭子章提供,即所谓"张君乃求得高注本于郭工部相奎"。郭子章(1543—1618),字相奎,自号青螺居士,江西泰和人。隆庆五年(1571)进士,次年授福建建宁府推官,万历三年(1575)迁南京工部虞衡清吏司主事,万历七年(1579)领凤阳山陵事③。他的《淮南子题辞》即作于此时。该文说:"其书当汉世已盛行,刘向为之校定,许慎为记上,高诱为注释,毕矣。淮南先是属九江,今为寿州,隶中都。攀龙氏曰:'余行州邑,望

---

① 潘季驯《河防一览》卷八云:"总管官颍州兵备道佥事朱东光、督凤阳府通判李光前、庐州府通判查志文、归德府通判祝可立、泗州守备卫镐张大德等筑完。"(台湾学生书局1965年影印本,第684页。)
② 何宁《淮南子集释》,第1513—1514页。
③ 关于郭子章生平事迹,详见其郭孔延所撰《资德大夫兵部尚书郭公青螺年谱》,《北京图书馆藏珍本年谱丛刊》第52册有收录。

八公山之丛桂,思为刊布其书。嘉靖间寿州已刻《淮南》,顾未得高氏注本,相奎广藏书,何以慰中都士而儳之?'余曰:'唯唯。'余李建宁,得注本于长年家,携之行李,遂出以授梓。岂惟中都之士,今海内就奇觚者,嗜古如饥渴,于《管氏》《淮南》二注本,莫不悇憛痒心焉,是刻所裨助学林广矣。"①攀龙氏,即张登云。据《光绪宁阳县志》卷十三《文学传》载,张登云,字攀龙,隆庆五年(1571)进士,雅好诗词古文,以汉唐为宗,所著有《芝楼草》十卷、《耕馀杂语》《葛石山房诗》一卷②。他非常渴望能为淮南王刘安及八公刊布《淮南子》,虽然已得王溥本,但苦于无注,便向郭子章求助。郭氏曾任建宁府推官。建宁乃明代坊刻最盛之地,当时已刊行安正堂本。他于此地一个叫长年的家里,求得了高注本,并交给李太和、张登云,最终刻成了《中都四子集》本。

二、《中都四子集》本的底本

郭子章的《淮南子题辞》为我们考察《中都四子集》本的底本提供了重要线索。

首先,《中都四子集》本正文所用的底本是王溥本。此有据可查。其一,与王溥本一样,卷六《天文训下》"帝张四维"至"为四时根"这段文字,错置到了"有其岁司也"的下面。其实,这是王溥校刊刘绩本时最先犯的错误。其二,卷六《天文训下》采用了与王溥本相同的圆形天文图。其实,这也是刘绩本中最先出现的图形。其三,两本共有不少与其他版本不同的文本。例如,《原道训》"是故为懁不忻忻"中"懁"字,两本均作"乐";《本经训》"是以松柏菌露夏槁"中"露"字,两本均作"籓";又此篇"仁鄙不齐"中"仁"字,两本均作"人";又此篇"被衰戴绖"中"被"字,两本均作"披";《主术训》"所以剬有司"中"剬"字,两本均作"制";《氾论训》"知者之所独明达也",两本均作"知者之所独明也";又此篇"非能具绨绵曼帛温暖于身也"中"非能",两本均作"非裘不能";《诠言训》"虽割国之锱锤以事人"中"锤"字,两本均作"铢";《说山训》"媒但者非学谩他",两本均作"媒但者非学谩也";《说林训》"甑得火而液",两本均作"甑得火蒸而液";《泰族训》"而圣人之所匠成也"中"匠"字,两本均作"曲"。其四,两本有同误而他本不误之处。例如,《兵略训》"唯

---

① 何宁《淮南子集释》,第1511页。
② 见《光绪宁阳县志》,《中国地方志集成·山东县志辑69》,第230—231页。

无形者可无奈也"中"奈"字,两本同误作"禁"。

尽管《中都四子集》本的正文是以王溥本为底本,但编校者做了大量裁订、参补、翻校的工作。这就必定会引入其他版本和其他文献,比如郭子章提供的高注本,从而导致《中都四子集》本与王溥本之间也会出现异文情况。不过,这并不能否定两本之间的亲密关系。由于王溥本来自刘绩本,所以,我们就不能否定刘绩本是《中都四子集》本的祖本这一事实。

其次,《中都四子集》本的注文,多是取自郭子章提供的所谓高注本。这个注本是否是安正堂本,现在难以考实。若是安正堂本,那实际上就近似于道藏本。《中都四子集》本中,存有不少与安正堂本一致而与他本不一致的注文。例如,《俶真训》注文"生乃徭役,死乃休息也"中"徭"字,安正堂本、《中都四子集》本均误作"径"。又如,《地形训》注文"湍,急流悍水也"中"悍"字,安正堂本、《中都四子集》本均误作"得"。再如,《时则训》注文"公社,国社也,后土之祭也"中"国社"二字,安正堂本、《中都四子集》本均脱。这些例证似乎可以说明,《中都四子集》本的注文是取自安正堂本。

若不是安正堂本,那我们认为它最可能接近于黄焯本。黄焯乃延平府南平人,而南平正好与建宁府的建阳相接,故这一地带极容易流传黄焯所刊的刘绩本,为文人、书商所得也是很自然的事。此外,在早期的二十八卷本中,道藏本、王溥本、安正堂本最后一卷的卷首名,均题作"淮南鸿烈要略间诂",唯黄焯本题作"淮南鸿烈解",而《中都四子集》本正与之相同。而且,《中立四子集》本也有与黄焯本一致,而与他本(王溥本除外)不一致的注文。例如,《俶真训》注文"壮,伤也"中"伤"字,两本均作"盛";又此篇注文"譬若梅矣"中"矣"字,两本均作"以";《地形训》注文"以两手摄耳",两本均作"以两手摄其肩之耳";《时则训》注文"格,豉也"中"豉"字,两本均作"致";《本经训》注文"行小则正陿隘,而不容包臣下"中"正"字,两本均作"上";又此篇注文"莲读莲羊鱼之莲也"中"鱼"字,两本均作"羔"。这些例证似乎又可以说明,《中都四子集》本的注文与黄焯本存在很大的关系。

通过上面的分析,我们可以得出结论,即《中都四子集》本存在多个底本,是王溥本、安正堂本、黄焯本等多个版本的合成本。

三、《中都四子集》本的评价

当然,这个经过编校者裁订、参补和翻校的合成本,并不能与同样是合成本的刘绩本相提并论。它受到四库馆臣的强烈鄙视，批评之声十分刺耳。《四库提要》说："《淮南子》二十六卷，用高诱注。时郭子章奉使凤阳，每书各为之题词。其书刊版颇拙，校雠亦略，又于古注之后时时妄有附益，殆类续貂。遂全失古本之面目，书帕本之最下者也。"① 虽然有些夸大其词，但该本确实存在妄改注文的情况。例如，《原道训》注文"无为者，不为物为也"，《中都四子集》本改作"无为者，不为物动"；《缪称训》注文"言舟中之人同心救火，不相为赐"中"不相为赐"四字，《中都四子集》本改作"不约而同"；《齐俗训》注文"其化，视阴入阳，从阳入阴"，《中都四子集》本在注文后添入"唯圣人知之"五字。这种以己意妄改妄增的行为，确实会损害古本原貌。

并且，《中都四子集》本在刻版时失误颇多，事后又通过挖补加以纠正，极容易造成正文与注文混杂于一起，使一般读者无法分辨。这样的挖补，全书多达50余处，显然极大地影响了此本的美观和质量。同时，《中都四子集》本每篇还删减了不少注文。总之，编校者这些不审慎的行为，也降低了《中都四子集》本的版本价值。正因为如此，《淮南子》中罕有以《中都四子集》本为底本的版本。但它这种诸子丛书的体例模式，则对后世产生了较大影响。

第五节　新二十一卷本茅一桂本及其子版本

《淮南子》自产生之始，就是二十一篇。《汉书·艺文志》即著录为"《淮南内》，二十一篇"，隋唐史志目录皆载二十一卷，两宋私家书目亦载二十一卷。北宋本、谭叔端本等早期古本，均为二十一卷。可见，二十一卷本在明代以前是流行的版本。《正统道藏》本产生以后，二十一卷本才进入了一段长达一个半世纪的沉寂期。直至茅一桂本的出现，才重新主导了《淮南子》版本的潮流。在二十一卷本中，茅一桂本无疑具有十分重要的地位，其下衍生的版本几有数十余种，其影响可谓延绵流长。

一、新二十一卷本茅一桂本

茅一桂，生卒年不详，号中峨，浙江归安人。他是万历十六年（1588）举

---

① 永瑢等《四库全书总目》，第1136页。

人①，万历二十六年（1598）担任句容县知县，三十一年（1603）修订刊行《万历句容县志》，并为之作序。同年，升任万州知州，始创《万州志》，重修万安书院②。《道光万州志》为其立传云："茅一桂，归安人，万历中任州事。才优学富，建学修署，折狱称平，征输不扰。为民上言，罔避忌讳。培补后山，创刻州志。"③万历三十六年（1608），擢升福建建宁府同知。茅一桂也能诗善文，当然，其声名远不如他的叔父茅坤，但在整理与校刊古籍方面，两人则不分伯仲。除《淮南子》外，茅一桂还在1579年出版了《唐宋八大家文钞》④，纂辑了《史汉合编题评》。

茅一桂刊刻《淮南鸿烈解》二十一卷的时间，其序文《重校淮南鸿烈解引》已经指明，即"万历庚辰年"，公元1580年。和他一起校订的，还有乌程人温博。温博，字允文，生平事迹不详，曾辑有《花间集补》上、下两卷，并自为之序。由于乌程、归安皆同属湖州，湖州又称西吴，所以茅一桂本共署名为"明西吴温博、茅一桂订"。

茅一桂刻书十分讲究，很重视质量。此本正文半页九行，每行十九字，相当疏朗，字体工整清秀。高诱的《淮南鸿烈解叙》及茅一桂自己的序文，均采用书法字体，分别由沈玄徽、冯年手书。版心下面还保留了写工的名字，如长洲章莒、无锡侯祖、侯臣；也保留了很多刻工的名字，如邹邦彦、何贞、邵埴、何鲸、汪和、余用、邹邦显、邹子明、王志、刘罡，以及只题姓氏洪、赵、周、李、祝、叶、谢、陈、朱、范、容、倪、孙等二十余人。由此足见茅氏刻书态度之严谨，工程之浩大，代价之不菲。难能可贵的是，茅一桂刻《淮南子》和《唐宋八大家文钞》，都是在他步入仕途之前，亦可见出茅氏刻书多为兴趣所趋。因此，就其制作质量而言，茅本在《淮南子》诸本之中可称得上是精良之本。

---

① 《光绪归安县志》卷三十二《选举·举人》有载，并称："顺天中式，黎平知府。"（《中国地方志集成·浙江府县志辑27》，上海书店1993年，第307页。）王世贞《科试考》有论及茅一桂中举之事："万历十六年，顺天乡试，该府以主试请，翰林院具题，蒙旨以右庶子黄洪宪等往。……即置之于小试，当在斥降之列，况可以点贤书乎？他若二十一、二名茅一桂、潘之恒，二十八名任家相，三十二名李鼎，七十名张毓塘，即数字数句之疵谬，不堪过求，然亦喷有烦言矣。"（王世贞《弇山堂别集》，台湾学生书局1965年影印本，第3671—3676页。）可知茅一桂位列二十一名。
② 《广东通志》卷十六："三十三年，知州茅一桂重迁州西，建庙庑堂斋祠阁门宇。"（《景印文渊阁四库全书》第562册，第606页。）则知茅一桂重修万安书院是在1605年。
③ 《道光万州志》，《中国地方志集成·海南府县志辑5》，第643页。
④ 丁丙《善本书室藏书志》卷三十九："万历己卯刊版杭州，故无《五代史钞》附入。"（《清人书目题跋丛刊二》，第901页。）可知此书刻于杭州。

相对于以前的版本,茅一桂本有一个较大的变化,就是设计了一个名为《淮南鸿烈总评》的栏目。所谓总评,即是择取扬雄、刘勰、刘知几、晁公武、洪迈、高似孙、周氏、陈振孙、黄震、刘绩、王祎、王世贞这些学者关于刘安及《淮南子》的评述而已。就前面十位学者的顺序来看,茅本的《淮南鸿烈总评》明显是袭自于王鏊本的《淮南子序略》。但并非简单的抄袭,内容上有变化。例如,在高似孙《子略》一段文字中,增选了"淮南王尚志谋"至"可谓一时杰出之作矣"这一段。另外,在刘绩的评论后面,又增补了王祎、王世贞的评论文字。这实际上等于吸取和发扬了王鏊本的长处。

茅一桂本无疑参照了王鏊本,那茅一桂本的底本与王鏊本有关吗? 还是来自其他版本? 关于其底本的问题,学者有较深入的研究。吴则虞以为"茅本盖别出一宋本",他说:"《天文训》'帝张四维'下,茅本及此本(指汪一鸾本)注云:'按以下至为四时根,时本在有其岁司之后,此依宋本。'今案,《御览》十六引正如此。其云'依宋本者'似可信。"①主张茅一桂本的底本是来自不同于北宋本的另一宋本。但是,于大成不认同这一观点。他批评说:"吴则虞谓出别一宋本,真大误也。"主张茅本是"盖出于藏本而略有校改"②。张双棣同意此说,认为"是书盖源于《道藏》,而茅氏有所损益"③。美国学者罗斯则认为,茅一桂本《天文训》保留了两幅天文图,方形图下茅氏注云:"此图藏本式。"圆形图下茅氏注云:"此图今刊本式,与前图两存之,以备参考云。"表明茅一桂本至少有两个祖本:一个是藏本,一个是今刊本,并提出藏本即道藏本,今刊本即王鏊本,或刘绩本系列中的一本;再加上注中提到的"此依宋本",故可断定茅一桂本的底本是二十一卷本的宋本,在此基础上综合了道藏本和王鏊本的某些特征,是一个合成本④。也就是说,茅一桂本的底本,来自不知名的宋本、道藏本和王鏊本,并非吴则虞所主张的单一宋本,或于大成所主张的单一道藏本。

今北京大学图书馆善本室所藏茅一桂本,版式上颇有不同。茅一桂的序文被放在书末,而书前载有九华山房主人的题识,其云:"兹翻《藏经》钞本及宋元祐本与刘绩注本,参订一过,其字有不易晓者,俱直音本字下。"⑤九华山

---

① 《淮南子书录》,《文史》第二辑,第296—297页。
② 于大成《淮南鸿烈论文集》,里仁书局2005年,第27—28页。
③ 张双棣《淮南子校释》(增订本),第2212页。
④ 见陈静《自由与秩序的困惑》,第94—95页。
⑤ 张双棣《淮南子校释》(增订本),第2212页。

房主人是谁,已不可考,以其口吻推之,或是此本的某位校订者。这段文字实际上直接讲明了茅一桂本的底本。茅序中也有类似记述:"惜也,高注繁芜脱谬,且多鱼鲁之文。今年春,与允文汇《藏经》钞本,参相校雠,攡摭经传,而稍稍为之损益。已尝试披襟读之,于凡所称支分派落,靡丛于六合者,哀然其在我几席间哉!或曰:'此《鸿烈》之完善本也。'因出而镂诸木,以与世之博物君子共焉。"① 一再提及的"《藏经》钞本",应是《正统道藏》本的钞本。所谓"汇",即"合"之义,表明茅一桂采用了一个主本,再会合"《藏经》钞本"等本,相互参校。从茅本二十一卷、茅注"此依宋本"及九华山房主人所说的"宋元祐本"几方面看,这个主本当是宋元祐本。元祐是宋哲宗赵煦年号,可知宋元祐本产生于1086至1094年之间。前面已分析,北宋本是出现在宋仁宗年间(1022—1063年)。可见,吴则虞"茅本盖别出一宋本"的论断,无疑符合事实。于大成讥其"大谬",实属无理。他所谓"出于藏本而略有校改",却与事实相出入。道藏本那些标志性的脱文,茅一桂本一概不脱。这说明,道藏本并非其主本,只是重要的参合本。除宋元祐本、道藏本外,茅一桂本还参合了刘绩注本。王蓥本虽出于刘绩本,但为无注本,美国罗斯教授称其为茅一桂本的底本之一,亦不够准确。刘绩注本在茅一桂本中称作"时本""今刊本",可知是当时流行之本。它的早期版本有王溥本、黄焯本,或许后期也有翻刻本。所以,九华山房主人说的"刘绩注本",已难考究其具体所指。

前面已经论及,刘绩注本是一个合成本,茅一桂也想效仿它,倚靠其他一些文献做了不少增删和校改,所谓"攡摭经传,而稍稍为之损益",甚至更为大胆,超出了古籍整理者应该遵守的底线。改动最大的是《淮南子》的注文。主要体现在:其一,较之北宋本、道藏本、刘绩注本,茅一桂本妄删了十分之三四左右的注文;其二,又依照他书,如《列子》《史记》《吕氏春秋注》《礼记·月令注》及某些字书,妄增了许多注文②;其三,妄改原本注文的位置,例如《原

---

① 何宁《淮南子集释》,第1515页。
② 吴则虞说:"此本旧注仅存十之六七,增入之注,有为宋本藏本所无者,如《本经训》'民害'下有'獥㺄兽名'云云八十二字,'欐栵欘㯉'下有'欐林柱类'云云十七字,《齐俗训》下又增'故曰齐俗'四字,《道应训》下亦增。此例甚多。"(《淮南子书录》,《文史》第二辑,第296页。)于大成也说:"或妄增注文,如《时则》篇竟取《吕氏春秋》高注及《月令》孔疏增入注中。"(《淮南鸿烈论文集》,第28页。)不唯《时则训》,《主术训》也多见增注。如"夫荣启期一弹而孔子三日乐",增注"孔子游于太山,见荣启期行乎郊之野……能自宽者也"一大段,即取自《列子·天瑞》篇。又如"孔子学鼓琴于师襄,而谕文王之志",增注"孔子学琴于师襄……文王操也"一段,即摘自《史记·孔子世家》。

道训》,注文"遁,逸也"等十二字,原在正文"错缪相纷"下,被移到了"不可靡散"下;注文"忽恍之区上也"等十六字,原在正文"翱翔忽区之上"下,被移到了"滔腾大荒之野"下,诸如此类,不胜枚举①;其四,将注文中的原有注音一并删除,改成直音注音方式,即是九华山房主人说的"俱直音本字下",例如《原道训》"柍八极",茅本删除了高诱的"柍,读重门击柝之柝也",直接在"柍"下用小字标音为"托"。这些行为严重损害了古本原貌,不利于保护古籍。茅一桂还为之沾沾自喜,自封为完善本,实有愧于优秀的古籍整理者这一称号。由于茅一桂本的翻刻本极多,这种不利影响自然流播甚远。当然,我们也无法抹杀茅一桂本在促进《淮南子》流传方面所发挥的重要作用。

二、汪一鸾本

茅一桂本产生后,有很多二十一卷本跟进,汪一鸾本可谓是先锋之一。汪一鸾,字汝祥,安徽歙县人,万历二十八年(1600)举人。②汪氏生平事迹不详,然《乾隆歙县志》将他的妻子录入《列女传》,其文曰:"汪一鸾妻唐氏,丛睦人,夫卒,唐自坠楼,折其胁,救之,少苏,绝粒七日而死。奏闻,旌表。"③除《淮南子》外,汪一鸾还刻印了《武德全书》(刊于万历十八年)和《吕氏春秋》(刊于万历三十三年)。

关于汪一鸾刻印《淮南子》的时间,该本前面的两篇序文已有交代。一篇是汪氏自序《重刻淮南鸿烈解小引》,落款时间为"万历庚寅(1590年)";另一篇是许国序《刻淮南鸿烈解序》,落款时间为"万历辛卯(1591年)"。可知汪一鸾本是刊于万历十九年,即1591年。该版式主依茅一桂本,亦半页九行,每行十九字,但四周双边,无鱼尾。版心下折缝处有刻工"黄德时"之名。此本卷首名题"淮南鸿烈解",次行署名"汉淮南王刘安著",第三行署名"汉河东高诱注",第四行署名"明新安汪一鸾订"。吴则虞大赞此本:"字体娟秀,行格疏朗,刊印之精,远在茅本之上。"④正是因为它的精良,汪一鸾本多次被翻刻、重印。

---

① 美国罗斯认为,这种将几句注释归为一组并放置在末句之后的安排方式,是茅一桂和温博共同规划的,是研究者进行版本辨识的依据。见陈静《自由与秩序的困惑》,第95页。
② 见《安徽歙县志》卷八《科第》,台北成文出版社《中国方志丛书》本,第445页。
③ 《安徽歙县志》,第1084页。
④ 《淮南子书录》,《文史》第二辑,第297页。

关于汪一鸾本的底本，同邑许国的序文并有交代。他说："姻氏汪生一鸾，英年嗜古，耽玩枕中，爰取吴兴、寿阳二本，参复雠定，新付剞劂。"①吴兴之名，缘于三国时吴主孙皓，他改乌程为吴兴，并设吴兴郡。隋代又改吴兴为湖州，吴兴是其下辖县。可见，吴兴正是茅一桂和温博的故乡。因此，所谓吴兴本必是茅一桂本。古代有两个地方取名"寿阳"，一是安徽的寿春县，晋孝武帝（372—396年在位）时，因避简文太后郑阿春之讳，改寿春为寿阳；一是山西的受阳县，唐贞观十一年（637）改受阳为寿阳。但在《淮南子》版本史上，并未出现过山西刻本。因此，寿阳本必是指王銮本②。若依许国所说，汪一鸾本的底本就是茅一桂本和王銮本。但王銮本是无注本，事实上它对汪本的影响非常有限。汪本的正文内容几乎不作修改，全来自茅一桂本，不仅保留了茅氏的按语和校改，还沿用了茅本独特的注文安排方式和直音注音方式。由此可见，茅一桂本是王一鸾本的底本，王銮本只起到了参校的作用。例如，《原道训》"待而后死"中"而"字，茅一桂本作"之"，汪一鸾参照王銮本改作"而"。

但是，汪一鸾自己并不认可他的本子只来自吴兴、寿阳二本的说法。他在自序中说："不佞遍阅诸本，订真赝，举异同，则既有年，亥豕之患，庶几免乎？若夫超余训解而上之，则以俟诸览者。"③"遍阅诸本"，表明他接触过很多《淮南子》的版本。汪一鸾确据茅本和王本之外的版本做了一些校订。例如，《俶真训》"欲以反性于初"中"反"字，汪本作"返"，而茅一桂本、王銮本均作"反"；又如，《地形训》注文"焚马而死者是也"中"马"字，茅一桂本同，而汪本作"焉"。因此，我们也不能无视他为完善茅一桂本所作出的努力。

三、张维城本、张象贤本、吴郡顾氏本

汪一鸾本出版以后，迅速在江浙地区流行起来，出现了不少针对它的翻刻本和重印本。汪本问世三年后，即有张维城本。张维城，字宗甫④，苏州长洲县人，为东林党领袖高攀龙（1562—1626）的好友，周自淑的弟子。除《淮

---

① 何宁《淮南子集释》，第1516页。
② 上述观点，王国维即已说过："许序谓汪氏'取吴兴、寿阳二本，参复雠定，新付剞劂'，吴兴本谓吾郡茅一桂刊本，寿阳本则嘉靖九年王鉴所刊二十八卷无注本也。"（《传书堂藏书志》，上海古籍出版社2014年，第571页。）
③ 何宁《淮南子集释》，第1517页。
④ 此据张本碑牌"吴郡张维城宗甫是正"推定。然在张刊《徐文长逸稿》的卷端署名中，张氏又自称"张维城宗子父较辑"，可见其字应为"宗子"。

南子》外,张维城还出版了《徐文长逸稿》(刊于天启三年)、《许敬庵先生语要》。①

张维城出版《淮南子》,不过是据汪一鸾本翻刻而已,就连每卷的署名都原封不动。张氏翻刻本删除了许国序,保留了与汪一鸾本相同的汪序,但落款时间为"万历壬辰(1592年)"。这说明张维城翻刻汪本,似乎得到了汪一鸾本人的同意。张本在"淮南鸿烈解总目"的末页,印有"吴郡张维城宗甫是正、甲午秋九月镂板家塾"的碑牌,并印有"长洲许世魁刻"字样。可知,此本刊于万历二十二年(1594),属于家塾本。与汪一鸾本不同的是,张维城本在正文前设计了一个名为"淮南鸿烈解附录"的栏目,附录内容包括:汉龙门司马迁《淮南王传》、汉安陵班固的《淮南王传》、汉河东高诱的《鸿烈解序》以及《淮南鸿烈解总评》。其他则一律如旧。除了翻刻本之外,张维城同时还重印了一个剜改本,将卷端署名中的"新安汪一鸾"剜改为"吴郡张维城",并删除了汪序和许序。从版本质量看,张维城本并不比汪一鸾本有进步。

几乎就在张维城翻刻和重印汪本的同一时间,同是苏州人的张象贤也在进行类似工作。张象贤,生平事迹不详。除《淮南子》外,他还于万历二十一年(1593)刊刻了《古文苑》。张象贤可能得到了汪一鸾本的原板,将卷端署名中的"新安汪一鸾"剜改为"姑苏张象贤",书前又添入《史记·淮南王传》一文,加以重印。鉴于添入《淮南王传》这个共同特征,张象贤本与张维城本必定存在某种亲密关系,可惜已无法详考。

与张维城本还存在亲密关系的,又有吴郡顾氏刊本。顾氏,其名不可考。顾氏刊本与张维城本几乎完全一致,就连刻工的姓名都一样。两本唯一不同的地方在于碑牌内容,吴氏把张本原来的文字,直接剜改为"吴郡顾氏藏板"。根据这一碑牌,我们有理由相信,张维城本的原板已被顾氏收归。吴则虞却说:"此版(是指张象贤本原板)后归顾氏,后印本副页后又有'吴郡顾氏藏版'字样。"② 这对顾氏刊本的碑牌失于考究。

北京图书馆藏顾氏刊本的扉页上,写有一段徐波的题记:"庚午岁莫,积阴

---

① 高攀龙《许敬庵先生语要序》云:"吾友张维城,周自淑先生之高第弟子也,复揭先生要语刻之,而征序于攀龙。攀龙则何知道?谓先生立言之正,二君择言之精,而集中无善无恶之辨最为吃紧,故表而论著之,以就正于二君,就正于天下之有道者,不知以为何如也?"(高攀龙《高子遗书》,《明别集丛刊》第四辑第71册,第535页。)可证张氏刊刻过此书。
② 吴则虞《淮南子书录》,《文史》第二辑,第297页。

四十日不解。山村新岁,又有酒食相招之例凡六,时中饮酒,高枕读书,各居其二。此书再阅,自小除夕至人日卒业。崇祯四年正月九日。秋香山堂记。"①徐波(1590—1663),字元叹,苏州吴县人。他与吴郡顾氏为同乡,生活年代又比较接近,得到顾氏刊本似乎是很容易的事。根据徐波的题记,他在崇祯三年换岁之际始读吴本,至崇祯四年正月七日阅毕。在这不足十天的时间里,徐波是没有办法作出有分量的批校,但这也可视为吴本流传中的一个典型事例。

总之,汪一鸾本是张维城本、张象贤本和吴郡顾氏本的共同底本。具体说来,张象贤得到了汪一鸾本的原板,以剜改的方式重印了汪一鸾本;张维城则以汪一鸾本为模板翻刻了汪一鸾本,同时也以剜改的方式重印了他的翻刻本;吴郡顾氏则直接将张维城翻刻本的原板收为己有,亦以剜改的方式重印了张维城翻刻本。可见,张维城本、张象贤本、吴郡顾氏本不过是将汪一鸾本翻刻和重印,版本上并无多少变化,更遑论突破了。

第六节　以吴勉学本为代表的二十一卷本白文本

与嘉靖时期的王鏊本、吴仲本一样,万历时期的吴勉学本、黄之寀本以及无名氏本也是白文无注本,只是前者为二十八卷本,后者为二十一卷本。

一、吴勉学本

吴勉学,字肖愚,号师古,新安(今安徽歙县)人,生卒年不详,主要生活年代在隆庆、万历年间(1567—1620年)。他是明代著名的专业刻书人,曾校刻经史子集数百种,雠勘皆精审。特别是在校刻医书方面,吴勉学于万历二十九年(1601)刊行了《古今医统正脉全书》,因此而名满医界。这还成就了清人笔记小说的一段故事②。吴勉学擅长经营,刻书不拘一格,为刻好书也不惜代价。正因为如此,吴氏所刊之本多受学者珍视。

---

① 《子藏·淮南子卷》第15册,第2页。
② 赵吉士《寄园寄所寄》引《诎庵偶笔》:"歙吴勉学梦为冥司所录,叩头乞生。旁有判官禀曰:'吴生阳禄未终。'吴连叩头曰:'愿作好事。'冥司曰:'汝作何好事?'吴曰:'吾观医集,率多讹舛,当为订正而重梓之。'冥司曰:'刻几何书?'吴曰:'尽家私刻之。'冥司曰:'汝家私几何?'吴曰:'三万。'冥司可可而释之。吴梦醒,广刻医书,因而获利,乃搜古今典籍,并为梓之,刻赀费及十万。"(《续修四库全书》第1197册,第145页。)这从侧面说明,吴勉学刻书有时不计代价。

吴勉学有校刻丛书的习惯,不仅刊行过《古今医统正脉全书》,也刊行过《二十子全书》。《二十子全书》包括《老子》《文子》《关尹子》《列子》《庄子》《司马子》《管子》《晏子春秋》《孙子》《吴子》《鬼谷子》《素书》《韩非子》《商子》《荀子》《法言》《化书》《淮南子》《吕氏春秋》《文中子》,显示出吴氏作为刻书家的广阔视野。吴氏刻书,讲究原汁原味,大多没有序跋,亦无刊刻年代,《淮南子》也不例外。因此,对于吴勉学本的刊行时间,我们只能根据一些材料加以推测。

王肯堂(1549—1613)是吴勉学刊行《古今医统正脉全书》的最重要合作者,没有他也就没有这套丛书的问世。王肯堂于万历二十年(1592)辞归乡里,闲居在家长达十四年。也正在此年,王氏开始投入精力纂辑医书,并与吴勉学合作,直至万历二十九年(1601)《全书》刊刻完成。① 期间,吴勉学于万历二十五年(1597)又校刻了七十卷的《性理大全》,恐怕再难分身展开另一套丛书的校刻工作。因此,自1592年至1601年这十年间,《淮南子》被刊行的可能性很小,要么刊在1592年之前,要么刊在1601年之后。鉴于此套医书丛书已有吴勉学儿子吴中珩的参与,说明开始子承父业。所以,吴勉学刊行《淮南子》的时间,最有可能是在1592年之前。

吴勉学本半页九行,每行十八字,行格疏朗划一,字体工整清秀,刻印质量很高。此本书前仅有高诱的《淮南子旧序》,卷首名和版心书口均题"淮南子",每卷次行署名"汉刘向校定、明新安吴勉学校正"。如果说《中立四子集》本是首个诸子丛书本,那么,吴勉学本就是诸子丛书本中的首个白文本。

关于吴勉学本的底本,学者多有讨论。吴则虞说:"此虽分二十一卷,然文字与王溥本、王鏊本大致相合,恐依王鏊本刊刻。"② 张双棣也说:"是书多与王

---

① 《王仪部先生笺释》王肯堂原序:"壬辰,予告归于舍,无意复出,以辑方书。"(《四库未收书辑刊》第一辑第二十五册,第265页。)乾隆《金坛县志》:"肯堂居家十四载,祖产悉让季弟,僻居读书,与经生无异。"(清康熙三十年顾定九重编本。)柯卉《王肯堂生平与学术》:"《全书》收录自《内经》以降的各朝医书44种。总目为王肯堂汇辑,王肯堂参与订正《黄帝素问、灵枢合集》,并撰写《东垣十书》订补总序(《脉决》《内外伤辩惑》《兰室秘藏》《此事难知》《医经溯洄集》《外科精义》为吴勉学所校;《局方发挥》《脾胃论》《格致余论》《汤液本草》为吴中珩所校)。全书的校订者还有新安余时雨、鲍士奇。"(复旦大学2001年硕士论文,第49页。)
② 吴则虞《淮南子书录》,《文史》第二辑,第297页。

鏊本相合，盖出于彼。"① 于大成持相同看法："颇与王溥、王鏊为近。"② 但都没有提供切实的文献依据。美国学者罗斯则认为，此本是汪一鸾本和王鏊本的合成本③。经认真比对，我们基本同意吴则虞等人的看法。

首先，吴勉学本为白文无注本，每卷卷首名及版心书口均题"淮南子"，《天文训》仅录圆形天文图，这些特征皆同于王鏊本。

其次，吴勉学本存在大量与王溥本、王鏊本相同，而与他本相异的文字。例如《原道训》"虚而恬愉者"中"而"字，三本均作"无"；《俶真训》"是故能戴大员者履大方"中"戴"字，三本均作"载"；《地形训》"乃维上天，登之乃神"中"天"，三本均作"帝"；《时则训》"大合乐，致欢欣"中"欣"字，三本均作"忻"；《览冥训》"然未见其贵者也"中"者"字，三本均无；又此篇"帝道掩而不兴"中"掩"字，三本均作"掩"；《本经训》"耳聪而不以听"之下，三本均有"口当而不以言"六字；又此篇"动则手足不静"之下，三本均有"矣"字；《主术训》"人有困穷，而理无不通"中"困穷"，三本均作"穷困"；又此篇"又鞭踶马矣"中"矣"，三本均作"也"；又此篇"处人主之势"中"主"字，三本均作"君"；又此篇"而况人乎"，三本均作"而况于人乎"；又此篇"人莫得自恣则道胜，道胜而理达矣"，三本均作"人莫得恣则道胜，道胜则理达矣"；又此篇"衰绖营屦"中"屦"字，三本均作"履"；《缪称训》"凡万物有所施之"，三本均作"凡万物而有所施之"；《齐俗训》"可以平直者"，三本均作"可以为平直者"；《氾论训》"故得王道者"中"王"字，三本均作"生"；又此篇"然而管仲免于累绁之中"，三本均无"管仲"二字；又此篇"善予者用约而为德"中"予"字，三本均作"与"；《诠言训》"累积其德"，三本均作"累积其德者"；《兵略训》"明于星辰日月之运"，三本均作"明于日月星辰之运"；又此篇"疾如锥矢"中"锥"字，三本均作"镞"；又此篇"夫飞鸟之挚也俛其首"中"挚"字，三本均作"擎"；《人间训》"人能昭昭于冥冥"中"能"字，三本均作"皆"；《泰族训》"学问讲辩"中"辩"字，三本均作"辨"；又此篇"非圣王为之法度而教导之"中"王"字，三本均作"主"；又此篇"弦有缓急小大然后成曲"中"小大"，三本均作"大小"。吴勉学本也存在仅与王鏊本相同而与他本相异的文字。例如，

---

① 张双棣《淮南子校释》（增订本），第2213页。
② 于大成《淮南鸿烈论文集》，第30页。
③ 见陈静《自由与秩序的困惑》，第97页。

《兵略训》"上亲下如弟"中"亲"字,二本均作"视";《说林训》"甑终不堕井"中"堕"字,二本均作"坠"。

因为王蓥本主要来自王溥本,所以,上述证据表明吴勉学本与王蓥本的文本存在高度的一致性,后者为前者的底本无疑。然而,吴勉学本毕竟是二十一卷本,在格式安排上存在不少不同于王蓥本之处。例如,王蓥本《天文训》有误置"帝张四维"至"为四时根"这一段文字的版本错误,但吴本没有;王蓥本《天文训》《地形训》《时则训》《道应训》《要略》等篇皆有细致的段落划分,但吴本没有。因此,它必定参照了不同于王蓥本的二十一卷本。这个二十一卷本确切为何本,已不可考。汪一鸾乃吴勉学同乡,他刊刻《淮南子》的时间与吴氏很接近,可是,两本之间并不存在独一无二的共同特征,很难说吴本参照了汪本。

应该说,吴勉学为刊刻此本投入了较大精力,欲力图显示自己的特色。他不仅删除了王蓥本中的《淮南子序略》,也没有补录茅一桂本中的《淮南鸿烈总评》及众多序文,而且还亲自校订《淮南子》文本。例如,《原道训》"是以天下时有盲妄自失之患"中"妄"字,仅吴本作"忘";《时则训》"诛必辜"中"辜"字,仅吴本作"罪";《主术训》"下贪狼而无让"中"狼"字,仅吴本作"狠";《缪称训》"未可与广应也"中"与"字,仅吴本作"以";《氾论训》"可以共学矣"中"以"字,仅吴本作"与";又此篇"可以立,未可与权",仅吴本作"可以与立,未可与权也";《说林训》"是时为帝者也"中"帝"字,仅吴本作"贵"。这些异文应是吴勉学校改的结果。吴氏的努力并未白费,吴本也因此算得上是《淮南子》的善本之一。

二、黄之寀本及无名氏刊本

作为吴勉学的同乡,黄之寀与吴家走得很近,曾为吴家校订过不少书籍。后来,吴家刻书之业衰落,很多版片流入到黄之寀手里。黄氏用这些版片重印了《二十子全书》,但删除了其中的《文子》二卷,补刻了《楚辞》二卷。黄氏在重印《淮南子》时,只是将版片中的"吴勉学"剜改为"黄之寀",其余一切照旧。他的这种行为,实际上败坏了吴勉学刻本的名声。为了牟利,明代刻书业经常会出现这种现象,难免遭人讥议。

明末,除了吴勉学本、黄之寀本为白文本外,还有一种不知名氏、不明背景的白文本。于大成在描述此本时说:"半叶九行,行二十字,翻刻茅坤本而删其注文与评语,并高诱叙亦不存。"① 美国学者罗斯则认为,此本更可能来自原本无注的凌氏套印本,并非来自有注的茅坤本而自删其注,并认为此本甚陋,无甚作为,他又根据自己的断定推测该本的年代为 1630 年②。

---

① 于大成《淮南鸿烈论文集》,第 29 页。
② 见陈静《自由与秩序的困惑》,第 99 页。

第三章 明代《淮南子》版本的新变

第一节 《淮南子》评点本的出现

明代《淮南子》版本的新变,最主要的体现就是评点本和评选本的涌现。所谓评点本,是指既有学者评点又非节选的版本。茅坤评点本不仅开启了《淮南子》评点本的先河,也是明代《淮南子》评点本最杰出的代表。其后的张烒如集评本,也产生了十分长远的影响。

一、茅坤评点本及其子版本

茅坤(1512—1601),字顺甫,号鹿门,浙江归安人。嘉靖十七年(1538)进士,历知青阳、丹徒,迁礼部主事、吏部稽勋司等职。因忤逆当权,中年落职,闲居五十余年。茅坤是明代散文大家,他的《唐宋八大家文钞》成为当时散文选本和评点方面的典范之作。关于茅坤的著述,张梦新进行过专门考证,认为有《徐海本末》《浙直分署纪事本末》《白华楼藏稿》《续稿》《吟稿》《玉芝山房稿》《耄年录》《唐宋八大家文钞》《史记钞》《大名府志》《鹿门先生诗选》《明名臣经济文钞》《诗说》《白华楼书目》《汉书钞》《五代史钞》《纲鉴删要》十七种[1]。但唯独遗漏了《淮南鸿烈批评》,不免有点遗憾。《淮南鸿烈批评》既可说是茅坤的著述,也可以说是茅坤为《淮南子》提供的一种新的版本样式,即评点本。

茅坤评点本刊于何时,文献并无明确记载。王宗沐说:"不佞得请卧田间,日从友人鹿门子品骘百氏两京诸家言。"[2] "得请卧田间",是指自己免官在家。根据其子王士崧所撰年谱,王宗沐从官四十余年,两次被免官在家:第一次是嘉靖四十二年(1563)至隆庆三年(1569),近七年时间;第二次是万历九

---

[1] 张梦新《茅坤著述考》,《浙江大学学报》(人文社会科学版)1999 年第 5 期,第 129 页。
[2] 《重刊淮南鸿烈批评序》,日本宽文四年(1664)京都前川权兵卫刊本。本书所引皆据此本。

年(1581)直至1592年去世,近十二年时间。王宗沐又说:"鹿门从子一桂,故嗜书业,已订《淮南鸿烈解》行海内,而鹿门子犹病其略,载取批评,读之句若栉,字若缕,不啻设右左广而导之前茅也。"(同上)茅一桂本刊于万历八年(1580),因此,王宗沐与茅坤一起评点先秦两汉诸子之书,是在他第二次免官闲居时期。那么,茅坤评点和刊行《淮南子》,无疑是在万历九年至万历二十年(1581—1592年)之间。

茅坤评点本在版式上模仿茅一桂本,亦半页九行,每行十九字,但无行格。前有王宗沐序,卷端署名题"汉河东高诱注、归安鹿门茅坤批评"。作为《淮南子》的第一种评点本,茅坤本在版式上也有自己的特色,其书眉以小字载录茅坤评语,而在正文字旁加以圈点。这在《淮南子》版本史上显然具有开创之功。从底本看,茅坤评点本无疑是来自茅一桂本,它拥有茅一桂本的全部特征。即使在文本上,两者的差异也只在毫厘间①。

茅坤评点本产生以后便风行一时,风头几乎盖住了茅一桂本。针对它的翻刻本极多,较有特色的如凌氏套印本、闵齐伋套印本。套印本虽然不始于明万历年间,但它的进化和大量出现,则是始于闵齐伋在万历四十四年(1616)刊刻的朱墨二色套印本《春秋左传》。可知,茅坤评点本的这两种套印本必晚于1616年。

凌氏主要包括凌蒙初、凌瀛初兄弟及他们的子侄辈凌汝亨等人。尤其是凌汝亨,他在万历庚申(1620年)出版了子书《管子》和《吕氏春秋》。通过查照《淮南子》《管子》两种凌氏套印本的版式、字体笔画与结构,可以发现两者具有高度的一致性。因此,茅坤评点本的凌氏套印本最可能是由凌汝亨刻印于1620年。此本不是对原本的简单翻刻,而是作了大量修改。其一,它虽然保留了王宗沐序,但删除了原本所有的注释,也删除了原本卷端署名"汉河东高诱诱注、归安鹿门茅坤批评",甚至删削了部分茅坤评语;其二,它又以"张宾王曰"的形式增补了张榜评语,茅坤评语则无此类形式,两人评语皆用朱笔小字,直接置于书眉,圆点亦为红色,其余均为墨色。就印刷质量而言,凌氏套印本值得肯定。

作为凌氏同乡,闵氏所刻的套印本也极负盛名。闵氏是一大家族,著名刻

---

① 美国学者罗斯对勘了二茅本的《精神训》,发现只有四个字不同,他认为这是茅坤校改的结果。见陈静《自由与秩序的困惑》,第99页。

书者以闵齐伋、闵齐华等人为代表。茅坤评点本的闵氏套印本,其刊行年份已不可考,但必定是在1616年之后,与凌氏套印本刊行时间相隔不远,当在天启年间(1621—1627年)。闵氏套印本与凌氏套印本很相像,亦是无注本,评语置于书眉和篇末。吴则虞评价此本:"刊印纸墨均佳,惜断句多误。"又说:"此出自茅本而文字颇有改易。"①套印本虽然有改易文字的地方,但它删除了原有注文,仅保留评点,这客观上为突出评点本的价值发挥了一定的作用。

不仅国内的翻刻本很多,茅坤评点本在日本的翻刻本也不少,主要有宽文四年(1664)额田胜卫兵刊本和宽政十年(1798)的额田一止人刊本。前者半页十行,每行十九字,前依次有高诱的《淮南鸿烈解旧序》、陆时雍的《淮南鸿烈解序》、王宗沐的《重刻淮南鸿烈批评序》以及《淮南鸿烈解总目》。此本卷端署名与茅坤评点本完全一致,把茅坤评语置于书眉的黑线方框内,二十一卷卷末印有"宽文甲辰孟陬之月""洛下逋客石斋鹈子直训点""书林额田胜卫兵、同姓正三郎求板"字样。此本完全源于茅坤本,只是《天文训》中将两幅天文图放在同一半页。后者半页九行,每行二十字,扉页上有"兼山先生考""筑水先生阅""东山先生著""皇都额田一止人梓"字样,卷首名题作"改正淮南鸿烈解"。相较于宽文四年刊本,此本版式作了很大修改,有专门的评语栏,与正文同在板框内,更加疏朗美观。此本二十一卷卷末印有"宽政十年戊午四月""皇都书林额田胜卫兵、同性正三郎"字样。可见,这个版本的底本就是宽文四年刊本,只是作了一些校改而已,并把校语写入评语栏。例如,《原道训》"星辰以之行",校语云:"'星辰',旧刊作'星历'。"

二、张烒如集评本

茅坤评点本的流行,不但掀起了当时学者对于《淮南子》的评点之风,而且进一步推动了以集评为目的的新版本的产生。张烒如集评本是其中最典型的代表。张烒如,字次回,武林(今浙江杭州)人,生卒年不详。他的堂哥张存心,为天启四年(1624)举人②。由此可知,张烒如的主要生活年代大约是在天启至崇祯之间(1621—1644年)。

关于张烒如集评本的刊行时间,现存文献亦无明确记载。此本有一个特

---

① 吴则虞《淮南子书录》,《文史》第二辑,第298页。
② 见周炳麟《光绪余姚县志》,台北成文出版社1983年,第430页。

别的栏目,名为"淮南鸿烈解氏籍",分为著者、注者、评者、阅者、订者,其中阅者为陆时雍,订者为武林人冯恺、赵林翘、张炜如,仁和人冯憬,钱塘人郑宗周、陆之遇、陆之远。张炜如自云"余师昭仲氏",昭仲是陆时雍的字,则知这些人之中陆时雍最年长。陆氏是崇祯六年(1633)贡生,久居京城不遇,遂馆于顺天府丞戴澳家,后受其牵连,约在1639年死于狱中①。因此,张本的刊行必不迟于1633年。又刻印于天启五年(1625)的《诸子汇函》,其中《淮南子》部分所载录的"茅鹿门曰""袁石公曰""张宾王曰"形式的评语,有很多与张本完全相同②。一般来说,节选本是抄自全本,而非颠倒过来。所以,张本应在《诸子汇函》之前,那么,其刊行时间则不迟于1625年。

张炜如集评本半页九行,每行二十字,前有桐乡陆时雍序、姚江张存心序、高诱旧序、临海王宗沐序、金陵顾起元序,及张炜如撰写的《淮南鸿烈解凡例》,其后又列《淮南鸿烈解氏籍》与《淮南鸿烈解目录》,书末附有张炜如题写的跋文。此本出自茅坤评点本无疑,因为它也拥有茅本的全部特征,但在注文方面作了进一步的删减。这是张炜如有意为之。他说:

> 茫茫百家,谁司函盖。总总诸子,孰任网罗。惟兹《鸿烈》,大冶洪炉。供人恣取,勿讶其多。故刻《鸿烈解》。鹿门具眼,石公近禅,宾王崛起,智镜现焉。嘈嘈众响,无取烦言,质诸三子,要归于玄。故存三子评。片檀香性,滴水海味。何如蔽荟,极目炳蔚。采取群芳,以醒聋聩。吞吐纵横,争妍万卉。故刻《淮南》全集。裁其繁芜,眼目豁然,如「」不可刊也。杂以标题,面目可憎,如 ❶❶ 似可芟也。参以诸家,酌以己意,期于圈点,划然入目,赏心如 ᴗᴗ 、,政不妨互呈其妍也。故不概施洗刷。③

这段话很清晰地阐明了张炜如集评本形成的标准。首先,要保留《淮南子》全本及部分注解,以供人恣取;其次,要无取烦言,仅存茅坤、袁宏道、张榜三家评语;再者,要裁其繁芜,仅留圈点。从这个方面说,张炜如的本意并非是要追求一个善本,而是以保存名家评点为其目的,使之广播于当世。所以,他大量删减原有注文,也在情理之中。这种做法,应该是受到了凌氏、闵氏套印本的影响。张存心显然洞悉了张炜如刻印此本的目的,他在序文中说:"余

---

① 见杨贺《唐诗镜作者陆时雍生卒年新考》,《南阳师范学院学报》2012年第1期,第70—71页。
② 详见本编第七章第三节。
③ 本节所引张炜如集评本之文,均据北京大学图书馆善本室藏明刊本。

弟次回以嗜读之余,广集评议,传之同志。余嘉其有裨于世也,为弁其说,而推极其义云。"因为他觉得张炜如集评本能够"广集评议,传之同志",能有益于学界,所以很乐意为之作序,宣传这个本子。从版本价值看,张炜如集评本不在于它对《淮南子》的正文和注文作过什么校订,而在于它保留了茅坤、袁宏道、张榜的大量评语,为我们研究明代学者评点《淮南子》提供了切实可靠的材料。

张炜如集评本刊行后,产生的影响也不少,仅明末就有重刊与翻刻本。重刊本仅留陆时雍序,评语亦略少。明末朱养纯、朱养和兄弟曾刻过《管子》《鹖冠之》《大戴礼记》,号称"花斋藏板"。严灵峰的无求备斋即藏有《淮南子》的花斋刊本。此本盖翻刻自张炜如集评本,题"合诸名家评订淮南子"[①]。

三、无名氏评点本

目前,复旦大学图书馆藏有一种不明背景的明刊本,上有清人王欣夫过录的校语,《子藏·淮南子卷》第十六至十八册影印收录。

该本上下单边,左右双栏,半页九行,每行二十字,白鱼尾,卷首名题"淮南鸿烈解",次行署名"汉淮南王刘安著、高诱注",版心上端题"淮南",鱼尾下方题卷数及页码。该本前有《淮南鸿烈解序》,序文末尾补有"汉河东高诱撰"六字,又有《淮南鸿烈解总目》和《淮南总评》,书眉上还有少量不明评者的评语,正文旁有圈点,注文删削极多,仅存十分之二三而已。严灵峰、于大成称此本为花口本。

关于花口本的刊刻年代,严灵峰推测是在1612年之前,而郑良树认为,此本校语类归有光《诸子汇函》中的《淮南子》校语,而《诸子汇函》由文震孟刊校。果如是,则此本当为文震孟的手校本。根据此本属于茅一桂系列,以及它与《归有光集》的关系,它可能印成于1610年前后[②],但均未提供切实的文献依据。花口本前面的《淮南总评》,显然是来自茅一桂本。经仔细查对,花口本最后多出了一条孙鑛的评语,同样出自茅一桂本的汪一鸾本、张维城本、张象贤本均无此条评语。孙鑛(1543—1613),字文融,号月峰,浙江余姚人。他评点的古书极多,涵盖经、史、子、集。然而,以汇集诸家评点为宗旨的《新锲

[①] 严灵峰《周秦汉魏诸子知见书目》第五卷,第87页。
[②] 严灵峰《周秦汉魏诸子知见书目》第五卷,第97页。

翰林三状元会选二十九子品汇释评》，其中卷八《淮南子》并没有出现孙鑛的评语。此本刊于万历丙辰（1616年），李廷机（1542—1616）为之作序。其后，由文震孟在天启乙丑（1625年）刊印的《诸子汇函》，其中卷十五《淮南子》才同时出现了孙鑛、李廷机两人的评语。根据这一背景，花口本大致是产生于1616年以后。

就底本来说，花口本无疑源自茅一桂本，因为它保留了部分茅本的校语及安排注文的方式。其实，花口本与张烒如集评本最为接近。其一，版式上，两者皆半页九行，行二十字，字体亦十分相似。其二，注文上，尽管删削更多，但花口本所留下的注文几与张本全同。如《俶真训》解题，茅本作："俶，始也。真，实也。说道之实，始于无，化育于有，故曰俶真。俶音出。"而花口本和张本均作了相同的删削："俶，始也。真，实也。道之实始于无，化育于有。俶音出。"经仔细核查，此二本所有解题无一字之差。当然，在注音方式上，花口本作了一些改变，把张本居于正文下用小字标注读音的方式，改成了"某音某"的方式，并放置在注文之末。从逻辑上说，花口本应是参照张本，再进行注文上的删削，甚至还删除了《天文训》中的两幅天文图，而非张本参照花口本，再补充自己需要的注文。因此，花口本最有可能刊行于张本之后，它的直接底本就是张本。

从版本质量看，花口本显然无足称道，但该本书眉保存了少量评语，正文字旁也有评者的大量圈点。这些评点与《诸子汇函》《二十九子品汇释评》中所载评点均不相同，应是评者自创。从这个方面说，花口本可谓是《淮南子》一个新的评点本，因而具有一定的文献价值。

第二节 《淮南子》节选本的流行

所谓节选本，就是编选者根据自身的喜好和标准来选择文本并刻印刊行的版本。《淮南子》的节选本，最先可追溯到魏征《群书治要》里的《淮南子治要》，之后南宋末年谭叔端有《新刊淮南鸿烈解》，节选了原本十分之六左右的文本。明代的这类节选本一般以无注、无评语的形式出现，除附有一些序跋之外，中间不附加编选者任何的评点，其价值主要体现在编选者的思想眼界与取舍标准上，或者有助于治道，或者有助于文章。明代中叶以后，这一类的选本数量不在少数，主要有沈津的《百家类纂》本、陈文烛的《淮南子选》本、施观民的《古四家选》本、陈继儒的《艺林粹言》本和荪园的《诸子十五种》本。

一、沈津的《百家类纂》本

沈津的《百家类纂》本(以下简称《类纂》本),并不是独立的节选本,而是《百家类纂》的一部分。《百家类纂》共四十卷,《淮南子》列于第三十至三十二卷。编选者沈津,字问之[①],浙江慈溪人,自幼丧母,嘉靖三十一年(1552)举人,升任黟县知县,隆庆年间出任安徽含山县教谕。张时彻在《百家类纂序》中说:"比沈子战艺南宫,不得志于上林之栖,而出振含山之铎,莫邪苴履,南威下陈,余甚惑焉。已闻督学使者颇加物色,庶几自见其奇,不徒碌碌也。"[②]为沈津怀才不遇抱打不平,又为他获得教谕一职感到欣慰。沈津为人谦虚谨慎,这从他编纂《百家类纂》一事中也能得到充分体现。《百家类纂》的编纂很早就启动了。沈津在《总叙》中说:

> 经、史、集各有成书,学士所共睹,独子书散逸不全,咸以为恨。津幼而失恃,盖颛然蒙也,先君子膝而授之经,颇了大义。比长,稍习艺文,暇则偷取百家书读之,若有契会者。先君子偶见之,恚曰:"儿只取《六经》《语》《孟》读之足矣,独奈何泛览《庄》《老》《淮南》诸书,以乱心目乎?"已乃徐诲之曰:"学非博之难,而约为贵也。诸家书诚各有理,要在读之者掸精抉微,总之不诡于圣人,固六经之翊也。不然者弊竭精神,犹为徒博,岂善读诸子者乎!"津受命而退,则益尽取百家书读之,积有岁年,抄录成帙。盖藏之箧笥以备忘,非以斗奇也。一日与含士从游,诸彦阅之,则递相昡瞩,进而请曰:"富哉快乎!此足以备子书之阙矣,愿付之梓,以与四方同志者共焉。"余辞不可者再,则相与捐己资而刻之学斋,非余志也。讫工凡六越月,为卷者凡四十,为册者凡三十有八。津因僭论之,以叙其大都云。[③]

由这段文字可知,沈津自年少时即边阅读边抄录百家之书,经过多年积累,《百家类纂》已具雏形。但沈津的本意并非在于集结成书,与他人争胜斗

---

① 张时彻《百家类纂序》云:"余耕句章之野,树艺之暇,则数与沈子问之谈说艺文。"(《四库全书存目丛书·子部》第127册,齐鲁书社1997年,第291页)以此知沈津之字为"问之"。
② 《四库全书存目丛书·子部》第127册,第291页。
③ 《四库全书存目丛书·子部》第127册,第296—297页。

奇，而是为了备忘，故而对刻印出版显得相当谨慎。张思忠在《刻百家类纂叙》中亦有类似描述：

> 越明年秋，舍谕沈子持所集名曰《百家类纂》者谒余，余见而重有契焉。即披阅之，则见其首法孔氏，下逮庄列，远追黄虞，近及昭代，抉玄撷英，剔蠹正谬，若璠玙结绿之初出于璞，而桐梓梗楠之新脱于工师之手也。斯实快余志哉！乃沈子则又踧然不宁，进而请曰："古称龙甲凤毛，世所共珍，谓其不恒有天下，且宝其完也。此集徒摭古人陈言，妄意撰次，亦片甲支毛耳。津惧世之务博者有所訾议也，愿终教焉。"余曰："非然哉。夫搦管摅精而纯驳互列者，艺人之轨也；执简拔尤而去取异致者，考古之衡也。六经尚矣，战国而下，百氏争雄，卒罔归一，使稽古者概其醇疵，无所短长，则如雅郑并奏，朱紫错陈，虽有黄钟大吕之音，黼黻文章之美，将混于听观而漫无闻见，何以通万方而总一致也？是编博而能约，泛而能精，固握龙珠，啖凤髓，世所共宝者，彼鳞甲羽毛将安用乎？……盖付之梓，以贻同志。"沈子避席而再谢"不敢"。余因给诸学官，令博士诸生相与校正而刻之。①

对于同道主张刻书印行的请求，沈津辞之再三。但在上司的推动下，同道纷纷捐资，博士诸生也参与校正，使得《百家类纂》最终面世。沈氏《总叙》、张时彻序、张思忠序的落款时间，均为"隆庆元年"（1567）。此书自1566年校刻，费时六个月，编成四十卷，共三十八册，于1567年出版。显然，《淮南子》之《类纂》本，也肯定是产生在这一年。

《类纂》本共三卷，前有《淮南子题辞》，正文半页十一行，行二十二字，上下单边，左右双栏，单白鱼尾，字体正方，整齐划一。《类纂》本虽为节选，但涉及了《淮南子》全部的篇目，以《原道训》《主术训》《齐俗训》《氾论训》《兵略训》《人间训》《泰族训》所选之文最多，其中《原道训》《泰族训》几乎全录，但各篇均无注，亦无评点。

《类纂》本的底本是来自何本？经过研究，我们认为应是来自刘绩本一系，最有可能直接来自王蓥本。理由如下：

其一，沈氏节选本的《淮南子题辞》，是节取于王蓥本前面的《淮南子序

---

① 《四库全书存目丛书·子部》第127册，第293—294页。

略》。沈津在论述此书体例时说："其每家之首则有总题，叙原本也；每一子之首则有题辞，详始末也。其原有题引，足征一书者，则录原辞；其或有原辞，而考覈欠精、品骘未当者，则节取原辞，而证以众论，附以臆见，并以按字发之，务折衷理道，不敢妄有所短长也。"①《淮南子题辞》仅节取了晁公武《郡斋读书志》中解题前面的部分，以及高似孙《子略》的全部评论。

其二，沈氏节选本的文本几乎全同于王鏊本。由于王鏊本的底本是王溥本，故大多又同于王溥本。例如《原道训》，"莫而能怨"中"而"，三本均作"之"；"劲策利锻"中"锻"，三本均作"錣"；"乘云陵霄"中"陵"，三本均作"凌"；"弯棊卫之箭"中"棊"，三本均作"綦"；"钓于河渎"中"渎"，王鏊本、《类纂》本则均作"滨"；"虚而恬愉者"中"而"，三本均作"无"；"去其诱慕"，三本此句前均有"约其所守，寡其所求"两句；"放准修绳，曲因其当"中"修"，三本均作"循"；"迫而能应"，三本此句前均有"大道坦坦，去身不远，求之近者，往而复反"十六字；"不在于人而在于我身"中"我身"，三本均作"身我"；"而仿洋于山峡之旁"中"仿洋"，三本均作"倘徉"；"一失位而二者伤矣"中"二"，三本均作"三"；"和弱其气"中"弱"，三本均作"柔"。又如《泰族训》，"非有道而物自然"中"非有"，三本均作"正其"；"非令之所能召也"中"召"，三本均作"招"；"故有衰绖哭踊之节"中"绖"，三本均作"麻"；"而圣人之所匠成也"，王溥本作"而圣人之所以匠成也"，王鏊本、《类纂》本均作"而圣人之所以曲成也"；"有其性，无其养"中"养"，三本均作"资"；"政令约省而化耀如神"中"约省"，三本均作"省约"；"外内相推举"中"外内"，三本均作"内外"；"故张瑟者"中"瑟"，三本均作"琴"；"心之塞也，莫知务通也"，三本均误作"心之塞也，莫不知通也"；"不苟以一事备一物而已矣"中"苟"，三本均作"可"；"弦有缓急小大然后成曲"中"小大"，三本均作"大小"。这些例证无可辩驳地说明，《类纂》本与王溥本、王鏊本存在亲缘关系。由于这些例证中有两例与王溥本不同，而与王鏊本相同，故可确定《类纂》本的底本就是王鏊本。此外，《原道训》"泰古二皇"，诸本中唯王鏊本、《类纂》本作"泰古三皇"，更可确证无疑。

作为节选本，《类纂》本有着明确的编纂体例和节选标准。沈津说："是编名'百家类纂'何？百家者，总诸子之群书也；类者，以类而相从也；纂者，勾其

---

①《四库全书存目丛书·子部》第127册，第295—296页。

玄而去其疵也。百家异方,言人人殊,不别其类则其体骰,不纂其玄则其旨杂,均非所以通万方之略也。"① 所谓以类相从,即以儒、道、法、名、墨、纵横、杂、兵八家为类统编诸子之书。《淮南子》归为杂家类,每卷卷端即题"杂家类淮南子"。所谓勾玄去疵,就是去粗取精,统一于本旨。这个本旨实际由编选者来定义。沈氏说:"是编所纂第据海内通行及家藏诸本,悉为诠综,揽襭英华,寸善必录,其诡于道者悉弃之,慎所择也。"② 可见,这个本旨就是"不诡于道",节选的标准亦立足于此。沈氏所说的"道",乃是孔子之道,六经之道,因此,"不诡于道"就是不违背儒家的治道。《淮南子类纂》所节选的文本,大多是有助于治道,《天文训》《地形训》《时则训》《览冥训》选文极少,便是证明。

对于原有注文,沈津基本持否定态度,他说:"诸子旧多有注本,大抵各骋己私,务伸其说,反令本义离析,晦焉不章。余甚病之。……故今之所录尽削之,欲令学者因文见道,反本默识,不徒从册子上钻研也。陆象山有言:'学苟知本,六经皆我注脚。'六经尚尔,矧诸子乎? 否则,玩物丧志,逐外遗内,虽尽读天下之书,尽穷天下之理,固无补于身心焉,已非敝人纂辑之意也。其间有阐发精奥者,略存一二,以见大意,字义奇古者,稍为音释,以便诵读,馀无取焉尔。"③ 故不仅仅《淮南子》无注,其他所有诸子皆无注,这是沈氏"因文见道""反本默识"理念的体现。《类纂》本的刊行,具有鲜明的时代性,与士大夫关心治道、热心科举的背景相符合。然而,从版本价值来看,此本并无特别之处,只能算是《淮南子》的一个很普通的选本。

二、陈文烛的《淮南子选》本

陈文烛(1535—1594)④,字玉叔,号五岳山人,湖北沔阳人。嘉靖四十四年(1565)进士,1570年任淮安知府,1574年升四川提学副使,1578年又回淮安任漕储参政,其后历任山东左参政、四川左参政、福建按察使,终官南京大理寺卿。博学多才,工于写诗,著有《二酉园诗集》。

与沈津的《类纂》本不同,陈文烛的《淮南子选》本完全是一个独立的节

---

① 《四库全书存目丛书·子部》第 127 册,第 295 页。
② 《四库全书存目丛书·子部》第 127 册,第 295 页。
③ 《四库全书存目丛书·子部》第 127 册,第 296 页。
④ 其生卒年,学界意见不一。本书采刘烈观点,见《陈文烛与二酉园集》,《图书情报论坛》2003 年第 2 期,第 63 页。

选本，也是首次以《淮南子选》命名的一个节选本，因而极具代表性。此本并非在一朝之间完成，按照陈氏自己的说法，这本书自他年少时就开始酝酿了。陈文烛在《淮南子选序》中说："余少读而爱之，手录好语一帙藏笥中，窃谓王不遵蕃职，亡国为天下笑，如以其文则左氏、司马之匹，何可以人废言也！又十年守淮阴，过寿春，登八公山，立马唏吁，恨其人不在东海间。披读《鸿烈》，其当于心者悉具前编。又平生好是书，浮淮日久，因梓之，与好古者共焉。"[①] 可见，陈氏编选《淮南子》，完全是出于自己的兴趣爱好。他以读书摘记的方式选择《淮南子》文本，并且这个工作很早（约在1555年前后）就已完成，只是一直留存在家。直到陈氏担任淮安府知府后，才把此书付诸板刻。

准确地说，《淮南子选》的出版工作是由陈文烛的下属官员郑复亨负责，他在万历元年（1573）刊刻此书于海州（旧治即今连云港东海县）[②]。郑复亨，生卒年不详，浙江仁和人，由举人任海州知州，后历任松江、淮安同知。郑氏与陈文烛的关系很亲密，他在隆庆六年（1572）刊行《海州志》，便邀请了陈文烛为此书作序。故陈文烛委托郑复亨刊刻他的《淮南子选》，自然在情理之中。并且，郑复亨还在书后作了跋语，他说："五岳陈先生，沉酣汉籍，瘝寐西京，自幼爱是书而披玩之。及今守淮，乃选而别抄之。复亨为属史，命刻之海州，将以嘉惠后学，助艺苑之藻缋也。由今观之，虽羽翼六经可矣，岂非是书之幸哉！"[③] 认为该书是陈文烛在担任淮安知府时所选抄，与陈氏自序略有不同。

《淮南子选》海州刻本，上下单边，左右双栏，黑口，单鱼尾，半页九行，行十八字。版心上端题"淮南子选"，鱼尾下，陈序标"前序"，郑跋则标"后序"，其下有页码，正文则仅标记页码。该本抄录了《原道》《俶真》《览冥》《精神》《本经》《主术》《缪称》《齐俗》《氾论》《兵略》《说山》《说林》《人间》《修务》《泰族》十五篇中的部分内容，其余六篇未涉及。摘录的语句与语句之间，以符号〇隔开。上海图书馆现藏此本，陈序上钤有"海州仙馆珍藏"印章，并有无名氏的圈点。

《淮南子选》本所据何本？这个问题尚需讨论。但有一点可以明确，即所据之本必为二十八卷本，因为该书中的《原道》《俶真》《主术》《氾论》均分为

---

① 《子藏·淮南子卷》第39册，第189—190页。
② 陈文烛自序落款时间为"明万历改元秋日"，郑复亨跋语落款时间为"万历元年秋八月既望"。
③ 《子藏·淮南子卷》第39册，第255—256页。

上、下两篇,这是二十八卷本最基本的特征。当时,二十八卷本有道藏本与刘绩本两系。通过详细考察,《淮南子选》本的底本基本可以确定是出于刘绩本一系。

这能从文本中得到充分证明。例如,道藏本《原道训》"一失位二者伤矣"中"二",《淮南子选》本、王溥本、王蓥本(以下合称三本)均作"三";道藏本《俶真训》"毁誉之于己,犹蚊之一过也"中"蚊",三本均作"蚊虻";道藏本《主术训》"短者以为朱儒"中"朱",三本均作"侏";道藏本《缪称训》"义之所加者浅,则武之制者小"中"制",三本均作"所制";道藏本《齐俗训》"柱不可以摘齿"中"摘",三本均作"摘";道藏本《齐俗训》"王子比干非不智箕子被发佯狂以免其身也"中"智",三本均作"知";道藏本《氾论训》"善予者用约而为德"中"予",三本均作"与";道藏本《氾论训》"晋师围穆公之车,梁由靡扣穆公之骖"中"晋师""骖",三本分别作"晋氏""骏";道藏本《人间训》"哀公好儒则削"中"则",三本均作"而";道藏本《修务训》"通于物者不可惊怪"中"惊怪",三本均作"惊以怪";道藏本《泰族训》"从冥冥犹尚肆然而喜"中"从冥冥",三本均作"见炤炤"。王溥本是刘绩本的最初版本,故《淮南子选》的底本是出于刘绩本一系无疑。鉴于王蓥本是以刘绩本为底本的第一个白文本,《淮南子选》本亦是无注本,因此,确切地说,《淮南子选》本的底本应是王蓥本。《淮南子选·齐俗》:"夫挈轻重不失铢两,圣人弗用而县之乎铨衡。"① 此中"挈"字,仅同于王蓥本,而道藏本、王溥本作"契"。这或许可以作为一个明显的文献依据。

陈文烛编印《淮南子选》,一方面固然是出于他对《淮南子》的喜爱,另一方面又出于他严谨的用世态度。陈氏评论说:"《淮南子》者,淮南王宾客作也。汉时近古,安招隐,多奇士,中间剽剥儒墨,探索阴阳,其虚无祖老庄,机要宗仪秦,其不诡于大道,出入董、贾。"② 所谓大道,仍是儒家治世修身之道。"不诡于大道",即不与儒道相悖逆,融有董仲舒、贾谊的思想。所以,陈氏抄录《淮南子》之语,就是本着"不诡于大道"的标准而展开。他将以知识性见重的《天文》《地形》《时则》三篇、重点阐释老庄思想的《道应》《诠言》两篇,以及说明全书意旨的《要略》全部排除在外,就体现了这一做法。在内容的选择

---

① 《子藏·淮南子卷》第39册,第227页。
② 《子藏·淮南子卷》第39册,第189页。

上,陈氏也是重点摘录有关治道的语句。例如,《览冥训》一篇多论天人感应,但陈氏一概不取,只选了圣人治国之道与申韩商鞅治国之弊等极少内容。

关于《淮南子选》的选本标准,郑复亨也有评价。他说:"《淮南子》理本未醇,选之而后醇。夫求金于沙者,澄汰而镕之,靡不精矣,乃入凫氏槀人之手,遂为天下之重器。《淮南》之遇选,亦犹是也。"①《淮南子》杂有儒墨道法名等诸家言论,即所谓"理本未醇"。"醇"与"未醇"显然是以儒家义理为准的。郑复亨认为,经过陈文烛的摘选,《淮南子选》道理已醇,直可"羽翼六经"。可见,郑复亨的说法本质上与陈氏并无二致。除事关儒家治道外,郑复亨还认为《淮南子选》并有助于文章,正所谓"助艺苑之藻缋"。在陈、郑二人看来,这也是《淮南子选》作为选本的价值所在。《淮南子选》事实上有没有发挥这些价值,已殊难考究。但无论如何,陈文烛这个选本在《淮南子》节选本中具有典范意义,在整个版本史上也应有其特殊地位。

三、施观民的《古四家选》本

施观民,生卒年不详。《福州府志》卷五十七《人物列传》:"施观民,字于我,福清人。嘉靖乙丑进士,户部主事,历郎中,守常州。常为江南剧郡,簿书填委,猾吏为窟穴。观民至,大刷宿弊,召其尤猾者庭诘之,吏相顾骇服。狱讼皆单词立判,有富室被诬,力白出之。僚佐讽以避嫌,观民叹曰:'苟不冤,黔娄无生理,苟冤,陶朱无死法。以嫌冤民,守不能为也。'创龙城书院,拔俊异读书其中,与其选者,人以为荣。又凿玉带河以培风水。万历癸酉,举于乡者三十余人。少宗伯孙继皋为弟子员,观民奇其文,谓必大魁天下,明年廷对第一,人服其鉴。擢广东副使,卒。"②施观民为嘉靖四十四年(1565)进士,《广东通志》卷二十七载他于万历四年(1576)任广东副使,万历七年(1579)则以"私创书院"之罪解职归家③。除《古四家选》外,施观民于明隆庆六年(1572)辑刻了《遵岩王先生文粹》十六卷,于万历二年(1574)校刻了《三子鬳斋口义》。

---

① 《子藏·淮南子卷》第 39 册,第 255 页。
② 徐景熙《乾隆福州府志》,《中国地方志集成·福建府县志辑 2》,第 164 页。
③ 张廷玉《资治通鉴纲目三编》卷二十六:"己卯七年春正月毁天下书院。原任常州知府施观民以科敛民财,私创书院,坐罪革职闲住。是时,士大夫竞讲学,张居正特恶之,尽改各省书院为公廨,凡先后毁应天等府书院六十四处。"(《景印文渊阁四库全书》第 340 册,第 496 页。)

《古四家选》包括《左传》《庄子》《列子》和《淮南子》四家，由施观民辑校，华露、孙继皋刊刻出版。与《类纂》本一样，《淮南子》的《古四家选》本也不是独立的节选本。不同的是，该本有四卷，每卷的卷首名就题作《淮南子》，而非《古四家选》之类，甚至完全可以单独刊行。

《古四家选》前有王世贞的《古四家选序》，落款时间为"万历甲戌"。王氏于此序中说："华生既梓，而将施君之命，而问叙于予。夫施君惠政著晋陵，不易屈指数，窃以为无大是举，能使习宋者进而求之古，晋陵学士大夫将尸而祝之矣。"①不仅高度评价了施观民校辑此书的意义，还讲明了此书已付诸梓行。因此，《淮南子》之《古四家选》本，肯定是刊行于万历二年（1574）。华生即华露。华露，乃无锡巨富华祥麟第二子，举人。与他一道参加校刻工作的还有孙继皋。孙继皋（1550—1610），字以德，号柏潭，无锡人，万历甲戌状元，是明代名宦。《康熙常州府志》卷十三记载，施观民于隆庆五年（1571）至万历二年（1574）出任常州知府②。可知华露、孙继皋齐聚在施氏门下，正是施观民担任知府期间。施氏能集中在这段时间刊刻书籍，肯定得到了华、孙二人的帮助。《古四家选》自然也不例外。

《古四家选》本半页十行，行二十二字，四周单边，黑鱼尾，版心上端题"淮南子"，鱼尾下题卷数，版心底端印有刻工姓名，如何钊、顾成、何在等。该本节选了除《时则训》《要略》以外十九篇的内容，以《原道训》《主术训》《氾论训》《泰族训》为多，其中《主术训》最多。

关于《古四家选》本的底本，目前学术界尚无研究。经过详细考察和比对，该本应是以王蓥本为底本，同时又取道藏本为参校本。

首先，《古四家选》本是以王蓥本为底本，而非道藏本。这有大量的文本依据。例如，道藏本《原道训》"弯綦卫之箭"中"綦"，二本均作"棊"；又道藏本此篇"钓于河渎"中"渎"，二本均作"滨"；道藏本《俶真训》"休于天钧而不伪"中"伪"，二本均作"碼"；道藏本《天文训》"重浊之凝竭难"中"竭"，二本均作"结"；道藏本《精神训》"如景之放"中"放"，二本均作"効"；又道藏本此篇"有精而不使者，有神而不行"，二本均作"有精而不使，有神而不用"；《本经训》道藏本"耳聪而不以听"句下脱"口当而不以言"六字，二本均不脱；又

---

① 本节所引《古四家选》之文，均据明万历二年（1574）华露刊本。
② 见《中国地方志集成·江苏府县志辑36》，上海书店1991年，第219—220页。

道藏本此篇"嬴镂雕琢"中"嬴",二本均作"赢";又道藏本此篇"父子疑",二本均作"父子相疑";又道藏本此篇"被衰戴绖"中"被",二本均作"披";道藏本《主术训》"则所守者少"中"少",二本均作"小";又道藏本此篇"怀其仁成之心"中"成",二本均作"诚";又道藏本此篇"简子欲伐卫"前无"于是"二字,二本均有;又道藏本此篇"倾襄好色"中"倾",二本均作"顷";又道藏本此篇"桓公喟然而悟矣",二本无"矣"字;又道藏本此篇"出言以嗣情"中"嗣",二本均作"副";又道藏本此篇"人有困穷而理无不通"中"困穷",二本均作"穷困";又道藏本此篇"人材不足任明也"中"足",二本均作"足以";又道藏本此篇"埳井之无鼋龟"中"之",二本均无;又道藏本此篇"虚心而弱意"中"意",二本均作"志";又道藏本此篇"乘众人之制者"中"制",二本均作"势";又道藏本此篇"执正营事",二本均无"正"字;又道藏本此篇"计君功垂爵以与臣","二本"计君"均作"君计";又道藏本此篇"犹却行而脱蹤也"中"蹤",二本均作"躞";又道藏本此篇"一日而有天下之当,处人主之势"中"当""主",二本分别作"富""君";又道藏本此篇"朱儒枅栌"中"朱",二本均作"侏";又道藏本此篇"或于大事之举",二本均作"惑于大数之举";又道藏本此篇"隩窔之间",二本均作"奥窔之间";又道藏本此篇"以刀抵木也"中"刀",二本均作"刃";又道藏本此篇"百官修通"中"通",二本均作"同";又道藏本此篇"威立而不废聪明"中"立",二本均作"厉";又道藏本此篇"制开阖",二本均作"制开阖之门";又道藏本此篇"奋袂而越"中"越",二本均作"起";又道藏本此篇"五尺童子",二本均作"五尺之童";又道藏本此篇"民无掘穴狭庐"中"无",二本均作"有";又道藏本此篇"一人跖耒而耕"中"跖",二本均作"耝";又道藏本此篇"禽兽归之若流泉,飞鸟归之若烟云",二本"归之"均作"之归";道藏本《缪称训》"人之困慰者也"中"慰",二本均作"恷";又道藏本此篇"至至之人不可遏夺也",二本"至至"均作"至道";又道藏本此篇"三代之善"中"善",二本均作"称";《道应训》"宋景公之时"一段,道藏本脱"子韦曰可移于民公曰民死寡人谁为君乎宁独死耳"二十一字,而二本均不脱。诸如此类的例证还有很多,皆可证《淮南子选》的底本就是王鏊本,而非道藏本。

当然,《古四家选》本亦非完全遵照王鏊本,校刻者根据道藏本做了许多修订。例如,王鏊本《俶真训》"故能载大员者"中"载",二本均作"戴";又王鏊本此篇"撢掞挺捔世之风俗"中"挺",二本均作"挏";王鏊本《精神训》"治其内而不识其外",二本均无"而"字;王莹本《本经训》"稻粱饶余"中"粱",二本均作"梁";王莹本又此篇"接经历远"中"经",二本均作"径";又王莹本此篇"锻锡文镜"中"镜",二本均作"铙";又王莹本此篇"缠锦经穴"中"穴",二本均作"冗";又王莹本此篇"故事亲有道矣而哀为务"中"哀",二本均作"爱";王莹本《主术训》"故所视者远"中"视",二本均作"理";又王莹本此篇"制輅伸钩"中"制",二本均作"别";又王莹本此篇"是故有一功者有一位"中"功",二本均作"形";又王莹本此篇"由不待雨而求熟稼"中"由",二本均作"犹";又王莹本此篇"贝带鵕䴊"中"䴊",二本均作"翿"。诸如此类的例证也有不少。但这并不能动摇《古四家选》本是以王莹本为底本的结论。校刻者只是将道藏本置于参校本的位置,用以部分修正王莹本。

《古四家选》本并非是从传统的治道、人伦这个角度,而主要是从文章学的角度,希望有补于文章、有助于举业。这与陈文烛的《淮南子选》侧重于治道、侧重于"理"有所不同。《刻古四家选序》说:"考之班固氏《艺文志》所载,正虑数百家众,其书则多湮没无传矣。其幸传者犹庞杂而伦统,无论离经叛道,即律以词章之法,亦寡当也,焉用文之?惟列御寇所著清逸奇宕,泠然御风之趣;漆园吏寓言豪宕变化,㲊然搏鹏之势;左丘明传记叙事精严,措词腴隽,如季子之观周乐,旨乎其有味也!斯其古文之神品乎!降汉则淮南王招集游士,撰为《鸿烈解》,言固人人殊,要之则刘安氏所润色也。"先秦百家之中,唯承认《列子》《庄子》《左传》三书是古文中的精品,而编选者择取汉代的《淮南子》与此三书并列,实际上也承认《淮南子》的文章有自己的特色和成就,即王世贞所说的雄阔。《古四家选》本就是根据"雄阔"的标准来取舍《淮南子》文本的。

四、陈继儒《艺林粹言》本

陈继儒(1558—1639),字仲醇,号眉公,松江华亭人,工于诗文书画,终生未入仕途。他编有《艺林粹言》一书,共四十一卷,其中《淮南子》列于第十六卷,是为《艺林粹言》本(以下简称《粹言》本)。此本半页十一行,行二十一字,四周单边,黑口,单鱼尾。版心上端题"淮南子",中间题"粹言卷十六",其下标有相应的页码。《子藏·淮南子卷》第四十册影印收录。

不像其他节选本,《粹言》本并未言明篇目,所选文句皆以段落的形式排列。同时,这些文句也没有严格按照原本的篇目次序编排,似是随手摘记而来。据统计,《粹言》本选取了除《地形训》《时则训》《道应训》《修务训》《要略》之外所有篇目的文句,其中以《原道训》《精神训》《主术训》《泰族训》为多。由于《艺林粹言》卷数众多,个人独自编撰,精力有限,难免会出错。例如,《粹言》本所选:"凡学者大义为先,物名为后,大义举而物名从之。然鄙儒之博学也,务于物名,详于器械,矜于古训,摘其章句,而不能统其大义之所极,以获先王之心。此何异女史诵诗,内竖传令也。"① 经查,这段文字并非来自《淮南子》,而是出自汉末徐干的《中论·治学篇》。

由于《粹言》本在体例上没有规则可言,摘录文句也无章法,所以要探清它的底本并不容易。通过文字对比,我们发现《粹言》本的底本与王莹本最为接近。例如,《氾论训》"管仲辅公子纠而不遂不可谓智"中"智"字,《粹言》本、王莹本均作"知";又此篇"然而管仲免于缧绁之中",《粹言》本、王莹本均无"管仲"二字;《泰族训》"江河若带,又况万物在其间者乎",《粹言》本、王莹本均无"者"字;又此篇"心之塞也,莫知务通也",《粹言》本、王莹本均作"心之塞也莫不知通也"。

《粹言》本虽然没有体例章法可循,但在摘选文句时大体上有一个标准,即遵守书名"艺林粹言"之义。所谓艺林,多指文学艺术;所谓粹言,即文质相称的精粹之语。北宋理学家杨时曾编有《二程粹言》,专指程颢和程颐谈学论道的精粹。南宋方闻一又编有《大易粹言》,汇录宋代学者关于《易经》的精粹解说。陈继儒可能移花接木,把这种形式运用到对古籍的编选中。《粹言》本前有陈氏一段评论:"淮南子自云字中皆挟风霜,以为大明道之言。史又称淮南子为人好读书,宜其著是书传于后代也。乃今观其辞,信闳博矣。胡乃谋为叛逆,自取灭亡,岂其未明大道耶?使其果能'适情辞余,以己为度,不随物而动',则岂有此祸哉?语曰:'能言之者未必能行。'悲夫!"② 他认为,就文辞而言,《淮南子》确实宏伟广博,但就论道而言,多是纸上谈兵。据此,陈继儒所关注的是《淮南子》的文辞形式之美和治国修身之论,这与当时文人重视古文有很大关系。所以,《粹言》本选录的文句大都是文质兼具的修身治国之语。从版本价值来说,《粹言》本并不比其他节选本有何特别之处,甚至不如其他节选本。

---

① 《子藏·淮南子卷》第 40 册,第 571 页。
② 《子藏·淮南子卷》第 40 册,第 543 页。

五、荪园《诸子十五种》本

荪园,不详其姓名,生平事迹亦阙如。他在明万历三十九年(1611)编辑出版了《诸子十五种》,《淮南子》位列其中,可谓称之为《诸子十五种》本(以下简称荪氏选本)。此本半页九行,行二十一字,版心上端题"淮南",下端标相应的页码。《子藏·淮南子卷》第四十一册影印收录,所收之本还有无名氏圈点及若干评语。

与《粹言》本不同,荪氏选本虽是节选本,但都标明了篇目,且讲究章法,制作精良。该本节选了除《地形训》《时则训》《要略》之外所有篇目的文字,其特殊之处在于把《天文训》放到了全书的末尾,所选文本以《原道训》《精神训》《齐俗训》《兵略训》为多。

通过对比文字,我们发现荪氏选本的底本是茅一桂本。最有力的证据莫过于两者所用的直音法。直音法的使用是茅一桂本的重要特征,荪氏选本也大量运用了这一注音法。虽然此本出现了很多自创的注音文字,但仍有不少是直接抄自茅一桂本。例如,《俶真训》"橑,辽""濞,譬""蚤,瘙""攓,牵";《览冥训》"唈,遏";《精神训》"髇,然";《齐俗训》"刳,几""劂,厥""戆,壮";《兵略训》"捽,族";《说山训》"㧌,泼""䯿,彗"。

当然,作为节选本,荪氏选本并不总是忠实于茅本。荪氏至少做了以下工作:第一,更正茅本原有的读音。例如,茅本《原道训》"窾,科",此本作"窾,款";茅本《俶真训》"樛,遏",此本作"樛,檗";茅本《览冥训》"歍,鸢",此本作"歍,乌";茅本《精神训》"脰,歇",此本作"脰,意";茅本《主术训》"楔,歇",此本作"楔,甲";茅本《缪称训》"膊,搏",此本作"膊,剥";茅本《齐俗训》"拯,蒸",此本作"拯,整"。第二,增加茅本没有的读音。例如,《原道训》增加了"嫒,喧""篷,椎";《俶真训》增加了"茏,笼""苁,总"等。据统计,这一类读音总共增加了大约26例。第三,校改茅本原文。例如,茅本《精神训》"与其为盎亦无以异矣",脱一"盆"字,此本补为"盆盎";又茅本此篇"知冬日之箑"中"箑",直音"札",此本校正为"箑",直音"歃";茅本《兵略训》"而相为斥闉要遮者同所利也"中"闉",直音"因",此本校改为"圂",直音改为"捆"[①]。第四,缩改《淮南子》原文。这种情况在节选本中比较常见,选者有

[①] 他本皆未见"闉"作"圂",应是荪氏以意改之。

时会根据自己喜爱拼合成段,荪氏甚至会进行缩改。例如,《道应训》"赵襄子攻翟而胜之"一段,删掉了"贤主以此持胜……唯有道之主能持胜"几句,并将"孔子劲杓国门之关"改成了"楙人纥劲杓国门之关"。又如,《人间训》"刘、项兴义兵随而定,若折槁振落,遂失天下,祸在备胡而利越也"一句,直接改为"秦王之失天下,祸在备胡而利越也"。

从荪氏所做的工作来看,荪氏对这个选本是十分严谨的,但严谨之中也会出纰漏。例如,《原道训》:"因江海以为罟,又何忘鱼失鸟之有乎!"① 忘,其他所有版本均作"亡",且"忘鱼"与后面的"失鸟"不相配,所以这应是荪氏选本的字误。又如,《俶真训》:"况一世而挠消之,曷得须臾平乎?"② 消,其他所有版本均作"滑",意为扰乱,所以这也是荪氏选本的字误。总体来说,瑕不掩瑜,这个选本质量很高,颇具版本价值。

第三节 单独刊行的《淮南子》评选本

所谓评选本,是指此类节选本不以白文无注的形式出现,而是以保留原有注文和增加诸家评点的形式出现,其价值重点落在了评点之上,所选之文反而成了一个载体。明代中晚期,《淮南子》评选本的数量非常可观,可以分为独行本与从行本。独行本,即仅仅针对《淮南子》一书作出评选,并且单独刊行。此类节选本较少,主要有张榜的《淮南鸿烈解辑略》本(以下简称《辑略》本)和汪明际的《淮南子删评》本(以下简称《删评》本)。

一、张榜的《淮南鸿烈解辑略》本

《辑略》本是《淮南子》中比较有特色的节选本,既有评点又是独行本,且在当时具有一定的影响。节选者张榜,字宾王,句容(今属江苏镇江市)人,生卒年不详。据光绪《句容县志》卷八记载,张榜乃万历二十年(1592)贡生,三十一年(1603)举人。张榜与明末史学家王纳谏是同年好友,王纳谏于天启六年(1626)前后在世,又与名士顾起元(1565—1628)相互友善,所以,张榜的生活年代大概是在16世纪60年代至17世纪20年代。据现有材料推

---

① 《子藏·淮南子卷》第41册,第530页。
② 《子藏·淮南子卷》第41册,第535页。

断,张榜至少活到了1604年以后①。其《辑略》本的产生年代亦不可考。根据书前《鸿烈解辑略叙》署名"翰林院编修太初顾起元撰"这个信息,则可推测《辑略》本应是刻印于顾起元担任翰林院编修期间,即万历二十六年(1598)至三十三年(1605)之间②。

《辑略》本所选文字基本为正文,注文极少,所选正文来自《淮南子》的全部篇目。《辑略》本目前传有两个明刻本③:一个是分卷本,有上、下两卷。该本四周单边,白口,单鱼尾,有行格线,半页八行,每行二十字,版心上端题"淮南子",鱼尾下题卷名及对应篇目和页码,前有顾起元《淮南鸿烈解叙》及目录,卷首署名"金陵张榜宾王芟辑、延陵吴贲柔文校订",亦可称作吴贲校订本。吴本较为常见,复旦大学图书馆有藏,《子藏·淮南子卷》第四十三册影印收录。一个是不分卷本,该本较为少见,现存于德国巴伐利亚图书馆,钤有"瑞典艾氏藏书"印。该本四周单边,黑口,单鱼尾,无行格线,半页八行,每行二十字,卷首署名"勾曲张榜宾王父芟辑、广陵李柄汝谦父同纂、广陵李樟汝冲父纠讹、江都丁盛遇汝良父据释、朱方王孙云仕芭父评阅、闽中柯伯延震卿父恭订",版心上端题"淮南"及其篇目名称,下端题对应页码,前有顾起元《鸿烈解辑略叙》《鸿烈解辑略目录》及《凡例》。

关于分卷本与不分卷本的关系,目前并不明朗。按照两本署名情况及删繁就简的规律推断,分卷本应该是建立在不分卷本的基础之上。但两相对照,又能发现分卷本对不分卷本作了较大的修改。这主要体现在:其一,分卷本将评点著作权全部归张宾王,而不分卷本中部分评点原分属王孙云、柯伯延、李樟等人,而且分卷本还删除了不分卷本的一些评点;其二,分卷本增入大量用于注音的直音字,这为我们寻找其底本提供了依据,而不分卷本完全没有直音

---

① 《古今图书集成·理学汇编·经籍典·春秋部四》载有明代王纳谏所撰《左氏遗意序》,序中说:"予同年友张宾王亦有《左》癖,与予同好,其所蓄左氏书,每欲夸多于予,尝以《左腴》《国腴》二书与予同商榷问诸世矣。"(中华书局1934年,第18页。)褚人获《坚瓠集·丙集》卷四云:"湘兰死后,哀挽成帙。百谷有诗十二首,走金陵莫之。或谓张宾王榜曰:'闻君作湘兰祭文甚佳。'张曰:'我乃仿《赤壁赋》作者。'其人使诵之,张但举一语云:'此固一世之雌也,而今安在哉?'闻者绝倒。"(《续修四库全书》第1260册,第651页。)马湘兰病逝于1604年,张榜为她作祭文。
② 见王颖《顾起元生平新考》,《语文学刊》2006年第21期,第55页。
③ 两本题名均不严谨,顾起元序题为《淮南鸿烈解叙》,目录题为《淮南鸿烈解目录》,但"淮南鸿烈解"是高诱注本之名,而非张榜选评本之名,因为张榜选评本不录注文。按照科学的题法,该书名称应题《淮南子辑略》或《淮南鸿烈辑略》。

字。其三,分卷本对不分卷所录文本也作了某些增入;其四,分卷本的圈点,远不如不分卷本详细。

由于分卷本是建立在不分卷本的基础之上,所以,要考察《辑略》本的底本,只需考察分卷本即可。很显然,《辑略》本的底本是茅一桂本。因为该本基本保留了茅本特有的直音文字。以《说山训》为例,节选文字中保留了"胔,慈""礛,蓝""蝯,猿"①"懂,勤"这些直音文字,甚至因遗漏"麡,焚",而在该字旁边补印了"音焚"二字。作为节选本,《辑略》本几乎全部删除了茅本的注文,仅留下极简略的字词解释,有时也会增加一些自己的注释,例如,《本经》篇"积牒旋石"中"牒",张榜自注:"与叠同。"②

当然,《辑略》本的版本价值主要体现在节选水准和评点保存这两个方面。关于此本的节选水准,顾起元序文作了较高的评价:"安之语必不可无裁,裁诞也,裁习也,裁俚也,裁杂也,裁复也,而千古无刘安氏俪矣。今世亦多有裁之者,知裁而离之也,未知乎裁而合之也。睹蜀锦之寸颣也,片痕也,剪而去之,而碎之以为带,以为囊,惜乎其小周而不适乎大制也哉!裁文如此,不若其已。吾友张宾王及李汝谦弟季,取《鸿烈》手定之,剔去其秽,而总为全瑜。骤阅之,二十一章犹是故局焉。缕而按之,脉络犹是也,滋洽矣;气格犹是也,滋劲矣;枝理犹是也,滋秩矣;薿去而滋藻矣;庸刊而滋奇矣。"③顾氏认为,《淮南子》夹有妄诞、低俗、繁复驳杂的缺点,而张宾王、李汝谦将《淮南子》剪裁得很完美,使之在文章脉络上更加融洽,在文章气格上更加遒劲,在文章结构上更加齐整,文辞显得更加华美和奇异。尽管多为溢美之词,但反映出张宾王等人基本上是从文章学的角度对《淮南子》进行裁剪,体现了一定的水准。在晚明书商粗制滥造与托名评点的混乱局面下,《淮南鸿烈解辑略》如陈深的《诸子品节》一样,像是一股清流,保存了真正属于张宾王等人的评语。这为我们研究张宾王等人的评点成就提供了可靠的材料。

《辑略》本裁剪古籍文本的技法,对后世产生了一定的影响。清人王葆心说:"张宾王汰裁《吕览》《淮南》,刘士龙踵而选之,谓两家皆以贩掠见长。虽史公纪传,不能无贩掠,特善甯善润耳。此类读子,近人至多,方望溪于《管》

---

① 茅一桂本作"猨",猿、猨古字通。
②《子藏·淮南子卷》第43册,第490页。
③《子藏·淮南子卷》第43册,第407—409页。

《荀》有删定,陆清献于《战国策》有去毒,皆是。然望溪删《管》《荀》而陈恭甫非之,陆稼书删《国策》而陈兰甫宗之,盖或主文章,或主义理也,故学子家文宜知免弊之法,如班氏所谓舍短取长者也。"① 他认为,张宾王裁剪古籍文本,善长窜合、润色,晚清以来很多学者受其影响,王氏将这种技法看作是学习诸子文章的"免弊之法",能达到取长舍短的效果。

二、汪明际的《淮南子删评》本

继张宾王之后,汪明际是裁剪《淮南子》文本的佼佼者。汪明际,生卒年不详,嘉定(今属上海市)人。据《康熙嘉定县志》卷十一《选举》记载,汪氏为万历四十六年(1618)戊午科举人。《嘉定县志》对汪氏有简略介绍:"汪明际,字无际,由严州寿昌县学教谕历任国子监学录、都察院司务、工部营缮司主事员外郎。"② 又据野史《明季北略》:"崇祯丁丑八月,上欲巡城,敕礼、兵二部核旧例。……色色皆然,几万万人为之趋跄奔走者两日夜,究竟于城工一无所益,遥望禄米仓漕粮露积,系计臣二人于狱,后杖毙其一,汪明际是也。明际,宁国人,戊午孝廉。"③ 依此可知,汪明际在担任工部员外郎时,因管理不善罪被杖毙,时间大约是崇祯十年(1637)。作为当时的名人,汪氏学艺兼通,精善《易经》,旁及诗画。传为他评阅的书籍有《穆天子传》《鹖冠子解》《于陵子》《华阳国志》《性理会通》等,还著有《邀仙阁集》《茸上游记》《通鉴笺注》等书④。

汪明际编选《淮南子删评》,显然受到了张榜编选《淮南鸿烈解辑略》的影响。但他对张榜的裁剪技法,并不全是溢美之词。汪氏《淮南子删评序》说:"淮南王安所著书,其论理之言颇本庄列,而揣情摹事往往造微。然而一篇之中每有驳杂,又有重复,其患也博而寡要,旨而无序。割之则多精言,合之则少伦次,盖当时出于八公之手,未能镕金而使一范也。近代张宾王始能删而整致之,可谓精而要矣。然亦不免于有疵,强求其合而并去其荦确之处,削鄦之功

---

① 王葆心《古文辞通义》,《历代文话》第八册,复旦大学出版社 2007 年,第 7874 页。
② 《嘉定县志》卷十一,清康熙十二年(1673)刊本,第 27 页。
③ 计六奇《明季北略》,中华书局 1984 年,第 220—221 页。
④ 《邀仙阁集》,《康熙嘉定县志》卷二十四载录。《茸上游记》,《古今游记丛钞》卷十五收录。《通鉴笺注》,黄虞稷《千顷堂书目》卷四载:"汪明际《通鉴笺注》六十卷,字无际,嘉定人,万历戊子举人,工部员外郎。"(上海古籍出版社 2001 年,第 122 页。)

太多而神韵不流,功罪亦参半焉。予向读是书,有意删烦去乱,而犹未敢出以示人也。今年至湖上,人事之暇,复为点染一过。听友人之意而刻行之,不知宾王见以为何如也。倘有未合,请起淮南于九原而问之。"①他一方面承认张宾王裁剪《淮南子》的巨大功劳,但另一方面又指出张氏的失误之处,认为张宾王削斲原文过多,良莠皆去,又把不相关联的文字强合在一起,从而导致文章神韵不流。

汪明际还在篇中具体指出张氏的失误之处,如他评《氾论训》:"此篇文颇庞杂,被宾王一删更觉无头无尾,剉裂支离,予就其中看出'徐偃王'二段作全篇正主意,颇得其解。"②认为《氾论训》原本就很庞杂,被张宾王删后不但没有变得齐整,反而更庞杂。当然,这段话也道出了汪明际删节《淮南子》确实受了张氏《辑略》影响的实情。正是因为不满意张氏的《辑略》,以及《淮南子》本身"博而寡要""旨而无序"而不易阅读的缺点,所以,汪明际又重新裁剪了一番,所谓"删烦去乱",编成《淮南子删评》上、下两卷,欲与张氏的《辑略》争胜。

至于汪氏编选《淮南子删评》的确切时间,他的序文并未明确记录,只说"今年至湖上",但已不可考。汪氏称张宾王为近人,说明距离张宾王裁剪《淮南子》已有一段时间。根据这一点,汪明际删评《淮南子》,当是在他取得举人功名以后,即公元1618年至1637年这段时间内,并同时将此书刻板印行。

《删评》本节录《淮南子》之文,涉及其全部篇目,也是名副其实的节选本,可与张宾王《辑略》本相齐名,《子藏·淮南子卷》第四十二至四十三册影印收录。该本前有汪明际自序,落款为"吴郡汪明际题",并钤刻"汪明际印"印章一枚。该本四周单边,无鱼尾,半页九行,每行二十字,有眉评栏,版心上端题"淮南子删评"及卷别(即上卷或下卷),下端题对应的页码,卷首署名"汉淮南王刘安著、明汪明际无际删评、王僎士引教"。

《删评》本的底本是茅一桂本,实与《辑略》本同出一源。《删评》本没有采用茅本在正文下用直音字的注音方式,而是在正文旁边用极小的字体,以"音某字"的方式来注音。经仔细对比,这些音读基本是来自茅本。以《齐俗训》为例,正文旁边的"音此""音予""音务""音蚩""音矫""音桓""音

---

① 《子藏·淮南子卷》第42册,第431—434页。
② 《子藏·淮南子卷》第43册,第67—68页。

朵""音榍""音出""音牵""音盖""音遣""音矍",都与茅本注文中的直音字相同①。此外,《天文训》"帝张四维"至"为四时根"一段文字,茅本注明:"时本在'有其岁司'之后,此依宋本。"而在《删评》本的位置,正与茅本相同。这些都能证明《删评》本的底本就是茅一桂本。

从汪明际自序看,《删评》本明显是重"删"而轻"评"。经考查,其评语多来自旧注和张宾王的《辑略》本,只有大概十分之三来自汪氏自撰,因而也具有一定的学术价值。《删评》本与《辑略》本,这两个经过精心剪裁的版本,可谓是《淮南子》节选本史上的双璧。

第四节 附属丛书的《淮南子》评选本的涌现——家刻本

所谓附属丛书,是指这类节选本不会单独刊行,而是作为某种丛书的一卷或几卷刊行。我们亦可称之为从行本,以区别于单行本。这类节选本几乎都有评点,可称之为评选本,在明代晚期迅速流行,数量极多,大概是为了应付科举而起。这类评选本又可分为家刻本与坊刻本。家刻本就意味着其署名与其著作都是真实的,而非托名之作。此类评选本主要有陈深的《诸子品节》本、穆文熙的《诸家隽语》本、陈仁锡的《诸子奇赏》本和黄澍的《汉魏别解》本。

一、陈深的《诸子品节》本

陈深,原名陈昌言,字子渊,号潜斋,长兴人,嘉靖己酉(1549年)举人,官至雷州推官,著有《十三经解诂》《读春秋编》《春秋然疑》《周礼总义》《周礼训隽》《周礼训注》《诸史品节》《诸子品节》。《诸子品节》共五十卷,其中卷三十九至卷四十五为《淮南子》,计有七卷。根据作者自序"万历辛卯孟春日吴兴陈深子渊"的落款,可知该书成于万历十九年,即公元1591年。

在体制上,《诸子品节》别出心裁,分为内品、外品和小品。《凡例》谓:"书分内品、外品、杂品。仿依《庄子》之内篇、外篇、杂篇而品名之,以便学者按名求珍,无甚优劣。虽庄氏三篇概其辞旨,亦未有优劣其间。学者观于内品,而知酝藉之精深;外品,知雄名之独禅;杂品,知珠联玉屑之足矜也。"②但在书

---

① 其中有一个不同,即茅一桂本"蒸",汪明际本作"音拯"。这应是汪氏参考他本所作的修正。
② 《四库全书存目丛书·子部》第122册,齐鲁书社1997年,第251页。

中,"杂品"被替换成了"小品"。《淮南子》列于外品,主要因为它的"雄名"。

《淮南子》之《诸子品节》本(以下简称《品节》本),选录了除《时则训》外其他所有篇目的文字,其中《天文》《地形》《要略》(全录)被列入最后一卷。此本半页九行,行二十字,白口,四周单边,眉栏刊有简短评语,版心顶端题"诸子品节"及其卷数,鱼尾下题"淮南子"(一至七),下题每卷的页码。版心下镌有字数及刻工名,如沈溪、吴安、王胡、吴亭、王台、王思、陈明、夏里等。

《品节》本的底本是茅一桂本与刘绩本的拼合本。茅一桂本有很明显的原创特征,比如采用直字注音,改变注文位置。这些特征同样出现在《品节》本中。例如,茅本《俶真训》:"萌兆牙蘖,未有形埒垠(寅)堮(壖),无无螼(软)蜒,将欲生兴而未成物类。"括号中的字,便是茅本在正文某字下以小字形式标注的音读,而《品节》本原封不动地照搬。又如,茅本《要略》:"《氾论》者,所以箴缕綥(菜)繎(煞)之间,攩(先)揳(恰)呪(哇)齵(隅)之郤(隙)也。"《品节》本同样照搬不动。此类例子不胜枚举。仅这一相同特征,就足够判定《淮南子品节》的底本是来自茅一桂本。注文位置也完全相同,例如,《俶真训》"镂之以剞劂,杂之以青黄……龙蛇虎豹,曲成文章"的注文,北宋本、道藏本等皆分开置于"青黄"和"文章"之下,而茅一桂本将其合二为一,置于"文章"之下,《品节》本与之相同。

此外,《品节》本的底本与刘绩本也有密切的关系。这集中反映在《天文训》一篇。在此篇"太微以下"的几段选文中,其注文存有大量"绩按"的字样。所谓"绩按",即是刘绩的按语。而且,刘绩本"帝张四维"一段,放在"有其岁司也"之后,这一特征也为《品节》本所继承。《品节》本其他篇中所保留的部分注文,也有取自刘绩补注的情况。如《氾论训》"武王剋殷"一段注文:"此言险阻之地,若后世有道,则贡赋者远固不可,若无道,则伐之者难。子孙恃险而不修德矣。"[①]这条注文即取自刘注。可见,陈深刻印《品节》本,至少使用了茅一桂本和刘绩本这两个版本。

当然,陈深并非完全照录,在文本上也作了一些改动,尤其是针对原书注文。首先,《品节》本的很多注文,在茅本的基础上作了进一步删削。例如,《氾论训》"连弩以射,销车以斗",茅本注文作"连弩车,通一弦,以牛挽之,以刃著左右,为机开发之,曰销车",而《品节》本删除了"连弩"这一句。不仅删

---

① 《子藏·淮南子卷》第41册,第130页。

削注文,陈深还更改注文。例如,《天文训》"清阳者,薄靡而为天",茅本注文:"薄靡者,若尘埃飞扬之貌。"而《品节》本更改为:"薄靡者,虚空尘埃之以息相吹。"① 又此篇:"天墜未形。"茅注:"墜,地,籀文。"而《品节》本更改为:"古地字。"② 陈深还在《览冥训》《缪称训》《齐俗训》《道应训》《氾论训》《诠言训》《兵略训》《说山训》《说林训》《修务训》《泰族训》《要略》十二篇篇下加上了自己的评语。例如《要略》篇,篇下评语:"此刘安自序也。"③ 这些更改虽然偏离了茅本,但真正体现了《品节》本的版本价值,是陈深研究《淮南子》的结晶之一。从版本质量上看,《品节》本无足称道,存在将正文当作注文的错误,如《原道训》"全其身则与道"几字,即误入注文。

《品节》本的版本价值,首先是保存了陈深的评点,即所谓品;其次是选文,即所谓节。关于节文,陈深有着自己的见解。他说:"所谓节文者,节其帙而不节其篇,节其篇而不节其章,节其章而不节其句,节其句而不节其字。节其章,则本调不全;节其句,则神气不会;节其字,则蹈舞文之咎矣。不佞之书,于篇则节其十之六七,于章则十之四五,于帙则节其二三。若句与字,则绝无矣,尽仍其故。……若《淮南》,尤称驳杂无訾,自谓如江河之腐胔,不可胜数,则节其篇,又节其章,节其句,其余有节有不节,要于荡胸愉目已耳。"④ 又说:"若《管子》《淮南》《吕览》,皆非一家之言,亦非出一人之手,则采其隽艳,遗其沉斥,所谓采珠而遗蚌,琢玉而捐石,淘金而弃砂也。"⑤ 可见,陈深主张像《淮南子》这样出于众手的著作,必须要经过一番去粗取精,择其"隽艳"而录之,保留其"荡胸愉目"的文字。

二、穆文熙的《诸家儁语》本

穆文熙(1528—1591),字敬甫,山东东明人,明嘉靖壬戌(1562年)进士,历任工部郎中、尚宝寺寺丞、吏部考功司员外郎、广东按察副使、户部侍郎、兵部侍郎等职,著有《逍遥园集》。李维桢在《逍遥园全集叙》中说:"后公稍迁吏部郎中,于逸口投诸琼管,又削其籍,不复用,天下即无有能名公之义者,而

---

① 《子藏·淮南子卷》第41册,第309页。
② 《子藏·淮南子卷》第41册,第309页。
③ 《子藏·淮南子卷》第41册,第328页。
④ 《四库全书存目丛书·子部》第122册,第251—252页。
⑤ 《四库全书存目丛书·子部》第122册,第250页。

公益肆力于学,六经史子百氏之书,无不研精。竹素碑版,流播江南北,而海内所宗文章家,至王元美先生推许特至,于是公文名大振……有《春秋战国评苑》《左传国语抄评》《七雄策纂》《史记节略》《四史鸿裁》《百将提衡》《文浦玄珠》《诸家儁语》《阅古随笔》、明诗七言律凡若干卷。"① 可知穆氏乃饱学之士,与当世名公王世贞过从甚密,著述宏富,实为明代一大家。

穆氏《诸家儁语》共八卷,其中卷五为《淮南子》,依次选录了《原道训》《俶真训》《览冥训》《精神训》《主术训》《缪称训》《齐俗训》《道应训》《氾论训》《兵略训》《诠言训》《说山训》《天文训》《人间训》《修务训》《泰族训》十六篇中的文字,正文旁边多有穆氏圈点,可称之为《诸家儁语》本。该本世传万历二十一年(1593)金陵万卷楼周曰校重刊本,四周单边,黑口,单鱼尾,半页十行,每行二十字,上有眉评栏,其中刊有穆氏评语。该本卷首署名为"明吏部考功穆文熙批选""河南道御史崔邦亮校刻",从这个署名看,《儁语》本的初刻本应是由崔邦亮负责完成。《渭南县志》曰:"崔邦亮,字德严,东明人,进士,万历间知渭南。豁达明敏,见事风生,人莫敢欺,至礼贤好士,如恐弗及。任六年,征御史,历顺天府丞。"②《乾隆东明县志》又曰:"崔邦亮,万历丙戌科,任渭南县知县、河南道监察御史、顺天府府丞。"③ 万历丙戌,即万历十四年(1586)。可知,崔邦亮于1586年举进士,曾担任渭南县知县,至1592年升任河南道监察御史。就在这个时候,他校刻了《诸家儁语》。紧接着,周曰校又重刊了崔邦亮本。周曰校,生卒年不详,字应贤,号对峰、虚舟生,原籍江西金溪。他经营的万卷楼刻书多达53种,其中子部书籍28种,占一半有余。

经仔细考察,《儁语》本的底本无疑是出自茅一桂本。茅本有许多自创特征,最明显的莫过于删除原有注音,采用直音方式,而《儁语》本与之完全相同。例如,《原道训》:"钓射鹔鹴。""鹔"下直接以小字"肃"表示音读,"鹴"下则以"霜"表示音读。这类注音极多,皆遵茅本。又如,《俶真训》在解题之后增注:"俶,音出。"这类注音也多,《儁语》本有时还会用这种方式增加一些文字的音读。如《原道训》"瞢然能听","瞢"字下用小字注为"音雄",茅本并无。另外,茅本还删减了原有注文,改变了原有注文的位置,而《儁语》本也

---

① 黄宗羲《明文海》,中华书局1987年,第2613—2614页。
② 刘于义纂修《陕西通志》,《景印文渊阁四库全书》第554册,第297页。
③ 储元升纂修《东明县志》,台北成文出版社1976年《中国方志丛书》影印本,第418页。

与之相同。例如,《道应训》"魏武侯问于李克曰",注文"李克,武侯之相",影宋本、道藏本、刘绩本均在"克"字下,而《僪语》本同于茅本,均在"曰"字下。又如,此篇"狐丘丈人谓孙叔敖曰",《僪语》本同于茅本,其注文也在"曰"字下。这些独有的特征说明,《僪语》本的底本确是来自茅—桂本。

作为节选本,《僪语》本的选文标准毫无疑问就在这个"僪"字上。《左传·宣公十五年》"鄢舒有三僪才",杜预注云:"僪,绝异也。"① 又《文选》张铣注潘岳《杨仲武诔》"僪声清劭"句云:"僪,美。"可知"僪语"多为"绝异之语",多为"美语"。可见,穆文熙是把"绝异之语"(理)与"美语"(文)作为选文的标准。根据这个标准所节录的《淮南子》之文,几乎都抹去了庄骚色彩,重在以理取胜。与其他节选本相比,《僪语》本有一个明显的长处,就是段落划分非常细致、清楚,其评语与正文的对应一目了然。该本也可谓是《淮南子》节选本中的佼佼者。

三、陈仁锡的《诸子奇赏》本

陈仁锡(1579—1634),字明卿,号芝台,长洲(今江苏苏州)人。天启二年(1622)进士,授翰林编修,任经筵日讲官,后升任国子监司业。陈氏勤于治学,著述宏富,又是著名的藏书家和刻书家,刻印了大量书籍,颇具影响力②,成为当时书贾热门的托名人选。但《诸子奇赏》确系陈仁锡本人编撰,因为他在世时自己所编刻的《无梦园初集》(马四)即载录了《诸子序》(前集)和《诸子奇赏后集序》,这无疑是最直接的证据。

---

① 孔颖达《春秋左传正义》,北京大学出版社 2000 年,第 769 页。
② 据黄传星《晚明作家陈仁锡行年考》,陈氏十六岁编《潜确居类书》,二十六岁编《继志堂宗谱》,三十三岁修《京口三山志选补》,三十五岁有《明圣湖观》《钱塘潮观》《西湖补帆集》游记三种,三十六岁与钱允治、陈继儒合编《类选笺释续草堂诗余》二卷、《类编笺释国朝诗余》五卷,将其与嘉靖年间顾从敬所编《类选笺释草堂诗余》六卷合刻,编辑《尧峰山志》,三十七岁整理刊刻《陈白阳集》《石田集》,作《羲经易简录》八卷,三十八岁作《中庸渊天述》,四十岁编《古文奇赏》,四十三岁编《续古文奇赏》,四十五岁编刻《明文奇赏》,四十六岁编成《三续古文奇赏广文苑英华》二十六卷,四十七岁编成《四续古文奇赏》,四十八岁编成《经世八编类纂》,先后评阅《三国志》《宋元通鉴》《后汉书》《史记》,四十九岁批阅《苏文忠公文选》,五十一岁作《筹边图说》,批阅《资治通鉴目录》,五十二岁著《乾》《坤》两卦文十数篇,刻成《潜确居类书》,作《同患浅言》二卷,五十四岁刊行《大学衍义》《大学衍义补》《皇明衍义》,五十五岁整理刊刻诗文集《无梦园初集》,五十六岁作《四书备考》。(见《古籍研究》2017 年第 2 期,第 224—242 页。)他的后人还将他未刊行的诗文,整理成《无梦园遗集》出版。黄传星此文独不载《诸子奇赏》,或是对其真伪存有疑议。

《诸子奇赏》前集共五十一卷,收录周至先秦诸子;后集共六十卷,收录汉代以下诸子。虽称前、后集,但均刻于天启六年(1626)①。此书现存的仅有版本是天启六年蒋氏三径斋刻本。三径斋主人蒋中同曾为此书前集作《发凡》,描述了《诸子奇赏》的刊刻过程及广受欢迎的情形。他说:"是集评选颇繁,告成匪易,本欲汇成全集行世。而海内文人一闻明卿先生《诸子奇赏》,亟欲寓目,不哲望岁。因分前后二集。前集自成周迄于先秦,先付剞劂,以供世好。后集自汉以下,刻已将半,即走力燕都候稿,以成合璧。"②卷帙如此浩繁的图书,要在一年之内刻板印行,评选者和出版者自然要非常辛苦。

根据蒋氏《发凡》,《淮南子》应是被归录在《诸子奇赏·后集》。但查照此书,卷首名均题"诸子奇赏",并未出现"后集"字样,其中卷九、卷十、卷十一、卷十二、卷十三为《淮南子》,选录了除《天文训》《时则训》之外其他十九篇的文字③,可称之为《诸子奇赏》本(以下简称《奇赏》本)。该本四周单边,黑口,单鱼尾,半页九行,每行二十字,版心上端题"诸子奇赏",鱼尾下题相应的卷数及"淮南子"④,下端题相应的页码,卷首署名"古吴陈仁锡明卿父评选"。该本前有《鸿烈解序》《诸子奇赏卷之九至卷之十三目次》,《目次》前有《淮南子节录》⑤。

与大多数节选本一样,《奇赏》本的底本也是茅一桂本,其证据显而易见。第一,保留了茅一桂本的直音法。如所选《地形训》"元音穴""巂音闭""奇音嵇""搏音搏""娀音嵩"⑥,均与茅本的音读相同,只不过增了一个"音"字。第二,《鸿烈解序》卷首署名"汉河东高诱撰",亦与茅本完全相同,其他版本如道藏本、刘绩本、影宋本,皆无如此署名。第三,《奇赏》本十九篇中,仅《俶真训》《览冥训》《说山训》三篇有题解,其题解文字与茅本完全相同,其他版本

---

① 前集自序落款为"丙寅孟夏古吴陈仁锡书黄河舟中",后集自序落款为"天启丙寅孟冬朔古吴陈仁锡书于燕邸",天启丙寅,即天启六年。
② 陈仁锡《诸子奇赏》,明天启六年奇赏斋刻本。
③ 卷之九为《原道训》《俶真训》《地形训》《览冥训》《精神训》《本经训》,卷之十为《主术训》《缪称训》《齐俗训》,卷之十一《道应训》《氾论训》《诠言训》,卷之十二为《兵略训》《说山训》《说林训》,卷之十三《人间训》《修务训》《泰族训》《要略》。
④ 序文,则题《淮南子序》;目次,则题《淮南子目》。
⑤《节录》下有注文,注文的内容来自《汉书·淮南王传》。
⑥ 其中,"巂,音闭",全同于茅一桂本;"搏音搏",当误,茅一桂本作"搏,团",应从。

如道藏本、刘绩本、影宋本等皆多了"因以题篇"四字①。上述证据,无疑证明了《奇赏》本的底本就是茅一桂本。

《奇赏》本的选文标准,即返本于六经。陈氏在《诸子序》中明确了这个标准,他说:"何以有诸子之刻? 盖欲返之于六经也。以六经收诸子,不若以诸子返六经。"又说:"能浩肆恢奇乎? 能不流邪说乎? 能峻洁老成、悬之咸阳乎? 不能,何以知言?"②可见,这个标准就是要根据儒家正道,尽量择取那些浩肆恢奇、峻洁老成的文字,而摒弃那些邪曲荒唐的文字。但事实上,既要以六经为正,又要浩肆恢奇,这本身就存在矛盾,所以很难贯彻到底。例如,《奇赏》本选录《地形训》,就没有摒弃像"海外三十六国"这些看似不符合儒家正道的内容。从这个方面说,《奇赏》本的选文标准更偏向"奇"字。

四、叶绍泰的《汉魏别解》本

《汉魏别解》是一部专门编选汉魏时期名家文章的丛书。此书卷一题"古杭黄澍仲霖、檇李叶绍泰来甫同选"。黄澍,生卒年不详,字文泽,钱塘人,崇祯十年(1637)进士。黄氏属东林党,明亡降清,曾署名校阅《近圣居三刻参补四书燃犀解》二十一卷。叶绍泰,生平不详,字来甫,嘉兴人,崇祯时诸生。叶氏喜欢校刻古籍,除《汉魏别解》外,传为他所编校的书籍还有《梁昭明太子集》六卷、《名文宝符》六部、《梁帝王合集》三十八卷、《增定汉魏六朝别解》(有崇祯十五年采隐山居刊本)。

据叶绍泰自序,《汉魏别解》成于崇祯十一年(1638)五月③,由香谷山房刻板印行。关于此书,《四库提要》多有批评:"自《吴越春秋》讫于薛收《玄经传》,凡四十六种。其《凡例》云,六朝诸家文集,一篇不载,而编中收江淹、任昉诸集,不一而足。又云,皆录全文,而节录者亦复不少。至近代伪书,如《天禄阁外史》之类,亦一概滥收,殊失鉴别。"④指明此书多有名不副实之处,反映出编撰者的不严谨。《凡例》落款"来甫识",可知是叶绍泰所写。

---

① 其中,《俶真训》题解中"俶音出"为茅一桂本独有。此外,《淮南子奇赏·览冥训》题解"变化之论",茅一桂本及其他版本均作"变化之端",当是《奇赏》本刻印之误。
② 陈仁锡《无梦园集》,《四库禁毁书丛刊·集部》第60册,第25页。
③ 此序落款为"崇祯戊寅皋月既望,檇李叶绍泰来甫氏题于武林第一山"。崇祯戊寅,即崇祯十一年;皋月,即五月。
④ 永瑢等《四库全书总目》,第1138页。

《汉魏别解》共十六卷,其中卷三为《淮南子》,全录《原道训》《览冥训》《精神训》《齐俗训》《兵略训》五篇,可称之为《汉魏别解》本(以下简称《别解》本)。该本四周单边,无鱼尾,半页九行,每行二十六字。版心顶端题"汉魏别解",中间题"卷三鸿烈解"及相应页码,底端题"香谷山房"。该本前有《两汉别解卷之三目录》,首行题"两汉文别解卷之三",次行题"鸿烈解",每篇篇名下署名"刘安",而注文一概黜落,属于评点类的白文本节选本。

　　由于《别解》本为白文本,所以,要追索它的底本就显得更加困难。经过仔细考察,我们认为,《别解》本的底本仍是茅一桂本。从正文看,《别解》本与茅本有着相同的独特异文。例如,《原道训》"大道坦坦,去身不远,求之近者,往而复反,迫则能应,感则能动"一段,《别解》本在"往而复反"与"迫则能应"之间补写了一句"近谓身也",此与茅本相同,其他各本或无此句,或用作注文。又如,《览冥训》"不可胁陵",其他各本"陵"均作"凌",而《别解》本独与茅本相同。除正文外,亦可从《别解》本的评语入手来考查其底本。虽号称"别解",但并不是对《淮南子》的重新注解,只是一些评语的聚集而已。据统计,《别解》本评语共45条,其中来自《淮南子汇函》者30条,来自《淮南子奇赏》者4条,来自茅本《淮南鸿烈总评》者1条,三者共35条,约占总数的78%。而《汇函》本与《奇赏》本的底本都是茅本。这些事实表明,《别解》本的底本就是茅一桂本。

　　在另外10条评语中,署名黄澍的评语仅3条,署名叶绍泰的评语仅2条,且又全录《原道训》等五篇,无需耗费编撰者多少精力。从这个方面说,叶绍泰、黄澍同编的这卷《淮南子别解》,并不比坊间所刻的《淮南子汇函》更有价值。

第五节　附属丛书的《淮南子》评选本的涌现——坊刻本

　　对家刻本而言,坊刻本就意味着其署名与其著作都不是真实的,是坊间为牟利而印行的托名之作,粗制滥造是其主要特征。这类节选本也都附有评点,自然也是评选本,主要有托名陆可教等人的《新镌淮南子玄言评苑》本、托名翁正春等人的《九子全书评林》本、托名焦竑的《二十九子品汇释评》本、托名焦竑的《诸子折衷汇锦》本和署名文孟震的《诸子汇函》本。

一、《新镌淮南子玄言评苑》本

《诸子品节》刊行不久,坊间又传刻一种题为《新镌诸子玄言评苑》的丛书,其署名为陆可教、李廷机。陆可教(1547—1598),号葵日。《金华府志》云:"字敬承,兰溪人,万历丁丑(1577年)进士,改庶吉士,授编修,寻掌诰敕。使者馈遗,悉却之。擢春坊谕德,为经筵讲官。时朝廷久不御殿,因为十二颂,首列圣训。疏入,上感动,下罪己之诏。奉命主应天试,有司援故例馈金,坚辞不受。抵京,擢祭酒,升右宗伯。遭父丧,哀毁卒。"①《千顷堂书目》卷二十五录有陆可教门人刘曰宁校刊的《陆学士遗稿》十六卷。李廷机(1542—1616),字尔张,号九我,福建晋江人,万历间名臣,著述极丰,《千顷堂书目》录有十四种,绝大多数为经史类著作。陆、李二人权高名重,其他文献都没有明确记载合作编撰过《新镌诸子玄言评苑》一书。

《新镌诸子玄言评苑》共二十一卷,其中卷十五为《淮南子》,依次节录《原道训》《俶真训》《览冥训》《精神训》《本经训》《主术训》《缪称训》《齐俗训》《道应训》《氾论训》《诠言训》《兵略训》《说山训》《说林训》《人间训》《修务训》《泰族训》《天文训》《地形训》《要略》二十篇的文字,卷首题"新镌淮南子玄言评苑",著者题"太史葵日陆可教选、九我李廷机订",故可称之为《新镌淮南子玄言评苑》本(以下简称《评苑》本)。该本四周单边,半页十行,行二十字,有眉评栏,版心顶端题"淮南子",鱼尾下题"十五卷"。该本虽然网罗了近40位学者的评语,但绝大多数属于胡乱托名,必是坊间伪造,并非陆、李二人的合著②。作为坊间伪托之作,该本的质量粗疏,刊刻年代也不能确考。在其托名中,袁宗道、顾天峻等人出生于嘉靖末期,主要成长和生活在万历期间(1573—1620)。由于该本的评语抄袭了《诸子品节》,而后者出版于1591年,所以,《评苑》本的刊刻年代当在1592至1620年之间。

虽然该本为坊间伪造,但它的底本却异常复杂。以《览冥训》一篇为例:"昔雍门子以哭见于孟尝君"至"或动之也"一段,全部袭用《品节》本;"故圣人在位"至"神气相应征矣"一段,《品节》本无,据他本补;"故山云草莽"至"而万物生焉"一段,《品节》本仅有部分文字,据他本补;"今夫调弦者叩宫宫

---

① 嵇曾筠纂修《浙江通志》,《景印文渊阁四库全书》第524册,第267页。
② 其考证,详见本编第七章第一节。

应"至"又况直燕雀之类乎"一段，全部袭用《品节》本；"昔者王良、造父之御也"至"以弗御御之者也"一段，全部袭用《品节》本；"夫井植生梓而不容甕"至"寄汲不若凿井"一段，正文袭用《品节》本，注文据他本补①；"今夫地黄主属骨"至"而持自然之应者为能有之"一段，正文袭用《品节》本，注文据他本补；"故圣若镜"至"其失之非乃得之也"一段，不采《品节》本，据他本补②；"圣人者不能生时"至"而反五常之道也"，《品节》本无，当取道藏本补之③。不惟《览冥训》如此，其他篇目也大都如此。可见，《评苑》本的底本是一个基于《品节》本的拼合本。至于与何本相拼合，今难以考实，很有可能是道藏本一系。

当然，《评苑》本与《品节》本的关系最为亲密。除了把它作为底本之外，《评苑》本还在篇目及次序上完全袭用《品节》本。而且，两书不仅同缺《时则训》一篇，还同把《天文训》《地形训》两篇置于《要略》与《泰族训》之间。《评苑》本甚至将本属陈深的评语冠以王守仁、汪道坤、王世贞、穆文熙、萧良有、翁正春、王锡爵、袁宗道等名。此外，《道应训》《氾论训》《兵略训》《要略》四篇的题解，《评苑》本也完全袭用《品节》本。尽管与陈深本关系最亲密，但《评苑》本所选文字要多出一部分，文本也有不同之处。例如，《评苑》本《氾论训》："如将不能，恐失之，可谓能子矣。"与茅一桂本相同，而《品节》本作："如将不胜，可谓能子矣。"唯刘绩本"不能"作"不胜"。这进一步说明，《评苑》本的底本应是多本融合。

《评苑》本虽是伪托之书，所列评家固然不可信，却有着明确的择文标准。《原道训》首条评语即说："其书杂出诸家，沿复不伦，兹摘其玄妙便于举业者，题为《玄言评苑》云。"④这里所说的"玄妙"，不仅仅是指道理的深奥难识，更多是指文章写作上的妙笔生花。《评苑》本择取《淮南子》玄妙之文，目的是为了帮助应试者写好八股文。沈鲤说："自臣等初习举业，见有用《六经》语者，其后引用《左传》《国语》矣，又数年而引用《史记》《汉书》矣。《史》《汉》穷而用诸子，诸子穷而用百家，甚至取佛经道藏，摘其句法口语而用之，凿朴散

---

① 这一段文字本在《览冥训》的末尾，《品节》本将其移到中间，而《评苑》本从之，尤能见出它对《品节》本的袭用。
② 这一段文字在两书中的位置不同，《品节》本打乱了全文的次序，但《评苑》本多有纠正。此外，"圣若镜"，《品节》本作"圣人之心若镜"。
③ "五常"本作"五帝"，《评苑》本讹作"五常"。这段文字中"消知能""隳枝体"，刘绩补注本分别作"消智能""隳枝体"，茅一桂本分别作"消知能""隳肢体"，惟全同于道藏本、朱东光本。
④《子藏·淮南子卷》第40册，第149页。

淳,离经叛道,文章之流弊,至是极矣。"① 这段话解释了《淮南子》被用于举业的原因。从版本质量看,《评苑》本显然无足称道,但由于聚集了大量评语,因而具有一定的文献价值。

二、《九子全书评林》本

《新镌诸子玄言评苑》之后,坊间又传刻一种名为《新锲二太史汇选注释九子全书评林》的诸子评点类著作。此书署名"焦竑校正,翁正春评林",刻印于明万历二十二年(1594)。所谓二太史,是指焦竑、翁正春。焦竑(1540—1620),字弱侯,号漪园、澹园,江宁(今属江苏省)人。万历十七年(1589)状元,官授翰林院编修,故称焦太史。翁正春,生卒年不详,字克生,侯官(今属福建省)人。万历二十年(1592)状元,官授翰林院修撰,亦称翁太史。

此书卷七为《淮南子》,全录《原道训》《精神训》《齐俗训》和《说林训》四篇,可称之为《九子全书评林》本,简称《评林》本。该本四周双边,半页十一行,行二十五字。只要查照其眉评栏中的评语,就很容易发现它们当中绝大部分是来自茅坤本,而决非所谓的"翁正春评林"。如《精神训》一篇,《评林》本共有37条评语,其中仅有2条评语不见于茅坤本。由此可见,与《评苑》本一样,《评林》本也是坊间伪托之本。

《评林》本的版本质量非常低劣,字误、脱漏等比比皆是。如《精神训》,《评林》本评语:"此一段其言荒忽虎幼,令人育无入手处。此佛氏之所以勒之高超,悟逃空虚而游溴泽者。"② 茅坤本评语作:"此一段其言荒忽虚幻,令人窅无入手处,此佛氏之所以勒名高超,悟逃空虚而游溟泽者。""虚幻"讹作"虎幼","窅"讹作"育","名"讹作"之","溟"讹作"溴",简直不忍卒读,大概是书商为了牟利追求速成所致,所以几无学术价值可言。《评林》本大篇幅抄袭茅坤评语的事实,也等于明确宣告了它的底本就是茅坤本。

三、《诸子折衷汇锦》本

几乎在《新锲二太史汇选注释九子全书评林》刊行的同时,坊间又出现了

---

① 沈鲤《亦玉堂稿》卷一《正文体疏》,《景印文渊阁四库全书》第1288册,第129页。王世贞《弇山堂别集》卷八十四《科试考》也有这段文字。诸子,《弇山堂别集》作"六子"。
② 《子藏·淮南子卷》第39册,第485页。

一部名为《两翰林纂解诸子折衷汇锦》的诸子评点著作。此书卷首题"秣陵焦竑弱侯纂注、就李陈懿典孟常评阅"。陈懿典（1554—1638），字孟常，号如冈，秀水（今属浙江）人。万历七年（1579）己卯科解元举人，万历二十年（1592）壬辰科进士，《康熙秀水县志》有传，著有《吏隐斋集》《论孟贯义》《左陲纪略》《圣政圣学》。而《两翰林纂解诸子折衷汇锦》一书，不见有文献将其归入陈懿典。此书题名"两翰林"，表明在它成书的时候焦、陈二人必已官授翰林编修。据查，焦竑于万历十七年（1589）官授翰林院编修，陈懿典于万历二十二年（1594）官授翰林编修。因此，《诸子折衷汇锦》必定刻于1594年之后。据书后牌记可知，此书由金陵龚少冈三衢书林原板刊行。龚少冈生平不详，万历间人，以刻书为业，他所刻之书还有《玉林鹤露》《中流砥柱》《新锓丹溪朱先生心法大全》。

《诸子折衷汇锦》共十卷，其中卷四为《淮南子》，选录除《天文训》《地形训》《时则训》《要略》之外的其他十七篇文字，每篇均有大量删节[1]，可称之为《诸子折衷汇锦》本（以下简称《汇锦》本）。该本四周粗黑单边，黑口，单鱼尾，有行格和眉评栏，半页九行，行二十字，版心顶端题"诸子折衷评注"，鱼尾下题"儒家淮南子"，底端题"四卷"及相应页码。

《汇锦》本虽署名焦竑、陈懿典，但托名的可能性极大。首先，该本校刻不严谨。例如，所选十七篇中漏刻了《兵略训》的篇名。其次，该书的学术水准不高。校者将《淮南子》列入儒家，这种做法也是前无古人的。自班固将《淮南子》归类杂家，高诱结为道家之后，这两种观点一直被后世学者所认同。而此书将它归类儒家，显然有失稳妥。再次，该本的不少评语，直接抄自陈深的《诸子品节》及旧注，还有很多评语与《诸子汇函》相似，有时甚至用《淮南子》的原文与注文来充当评语，显得非常驳杂[2]。作为当时的名士和有成就的学者，焦竑、陈懿典显然不会犯如此低级的错误。从这个方面说，《汇锦》本极有可能就是伪托之本。

《汇锦》本的底本非常显明，即茅一桂本。首先是我们所熟知的茅一桂本的直音法。据仔细考察，《汇锦》本中所有用于注音的直音字都与茅一桂本相同。其次，有茅一桂本特有的注文、注音。例如，《原道训》："照日光而无景，

---

[1] 其中，缺失了《兵略训》一篇的名称，但选录了它的内容。
[2] 详见本编第七章第二节。

扶摇拵抱羊角而上。"茅本特意在"拵"字下自加直音字"山",在"景"字下自加注文"古影字",《汇锦》本与之完全相同。这些都能说明《汇锦》本的底本就是茅一桂本。从版本价值来看,《汇锦》本保留了一些在其他坊刻本见不到的评语,而且,刻印质量也要比《评林》本、《释评》本高出许多。

四、《二十九子品汇释评》本

明代万历末期,坊间还传刻一种名为《新锲翰林三状元会选二十九子品汇释评》的诸子评点著作。关于此书,《四库提要》评价说:"题曰翰林三状元会选,前列焦竑、翁正春、朱之蕃三人名。其书杂录诸子,毫无伦次,评语亦皆托名,谬陋不可言状。盖坊贾射利之本,不足以当指摘者也。"[1] 非常明确地把此书定为书商牟利的托名之作。

所谓三状元,是指焦竑、翁正春、朱之蕃。焦竑是万历十七年(1589)状元,翁正春是万历二十年(1592)状元。朱之蕃(1575—1624),字元升,号兰隅、定觉主人,山东聊城人,是万历二十三年(1595)状元。将三状元合为一书作者的做法,其目的多半是为了托名牟利。坊间传刻焦竑、翁正春作为合作者的书,还有《九子全书评林》《皇明人物考》。《皇明人物考》考述了上自明太祖下至万历皇帝两百年间之帝王、公主驸马、功臣将士、首辅大臣、封疆大吏、硕学鸿儒等四百一十位人物,据许多例证显示,《皇明人物考》"考证不精,分类不明,讹误颇多,阙失常见",非焦竑所编纂,为时人具其名而编刻也[2]。可见,所谓焦竑、翁正春合作的著述,几乎都不可信。《二十九子品汇释评》虽然题名"从吾焦竑校正、青阳翁正春阅释、兰嵎朱之蕃圈点",但并非真是焦、翁、朱三人的合著,而是坊间伪托之本。

《二十九子品汇释评》共二十卷,其中卷八为《淮南子》,全录《原道训》《精神训》《齐俗训》《说林训》四篇,可称之为《二十九子品汇释评》本(以下简称《释评》本)。该本四周单边,半页十行,行二十四字,评语皆置于眉栏。前有托名李廷机之序,其落款时间为"时万历丙辰岁孟夏月吉旦",则知《释评》本当刻于万历四十四年(1616)。

经仔细考查,《释评》本与《评林》本、《评苑》本的关系非常亲密。首先,

---

[1] 永瑢等《四库全书总目》,第1123页。
[2] 见谢成豪《书题焦竑所编〈皇明人物考〉考述》,《东吴中文学报》2012年第24期,第111—141页。

《释评》本全录《原道训》等四篇,这与《评林》本完全一致。由此推断,《释评》本的直接底本就是《评林》本。其次,《释评本》所集评语也是靠抄袭拼凑得来,其中绝大部分取自《评苑》本和《评林》本。以《齐俗训》一篇为例,评语共 72 条,若隐去评者姓名,与《评林》本相同者 24 条,占比 33.3%,与《评苑》本相同者 48 条,占比 66.7%,无一例是《释评》本自创。即使带上评者姓名,《释评》本也仅有 2 条的评者与《评苑》本不同,前者均为"朱之蕃",而后者均为"茅坤"。从《齐俗训》评语的统计数据看,《释评》本评语的组成有规律可循,即先全取《评苑》本的评语,再补之以《评林》本的部分评语。不惟《齐俗训》如此,其他三篇也是如此。这一事实充分说明,该本必是坊间伪托之本。

虽然是坊间伪托之本,却有着异常清晰的选文标准。编选者在《凡例》中说:"诸子家言行于世也,近时士习兢靡,争为画龙肖虎,以骇耳目。艰者幻冥难悟,谬者背理尤甚。辑者玉石并混,读者媸美不分。兹选特汇其不诡于正者,录成一部,以正士尚。"① 说明《释评》本的印行,一方面是基于当时文人习文好奇好怪,另一方面是基于以前的编选者精粗不辨,并由此提出了"不诡于正",即合乎儒家经义的选文标准。编选者又说:"诸子百家,旨意各异,读者亦好尚殊见,尚奇幻者慕《庄》《老》,喜平易者宗《淮南》诸家。兹辑有简编、全录,如老氏、庄氏,不去一字,如淮南、韩子原非一家,有去有留,少凭臆见,以备观览。"② 将《淮南子》视为平易之文,这也是闻所未闻,反映出编选者水平不高,对《淮南子》并未做过深入研究,其节文也难免受主观喜好的左右。

作为坊间伪托之本,《释评》本的刻印质量自然不佳,文本错误随处可见。例如,《精神训》茅坤评曰:"此篇类养生家言,其词多袭老庄,而于性命之秘,曼衍未尽泄,学者以《悟真篇》参之,方有究竟。"《释评》本将"此篇"改为"通篇","养生家"讹作"养生分","性命"讹作"祖命"。可见,《四库提要》对《释评》本的评价公允、恰当。

五、《诸子汇函》本

明代末期,诸子评点类著作较有影响的,要属署名为归有光、文震孟的《诸子汇函》。归有光(1507—1571),字熙甫,别号震川,昆山(今属江苏省)

---

① 《四库全书存目丛书·子部》第 133 册,第 251 页。
② 《四库全书存目丛书·子部》第 133 册,第 251 页。

人。嘉靖四十四年(1565)进士,官至南京太仆寺丞,参与编修《世宗实录》,以散文著称。文震孟(1574—1636),初名从鼎,字文起,别号湛持,长洲(今属江苏省)人,文徵明曾孙。天启元年(1621)进士,官至东阁大学士,以书画名世。

根据书前文震孟的序文,《诸子汇函》成于明天启五年(1625)。这是当时汇集诸子著作最多的一套丛书①。该书共二十六卷,前有《诸子总目》《诸子汇函目次》《诸子汇涵凡例》《诸子汇函谈薮》《诸子评林姓氏》②。其中卷十五至十六载有《淮南子》,辑录《原道训》(全录)、《览冥训》(全录)、《精神训》(全录)、《本经训》(节录)、《齐俗训》(全录)、《说山训》(全录)、说林训(全录)等七篇,可称之为《诸子汇函》本(以下简称《汇函》本)。该本半页九行,行十八字,四周单边,眉栏镌评,白口,单鱼尾,卷首题"昆山归有光熙甫搜辑,长州文震孟文起参订"。版心顶端题"诸子汇函",鱼尾下题卷数(卷十五、卷十六),接着题"淮南子"及相应的篇目名称,再题相应的页码。

对于《诸子汇函》的真伪,《四库提要》已作了论断:"旧本题明归有光编。有光有《易经渊旨》,已著录。是编以自周至明子书每人采录数条,多有本非子书而摘录他书数语称以子书者,且改易名目,诡怪不经。如屈原谓之玉虚子,宋玉谓之鹿溪子,……石介谓之长春子。皆荒唐鄙诞,莫可究诘。有光亦何至于是也?"③明确否定了归有光的著作权。《四库提要》评价《诸子拔萃》时又说:"是书成于天启丁卯,取坊本《诸子汇函》,割裂其文,分为二十六类。其杜撰诸子名目,则一仍其旧。古今荒诞鄙陋之书,至《诸子汇函》而极,此书又为之重儓。天下之大,亦何事靡有也?"④很不客气地批评《诸子汇函》是古今最荒诞鄙陋的书籍,又称它为坊间刻本。

《诸子汇函》出版于1625年,距离归有光逝世已有半个多世纪,归有光根本就不可能参与此书的编纂,且其他文献也无归有光编纂《诸子汇函》的记载。事实上,《诸子汇函》与归有光并没有直接的关系。文震孟在序文中说:"震川归先生慨慕荆州志起八代之衰,自许一生得力,尽在诸子。其读子,故有

---

① 《诸子汇函》所录诸子,从总目看,有周朝5家、春秋9家、战国25家、秦6家、西汉11家、东汉9家、蜀3家、魏1家、晋6家、隋3家、唐6家、宋5家、元2家、明1家,共计92家。但查其子目,所收实为93家。
② 美国加利福尼亚大学伯克利分校图书馆藏有题为"太仆归震川先生合诸名家评辑《百子汇函全书》"的所谓"聚英堂藏板"本,应是明刊本的翻刻本。
③ 永瑢等《四库全书总目》,第1121页。
④ 永瑢等《四库全书总目》,第1127页。

心法,气听神视,意色俱忘,居平披览子集,亡虑百家,朱绿玄黄,终始互易。见者莫测其津涯。有渊博家竞觅刻本,对简摹临,而书种不周,徒兴浩叹。昨岁,贾人先行老庄合刻,举世争嗜,如饮醍醐,则诸子之散见者,何可弗合?喜先生于老庄全帙辉煌,而诸子尚以篇法赏其奇。就先生所玩味者,汇录成函,奚囊簇锦,不亦快乎!此余夙愿,而贾人领之,遍购先生所评阅诸子,托之副墨,余得纵观焉。"[1]言语间隐约显示,《诸子汇函》一书的编撰实由书商所主导。书商先把归有光评阅的《老》《庄》合刻,再遍购归有光评阅的其他诸子,最终汇刻成《诸子汇函》。

书商主导编撰书籍,其目的当然不是为了嘉惠学林,而是想借助归有光的名声来牟取更多利润。《凡例》又云:"先哲评论子集者,具有卓识,悉搜载首末。其圈点抹画,则太仆先生玄心独造,未尝有成迹也。"[2]就清楚地表明,《汇函》中的评语实非归有光搜辑,只是圈点抹画来自归有光。据查,《汇函》中只有一条署名"归震川"的评语。因此,该本卷首署名"昆山归有光熙甫搜辑",确有借名牟利之嫌。

既然《汇函》本出自坊间,那么,它的可靠性就值得怀疑。通过查照该本与其他坊刻本,我们发现,《汇函》本中有八成以上的评语是取自《淮南子》原文及旧注、《品节》本、《评苑》本、《汇锦》本和张烒如集评本[3]。这说明,文震孟序中所谓"遍购先生所评阅诸子"不过是虚夸之谈,《汇函》本与其他坊刻本并未有本质的不同,都是靠抄袭、拼凑的速成之本,也是托名促销的伪托之本。

《汇函》本的底本是茅一桂本,这一点非常显明,该本前面的《谈薮》即是取自茅本总评。但具体来说,《汇函》本与茅坤本、张烒如本的关系最亲密。茅坤本与张本,都出自茅一桂本,只是张本的注文较之茅坤本又作了进一步的删减。根据这个特征,《汇函》本的《原道训》《览冥训》《精神训》《本经训》四篇是以茅坤本为底本,同时参以张本。例如《原道训》"师旷之聪,合八风之调,而不能听十里之外",茅坤本、《汇函》本此文下皆有注文,均作:"师旷,晋平公乐师。……以八风配八卦之风声。"而张本无此注文。类似情况也常

---

[1]《四库全书存目丛书·子部》第126册,第2—3页。
[2]《四库全书存目丛书·子部》第126册,第5页。
[3] 其评语来源,详见本编第七章第三节。

见于其他三篇。然《原道训》"扶摇抮抱,羊角而上"中"抮",茅坤本下有直音"山",《汇函》本则为"音紾",这与张本"紾"音读相同,其他三篇也有类似情况,当是用张本参校而来。《齐俗训》《说山训》和《说林训》三篇,则纯粹是用张本为底本。除了刻印错误外[①],这三篇的注文和音读都全同于张本。例如,《齐俗训》"子路撜溺而受牛谢"中"撜"之下,茅坤本直音"蒸",而《汇函》本、张本均作"拯同"。总而言之,《汇函》本的底本是一个茅坤本与张烒如本的拼合本。

《汇函》本的质量固然不高,但细究起来,并不像《四库提要》评价的那样难堪。《汇函》本也有它的特别之处。其一,为避免茅坤本与张本在某字下直标某字为音读所造成的不便,该本前四篇都采用了"音某字"的形式,使之更加显明;其二,与其他坊刻本相比,该本的圈点与抹画更加认真细致(集中表现在前四篇),有时正文旁边会有圈画者的即兴评语,有助于读者深度阅读。从这个方面说,《汇函》本还是具有一定的版本价值。

六、《子品金函》本

前文已论及陈仁锡的《诸子奇赏》,明代末期还流传着一部署名为陈仁锡的诸子类作品,即《子品金函》。其刻印的时间当在《诸子奇赏》之后。该书共四卷,其中卷三载有《淮南子》,节选了《原道训》《览冥训》《精神训》《齐俗训》《诠言训》《修务训》六篇中的文字,其中,《原道训》《精神训》所选内容较多,其他篇目则很少,可称之为《子品金函》本(以下简称《金函》本)。该本四周单边,无鱼尾,正文无行格,半页九行,行二十二字,版心顶端题"子函",中部题"淮南子"及入选篇目的名称,底端题"三卷",卷首署名"长洲陈仁锡明卿甫选"。

陈仁锡已编撰一百多卷的《诸子奇赏》,似乎没有必要再来编撰一部仅有四卷的《子品金函》。《金函》本虽署名陈仁锡,但真实性很可疑。据统计,该本评语大约有70条评语,其中抄自《释评》本有39条,抄自张烒如本4条,抄自《汇函》本4条,抄自《淮南子·要略》篇3条,抄自《淮南子》注文2条,剩下的18条评语不见于其他评点本,基本集中在《诠言训》和《修务训》两篇。

[①] 如《齐俗训》"咸池承云",张烒如本注文作:"皆黄帝乐",《诸子汇函》本作"皆黄音乐",显然是将"帝"误刻为"音"。

也就说,该本抄袭他本评点的数量占了74.3%。除了全抄这一方式外,《金函》本有时也会使用摘抄甚至整合、删改的方式。如《览冥训》评语:"有人艺,有天艺,人艺可传,天艺不可传。王良、造父之御,艺之可能者也。钳且、大丙以神气御,则艺而天矣。"① "有人艺"句,抄自《品节》本,"王良""钳且"二句删改自《汇函》本,原评作:"陈白沙曰:王良、造父之御,世以为巧,然亦艺之可修者也。钳且、大丙以神气御阴阳,则艺而天矣。"② 但此类评语极少。从《金函》本大量抄袭他本评语的事实来看,它虽然署名陈仁锡,但必定是伪托之本,为坊刻本无疑。

《金函》本的底本也显而易见,即茅一桂本。最有力的证据,就是正文中所有用来注音的直音字,都与茅本完全相同。其次,所采用的注文也全部来自茅本。由于茅本有自加的注文,所以这也是辨别其底本是否是茅一桂本的重要特征。例如,《原道训》"照日光而无景",茅本在"景"字下自加注文:"古影字。"《金函》本完全照搬③。因为该本评语基本是靠抄袭、拼凑而来,再加上节选内容不多,所以版本价值不高。

---

① 《子藏·淮南子卷》第42册,第401页。
② 《子藏·淮南子卷》第37册,第65页。
③ 见《子藏·淮南子卷》第42册,第426页。

第四章 刘绩的《淮南子》研究

第一节 刘绩对《淮南子》的评价及其补注概况

自东汉许慎、高诱等人注解《淮南子》以来,至明代弘治年间,这时期长达一千三百余年,再无人涉足于此。刘绩不仅与王溥合刊了《淮南子》的一个新版本,还在旧注的基础上补注了《淮南子》。这在明代《淮南子》学史上的意义不言自明,甚至在整个《淮南子》学史上也留下浓重的一笔。刘绩是明代学者研读《淮南子》的杰出代表,有必要对他的《淮南子》研究作出专门、具体的讨论。

一、刘绩对《淮南子》的评价

刘绩对《淮南子》的认识和评价,全部体现在他为《淮南子》新刻本题写的识语中。总体而言,评价不高,但较为细致,可以从以下几个方面稍加分析。

第一,关于《淮南子》的成书渊源。

刘绩评价说:"《淮南》一书,乃全取《文子》而分析其言,杂以《吕氏春秋》《庄》《列》《邓析》《慎子》《山海经》《尔雅》诸书,及当时所召宾客之言。"[①]这段话包含了《淮南子》成书的三个来源:

一是《淮南子》全取《文子》。刘绩此说,显然是对周氏《涉笔》"《淮南子》多本《文子》"一说的延伸。周氏仅言"多本",而刘绩言"全取",明显有程度上的进一步加深。传世本《文子》三万余字,刘绩所见本亦是如此。他认为,《淮南子》将这三万余字全部析分,散于各篇之中。传世《文子》为伪书,刘绩之前已有不少学者论及,尤其是南宋末年的黄震,他在《黄氏日抄》中提出四条理由力证《文子》之伪[②]。刘绩显然未关注到这些见解,致使他无辨别地提出

---

① 何宁《淮南子集释》,第1504页。
② 《黄氏日抄》卷五十五《读文子》载:"文子者,……然伪书尔。孔子没于周平王几百年及见老子,安有生于平王之时者先能师老子耶?范蠡战国人,又安得尚师平王时之文子耶?此伪一也。老子所谈者清虚,而计然之所事者财利,此伪二也。其书述皇王帝霸,而霸乃伯字,后世转声为霸耳。(转下页)

《淮南子》全取《文子》之说。既然是全取,则可说明《淮南子》乃抄袭之书,鲜有自己的发明。刘绩把这个观点运用到补注《淮南子》的工作中,据统计,《淮南子补注》引证《文子》达87例,大都以《文子》为是而以《淮南子》为非。刘绩的这个观点在很大程度上,也导致他对《淮南子》作出了整体贬低的评价。

二是《淮南子》杂合诸书之言。刘绩之前,高似孙提到了《淮南子》与《庄子》《列子》《吕氏春秋》《韩非子》以及《离骚》的关系很密切,周氏《涉笔》又增加了《文子》一书。刘绩在此基础上,再增加了《邓析》《慎子》《山海经》《尔雅》四书。据统计,《淮南子补注》引证《庄子》约有7例,引证《列子》约有4例,引证《尔雅》及郭璞注约有7例,引证《山海经》则约达55例。此亦可证《淮南子》与《山海经》之间不一般的关系。但对《邓析子》与《慎子》,刘绩无片言引证。且《邓析子》真伪难辨,《慎子》亦仅存五篇,故学者已难厘清《淮南子》与此二书的具体关系,刘绩亦不例外。

三是《淮南子》亦含所召宾客之言。这个说法,实际上等于刘绩也承认《淮南子》有独创的一面,而非全是"乌合之众"。其实,早在东汉,班固就相信《淮南子》是刘安的宾客们所作,高诱又把刘安本人列入作者之中,从此为后世学者所认同。刘绩这一说法,几乎又将刘安排除在《淮南子》的作者之外,只承认宾客们的部分创新,当然不符合历史事实。

第二,关于《淮南子》的缺点与长处。

刘绩说:"故其文驳乱,序事自互舛错。"[①] 在刘绩看来,由于《淮南子》乌合《文子》《吕氏春秋》《庄子》《列子》《邓析子》《慎子》《山海经》《尔雅》等书,所以具有文辞驳乱、叙事舛错的缺点。刘氏这个观点,显然是他综合高似孙论《淮南子》之杂和周氏《涉笔》论《淮南子》之舛错而来。虽无甚新颖之处,但刘绩借以几乎全盘否定《淮南子》一书。他说:"其书虽无足取,然论律吕而存古乐,论躔度而存历数,《天文》《地形》,亦有当留心者。"[②] 所谓无足取,几乎等于全盘否定。这种论调亦非刘绩首创,西汉扬雄就说圣人将鲜取《淮南子》。较之扬雄,刘氏甚至更进一步,几乎直接否定了《淮南子》。既然《淮南子》无所可取,那么刘绩理当舍弃此书,更不应该补注此书,也不应该与人合

(接上页)平王时未有霸之名,此伪三也。相坐之法、减爵之令,皆秦之事而书以老子之言,此伪四也。伪为之者,殆即所谓默希子,而乃自匿其姓名欤?"(张伟主编《黄震全集》,第1749页。)

① 何宁《淮南子集释》,第1504页。
② 何宁《淮南子集释》,第1504页。

作校刊此书。这说明,在刘绩心里,《淮南子》较之其他古书,仍有其长处。这个长处就是《淮南子》保存了古代音乐律吕、历法数术等方面的知识,同时,其《天文训》和《地形训》两篇也值得学者留心和关注。事实上,纵观两千余年的《淮南子》学史,《天文训》《地形训》《时则训》三篇大多被学者忽略,而刘绩算是比较特出的一个。他补注《淮南子》,便特别着力于《天文训》和《地形训》两篇。可见,刘绩对于《淮南子》长处的认识,是来自于他研究《淮南子》的实践。

第三,关于《淮南子》旧注的作者。

这本来不成问题,但刘绩却提出了新的见解。他说:"汉许慎记上,而高诱为之注。'记上'犹言标题进呈也,故称职、称臣。先儒误以为慎注,又疑非诱注。按,注中不知者云'诱不敏',则为诱注明矣。"① 这段议论的新颖之处,在于刘绩直接否定了许慎注解《淮南子》的事实。他认为,"记上"一词并不是注解之义,而是进呈之语,即向朝廷进呈《淮南子》时的题语。以前的学者却据此误以为许慎有《淮南子注》,甚或据此否定高诱之注,实则大谬。刘绩对"记上"一词的理解,与晁公武所谓"慎自名注曰记上"明显相抵牾。而且,刘绩据此否定许慎注《淮南子》一事,更是大谬。他无视《隋书·经籍志》《旧唐书·经籍志》《旧唐书·艺文志》及各私家书目对许注的著录,无视各类著作对许注的征引,只承认高诱之注,而草率否定许慎之注,显然失于严谨、失于科学。《四库提要》辨之甚详:"芦泉刘绩又谓记上犹言标题进呈,并非慎为之注。然《隋志》《唐志》《宋志》皆许氏、高氏二注并列。陆德明《庄子释文》引《淮南子》注称许慎,李善《文选注》、殷敬顺《列子释文》引《淮南子》,注或称高诱,或称许慎,是原有二注之明证。后慎注散佚,传刻者误以诱注题慎名也。观书中称景古影字,而慎《说文》无影字,其不出于慎审矣。诱,涿郡人,卢植之弟子。建安中辟司空掾,历官东郡濮阳令,迁河东监。并见于自序中,慎则和帝永元中人,远在其前,何由记上诱注?刘绩之说,盖徒附会其文而未详考时代也。"② 《提要》在批驳刘绩的同时,却又仅凭"景古影字"之注而否定传世本存有许注的事实,亦可谓失之详考③。

---

① 何宁《淮南子集释》,第 1504 页。
② 永瑢等《四库全书总目》,第 1009 页。
③ 余嘉锡《四库提要辨正》引用日本学者的观点对《提要》的说法作了有力批驳。他说:"岛田翰云:'《四库提要》云,慎远在其前,何由记上诱注。今案绩文盖谓慎标题进呈,未及下注,诱乃就慎本自下其注耳。'案岛田氏说是也。刘绩之误,惟在不知慎自有注而曲为之说,若谓绩不知慎在(转下页)

二、刘绩补注《淮南子》概况

前面讨论过,刘绩的主要学术活动集中在 1490 至 1505 年前后。这个时期,北宋本正藏于深阁,道藏本问世亦不过五十余年。所以,刘绩所能见到的《淮南子》版本其实很少,或只见过出于道藏本的二十八卷本。可能正是基于这样的原因,刘绩才决定补注和校刊《淮南子》。他在弘治辛酉(1501 年)写成的题识中说:"旧本残讹,自诱注时已不能辩,如以'禁苛'为'奈何'类甚多。暇中据他书补数千字,改正数百字,删去百字,其疑者仍存难,释者草草书数语释之,易用心于博奕云。"① 由此表明,刘绩补注《淮南子》的时间就是 1501 年,或前一年。从这段文字来看,刘绩补注《淮南子》,主要完成了以下两个方面的工作:

其一,出重拳进行文本校勘。从《淮南子》产生至明代中叶一千六百余年中,对《淮南子》文本有过校勘且名征于史者,不过刘向、许慎、高诱、苏颂、刘绩诸人而已。高诱之时,战火四起,政府已无暇顾及修书,学者又不重视《淮南子》,且典农中郎将弁揖借去高诱注本八卷不还,终致丢失,高诱又修修补补,从而造成刘绩所谓"旧本残讹,自诱注时已不能辨"的局面。北宋苏颂虽曾大力清理与校勘,并取得辉煌成果,但很早就不传于世。因此,刘绩补注《淮南子》,文本校勘就成了他首当其冲的重要工作。据统计,《淮南子补注》中,涉及文本校勘的注文达 166 条,占注文总数的 44.7%,足见刘绩对这一工作的重视。据其自述,他在旧本的基础上补充了数千字,改正了数百字,删去了上百字。这一成果不可谓不巨大,并由此造就了一个可称得上善本的新版本,即刘绩本。这个新版本因是基于道藏本而成,通过刘氏的大力校勘,故其质量略胜于母本。在刻印面世之后,便风行一时,产生了不少子版本。

其二,于原文之上、旧注之外增补新注。刘氏虽自谦"草草书数语",但实际上这数语已近万余字。据统计,包括文本校勘在内,刘绩所补注文总计约 371 条,其中《原道训》约 42 条,《俶真训》约 14 条,《天文训》约 59 条,《地形

(接上页)高诱之前,未免厚诬。岛田翰又云:'以《说文》无影字,直断为非慎,恐属武断。盖古书有后人改窜,一句一节之大,尚且有搀入增改,即执一字云云,似不可为确论。景,古影字,见茅本《淮南子·原道训注》,而道藏、刘绩、庄逵吉诸本并无此注,则固不宜引证矣。'今检各本,果如岛田氏之说,然则今本《原道》诸篇虽非许慎注,而《提要》执误本中之一字以为之证,亦未为得也。"(中华书局 1980 年,第 827—828 页。)

① 何宁《淮南子集释》,第 1504 页。

训》约60条,《时则训》约26条,《览冥训》约9条,《精神训》约27条,《本经训》约3条,《主术训》约11条,《缪称训》约13条,《齐俗训》约11条,《道应训》约6条,《氾论训》约10条,《诠言训》约11条,《兵略训》约7条,《说山训》约12条,《说林训》约15条,《人间训》约14条,《修务训》约16条,《泰族训》约5条,仅《要略》篇无增新注。从这些数据明显可以看出,刘绩补注《淮南子》,其最用心之处就在于《原道训》《天文训》《地形训》《时则训》四篇。此与刘氏题识所说亦颇相应。在《淮南子》学史上,刘绩是继许慎、高诱之后第三个将自己见解写在《淮南子》之中的学者,意义自然非同一般。其后,茅坤、庄逵吉、刘文典、刘家立等学者皆向他学习,使得针对《淮南子》的新注文越来越丰富。

第二节 刘绩校勘《淮南子》文本的方法及得失

文本校勘是刘绩补注《淮南子》最用力处,是他长于考据的重要体现。古代校勘考据之学,尽管很早就产生了,但到刘绩之时也不是十分成熟,远不如清代那样既富理论又有体系。若以清代学者的眼光来看,刘绩的校勘恐怕显得简陋,甚至幼稚。然而,较之东汉高诱来说,刘绩的校勘则更具章法,遣辞造句颇有讲究。以其遣辞造句为依据,他的校勘之法大致可以分成直接校改、于理当改、疑处存疑、两两参照等四种。虽然取得了丰硕成果,但也留下了不少错误,为后代学者所诟病,可谓得失俱存。

一、直接校改

所谓直接校改,就是刘绩对自己的校勘非常自信,依照其校勘成果直接改动旧本。注文中,刘氏一般用"非"字、"讹"字来标明这种校勘之法。据统计,反映直接校改的注文约有14例。例如:

《原道训》"大道坦坦,去身不远,求之近者,往而复反",刘校:"旧本缺此四句,非。"① 按:此四句,影宋本亦有,但其位置异于刘本,道藏本则无。王引之说:"'大道坦坦'至'往而复反',注'近谓身也',此一节宋本在'能存之此'上,今本在'迫则能应'上,道藏本无此四句及注。按,'能存之此,其德不亏',

---

① 《子藏·淮南子卷》第5册,第436页。

上承'汋穆无穷'以下八句,所谓'穆忞隐闵,纯德独存'也。中间不得有此四句。'迫则能应,感则能动'上承'湫漻寂寞,为天下枭',所谓'寂然不动,感而遂通'也。中间亦不得有此四句。且《文子·道原》篇'大道坦坦,去身不远,求之远者,往而复反',《自然》篇'夫道可亲不可疏,可近不可远,求之远者,往而复反',盖言道不在远,往求于远,必将无所得而复反也。今乃云'求之近者,往而复反',则义不可通矣。正文及注,皆后人妄加,当以藏本为是。"① 若如王氏所言,那刘绩当是依《文子》而妄加。因为如果是依北宋本,则没有理由此四句两本会位置不同,且刘本会无"近谓身也"一注。然《文子》"求之近者"作"求之远者",而刘绩所增此四句与北宋本全同,似又非刘绩依《文子》妄加。刘氏或见到了除道藏本之外的其他宋本。

《天文训》"阴气极,则北至北极,下至黄泉",刘校:"旧本四字(笔者注:即"北至北极"四字。)在黄泉之下,非。"② 按:此三句,影宋本、道藏本均作"阴气极,则下至黄泉,北至北极"。《唐开元占经》卷五引《淮南天文间诂》之文,亦与刘绩所校相同。刘绩当依此直接校改,后世版本皆以刘氏所校为准。

《精神训》"脾主舌",刘校:"诸本无此句,非。"③ 按:刘绩称"诸本",说明他见过多个《淮南子》版本,影宋本、道藏本确实无此句。王念孙云:"《文子》作'肝主目,肾主耳,脾主舌,肺主鼻,胆主口',说肝肾肺之所主,与此互异,而多'脾主舌'一句。案,此言五藏之主五官,不当独缺脾与舌,下文胆为云,肺为气,脾为风,肾为雨,肝为雷,即承此文言之,则此当有'脾主舌'一句,但未知次于何句之下耳。"④ 可知,刘绩是依《文子》而加。

《本经训》"帝者不体阴阳则侵",刘校按:"旧本无'不'字,下皆然,非。"⑤ 按:所谓"下皆然",是指"王者不法四时则削,霸者不节六律则辱"二句。此三句,影宋本、道藏本均无"不"字。张双棣说:"刘补'不'字非,上文言'帝者体太一,王者法阴阳',此言'帝者体阴阳则侵',是帝者本应体太一,不体太一而体阴阳,为非其所为,故侵。加一'不'字反失其旨矣。下'法'上、'节'

---

① 见张双棣《淮南子校释》(增订本),第111页。
②《子藏·淮南子卷》第5册,第512页。
③《子藏·淮南子卷》第6册,第66页。
④ 见张双棣《淮南子校释》(增订本),第735页。
⑤《子藏·淮南子卷》第6册,第121页。

上'不'字同。"①张说极是。若依刘本皆加一"不"字,则与"君者失准绳则废"一句的句式亦不相合。刘绩不察上下文之境,便武断改写原文,有违校勘之本意。

《道应训》"胜非其难者也,持之其难者也",刘校:"旧本无此句(笔者注:指"持之"一句),非。"②按:"持之"一句,影宋本、道藏本均无。王念孙云:"《列子》《吕氏春秋》皆有此句,《群书治要》引《淮南》亦有此句,则刘增是也。"③根据刘绩的题识看,他正是依此二书而增。

《说山训》"烂灰生蝇",刘校:"蝇生于灰,旧本作'绳',非也。"④按:蝇,影宋本、道藏本均作"绳"。《太平御览》卷八百七十一《火部四》、卷九百六十一《木部十》均引作"烂灰生蝇"。若作"绳",则义不可通。北宋本、道藏本作"绳",当是"蝇"之讹。

《人间训》:"田子方见老马于通,喟然有志焉。以问其御曰:'此何马也?'其御曰:'此故公家畜也,老罢而不为用,出而鬻之。'"刘校:"旧本无此四十一字,非。"⑤按:此四十一字,影宋本有,而道藏本无。从这一条证据看,刘绩所谓旧本,很可能是指道藏本,或与道藏本关系亲密的俗本。《韩诗外传》载有相似文字:"田子方出,见老马于道,喟然有志焉。以问于御者曰:'此何马也?'曰:'故公家畜也。罢而不为用,故出放也。'"⑥刘恕《资治通鉴外纪》卷十、杨齐贤《李太白集分类补注》卷十六均略引《淮南子》此文:"田子方见老马于道,其御曰:'公家之畜,罢而不用,出而鬻之。'"说明两宋的《淮南子》版本并未脱此文,至明道藏本才脱之。惟刘本与北宋本"见老马于道"作"见老马于通",且皆有注文:"通,道。"只是刘本缺北宋本另一注文:"田子方,魏人也。"这表明,刘绩所见的《淮南子》版本中当有宋本。

二、于理当改

所谓于理当改,是指所校文本依据其他文献理应改正,但出于谨慎而未

---

① 见张双棣《淮南子校释》(增订本),第872页。
② 《子藏·淮南子卷》第6册,第295页。
③ 见张双棣《淮南子校释》(增订本),第1252—1253页。
④ 《子藏·淮南子卷》第6册,第537页。
⑤ 《子藏·淮南子卷》第7册,第54页。
⑥ 许维遹《韩诗外传集释》,第303页。

改，只是在其下用注文予以标明。这种校勘之法，亦显示刘绩对于文本校勘的严谨态度。此类校勘约有 17 例。例如：

《俶真训》"太行、石涧、飞狐、句望之险不能难也"，刘校："'句望'当作'句注'。"① 按：影宋本、道藏本皆作"句望"。庄逵吉说："句望，今《汉书·地理志》作'句注'，以义考之，'注'应即'汪'字也，古'汪、望'同声，凡古字通者皆以声同相通。若'汪'与'注'，乃字之误耳。"这是反对刘绩的意见。但王念孙又反对庄逵吉的意见，他说："庄说非也。'句注'之作'句望'，草书之误耳。《汉书·文帝纪》'屯句注'，师古曰：'句音章句之句。'凡昆仑、空桐、薄落、崛峣之属，皆山名之迭韵者，句注亦是也。若作'句望'则失其读矣。诸书及本书《地形》篇皆作'句注'，无作'句望'者，乃反以本书偶误之字为是，而以诸书之作'句注'者为非，且以'注'为'汪'之误，'望'为'汪'之通，见异思迁，辗转附会，此近日学者之公患也。"② 批评的力度可谓透入纸背。从庄、王二说来看，刘绩此校当是依本书及《汉书》等书而来。

《天文训》"徵生宫，宫生商"，刘校："当作'宫生徵，徵生商'。"③ 按：影宋本、道藏本皆作"徵生宫，宫生商"。王念孙说："刘说是也。上文曰'黄钟为宫，太簇为商，林钟为徵'，又曰'黄钟下生林钟，林钟上生太簇'，所谓'宫生徵，徵生商'也。《宋书·律志》《晋书·律历志》并作'宫生徵，徵生商'，《地形》篇亦曰'变宫生徵，变徵生商'。"④ 刘绩精通古代天文、地理、术数之学，此校应当可信，并受王念孙肯定。

《时则训》"天子乌始乘舟"，刘校："乌，当依《吕氏春秋》作'焉'，语辞也。"⑤ 按：金其源说："《吕览·季春纪》作'天子焉始乘舟'，《礼·月令》但云'天子始乘舟'，高于《吕览》注：'焉犹于也。自冬至此，于是始乘舟。'按，《公羊·隐公二年传》'纪始焉尔'，注：'焉尔，犹于是也。'……司马相如《难蜀父老》'又乌能已'，注：'乌犹焉也。'是'乌始、焉始'皆谓'于是始'也。"⑥ 可见，乌、焉古可互通，不必依《吕氏春秋》校改。

---

① 《子藏·淮南子卷》第 5 册，第 464 页。
② 见张双棣《淮南子校释》（增订本），第 191 页。
③ 《子藏·淮南子卷》第 5 册，第 535 页。
④ 见张双棣《淮南子校释》（增订本），第 389 页。
⑤ 《子藏·淮南子卷》第 5 册，第 619 页。
⑥ 见张双棣《淮南子校释》（增订本），第 550 页。

《精神训》"形有摩而神未尝化",刘校:"摩,当依《文子》作'靡'。"① 按:《文子》此文,出自《守朴》篇。高诱注曰:"摩,灭,犹死也。"是说形体有尽而精神不灭。靡,古训为"离""无"。显然,作"摩"较作"靡",于义为长。且摩、靡二字,形近易讹。故刘说不确。

《主术训》"故至精之像",刘校:"像,当依《文子》作'感'。"② 按:此句,《文子》作"极自然至精之感",出自《精诚》篇。《淮南子》此句后有:"弗招而自来,不麾而自往,窈窈冥冥,不知为之者谁而功自成,智者弗能诵,辩者弗能形。"③ 从用韵看,像、往为韵,冥、成、形为韵,若作"感",则失其韵。又《文选》五臣注曰:"像,形也。"可知,像、形二字,义则相配。故刘校不当。

《氾论训》"水生蠬蜃",刘校:"蠬当作蚨,同蚌。"④ 按:《说山训》《说林训》亦有此校。影宋本"蠬"皆作"蚨",而道藏本皆作"蠬"。这更能说明,刘绩所谓旧本就是指道藏本。于省吾说:"刘说是也。《地形》篇'蚨鱼在其南',注:'蚨,读如蚌也。'亦其证。"⑤ 道藏本作"蠬",乃传写之误。故刘校确当。

《诠言训》"不为人赣",刘校:"赣,贡、惑二音,赐也。当依《文子》作'赐'字。"⑥ 按:《文子》此文,出自《符言》篇。《淮南子·精神训》"赣人敖仓"、《主术训》"不受赣于君"、《道应训》"桓公赣之衣冠而见"、《要略》篇"一朝用三千钟赣"中"赣"字,皆是赐之义。章炳麟《新方言》:"今以物与人曰给,四川犹曰赣,音古禁切。"⑦ 又《乾隆象山县志》:"今以物予人亦曰赣,音转如'艮'。"《淮南子》作"赣"字,也当是淮南方言。刘绩不明于此,故所校不当。

《说山训》:"灭非者户告之曰:'我实不与我谀乱。'谤乃愈起。"刘校:"'户告'谓家至而告之,以解什己非也。据文义当作'我欲辞其谤,谤乃愈起'。"⑧ 按:"谀",影宋本作"謏",皆义不可通。谀、謏疑是"嫂"字之讹。弥谤者越想要用语言辩解,就越辩解不清。刘绩所谓据文义云云,实未明文义,故所校不当。

---

① 《子藏·淮南子卷》第6册,第81页。
② 《子藏·淮南子卷》第6册,第140页。
③ 张双棣《淮南子校释》(增订本),第915页。
④ 《子藏·淮南子卷》第6册,第402页。
⑤ 见张双棣《淮南子校释》(增订本),第1481页。
⑥ 《子藏·淮南子卷》第6册,第434页。
⑦ 章炳麟《新方言·释言第二》,1919年浙江图书馆校刊《章氏丛书》本。
⑧ 《子藏·淮南子卷》第6册,第518页。

《修务训》"杂芝若",刘校:"《列子》'杂芷若',则'芝'当作'芷'。"① 按:《列子》实作"杂芷若以满之",出自《周穆王》篇。高注:"芝若,香草。"《列子》张湛注亦云:"芷若,香草。"芝、芷二字,音形俱近,容易相讹。且"芷若"连用,常见于古书,而"芝若"不常见。故刘校或是。

三、疑处存疑

所谓疑处存疑,是指刘绩对文本可疑处提出异议,但仍然表示出不确定态度。较之于理当改之法,这种校勘方法显得更加谨慎,一般用"疑"字来标明。此类校勘约有 12 例。例如:

《俶真训》"蚑行哙息",刘校:"前后俱作'喙息',则'哙'字疑误。"② 按:影宋本、道藏本俱作"哙息"。庄逵吉云:"哙息,各本皆作'喙息',唯藏本作'哙'。……'嚖'有'喙'训,'哙'亦从之,是'哙'亦有息义矣。后人但知'喙息'而改'哙'为'喙'者,非是。"③ 刘校虽不确当,但茅一桂本、汪一鸾本等作"喙",应是依之而改。

《天文训》"十一月水正而阴胜",刘校:"'阴胜'二字与上句不蒙,疑误。"④ 按:俞樾亦认为此句存在错误。他说:"'十一月水正而阴胜','阴'乃'火'字之误,'胜'字当读为'升',胜、升古通用。谓十一月水方用事,而火气已上升也,正说冬至火从之之义。如此,则与下文一贯矣。"⑤ 当是受刘校启发。

《时则训》"戴莅",刘校:"戴莅,《记》作'载旌旎',疑乃'旌'字误也。"⑥ 按:王念孙云:"刘说是也。隶书'旌'字或作'木',与'莅'相似而误。载、戴古字通。"⑦《太平御览》卷八百九十六《兽部八》引《淮南子》此文作"载旗"。王逸注《楚辞·七谏》:"旌,旗也,有铃为旌也。"⑧ 表明刘绩怀疑确有道理,刘说亦启发了王念孙。

《精神训》"烛营指天",刘校:"《庄子》:'句赘指天……'《人间世》又作

---

① 《子藏·淮南子卷》第 7 册,第 104 页。
② 《子藏·淮南子卷》第 5 册,第 455 页。
③ 见张双棣《淮南子校释》(增订本),第 160 页。
④ 《子藏·淮南子卷》第 5 册,第 513 页。
⑤ 见张双棣《淮南子校释》(增订本),第 334 页。
⑥ 《子藏·淮南子卷》第 6 册,第 10 页。
⑦ 见张双棣《淮南子校释》(增订本),第 601—602 页。
⑧ 洪兴祖《楚辞补注》,第 250 页。

'肩高于顶,会撮指天,五管在上,两髀为胁'。……烛营,疑'句赘'之误。"①按:高注:"烛,阴华也。营,其窍也。上指天也。烛营读曰括撮也。"②则古本就作"烛营"。向承周云:"此文'烛营指天',《庄子·人间世》云'会撮指天',《大宗师》云'句赘指天',明是一物。高注读为'括撮',尤与'会撮'相近。陈谓'营'当为'管'之误,确不可易。"③说明此句或有传写之误。但"烛营"无由误作"句赘",刘校属于臆说。

《缪称训》"理诎倨佝",刘校:"后有'倨句诎伸',疑此作'诎伸倨句',衍理字。"④按:王念孙说:"刘说是也。倨句,犹曲直也。《乐记》:'倨中矩,句中钩。'伸误为傹,句误为佝(因倨字而误加人旁),理字因下文循理而衍,各本佝字又误为徇,而庄本从之,谬矣。"⑤可见,刘校亦启发了王念孙。

《泰族训》"主左操黄钺",刘校:"主,疑当作'武王'。"⑥按:主,影宋本作"武左"。道藏本亦作"主",益可证刘绩所谓旧本乃道藏本。张双棣说:"作'武王'是。景宋本'武左','左'字涉下'左'字而误。"⑦故刘校为是。

四、两两参照

所谓两两参照,是指刘绩在校勘时喜好列举异文,以达到相互参照的目的。这种校勘之法在《淮南子补注》中最为常见,大约有113例,约占全部校勘数量的68%。此类校勘大多用"一作某""某作某""一本作某"等模式来标明。相对于前面三种校勘方法而言,两两参照之法最为简单明了,但文献价值亦要低出许多。

据统计,在刘绩所列异文中,明确列举其他文献的异文约有100例⑧,涉及《文子》(68例)、《尔雅注》(1例)、《史记》(12例)、《大戴礼记》(7例)、《吕氏春秋》(2例)、《礼记》(2例)、《庄子》(3例)、《列子》(2例)、梁元帝《纂要》(1例)、贾谊《新书》(1例)、《七发》(1例)等11种文献;明确列举《淮

---

① 《子藏·淮南子卷》第6册,第85页。
② 张双棣《淮南子校释》(增订本),第783页。
③ 见张双棣《淮南子校释》(增订本),第783页。
④ 《子藏·淮南子卷》第6册,第222页。
⑤ 见张双棣《淮南子校释》(增订本),第1098页。
⑥ 《子藏·淮南子卷》第7册,第145页。
⑦ 见张双棣《淮南子校释》(增订本),第2138页。
⑧ 其中有一例异文同时引用了两种文献。

南子》其他篇目的异文约有 2 例；以"一作""一本作""一本""或曰""别本注作"标明的异文约有 11 例。当然，刘绩在列举异文时，偶尔会作出自己的判断，此类校勘仅有 5 例。例如，《览冥训》"群臣准上意而怀当"，刘校："《文子》作'推上意而坏常'，此乃字之误也。"① 又如，《精神训》"审乎无瑕，而不与物糅"，刘校按："《庄子》'审乎无假，而不与物迁'，则'瑕'乃'假'之误。"② 又如，此篇"则是合而生时干心也"，刘校："《文子》作：'使精神畅达而不失于元，日夜无隙而与物为春，即是合而生时于心者也。'《庄子》云：'使日夜无郤而与物为春，是接而生时于心者也。'则干乃于字之误。"③ 再如，《主术训》"以奈何为宝"，刘校："《文子》作以'禁苛为主'，此乃字之误也。"④ 体现了一定的文献价值。

五、刘绩校勘之得失

毫无疑问，刘绩是继高诱、苏颂之后又一个大力校勘《淮南子》文本的学者。他的文本校勘取得了较大成就，并造就了一个颇有质量的新版本，并流传于世，对《淮南子》的广泛传播作了不可磨灭的贡献。当然，文本校勘往往是得失并存，刘绩也不例外。下面就从得失两个方面，对刘绩的文本校勘作一总结。

首先是刘绩校勘之得。这主要体现在三个方面：

第一，刘绩校勘颇具章法。从前面的讨论我们知道，刘绩的校勘很讲究方法。他根据原书文本的具体情况，客观上形成了直接校改、于理当改、疑处

---

① 《子藏·淮南子卷》第 6 册，第 54 页。刘绩此校亦引起了后代学者的争议。俞樾说："'怀当'二字，甚为不辞，高注亦曲说耳。'怀当'乃'坏常'之误，言群臣皆准上意而败坏其典常也。《文子·上礼》篇作'群臣推上意而坏常'，是其明证。"杨树达、于省吾、王叔岷、于大成皆反对俞樾的观点，认为《淮南》是而《文子》非。（见张双棣《淮南子校释》[增订本]，第 706 页。）

② 《子藏·淮南子卷》第 6 册，第 76 页。对刘绩此校，王叔岷予以认同。他说："'瑕'通作'假'，'无假'谓无所假借也。无所假借，故不与物相杂糅。《庄子·德充符》篇、《天道篇》《文子》并作'无假'。"张双棣则表示不认同，他说："郭庆藩谓《德充符》之'无假'当是'无瑕'之误，云：'谓审乎己之无可瑕疵，斯任物自迁而无役于物也。《淮南·精神》篇正作'审乎无瑕'。瑕、假皆从叚声，致易互误。'此字当以《淮南》为正，'假'或视为借字。"（见张双棣《淮南子校释》[增订本]，第 761 页。）

③ 《子藏·淮南子卷》第 6 册，第 81 页。道藏本作"干"，影宋本则作"于"，证明刘校确当。王念孙、刘文典皆予以认同。王氏说："今本正文'于'字作'干'，即涉注文'干时'而误。"（见张双棣《淮南子校释》[增订本]，第 771 页。）

④ 《子藏·淮南子卷》第 6 册，第 181 页。刘绩所谓字之误，当是指"奈何"与"禁苛"因坏字或传写而致误，但他并未指出孰是孰非。

存疑、两两参照等四种校勘之法，秩序井然，层次分明。而且，这四种校勘之法各自拥有了固定的校勘术语，直接校改多用"非""讹"，于理当改多用"当作""当依……作"，疑处存疑多用"疑""疑作"，两两参照多用"一作""一本""一本作"。其实，刘绩校勘《管子》文本也基本上是使用上述术语。据统计，《管子补注》明确直接校改者约 4 例，于理当改者约 24 例，疑处存疑者约 7 例，两两参照者约 63 例。可见，这四种校勘之法在刘绩的文本校勘中已经很成熟了。他对这四种校勘之法的合理运用，在很大程度上保证了《淮南子》文本校勘的质量。

第二，刘绩校勘较为审慎。就其补注而言，直接校改者数量相对较少，且以醒目之字"非""讹"等予以标识，使人一目了然。同时，大量使用"当作""当依……作""疑""疑作""一作""一本作"等术语，是其坚持审慎原则的直接表现。

第三，刘绩校勘成果丰硕。以前文所列校勘为例，直接校改者为后世校勘家所肯定的居半数以上，于理当改与疑处存疑二者亦也多有确当之处，尤其对清人王念孙、庄逵吉、俞樾、陶方琦，及近人刘文典、郑良树、张双棣等，均产生了不同程度的影响。同时，后世很多《淮南子》的新版本，诸如王鏊本、茅一桂本、庄逵吉本，也都不同程度地采纳了刘绩的校勘成果，可谓是泽被长远。

其次是刘绩校勘之失。客观地说，刘绩校勘的失误也是显而易见的。最大的失误是在直接校改这一方面。他自称作校勘时补入数千字，改正数百字，删去百字，但附有注解说明者不过二十余处，显然还有许多直接校改之处未予任何说明。这其中恐怕难免武断和草率，从而造成不良影响。以张双棣的《淮南子校释》为统计对象，刘绩直接校改不作说明且引起学者讨论者，约有 63 例。其中大多数校改，为学者所诟病，其武断、草率也可见一斑。例如：

《原道训》正文"凝竭而不流"，王念孙云："刘绩不知其义，而改'竭'为'结'。庄本从之，谬矣。"（见《淮南子校释》，第 87 页。）

《俶真训》高注"剥解有才士脚"，张双棣云："又刘绩改注之'脚'为'髓'，盖即涉《吕览》之文而误改也。"（见《淮南子校释》，第 268 页。）

《天文训》正文"帝张四维"至"为四时根"，王引之云："图盖后人所为，故置之非其所耳。刘绩不能是正，又移上文'帝张四维'一段于此句之下，大误。"（见《淮南子校释》，第 424 页。）

《精神训》正文"天下茫茫孰知"，王念孙云：'孰知'下有脱文，刘本作'孰知之哉',以意补,不可从。"(见《淮南子校释》,第750页。)

《主术训》"万民之所容见也",王念孙云:"容与公,古字通。刘本改作'公',庄从刘本,非。"(见《淮南子校释》,第1052页。)

《缪称训》正文"至至不容",王念孙云:"刘本改'至至'为'至人'(各本及庄本同),又下文'故至至之人,不可遏夺也',高注'言至道之人,其心先定,不可临以利,夺其心也。'刘本又改'至至'为'至道',各本及庄本同。"(见《淮南子校释》,第1084页。)

《齐俗训》许注"三年之丧于武王",王念孙云:"藏本作'三年之丧于武王'者,'始'字误入正文耳。刘绩不知是正,又改注文为'三年之丧于武王废',朱本又改为'言始废于武王也'(庄本同),皆由正文误作'不为三年之丧',故又改注文以从之耳。"(见《淮南子校释》,第1188页。)

《道应训》"起而拜君大夫",于大成云:"刘绩改'君'为'群',而诸本从之,未达假借之旨。"(见《淮南子校释》,第1294页。)

《氾论训》高注"谓饮食肉人酒之明年也",刘绩本作'谓饮酒食肉之明年也',张双棣云:"'食肉人'与'酒'作'饮'之双宾语,刘绩不知此文法而妄改。"(见《淮南子校释》,第1469页。)

《诠言训》正文"功之成也,不足更责;事之败也,足以弊身",张双棣云:"正相对为文,刘绩不知下句'足'上'不'字为衍文,乃于上句'足'下加'以'字以补齐,误矣。"(见《淮南子校释》,第1518页。)

《兵略训》"者倅则有数者禽无数",王念孙云:"刘本改'者倅'为'势倅'。案,刘改非也,'者'当为'智',字之误也。"(见《淮南子校释》,第1607页。)

《说林训》高注:"肥则享之",张双棣云:"文字'享、亨'同形,'烹'乃'亨'之后起字。刘绩不知,改'享'而为'烹'。"(见《淮南子校释》,第1768页。)

《人间训》正文"动智所由",王念孙云:"刘本依《文子·微明》篇改'智'为'知',而诸本多从之(庄本同),盖未达假借之义。"(见《淮南子校释》,第1874页。)

《修务训》正文"禹沐浴霪雨,栉扶风",王念孙云:"刘本又于'栉'上加'梳'字,以对沐浴,尤非。"(见《淮南子校释》,第1987页。)

《泰族训》正文"初緌而亲迎",王引之云:"刘本改作'绂緌'(诸本及庄本同),则但有大夫以上,于义为不备矣。"(见《淮南子校释》,第2165页。)

《要略》正文"无所击危",王念孙云:"刘绩不解'无所击危'之义,乃于'无所'下加'失'字(诸本及庄本同),读'无所失'绝句,而以'击危'二字下属为句,其失甚矣。"(见《淮南子校释》,第2188页。)

刘绩校勘《淮南子》文本还有一大失误,就是过度依赖《文子》一书。在他的观念里,《淮南子》是全析《文子》而来,《文子》的文本较《淮南子》更原始,因而在校勘两者异文时,总是以《文子》为是,而以《淮南子》为非。这显然是本末倒置的做法,所造成的错误自然不在少数。此外,刘绩有时热衷于根据上下文及原注直接更改正文,并且他的校勘注释也过于简略。这些都是他文本校勘中的失误。总体上看,刘绩的校勘之学,远不能达到像清代王念孙父子这样的校勘大家的水平。从一个侧面说明,明代的校勘之学仍处在发展之中,还未形成具有理论体系的一门学问。

第三节 刘绩对《淮南子》旧注的补充与辨正

刘绩补注《淮南子》,除了文本残讹而需要校正外,还有一个重要原因就是对旧注不满意。自许慎、高诱注解《淮南子》以来,至刘绩时已一千三百多年,期间再无学者重新加以注释。因而,传世的注释可谓是名副其实的旧注,不仅略显单调,而且观点陈旧,其中错误也未得到纠正。有鉴于此,刘绩补注《淮南子》的一个主要任务,就是对旧注作出补充和辨正。

一、刘绩补注的四种类型

所谓对旧注的补充,并不仅仅局限于对许慎、高诱注文的补充,也包括对许慎、高诱未予注解的正文的补注,还包括因反对许慎、高诱注文而增立的新注。刘绩补注大致可以分成原书无注而补注、基于旧注而增注、无取旧注而增注、反对旧注而增注四种类型。

所谓原书无注而补注,是指传世本《淮南子》无注之处,刘绩择其部分加以补注。据统计,在除去文本校勘这类注释后,刘绩补注原书约有66条,占比31%,其中《原道训》3条、《俶真训》2条、《天文训》31条、《地形训》4条、《时则训》5条、《览冥训》1条、《精神训》1条、《主术训》2条、《缪称训》2条、《齐俗训》1条、《诠言训》1条、《兵略训》2条、《说山训》4条、《说林训》1条、《人间训》1条、《修务训》4条、《泰族训》1条。这些注释虽然数量不多,但大都自抒己见,空无依傍,最能反映刘绩补注《淮南子》的学术水平,是刘绩研究《淮南子》的重要体现,值得学者更多留意。同时,这些数据也非常清晰地表明,刘绩补注原书无注之处,最用力所在便是《天文训》一篇。

所谓基于旧注而增注,是指刘绩基本认同旧注,并在此基础上进行了增补和拓展。据统计,在除去文本校勘这类注释后,刘绩基于旧注而增注的注释约有 56 条,占比 26.3%,其中《原道训》4 条、《天文训》5 条、《地形训》29 条、《时则训》4 条、《主术训》2 条、《缪称训》1 条、《齐俗训》1 条、《氾论训》1 条、《诠言训》3 条、《兵略训》1 条、《说山训》2 条、《人间训》1 条、《修务训》2 条。这些数据表明,刘绩补注《淮南子》,其实受旧注的影响并不深,反而在旧注的基础上作了进一步拓展。例如,《原道训》"角觡生也",高注:"角,鹿角也。觡,麋角也。觡读曰格。"刘绩补注:"无枝曰角,有枝曰觡。"① 《玉篇》:"觡,麋角,有枝曰觡,无枝曰角。"② 刘绩补注即本于此,其前提是认同高注"觡,麋角也"的解释,而"有枝曰觡,无枝曰角",显然是对高注的拓展。

所谓无取旧注而增注,是指虽有旧注,但刘绩既不表示认同,也不表示反对,而是另起炉灶,增加自己的注释。据统计,在除去文本校勘这类注释后,刘绩无取旧注而增注的注释约有 61 条,占比 27.2%,其中《原道训》6 条、《俶真训》3 条、《天文训》8 条、《地形训》15 条、《时则训》9 条、《览冥训》1 条、《精神训》4 条、《缪称训》2 条、《齐俗训》1 条、《道应训》1 条、《诠言训》3 条、《兵略训》1 条、《说山训》1 条、《说林训》2 条、《人间训》1 条、《修务训》1 条。这类注释数量也不多,但其本质上是不依赖于旧注,多属刘绩自创,因而其价值与凭空补注相等。例如,《天文训》:"日冬至子午,夏至卯酉,冬至加三日,则夏至之日也。"高注:"冬至后三日,则明年夏至之日。"刘绩补注:"元年甲午冬至,则明年丁酉夏至。"③ 高注晦涩难懂,钱塘《淮南天文训补注》:"冬至距夏至有百八十二日十六分日之十,去百八十日,余二日过半,举整数言三日。"④ 但刘绩使用的则是天干纪日法,若第一年冬至在甲午日,甲午后三日是丁酉日,则明年夏至在丁酉。显然,刘绩所注与旧注的解释角度完全不同,可谓是新创之见。

---

① 《子藏·淮南子卷》第 5 册,第 404 页。
② 顾野王《玉篇》卷二十六,《四部丛刊》本。
③ 《子藏·淮南子卷》第 5 册,第 523 页。
④ 《子藏·淮南子卷》第 52 册,第 10 页。

所谓反对旧注而增注,是指虽有旧注,但刘绩常用"注非"二字表示旧注错误,并增立自己的新注。据统计,在除去文本校勘这类注释后,刘绩反对旧注而增注的注释约有 30 条,占比 15.5%,其中《原道训》7 条、《俶真训》1 条、《天文训》1 条、《地形训》3 条、《本经训》1 条、《缪称训》2 条、《道应训》2 条、《氾论训》2 条、《诠言训》1 条、《兵略训》1 条、《说山训》1 条、《人间训》4 条、《修务训》4 条。这些数据或许表明,刘绩补注《淮南子》的一个原因,还在于订正旧注的错误。当然,这 33 条注释中并非都是以"注非"二字表示刘绩对旧注的否定,有时刘氏不作明确的判断,但其增注的内容与旧注明显相对,也可谓是对旧注的订正。例如,《原道训》"弯綦卫之箭",高注:"綦,美箭所出地名也。卫,利也。"刘绩补注:"綦卫之箭,谓卫地淇水多竹,《诗》'瞻彼淇澳,绿竹依依'是也。'綦',古'淇'通。"①高诱认为綦卫之箭是綦地所出的利箭,刘绩则认为是卫地淇水竹子做成的箭,其根本的差别就在于高诱以"卫"为"利"之义,刘绩以"卫"为地名。在刘氏看来,高诱也不知晓"綦"即淇,故不能得"綦"之真义。刘氏增入此注,其目的就在于纠正高注之误。

由这四类注释来看,刘绩补充旧注的最用力点在《天文训》和《地形训》两篇,其内容则主要涵盖古代天文、历法、乐律和地理知识,以及字词音义和文意疏解等方面,从总体上反映了刘绩精于古代术数的学术特征。

二、刘绩训释音义的特点

为字词标音释义,是所有注书不可缺少的内容,《淮南子补注》当然也不例外。刘绩为字词标音释义,数量不多,总结起来主要有以下几个特点:

其一,同一字词的音义往往合于一条注释之中,标举音读时或采用直音法,或采用反切法。采用直音法,如《原道训》"蠉飞蝡动",刘绩补注:"蠉音姮,飞貌。"②《俶真训》"彭濞而为雨",刘绩补注:"濞音陛,水暴至声,《啸赋》'或彭濞而奔壮'。"③采用反切法,如《兵略训》"诸侯莫不慴悷",刘绩补注:"慴,之涉切,惧貌。悷,力升切,哀也。"④《修务训》"夫孪子之相似者",刘

---

① 《子藏·淮南子卷》第 5 册,第 411 页。
② 《子藏·淮南子卷》第 5 册,第 405 页。
③ 《子藏·淮南子卷》第 5 册,第 468—469 页。
④ 《子藏·淮南子卷》第 6 册,第 456 页。

绩补注："孪,主患切,双生子也。"① 此外,还有不少字词,旧注仅有释义而无音读,刘绩也予以补音。如《原道训》"坚强而不鞼",高注："鞼,折。"刘绩补注："鞼,古回、臣位二切。"②《诠言训》"駤者不贪最先",许注："駤,竞驱也。"刘绩补注："駤,除救切。"③ 实际上仍是将字词的音义合于一条注释之中。刘绩这样处理,客观上方便了研读者阅读《淮南子》。

其二,刘绩所补音读,有不少是基于旧注音读已历时久远,无法反映变迁后的语音,而需重新标音。如《原道训》"窾主浮",高注："窾,读科条之科也。"刘绩补注："窾,苦管切。"④ 高诱读"窾"为"科",属于上古音,发展到宋代以后,二字音读则有变化,《广韵》注音"科"为"苦禾切",列歌部;又《广韵》注音"窾"为"苦管切",列元部。显然韵部已不同,刘绩所标属于近古音。又如《天文训》"藨定而禾熟",高注："藨,读如《诗》'有猫有虎'之'猫',古文作'秒'也。"刘绩补注："藨,芳烧切。"⑤ 高诱读"藨"为"猫",属于上古音,发展到宋代以后,二字音读也发生了变化。《广韵》注音"猫"为"莫交切",列宵部。又《广韵》注音"藨"为"甫瑶切",亦列宵部。显然声母已不同,刘绩所标属于近古音。

其三,刘绩所补释义,有不少是基于旧注的释义不太恰当,或不太明晰,而需要重新释义。例如,《氾论训》"力征相攘",高注："攘,平除。"刘绩补注："攘,夺也。"⑥ 攘,训为"除""取"很常见,训为"夺"反而少见。与高注训为"平除"相比,刘绩训为"夺"更显贬义,强调武力征伐中的以强凌弱。刘绩可能认为高注不够贴切,故增"夺"之义,以资对照。又如,《诠言训》"善博者不欲牟",许注："博其棋,不伤为牟也。"刘绩补注："《韵书》:'倍胜曰牟。'"⑦ 马宗霍说："盖注以'不伤'释正文之'牟',非训牟为谋也。然'不伤'似不如王逸训'倍胜'之允。善博者不欲倍胜,与下句'不恐不胜'意正相衔。若依许注训不伤,则不欲不伤,义反窒矣。"⑧ 表明刘绩是因旧注不恰当而增注。再如,

---

① 《子藏·淮南子卷》第7册,第102页。
② 《子藏·淮南子卷》第5册,第435页。
③ 《子藏·淮南子卷》第6册,第437页。
④ 《子藏·淮南子卷》第5册,第415页。
⑤ 《子藏·淮南子卷》第6册,第538页。
⑥ 《子藏·淮南子卷》第6册,第382页。
⑦ 《子藏·淮南子卷》第6册,第437页。
⑧ 见张双棣《淮南子校释》(增订本),第1554—1555页。

《说林训》"以金钲者跋",高注:"跋者,刺跋走。"刘绩补注:"跋,躄行貌,不正行也。"① 显然,高诱所谓"刺跋走",其义仍不明晰,刘绩增以"躄行""不正行"之解,则一目了然。

其四,刘绩补注音义时,经常指明书中存在的古今字、异体字。指明古今字,例如,《时则训》"置罘罗罠",刘绩补注:"罠,古罔字。"②《一切经音义》卷十二:"罔,古文罠。"可与刘说相印证。又如,《主术训》"瞋目扼掔",刘绩补注:"掔,古腕字同。"③《汉书》颜师古注:"掔,古手腕字也。"④亦可印证刘氏之说。再如,《人间训》"置之前而不鞿",刘绩补注:"鞿,古字同轾。"⑤《集韵·至韵》:"鞿,或作轾。"亦可与刘说相印证。指明异体字,如《缪称训》"非为踼踼焉往生也",刘绩补注:"踼,同趢。"⑥《集韵·屋韵》:"踼,行貌,或作趢。"可与刘说相印证。

三、刘绩疏解文意的特点

疏解文意,也是所有注书不可缺少的内容。刘绩补注《淮南子》,疏解其文意,主要有两个特点:

其一,大都不是无的放矢,而是针对旧注疏解不够明晰、贴切而发,有时也是针对旧注疏解错误而发。例如,《缪称训》:"今夫夜有求,与瞽师并,东方开,斯照矣。"许注:"言人见照用,瞽者犹暗而无为,人而以治事用思也。"刘绩补注:"人夜有求者,虽有目亦如瞽师之无目,以其无所用明也。若东方开,则能见,而与之异。"⑦马宗霍说:"此盖言人夜而有求,与瞽师相同,所谓暗中摸索也。东方开则天明,明则万物皆见矣。此承上文'圣人之为治'来,而以譬喻之辞申之。夜有求与瞽师并,即上文'漠然不见贤焉'之谓也。'东方开斯照矣',即上文'终而后知其可大也'之谓也。注文晦曲,意不甚了。"⑧显然,马氏之说与刘注相合,也可表明刘绩确因旧注疏解不明晰而增注。又如,《说山

---

① 《子藏·淮南子卷》第 6 册,第 549 页。
② 《子藏·淮南子卷》第 5 册,第 620 页。
③ 《子藏·淮南子卷》第 6 册,第 141 页。
④ 班固《汉书》,第 3698 页。
⑤ 《子藏·淮南子卷》第 7 册,第 1 页。
⑥ 《子藏·淮南子卷》第 6 册,第 215 页。
⑦ 《子藏·淮南子卷》第 6 册,第 215 页。
⑧ 见张双棣《淮南子校释》(增订本),第 1085 页。

训》:"河水之深,其壤在山。"高注:"言非一朝一夕。"刘绩补注:"去其壤,故深也。"①《说山训》此句前有"川竭而谷虚,丘夷而渊塞,唇竭而齿寒",其阐述的道理是事物之间有着共存共亡的关系。"河水"一句即承此而来,高注"非一朝一夕"虽不为误,但也不够贴切,刘注则很清楚地揭示了事物之间的这种关系。针对旧注疏解错误而发,则更为常见,下文将专论。

其二,注重提炼文句的中心思想。如《说山训》:"天下莫相憎于胶漆,而莫相爱于冰炭。胶漆相贼,冰炭相息也。"刘绩补注:"胶漆本相得者,而反相憎;冰炭本不相合者,而反相爱。盖以胶漆合则人用之,冰炭不合则不用。是合者相害,而不合者相生也。"②显然,刘绩从中提炼出"合者相害,不合者相生"的中心思想。又如,《修务训》:"邯郸师有出新曲者,托之李奇,诸人皆争学之,后知其非也,而皆弃其曲。此未始知音者也。"刘绩补注:"知音者但论其曲之美,而不论其人古今,若以为李奇作则学之,乐师作则弃之,是论人也,故曰不知音。"③显然,刘绩从中提炼出"知音只论曲美,而不论人与古今"的中心思想。

四、刘绩辨误旧注的类型

刘绩辨误《淮南子》,既包括正文,又包括注文,但基本集中在许高旧注上。刘绩辨误主要包括地理名物辨误、史事名物辨误、字词释义辨误和文意疏解辨误等四种类型。具体如下:

第一种类型:地理名物辨误。这类辨误主要出现在刘绩对《地形训》的补注中。

一是指出此篇与《山海经》记述不符之处,从而认为两者必有一误。例如,《地形训》"䰶鱼在其南",高注:"䰶鱼,如鲤鱼也,有神圣者乘行九野,在无继民之南。"刘绩补注:"《山海西经》:'龙鱼陵居在其北,状如狸。一曰鰕,即有神圣乘此以行九野。一曰鳖鱼,在沃野北,其为鱼也如鲤。'䰶、龙必有一误。"④刘绩引《山海经》与高注相对照,认为《淮南子》作"䰶鱼"与《山海经》作"龙鱼"之间必有一误。大概是䰶、龙二字,容易形近而讹。又如,《地形训》

---

① 《子藏·淮南子卷》第6册,第552页。
② 《子藏·淮南子卷》第6册,第504页。
③ 《子藏·淮南子卷》第7册,第99页。
④ 《子藏·淮南子卷》第5册,第590—591页。

"镐出鲜于",刘绩补注:"镐水在西安府西北,上承镐池,下流合彪池水是也。《山海经注》引此作'薄水',出鲜于山,即经所谓虫尾山。镐、薄必有一误。"① 郭璞引用《地形训》此文,"镐"作"薄水",故以为必有一误。

二是指出《淮南子》自身记述中的错误。例如,《地形训》"睢出羽山",刘绩补注:"睢水有二:一在今陈留县东北四十里,东经睢州达宁陵县;一在夏邑县南二十里,经永城县,合沙白水东流宿州睢宁,又东北至宿迁县,入泗水。羽山,在今赣榆县西北八十里,下有羽潭。《博物志》曰:'东北独居山,西南有羽水,即羽泉也,舜殛鲧处。'睢不出此。又登州府有之罘水,出羽山,与石门水合流于海。山水必有一误。"② 经刘绩考证,睢水一在河南陈留,一在河南夏邑,羽山则在江苏赣榆,所以认为睢水不出于羽山,《淮南子》所记必有一误。又如,《说山训》"羿死桃部,不给射",高注:"桃部,地名。"刘绩补注:"《诠言训》作'羿死桃棓',杖也。二说必一误。"③ 高注"桃部"为地名,许注"桃棓"为木杖,且同一书中载录不同说法,故刘氏认为二说必有一误。部与棓二字,容易形近而误。

第二种类型:史事名物辨误。《淮南子》内容庞杂,旧注随之,难免舛错失误,刘绩大多依据儒家经传予以指正。

一是据《左传》而辨误。例如,《道应训》:"晋公子重耳出亡过曹,无礼焉。"许注:"曹共公闻重耳骈胁,使袒而捕鱼,设薄以观之。"刘绩补注:"《传》:'曹共公闻其骈胁,欲观其裸浴,薄而观之。'则非捕鱼。薄,迫近也。"④ 许注以为捕鱼,实取自于《人间训》,但释"薄"为"薄帷",确实很少见。刘绩据《左传》及杜注,分别予以指正。又如,《人间训》:"陈成常、宰予二子者,甚相憎也。"刘绩补注:"《传》'阚止',字子我,与宰予同字。《传》谓'陈、阚不可并是也',非宰予。"⑤《淮南子》所载也是袭自《吕氏春秋》。刘绩认为,阚止和宰予的字都是子我,或因此致误,依《左传》应为阚止而非宰予。

二是据《论语》而辨误。如《修务训》:"舜二瞳子,是谓重明,作事成法,

---

① 《子藏·淮南子卷》第5册,第601页。
② 《子藏·淮南子卷》第5册,第596页。
③ 《子藏·淮南子卷》第6册,第518页。
④ 《子藏·淮南子卷》第6册,第309页。又《人间训》:"晋公子重耳过曹,曹君欲见其骈胁。使之袒而捕鱼。"刘绩补注:"《传》谓观其浴,非捕鱼。"(《子藏·淮南子卷》第7册,第39页。)作了相同辨误。
⑤ 《子藏·淮南子卷》第7册,第37页。

出言成章。"高注:"作事为后世所法,《论语》:'舜有天下,焕乎其有文章,巍巍乎!'此之谓也。"刘绩补注:"'焕乎文章'指尧,文亦不连。"①此处,刘绩是辨高注之误。他认为,高注的错误,不仅把"作事"两句与前"舜二"两句连读,还把《论语》赞叹尧的文句用来指称舜。

三是据史书而辨误。如《人间训》:"楚王大怒,城已破,诸城守者皆屠之。"许注:"楚庄王时,围宋九月。"刘绩补注:"楚及宋人无屠城之事。"②关于楚庄王围宋一事,《史记·宋微子世家》记载:"十六年,楚使过宋,宋有前仇,执楚使。九月,楚庄王围宋。十七年,楚以围宋五月不解,宋城中急,无食,华元乃夜私见楚将子反。子反告庄王。王问:'城中何如?'曰:'析骨而炊,易子而食。'庄王曰:'诚哉言!我军亦有二日粮。'以信故,遂罢兵去。"③若依《史记》,楚于晋文公十六年(前621)九月开始围宋,至次年五月罢兵。但只是围而不攻,确如刘绩所言,并无屠城之事。《淮南子》记为屠城,大概是刘安宾客喜好夸诞所致。

第三种类型:字词释义辨误。古书字词虽有常训,但也要受上下文制约。同时,注者本身的知识储备和认知能力,也会影响注书的质量。《淮南子》旧注,即使出自许慎、高诱二位名家之手,也难免会发生一些释义错误。刘绩在补注过程中对此多有辨正。

例如,《原道训》:"故圣人不以人滑天,不以欲乱情。"高注:"天,身者。不以人事滑乱其身也,不以欲乱其情浊之性者也。"刘绩补注:"天、人,即前所言,注非。"④刘氏所说的"即前所言",是指《淮南子》在前文已对"天""人"作了定义,即"所谓天者,纯粹朴素,质直皓白,未始有与杂糅者也。所谓人者,偶瞇智故,曲巧伪诈,所以俯仰于世人而与俗交者"⑤。高诱却无视于此,释"天"为"身",释"人"为"人事",显然不达原书之旨,故刘绩以"注非"斥之。

又如,《地形训》:"西方有刑残之尸,寝居直梦,人死为鬼。"高注:"西方金,金断割,攻战之事,有刑残之尸也。寝,寐也。居,处也。金气方刚,故其寝

---

① 《子藏·淮南子卷》第7册,第82页。
② 《子藏·淮南子卷》第7册,第16页。
③ 司马迁《史记》,第1629页。
④ 《子藏·淮南子卷》第5册,第418页。
⑤ 张双棣《淮南子校释》(增订本),第65页。

寐处梦,悟如其梦,故曰直梦。……一说曰:刑残之尸于是以两乳为目,腹脐为口,操干戚以舞,以无梦天神断其手,后天帝断其首也,故曰寝居直梦。"刘绩补注:"《海外西经》:'形天与帝至此争神,帝断其首,葬之常羊之山。乃以乳为目,以脐为口,操干戈以舞。'据此,与下'寝居'二句不相连,注非。"①刘绩认为,高注的根本错误是把"刑残之尸"与"寝居直梦"连在一起解释,显得十分牵强。

再如,《修务训》:"鼓琴者期于鸣廉、修营,而不期于滥胁、号钟。"高注:"滥胁,音不和。号钟,高声,非耳所及也。"刘绩补注:"皆古琴名。梁元帝《纂要》以为齐威公琴是也。作'蓝胁'。"②刘氏虽未直斥为"注非",但实际上等于否定了高注。《初学记》卷十六《乐部下》引梁元帝《纂要》曰:"古琴名有清角、鸣廉、修况、篮胁、号钟、自鸣、空中、绕梁、绿绮、燋尾、凤皇。"又引梁元帝自注:"号钟,齐桓公琴。"③高诱不明,他的解释颇有顾名思义之嫌,故刘绩增注为"皆古琴名"。

第四种类型:文意疏解辨误。文意疏解最能反映注者的思维水平。东汉的训诂学家大都深受经学束缚,即使博学如许慎、高诱,在思想诠释方面也不是很出色。他们在疏解《淮南子》文意时,难免存在偏差,甚至错误,刘绩对此亦多有辨正。

例如,《原道训》:"夫太上之道,生万物而不有……收聚畜积而不加富,布施禀授而不益贫。"高注:"收敛畜积,国有常赋也。不加富者,为百姓不以为己有也。布施禀授,匡困乏,予不足也,以公家之资,故不益贫也。"刘绩补注:"此言聚之不加多,散之不加少。注非。"④《原道训》所构设的道,近于道家的形上之道,而非儒者之道。高诱深受经学影响,以儒者之道解释,显然有失原旨,故刘绩斥之以"注非"。形上之道,作用万物,正如刘绩所说"聚之不加多,散之不加少"。

又如,《道应训》:"身处江海之上,心在魏阙之下,为之奈何?"许注:"江海之上,言志在于己身。心之魏阙也,言内守。"刘绩补注:"魏阙,象魏也,言

---

① 《子藏·淮南子卷》第5册,第578—579页。
② 《子藏·淮南子卷》第7册,第101页。
③ 徐坚《初学记》,第385页。
④ 《子藏·淮南子卷》第5册,第405页。

虽隐居而怀富贵。注非。"① 既言身处，又言心在，明显是身心不能合一，许注晦涩难通。《庄子·让王》亦有此文，成玄英疏曰："公子有嘉遁之情而无高蹈之德，故身在江海上而隐遁，心思魏阙下之荣华。"② 刘绩补注正与之相合，但更简练、清楚，体现了刘氏较强的疏解和概括能力。

再如，《修务训》："今以为学者之有过而非学者，则是以一饱之故绝谷不食，以一蹞之难辍足不行，惑也。"高注："言以饱而不食，蹞而不行，喻丹朱、商均不可教化而复学，故谓之惑也。"刘绩补注："此言人当学，不可以学之者曾有过而遂废之。盖以人不皆丹朱、商均也。注非。"③ 对于丹朱、商均，《修务训》有描述："沉湎耽荒，不可教以道，不可喻以德，严父弗能正，贤师不能化者，丹朱、商均也。"④ 表明此二人是不可教化之人，犹如"一饱之故""一蹞之难"。不能因为有人不可教化，就废学废教。显然，高注只见树木，不见森林，故不合原意。刘绩加以辨正，殊为确当。

当然，刘绩对旧注的辨正，并不总是很确当。例如，《氾论训》："武王克殷，欲筑宫于五行之山。周公曰：'不可。使我德能覆之，则天下纳其贡职者回也。使我有暴乱之行，则天下之伐我难矣。'"高注："周公言我有暴乱之行，则天下当来伐我，无为于五行之山，使天下来伐我者难也。言其依德不恃险也。"刘绩补注："此言险阻之地，若后世有道，则贡职者远固不可；若无道，则伐之者难。子孙恃险而不修德矣。注非。"⑤ 高诱"依德不恃险"的见解，本是原文的表层意思，刘绩"子孙恃险而不修德"的见解，则是原文的引申之意。虽然两者在本质上并无二致，但刘绩的说法有些偏离原书本意。

第四节　刘绩补注《天文训》《地形训》的成就

刘绩补注《天文训》约 59 条，《地形训》约 60 条，占校注总数近三分之一。可见，他于《天文训》《地形训》两篇，不可谓不用力。刘绩在题识中强调，学者要留心《淮南子》中的乐律、历法以及天文、地理之学，看来绝非虚言。

---

① 《子藏·淮南子卷》第 6 册，第 304 页。
② 郭庆藩《庄子集释》，第 979 页。
③ 《子藏·淮南子卷》第 7 册，第 80 页。
④ 张双棣《淮南子校释》（增订本），第 2008 页。
⑤ 《子藏·淮南子卷》第 6 册，第 374 页。

一、刘绩补注《天文训》的成就

《淮南子·天文训》素以难解著称,即使博学如高诱,也在注文中留有"诱不敏"之感叹。刘绩在题识中还特意提到了"诱不敏"这三个字,或许就是受这三个字的激励,而发奋钻研古代术数之学,从而在补注《天文训》一篇上取得了卓越的成就。今择其精要者,略加分析。

其一,天文方面。如《天文训》:"甲寅元。日行一度而岁有奇四分度之一,故四岁而积千四百六十一日而复合,故舍八十岁而复故日。"刘绩补注:"汉历如今年甲寅冬至子时,日月合牵牛无余分。天左旋昼夜三百六十五度四分度之一,日右行昼夜一度,积一岁,三百六十五日零三时。虽与天会而零度不成日,又时不同,必集四岁成一度,十二时为一日,一千四百六十一日夜半,复与天合同行之次舍也。以甲子计之,四岁一千四百六十一日,为二十四甲子仍不尽二十一日,四十岁为甲子二百四十三零三十日,必八十岁得二万九千二百二十日,为四百八十七甲子无余分,皆尽。故八十岁复甲寅冬至日也。"[1]高诱应该不擅长术数之学,所以不能详述其演算过程,刘绩此注即可补其不足。他详细描述了四岁复合、八十岁复故日的演算过程。据刘氏演算,所谓四岁复合,即天左旋 365(1/4)度 ×4= 日右行 365(3/12)×4=1461 天,则无余分,故能复合。据刘氏演算,所谓八十岁复故日,即 1461 天(即四岁)=60 天 ×24 甲子 +21 天;14610 天(即四十岁)=60 天 ×243 甲子 +30 天;29220 天(即八十岁)=60 天 ×487 甲子,则无余分,故能复故日干支。

其二,历法方面。如《天文训》:"月日行十三度七十六分度之二十六[2],二十九日九百四十分日之四百九十九而为月,而以十二月为岁。岁有余十日九百四十分日之八百二十七,故十九岁而七闰。"刘绩补注:"周天三百六十五度四分度之一,一度为一日,乃九百四十分也。月每日行十三度又十九分度之七,谓之七十六分度之二十八者,乃四其法也。集二十九日又四百九十九分而与日会为一月,十二会得全日三百四十八日,余分之积又五千九百八十八分,如一日九百四十分,得六日,尚余三百四十八分,共计三百五十四日零三百四十八分也。以一岁三百六十五日四分日之一计之,尚多十日零

---

[1]《子藏·淮南子卷》第 5 册,第 511 页。
[2] 高诱注曰:"六或作八。"这说明高诱确实不善术数,无法正之。据刘绩演算,应作"二十八",而非"二十六"。

八百二十七分。以此集而成闰,三年一闰多二千九百二十二分,五年再闰少四千三百八十三分,至十九岁而七闰,方无余分也。"① 十九岁七闰乃古代历法常识,但高诱不能阐明其演算过程,说明术数确是他的薄弱之处。据刘氏演算,1月＝29天×940分＋499分＝27759分;1年＝27759分×12月＝333108分＝940分×348天＋5988分;5988分/940分＝6天＋348分;故月行1年＝354(348/940)天。日行1年比月行1年多出10(827/940)天,即365(1/4)天－354(348/940)天。若三年一闰,则10(827/940)天×3－29(499/940)天,且余2922分;若五年两闰,则29(499/940)天×2－10(827/940)天×5,又少4383分;若十九年七闰,则10(827/940)天×19－29(499/940)天×7,正好无余分。刘绩的这些演算,将历法"十九年而七闰"解释得很明白,显然是对旧注的重要补充。

其三,乐律方面。如《天文训》:"十二各以三成,故置一而十一三之,为积分十七万七千一百四十七,黄钟大数立焉。"刘绩补注:"置一,谓安一于此也。十一三之,谓循序分为十一而以三之数行乎中也。盖黄钟历十二辰,子一即置一也,丑三即一三也,寅九即二三也,卯二十七即三三也,辰八十一即四三也,巳二百四十三即五三也,午七百二十九即六三也,未二千一百八十七即七三也,申六千五百六十一即八三也,酉一万九千六百八十三即九三也,戌五万九千四十九即十三也,至亥得十七万七千一百四十七,故曰十一三之。黄钟为诸律之本,诸律皆从其数生,故以十二律相生之次,配其历十二辰之数。黄钟即子一也,林钟丑三分二,为数十一万八千九十八;太簇寅九分八,为数十五万七千四百六十四;南吕卯二十七分十六,为数十万四千九百七十六;姑洗辰八十一分六十四为数十三万九千九百六十八;应钟巳二百四十三分一百二十八,为数九万三千三百一十二;蕤宾午七百二十九分五百一十二,为数十二万四千四百一十六;大吕未二千一百八十七分一千二十四,为数十六万五千八百八十八;夷则申六千五百六十一分四千九十六,为数十一万五百九十二;夹钟酉一万九千六百八十三分八千一百九十二,为数十四万七千四百五十六;无射戌五万九千四十九分三万二千七百六十八,为数九万七千三百零四;仲吕亥一十七万七千一百四十七分六万五千五百三十六,为数十三万一千七十二。算以其数相生,三分之不尽二算而数不行。此律所

---

① 《子藏·淮南子卷》第5册,第522—523页。

以止十二,亦自然之理也。"① 据刘氏演算,黄钟大数是通过 3 的 11 次方而确立,即子 :1^1＝1 ；丑 :3^1＝3 ；寅 :3^2＝9 ；卯 :3^3＝27 ；辰 :3^4＝81 ；巳 :3^5＝243 ；午 :3^6＝729 ；未 :3^7＝2187 ；申 :3^8＝6561 ；酉 :3^9＝19683 ；戌 :3^{10}＝59049 ；亥 :3^{11}＝177147。黄钟是十二律之本,其他各律皆在黄钟之数中产生。据刘氏演算,林钟(丑)之数＝177147×(2/3)＝118098；大簇(寅)之数＝177147×(8/9)＝157464；南吕(卯)之数＝177147×(16/27)＝104976；姑洗(辰)之数＝177147×(64/81)＝139968；应钟(巳)之数＝177147×(128/243)＝93312；蕤宾(午)之数＝177147×(512/729)＝124416；大吕(未)之数＝177147×(1024/2187)×2＝165888；夷则(申)之数＝177147×(4096/6561)＝110592；夹钟(酉)之数＝177147×(8192/19683)×2＝147456；无射(戌)之数＝177147×(32768/59094)＝97304；仲吕(亥)之数＝177147×(65536/177147)×2＝131072。

又如,《天文训》:"下生者,倍以三除之；上生者,四以三除之。"高注:"钟律上下相生。诱不敏也。"刘绩补注:"如黄钟九寸,下生林钟,倍则二九十八寸,以三除之,三六一十八,林钟止六寸是也。上生者,如林钟上生太簇四,则四六二十四,以三除之,三八二十四,大簇止八寸是也。余并仿此。"② 高诱只

---

① 《子藏·淮南子卷》第 5 册,第 531—532 页。其中 "十万四千九百七十六" 误为 "一万四千九百七十六","十六万五千八百八十八" 误为 "十二万五千八百八十八",今据改。因大吕、夹钟、仲吕皆在阳,只得半数,故须乘以二。刘绩的演算比较复杂,且未作详细说明。明代晚期天文学家邢云路(1549—？)著有《古今律历考》一书,其中卷二十九《律吕一》所载演算,运用三分之一损益法,最为简洁明了。邢氏说:"黄钟全九寸者,以一万九千六百八十三为一寸,积十七万七千一百四十七为九寸也。半无者,黄钟至尊,不为他律所役,损益不及,故不用半也。林钟于十七万七千一百四十七内三分损一,损五万九千四十九,则为十一万八千九十八。太簇于十一万八千九十八内三分益一,益三万九千三百六十六,则为十五万七千四百六十四。南吕于十五万七千四百六十四内三分损一,损五万二千四百八十八,则为十万四千九百七十六。姑洗于十万四千九百七十六内三分益一,益三万四千九百九十二,则为十三万九千九百六十八。应钟于十三万九千九百六十八内三分损一,损四万六千六百五十六,则为九万三千三百一十二。蕤宾于九万三千三百一十二内三分益一,益三万一千一百四,则为十二万四千四百一十六。蕤宾而后,大吕当未应三分损其一也。若损一,止得大吕之半数,因在阳倍之,故以大吕于十二万四千四百一十六内三分损一,损四万一千四百七十二,为八万二千九百四十四之数,倍之则为十六万为五千八百八十八。夷则于十六万五千八百八十八内三分损一,损五万五千二百九十六,则为十一万五百九十二。夹钟于十一万五百九十二内三分益一,益三万六千八百六十四,则为十四万七千四百五十六。无射于十四万七千四百五十六内三分损一,损四万九千一百五十二,则为九万八千三百四。仲吕于九万八千三百四内三分益一,益三万二千七百六十八,则为十三万一千七十二。" 可供参考。
② 《子藏·淮南子卷》第 5 册,第 539—540 页。

知钟律上下相生的道理,但不能知其规律。刘绩补注,正好可解高诱之惑。据刘氏演算,"倍三"、"四三"的规律为:若黄钟9寸,则林钟长=(黄钟长×2)/3=(9×2)/3=6寸;太簇长=(林钟长×4)/3=(6×4)/3=8寸。其余演算为:南吕长=(太簇长×2)/3=(8×2)/3=16/3寸≈5.33寸;姑洗长=(南吕长×4)/3=(16/3×4)/3=64/9寸≈7.11寸;应钟长=(姑洗长×2)/3=(64/9×2)/3≈4.74寸;蕤宾长=(应钟长×4)/3=(128/27×4)/3=512/81寸≈6.32寸;大吕长=(蕤宾长×4)/3=(512/81×4)/3=2048/243寸≈8.43寸;夷则长=(大吕长×2)/3=(2048/243×2)/3=4096/729寸≈5.62寸;夹钟长=(夷则长×4)/3=(4096/729×4)/3=16384/2187寸≈7.49寸;无射长=(夹钟长×2)/3=(16384/2187×2)/3=32768/6561寸≈4.99寸;仲吕长=(无射长×4)/3=(32768/6561×4)/3=131072/19683寸≈6.67寸。

其四,五行方面。刘绩最大的贡献,就是在道藏本旧图的基础上绘制了新图。旧新二图如下:

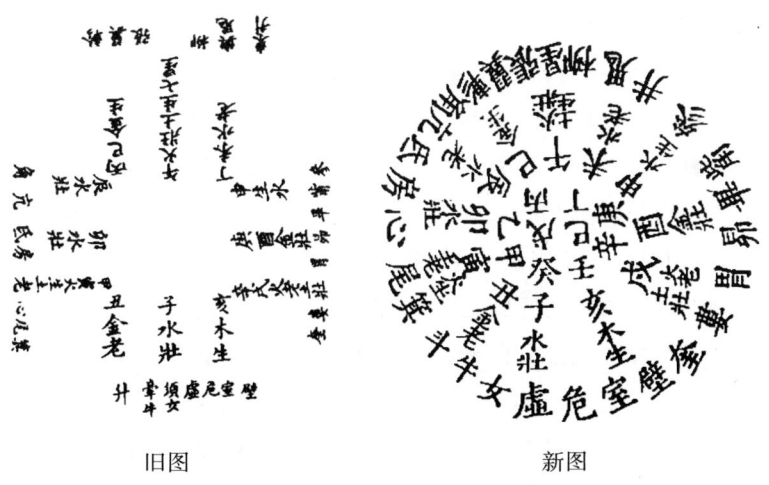

旧图　　　　　　　　　新图

旧图呈方形,刘绩则将它改造成圆形,并在新图后附有按语:"前云'五胜生一,壮五,终九',金生于巳,巳有戊,土母也,壮于酉,秋时西方本位,死于丑,以子宫水壮而金气衰也。木生于亥,亥,水母也,壮于卯,春时东方本位,死于未,以午宫火壮而木气衰也。水生于申,申,金母也,壮于子,冬时北方本位,死于辰,以卯宫木壮而水气衰也。火生于寅,寅,木母也,壮于午,夏时南方本位,死于戌,以戌宫土壮而火气衰也。土生于午,午,火母也,壮于戌,戌四季末月,死于寅,以卯宫木旺而相克也。今术家以水土皆生于申,非。盖金水阴也,木火阳也,土则贯乎阴阳,无定位,无成名,无专气。辰戌丑未,月寄王各十八日,故金木水火皆以子壮而母衰,土则以相胜而衰也。甲乙,木,居寅卯,春;丙丁,火,居巳午,夏;庚辛,金,居申酉,秋;壬癸,水,居亥子,冬;戊己,土,则寄居巳午,盖土虽寄王四季末而尤王于长夏,以其居中央故也。旧图有甲丙丁庚辛,而无乙戊己壬癸,今皆补完。"①事实上,刘氏不仅补充了旧图,而且也更正了旧图的一些错误,如"斗"误作"升","卯木壮"误作"卯水壮"。刘绩所绘制的这幅图也为茅一桂所认同,被纳入茅氏新刻本之中。此可谓刘绩补注《天文训》的杰出成就。

二、刘绩补注《地形训》的成就

就取得的成就来说,刘绩补注《地形训》,当然不能与补注《天文训》相提并论。因为《地形训》所载地理风物,大多属于神奇怪异之说,所以,崇信实学的刘绩也难以有自己的创获。他增注《地形训》的贡献,主要体现在两个方面:

一是大量引证《山海经》。众所周知,《地形训》与《山海经》存在着非常亲密的关系,高诱注《地形》篇,引证《山海经》仅2例,显然不能深入揭示《地形训》与《山海经》之间的这种亲密关系。刘绩补注此篇,不厌其繁地引证《山海经》,总计约56例,在更广范围内揭示了两者的关系,一定程度上显示了《淮南子》与前代典籍的渊源。

二是使用时代语汇考证《地形训》中的山水。此类注释约有18条,是刘绩增注《地形训》的最大贡献,也反映了刘绩同样擅长古代山水之考证。据考查,刘绩此类注释除引证《山海经》及郭璞注外,还引证了《禹贡》《上党记》、班固《汉书·地理志》及颜师古注、郦道元《水经注》、李樗《毛诗解》、郑樵《通志》、王应麟《通鉴地理通释》《大明一统志》等文献,以及所谓蔡氏、曾氏等先贤的说法,可谓引证宏富。

例如,《地形训》:"济出王屋。时、泗、沂出臺、台、术。"高注:"王屋山,在河东垣县东北。时、泗、沂,皆水名。臺、台、术,皆山名。处则未闻也。"刘绩补注:"《山海经》:'王屋之山,㶌水出焉,而西北流注于泰泽。'㶌音辇,同沇,

---

① 《子藏·淮南子卷》第5册,第554页。

即《禹贡》所'导沇水,东流为济'是也。时水,在乐安界,《春秋》所谓乾时,今山东青州府临淄县西是也,合小清河入于海。泗水,出沛县桃墟西北陪尾山,即今泗水县东五十里,东南流入淮,源有泉四,因以为名。或曰:《汉志》'术水南至下邳入泗',师古曰'术水,即沭水也',术岂术水乎? 沂水,出盖县艾山,今沂州西二十五里是也。曾氏曰:'徐州水以沂名者非一。'郦道元谓'水出尼丘山西北',经鲁之云门,亦谓之沂水。水出泰山武阳之冠石山,亦谓之沂水。《禹贡广记》曰:'沂水经下邳县,分为二水:一水于城北西南入泗水,一水经城东屈曲从县南亦注泗,谓之小沂水。'"①使用明代地名、水名等时代语汇加以考证,引证各种文献,试图解答高诱"处则未闻"的疑问。

又如,《地形训》:"汶出弗其,流合于济。"高注:"弗其山,在北海朱虚县东也。"刘绩补注:"祝其山,在淄川县西南三十里。汶水,出于莱芜县原山之阳,近淄川县界。又有二源:一发泰山之旁仙台岭,一发莱芜县寨子村。俱至泰安州静封镇合,西南流与徂徕之阳;小汶河合,又西南流注洸河入济。"②刘绩未引证其他文献,也未说明弗其山就是祝其山,或因音近而通。《大明一统志》云:"夹谷山,在淄川县西南三十里,旧名祝其山。"又云:"汶河,其源有三:一发泰山之旁仙台岭,一发莱芜县原山之阳,一发莱芜县寨子村,至泰安州静封镇合焉,名曰堑汶。西南流与徂徕山之阳,小汶河合,又西南流注洸河入济。"③即为刘氏所本。

再如,《地形训》:"维湿北流出于燕。"高注:"流于北燕,北塞外也。"刘绩补注:"顺天府昌平县东南六十里有湿余河,源出军都山,南流又折而东入潞河。良乡县东,有北涉沟,一名洹水,经涿州北,东流入桃水。或曰:'维乃雄字误。'雄水出安州,流经雄县东,合易水,达直沽入海。未知是否?"④高诱将"北流出于燕"连句,而刘绩视此句为:"维、湿、北流出于燕。"北流是水名。在刘氏看来,湿即湿余河,北流即北涉沟,"维"或作"雄",即雄水。此皆未有文献可征。《大明一统志》卷一云:"湿余河,在昌平州东南六十里源,出军都山,南流又折而东入潞河。"又云:"北涉沟,俱在良乡县东,一曰洹水。水出良乡,东经涿州北,东流入桃水。"⑤即为刘绩所本。

---

① 《子藏·淮南子卷》第5册,第597—598页。
② 《子藏·淮南子卷》第5册,第598页。
③ 李贤等撰《大明一统志》卷二十二《山东布政司》,《景印文渊阁四库全书》第472册,第512页。
④ 《子藏·淮南子卷》第5册,第604页。
⑤ 《景印文渊阁四库全书》第472册,第512页。

李秀华 著

《淮南子》学史

下册

中华书局

第五章　茅坤的《淮南子》评点

第一节　茅坤《淮南子》评点概况及各篇总评

尽管评点之学始于宋代，但针对《淮南子》的评点则起步很晚。明代中晚期以来，诸子学发展迅猛，评点诸子的著作如雨后春笋，层出不穷。作为不甚醒目的汉代子书，《淮南子》亦受其沾溉，各类评点不下十余种。在这十余种著述中，茅坤的《淮南子》评点，不仅是最早针对《淮南子》全书作出的评点，而且在评点的广度、深度以及数量等方面也是名列前茅的，无愧于佼佼者。茅坤评点在当时就产生了广泛影响，受到学者的肯定，如王宗沐评为："自有鹿门子之评，则班马氏外未必非亚旅云。"[①]张烒如评为："鹿门具眼。"从这个方面说，茅坤的评点水平，实际上代表了明代学者评点《淮南子》所能达到的最高水平，值得作出专门、深入的讨论。

一、茅坤《淮南子》评点概况

据前文可知，茅坤大约在万历九年（1582）后，刊行了他的《淮南子》评点本。所以，他对《淮南子》的评点，实际上在万历九年之前就已经完成。其评点自然全部汇集在他的刊行本中，但张烒如集评本有极少量评点不见于刊行本，而坊间本《淮南子玄言评苑》《淮南子品汇释评》所谓茅坤评、茅坤云，皆为托名，不足为据，《淮南子汇函》所谓茅鹿门曰，则是抄自茅坤本，亦不足为据。若以茅坤刊行本为统计对象，茅坤评点总计约623条，其中《原道训》44条、《俶真训》25条、《天文训》17条、《地形训》16条、《时则训》32条、《览冥训》26条、《精神训》41条、《本经训》26条、《主术训》68条、《缪称训》29条、《齐俗训》51条、《道应训》38条、《氾论训》58条、《诠言训》31条、《兵略训》33条、《说山训》47条、《说林训》1条、《人间训》7条、《修务训》9条、《泰族

[①] 本章所引《淮南鸿烈批评》之文，皆据日本宽文四年（1664）京都前川权兵卫刊本。

训》23条、《要略》1条。由这些数据可知,茅坤评点时,对《淮南子》各篇亦有所侧重,诸如《原道训》《精神训》《齐俗训》《氾论训》《说山训》等篇,皆是其用力较多者。

茅坤评点的数量非常可观,比之刘绩补注数量还要多出近一倍。然而,在内容上补注与评点几无可比性,补注多是自己的研究心得,而评点更像是面向读者的导读,感悟性描述居多。茅坤评点的内容涵盖很广,主要有以下几个方面:

其一,总评《淮南子》诸篇。《淮南子》二十一篇总计约十余万字,其中大半篇章较为冗长,中心内容也不甚明了。茅坤总评诸篇,其目的就在于为读者揭示诸篇的核心内容、总体特征以及渊源所自。总评与许高二注的解题完全不类,两者可以互为补充。除《缪称训》《齐俗训》《氾论训》《诠言训》《修务训》《泰族训》六篇外,其他诸篇均有茅坤的总评。

其二,文本的细致分析。注解古书与评点古书,一个重要的差别便是有无对古书文本的细致分析。前者一般不从整体上对古书文本展开细致分析,而后者往往不可缺少这方面的工作。《淮南子》各篇大都内容庞杂,叙述繁复,千头万绪,一时难以把握。茅坤评点《淮南子》,细致分析文本便是其重要任务之一。他分析《淮南子》文本,大体从梳理篇章脉络、点明前后照应、提炼关键语句等三个方面入手,其作用在于能够为读者快速、准确地把握《淮南子》文本提供帮助。

其三,文意的深层挖掘。这个方面实际上是文本分析的深度延续。一个思想性较强的文本,不仅包含读者易于把握的表层意义,还包含不易为读者所察觉的深层意义。深层意义往往需要更富学养的学者进行挖掘,才能宣示于读者。明代学者评点古书,其水平高低,往往就体现在对文本深层意义的挖掘上。《淮南子》有别于先秦诸子的语言风格,不但使其文本的表层意义飘忽不定,更使其文本的深层意义含而不露。这在很大程度上妨碍了明代举子对它的学习和玩赏。因而,对文意的深层挖掘就成了茅坤评点《淮南子》的最主要任务。在茅坤690余条评点中,有超过一半的评点属于这个方面。

其四,文章技艺的揭示。实际上,两汉子书能被明代学者广泛关注,被众多学者评点,就是得益于明代古文评点的风行。因此,评点子书中的文章技艺,也就成了明代学者首要且必不可少的任务。茅坤于万历三年(1575)刊行《史记钞》,于万历七年(1579)刊行《唐宋八大家文钞》,显然积累了十分丰富的关于文章技艺方面的评点经验,因而评点《淮南子》的文章技艺也就信手拈来,不费力气。他对《淮南子》文章技艺的揭示,主要涉及语言风格、文章结构、文章脉络和说理方式等内容。

二、茅坤总评《淮南子》各篇

总评是全局性、总括式的评点,在评点诸子之书或长篇大论时,可以发挥独到作用。茅坤评点《淮南子》,就对其中十五篇作了总评。凭借他的总评,读者能更容易地掌握每篇的关键元素。当然,我们也可以从茅坤的总评中,发现他对《淮南子》的整体研究水平。

茅坤总评《原道训》说:"《淮南》所著其言,不尽由一人。即此篇兼括道术事情,最为庞杂,然梗概大都袭老庄。道之窾隙则性命,道之得手处则无为。其文烂焉如绣。"以前学者谈《淮南子》的驳杂,都是笼统之谈,未触及具体篇目。茅坤则于《原道训》中谈《淮南子》的驳杂。在他看来,《原道》本应专论道,却兼顾了术、事等许多内容,所以于各篇之中显得最为庞杂。同时,他又认为庞杂只是指论述内容而言,其思想本质还是源自老庄,性命、无为是其论道的紧要处。茅坤还指出《原道训》的文辞具有艳丽如锦绣的特点。

茅坤总评《俶真训》说:"此篇眼骨专重养神,以体道而尤必遇至德之世,而后可行。多效《马蹄》《胠箧》篇,而杂以吊诡之谈,与《参同契》盖相接武。"显然,茅坤对《俶真训》有较为深入的研究。所谓眼骨,当是指文眼与文骨,此处当指文章的关键且根本思想,即养神和体道。刘绩补注《俶真训》时,仅引证了《庄子·大宗师》的文字。茅坤则再扩大到它与《马蹄》《胠箧》两篇的联系①,认为其中又掺杂荒诞不经的言谈。茅坤还指出,东汉魏伯阳所著《周易参同契》在体道、养神方面可与此篇相承接。

茅坤总评《天文训》说:"论天文,先之七政,而次则五音六律,分野支干,逐一详次其间。灾异之变,阴阳之化,四时之叙,水火金木,妖祥之应,洞彻终始矣。"按照先后顺序,对该篇的内容作了十分精练的概括。茅坤还进一步指

---

① 《本经训》评点中,茅坤又引证《齐物论》;《主术训》评点中,则引证了《徐无鬼》《知北游》《秋水》三篇,《道应训》评点还引证了《庄子·寓言》。

出,《天文训》在叙述天文知识的同时,把灾变感应、阴阳五行的思想贯彻始终。这是符合事实的结论,以往的学者大都忽略了此点。

茅坤总评《地形训》说:"汉世以来,勘舆家指画地形者,或解释经典,或撰述方志,竞为新异,颇失其真。是训采获旧闻,考迹《诗》《书》,而其文则职方氏可寻源而按者,其中错综天地,点缀宇宙,如画史矣。"他认为,与汉代以来竞相夸异失真的地理学著作相比,《地形训》反而本之《诗经》《尚书》,后世司职地图者都可寻源至此。《地形训》与《尚书·禹贡》关系密切,但与《诗经》并无此种关系。且《地形训》多采《山海经》,颇光怪陆离。茅坤之说颇显牵强,当然,他也注意到了此篇的奇异处,故称之为"画史"。

茅坤总评《时则训》说:"大较从《吕览》中撮其要,窜其烦。至后五位、六合、六度,乃其所创撰而缀之者。"这是对《时则训》的构成作了分析。茅坤认为,此篇"孟春之月"至"十二月官狱,其树栎",皆是从《吕氏春秋·十二纪》中撮要窜烦而成,而自"五位"至篇末,皆是刘安及其宾客自撰而成。事实上,茅坤所说亦非全对。《吕氏春秋·十二纪》与《礼记·月令》最接近,而《时则训》多有作者的增入。"五位、六合、六度",也不全是刘安及其宾客自撰,其中"五位"之说,就与《尚书大传》的说法相一致。

茅坤总评《览冥训》说:"《览冥》语多无次,特撼拾异典,联缀其间,而古今事类之神怪者,如观牛渚之燃犀,足当游神玄览之一助。"这是对此篇文章特征的整体评价。在茅坤看来,此篇内容上皆神怪奇异之事,写法上联缀各种事件而成,语言上多无伦次,价值上则可以满足爱奇者的猎奇欲求。

茅坤总评《精神训》说:"此篇类养生家言,其词多袭老庄,而于性命之秘曼衍未尽泄,学者以《悟真篇》参之,方有究竟。"这是对《精神训》核心思想与不足之处的评价。茅坤认为,此篇阐述养生思想,也多从老庄中来,但对"性命之秘"的阐述散漫,有许多未尽之处,可与北宋张伯端的《悟真篇》相互参究。

茅坤总评《本经训》说:"此篇立论多幻眇,不相联贯,而其中亦自锦心绣肠,囊括今古,试采览之以备经生,言亦所称一字千金也已。"这是对《本经训》优缺点的评价。优点是内容囊括极广,语言富丽堂皇,缺点是立论多玄幻空虚,且各部分之间不能有机联贯。客观而言,茅坤此评确实切中要害。

茅坤总评《主术训》说:"此篇论人主之术,大都重无为二字,后虽蔓衍千余言,要不出此根株。盖皆原于老氏道德之意。"这是对《主术训》核心思想及其渊源的评价。在茅坤看来,此篇畅谈人主统治之术,而其本根则在于"无为"二字,它源自老子所谓的道德。茅氏此评也近实,但忽略了《主术训》后半篇对法家、儒家思想的摄取。

茅坤总评《道应训》说:"此篇大段以弱为强,以柔为刚,以晦为明,不饰于外而求之内,不必胜人而能反己,以渊默为道,而天下服之为应。"这是对《道应训》主要内容与核心思想的高度提炼,大体符合事实,反映了茅坤对《老》《庄》思想的把握程度。

茅坤总评《诠言训》说:"天下事物同归一理,圣人得其所御,余非所尚也。一者,虚而无为也,中间反复博喻,咸不出此。"这是对《诠言训》主旨的提炼。茅坤认为,《诠言训》旨在阐明圣人得一之理,即虚而无为之理。依茅氏之见,此篇亦是本之于老庄。

茅坤总评《兵略训》说:"错综诸兵家之说,而持论近正。"这是对《兵略训》之构成与内容的评价。从构成来说,此篇是各种兵家言论的汇集;从内容来说,此篇不像其他篇目一样五花八门,而是较为平实,近于纯正。显然,茅坤是以儒家正统观念为标准来评价此篇。这种情况还经常出现在其他的具体评点之中。

茅坤总评《说山训》说:"山止有常,物亦生焉。人止于道而无为,如山之有常,亦无乎不为矣。中间转折变化,博喻无方,无非要人专一于道耳。"总评《说林训》又说:"《淮南·说林》并剿诸家之言,颇漫然,予故不为评隲。"《说山》《说林》两篇,性质相同,都是诸家之言的辑录和拼凑,并无中心思想的支配。茅坤之评,称赞《说山》而否定《说林》,可谓厚此薄彼。

茅坤总评《人间训》说:"损益、利害、祸福之类,相为倚伏。是非、功罪、毁誉之相反,亦天下至理。唯心之至明者能识之。终篇不外此意。"这是对《人间训》中心思想的高度概括,颇近于事实。

茅坤总评《要略》篇说:"此淮南自叙也,而文多牵合,较班马自叙不类远甚矣。"这是对《要略》性质和写作水平的评价。很明显,茅坤作了一个负面的评价。他认为,《要略》篇的性质,与司马迁的《史记·太史公自序》、班固的《汉书·叙传》相同,都是一书之自序。茅坤之前的学者,均未提及这一点,因此,茅坤的认识自有其价值。然而,在茅坤心目中,《要略》的文字大多牵强凑合,其水平要远低于班、马之自序。但事实上,班固写自序,模仿司马迁,司马迁写自序则受《要略》影响,茅坤并未看到这一点。

综上所述,茅坤对《淮南子》各篇的总评,大多是他在认真研究之后得出的结论,绝非泛泛之谈可比。从这些总评来看,茅坤对《淮南子》一书存在四个主要认识:一是《淮南子》本质上属于道家典籍,与《老》《庄》关系最紧密;二是《淮南子》的核心观念在于"无为""性命""养神";三是《淮南子》很多篇章都是靠抄袭、拼合诸家言论而成,结构松散,上下不联贯;四是《淮南子》的语言大多富丽锦绣,不类经史。

第二节 茅坤对《淮南子》文本的细致分析

就文学作品而言,对其文本的细致分析,就必然要涉及到它的谋篇布局和关键词句等问题。茅坤受八股教条思想影响,也十分在意这些问题。他说:"宋诸贤叙事,当以欧阳公为最。何者?以其调自史迁出,一切结构裁剪有法,而中多感慨俊逸处,予故往往心醉。曾之大旨近刘向,然逸调少矣。王之结构裁剪极多镵洗苦心处,往往矜而严、洁而则,然较之曾,特属伯仲,须让欧一格。至于苏氏兄弟,大略两公者文才疏爽豪荡处多,而结构裁剪四字,非其所长。"[①]并告诫他的子侄辈作文时应做好"认题""布势""调格""炼辞""凝神",应讲究"开阖""首尾""经纬""错综"之法。这些观念肯定影响到了他对《淮南子》文本的分析。茅坤分析《淮南子》文本,主要做了三方面的工作:

一、梳理某些篇章的主要脉络

《淮南子》成于众手,虽然全书布局事先设有规划,但在诸篇中拼凑、紊乱等现象仍较常见,因此,梳理各篇的主要脉络,就显得很有必要。然而,《淮南子》很多篇章少有严密脉络可言,故茅坤只对其中少数篇目,如《原道训》《俶真训》《本经训》《兵略训》等,作了脉络梳理。今取《原道训》《俶真训》为例,列表如下:

---

① 茅坤《茅坤集》,浙江古籍出版社1993年,第832页。

茅坤梳理《原道训》《俶真训》主要脉络一览表

篇名	正文	茅坤评点	使用术语	脉络走向
原道训	"夫道者,覆天载地"至"凤以之翔"。	以上先极言道之大而微妙,非至人不能得。	以上、先	道大微妙 ↓ 得道至人 ↓ 人不如天 ↓ 水之至德 ↓ 形容至德 ↓ 至德之乐 ↓ 失得不乐 ↓ 反诸心性 ↓ 忧乐可齐 ↓ 性命所安 ↘ 形气神
	"所谓天者"至"与俗交者也"。	以上无非说人之不如天处,至此才明白揭出之耳。	以上、至此	
	"天下之物,莫柔弱于水"至"与万物始终,是谓至德"。	以下极力形容水处,正是说至德。借水极形容至德,而后实以老氏之言,读其文可想见清净无为之妙。	以下、后	
	"夫水所以能成其至德于天下者"至"若背风而驰,是谓至德"。	直从水上影出"至德"二字,却形容至此。源源本本,殆无止极,以下又言至德之乐。	至此、以下	
	"失其得者也"至"亦必不胜其任矣"。	以下言失其得而不乐者,由其得于中。所以不得于中者,由不能反诸心性。盖心性即前所谓一。此教人入道之扃钥也。	以下、前	
	"性命之情,处其所安也"至"此三者,不可不慎守也"。	得道者能齐忧乐,由性命之情处其所安,至后才以形气神剖出性命来。	至后	
	"今夫狂者之不能避水火之难"至篇末。	论至道而结之以形气神,此长生久视之左道也。至如委衣发机,则尤老氏宗旨矣。汉儒议道之不醇如此。	结之	

续表

篇名	正文	茅坤评点	使用术语	脉络走向
俶真训	"有始者"至"至妙何从及此哉"。	前借庄生语立论,而释之止此。	前借、止此	借庄立论 ↓ 古之真人 ↓ 得一之道 ↓ 及世之衰 ↓ 反其虚无 ↓ 至德之世 ↓ 有系于世
	"孰肯解构人间之事"至"无所概于志也"。	真人所以不解构人间,由其得一之道故,如下文所云。	下文	
	"夫贵贱之于身也"至"非得一原,孰能至于此哉"。	结前"得一之道"一段。	结前	
	"及世之衰也,至伏羲氏"至"失其大宗之本"。	羲氏以下凡四段,其意递降而衰,总欲反其虚无,以成至德之世。	以下	
	"亦有系于世者矣"至篇末。	此至末旁引曲证,并言体道之有系于世。	此至末	

由上表可知,茅坤的梳理虽然不是很全面,跳跃性较大,但基本能将篇中的主要脉络梳理清楚。相较而言,《原道训》脉络的梳理更有成效,为读者阅读此篇起到了类似导读的作用。特别是篇末所论形、神、气一段文字,茅坤认为是养生上的旁门左道,并把它作为主干脉络所歧出的一条支线,正好能够说明《淮南子》议论驳杂的缺点。此外,对一些结构简单的篇章,茅坤只是摘取其中语句,用以点出其主要脉络。如《地形训》:"东西为纬,南北为经;山为积德,川为积刑。"茅坤评曰:"'东西为纬'四句,此《地形》之脉络处。"前两句总结客观的地形环境,后两句连接地形与人的关系,这便是茅氏所说的"脉络处"。茅坤在梳理文章脉络时,还使用过"一冒"这个术语。《道应训》:"太清问于无穷,……孰知形之不形者乎!"茅坤评曰:"以前是一冒,后历举其事,证以《老》言,至终篇皆不出刚柔、强弱、晦明等意。"所谓一冒,即指文章开头的一个引子,其作用在于引出下文。茅氏认为,太清、无穷的对答是作为一个引子,引出后面以事证《老》的全部内容。这个术语在明代评点中较常见,有时又称"冒头"。

由茅坤梳理《淮南子》文本脉络的事例来看,他具有很强的文章结构与组织意识,常以此批评汉儒不善文章组织的弱点。如《本经训》:"天爱其精,地爱其平……莫虚莫盈,是谓真人。"茅坤评曰:"无故插入'真人'一段,此汉儒不及整顿处。"所谓无故，实际上是批评作者在文章组织方面的随意性。茅氏也因此扩大到批评汉儒这一整个群体上，从中可以见出注重文章法度的意识之强。客观地说，茅坤对《淮南子》文本脉络的梳理还不完善，方法也较为粗疏，但对后来学者这方面的工作产生了影响，从而出现了为整篇文章划分段落的成熟的文本梳理方法。

二、点出前后文的照应关系

对于前后文的照应关系，茅坤喜欢使用"应前"（约12次）、"即前"（约9次）、"结前"（约5次）、"前所谓"（约5次）、"应"（2次）、"唤应"（1次）等术语予以点出。"应前"，如《地形训》："各有以生，或奇或偶。"茅坤评曰："奇偶之数，应前'照之以日月'四句。""即前"，如《主术训》"夫人主之听治也"，茅坤评曰："自此至'天下不足有'，即前段意，特复言之耳。""结前"，如《缪称训》："言无常是、行无常宜者，小人也。察于一事、通于一伎者，中人也。兼覆盖而并有之、度伎能而裁使之者，圣人也。"茅坤评曰："以三等人结前治乱兴亡祸福成败之意，尽矣。""前所谓"，如《齐俗训》："所谓明者，非谓其见彼也，自见而已。"茅坤评曰："前所谓自见，此复申之。""应"，如《览冥训》："物固不可以轻重论也。"茅坤评曰："物不可以轻重论，应'得失之度，深微窈冥'。""唤应"，如《主术训》："人莫得自恣，则道胜，道胜而理达矣，故反于无为。"茅坤评曰："又以法籍礼义反于无为，与前相唤应。"可见，茅坤注意点出前后文照应关系的意识十分明显。

此外，茅坤还特别提到双双照应这个问题。《本经训》："处丧有礼矣，而哀为主；用兵有术矣，而义为本。"茅坤评曰："处丧用兵，应前而事亲有道。朝廷有容，前则未之见。盖古人文字有借宾形主之法。"他认为，"处丧用兵"照应"事亲有道"，而"朝廷有容"未见照应者。"借宾形主"一语，常见于古文评点之中。在这里，"处丧用兵"属宾，"事亲有道"为主，以"处丧用兵"来形容"事亲有道"，即所谓借宾形主之法。客观地说，茅坤注重点出前后照应关系，有助于读者更快地掌握《淮南子》的文本结构。

三、指明某些篇章的核心语句

为了强调核心语句的地位和价值，茅坤多冠以"关节""要领""总领""本旨"等字眼。例如，《原道训》茅坤评曰："'无为为之而合于道'二语，一篇关节。"《俶真训》茅坤评曰："'生于有'一句,《俶真》本旨。"《天文训》茅坤评曰："天吏、天使、天期、天忌,乃一篇要领。"《地形训》茅坤评曰："九州岛、八极、山塞、泽薮、风水,《地形》之总领,下则详次之。"有时会更直接、更具体地指明核心语句的价值。如《主术训》："心欲小而志欲大,智欲员而行欲方,能欲多而事欲鲜。"茅坤评曰："'心欲小'三句,曲尽君子养德养身之要。历代瓌瑰奇特之士,所以能置建鸿业,声施后世,未有不由此而成之者。《淮南》一书往往多慌浪不雅驯,此数言则有裨于世教非浅。读者当沉用而自得之。"在茅氏看来,这三句话不仅说尽修身养德的要害,还对社会教化很有帮助,要求读者自悟而施用。又如《诠言训》："为治之本,务在于安民。安民之本,在于足用。足用之本,在于勿夺时。勿夺时之本,在于省事。省事之本,在于节欲。"茅坤评曰："数句论为治之道,最关大体,最切日用。"连用两个"最"字,表明茅氏对这些语句的极高赞赏,认为不仅触及了治道的根本,更是切近民生日用。总之,茅坤对核心语句的指明,确实有助于读者快速把握文章的核心思想。

第三节　茅坤对《淮南子》文意的深层挖掘

对文意的深层挖掘,实际上是文本分析的深度延伸。显然,对文意的深层挖掘,要建立在对文本表层意义即字面含义的疏解之上。茅坤评点《淮南子》,文意疏解成了最主要的任务。为方便读者阅读,他大量疏解文本的表层意义。为使评点富有深度,他又不忽视挖掘文本的深层意义。而这一点恰好能够反映茅坤评点《淮南子》的思想水平。下面就茅坤对文意深层挖掘的方法及体现出的倾向作一讨论。

一、茅坤挖掘文本深层意义的方法

（一）归纳求理

所谓归纳求理,是指茅坤善于从《淮南子》所阐述的事象、物象中抽出相应的玄理。先秦两汉的诸子之书,大都以形象说理,以寓言说理,以史事说理,致使很多文本的深层意义含而不露,为评点者点明和挖掘文本的深层意义留下了空间。这一方法在茅坤评点中最常见。

例如,《览冥训》："今夫地黄主属骨,而甘草主生肉之药也,以其属骨,责其生肉,以其生肉,论其属骨,是犹王孙绰之欲倍偏枯之药,而欲以生殊死之人,亦可谓失论矣。若夫以火能焦木也,因使销金,则道行矣;若以磁石之能连铁也,而求其引瓦,则难矣。"茅坤评曰:"观药与火石,且体有定,所谓顺之者利,逆之者凶。"每种药有每种药的功效,火既可焦木又可销金,磁石连铁却不能引瓦,茅坤从中归纳出物有定性的深层意义,对于现实的作用就是顺之则利,逆之则凶。

又如,《主术训》:"故先王之法,畋不掩群,不取麛夭,……孕育不得杀,鷇卵不得探,鱼不长尺不得取,彘不期年不得食。"茅坤评曰:"'畋不掩群'至'彘不期年不得食',与《王制》互有明证。大略皆王者田狩之礼,顺时序,广仁意也。"显然,茅氏从"畋不掩群"等事象中,得出了顺应时序、广被仁意的深层意蕴。

再如,《说山训》:"坏塘以取龟,发屋而求狸,掘室而求鼠,割唇而治龋。"茅坤评曰:"因其小而害其大。"取龟、求狸、求鼠、治龋,皆为小利,而坏塘、发屋、掘室、割唇,皆是大害,茅坤由此归纳出因小害大的深层意义。

(二)演绎求理

所谓演绎求理,是指茅坤将他总结出的某篇核心观念贯彻至对该篇具体文本的解释之中,有时也指他运用原书观点解释原书文本。这一方法在茅坤评点中也很常见。例如,《诠言训》的核心观念是天下同归一理,即虚而无为,茅氏用以挖掘多个具体文本的深层意义。《诠言训》说:"故好智,穷术也;好勇,则轻敌而简备,自负而辞助。"茅坤评曰:"智勇即非一。"好智、好勇,都不符合虚而无为之一理。《诠言训》又说:"圣人胜心,众人胜欲。"茅坤评曰:"胜心则不害性,斯能执一。"众人胜欲而害性,所以不能虚而无为,圣人反是。《诠言训》又说:"三人同舍,二人相争,争者各自以为直,不能相听,一人虽愚,必从旁而决之,非以智,不争也。"茅坤评曰:"甚言不知一之害。"不知虚而无为之一理,各自为是,故有相争之害。此外,《俶真训》《精神训》两篇,茅坤在挖掘深层意义时多贯以"养神"的观念;而《主术训》《说山训》两篇,茅坤在挖掘深层意义时多贯以"无为"观念。

茅坤有时也会先总结出观点,再将它推及到具体的人事,可谓是归纳与演绎同用。例如,《主术训》:"故握剑锋,以离北宫子、司马蒯蒉不使应敌;操其觚,招其末,则庸人能以制胜。今使乌获、藉蕃从后牵牛尾,尾绝而不从者,逆也;若指之桑条以贯其鼻,则五尺童子牵而周四海者,顺也。夫七尺之桡而制船之左右者,以水为资;天子发号,令行禁止,以众为势也。"茅坤评曰:"握剑、牵牛、制船三喻,俱见发号施令者当顺其势,则防民之所害,开民之所利是已。桓公顺之则伯,纣逆之而为独夫。势可不审哉?"先从三个事象中抽出"顺势"之理,再推及至齐桓公、商纣王。又如,《说山训》:"神蛇能断而复续,而不能使人勿断也。神龟能见梦元王,而不能自出渔者之笼。"茅坤评曰:"能于此而不能于彼,皆非至德。人之入道,所得不同,亦犹是也。"先从两个事象中抽出"能此不能彼非至德"之理,再推及至人之悟道。

(三)因果求理

所谓因果求理,是指茅坤注意揭示事象、物象的因或果,从而得到文本的深层意义。这一方法也不在少数。例如,《原道训》:"是故好事者未尝不中,争利者未尝不穷也。"茅坤评曰:"争利者必穷,是以古之圣人以不争致治。"因为争者必穷,所以不争能致治。又如,《俶真训》:"若夫墨、杨、申、商之于治道,犹盖之无一橑,而轮之无一辐,有之可以备数,无之未有害于用也。"茅坤评曰:"墨、杨、申、商于治道各有所偏,由其不达同异之理。"百家异说,各有所偏,是因为不明白同与异的道理。再如,《泰族训》:"楚国山川不变,土地不易,民性不殊,昭王则相率而殉之,灵王则倍畔而去之,得民之与失民也。"茅坤评曰:"此纵己之欲,而不能得民者,不知养身也。"楚灵王失民,是因为他放纵己欲、不知养身的结果。茅坤通过揭示因果关系来求取文本深意,显然可以启发读者的进一步思考。

(四)反向求理

所谓反向求理,是指茅坤善于从《淮南子》文意的反向去揭示文本的深层意义。这一方法在茅坤评点中也不少。例如,《精神训》:"夫天地之道,至纮以大,尚犹节其章光,爱其神明。"茅坤评曰:"天地之章光不节,神明不爱,则薄蚀毁折往往而见。"通过反向思维,使读者进一步认识到天地"节其章光""爱其神明"的重要性,从而由天地推及人事。又如,《说山训》:"事或不可前规,物或不可虑,卒然不戒而至,故圣人畜道以待时。"茅坤评曰:"不以时至而为道。"通过反向思维,为读者进一步强调人应该为道以待时,而不应该时至而为道。再如,《修务训》:"世俗之人,多尊古而贱今,故为道者必托之于神农、黄帝而后能入说。"茅坤评曰:"学贵通时,得其略而不得其微,鲜不以古今为是非矣。"尊古贱今的反面,即是无古无今、即古即今,茅坤由此挖掘出"学贵通时"的深层意义,用以说明学问若不贯通古今、略微俱得而终致尊古贱今的道理。

（五）类比求理

所谓类比求理，是指茅坤善于借助文本的一个意义，通过类比，从而得到文本的另一个深层意义。例如，《主术训》："吞舟之鱼，荡而失水，则制于蝼蚁，离其居也。"茅坤评曰："鱼不可脱于渊，国之利器不可以示人。此汉儒盖祖其意而支其词者。"《老子》中的这句话，与《主术训》所言意义接近，茅坤将两者类比，从而为原有文本增添了"国之利器不可以示人"的深层意义。又如，《说山训》："雨之集无能沾，待其止而能有濡；矢之发无能贯，待其止而能有穿；唯止能止众止。"茅坤评曰："人必至于止，而后能有为。"雨止才能濡，矢止才能穿，茅氏由此类比，得出人止才能有为的深层意义。再如，《说山训》："狸头愈鼠，鸡头已瘘，蚘散积血，斲木愈龋，此类之推者也。膏之杀鳖，鹊矢中猬，烂灰生蝇，漆见蟹而不干，此类之不推者也。推与不推，若非而是，若是而非，孰能通其微！"茅坤评曰："用之赖于无用，无为之可以有为，亦若推与不推之类耳。"自然世界中，事象、物象之间存在类推与类不推的微妙关系，而茅氏将其类比至抽象的用与无用、无为与有为之间的微妙关系，虽然不一定恰当，但为原有文本增添了一种新的思维视野。

二、茅坤挖掘文本深层意义的倾向

我们知道，任何一个评点者在评点作品时，都不可能保持一种纯客观的态度，或多或少都会流露出主观的倾向。其实，这有时并不是坏事，反而能使评点者的评点更富有个性。茅坤评点《淮南子》也同样如此，尤其是在挖掘文本深层意义时，所体现出来的主观倾向更加明显。

（一）维护儒家道统的倾向

虽然茅坤提倡学习唐宋古文，但他一直主张文章的内容应该阐发六经之旨，维护儒家道统。茅坤在《唐宋八大家文钞序》中说："孔子之所谓其旨远，即不诡于道也；其辞文，即道之灿然，若象纬者之曲而布也。斯固庖牺以来人文不易之统也。"[1]又说："之八君子者，不敢遽谓尽得古六艺之旨，而予所批评，亦不敢自以得八君子者之深。要之，大义所揭，指次点缀，或于道不相戾

---

[1] 张梦新校点《茅坤集》，浙江古籍出版社1993年，第490页。

已。"①不诡于道、得古六艺之旨、于道不相戾,都明显反映了茅坤维护儒家道统的意识。这种意识在挖掘《淮南子》文本深意时亦有流露。

例如,《俶真训》:"是故道散而为德,德溢而为仁义,仁义立而道德废矣。"茅坤评曰:"非诋仁义,与下'牺尊沟断'之喻,俱祖庄生,盖其意惟欲养神,而得其本性。"显然,原书是把"仁义"与"道德"对立,既赞"道德",则斥"仁义"。茅坤从维护儒学出发,否定了文本原意,以新的角度挖掘了文本的另一层深意。

又如,《精神训》:"夫颜回、季路、子夏、冉伯牛,孔子之通学也。然颜渊夭死,季路菹于卫,子夏失明,冉伯牛为厉。此皆迫性拂情而不得其和也。"茅坤评曰:"颜渊、季路、子夏、伯牛,学虽各有差,岂不所称至人、真人耶?其夭死而菹、失明而厉,天厄之也。谓迫性拂情而不得其和,汉儒之驳而不搀之道如此。"又评曰:"子夏战胜故肥,反何以前谓迫性拂情而不得其和?"字里行间表露出茅坤对原书批评颜渊、子路、子夏、伯牛"迫性拂情"的不满,不仅认为此四人的悲惨结局是缘于天厄,还称誉此四人为至人、真人,并反批汉儒存在不以儒家道统为正的缺点。

再如,《道应训》:"文王砥德修政……文王乃遂其谋。故老子曰:'知其荣,守其辱,为天下谷。'"茅坤评曰:"文王能保身于无道之时,在圣人自无死地,非老氏之说也。"不认同原书用文王韬光养晦、终克纣王一事来印证老子之说,显然是茅氏道家不能与儒家同列的潜意识的流露。

此外,茅坤有时还运用理学思想来挖掘文本的深层意义。如《缪称训》:"情系于中而欲发外者也。"茅坤评曰:"道以修己,诚中形外,治之矩凿也。""诚中形外"这个概念常见于朱熹理学,茅坤用之,亦是以儒学正统自居的反映。

(二)比附道教理论的倾向

刘安自身爱好神仙方术,后又被纳入道教仙谱,其《淮南子》亦多见神仙方术这方面的内容。茅坤评点《淮南子》,不仅提到了《参同契》《悟真篇》等道教典籍,还用具体的道教理论比附相应言论。这种比附道教理论的倾向,集中反映在他评点《精神训》一篇中。

例如,《精神训》:"精神盛而气不散则理,理则均,均则通,通则神,神则以视无不见,以听无不闻也,以为无不成也。"茅坤评曰:"盛言保其精神之益,紫

---

① 《茅坤集》,第491页。

霄真人云：'含之则为元精，用之则为万灵。'可为印证。"紫霄真人，即谭峭，五代南唐道士，有《化书》传世。茅坤所引两句，即出自《化书·道化》，原文作："藏之为元精，用之为万灵。"① 此处，茅氏是以"元精"比附"精神"，以"万灵"比附"无不见""无不闻""无不成"。

又如，《精神训》："有精而不使，有神而不行，契大浑之朴，而立至清之中。"茅坤评曰："此神家尘芥六合之意，非忘形以养气、忘气以养神者不能发。所论似秘密，藏未示人者。"所谓神家，即神仙家，也指道士。茅氏以道教养气、养神理论加以比附，使之更显神秘。

再如，《精神训》："是故其寝不梦，其智不萌，……终始若环，莫得其伦。此精神之所以能登假于道也。"茅坤评曰："精神登假于道，即近世方士所修，称炉鼎、药物、火候而结胎入圣之论。其时李少君、文成、栾大诸人方以此说递相进达，故淮南所招致儒者，多剽其外郛而革之耳。"近世方士，是指会炼丹的道士。吕祖谦《诗律武库·仙道门》："道家以烹炼金石为外丹；龙虎胎息、吐故纳新为内丹。"② 茅坤所谓炉鼎药物云云，则属道教外丹派的理论。他由此认为，刘安及其宾客是剽窃了李少君等人的理论，略作修改而写入《淮南子》。这个观点看似新人耳目，但实是本末倒置之论。刘安早在汉武帝之前就迷恋神仙方术，他的淮南国也是当时著名方士的聚集之地，可谓仙道中心。况且李少君之类，亦不如八公之徒，故茅氏所论实为本末倒置。

（三）比附佛教理论的倾向

茅坤不仅熟悉道教，也颇谙佛理，他的很多诗文都有引证或谈论佛理的情况。这说明茅氏虽以维护、发扬儒学道统为己任，但并不因此而排斥佛、道。他在评点《淮南子》中，以佛理相比附，也是这种意识的流露。

例如，《原道训》："能至于无乐者，则无不乐；无不乐则至极乐矣。"茅坤评曰："非深知至德之乐，不能说得如此快人。沉而悟之，可涉释氏真空境界。"真空是佛经中常见的概念，各派对它的具体解释不同，但大略不脱"即色之空"

---

① 谭峭《化书》，《中华道藏》第 26 册，第 98 页。茅坤还有一些评点是取自《化书》，例如，《精神训》茅坤评曰："老枫化为羽人，朽麦化为蝴蝶，则自无情而之有情；贤女化为贞石，山蚯化为百合，则有情而之无情。此千变万化未始有极也。"其中"老枫化为羽人"至"有情而之无情"一段出自《化书》"老枫"一条。又此篇茅坤评曰："冬篝夏裘，此设为外物无所用之喻。人惟欲关不破，此其趋身入世路之罗网，为悲人。知其无用则粉块求空，见空而不见块，又何烦恼障碍之有？"其中"粉块求空，见空而不见块"一句出自《化书》"蛇雀"一条。

② 见吴文治《宋诗话全编》，江苏古籍出版社 1998 年，第 6388 页。

即真空之义。茅坤以真空境界比附"无乐而无不乐",差强人意。

又如,《精神训》:"夫静漠者,神明之宅也;虚无者,道之所居也。"茅坤评曰:"'静漠者神明之宅,虚无者道之所居',故老者以性命为宗旨,而以有欲无欲观其窍妙,卒归之致虚守静,以观其复。佛者以虚寂为宗旨,绝情去念,不落言铨,而要归之不即不离,以为究竟法。此二氏之所以玩忽世事,吐弃物理,而全其精神者。"唐代僧人澄观说:"以空中无色,故色不即空。以离色无体,故空不离色。不即不离,方为真空。"① 可见,不即不离实为真空境界,故要绝情去念,不落言铨。茅坤以之比附"静漠""虚无",认为都是保全精神的法门。

此外,茅坤的其他评点中,还出现六根、六尘、六识、心一有着、无为之体等佛道共有之术语,表明他用佛道宗教理论来比附《淮南子》的倾向确实较为明显。当然,以维护儒学道统为己任的茅坤对佛道二教也有微词。如《俶真训》:"是故圣人内修道术,而不外饰仁义,不知耳目之宜,而游于精神之和。若然者,下揆三泉,上寻九天,横廓六合,揲贯万物,此圣人之游也。若夫真人,则动溶于至虚,而游于灭亡之野,骑蜚廉而从敦圄,驰于方外,休乎宇内,烛十日而使风雨,臣雷公,役夸父,妾宓妃,妻织女,天地之间,何足以留其志!"茅坤评曰:"内修道术而外饰仁义,释迦之圣如此。篇中多以圣人真人并言,盖溺于冲举黄白之术者,岂其时神仙盛行,世儒争习为侈谈欤?臣雷公四句,具是画个虚无影子。"批评佛家内修道术又外饰仁义,足以迷惑众生,又批评方士所沉溺的神仙世界,不过是虚无影子。

(四)批评其人其书的倾向

茅坤的评点很有个性,常常有感而发,遇到不满意、不认同的观点时也直言不讳加以批评。茅坤不仅从整体上批评《淮南子》的驳杂不纯,批评作者的组织无序,也从局部上批评其中的某些具体内容。

茅坤批评刘安,如《诠言训》:"故不为善,不避丑,遵天之道;不为始,不专己,循天之理。不豫谋,不弃时,与天为期;不求得,不辞福,从天之则。不求所无,不失所得,内无旁祸,外无旁福。祸福不生,安有人贼!"茅坤评曰:"刘淮南论祸福之理最祥,而此又归之天理,可谓不诡于道,然卒以反见诛,安在其能言哉?"茅氏首先肯定了刘安所阐述的祸福之理,认为它与儒家之道相合,转而批判刘安能言不能行、终被诛灭的错误。茅坤这种论调在明代较为常见,或

---

① 澄观《华严法界玄镜》,《中华大藏经》第 97 册,中华书局 1995 年,第 278 页。

是受了王阳明知行合一思想的影响。

　　茅坤批评书中观点,如《本经训》:"帝者体阴阳则侵,王者法四时则削,霸者节六律则辱,君者失准绳则废。"茅坤评曰:"侵削废辱,见帝者、王者、伯者、君者,其职各不可乱。味其旨,亦迂且诞矣。"对于《淮南子》这种刻板的观点,茅氏批评它是既迂且诞。所谓迂,即迂阔、迂腐;所谓诞,即夸诞、荒诞。可见,批评之语气是极严厉的。又如《诠言训》:"无以天下为者……不得其道,伎艺虽多,未有益也。"茅坤评曰:"此段议论亦本圣人恭己无为、执简御烦之说来,却说得玄虚,所以不可见之实用。"批评《淮南子》虽喜谈无为而治,但多是空谈玄理,无实用之处。这实际上也是茅坤对整个道家学说的批评。

　　茅坤有时还针对注文提出批评。如《主术训》:"凡此六反者,不可不察也。"高注:"六反,谓孔、墨、苌弘、孟贲、吴起、张仪也,其行相反,故曰六反也。"茅坤评曰:"六反,盖指心欲小志欲大、智欲员行欲方、能欲多事欲鲜六者之反也。注中所谓六反,觉牵合不可解。"对高诱以六人指称六反,茅坤表示不解,认为有牵强附会之弊。茅氏的这个观点,在清代得到了回应。俞樾云:"高注大谬。上文虽有此六人,然非举以相较。苌弘、孟贲,不过谓孔子之智勇过此二人耳,初非言其相反也。六反者即上文所谓'心欲小而志欲大,智欲员而行欲方,能欲多而事欲鲜'也。小与大反,员与方反,多与鲜反,是谓六反。"[①] 当是受了茅坤的启发。

第四节　茅坤对《淮南子》文章技艺的揭示

　　有明一代,举业昌盛,在这种风气的刺激下,文章评点之学暴兴,尤其是文章写作技法方面的评点可谓大行其道。茅坤评点《史记》,评点唐宋八大家文,都是从文章学入手,最后又是以文章学为旨归的。他评点《淮南子》也不例外,特别重视对《淮南子》文章技艺的揭示,主要从语言风格、说理方式、神话传说等方面展开。

一、对《淮南子》语言风格的评点

　　《淮南子》虽内容庞杂,观点歧出,但语言风格却出奇地一致,显然经过了

[①] 见张双棣《淮南子校释》(增订本),第 1048—1049 页。

雅好辞赋的刘安的裁剪。茅坤通过对《淮南子》具体篇目的评点,体现他对《淮南子》语言风格的认识和体悟。例如:

茅坤总评《原道训》语言风格时说:"此篇兼括道术,……其文烂焉如绣。"评点其具体文字时说:"二皇得道,而神与化游,以抚四方,尽力摹拟,愈有生色,不厌其词之复。"又说:"得道之大丈夫,……其言洸洋不羁,可为达者道。"

茅坤总评《览冥训》的语言风格时说:"《览冥》语多无次,特撼异典,联缀其间。"评点其具体文字时说:"极力形容博士家采入时艺,中则富丽绝人矣。"

茅坤评点《精神训》具体文字时说:"埏埴、汲水二喻……其文势烟波娟娜。"又说:"此一段,其言荒忽虚幻,令人窅无入手处。"

茅坤总评《本经训》的语言风格时说:"此篇立论多幻眇,不相联贯,而其中亦自锦心绣肠,囊括今古,试采览之以备经生言,亦所称一字千金也。"评点其具体文字时说:"下'五遁',铺张甚丽,即赋三都者尚不能争步。"

茅坤总评《主术训》的语言风格时说:"《淮南》一书,往往多慌浪,不雅驯。"评点其具体文字时说:"以下俱论仁智,其词多属孟浪,观者当求之骊黄之外。"

上述十一条评点中,"烂焉如绣""富丽绝人""锦心绣肠""铺张甚丽"都是描述《淮南子》语言的富丽多彩,"洸洋不羁""荒忽虚幻""烟波娟娜""慌浪""孟浪"都是描述《淮南子》语言的放荡荒诞,"语多无次""不厌其词之复"都是描述《淮南子》语言的繁芜复沓。客观地说,茅坤所归纳的这三个方面基本能够反映《淮南子》的语言特征。

富丽多彩、繁芜复沓近于辞赋之风,放荡荒诞则近于庄子文风。淮南王刘安及其宾客都热爱辞赋创作,刘安曾亲撰《离骚传》,显然深受楚地骚赋的熏陶。《淮南子》语言染有辞赋色彩,实不足为怪。另一方面,刘安也热爱老庄义理,《淮南子》引用老子约有60余处,仅《道应训》篇就52处,暗引、暗用《庄子》多达220余处。《淮南子》多放荡荒诞之言,多怪异不俗之论,也在情理之中。骚赋与《庄子》这两者语言的融合,便造就了《淮南子》独特的语言风格。

《本经训》叙写"五遁"一段,华靡纤秾,铺张扬厉,茅坤认为即使是左思之流也不能与之争步。但从古文创作来看,茅坤对《淮南子》这种语言风格显然有所批评,即所谓"不雅驯"。"不雅驯",是说《淮南子》的语言不典雅纯正,不古朴平实,不符合儒家经典。这与茅坤的古文理论具有内在关联。从司马迁到刘向、班固,到韩愈、柳宗元,再到欧阳修、三苏、王安石、曾巩,这条古文创作路线一直为茅坤所仰慕,韩、柳、三苏的古文理论亦为茅坤所接受。他说:"文不本之六籍以求圣人之道,而顾沾沾焉浅心浮气,竞为拮据其间,譬之剪彩而花,其所炫耀熠燉者,若或目眩而心掉,而要之于古作者之旨,或背而驰矣。"①明显是以宗经、载道为其文章创作之本,反对过分使用炫目耀眼的言辞。茅坤还刻意模仿司马迁、欧阳修等人的文章,高举古雅的散文格调,宣扬其说:"吾为举业,往往以古调行今文……将吾所为文打得一片凑泊处,则格自高古典雅。"②若用茅坤的这种古文追求和创作标准来衡量《淮南子》华美的文风,自然就不符合他的审美规范,其评点中挟有非议,亦是情理所至。

尽管《淮南子》的语言风格不为茅坤看重,但精彩之处仍然能打动茅坤,令他玩赏不已。例如,他评点《精神训》具体文字时说:"绞经为福,死为休息,读之慨然人世之感。"又说:"轻、细、齐、同四字,俱下得有深味,观尧禹等事自明,从此悟入,亦不二法门。"评点《主术训》具体文字时说:"'若重为暴','若'字乃助字也,下正言惠与暴所当并重。"除宗经、载道外,茅坤认为文章也需要神理和至情。他说:"今人读游侠传即欲轻生,读屈原、贾谊传即欲流涕,读庄周、鲁仲连传即欲遗世,读李广传即欲力斗,读石建传即欲俯躬,读信陵、平原君传即欲好士。若此者何哉? 盖各得其物之情而肆于心故也,而固非区区句字之激射者。"③又说:"大都近代以来,缙绅先生好摹画《史记》《汉书》为文章,而于公卿士庶志铭传记,特借《史》《汉》之肤发以为工;而于斯人之神理,或杳焉而未之及。"④《淮南子》优美文字的外表下,其实并不缺少神理和至情。上面三条评点,即可反映茅坤通过玩味语言文字来深究其"情"与"理"的一面。

二、对《淮南子》说理方式的评点

先秦以来形成的说理散文的一大传统,便是借助物象规律,或历史故事,或寓言故事,进行说理。《淮南子》虽杂糅天文、地理、历法等方面的知识,但在本根上仍是以说理为主,其说理方式与先秦散文也并无二致。

---

① 茅坤《茅坤集》,第 324 页。
② 茅坤《茅坤集》,第 875 页。
③ 茅坤《茅坤集》,第 196 页。
④ 茅坤《茅坤集》,第 286 页。

茅坤花费了不少笔墨来评点《淮南子》所使用的说理方式。例如，茅坤评点《原道训》具体文字时说："即两喻，句法变幻不同。"又说："又从喻上转若累丸。"评点《俶真训》具体文字时说："喻上转喻，如九层之台。"评点《览冥训》具体文字时说："淮南文往往即自喻上转喻，若累层台，而此篇尤胜。"评点《主术训》具体文字时说："反复以御马喻任人之逸，亦与无为相应。"总评《诠言训》时说："中间反复博喻，咸不出此。"总评《说山训》时说："中间转折变化，博喻无方，无非要人专一于道耳。"评点《说山训》具体文字时说："专一者，感无不通，未有专一于无为而不能有为者，下面喻引多端，要不外此。"评点《泰族训》具体文字时说："博喻法律之不可用。"

在这些评点中，茅坤反复提及"喻上转喻""博喻"两个概念。他所讲的"喻"，实际上就是借助自然物象的某种规律比方抽象的道理。"喻上转喻"是从运用的深度而言，"博喻"则是从运用的广度来说。茅坤所归纳的"喻"，很接近于现在的比喻手法，但又略有不同。如《原道训》："夫临江而钓，旷日而不能盈罗，虽有钩箴芒距、微纶芳饵、娟嫚之数，犹不能与网罟争得也。射者扞乌号之弓，弯棊卫之箭，重之羿、逢蒙子之巧，以要飞鸟，犹不能与罗者竞多。"①此即茅坤所说的"两喻"，无法用现代修辞理论来析分出喻体和本体。作者所描述的只是自然与人事的两种现象，但所包含的却是同一种规律，由此引出作者所要阐述的道理，即"体道者逸而不穷，任数者劳而无功"。这类说理方式在《淮南子》中俯拾皆是，有时喻中含喻，喻上藏喻，所谓"转若累丸""若累层台"，尤见精妙，为茅坤所称道。

除使用比喻外，《淮南子》也大量使用寓言进行说理。所用寓言绝大部分是以历史故事或传说为载体，主要袭用《吕氏春秋》，其余多取自《庄子》。茅氏评点也提及了这一现象，他在评点《道应训》具体文字时说："罔两、光耀之说本《庄子·寓言》，刘淮南又引以证庄老之言，正如梦中说梦。"又说："此亦寓言也，求道者亦若此类，有不得者乎？"所谓"梦中说梦"，正是说《淮南子》取用《庄子》寓言，又引老子之语证明其理。可惜茅坤在这方面的评点很少。

三、对《淮南子》神话传说的评点

《淮南子》一书保存了不少神话故事、异方鬼物，这本是楚人好奇珍、尚鬼

---

① 张双棣《淮南子校释》（增订本），第38页。

神精神的反映,未必能一一指实。而茅坤以文章必本于六经的态度视之,对于《淮南子》某些荒诞的记述提出了怀疑。例如,他评点《地形训》具体文字时说:"邓林与宵明二事恐不实。"评点《览冥训》具体文字时说:"鲁阳公挥日事颇不经,然观瞽师、庶女之贱,精诚尚尔动天,则日反三舍,疑亦得大助矣。"又说:"折胜啸吟,虽出神经怪谍,其真赝殆未可知。"评点《精神训》具体文字时说:"'大泽焚'四句,王倪所以论至人者,读者当知其意,莫把作实话看。"

这几条评点折射出茅坤为文尚实的创作观念。"邓林""宵明"是《地形训》所列举海外三十六国中的两国,当以神话来看,若定要从中判定"实"与"不实",则无意义。"鲁阳公挥日"一事,本属神话传说,茅坤一面认为不合儒家经义,一面又倾向于去相信,表现出矛盾的心态。"折胜啸吟"是"西老折胜,黄神啸吟"的简写,高诱注曰:"西王母折其头上所戴胜,为时无法度。黄帝之神,伤道之衰,故啸吟而长叹也。"[①]这显然属于神话传说,茅坤却要分出个"真赝"。"大泽焚"四句,即"大泽焚而不能热,河汉涸而不能寒也,大雷毁山而不能惊也,大风晦日而不能伤也"四句,是袭用《庄子·齐物论》中王倪的一段话:"至人神矣!大泽焚而不能热,河汉沍而不能寒,疾雷破山、飘风振海而不能惊。若然者,乘云气,骑日月,而游乎四海之外。"[②]这实是庄周幻想出来的一种至人境界,运用了大胆的想象和夸张的叙述手法。如果从文学创作来看,无疑合情合理,能造成很强的感染力。而茅坤一句"莫把作实话看",明显流露出他对于文章虚构特性的认识不足。

四、关于茅坤古文评点的评价

茅坤对《淮南子》文章技艺的揭示,代表了明代学者在《淮南子》文学研究方面的水平。在茅坤之前,注意到《淮南子》文学特征的学者屈指可数,研究者更是寥若晨星。明代中叶以后,古文评点之风大盛,诸子文章得到了前所未有的重视。茅坤率先在他的《淮南鸿烈批评》一书对《淮南子》古文技法进行比较全面的评点。他不仅能从《淮南子》文章的言辞、组织、气势上作出评点,还能观察到《淮南子》文章的说理方式及其内部逻辑,足可以代表当时《淮南子》古文评点的最高成就。其后的袁宏道、张宾王等人皆受其影响。

---

① 张双棣《淮南子校释》(增订本),第710页。
② 郭庆藩《庄子集释》,第96页。

当然，茅坤对《淮南子》散文的评点也无法超越当时已经形成的样式和套路，自身难免存在不足。他的评点多是经验式的感悟，率性而发，给人以零散、浅白之感，不成体系，缺乏深度。例如，茅坤在评点《淮南子》的语言时只是一味强调它的富丽、荒诞，却没有为读者揭示该书的编撰者为何要使用这种语言，以及使用这种语言所产生的文学效果。又如，茅坤多次指出《淮南子》中的比喻说理方式，但并未给读者揭示比喻背后要说明的道理，以及这样使用所产生的文学效果。茅坤的古文评点在认识上也有局限，他盲目将复古派和八股文的理论生搬硬套，尤其对《淮南子》里的神话和传说缺乏远见。尽管如此，茅坤对《淮南子》文章技艺的揭示，仍是明人研究《淮南子》文学特征中最为浓重的一笔。

第六章　明代其他学者对《淮南子》的评点

第一节　袁宏道的《淮南子》评点

袁宏道(1568—1610),字中郎,号石公,荆州公安(今湖北公安县)人,万历十九年(1591)进士。他是晚明公安派领袖,为文主张独抒性灵,不拘格套,反对前后七子的复古论,著述极多,传为他评点的作品还有《韩柳欧苏四大家集》《徐文长文集》《癖颠小史》等。袁宏道对《淮南子》的评点,保存在明末张炜如集评本和《诸子汇函》之中。就数量而言,袁氏评点仅次于茅坤、陈深,在明代《淮南子》学史自有其不可忽视的一席之地。

一、袁宏道《淮南子》评点考略

袁宏道有无评点《淮南子》,现有文献均无明言。唯明末张炜如刊行的《淮南子》集评本,载录袁氏评点达数百条,稍后托名归有光的《诸子汇函》,则载录有五十余条。经核对,《诸子汇函》所录皆同于张炜如集评本,当是抄自该书。由于晚明坊刻本盛行,托名现象较为普遍,即使张炜如所录,亦不敢遽下袁宏道有《淮南子》评点传世的结论,必须略作考察。

首先,张炜如集评本是私刻本,非坊刻本可比。私刻本不以谋利为目的,无论是版本的质量,还是材料的真实性,都要远远高过坊刻本。张炜如在谋刻此本时,做了很多细致的工作。比如,他组织了一班分工明确的人员参与,仅校订者就有冯恺、赵林翘、张炜如、冯惊、郑宗周、陆之遇、陆之远七人,又聘请当时的学术名流陆时雍为校阅者,可谓十分用心。因此,他当然不会像坊刻本一样伪造名人评点,草草完事,以牟取利益。且张炜如所集茅鹿门评点、张宾王评点,皆与传世的茅坤批评本、张榜辑略本一一相合,不可能单独去伪造袁宏道的评点,再加以合刊。此外,张炜如在《凡例》中说:"鹿门具眼,石公近禅,宾王崛起,智镜现焉。嘈嘈众响,无取烦言。质诸三子,要归于玄,故存三子评。"①表明他对当时流传的《淮南子》评点作了认真梳理和研究,特意择取这三人的评点合于一书,并认为袁宏道的评点近禅,由此也可以看出《淮南子》集评本的真实可靠。故袁宏道评点《淮南子》自然也真实可信。

其次,集评本所录袁石公评点,毫无儒学正统之气,反而有离经叛道之嫌,这与袁宏道本人的思想性格大体相合。《俶真训》:"其用之也以不用……其不知也而后能知之也。"袁石公评:"穿却许多圣人鼻孔。"所谓许多圣人,当然不唯孔子是尊。"穿却鼻孔"云云,亦是对圣人不敬之辞。袁宏道在写给张幼于的信中曾说:"昔老子欲死圣人,庄生讥毁孔子,然至今其书不废。"②两说气质相仿。又《俶真训》:"周室衰而王道废,儒墨乃始列道而议,分徒而讼。于是博学以疑圣,华诬以胁众,弦歌鼓舞,缘饰《诗》《书》,以买名誉于天下。"袁石公评:"学术杀人,千古犹一日也,岂独周室之衰为然?"袁氏不为儒学辩护,反而以"学术杀人"将《淮南子》的说法推向更深一层。《本经训》:"晚世学者,不知道之所一体,德之所总要,取成之迹,相与危坐而说之,鼓歌而舞之,故博学多闻,而不免于惑。《诗》云:'不敢暴虎,不敢冯河。人知其一,莫知其他。'此之谓也。"袁石公评:"引《诗》解得妙,章句之儒更不须别为揭搂。"满是对寻章摘句、固守一端的儒者的不屑。又《修务训》:"今取新圣人书,名之孔、墨,则弟子句指而受者必众矣。故美人者,非必西施之种;通士者,不必孔、墨之类。"袁石公评:"安作书,依附庄老,诋斥孔孟,恐其说之不尊,故其言如此。然于迂儒俗学泥古废今之病,亦稍稍摘破,不可以人废言也。"袁氏虽有所辩称,但转而再一次借《淮南子》之文,表达对迂儒俗学贵古贱今的强烈不满,这也契合他一贯反对复古的精神。由上可知,集评本所录袁石公评点,其内涵气质与世儒迥异,颇有离经叛道之嫌,确与袁宏道本人的思想性格相合,故而真实可信。

再次,集评本所录袁石公评点,引证佛典与李贽之言,亦与袁宏道本人的学问渊薮大体相合。《俶真训》:"物岂可谓无大扬攉乎?"袁石公评:"宗乘须着眼得大扬攉。"近人丁福保说:"各宗所弘之宗义及教典云'宗乘',多为禅门及净土门标称自家之语。"③袁宏道一生精研佛学,受其兄长袁宗道的影响,尤擅长禅宗和净土宗,评点中自称"宗乘",便是他佛学背景的客观反映。又《精

---

① 本节所引张烒如集评本之文与袁宏道评点,皆据明天启年间张氏自刻本。
② 钱伯城《袁宏道集笺校》,上海古籍出版社1981年,第501—502页。
③ 丁福保《佛学大辞典》,文物出版社1984年,第758页。

神训》:"精神入其门,而骨骸反其根,我尚何存?"袁石公评:"《圆觉》云:'四大各离,今者妄身当在何处?'即此意。"《圆觉》即《圆觉经》,全称《大方广圆觉修多罗了义经》,在明代甚为流行,禅宗大师憨山有《圆觉经直解》传世。可见,《圆觉经》也是禅宗用于讲习的常见经典,袁氏评点引证此经,也是其禅学背景的反映。《泰族训》:"当今之世,丑必托善以自为解,邪必蒙正以自为辟。游不论国,仕不择官,行不辟污,曰伊尹之道也。分别争财,亲戚兄弟构怨,骨肉相贼,曰周公之义也。"袁石公评:"真可恨可笑,宜乎李龙湖发聩也!"李龙湖即李贽,袁氏三兄弟受他影响很深,常在诗文中亲切称呼他为李龙湖。这一称呼在明代其他学者的作品中非常罕见。据统计,仅袁宏道写给李贽的信中,称呼李龙湖的就有4封,而诗文中提及"龙湖"二字多达20余次。他在给李贽的信中写道:"幸床头有《焚书》一部,愁可以破颜,病可以健脾,昏可以醒眼,甚得力。"① 这种语气,与评点中"宜乎李龙湖发聩也"如出一辙。由上可知,集评本所录袁石公评点,其引证佛典、李贽之言,与袁宏道本人的学问渊薮很是相合,故真实可信,确证无疑。

既然袁宏道评点《淮南子》真实可信,那么他评点的时间也须考量一番。显然,"宜乎李龙湖发聩也"一句成为考察这个问题的关键。揣摩这句话的语气,可知当时李贽还在世。所以,袁宏道评点《淮南子》的下限,应该是在李贽狱中自杀这一年,即万历三十年(1602)。据现有文献记载,袁宏道与李贽面对面的谈学论道只有两次。第一次是发生在万历十九年(1591),袁宏道年方二十四,即携所撰《金屑编》,只身前往麻城龙湖拜访李贽,两人相见恨晚,结为忘年之交,留居龙湖三月有余。第二次是发生在万历二十一年(1593),袁宏道与兄弟袁宗道、袁中道一行五人,再往龙湖拜访李贽,留居十余日,且两人多写有诗文,以记述此次交游。经过这两次谈学论道,两人进一步相知,更加相互倾慕,而袁宏道受李贽的影响也在日渐加深。此后,袁宏道亦常写信与李贽。上文所引信中文字,即是作于万历二十四年(1594)他担任吴县县令之后。这个时期,袁氏大畅性灵之说,应是受李贽影响日渐加深的结果。万历二十七年(1599)袁宏道于京师担任国子监助教,撰写《广庄》,涉及诸子之学。次年,被授为礼部仪制清吏司主事,闲暇日多,开始对宋人著作勤加研习,并批点韩、柳、欧、苏四大家文,自叹:"古人微意,或有一二悟解处,辄叫号跳跃,如渴鹿

---

① 钱伯城《袁宏道集校笺》,第221页。

之奔泉也。"① 综上所述,袁宏道评点《淮南子》,应是发生在 1591 至 1602 年之间,若再缩小范围,则最有可能是发生在 1594 年至 1602 年之间。

二、袁宏道《淮南子》评点的主要特征

袁宏道虽然评点了《淮南子》各篇,但并未像茅坤、张榜一样有刻本传世,而是被保留在张烒如的集评本之中。张烒如主要生活在天启至崇祯(1621—1644 年)前后,与袁宏道的生活年代非常接近。至于他是如何得到袁氏评点这个问题,已不可考。由于张烒如只是择取三人评点,所以,他的集评本未必收录了袁氏的全部评点。若以张本为统计对象,袁宏道评点总计约 291 条,其中《原道训》约 17 条、《俶真训》约 36 条、《天文训》约 27 条、《地形训》约 9 条、《时则训》约 8 条、《览冥训》约 17 条、《精神训》约 14 条、《本经训》约 4 条、《主术训》约 8 条、《缪称训》约 8 条、《齐俗训》约 11 条、《道应训》19 条、《氾论训》约 17 条、《诠言训》约 14 条、《兵略训》约 7 条、《说山训》约 21 条、《说林训》约 18 条、《人间训》约 2 条、《修务训》约 7 条、《泰族训》约 22 条、《要略》约 5 条,遍及全书二十一篇。这些统计数据,大体能反映袁宏道对《淮南子》各篇的重视程度。例如,他说《本经训》"议论稍局",《人间训》"徒令读者精神忽忽",批评之情,溢于言表,所以评语极少。

相比于茅坤评点,袁宏道也对《淮南子》各篇作了总评,但内容不如茅氏全面,主要集中在品评文章语句和文章技艺两个方面。总体来看,袁宏道的评点显示出极强的个性,除上文提到的少了儒学正统气息而多了一些离经叛道的色彩这个特征外,还有表现出以下几个特征:

第一,文本分析着墨不多。茅坤评点《淮南子》,花费很多笔墨来分析其文本,很注意文脉的梳理和文意的挖掘。但袁宏道的兴趣显然不在于此,故着墨很少。即使梳理文本,也不会针对整篇而展开,只是偶尔点出。例如,《天文训》:"日月之淫为精者为星辰,天受日月星辰,地受水潦尘埃。"袁石公评曰:"三句提纲,以下皆释之。"又如,《氾论训》:"诎寸而伸尺,圣人为之;小枉而大直,君子行之。"袁石公评曰:"此以下总言达权者不拘小节,用人者不当以小弃大。"脉络梳理亦较清晰,但仅有此两例。相较而言,袁宏道更喜欢点出

---

① 钱伯城《袁宏道集校笺》,第 772 页。关于袁宏道与李贽谈学论道的情况,参见周群《袁宏道评传》南京大学出版社 1999 年,第 56 页。

文本中的所谓重要语句。例如,《原道训》:"无为为之而合于道,无为言之而通乎德。"袁石公评曰:"无为是全书宗旨。"《俶真训》:"无形而生有形,亦明矣。"袁石公评曰:"可谓要言。"以宗旨、要言等术语,揭示这些语句的重要性。又如,他总评《主术训》:"澹泊宁静、心小志大等语,皆千古至言,足箴当宁。"无非是看中了其中几句名言。即使如此,这类评点仍为少见。

第二,重在品评文章语句和技艺。所谓品评,既有评论、评价之意,更有品味、鉴赏之意。袁宏道虽然是晚明思想比较深刻的文人,但他在评点《淮南子》时并不注重其文本深层意义的挖掘,反而更重视对文章语句和技艺的品评。品评文章技艺,下文将专门进行讨论。

品评文章语句,就是对其中语句进行品味和鉴赏。这种方法造就了很多感悟式、心得式的评点。这类评点大多口语化明显,并且富有情感,可谓是袁氏评点最鲜明的特征。例如,《原道训》:"混混汩汩,浊而徐清。"袁石公评曰:"信得'浊而徐清',则一切皆可以不疑矣。""信得"是口语,而"一切"云云,即是感悟事物真相总在渐渐显露之理。又此篇:"得在时不在争,治在道不在圣。"袁石公评曰:"信得及,便占尽便宜。"整句都是口语,意谓相信这句话越早,就越能提早发挥它的作用。又如,《精神训》:"生生者未尝死也,其所生则死矣;化物者未尝化也,其所化则化矣。"袁石公评曰:"识得生生化化者,便知生死落处。""识得"是口语,"生死落处"是禅语。《雨山和尚语录》:"以不生生焉能生人,以不死死焉能死我。于意云何? 无余灭度。苟非明见三界生死落处,那能如丰城狱底掘得一把剑相似,将是非得失,宠辱忧疑,一斩斩断。"①可见,袁宏道这一评点可谓是直悟式的禅解。

富有感情的评点更是随处可见。例如,《俶真训》:"是故百姓曼衍于淫荒之陂,而失其大宗之本。"袁石公评曰:"可为扼腕。"深长叹息之情,溢于言表。又如,《说山训》:"此皆学其所不学,而欲至其所欲学者。"袁石公评曰:"彻骨彻髓之语。"由衷服膺之情,溢于言表。再如,《俶真训》:"夫圣人量腹而食,度形而衣,节于己而已,贪污之心奚由生哉!"袁石公评曰:"此须勒之座右。"《氾论训》:"天下非一汤、武也,杀一人,则必有继之者也。"袁石公评曰:"忌刺英雄者,当书之座右。"由衷喜爱之情,溢于言表。

---

① 嗣法门人记《雨花和尚语录》,《嘉兴大藏经》第 40 册,台湾新文丰出版股份有限公司 1987 年影印本,第 547 页。

总之,对《淮南子》文章语句和文章技艺的品评,是袁宏道最富个性的评点,张㦃如所谓"石公近禅",也当是针对这一类评点而发。

第三,具有很强的现实指向性。

所谓现实指向性,是指袁宏道常在评点中有意凸显以古鉴今、古为今用的目的。这种现象在茅坤评点中几乎看不到,更显两者评点风格的不同。

袁氏评点的现实指向性,首先表现在以古讽今上,即用《淮南子》所言指摘今人弊病。例如,《氾论训》:"北楚有任侠者,其子孙数谏而止之,不听也。……知所以免于难,而不知所以无难,论事如此,岂不惑哉!"袁石公评曰:"今人以失便宜为得便宜,往往如此。"任侠者因任侠而蒙受官府追捕之难,又因任侠得众人帮助而免于此难,他因此沾沾自喜,却不知道从根本上免除灾难。袁氏用这个寓言来讽刺时人把失便宜当作得便宜的愚蠢行为。又如,《诠言训》:"人能虚己以游于世,孰能訾之?"袁石公评曰:"今人于虚之一字,只是信不及,所以不能受用,却要求个实地,不知正落在空里。"又此篇:"不可以进而求名,而可以退而修身;不可以得利,而可以离害。"袁石公评曰:"今之为道者总为名利,读此可发一深省。"这两条评论,袁宏道是借以讽刺时人只顾贪图名利而不相信"虚"以待世的错误行为。在他看来,时人只为求取名利之实,却不知终究是一场空,还不如虚以待世之受用。

袁氏评点的现实指向性,还表现在古为今用上,即以《淮南子》所言反省当下各种问题,为我所用。例如,《俶真训》:"夫贵贱之于身也,犹条风之时丽也;毁誉之于己,犹蚊虻之一过也。"袁石公曰:"真实受用。"《淮南子》要人看轻贵贱、毁誉,袁宏道认为这真实受用,实际上暗示了时人过分在意贵贱、毁誉的社会现象。又此篇:"孔、墨之弟子,皆以仁义之术教导于世,然而不免于儡。身犹不能行也,又况所教乎?"袁石公评曰:"讲学者,幸发一深省。"若学者自己不能身体力行,又怎么去教导其他人?袁宏道认为这应该引起时下学者的深刻反省,实际上也暗示了当时学者知行不一的弊病。再如,《说山训》:"畏马之辟也不敢骑,惧车之覆也不敢乘,是以虚祸距公利也。"袁石公评曰:"当事者不可不深思。"所谓当事者,就是把持政治的当权者。袁宏道希望他们深思此言,不要畏首畏尾,弃公利而不顾。

三、袁宏道对《淮南子》文章技艺的评点

袁宏道之前,茅坤就从结构布置、说理方式、语言风格等方面,对《淮南

子》的文章技艺作了比较细致的评点,取得了一定的成效。袁宏道则花了更多精力,试图继续推进这一方面的评点,从而呈现出与茅氏评点很不一样的风貌。由于袁宏道本身就有丰富的诗文理论,所以他对《淮南子》文章技艺的评点,实际上就是对自己诗文理论的一次大运用。

(一)文章创作评点——崇尚无意为文

无意为文,袁宏道的其他著述并没有出现这个主张,反而李贽的《焚书》有意义相近的表述。李贽说:"夫世之真能文者,比其初皆非有意于为文也,其胸中有如许无状可怪之事,其喉间有如许欲吐而不敢吐之物,其口头又时时有许多欲语而莫可所以告语之处,蓄极积久,势不能遏。一旦见景生情,触目兴叹,夺他人之酒杯,浇自己之垒块,诉心中之不平,感数奇于千载。"① 非有意于为文,亦即无意为文,所以,李贽这段话很好地阐述了"无意为文"这个主张。袁宏道在第二次造访李贽之后,受其影响越来越深,在担任吴县县令以后又常读《焚书》,他提出"无意为文",或就是本之于该书。

袁宏道在总评《说山》《说林》两篇时说:"《山》《林》二训,皆掇取古来名理名言,偶然成文,原无先后连缀之意。正以其无意为文,文特璀璨绚烂,如入宝山,探珠海,触目皆是珍怪。"偶然成文,其义与无意为文相同,皆非事先谋划,只是自然而然地形成了一篇文章。袁氏认为,正是这种出于自然而然的文章才能称得上美文。他在《叙小修诗》中说:"吾谓今之诗文不传矣,其万一传者,或今间阎妇人孺子所唱《擘破玉》《打草竿》之类,犹是无闻无识真人所作,故多真声,不效颦于汉魏,不学步于盛唐,任性而发。"② 所谓无闻无识真人所作,就是无意为文而文成之意。这样任性而发的文章,反而出自真心,发出真声,故能称为美文。但袁宏道把《说山》《说林》比作宝山、珠海、珍怪,有些言过其实。

崇尚无意为文的创作理念,也体现在袁氏其他具体的评点中。如《地形训》:"窦生海人,海人生若菌,若菌生圣人,圣人生庶人,凡窦者生于庶人。"袁石公评曰:"自成文章,何必求解。"不刻意为文,而文章自成。又如《说林训》:"秦通崤塞,而魏筑城也。"袁石公曰:"无语中有语,有语中无语,可谓谈而不谈矣。"看似说得玄,实际上就是偶然成文。既然主张无意为文,那么对那些

---

① 张幼生整理《李贽文集》(第一卷),社会科学文献出版社 2000 年,第 91 页。
② 钱伯城《袁宏道集校笺》,第 188 页。

不是出自真心、真声的文字,袁宏道自然要加以批评。例如,《时则训》:"孟春之月……天子衣青衣,乘苍龙,服苍玉,建青旗,食麦与羊,服八风水,爨萁燧火。"袁石公评曰:"掇拾语,殊困人目。"在袁氏看来,拾掇别人陈言,就不是真心真声之文,故而特别容易让读者犯困。又如,他总评《人间训》:"篇中言倚伏反复之机略尽矣,独其掇拾牙慧,略无垆锤,徒令读者精神忽忽。"掇拾牙慧,也是掇拾别人陈言,无真心真声。而且,这篇文章又无头绪,所以只会让读者精神飘忽,云里雾里。

(二)文章风格评点——偏爱跌宕纵横

袁宏道评点文章风格,最看重文章的气势,而在文章的气势中又偏爱跌宕纵横这一类。跌宕即放纵不拘,纵横即雄健奔放,都是形容文章气势不凡,具有雄壮恣肆之美。他在评点过程中,比较注意鉴赏这一类的篇章或文句,时时流露赞赏之情。袁宏道偏爱这种跌宕纵横的文风,可能与他前期对人生的看法有关。袁中道曾对比他和袁宗道的不同:"伯修则谓居人间,当敛其锋锷,与世抑扬,万石周慎,为安亲保身之道。而先生则谓凤凰不与凡鸟共巢,麒麟不共凡马伏枥,大丈夫当独往独来,自舒其逸耳,岂可逐世啼笑,听人穿鼻络首!"① 自称要像凤凰、麒麟一样独来独往,不受束缚,做一个大丈夫,自得洒脱。在他看来,跌宕纵横就是大丈夫应该具有的气质。

袁宏道把这种看法带到了评点中,自然会偏爱这类气势跌宕纵横的文章或文句。例如,他在批评《俶真训》之后,话锋一转:"然文势纵横浩漫,而要言妙绪时一跃露,披沙拣金,自不可弃。"纵横浩漫,即深广雄放。自不可弃,即表明他对《俶真训》这种深广雄放的文章风格的偏爱。他在评点此篇具体的文句时又说:"跌宕纵横,情文兼到。"足见这是袁氏有意欣赏的一类文章风格。

需要指出的是,袁宏道并未使用"气势"这个词,而是多用"文势""文气"二词。文势、文气,都可以指文章的气势,但还是存在细微差别。文势常给人以力量感,而文气常给人以气质感。例如,《人间训》:"道者,置之前而不輚,错之后而不轩,内之寻常而不塞,布之天下而不窕。"袁石公评曰:"文势极实。"这里所说"文势",即体现出一种厚实的力量感。又如,《览冥训》:"若乃至于玄云之素朝,阴阳交争,降扶风,杂冻雨,扶摇而登之,……又况直蛇鳝之类乎!"袁石公评曰:"议论虽本之前人,而文气悠扬,故自可读。"这里所说

---

① 钱伯城《袁宏道集校笺》,第 1651 页。"伏枥"原作"同枥",今据《珂雪斋集》卷十八改。

"文气",即体现一种舒缓婉转的气质感。但袁宏道并未作如此明确的区分,有时又把文气等同文势。例如,《精神训》:"譬吾处于天下也,亦为一物矣。不识天下之以我备其物与?且惟无我而物无不备者乎?"袁石公评曰:"文气亦宕。"宕即放荡,所以,文气放荡,又与前面"文势纵横浩漫"相近。又如,袁氏总评《缪称训》:"气局视《说山》《说林》二训稍宽,宽乃所以不胜。然较之诸篇,已为铦矣。"气局,亦近于气势。这说明袁宏道有时确实文势、文气混用。总之,无论文势还是文气,袁氏都是偏爱跌宕纵横这种类型。

对于《淮南子》为何有这种跌宕纵横的文风,袁宏道试着作了解释。他在总评《要略》时说:"其志汰者,其言必侈;其气盈者,其论必放。安书诚不为纤啬卑琐,要之,终是汉人中之宏博者,何得前无古人?"孔颖达注《礼记·檀弓》"汰哉叔氏"云:"汰,自矜大也。"① 袁氏认为,刘安是一个为志矜大之人,所以说话必然会汪洋恣肆,不加节制,同时又是一个意气十足之人,所以议论必然会宏阔奔放,富有气势。在他看来,刘安绝非格调猥琐,而是气度高雅,可谓汉代文人中宏放广博者。显然,袁宏道是顺着文如其人这条思路来解答这个问题的。因此,袁氏在客观上对刘安作了正面的评价。

《淮南子》的文章风格,当然不仅有"跌宕纵横"这一种,袁宏道还提到了"古健""秀健""隽远""员秀"等类型。《缪称训》:"至德小节备,大节举。齐桓举而不密,晋文密而不举。"袁石公评曰:"古健。"即古朴雄健,实际上与跌宕纵横这类风格也相近。《道应训》:"大王亶父居邠,……遂成国于岐山之下。"袁石公曰:"叙事秀健,胜孟子。"既清美又雄健,仍接近于跌宕纵横这类风格。《说林训》:"水静则平,平则清,清则见物之形,弗能匿也,故可以为正。"袁石公评曰:"隽远。"即隽秀深远,还是近于跌宕纵横这类风格。《说山训》:"设鼠者机动,钓鱼者泛杭,任动者车鸣也。"袁石公评曰:"员秀。"即温润清丽,显然不同于前面几种类型,更倾向于婉约的风格。自评点者的喜好来看,袁宏道还是更偏向雄健奔放的文风。他批评《道应训》"秦穆公兴师,……素服庙临,以说于众"这段与《左传》内容相近的文字时说:"散缓无力,不及《左传》远甚。"即从反面表明了他的这种偏向。

(三)文章议论评点——肯定借物象事象说理

关于古文说理,袁宏道喜用"议论"一词加以评点。他在《赠章子》中说

---

① 孔颖达《礼记正义》,第 276 页。

"议论能持正"①,于《叙姜陆二公同适稿》又说"识见议论,卓有可观"②。由此可知,袁氏所谓议论,其义与识见相仿,都是指对事物的认识和评价,而今之所谓议论,更侧重于论证,两者存在细微差别。相比之下,袁宏道不喜"说理"一词。他评《说林训》:"《说林》虽揉诸家之言,而撷拾甚富,且时有脱换之妙。又往往于事物上拈出肯綮,而无说理之病。"所谓"说理",其义近于"说教",即生硬、抽象地讲道理,也近似魏晋文人的空谈玄理。袁氏认为这是古人议论文中的一大弊病。所以,他主张作家应该借助物象、事象来议论,尽量使得议论生动而有趣。

袁宏道依据这个主张看待《淮南子》中的议论,从而产生了两个对立的评价结果。一方面,对堆砌、无趣之处,他毫不客气地予以批评。例如,《览冥训》:"昔者黄帝治天下,……诸北、儋耳之国莫不献其贡职。"袁石公评曰:"堆举处便不堪。"《淮南子》这段文字大片使用夸耀之辞,堆砌而无变化,袁氏对此不能忍受。又如,他评《本经训》:"与《主术训》相为表里,而议论稍局。"所谓"局",即指局促,不生动灵活。另一方面,对议论生动、深刻之处,他又予以明确肯定。例如,《俶真训》:"沟中之断,则丑美有间矣,然而失木性,钧也。"袁石公评曰:"切喻。"所谓切喻,即是肯定了《淮南子》能借助物象事象而使说理准确、生动。又如,《说林训》:"圣人处于阴,众人处于阳。圣人行于水,众人行于霜。"袁石公评曰:"非真知道者不能为此言。"仍是肯定《淮南子》能借助物象事象而将理说透。再如,《齐俗训》:"子路受而劝德,子赣让而止善。"袁石公评曰:"议论深刻。"还是肯定《淮南子》能从事象中得到深刻的道理。当然,袁氏也认为,若过分泥于事象、物象,就会使议论不透彻。他评《原道训》:"诸子论道,总至杳冥而极要,皆隐然有物焉以当之,故其所读虽际天蟠地,举足下足无非是物,而究其落处,则未免在影响之间。《原道》一训可谓极意洗发矣,然终不能脱此窠臼也。"评《俶真训》:"无无始能有有,此古今论道之准,独其以体道为有系于世,此未窥藩之语也。"道本是玄理,非要泥于物,泥于世,则未免流于肤浅,不达道本。

此外,袁宏道对《淮南子》议论新奇之处,也予以了肯定。例如,《时则训》:"绳者,所以绳万物也。准者,所以准万物也。规者,所以员万物也。衡

---

① 钱伯城《袁宏道集校笺》,第391页。
② 钱伯城《袁宏道集校笺》,第695页。

者,所以平万物也。矩者,所以方万物也。权者,所以权万物也。"袁石公评曰:"议论新创,不觉其为排比。"因见解独到,故不觉有堆砌之弊。又如,《泰族训》:"王乔、赤松去尘埃之间,……可谓养性矣,而未可谓孝子也。"袁石公评曰:"议论奇。"也是见解独到,故显新奇。袁宏道肯定《淮南子》议论新奇之处,是他主张作家要有个性的体现。

(四)文章语言评点——欣赏言有尽而意无穷

《淮南子》诸篇之中,袁宏道最喜欢《说林训》一篇,与茅坤正相反。他评论此篇:"言有尽而意无穷,是二十一篇中之最妙者。"元代杨载《诗法家数》说:"语贵含蓄。言有尽而意无穷者,天下之至言也。如《清庙》之瑟,一倡三叹,而有遗音者也。"[①]可见,言有尽而意无穷,实是指语言应含蓄而不露,要注重言外之旨。这种语言历来为文人所推崇,袁宏道评点《淮南子》的语言,即反复表达对这种语言的喜爱之情。例如,《缪称训》:"圣人在上,化育如神。太上曰'我其性与',其次曰'微彼其如此乎'。故《诗》曰'执辔如组',《易》曰'含章可贞',动于近,成文于远。"袁石公评曰:"文不及两行,而义指无穷。"[②]又如,《说山训》:"圣人无止,无以岁贤昔,日愈昨也。"袁石公评曰:"只十余字耳,却有多少说话。"再如,《说林训》:"忧父之疾者子,治之者医;进献者祝,治祭者庖。"袁石公评曰:"千万言不能悉者,以数言悉之。"均是认为《淮南子》的这些语言十分含蓄,具有言少而意丰的特点。

与此同时,袁宏道对那些语意直露的文字提出了批评。例如,《说山训》:"牛蹄彘颅亦骨也,而世弗灼,必问吉凶于龟者,以其历岁久矣。"袁石公评曰:"解得无味。"语意平常直露,无有回味之处。又如,《说山训》:"雨之集无能沾,待其止而能有濡;矢之发无能贯,待其止而能有穿;唯止能止众止。因高而为台,就下而为池,各就其势,不敢更为。"袁石公曰:"只不下注脚便好。"又此篇:"画西施之面,美而不可说;规孟贲之目,大而不可畏;君形者亡焉。"袁石公评曰:"又注脚了。"袁氏认为,"唯止能止众止""各就其势,不敢更为""君形者亡焉"这些文字的存在,破坏了整段文字语意无穷的境界,实是画蛇添足。

《淮南子》的语言风格比较复杂,含蓄有味只是一个方面而已,袁宏道认

[①] 吴文治主编《辽金元诗话全编》,凤凰出版社2006年,第2009页。
[②] 义字,原本缺损不清,据作者之意补。

为它还有奇丽的一面。他在评点某些文字时爱用"奇"字。例如,《主术训》:"以奈何为宝。"袁石公评曰:"奈何二字奇,解之者鲜矣。"《齐俗训》:"虚者非无人也,皆守其职也。"袁石公评曰:"守字下得奇。"《说山训》:"上言若丝,下言若纶。"袁石公评曰:"语奇。"显然,这些"奇",既指语奇,也指意奇。又如,《本经训》:"流遁之所生者五,……此遁于火也。"袁石公评曰:"丽句奇辞。"此处"奇""丽",都是描述语言的特征。在袁氏看来,《淮南子》的语言亦非总是奇丽,也有雅驯之时。如《时则训》:"令官市,同度量,钧衡石,角斗桶,端权概。"袁石公评曰:"事猥亵,而语雅驯。"这与茅坤认为《淮南子》语不雅驯的意见相左。

第二节　陈深的《淮南子》评点

陈深评点《淮南子》,其时间与袁宏道评点《淮南子》相当,甚至要更早。他的评点全部保存在《淮南子品节》之中。据统计,陈深的评点数量总计约386条,仅次于茅坤,而多于袁宏道。其中,《原道训》约13条、《俶真训》约26条、《天文训》约11条、《地形训》1条、《览冥训》约8条、《精神训》约9条、《本经训》约3条、《主术训》约20条、《缪称训》约23条、《齐俗训》约27条、《道应训》约31条、《氾论训》约29条、《诠言训》约18条、《兵略训》约31条、《说山训》约14条、《说林训》约7条、《人间训》约28条、《修务训》约22条、《泰族训》约36条、《要略》约29条。与茅坤、袁宏道相比,陈深更加重视《兵略训》《要略》两篇。特别是《兵略训》,陈深评曰:"此篇为议论体,论兵犹如破阵,临敌设奇,是为精当。"又评曰:"全篇必经刘安手,否则,不如此精赡有韵。"[1] 言语间表达了由衷的肯定。此外,《淮南子品节》中有3条评点与袁宏道评点相同。考虑到陈深评点或早于袁宏道,所以,很有可能是张怿如把原属于陈深的评点加以删减,归之于袁氏[2]。

---

[1]《子藏·淮南子卷》第41册,第165—167页。
[2] 根据我们前面的推断,袁宏道评点产生于1591至1602年之间,陈深刊《诸子品节》亦在1591年,两者孰先孰后,实难判定,故两人出现相同评点,应是后人所为。陈深评《主术训》:"先荣后义,人肯为也,先义后荣,人不肯为也,故曰难知。语妙。"(《子藏·淮南子卷》第41册,第63页。)张怿如辑录为袁氏评点,无"语妙"二字。陈深评《泰族训》:"铺张有余,倘荡无节,然肌丰而力沉矣。兹摘其稍不悖者,著于篇。"(同上,第286页。)而张怿如以"又曰"的形式归之于袁宏道,无"兹摘"十字;陈深评《要略》:"安欲为文王之事,故称引文王自寓夸扬。"(同上,第342页。)张怿如辑录为袁氏评点,无"称引文王"四字。

一、陈深评点的基本内容

相对于茅坤、袁宏道来说,陈深的评点显得更为平实,绝少引证佛教和道教的言论,故其内容也更加简单、明了。归纳起来,大概有以下四个方面:

其一,解释字词音义。这一方面的内容极少,总计约14条,占3.6%,足见陈深评点的重心并不在此。他解释字词音义,总是想要见出不同于前人的地方。例如,《俶真训》"神游魏阙之下",陈深评曰:"此魏阙,指天都也,非近世朝廷、庙堂之谓。"①《泰族训》:"视天都若盖,江、河若带。"陈氏所谓天都,应本之于此,即指帝王的都城,确与朝廷、庙堂不同。又如,《修务训》"今鼓舞者",陈深评曰:"鼓舞者,空中抛鼓而舞于下。"②鼓舞,高诱释为郑舞,刘绩引《许昌宫赋》释为舞姿,而陈深似释为一种游戏,体现出不同。陈深评点字词音义,常常音义相连,例如,《缪称训》"道之有篇章形埒者",陈深评曰:"封道曰埒,音劣。"③《修务训》"而人谓之抄",陈深评曰:"抄,楚交切,《说文》'扰也,健也'。"④这种做法应是受了刘绩的影响。

其二,梳理文章脉络。这一方面的内容也不多。陈深注重梳理篇中几段文字的脉络,仅对《要略》全篇作过梳理,此与《淮南子品节》为节选本有关。他喜用"结前……作一断案"句式,如《修务训》:"夫墨子跌蹏而趋千里……而皆可以存国。"陈深评曰:"此一段结前二事,作一断案。"⑤所谓断案,即作一结论,属于结前启下的脉络处。陈深有时亦用"冒头""首尾照应""似别一意""过度"等术语以揭示文章的脉络处。

其三,疏解文本大意。陈深比较重视疏解文意,把它作为他评点《淮南子》的主要内容之一。在疏解文意时,陈深一般使用"此言"(11次)、"此盛言"(1次)、"言"(3次)、"自言"(1次)、"总言"(3次)、"此论"(2次)、"此亦论"(1次)、"此段论"(2次)、"论"(1次)、"此但论"(1次)等术语。由这些术语来看,陈深疏解文意,基本是概括、提炼文字的主旨,而且,这些被概括、提炼的文字,大多为若干连缀的文句,也有一段或几段篇幅较长的文字。例如,

---

① 《子藏·淮南子卷》第41册,第17页。
② 《子藏·淮南子卷》第41册,第285页。
③ 《子藏·淮南子卷》第41册,第79页。
④ 《子藏·淮南子卷》第41册,第269页。
⑤ 《子藏·淮南子卷》第41册,第266页。

《齐俗训》:"夫民有余即让,……而法弗能禁也。"陈深评曰:"此段论治道最精深。"① 这是对一段文字的概括。又如,《泰族训》:"凡人之所以生者,……可不谓有术乎。"陈深评曰:"总言学问,则闻所未闻,知所未知,见所未见。"又曰:"又提。"又曰:"又说足上意。"又曰:"此段亦贯上文。"② 通过连续的评点,几段文字的主旨得以被总结。

其四,品评文章技艺。这是陈深评点最主要且最重要的内容。此与他编撰《诸子品节》的最初目的有关,下文将详述。

二、陈深评点的主要特征

与茅坤、袁宏道相比,陈深的《淮南子》评点也形成了较为鲜明的特征,主要表现在:

一是大都言简意赅,少则一字,多则不过四十余字。陈深的一字评语很常见,例如,"好"字3见,"妙"字10见;两字评语更是不在少数,例如,"好好"两字1见,"妙妙"两字3见,"妙品"两字2见,"妙句"两字2见,"精言"两字3见,"大言"两字2见。三十字以上的评语,则极少见。

二是善于揭示《淮南子》与前后典籍的渊源关系。茅坤、袁宏道注意点明《淮南子》与前代典籍的渊源关系,但与后代典籍的关系基本不涉及。陈深则两者并举,但更注意点明与后代典籍或人物的渊源关系。这在明代《淮南子》评点中也是富有个性的一项创新。例如,《俶真训》:"儵与忽冶,浩浩瀚瀚。"陈深评曰:"儵与忽冶,扬子云用于《甘泉赋》中。"③ 又如,《天文训》:"北斗之神有雌雄……故为奇辰。"陈深评曰:"此与《史记·天官书》相发明。"④ 又如,《览冥训》:"今夫赤螭、青虬之游冀州也,……以为不能与之争于江海之中。"陈深评曰:"扬子云仿作《答客难》,而洗练过之。"⑤ 又如,《主术训》:"是故非澹漠无以明德,非宁静无以致远。"陈深评曰:"诸葛孔明训子用此二句。"⑥ 再如,《齐俗训》:"马不可以服重,牛不可以追速,铅不可以为刀,铜不可以为弩,铁不

---

① 《子藏·淮南子卷》第41册,第98页。
② 《子藏·淮南子卷》第41册,第303—304页。
③ 《子藏·淮南子卷》第41册,第14页。
④ 《子藏·淮南子卷》第41册,第322页。
⑤ 《子藏·淮南子卷》第41册,第31页。陈深在评点中曾多次提及扬雄及其作品。
⑥ 《子藏·淮南子卷》第41册,第55页。

可以为舟,木不可以为釜。"陈深评曰:"韩退之取此为《王适墓铭》。"① 这样的评点虽然不多,但价值很高,能更好地帮助我们了解《淮南子》对后世文人的影响。

值得指出的是,陈深揭示《淮南子》与前代典籍《文子》的关系时,与刘绩持相同观点,都认为《淮南子》抄袭《文子》。如《齐俗训》:"故先王之法籍,非所作也,其所因也。其禁诛,非所为也,其所守也。"陈深评曰:"此章法亦奇,出《文子》。"② 这当然不符合事实。

三是重文章技艺而轻文意挖掘。茅坤评点中,文意挖掘要远多于文章技艺的品评,至袁宏道、陈深之时,品评文章技艺才逐渐成为《淮南子》评点中的主流。这也是明代诸子评点的一个整体趋势。

三、陈深品评文章技艺的依据

陈深选评诸子,完全立足于他对文道关系的认识。他在序文中说:"西京以前诸子之文,文有余而道不足;宋以后之文,道有余而文不足。二者将安取衷?儒者曰:'与其文也,宁道。'文与道有二乎?吾闻仁义之人,其言蔼如,未有不深于道而能文者。尧、舜、周、孔深于道矣,其辞未尝不文。夫子之文章,粲于六籍之内,故其自称曰'文之无文,行之不远','辞达而已矣'。苏氏曰:'辞止于能达,疑若不文,是大不然。求物之妙,如系风捕影,能使是物了然于心者,盖千万人而不一遇也,而况能使了然于口与手者乎?是之谓辞达。辞至于能达,文不可胜用矣。'今惮于修辞,而徒欲以理胜相掩,借言明道,不欲以辞丽为工。道明矣,辞不文,安在其能达?不达,安用文为?晚周以后,去圣浸远,老聃、庄周、列御寇之徒耳,撇浮云,腾九闵,虚举而上升。夫神智之变化,岂在多文哉!"③ 所谓宋以后之文,即是暗示元明之文。显然,他批评了当时学者借明道而废文采的做法,进一步申明了文采的重要性。

陈深在《凡例》中又说:"不佞所采掇者,乃晚周以后西京以前,为其世代近古,文辞奥雅。故取其诸子众家,及史汉记载,无问真膺,杂陈于前,而摘其尤杰异者而辑录之,为之品隲,为之节文,以便作者临池器使。故总命之曰

---

① 《子藏·淮南子卷》第41册,第82页。
② 《子藏·淮南子卷》第41册,第99页。
③ 《四库全书存目丛书·子部》第122册,第248—249页。"文之无文"当作"言之无文"。

《诸子品节》。其魏晋以后,及唐宋五代、北魏南唐之文,则别有一种趣味,当徐议之。"① 文辞奥雅,即文辞深奥典雅,专指文章的文采。这是陈深品评诸子文章的依据。魏晋以后的文章因为偏离了这个依据,"别有一种趣味",而不被品评。陈深品评《淮南子》,自然也是以文辞奥雅为依据,而"采其隽艳"则是更具体的依据。

评点当然不仅仅有评语,还要有圈点。在陈深看来,这两者同等重要。所以,他在《凡例》中非常清楚地规定了圈点的三个等次,其中佳品又分三种不同的类型,妙品和神品又各分两种不同的类型。《凡例》云:"批评亦有三品:佳品(平淡中有文采);佳品(雄奇);神品(酝藉冲深);神品(微妙玄通,使人读之可思而不可言);妙品(无中生有,巧夺天工);佳品(春容大文,诵之不觉舞蹈);妙品(简妙清深)。"② 总计有七种品评类型,每种类型都有特定的圈点符号加以标示。

根据这些品评等次及类型,陈深对所录《淮南子》文本作了较为细致的圈点。如《缪称训》:"凡人各贤其所说,而说其所快。世莫不举贤,或以治,或以乱,非自遁,求同乎己者也。己未必贤,而求与己同者,而欲得贤,亦不几矣!使尧度舜则可,使桀度尧,是犹以升量石也。"③ 按照圈点规定的符号,"凡人各贤"二句属于佳品,是平淡中有文采之类;"世莫不举贤"至"亦不几矣"数句也属于佳品,是春容大文,诵之不觉舞蹈之类;"使尧度舜"几句还是属于佳品,是雄奇之类。

纵观整部《淮南子品节》,上述三类佳品最为常见,能被评为神品与妙品的寥寥无几④。如《泰族训》:"河以逶蛇,故能远;山以陵迟,故能高;阴阳无为,故能和;道以优游,故能化。"按照规定的圈点符号,这一段文字属于神品,是蕴藉冲深之类。且陈深评此文曰:"意通神,语刺骨。"⑤ 正与圈点相合。

四、陈深品评文章技艺的儒家倾向

陈深是名副其实的儒家学者,著有《十三经解诂》,又精通《春秋》和《周

---

① 《四库全书存目丛书·子部》第 122 册,第 250 页。
② 《四库全书存目丛书·子部》第 122 册,第 252 页。此引文未录圈点符号,详见原书。
③ 《子藏·淮南子卷》第 41 册,第 67 页。
④ 除圈点极少见到外,陈深以妙品二字标明为妙品,也仅有 2 次。
⑤ 《子藏·淮南子卷》第 41 册,第 296 页。

礼》，故而在评点诸子中体现出了比较明显的儒家倾向。陈深评点《淮南子》也不例外。例如，《氾论训》："周公继文王之业，履天子之籍，听天下之政，平夷狄之乱，诛管、蔡之罪，负扆而朝诸侯，诛赏制断，无所顾问，威动天地，声慑海内，可谓能武矣。"陈深评曰："周公事皆不经，取其词意。"① 陈深所谓不经，即指《淮南子》所述周公之事均不见载于儒家十三经，所以不可取信。这些文字被选录，也只是取其文辞之美。又如，《人间训》："人或问孔子曰……丘弗如也。"陈深评曰："□汉人有此语，世乱不经，转相构谩。"② 对于孔子自言不如颜回、子贡、子路三人一事，陈深予以否定，认为这是《淮南子》杜撰的欺世之语。再如，《人间训》："秦牛缺径于山中而遇盗……还反杀之。"陈深评曰："亦不经。"③ 所谓亦不经，还是指秦牛缺的故事不见载于儒家十三经，所以荒诞不可相信。陈深频繁地以"不经"来评判《淮南子》中的言和事，显示了很强的儒家倾向。即使是《淮南子》中富有儒家色彩的言论，他也批之以不纯粹、不严谨。如《氾论训》："言而必信，期而必当，……虽有直信，孰能贵之！"陈深评曰："此等议论，虽依附儒家之言，未必粹密。"④ 可见，陈深这种儒家倾向，是基于维护儒家醇厚雅正的主张而产生。

同时，他又把醇厚雅正的这一主张，贯彻至对诸子的评选中，即《凡例》所说的"文辞奥雅"。陈深认为，若用这条依据看待《淮南子》，则可以见出它与其他儒书的差别。他在评点《修务训》"夫项托年七岁为孔子师"一事时说："游五都之市，则百货可极；发武库之藏，而万宝毕陈。或曰玙磻并溷，岂得为宝？污洁不择，安能尽售？然刘氏之文走马看锦耳，与荀、扬者不同，应如是观。"⑤ 换句话说，《淮南子》一书虽然百货可极、万宝毕陈，但仍是玙磻并溷、污洁不择，当然不能与《荀子》、扬雄的书等同视之。他总评《齐俗训》："篇内多奇句，然纯驳相参。"⑥ 也是这种观念的反映。

正是在这种观念的驱使下，陈深对《淮南子》中符合醇厚雅正这一标准的言论，表现出由衷的肯定。先看"言"。如陈深总评《缪称训》："此篇词颇雅

---

① 《子藏·淮南子卷》第41册，第126页。
② 《子藏·淮南子卷》第41册，第241页。
③ 《子藏·淮南子卷》第41册，第242页。
④ 《子藏·淮南子卷》第41册，第131页。
⑤ 《子藏·淮南子卷》第41册，第280页。
⑥ 《子藏·淮南子卷》第41册，第80页。

驯,内多名言。"①又如《人间训》:"阳虎为乱于鲁……而不伤者被重罪。"陈深评曰:"章句古雅,典传不同。"②皆是以古朴雅正称之。再看"论"。如《主术训》:"身材未修,伎艺曲备,而无仁智以为表干,而加之以众美,则益其损。"陈深评曰:"议论正大。"③因为强调了仁智的重要,所以陈深赞许为"正大"。又如《齐俗训》:"夫契轻重不失铢两,圣人弗用,而县之乎铨衡;视高下不差尺寸,明主弗任,而求之乎浣准。"陈深评曰:"议论亦正。"④因为有助于治道,所以陈深赞许为"亦正"。再看"言""论"合评。如《缪称训》:"圣人之行,无所合无所离,譬若鼓无所与调,无所不比。"陈深评曰:"精意精言。"⑤因言论纯正,故受陈深称赞。

与此同时,陈深对不符合醇厚雅正这一标准的言论,又表示了明确的批评。如《齐俗训》:"夫重生者不以利害己,立节者见难不苟免,贪禄者见利不顾身,而好名者非义不苟得。"陈深评曰:"此论亦未纯。"⑥所谓未纯,即指"好名者"一句,有损儒家经义。又如陈深评《氾论训》:"此篇别是一手,论事似浅俚。"⑦所谓浅俚,正与"奥雅"相对。可见,陈深将醇厚雅正的儒家标准,始终贯穿在他的品评中。

五、陈深品评文章技艺的具体表现

除了以醇厚雅正的标准品评《淮南子》的言论外,陈深还涉及了很多具体的文章技艺,诸如字法、句法、章法、叙事、语言、修辞等方面。其中,关于字法、句法、章法的品评,茅坤、袁宏道几乎不涉及,仅提到"句法""章法"这两个词语各一次,陈深则向前推进了一大步,并对张榜评点《淮南子》产生了一定的影响。

(一)字法品评

王世贞说:"点掇关键,金石绮彩,各极其造,字法也。"⑧简而言之,就是

---

① 《子藏·淮南子卷》第41册,第66页。
② 《子藏·淮南子卷》第41册,第216页。
③ 《子藏·淮南子卷》第41册,第64页。
④ 《子藏·淮南子卷》第41册,第93页。
⑤ 《子藏·淮南子卷》第41册,第72页。
⑥ 《子藏·淮南子卷》第41册,第97页。
⑦ 《子藏·淮南子卷》第41册,第126页。
⑧ 王世贞《艺苑卮言》,凤凰出版社2009年,第14页。

用字法、练字法。如《俶真训》："是故生不足以使之,利何足以动之;死不足以禁之,害何足以恐之。"陈深评曰："字法。"① 仅言字法,未作说明,当是指"使""动""禁""恐"这些动词的恰当使用。又如《本经训》："凡乱之所由生者,皆在流遁。"陈深评曰："'流遁'二字代'放逸',用字亦奇。"② 字奇正是练字的结果。《氾论训》："天地之气,莫大于和。"陈深评曰："'和'字立说好。"又此篇："夫绳之为度也,可卷而怀也。"陈深评曰："'绳'字亦好,粘上'和'字来。"③ 和、绳二字,即王世贞所谓的关键字。又《泰族训》："栖神于心。"陈深评曰："'神'字好。止是'神'之一字,便觉一段皆佳,是以文士富于百篇而贫于一字。"④ 此处"神"字,即王世贞所谓金石绮彩,已造其极。《修务训》："亡其苦众劳民,顿兵刬锐,负天下以不义之名,而不得咫尺之地。"陈深评曰："'亡'字是转语字法。"⑤ 所谓转语,即是转折、转换之语。

(二)句法品评

王世贞说："抑扬顿挫,长短节奏,各极其致,句法也。"⑥ 又说："句法有直下者,有倒插者,倒插最难,非老杜不能也。"⑦《兵略训》："故前后正齐,……此善修行陈者也。……此善为设施者也。"陈深评曰："此虽立柱,然措句设意,愈出愈奇。"⑧ 所谓立柱,当是八股文写作中的概念。清代《吕晚邨先生论文汇钞》云："古人立柱之法,亦只要每股各有意义,不合掌、不倒乱、不复叠耳。"⑨ 陈深认为,《兵略训》这段文字虽如八股形式,但造句立意都出人意料。《俶真训》："何况怀瓌玮之道,忘肝胆,遗耳目,独浮游无方之外,不与物相弊撠,中徙倚无形之域,而和以天地者乎?"陈深评曰："长句。"⑩ 又《修务训》："负天下以不义之名,而不得咫尺之地,犹且攻之乎?"陈深评曰："长句活动,酷似辩士之口。"⑪ 可见,长句不仅字数多,而且语气亦长。与短句相配合,即如

---

① 《子藏·淮南子卷》第41册,第16页。
② 《子藏·淮南子卷》第41册,第45页。
③ 《子藏·淮南子卷》第41册,第127—128页。
④ 《子藏·淮南子卷》第41册,第291页。
⑤ 《子藏·淮南子卷》第41册,第264页。亡,影宋本等作"忘"。
⑥ 王世贞《艺苑卮言》,第14页。
⑦ 王世贞《艺苑卮言》,第12页。
⑧ 《子藏·淮南子卷》第41册,第183页。
⑨ 王水照编《历代文话》,第3355页。
⑩ 《子藏·淮南子卷》第41册,第15页。
⑪ 《子藏·淮南子卷》第41册,第265页。

王世贞所说"长短节奏"之法。当然,陈深也不迷信句法、字法,他总评《修务训》说:"大文主气,不修句字,直泻千里,如河海之不求洁清也。"① 认为杰出的文章是凭气势取胜,而非雕琢字句。

(三)章法品评

明人庄元臣《论文家四要诀》:"章法者,首尾相应,脉络勾连,形圆而势动,节短而机藏,如阵之出奇无穷也,故曰章法为阵势。"② 可见,章法犹如排兵布阵,讲究首尾呼应、结构层次等。陈深品评《淮南子》的章法,主要体现在他对文章脉络的梳理上,但有时他也会在评点中直接点明。如《道应训》"惠孟见宋康王……大勇反为不勇耳"一段,陈深评曰:"层层入深,章法甚妙。"③ 也就是层次递进、环环相扣之意。这是品评一篇之中某段文字的章法,陈深有时也会品评全篇的章法,如总评《氾论训》:"每段借世俗分解,见神道设教,此是古文体。"④ 所谓古文体,当是指与时文(即八股文)相别的文章写法,讲究就地取材,因材制宜,而非预先设置条条框框。由此看来,陈深大概也是明代散文中的复古派。

(四)叙事品评

关于叙事方面的品评,茅坤、袁宏道也没有涉及,陈深可谓是先行者。首先是对《淮南子》叙事能力的肯定。《道应训》:"宁越欲干齐桓公……桓公得之矣。"陈深评曰:"事迹皆出诸书,此则善叙。"⑤ 又《人间训》:"秦皇挟录图……乃发适戍以备之。"陈深评曰:"秦事人多称引,独此叙次铿周,声气澒洞,前迈不凡。"⑥ 从两则评语看,陈氏充分肯定了《淮南子》在叙事方面的长处,认为它不仅叙事周密、有条理,而且气势不凡,为他书所不及。陈深甚至还认为,即使是杜撰事件,《淮南子》也表现出了很强的叙事能力。《齐俗训》:"故伊尹之兴土功也,修胫者使之跖臿,强脊者使之负土,眇者使之准,伛者使之涂,各有所宜,而人性齐矣。"陈深评曰:"伊尹未必有此,然杜撰却妙。"⑦ 妙即妙在叙事能力上。

---

① 《子藏・淮南子卷》第 41 册,第 263 页。
② 王水照编《历代文话》,第 2212 页。
③ 《子藏・淮南子卷》第 41 册,第 104 页。
④ 《子藏・淮南子卷》第 41 册,第 141 页。
⑤ 《子藏・淮南子卷》第 41 册,第 108 页。
⑥ 《子藏・淮南子卷》第 41 册,第 243 页。
⑦ 《子藏・淮南子卷》第 41 册,第 91 页。

其次是对《淮南子》叙事风格的总结。《道应训》:"赵襄子攻翟而胜之……以强为弱。"陈深评曰:"叙事酝藉、含蓄、感奋,末又证以二事。"① 酝藉,即蕴藉,与含蓄之义相近,都是指含而不露,富有涵养。那么,这段文字的叙事风格就是委婉含蓄,且富有感染力。又《道应训》:"季子治亶父三年……季子必行此术也。"陈深评曰:"取其叙事婉细。"又评曰:"叙事似《檀弓》。"② 婉细,亦与蕴藉、含蓄之义相近,只是增入了细腻一义。《檀弓》是《礼记》中的一篇。方以智在《文章薪火》中说:"《考工》《檀弓》《仪礼》叙事状物,俱以简尽。"③ 指出了《檀弓》一文既简洁又曲尽物态的叙事特征。可见,在陈深看来,《淮南子》的叙事风格,既有蕴藉含蓄的一面,又有简洁周密的一面。

(五)语言品评

关于语言方面的品评,茅坤、袁宏道多有涉及,前者主要点出它的绮丽、不雅驯,后者则主要关注它的言有尽而意无穷。陈深品评《淮南子》的语言风格,除了指出它的雅正与绮丽之外,还指出了它的简练且达意之处。他总评《缪称训》时说:"但其琢字省句,务为简奥,虽云酝籍,直少通显耳。"又说:"通篇词虽简省,意实精当。"④ 也就是言简意赅。评《说林训》时亦说:"《说山》《说林》二篇,所以为佳者,词不费而意了然。"⑤ 词不费,即用词不多;意了然,即言能达意。又《览冥训》:"故东风至而酒湛溢,蚕呃丝而商弦绝,或感之也。"陈深评曰:"博练。"⑥ 即言简而意丰。由这些评语可知,陈深对这种言简意赅的语言风格,显然表示了由衷的肯定。当然,他也对《淮南子》那一类词费而意少的语言表达了不满。陈深总评《氾论训》:"大河浊溙,殊少洁清,摘其近似者著于篇。"⑦ 换句话说,就是言烦而意浊,佳处太少。

(六)修辞品评

关于修辞方面的品评,茅坤、袁宏道也多有涉及,前者着重揭示了文中的比喻手法,后者又注意到了排比手法。陈深在这方面也有新的发现。首先,他对比喻这一修辞手法作了更细致的分析。陈深评点中,约有9次涉及比喻

---

① 《子藏·淮南子卷》第41册,第124页。
② 《子藏·淮南子卷》第41册,第124页。
③ 王水照编《历代文话》,第3211页。
④ 《子藏·淮南子卷》第41册,第66—68页。
⑤ 《子藏·淮南子卷》第41册,第198页。
⑥ 《子藏·淮南子卷》第41册,第29页。
⑦ 《子藏·淮南子卷》第41册,第125页。

修辞手法。《主术训》:"木击折轊,水戾破舟,不怨木石而罪巧拙者,知故不载焉。"陈深评曰:"无心之喻。"① 《兵略训》:"猎者逐禽,车驰人趋,各尽其力,无刑罚之威,而相为斥阘要遮者,同所利也。同舟而济于江,卒遇风波,百族之子,捷挕招杼船,若左右手,不以相得,其忧同也。"陈深评曰:"二喻皆谓得道之助,百姓同心,用其自为用也。"② 均是准确地指出比喻的本体。《缪称训》:"行险者不得履绳,出林者不得直道。"陈深评曰:"神譬。"③ 则是近似夸张的称赞。《齐俗训》:"故宾有见人于宓子者……所自视之异也。"陈深评曰:"引喻。"④ 则是指出比喻的一种类型。宋人陈骙在《文则》中总结了比喻的十种类型,将引喻列为第九,并说:"援取前言,以证其事。"⑤ 其次,陈深指出了谐语这种修辞手法。谐语,即诙谐之语,犹戏言。《俶真训》:"及其为无无,至妙何从及此哉!"陈深评曰:"南华有此问答,今用此作结,亦雅终而奏以谐语也,笔端不可少者。"⑥ 与《庄子》相比,《淮南子》增了"至妙"二字,陈氏或以此有诙谐效果,故称作谐语。《氾论训》:"北楚有任侠者,其子孙数谏而止之,不听也。"陈深评曰:"谐语。"⑦ 在"数谏"与"不听"之间,产生了诙谐效果,故陈深以为谐语。陈氏这类评点,使阅读更有趣味性。

第三节　穆文熙的《淮南子》评点

穆文熙对《淮南子》的评点,皆保存在他的《诸家儁语》中。据统计,《儁语》保存穆氏评语约有99条,其中仅有1条评语前有"穆文熙曰"四字⑧,但这并不能否定其他评语不属于穆氏。原因有二:其一,卷首署名"明吏部考功穆文熙批选",所谓批选,即集批评与选文于一身。也就说,穆氏既节录《淮南子》之文,又为之撰写批语;其二,所有评语风格一致,出自一人之手无疑。经

---

① 《子藏·淮南子卷》第41册,第51页。
② 《子藏·淮南子卷》第41册,第159页。
③ 《子藏·淮南子卷》第41册,第78页。
④ 《子藏·淮南子卷》第41册,第89页。
⑤ 王水照编《历代文话》,第147页。
⑥ 《子藏·淮南子卷》第41册,第14页。
⑦ 《子藏·淮南子卷》第41册,第143页。
⑧ 此条评语出现在《氾论训》:"穆文熙曰:'此言世道由淳而漓,君人者亦当因时立政,不可胶于一定。'"(《子藏·淮南子卷》第39册,第296页。)

考查,穆氏评语中仅有3条是取自《淮南子》旧注,其余皆为穆氏自撰①。与茅坤、袁宏道、陈深等人的评点相比,穆氏评点也能体现出自己的特色。

一、穆氏评点具有好古倾向

黄洪宪曾在《穆太公信卿传》称赞穆文熙的父亲"读书好古"②,这对穆氏肯定产生了影响。穆氏在评点《淮南子》时,即体现出好古倾向。例如,《道应训》:"以苛为察,以切为明,以刻下为忠,以计多为功。……裂之道也。"穆氏评曰:"古人以此卜人之亡,今人乃多以此为自全之道,谬悖若此,不逮古人远矣。"③好古之情跃然纸上。又如,《修务训》:"夫纯钩、鱼肠……夫学亦人之砥锡也,而谓学无益者,所以论之过。"穆氏评曰:"良剑待砥,明镜待锡,喻学甚精。虽以尼父生知,犹假好古,况其下乎?"④即使聪明如孔子,也要凭借学习古人来提高自己,穆氏于此显然突出了好古对于学问的重要性。再如,《修务训》:"今剑或绝侧赢文,……莫之服带。"穆氏评曰:"二事绝中好古者之病,皆其中无实见,惟古是信,故人易以欺之,而通人则不然矣。"⑤看似是批评好古者,实是揭露惟古是从的假好古者。

正是在这种好古倾向的影响下,穆氏评语也表现出以古鉴今的意识。《主术训》:"故义者,非能徧利天下之民也,利一人而天下从风;暴者,非尽害海内之众也,害一人而天下离叛。"穆氏评曰:"人之举动,所系若此,古人慎之,不敢行一不义,杀一不辜。"⑥实是借称赞古人以反衬当权者的滥赏滥杀。《齐俗训》:"有余者非多财也,欲节而事寡也;不足者非无货也,民躁而费多也。"穆氏评曰:"理家治国者,均宜日服此言。"⑦希望治理国家者常依此言来反省自己。《诠言训》:"北楚有任侠者,……岂不悖哉!"穆氏评曰:"楚侠、宋父二

---

① 如《俶真训》评语:"公牛哀,卫人;转病,易病也。"(《子藏·淮南子卷》第39册,第262页。)即是摘抄自高注,但高注作"卫"作"韩"。而《论衡·奇怪篇》:"鲁公牛哀病化为虎。"(《论衡校释》,第162页。)又以公牛哀为鲁人,可知古人解释不一。
② 黄洪宪《碧山学士集》卷四,《四库禁毁书丛刊·集部》第30册,第178页。
③ 《子藏·淮南子卷》第39册,第295页。
④ 《子藏·淮南子卷》第39册,第323—324页。
⑤ 《子藏·淮南子卷》第39册,第326页。
⑥ 《子藏·淮南子卷》第39册,第276页。
⑦ 《子藏·淮南子卷》第39册,第285页。

事可笑,然世人多有之而不自知也。"①借以批评世人只知其一不知其二的可笑行为。《说山训》:"嫫母有所美,西施有所丑。"穆氏评曰:"世人一闻美恶,便成吠犬,此论可谓精当。"②借以讽刺世人人云亦云、不能一分为二看待事物的习性。《修务训》:"楚人有烹猴而召其邻人,……此未始知玉者也。"穆氏评曰:"此段可作诗文序,世人多坐此弊,读之当令面赤。"③借以批评世人看不到事物本质的愚蠢行为。以上都是希望借《淮南子》以警醒世人。

还有一例比较特别,《泰族训》:"人莫不知学之有益于己也,然而不能者,嬉戏害人也。"穆氏评曰:"余中年脱于嬉戏,乃有小著,愈知此言之有味哉!"④这是借《淮南子》反观自己,又以自己的亲身经历来证实这条言论的准确性。可见,穆氏评语中以古鉴今的意识还是很明显的。

二、穆氏评点注重准确把握文意

由于《儁语》是穆氏依照个人喜好来择取段落或文句,因而疏解其中文意自然就成了他的主要任务。穆氏疏解文意,多用"此言""言"这两个术语。据统计,"此言"约14见,"言"约6见。例如,《泰族训》:"螾蚕一岁再收,非不利也,……而构仇雠之怨。"穆氏评曰:"此言小利有防于大义,刑法有害于治理,皆极切当。"⑤"极切当"实际上也是穆氏对把握文意的要求。

在这种要求下,穆氏对旧注没有准确把握文意表达了不满。例如,《精神训》:"故不观大义者,不知生之不足贪也。"高注:"大义,死君亲之难也。"穆氏评曰:"大义,即上许由等观之,令人轻利害、忘死生,非君亲之难也。"⑥显然,穆氏否定了高注,提出了他认为正确的解释。又如,《主术训》:"故皋陶瘖而为大理,天下无虐刑,有贵于言者也。师旷瞽而为太宰,晋无乱政,有贵于见者也。"高注:"虽瘖,平狱理讼能得人之情,故贵于多言者也。虽盲,而大治晋国,使无有乱政,故贵于有所见。"穆氏评曰:"皋陶瘖而为大理,乃古今奇事,师旷瞽而审音,则其本业贵于言见,乃谓有心之神明在也。注浅。"⑦

---

① 《子藏·淮南子卷》第39册,第303页。
② 《子藏·淮南子卷》第39册,第314页。
③ 《子藏·淮南子卷》第39册,第325页。
④ 《子藏·淮南子卷》第39册,第327页。
⑤ 《子藏·淮南子卷》第39册,第329页。
⑥ 《子藏·淮南子卷》第39册,第269页。
⑦ 《子藏·淮南子卷》第39册,第274页。

高注强调"贵于多言""贵于有所见",确实对该文本的把握有偏差。实际上,该文本的最终落脚点是在"不言之令""不视之见"之神化上,即穆氏所谓"心之神明"。

三、穆氏评点多渗入情感和体悟

穆氏编选《淮南子隽语》,体现了以理取胜的倾向。有时,他并不满足停留在文意的疏解上,而是渗入自己的情感和体悟,以发明言外之意旨。这主要体现在以下几方面:

一是增入己见。如《原道训》:"体道者逸而不穷,任数者劳而无功。"穆氏评曰:"体道任数,悬绝若此,故君子贵于择术。"① 贵于择术,即是穆氏增入的见解。又如,《俶真训》:"是故有真人,然后有真知。"穆氏评曰:"真人自知而后能知人,故谓真知。"② 自知而知人,即是穆氏增入的见解。

二是比附佛理。如《精神训》:"目虽欲之,禁之以度;心虽乐之,节之以礼。"穆氏评曰:"此四语为小乘禅。"③ 又此篇:"理情性,治心术,养以和,持以适,乐道而忘贱,安德而忘贫。"穆氏评曰:"此数语则大乘矣,然必由小乘而后可至大乘。"④ 唐李师政《法门名义集》:"四念处大小乘名有异:观身不净,观受有苦,观心生灭,观法无我是小乘四念处;观身如虚空,观受内外空,观心但名字,观法善恶俱不可得,是大乘四念处。"⑤ 此中"观身不净"与"观身如虚空",正是小乘禅与大乘禅的差异所在,穆氏用以比附《精神训》"衰世凑学"与"达至道者"的两种境界,显出他对于养心的重视。

三是多见心得。如《齐俗训》:"子路受而劝德,子赣让而止善。"穆氏评曰:"不受金似高于受牛者,而劝德之善乃因之,则君子辞让,亦但可有其心而已,不必于遂也。"⑥ 君子应有辞让之心,但不一定非要求成。此即穆氏之心得。又如《氾论训》:"溜水足以溢壶榼,而江河不能实漏卮,故人心犹是也。"穆氏评曰:"人能知此,则无往不乐。渊明自得,王戎夜计,得失判然。"⑦ 实以历史

---

① 《子藏・淮南子卷》第 39 册,第 257 页。
② 《子藏・淮南子卷》第 39 册,第 264 页。
③ 《子藏・淮南子卷》第 39 册,第 271 页。
④ 《子藏・淮南子卷》第 39 册,第 271—272 页。
⑤ 《大正新修大藏经》第 54 册,台湾新文丰出版公司 1983 年,第 197 页。
⑥ 《子藏・淮南子卷》第 39 册,第 281 页。
⑦ 《子藏・淮南子卷》第 39 册,第 302 页。

人物，可谓感悟至深。

四是常含情感。如《道应训》："吾爵益高，吾志益下；吾官益大，吾心益小；吾禄益厚，吾施益博。"穆氏评曰："孙叔敖三言，读之令人大悟老氏大旨，不出乎此，何必五千言哉！"① "大悟""何必"二语，喜爱之情溢于言表。又此篇："晏子默而不对者，不欲太卜之死。往见太卜者，恐公之欺也。晏子可谓忠于上而惠于下矣。"穆氏评曰："晏子既不欲死太卜，又不欲欺公，智而且仁，可想可慕！"② "可想可慕"一语，倾慕之情跃然纸上。

四、穆氏评点很少涉及文章技艺

除一般的圈点外，穆氏涉及文章写作技艺方面并不多。究其原因，一方面在于《僬语》主以理语而非情语，另一方面在于《僬语》所节之文大多是篇幅不长的段落，体现不出明显的文章学特征。

尽管如此，穆氏还是留有一些关于这个方面的评点。穆氏较为注意突出文字的意味。如《兵略训》："唯无形者，无可奈也。"穆氏评曰："无形者无可奈，精切有味，令人鼓舞。"③ 又此篇："喜予者必喜夺。"穆氏评曰："予夺乃恩怨所由，至言有味。"④ 这里所谓"有味"，应是指文句有着丰富的意蕴，令人回味无穷。穆氏也注意点出文中章法及修辞。如《氾论训》："夫物之相类者，……唯猗顿不失其情。"穆氏评曰："此篇言人之疑似足以乱真，旁引曲譬，以伸其说，断而不断，续而不续。"⑤ "旁引曲譬"，此为修辞；"断断续续"，此为章法。又如《说山训》："走不以手，缚手走不能疾；飞不以尾，屈尾飞不能远。"穆氏评曰："比拟精切，令人绝倒。"⑥《泰族训》："琴不鸣，而二十五弦各以其声应；轴不运，而三十辐各以其力疾。"穆氏评曰："琴轴之喻精切，令人跃然。"⑦ 所谓绝倒、跃然，均体现了穆氏为文中精切的比喻所倾倒。

---

① 《子藏·淮南子卷》第39册，第289—290页。
② 《子藏·淮南子卷》第39册，第295页。
③ 《子藏·淮南子卷》第39册，第306页。
④ 《子藏·淮南子卷》第39册，第311页。
⑤ 《子藏·淮南子卷》第39册，第301页。
⑥ 《子藏·淮南子卷》第39册，第315页。
⑦ 《子藏·淮南子卷》第39册，第328页。

第四节　张榜的《淮南子》评点

张榜的《淮南子》评点,保存在他的《淮南鸿烈解辑略》中。但根据最初的不分卷本,该书中的评点并不全部属于张榜,还有一些属于王孙云等人。吴贲再刻时,完全删除了其他参与者的名字,将所有评点都归属张榜一人。为表述方便,我们取用吴贲校订本,把所有评点看成是张榜一人所作。

一、张榜《淮南子》评点的基本情况

在《辑略》中,张榜评点大多数居于天头位置,小部分夹在正文行间。以吴校本为统计对象,张榜评语总计约173条,其中《原道训》32条、《俶真训》9条、《天文训》13条、《地形训》1条、《时则训》1条、《览冥训》5条、《精神训》5条、《本经训》4条、《主术训》8条、《缪称训》8条、《齐俗训》6条、《道应训》32条、《氾论训》4条、《诠言训》3条、《说山训》2条、《说林训》10条、《人间训》10条、《修务训》9条、《泰族训》3条、《要略》8条。这些数据也大体能反映《辑略》节选各篇的篇幅情况,如《地形训》《时则训》自然是入选文字最少的篇目,而《原道训》《道应训》则是最多的篇目。

张榜评点的数量看似很可观,但其中有大量的一字、两字评语,同时又有不少从正文中拾掇的词语。因此,《淮南鸿烈解辑略》中有质量的评点实际上并不多。

二、张榜《淮南子》评点的主要特色

尽管有质量的评点数量不多,但张榜评点在某些方面也能形成自己的特色。主要体现在:

一是评语趋向简洁、短小。这一点应是受陈深《诸子品节》的影响。一字评语,诸如新、妙、逸、趣、总者很常见;二字评语,诸如闳富、佳语、高华、名言、奇语、警悚、精论、精奇、新妙、妙语、奇谲、妙喻者极多。三字、四字评语也比比皆是。这些简洁、短小的评语,大多饱满张榜的赞赏之情,是他品评文字的直接表达。

二是频繁从正文拾掇词语作为评语。这一点应该也是受陈深《诸子品节》的影响。陈深在评点《本经训》《要略》等篇时经常使用这种方式。张榜将它发扬光大,不仅使用更频繁,而且涉及的篇目也更多。例如,《原道训》"驰大

区""倒生""玄仗""膏烛",《俶真训》"储与扈冶""大扬攉",《本经训》"瑶光""四关""五遁",《主术训》"三关""玄房",《齐俗训》"陇西游""伉行",《道应训》"枭之爱子""雠夷""持胜""四累之上""蛩蛩駏驉""差须""蠲然""汰沃之汜""汗漫游""柸治""观化""漏理""鸟飞准绳""廓革",《说山训》"侳廉",《人间训》"龙变",《修务训》"龙虫",《泰族训》"匠成""金目",《要略》"縿綛""哯齵""宰匠""畛挈"。就这些拾掇的词语看,小部分属于文中关键词,大部分属于生僻词,其目的都是要引起读者的注意。这可谓是张榜评点的一大特色。

三是,评点文章技艺成为最主要的内容。张榜之前,评点文章技艺虽是一个不可缺少且十分重要的方面,但并未成为最主要的方面,而张榜的评点,有十分之八九涉及这个方面,鲜明地反映了他对文章技艺的重视程度。关于这一特色,下文将详细讨论。

三、张榜对《淮南子》文章技艺的评点

首先,他非常注重分析文章的结构。文中圈点常常体现了这一点。张榜常以特定的圈点符号表示文章中"上下各为段落意不相粘者""上下过脉处或分歧处"和"主意及照应处"。而且,他的评语也常常体现了这一意识。例如,《氾论训》:"古者有鍪而绻领以王天下者矣。"张榜评曰:"起得雄宕。"①《说林训》:"以一世之度制治天下……其不知物类亦甚矣。"张榜评曰:"起疏劲。"②这是注意文章的开头。《览冥训》:"是故乞火不若取燧,寄汲不若凿井。"张榜评曰:"收语健。"③《齐俗训》:"故以道论者,总而齐之。"张榜评曰:"收处得力。"④这是注意文章的结尾。《道应训》:"吾弗知也,……吾将镇之以无名之朴。"张榜评曰:"以'无知'起,以'无名'收。"⑤这是注意文章开头与结尾的相互呼应。又如,《原道训》:"执道要之柄,而游于无穷之地。"张榜评曰:"收篇处与此语相应。"⑥《氾论训》:"天地之气,莫大于和。"张榜评曰:"与束处

---

① 《子藏·淮南子卷》第43册,第558页。
② 《子藏·淮南子卷》第43册,第597页。
③ 《子藏·淮南子卷》第43册,第475页。
④ 《子藏·淮南子卷》第43册,第533页。
⑤ 《子藏·淮南子卷》第43册,第533页。
⑥ 《子藏·淮南子卷》第43册,第416页。

'至和'相应。"①这是注意文章的前后照应。

张榜有时还会注意分析整篇文章的结构布局。他评《原道训》："此篇以虚无无为为宗，而善因善下、处后处柔，皆其发干抽条处，结归于精神之恬夷，是《鸿烈》之极有局者。"②评《人间训》又说："以性道事变总起，中历历数利害、损益、功罪、予夺、远近、亲疏、微著等相反相合之微几，而总收之，盖《鸿烈》之极有局者。"③所谓"极有局"，即指《原道训》《人间训》两篇最讲究结构布局。他称赞《地形训》："叙地形井井，终归知道。"④井井，即次序井然，也是所谓"极有局"者。称赞《氾论训》："叙古今之变，别同异之分，而归于得道之和，文特昌扬错落。"⑤叙、别、归及错落，皆指文章次序分明。再如，张榜评《齐俗训》："此篇最为沓复，细寻之，亦自有条绪。齐材长短，齐论是非，齐世污隆，然要归虚一，以不齐齐之而总于道。"⑥在他看来，《齐俗训》虽然结构复沓，但仍可以寻究其头绪。如此重视文章的起收及布局，这在以往的评点中很难见到。

其次，他注意揭示文章的写法。此处所谓写法，是指《淮南子》各篇的成篇方法。《淮南子》毕竟成于众手，各篇的写法不一，张榜也只是揭示其大概。例如，他评《俶真训》："此篇多剿庄生语，其自出处亦往往入细。"⑦认为该篇主要是抄袭《庄子》而成，但也有自己细致入微的发明。此篇开头："有始者，有未始有有始者……至妙何从及此哉！"张榜评曰："有始一段，庄生姑为虚幻之词，游戏其笔端耳。刘安遂为之征实，而语语若确然不移者，使若者佐谖，谁复第一？"⑧他认为，《庄子》这一段文字无非是虚谈，刘安却以"征实"的写法加以发明，所以别有一番理致。又如，张榜评《时则训》："《时则训》掇之《月令》《吕览》，然寝失故武，并芟之。"⑨认为该篇前半文是杂抄《礼记·月令》《吕氏春秋·十二纪》而成，又不能保持原貌，故不予节录。又如，张榜评《道应训》：

---

① 《子藏·淮南子卷》第43册，第561页。
② 《子藏·淮南子卷》第43册，第436页。
③ 《子藏·淮南子卷》第43册，第624页。
④ 《子藏·淮南子卷》第43册，第468页。
⑤ 《子藏·淮南子卷》第43册，第568页。
⑥ 《子藏·淮南子卷》第43册，第533页。
⑦ 《子藏·淮南子卷》第43册，第451页。
⑧ 《子藏·淮南子卷》第43册，第436—437页。
⑨ 《子藏·淮南子卷》第43册，第470页。

"段段解老,法自韩非,中插管庄二段。"①认为该篇的写法大体是效仿《韩非》中《解老》《喻老》二篇,只是中间穿插了抄自《管子》《庄子》的两段文字。再如,张榜评《修务训》:"兴治力学,皆世务当修者,截然两段,另是一格。"②认为该篇前半段主"兴治",后半段主"力学",判然有别,是《淮南子》中写法独特的一篇。

再次,他注意揭示文章的感染力。袁宏道、陈深等人的评点有时也饱含感情,但皆不如张榜那样频繁,那样感慨之深。从这个方面说,张榜的评点善于揭示文章的感染力。这种感染力主要体现在:

一是让读者感到心里畅快。如《原道训》:"万物固以自然,圣人又何事焉?"张榜评曰:"何其快适也!"③《俶真训》:夫夏日之不被裘,……贪污之心奚由生哉!"张榜评曰:"观此而知,作人多长物者真愚也,读其文泠然快心。"④《精神训》:"是故视珍宝珠玉犹石砾也,视至尊穷宠犹行客也,视毛嫱西施犹顠丑也。"张榜评曰:"意适文酣。"⑤《道应训》:"淄渑之水合,易牙尝而知之。"张榜评曰:"妙论沁心。"⑥快适、快心、意适、沁心,均是使人心里畅快之义,这是一种积极向上的感染力。

二是让读者精神得到熏染。例如,《原道训》:"圣人不以心役物,不以欲滑和。"张榜评曰:"展发精神。"⑦又此篇:"夫精神气志者,静而日充者以壮,……百事之变无不应。"张榜评曰:"彻底精神。"⑧都是指使人精神得到振奋和洗礼之义。又如,《道应训》:"故大人之行,不掩以绳,至所极而已矣。"张榜评曰:"破拘士之胸目。"⑨又此篇:"丰水之深千仞……莫之肯归也。"张榜评曰:"廓奇士之肺肠。"⑩破、廓,可谓是感染力的形象反映,都能使精神得到扩张。

三是让读者在感情上产生共鸣。例如,《原道训》:"夫建钟鼓,……此其

---

① 《子藏·淮南子卷》第43册,第558页。
② 《子藏·淮南子卷》第43册,第632页。
③ 《子藏·淮南子卷》第43册,第420页。
④ 《子藏·淮南子卷》第43册,第447页。
⑤ 《子藏·淮南子卷》第43册,第481页。
⑥ 《子藏·淮南子卷》第43册,第535页。
⑦ 《子藏·淮南子卷》第43册,第428页。
⑧ 《子藏·淮南子卷》第43册,第435页。
⑨ 《子藏·淮南子卷》第43册,第554页。
⑩ 《子藏·淮南子卷》第43册,第554页。

为乐也。"张榜评曰:"不独光华璀璨,说透人情,令人爽然自失。"① 认为这段文字描摹人情透彻,让读者产生了若有所失的感情共鸣。又如,《精神训》:"夫造化者之攫援物也,……与其为盆盎亦无以异矣。"张榜评曰:"说及此,使人恋生憎死之情涣然都解。"② 认为这段文字形象阐述了生死关系,让读者消除了悦生恶死的感情定势,从而产生能坦然面对生死的达观态度。再如,《说林训》:"君子有酒,鄙人鼓缶,虽不可好,亦不见丑。"张榜评曰:"此坡公可与悲天院乞儿伍也。"③ 通过苏轼与悲天院乞儿为伍的事实,深刻反映了评点者与这段文字之间所产生的共鸣。

最后,他注意揭示文章的语言特征。对于《淮南子》的语言,茅坤、袁宏道、陈深诸人都作过详细评点,大体归纳出富丽、雅正、简练等几种特征。张榜在圈点中把《淮南子》的语言特征总结为"文精妙者"与"文藻丽者"。前者多指语言所表达的精意,后者多指语言的藻饰。有时,他在评语中也予以指出。例如,《原道训》:"口不设言,……莽乎大哉!"张榜评曰:"此段亭亭奕奕,英爽秀起,读之旨人。"④ 英爽即精妙,秀起即藻丽,二者合而为一。他还在此篇评语中屡屡感叹"无一语不鲜贵,真所谓字值千金""语语贵",都能见出张榜对《淮南子》语言的倾心。但这些见解与前人相比并无特出之处。

其特出之处,则在于他认为《淮南子》的语言还包含新异及杂有韵语、俚语的特征。例如,张榜总评《缪称训》:"篇中多言诚心不言之感,骇目新词,刺心妙论,叠叠而来。"⑤ 总评《要略》篇:"词华多新异可喜,又阅《要略》,则全书之梗概可睹,故少所芟去。"⑥ 均指出了《淮南子》语言新异的另一特征。又如,张榜总评《时则训》:"后段'六制',杂出韵语,词旨遒质,存一体焉。"⑦ 又评《本经训》"凡乱之所由生者皆在流遁"一段:"叙五遁,宏博典丽,间入韵语,可与《子虚》《三都》驰骋千古。"⑧ 均指出了《淮南子》语言杂有韵语的特征。再如,《说林训》:"毋曰不幸,甀终不堕井。抽簪招燐,有何为惊!"张榜评曰:

---

① 《子藏·淮南子卷》第 43 册,第 428 页。
② 《子藏·淮南子卷》第 43 册,第 479 页。
③ 《子藏·淮南子卷》第 43 册,第 602 页。
④ 《子藏·淮南子卷》第 43 册,第 422 页。
⑤ 《子藏·淮南子卷》第 43 册,第 519 页。
⑥ 《子藏·淮南子卷》第 43 册,第 643 页。
⑦ 《子藏·淮南子卷》第 43 册,第 470 页。
⑧ 《子藏·淮南子卷》第 43 册,第 492 页。

"里语,却可爱。"①指出了《淮南子》语言杂有俚语,也有生动活泼的一面。这些都是道前人之所未道。

第五节 陈仁锡的《淮南子》评点

陈仁锡对《淮南子》的评点,均保存在他的《诸子奇赏》之中。另一部托名陈仁锡的《子品金函》,亦载有所谓陈氏评语,与《诸子奇赏》中的评点虽无交织,但不在本节讨论范围之内。

一、陈仁锡《淮南子》评点概况

陈仁锡的《淮南子》评点,产生于明末托名滥造的文化环境下。因此,其真实性也不能不可加以考虑。三径斋主人蒋中同说:"今坊刻将眼前数子点缀名色,若出异书,又将一二篇章装以巧名,令耳食者相眩诧,不亦鄙陋可嗤乎?是集惟存本来面目,弗变易涂饰以诬世。"②严厉批评了当时坊间以"点缀名色""装以巧名"作为骗销伎俩的欺世行为。蒋氏刻印《诸子奇赏》,是要反其道而行,以保存书籍的本来面目为己任。所以,从这个方面说,《淮南子奇赏》所存评语真实可靠,确属陈仁锡无疑。

《奇赏》虽然节录了除《天文训》《时则训》以外的其他十九篇的内容,但评语数量并不是很多。据统计,《奇赏》保存评语总计约202条,其中《原道训》6条、《俶真训》9条、《地形训》7条、《览冥训》5条、《精神训》9条、《本经训》3条、《主术训》16条、《缪称训》12条、《齐俗训》12条、《道应训》15条、《氾论训》18条、《诠言训》10条、《兵略训》8条、《说山训》17条、《说林训》19条、《人间训》18条、《修务训》8条、《泰族训》7条、《要略》3条。这些数据同样能够大体反映《奇赏》所节录各篇的篇幅长短,也在某种程度上反映了他对各篇的重视程度。

总体而言,陈仁锡比较重视《淮南子》,他在《诸子奇赏后集序》中还特意提及了《淮南子》。陈氏说:"于是有子类史、史类子者,如《淮南子》《杨子》《文中子》,世所称子也。杨子是狱吏手,以深文为主;《淮南子》如饱而大牢,

---

① 《子藏·淮南子卷》第43册,第603页。
② 蒋中同《诸子奇赏·发凡》,明天启六年奇赏斋刻本。

暑而重裘,然饥十日以御冬,何可少也?"① 在他看来,《淮南子》内容驳杂不一,具有子类史、史类子的特征,平常时期读之似有害,非常时期则必不可少。尽管评价不高,但陈氏还是用了五卷篇幅(约占《后集》近十分之一篇幅)来评选《淮南子》,实际上显示了陈氏对《淮南子》的重视。

二、陈仁锡《淮南子》评点的特色

可能正是因为要与坊刻的评选本相区别,陈氏评语才有意显示出极强的个性。这种个性主要反映在他的评语基本属于即兴评语。所谓即兴评语,是指事先不作全盘研读,大都属于兴会而来、即时而写的评语。陈氏评语中,极少见到针对全篇的评论,也极少见到针对文章结构和脉络的评论,这一点与以往的评点迥异,可在某种程度上说明陈氏评语大多属于心得、感悟,符合即兴评语的特征。归纳起来说,陈氏评点的特色,大体包括以下几方面:

其一,借《淮南子》揶揄宋代学者。这一现象在其他所有学者的评点中皆未曾出现过。或许陈氏对宋代学者存在偏见,将它宣泄在《淮南子》的评点之中。例如,《原道训》:"是故不得于心而有经天下之气,是犹无耳而欲调钟鼓,无目而欲喜文章也,亦必不胜其任矣。"陈氏评曰:"王介甫乎?"② 言外之意,《淮南子》这段议论适合用在王安石身上。显然,陈氏这是揶揄王安石,讽刺他志大而才疏,无知而逞能。又如,《精神训》:"尝试为之击建鼓,撞巨钟,乃性仍仍然,知其盆瓴之足羞也。"陈氏评曰:"宋儒结坛,犹是方罫。"③《淮南子》这段文字,原是讽刺执于一隅而不通大道的百家之学,陈氏借以批评宋代学者常拘于门户之见而拉帮结派的习性。关于拉帮结派,《齐俗训》:"求是者非求道理也,求合于己也;去非者非批邪施,去忤于心者也。"陈氏评曰:"此言遂为千古朋党作俑。"④ 由此也可以见出他对宋儒结党营私的强烈不满。再如,《精神训》:"衰世凑学,不知原心反本,直雕琢其性,矫拂其情,以与世交。"陈氏评曰:"二字说尽宋儒。"⑤ 二字指"凑学",高诱注曰:"凑,趋也。趋其末,不修

---

① 《陈太史无梦园初集》,《四库禁毁书丛刊·集部》第60册,第26页。
② 《子藏·淮南子卷》第42册,第25页。
③ 《子藏·淮南子卷》第42册,第90页。
④ 《子藏·淮南子卷》第42册,第149页。
⑤ 《子藏·淮南子卷》第42册,第92页。

稽古之典,苟邀名号耳。"① 可知"凑学"即末学,亦即舍本逐末之学。陈氏借以批评宋代文人治学不纯,邀名求利者居多。可见,陈氏对宋代学者抱有很大的成见。他借评点以表达自己的不满,又想通过评点广泛散播,则是不厚道的做法。

其二,常反《淮南子》原文之意。这一现象在其他所有学者的评点中亦极少见。所谓反原文之意,是指常取原文的反面意思作为评语。此类评语,一方面暗示评点者对原文观点的不认同,另一方面又可以借此拓宽读者的思路。例如,《俶真训》:"若夫墨杨申商之于治道,犹盖之无一橑,而轮之无一辐,有之可以备数,无之未有害于用也。"陈氏评曰:"杨墨申商,原自少不得。"② 原文之意是说,杨墨申商四家可有亦可无,无论有无,皆不伤于治道。陈氏则反此意,认为四家皆不可无。又如,《俶真训》:"夫鸟飞千仞之上,兽走丛薄之中,祸犹及之,又况编户齐民乎?"陈氏评曰:"飞走自为祸。"③ 原文之意是说,飞鸟飞得再高,走兽跑得再快,也不能完全免于外祸。陈氏则反此意,认为飞鸟走兽自为其祸,不在于鸟能飞多高、兽能跑多快。陈氏这一说法,显然拓宽了读者的思路。再如,《览冥训》:"昔雍门子以哭见于孟尝君,……精神形于内,而外谕哀于人心,此不传之道。"陈氏评曰:"借面吊丧,假哭者多。"④ 原文之意是说,孟尝君为雍门子之哭而哭,是被雍门子自内而外的真情所打动。陈氏则反此意,认为假哭的可能性也大。诸如此类的评语还有不少,兹不赘述。除反原文之意外,陈氏也对原文之意提出怀疑,甚至直接加以修正。例如,《地形训》:"昼生者类父,夜生者似母。"陈氏评曰:"是耶?非耶?"⑤ 此是怀疑。又如,《氾论训》:"闻得其言,不若得其所以言。"陈氏评曰:"闻言即得其所以言。"⑥ 此是直接修正。这类评语鲜明体现了陈仁锡不盲从古书、不盲从古人的个性。

其三,注意揭示《淮南子》与前后典籍的关系。这一现象在其他学者的评点中也常见,但陈氏大多渗入自己的见解。例如,他评《地形训》"地形之所

---

① 张双棣《淮南子校释》(增订本),第805页。
② 《子藏·淮南子卷》第42册,第33页。
③ 《子藏·淮南子卷》第42册,第44页。
④ 《子藏·淮南子卷》第42册,第63页。
⑤ 《子藏·淮南子卷》第42册,第56页。
⑥ 《子藏·淮南子卷》第42册,第194页。

载"一段:"次序亦奇,妙在不袭《禹贡》。"①认为是用而非抄《禹贡》。又如,他评《主术训》"尧之有天下也"一段:"大率《管》《韩》《吕览》,《淮南》附会转变,但文有工拙,大都青出于蓝。"②认为虽取自前书,但大都能胜之。陈氏还提到《淮南子》"学楼缓"、取"宋襄兵法",这也是见前人之所未见。又如,《本经训》:"赢镂雕琢,诡文回波。"陈氏评曰:"班固赋所自出。"③相对于揭示与前后典籍的关系来说,陈氏更喜欢运用《淮南子》来评价历史人物。如《诠言训》:"尽其地力以多其积,厉其民死以牢其城。"陈氏评曰:"可为子舆氏解嘲。"④又此篇:"以浮游而为龟忧养生之具,人必笑之矣。"陈氏评曰:"为杞人解嘲。"⑤认为这两段文字分别能为孟子、杞人辩护。又如《说山训》:"太山不上小人。"陈氏评曰:"登泰山而小天下,一人耳。"⑥借此句来称颂孔子。又如《人间训》:"诚得知者,一人而足矣。"陈氏评曰:"宋仁宗朝议□纷纷,正少此一人。"⑦借以批评宋仁宗不得其人。再如《修务训》:"盖闻子发之战,……故名立而不堕。"陈氏评曰:"量其必成,非置成败于度外。古今不可以成败论者武侯耳,故曰'死而后已',盖已不可为矣。"⑧借以说明诸葛亮亦成亦败,惟其"死而后已",所以不能以成败论之。

其四,揭示《淮南子》文章技艺时多有新见。前人评点所涉及文章技艺的一些内容,陈氏似乎有意避开,所以常能别开生面。例如,《齐俗训》:"以为穷民绝业,而无益于槁骨腐肉也。"陈氏评曰:"《淮南》语训多切中情事,非大玄比也。"⑨肯定《淮南子》非空谈之文可比。又如,《缪称训》:"如饥渴者,不可欺以虚器也。"陈氏评曰:"明鬯如韩歇俳语。"⑩《兵略训》:"山高寻云,溪肆无景。"陈氏评曰:"是诗句。"⑪《说山训》:"上求材,臣残木。上求鱼,臣干谷。上

---

① 《子藏·淮南子卷》第42册,第46页。
② 《子藏·淮南子卷》第42册,第113页。
③ 《子藏·淮南子卷》第42册,第99页。
④ 《子藏·淮南子卷》第42册,第222页。
⑤ 《子藏·淮南子卷》第42册,第229页。
⑥ 《子藏·淮南子卷》第42册,第294页。
⑦ 《子藏·淮南子卷》第42册,第343页。
⑧ 《子藏·淮南子卷》第42册,第353—354页。
⑨ 《子藏·淮南子卷》第42册,第145页。
⑩ 《子藏·淮南子卷》第42册,第132页。
⑪ 《子藏·淮南子卷》第42册,第238页。

求楫,而下致船。上言若丝,下言若纶。"陈氏评曰:"似童谣。"① 将这些文句分别比附俳语、诗句、童谣,确是发前人之所未发。再如,《览冥训》:"雷霆不作,风雨不兴,川谷不澹,草木不摇。"陈氏评曰:"对似板而句亦庸。"② 《氾论训》:"救一车之任,极一牛之力。"陈氏评曰:"对体板弱。"③ 指出《淮南子》中存在对句的情况,但评价都不高。

第六节 汪明际等人的《淮南子》评点

汪明际、黄澍、叶绍泰等处于明代末期,他们的评点也预示着曾经暴兴的《淮南子》评点之风,即将落下帷幕。

一、汪明际的《淮南子》评点

汪明际对《淮南子》的评点,保存在他的《淮南子删评》之中。汪氏评语有大部分居于页眉,小部分以小字形式夹在正文行间。据统计,汪氏评语总计约804条,其中《原道训》52条、《俶真训》59条、《天文训》17条、《地形训》45条、《时则训》2条、《览冥训》64条、《精神训》44条、《本经训》21条、《主术训》46条、《缪称训》32条、《齐俗训》45条、《道应训》38条、《氾论训》50条、《诠言训》37条、《兵略训》24条、《说山训》53条、《说林训》38条、《人间训》72条、《修务训》42条、《泰族训》23条,唯《要略》一篇无评语。

评语数量虽然很可观,但汪氏自撰者不多。经仔细考察,汪氏评语主要有三个来源:一是取自原书旧注。对于此类评语,汪氏以低一字的形式有意与其他评语作了区分。据统计,此类评语共约518条,约占总数的64.4%。此类评语全部属于字词解释,应是为方便读者阅读而设。二是删改张宾王评语而成。据统计,此类评语共约27条,约占总数的3.5%。三是汪明际自撰。据统计,此类评语共约259条,约占总数的有32.1%,主要集中在《原道训》《俶真训》。可见,汪氏评点最有价值的便是他自撰的评语。与其他学者相比,汪氏自撰评语颇有自己的特色,主要体现在以下三个方面:

---

① 《子藏·淮南子卷》第42册,第264页。
② 《子藏·淮南子卷》第42册,第68页。
③ 《子藏·淮南子卷》第42册,第212页。

第一,部分评语专门针对张宾王删节《淮南子》而发。这部分评语最具个性,体现了汪氏在删节古书上的思想主张。

首先,删节古书的目的在于删繁去乱。汪氏总评《本经训》:"此篇论自然之理,而乱之于'五遁',末后忽窜入'哀乐',张本尽删去,极为痛快,予亦从之。"① 总评《泰族训》:"此篇头绪最为烦杂,非熟读深思不能知其解也,非芟烦去乱不能使前后秩然就理。"② 经过一番删繁去乱之后,古书中的文字才能前后井然有序。

其次,删节古书应保证文字的上下连贯。《览冥训》:"人马不相见,……秉白旄。"汪氏评曰:"文字也须连引譬喻,方震动有势。张宾王于此等一概抹去,此岂知文字之变化者?此篇犹不可少,说天人感召处,无形无影处,说得活现。"③ 汪氏认为,删节文字必须保证它的连贯,否则,不能见出文字的变化。他总评《主术训》:"此篇头绪极多,段落极繁,佳语又错落,张本固多好处,然头绪清矣而少波澜,篇章劲矣而少原委,存其节目而增饰其所未至,觉灿然有文,而秩然有理,为之大快。"④ 又《览冥训》:"其得之乃失之,……况直燕雀之类乎!"汪氏评曰:"此处张宾王尽删去,说到刑罚道德,全没些根叶,没些波澜,茫然不知所谓矣。"⑤ 显然,这种文字上的连贯就是要有根有叶,有波有澜,有头有尾。《览冥训》:"昔者王良造父之御也,……未见其贵也。"汪氏评曰:"张宾王本陡出此段,精神全不生动。"⑥ 又《精神训》:"是故五色乱目,……然皆人累也。"汪氏评曰:"此数句张本之所删,而予补之,出'嗜欲'句方有气脉。"⑦ 可见,汪氏认为,只有保证这样的连贯,才能使删节后的文字有灵动,有气脉。

再次,删节古书应突出文章的正主意。汪氏评《氾论训》:"此篇文颇庞杂,被宾王一删更觉无头无尾,刲裂支离,予就其中看出'徐偃王'一段作全篇正主意,颇得其解。"⑧ 又此篇:"徐偃王知仁义而不知时。"汪氏评曰:"此方是

---

① 《子藏·淮南子卷》第42册,第538—539页。
② 《子藏·淮南子卷》第43册,第243页。
③ 《子藏·淮南子卷》第42册,第506页。
④ 《子藏·淮南子卷》第42册,第549页。
⑤ 《子藏·淮南子卷》第42册,第510页。
⑥ 《子藏·淮南子卷》第42册,第511—512页。
⑦ 《子藏·淮南子卷》第42册,第522页。
⑧ 《子藏·淮南子卷》第43册,第67—68页。

正意,张本删去,茫然不知其意之所在,此岂知言者乎?"① 批评张宾王删节《氾论训》,不仅未能抓住此篇主旨,反而还把作为主旨的文字全部删除,甚至嘲讽他不知文章。又此篇:"昔者曹子为鲁将兵,……岂有此霸功哉!"汪氏评曰:"为君者要知变通,方能行仁义,即为臣者也要知变通,中间出没变化,不知其所以然而然,却被宾王删得全没主意,全没分晓。"② 仍然是批评张宾王不顾中心思想的无厘头删节,进一步反映了汪氏重视把握文章主旨的意识。

最后,删节古书应尽量保留精彩的关键文句。《主术训》:"无为而有守也,有为而无好也。有为则谗生,有好则谀起。"汪氏评曰:"引出'无好'段,议论更妙,且有原本,张本突出内外扃,觉无味。"③ 又此篇:"仁者虽在断割之中,……则为蝼蚁所食。"汪氏评曰:"末段洗发无为之旨更精透,张本多删去,觉嚼然无余味,篇法亦不震动。"④ 汪氏认为,张宾王把"议论更妙""更精透"的文句删去,使得留下的文字索然寡味,也削弱了篇法的震撼效果。《览冥训》:"犬群嗥而入渊……猎不听其乐。"汪氏评曰:"形容世界颠倒错舛,极奇极灿,何故不存一语?"⑤《主术训》:"今日何为而义,旦日何为而荣,此难知也。"汪氏评曰:"文字到此处更奇蔚,一笔勾去,不亦冤哉!"⑥ 均是反对张宾王删去精彩的文句。又《齐俗训》:"譬若刍狗土龙之始成,……夫有孰贵之?"汪氏评曰:"如此快论,张本删却,甚怪。"⑦ 所谓快论,是指大快人心的议论,无疑也是文章的精彩之处。实际上,关于文句的精彩与否,与读者的品评标准有莫大关系。汪氏以自己的标准批评张宾王,未免有些强人所难。

第二,部分评语显示出很强的文本结构分析意识。正是因为拥有上述比较完善的古书删节理论,汪氏才会在评语中显现出文本结构分析的自觉意识。与以往任何一个评点《淮南子》的学者相比,汪氏在这方面的意识都是最强的。

经仔细考究,汪氏对《原道训》《俶真训》《览冥训》《精神训》《主术训》《齐俗训》《氾论训》《人间训》《泰族训》九篇文章,均作了文本结构上的

---

① 《子藏·淮南子卷》第43册,第83页。
② 《子藏·淮南子卷》第43册,第85页。
③ 《子藏·淮南子卷》第42册,第567—568页。
④ 《子藏·淮南子卷》第42册,第576页。
⑤ 《子藏·淮南子卷》第42册,第516页。
⑥ 《子藏·淮南子卷》第42册,第577页。
⑦ 《子藏·淮南子卷》第43册,第14页。

分析，一般使用"收""起结""引起法""结法""提醒""总承""打合""粘合""回合""回环"等术语①。汪氏分析文本结构，其独到之处在于他提出了所谓"转轴""转局"的概念。例如，《原道训》："是故至人之治也。"汪氏评曰："一篇转轴处，得一故能乐，亦是相生处。"②又《齐俗训》："夫挈轻重不失铢两……而求之乎浣准。"汪氏评曰："是非不定而有定处，一篇转轴。"③所谓转轴，本义是可转动的车轴，在文本结构上应是指既可回前又可启下的关键语句。《俶真训》："非有其世，孰能济焉。"汪氏评曰："一篇转局在此一句。"又《本经训》："当此之时，……犹在于混冥之中。"汪氏评曰："此转局处。"④清人方宗诚论《孟子·宋小国章》时说："先引汤、武两证，是文章大开局。末用'不行王政云尔'，一笔逆转入'宋'，是文字大转局。开处须玩其恣肆，转处须玩其灵快。"⑤可见，所谓转局，是指一篇文章主意的大转折处，大多属于文意的正反逆转之处，与"转轴"之义不同。汪氏"转轴""转局"概念的提出，皆是发前人之所未发。

汪氏分析文本结构，其独到之处还在于他提出了"一主一客""一正一反"的分析方法。《原道训》："贵者必以贱为号，……以弱保之。"汪氏评曰："数句作泛论，是客；'欲刚'下，是主。"⑥所谓客，当指陪衬；所谓主，当指主旨。《缪称训》"勇士一呼，三军皆辟。"汪氏评曰："一正。"又此篇："故倡而不和，意而不戴。"汪氏评曰："一反。"⑦所谓正反，是指文意的逆转，实与"转局"近似。

第三，注意点出《淮南子》与《庄子》的不同。以往的评点者虽然指出了《淮南子》与《庄子》的亲密关系，但很少对两者作优劣评判。汪氏则鲜明表达了自己的意见，体现出他反对玄谈的务实精神。

---

① 其中，"打合""粘合"这两个术语，在其他学者的评点中几乎见不到。《原道训》："是故无所喜而无所怒，无所乐而无所苦。"汪氏评曰："又打合前'得和'上。"(《子藏·淮南子卷》第42册，第454页。)所谓打合，当是接续之义。《修务训》："夫圣人之心……吾以为不然。"汪氏评曰："已上治人，已下修己，截然两段，不相粘合，又是一体格。"(《子藏·淮南子卷》第43册，第228页。)所谓粘合，当归属之义。
② 《子藏·淮南子卷》第42册，第449—450页。
③ 《子藏·淮南子卷》第43册，第24页。
④ 《子藏·淮南子卷》第42册，第540页。
⑤ 王水照编《历代文话》，复旦大学出版社2007年，第5684页。
⑥ 《子藏·淮南子卷》第42册，第445页。
⑦ 《子藏·淮南子卷》第42册，第581页。

例如,《精神训》:"古未有天地之时,……精气为人。"汪氏评曰:"庄子只见得外天下,此文直见到所以然,直是胜庄子。"①认为《庄子》偏玄,《淮南子》向实,实胜于玄。又此篇:"吾安知夫刺灸而欲生者之非惑也……而死乃休息也。"汪氏评曰:"亦庄生之旨,说得更快活。晋人许多受用从此中来,人不可不解到此。"②所谓快活,即痛快,令人一读即悟,也是肯定《淮南子》向实的一面。

又如,《齐俗训》:"夫性亦人之斗极也,有以自见也,则不失物之情。"汪氏评曰:"庄生齐物不出正主意,因其不齐而不齐,《淮南》却说到性上,此庄刘之所以异也。"③所谓不出正主意,亦即玩世。在汪氏看来,《庄子》齐物多有玩世之意,而《淮南子》齐物落实于人性,是正主意。显然,在某种程度上仍是赞扬《淮南子》向实的一面。

二、黄澍、叶绍泰的《淮南子》评点

黄澍、叶绍泰对《淮南子》的评点,保存在《淮南子别解》中。两人评语数量极少,仅存有5条。黄澍评语重在揭示文章主旨及品评文字,他在总评《览冥训》时说:"此篇是养生致治大有关系文字。"④前人论该篇主旨皆在物类相感这一层,黄氏则另辟思路,提出"养生致治"这一新的主题。他总评《兵略训》时又说:"不独兵略,用人之道备焉。"⑤从兵道推及"用人之道",同样是发前人之所未发。品评文字方面,黄氏高度称赞《精神训》:"文字极浅极俊,浅而不肤,俊而不巧,自是极有地步处。"⑥认为该篇语言具有浅白又不流于肤浅、俊秀又不流于纤巧的特点。

叶绍泰的评语,则集中在《兵略训》一篇。他总评《兵略训》说:"此篇上述王道,下杂霸术,古来兵策最为详备。"⑦又说:"淮南旨宗老子,辞取辛钘,而此篇又兼孙、吴、尉缭、穰苴之长,名曰天下奇才,信非夸矣。然全集驳杂,有

---

① 《子藏·淮南子卷》第42册,第519页。
② 《子藏·淮南子卷》第42册,第523页。
③ 《子藏·淮南子卷》第43册,第7页。
④ 《子藏·淮南子卷》第43册,第316页。
⑤ 《子藏·淮南子卷》第43册,第402页。
⑥ 《子藏·淮南子卷》第43册,第336页。
⑦ 《子藏·淮南子卷》第43册,第369页。

似类书,故录其益于文业者凡五篇,以志其概。"① 从评论《兵略训》一篇推及到《淮南子》全书,提出"王道霸术""有似类书",颇有见地。

三、无名氏的《淮南子》评点

无名氏对《淮南子》的评点,保存在刊于明末的花口本中。据统计,花口本保留无名氏评语约39条,其中不少已模糊难辨。尽管数量少,但无名氏评语涉及了《淮南子》的全部篇目,其主要内容是评点文章的写作技艺。与其他学者的评点相比,无名氏评点显示出极强的参照意识。所谓参照意识,是指评者常参照他人、他书、他文而不孤立评论的意识。

参照他人,如《原道训》:"逍遥于广泽之中,而仿洋于山峡之旁。"无名氏评曰:"仍是班固、张衡赋手。"②《本经训》:"嬴镂雕琢,诡文回波。"无名氏评曰:"雕绘似赋,孟坚、平子之流。"③ 借班、张二人称赞刘安作文似赋的高超技艺。又如,《天文训》:"清阳者薄靡而为天,重浊者凝滞而为地。"无名氏评曰:"理气融洽,仲舒、孟坚所不逮。"④ 借董、班二人反衬刘安立论更高远。

参照他书他文之法,无名氏更是运用自如。其一,参照《老子》。如《原道训》:"源流泉浡,冲而徐盈;混混汩汩,浊而徐清。"无名氏评曰:"句下韵似《老子·明道若昧章》,不独是《招隐赋》《骚□》。"⑤ 其二,参照《庄子》。如无名氏评《览冥训》:"此篇宗语多得之庄生,而色泽浓至更足三复。"⑥ 其三,参照《水经注》。如《地形训》:"汾水濛浊而宜麻,……江水肥仁而宜稻。"无名氏评曰:"此西汉《水经注》也。"⑦ 其四,参照《吕览》、大小戴《礼记》。如无名氏评《时则训》:"《时则》典雅,当与吕不韦、大小戴参看。"⑧ 其五,参照《盐铁论》,如《主术训》:"高台层榭,……明主弗安也。"无名氏评曰:"此段秀丽不如《盐铁论》,然却质自是东西京之别。"⑨ 其六,参照《孙子兵法》,如《兵略训》:

---

① 《子藏·淮南子卷》第43册,第402页。
② 《子藏·淮南子卷》第16册,第482页。
③ 《子藏·淮南子卷》第17册,第141页。
④ 《子藏·淮南子卷》第16册,第523页。
⑤ 《子藏·淮南子卷》第16册,第451页。
⑥ 《子藏·淮南子卷》第17册,第71页。
⑦ 《子藏·淮南子卷》第17册,第15页。
⑧ 《子藏·淮南子卷》第17册,第31页。
⑨ 《子藏·淮南子卷》第17册,第194页。

"易则用车,……晦冥多鼓。"无名氏评曰:"增减《孙子》,益自佳。"① 其七,参照《管子》,如无名氏评《泰族训》:"此篇似《管》曼衍,较《管》□逊陷劲矣。"② 其八,参照汉乐府,如《原道训》:"匈奴出秽裘,于越生葛絺。"无名氏评曰:"二语似汉人乐府。"③ 如此众多的参照式评语,即使在明代的《淮南子》评点史上,也是极富个性的。

此外,无名氏还用后世诗文及作家来作参照。例如,《览冥训》:"千里之外,家老羸弱……身枕格而死。"无名氏评曰:"《邺下》《从军》《苦寒》三题,大得此意。"④ 这是用汉魏乐府旧题作参照。又如,《人间训》:"豹养其内而虎食其外,毅修其外而疾攻其内。"无名氏评曰:"二语,坡翁绝爱之。"⑤ 这是以苏轼为参照。由此可见,无名氏在评点过程中展现出了《淮南子》学术史的视野,值得为他写下一笔。

---

① 《子藏·淮南子卷》第17册,第476页。
② 《子藏·淮南子卷》第18册,第97页。
③ 《子藏·淮南子卷》第16册,第461页。
④ 《子藏·淮南子卷》第17册,第88页。
⑤ 《子藏·淮南子卷》第18册,第50页。

第七章 明代坊刻本中的《淮南子》评点

第一节 《评苑》本中的《淮南子》评点

在明代所有坊刻本中,《淮南子》之《诸子玄言评苑》本,不仅刻印质量名列前茅,所载录的评点数量也最多,代表了坊间学者评点《淮南子》的最高水平。在《淮南子》评点史上应该有它的一席之地,值得作进一步讨论。

一、《评苑》本中评点者的真伪

《评苑》本载录西汉以来近40位学者的评语,另有多处无名氏评语,及高氏《子略》《周氏涉笔》之文。这些学者包括许慎(58？—147？)、晁公武(1105—1180)、姚宽(1105—1162)、洪迈(1123—1202)、吕祖谦(1137—1181)、真德秀(1178 - 1235)、翟景纯、丘濬(1421—1495)、王鏊(1450—1524)、邵宝(1460—1527)、王守仁(1472—1529)、杨用修(1488—1559)、吴鼎、许应元(1506—1565)、唐顺之(1507—1560)、董份(1510 - 1595)、茅坤(1512—1601)、姜宝(约1513—1593)、汪道坤(1525—1593)、余有丁(1526—1584)、王世贞(1526—1590)、穆文熙(1532—1617)、王锡爵(1534—1611)、习孔教(1536 - 1597)、焦竑(1540 - 1620)、黄洪宪(1541—1600)、杨道宾(1541—1609)、苏濬(1542—1599)、凌雅隆、萧良有(1549—？)、翁正春(1553—1626)、吴默(1554—1640)、胡时化、施仁、袁宗道(1560—1600)、顾天峻(1561—？)、黄道开、凌约、王伟、茅赞、王维隆等人。如此众多的评点者,似乎说明《评苑》的编撰者只做了收集和校刻的工作。

然而,事实并非如此。《评苑》本把评语分属某某学者,都是因托名骗销所致。例如,《诠言训》评语:"许慎曰:'性也,情也,道也,总之理而已。人于理上勘得十分破,便能自信知足,岂至为外物所移夺乎?'"[①]许慎曾注释《淮南

---

① 《子藏·淮南子卷》第40册,第348页。

子》,目前仅存八篇,篇中并无此语。"勘得破"亦非汉时之语,多是宋明理学家的口头语,所以这条评语必是托名。又如,《原道训》评语:"茅坤评:'《淮南》精好,如《玉杯》《繁露》之书,况其推测物理,根究玄渺,大有出人意表者。'"① 根据茅一桂本前面的《总评》,并对照茅坤本,可以肯定这条评语并不属于茅坤,而是摘自高似孙的《子略》,《评苑》的编者明显张冠李戴。基于这些情况,再结合陆可教、李廷机二人的身份与才学,可知《评苑》本所冠名的评点者必是坊间伪托,不足取信。

二、《评苑》本所载评语的来源

据统计,《评苑》本共载评语约 1100 条,其中《原道训》81 条(含无名氏17 条)、《俶真训》59 条(含无名氏 15 条)、《览冥训》15 条(含无名氏 1 条)、《精神训》41 条(含无名氏 6 条)、《本经训》18 条、《主术训》68 条(含无名氏3 条)、《缪称训》25 条、《齐俗训》48 条、《道应训》26 条、《氾论训》51 条(含无名氏 1 条)、《诠言训》41 条、《兵略训》85 条、《说山训》33 条、《说林训》49条、《人间训》183 条、《修务训》83 条、《泰族训》94 条、《天文训》42 条、《地形训》3 条、《要略》55 条(含无名氏 29 条)。就数量而言,真是令人叹为观止,不仅远远高于其他坊刻本,也远超过作为家刻本的张烒如集评本。从这些数据看,编撰者比较关注《兵略训》《人间训》《修务训》和《泰族训》四篇。

如此众多的评语,其来源值得考究。依据现有的文献资料,通过详细比对,我们发现,这些评语的来源大略有四途:

其一,摘录、删改原文与旧注。例如,《泰族训》评语:"余有丁曰:'清明条达,《易》之义也;淳庞温厚,《书》之教也;宽裕简易,乐之化也;温惠柔良,《诗》之风也;恭俭尊让,礼之为也;讥刺辩义,《春秋》之靡也。六者之失持,后人不得其本故耳。'"② 前六句明显抄自《淮南子》原文,仅删除"清明条达者"等句中六个"者"字,改"刺几"为"讥刺",并打乱原有次序;最后一句也是化用原文,原文作:"六者,圣人兼用而财制之,失本则乱,得本则治。"③ 又如,《天文训》评语:"胡时化曰:'阳燧,金也,取金杯无缘者熟摩令热,日中时以当日

---

① 《子藏·淮南子卷》第 40 册,第 152 页。
② 《子藏·淮南子卷》第 40 册,第 490—491 页。
③ 张双棣《淮南子校释》(增订本),第 2105—2106 页。

下,艾以承之,则燃为火也。……弦细而急,故先绝也。"①把高诱对"阳燧见日则燃而为火""蚕珥丝而商弦绝"几句的注解全部糅合在一起,略改几字而已。再如,《地形训》评语:"习孔教曰:'按岷山在蜀西。开母山在东海中。……景山在邯郸,是北塞外。其余山名,所属之处未详。'"②将高注缩减、删改,增入"其余山名"一句,冠之以"习孔教曰"。其鄙陋之甚,于此可见一斑。此外,还有很多无名氏的评语也是摘自旧注,兹不赘述。

其二,采掇陈深评语。《评苑》本是以《品节》本为主要底本,其大量采掇陈深评语也是合情合理,但冠以他人之名,显然行为恶劣。以《俶真训》一篇为例,窥其采掇面貌:

《评苑》本:王鏊云:"南华已有此语,今特演绎之耳。"(《子藏·淮南子卷》第40册,第177页。)同《品节》本。

《评苑》本:茅坤评:"漆园之毛,河上之尻。"(第177页。)同《品节》本。

《评苑》本:储与扈冶,扬子云用于《甘泉赋》中。(第178页。)同《品节》本。

《评苑》本:焦竑云:"南华有此问答,今用此作结,亦雅终而奏以谐语也,笔端不可少者。"(第179页。)同《品节》本。

《评苑》本:王守仁评:"此等语,皆庄生之波溢而播弃者也。"(第185页。)同《品节》本。

《评苑》本:焦竑评:"一重又一重,愈发愈妙。"(第186页。)同《品节》本。

《评苑》本:王鏊评:"此段言万物自无而有,由小至大。小者去无未远,大者与有为累,观物者贵求其初也。"(第187页。)同《品节》本。

《评苑》本:袁宗道评:"纯得庄子之言,而词意更壮,不化其母。"(第188页。)《品节》本"纯得庄子之言"作"庄出也"。

《评苑》本:焦竑评:"此段言心之神明,不可容外物之挠,情事之感。见人当养心保神。"(第198页。)《品节》本无"此段""见人当养心保神"九字。

《评苑》本:顾天峻云:"《荀子》亦有此,前人有此言。借喻,切中理窍,故诸子多援引连用之。"(第199页。)《品节》本无后面"借喻"几句。

由上述例证可知,《评苑》本采掇陈深评语,大部分不加修改,小部分则会

---

① 《子藏·淮南子卷》第40册,第508页。
② 《子藏·淮南子卷》第40册,第523—524页。

增入其他内容，冠名也不固定，无规律可循。再对比《品节》本此篇全部评语，《评苑》本所采掇的评语，基本上都是长评，对陈氏一字两字的评语皆予不取。

其三，摘录、删改茅一桂本《总评》。例如，《原道训》评语："苏浚评：'瓌诡作新，一时杰出之文。'"①茅本《总评》作："瓌诡作新，可谓一时杰出之作矣。"但这一类来源的评语数量很少。

其四，编撰者自撰。从现在掌握的文献来看，尽管《评苑》本有不少评语是出自上述三个来源，但相对于所载评语的总数来说，其比重仍然很小。这说明，大部分的评语在找不到确切文献来源的情况下，应该视为编撰者自撰。也正是这部分的评语，保证了《评苑》本所具有的学术价值，并大体能反映坊间学者对《淮南子》的研究水平。

三、《评苑》本所载评点的特色

《评苑》本所录评语极多，其内容涵盖也很广，主要包括疏解文本表层意义、挖掘文本深层意蕴、总结所选段落大意、品评文章写作技艺四个方面。此与茅坤、袁宏道等人的评点并没有很明显的不同，但从评点的各种倾向看，《评苑》本也有自己的特色。

首先，《评苑》本对《淮南子》的正面评价要远多于负面评价。在这一千多条评语中，带有质疑和批判语气的屈指可数，而肯定、赞誉语气的比比皆是。今择取较有代表性的观点，略加分析。

一是否定了《淮南子》杂而不正的传统观点。主张《淮南子》驳杂不纯，最典型的莫过于扬雄和高似孙。他们两人的观点几成定论，影响极远。但《评苑》对此并不认同，《精神训》评语曰："今人养形，徒学夫吹呴呼吸之术，不知真人之于道与时俱化，其心岂如养形之事，其外已耶？此段文疑有神语，人谓《淮南》文杂，误矣。"②明确否定了学者认为《淮南子》驳杂的错误观点。《说林训》评语又曰："《淮南》以理胜，故其文意致入深，而喻中生喻，读者不得其旨，却有以杂病之，殊失矣。"③《诠言训》评语亦曰："《淮南》文字，或一段一意，或一句一象，玩之而勿泥，其词虽杂而不杂矣。"④均批评了读者因不能读

---

① 《子藏·淮南子卷》第 40 册，第 156 页。
② 《子藏·淮南子卷》第 40 册，第 216 页。
③ 《子藏·淮南子卷》第 40 册，第 413 页。
④ 《子藏·淮南子卷》第 40 册，第 363 页。

懂文字本旨而自以为驳杂的错误看法。《主术训》评语曰:"《论语》'君子不以人废言',至孔子答定公之问,曰:'惟其善而莫予违也,不亦善乎。'《淮南》亦识此意。"①《诠言训》评语又曰:"圣人胜心,众人胜欲,此段一篇理论,与孟氏养大养小之说吻合。"②分别把《淮南子》比附于《论语》《孟子》。可见,《评苑》提出《淮南子》不诡于儒家正道,无非是希望学者不要排斥《淮南子》,而应将它视为经学的辅翼。这一观点与高诱"出入经道"的看法,可谓殊途同归。

二是认为《淮南子》在发明义理方面要胜过其他诸子。例如,《原道训》:"达于道者,不以人易天,外与物化,而内不失其情。"《评苑》评曰:"文字极要入理,玩'外与物化'数语,玄而又玄,正中奇处,岂不卓越诸子乎?俗之好尚诸子,吾以《淮南》过之矣。"③《诠言训》有相近评语:"道理境了然,《淮南》之文,吾以为卓越诸子,信夫!"④这两处"诸子",均指先秦诸子。评点者相信,即使在发明义理方面,《淮南子》也要胜过先秦诸子。又如,《精神训》:"以死生为一化,以万物为一方,同精于太清之本,而游于忽区之旁,有精而不使,有神而不行。"《评苑》评曰:"精微玄妙,如钧天广乐,帝府仙声,百家诸子,《淮南》其最胜欤!"⑤同样认为《淮南子》阐述玄妙的义理要优于其他诸子。《泰族训》评语又曰:"《淮南》杂处却有,然说理微妙之文,如春和景明,百象皆新,可爱可玩。"⑥还是突出《淮南子》在说理方面的长处。再如,《原道训》:"机械之心藏于胸中,则纯白不粹,神德不全。"《评苑》评曰:"'机械'数句,语玄而新,说者谓《淮南》之议论,多错于不韦之流,岂足以尽之耶?"⑦高似孙曾提出《淮南子》说理是本自《吕氏春秋》,评点者显然不认同这一看法,认为《淮南子》在这方面有自己的个性,并非亦步亦趋。

三是提出《淮南子》是汉代第一等文字。所谓第一等文字,即指《淮南子》的文章水平在汉代居于第一流的位置。换句话说,就是压倒了绝大多数的汉代著作。《要略》篇评语云:"二十篇本于道之一字,生枝生叶,反复顿伏,有

---

① 《子藏·淮南子卷》第 40 册,第 258 页。
② 《子藏·淮南子卷》第 40 册,第 357 页。
③ 《子藏·淮南子卷》第 40 册,第 153 页。
④ 《子藏·淮南子卷》第 40 册,第 359 页。
⑤ 《子藏·淮南子卷》第 40 册,第 215 页。
⑥ 《子藏·淮南子卷》第 40 册,第 493 页。
⑦ 《子藏·淮南子卷》第 40 册,第 155 页。

无限态度,无限精神,如韩信用兵运智,出奇寻常,不可忆度,真汉时弟一等文字。"① 变而不变,奇而不奇,把《淮南子》的文章水平夸得出神入化。又《主术训》评语:"滟潋鸿熤,若太阳之沐扶桑;犟采韬精,若银汉之匿微星。《淮南》文可以当此矣。"② 夸得愈发虚幻。坊间学者大概是想借机炫耀自己的才学,致使《评苑》中有很多类似评语。

其次,《评苑》在疏解和挖掘《淮南子》文意时,注意以古鉴今。疏解和挖掘文意,无疑是《评苑》评点中最主要的内容,前者多体现在段落主旨的归纳上,后者多体现在思想意蕴的挖掘上,并能从中见到当时的一些理学词汇。无论前者还是后者,都比较注意以古鉴今。这与袁宏道评点《淮南子》有些近似,但语气更加委婉温和。大体来说,主要有以下两个方面:

一是批评今人轻道德而重逸乐。例如,《原道训》:"养生以经世,抱德以终年……又况无道乎?"《评苑》评曰:"养生经世,抱德终年,即此便是仁者寿,道能物身如此。今人弗能明道,徒役口于嗜欲,营又弗宁,而终身为悲人也,可惜矣。"③ 这是批评今人不以明道为本,而专以口腹之欲自役。又如,《精神训》:"至贵不待爵,至富不待财。"《评苑》评曰:"道德在我,自有一段至富至贵处,今之奔走于富贵利达者,何不思之甚耶?"④ 这是批评今人忙求富贵利达,却任由道德沦丧。又如,《氾论训》:"责人以人力,易偿也;自修以道德,难为也。"《评苑》评曰:"古之君子,其责己重以周,故自修以道德。其责人也轻以约,故责人以易偿。今之人多反是。"⑤ 这是批评今人常责人以道德而责己以易偿的本末倒置的行为。再如,《原道训》:"是故圣人守清道而抱雌节,因循应变,常后而不先。"《评苑》评曰:"大禹圣人常惜寸阴,今人多玩惰荒宁,如何做得? 又曰圣人守清道而抱雌节,自是玄言,不可易一字。"⑥ 这是批评今人多好逸恶劳,荒废时光。沉溺逸乐,多耗气耗神。《原道训》:"圣人利养其神,和弱其气,平夷其形,而与道沉浮俛仰,恬然则纵之,迫则用之。"《评苑》评曰:"今人精神志气多耗,皆由不知养之故。'圣人利养其神'三句,世人当知回首

---

① 《子藏·淮南子卷》第 40 册,第 533 页。
② 《子藏·淮南子卷》第 40 册,第 241 页。
③ 《子藏·淮南子卷》第 40 册,第 198 页。
④ 《子藏·淮南子卷》第 40 册,第 220 页。
⑤ 《子藏·淮南子卷》第 40 册,第 342 页。
⑥ 《子藏·淮南子卷》第 40 册,第 160 页。

矣。'恬然则纵之'以下,语何等精到!"①此即是批评今人沉溺逸乐而不知养神守气。

二是表达对当时执古泥今者的不满。《齐俗训》:"是故世异即事变,时移即俗易。故圣人论世而立法,随时而举事。"《评苑》评曰:"礼与俗变,事与世移,从古以来,莫不如是,彼执古以泥今者陋已。"②又《氾论训》:"古者有鍪而绻领以王天下者矣,……岂必褒衣博带句襟委章甫哉!"《评苑》评曰:"太古之世,浑沌淳庞,故其风气如此,代降以后,文明日启,风会日开,岂可同耶?彼执古以泥今者陋也。"③这两条评语明显体现了一种历史进化观,反复强调了执古泥今者的鄙陋,因为他们坚持僵化的历史退步论,在一定程度上阻碍了当时社会的进步。又《本经训》:"高筑城郭……此遁于土。"《评苑》评曰:"秦皇筑阿房长城,凿山通道,论者为阿房筑怨,长城筑愁,此遁于土,本之明验。汉唐宋之君,遁于此五者,难以枚举,秦皇其特甚矣。"④实际上寄寓了对古人的批判,借以引起今人的醒悟。评点者的这些评语,很有可能就是针对当时的秦汉派与唐宋派而发。

再次,《评苑》在品评文章写作技艺时,注意突出文章的气势、文法和词藻。品评文章的写作技艺,无疑是《评苑》评点《淮南子》的第二大内容。品评自然会涉及很多具体的问题,但评点者非常注意强调《淮南子》文章的气势、章法和词藻。

先说气势。气势包括文气和文势,气有缓急,势有壮弱,一篇之中,两者往往合二为一。如《原道训》:"神托于秋毫之末,……含德之所致也。"《评苑》评曰:"此段句句串下,有倾天动地之势,读之而不得其妙,是瞽者无以与文章之观。"又此篇评语:"'太上之道'以下,一气相承,有移山跨海之谈。"⑤又《精神训》评语:"以下势若决三江之水,泛千里之舻,令人烂目夺心。"⑥又《泰族训》评语:"文势滚滚不竭,今人作文,追取辍拾之,犹能脍炙人口。"⑦句句串联,一气相承,纵横排比,自然就造成了一种雄壮的气势。从这些评语来看,刘

---

① 《子藏·淮南子卷》第 40 册,第 177 页。
② 《子藏·淮南子卷》第 40 册,第 292 页。
③ 《子藏·淮南子卷》第 40 册,第 322 页。
④ 《子藏·淮南子卷》第 40 册,第 234 页。
⑤ 《子藏·淮南子卷》第 40 册,第 151 页。
⑥ 《子藏·淮南子卷》第 40 册,第 214 页。
⑦ 《子藏·淮南子卷》第 40 册,第 488 页。"辍"当作"掇"。

安果真善作宏文。当然,一书之中,一篇之中,不可能只有一种气势贯彻到底,其中必有起伏变化。如《原道训》评语云:"文势相联而下,如水之澜,不可止息,孔子感川流而叹道,《淮南》亦有得焉。"① 《俶真训》评语亦云:"文如层波叠嶂,而又湍回阜转,备极奇观,读之不忍释手。"② 又是一种微澜不止、迂回曲折的气势。

再看文法。文法包括字法、句法和章法。《评苑》在品评文法时多是笼统评价,很少作具体分析。例如,《原道训》:"以道为竿,……无所概于志也。"《评苑》评曰:"此段气王而词又庄,'以天下之大易骭之一毛'句法何等严毅新整。"③《精神训》:"夫孔窍者,精神之户牖也;而气志者,五藏之使候也。"《评苑》评曰:"把精神、气志分配极是,而文字细密,意调身融,如鹤停雁序,雅有风致。"④ 这是指出《淮南子》在字法和句法上的齐整、周密。又如,《主术训》:"人主租敛于民也,……失乐之所由生矣。"《评苑》评曰:"此段递递叙下,章法、句法俱得。"⑤《说山训》:"陈成子恒之劫子渊捷也……此皆微眇可以观论者。"《评苑》评曰:"叙事错落,如天花乱坠,末以'微眇可以观论者'一句结之,有剑门天险之势,一夫荷戟,万人不过。"⑥ 评语中的"递递叙下""叙事错落""一句结之",都是对章法、句法的具体分析,但这类评语很少见。

再看词藻。关于《淮南子》的词藻,此前茅坤突出它的富丽,袁宏道突出它的意味,陈深突出它的精雅,至《评苑》之时,则合富丽与精雅于一体,突出它的秀雅。如《原道训》评语:"《淮南》之文,平正秀雅,举业尤妙。"⑦ 文字秀雅,正符合儒者要求,故称"举业尤妙"。又如《精神训》:"夫目视鸿鹄之飞,……而万物和同者德也。"《评苑》评曰:"数段文富而充,细玩之,令人不敢捕捉,有《离骚》之丰韵气味。"⑧ 明确指出《淮南子》富丽丰韵的语言风格直逼《离骚》。再如《本经训》:"仁者所以救争也……有能治之者也。"《评苑》评

---

① 《子藏·淮南子卷》第 40 册,第 161 页。
② 《子藏·淮南子卷》第 40 册,第 183 页。
③ 《子藏·淮南子卷》第 40 册,第 182 页。
④ 《子藏·淮南子卷》第 40 册,第 209 页。
⑤ 《子藏·淮南子卷》第 40 册,第 266 页。
⑥ 《子藏·淮南子卷》第 40 册,第 395 页。
⑦ 《子藏·淮南子卷》第 40 册,第 153 页。
⑧ 《子藏·淮南子卷》第 40 册,第 188 页。

曰："此段纯得庄子口吻,文雅而有度,丽而有则。"① 显然,这是对扬雄"诗人之赋丽以则,辞人之赋丽以淫"主张的具体运用,进而又把《淮南子》的语言与汉赋的语言区别开来了。这些见解亦是发前人之所未发。

第二节 《汇锦》本、《释评》本中的《淮南子》评点

《汇锦》本中的《淮南子》评点,主要体现在其自撰评语;而《释评》本中的《淮南子》评点皆抄袭他本而成,不值一提,惟其圈点有其特别之处,颇值得关注。

一、《汇锦》本中的《淮南子》评点

《淮南子》之《诸子折衷汇锦》本,似是坊刻本中的一股清流。该本不仅刻印质量完胜于其他坊本,而且选文段落分明,评语与原文对应得非常紧密。更可贵的是,该本并评语没有胡乱冠名。据统计,《汇锦》本共有评语约161条,各篇评语的数量不一,多者近30条,少者仅1条。总数量虽然不多,但较之其他坊本,更富有独创性,值得进一步讨论。

(一)《汇锦》本评语的来源

只要仔细考察每条评语,就能很容易发现,《汇锦》本评语的来源大略有三途:

其一,适量采掇陈深评语。与《评苑》本相比,《汇锦》本采掇陈深评语的选择性更强。据统计,《汇锦》本采掇陈氏评语,总计约30条,占比18.6%。该本采掇陈深评语的方式也多样化,除全抄外,也有摘抄,如《兵略训》评语:"论兵犹如破阵,临敌设奇,是为精当。"② 陈深评语"论兵"前有"此篇为议论体"一句。还有分解、增删,如《兵略训》中,"深沉开阖,最有深意""一句一义,皆兵计也"这两条评语,居于不同位置,在《品节》本中则属是一条评语,但无"最有深意"四字。

其二,择用《淮南子》的原文及注文。据统计,择用原文约有10条,注文2条,占比7.5%。《汇锦》择用原文时一般会在前面加一"言"字,如《原道训》

---

① 《子藏·淮南子卷》第40册,第288页。
② 《子藏·淮南子卷》第40册,第113页。

评语:"言万物固以自然,圣人又何事焉。"① "万物"二句,仍是取自《原道训》,用来总结"故任一人之能"至"自然之势也"这一段文字的主旨。有时《汇锦》择用原文时又会略加改动,如《主术训》评语:"此言君道治大而守约。"②"君道"一句,《氾论训》作"圣人守约而治广",《要略》作"守约以治广"。这也说明作者比较熟悉《淮南子》全书。注文亦非全录。《说林训》评语:"罟者以柴积水中以取鱼。扣,击也。鱼闻击舟声藏柴下。"③ 此是高诱注文,"柴下"后还有"壅而取之"一句。

其三,编撰者自撰。从现在掌握的文献来看,《汇锦》还有119条评语不见于他书,应是编撰者自撰。自撰评语约占全书评语的73.9%,这个数据颇能说明《汇锦》不同于《评林》《释评》等其他坊本之处。

(二)《汇锦》本评点的特色

与其他坊本相比,《汇锦》的评点颇有自己的特色:

其一,前无古人地将《淮南子》列入儒家,并对《淮南子》多作正面评价。《汇锦》卷四前面有一段自注:"淮南子,名安,汉宗室也,博学宏辞。汉武帝奇其材,使相如即其家视草。帝爱骚文,命淮南赋《离骚》,淮南援笔挥写,不崇朝而成,帝大异之。所著《淮南子》书博雅,猎涉时或杂之以《庄》《列》怪诞语,杨子云称其乍出乍入。且恃才妄作,汲仲孺去后,遂起兵叛汉,故废其国,然文犹传焉。"④ 这段文字虽有"妄作""叛汉"之词,但总体上看还是正面评价居多。首先,《汇锦》肯定了刘安的博学宏辞和才思敏捷;其次,《汇锦》称赞《淮南子》一书"博雅"。博雅多是用来形容儒者或儒书。《隋书·高祖纪》:"至于闾阎秀异之士,乡曲博雅之儒,言足以佐时,行足以励俗,遗弃于草野,堙灭而无闻,岂胜道哉!"⑤ 儒者也常以雅正自居。虽然陈深在评点《淮南子》文句时常见"雅"字、"纯"字,也见"博"字,但称赞全书博雅,《汇锦》尚是首次。可能正是因为有这样的评价,《汇锦》才将《淮南子》列入儒家。《汇锦》还在具体的评点中作了许多正面的评价,例如,《主术训》:"故握剑锋以离北宫子、司

---

① 《子藏·淮南子卷》第40册,第9页。
② 《子藏·淮南子卷》第40册,第66页。
③ 《子藏·淮南子卷》第40册,第125页。
④ 《子藏·淮南子卷》第40册,第1页。
⑤ 魏征《隋书》,第51页。

马蜩蒉,……顺也。"《汇锦》评曰:"愈譬愈佳,淮南亦仙才也。"① 古代诗人中,也只有李白被评为仙才,《汇锦》以此称誉刘安,足见对他的肯定。又如,《修务训》:"若以布衣徒步之人观之,……欲事起天下之利,而除万民之害。"《汇锦》评曰:"崇论横生,真《鸿烈》哉!"② 对《淮南子》表达了由衷的赞叹。

其二,评语的主要内容立足于总结段落大意,或者揭露段落主旨。与一般的坊本不同,《汇锦》节选《淮南子》之文,其段落分明,而且大多数文字都不长。据统计,《汇锦》按照自己的标准摘选了大约103段文字,其中约有47段作了大意总结,或者主旨揭露。《汇锦》作段落总结时,经常使用"此段""此段言""这段言""此段见""此言"等术语,也偶尔使用"此""言"等单字术语。这说明,明代中晚期以来,评点者对文本进行段落划分的意识已经越来越强。

其三,选文与评语均侧重于所谓治道。《原道训》一篇本之于《老》《庄》,《汇锦》则注意选择与"无为而治"相关的文本,并作了较为精彩的评点。如《原道训》:"所谓无形者,一之谓也。……曲因其当。"《汇锦》评曰:"上段发出'时'字,此段又说出'一'字,见圣人之至德合于时而贯以一,所以能无为而治。"③ 将无为而治与"时"、与"一"联系起来,这显然是对《淮南子》文意的深层挖掘。《本经训》亦多老庄之言,《汇锦》仍侧重选择和评论与治道相关的文本。如《本经训》:"昔者仓颉作书……不知为之谁何?"《汇锦》评曰:"此言智巧愈多,则真意愈漓,孰与至人之治?"④ 认为至人之治就应排斥智巧。《主术训》一篇专讲治道,《汇锦》所节选的文本篇幅仅次于《原道训》。如《主术训》:"由此观之,勇力不足以持天下矣,……万人之聚无废功。"《汇锦》评曰:"发明理道,极妙极妙。"⑤ 理道即治道,评点者显然陶醉于此段文字所阐述的治道之中。评点者在《兵略训》中,还借机发表对楚、秦败亡的见解,他说:"楚有方城、汉水,竟为秦陷,在德不在险也。二世奄有四海而卒灭亡,为天下笑,仁义不施,攻守之势异也。"⑥ 显示了评点者在治道方面的儒家立场。

---

① 《子藏・淮南子卷》第40册,第82页。
② 《子藏・淮南子卷》第40册,第135页。
③ 《子藏・淮南子卷》第40册,第16—17页。
④ 《子藏・淮南子卷》第40册,第65页。
⑤ 《子藏・淮南子卷》第40册,第70页。
⑥ 《子藏・淮南子卷》第40册,第112页。

又《修务训》:"且古之帝王者,非以奉养其欲也……国无遗利。"《汇锦》评曰:
"言言有关治道。"① 明显表现了评点者对治道的关注。这在坊刻本中可谓一大
特色。

二、《释评》本中的《淮南子》评点

《淮南子》之《二十九子品汇释评》本中的评语,是先全取《评苑》本,然后
再补之以《评林》本,而《评林》本又是全取茅坤本。从这个方面说,《释评》本
在评语的收集与撰写方面,实际上并无建树,所以也没有进一步展开讨论的必
要。唯独文中的圈点,不仅是评点者自己的成果,而且还是自己圈点理论的实
践,值得讨论一下。

坊刻本著作大多服务于举子应试,《二十九子品汇释评》亦是如此。编选
者在《目录》中说:"子书大都取诸子所最当意、诸名公所契心者,或有裨于举
业云。"② 最当意、所契心者只是幌子,有裨举业才是真正目的。他们又在《评
品凡例》说:"诸子百家,各持一指,精者、奥者、微者、妙者、流浇者、轻快者,不
可殚述。评品或绘其文字之工妙,或证其意旨之异同,或阐其秘奥之深远,或
订其刊刻之谬讹,或取其行事之嬿美,或探其垂世之谟训。同中有异,异中有
同,诸家刻俱为下品矣。"③ 总结出六个评点诸子的方向,即文本妙处、文本意
旨、文本奥旨、文本校勘及注意探讨有助于世教的内容(包括事迹和警句)。理
论虽然明确,愿望虽然美好,但由于《释评》本的评语皆抄自他书,所以,这些
评点理论就更像是梦中呓语。

仅文中圈点或能稍稍见出他们在这方面的努力。编选者规定:"凡如○
者精华,▼者文采,◎者眼目照应,。者关键主意,●者点缀,曰者总提,△者字
法,丨者事之纲,—者一段小截,━者一篇大截,∟者一人总截也。"④ 圈点符号
多达十一种,显然区分得十分细致。他们在《圈点凡例》中又说:"读文者,贵
得意于文字之外。有文若浅易而意绝精到,有文实拮崛而意若平正,谈吐有关
于世教,文墨有裨于词藻,如此之类,不能遍举,读者但于圈点处求之,各得所

---

① 《子藏·淮南子卷》第40册,第134页。
② 《四库全书存目丛书·子部》第133册,第250页。
③ 《四库全书存目丛书·子部》第133册,第251页。
④ 《四库全书存目丛书·子部》第133册,第250页。

指,能得其意,解悟便多。"① 意思是说,评语不能涉及的,读者应该在圈点处求取,特别是言外之意。

但是,查照《释评》本,文中仅出现了"文采"和"关键主意"两种圈点符号。这也说明坊间学者多是有心而无力。如《原道训》:"是故一之理,施四海;一之解,际天地。其全也,纯兮若朴;其散也,混兮若浊。浊而徐清,冲而徐盈,澹兮其若深渊,泛兮其若浮云,若无而有,若亡而存。万物之总,皆阅一孔;百事之根,皆出一门。"② 其中,"是故一之理"至"混兮若浊"几句每字旁边,皆标有圈点符号。,表明这是一篇或一段之中的关键主意;"浊而徐清"至"皆出一门"几句每字旁边,皆标有圈点符号▼,表明这些文字是富有文采。尽管文中圈点来自于编选者,但仍然浅陋不堪,《释评》还是逃不掉粗制滥造的标签。

第三节 《汇函》本中的《淮南子》评点

前文已经提到,《淮南子》之《诸子汇函》本中的评语,并不是归有光搜集,更不是归有光撰写,大多数是抄自他书。但也有一些评点出自编撰者,展现了一定的水平,有必要加以讨论。

一、《汇函》本中的评点者

为了遮掩抄袭行为,《汇函》本把袭自他书的评语的作者姓名有意作了更改。据统计,《汇函》本中出现的评点者,有吴康斋(即吴与弼,1391—1469)、陈白沙(即陈献章,1428—1500)、罗一峰(即罗伦,1431—1478)、吴匏菴(即吴宽,1435—1504)、杨碧川、王守溪(即王鏊,1450—1524)、杨南峰(即杨循吉,1456—1544)、赵栗夫(即赵宽,1457—1505)、王阳明(即王守仁,1472—1529)、杨升菴(即杨慎,1488—1559)、邹东廓(即邹守益,1491—1562)、袁元峰(即袁炜,1507—1565)、林对山、唐荆川(即唐顺之,1507—1560)、归震川(即归有光,1507—1571)、王槐野(即王维桢,1507—1556)、张玄超(1507—1587)、茅鹿门(即茅坤,1512—1601)、王凤洲(即王世贞,1526—1590)、李九

---

① 《四库全书存目丛书·子部》第133册,第251页。
② 《子藏·淮南子卷》第39册,第350页。

我（即李廷机，1541—1616）、邓定宇（即邓以赞，1542—1599）、孙月峰（即孙鑛，1543—1613）、萧汉冲（即萧良有，1549—？）、汤义仍（即汤显祖，1550—1616）、袁石公（即袁宏道，1568—1610）、张宾王等二十六人。

在这二十六人中，李廷机、邓定宇、孙鑛、萧良有、汤显祖、袁宏道、张宾王等都是归有光的晚辈后生，尤其是袁宏道，归有光去世时他仅有三岁。这也能证明，《汇函》所录评语绝非是归有光本人搜辑。

二、《汇函》本所载评语的来源

据统计，《汇函》共录评语约379条，其中《原道训》86条、《览冥训》33条、《精神训》53条、《本经训》25条、《齐俗训》71条、《说山训》72条、《说林训》39条。从统计数据看，评点者比较关注《原道训》《齐俗训》《说山训》三篇。就其评语的来源而言，主要有以下几条途径：

其一，取自原书与旧注。据统计，《汇函》本利用原书和旧注作评语，约有9条，其中利用原书6条，利用旧注3条。例如，《原道训》："末世之御，虽有轻车良马，劲策利锻，不能与之争先。"《汇函》评曰："末世之御，不能与冯夷、大丙争先。"[①]相当于将原文的"之"字换成了"冯夷、大丙"。又如，《本经训》："凿污池之深，……此遁于水也。"《汇函》评曰："此言遁于水。"[②]诸如此类的评语，实无价值可言。利用旧注，其中有2条分别是高诱对《原道》《精神》两篇所做的题解，1条是高诱解释正文的注文。

其二，取自《诸子品节》本与张烒如集评本。据统计，《汇函》本取自《品节》本的评语仅有4条，但取自张烒如集评本的评语多达181条，均为茅坤、袁宏道和张榜的评语，基本集中在《本经训》《齐俗训》《说山训》和《说林训》四篇。《汇函》本取自此二本评语，总计约185条，约占总数的49%。大概因为此二本的评语大都简练、短小，符合《汇函》本对评语的要求，故取用的方式基本上是照抄照搬，不加任何修改。

其三，取自《评苑》本与《汇锦》本。据统计，《汇函》本取自《评苑》本的评语约94条，占总数的24.8%；取自《汇锦》本的评语约23条，占总数的6.1%。另有3条评语是糅合此二本的评语而来。那么，《汇函》本取自此二本

---

① 《子藏·淮南子卷》第37册，第7页。
② 《子藏·淮南子卷》第37册，第129页。

的评语达到了115条,约占总数的31%,基本集中在《原道训》《览冥训》《精神训》三篇。可能是因为《评苑》本的评语大多较长,所以,《汇函》本在全抄部分评语之外,还采用了多种抄袭方式:

一是摘抄,即摘其精华。例如,《原道训》评语:"李九我曰:'文势下来,如长江大河不可御。'"①《评苑》本评语作:"焦竑评:'《淮南》一出一入,字直千金,观'山以之高',文势下来,如长江大河不可御。不细心玩之,如何得其真味乎?'"②诸如此类极多。

二是窜改,即任意删改。例如,《原道训》评语:"王阳明曰:'此等玄奥,令人如何解会?'"③《评苑》本评语:"顾天峻评:'此段玄思,如丽金昆玉,盱盱者何如解会?倘欲言传之,存乎其人矣。'"④不仅大量精减,还把"此段玄思"改成"此等玄奥"。又如,《精神训》评语:"孙月峰曰:'入理中而韵致翩翩。'"⑤《评苑》本评语:"焦竑评:'文入理致,如仙子飞渡洞庭,朗吟余韵,飘飘入耳。'"⑥达到了以意改之的程度。

三是糅合,即撮合不同评语。例如,《原道训》评语:"王阳明曰:'形容道之妙曲尽,而议论深不可测,文自波澜隽绝。'"⑦《汇锦》本评语:"形容道之至妙曲尽。"⑧又《评苑》本评语:"苏濬评:'此篇议论深不可测,而文自是波澜隽绝,驰骋之流。'"⑨显然,《汇函》本是糅合《汇锦》本与《评苑》本的评语,中间用"而"字连接。《汇函》本撮合不同评语时,有时还会进行删改。这类评语虽然不多,但还是能见出编选者的努力,不像《九子全书评林》本、《二十九子品汇释评》本那样完全照搬照抄。

其四,编选者自撰评语。在《汇函》379条评语中,有大约314条评语可以找出来源,但还有65条评语在现有文献中是找不出来源的,约占总数的17%,则可视为编选者自撰。其实,坊间的学者也有能力做这项工作。以下讨

---

① 《子藏·淮南子卷》第37册,第2页。
② 《子藏·淮南子卷》第40册,第2页。
③ 《子藏·淮南子卷》第37册,第19页。
④ 《子藏·淮南子卷》第40册,第158页。
⑤ 《子藏·淮南子卷》第37册,第99页。
⑥ 《子藏·淮南子卷》第40册,第216页。
⑦ 《子藏·淮南子卷》第37册,第5页。
⑧ 《子藏·淮南子卷》第40册,第4页。
⑨ 《子藏·淮南子卷》第40册,第152页。

论《汇函》评点的特色,即是基于编选者所自撰的这类评语。

三、《汇函》本评点的特色

由于有明确服务举业和牟取利益的目的,晚明的诸子评点实际上已趋于同质化,不唯《淮南子》如此,其他诸子也是如此。《诸子汇函》本虽然不免被学者鄙视,但它也有不同于其他坊刻本及茅坤、袁宏道、陈深评点的地方,甚至令人印象深刻。具体来说,主要有以下两个特色:

第一,段落划分的意识很强。茅坤比较重视梳理文本脉络,但主要是立足于文本的前后关系,而袁宏道、陈深、穆文熙等人大多忽略了这方面的内容,坊刻本《评苑》《汇锦》等也同样如此。《汇函》本却首次对所选篇章作了全文脉络的梳理,已经具备很强的段落划分意识。这不能不说是《淮南子》古文评点上的一大进步。例如,《原道训》评语:

> 王守溪曰:"此篇,自首至'含德之所至也'作冒头,下分作二十段:自'太上之道'至'与阴阳俯仰兮'为一段;自'昔者冯夷大丙'至'秉其要,归之趣'为一段;自'夫镜水之与形接'至'莫敢与之争'为一段;自'夫临江而钓'至'乱乃愈滋'为一段;自'昔者夏鲧'至'任数者劳而无功'为一段;自'夫峭法刻诛'至'圣人又何事焉'为一段;自'九疑之南'至'因之也'为一段;自'今夫徙树者'至'未尝不穷也'为一段;自'昔共工之力'至'因物之相然也'为一段;自'万物有所生'至'达之原也'为一段;自'凡人中寿'至'莫能与之争'为一段;自'天下之物'至'自无蹠有,自有蹠无,而不衰残矣'为一段;自'清净者,德之至也'至'其行无迹,常后而先'为一段;自'至人之治也'至'则至极乐矣'为一段;自'建钟鼓'至'越而散矣'为一段;自'心者五藏之主也'至'岂有间哉'为一段;自'有天下者'至'变其声哉'为一段;自'得道已定'至'骨肉无伦矣'为一段;自'今人之所以睢然视'至'毫末为宅也'为一段;自'今夫狂者'至末为一段。看篇中首至尾,珠联璧合,名理渊微,而玄中之幻,正中之奇,其真卓越诸子者乎!"①

评语中"冒头""首""尾"等词语的出现,即反映了评点者对文章结构、

---

① 《子藏·淮南子卷》第37册,第47—49页。"衰残",当作"衰贱"。

脉络的全局意识。这里的段落划分,虽然显得有些繁琐,但经过这样细致的梳理之后,《原道训》的篇章结构与脉络便一目了然。同时,评语末尾的评论,也是评点者基于全文梳理之后而得出的结论,认为《淮南子》确有超乎其他诸子之处,因而也更有说服力。又如,《览冥训》评语:

> 邹东廓曰:"篇中,自首至'心未尝死者乎'为一段,自'昔雍门子'至'可谓失论矣'为一段,自'火能焦木也'至'不可求而得也'为一段,自'道与德'至'是谓大通'为一段,自'赤螭青虬之游冀州也'至'不知大节之所由者也'为一段,自'昔者王良造父'至'弗御御之者也'为一段,自'昔黄帝治天下'至'智故消灭也'为一段,自'逮至夏桀之时'至'蓍策日施'为一段,自'晚世之时'至'五帝所以迎天德也'为一段,自'圣人者不能生时'至'更顺其风'为一段,自'若夫申韩商鞅之为治'至'狂生而无其本者也'为一段,自'河九折注于海'至末为一段。此篇凡十二段,盖精通于天,物类自应,苟智能察之,则等死生,齐穷达,皆宇宙正大道理矣,而天下何忧不治乎?看其议论旷远,如游华胥,登化人楼台,窅然丧其六合者也。"①

评点者认为,这一篇无冒头,直入正题,并且认为此篇虽然议论迂远,但都是正大道理,实际上有助于治道。这种见解也是发前人之所未发。

《汇函》本段落划分的意识,还体现在分解篇中某部分文字上。例如,《精神训》托名为王守溪评语云:"前自'穷鄙之社'至'一体也',已分三段,此'今夫繇者'至'一哙之乐'又分二股,游戏播弄,可为绝倒。"② 此处所谓三段,是指文中论及的两个"一实"和一个"一体";所谓二股,是指文中论及的"非直越下之休"与"非直一哙之乐"。显然,《汇函》本在梳理文本层次方面已经非常细致了。

第二,圈点更加认真细致。以前的《淮南子》评点著作,也有圈点,但基本上是按部就班,没有特别出彩的地方。至编撰《诸子汇函》之时,圈点则受到评点者更多的重视。《汇函》本的圈点,不仅比以往的圈点更认真、更细致,还有更多令人印象深刻之处。这种认真细致,首先体现在评点者对于圈点规则

---

① 《子藏·淮南子卷》第37册,第79—81页。
② 《子藏·淮南子卷》第37册,第111页。

的细分上。《诸子汇函凡例》规定了圈点八则，即入神处、精妙处、主张处、会理处、妙合处、雄放处、文采处、通达处；抹画八则，即提纲处、紧要处、界域处、结案处、眼目处、逗句处、叙事处、用字处。圈点规则多达十六处，每一处都用不同的圈点符号加以标示[①]。如《原道训》的一段圈点："夫光可见而不可握，水可循而不可毁，故有像之类，莫尊于水。出生入死，自无蹠有，自有蹠无，而以衰贱矣。是故清静者德之至也，而柔弱者道之要也，虚而恬愉者万物之用也。肃然应感，殷然反本，则沦于无形矣。所谓无形者，一之谓也；所谓一者，无匹合于天下者也。"[②] 根据《汇函》本规定的圈点规则，自"夫光可见"至"莫尊于水"为妙合处，"而以衰贱矣"为界域处，"是故"二字为提纲处，自"清静者"至"万物之用也"为入神处，"所谓无形"四句为通达处。圈点如此细致，这在以往的评点著作中极为少见。这说明，晚明时期的散文评点不仅理论很发达，而且实践也很突出。

《汇函》本这种认真细致的圈点，还体现在评点者所做的即兴评语上。以往的评点著作，除《品节》本外，其评语一般只写在眉栏，但《汇函》本既有写在眉栏的评语，也有在圈点过程中写于正文旁边的评语。尽管这些评语也多是取自他书，但至少可以见出评点者的认真态度。

[①] 详见《四库全书存目丛书·子部》第126册，第5—6页。
[②]《子藏·淮南子卷》第37册，第26—27页。

第八章 明代学者对《淮南子》的评说

第一节 宋濂的《淮南子辨》

宋濂(1310—1381),字景濂,号潜溪,浦江(今浙江义乌)人,曾主持修撰《元史》,被誉为"开国文臣之首"。他有一部专门辨伪的诸子学著作,名为《诸子辨》。此书仅一卷,成于元顺帝至正十八年(1358),《淮南子辨》即位列其中。

一、《淮南子辨》是拼凑之作

《诸子辨》曾受到清代学者的高度重视,但民国学者顾颉刚则评价并不高。他说:"即如此书,你看宋濂在序跋中所说的话,成见何等的重,态度何等的迂腐,他简直是董仲舒请罢百家的口气。"又说:"就是考证方面,也有许多很浅陋的地方。如他信《鬻子》非伪书,而其理由只是'其文质,其义弘'。他不信《化书》为宋齐丘作,而其理由只是'使齐丘知此,则何为不得其死也?'(里面自然也有很好的,如《亢仓子》《子华子》《淮南子》《文中子》诸条。)"[①] 在严厉批评之后,又承认《淮南子辨》等篇很好。

但是,只要仔细研读,就可以发现宋濂的《淮南子辨》似乎也不能担得起顾氏"很好"的评价。此文不长,兹录于下:

> 《淮南鸿烈解》二十一卷,汉刘安撰。安,淮南厉王长之子,招致苏飞、李尚、左吴、田由、雷被、毛披、伍被、晋昌等八人,及诸儒大山、小山之徒,讲论道德,总统仁义,著《内书》二十一篇。《李氏书目》云:"第七、第十九亡。"《崇文总目》云:"存者十八篇。"今所传《原道》《俶真》《天文》《地形》《时则》《冥览》《精神》《本经》《主术》《缪称》《齐俗》《道

---

① 宋濂著、顾颉刚校点:《诸子辨》,朴社1928年,第4—5页。

应》《氾论》《诠言》《兵略》《说山》《说林》《人间》《务修》《泰族》等训,连卷末《要略》共二十一篇,似未尝亡也。又有《中篇》八卷,言神仙黄白之术。又有《外书》三十三篇,《汉志》与《内书》同列于杂家。《中》《外》书余皆未见。《淮南子》多本《文子》,而出入儒、墨、名、法诸家,非成于一人之手。故前后有自相矛盾者,有乱言而乖事实者。既曰"武王伐纣,载尸而行,海内未定,故不为三年之丧",又曰"武王欲昭文王之令德,使戎狄各以其贿来贡,辽远未能至,故治三年之丧,殡两楹以俟远方"。三代时无印,周官所掌之玺节,郑氏虽谓如今之印章,其实与玉、角、虎、人、龙、符、旌诸节并用,不过手执之以表信耳,今乃曰"鲁国召子贡,授以大将军印"。如是之类,不能尽举也。昔吕不韦相秦,亦致辩士,使人人著所闻,集论以为《十二纪》《六论》《八览》。其说虽未纯,要其首尾以类,粲然成一家言,非《淮南》之杂也。古人论立言者,汉不如秦,秦不如周,信矣哉!①

显然,这篇文章难脱拼凑之嫌。自文章开头至"存者十八篇"一段,是拼合晁公武《郡斋读书志》和高诱《淮南鸿烈解叙》而成;自"又有《中篇》八卷"至"列于杂家"一段,是删改自班固《汉书·淮南王传》和《汉书·艺文志》;自"《淮南子》多本《文子》"至"以俟远方"一段,是直接抄自周氏《涉笔》。可见,顾氏所谓"很好",大概是没有对此文进行仔细鉴别。

二、《淮南子辨》中的自撰文字

在除去上述拼合自他书的文字以外,宋濂独抒己见的文字并不多,仅有两段,一段为:"今所传《原道》……《泰族》等训,连卷末《要略》共二十一篇,似未尝亡也。"另一段为:"三代时无印……古人论立言者,汉不如秦,秦不如周,信矣哉!"今以这两段文字为据,略加分析。

首先,他针对《李氏书目》《崇文书目》提出《淮南子》二十一篇"似未尝亡"的说法,在一定程度上消除了晁公武《郡斋读书志》带给后人的困惑,即北宋中后期所丢失的两篇、三篇、四篇之说,均只是针对具体的藏本,而非作通行本的《淮南子》。作为当时著名的藏书家,宋濂筑有"青萝山房",藏书在万卷

---

① 宋濂《诸子辨》,第36—37页。"冥览"本作"览冥","务修"本作"修务",宋濂误记。

以上。宋濂所谓"似未尝亡",应是根据自己的藏本而提出。其次,他又举三代周朝无印为例来说明《淮南子》"乱言而乖事实"。然而,随着考古的深入,春秋时期有玺印是毫无疑问的①,因此,宋濂所举例证并不能成立。再者,他将《淮南子》与《吕氏春秋》对比,得出"汉不如秦,秦不如周"的结论。实际上,这也是大多数儒家复古者的成见,亦即顾氏所说的"迂腐"。总之,宋濂这篇《淮南子辨》的价值并不大。

第二节 杨慎对《淮南子》的评价与征引

杨慎(1488—1559),字用修,号升菴,新都(今四川成都市)人,正德六年(1511)状元,官翰林院修撰,著述达数百种,但无一种是专门针对《淮南子》。坊刻《诸子玄言评苑》《诸子汇函》曾分别以"杨用修""杨升菴"之名引用其评语,但只是托名而已,不足为信。今查《升菴集》八十一卷,《淮南子》屡屡被提及和征引,这说明杨慎虽无专门著述,但对《淮南子》肯定作过深入的研读,在明代学者中具有一定的代表性。

一、杨慎对《淮南子》的评价

总体而言,杨慎对《淮南子》的评价并不高。他说:"《正部》云:'《淮南》浮伪而多恢,《太玄》幽虚而少效,《法言》杂错而无主,《新书》繁文而鲜用。'亦确论。"②所谓正部云云四句,生活在明中叶的戏曲理论家何良俊(1506—1573)撰写《四友斋丛说》时亦见引用,只是称作"袁子正部云"。袁子,不知何许人。正部,唐马总《意林》曾辑录其文句,称为"《正部》十卷"。可见,袁子当是《正部》的作者,但其详情已不得而知。何良俊对所引四句都作了解释,他在解释"《淮南》浮伪而多恢"一句时说:"《淮南子》,亦是淮南王好客,而四方之客如太山、小山、八公之徒来从之游,遂共为此书。盖杂出于儒、道、名、法诸家,天时地理无不贯综,博大弘衍,可谓极备。但其言舛驳不伦,亦以其成于众手也。"③主要阐述了"多恢"这一面,即杂出百家,综贯天地,博大弘

---

① 王廷洽《中国古代印章史》,上海人民出版社2006年,第12页。
② 杨慎《升菴全集》,商务印书馆1937年《万有文库》本,第482页。
③ 何良俊《四友斋丛说》,中华书局1959年,第185页。

衍；对"浮伪"这一面则阐述得很少，所谓"舛驳不伦"，并不能与"浮伪"划上等号。

杨慎用"亦确论"三个字，表示他对《正部》所谓"《淮南》浮伪而多恢"说法的完全认同。浮，即浮华之义；恢，即广大之义。正因为《淮南子》杂出百家、综贯天地、博大弘衍，故而显得浮华不实，也就是"浮伪而多恢"。所以总体上说，这个评价贬义居多，杨慎取之，说明了他对《淮南子》的批评态度。此与明代后期学者多作正面评价有所差异。

二、《升菴集》对《淮南子》的征引

尽管评价不高，但杨慎著书立说，征引《淮南子》还是比较频繁。据统计，《升菴集》提及和征引《淮南子》约64次，集中在卷四十六和卷六十。有的征引不只是材料的堆集，而是融进了杨慎的学术见解。

卷四十六"老子论性"条云："澹泊明志，宁静致远，本出于《淮南子》，而诸葛称之。若儒者知其为刘安语，又肯取乎？"① 按："澹泊"两句，出自《主术训》，原文作："非澹漠无以明德，非宁静无以致远。"② 杨慎借此尖锐地批评了儒者因人废言的陋习。

卷四十六"淮南述庄子语"条云："《庄子》云：'冻者假衣于春，暍者反冬乎冷风。'其言错综成文，妙矣。《淮南》述之曰：'冻者假兼衣于春，暍者望冷风乎秋。'又较明白。古人辞必己出，而不相袭如此。"③ 按：冻者两句，出自《俶真训》。杨慎认为，《淮南子》这两句虽然本于《庄子》，但说得更明白，借以表达"辞必己出，不相蹈袭"的创作主张。

卷四十六"《淮南子》载格言"条云："'非澹泊无以明志，非宁静无以致远，非宽大无以兼覆，非慈厚无以怀众，非平正无以制断'，此五语出《淮南子·主术训》下篇。盖古之格言，而淮南述之，孔明又举以教子也。然五语之中，'澹泊''宁静'二语，足以该下三语矣，孔明博学而精择如此。又'心欲小而志欲大，智欲圆而行欲方，能欲多而事欲鲜'，亦出《淮南子》，而孙思邈引之，然'胆欲大'之语有病，不若'志欲大'之善也。'能欲多而事欲鲜'，此句

---

① 杨慎《升菴全集》，第473页。
② 张双棣《淮南子校释》，第976页。
③ 杨慎《升菴全集》，第478页。

不可少。孔明、思邈同引《淮南子》语,而优劣不同也。"①按:格言,是指富含哲理且可定为准则的言论。杨慎所选中的这些格言,自称出自《主术训》下篇,可知他据用的版本属于二十八卷本,当是刘绩本。但原本"泊"作"漠","志"作"德",应是杨慎为迎合诸葛亮之语而改。杨慎认为,"非澹泊"五句,可能是《淮南子》转述古人格言而来。这一说法当然没有切实的根据。"心欲小"三句,陈深在评点时即引用了杨慎的相关说法。杨慎又通过对比诸葛亮与孙思邈化用《淮南子》的不同情况,进而肯定了前者的博学与明辨。杨慎的这些发现,均为晚明的评点者如穆文熙、张榜、汪明际所继承。

卷六十"子书传记语似诗者"一条中,杨慎还精选了《淮南子》的一些文字。如"孔子辞廪丘,终不盗带钩;许由让天下,终不利封侯"②,此四句出自《氾论训》,原文"带"作"刀",当是杨慎自改。"南游冈㝟野,北息沉墨乡"③,此二句出自《道应训》,原文作:"南游乎冈㝟之野,北息乎沉墨之乡。"④显然,杨慎是其中的虚词删除而成诗句。"日回而月周,时不与人游"⑤,此二句出自《原道训》。"铎以声自毁,膏以明自铄"⑥,此二句出自《缪称训》,原文"铎"有"吴"字,"膏"后有"烛"字,当是杨慎删除这两字以比附诗句。"遁关不可复,亡豻不可再"⑦,此二句出自《说林训》。"一渊不两蛟","两雄不并栖",前句是杨慎选自《说山训》,后句自称出自《三国志》,今查并无此文。可能正是因为杨慎的删改和疏忽,王世贞才说:"杨用修录古诗逸句及书语可入诗者,不能精,亦有遗漏。"⑧批评之意见于笔端。

综上所述,杨慎对《淮南子》的征引,主要立足于鉴赏它精美的语言。作为明代有名的大才子,杨慎关注这个方面也是合情合理,但因此而忽略《淮南子》的思想性,当然也是其缺憾。

---

① 杨慎《升菴全集》,第 481 页。
② 杨慎《升菴全集》,第 773 页。
③ 杨慎《升菴全集》,第 773 页。
④ 张双棣《淮南子校释》,第 1319 页。
⑤ 杨慎《升菴全集》,第 773 页。
⑥ 杨慎《升菴全集》,第 773—774 页。
⑦ 杨慎《升菴全集》,第 774 页。
⑧ 王世贞《艺苑卮言》,第 29 页。

第三节　王世贞对刘安及《淮南子》的评说

杨慎对《淮南子》的各种说法，已为王世贞所关注。王世贞（1526—1590），字元美，号凤洲，又号弇州山人，太仓（今江苏太仓市）人，嘉靖二十六年（1547）进士。王世贞是当时名公巨卿，独领文坛二十年，著述极丰。《淮南子》是他乐于熟读的一部子书，其《读书后》卷二录有他的一篇《读淮南子》。不仅如此，王世贞还因书及人，对刘安作了许多超乎前人的评价。从这个方面说，在明代《淮南子》学史上不能不留有他的一席之地。鉴于王世贞的名望，坊刻《诸子玄言评苑》《二十九子品汇释评》《诸子汇函》等著作还存有大量托其名号的评语，但皆不足取信。

一、王世贞对刘安的评说

王世贞的《读书后》卷二还有一篇《书淮南厉王传后》的评论文章。此文前半部分评述淮南厉王刘长，后半部分话锋一转，开始集中评论厉王的长子刘安。他说：

> 其子安之反则有之，盖愤父之死，矜己之才，而窥武帝之有衅也，亦可谓不智矣。虽然王安之谋反固也，然而未成反也。学仙者流，则谓王与八公者习不死术，而流言闻于武帝，帝使按之，即与八公俱上升。帝恐其为天下惑而别起间，如后之戾太子、子舆事，而称其自杀，以苟完狱耳。以故心艳其事，竭天下之财力，求为神仙而不可得。刘向去安时无几，得枕中之遗籍而宝习之，此宁非明征哉？独所谓八公者，有左吴、伍被、雷被。夫左吴，首祸者也；伍被，首反者也；雷被，告变者也。雷被用而左吴、伍被诛，意八公自有人，不然，吾未见三子之能仙去也。班史不当与伍被别作传，当附之安传，蒯通亦不当别作传，当附之韩信传，江充当附之戾太子传，息夫躬当附之董贤传。呜呼，孰谓班史有定识哉！①

首先，王世贞承认了刘安的不明智。所谓愤父之死，实出于贾谊；所谓矜己之才，实出于史迁、班固。王氏批以"不智"，语气极为缓和。接着，王世贞提出了一个前人不敢提的观点，即刘安虽反但未成反。也就是说，刘安心里可能

---

① 王世贞《读书后》，《宋元明清书目题跋丛刊六》，中华书局2006年影印本，第318页。

有反意，但实际上未付诸行动。这个观点尽管没有颠覆汉人既有的说法，但在封建时代仍是大胆和超前的。

接着，王世贞又提出汉武帝实是以神仙之事而构罪刘安的新观点。当然，王氏这个观点臆测居多，然潜含了他对汉武帝耗尽财力而沉迷神仙之事的不满。随后，王世贞对世传所谓八公提出了质疑。世传八公的姓名，最早出现在高诱的序文中，其中有左吴、雷被、伍被三人。但王氏对这三人表示怀疑，因为在他看来，这三人的品德均有问题，谓之小人也不过分，并且雷被投靠朝廷，而左吴、伍被受诛，与八公仙去的传言不符。王氏进而提出八公应另有其人的新看法。

最后，王世贞还不忘借伍被之事揶揄司马迁和班固，认为他们不应该为伍被等人另行作传，委婉地批评了他们史识不足的缺点。可见，王世贞虽然在文学上主张复古，但在学术研究上却有不甘人后、敢发创见的可贵精神。

二、王世贞对《淮南子》的评说

从上面的分析来看，王世贞对刘安并未抱有敌意，也未抱有鄙意，反而流露一种希望刘安真仙化的同情态度。这种态度自然也影响到了王氏对《淮南子》的评价。他的《读淮南子》不长，兹录于下：

> 史称淮南子撰《内书》二十一篇，《外书》甚众，又有《中篇》八卷，言神仙黄白之术，亦二十余万言。今其存者内篇而已，而又亡其三篇。读之，知其非一手一事也，其理出于《文子》《庄子》《列子》，其辞出于《吕氏春秋》《玉杯繁露》《慎子》《邓析》《山海图经》《尔雅》，其人则左吴、苏飞、李尚、田由、雷被、伍被之徒，各取其长而未及衷，以故多错综重复，不受整束。而淮南王之材甚高，其笔甚劲，是以能成一家言。盖自先秦以后之文，未有过《淮南子》者也。其书为刘向所纂集，中篇之亡，当亦自刘向为更生时，故当得其枕中之《鸿宝》，而作黄金不成，几陷大辟，父得恶谥，是以讳而去之。夫淮南王好神仙，身坐死而遗祸及更生，亦幸而存哉。或曰淮南王真仙去不死者也，汉以法诛王，求王不得而讳之。①

这篇文章前半部分多是糅合他人说法而成。"史称淮南子"几句，即取自

---

① 《宋元明清书目题跋丛刊六》，第314页。

班固的《汉书》。若"淮南子"不是"淮南王"之误,则王世贞是较早尊称刘安为淮南子的学者。"今其存者"二句,当取自晁公武的《郡斋读书志》。令人困惑的是,王世贞之时,《淮南子》不当有亡佚三篇的情况。这极有可能是王氏直接转述晁公武的记载而来。"其理""其辞"两句,取自刘绩的题识,又参考了高似孙的《子略》。自"其人"以后至篇末,皆王世贞自抒己见,因而更具学术价值。

王氏首先解释了《淮南子》文字错综重复的原因。他认为,该书既出自众人之手,又未折衷他们的言论,各任所长,不受约束,故而呈现出错综重复的状态。王氏这个说法,似乎暗示刘安是有意为之。尽管内容错综重复,但在文辞上并非如此。王世贞在《艺苑卮言》中说:"《淮南鸿烈》虽似错杂,而气法如一,当由刘安手裁,杨子云称其'一出一人,字直百金'。"①认为《淮南子》应受过刘安本人的剪裁,所以在文章气势和章法方面呈现出一致的风格。这种风格最明显的特征莫过于"雄",王世贞说:"庄生之为辞,洸洋猋忽,权谲万变,列氏时出入而稍加裁。至汉而《淮南子》出其言,不尽由一人,其所著载,兼括道术事情,最号总杂,而文最雄,乃左氏则采缉鲁史,而自属以己法,以为《春秋》翼,盖天下之称事辞者宗焉。"②认为《淮南子》采掇、阐述《庄子》,就像左丘明采掇、阐述鲁史,都自创了一套属于自己的方法,取得了显著成就。就《淮南子》而言,兼括天下道术而文势雄阔,为后世学者所宗。显然,王世贞并没有将错综重复视为《淮南子》的缺陷,反而认为这种总括、错综的手法造就了其文势的雄浑壮阔。王氏上述观点,对其后的评点者、研读者都产生了影响。

紧接着王世贞又对刘安及《淮南子》作了极高的评价。连用"甚高""甚劲"二语,体现出王氏对刘安才华的极度肯定,在他看来,正是由于这个原因,《淮南子》才能自成一家之言,才能排在先秦以后子书的首位。王氏"先秦以后之文未有过《淮南子》"的观点,得到了后世学者如晚明郭子章、清末梁启超、民国胡适的支持,并被发扬光大,可谓影响深远。

最后,王世贞又一次谈论了刘安仙去这个话题。他认为《中篇》就是《鸿宝》,亡于刘向之手,主要因为刘向迷信刘安方术,上了此书的当,吃了此书的亏,故而将此书销毁。这个观点也是发前人之所未发。王氏反复提及刘安仙

---

① 王世贞《艺苑卮言》,第 36 页。
② 王世贞《弇州四部稿》卷六十八《古四大家摘言序》,《景印文渊阁四库全书》第 1280 册,第 175 页。

去这一传言，而且未流露出反感情绪，在某种程度上说明王氏或许相信这一传言。

三、王氏著述对《淮南子》的引用

除专门撰文评价刘安及《淮南子》之外，王世贞还在著书立说过程中不断引用《淮南子》中的具体内容。

例如，《弇州四部稿·说部·宛委余编三》："《淮南子》云：'桀囚于焦门，悔不杀汤于夏台；纣拘于宣室，悔不诛文王于羑里。'纣不闻拘宣室，果系所也，汉不宜以名斋殿。"① 按：引文出自《氾论训》，王氏对此作了辨正，认为"纣拘于宣室"一说不实，即使属实，汉廷也不宜把关押囚徒的"宣室"用于宫殿的名称。

又如，《宛委余编三》："《淮南子》'鲁哀公欲西益宅，史争之而不听，宰折睢不争而听'，'孔子马为野人所系，子贡巧说而不得，马圉拙说而得'，疑亦寓言也。"② 按：这两段文字属于意引，出自《人间训》。王氏同样作了辨正，认为这些说法都不属实，或是寓言而已。

再如，《宛委余编六》："《淮南子》：'马，聋虫也。'用修以为奇语。按，龙无耳，牛耳皆实，其听皆以角，可称聋。若马，则彼此能相语，何言聋也？"③ 按：引文出自《修务训》。用修即杨慎，杨慎以为是奇语，王氏则认为是误语，马不能视为聋虫。诸如此类，他的著述中还有不少，反映了他严谨、务实的治学精神。

第四节　胡应麟对刘安及《淮南子》的评说

胡应麟(1551—1602)，字元瑞，号少室山人，金华兰溪县人，万历丙子(1576年)举人。他是继王世贞之后又一位学术巨匠，在文献学、史学、诗学等方面皆有突出成就，对传统的诸子学更是有很深的造诣，曾撰有《九流绪论》上、中、下三篇。胡应麟也认真研读了《淮南子》，留下一篇名为《读淮南子》的

---

① 《景印文渊阁四库全书》第1281册，第528—529页。
② 《景印文渊阁四库全书》第1281册，第534页。
③ 《景印文渊阁四库全书》第1281册，第572页。

笔记类文章。这篇文章既收录在《少室山房笔丛》，又收录在《少室山房集》，集中反映了胡氏对刘安及其《淮南子》的研究水平。此外，他还在《少室山房笔丛》中讨论了刘安的其他著述。

一、刘安之才与曹植相当

胡应麟是典型的以儒家正统自居的学者，对淮南王刘安虽有非议，但总体上态度温和，有同情，也有赞赏，颇接近于王世贞之论。胡氏非常欣赏刘安的文才，他在讨论刘安其他著述时说："《汉艺文志》淮南所撰又有兵家一种，又天文《杂子星》一十九篇，又六艺有《易训》二篇，又赋类有《淮南王赋》八十二篇。汉赋之盛，莫加于此。计其才，当与子建上下，以弗传，世罕知者，附识此。（《汉志》无小山赋，疑在淮南作八十二篇之中者。）"[①] 专门评论刘安的辞赋，表明胡氏看重刘安的文才。他认为，淮南王刘安使汉赋发展到了鼎盛，其文才足可以与后来的曹植相当。曹植才高八斗，是魏晋时期最杰出的作家，这一点天下共知，而胡氏将刘安与曹植相提并论，显然说明他对刘安文才的极度赞赏。胡氏的这一评价，在《淮南子》学史上也是绝无仅有的。当然，胡氏的评价未必允当。淮南王八十二篇辞赋基本没有流传下来，只剩下孤篇《屏风赋》，无法全面展现刘安在辞赋方面的文才，所以，将他与曹植相提并论缺乏事实依据。但刘安在辞赋方面的杰出文才，班固的《汉书》及高诱的《淮南鸿烈解叙》皆有明确记述，所以胡氏的评价也不完全是无的放矢。

二、刘安未闻君子之大道

作为正统的儒家学者，胡应麟还对刘安本人作出了批评。他说："余读《淮南》，既奇其才，悲其遇，又重惜其未闻君子之大道也。因题简末云。"[②] 这段话连用三个"其"字，显示了胡氏对刘安的亲切关注，又连用"奇""悲""惜"三个动词，表达了胡氏的赞赏、同情和惋惜之情。他赞赏刘安的文才，同情刘安的遭遇，惋惜刘安不能彻悟"君子之大道"。所谓君子之大道，朱熹《四书或问》中的一段对话可以诠释其义："或问：'何以言小道之为农圃、医卜、技巧之属也？'曰：'小者对大之名。正心修身以治人，道之大者也；专一家之业以治

---

① 胡应麟《少室山房笔丛》，第362—363页。
② 胡应麟《少室山房笔丛》，第362页。

于人,道之小者也。然是皆用于世而不可无者,其始固皆圣人之作,而各有一物之理焉,是以必有可观也。然能于此者,或不能于彼,而皆不可以达于君子之大道,是以致远恐泥,而君子不为也。'"①《淮南子》多见天文、地理、历法、农植等方面的内容,也多见老庄的思想主张,因而在儒者看来,这些只专于一家之言、一家之术,皆未可视为君子之大道。他们认为,君子之大道就是正心修身之道,就是能于此又能于彼之道。而刘安沉迷于老庄及神仙之道,沉迷于奇方异术,因而在儒者看来,同样是未闻君子之大道。胡应麟生活在理学盛行的明代中晚期,他眼中的君子之大道,恐怕与理学家所主张的正心修身之道不无联系。

当然,作为儒者,胡应麟常以六经为准则来阐述所谓大道。他在《九流绪论》中说:"九流之名,所自昉也,统曰诸子,所以别于六经,亦以六经所述古先哲皇大道,历世咸备。学业源流,揆诸一孔,非一偏之见,一曲之书。"又说:"第自儒术而外,以概六经,皆一偏一曲,大道弗由钧也。"②除儒术及六经以外,诸子百家虽各自为学,但皆割裂大道,不过是一偏之见,一曲之说。这足可见出胡氏根深蒂固的宗经崇儒意识,因此,大道只能是儒家之大道。他说:"夫上圣哲王之治,亡尚六经,故首之以儒,崇大道也。异端衰世之观,咸徇一曲,故次之以杂,核支流也。"③认为六经是最高的准则,将儒家列为九流之首,是尊崇大道的结果。《淮南子》自班固以来就列入杂家,在胡应麟眼里属于异端末学,一曲之说,所以它的编撰者刘安当然是未闻君子之大道。

三、《淮南子》非出宾客之手

自《汉书·淮南王传》首次描述《淮南子》是刘安招致宾客方士所作之后,班固的说法就成为定论,鲜有学者提出异议,只是高诱强调了刘安参与撰作这一特征。至明代中后期,胡应麟才明确提出异议。他说:"淮南王招集奇士,倾动四方,说者咸以此书杂出宾客之手,非也。左吴、雷被诸人,著作绝无可见,特附淮南而显,岂梁苑邹、枚,邺中刘、阮等哉!惟《招隐士》词绝奇古,虽称小山,卒不传其名姓,惜也。"④在胡氏看来,刘安所招宾客的主要身份也变了,不是方士而是奇士。方士在儒者眼里多属贬义词,而奇士一般指德行或

---

① 朱熹《四书或问》,上海古籍出版社2001年,第396—397页。
② 胡应麟《少室山房笔丛》,第344页。
③ 胡应麟《少室山房笔丛》,第345页。
④ 胡应麟《少室山房笔丛》,第362页。

才智出众的非凡之士。可见,胡氏将奇士从普通宾客中剥离出来,强调了两者的差别。他认为,左吴、雷被等人只是普通的宾客,并没有多少才智,就连自己的著作都没有,他们不过是附庸淮南王而显名,根本不能与西汉梁孝王的宾客邹阳、枚乘,及三国邺中七子中的刘桢、阮瑀相比。因此,从这个方面说,《淮南子》并不是出于像左吴、雷被等这样的宾客之手。《淮南子》究竟出于何人之手?胡氏并未明确提出答案。他单独称赞了淮南小山,赞其《招隐士》文词奇绝。可知淮南小山这类文士非普通宾客可比,当属奇士。所以,从胡应麟的这段论述分析,胡氏一方面否定了《淮南子》出于宾客之手这个传统的说法,另一方面似乎又暗示《淮南子》是出于像淮南小山之类的奇士之手。他的这个观点,相对于传统说法显然是一种新见。清代王谟即持相近看法,或许是受了胡应麟的影响。

四、《淮南子》有好大喜夸之弊

从前面的分析看,胡应麟无疑具有强烈的宗经崇儒意识,并将这种意识渗透进了对刘安的评论之中。不仅如此,胡氏还将这种意识渗透进了对《淮南子》文词及内容的评价之中,因而多见批评之声。他在《读淮南子》中说:"汉世记事之博,莫过太史公;立言之博,无出《淮南子》。故杨雄以淮南、太史并论,又以为淮南之用弗如太史公,知言哉!《淮南》盖效《吕览》而作者,其文词奇丽宏放,瑰目璨心,谓挟风霜之气,良自不诬,而诡辞邪说,垒溢篇中。自战国庄列二邹,纵谈宇宙,茅靡澜倒,举世若狂。汉兴,董贾诸人,渐趋淳朴,一代文章,垂复古始。淮南又群集浮华,网罗淫僻,渊渟泽汇,萃于此编,自以极天下之观,而不知好大喜夸之弊。不亡国杀身,有不已者。"① 这段文字从三个方面显示了胡应麟对《淮南子》的认识。

首先,胡氏肯定了扬雄所谓淮南之用不如太史公的观点,并认为《史记》的长处在于"记事之博",而《淮南子》的长处在于"记言之博",故两书能相提并论。此处,胡氏所谓"博",应是褒义之词。"记言之博",即广集各家言论。显然,胡氏指出并肯定了《淮南子》的这一特点。其次,胡氏在一定程度上称赞了《淮南子》的文词。他认为,《淮南子》虽模仿《吕氏春秋》,但在文词上独具奇丽宏放的特色,富有赏心悦目的语言效果。再次,胡氏重点批评了《淮南

---

① 胡应麟《少室山房笔丛》,第362页。

子》"记言之博"和"奇丽宏放"的逾越儒家规范的弊端,并把这个弊端总结为好大喜夸之弊。"记言之博"逾越了儒家规范,就是好大;"奇丽宏放"逾越了儒家规范,就是喜夸。在胡氏看来,好大喜夸所造成的严重后果,便是诡辞邪说充溢在《淮南子》之中,表现出一种浮华、淫僻的整体文风。他从文章写作这个方面严厉批评了《淮南子》,认为《淮南子》这种好大喜夸的做法破坏了汉兴以来董仲舒、贾谊等人逐渐形成的敦厚淳朴文风。可见,胡应麟的批评是基于儒家文道观念而生发的,在《淮南子》学史上独树一帜。

第五节 明本序跋中的《淮南子》评说

《淮南子》明刊本极多,而大部分刊本都有序跋。序跋中,作者常对刘安及《淮南子》进行品头论足,留下了不少真知灼见,在一定程度上反映了明代学者的研究水平。由于序跋较多,下面就以主题的形式进行综合讨论。

一、评说《淮南子》的内容及渊源

这个话题在各本序跋中最为常见,且观点大同小异。汪一鸾本载有许国写于1581年的《刻淮南鸿烈解序》。在这篇序文中,许国非常细致地讨论了《淮南子》的内容及渊源。他说:"《淮南鸿烈》一书,昔人论之详矣。大都哀籍外家深美之论,聚狐成裘,缁皛不一,要以去周未远,渊源睹记,自多格语。今考其书,原道德则依《庄》《列》,推阴阳则准星官,辨方舆则赅《山海》,纪四时则征《月令》,综政术则杂《申》《韩》,以至《离骚》之奇,《尔雅》之正,《文》《邓》之辩博,仪、秦之短长,隽绝璨琦,无所不有。盖当是时,招致宾客八公之徒,各纂见闻,取林安手,成一家言,匪直一人一手之烈也。"① 在这段论述中,许国首先总括了《淮南子》成书的途径,即取法和汇集"外家深美之论",接着又指出这些"深美之论"虽然优劣不一,但大体都有渊源所自。许氏进而对这些渊源作了精细分析,认为《淮南子》在内容方面分别取法《庄子》《列子》《山海经》《月令》《申子》《韩非子》以及先秦星官所记,在文辞方面又取法《离骚》《尔雅》《文子》《邓析子》及张仪、苏秦纵横之术。许国的说法较之刘绩要更加细致和严密,是对以前观点的总结和发展。当然,未论及《老子》,则是

---

① 何宁《淮南子集释》,第1516页。

许氏之说的一大缺陷。

茅一桂本载有茅氏写于1582年的一篇自序,名为《重校淮南鸿烈解引》,亦论及了《淮南子》的内容及渊源问题。茅氏说:"一日,得《淮南鸿烈解》,读之不能休,乃作而曰:'嘻!君子不以人废言,有味乎其言之也。'昔刘安不务遵蕃臣职,丞辅汉天子,而专怀邪辟之计,身死国除,为天下笑,至今人人羞称之。若其所著书二十有一篇,君子称其大则帱天载地,细则沦于无垠,古今治乱,存亡祸福,华夷诡异瓖畸之事,靡所不具,其义著,其文富,信也。其间虽不免剽剥儒、墨、老、庄、阴阳、仪、秦、董、贾诸君之说,而气法如一,要之,亦不甚诡于大道。乌程温博允文氏,尝为余论诸子曰:'文字之奇宕者漆园,论议之温醇者河汾,学问之该练者则《淮南子》。'余甚韪之。"① 茅氏尽管不能摆脱《史记》《汉书》关于刘安定性评价的影响,但对《淮南子》一书则表现出极度的喜爱。关于《淮南子》内容的广博,他赞同高诱的评价,并分析了其渊源。与许国之说不同的是,茅氏又增入了儒、墨及董仲舒、贾谊四家,并提出《淮南子》"不甚诡于大道"的新见解。所谓大道,当是指儒家之正道。唐宋学者常以"不经"来否定《淮南子》的某些内容,茅一桂则认为其内容大体不与儒家经义相违背,在诸子之中属于"学问该练者"。这实是对高诱"出入经道""莫不援采,以验经传"说法的发展。

当然,茅一桂这个新见解并不完全属于自创。在他之前,李太和在写于1579年的《刻中都四子集叙》中说:"至《鸿烈》所论,莫非口尧舜而不诡于孔子之道,史称其喜读书,无他犬马声色嗜好,其所蕴藉可知矣。当汉之时,许慎即为'记上',其属书离辞,不可废也。二子论治,视老、庄尤详。君守郡以如'烹小鲜'之言书于座右,《淮南》广之曰:'为刻削者,曰致其酸咸而已矣。'是何言之周而儆之至也!"② 与茅一桂相比,李太和不仅没有批评刘安,反而称赞他为人宽厚,且有涵养,又明确指出了《淮南子》的儒家色彩。李氏认为,此书的儒家色彩,即体现在它常论及尧舜,言谈也与孔子之道不相乖离。但是,这在茅一桂看来,或许有些激进,故而作了一定程度的修正,保留了正史对刘安的批判,并把"孔子之道"改成"大道"。

其后,汪一鸾刊行《淮南子》,载有一篇自序。这篇序名为《校鸿烈内书

---

① 何宁《淮南子集释》,第1515页。
② 何宁《淮南子集释》,第1514页。

序》，写于1592年。序中，汪氏对《淮南子》的渊源作了与茅一桂等人相近的评论。他说："刘安集当代文人，成书《鸿烈》，大都燃道德之烬，漾逍遥之派，错以申、韩，缀以韦、翟，毋乃赘乎！"① 无非是取自《老》《庄》《申》《韩》《吕览》《墨子》等书。明末刊行的张炜如集评本，载有其兄长张存心的一篇《鸿烈解序》，持大致相同的观点。张氏说："古之立言著义，博者以其辨辨，幽者以其形形，典者以其政式，权者以其智变，玄者以其一化，达者以其忘忘。惟《淮南》无所不然，无所不可，是夏后、周官、老聃、庄周、列御寇、孙武、吴起、邓析、慎到、吕不韦之徒，同冶而一铸也。"② 首先承认《淮南子》内容的深广，有博者，有幽者，有典者，有权者，有玄者，有达者，承认《淮南子》是集众家之长。众家之中，张氏特意增入了夏后、周官及孙武、吴起四家。前两家属于儒家，后两家属于兵家。此四家的增入，实际上进一步佐证了《淮南子》"不诡于大道"的观点。可见，关于《淮南子》成书渊源这个问题，到晚明时期，已经得到比较完善的解答。

二、评论《淮南子》的成就与地位

自古以来，序跋多见溢美之词，明本《淮南子》序跋也不例外。这种溢美之词，常见于作者评价《淮南子》的成就与地位之时。

《中立四子》本载有郭子章的《淮南子题辞》。郭氏说："余读《鸿烈解》，其篇目始《原道》，终《要略》，而《天文》《时则》《说山》《说林》，缅缅总总，然挚其大会，盖沉博绝丽之书也。自有子部以来，未有若是书有理而且备者。岂史称淮南好读书，无声色犬马嗜欲他好，专精力于是书故与？抑苏飞、晋昌等相论次而供缮之有人与？何其无普氾不际，无蚊首不及，无忽区不实，无噘喋不贯，储与扈冶，四达无竟若是之详哉！"③ 郭氏高度赞扬了《淮南子》无所不有、无所不及的广博与详备，并称之为"沉博绝丽之书"，认为子书之中《淮南子》最富理致，最为详备。这应该是对《淮南子》成就与地位绝无仅有的一个评价，溢美之词显而易见。当然，郭氏并非全是虚夸之谈，他试着解释《淮南子》能取得这一成就的原因，认为是刘安专注于此书，或是刘安的宾客很有才华。张登云基本认同郭氏的评价，他在《叙中立四子刻后》中说："搜博驰辩，发玄

---

① 何宁《淮南子集释》，第1517页。
② 何宁《淮南子集释》，第1506—1507页。
③ 何宁《淮南子集释》，第1511页。

于粗,莫妙于《鸿烈》。"① 莫妙,即最妙之义。张氏同样认为,《淮南子》在广博与理辩方面都是无以伦比的。

如果说郭子章、张登云是从内容广博与说理深奥方面对《淮南子》作高度评价,那么,许国、汪一鸾等人则主要从文章技艺方面作出肯定评价。许国说:"今上以明经兴士,罢黜百家,诸儒生斤斤尺幅,一禀六经之文,即《庄》《列》微言颇谬圣经者,斥不中率,何论《淮南》。顾是书之作,篇非一指,指非一辞,引物连类,藻思风生,操觚之士,沾句膏馥,往往有味其言。杨雄氏至谓《淮南子》一出一入,字直百金,斯亦足奇矣!"② 从这段文字看,当时儒生大都以不合经义排斥《庄子》《列子》和《淮南子》。但许国认为,《淮南子》并不全同于《庄》《列》,其意旨呈现多元化,而且在修辞与语言方面取得了较高成就,实是一部奇书。汪一鸾说得更为玄虚,他说:"《鸿烈》虽摭拾群书乎,要以布法崔嵬,命旨泓奥,编珠贯玉,吐葩振藻,寸楮并为云章,辟之游金谷中,花鸟呈奇,蕙櫚标异,二八递舞,笙镛迭奏,令人骤以目听,而亦骤以耳视,文章之巨丽,所可□原。观其上述太清,下迄古字,精之而无朕垠也,大之而不可围也,缤纷茏苁而不可缕指也,奇正变幻而莫定其伍也,晋、魏诸名家无能涉其巅厓矣。"③ 在汪氏看来,《淮南子》体大思深,言辞巨丽,构成了一幅美轮美奂的文章图景,魏晋文章名家皆不能攀上它所到达的高峰。

同时期的陆时雍则有不同意见,并不像许、汪二人那样尽是溢美之词。张斌如本载有他一篇名为《淮南鸿烈解序》的序文。序文说:"西汉自贾太傅、董江都以下,共推《淮南》。余读《淮南》,盖重有所感云。……当是时,淮南名重天下,而内外诸书,爱慕者不得见,见则如获拱璧,遂以千金敌字焉。即往者箕子陈范,仲尼聆韶,初不闻倾动人世之若此也。余观《淮南》述道德,宾礼乐,经纪天地,推究人事得失之故,国家理乱之原,闇眒儵忽,俶傥无际。……或曰《淮南》之后,无更《淮南》。然扬子云亦骏材也,栖迟于哀、平之间,偃仰七十余岁,维时侯芭服勤,桓谭扼腕,此外曾无闻焉。历后四十余载,《法言》始行,而玄终不显其声称,抑何眇也!《淮南》之于当时,岂直雷电鬼神云尔哉!人亦有言,筇竹已瘦,蹲鸱已饥,《淮南》之已枵也信矣。"④ 可见,陆氏虽然承认

---

① 何宁《淮南子集释》,第 1512 页。
② 何宁《淮南子集释》,第 1516 页。
③ 何宁《淮南子集释》,第 1517 页。
④ 何宁《淮南子集释》,第 1505—1506 页。何本"眒"作"忽",今据原本改正。

《淮南子》在当时对读书人有着巨大的吸引力,但并不认同王世贞等人把它推为汉人著述第一的观点,而认为应该排在贾谊、董仲舒的著述之后。而且,他也不认同"《淮南》之后无更《淮南》"的观点。在陆氏看来,扬雄的《法言》虽然不显名当时,但其后四十余年开始传行于世,而《淮南子》已很少有人关注了。言外之意,《淮南子》之后的汉人著述中,《法言》可与《淮南子》相比肩。且不论《法言》能否与《淮南子》比肩,陆氏认为《淮南子》在东汉很少受到关注,就不切合事实。

三、比较《淮南子》与《韩非子》之异同

比较《淮南子》与《韩非子》两书异同这个特殊的话题,仅出现在顾起元为张榜《淮南鸿烈解辑略》所写的一篇序文中。他说:"余泛览诸家,于先秦得韩非氏,于西京得刘安氏。之二子者,其为侯王子也同,其恢奇好著书同,其究竟亦略同,其人吾无取焉尔,其书则学士所同哜嗜者也,而亦复乎有辨。韩非氏,孽公子也,几而佽韦带,愤而为言,言多感忾而幽沉。刘安氏,汰公子也,虑亡不帝制,侈而为言,言多缤纷而闳廓。韩也蒿目世情之里,而钻入之,收其言,可裨吾精严,去其刻而可矣。刘也盱衡人世之表,而苞络之,收其言,足裨吾广博,去其诞而可矣。且夫韩也,主乎创者也,匪直刻也,时而走于僻;刘也取材百氏,故时诞、时沿、时俚,其余谓安独创也者,非安独创者也,八公氏众峥之,刘安才一裁之尔矣。故又时乎复,时乎杂,故韩可遍涉,而安之语必不可无裁。裁诞也,裁习也,裁俚也,裁杂也,裁复也,而千古无刘安氏俪矣。"① 顾氏自人及书,一一作了比较。

自人而言,刘安、韩非身份相同,爱好相同,人生结局也大略相同。自书而言,《韩非子》多愤慨幽深,而《淮南子》多繁复宏阔;《韩非子》说透世情,其失在于刻薄,《淮南子》纵横捭阖,其失在于夸诞;《韩非子》以自创为主,时见偏激之词,《淮南子》以袭言为主,偶见自创之词。因此,在顾氏看来,《韩非子》之文可以全取,而《淮南子》必要去其虚诞,去其俚俗,去其烦杂,去其重复,只有这样才能真正称得上是无与伦比。显然,顾氏以独特视角对《淮南子》作了精彩的评说,客观上是对《淮南子》研究的深入。

---

① 何宁《淮南子集释》,第 1508—1509 页。

第五编

清代《淮南子》学的偏胜

第一章　清代《淮南子》学概说

第一节　清代《淮南子》学的时代背景

相比蒙古统治者来说,清朝统治者大都对汉文化表现出浓厚的兴趣。顺治皇帝亲政时还不识汉文,后来凭着巨大的决心和精人的毅力,不仅学会了汉文,还广读经史及先秦辞赋、唐宋诗词、元明戏曲话本,用汉文写了不少文章和诗词,还传有《御注道德经》《御注孝经》。康熙皇帝自幼即习汉文,饱读诗书,即位之后推崇儒学,重用汉人,还组织学者编纂了《康熙字典》《古今图书集成》《康熙皇舆全览图》等名作。《古今图书集成·理学汇编·经籍典》专列有《淮南子部》,又分《汇考》《总论》《艺文》《纪事》《杂录》五类,把自汉代至明代有关《淮南子》各种资料分门别类地汇集在一起,极大地方便了学者研读《淮南子》。乾隆皇帝对汉文化的兴趣,又在顺治和康熙之上。他一生酷爱创作诗词,竟达四万余首,其中有一首七言诗《读〈淮南子〉》,还组织学者大规模编纂《四库全书》,其《子部·杂家类·杂学之属》又收有《淮南子》一书,这对促进《淮南子》的传播发挥了不小的作用。乾隆之后的统治者基本没有偏离顺治、康熙等人的方针和政策。由此可见,清代统治者对待汉文化,明显有别于蒙古统治者,也有别于明初统治者。因此,清代的《淮南子》学并不像元代那样毫无建树,也不像明代《淮南子》学那样前面八十年寂寂无声,而是一直呈现出发展的态势,并且卓有建树。

尽管清初统治者大力提倡汉文化,但他们对文化的控制并不输于明初统治者,经常通过大兴文字狱、发布禁书令等手段,来钳制汉族知识分子之口。特别是文字狱,胡奇光评价说:"持续时间之长,文网之密,案件之多,打击面之广,罗织罪名之阴毒,手段之狠,都是超越前代的。"[①] 为了避祸,清代学者摒弃了宋代学者好论时政,及明代学者好谈心性的治学方向,果断向汉儒学习,埋头于坟

[①] 胡奇光《中国文祸史》,上海人民出版社1993年,第117页。

籍旧典，研究训诂考据之学，因而形成了明显有别于前代的一代之学术——朴学。

当然，严厉的文化控制只是清代朴学兴盛的一个外部原因，其中最根本的原因在于学术内部。汉代学者说经，魏晋学者谈玄，实际代表着两种不同的治学方法。南北朝以后，道教和佛教迅猛发展，前所未有地扩张了谈玄的这一条治学方法，至宋代达到巅峰。宋代学者融合经史百家和道教、佛教之理，开辟出理学这一新的学问，后来过多地谈心说性，流于虚空。相比宋代学者，明代学者谈心说性的程度有过之而无不及，致使晚明社会人心浮躁，专重享乐。这自然会引起明代一部分学者的反对。实际上，反对阳明心学在晚明已形成一股力量，明末清初的傅山、顾炎武、黄宗羲、王夫之都是其中的代表。顾炎武说："古今安得别有所谓理学者，经学即理学也。自有舍经学以言理学者，而邪说以起。不知舍经学则其所谓理学者，禅学也。"① 非常鲜明地提出脱离经学谈理学，不过是虚妄空疏之学。从这个方面说，清代兴起考据学，实是对明代理学的反动的结果。顾炎武自己也身体力行，在国家典制、郡邑掌故、天文、地理、河漕、兵农及经史百家、音韵训诂之学等方面均有钻研，取得了不俗的成果。顾氏倡导名物训诂之学，就为随后的清代学者如毛奇龄、阎若璩、胡渭诸人，指明了治学的方向。傅山在理论方面虽然不如顾炎武有建树，但他也身体力行，其《淮南子评注》就是明显的体现。

考据学这条学术新路形成以后，乾嘉期间许多著名的大学者都沿着前行。先是惠栋、戴震、钱大昕，后是段玉裁、王念孙、王引之，共同把清代考据之学推向了最高峰。考据学派也由此形成了以惠栋为首的吴派和以戴震为首的皖派。吴派多宗汉儒经说，再辅以疏通证明，主要成员有沈彤、江声、余萧客、江藩、王鸣盛等。皖派则注重文字音韵之学，主张以音韵求经义，主要成员有段玉裁、王念孙、王引之等。他们影响所及，竟然使考据之学垄断了清代二百余年的一切学术。在这种学术文化背景下，清代《淮南子》学自然就显得十分单一，几乎都是清一色的训诂、考据和校勘，即表现出本书所说的偏胜之特征。所谓偏胜，就是指全在校勘注释这一面，其他方面诸如文学研究、思想研究，几乎见不到。据统计，清代《淮南子》校注作品约有30余种。而且，这股风气还流及民国的学术界几十年。可见，清代

---

① 全祖望《鲒埼亭集选辑》卷二《亭林先生神道表》，《台湾文献丛刊》本，第44页。

是学者校注《淮南子》的极盛时代,但由于具有明显的不平衡性,故呈现出偏胜的特征。

清代学者为什么不肯在《淮南子》的哲学思想、文学艺术等方面下功夫呢?这恐怕是考据学的流弊所致。事实上,考据学形成一种思维定式以后,就会像宋明理学一样压抑着学者的头脑,使之对一切有思想的学问都不感兴趣。再加上清代前期严酷的文字之祸,学者自然有意规避,不肯蹈险,因此就失去了清初顾炎武、黄宗羲、王夫之那样的思想锋芒,只希望在故纸堆里寻找人生的寄托。当经史古籍被校勘、注释殆尽之后,他们又把先秦两汉的诸子之书列为自己研治的对象,客观上极大地推进了诸子学的发展。《淮南子》亦受其裨益,以前错讹极多的文本经清代经师的整治,得到了很大的改善。胡适曾对此作了高度评价。

然而,失去思想灵魂的考据学,进入清代晚期以后,稍稍有了一些变化。乾嘉考据学的成就已登峰造极,再难有什么新的突破。乾嘉以后的学者对此或有倦意,他们的目光开始投往别处。与此同时,时代正在发生激烈动荡,内忧外患层出不穷,经世致用之说又重新抬头。曾国藩即提出要把古文与理学结合起来,他在评注《淮南子》时特别谈论了它的兵家思想,此是经世致用学说的体现。等到魏源著《海国图志》、龚自珍著《西域置行省议》,学术界更加趋重谈论时务,经世致用之说就更加显明了。魏源曾批评乾嘉考据之学说:"自乾隆中叶后,海内士大夫兴汉学,而大江南北尤盛。苏州惠氏、江氏、常州臧氏、孙氏,嘉定钱氏,金坛段氏,高邮王氏,徽州戴氏、程氏,争治诂训音声,爪剖釽析,视国初昆山、常熟二顾,及四明黄南雷、万季野、全谢山诸公,即皆摈为史学非经学,或谓宋学非汉学,锢天下聪明知慧,使尽出于无用之一途。"[①] 标榜经世致用的今文经学也因此得到重振。然而,学术界的这股思想新风,并没有吹到晚清的《淮南子》学中,学者所著之书仍然全是基于考据的校注作品。

第二节 清代《淮南子》学的演进过程

总体而言,清代的《淮南子》学不像其他朝代时断时续,它自始至终都在

---

① 魏源《魏源集》,中华书局1976年,第358—359页。

发展着，呈现出一种十分繁荣的局面。但这种繁荣在一定程度上来说又是畸形的，因为它完全立足于校勘与考据，而不顾及其他方面，造成了某种失衡，即所谓偏胜。根据清代考据学的发展过程，实际上也可以看出清代《淮南子》学的演进过程。

清代前期，即顺治、康熙、雍正三朝（1644年至1735年），是清代考据学的形成期。这时期的学者主张兼综汉学和宋学，主张经世致用。作为不甚有名的子书，《淮南子》也在这些学者的治学范围之内。顾炎武曾取《淮南子》校读，征引其中的文字作为立说依据，还主要针对某些文本作出校勘意见，甚至对旧注前后不一致的释义提出质疑。傅山专门撰有《淮南子评注》一书，虽然还有明人评点之风的残留，但已完全转向文本校勘和字词释义上来，有些校注还有非常精彩的考据过程。傅山这部著作揭开了清代《淮南子》学转向校勘、训诂的序幕。

此外，朱鹤龄撰《读左日钞》《皇言定声录》《竟山乐录》《尚书埤传》《诗经通义》《禹贡长笺》、张尚瑗撰《左传折诸》、惠士奇撰《礼说》《易说》、李光坡撰《仪礼述注》、王夫之《诗经稗疏》、毛奇龄撰《毛诗写官记》《续诗传鸟名》《论语稽求篇》《古今通韵》《仲氏易》《易小帖》《西河集》、姚炳撰《诗识名解》、陈大章撰《诗传名物集览》、严虞惇撰《诗质疑》、阎若璩撰《尚书古文疏证》《潜邱札记》、胡渭撰《禹贡锥指》、徐文靖撰《禹贡会笺》《竹书统笺》《管城硕记》、焦袁熹撰《此木轩四书说》、张英撰《易经衷论》、胡煦撰《周易函书约存》、钱澄之撰《田间诗学》、徐乾学撰《读礼通考》、查慎行撰《周易玩辞集解》、晏斯盛撰《易翼说》、高士奇撰《春秋地名考略》《左传纪事本末》《续编珠》、陈厚耀撰《春秋战国异辞》、李锴撰《尚史》、马骕撰《绎史》、黄宗羲撰《明儒学案》、朱轼撰《史传三编》、沈炳巽撰《水经注集释订讹》、朱彝尊撰《经义考》《曝书亭集》、沈自南撰《艺林汇考》、姜宸英撰《湛园札记》、何焯撰《义门读书记》、孙承泽撰《春明梦余录》、喻昌撰《医门法律》、陈元龙撰《格致镜原》、宫梦仁撰《读书纪数略》、吴任臣撰《山海经广注》、蒋骥撰《山带阁注楚辞》、康熙皇帝《御制文集》《御选唐诗》、陈廷敬撰《午亭文编》、屈大均撰《广东新语》、李光地撰《榕村语录》等，皆有征引《淮南子》的情况。这种流传广度和被资用的频次，均不逊于晚明的《淮南子》学。

当然，清代前期流传的《淮南子》版本基本是明刊本，黄虞稷的《千顷堂书目》卷十二即著录了当时流传的刘绩本和《中都四子集》本①。而且,这个时期的批校本也基本是批校在明刊本上,有何焯批校安正堂本、何焯批校张象贤本、刘都批校茅一桂本等。除了明刊本,当时还有宋刊本流传,钱曾即有影宋钞本。

清代中期,即乾隆、嘉庆、道光三朝(即1736年至1850年)。这个时期是清代考据学的全盛时期,也是清代《淮南子》学的鼎盛时期。所谓鼎盛,主要体现在三个方面:一是《淮南子》新版本的大量产生,二是针对《淮南子》的批校本大量涌现;三是《淮南子》校注作品的数量最多,且水平最高。

其一,新版本的大量产生。清代前期的学者基本都是使用明刊本,进入中期以来这种情况有所改变。先是官方新造了《四库全书荟要》本和《四库全书》本,但由于皆是宫廷御用手钞本,故在当时流传不广。《四库全书》本最有价值之处,是四库馆臣所撰写的《淮南子提要》。《提要》考述了元明之前《淮南子》的流传情况,并驳斥了明代刘绩关于《淮南子》许慎、高诱之注的不正确认识,体现了较高的学术水平,多为后世学者所资用。接着是庄逵吉在湖北咸宁官署新造了私刻本,此本是以钱坫所校道藏本为底本,融合明代诸本,又附上了庄氏大量校语,成为清代中期质量最高的新刻本,其影响所及近二百年。在庄逵吉本刊行七年后,苏州聚文堂翻刻了此本,世称《十子全书》本,但质量还不如原本。紧接着,王谟、黄锡禧又重刊了明代何允中的《广汉魏丛书》本,世称《增订汉魏丛书》本,并未作出实质性的改善,故流传亦不广。再接着,嘉庆年间蒋元庭等人修纂了《道藏辑要》,《淮南子》列入其中,世称《道藏辑要》本。此本相对明刊道藏本来说,质量有所提升。此外,嘉庆年间还产生了影宋本和节选本各两种,影宋本包括顾广圻影钞本、陈奂影钞本,节选本包括任兆麟的《艺林续述记》本和张道绪的《文选十三种》本。

其二,《淮南子》批校本的大量涌现。清代前期,《淮南子》批校本即已出现,但数量不多,到了中期则呈井喷景象,总计近30种。如专门针对宋本的,有无名氏宋本《淮南鸿烈解》批校本、顾广圻批校北宋本等;专门针对明刊本的,有惠栋批校茅一桂本、浦起龙批校黄焯刊刘绩本、钱大昕批校汪一鸾本、卢

---

① 《千顷堂书目》卷十二《杂家类》载:"刘绩补注《管子》二十四卷,又补注《淮南子》二十八卷。(江夏人。)"又载:"朱东光《中都四子书》。(《老子》《庄子》《管子》《淮南子》,万历乙卯序)"(《景印文渊阁四库全书》第676册,第321、324页。)

文弨批校汪一鸾本、萧江声批校王溥刊刘绩本、江声批校茅一桂本和茅坤本、钱塘和钱坫批校茅坤本、王念孙批校《中立四子》本、黄丕烈批校明钞本、袁廷梼批校道藏本等；专门针对庄逵吉本的，有卢文弨、赵曦明、孙志祖、梁玉绳、梁履绳、顾广圻、朱邦衡、顾之逵、周广业、许宗彦、陈奂等人的批校本；还有不知底本的批校本，如沈大成、孙冯翼、翁方纲等人的批校本。

其三，《淮南子》校注作品的数量最多，且水平最高。这个时期出现的校注作品，有钱塘的《淮南天文训补注》、庄逵吉的《淮南子校刊》、陈昌齐的《淮南子正误》、刘台拱的《淮南子补校》、王念孙的《淮南内篇杂志》、洪颐煊的《淮南子丛录》、罗士琳的《淮南天文训存疑》和汪文台的《淮南子校勘记》等。此外，还有梁玉绳专门针对《淮南子》的读书札记。这其中当然要属《淮南内篇杂志》的学术水平最高，而《淮南天文训补注》《淮南天文训存疑》最有特色，后世的校注作品皆难以企及。这也是清代《淮南子》学达至鼎盛的标志。

此外，惠栋撰《春秋左传补注》《九经古义》《周易述》《御制律吕正义后编》、胡彦昇撰《乐律表微》、江永撰《律吕阐微》《礼书纲目》《乡党图考》、沈彤撰《仪礼小疏》《钦定礼记义疏》、秦蕙田撰《五礼通考》、黄中松撰《诗疑辨证》、范家相撰《三家诗拾遗》、姜炳璋撰《诗序补义》、顾镇撰《虞东学诗》、程大中撰《四书笺逸》、郑方坤撰《经稗》、吴玉搢撰《别雅》《御批历代通鉴辑览》《钦定续通志》、赵一清撰《水经注释》《钦定日下旧闻考》《钦定满洲源流考》《钦定盛京通志》、觉罗石麟修《山西通志》《钦定河源纪略》《御批资治通鉴纲目》《钦定历代职官表》《大清一统志》《钦定月令辑要》《钦定授时通考》《御定佩文斋广群芳谱》《御定星历考原》《钦定协纪辨方书》、倪涛撰《六艺之一录》《御定渊鉴类函》《御定资政要览》、乾隆撰《御制诗集》等，皆有征引《淮南子》的情况。其中虽不乏转引他书者，但多数还是据原书而引，反映了《淮南子》在清中期学者之间的活跃程度。《云南通志》卷七《学校附书院义学书籍》也赫然列有《淮南子》一书，反映出《淮南子》已被地方政府应用于学校教育的事实。

清代晚期，即咸丰、同治、光绪、宣统四朝（1851年至1911年）。这个时期，清代考据之学已盛极而衰。此也可以从《淮南子》学中得到体现。

就版本而言，这个时期再没有产生全新的版本，几乎都是翻刻本，主要包括浙江书局重刊庄逵吉本，世称《二十二子》本，文本质量得到了较大提升，其后又有湖南新化三味书局翻印本、上海鸿文书局《二十五子汇函》本、上海图书集成局《子书二十二种》本、上海育文书局《子书二十八种》本。另有被《四部丛刊》所采纳、影印的刘履芬影宋本，以及翻印《四库全书》本的《百子全书》本和《道藏辑要》的重刊本，还有一种节选本，即李宝洤的《诸子文粹》本。与此同时，批校本数量也在减少，而且批校本的底本很单一，几乎都是针对庄逵吉本和浙江书局重刊本，主要有陶方琦、陈倬、缪荃孙、张鸣珂、许克勤、许在衡等人的批校本。

就校注作品而言，这个时期的校注作品数量虽然没有明显减少，但其整体的学术水平已不能与清中期相埒。一是这个时期的校注作品大多数只是篇幅短小的读书札记，如曾国藩的《求阙斋读书录》、张文虎的《舒艺室随笔》、徐时栋的《烟屿楼读书志》、蒋超伯的《南漘楛语》、孙诒让的《札迻》，都收录有关于《淮南子》的读书札记。唯有杨琪光的《读淮南子》不为同类，而是一篇对刘安及《淮南子》的评论文章，颇有宋明学者治学的风貌。二是专门的校注作品很少，有俞樾的《淮南内篇平议》、王仁俊的《淮南子扬㩁》和于鬯的《淮南子校书》，其学术水平较高，但都不能与王念孙父子的《淮南内篇杂志》相比肩。

当然，《淮南子》学中还有一个很重要的文献问题在清代得到了解决。这个问题就是许慎注和高诱注杂于一书的问题。自北宋苏颂以来至清代前期，大约七百多年间，学者都没能发现这个问题，只有南宋的陈振孙有过疑惑。到了清代中期，钱塘、王念孙、洪亮吉、庄逵吉等人产生疑惑，并提出了许高二注相杂这个问题，其中以庄逵吉最有识见，但终究未能解决这个问题。直到徐养原最先发现苏颂的《校淮南子题序》，凭借其卓越的洞见，才清楚地把杂在一书的许注八篇和高注十三篇区分开来。随后劳格、陆心源都有相同的发现和相同的区分结果，至此许高二注杂于一书的问题得到了解决。后又有陶方琦花费半生精力，专门研究这个问题，取得了进一步的证据，使得前人的区分结果"信而有征"，为解决这个问题作了更为杰出的贡献。同时，由于清代考据学家信奉许慎、郑玄之学，故而对《淮南子》许注的辑佚连续不断，有孙冯翼的《许慎淮南子注》、蒋曰豫的《许叔重淮南子注》、陶方琦的《淮南许注异同诂》、顺鼎的《淮南许注钩沉》、王仁俊的《淮南子许注异同诂三续》和叶德辉的《淮南鸿烈间诂》等，其中以《淮南许注异同诂》最值得称道。除辑佚许注外，清代学者也辑佚《淮南子》正文，如王仁俊辑有《经籍佚文·淮南子》[①]，姚东升辑有《佚书拾存·淮南子》[②]；还有一些学者利用《淮南子》及许高旧注等文献来辑佚刘安已经失传的著作，如马国翰、黄奭分别辑有《周易淮南九师道训》[③]。

[①] 王仁俊是晚清继陶方琦之后又一位着力研究《淮南子》的专家。他的《经籍佚文》分成经编、史编、子编、集编，《淮南子佚文》收录在子编。王氏仅辑得佚文1条（可确定），附录2条（不可确定）。

[②] 姚东升，浙江秀水人，生平不详，其生活年代主要在嘉庆、道光年间。他长于辑佚，有《佚书拾存》稿本传世，多属经史典籍辑佚类。姚氏从《后汉书注》《初学记》《汉书注》《白氏六帖》《玉篇》等书辑得《淮南子》佚文仅4条。姚氏又说《淮南子》"今存十七篇"，完全是无稽之谈，应是袭用晁公武之说而来。此外，姚氏又在《淮南子》佚文后附有《淮南子毕万术》（实为《淮南万毕术》）佚文28条。从王、姚二人的辑佚看，《淮南子》的佚文极少，也反映了其文本的稳定性。

[③] 马国翰（1794—1857），字词溪，号竹吾，济南历城人，道光十二年（1832）进士。他热爱辑佚，编有《玉函山房辑佚书》，其中《经编·易类》辑录《淮南九师道训》，涉及"乾""坤""屯""同人""遁""丰""中孚""小过""既济"等九卦爻辞和《周易系辞传》《周易序卦传》，依次利用了《人间训》（2次）、《缪称训》（6次）、《齐俗训》（1次）、《诠言训》（2次）、《文选》李善注（1次）、《泰族训》（2次）、《氾论训》（1次）、《谏伐闽越书》（2次）等文献。从马氏所引篇目看，《淮南子》解《易》者多为刘安宾客中的儒家学者。当然，马氏所辑是否是《淮南九师道训》中的内容，已不得而知，谓之捕风捉影可也。马氏之后，另一位辑佚学家黄奭亦辑有《淮南九师道训》，收录在《黄氏逸书考》中。两者相比，大同小异。具体说来，黄氏所辑数量更少，只是增加了不少高诱的注释。

第二章 清代《淮南子》版本的翻新与袭旧

第一节 庄逵吉校刊本的产生及盛行

继道藏本、刘绩本和茅一桂本之后，庄逵吉校刊本（以下简称庄本）是《淮南子》版本史上又一个非常重要的版本，它迅速成为清代最为流行的《淮南子》版本，并对民国的《淮南子》版本产生了深远的影响。

一、庄逵吉校刊本的形成

庄逵吉（1760—1813），字伯鸿，江苏武进人，嘉庆三年（1798）因父纳赀为陕西咸宁知县，后擢升潼关同知。庄氏工于诗文书画，通晓音律，擅长考据训诂之学，著有传奇《江上缘》《秣陵秋》及《保婴备要》《吹香阁诗草》。除《淮南子》外，他还曾校刊《三辅黄图》。但校刊《淮南子》，成为庄逵吉一生中最重要的学术成就。

庄本的形成经历了一个较长的过程。庄氏在自序中说："岁甲辰，逵吉读《道藏》于南山之说经台，览《淮南内篇》之注，病其为后人所删改，质之钱别驾坫，别驾曰：'道书中亦非全本，然较之流俗所行者，多十之五六。'爰摘其箧笥，以示逵吉。逵吉因是校其同异，正其讹舛，乐得而刻之。……别驾校订是书，既精且博。逵吉亦抒一得之愚，为之疏通旁证，举以示歙程文学敦、阳湖孙编修星衍，皆以为宜付削刀。时侍家君咸宁官舍，谨刊而布之，略考淮南作书之始末，及高许注书之端绪，刺于《叙目》之后，盖即别驾所校道书中本也。若此书不亡于天下，而逵吉亦附名以传，斯为厚幸云尔。"[1] 可知庄本是因庄氏阅读道藏本而起。他在钱坫校本的基础上，自乾隆四十九年（1784）便开始筹划、编辑，直到乾隆五十三年（1788）才校刻完工[2]，这个过程耗时五年之久。

---

[1]《子藏·淮南子卷》第19册，第290—297页。
[2] 庄序落款为"乾隆戊申五十有三年三月武进庄逵吉撰"。

尽管花费了很多时间和精力，但庄逵吉也因此传名至今，真可谓厚幸。

庄本制作精良，四周单边，无鱼尾，有行格。该本半页十一行，每行二十一字，扉页依次题"淮南子二十一卷""乾隆戊申三月校刊于咸宁官署"，版心上题"淮南子"及卷数，下题对应的页码。该本前有《叙目》（包括高诱序文、目录和庄氏自序），每卷卷首名题"淮南子"及相应卷数，下署名"武进庄逵吉校刊"，次行署名"汉涿郡高诱注"。庄逵吉之前，《淮南子》版本中卷首名题"淮南子"的极少，像北宋本、道藏本、刘绩本、中立四子本、茅一桂本等均题"淮南鸿烈解"，仅出自刘绩本的王莹本题"淮南子"。这就预示着庄本的版本渊源并不简单，同时也预示着庄本会是一个全新的版本。

二、庄逵吉校刊本的底本

关于庄本的底本，前贤多有研究，但意见不一。卢文弨、朱邦衡、王念孙、顾广圻、李慈铭等清代学者均认为庄本来自道藏本，其依据就是庄逵吉自序中提到的"道藏"和"道书"[1]。近人吴则虞对这个意见略有修正，他说："庄氏自称以道藏本为底本，今案大名题衔分篇分卷，无一同于藏本，正文注文有藏本不误而此本独误者，几不胜枚举。所云以道藏本为底本者，不过取钱坫《道藏》校本，略有订正耳。"[2] 认为是道藏本钱坫校本，而非道藏本原本。于大成的意见近似于吴说，他说："庄氏自言所据为钱校道书中本，不谓以道藏为底本也，其意显白，本无可疑。而至黄尧圃已下，或斥之为窜改道藏也，或斥之为不合道藏也，诚可谓心有悠蔽而不见丘山者矣。庄氏底本之失，唯失在不取南山之道藏而取钱本耳。"[3] 认为庄本是出自钱坫校本，而非庄氏在南山看到的道藏本。日本学者仓石武四郎则很早就注意到了钱坫手校本，其《淮南子书考》

---

[1] 清人卢文弨说："此刻从藏本出，载高诱注为详，不似俗本之删削，然亦尚有一二遗漏者。余往年在太原，复取藏本细校，乃知书中古字多出钱君献之所改，非藏本之旧也。"（《抱经堂文集》卷七《重校关中新刻淮南子题辞》，《四部丛刊》本。）朱邦衡说："今庄令所刻是本，乃从藏本校出，大略与六艺本相同，错谬亦复不少。"（见何宁《淮南子集释》，第1525页。）王念孙说："至近日武进庄氏所刊藏本，实非其旧。"（见《子藏·淮南子卷》第46册，第381页。）顾广圻说："此淮南王武进刊本，校则嘉定钱坫献之也。钱实未见道藏，所见校道藏本耳，故其称说全无一是。今悉用道藏改正，弃之筐中，倘后有好事者重付剞劂，则道藏之真面目可从此识矣。"（见《子藏·淮南子卷》第20册，第520页。）李慈铭说："同治癸亥三月得于京师厂市，此本为庄伯鸿据道藏本校刊。"（见《子藏·淮南子卷》第19册，第298页。）

[2] 吴则虞《淮南子书录》，《文史》第二辑，第298页。

[3] 于大成《淮南鸿烈论文集》，台北里仁书局2005年，第32页。

云："庄校之未出前,此未改订之钱塘本,即钱坫手校本而授之庄氏,即为庄校所凭借之原本。"①认为钱坫手校本实是钱塘本。钱塘本当是指钱塘批校本,吴则虞的《淮南子书录》即著录了此本②。美国学者罗斯亦认同仓石武四郎的意见。他在前人研究成果的基础上,经过细致比勘,认为庄逵吉赖以形成其新版的钱本,其实就是茅坤本,把来自道藏本的注文补进了茅坤本,并附上了自己的校注③。

尽管庄本或出自道藏本、或出自钱坫手校本、或出自茅坤本与道藏本的合体这三种意见,各有可取之处,但皆偏执一端。事实上,庄本既不出自道藏本一本,也不受茅坤本的支配,而是多本融合的产物。换句话说,它是一个自创的新本,根本没有所谓单一的底本。今取《原道训》《缪称训》为例,对比庄本与道藏本、茅坤本④、刘绩本、王鏊本、朱东光本(即《中立四子集》本)、张烒如本之间的正文异文⑤,即可见一斑。具体如下:

庄本《原道训》与其他六本异文比勘情况:庄本"凤以之游",藏本作"凤之以游",同茅本、刘本、王本、朱本、张本;庄本"呴谕覆育"中"谕",同藏本、刘本、朱本、茅本、王本、张本均作"妪";庄本"沦天门"中"沦",同藏本、刘本、朱本、茅本、王本、张本均作"淪";庄本"弯棊卫之箭"中"棊",同藏本、茅本、刘本、王本、朱本、张本均作"綦";庄本"策蹸马"中"蹸",藏本、茅本、刘本、朱本、张本均作"踶",同王本;庄本"欲害之心亡于中"中"害",藏本作"寅",同茅本、刘本、王本、朱本、张本;庄本"倒生挫伤"中"倒",藏本、茅本、刘本、王本、朱本均作"到",同张本;庄本"执元德于心"中"元",六本均作"玄",庄本因避康熙名讳,改"玄"为"元",全书皆如此;庄本"而坚强者死之徒也"中"坚",同藏本、刘本、王本、朱本、张本,茅本脱;庄本"先者踬下则后者蹶之",藏本"踬"作"谕","蹶"作"蹸",茅本、刘本、王本、朱本、张本"蹶"作"蹸";庄本"先之则太过"中"太",藏本、茅本、王本、朱本、张本均作"大",同刘本;庄本"泽及跂蛲"中"跂",六本均作"蚑";庄本"富澹天下而不既"中"澹",六

---

① 见江侠庵编译《先秦经籍考》下册,商务印书馆 1931 年,第 344 页。
② 此书著录:"淮南鸿烈解二十一卷,钱塘校本。校于茅坤刻本之上。仅《天文》《时则》《兵略》三篇。亦不过略取叶本王鏊本互勘之,盖未完之书。"(《文史》第二辑,第 303 页。)
③ 见陈静《自由与秩序的困惑》,第 106 页。
④ 茅坤本的祖本就是茅一桂本,两者若有异文,当予以特别指出。
⑤ 由于庄逵吉无法看到北宋本,故不与北宋本相比较。

本均作"赡";庄本"与民同出于公"中"出",同藏本、刘本、王本、朱本、张本,茅本脱;庄本"约其所守,寡其所求,去其诱慕,除其嗜欲",藏本、茅本均脱前二句,同刘本、王本、朱本、张本;庄本"放准循绳"中"循",藏本、茅本、朱本、张本均作"修",同刘本、王本;庄本"大道坦坦,去身不远,求之近者,往而复反",藏本无此四句,刘本、王本、朱本"反"作"返",同茅本、张本;庄本"乐亡乎富贵而在于德和",藏本"乎"作"于",茅本、王本、朱本、张本"德"作"得",刘本"乎"作"于","德"作"得";庄本"知大己而小天下"中"知",藏本作"之",同茅本、刘本、王本、朱本、张本;庄本"为懽不忻忻",藏本、茅本均作"为曜不忻忻",刘本作"为曜不欣欣",王本、朱本作"为乐不欣欣",同张本;庄本"强弩弋高鸟"中"弋",藏本作"干",同茅本、刘本、王本、朱本、张本;庄本"志遗于天下也",藏本、朱本无"也"字,同茅本、刘本、王本、张本;庄本"天下之要不在于彼"中"在",藏本、茅本作"任",同刘本、王本、朱本、张本;庄本"驰要裹"中"裹",藏本作"裛",同茅本、刘本、王本、朱本、张本;庄本"雪霜滚瀍"中"滚",六本均作"瀼";庄本"万物之推移也"中"推",藏本作"惟",同茅本、刘本、王本、朱本、张本;庄本"登邱不可为修"中"邱",六本均作"丘";庄本"一失位而三者伤"中"三",藏本、朱本作"二",同茅本、刘本、王本、张本;庄本"则骨肉无论矣"中"论",藏本、茅本、朱本、张本作"伦",刘本、王本作"沦";庄本"而百节可屈伸"中"伸",藏本作"神",同茅本、刘本、王本、朱本、张本;庄本"头抵植木而不自知也"中"抵",藏本、朱本作"低",同茅本、刘本、王本、张本;庄本"耳目非去之也",藏本、茅本、刘本、王本、朱本均无"非"字,同张本。

庄本《缪称训》与其他六本异文比勘情况:庄本"圆乎规"中"圆",藏本、茅本、刘本、王本、朱本均作"员",同张本;庄本"无岐道旁见者"中"岐",藏本、茅本作"歧",同刘本、王本、朱本、张本;庄本"开导之于善"中"开",藏本作"关",同茅本、刘本、王本、朱本、张本;庄本"合于众适者也"中"合",藏本作"含",同茅本、刘本、王本、朱本、张本;庄本"上世体道而不德"中"上",藏本、茅本均作"尚",同刘本、王本、朱本、张本;庄本"以交其下,谁弗戴",藏本作"以与其下交,谁弗载",茅本作"以与其下交,谁弗戴",同刘本、王本、朱本、张本;庄本"无废财"中"废",藏本、朱本作"蔽",刘本、王本作"敝",同茅本、张本;庄本"泣血涟如"中"涟",藏本、茅本、朱本作"连",同刘本、王本、张本;庄本"感或至焉"中"或",藏本、茅本作"忽",同刘本、王本、朱本、张本;庄本

"不可以照認"中"照認"，藏本作"照誌"，茅本、刘本、王本、朱本、张本作"昭認"，同茅一桂本；庄本"圣人之养民"中"人"，藏本、茅本均作"王"，同刘本、王本、朱本、张本；庄本"君子行思乎其所结"，藏本"君子可斯乎其所结"，同茅本、刘本、王本、朱本、张本；庄本"义正乎君"中"正"，藏本、茅本、刘本、王本、朱本均作"尊"，同张本；庄本"僖负羁以壶餐表其闾"中"餐"，藏本、刘本、王本、朱本均作"飧"，同茅本、张本；庄本"其在责人则生争斗"中"责"，六本均作"债"；庄本"枹鼓为小"中"枹"，藏本、茅本、朱本、张本均作"抱"，同刘本、王本；庄本"故至人不容"中"人"，藏本作"至"，同茅本、刘本、王本、朱本、张本；庄本"小人日怏怏以至辱"中"怏怏"，藏本、茅本均作"快快"，同刘本、王本、朱本、张本；庄本"离朱弗能见也"中"朱"，藏本作"珠"，同茅本、刘本、王本、朱本、张本；庄本"操刃以击何怨乎人"，藏本、茅本作"操刃以击自召也貎何自怨乎人"，朱本作"操刃以击自取之也何怨乎人"，同刘本、王本、张本；庄本"至道之人不可遏夺也"中"道"，藏本作"至"，同茅本、刘本、王本、朱本、张本；庄本"何圣仁之寡也"中"仁"，藏本、茅本均作"人"，同刘本、王本、朱本、张本；庄本"同材而各自取焉"，藏本作"同材自取焉"，同茅本、刘本、王本、朱本、张本；庄本"矜怛生于不足"中"怛"，同藏本、刘本、王本、朱本、张本，茅本作"怚"；庄本"而知声动矣"，藏本、朱本无而字，同茅本、刘本、王本、张本；庄本"狥知情伪矣"中"狥"，藏本作"徇"，刘本、朱本作"徇"，王本作"徇"，同茅本、张本；庄本"狱繁而无邪"中"繁"，藏本、茅本、刘本、王本、张本作"系"，同朱本；庄本"桀纣日怏怏以致于死"中"怏怏"，藏本、茅本均作"快快"，同刘本、王本、朱本、张本；庄本"循性而行止"中"止"，藏本作"指"，同茅本、刘本、王本、朱本、张本；庄本"故伯夷饿死首阳之下"中"阳"，藏本、茅本、朱本作"山"，同刘本、王本、张本；庄本"祸福之始萌微"中"祸福"，藏本、王本作"福祸"，同茅本、刘本、朱本、张本；庄本"适于己而无功于国者"中"适"，藏本、茅本作"通"，同刘本、王本、朱本、张本；庄本"通智得而不劳"，藏本作"通智得劳而不劳"，同茅本、刘本、王本、朱本、张本；庄本"死狱出拘"中"死"，藏本、张本作"弛"，刘本、王本、朱本作"弛"，同茅本；庄本"若夏就缔绤上车授绥之谓也"，藏本作"若夏就缔纮上车授綏之谓也"，同茅本、刘本、王本、朱本、张本；庄本"未能以智不知也"中"知"，藏本、茅本作"智"，同刘本、王本、朱本、张本；庄本"而明有所害"中"所"，藏本、茅本、刘本、王本、朱本作"不"，同张本；庄本"简公以懦杀"中"懦"，藏本、朱本均作"濡"，同茅本、刘本、王本、张本；

庄本"不谓小不善为无伤也而为之"中"谓",藏本、茅本均作"为",同刘本、王本、朱本、张本;庄本"三代之称"中"称",藏本、茅本、刘本、朱本均作"善",同王本、张本;庄本"含而藏之"中"含",藏本、茅本、刘本、王本、朱本均作"舍",同张本;庄本"君以强尊下也",藏本作"君以强尊之下也",同茅本、刘本、王本、朱本;庄本"昔二皇凤皇至于庭",藏本作"昔二凤凰至于庭",茅本、刘本、王本、朱本、张本均作"昔二皇凤凰至于庭";庄本"周室至乎泽",藏本无"周"字,同茅本、刘本、王本、朱本、张本;庄本"蒙尘而欲毋眯"中"眯",藏本、茅本均作"昧",同刘本、王本、朱本、张本。

在上述77例异文中,庄本有6例同藏本;30例与茅本相同,但仅有1例是茅本独有异文,其余29例皆可在它之前的刘本、王本和朱本中找到;余下41例既不取藏本,又不取茅本,其中有9例不同于其他任何一本,当是庄氏自改,有7例取自张本独有异文,2例取自刘本独有异文,1例取自王本独有异文[①],1例取自朱本独有异文。这些数据非常清楚地表明,庄本确是多本融合的产物。庄氏在校注中提及藏本、叶近山本、《中立四子》本和茅一桂本,还多次统称诸本、各本、俗本,亦可有力地支撑庄本是多本融合的产物这个结论。美国学者罗斯所谓茅坤本在其形成中起了主要作用的观点,并不符合事实。

虽说是多本融合,但每个版本所起的作用确实有大小之分。要分清孰大孰小,仍须要以庄氏自序为依据。庄氏非常清楚地把自己新刊的这个本子定为"别驾校道书中本",实际上已经把道藏本的作用说得很明白了,即道藏本在多本融合中发挥了基础性作用。道藏本最大的贡献是补充了被"流俗所行本"删削的注文,保证了原书注文的相对完整性。当然,这个道藏本并非道藏原本,而是钱坫所校之道藏本。所谓流俗所行本,多指茅一桂本和张烒如本。此二本都对原书注文作了大量删削,前者约减少40%,后者尤甚达到了50%至60%。当然,"流俗所行本"也包括庄氏所提及的朱本、叶本。这些版本都是庄逵吉校理文字的重要参校本,在多本融合中起到了重要的辅助作用。

三、庄逵吉校刊本的影响

庄本产生以后,便迅速取代了茅一桂本,成为清代最为流行的版本。这主

---

① 另外,《缪称训》"无不得则无莙"之"莙",庄逵吉按语云:"莙,本或作寋。"(《子藏·淮南子卷》第20册,第67页。)明刊本中,仅王鏊本作"寋"。这也是庄本参校过王本的依据之一。

要表现在两个方面：一是很多学术名家直接在庄本上进行批校、笺注；二是出现了很多翻刻本。①

据吴则虞《淮南子书录》和严灵峰《周秦汉魏诸子知见书目》所载，庄本的批校本多达14种。此外，还有此二书未著录的批校本5种②，即乾隆五十七年（1792）朱邦衡校本③、吕文节校本④、同治十一年（1872）陈倬校本⑤、王瀣校本和王秉恩校本。

除了为数众多的批校本之外，庄本还衍生了很多翻刻本。据《淮南子书录》和《周秦汉魏诸子知见书目》所载，清代翻刻庄本的版本有嘉庆九年（1804）姑苏聚文堂刊《十子全书》本、嘉庆九年宝庆经伦堂重刊《十子全书》本、嘉庆间爱日堂重刊《十子全书》本、光绪二年（1876）浙江书局刊《二十二子》本、光绪间湖南新化三昧书局重刊《二十二子》本、光绪十九年（1893）鸿文书局校印《二十五子汇函》本、光绪二十三年（1897）上海文瑞楼《子书二十二种》排印本、宣统三年（1911）上海育文书局《子书二十八种》石印本等8种。

庄本批校本和翻刻本的大量涌现，不仅说明了庄本流传的广泛性，也说明了它具有不同于以往版本的重要价值。但庄本在刊行之初，却为当时一些大学者所诟病，如王念孙说："其藏本是而各本非者，多改从各本；其藏本与各本同误者，一概不能厘正。更有未晓文义而辄行删改，及妄生异说者。窃恐学者误以为藏本而从之，则新刻行而旧本愈微。"⑥而且，这种批评之音还不绝如缕，如同治时期的李慈铭说："世传《淮南子》率多明椠，固脱误不可读，而《道藏》所收亦非善本。庄氏此校所是正者，寥寥无几。"⑦近人吴则虞更是详细列出了庄本的五大过错⑧。

---

① 见王军《淮南子庄逵吉注研究》第一章《引论》中第二节"庄本的流传"，安徽大学2003年硕士学位论文，第2—5页。
② 详见本编第四章第四节。
③ 何宁《淮南子集释·附录四·各本序跋》载录，见第1525—1526页。
④ 李慈铭校本的李氏题跋中载录，见何宁《淮南子集释》，第1527页。
⑤ 何宁《淮南子集释·附录四·各本序跋》载录，见第1527页。
⑥ 《子藏·淮南子卷》第46册，第381页。
⑦ 见何宁《淮南子集释》，第1527页。
⑧ 这五大过错是："一曰底本不明也。庄氏自称以《道藏》本为底本，今案大名题衔分篇分卷，无一同于藏本，正文注文有藏本不误，而此本独误者，几不胜枚举。所云以《道藏》本为底本者，不过取钱坫《道藏》校本，略有订正耳。二曰误从俗本，《淮南》旧本，庄氏见者甚稀，其所取校，似仅据茅本、张斌如本诸本，是何异问道于盲，问堕于溺耶。三曰注文与正文间隔。宋本藏本，亦有注文在前，正文居后者，然庄本陵躐尤甚。四曰引类书之不备。庄氏于唐宋类书，仅举《御览》一种，《御览》（转下页）

尽管难弥批评之音，但庄本还是成了清代最流行的版本。这当然不是偶然的。一方面，由于北宋本和道藏本明清以来总是被锁于深闺，一般学者大都不能目睹，更别说利用，导致善本乏陈，而庄本的质量要远优于茅一桂本，甚至要优于刘绩本，因此，自它产生以后便流行起来。另一方面，庄本增入了庄逵吉的校注，使庄本增色不少。据统计，庄本中以"逵吉按"形式的庄氏校语约400余条。这样大量地增入校刊者自己的文字，这在《淮南子》以往的版本中很少见到。可见，庄本成为清代最流行的版本，自有其道理。

第二节　庄逵吉本的子版本

庄逵吉本刊行以后，直接衍生了大约8种子版本，其中以浙江书局重刊本最为有名，质量也最高。

一、聚文堂刊《十子全书》本与经纶堂重刊本、爱日堂重刊本

在庄逵吉本刊行七年后，地处苏州的聚文堂书坊即翻刻了该本。当然，聚文堂并不是单独为了刊行《淮南子》，与其同时刊行还有《老子》(2卷)、《庄子》(10卷)、《荀子》(20卷)、《列子》(8卷)、《管子》(24卷)、《韩非子》(20卷)、《扬子法言》(10卷)、《文中子》(10卷)、《鹖冠子》(3卷)，合称为《十子全书》。《十子全书》的编辑者王子兴，生平不详，主要生活在乾隆、嘉庆年间。《淮南子》庄逵吉校刊本和《荀子》谢墉校刊本是仅有两种入选此丛书的最新的清刊本。因此，聚文堂书坊翻刻的庄逵吉本，学术界习惯称之为《十子全书》本。

只要对比《十子全书》本与庄逵吉原刻本，就很容易发现聚文堂的翻刻足以称得上是克隆。无论是从版式，还是从字体，《十子全书》本都刻意复制，尽量保证两者的同一性。据查，两者的差异仅仅在扉页题名、有无鱼尾及部分卷卷末名的位置与缺失上。在扉页题名上，庄本题作"淮南子二十一卷，乾隆戊

（接上页）引《淮南》之文，无虑千则，庄氏既未逐条细校；引书又不出卷部，案语复失之简率。五曰校字疏失。例如《道应训》庄氏案语'技无细薄'误'技'为'枝'，《氾论训》注'宇屋之垂'误'宇'作'字'，《说山训》'春至旦'，误'春'为'舂'，'一里能挠椎'夺'能'字，注'凡人信之'又误'信'为'位'，《说林训》注'归所安'误'安'为'卜'，注'顿首之顿'误'首'为'舌'，若此者更仆难数。岂非承平臕仕，假人手以成书而出之未慎乎？"(《淮南子书录》，《文史》第二辑，第298页。)

申三月校刊于咸宁官署",而《十子全书》本题作"嘉庆甲子重镌,淮南子笺释,姑苏聚文堂藏板"。在有无鱼尾上,庄本是单鱼尾,而《十子全书》本无鱼尾。在卷末名的位置上,《叙目》《原道训》《泰族训》《要略》四卷的卷末名,庄本是另在一空白页的末行,而《十子全书》本是与正文同一页的末行;《本经训》的卷末名,庄本是另在一空白页的末行,而《十子全书》本是另在一空白页的首行。此外,《主术训》《缪称训》《说林训》三卷的卷末名,庄本均有,而《十子全书》本皆缺失。从这些版式的差异上看,官刻本比书坊本显然要更细致,更严谨,在质量上要胜过书坊本,正如吴则虞所评:"姑苏聚文堂翻本不佳。"① 所以,从版本价值来说,《十子全书》本只是起到了传播庄本的作用。

就在同一年,宝庆经纶堂亦刊刻了《十子全书》,其版本与聚文堂藏板完全一致。两者或者使用的是同一雕板,只是扉页上的"姑苏聚文堂藏板"变成了"宝庆经纶堂藏板"。两者孰先孰后,已难考定。按照严灵峰的说法,经纶堂是重刊了《十子全书》,但没有提供任何依据。同样地,也是在嘉庆年间,杭州的爱日堂又重刊了《十子全书》,版本亦无变化。

二、浙江书局刊《二十二子》本及其翻刻、翻印本

在庄逵吉本的复制本中,浙江书局刊行的《二十二子》本最受好评。这主要跟一代学问大家俞樾主持刊刻有关。他对于这套丛书底本的选择非常谨慎,其《春在堂随笔》卷六有一段记述即可见一斑:"甲戌之秋,浙江书局谋刻诸子,购得《十子全书》一部。时余在吴下,从坊间假此书观之,乃嘉庆甲子重镌本也。十子者,老、庄、荀、列、管、韩、淮南、杨子、文中、鹖冠也。……《十子全书》本非佳刻,而此重镌本,又坊间逐利,杂凑而成,体例不一,未可据依。因诒杨石泉中丞书,力言之。然恐善本难得,姑就此本中斟酌取裁,使之稍异俗本。盖其中如《荀子》用嘉善谢氏本,《淮南子》用武进庄氏本,尚不乖大雅,较其他之用明人圈点评本者,尚可节取也。"② 甲戌,即同治十三年(1874)。浙江书局于此年筹划刊刻《二十二子》,俞樾对用《十子全书》作底本提出了异议,认为"未可据依",即使在善本难觅的情况下退而求其次,也要"斟酌取裁"。这是官刻本与坊刻本在质量控制方面的重大差异。《二十二子》刊行以

---

① 吴则虞《淮南子书录》,《文史》第二辑,第298页。
② 俞樾《春在堂随笔》,《续修四库全书》第1141册,第63—64页。

后，外界给予了诸多赞誉①。俞樾自己也颇得意，他在《与刘仲良中丞》中说："浙局所刻子书，外间颇称善本。"②《二十二子》也因此成了浙江书局标志性的出版物。

庄逵吉本入选《二十二子》，在某种程度上说明了俞樾对它的认可，其文本质量经过浙江书局校勘后得到了提升，显然也是得益于俞樾严谨的治学态度。较之庄本，《二十二子》本在版式上并没有作出多少改动，半页由十一行减至九行，行二十一字则保持一致，四周单边，黑口单鱼尾，有行格，也与庄本相同，但总体而言显得更加疏朗。此本扉页题"汉高诱注，淮南子"，有牌记，内容为"光绪二年浙江书局据武进庄氏本校刊"，卷首署名则由"武进庄逵吉校刊"改为"武进庄氏校本"。这非常清楚地记述了《二十二子》本是以庄本为底本，以及在1876年正式出版的事实。

《二十二子》本还存在一个不同于以往版本的特点，就是在卷末名之下题写该卷的校对人姓名。这类似于现代设立的责任编辑，对文本负有校对责任。就《二十二子》本而言，张预担任该本的总校，每一卷皆有两人作为分校，直接负责，具体为：卷一陈其荣、张王熙；卷二、卷三、卷十五、卷十六、卷十七孙瑛、冯一梅；卷四、卷五、卷六、卷七、卷八徐鼎勋、陈其荣；卷九徐惟锟、王彦起；卷十、卷十一张景云、徐惟锟；卷十二吴堦、徐鼎勋；卷十三、卷十四徐鼎勋、金肇麒；卷十八、卷十九、卷二十、卷二十一陈其荣、徐惟锟。据此，有多达11人参与《二十二子》本的校对工作，显然为该本的文本质量提供了极大的保障。

关于《二十二子》本的校对成就，吴则虞有比较客观的评价，他说："凡庄本误者多从改正。亦有漏改者，如《地形训》注'地理志曰'，庄本'理'误'里'，浙本仍之。《时则训》注'嫌余九门得出故特戒之'，庄本'戒'误'解'，此亦未改。《本经训》'兵之所由来久矣'，庄本脱'由'，浙本同。大抵订正者占十之七八，未改者约十之二三。"③纠正了百分之七八十的错误，这也是非常不错的成就。当然，该本的校对者并不主张随意改动原本，在与他本存在异文之时也不轻易以他本更换原本，只改动了一些较明显的误字。例如《原道训》，"先者踊下而后者蹠之"中"蹠"，其他各本均作"蹶"，但《二十二子》本

---

① 民国时期，《浙江省立图书馆馆刊》1934年第三卷第一期云："兹《二十二子》书，尤为承学者所宝爱，盖以付印之先，料简底本，极其矜慎，入录之本，罔非一时上选。"
② 张燕婴等整理《俞樾全集》第28册，浙江古籍出版社2018年，第185页。
③ 吴则虞《淮南子书录》，《文史》第二辑，第298页。

未改；"泽及跂蛲"中"跂"，其他各本均作"蚑"，但《二十二子》本未改；"雪霜滚瀗"中"滚"，其他各本均作"瀼"，但《二十二子》本未改；"登邱不可为修"中"邱"，其他各本均作"丘"，但《二十二子》本未改；所改动的是"被剪也"中"剪"（改为"翦"）、"富澹天下而不既"中"澹"（改为"赡"）、"则骨肉无论矣"中"论"（改为"伦"）这些明显的误字。另外，对于庄本中的避讳字"元"，全部以缺末笔的"玄"进行替代，这样更加忠实于《淮南子》原文。然而，《二十二子》本也有原本不误而自误的情况，例如，《原道训》注"逃于山穴之中"，《二十二子》本误"中"为"申"。因此，吴则虞所谓"浙江局重刻，又复重校，远胜原刻"①，则似乎言过其实了。

《二十二子》本产生以后，便迅速得到传播。到清亡短短四十年间，就出现了湖南新化三味书局的翻印本、上海鸿文书局光绪十九年（1893）校印的《二十五子汇函》本、上海图书集成局（文瑞楼）光绪二十三年（1897）排印的《子书二十二种》本、上海育文书局宣统三年（1911）石印的《子书二十八种》本等四种复制本。

其中，值得注意的是鸿文书局校印的《二十五子》本。此本扉页有牌记，内容为"光绪十九年鸿文书局据武进庄氏本校印"，其样式与《二十二子本》如出一辙。此本采用石印技术，是《淮南子》版本史上创纪元的新鲜事物。作为石印本，《二十五子》本将半页扩充到二十行，每行扩充到五十八字，极大地增加了纸张的容量，同时大大降低了印刷成本。这就为《淮南子》更广泛的传播提供了便利条件，当然也影响到了读者的体验舒适度。虽是石印本，但《二十五子》本完全遵照了传统雕版的版本形式。此本上下单边，左右双边，黑口，单鱼尾，鱼尾下题"淮南子"，版心下端标明相应的页码。除《叙目》下署名"武进庄逵吉校刊"，卷一下署名"汉涿郡高诱注"外，其他各卷均无署名。缘何判断它是翻印《二十二子》本而非庄本原刻呢？这主要根据它使用的文本是经过校改后的文本，例如前面提到庄本原刻中的误字"剪""澹""论"，在《二十五子》本中则是"翦""赡""伦"，与《二十二子》本一致。《二十五子》本除首次采用石印技术，其他皆无足称道。

采用石印技术的还有育文书局的《子书二十八种》本。此本规模要比《二十五子》本小，半页十六行，行四十二字。版本形式也略有改动，四周双边，

---

① 吴则虞《淮南子书录》，《文史》第二辑，第298页。

黑口，单鱼尾，版心上端题"淮南子"，鱼尾下题卷数，版心下端题页码。此本的底本显然也是浙江书局的《二十二子》本。而1897年出版的《子书二十二种》本，采用的则是铅活字印刷术。这种技术与传统活字印刷术相类似，但使用的是机器印刷，极大地降低了成本，提高了印刷速度，较石印本更美观。此本实际上也是对《二十二子》本的翻印，难再有出彩之处。

第三节 《淮南子》明刊本的翻印本

《淮南子》明刊本虽然多数不精，但在清初的传播力度和广度还是很大，出现了多种基于明刊本的翻印本。

一、《四库全书荟要》本

《四库全书荟要》是专为乾隆皇帝阅读而设计的一套丛书，而《四库全书》是面向普通读者的大型丛书。就《淮南子》而言，两个版本之间略有细微的差别，但总体上都是对明刊茅一桂本的翻钞。

《四库全书荟要》本（简称《荟要》本）虽然是钞本，但其版式与刻本并无二致。此本四周双边，黑口，单鱼尾，版心上端题"钦定四库全书"，版心中间题"淮南鸿烈解"及相应卷数，下面题相应的页码。此本前有目录及提要，正文半页八行，行二十一字，字体整齐美观。《荟要》本在版式上亦有自己的特色，即除卷五、卷六、卷七为一册外，其余均每两卷为一册，总共十册[①]。而且，每册前均有详校官姓名，后均有总校官、校对官、誊录者姓名。据查，总校官为侍朝，详校官有陈木、董诰，校对官有严福、金学诗，誊录者有顾振、陆学稼、徐士俊、杜安诗、朱溥。记录这些分工合作者的姓名，实际上是向皇帝负责，保证了《荟要》本的质量。这种做法为后来浙江书局刊行庄逵吉本所效仿。鉴于《荟要》本如此严密的组织分工，若选择以北宋本、道藏本作为底本，则必能成善本。

关于《荟要》本的抄写年代与底本，书前附录的提要有所透露。这篇提要比起《四库全书总目提要》来说，内容更为简略，也稍有不同。此提要说："今本已无题'许慎记上'者，盖后人考正而削去之。"[②] 落款时间为"乾隆四十一

[①] 第一册还包括《目录》《提要》及《淮南鸿烈解序》。
[②] 见高诱《淮南鸿烈解》，《摛藻堂四库全书荟要》本。

年十月",可知《荟要》本形成于1776年10月。这里的"今本",亦即《总目提要》所说的"内府藏本"。

明刊本中,唯茅一桂本系列的版本不题"许慎记上",而题"汉河东高诱注"。又据江声在批校茅一桂本时指明为四库馆校对底本。因此,《荟要》本的底本必属茅一桂本系列。从相似度看,《荟要》本更接近于茅坤本,不仅削去了《淮南总评》,而且在文本方面亦多取用茅坤本。例如,《缪称训》正文"开道之于善"中"开",同于茅坤本,而茅一桂本作"关";《要略》注文"卢牟犹规模也"中"犹",同于茅坤本,而茅一桂本作"由"。但并不是绝对如此,也有取用茅一桂本而不用茅坤本的地方。例如,《缪称训》"君子行斯乎其所结",同于茅一桂本,而茅坤本"斯"作"思"。显然,四库馆臣在誊录《荟要》本时取用了茅一桂本和茅坤本。

当然,四库馆臣的校勘水平较高,决不会一字不差地照搬两茅本,他们也进行了细致的校勘。例如,《原道训》"扶摇抮抱"中"抮",茅一桂本、茅坤本注音均作"山",汪一鸾本作"紾",《荟要》本则作"眕"。《要略》"嬴垺有无之精"中"垺",茅一桂本、茅坤本、汪一鸾本均作"埒";注文"垺,摩烦也",茅一桂本、茅坤本、汪一鸾本均作"埒,靡烦也"。又《要略》"使人通迵周备"中"迵"之音注"回",茅一桂本、茅坤本均作"同"①,当误。又《要略》篇注文"呪齲错牾也"中"牾"字,茅一桂本、茅坤本、汪一鸾本均作"梧",当误。从这个方面说,《荟要》本虽然是对茅坤本的翻钞,但在文本质量上显然要更进一步。

《荟要》本在乾隆四十一年缮写完毕之后,藏于坤宁宫后御花园内的摛藻堂,此为原本,如今存于台湾。乾隆四十四年(1779),又缮写了一个副本,藏于长春园味腴书屋,但在咸丰十年(1860)毁于战火。现存的《荟要》本,每册首页钤有"摛藻堂"印,尾页钤有"摛藻堂全书荟要宝"印,可知是原本。

二、《四库全书》本与《百子全书》本

《四库全书》虽然与《四库全书荟要》同时展开编纂,但由于卷帙浩繁,所以,《淮南子》之《四库全书》本(简称《全书》本)的形成时间,实际上要晚于《荟要》本。根据《全书》本提要的落款"乾隆四十六年闰五月恭校上",可知《全书》本形成于1781年。与《荟要》本相比,《全书》本在版式上略有不同,

---

① 汪一鸾本无音注。

主要体现在：其一，《提要》前未附《目录》；其二，在《淮南鸿烈解序》后插入了乾隆皇帝的《御制读〈淮南子〉》①；其三，把《荟要》本每卷卷首合于一行的题名与署名，分作两行分别题写②；其四，把《荟要》本每卷卷首与卷尾分开题写的总校官、誊录者等，皆合于卷首一并题写；其五，改变了《荟要》本分为十册的样式，重新划分为八册，其中卷五至卷七、卷十至十三、卷十四至十七皆四卷为一册，其余均两卷为一册。其他版式一如《荟要》本之旧。

若两相对照，似乎很容易就会认为《全书》本只是将《荟要》本移录而已，但事实上并非如此。首先，《全书》本在版式上不如《荟要》本严谨，有时会在一行中写入二十二字。据统计，《时则训》《本经训》《诠言训》《人间训》《要略》各有1行，《览冥训》有5行，《精神训》《主术训》《说山训》各有3行，《缪称训》《兵略训》各有2行，《说林训》有8行，被写入了二十二字。其次，其底本是融合茅一桂本和茅坤本。在上面引证的例子中，"关道之善"中"关"，《全书》本作"开"，同于茅坤本；"卢牟犹规模也"中"犹"，《全书》本作"由"，又同于茅一桂本。同时，《全书》本把《荟要》本校改的字大多改回到了茅一桂本和茅坤本，如前面引证的"垺""牾"又分别改回"垺""牾"。此外，《荟要》本《精神训》"冬日之箑"中"箑"，《全书》本改回"篓"。从这个方面说，《全书》本更忠实于茅一桂本和茅坤本③。然而，就文本质量来说则是一次倒退。

《全书》本原本形成后十余年间，乾隆皇帝命人誊录了六个副本，所以总共有七个相同的钞本，先后藏于紫禁城的文渊阁、沈阳的文溯阁、圆明园的文源阁、承德的文津阁、扬州的文汇阁、镇江的文宗阁和杭州的文澜阁。这七个钞本中，文源阁本、文宗阁本、文汇阁本皆荡然无存，仅文渊阁本、文津阁本、文溯阁本和文澜阁本（残缺）传世。其中，文渊阁本由于被台湾商务印书馆影印，故

---

① 诗云："智过万人谓之英，智过千人谓之俊。设于林林蠢蠢流，纵过亿万非哲浚。使遇其智相敌者，一人已难无过分。英俊惟名智亦殊，刻舟求剑失铦刃。譬之披图阅超光，不求之马骏无骏。"（《景印文渊阁四库全书》第848册，第508页。）此诗就《泰族训》"知过万人者谓之英，千人者谓之俊"等语发出感慨，表达了乾隆对人才的认识和重视。

② 相比《荟要》本，《全书》本的编写人员一般是固定的，总校官为何思钧，校对官为宋枋远，详校官为李采，誊录者为许溶，并设复勘人员，为牛捻文。

③ 但不是完全忠实，有时也有校改。例如《原道训》"扶摇抮抱"中"抮"字，茅一桂本、茅坤本的音注均作"山"，汪一鸾本作"抮"，《荟要》本作"眕"，而《全书》本则作"抮"。从这一点看，《四库》本作过很多校证的。王太岳（1722—1785）等人曾纂辑《四库全书考证》，其中卷五十二载有《淮南子》的考证情况，除《精神训》《齐俗训》《要略》外，其他十八篇均有考证，但数量不多。（见《四库全书考证》，商务印书馆《万有文库》本，第2185—2188页。）

流传最广,甚至比《荟要》本更知名。

光绪元年(1875),湖北崇文书局刊印《淮南子》,附属于《百子全书》,世称《百子全书》本。该本是清代《淮南子》版本中唯一一个白文无注本,四周双边,黑口,双鱼尾,有行格,半页十二行,每行二十四字,每卷版心题卷号、"淮南鸿烈解"及页码。尽管是白文本,但《百子全书》本的底本还是很显明。首先可以确定它的底本是来自明代茅一桂本一系。最有力的证据莫过于《天文训》的两幅天文图。道藏本仅有一幅方形图,刘绩本仅有一幅圆形图,而茅一桂本合两者于一本,分别注明"此图藏本式""此图今刊本式"。《百子全书》本悉数照搬,所以,它的底本出自茅一桂本一系无疑。

在清代《淮南子》版本中,《四库荟要》本、《四库全书》本皆是以茅一桂本为底本。但仔细对照此二本,《百子全书》本显然更近于《四库全书》本。如《荟要》本《要略》篇"赢垺有无之精"中"垺",《百子全书》本和《四库全书》本均作"垺"。就版式而言,《百子全书》本也更近于《四库全书》本。因此,《百子全书》本的底本应是《四库全书》本,只是将其注文删除,转换成白文本。《百子全书》本在1875年初版以后,在民国四年(1915)由上海扫叶山房石印,民国八年(1919)、民国十二年(1923)又重印了两次。这说明《百子全书》本还是产生了一定的影响。

三、《增订汉魏丛书》本

《增订汉魏丛书》是在明末何允中所辑刊《广汉魏丛书》76种古籍的基础上,再增订10种而成。此套丛书由江西金溪人王谟主持刊行。王谟(约1731—1817),好古博学者,尤喜考据辑佚之学,在文献辑存方面贡献巨大,《金溪县志》卷二十四《文苑》有传[1]。对于这套丛书,王谟自称"重镌",也就是说重刊了原来的76种古籍,所选版本也保持不变,但另外10种则是新刊。

"增订汉魏丛书"一名,也是王谟自命,书前有《增订汉魏丛书凡例》,这

---

[1] 传云:"王谟,字仁圃,别字汝上,临坊人。乾隆三十三年举人,四十三年进士,才识雄隽,精力过人。自少即疾俗学孤陋,好博览考证,雅慕郑迪功、马端临之学,甫壮已著《江右考古录》,既又以前后五代人物废阙,而江右人文之见于史者尤稀,乃广摭旧闻,搜罗散佚,以补史书所未及,成《豫章十代文献略》一书,识者谓其所托尊者行世必远也。谟登第后年未五十,以志专撰述,不欲为令,请改学职,选授建昌府学教授。在官训诸生以实学,犹搜辑汉魏遗书,书成即告归,时年六十七。又十九年卒。遗书及前二书俱刊行,余经说杂著二十四种并诗文藏于家。"(《同治金溪县志》卷二十四,第二十页。)

是明证。此丛书扉页上写有"乾隆辛亥重镌汉魏丛书"字样，并标明"经翼20种、别史16种，子余22种，载籍28种"，声明"本衙藏版"。《凡例》之前有落款为"乾隆壬子孟秋上浣桂林陈兰森撰"的《重刻汉魏丛书叙》，及落款为"万历壬辰腊月东海屠隆纬真甫纂"的旧序。乾隆辛亥，即乾隆五十六年（1791），《增订汉魏丛书》是在此年刊刻，但真正行世的时间应是在乾隆五十七年（1792）之后。《淮南子》被收入在"子余22种"之中。所谓子余，大概指诸子之余，与经学之翼、正史之别的意义相当。在王谟眼里，《淮南子》虽然不能代表正统的先秦诸子之学，但也能发挥辅翼诸子的作用，故不可忽视，加以重刊亦在情理之中。这样，继《四库全书》本之后，《淮南子》又有了翻印明刊本的《增订汉魏丛书》本（简称增订本）。

增订本四周单边，白口，单鱼尾，正文半页九行，行二十字，并有行格，版心顶端题"淮南"，鱼尾下题卷数，版心下端题相应的页码。此本仅卷一有署名，题"汉淮南王刘安著，宜黄黄锡禧校"。黄锡禧，生平不详。《宜黄县志》云："黄锡禧，字孟受，号第圃，锡祺兄，乾隆己酉优贡。"① 乾隆己酉，即乾隆五十四年（1789）。可见，黄氏主要生活在乾隆、嘉庆年间，是嘉庆十年（1805）进士黄锡祺的兄长，也有扎实的学术功底。整体上看，增订本字体工整，字距行距疏朗，但印本质量较差。

当然，增订本最大的问题不是印刷问题，而是底本问题。此本正文前虽然有取自茅一桂本的《淮南总评》，但它的底本却是张烒如集评本。这有非常明显的依据。其一，解题与张本完全一致。张本缩减、窜改原书解题非常严重，是其特有现象，也是标识此本的重要特征，而增订本与之完全相同，即使张本解题中的错字，也一并随错，未及更改。缩减、窜改，一仍其旧，如《地形训》解题："山川薮泽，地所载形兆也。"② 原书解题作："纪东西南北，山川薮泽，地之所载，万物形兆所化育也，故曰地形，因以题篇。"③ 又如《兵略训》解题："兵在略谋。"④ 原书解题作："兵，防也。防乱之萌，皆在略谋，解喻至论，用师之意也。"⑤ 解题错字，一并随错，《道应训》原书解题"考之祸福，以知验符也"中

---

① 《道光五年增修宜黄县志》，台湾成文出版社1970年，第209页。
② 《淮南鸿烈解》，商务印书馆1937年《丛书集成初编》影印本，第119页。
③ 张双棣《淮南子校释》（增订本），第438页。
④ 《淮南鸿烈解》，第553页。
⑤ 张双棣《淮南子校释》（增订本），第1569页。

"验"字,张本讹为"骏",增订本随同张本。其二,较之茅一桂本,张本注文缩减更为严重,而增订本随同张本。此中例证,俯拾皆是,不必赘举。

增订本署名"宜黄黄锡禧校",说明了它肯定不会完全遵照张本。首先,增订本删除了张本中除高诱旧序之外的所有序文,加入了张本祖本茅一桂本中的《淮南总评》,同时也删除了张本所有的评语;其次,增订本几乎把张本中所有的直字注音,以"音某""某音某"的形式移入到了注文之中。如《原道训》"柝八极",张本直接在"柝"字下注音"托",而增订本移入注文,作"柝,开也,音托"。又如《氾论训》"古者有鍪",张本直接在"鍪"字下注音"谋",而增订本移入注文,作"鍪音谋"。张本的版本价值是体现在它所汇集的茅坤、袁宗道和张榜的评语上,若仅从《淮南子》文本来看,则是比较低劣的版本。因此,增订本选择张本作为底本,又将其评语删除,更是败笔,几无价值可言。正因为如此,增订本流传不广。直至1937年,上海商务印书馆才将它影印出版,收入在王云五主编的《丛书集成初编》中。

四、《道藏辑要》本与《重刊道藏辑要》本

首先需要明白,《道藏辑要》并不是对明刊《道藏》的翻板,而是基于《道藏》的一套全新的道书。关于此套道书最初的编纂者,学者看法不一。一种流行的看法是,最初由彭定求(1645—1719)约在1700年编纂,所收道书全部取自明刊《道藏》;另一种看法是,最初由蒋元庭(1755—1819)在嘉庆年间(1796—1820)编纂并刻印,增加了道书79种。至于这套道书的版本,则更为复杂。学者认为至少有三种版本:一是彭定求原本,二是蒋元庭增补本,三是贺龙骧等最终修订本[1]。从目前传世的早期版本来看,蒋元庭是《道藏辑要》最初的编纂者比较符合客观事实。蒋元庭,名予蒲,河南睦州人,乾隆四十五年(1781)年进士,自嘉庆十一年(1806)起,相继担任工部右侍郎、工部左侍郎、吏部右侍郎和户部侍郎。大概就是在担任侍郎期间,他编纂并刻印了《道藏辑要》。这样,《淮南子》在清代又出现了一种新的道书版本,即《道藏辑要》本(以下简称《辑要》本)。

与明刊《道藏》用千字文排序不同,《道藏辑要》是用二十八宿名来排序

---

[1] 详见意大利学者莫尼卡《清代道藏——江南蒋元庭本〈道藏辑要〉之研究》,《宗教学研究》2010年第3期,第17—19页。

而组织成书的,共分二十八集。其中,《淮南子》被编入虚集,列于第十一集。在版式上,《辑要》本比之道藏本有了很大变化。此本四周双边,黑口,单鱼尾,半页十行,行二十四字,无行格,版心上端题"道藏辑要",鱼尾下题"淮南鸿烈解"及相应页码,版心底端题"虚集"及相应序号。《辑要》本取消了卷数和卷首名,仅题篇名,同时,署名也有变化,仅题"许慎记上",而且仅在"虚集六""虚集七""虚集八"首页才出现署名。可以说,《辑要》本从外观上彻底颠覆了明刊道藏本的版式。

尽管如此,《辑要》本的底本仍是明刊道藏本,这一点确定无疑。然而,蒋氏并非一字不变地翻刻道藏本,而是作了细致的校勘。经粗略考查,《辑要》本与道藏本几乎每一篇都存在异文,例如:

《原道训》异文:《辑要》本"凤以之翔"中"以之",藏本作"之以",其他各本均作"以之",藏本当误。

《天文训》异文:《辑要》本"皆谓以谴告一人"中"谴",藏本作"譴",其他各本均作"谴",藏本当误;《辑要》本"天下大饑"中"饑",藏本作"飢",其他各本或作"饑",或作"飢";《辑要》本"故流泽而出也"中"而",藏本作"面",其他各本均作"而",藏本当误;《辑要》本"故得气少"中"得",藏本作"时",其他各本或作"得",或作"时"。

《地形训》异文:《辑要》本"阳气复起东北",藏本"气复"作"复气",其他各本或作"气复",或作"复气";《辑要》本"熊猨之属"中"熊猨",藏本作"態授",影宋本、王溥本亦作"熊猨",余本作"熊猿",藏本当误。

《览冥训》异文:《辑要》本"直身而卧也"中"直",藏本作"真",其他各本均作"直",藏本当误;《辑要》本"殊绝之瑞应"中"殊",藏本作"珠",除叶近山本作"珠"外,余本均作"殊",藏本当误;《辑要》本"言犬祸也"中"犬",藏本作"大",除叶近山本作"大"外,余本均作"犬",藏本当误;《辑要》本"见世乱衰将灭"中"衰",藏本作"哀",其他各本或作"衰",或作"哀";《辑要》本"牛曰牧"中"牧",藏本作"放",除影宋本作"放",余本均作"牧"。

《精神训》异文:《辑要》本"谓不求亦不避也"中"谓",藏本作"谕",其他各本或作"谕",或作"喻";《辑要》本"守其正性也"中"正",藏本作"止",其他各本均作"正",藏本当误;《辑要》本"上指天也"中"天",藏本作"六",其他各本均作"天",藏本当误;《辑要》本"叩之有音者"中"者",藏本作"声",其他各本均作"声";《辑要》本"使之左据天下图"中"左",藏本作"尤",其他各本均作"左",藏本当误;《辑要》本"夫牧民者"中"夫",藏本作"天",其他各本均作"夫",藏本当误。

《主术训》异文:《辑要》本"有法者而不用与无法等"中"用与",藏本作"与用",影宋本、叶本同藏本,余本均作"用与"。

《齐俗训》异文:《辑要》本"若风之过箫"中"过",藏本作"遇",影宋本作"过",其他各本均作"遇";《辑要》本"怯者先行"中"先",藏本作"死",其他各本均作"死"。

《道应训》异文:《辑要》本"齐兴兵伐楚"中"兴",藏本作"与",其他各本均作"兴",藏本当误;《辑要》本"诚于此者刑于彼"中"诚",藏本作"诫",除吴勉学本作"诚",余本均作"诫";《辑要》本"两蛟夹绕其船"中"夹",藏本作"侠",其他各本或作"夹",或作"挟",或作"侠";《辑要》本"鱼满两千五百斤"中"满",藏本作"漏",其他各本或作"漏",或作"满";《辑要》本"蛟来为之主也",藏本"来"作"未",刘本、庄本作"来",余本作"未";《辑要》本"句星房星"中"房星",藏本作"驷房",庄本作"房驷",茅本作"房",余本均作"驷房";《辑要》本"死其难"中"其",藏本作"甚",刘本、叶本作"甚",余本作"其";《辑要》本"宥在坐右"中"在",藏本作"庄",刘本、朱本作"庄",余本作"在";《辑要》本"木鹜鸟冠也"中"木",藏本作"水",张本、黄本、庄本作"木",余本作"水"。

《氾论训》异文:《辑要》本"国赖其勋也"中"赖",藏本作"类",影宋本作"类",余本不尽同,无有作"赖"者。

《诠言训》异文:《辑要》本"三官交争"中"官",藏本作"宫",其他各本或作官,或作宫;《辑要》本"尸不能治狗彘不亏也"中"狗彘",藏本作"狗事",其他各本均作"狗事"。

《兵略训》异文:《辑要》本"反为残贼"中"贼",藏本作"贱",其他各本均作"贼",藏本当误;《辑要》本"闻疾雷之声"中"闻",藏本作"用",其他各本均作"用"。

《说山训》异文:《辑要》本"荷水华"中"华",藏本作"菜",其他各本均作"菜";《辑要》本"射者使人端",藏本无"人"字,除影宋本外,其他各本均有"人"字;《辑要》本"端然后中"中"端",藏本作"立",影宋本、刘本、叶本作"立",余本作"端"。

《说林训》异文:《辑要》本"谓伐桀"中"桀",藏本作"纣",其他各本均作"桀",藏本当误。

《人间训》异文:《辑要》本"蹟颐也"中"蹟",藏本作"蹪",其他各本均作"蹟",藏本当误;《辑要》本"俞跗黄帝时医"中"跗",藏本作"夫",其他各本或作"跗",或作"夫";《辑要》本"霸主富武"中"主",藏本作"王",其他各本作"主",或作"王"。

《修务训》异文:《辑要》本"无有闾里之闻"中"之",藏本作"气",除影宋本作"气",其他各本均作"之";《辑要》本"人恶闻其臭"中"恶",藏本作"忍",影宋本作"恐",叶本同藏本,其他各本均作"恶";《辑要》本"阿细縠"中"縠",藏本作"榖",其他各本或作"縠",或作"榖"。

《泰族训》异文:《辑要》本"巧文辩慧"中"巧文",藏本作"功又",茅本、庄本等作"攻文",余本作"功文",藏本当误。

《要略》篇异文:《辑要》本"各务其业"中"各",藏本作"名",其他各本或作"各",或作"名";《辑要》本"其无为则同"中"同",藏本作"通",影宋本、叶本作"通",余本作"同"。

上述 48 例异文,以无可置辩的事实说明,《辑要》本并不是对明刊道藏本简单的翻刻,而是一个经过精心校勘的新版本。蒋氏使用了包括刘绩本、茅一桂本和庄逵吉本在内的其他版本,对道藏本作了较为认真的校勘,纠正了道藏本中明显的误字、讹字和脱文。上列 48 例中,校出道藏本讹误约有 16 例。同时,蒋氏又有不依赖于其他各本的校勘,上列 48 例中约有 5 例。可见,《辑要》本在外观上虽然不如明刊道藏本,但在文本质量上至少没有倒退,甚至可以说是取得了进步。从这个方面说,蒋氏为《淮南子》又增添了一个优秀的版本。

作为道经丛书,《道藏辑要》产生以后,流传并不广泛,加上保存不善,在百余年中即出现了残缺。光绪二十七年(1901),成都二仙庵住持阎永和(?—1908)和四川新津人彭瀚然,借用陕西渭南人严雁峰(1855—1918)家藏的《道藏辑要》,共同启动了重刊《道藏辑要》工程。光绪二十九年(1903),四川井研人贺龙骧受邀担任校勘[①],终于在光绪三十二年(1906)编辑完成此套丛书,并开始雕版印刷。他们把这套丛书定命为"重刊道藏辑要",但因增入了《辑要》之外的 18 种道书,所以,对于"重刊"二字,贺龙骧曾提出过异议。

总体来说,阎永和等人确实严格遵守了重刊的原则,无论是在版式上还是在文本上,基本都忠实于《道藏辑要》原本。因此,《淮南子》的《重刊道藏

[①] 据《光绪井研志》卷二十一,贺龙骧是光绪十七年(1891)举人。

辑要》本基本就是对《辑要》本的重现。当然，担任校勘的贺龙骧做过极细微的改动。例如，《天文训》注文"故布施宣明也"中"宣"，《辑要》本作"偏"，而《重刊辑要》本根据庄逵吉本改作"宣"；又如，《时则训》注文"生气所在门"中"生"，《辑要》本作"王"，而《重刊辑要》本根据刘绩补注本改作"生"。但这样的校改很少见，故可谓基本上重现了《辑要》本的原貌。新中国成立以来，台湾的艺文出版公司、考正出版社以及大陆的巴蜀书社分别于1970年、1971年、1984年影印了《重刊道藏辑要》，于是《重刊辑要》本就成了常见之本。

第四节 余风犹存——清代《淮南子》节选本

有明一代，针对古书的节选与评点之风大兴，《淮南子》也因此出现了大量的节选本和评点本。进了清代以来，节选本虽然余风犹存，但已完全边缘化。清朝两百余年，关于《淮南子》的节选本与评点本屈指可数。

一、任兆麟的《艺林续述记》本

任兆麟，字文田，号心斋，江苏震泽人①。任氏博学多才，著述宏富，黄礼还辑有他的《艺林述记》六卷及《续述记》一卷②。在《艺林续述记》中，节录有《淮南子》若干文字，严灵峰命之为《淮南子述记》，可称之为《述记》本。实际上，《述记》本并不是真正意义上的节选本，其性质颇似唐代马总的《意林》，亦

---

① 关于任兆麟的生平，《全清词·雍乾卷》第9册有较详细介绍："任兆麟，原名廷麟，字文田，号心斋，又号林屋山人，江苏震泽人。思谦子。生于乾隆元年（1736）前后。大学生，嘉庆元年（1796）举孝廉方正，辞不赴。嘉庆二十二年（1817）应阮元之聘，主广东道南书院。年八十三卒。少从钱大昕、彭绍升等游，长于经学，有《毛诗通说》二十卷、《春秋本义》十二卷、《夏小正注》四卷。兼工诗词，妙解音律，张芬、陆瑛、沈纕、江珠等吴中闺秀皆其女弟子。著有《有竹居集》十六卷。"（南京大学出版社2012年，第5162—5163页。）除这些著作外，任氏还有《孝经集注》《弟子职集注》。
② 黄礼，生平不详。周学曾《晋江县志》卷五十《人物志》有名为"黄礼"的传记，传云："黄礼，字廷文。少孤，随母携弟依外氏，未几，母殁。父权厝于东郊，礼年幼弗知，遍处求弗获。吁天祈神，忽有庞眉老叟指示其处，遂奉与母会窆。性友爱，经营所得，悉与弟均。尝训子曰：'饱食须念枵腹，暖衣须念悬鹑，惟谨厚可远怨，惟质实可动人。'人以为名言。"李清馥《闽中理学渊源考》卷七十三亦有类似记述："黄礼，字廷文，号守轩，逸斋公曾孙。天性至孝，而尤笃于信义，乡闾称之。少孤，父坟湮没，后吁天祈神，大号于邻坟者三日，忽有庞眉老叟指示其处，果得证验，相传为孝感焉。家庭之间，其教不严而肃，尝训子曰：'惟谨厚可远怨，惟质实可动人，其识之。'"（《田亭草家谱传》节录）但《闽中理学渊源考》成于乾隆三十四年（1769）至四十二年（1777）之间，当时任兆麟年纪尚轻，故疑此"黄礼"非彼"黄礼"。

如读书摘录。此节选本刻于嘉庆十五年(1810),四周黑边,无鱼尾,版心中间题"续述记下册淮南子"及相应的页码,内容十分简略。

据统计,《述记》本依次摘录了《精神训》(1则)、《主术训》(1则)、《齐俗训》(1则)、《氾论训》(2则)、《人间训》(1则)、《天文训》(2则)、《地形训》(3则)共11则文本内容。这些文本的次序并不符合《淮南子》的篇目次序,也说明了《述记》本可能只是随意性较强的读书摘录而已。

《述记》本所据何本呢? 经过考查,应是王莹本。这主要是根据异文来确定。《述记》本摘录《氾论训》:"教寡人以道者击鼓,谕寡人以事者振铎,语寡人以忧者击磬,有狱讼者摇鞀。"①此同于道藏本、王莹本,但影宋本、茅一桂本、庄逵吉本等其他各本均作:"教寡人以道者击鼓,谕寡人以义者击钟,告寡人以事者振铎,语寡人以忧者击磬,有狱讼者摇鼗。"《述记》本摘录《天文训》:"其对为衡,岁乃有殃。"②此中"衡"字,除王莹本外,其他各本均作"冲",当是王本"冲"讹作"衡";又摘录此篇:"越而之他处,主死亡国。"③此中"亡国"二字,除王莹本外,其他各本均作"国亡",当是王本颠倒。《述记》本摘录《地形训》:"西北方之美者,有昆仑虚之球琳琅玕焉。"④除刘绩本、王莹本外,其他各本均无"虚"字。由此可见,《述记》本的底本应是王莹本。

当然,《述记》本还有可能参考了其他版本及文献。其摘录《精神训》:"珍怪奇味,人之所美也。"⑤此中"味"字,道藏本、刘绩本、王莹本等作"异",影宋本、茅一桂本、庄逵吉本等均作"味",任氏根据这些版本作了校改。但这种校改并不令人满意,《校记》本自身也存在一些讹误。例如,摘录《天文训》:"太阳治夏,则欲布施宣明。"⑥诸本之中,"太阳"均作"太阴",无有作"太阳"者,应是讹误所致。又如,摘录《地形训》:"东南方之美者,有会稽之竹马箭焉。"⑦诸本之中,"竹马箭"均作"竹箭",无有作"竹马箭"者,应是讹误所致。而且,《述记》本在节录《淮南子》文本时并未遵循何种标准,纯粹是随性所记,所以无甚价值可言。

---

① 《子藏·淮南子卷》第46册,第469页。
② 《子藏·淮南子卷》第46册,第471页。
③ 《子藏·淮南子卷》第46册,第469页。
④ 《子藏·淮南子卷》第46册,第473页。
⑤ 《子藏·淮南子卷》第46册,第467页。
⑥ 《子藏·淮南子卷》第46册,第471页。
⑦ 《子藏·淮南子卷》第46册,第473页。

二、张道绪的《文选十三种》本

《艺林续述记》不过是读书摘录而已,但张道绪的《淮南子选》本,则是清代真正意义上的节选本。张道绪,字寻源,江苏溧水人,生平不详,主要生活在乾隆、嘉庆年间,编有《文选十三种》四十五卷。《文选十三种》虽名为"选",但作者还进行了"评",是名副其实的节选本与评点本的合体,在清代考据学盛行之下颇有明代学术的风味。

《文选十三种》卷三十三至三十四节录《淮南子》,且附有详细评点,张道绪命之曰《淮南子选》。此本扉页依次题"嘉庆辛未年镌""淮南子选""人境轩藏板"。这点明了《淮南子选》的出版机构和时间,即由人境轩在嘉庆十六年(1811)镌刻而成。

《淮南子选》在版式上有着比较突出的个性。此本上下单边,左右双边,黑口,单鱼尾,半页八行,行二十五字,无行格。此本正文前有《文选十三种目次》及《史记·淮南王刘安列传》,卷首名题"文选十三种卷三十三(三十四)",次行署名"溧水张道绪寻源评"及"男翰藻仲卿、侄熙燮曜卿校订",版心顶端题"文选十三种",鱼尾下题卷数及"淮南子",版心底端题页码及"人境轩藏板"。此本的评语不像明刊本那样刻在书眉,而是随正文刻在行与行之间,半页仅有八行,为这种处理方式提供了很好的条件。同时,此本的圈点也不像明刊本那样繁琐,只保留空心小圆与实心顿号两种符号,显得简洁明了。从版式设计上看,《淮南子选》本要比明代绝大多数评选本进步,更便于阅读。

作为白文本评选本,《淮南子选》本的底本并不容易辨识。若仔细探查,还是能找到关于其底本的一些蛛丝马迹。首先,《淮南子选·要略》篇末辑录了高氏《子略》、黄氏《日抄》、王氏《卮言》和孙鑛的评语,在《淮南子》各版本中,唯茅一桂本的《淮南总评》中录有这些评语,两相对照,二者的文本内容丝毫不差。其次,《淮南子选》每篇末尾大都有注音与注释,其中一些是取自茅一桂本。例如,《天文训》:"墬,古地字。"茅本在"墬"字下自注:"地,籀文。"又此篇:"霏,音霍字。"茅本在"霏"字下注音:"霍。"又此篇:"荨,音覃。"①茅本在"荨"字下注音:"覃。"又如,《地形训》:"膭,同昲,音费,曝也。"茅本作:"膭,音费。"又此篇:"㝱,高注'㝱,人之先人',字典无此字,俗本音演。"茅本

---

① 以上《天文训》音读,均见于《子藏·淮南子卷》第46册,第526页。

于"窊"下注音:"演。"后有注文:"窊,人之先人。"又此篇:"菌,音郡。"①茅本于"菌"字下注音:"郡。"清人眼中的"俗本",多是指基于茅本的坊刻本。再如,《览冥训》:"欹,音鸯。"茅本于"欹"字下注音:"鸯。"《精神训》:"芒(莽)芠(枚)漠闵,澒(项)濛(蠓)鸿(贡)洞(同)。"②茅本作:"芒(莽)芠(枚)漠闵,澒(项)濛鸿(赣)洞(同)。"其音读基本相同。可见,此本的底本是出自茅一桂本当无疑问。

《淮南子选》本选录了除《时则训》《说山训》《说林训》之外的其他十八篇,但篇幅大多不长。张道绪将它列入《文选十三种》,实际上指明了节选的标准,即"文"。"文"与"道"相对,也就是说张氏评选本更加注重"文学性",而非"思想性"。《淮南子选》基本遵循了这个节选标准,大量选录了句式参差且富有气势的段落。这一点也可以从张氏的评语中得到体现。他评文章的句式"排荡而变""忽散忽整,参伍以变"③,评文章的气势"排空驭气,电迈神行,文中仙才也"④,诸如此类的评语不少,反映了张氏对《淮南子》文学性的重视。也正是这些评点,彰显了《淮南子选》较高的学术价值。

三、李宝洤的《诸子文粹》本

李宝洤(1864—1919),字经宜,又字经彝,晚号荆遗,江苏武进人,博学善思,尤工诗文,著述极多⑤,编有《诸子文粹》共六十二卷,又有《续编》十卷。

---

① 以上《地形训》音读,均见于《子藏·淮南子卷》第46册,第534页。
② 以上《览冥训》《精神训》音读,均见于《子藏·淮南子卷》第46册,第546页。
③ 《子藏·淮南子卷》第46册,第503页。
④ 《子藏·淮南子卷》第46册,第505页。
⑤ 刘声木的《苌楚斋五笔》卷五有一篇《李宝洤鬻医及撰述》,记述了李宝洤生平的一些情况。此文云:"武进李经彝学使宝洤本属诸生,后以道员署理湖南提学使。宣统辛亥后,以鬻医自食其力于阳湖盛杏荪尚书宣怀家,即寓居上海斜桥愚斋图书馆中。学问渊通,尤邃于史。其从子摺臣观察祖年《汉堂类稿跋》中有云:叔疾之将革也,呼祖年于床前而诏之曰:'余于立身行己之间死无遗憾,惟宿昔所兢兢者,在《诸史平议》一书,冀天假之年竟其业,以继钱辛楣、王西庄诸家之后。今脱稿者仅五史,而年不我与矣,然即此区区者,亦皆半生心力所萃,子当为我刊行之。'因歔欷诵古人诗曰:'书有一卷传,亦抵公卿贵。'其声惨凄,所不忍闻,云云。声木谨案:观察受学使遗命,为之编辑《汉堂类稿十种》,中为《三国志平议》二卷、《晋书平议》三卷、《北魏书平议》二卷、《北齐书平议》二卷、《北周书平议》二卷、《吕氏春秋高注补正》一卷、《汉堂诗钞》十四卷、《灌缨室诗钞》三卷、《问月词》一卷、《文钞》一卷、《补遗》一卷,癸亥三月排印本。《诸子文粹》六十二卷,已由商务印书馆别刊行世。观察可谓不负所托,完其未了之绪,学使九泉有知,自当含笑。予已录目于《再续补汇刊书目》中,兹复记之于此,使他日为《遗逸传》者有所考焉。"(中华书局1998年,第1010页。)

《诸子文粹》卷五十二至卷五十四为《淮南子》,可称之为《淮南子》之《诸子文粹》本(以下简称《文粹》本)。

《诸子文粹》最早的刊本为民国刊本,但其成书是在19世纪末,并有手稿本。李宝洤在《诸子文粹目录》末尾附有一段题记,题记说:"诸子之书,浩如烟海,遍读为难,是编廿年前手自选录,并续编共约六十万言,取便诵习,常置行箧。辛亥之役,武昌寓所被焚,原稿仅免煨烬,或谓弃置可惜,宜付印行。"①所谓原稿,即手稿本。这部长约六十万言的手稿本,辛亥革命时差点毁于战火,所以其出版就被提上日程来。《诸子文粹》前有李宝洤的一篇自序,此文末尾落款为"光绪二十三年丁酉正月武进李宝洤"。光绪二十三年,即丁酉年,公元1897年。这一年便是李氏所说的"廿年前",也是《诸子文粹》成书的时间。因此,《文粹》手稿本形成的时间是在1897年无疑。此手稿本现下落不明,它的具体情况就不得而知了。

尽管手稿本不明于世,但《诸子文粹》已有上海商务印书馆的排印本。此本产生的时间,可根据一起刊行的《续编》中牌记"丁巳仲冬校印"来确定。丁巳,即民国六年(1917)。可见,《文粹》排印本产生于1917年,这与李氏自称"廿年前"正相印证。此本乃为古籍版式,四周双边,黑口,单鱼尾,版心上端题"诸子文粹",鱼尾下题卷数及"淮南子",后题页码。此本共三卷,有行格,每半页十一行,每行二十七字,卷首名题"淮南子(杂家九之×,×依卷次分别为一、二、三)",次行署名"武进李宝洤纂",正文中还以"宝洤案"的形式陈述自己对于选文的认识。此本有简单句读,以句号形式置于文字右下边,但很容易与文中的评点相混淆,影响阅读效率②。

《文粹》本择取了除《时则训》《兵略训》外其他十九篇的文字,但篇幅大都不长。这十九篇文字究竟所据何本?经考查,其所据之本是庄逵吉本,最明显的证据在于《淮南子文粹》有些篇目截留了庄逵吉的校语。例如,《诠言训》"以数杂之寿",注文云:"杂,匝也。从子至亥为一匝。《太平御览》引作'数匝之寿'。"③《人间训》"子能道则可",注文云:"《太平御览》作'子能变

---

① 李宝洤《诸子文粹》,商务印书馆民国六年(1917)排印本。本节所引《诸子文粹》之文,均出此本。
② 评点有部分亦用句号标记,只是位置在文字的右中边。
③ 《子藏·淮南子卷》第52册,第454页。庄逵吉本注文为:"杂,匝也。从子至亥为一匝。逵吉按,《太平御览》引作'以数匝之寿',有注云:'匝犹至也,或作卒。卒,尽也,言垂尽之年不足以忧天下之乱,犹泣不能使水多也。'与此本既不同,注义又异。"(《子藏·淮南子卷》第20册,第246页。)

道'。"①《修务训》"讬之李奇",注文云:"《御览》引许慎注云'李奇,赵之善乐者也'。"② 这些注文皆不完整,是因截留而成,虽不称引庄氏名号,但只要对照二本,便可知《淮南子文粹》明显是摘自庄本而来。依据这一点,基本就能断定它的底本为庄本。

确切地说,《文粹》本的底本是浙江书局重刊庄逵吉本。浙江书局重刊本对原刻本作了不少校正,当然也产生了一些新的误字。这在《文粹》本中有所反映。例如,《本经训》"稻粱饶馀",此与重刊本同,而庄氏原刻本"粱"作"梁";又此篇"接径历远",此与重刊本同,而庄氏原刻本"径"作"经";《说山训》"虽贪者不搏",此与重刊本同,而庄氏原刻本"贪"作"贫";《人间训》"燕常侵魏入城",此与重刊本同,而庄氏原刻本"入"作"八";《修务训》"梗柟豫章之生也",此与重刊本同,而庄氏原刻本"梗"作"梗"。这些证据可以证明,《文粹》本的底本确切来说是浙江书局重刊本。

作为节选本,《文粹》本对文本的择取标准就是"文"。李氏于自序中说:"生人之道曷始乎?始于天地。曷备乎?备于文。"又说:"文之时用大矣哉,故文能制万世之可不可者曰圣,文能制天下之可不可者曰王,文能制一国之可不可者曰君卿大夫,曰父兄师长。"可见,他所说的"文",已不是文学之文,文艺之文,而是道的载体,能与道一体,能成就大用之文。李氏编纂《诸子文粹》即是立足"文"与"用",他说:"名之曰诸子文粹,都为若干卷,用资搜讨,用备遗忘,承学君子,便览观焉。至于其书虽存,其文尤谬悠,如公孙龙子之属者摈不录。"其用,为好学者之用;其文,则要摒弃像《公孙龙子》那样的荒唐、空洞之文。

李宝洤在采择《吕氏春秋》《淮南子》之文时说:"吕不韦、淮南王兼综并包,若山龙、黼黻、藻火为一衣,而金石、陶匏、丝竹为一响,虽尘滓沙砾,时杂糅互见,而烂然不能掩其光,彬彬乎文章之林薮也。余既尽读其书,有明乎其是非出入之故,于是芟其繁芜,撷其菁英,比而录之。"③ 实际上就是根据文道合一、文质彬彬的标准而定。"明乎其是非出入之故"即是明道,"芟其繁芜"即

---

① 《子藏·淮南子卷》第46册,第466页。庄逵吉本注文为:"逵吉按,《太平御览》作'子能变道则可'。"(《子藏·淮南子卷》第20册,第377页。)
② 《子藏·淮南子卷》第46册,第70页。庄逵吉本注文为:"李奇,古之名倡也。逵吉按,《太平御览》引许叠注云'李奇,赵之善乐者也'。"(《子藏·淮南子卷》第20册,第435页。)
③ 李宝洤《诸子文粹序》。

是求质,"撷其菁英"即是归于文道合一、文质彬彬。按照这个标准,《淮南子》那些富有楚辞赋体色彩的文字都被排除在外了,被选中的文字尽量往儒家所提倡的"文质彬彬"靠拢。从这个方面说,《淮南子文粹》与主要服务于"举业"的明代节选本存在较大不同,因而具有独特的价值。

第三章 清代《淮南子》版本的新变

第一节 批校本的盛行——二十八卷本批校本

清代《淮南子》版本的新变,最主要的表现就是批校本的流行。所谓批校本,是指学者(特别是名家)对某部古书进行校勘、批注、题跋而产生的一种版本。批校本虽可以远溯至宋元时期,但已十分罕见。清人批校古书,蔚然成风,在这种风气影响下,《淮南子》批校本自然不断涌现。其中,针对二十八卷本明刊本的清人批校本,目前所知就有七种。

一、何焯批校安正堂本

明代中晚期的安正堂本、王元宾本及无名氏旧钞本,都是道藏本的嫡亲。王元宾本一度失传,安正堂本则有清人何焯的批校本流传,《子藏·淮南子卷》第十至十一册影印收录。但《子藏》署名佚名,明显失考。惠栋题记:"癸酉十月,余友朱君文游得旧刻于义门何氏家塾,卷编礼、乐、射、御、书、数,卷次与中立本同而注较详,又从校正。末录义门跋语。渠以出入为离合半,轻其书故耳,非子云意也。义门于学全疏,惟考据略有头绪,其校雠多善本耳。"并录义门跋语:"葛洪《西京杂记》载淮南王安著《鸿烈》二十一篇,云字中皆挟风霜,扬子云以为一出一入。子云之言,盖谓其离合半耳,后人多误会之。"[①]今查,《子藏》所收安正堂本,卷编亦以六艺为序,书末亦载跋语,其内容与惠栋所记完全相同,可确定为何焯批校无疑。

何焯(1661—1722),字润千,号义门,晚号茶仙,长洲(今江苏苏州)人,世称义门先生。他是清代学者批校《淮南子》的先锋。何氏主要使用了两个参校本对安正堂本进行校勘,其校语皆写在页眉。一个参校本是北宋本,如《原道训》注文"皆古之得道能御阴阳者也",校语云:"皆古,宋作昔古。"又

---

① 何宁《淮南子集释》,第1524页。

此篇注文"言民戴仰而爱之也",校语云:"仰,宋作仲。"又此篇注文"圣人治礼不求变俗",校语云:"变,宋作与。"又此篇注文"天,身也",校语云:"身也,宋作身者。"又此篇注文"不以欲乱其情浊之性者也",校语云:"情浊,宋作清浊。"①经仔细查对,此所谓"宋作某",均与北宋本相同。因此,何氏口中的"宋",是指北宋本。另一个参校本为刘绩本。如《原道训》正文"先者谕下",校语云:"谕,改作踰,一本亦作踰。"又此篇正文"后者逢之",校语云:"逢,改作迕,一本亦作迕。"又此篇正文"与民同出于公",校语云:"'同出于公'下有'约其所守,寡其所求'八字,一本云:'《文子》有此句,旧本缺。'"②经仔细核对,此处所谓"一本",即指刘绩本。尤其是"《文子》有此句,旧本缺"这一句,乃刘绩补注原文,故"一本"确是刘绩本无疑。能同时使用北宋本、刘绩本这两个版本,说明何焯藏书确如惠栋所说多善本。

何焯并没有对所有篇目作出批校,仅涉及《原道训》《俶真训》《天文训》《地形训》《时则训》和《氾论训》六篇,其中《时则训》只有1条校语,《氾论训》也只有2条校语。此外,何焯还指出《说林训》存在脱页现象,说明他对安正堂本有了比较全面的校读,只是不再写出校语。

何焯批校本《淮南鸿烈解叙》首页、"卷之七"首页、"卷之十三"首页、"卷之二十一"首页和"卷之二十五"首页,均钤有"汪士钟藏"方印。这表明,何焯批校本曾为汪士钟所藏。

二、浦起龙批校黄焯刊刘绩本

浦起龙(1679—1762),字二田,晚号三山伧父,江苏无锡人。雍正八年(1730)进士,初任云南五华书院主讲,后为苏州府学教授,又任紫阳书院主讲,乾隆十年(1745)去职。浦氏博览群书,严于校读,参与纂修《无锡县志》,著有《史通通释》《读杜心解》《不是集》《酿蜜集》《古文眉诠》《浦二田尺牍》等。他批校的子书并不多,《淮南子》是其中之一,《子藏·淮南子卷》第五册至七册影印收录。

该批校本钤有三枚"无锡浦氏珍藏"方印:一枚钤在高诱《淮南鸿烈解旧叙》首页,一枚钤在"卷之一"首页,一枚钤在《淮南子后》首页。只可惜,浦氏

---

① 以上所引《原道训》何焯校语,依次见于《子藏·淮南子卷》第10册第201、204、210、211、211页。
②《子藏·淮南子卷》第10册,第224页。

仅仅批校了高诱旧叙和卷一,且校语寥寥无几。

浦起龙是以北宋本作为参校本,这在浦氏批校本中体现得非常明显。例如,他写在《旧叙》中的校语说:"宋本每叶廿四行,每行廿二字,行中字形不齐等,……并记叶数。"① 这里所描述的半页行数及每行字数,与北宋小字本完全相同。又如,浦氏在《旧叙》正文"肉袒北阙谢罪"中"肉"字旁写上校语"宍",在"毛被"中"被"字旁写上校语"披",在"焘天载地"中"载"字旁写上校语"戴",在"诡异瓌奇"中"瓌奇"旁写上校语"怀奇",在"天下棋峙"中"棋"字旁写上校语"基",在"卷之一"中"之"字旁写上校语"第",在"汉许慎记上"旁写上校语"太尉祭酒臣许慎记上",在注文"一曰盡也"中"盡"字旁写上校语"尽"②,这些校语皆与北宋本的文本完全相同。因此,上述种种迹象表明,浦氏所用的参校本就是北宋本。

浦氏除了将北宋本的异文及分页状况写在黄焯刊本上外,就没有做其他的校勘工作了。在北宋本未流行之前,这对于读者来说具有一定的价值,但在北宋本流行以后,就没有多少价值了,只因为是名人批校,才显得格外珍贵。民国时期,该批校本为邢之襄所得,后藏于北京图书馆。

三、萧江声批校王溥刊刘绩本

关于萧江声批校王溥刊刘绩本,吴则虞的《淮南子书录》和严灵峰的《周秦汉魏诸子知见书目》均有著录。该批校本原著录在缪荃孙代笔的《适园藏书志》内。其文曰:"《淮南鸿烈解》,二十八卷,明弘治刊本……内中校语系萧江声白沙笔,后有'柔兆涒滩六月乙丑江声校讫'朱书一行,有'白沙手校'朱文、'白沙江声'白文两方印。白沙,常熟人,校语无空言,是能读书者。"③ 萧江声,字飞涛,一字白沙,擅长诗画篆刻,在当地颇有名声。他性喜抄书,传有《何博士备论》《阳春集》《河南穆先生文集》《十名家词》等多种抄本。"柔兆涒滩六月乙丑",即乾隆四十一年(1776)六月二日,萧江声于此年手校王溥刊本,历时两月有余。该批校本现存于台湾"中央"图书馆。

---

① 《子藏·淮南子卷》第5册,第393页。
② 以上浦氏校语,见于《子藏·淮南子卷》第5册,第394—401页。
③ 张均衡《适园藏书志》卷八,南林张氏家塾刻本。

四、佚名批校宋本《淮南鸿烈解》

宋本《淮南子》流传甚少,目前仅有北宋本影钞本传世。这里所说的二十八卷本宋本,并非北宋本,而是另一个宋本,但已毁于战火。海源阁曾经收藏,杨绍和《楹书隅录》卷三著录为:"校宋本《淮南鸿烈解》二十八卷,二册。"并记录了佚名批校者的题识:"(上缺)用钱遵(下缺)影宋钞(下缺)校,乾隆壬寅四月中旬,著言。乾隆癸卯六月二十三日得道藏全本重校,七月十二日清早校毕,著言。"杨绍和对此作了说明:"此盖用钱遵王影宋钞二十一卷本校勘者,著言则未识谁氏也。遵王《读书记》云:'《淮南子》善本极少,此从宋刻影摹。流俗刊作二十卷,踳驳尤甚,读者宜辨之。'观此,愈征予所藏北宋本为至宝矣。"① 可见,批校者在作题识时并未清楚地署名,他对二十八卷本宋本《淮南子》至少作了两次校勘。第一次是在乾隆四十七年(1782)四月,所使用的参校本是钱曾影写的二十一卷本宋钞本;第二次是在乾隆四十八年(1783)六月至七月,所使用的参校本是道藏本。

钱曾所影写的宋钞本,其具体情况已无从得知。钱曾(1629—1701),字遵王,号也是翁,又号贯花道人、述古主人,虞山(今属江苏常熟)人,清初著名的藏书家和校书家。他收藏的书自经季振宜、徐乾学得到之后百余年间,在汪士钟、黄丕烈、郁松年、瞿镛、邓邦述等藏书家手中辗转流离,多有亡佚,今之所见仅有寥寥数种② 。佚名批校者能够得到钱曾的影宋钞二十一卷本,肯定不是一般的读者,或是上述藏书家,或是与上述藏书家存在亲密关系的学者。可惜,已没有人能知晓他的个人信息和他所校勘的内容了。

五、袁廷梼批校道藏本

道藏本历来流行不广,基于道藏本的批校本更是少之又少。吴则虞的《淮南子书录》著录有袁廷梼批校本,并说:"校藏本并过录孙志祖诸家批校。"③ 但录其卷数为二十一卷。众所周知,道藏本最大的特征就是二十八卷,未见有二十一卷本的版本,所以,吴氏当为误记。当然,也有可能不是批校道藏本,只是用道藏本来参校二十一卷本。孙志祖批校庄本是在1790年,由此推知,袁

---

① 杨绍和《楹书隅录》,《清人书目题跋丛刊三》,中华书局1990年影印本,第491页。
② 见陈宇《钱曾述古堂藏书去向考略》,《湖南人文科技学院学报》,2015年第1期,第59页。
③ 《文史》第二辑,第303页。

廷梼批校道藏本应是在1790年之后。

根据文献记载，袁廷梼确实藏有道藏本。黄丕烈说："近时庄刻谓出于《道藏》，顾涧苹取袁氏五砚楼所藏道藏本校之，知多讹脱，余却手临一本。"① 五砚楼，即袁廷梼的藏书楼。袁廷梼（1762—1809），字寿阶，号又恺，长洲（今江苏苏州）人，嗜好藏书，聚书达数万卷，多为宋元旧椠和传钞的秘本。道藏本虽为明正统年间所刊，但在清初流传并不广泛，甚至不少有名的学者都难以亲睹。作为珍本，被袁廷梼收藏也在情理之中。袁氏在批校道藏本的同时，又过录了孙志祖等各家校语。

六、黄丕烈批校明钞本

旧钞本写于明代正统十年之后，与道藏本有着非常亲密的关系。黄丕烈在嘉庆六年（1801）之前得到该本，并于此年对它开始了断断续续长达十数年的校勘工作。由于黄丕烈的学识和名望，他所校正的这个明钞本，首尾各钤有一枚"荛圃手校"方印，如今已成为十分珍贵的批校本。《子藏·淮南子卷》第十八至十九册影印收录。

黄丕烈这十数年的批校过程，实际上可以分为两个阶段。第一阶段是用道藏本批校明钞本，于嘉庆六年九月完工。他在题记中说："此《淮南鸿烈解》二十八卷旧钞本，余得诸颜家巷张秋塘处。……顷从都中归，高邮王伯申编修，闻余收《淮南》本极多，属为传校，又五柳居陶蕴辉思得善本《淮南》付梓，余家居无事，思为校勘，遂借袁本重校于此本，《道藏》面目略具于是矣。此本字细行密，不及钩勒，卷中有青父校增字句，当据别本，今悉照《道藏》删去，虽是弗存，以归画一。暇日当取宋刻正之。"题记落款为："辛酉九月重阳后二日，荛圃黄丕烈识。"② 根据这段描述，黄丕烈似乎在嘉庆六年之前就已校过一遍明钞本，所以才会说"重校于此本"，其具体情况已不得而知。这次批校的目的，其一在于创造一个《淮南子》善本，其二在于借助明钞本来呈现道藏本的大致面目。这次批校，黄丕烈是直接把校语写在明钞本的正文之间，有时还直接改动原本的文字，如"物事其類"的"類"，黄氏将"女"改成"犬"，即"類"；有时也在原本文字的旁边写上新字，如"禀受无形"的"受"，黄氏在旁边写上

---

① 《荛圃藏书题识》卷五，《清人书目题跋丛刊六》，中华书局1990年影印本，第96页。
② 《清人书目题跋丛刊六》，第96页。

"授"字。为了最大程度地还原道藏本,黄丕烈还增补了明钞本在版式上所缺失的文字。如卷二十一《诠言训》,黄氏就增补了"太尉祭酒臣许慎记上"这个署名,以及道藏本所特有的千字文次序即"神七"。

第二个阶段是用北宋本批校明钞本,完工于嘉庆二十一年(1816)四月。他在题记中又说:"此书宋刻字既小,又多破体,并印本漫漶处,故校难。而所校之本又系小字旧钞,兼细如蝇头,故校尤难。……于破体字及宋刻误字之灼见者,亦复不记出,一则省工夫,二则改正字从破体,虽曰存真,反为费事,唯于古字古义或有可取者,仍标其异而出之,虽疑者亦存焉,盖慎之也。校书取其佳处,或因疑而削之,甚非道理,犹兢兢守此意耳。"① 可见,对于第二次校勘,黄丕烈有了新的认识,不再像第一次一样利用被校本来呈现参校本的面目,而是努力呈现被校本与参校本的不同之处,更不随意改动被校本的文字。黄氏遵循"疑者亦存"和"取其佳处"的原则,不唯北宋本是从,不以北宋本的俗字改动明钞本的正字。当然,北宋本于古字古义有可取之处,则在明钞本中标出。正因为这种慎之又慎的态度,所以第二次校勘时,黄丕烈不再把校语写在明钞本的正文之间,而是写在上下页眉中,以上页眉为主。

这次校勘,黄丕烈大致做了以下几项工作:其一,校出明钞本与北宋本的异文,这是最主要的工作,他一般以"某作某"的格式写在页眉上,有时先在钞本中用圆点或特定符号标出某字,然后再在页眉中写出北宋本的用字;其二,在每卷中用文字描述北宋本的不同版式,例如,明钞本"淮南鸿烈解卷之二十"《氾论训下》,黄氏在页眉写"连上为卷",于"徐偃王被服"页眉处写"徐连上,不提行"②;其三,必要时作出辨析。例如,《诠言训》"公孙龙粲于辞而货名"之"货",黄氏于页眉处写"贸",并案:"注'贸',此'货'误。"③ 其四,校出北宋本脱页和倒页的情况。如《诠言训》校语:"'闑也'前为'善博'一页,宋刻误倒。"④ 又如《说山训》校语:"注'美有'一叶,系第十四叶。宋刻十四、十五误倒。"⑤

总之,明钞本黄丕烈批校本的内容十分丰富,将被校本(即明钞本)与两

---

① 《清人书目题跋丛刊六》,第96页。
② 《子藏·淮南子卷》第19册,第1页。
③ 《子藏·淮南子卷》第19册,第30页。
④ 《子藏·淮南子卷》第19册,第41页。
⑤ 《子藏·淮南子卷》第19册,第109页。

个参校本(即北宋本和道藏本)集于一身,查缺补漏,纠错辨伪,异同互校,谓之《淮南子》善本不为溢美。遗憾的是,黄氏批校本未能在当时版刻行世,无法嘉惠学林。就其价值而言,黄丕烈批校明钞本可称得上是清代《淮南子》批校本中非常重要的一种。

七、王念孙批校《中立四子》本

除以上六种二十八卷本的批校本之外,《淮南子书录》还著录了一种《中立四子》本的王念孙批校本。吴则虞描述说:"批校于《中立四子》本之上,校语与《杂志》有不尽合者。"① 根据前文的讨论,《中立四子》本是刘绩本、王蓥本、道藏本多本融合的结果,但并不等于它就优于这三个本子。王念孙曾评价《淮南子》各本说:"余未得见宋本,所见诸本中,唯道藏本为优,明刘绩本次之,其余各本皆出二本之下。"② 王氏"所见诸本中",自然包含《中立四子》本。他在《淮南内篇第二十二》中说:"朱东光本改'挺朒'为'摺笏',义则是,而文则非矣。"③ 朱东光本即《中立四子》本。王氏批校此本,应是因撰写《淮南内篇杂志》而起,时间大约在嘉庆二十年(1815)前后。

第二节 批校本的盛行——清以前二十一卷本批校本

清代以前的二十一卷本,主要有北宋本、茅一桂本、茅坤本、汪一鸾本、张象贤本、张维城本、顾氏刊本和张烒如本。清代学者对这些版本大多有批校本传世。

一、何焯批校张象贤本

除批校安正堂本之外,何焯又批校了张象贤本,《子藏·淮南子卷》第十三至十四册影印收录。张象贤本实际上是对汪一鸾本的翻印。据查,何焯所用的这个张象贤本,卷第三、卷第八、卷第十二、卷第十三、卷第十四、卷第十五、卷第十六、卷第十七、卷第十九、卷第二十一均署名为"明新安汪一鸾

---

① 《文史》第二辑,第 302 页。
② 《子藏·淮南子卷》第 46 册,第 331 页。
③ 《子藏·淮南子卷》第 46 册,第 356—357 页。

订",其余卷署名才为"明姑苏张象贤订"。

该批校本最后一卷末尾有何焯亲笔题写的跋语:"《淮南》一书苦无善本可校,以意改正数字。焯记。"①何氏批校张象贤本,大概要早于批校安正堂本,当时并未见到北宋本、刘绩本,所以才会有缺少善本参校的苦恼。何氏只好按照自己的私意加以改正,如《泰族训》"作为山水之呕",何氏在"水"字旁写下"木"字②。后来的王念孙持相同意见,他说:"'山水'当为'山木',字之误也。《史记·赵世家集解》《正义》及《文选·恨赋注》引此,并作'山木'。"③可惜的是,何氏这样的校正并不多。

二、刘都批校茅一桂本

刘都,字天部,南丰人,生平不详。他是最早对茅一桂本作出批校的清代学者,其批校本目前下落不明。王瀅批校庄逵吉本时多有过录刘氏校语,并附录有《刘校茅一桂本题记一则》:"《淮南子》虽集众狐之亦以为裘,其出语之妙,时有可与《庄》《列》并驱争先者,亦子书中一奇观也。此书极难得善本,《广汉魏丛书》中所刻及花斋所刻,注解多有删节,且有误改正字为俗字者。惟此本注解独全,惜刻镂不精,多有讹字,乃取袁石公评点本互相参校,即花斋刻本也。脱误处俱已改定,遂无一字遗缺,可称此书第一善本矣。康熙五十三年甲午忧至日南丰刘都天部识。"④同时,王瀅在自撰的题记中又对刘都批校本作了描述。他说:"阏逢困敦之岁,余寄家吴门,从友人南丰刘夔□借得明茅一桂所刊《淮南鸿烈解》,盖其远祖天部先生都手校本。卷中有刘都之印一方……然所录茅鹿门、袁石公、张宾王各家评释,皆蝇头细书,精雅绝伦。"⑤

根据这两则题记,可知刘都批校茅一桂本是在康熙五十三年(1714)五月。刘氏见到的《淮南子》版本非常有限,仅有茅一桂本、明刊《广汉魏丛书》本和花斋刻本。在这些版本中,花斋刻本较为少见。结合王瀅批校本过录的刘都校语大致可以判断,刘都所谓花斋刻本,实际上就是出自明末的张烒如集评本。然而,这些版本都有先天的缺陷,即注文均有删节,茅一桂本删了大约

---

① 《子藏·淮南子卷》第14册,第534页。
② 《子藏·淮南子卷》第14册,第503页。
③ 见张双棣《淮南子校释》(增订本),第2153页。
④ 《子藏·淮南子卷》第22册,第203页。
⑤ 《子藏·淮南子卷》第22册,第204页。

30%的注文,《广汉魏丛书》本和花斋刻本删了大约50%至60%的注文。因此,刘氏说茅一桂本注解独全,并不符合事实。他之所以得出这样的错误判断,主要在于他并未见到北宋本和道藏本。刘氏似乎对自己的批校工作十分满意,自认为做到了"脱误处俱已改定"和"无一字遗缺",合成了《淮南子》的"第一善本"。殊不知,用有先天缺陷的花斋刻本批校同样有先天缺陷的茅一桂本,想要合成第一善本,多半是痴人说梦。

根据王瀣过录的刘氏校语,刘都批校茅一桂本,主要做了三件事。其一,依据花斋刻本,补录茅坤、袁宏道和张榜三人的评点。其二,对茅一桂本中的俗字展开辨正。例如,《原道训》"所谓人者偶䁖",刘氏校语:"䁖,俗,当用猜,即《左传》所谓'偶居无猜'之'猜'也。"①《天文训》"一岁而匝",刘氏校语:"匝,俗,当作'帀'。"②其三,依据花斋刻本,补录脱文,纠正误文。例如,《览冥训》"欲以殊死之人",刘氏校语:"依花斋本,注有'殊死,殊异而死'六字。"③《缪称训》"大弦组而小弦绝矣",刘氏校语:"组,误。咏会引《淮南子》作'捆'为是。捆训引急也,音桓。组训补缝也,与张瑟无涉。花斋本亦讹组。"④这其中最有特色之处便是对正字与俗字的辨正,多少能反映官本与俗本的差异。

三、惠栋批校茅一桂本

刘都批校本默默无闻,惠栋批校本则被学者争相传阅。惠栋(1697—1758),字定宇,号松崖,元和(今江苏苏州)人,吴派朴学的开创者,在当时学术界享有很高声誉。惠氏曾为自己的《淮南子》批校本写有两则题记:

> 癸酉三月,从《中立四子》本校。李太和序云:"垄丘张攀龙登云得高注于郭工部相奎,汇为此集。"且云:"高注被宋人削去,杨用修亦不及见。"余案之诚然。内《缪称》《齐俗》《道应》《兵略》《人间》《泰族》《要略》九篇,仍与今本同也。松崖。⑤

> 癸酉十月,余友朱君文游得旧刻于义门何氏家塾,卷编礼、乐、射、御、

---

① 《子藏·淮南子卷》第22册,第218页。
② 《子藏·淮南子卷》第22册,第299页。
③ 《子藏·淮南子卷》第22册,第399页。
④ 《子藏·淮南子卷》第22册,第554页。
⑤ 何宁《淮南子集释》,第1524页。

书、数，卷次与中立本同而注较详，又从校正。末录义门跋语。渠以出入为离合半，轻其书故耳，非子云意也。义门于学全疏，惟考据略有头绪，其校雠多善本耳。二十七日校毕识此。松崖。①

惠氏这两则题记并没有讲明批校本的底本，仅言"今本"。他后面的学者顾之逵、朱邦衡在过录惠氏校语时②，则明确了惠氏所批校的底本就是茅一桂本。顾之逵临惠栋校跋云："定宇先生所校本，向藏滋兰堂朱氏，以茅一桂刊本为底，复以诸本参校，内有宋本《御览》考证处。"③朱邦衡临惠栋校跋亦云："先生校在茅一桂刊本上，校中云又一本者，疑是诸本外别以旧刻本相参，内以宋本《御览》考证处最为精善。"④

综合这四则题记可知，惠栋分别在乾隆十八年（1753）三月和十月，两次批校茅一桂本，亦即他眼中的"今本"。第一次使用的参校本是明代朱东光的《中立四子》本，第二次使用的参校本是明代的安正堂刊本⑤。除这两个参校本之外，还有所谓"又一本"⑥，但究竟是指何本，已不得而知。在清代学者看来，惠氏批校本最精彩的地方，就是使用宋本《太平御览》来考证茅一桂本的文本。可见，以《太平御览》校证《淮南子》，惠氏显然要远早于庄逵吉、孙志祖、王念孙、梁履绳诸人。

惠氏批校本先藏于惠氏好友朱奂家，1794年为黄丕烈所得。顾广圻说："松崖先生有校本，向在朱奂文游家，今归黄荛圃。黄有惜书癖，以故重借之。家兄抱冲尝得朱族子传校本，略一展读，则由传校而字误者，殆不胜其多。因姑略著其一二于下方，异日当向荛圃作怀饼请也。乾隆甲寅三月又记。"⑦现已不知归往何处。近人王欣夫（1901—1966）在不知名的明刊本上，以"惠征君曰""惠红豆先生曰"等形式过录了大量惠氏校语。在这些校语中，并未见到

---

① 何宁《淮南子集释》，第1524页。
② 过录惠氏校语的学者非常多。《铁琴铜剑楼藏书目录》云："其下方墨笔则松崖先生所校，亦润苹氏从朱文游族子借得惠校本迻录者也。"（《清人书目题跋丛刊三》，第233页。）沈大成批校本曾过录惠栋校语，近代藏书家王欣夫又过录惠栋及沈大成校语。
③ 何宁《淮南子集释》，第1525页。
④ 何宁《淮南子集释》，第1525页。
⑤ 在《淮南子》的传世版本中，仅明代安正堂刊本和王元宾本以礼、乐、射、御、书、数六艺次序编排卷数。
⑥ 惠栋对这些参校本还进行了优劣评判。他说："《淮南子》旧刻，编礼乐射御书数者最佳，其次中立本。编六艺者，似是元刻。"（《子藏·淮南子卷》第16册，第427页。）
⑦ 《子藏·淮南子卷》第20册，第520页。

以宋本《太平御览》校证的案例,这说明王欣夫并未过录全部的惠氏校语。

四、钱大昕批校汪一鸾本

钱大昕(1728—1804),字晓征,号辛楣,晚号竹汀居士,嘉定(今属上海市)人,为乾嘉学派的代表人物。他与黄丕烈过从甚密,黄氏经常借书给他阅读,但似乎没有见到宋本《淮南子》,因为他的《竹汀先生日记钞》"所见古书"中未见有记录。关于钱大昕批校《淮南子》,吴则虞《淮南子书录》说:"批校于汪一鸾本之上,亦据道藏本校也。"① 《子藏·淮南子卷》第十一至十三册影印收录。

据查,该批校本卷十《缪称训》"舍而藏之"上的校语中有"大昕按"三字,卷十九《修务训》"足以破卢陷匈"上的校语中有"大昕云"三字,又此篇"扶旋猗那"上的校语中亦有"大昕云"三字,卷二十《泰族训》"以沉湎淫康"上的校语末尾有"大昕"二字。由此可见,该批校本确是钱大昕所为。

至于钱氏何时批校《淮南子》,其校语中似有蛛丝马迹可寻。《俶真训》校语:"《览冥训》注:'太乙,五十弦。琴瑟,乐名。'戊五月卅申。"《天文训》校语:"共三百六十二度四分一少三度。戊六月初五向未。"《兵略训》校语:"缯疑作缯。戊辰五月望申。"②《说山训》校语:"戊辰五月廿四午,见之大快,遂以标于《枯树赋》。"③《人间训》校语:"《越绝记地》云:'政,赵外孙。'当以张注为是。戊八月八日早。"④《修务训》校语:"尧舜禹文以下,止八贤。戊五月廿五未。"⑤ 又此篇:"鍼虎已殉葬,何缘尚存?廿五申。"⑥《泰族训》校语:"《诠言》作'瓶瓯有堤'。戊五月廿六未。"又此篇校语:"见《人间训》第七叶。戊八月八日辰。"⑦《要略》校语:"戊五月廿七晚乙止此。"⑧ 这些都是批校时的时间记录,其表述结构是年月日时。年,有2处为"戊辰",其余6处简写为"戊"。戊辰年,即乾隆十三年(1748)。月,自五月至八月。日,有五月十五日、二十四

---

① 《文史》第二辑,第302页。
② 《子藏·淮南子卷》第11册,第507页。
③ 《子藏·淮南子卷》第12册,第567页。
④ 《子藏·淮南子卷》第13册,第14页。
⑤ 《子藏·淮南子卷》第13册,第84页。这个时间点在《人间训》中共出现了2次。
⑥ 《子藏·淮南子卷》第13册,第94页。
⑦ 《子藏·淮南子卷》第13册,第128—130页。
⑧ 《子藏·淮南子卷》第13册,第176页。

日、二十五日、二十六日、二十七日、三十日，以及六月初五、八月八日。时，有辰时（7—9时）、午时（11—13时）、未时（13—15时）、申时（15—17时）等。由此可知，钱大昕批校汪本，是在乾隆十三年五月至八月之间。但值得注意的是，钱氏引用了他侄子钱坫的校语。钱坫出生于乾隆九年（1744），当时仅有五岁，这显然不合常理。大概钱氏批校汪本不止一遍，在庄逵吉本刊行前后又作过一次批校[①]。

钱大昕在批校过程中，提到了"道藏本""藏本""叶近山本"和"一本"。这些版本应该就是他批校汪本所用的参校本。其中，道藏本发挥了主体作用。钱大昕利用道藏本，一方面补录被汪本大量削减的注文，另一方面调整被汪本打乱的注文位置，这两方面的校语大都写在原书正文中。钱氏还利用道藏本，与汪本进行异文对照，校语大都写在页眉中。在异文对照时，钱大昕的校语中还多次出现了"一本"字样。例如，《俶真训》注文："奚仲巧为车……相兼也。"钱氏校语："此二注，一本无之。"[②] 据查，张烒如本、黄锡禧本、庄逵吉本无此二注。《本经训》"欘櫨椭枑"，钱氏校语："欘，一本作樆，注同。"[③] 据查，庄逵吉本作"樆"。《缪称训》"以交其下"，钱氏校语："一本作'以与其下交'。"[④] 据查，道藏本作"以与其下交"。《道应训》"见得鱼释之"，钱氏校语："得鱼，一本作夜鱼。"[⑤] 据查，道藏本、茅坤本作"夜鱼"。《修务训》"昔南荣畴"，钱氏校语："荣，一本作策。似误。"[⑥] 据查，茅坤本、叶近山本作"策"。这些例证说明，钱氏批校本中的"一本"并不是一个固定版本的代称，而是一种概称，只要不同于汪本的一个版本就称之为"一本"。由上述例证可知，钱大昕所用的参校本还有茅坤本、庄逵吉本和叶近山刊本[⑦]。

---

① 钱坫云："眔当作眾，以《说文》《尔雅》考之可见。"（《子藏·淮南子卷》第12册，第593页。）此外，钱大昕批校本中出现了庄逵吉本的特色异文，如《原道训》"富赡天下而不既"之"赡"，钱氏校语"澹"；"为曀不忻忻"之"曀"，钱氏校语"懫"；"雪霜瀼瀼"之"瀼"，钱氏校语"滚"。而庄本是在钱坫校本的基础上形成的，故可推知钱氏又作过一次批校。
② 《子藏·淮南子卷》第11册，第484页。
③ 《子藏·淮南子卷》第12册，第141页。
④ 《子藏·淮南子卷》第12册，第228页。
⑤ 《子藏·淮南子卷》第12册，第359页。
⑥ 《子藏·淮南子卷》第13册，第91页。
⑦ 庄逵吉本是在钱坫校本的基础上合成，而钱坫校本又受到了茅坤本的影响，所以，钱大昕可能直接取用钱坫校本作为参校本。至于叶近山本，钱氏曾在此本书牌旁写下校语："万历辛巳叶近山梓行本，依道藏本题云'太尉祭酒臣许慎辑'。"（《子藏·淮南子卷》第11册，第424页。）更是确证无疑了。

除使用"一本"外，钱氏又大量使用了"一作""一无"这样的校勘术语。例如：

《主术训》4例："奥㝮之间"，钱氏批语："一作隩。"道藏本、茅坤本作"隩"。"百官修同"，钱氏批语："同，一作通。"道藏本、茅坤本作"通"。"耳目达而不闻"，钱氏批语："一作暗。"道藏本、茅坤本"闻"作"暗"。"聪明先而不蔽"，钱氏批语："一作弊。"① 道藏本、茅坤本、叶近山本作"弊"。

《缪称训》2例："开道之于善"，钱氏批语："一作关。"道藏本、茅坤本作"关"。"人之困怼者也"，钱氏批语："怼，一作慰，注同。"② 道藏本、茅坤本、庄逵吉本作"慰"。

《道应训》1例："吾弗为"，钱氏批语："一作弗吾为。"③ 茅坤本作"弗吾为"。

《氾论训》2例："若公知其盗也"，钱氏批语："一作君。"道藏本、茅坤本"若"作"君"。"目大而眒"，钱氏批语："一作睡，误。"④ 道藏本、茅坤本"眒"作"睡"。

《诠言训》8例："一置一废"，钱氏批语："置，一作植。"茅坤本、叶近山本作"植"。"三官交争"，钱氏批语："官，一作宫，注同。"道藏本、茅坤本作"宫"。"视之不便于性"，钱氏批语："之，一作而。"道藏本作"而"。"嵬然不动"，钱氏批语："嵬，一作块。"道藏本、茅坤本作"块"。"喜予者必善夺"，钱氏批语："善，一作喜。"道藏本、茅坤本、叶近山本作"喜"。"舍形於佚"，钱氏批语："於，一作放。"道藏本、茅坤本作"放"。"圣人常后而不先"，钱氏批语："一无人字。"道藏本、茅坤本无"人"字。"不足以概志"，钱氏批语："一无不字。"⑤ 道藏本、茅坤本无"不"字。

《兵略训》3例："毋抶坟墓"，钱氏批语："一作扣。"道藏本、茅坤本"抶"作"扣"。"则不可制迫也"，钱氏批语："一无也字。"道藏本、茅坤本无"也"字。"心诚则支体亲力"，钱氏批语："一作刃。"⑥ 道藏本、茅坤本、庄逵吉本"力"作"刃"。

---

① 以上4例《主术训》钱氏校语，见于《子藏·淮南子卷》第12册，第187—188页。
② 以上2例《缪称训》钱氏校语，分别见于《子藏·淮南子卷》第12册，第226、230页。
③ 《子藏·淮南子卷》第12册，第231页。
④ 以上2例《氾论训》钱氏校语，分别见于《子藏·淮南子卷》第12册，第432、433页。
⑤ 以上8例《诠言训》钱氏校语，见于《子藏·淮南子卷》第12册，第454—471页。
⑥ 以上3例《兵略训》钱氏校语，依次见于《子藏·淮南子卷》第12册，第479、494、497页。

《说林训》2例:"疾疫之刍狗",钱氏批语:"狗,一作灵。"道藏本、茅坤本作"灵"。"盗贼之辈丑",钱氏批语:"一无辈字。"①道藏本、茅坤本无"辈"字。

《人间训》4例:"赏一人而败国俗",钱氏批语:"一无而字。"道藏本、茅坤本无"而"字。"是俗败也",钱氏批语:"一作败俗。"茅坤本作"败俗"。"虽愉乐哉",钱氏批语:"一作偷。"道藏本、茅坤本"愉"作"偷"。"无以立僅于天下",钱氏批语:"一作务,注同。"②道藏本、茅坤本、庄逵吉本"僅"作"务"。

《修务训》1例:"践躔蒙笼之山",钱氏批语:"躔,一作獵。"③道藏本、茅坤本作"獵"。

《泰族训》4例:"天之未风",钱氏批语:"未,一作且。"道藏本、茅坤本作"且"。"正其道而物自然",钱氏批语:"一作非有。"道藏本"正其"作"非有"。"小艺破道",钱氏批语:"一作义。"道藏本、茅坤本"艺"作"义"。"皆方命奋臂而为之斗",钱氏批语:"命,一作面。"④道藏本、茅坤本作"面"。

上述31例校语中,用道藏本参校28例,用茅坤本参校29例,用叶近山本参校3例,用庄逵吉本参校3例。从中可以看出,所谓的"一作""一无",与"一本"并没有什么差别。这就更加确证了钱大昕批校汪本时所用的参校本,就是道藏本、茅坤本、叶近山本和庄逵吉本。

钱氏批校本钤有"润州吴庠眉孙藏书"方印,表明曾为吴氏所得。吴庠(1879—1961),原名清庠,字眉孙,别号寒竽,镇江人。他藏书数万卷,颇多善本。但这个汪本批校本决非善本,是在残本的基础上拼合、补写而成。其中,第五卷、第九卷是拼合自同一雕板的张象贤刊本,而《天文训》《主术训》皆有残缺,通过手抄补录了四页。此外,这个汪本还缺失了高诱的叙文,钱大昕根据茅坤本(或是钱坫校本)在原书上手写抄录了一份⑤。在钱氏的修复和批校下,这个汪本不仅恢复了原貌,还拥有了较高的版本价值。

五、卢文弨批校汪一鸾本

除钱大昕批校本外,汪一鸾本还有卢文弨批校本。卢文弨(1717—

---

① 以上2例《说林训》钱氏校语,依次见于《子藏·淮南子卷》第12册,第574、588页。
② 以上4例《人间训》钱氏校语,见于《子藏·淮南子卷》第13册,第28—62页。
③ 《子藏·淮南子卷》第13册,第93页。
④ 以上4例《泰族训》钱氏校语,见于《子藏·淮南子卷》第13册,第108—146页。
⑤ 钱氏抄录的序文,题为"淮南鸿烈解旧序",此与茅坤本同。序文开头:"淮南子,名安,厉王长子也。"此亦与茅坤本同。淮南子,其他诸本大多作"淮南王"。茅坤本最早误"淮南王"为"淮南子"。

1795),字绍弓,号矶渔,又号抱经,仁和(今浙江杭州)人,乾隆十七年(1752)进士,授翰林编修,官至侍读学士,主讲钟山、崇文、龙城诸书院,著有《抱经堂文集》。

卢文弨自言:"乾隆壬子三月,余访旧广陵秦太史敦夫,知余此书有孙、梁校本,因传写诒之。余向蓄汪一鸾本,己亥年校一过,癸卯借道藏本再校,戊申得庄明府初印本,讹字尚多于此。前后凡四校,相距十有四年,扫尘恐尚未尽也。杭东里人卢文弨识,时年七十有六。"① 由此可知,卢文弨一直收藏汪一鸾本,在乾隆四十四年(1779)批校一遍,乾隆四十八年(1783)用道藏本作参校本又批校一遍,乾隆五十三年(1788)在得到庄逵吉本后再两相参校,用力甚勤。据《淮南子书录》:"又卢校汪一鸾本,余过录至《说林训》止。"② 表明吴则虞曾过录此本,原本现不知归往何处。

六、江声批校茅一桂本、茅坤本

江声批校茅一桂本,各种书目文献并无记录,惟《子藏·淮南子卷》第八至十册影印收录,题为"清江声批校"。但是,查遍全书,未见有江声的署名或印章,不知《子藏》所凭何据。江声(1721—1799年),字飞涛,后改字叔沄,晚号艮庭,学者称为艮庭先生,元和(今江苏吴县)人。他师从同郡惠栋,精通考据之学,著有《尚书集注音疏》《论语质》《六书说》《恒星说》等。

总体而言,江声批校茅一桂本十分简略,仅重点批校了高诱叙文、《原道训》《俶真训》《天文训》《地形训》等篇,其他篇目基本上是圈点和改动个别文字而已。江声在批校过程中提到了"别本",这是考察其参校本的重要线索。《天文训》"西北为蹠通之维"中"蹠",江氏校语:"别本作'號'。"③ 据查,刘绩本、王蓥本、朱东光本、汪一鸾本、吴勉学本均作"號"。又此篇"七十二日庚子受制,金用事,火烟黄",注文"土,中央,其色黄",江氏校语:"别本无。据文义当是衍。"④ 据查,道藏本、刘绩本、王蓥本、朱东光本、汪一鸾本、吴勉学本皆无此段文字,当是茅本自误。由于王蓥本、吴勉学本都是无注本,所以,江声所用的参校本最有可能是刘绩本、汪一鸾本和朱东光本中的一种。

---

① 《子藏·淮南子卷》第22册,第189页。庄明府,即庄炘,乃庄逵吉之父。卢氏称庄明府初印本,不确。
② 《文史》第二辑,第302页。
③ 《子藏·淮南子卷》第8册,第532页。
④ 《子藏·淮南子卷》第8册,第540页。

从校语位置来看，江声一般是直接写在原本中，一些长的校语则写在上下页眉中。他的批校内容主要有三类：其一，指明原本的作用，在《淮南鸿烈解叙》页眉，江氏校语："四库馆校对底本。"① 江声正处于乾隆纂修《四库全书》时期，这就为我们探明四库本《淮南子》的底本提供了权威依据。其二，改正原本明显的误字。例如，《俶真训》"若光耀之问于无有"，江氏改"间"为"问"②；又此篇"枝解叶贯"，改"贵"为"贯"③。其三，指出原本中的讹字。例如，《原道训》"物穆无穷"，江氏校语："汋讹物。"④《天文训》"其星东壁奎娄"，江氏校语："壁讹为璧。"⑤ 其四，对某些文本作出辨析。例如，《原道训》"扶摇抮抱羊角而上"，江氏校语："抮，当是抮。"⑥ 这些批校展现了一定的版本价值，可惜未能贯穿全书。

江氏批校本《淮南鸿烈解叙》首页钤有"四明张氏约园藏书之印""阳湖陶氏涉园所有书籍记""时亿之印""吉也"四枚方印。陶氏，即陶湘（1870—1939），字衡川，金陵（今江苏南京）人。张氏，即张寿镛（1875—1945），字伯颂，鄞县（今浙江宁波）人。两人都是清末民初的大藏书家。上述方印表明，该批校本曾转手张、陶二人。现归藏北京图书馆。

除批校茅一桂本外，江声还批校了它的子版本——茅坤本。《铁琴铜剑楼藏书目录》著录云："《淮南鸿烈解》二十一卷，明刊本。此明茅氏刻本，文多脱讹，注皆删节，郡人江叔澐氏以道藏本校改完善，间加订语，考正不苟。卷首有江声叔澐沉诸朱记。"⑦ 吴则虞认为，茅氏刻本即指茅坤本⑧。从瞿镛的记述来看，江声完整地批校了茅坤本，所用参校本是道藏本。江声"间加订语"的批校方式，也与他批校茅一桂本相同。关于该批校本的其他具体情况，现已无从得知。

七、钱塘、钱坫批校茅坤本

钱塘（1735—1790），字学渊，嘉定人，乾隆四十五年（1780）进士。他学

---

① 《子藏·淮南子卷》第 8 册，第 415 页。
② 《子藏·淮南子卷》第 8 册，第 481 页。
③ 《子藏·淮南子卷》第 8 册，第 503 页。
④ 《子藏·淮南子卷》第 8 册，第 464 页。
⑤ 《子藏·淮南子卷》第 8 册，第 523 页。
⑥ 《子藏·淮南子卷》第 8 册，第 440 页。
⑦ 《清人书目题跋丛刊三》，第 233 页。
⑧ 吴氏说："以道藏本校于茅坤本上。"（《文史》第二辑，第 302 页。）

识渊博,著有《律吕古义》《史记三书释疑》《泮宫雅乐释律》《说文声系》《淮南天文训补注》《述古编》等。钱塘批校茅坤本,吴则虞曾借阅过一遍。他描述说:"校于茅坤刻本之上。仅《天文》《时则》《兵略》三篇,亦不过略取叶本、王蓥本互勘之,盖未完之书。徐积余藏书,曩在来青阁借读一过。"① 可见,钱塘批校本曾为徐乃昌所得。徐乃昌(1868—1943),字积余,号随庵,南陵(今属安徽)人,近代著名藏书家。钱塘大概在乾隆五十三年(1788)《淮南天文训补注》定稿之前,对茅坤本进行了批校。他见过《淮南子》的多个版本,除叶近山本、王蓥本外,还有道藏本②,然未能完整地批校茅坤本,实是憾事。

钱坫(1744—1806),字献之,自署泉坫,乾隆三十九年(1774)举人。他也是一位学力不俗的硕儒,精通训诂,明晓舆地之学,并且工于书画,尤善小篆。钱坫批校《淮南子》,是否是针对茅坤本,实际上并无文献明确记载。唯卢文弨批校庄本时说:"余往年在太原,复取藏本细校,乃知书中古字,多出钱君献之所改,非藏本之旧也。"③ 顾广圻在其题识中也说:"此淮南王书武进刊本,校则嘉定钱坫献之也。"④ 虽然明确了钱坫有批校本,但未明确是批校在茅坤本上。日本学者仓石武四郎根据庄逵吉本《天文训》的正文及注文皆与钱塘《淮南天文训补注》很相似这个特点,推论出钱坫的批校本与钱塘所用本同源。美国学者罗斯教授通过研究,则进一步推断钱坫是使用茅坤本来批校的。钱氏批校本已不可得见,他的校语散见在各家过录本中。吴则虞说:"余得缪荃孙过录诸家校本,内多献之校语,有溢出庄刻之外者,惜原校未之遇。"⑤ 钱大昕批校汪一鸾本,即引用过钱坫校语。

八、顾广圻批校北宋本

北宋本在清代已成孤本,显然十分珍贵。因此,所谓批校北宋本,并不是直接把批语写在北宋本上,而是另纸批校。专门针对北宋本的批校,目前仅知有顾广圻和谭献两人。然由于文献阙如,谭献批校情况不明。

顾广圻虽然不是北宋本的实际拥有者,但与北宋本却有长时间的接触,

---

① 《淮南子书录》,《文史》第二辑,第303页。
② 关于钱塘与道藏本,详见本编第四章第三节。
③ 卢文弨《抱经堂文集》卷七《重校关中新刻淮南子题辞》,《四部丛刊》本。
④ 王欣夫辑《顾千里集》,中华书局2007年,第332页。
⑤ 吴则虞《淮南子书录》,《文史》第二辑,第303页。

先后通过黄丕烈、汪士钟的关系对北宋本作过深入研究。顾氏于嘉庆庚辰（1820）中秋前十日，在他的思适斋写下题记。题记说："汪君阆源收藏宋椠《淮南子》，予借读一过而书其后。"①这里的"书其后"，并不是直接写在北宋本的后面，而是另纸书写附于书后。这可从顾氏自己临摹的北宋本得到证明。这个本子没有任何校语，只是在书的最后附有顾氏名为《书宋椠〈淮南子〉后》的跋语。

顾广圻对北宋本有着非常特别的感情，可谓是推崇备至。王念孙称誉道藏本在《淮南子》诸本中为优，顾氏则谓北宋本："远出道藏本之上，至于注文，足正各本之误者，尤不胜枚举。"②怀着这样的情感，顾千里批校的主要任务，就是找出北宋本优于其余各本的文字。他的批校成果全部载录在王念孙的《读书杂志》中，王引之对此给予了高度肯定。王引之说："数月书来，果录宋本佳处以示，又示以所订诸条，其心之细，识之精，实为近今所罕有，非熟于古书之体例而能以类推者，不能平允如是。……而又得文学所校，以补而缀之，盖至是搜剔靡遗矣。今年将补刻所校，爰扬推之，以为读者法。"③所谓"宋本佳处"，即是《读书杂志》之十五《淮南内篇补》所列"《淮南子》宋本未误者各条"。据统计，顾氏校出北宋本《原道训》未误者1条，《天文训》2条，《地形训》3条，《时则训》1条，《精神训》2条，《本经训》1条，《主术训》5条，《缪称训》4条，《氾论训》4条，《说山训》2条，《说林训》4条，《人间训》4条，《修务训》6条，《要略》1条，共约40条。此外，在"顾校《淮南子》各条"中，顾氏还提到了北宋本佳处3条。这些数据表明，顾氏很好地完成了批校北宋本的主要任务，达到了证实北宋本为善本的目的。这对提升北宋本的版本地位，扩大北宋本的利用价值，作出了贡献。

当然，顾氏批校北宋本，不仅仅限于觅其佳处，还多寻其异处，甚至错处。寻其异处，《淮南内篇补》录为"《淮南子》宋本之异者各条"。顾氏校北宋本之异者，是与道藏本相对照而来。据统计，他校出《原道训》异者2条，《地形训》1条，《精神训》4条，《本经训》1条，《主术训》6条，《缪称训》1条，《齐俗训》1条，《道应训》9条，《氾论训》4条，《兵略训》2条，《说山训》1条，《说林训》

---

① 王欣夫辑《顾千里集》，第336页。
② 王欣夫辑《顾千里集》，第336页。
③ 《子藏·淮南子卷》第46册，第389页。

1条,《人间训》1条,《修务训》2条,《泰族训》2条,《要略》2条,共约40条。这些数据说明,古书在流传中会发生文本变异这个普遍现象,显示出校勘对于古书传播的重要性。寻其错处,这在顾氏跋语中也有清晰记载。他说:"全书共阙五叶,又有颠倒之处,今俟查明开列细数,夹在每卷之中,候校定可也。"①黄丕烈在批校明钞本时,即运用了这一成果。经顾氏的批校之后,北宋本优劣之处即一目了然,为其影写北宋本做了很好的准备。

九、其他不明底本的批校本

由于文献所限,目前还有两种不明底本的明刊本批校本,一是姜宸英批校本,二是沈大成批校本。这两种批校本,吴则虞《淮南子书录》均有著录。

关于姜宸英批校本,《淮南子书录》云:"童藻荪先生藏。批识无多,衡论文义,非主考订。"②若吴氏所言不虚,则姜宸英是最早对《淮南子》作出批校的清代学者。姜宸英(1628—1699年),字西溟,号湛园,浙江慈溪人。姜氏是明末诸生,清康熙十九年(1680)以布衣任明史馆纂修官,康熙三十六年(1697)进士,授翰林院编修,著有《湛园集》《苇间集》《海防总论》等。根据吴则虞的记述,姜氏批校《淮南子》,并不在于"校",而主要在于"批",在于阐述文中的义理。这表明,姜氏治学仍然保留着明代学者的评点风格,对深入的文本校勘还略显生疏。

关于沈大成批校本,《淮南子书录》云:"以北宋小字本校,并录惠栋校语。旧藏嘉业堂。沃田,学人也,其校《南北史》《水经注》《玉篇》《勿菴算书》最佳。此校,惜未过录。"③可知该批校本为吴则虞亲眼所见,当不会有误。沈大成(1700—1771),字学子,号沃田,华亭(今上海松江)人,三十岁以后,专心于校勘古籍,所校之书涉及经史百家。沈氏批校《淮南子》,应该也是他三十岁以后所为,大概在乾隆前期。该批校本还过录惠栋校语,曾藏于近代藏书家刘承幹(1881—1963)所建的嘉业堂,现不知归往何处。近人王欣夫于明花口本中过录沈大成校语。

除以上两种不明底本的二十一卷本明刊本批校本外,又有不明年代、不明

---

① 王欣夫辑《顾千里集》,第336页。
② 《文史》第二辑,第301页。
③ 《文史》第二辑,第301页。

底本的二十一卷本批校本约九种,兹略述如下:

孙冯翼批校本。孙冯翼,生卒年不详,字凤埔,承德人。批校时间约在 1799 年前后。所用参校本不明。《淮南子书录》著录①。

翁方纲批校本。翁方纲(1733—1818),字正三,号覃溪,大兴人,乾隆十七年(1752)进士。批校时间不明。所用参校本不明。《增订四库简明目录标注》著录②。

杨沂孙批校本。杨沂孙(1813—1881),字泳春,常熟人,道光二十三年举人。批校时间不明。所用参校本不明。《淮南子书录》著录。

胡澍批校本。胡澍(1825—1872),字甘伯,号石生,绩溪人。批校时间不明。所用参校本不明。《淮南子书录》著录③。

赵之谦批校本。赵之谦(1829—1884),字益甫,号冷君,会稽人。批校时间不明。所用参校本为道藏本。《淮南子书录》著录。

谭献批校本。谭献(1832—1901),字仲修,号复堂,浙江仁和人。批校时间是在 1880 年,所用参校本为影宋本,《淮南子书录》著录④。

诸可宝批校本。诸可宝(1845—1903),字迟菊,号璞斋,钱塘人。批校时间不明。所用参校本不明。王秉恩批校本过录。

吴广霈批校本。吴广霈(1855—1919),字剑华,号瀚涛,晚号剑华道人,泾县人。批校时间是在 1910 年。所用参校本不明。《淮南子书录》著录⑤。

---

① 吴则虞说:"上海文献图书馆有过录本,未见。"(《文史》第二辑,第 303 页。)
② 邵懿辰《增订四库简明目录标注》:"余藏有翁覃溪手校本。"(上海古籍出版社 1979 年,第 508 页。)《淮南子书录》不著卷数,并云:"余见翁校《大戴礼记》《墨子》,此书未遇。"(《文史》第二辑,第 303 页。)
③ 《淮南子书录》:"过录王念孙校,其著已见,只三数则。"(《文史》第二辑,第 304 页。)
④ 《淮南子书录》:"孙雄《郑斋感逝诗》注载仲修致金湉生武祥函云:'献卅年缉眷校读有董江都、淮南王二书,《易林》《意林》诸本,撰录《簃衍集》。八载以来,杂文诗词,明年思以次付梓也。'案仲修所订《董子》已刻,《淮南》未见传本。"(《文史》第二辑,第 305 页。)谭献《复堂日记》卷五:"校《淮南鸿烈》二十一篇,以十月朔始,日课一卷,二十一日而毕,用《读书杂志》及陈校宋本移写卷中,梁曜北、张肃山之论附焉。钱溉堂《天文训补注》、顾千里《补校》亦录入。王氏谓庄炘刊藏本,实非其旧,并不晓文义删改,及妄生异说者。予于浙局刻《淮南》时谋刻宋本,附《校勘记》。已而仍用庄本,非予意也。"(台湾新文丰出版公司《丛书集成续编》第 217 册,第 743 页。)此段文字未指明年份,经查,为庚辰岁,即光绪六年(1880)。谭献数次提及宋本,并过录陈奂北宋本校语及顾广圻校语,使用影宋本作为参校本当属常见。缪荃孙序跋有言:"庄本固未足凭,谭君仲修、许益斋欲刊影宋本为校勘记,从无见过此本者,故虽节本亦摹播之,取其罕见也。"(何宁《淮南子集释》,第 1531 页。)
⑤ 《淮南子书录》:"此书为宣统二年所校。引'日东校'云云、'明大字本'云云。日东不知何人,明大字本,初疑为王溥本,细案之又不然,颇有佳胜。"(《文史》第二辑,第 306 页。)

第三节 批校本的盛行——清代庄逵吉本批校本

庄逵吉本刊行以后,迅速流传于各地,成为清代最有影响力的二十一卷本,针对它的批校本自然是最多的。据统计,有清一代基于庄本的批校本大约有 19 种。今择其精要者详述,其余则略述以存。

一、卢文弨批校本

卢文弨是最早对庄逵吉本进行批校的清代学者。顾广圻曾在他的校本上过录了卢文弨批校庄本的跋语:"己亥在杭州得钱坫本,录之汪一鸾本上。"又录:"癸卯在晋阳,借道藏本校,知所有古字皆出钱君所改。"又录:"戊申十月,始得此新刊本校一过。月云二十七日,杭东里人卢文弨记。"又录:"孙君诒谷借观余本,加以校证,又有梁仲子处素校语,遂以此本相易,乃属王嘉客尽度之。庚戌四月十九日,弓父记。"① 这为我们了解卢氏批校庄本的过程,提供了真实可靠的文献材料。从卢氏的这些跋语看,他是把钱坫本与庄逵吉本等同起来,分别在乾隆四十四年(1779)、乾隆四十八年(1783 年)两次批校钱坫本。第一次粗校是移录在汪一鸾本上,第二次细校当是直录在钱坫本上,所用的参校本是汪一鸾本和道藏本。乾隆五十三年(1788)三月,庄本刊行,卢氏十月就获得了此本,并很快批校了一遍,前后相隔不过半年。两年后,即乾隆五十五年(1790),孙志祖、梁履绳在卢文弨的影响下相继批校庄本。

关于批校庄本,卢氏还有一篇写于乾隆五十七年(1792)的题跋,作了更为详细的记述:"此刻从藏本出,载高诱注为详,不似俗本之删削,然亦尚有一二遗漏者。余往年在太原,复取藏本细校,乃知书中古字,多出钱君献之所改,非藏本之旧也。如赡作澹,能作耏,充作沇,让作攘,霸作伯,憾作感,施作弛之类,殊可不必。其中间引文弨所说,今都不复省记,且传写不无错误,定不免为通人所哂,安能一一正之? 广陵世讲秦太史敦夫,好学士也,知余别有校本,托为传之。此书经江阴赵文学敬夫曦明、杭州孙侍御诒谷志祖、梁孝廉处素履绳博引详证,足称善本,非余一人之力所能至是,因并题数语归之,庶不没其所自。时乾隆五十七年孟夏二十有六日杭东里人卢文弨书于毗陵之龙城书

---

① 王欣夫辑《顾千里集》,第 334 页。

院。时年七十有六。"① 在这篇题跋中,卢文弨不仅肯定了庄本不同于俗本的地方,还认为经过赵曦明、孙志祖、梁履绳与他自己合力校勘后的庄本足可称得上是善本。卢氏把这个善本传写后,赠送给了扬州的秦敦夫②。卢氏似乎对庄本很感兴趣,有多次批阅的经历。他在题识中说:"乾隆五十九年九月十九日阅起,适金坛段君若膺来,留宿剧谈,次晚解维去,挑灯竟阅。卢文弨记,时在常州龙城书院。"③卢文弨这次与段玉裁相会,已是在他批校完庄本两年后。此时他已七十八岁高龄,竟然还挑灯披阅庄本,足以说明他对庄本的重视。卢文弨批校本曾归近人吴则虞所有,现不知归往何处。

二、孙志祖等人的批校本

根据卢氏的题跋,其批校本中过录了赵曦明、孙志祖和梁履绳三人的校语。赵曦明,字敬夫,江阴人,诸生。孙志祖(1737—1801),字诒谷,仁和人,乾隆三十一年(1766)进士。梁履绳(1748—1793),字处素,钱塘人,乾隆五十三年(1788)举人。事实上,这三人的批校应有单本流传,但现在只能见到其他学者的过录本④。今《子藏·淮南子卷》第二十至二十二册影印收录的王秉恩批校本,过录了大量孙志祖和梁履绳校语,以及少量赵曦明校语。

根据校语,孙志祖批校本所用的主要参校本为茅一桂本。例如,《原道训》"弯綦卫之箭",孙氏校语:"綦,茅本作綦。"⑤《天文训》"故曰太昭",孙云:"茅本太作大。"⑥又如,《览冥训》注文:"逵吉按,'文王至不书'十四字,叶近山、茅一桂二本皆有,藏本无,今增入。"孙氏校语:"志祖按,家所藏本茅一桂本

---

① 《子藏·淮南子卷》第20册,第529页。这篇题识,其《抱经堂文集》卷七收录,名为"重校关中新刻《淮南子》题辞",时为"壬子"。从题名看,卢文弨对庄逵吉本进行了两次批校。
② 其跋语又云:"乾隆壬子三月余访旧广陵,秦太史敦夫知余此书有孙、梁校本,因传写诒之。"(《子藏·淮南子卷》第22册,第189页。)
③ 《子藏·淮南子卷》第20册,第563页。
④ 关于赵曦明批校本,吴则虞说:"敬夫雠子书最多,《吕览》《淮南》其最者。《吕氏》毕氏灵岩山馆刻本已采用,《淮南》则仅有传录本。丙申,徐行可先生借录,自十一卷至二十一卷。嗣见卢校本亦有敬夫校语在内。"关于孙志祖批校本,吴则虞说:"校于庄逵吉本之上,缪荃孙摘录。其中有与《读书脞录》合者,亦有《脞录》未收者,语语征实,细入毫芒。恐原校尚不止此,惜未之见。"关于梁履绳批校本,吴则虞说:"校于庄逵吉本之上,缪荃孙过录。处素校语,俱极精当,堪与孙诒谷骖骎。惜原校未之见。"(见《淮南子书录》,《文史》第二辑,第303页。)
⑤ 《子藏·淮南子卷》第20册,第528页。
⑥ 《子藏·淮南子卷》第21册,第1页。

无此十四字。"① 而梁履绳批校本所用的主要参校本为明刻道藏本。例如,《道应训》"和不及道",梁氏校语:"明刻藏本注作'道者末之由'云云。"②《人间训》"虽愈利后无复",梁氏校语:"明藏本作'后亦无复',各本同此,当脱'亦'字。"③ 从内容看,梁履绳的批校旁征博引,大多运用先秦两汉古书与唐宋类书作为参证,考据色彩极浓④,足可以与王念孙的《淮南内篇杂志》相媲美。

三、顾广圻批校本

与卢文弨不同,顾广圻对庄逵吉本基本持否定态度,但这种态度并没有妨碍他批校庄本。顾氏于题跋中说:"此淮南王书武进刊本,校则嘉定钱坫献之也。钱实未见道藏,所见校道藏本耳,故其称说全无一是。今悉用道藏改正,弃之箧中,倘后有好事者重付剞劂,则道藏之真面目可从此识矣。"⑤ "全无一是""弃之箧中",鲜明地表达了顾氏对庄本的否定评价。他在另一篇题跋中又基本重复了这一评价:"此刻实未真见藏本,所见传校藏本者耳,故其所言藏本,大率如扣槃扪烛而已。甲寅春季,借读松厓先生校,随用道藏正其甚谬处,余尚未悉出,已不啻径庭矣。"⑥ "正其甚谬处",同样反映了顾氏对庄本的不认同。

根据这两篇题跋,可知顾广圻在乾隆五十九年(1794)批校过庄逵吉本。他最主要的工作,就是用所谓真道藏本来改正庄本因使用所谓传校的道藏本而带来的谬误。《子藏·淮南子卷》所影印收录的王秉恩批校本,以"顾云""广圻云""顾千里云""顾广圻""顾"等形式,过录了顾氏校语约20条。观其内容,皆非顾氏题跋中所言,很有可能不是顾氏批校庄本的校语。近人严

---

① 《子藏·淮南子卷》第21册,第125页。
② 《子藏·淮南子卷》第21册,第336页。
③ 《子藏·淮南子卷》第22册,第53页。
④ 大多校语标"梁云""梁",亦有"梁仲子履绳云""梁处素云"字样。据统计,梁氏引证的古籍有《文选注》《吕氏春秋》《列子》《集韵》《庄子》《韩非子》《国语》《初学记》《续汉书》《郡国志》《史记》《左传》《汉书》《尔雅》《水经注》《尚书》《后汉书》《山海经》《太平御览》《汉魏音》《新书》《老子》《文子》《说文解字》《新序》《诗经》《说苑》《周礼》《盐铁论》《战国策》《韩诗外传》《吴越春秋》《荀子》《经典释文》《春秋公羊传》《广弘明集》《礼记》《鹖冠子》《论语》《一切经音义》《艺文类聚》《广韵》《困学纪闻》《楚辞补注》《意林》等40余种。
⑤ 王欣夫辑《顾千里集》,第332—333页。《子藏·淮南子卷》第20册520页过录此跋,"淮南王书"作"淮南王"。
⑥ 王欣夫辑《顾千里集》,第333页。

灵峰曾见过顾氏批校本,现藏于台湾"中央"图书馆①。

四、陈奂批校本

陈奂(1786—1863),字硕甫,晚号南园老人,长洲(今属江苏苏州)人,与当世硕儒王念孙、黄丕烈、顾广圻皆有交往,亦可谓一代名家。陈奂两次批校庄本,断断续续历时二十余年。

第一次批校是发生在1834年。陈奂自题跋语云:"顾涧萍翁曾有影钞本,称甚精核……今雨塘借校,重睹至宝,又为兰邻先生札属,代校一过,其不同处,悉书于字侧,而并著行款如宋,孰得孰失,必能辨之者矣。道光十四年三月长洲陈奂计五十日校毕识此。"②可见,这一年陈奂用了顾广圻的影宋钞本对庄本作了首次批校。

第二次批校是发生在1854年。王国维《传书堂藏书志》载录有陈奂后来补写的两则手跋。首跋云:"《淮南鸿烈解》有北宋本,藏于吴县黄荛圃家。荛圃手录一过,而以北宋本归诸山塘汪氏。余向同叔借其尊人所手录者为过一通。余校不暇,倩吴有堂精意代校。黄校行叶悉依宋本,余校悉依黄校。道光纪元之年,阅今三十年余。咸丰甲寅三月,陈奂补书。"次跋云:"此书为尊湖胞兄所藏,有'尊湖读书记'及'烜印'图章。"③可见,陈奂第二次批校并非他本人一人所校,而是与吴有堂合作批校。这次批校主要选用了黄丕烈依照北宋本而形成的手校本作为参校。

陈奂批校本后来被自称"穆清"的人所有,《传书堂藏书志》亦载录此人手跋。跋文云:"道光戊戌,穆清借录一过,书以志感。宋本尚有应避字须更正也。此庄氏逵吉刊本,陈硕甫先生以黄复翁手钞北宋本校,又倩吴有堂覆校。向见硕甫先生致王文简札,述为文简向黄同叔钞《淮南》全书,其《天文训》一篇,复从汪阆源借宋本覆校。先生自校此本,亦在此时也。宋本与庄刊《道

---

① 严灵峰《周秦汉魏诸子知见书目》(第五卷)著录为:"校庄本《淮南子》,二十一卷,顾广圻。"自注:"以庄逵吉原刊本为底本,朱笔手校于宋椠本,均在本文及上下阑。并称:'武进刊本实未见道藏本,颇多存疑。'末有自记云:'王怀祖先生以所著《读书杂志》内《淮南》一种见赠,于藏本、刘绩本及此本是非,洞若观火矣。松崖先生有手校本,今归黄荛圃,顾广圻记。'首有程登题'吴县浣花室主记于蓺溪草堂,时年六十有三'字样。清嘉庆二十五年手校本。"(台湾正中书局1978年,第103页。)
② 何宁《淮南子集释》,1526页。
③ 王国维《传书堂藏书志》,上海古籍出版社2014年,第568页。

藏》本异同甚多,此校并将叶数行数一一记出,可谓精校矣。有'烜印''颍川''尊湖堂读书记'三印。"① 与陈奂跋语相合。

五、陶方琦批校本

在界定庄逵吉本的优劣方面,陶方琦十分认同顾广圻的意见,只是批判的程度更加猛烈。他的《汉孳室文钞》载录了一篇题为《淮南宋本、道藏本校正庄本序》的长篇跋文。跋文云:

> 《淮南》宋本不可得见,相传正统十年所刊道藏本为最古。庄氏逵吉读《道藏》于南山之说经台,取《淮南》定本刊之,有渊如、十兰二先生同事校勘,宜其精也。然予初读而疑之,嗣从武林谭复堂假得传录《淮南》宋本,窃谓《道藏》与宋本当不甚远,胡为字句之间,同异若此?以是知庄本非真《道藏》也。后览王石臞先生之言,曰:"近日武进庄氏所刊藏本,实非其旧,其藏本是而各本非者多改从各本,其藏本与各本同误者,一概不能厘正,窃恐学者误以为藏本而从之,新刻行而旧刻微矣。"又览顾千里、黄荛圃之言,亦谓庄刻乃《道藏》赝鼎,以己意增芟,多造成童牛角马之字,移易旧文,不知者谓《道藏》真如是,贻误可胜言耶?是皆灼知庄刻之非,而与予言适吻合也。何以明之?庄氏之书,其误在师心自用,猛意变易,不能守故,识所由来,遂至点窜文谊,节敓字句,以伪乱真,伊于胡底。且乾嘉经师,刊校子集,皆为精美,此书疏忽独甚,亦无有正其性缪,完归本书。它若以"熟"为"孰",以"能"为"耐",以"耳"为"尔",以"境"为"竟",以"毫"为"豪",以"腰"为"要",以"旅"为"旂",以"溺"为"休",私据古文,轻移旧观,如是之类,改不胜改。总以宋本、《道藏》其善处固不可改,即误处亦不能遽改,谨守昔义,以底真确,传疑传信,非由私意。方琦校读《淮南》有年,曾为《许注异同诂》四卷,《许注存疑》二卷,《许注八篇征》四卷,又《淮南参正》二十余卷。数祺以来,因得见宋本、道藏本、刘、茅诸家本,知藏本最为近古,宋本之胜《道藏》,不过什之二也。今上龙飞建极之元年,浙局欲重墨是书,定刊庄本,方琦曾与当局再四言之,勖其得宋本景刊之,否则取《道藏》原本,以明庄本之失。当局

---

① 王国维《传书堂藏书志》,第569页。

颇题余言,并思以方琦是书六卷附于后,故聊以蹉暑余闲卒成是册,校其误文敚句凡二千余科,以还凤志,非以评伯鸿之短,实以归《鸿烈》之真,世有同志,其识之矣。①

从此文可知,陶方琦曾撰写《淮南宋本、道藏本校正庄本》六卷,后称《庄本校勘记》,专门用北宋本、道藏本来校勘庄本的文字。此书是他批校庄本成果的集中体现。依据序文所载,他批校庄本,写成《校勘记》,是在光绪元年(1875)之前,又《许注异同诂》成于1871年,因此,陶方琦批校庄本,应是在1871年至1875年之间,具体年代已不可考。

按照陶方琦的说法,他并未直接批校在庄本上,而是另纸成册,校出庄本讹误达二千余处,可谓是前所未有,亦能见出陶氏批校庄本之用心。本来这二千余处被校正的讹误,要附于浙江书局所刊《二十二子》本之后,但不知什么原因,今传浙江书局所刊庄本后面,并未附有陶氏的《校勘记》,甚是令人遗憾。总之,陶方琦批校庄本,是清代学者中最为用心者,也是成就最大者。

六、吕贤基、李慈铭批校本

在庄本的批校本中,吕贤基、李慈铭批校本是较为特殊的一种,其一体现在两人相继批校同一本书上,其二体现在不以参校本而以《群书治要》《读书杂志》进行批校。吕贤基(1803—1853),字鹤田,安徽旌德人,道光十五年(1835)进士,谥号文节。李慈铭(1830—1894),字爱伯,号莼客,晚年自署"越缦老人",浙江会稽人,光绪六年(1880)进士。两人皆是学识渊博的学者,喜好古书。

吕贤基在庄本卷二十的末尾写有一段题识,非常简略地记述了他批校该本的情况。题识云:"道光丙午十月十七日,据《群书治要》校其间字句,有异同,或书于眉,或注于旁,以待他日采择事。旌邑吕贤基记。"② 道光丙午,即道光二十六年(1846)。吕氏在此年十月,依据《群书治要》节选的《淮南子》文本来校其异同,有的校语写在页眉,有的则写在正文旁边。其批校篇目和校语数量,自然会受《群书治要》的限制。吕氏批校的篇目,与《群书治要》节选的篇目相对应,仅有《原道训》《本经训》《主术训》《缪称训》《齐俗训》《道

---

① 陶方琦《汉孳室文钞》卷二,《续修四库全书》第1567册,第510—511页。
② 《子藏·淮南子卷》第20册,第485页。

应训》《氾论训》《诠言训》《说山训》《人间训》《泰族训》十一篇,并且校语数量不多,总计约210余条。其主要内容,一是标明《群书治要》篇目次序,如《本经训》卷首,吕氏校语:"《治要》引《本经》为第二段,次于《原道》。"①二是标明《群书治要》未引文字,如《齐俗训》"其礼易行也",吕氏校语:"'其礼'二句未引。"②这类校语非常多。三是对比两者文本异同,这是吕氏批校的主要目的,所以此类校语也很常见。至于吕氏为何选择《群书治要》作为参校对象,原因大概是《群书治要》在当时还是比较少见,用它来校正《淮南子》的并不多。但在吕氏之前,王念孙已最大限度利用《群书治要》来校正《淮南子》了,因而吕氏的这些批校价值并不大。

吕氏死后十年,他的批校本就被李慈铭在北京的书店里购得。李氏在此本《叙目》末尾亦写有一段题跋:

> 同治癸亥三月,得于京师厂市。此本为庄伯鸿据道藏本校刊,旌德吕文节更据《群书治要》所引,以朱笔校注于眉间及行中。世传《淮南子》率多明椠,固脱误不可读,而《道藏》所收亦非善本,庄氏此校所是正者寥寥无几。乾嘉间,自孙渊如氏、洪筠轩氏喜读道书,谓可以补正古籍,一时嗜奇者遂广相搜采,过而存之,其实非也。《治要》刺取奇零,更不足据,然得失亦往往相形。学者治古人书,而偏有所尊信,积非成是,其害益甚,是贵博取而阙疑耳。高邮王氏《读书杂志》中有论此书者二十二卷,又附刻顾涧苹氏校宋本一卷,皆精密多可取云。会稽李慈铭爱伯识。③

同治癸亥,即同治二年(1863)。李慈铭于此年得到吕氏批校本后,是否也在此年进行了他自己的批校,跋文中并没有说明,但可能性很大。李氏的批校十分简略,就是在吕贤基批校的基础上增补了王念孙和顾广圻的校语。当然,所增补的校语要符合他"精密""可取"的标准,并不是不加辨别。所以,虽然李氏没有写下自己的校语,但从中寄寓了他的校勘理念,即"博取而阙疑"。李慈铭对庄本评价不高,就是因为在他看来庄逵吉偏信《道藏》,窜改古书,积非成是;而对吕氏使用《群书治要》作为一种参校对象虽有所批判,但又给予了一定的肯定,因为吕氏的做法在某种程度上符合他"博取而阙疑"的校

---

① 《子藏·淮南子卷》第19册,第541页。
② 《子藏·淮南子卷》第20册,第111页。
③ 《子藏·淮南子卷》第19册,第298页。

勘理念。

七、其他学者的批校本

除上述七种庄本批校本外，又有大约十二种庄本批校本，限于篇幅，不能详细展开，兹略述如下：

梁玉绳批校本。梁玉绳（1745—1819），字曜北，自号清白士，钱塘人，诸生，是梁履绳之兄。批校时间约在1790年后，所用参校本不明。吴则虞《淮南子书录》描述该批校本："校于庄逵吉本之上，缪荃孙过录，有与《瞥记》《庭立纪闻》相合者，亦间有不合者。"①《瞥记》乃梁玉绳读书札记，卷五收录有《淮南子》校注若干条，并非梁氏批校庄本之语。民国王秉恩批校本曾过录该批校本校语。

朱邦衡批校本。朱邦衡，生卒年不详，字秋崖，又字敬舆，苏州人。批校时间是在1792年，所用参校本为明刊安正堂本。朱氏跋语云："今庄令所刻是本，乃从藏本校刊，大略与六艺本相同，错谬亦复不少。然两本互有得失处，废一不可，惜庄君所见善本尚少耳。其案中引据《御览》，缺文误字，余悉以硃增改之。壬子八月二十六日校毕记此。秋崖朱邦衡。"②可见，该批校本主要是纠正庄逵吉未校对《太平御览》引文所产生的错误。

顾之逵批校本。顾之逵（1752—1797），字抱冲，元和人，顾广圻从弟。批校时间约在1792—1797年之间，所用参校本不明。顾氏跋语云："今朱君秋崖复以新刻参校，云与六艺本大致相同，度校在上，余因借录一过。其刻本之误与朱君度本之误，尚俟用墨笔拈出也。"③可见，该批校本主要是纠正庄本及朱邦衡批校本所产生的错误。

周广业批校本。周广业（1730—1798），字勤圃，号耕崖，海宁人，举人。批校时间约在1788—1798年之间。所用参校本不明。吴则虞《淮南子书录》描述该批校本："校于庄刻本上，徐行可先生有过录本，校语甚少。"④民国王秉

---

① 《文史》第二辑，第303页。
② 见何宁《淮南子集释》，第1525—1526页。
③ 见何宁《淮南子集释》，第1525页。吴则虞《淮南子书录》又著录有"顾逵批校本"，并说："校于庄逵吉本之上，过录顾广圻校语，间附己见，寥寥数解，亦颇有可取处。"（《文史》第二辑，第303页。）疑"顾逵"为"顾之逵"之误。
④ 《文史》第二辑，第304页。

恩批校本有过录。

许宗彦批校本。许宗彦(1768—1818),字积卿,号周生,德清人,嘉庆四年(1799)进士。批校时间约在1799年后。所用参校本不明。《增订四库全书简明目录标注》著录云:"许周生先生有就庄刻精校本。"①说明该批校本的质量不低。

管庆祺批校本。管庆祺,生卒年不详,字吉也,元和人,陈奂弟子。他批校庄本的时间是在1858年。该批校本最后一卷末尾附有管氏跋语。跋语云:"顾涧苹先生手校《淮南》二十一卷,向藏常熟瞿氏恬裕斋中,今秋胡心耘先生转借得之,因照临一通。书中墨笔系校宋椠本,硃笔系校道藏本。其硃笔尖出处,乃是王氏《读书杂志》所已著者也。惟顾所据校之刊本与此本间有修板互异处,今于上方另加'庆祺案'三字以别之。爰志于此。咸丰八年十月十八日元和管庆祺临毕,识于体经堂。"可见,管氏批校本过录有顾广圻校宋本与道藏本校语,并以"庆祺案"标明顾氏所据庄本与管氏所据庄本之间修板互异处。管氏批校本钤有"吉也手校""吉也校本""元和管庆祺吉也珍藏""吉也手录""管庆祺印""体经堂藏""吴兴刘氏嘉业堂藏书记""汉阳刘氏秘藏""刘苍润考藏复归经籍""刘苍润"等众多印章,并先后经嘉业堂刘承干及汉阳刘苍润收藏②。

劳格批校本。劳格(1819—1864),字季言,仁和人。批校时间不明。所用参校本为钱坫校本,劳氏多次称"初刻",如《人间训》"越之犀角",季言校语:"越,初刻'月',卢改。"③所谓初刻,应是钱坫校本。吴则虞《淮南子书录》:"缪荃孙过录,似亦校庄刻本也。"④民国王秉恩批校本有过录。

陈倬批校本。陈倬,生卒年不详,字培之,元和人,咸丰己未(1859年)进士。陈氏自题跋语云:"日读讹书,妄生驳难,大方笑之,故读书不可无善本也。高邮王氏《读书杂志》精确不磨,于《淮南》尤邃密,盖以道藏本为主参,以群书所引订正,凡九百余条,末又附以元和顾氏参校宋本与藏本之不同及顾氏所

---

① 邵懿辰《增订四库全书简明目录标注》,第508页。
② 刘苍润亦有题跋,写在《叙目》末尾。跋云:"此管庆祺临校顾广圻校宋椠及道藏本,精整不苟,不啻顾校之自传种子,可宝也。辛卯岁春日在沪摘肾石,初愈,偕素文游吴门,得此本于文学山房。今忽忽已四十年矣,检此慨然。辛未五月初八昌润漫识,时七十有三。"该批校本现无影印本,以上所引文字皆据原本。
③《子藏·淮南子卷》第22册,第73页。
④《文史》第二辑,第304页。

订诸条,盖至是而搜剔靡遗,洵为《淮南》之善本矣。天寒漏永,涉猎及此,以各本之是非,朱笔录于下方,以王、顾两家之绪论,墨笔录于上方。自惟谫陋,但剩陈言,别无新得,譬之土龙刍狗,块然形质,不有性灵。然困而求之,庶于古昔义训,渐能引申,较愈于今之名公巨卿,珍藏宋本,鑐诸箧笥而不观者。同治壬申长至丙夜陈倬记。"① 可见,陈倬批校庄本是在1872年,主要过录王念孙、顾广圻校语,亦附录自己的校勘心得。

缪荃孙批校本。缪荃孙(1844—1919),字炎之,又字筱珊,晚号艺风老人,江阴人。其批校庄本时间不明,所用参校本为谭叔端新刊本、北宋本、道藏本。《淮南子书录》描述该批校本:"据宋本、藏本以校庄本,并迻录赵曦明、孙志祖、劳格诸家校语,字迹端整,不似筱珊之笔,盖倩人所钞录。徐行可先生举以贻余。"② 可知此本曾为吴则虞所有。

张鸣珂批校《十子全书》本。张鸣珂(1829—1908),字公束,晚号寒松老人、窳翁,嘉兴人。批校时间大约在1872—1890年之间,所用参校本不明。许在衡《淮南子庄浙本异文补校小识》著录。

许克勤批校《十子全书》本。许克勤,生卒年不详,字勉甫③,浙江海宁人。该批校本多卷末尾皆有精确的记时。例如,卷一末尾:"癸巳仲冬九日许克勤过校陈氏《正误》至此。"④ 卷三末尾:"癸巳十一月初十夕陈观楼《正误》许克勤过校毕。"⑤ 卷十末尾:"海康陈昌齐观楼《淮南子正误》,故人孙得之孝廉传凤有手钞本,癸巳冬向其喆嗣伯南茂才假得,十二月初五夕过校至此。"⑥ 卷十八末尾:"光绪十九年十二月望日许克勤校陈氏《正误》。"⑦ 由此可知,许氏批校《十子全书》本是在光绪十九年(1893)十一月至十二月,过录陈昌齐《淮南子正误》及汪文台校语,亦以"克勤按"附上己见。卷十三末尾许氏校语:"此与道藏本异者容而与众同,同者锱锤之冠。"⑧ 说明许氏所用参校本为道藏

---

① 见何宁《淮南子集释》,1527页。
② 《文史》第二辑,第305页。
③ 勉甫,又写作"勉夫"。许氏批校,自署其名。其中,卷四署名"海宁许克勤勉甫手校",卷十、卷十一、卷十三、卷二十署名"海宁许克勤勉甫斠注",卷七、卷八、卷九、卷十四、卷十五、卷十七"勉甫"作"勉夫",卷十八署名"海宁许克勤澡身斠注"。
④ 《子藏·淮南子卷》第30册,第149页。
⑤ 《子藏·淮南子卷》第30册,第241页。
⑥ 《子藏·淮南子卷》第30册,第536页。
⑦ 《子藏·淮南子卷》第31册,第399页。
⑧ 《子藏·淮南子卷》第31册,第165页。

本。整体而言,许克勤批校本的质量较高。

许在衡批校《十子全书》本。许在衡,生平不详,山阴人。许氏《〈淮南子〉庄浙本异文补校小识》云:"庚寅之秋,从嘉兴张公束大令借其手摹元和管氏传临顾涧苹先生精校本,因取庄本仿录一过。中经覆勘数四,自信不至如朱文游族子传惠校本之谬已。惟公束所据庄本系浙江书局重刊,其间校改庄刻误字,诚有如公束跋尾所称,往往与顾校相合者,然亦有庄本是而浙改转非,及写刻致讹而未及正者。公束既分别条著于书眉,顾尚有未尽,辄为随文拈出,别纸辑录一通,以贻公束。异日作《淮南校勘记》,此其竹头木屑也。戊戌四月山阴许在衡记。"[①]可知,许氏批校庄本的时间是在1898年,所用参校本为庄逵吉原刻本,不仅过录顾广圻校语,还专门辨别庄本与浙本之异。

第四节 清代《淮南子》影宋钞本的兴起

清代《淮南子》版本新变的又一大体现,就是影宋钞本的兴起。影钞本创始于明末清初的汲古阁主人毛晋(1599—1659)。影钞本的出现是古代版本史上的一大创举,是现代影印本的前奏,能够有效保护稀世珍本及罕见的精致善本。在清代,影钞技术经常为藏书名家所使用,影钞本亦不少见。《淮南子》善本无多,以北宋本、道藏本见长,其中北宋本至清代已成孤本,最为稀世罕见。很多学者诸如陶方琦、谭献、杨以增、杨绍和、莫棠,都欲谋刻北宋本而不得。北宋本因此显得极为珍贵,成了清代学者影钞的重要对象。据调查,传世的《淮南子》北宋本影钞本,即有顾广圻影钞本、陈奂影钞本和刘履芬影钞本三种。此外,还有已经失传的钱曾影钞宋本。

一、钱曾影钞宋本

钱曾(1629—1701),字遵王,号也是翁,又号述古主人,江苏虞山人。他是明末清初继钱谦益之后最有名的藏书家,藏处名号"也是园""述古堂"。

[①]《子藏·淮南子卷》第52册,第207页。严灵峰《周秦汉魏诸子知见书目》第五卷描述该批校本:"过录顾广圻、张鸣珂二家校语,并跋,又自加手校。朱、墨并用,楷书临校。咸丰八年由元和管庆祺校宋本,光绪九年临张鸣珂校本。末附光绪戊申许在衡题识,略称:'自初校用朱笔临藏本,继用墨笔临宋本,最后用绿笔录公束校语。'又取庄、浙二本互异处,附著于眉,加'在衡案'三字以别之云云。"(第118页。)可供参考。

钱氏著有《读书敏求记》，专录宋元精刻。此书卷三著录："《淮南子鸿烈解》二十一卷。"自注："《淮南子》善本极少，此从宋刻影摹者。流俗刊作二十卷，踳驳尤甚，读者宜辨之。"① 宋刻，即宋本；影摹，即影钞。钱曾所藏的这部《淮南子》，就是影钞宋本而来。这是目前所知《淮南子》版本中最早的影钞本。

钱氏所谓宋刻，是指何本，目前难以考定。著名藏书家管庭芬曾为《读书敏求记》作校注。管庭芬（1797—1880），字培兰，号芷湘，晚号笠翁，浙江海宁人。他在校注中比较详细地介绍了钱氏影钞本的情况：

> 简庄征君云，此影宋本之残者，宋芝山曾得之于陶氏五柳居。嘉庆己卯，芬于邑城故籍铺中得此书残本一册，系卷一至卷四，影钞细字，精妙绝伦。每页后幅边线中有"述古堂钞藏"五小字。戚友潘芸樵茂才见而欲得，即以赠之。旋游京师，殁于旅馆，行箧散亡，此册亦归乌有，不能与宋氏所藏残册作延津之合矣。②

简庄，即藏书家陈鳣。陈鳣（1753—1817），字仲鱼，号简庄，浙江海宁人。他见过钱氏影宋本的残本，是另一位藏书家兼书画家宋葆淳从五柳居陶蕴辉处获得。宋葆淳（1748—？），字帅初，号芝山，山西安邑人，管庭芬认为是他收藏了钱氏的影宋本残本。而嘉庆二十四年（1819），管氏自己在县城的一个古书铺中购得了残本一册③。根据管氏关于"述古堂钞藏"的描述，基本可以确定影宋本是钱曾亲自影钞的，或请人影钞的。换句话说，钱曾就是该影钞本的实际制造者。根据管氏关于"影钞细字"的描述，该影宋本极有可能影钞的就是北宋本。管氏引黄荛圃先生云："予得曹栋亭所藏宋刻本，系细字，亦十二卷。此所影摹者，未知与予所得本同否也。"④ 十二卷，应是"十二册"之误。细字，即小字，北宋本又称北宋小字本，共十二册。可见，两者之间存在高度的相似性，我们有理由相信，钱氏影宋本应是影钞北宋本而来。

钱氏影钞本产生百余年后，大概在乾隆末至嘉庆初就已残缺，并散失于各地。管庭芬所购钱氏影宋本残本一册，赠送给了亲戚的朋友潘芸樵。潘芸樵，字茂才，浙江钱塘人，生平不详，曾于乾隆三十三年（1768）作《松阳县志序》。

---

① 管庭芬《读书敏求记校证》，上海古籍出版社2007年，第230页。
② 管庭芬《读书敏求记校证》，第230页。
③ "邑城"一词有两义：一是泛指县城，二是指河北省武安市的邑城镇。
④ 管庭芬《读书敏求记校证》，第230页。

大概在1819年,潘氏得到影宋本后,携往京师,不久离世,钱氏影宋本卷一至卷四也随之化为乌有,管庭芬所谓"作延津之合"也只能空想一场。至于宋葆淳所得的影宋本残本,现已不知去向,尚在世间否,亦未可知。

二、顾广圻影钞北宋本

在清代所有藏书家中,顾广圻对北宋本评价最高,也最为看重。虽然他不是北宋本的收藏者,但与北宋本有着非常亲密的关系。顾广圻曾两次精校北宋本。

第一次是在嘉庆五年(1800),从黄丕烈手里借得北宋本而进行精校。他接连写有跋语,简略记述了此次校勘的过程:"是岁七月,借得宋椠,细勘一过,校道藏为胜,刘绩本以下无论也。后世得此者,尚知宝之。""十月七日覆校毕。""又宋本讹字亦添记于此,以备参考,颇思得好事人重刊,未知缘法如何耳? 九日又记。"① 七月细勘一遍,十月又复校一遍,并得出胜于道藏本及其他诸本的结论,甚至希望有好事者将它重刊。

第二次是在嘉庆二十五年(1820),从汪士钟手里借得北宋本而进行精校。他也写有跋语加以记述:"汪君阆源收藏宋椠《淮南子》,余借读一过而书其后。……以上诸条,实远出藏本之上,而他本无论矣。至于注文足正各本之误者,尤不胜枚举,兹弗具述。高邮王怀祖先生尝校定是书,所订道藏以来各本之失而求其是,往往与宋椠有暗合者,将传其副以寄之,必能为此本第一赏音矣。嘉庆庚辰中秋前十日,元和顾千里书于思适斋。"② 此次校勘后,顾广圻特意从中挑出52条文本佳处写在跋语中,再一次得出远胜于道藏本及其他诸本的结论,甚至萌生了影钞北宋本的打算。《史记·太史公自序》:"藏之名山,副在京师。"司马贞索隐:"言正本藏之书府,副本留京师也。"③ 顾氏所谓"传其副",即是要制作一个北宋本的副本。可见,经过这两次精校之后,顾广圻更加笃信北宋本独特的版本价值。这恐怕是他决定影钞北宋本的内在原因,也是最重要的原因。

顾广圻将影钞北宋本这一决定付诸实施的直接诱因,则是与王念孙有关。

---

① 王欣夫辑《顾千里集》,第333页。
② 王欣夫辑《顾千里集》,第334—336页。
③ 司马迁《史记》,第3321页。

王念孙积数年之功校勘《淮南子》，并把校勘的成果送予顾广圻审读，希望顾氏能够摘录北宋本与道藏本的异文回寄给他。王引之在道光元年（1821）写的一篇题识对此有详细的描述："岁在庚辰，元和顾涧苹文学寓书于顾南雅学士，索家大人《读书杂志》，乃先诒以《淮南杂志》一种，而求其详识宋本与道藏本不同之字，及平日校订是书之讹、为家刻所无者，补刻以遗后学。数月书来，果录宋本佳处以示，又示以所订诸条。其心之细，识之精，实为近今所罕有，非熟于古书之体例而能以类推者，不能平允如是。"① 在看到王念孙的校勘往往与北宋本暗合之后，顾广圻愈发认识到北宋本对于其他诸本的校勘价值，心里埋藏已久的影钞北宋本的念头便一触即发。

与此同时，顾广圻与著名藏书家黄丕烈、汪士钟的良好关系，也为他影钞北宋本提供了便利条件。据现存文献可知，清代以前就没有出现以北宋本为底本的新版本，北宋本一直如幽井之水，流波不存。开明藏书家黄丕烈、汪士钟，则凿开了这口幽井，让它流向了普通士人之中。一介书生顾广圻能够分别从黄、汪二人手里借得北宋本，便是明证。当然，顾氏两次校理北宋本，纠讹正误，查漏补缺，也为他影钞北宋本提供了坚实的基础。

至于顾广圻具体在何时影钞北宋本，已难以确考。然而，影钞的大致时间还是可以推知的。顾广圻表露影钞北宋本的想法，是在嘉庆二十五年（1820）八月。而陈奂在道光四年（1824）三月写的一篇跋文中说："顾涧苹景钞，预大其贾四十金者，即此本也。"② 这说明顾氏的影钞本最迟在 1824 年春季就已经完成。因此，顾广圻影钞北宋本，必定是在 1820 年 8 月至 1824 年 3 月之间。查顾氏年谱，顾广圻于 1820 年前后与汪士钟往来频繁，特别是道光二年（1822）他还为汪氏代写了《艺芸书舍宋元书目序》。所以，如果更精确一点说，那么顾氏应是在 1822 年左右从汪士钟手里借出北宋本而加以影钞的。

影钞本完成之后，顾广圻并未兑现把它寄给王念孙的诺言，而是标价四十金准备出售。陈奂于道光十四年（1834）三月写的跋文中说："顾涧苹翁曾有

---

① 《子藏·淮南子卷》第 46 册，第 389 页。关于这件事，顾广圻也有记述："王怀祖先生以所著《读书杂志》内《淮南》一种见贻，于藏本、刘绩本及此本（指武进刊本）是非，洞若观火矣。己卯小除记。"（王欣夫辑《顾千里集》，第 333 页。）但王氏、顾氏所记，在时间上有出入，前者说是 1820 年，后者说是 1819 年年底。又《四与王曼卿书》："宋椠《淮南子》已归此地汪氏，承命借到，校勘一过，实在道藏之上，摘其异同各条，汇录呈备采择。"（王欣夫辑《顾千里集》，第 122 页。）

② 《子藏·淮南子卷》第 29 册，第 3—4 页。

影钞本,称甚精核,胡君雨塘以四十白金换得之,即士礼旧藏本也。"① 四十金,相当于三百余两白银,这在当时是十分昂贵的价钱了。从陈奂的评价看,顾氏影钞本不仅高度接近北宋本原本,而且十分精美。四十金的价钱,大概就体现在这里。胡雨塘,陈奂好友,生平不详。顾氏影钞本被他收购后,便借给陈奂用以校勘庄逵吉本,其后的流传过程已不能详考。

今北京图书馆藏有顾广圻跋语的《淮南子》手钞本,但已非全本,仅存十六卷,即卷四至至十一、卷十四至二十一。经仔细比对,该手钞本的版式及文本,与后来的陈奂影钞本、刘泖生影钞本完全一致,然每页均有行格,字体也更加工整秀洁。书后附有题为"书宋椠《淮南子》后"且署名"顾千里"的一篇跋文,查其字迹,似是顾广圻亲笔题写。据此,几可肯定为顾氏影钞本,或其副本。此本卷四、卷七、卷十、卷十四、卷十七、卷十九首页均钤有"汪士钟印""阆原甫"两枚印章②。可见,顾氏影钞本,或其副本,曾为汪士钟所有。此本虽然精核,但也存在缺陷。最大的缺陷便是涂改过多,不仅影响了外观,而且造成字迹模糊难辨。另外,由于北宋本原本就存在脱页和缺损,顾氏影钞本一仍其旧,以空页替代脱页,缺损亦不据他本补录。据查,现存影钞本卷八空一页,卷十四空两页,卷十六空两页。这些都降低了它的实用价值。

三、陈奂影钞北宋本

比顾广圻晚出生二十年的陈奂影钞北宋本,也与王念孙有关。陈奂为段玉裁弟子,专攻《毛诗》,授徒众多,其中同郡的管庆祺、丁士涵、马钊、费锷和浙江德清的戴望,都显名当时。陈氏亦爱好藏书,藏处名为"三百堂"。除经学外,陈氏还涉猎诸子,最喜《管子》,当然也着力于《淮南子》,有《淮南子》批校本传世。在批校过程中,他深刻认识到了北宋本的校勘价值,常以无法见到北宋本原本而遗憾。这种心理恐怕是推动他影钞北宋本的因素之一。

陈奂曾在道光四年(1824)为他的影钞本写过一篇题识,交待了他影写北宋本的一些情况。陈奂说:"此北宋本,旧藏吴县黄尧圃百宋一廛,后归同邑汪阆源家。高邮王怀祖先生属余借录,寄至都中,遂倩金君友梅景钞一部,藏之于三百书舍。"③十分清楚地表明了他影写北宋本也与王念孙有着直接的关联。

---

① 何宁《淮南子集释》,第1526页。
② 此本收录于《子藏·淮南子卷》第34—35册。
③ 《子藏·道家部·淮南子卷》第29册,第3页。

段玉裁去世以后，为了提升自己的学问，陈奂拜访了闻名当时的大学者王念孙，两人订为忘年之交。管庆祺《征君陈先生年谱》记载："二十三年戊寅三十三岁。先生入都，获交高邮王怀祖先生暨令嗣伯申侍郎、栖霞郝兰皋户部、大兴徐星伯编修、临海金诚斋明经、开化戴金溪比部，时相过从。"①戊寅，即嘉庆二十三年（1818）。这一年，陈奂北上京师，与王念孙、王引之等人相识，并经常来往。这个时候，王念孙虽然已经完成了《淮南杂志》②，但一直未见到北宋本，深以为憾，所以总想通过某些渠道一睹其真容。陈奂来自长洲县，与当时北宋本的收藏者吴县的黄丕烈同处苏州府，且相毗邻，有条件帮助王念孙实现心愿。因此，陈氏跋文所谓"高邮王怀祖先生属余借录"，应该就是发生在这段时间。

《征君陈先生年谱》还记载了陈奂与王念孙的一次交往："七年丁亥四十二岁。九月初九日，先生丁母赵宜人忧。先生再入都，犹及见王观察怀祖先生，嘱校《管》《荀》书。"③道光七年即1827年，而陈氏跋文写于1824年，不可能是在这个时候受命的。这一次见面，王念孙嘱咐陈氏校理《管子》和《荀子》。陈奂确实做到了，他花费重金从汪士钟艺芸书舍借出墨宝堂《管子》原本，请人抄录，形成抄本，经过自己多次校理后寄给了王念孙④。由此看来，陈奂影钞北宋本最初是为了完成王念孙的嘱咐。

影钞工作似乎进展得不太顺利，主要原因是陈奂与当时北宋本的主人汪士钟关系不佳。陈氏在给王引之的信中提到了这一点："来谕先将《天文训》一篇钞录寄都。奂札询汪姓，从无一音回复。是以即从黄氏校宋本上倩人写出，后适在亲友家遇见汪姓，因约出城，即将《天文训》照原宋本细校对，其《淮南》全书已钞出三本，据云需明春告藏也。……今以《天文训》二十叶奉达，

---

① 《北京图书馆藏珍本年谱丛刊》第139册，第210页。
② 王氏《淮南内篇杂志第二十二》是对自己校理《淮南子》工作的总结，最后落款为"嘉庆廿年，岁在乙亥季冬之廿日，高邮王念孙书，时年七十有二"。（《子藏·淮南子卷》第46册，第387页。）嘉庆二十年，即1815年，说明王念孙认识陈奂时，《淮南杂志》成书已有三年。
③ 《北京图书馆藏珍本年谱丛刊》第139册，第215页。
④ 陈奂致信王引之："所钞《管子》，实无妥便，迟迟未寄。邵鱼竹兄服阕来京，须十一月中到苏，可以托寄带呈无误。"王引之回信致谢："兹连接手书二通，并收到宋本《管子》钞本与尊校各条，极荷清心。雠校得免舛，感颂不可言宣。"（见巩曰国《陈奂家抄本〈管子〉的版本价值》，《古籍整理研究学刊》2010年第4期，第76页。）至于《荀子》，王引之亦有回信："硕甫大兄先生经席，连奉手书二函及手校《荀子》全部，感颂不可言喻。"（王引之《王文简公文集》，《续修四库全书》第1490册，第395页。）

左右其行款悉将依原宋本钩清矣。"① 陈氏这封信未明年份。当时,王引之正在写《太岁考》②,急需宋本《淮南子·天文训》查证,所以写信给陈奂,希望先行抄录宋本《天文训》一篇寄给他。陈奂因与汪士钟不合③,影钞宋本《淮南子》的工作迟迟没有进展,即使《天文训》一篇也无法抄录到,只好借录黄丕烈的校宋本。后因陈奂巧遇汪士钟,才最终用宋本原本校对已抄录的《天文训》寄给了王引之。王引之回信致谢:"引之顿首硕甫先生执事,接奉赐函并《淮南·天文训》一册,极费清神手校,感佩靡涯。"又说:"拙著《太岁考》十二篇,赖有寄示之宋本《淮南子》,又加一证,感荷奚如。"④ 这里的"宋本《淮南子》"并非影钞本,而是指抄录的用北宋本原本校对过的《天文训》一篇,因为陈奂在信中已明确影钞《淮南子》并未完璧,只抄完了其中的三册。根据陈奂道光四年写的跋文,这一年影钞本似已完工,藏在了三百书舍。

尽管与汪士钟关系不好,但陈奂最终还是用了汪士钟的北宋本作为底本来影钞。这说明汪士钟并未羁于个人恩怨而破坏这桩美事。看似一件很普通的事,却成就了北宋本的另一个重要副本。影钞本并非由陈奂亲自抄写,而是通过金友梅完成的。金友梅,浙江绍兴人,生平不详,曾供职翰林。影钞本做好了之后,陈奂像顾广圻一样,似乎也没有把它寄给王念孙。我们在陈奂与王引之二人互通的书信中找不到相关的文献依据。仅王引之的一封回信记述:"兹于仲秋两奉手校,并奉到宋本《淮南子》《仪礼管见》,欢跃无比。《淮南子》极承详细校雠,感何如之?"⑤ 这里虽然提及"宋本《淮南子》",但其后又说"极承详细校雠",似仅仅是陈奂的校宋本,而非影钞本。

光绪二十四年(1898),陈氏影钞本被莫棠得到。书前有一篇较长的莫氏题跋。题跋中,莫氏称陈氏影钞本为"硕父家本",这也是影钞本未寄给王念孙

---

① 罗振玉辑《昭代经师手简二编》,民国七年(1918)影印本。除此信外,陈奂在道光十四年(1834)批校完庄逵吉本时写的一篇题识同样提到了这一点。题识说:"北宋《淮南书》二十一卷,此最善本也……高邮王尚书借钞属校,字多漫漶,雠对颇不易易。奂与汪道不相谋者也,其书不能稽览,未及过录,常自恨惜。"(何宁《淮南子集释》,第1526页。)
② 查闵尔昌《王伯申先生年谱》,王引之于嘉庆二十年(1815)开始撰写《太岁考》,共二十八篇。(见《乾嘉名儒年谱》第12册,第164页。)在王引之给陈奂的信中仅提及"十二篇",说明此时还未写完。又查年谱,道光五年(1825)王引之才有与陈奂书信交往的记录,似有遗漏。(见《乾嘉名儒年谱》第12册,第175页。)
③ 信中屡称"汪姓",不呼姓名,两人关系即可见一斑。
④《续修四库全书》第1490册,第394—395页。
⑤《续修四库全书》第1490册,第396页。

的证据之一。莫氏说：

> 《淮南子》向推道藏与明刘绩补注本为最善。庄逵吉本虽源于藏，而校改颇多。道光初，吴门黄氏汪氏始先后以宋椠著录。顾涧苹校其同异，质诸高邮王氏，时《读书杂志》已成，文简录诸卷末，不言得见全部，则硕父所谓景抄寄都，疑更在后。涧苹所录者只数条，《思适斋集》跋此本，既记正文之异，又云注之胜今本者不可枚举，则当时固未详校以付王氏。王氏虽他日见全本，亦未续入《杂志》，而宋本之善至今犹未使学者尽睹也。宋本近在聊城杨氏，予得此硕父家本，出自道光四年景写，恐世间传副不多，亟思重刻而迁延未果。《读书杂志》外，予更有明安政堂刻道藏本。严厚民录诸家校庄刻本，皆足资校勘者也。①

既称"硕父家本"，也就是一直藏在三百书舍，并不曾寄送给王氏，王氏恐怕也因此没有见到北宋本全本。今《子藏·淮南子卷》第二十九至三十册影印收录陈氏影钞本。此本钤有"韶州府印""楚生""莫氏秘笈""莫棠楚生印""铜井山庐藏书""琼州府印""独山莫氏铜井文房之印"等众多印章，均属莫棠之印。相比于顾广圻影钞本，陈奂影钞本有相同的空页和缺损，但每页皆无行格，行距与字距之间更密集，整体观感不佳，其长处就是涂改更少。

四、刘履芬影钞北宋本

在北宋本影钞本中，刘履芬影钞本流传最为广泛。刘履芬（1827—1879），字彦清，一字泖生，号沤梦，浙江江山人。道光二十一年（1841），随父侨居苏州。同治七年（1868），苏州设立吴门书局，刘履芬受聘为校雠，十一年升为提调，光绪五年（1879）代理嘉定知县，因与上司沈葆桢不洽，含愤自杀。刘履芬于诗、词、骈文皆专，有《古红梅阁集》传世。刘氏也是著名的藏书家，藏书印有"江山刘履芬彦清氏收藏""莎厅课经""彦清珍秘"等。刘氏嗜好抄书，其友叶裕仁说："江山刘泖生刺史，性嗜书，遇善本必倾囊购之，其不能得者，手自钞录，日课书十纸，终日伏案矻矻，未尝见其释卷以自嬉也。"② 他的侄子刘毓家也说："手所点勘，旁行斜上，朱墨灿烂。或访假精本，经名人参校者，

---

① 《子藏·淮南子卷》第29册，第5—6页。
② 叶昌炽《藏书纪事诗》，上海古籍出版社1989年，第686页。

积录八百余册。尤嗜抄书,抄必端楷,课程无闲倦,垂三十年,盈溢箧笥,多世不见之本。"①刘氏的北宋本影钞本能够广泛流传,也得益于他这种专精的抄书水平。

刘履芬影钞本现藏于北京图书馆,钤有"涵芬楼藏""北京图书馆藏""涵芬楼""海盐张元济经收"等印,为《子藏·淮南子卷》第二十七至二十八册影印收录。此本最后一卷末页记有刘氏一篇很短的题识。题识云:"同治辛未秋借本录始,越岁壬申二月望日竟。江山刘履芬记于吴门书局。"②非常清楚地写明了影钞本的形成时间,即刘履芬在苏州的吴门书局,自同治十年(1871)秋开始抄录,至同治十一年(1872)二月结束。这里的"借本",并未说明借录何本,但从刘氏影钞本的细节,可以确定所借录的就是陈奂影钞本。证据有二:其一,书前有影写陈奂道光四年的跋文,这是最直接、最有力的依据;其二,刘氏侨居苏州很久,与陈奂处同一地区,并与陈奂生活年代最接近,有可能也有条件借录到他的影宋本。从时间上看,刘履芬在好友莫友芝的侄子莫棠得到陈奂影钞本之前,就已经做好了它的副本。虽然刘氏影钞本不是直接影写北宋本原本,但也可谓是北宋本之"苗裔"。

相较于陈奂影钞本,刘氏在版式、字体等方面一遵其旧,但字距行距要疏朗一些,字迹也要更端正一些。当然,两者最大的不同,就是刘氏影钞本补充了原本所脱的五页。显然,这五页肯定不是来自北宋本,因为北宋本传至清代已成孤本,并且脱去了五页。刘履芬对《淮南子》版本非常清楚,他曾在光绪元年(1875)过录顾广圻手校本③,并重校《淮南子》,因此在补录的时候,能够精选善本为之。这些善本便是道藏本、庄逵吉本。现将所补五页文本与此二本相对照,具体如下:

补《本经训》一页异文9例:注文"焜光泽色貌也",同藏本,庄本无"也"字;注文"缘错锡文如脂腻不可刷",藏本作"缘错锡可刷",同庄本;正文"缠绵经穴,似数而疏"中"似",藏本作"以",同庄本;正文"无厌足日"中"日",藏本作"曰",庄本作"目";注文"莽,稿草。白,素也",藏本作"槁,草。白,

---

① 《嘉定县知县世父彦清府君行述》,《古红梅阁集》附录,清光绪六年刻本。
② 《子藏·淮南子卷》第28册,第593页。
③ 其题识云:"太仓叶征君裕仁藏有顾氏手校淮南副本,与昔年所录小有异同,取校一过,以蓝色别之,原缺第一至第五卷,尚无从借补也。光绪元年七月廿九日江山刘履芬记于吴门书局。"(见《子藏·淮南子卷》第20册,第519页。)

素",庄本作"莽,草也。白,素也";注文"凡十二门"中"门",同藏本,庄本作"所";注文"谓之泮宫,诗云'矫矫虎臣,在泮献馘'是也",藏本作"谓之宫,诗云'矫矫鲁侯,在泮献公'也",庄本作"谓之宫";注文"质也",同藏本,庄本作"文,质也";注文"不错镂设文饰也"中"设",同藏本,庄本作"舒";正文"静洁足以飨上帝"中"飨",同藏本,庄本作"享"。

补《诠言训》两页异文 4 例:注文"言己不能使敌国遇而无智也"中"敌",藏本作"适",同庄本;正文"未有使人无力者",藏本句后有"也"字,同庄本;正文"不为人赣用之者",藏本无"人"字,同庄本;注文"非元德故谓之狂生"中"元",藏本作"玄",同庄本。

补《说山训》两页异文 22 例:正文"凯屯犁牛"中"凯",同藏本,庄本作"髡";注文"牺者牲",同藏本,庄本句后有"也"字;注文"诗曰采葑采菲无以下体是",同藏本,庄本无"是"字;正文"狐狸将以射麋鹿"中"狸",藏本作"貉",同庄本;注文"言者高山我仰而止之"中"者",同藏本,庄本作"有";注文"麐谓传曰'有蜚不为灾'之蜚",藏本"谓"作"读",庄本"谓"作"读",两"蜚"字均作"蜚";注文"招簀死者浴",同藏本,庄本"簀"后有"称"字;注文"床上称扳",同藏本,庄本作"床上之枏也";注文"怨亦憎互文耳",同藏本,庄本"互文耳"作"变文尔";注文"利若玉人"中"若",同藏本,庄本作"于";注文"异其不溺"中"溺",同藏本,庄本作"休";注文"尤,过",同藏本,庄本句末有"也"字;注文"物所不用,然后用之",同藏本,庄本作"物所不用乃用之";注文"文王楚武王子熊疵",藏本"子"作"之子",庄本作"文王楚武王之子";注文"修人,长人也",藏本作"修人,美人",同庄本;注文"介甲龟鳖之属",同藏本,庄本作"介虫,鱼鳖属";注文"动,行",同藏本,庄本句末有"也"字;注文"细腰蜂蜾蠃之属"中"腰",同藏本,庄本作"要";注文"读解释之释也",同藏本,庄本句首有"螫"字;注文"攫,拨",同藏本,庄本作"攫,搏也";注文"有角牛犁牛",同藏本,庄本句末有"也"字;注文"措,置",同藏本,庄本句末有"也"字。

上述 35 例异文中,同于道藏本者 23 例,同于庄逵吉本者 8 例,还有 4 例不明其校本,或为自校。从这些数据看,刘氏显然研究了《淮南子》诸本,注意到了道藏本最近于北宋本这一事实,因此,主以道藏本补北宋本之缺。具体说来,每篇所据用的版本又不同,《本经训》是主用道藏本,辅以庄本;《诠言训》是全用庄本,最有力的证据便是"元德",原作"玄德",此为避康熙名讳,庄本所特有;《说山训》几乎全据道藏本,庄本极少。

若按照黄丕烈、顾广圻的校勘理念,刘履芬补书的做法并不可取,容易使读者误以为皆是原本,从而舛乱原本。然而,从版本传播的角度看,刘履芬补书,提高了北宋本的实用价值,利远大于弊,实有功于北宋本。正是通过刘氏影钞本的广泛传播,北宋本才真正回归作为书籍的功能,而非束之高阁的珍贵文物。

当然,刘氏影钞本能广泛传播,主要依靠的则是张元济。张元济在他的《涵芬楼烬余书录》中著录了刘氏影钞本的情况:"《淮南鸿烈解》二十一卷,汉刘安撰,汉许慎注,影宋钞本四册,刘泖生钞藏。宋槧原书,藏黄荛圃百宋一廛中,后归汪阆源,陈硕甫借得影写。卷首有题词'此为江山刘泖生传录之本'。半叶十二行,行二十一至二十五字,小注双行,行二十五六字。叙连正文。每卷题'太尉祭酒臣许慎记上'。宋讳避至'贞'字。"[①]涵芬楼创办于1904年,可知刘氏影钞本大概是在19世纪末至20世纪初为张元济所得,并藏在涵芬楼。1919年,刘氏影钞本被张元济纳入《四部丛刊初编》影印出版,从而广泛流行于学术界。

---

① 张人凤编《张元济古籍书目序跋汇编》,商务印书馆2003年,第588页。

第四章　清代《淮南子》校注的发轫期

第一节　傅山的《淮南子评注》

清代前中期，正是乾嘉学派逐渐形成并成熟的时期。在乾嘉学派浓厚的考据之风的影响下，学者掀起了一股校注《淮南子》的热潮，《淮南子》的文本因此受到了前所未有的重视，也得到了前所未有的校理。明末清初学者傅山撰写《淮南子评注》，拉开了这股热潮的序幕。

一、《淮南子评注》的所用底本

傅山（1607—1684），字青主，阳曲（今山西太原市）人，明亡后着朱衣，居土室，故称朱衣道人。傅山为学无所不窥，自宗老庄，自居异端，与顾炎武交厚，被梁启超誉为"清初六大师"之一。他是明清学术转换的重要人物，对理学多有指摘，倡导"经子不分"，实开子学研究新风。对于《淮南子》，傅山用力颇多，其《霜红龛集》卷三十三《读子二》载有《淮南存隽》一卷，另有手稿《淮南子评注》。经仔细比对，《淮南存隽》所有内容均见于《淮南子评注》，只是文字略有细微差异。由此推测，前者应是对后者的摘选，文字有时略作修改。可见，《淮南子评注》即代表了傅山研究《淮南子》的成果。

傅山在此书前写有一段小序，描述了《淮南子》读本的不易获得。序文说："先大夫刻此书于楚中，精致无伦。少年时不知读之，今徒思想耳。前见平定张配公书房有新刊本，甚精媚，尚欲借看之，然亦未必也。音释亦与此同，'黄衰微'读如'黄维救'。《淮南子》高诱注，字句、音释时本讹甚。"[①] 这段文字透露了关于《淮南子》版本的三条信息：其一，傅山的父亲傅子谟曾在

---

① 尹协理编《傅山全书》第六册，山西人民出版社2016年，第123页。

南方刻有《淮南子》新本，十分精美，刊刻时间当在明代天启年间①。其二，山西平定人张配公藏有《淮南子》新刊本。张配公，未详何人。惟李瑶《绎史摭遗》卷十三《傅山列传》载："平定张际，亦遗民也，以不谨得疾死。抚其尸哭之曰：'今世之醇酒，妇人以求必死者，有几何哉！呜呼张生，是与沙场之痛等也！'"②这里的"张际"，与张配公应是同一人。据傅山的描述，张氏藏本虽然精美，但与他所用本并无差别。所谓"黄衰微"读如"黄维救"，出自《氾论训》。诸本音读之中，唯茅一桂本读作"维救"。由此可知，傅山所用本应是出于茅一桂本系列。其三，指明《淮南子评注》的所用底本即所谓时本，也就是当时流行的俗本。这个本子署名"高诱注"，但错讹甚多。傅山说："偶一草录之备览，再遇善本较之。老矣，亦不复能专叩之藏书家，听之而已。"③意谓所据底本非善本，不得已而用之。

上文提到，《淮南子评注》的底本应是茅一桂本。这还可从《淮南子评注》中得到更多证明。第一，《淮南子评注》每篇都录有解题，其中《缪称训》《齐俗训》《道应训》《诠言训》《兵略训》《人间训》《泰族训》《要略》八篇解题，亦如其他十一篇均有"故曰某某"四字。这个特征只出现在茅一桂本之中，而北宋本、道藏本、刘绩本中，这八篇均无"故曰某某"四字。第二，《淮南子评注》存有大量音读，傅山误以为高注，但实际上都是茅一桂本自增。以《俶真训》为例，"俶音出""萑薚音委户""娆音邀""抢音撑""弊音跋，掇音杀""楯音允""桦音遏""圻音寅""桴音寻""蠃，裸""瘉，与""愲，瓜""睆音唤""澜音闲""琳音林""熬音整"④、"嫥挽，專桓""憪，满""觟，化""撊音骞""掉(吊)捎(稍)""偏音雷""攒蓋，音费养""潐音繁"等 26 例音读，均来自茅一桂本，只是其中部分音读中的"音"字是傅山所加。其他篇目也都是如此。所以，《淮南子评注》的底本为茅一桂本无疑。然而，《齐俗训》注文："聆聆，意晗解也。"傅山评注："晗字不知何意，或是'晓'字之讹。"⑤诸本均作"晓"，唯来自茅一桂本的张烒如集评本作"晗"。这说明，傅山应该又用过张本

---

① 傅山自称少年，这说明刻本刊行时，他已过十二岁，但不足二十岁。由此可以推测，刻本当刊于1626年之前，最大可能是在明代天启年间。
② 周骏富编《明代传记丛刊》第 105 册，明文书局 1991 年，第 183 页。
③ 尹协理编《傅山全书》第六册，第 123 页。
④ 整，当是"墼"字之讹，茅本、傅山均误。
⑤ 尹协理编《傅山全书》第六册，第 162 页。

作底本①。

二、《淮南子评注》的写作时间

关于《淮南子评注》的写作时间，傅山传世著作皆无明确记载。因此，要想考证它的确切写作时间，似乎已不可能。但该书中有一条评注应引起注意。《地形训》："水圆折者有珠，方折者有玉。"注："圆折者阳也。珠，阴中之阳。方折者阴也。玉，阳中之阴。"傅山评注："愚尝正《管子·侈靡篇》'玉，阴中之阴'为'阴中之阳'，得此注，益信非妄。"②由这条评注可知，傅山撰写《淮南子评注》，是在他评注《管子》之后。

而傅山在《书小楷曾子问批语》与《管子评注》之间写有一段题记。题记云："癸巳冬，教眉、仁为小楷书此，于今十二年矣。眼花废书，来近二年。客冬右臂作痛，不敢捉笔，又七八月矣。偶简敝篚自揽，字无足存，然写时敬谨之意固在行间，儿辈知之。甲辰四月二十一日。"③癸巳，即清顺治十年（1653）；甲辰，即清康熙三年（1664）。这期间正好十二年。据此可以推测，傅山评注《淮南子》应是在 1653 年以后。又揣摩傅山"愚尝正《管子·侈靡篇》"几字，可知他评注《淮南子》距离评注《管子》的时间并不长。因此，《淮南子评注》的写作时间，极有可能是在 1653 年至 1664 年之间。

三、《淮南子评注》的具体内容

《淮南子评注》前后各有一段序跋，从整体上对《淮南子》作了评价。傅山说："《淮南训》二十篇，每篇皆凌杂段落，作数十条分读之可也。浩博亦浩博，重复亦重复，中亦不乏隽永也。"④《评注》涉及二十一篇，不知傅山何故记为二十篇，或是不把《要略》计算在内。他认为，《淮南子》的内容存在三个特点，即凌杂、浩博、重复，但就其意蕴而言又不缺隽永之类。傅山又说："《淮南》一书，往往以四字为句读，如'储与扈冶'之类，此便开后世文章口气矣。如三字、五字及一字，几不成句。三古朴法，东汉以后全无矣。"⑤这是评价《淮南

---

① 张本所有解题均无"故曰某某"四字，可见，傅山又不独是以张本为底本。
② 尹协理编《傅山全书》第六册，第 139 页。
③ 尹协理编《傅山全书》第五册，第 149 页。
④ 尹协理编《傅山全书》第六册，第 123 页。
⑤ 尹协理编《傅山全书》第六册，第 207 页。

子》的文章形式,认为书中四言一句最常见,而一字、三字、五字大都不成句,保留了古朴之法。这个观点也是发前人之所未发。

细究《淮南子评注》各篇的具体内容,其样式似乎大体相似。归纳起来说,大略有以下四类:

其一,单纯摘录《淮南子》的字、词、句,有注文的则并录注文,有注音的则附录音读,无注无音的则仅录原文,傅山本人不作任何解释。这一类内容在《淮南子评注》中最常见。以《原道训》为例,全篇共有评注44条,此类内容即有23条,占总数的52.3%。其他各篇由此也可见一斑。所录之字、词、句,一般在其他子书中不常见,大多属生僻之类,抑或是符合傅山所谓隽永的标准。例如,傅山摘录《人间训》:"'䎖'字。文曰:'奋翼挥䎖。'注:'䎖,六翮之末也。䎖音慧。'"① 此字可谓生僻字。又如,傅山摘录《修务训》:"一蹞之难,辍足不行。"② 此句可谓意蕴隽永。

其二,对所录字、词、句,或在无注情况下增入自己的解释,或在已有注文的基础上作进一步解释,或对已有注文加以辨正。这一类内容基本为训释字义、增补字音、疏解文意、辨正注文,其数量仅次于单纯摘录一类。

在无注情况下增入自己的解释。例如,《说林训》傅山评注:"袜即韈字,亦作鞨、韤、帓,《释名》'末也,在脚末',《说文》'足衣也'。"③ 对"袜"字作了详细释义。又如,《说山训》傅山评注:"'骐骥一日千里,其出致释驾而僵','出致'无注,似乎谓多求其力,出于所可至之地而僵矣。然已千里矣,尚多责耶?后有小马非大马之类之语,则此'出致'又似不在骐骥上用意者。再觅善本考之。"后又评注:"'出致'谓千里是其力量可致者,已致之矣,又欲出而前。"④ 同样对"出致"甚至全句作了详细疏解。

关于《淮南子》的注文,傅山评价说:"高诱注义既晦拙,而字音犹异,不知其讹耶?其习于此者,不知原有彼音邪?"⑤ 正是基于这一评价,傅山十分注重对旧注的辨析。有时他会在已有注文的基础上作进一步解释,例如,《诠言训》

---

① 尹协理编《傅山全书》第六册,第196页。
② 尹协理编《傅山全书》第六册,第198页。
③ 尹协理编《傅山全书》第六册,第190页。
④ 《子藏·淮南子卷》第44册,第187页。《傅山全书》的编者将这两段文字合于一段,似欠妥当。手稿本则分作两段,后一段是随后增入,相对于前一段来说,显然是一种新的解释。
⑤ 尹协理编《傅山全书》第六册,第123页。

傅山评注："'公孙龙粲于辞而贸名',注：'公孙龙以白马非马、冰不寒、火不热为论,故曰贸也。'《庄子》载惠施之言,惟有'火不热'而无'冰不寒'之句,非公孙龙之言也。余常怪有'火不热'之论,而不及'冰不寒',似欠缺。后因有傅会之论,曰'只可谓火不热,而不可谓冰不寒',亦属解书依经之见。读此注,乃知古原有是说,即不必惠施,不方于公孙龙有之也。"① 此是利用注文厘清学者对名家言论的一些观点。又如,《兵略训》傅山评注："'后节',文曰：'彼持后节,与之推移。'注：'彼谓敌。持后节,敌在后,使先己。'文义与本文不合,彼持后节,谓敌不肯先动,而我与之推移也。谓若是敌不肯先,我且与之推移已耳,不得为所致也。"② 针对注文模糊不清,且与本文不合的情况,傅山重新作了疏解。

其三,对某些正文及注文作校勘。由于傅山所据之本不是善本,文本质量堪忧,所以他也特别注意指出正文及注文中的讹字、脱文等情况。这自然也成了《淮南子评注》的一个重要内容。指出讹字,例如,《俶真训》傅山评注："文曰：'夫梣木色青翳,而蠃瘉蜗睆,皆治目之药也。'注：'梣木青皮。蠃,螺虫。蜗牛,即蚰蝓也。睆音唤。'瘉似蝓之讹。"③ 所引注文出自茅一桂本,影宋本注文作："梣木,苦历,木名也,生于山,剥取其皮,以水浸之正青,用洗眼,瘉人目中肤翳,故曰色青翳。青色,象也。蠃蠡,薄蠃。蜗睆,目疾也。"可知茅本删削、窜乱注文极多,所以,傅山所谓"瘉似蝓之讹",也就成了无根之谈。又此篇傅山评注："文曰：'形苑而神壮。'注：'苑,枯病也。壮,伤也。''伤'字讹。"④ 然郭璞注《方言》云："今淮南人亦呼壮。壮,伤也。"⑤ 傅山显然没有顾及于此。当然,傅山也有校勘精准之处,如《本经训》傅山评注："专室,注：'专持小室也。''专持'两字不解。'持'或'特'讹,犹'独'邪？"⑥ 影宋本正作"特"。指出脱文,如《原道训》傅山评注："'钓射鹔鹅之谓乐乎','射'只可加之鸟耳,上一'钓'字无着。或有脱字。"⑦ 此属于理校法,故多见推测之词。诸如此类的校勘极多,兹不赘述。

---

① 尹协理编《傅山全书》第六册,第176页。
② 尹协理编《傅山全书》第六册,第180页。
③ 尹协理编《傅山全书》第六册,第130页。
④ 尹协理编《傅山全书》第六册,第128页。
⑤ 扬雄《方言》卷三,《四部丛刊》本。
⑥ 尹协理编《傅山全书》第六册,第147页。
⑦ 尹协理编《傅山全书》第六册,第126页。

其四,对特别的文本加以评点。傅山生活在明清交替之际,晚明盛行的评点之风仍然在影响着他。傅山评注《淮南子》,即是把"评"作为一个重要内容,几乎每篇都有类似于明代评点的评语。例如,《览冥训》傅山评注:"'譬若羿请不死之药于西王母,姮娥窃以奔月,怅然有丧,无以续之。何则?不知不死之药所由生也。'……淮南本好神仙者,而此云'不知不死之药所由生',为之著述者,亦有义哉?"① 评论的角度非常新颖,让人遐想无穷。又如,《缪称训》傅山评注:"'古人味而不贪,今人贪而弗味',二句浅而隽。"② 此是品味文字。《淮南子评注》中还出现"妙语""好句""句高""淮南好用极字""精语"等明人口吻的评语,这是明人学风仍保留在傅山身上的明证。

四、《淮南子评注》的主要特色

可以说,傅山的《淮南子评注》揭开了清代学者校注《淮南子》的序幕,具有承上启下的独特地位。同时,《淮南子评注》也是一部极具特色的著作,主要体现在以下四个方面:

第一,体例上兼有字典与类书的特征。《淮南子评注》先单独录出字、词、句,后录字、词、句所在的文字,再录相应的注文。这种体例与字典及类书十分相像。傅山采用这种体例,具有十分明确的文学目的。他说:"凡字目是学赋者之物料,不用则不知其有用也。如此一册,用之赋中,尽可拟诸形容,而象其物宜也。记之。"③ 由此可知,傅山以这种方式评注《淮南子》,是想为学赋者提供可以资用的文字材料,就像白居易编写《白氏六帖》一样。当然,这也从侧面说明《淮南子》的写法近似赋体。正是在这一目的的支配下,傅山在评注中也注意揭示古文的文法。如《要略》傅山评注:"不云'庶使后世知',而云'庶后世使知',古文之拙拗处,类如此。"④ 这是为读者点出古人作文之法。

第二,方法上采用评注结合。这是对明代学者研究《淮南子》的继承与发展。晚明以来,子书评点之风愈演愈烈。就《淮南子》而言,有名的评点者就有茅坤、袁宏道、穆文熙、陈深、张榜、汪明际等十几人。他们的评点大都富有自己的个性,多见读书心得和体悟。这种研究子书的方法为傅山所继承,《淮

---

① 尹协理编《傅山全书》第六册,第143页。
② 尹协理编《傅山全书》第六册,第158页。
③ 尹协理编《傅山全书》第六册,第207页。
④ 尹协理编《傅山全书》第六册,第205页。

南子评注》中亦常见傅山直抒胸臆的评语。如《人间训》傅山评注:"狂谲,注:'狂谲,东海上人,耕田而食,让不受禄,太公以为饰虚乱民而诛。'老姜干了只等个胡事。"① 调侃和不满,溢于言表。注释子书当然也是明代学者常用的方法,就《淮南子》来说,茅坤、穆文熙等人也常在评点中注释字句,但与傅山相比,其力度还是很薄弱。从评与注的比例来说,《淮南子评注》中的"注"远远高于"评"。因此,傅山采用评注结合的方法,实际上反映了明末治学风向的变化,是理学走向实学的开始。

第三,内容上更加重视校勘。这是《淮南子》学的新趋向,实开清代学者研究《淮南子》的新领域。明代学者研究《淮南子》,仅刘绩比较重视校勘,但其方法及过程都非常简略。其他学者的评点中,校勘的内容更是少之又少。至傅山评注《淮南子》,校勘的分量明显加重,校勘方法取得了长足的进步。前面提到的理校法,傅山就运用得十分熟练。例如,《说林训》傅山评注:"峀。文曰:'狂者伤人莫之怨,婴儿詈老莫之疾,贼心峀。'注:'贼,害也。峀音忙。'不解其义。以文求之,峀下当有一也字,始结上二句为句,言其无贼害之心。岂是'忘'字耶? 字书无'峀',当是亡字下有一语助字,而讹作'山'矣。"② 峀,影宋本作"亡止"。这说明傅山推测"峀"是两字合为一字的正确性。清代中期的陈昌齐说:"'峀'字当为'亡也'二字之讹。亡,无也,言狂者与婴儿皆无贼害之心,故人莫之怨也。"③ 正与傅山所校相合。像傅山这种严密的文本校勘过程,在明代学者的著述中是极为少见的。

第四,治学上更加严谨务实。这客观上是对明代学者研究《淮南子》的某种纠正。刘绩、茅一桂刻《淮南子》,好用己意妄改原文。尤其是茅一桂,不仅妄删妄改注文,还妄增音读,以致傅山还把茅氏所增音读误作原注音读。至傅山,则反其道而行。李瑶称赞傅山:"思以济世自见,不屑为空言。"④ 这也是他治学的原则。较之明代学者同类著述,《淮南子评注》显得更加严谨务实。傅山经常使用"不解""不知"等词以显示自己的谨慎,表现出"知之为知之,不知为不知"的鲜明的治学态度。据统计,《淮南子评注》以"不解""不知"表示自己弄不清楚字意、词意、文意,前者约有 41 次,后者约有 40 次。显示自己

---

① 尹协理编《傅山全书》第六册,第 197 页。
② 尹协理编《傅山全书》第六册,第 193 页。
③ 见张双棣《淮南子校释》(增订本),第 1870 页。
④ 《明代传记丛刊》第 105 册,第 183 页。

"不解""不知"之处，客观上是把《淮南子》的疑难之处公诸于读者，不仅能引起读者的留心，还能避免因强解而造成的误读，于治学而言绝非可羞之事。这种谨慎本质上也是一种务实。傅山身上所体现的严谨务实的治学之风，正预示着清代学术新风的到来。

第二节　惠栋、钱大昕的《淮南子》校注

傅山评注《淮南子》，具有很强的版本意识，其校勘分量也越来越重，是清代学者大力校注《淮南子》的前奏。随后，姜宸英、何焯等人顺着傅山的治学思路，开始直接在不同版本的《淮南子》上作批校，虽然校语数量很少，但其作用仿佛"山雨欲来风满楼"，后面一大批学者，如惠栋、钱大昕、卢文弨、赵曦明、孙志祖、梁履绳等人，相继加入其中，不断把校注《淮南子》这项工作向前推进。今择取当时最有名者惠栋、钱大昕的校注，略加阐述。

一、惠栋的《淮南子》校注

前面已经讨论，惠栋于乾隆十八年（1753）两次批校《淮南子》，留下了不少校语。近人王欣夫在明刊花口本上过录了大约150条惠氏校语，但绝非全貌，足见惠氏校注《淮南子》的用力程度。由于原本下落不明，故本书所有讨论，皆以王欣夫过录的惠氏校语为据。

（一）校注内容

一是释义注音。这是惠氏校注的最主要内容，其中，释义要远多过注音。释义包括解释字、词及句。释字，如《本经训》"毁誉仁鄙不立"，惠栋曰："鄙与仁反，则鄙为不仁也，《论语》'鄙夫'，即不仁之人。"[1] 释词，如《天文训》"咸池为太岁"，惠栋曰："太岁，似即岁星，斗左行，岁星右行。"[2] 释句，如《缪称训》："世乱则以身卫义"，惠栋曰："亡国之臣，守节不变，此以身卫义也。"[3] 诸如此类的注文极多。相比于汉时的许高旧注，以及明代的刘绩补注，惠栋对字、词、句的解释，显得更加精练、清晰。惠氏很少单独注音，往往将其与释

---

[1]《子藏·淮南子卷》第17册，第128页。
[2]《子藏·淮南子卷》第16册，第539页。
[3]《子藏·淮南子卷》第17册，第224页。

义合在一起。如《原道训》"禽兽有茇，人民有室"，惠栋曰："'有茇者狐，率彼幽草'，言狐以幽草为宅，犹人民之有室也。茇音蓬。"① 但《淮南子》各本均作"芃"，未有作"茇"者，惠氏或别有所本。注音时，惠氏爱辨明古音。例如，《原道训》"匈奴出秽裘"，惠栋曰："裘，古音劬，与絺协。"② 又如，《俶真训》"万民猖狂，不知东西"，惠栋曰："汉以前，西皆读为先。或引此云西协先，非也，此处无韵，何可引证？"③ 协即谐，即所谓韵语。惠氏注音时常予以指明，如《说山训》"百人抗浮"，惠栋曰："浮读如枹，与趋协。"④ 这显然有助于读者了解《淮南子》的用韵情况。

二是校勘文字。这也是惠氏校注《淮南子》的重要内容。惠氏除了以《中立四子》本、安正堂本参校茅一桂外，还运用理校法、他校法、本校法等方法发表自己的校勘之见。理校法，如《人间训》"夕惕若厉"，惠栋曰："此九师训也。'若厉'当作'若夤'，此字为晋以后不识字人所改。"⑤ 他校法，如《原道训》"仿洋于山峡之旁"，惠栋曰："'峡'当作'岬'，从《水经注》所引。"⑥ 本校法，如《原道训》"冯夷、大丙之御也"，惠栋曰："冯夷大丙，《文选》引之，作'冯迟太白'，许慎曰：'冯迟太白，河伯也。'今许注已亡，惟存高注，两人所见之本，互有异同，不可复考矣。《览冥训》'钳且大丙之御'，与此'冯夷大丙之御'皆作'丙'，不作'白'，则《文选注》未必是，而此未必非也。"⑦ 这些校勘都极有见地。与明代刘绩相比，惠氏不随意改字，一般只在校语中体现校勘意见，几乎全部使用"当作"这个术语，以示谨慎。而且，校勘的过程也更为具体。这反映出清代前期校勘之学取得了长足进步，《淮南子》因之受益。

三是辨明古字古语。《淮南子》去先秦未远，保存了一些古音、古字、古语。早在东汉末年，高诱就比较注意揭示《淮南子》中的古字，刘绩补注之时又揭示了更多的古字。至惠氏，不仅揭示古字，还注意揭示古音和古语，大大拓展了辨明古字古语这方面的内容。揭示古字很常见，几乎篇篇皆有。如《齐俗训》"夫一者至贵，无适于天下"，惠栋曰："主一无敌。敌，古文作'适'，宋人

---

① 《子藏·淮南子卷》第16册，第461页。
② 《子藏·淮南子卷》第16册，第461页。
③ 《子藏·淮南子卷》第16册，第494页。
④ 《子藏·淮南子卷》第17册，第493页。
⑤ 《子藏·淮南子卷》第18册，第48页。
⑥ 《子藏·淮南子卷》第16册，第482页。
⑦ 《子藏·淮南子卷》第16册，第454—455页。

遂训'为之适'之'适'。宋人不识字,安能识义?"① 在揭示古字的同时,还附带批评宋人治学疏于训诂的缺点。揭示古语则较为少见。例如,《精神训》高注"烛营读曰括撮也",惠栋曰:"悬囊、括撮,汉时语也。"② 注意点出古语的时代性。又如,《诠言训》"《易》曰括囊无咎",惠栋曰:"《荀子》以括囊为腐儒,《淮南》以括囊为守内。"③ 注意点出古语含义的变化。

(二)校注特色

其一,敢抒新见。惠氏校注《淮南子》,很少袭人陈言,敢倡新见,常发前人之所未发。例如,高叙"悉载本文,并举音读",惠栋曰:"古经传别行,今合之,故云悉载本文。高注音读甚多,皆先师所授,尽为宋人所删。"④ 惠氏之前,从未有学者解释这两句,认为高诱注解《淮南子》采用了经传模式,并认为其中音读全部取自卢植,后又被宋人删尽。这些观点虽无实证,但足以新人耳目。又如,《原道训》"善骑者堕",惠栋曰:"后人掇拾,托为文子。骑始战国,文子与老子同时,焉得有善骑者,以此知后人伪托也。"⑤ 惠氏通过考察"骑"的渊源,认为《文子》是后人拾掇《淮南子》而成的伪书。又此篇"万物之总,皆阅一孔,百事之根,皆出一门",惠栋曰:"疑后人集以成书,而托为《文子》。"⑥ 进一步坚定了这种看法。惠氏所提出的这个新观点,实际上就否定了南宋周氏《涉笔》、明代刘绩、陈深等学者所主张的《淮南子》袭取《文子》的传统观点。他的这个新观点,直到现在才被研究者发扬光大,不能不说很有远见。再如,《精神训》"精神入其门,骨骸反其根,我尚何存",惠栋曰:"《列子》采以为《黄帝书》。"⑦ 此处,惠氏又一反刘绩等主张《淮南子》抄《列子》的传统观点,提出《列子》抄《淮南子》的新观点。

其二,旁征博引。旁征博引是清代朴学的重要方法。作为朴学的发展者,惠氏校注《淮南子》同样体现得非常明显。据统计,惠氏校注引证的文献有《诗经》《尚书·洪范》《考工记》《礼记》(又此书《月令》《中庸》《明堂》)、《礼记》郑玄注、《大戴礼记》、《周易》、《春秋左传》、《春秋公羊传》、《春秋左

---

① 《子藏·淮南子卷》第17册,第258页。
② 《子藏·淮南子卷》第17册,第109页。
③ 《子藏·淮南子卷》第17册,第404页。
④ 《子藏·淮南子卷》第16册,第435页。
⑤ 《子藏·淮南子卷》第16册,第463页。
⑥ 《子藏·淮南子卷》第16册,第473页。
⑦ 《子藏·淮南子卷》第17册,第93页。

传》杜预注、《左传正义》《三朝记》《说文解字》《玉篇》《广韵》、谶书、《河图》《天官书》《汉书》(又此书《郊祀志》《郎𫖮传》)、《后汉书》《续汉志》《竹书纪年》《水经注》《管子·宙合篇》《庄子》《荀子》《韩非子》《列子》《文子》《尸子》《吕览》《盐铁论》《法言》《太平御览》《绿图书》《汲郡古文》《文选注》(又此书左思《齐都赋注》)、《广成颂》、庄忌《哀时命》)等45种。也就说,在王欣夫所过录的校语中,有近三分之一的校语存在引证文献的情况。这种频次显然要远高于前代学者的校注。

其三,尊孔崇儒。在上述引证的文献中,经部文献达20种,若算上《荀子》《盐铁论》《法言》,则有23种,占总数的51%,由此可以看出惠氏校注对儒家经典的推崇。此与高诱校注《淮南子》很相似。这种尊孔崇儒的意识,还经常在惠氏释义解句中自觉流露。例如,《本经训》"王者法阴阳,霸者则四时",惠栋曰:"以阴阳四时分王霸,而其说与儒家异。《荀子》曰:'积微,月不胜日,时不胜月,岁不胜时。故王者敬日,霸者敬时。'由日而月而时,犹《大学》之自心而身而家而国也。即夫子一贯之道。淮南时,七十子丧而大义乖,故所言不同。"[①] 明显是以孔子之道和七十子大义为准。又如,《泰族训》"乃立明堂之朝,行明堂之令",惠栋曰:"《易》者,赞化育之书,其义详于《中庸》,其施之也,在《明堂月令》。《淮南》在西汉,七十子之流风未沫,故略能述其大义。"[②] 再一次强调要以七十子大义为准。可见,惠氏崇儒是尊崇孔子及七十子之儒。惠氏还以儒家道义批判书中言论。如《氾论训》:"孟卯妻其嫂,有五子焉,然而相魏,宁其危,解其患。"惠栋曰:"春秋叔术、战国孟卯,论者皆以为贤,是非之心安在哉?"[③] 此处"是非",即为儒家之是非。

总之,惠氏校注《淮南子》,基本摆脱了晚明评点之风的影响,内容逐渐向训诂、考据、校勘三者靠拢,体现了以经学为正的鲜明倾向。惠氏的这一校注模式,为随后的清代学者所接受和发展。

二、钱大昕的《淮南子》校注

钱大昕有汪一鸾本批校本,前面已讨论。与惠栋相比,钱氏基本上是只校

---

① 《子藏·淮南子卷》第17册,第137页。
② 《子藏·淮南子卷》第18册,第108页。
③ 《子藏·淮南子卷》第17册,第377页。

而不注，即聚焦于《淮南子》的文本校勘。这似乎也成为《淮南子》校注中的一个转向，开了一条以校勘为本而将训诂、考据融入其中的新路。其后，卢文弨、孙志祖、梁履绳、王念孙诸人皆遵此路。除比对异文、补入注文外，钱大昕也用心作了自己的校勘。

校勘内容主要有指出疑误字、指明衍文脱文。指出误字，如《氾论训》"千乘之君无不霸王者，而万乘之国无不破亡者矣"，钱氏校曰："千字万字疑误，当互易之。"① 近人刘殿爵《淮南子韵读及校勘》即取其说。当然，钱氏指出疑误字，并不总是使用"疑误"二字，更多时候是使用"当作"这个术语。如《主术训》"辩慧怀给"，钱氏校曰："怀，疑当作㺄。"② 此类校勘较为常见。指明衍文，如《缪称训》"操刃以击，自召也，貌何自怨乎人"，钱氏校曰："貌、自二字似衍。"③ 此同影宋本、道藏本、茅一桂本，刘绩本则作"操刃以击，何自怨乎人"，或可证钱氏所校合理。指明脱文，如《时则训》"以犬麻先荐寝庙"，钱氏校语："道藏本'犬'下空白一字，当是'尝'字，此本不空，盖误脱也。"④ 影宋本、刘绩本皆有"尝"字，可见钱氏校勘之准。稍感遗憾的是，钱氏校勘只写结论，未有具体考证过程。

校勘方法主要有引证其他古书、过录江声校语、对照本书文字等三种。其一，引证其他古书用以校勘。例如，《天文训》"其神为镇星"，钱氏校曰："《史记》作'填星'。"⑤ 又此篇"东井三十"，钱氏于其后加一"三"字，并曰："依《汉志》增。"⑥ 其二，过录江声校语用以校勘。据统计，钱氏批校汪本，以"江云"形式过录校语约有14条，以"江声云"形式过录有1条。例如，《说林训》注文"能动者播植嘉谷，以为饶富也"，钱氏校曰："江云：'动疑当为勤'。"⑦ 此类校勘大都以江校为是。但钱氏有时也会反对江校，如《缪称训》"舍而藏之"，钱氏校曰："江云：'舍疑当作含。'大昕按，作舍为是。"⑧ 即不认同江校。其三，对照本书文字用以校勘，如《修务训》"以身解于阳盱之河"，钱氏校曰："盱当

---

① 《子藏·淮南子卷》第12册，第398页。
② 《子藏·淮南子卷》第12册，第222页。
③ 《子藏·淮南子卷》第12册，第239页。
④ 《子藏·淮南子卷》第12册，第28页。
⑤ 《子藏·淮南子卷》第11册，第515页。
⑥ 《子藏·淮南子卷》第11册，第549页。
⑦ 《子藏·淮南子卷》第12册，第594页。
⑧ 《子藏·淮南子卷》第12册，第259页。

作盱,与纡同,《地形训》云'秦之阳纡'。"①王念孙即取此说。

虽然校勘是最主要的内容,但并不代表钱大昕不对《淮南子》作任何注释。事实上,钱氏也作注释,只是数量很少,且大多引证他书。《地形训》"无肠民",钱氏校曰:"《海外北经》'无䏰之国在长股东方,人无䏰',注'䏰,肥肠也'。"②即解"无肠"亦"无䏰"之义。钱氏有时还对注文作辨析,如《览冥训》注文"虫,狩也",钱氏校曰:"狩与兽,古书多通用。"③此是疏解注文。又如《人间训》注文"始皇生于赵,故名赵政",钱氏校曰:"《越绝·记地》云:'政,赵外孙。'当以传注为是。"④此是辨正注文。

当然,钱大昕对《淮南子》的研究,不止于校注,还利用《淮南子》考证各种学术问题。这主要反映在他的读书笔记《十驾斋养新录》中。据统计,此书引证《淮南子》达30余次。其中,最有代表性的莫过于钱氏多次据用《淮南子》考证"太阴"非"太岁"一说⑤。这个说法为钱塘补注《天文训》所吸取。这些都体现了钱氏作为乾嘉经师的深厚学养。

第三节　钱塘的《淮南天文训补注》

《天文》一篇在《淮南子》中较为特殊,它保存了先秦时期古人的天文历法知识,《史记·天官书》即从此中来。东汉中期许慎曾有注解,然极简略,末年又有高诱注解,多详于许注。至明代中叶,刘绩补注《淮南子》时,给《天文训》以特别关注,增加了不少注解,多解高诱未解之处,成果显著。又历经近三百年,钱塘专取《天文训》一篇,详加补注,著成《淮南天文训补注》上、下两卷,把对此篇的研究推向高峰。从这个方面说,《淮南天文训补注》在《淮南子》学史上,不仅是一部特殊的著作,也有着特殊的地位。当代学者陶磊撰作《〈淮南子·天文〉研究》一书,即专辟一章评述钱塘此书。此外,徐凤先也撰有《〈淮南天文训补注〉评介》一文,亦与陶书所论相仿。

---

① 《子藏·淮南子卷》第13册,第71页。
② 《子藏·淮南子卷》第11册,第585页。
③ 《子藏·淮南子卷》第12册,第73页。
④ 《子藏·淮南子卷》第13册,第14页。
⑤ 钱氏认为,汉初多以太阴纪岁,《汉书·天文志》晋灼注、《史记正义》引晋灼说,皆本据《淮南子》,但误改太阴为太岁,《史记·天官书》也多承《淮南子》,唯改太阴为岁阴,似异而实同。详见陈文和主编《嘉定钱大昕全集》第七册,凤凰出版社2016年,第459—460页。

一、《淮南天文训补注》的写作缘由及时间

钱塘曾批校茅坤本，对《淮南子》的文本状况至为熟悉。他在自序中首先明确了《天文训》乃高诱一人所注。钱塘说："独《天文训》一篇，道藏本未尝增多训解一字，而中有'诱不敏也'之文，其注亦遂简略。盖此篇决出于诱之所注，而诱于术数未谙，遂不能详言其义耳。"① 高诱不谙术数，致使训解《天文》篇时力不从心，许多地方不能详明其义。这就促使钱塘萌生了补注《天文训》的想法。钱塘接着又说："然吾谓三代古术，往往见于《周礼》《左氏春秋传》《史记·律历》《天官书》中，其可以相质证者，赖有此篇。儒者而弗明乎是，即经史之奥旨，何由洞悉而无疑也哉！"② 在他看来，《天文训》虽为杂家之一篇，但所载内容往往能与经史所载相质相证，颇有助于儒者领悟经史之奥义，所以很有必要对它再进行训释。可见，钱塘补注《天文训》，一是出于高诱不能详明其义，二是出于它能帮助儒者领悟经史的奥义。③

关于《淮南天文训补注》的写作时间，钱塘自己有所描述："书成于己亥之夏，戊申秋复改正数条，遂缮为定本焉。"④ 又翁方纲、谢墉两序，其落款时间皆为"乾隆庚子"，即乾隆四十五年（1780）。据此，《淮南天文训补注》虽然初成于乾隆四十四年（1779）夏，但已基本定稿，只是在乾隆五十三年（1788）秋改正数条校注而已。可见，在该书最终定稿之前，钱塘曾反复审读，足见他的重视程度。而且，钱塘撰写《淮南天文训补注》，正处于他学问成熟之际，可谓其代表之作。

二、《淮南天文训补注》的版本状况

钱塘自称"缮为定本"，说明《淮南天文训补注》的最初版本是手抄本。今

---

① 《子藏·淮南子卷》第51册，第422—423页。
② 《子藏·淮南子卷》第51册，第423页。
③ 对于钱塘补注《天文训》的动机，其友人谢墉也有相似说法："读是书者，其毋以溉亭之学为《淮南》学哉！溉亭邃于经学，以是举贤书成进士，亟请于铨曹就教授。南归著书之岁月方多，尚其以道藏证儒书，而勿使儒术沦于道流，敢以是勖焉。"（《子藏·淮南子卷》第51册，第414—415页。）即是以子证经，昌明经义。钱大昕又说："溉亭主人默而湛思，有子云之好；一物不知，有吉茂之耻。读《淮南天文训》，谓其多三代遗术，今人鲜究其旨，乃证之群书，疏其大义，或意有不尽，则图以显之，洵足为九师之功臣，而补许高之未备者也。"（《子藏·淮南子卷》第51册，第417页。）即是增补许高二人未尽之处。
④ 《子藏·淮南子卷》第51册，第424页。

《子藏·淮南子卷》第四十四册影印收录此书一种手抄本，扉页题跋中自称"精抄本"。该本四周无边，无版心，无鱼尾，半页十二行，每行二十四字。该本前依次有谢墉序、翁方纲序和钱大昕序，独无钱塘自序，或为缺失所致，抑或非手抄本原本。该抄本中，高诱注文以"原注"二字标明，钱塘注文则以"补曰"二字标明。钱塘补入的注文，绝大多数位于原注之后，也有少数位于页眉，当属增订。该手抄本后归海宁陈鳣。陈鳣的生活年代略晚于钱塘，是当时著名的藏书家、校勘学家。该本钤有"海宁陈鳣观""得此书费辛苦，后之人其鉴我"二枚印章，今藏江苏省图书馆。

钱塘手抄《淮南天文训补注》之后四十年，才有刻本问世。陶澍说："是书向无刻本，适余门人淡君春台作宰嘉定，因嘱令表章之。淡君因与毛君岳生、陆君珣，以庄本校字句之同异，而付之梓。"① 陶序写于道光八年（1828）。是年，淡春台、毛岳生、陆珣三人在陶澍的倡导下，合校合刻了《淮南天文训补注》，自名"嘉定县署藏板"，故可称之为嘉定本。今《子藏·淮南子卷》第五十一至五十二册影印收录。该本四周黑边，黑鱼尾，鱼尾下题"淮南天文训补注"及序名、卷名。该本有行格，半页十行，每行二十一字，前面依次有翁序、谢序、钱序及自序，末尾有淡春台跋文。与抄本相比，该刻本在文本形式上作了很大变化，即把全文、高注、钱塘补注分作一条一条罗列，极为显明。与抄本相比，该刻本还删除了一些补注，又以案语形式增入校刊者的校语。同时，两者在文本上亦有出入，刻本已非抄本之旧。

嘉定本之后又有钱熙祚本。该本卷末有钱氏跋语："皇清道光十九年，岁次己亥，金山钱熙祚锡之甫校梓。"道光十九年，即1839年，距离嘉定本问世仅十二年。经仔细核对，该本自嘉定本出，只是将淡氏等人的案语删除，版式略有变化而已。该本半页九行，每行二十一字，并把卷末图形之内的说明文字移置其外，其余基本相同。该本删除校语，实际上降低了版本价值。

钱本之后又有崇文书局本。该本扉页有牌记，内容为"光绪三年三月湖北崇文书局开雕"。可知，该本刻于1877年，距离钱本已近四十年。该本四周双边，其余版式一遵嘉定本，只是半页增了二行，每行增了三字，总体上更显稠密，不如嘉定本疏朗。经仔细核对，该本完全出自嘉定本，淡氏案语及跋文一如其旧，只是前面序文的次序有调整，依次为自序、谢序、钱序、翁序和陶序。

---

① 《子藏·淮南子卷》第51册，第408—409页。

三、《淮南天文训补注》所用底本

若根据书前序文,《淮南天文训补注》所用底本颇为显明,似乎就是道藏本。但美国学者罗斯提出是出于茅坤本这一观点,所以,有必要对此书所用底本再作辨析。

钱塘无疑亲见了道藏本。他在《淮南天文训补注自序》中三次提到道藏本,其一:"今世所传高氏训解,已非全书,而明正统十年道藏刊本,首有高诱之序,内则题太尉祭酒臣许慎记上,一如陈氏所云。"其二:"道藏本虽不全,而杂有二家之注在焉。"其三:"独《天文训》一篇,道藏本未尝增多训解一字。"① 字里行间杂有对道藏本的推崇之情,以致他在《淮南天文训补注》卷首署名的时候,亦模仿道藏本,题为"汉太尉祭酒臣许慎记上"。淡氏等人即说:"卷首仍题曰'许慎记上'者,殆从明正统间道藏刊本,未及改正云。"② 细味此言,淡氏似乎是将道藏本视为《淮南天文训补注》的所用底本。

道藏本对《淮南天文训补注》的作用无庸置疑,不仅署名模仿它,分作上下两卷、所保留的天文图也是受它影响。但这并不代表此书的底本就是道藏本。事实上,我们通过仔细核校其手抄本,发现此书的底本是刘绩本。最明显的证据是"帝张四维"至"为四时根"这段文字的位置与刘绩本完全相同。刘绩本把这段文字的位置错置在"道曰规"至"有其岁司也"之后,道藏本、茅坤本等其他各本这段文字均在"道曰规"之前。其实,钱塘已意识到这个错误,他在"道曰规"之前补注:"以下道藏本接'帝张四维'为是,别本脱误在后。"③这条补注实际上已排除道藏本是底本的可能,表明它只是参校本而已。"脱误在后"这个错误,仅发生在刘绩本,但钱塘并未改正,这说明《淮南天文训补注》的底本只能是刘绩本。刘绩曾大力补注《天文训》,钱塘必然据以参阅,将刘绩本用作底本也在情理之中。

其次,证据还体现在《补注》与其他诸本的文本差异上。现将《补注》手抄本与道藏本、刘绩本、茅坤本的主要异文,罗列如下:

《补注》注文"若尘埃飞扬之貌"中"尘",同茅本,藏本、刘本均无此字。

《补注》注文"专一作抟"中"抟",钱塘补曰:"专,陆绩作'抟'是也。《史

---

① 《子藏·淮南子卷》第51册,第421—422页。
② 《子藏·淮南子卷》第51册,第425页。
③ 《子藏·淮南子卷》第44册,第310页。

记·王翦传》'专委于我',徐广曰:'专亦作抟.'今《淮南注》别本云一作專者,传写误。"①陆绩,即刘绩之讹。这是钱塘使用刘绩本的明证②。刘本正作"抟",藏本作"专",茅本作"搏"。

《补注》"重浊之凝结难",钱塘补曰:"结一作竭。"③藏本、刘本、茅本均作"竭",唯王萯本作"结"。

《补注》"地之含气"中"地",同刘本、茅本,藏本作"天地"。

《补注》"月死而蠃蛖膲"中"蛖",同刘本,藏本、茅本均作"磩"。

《补注》"积阴之寒气为水"中"寒气",同刘本、茅本,藏本后有"者"字。

《补注》注文"标读刀末之标"中后"标"字,藏本、刘本均作"末",茅本则无此注。

《补注》注文"方诸,阴燧大蛤也"中"燧",同茅本,藏本、刘本均作"遂"。

《补注》注文"风,木气也"中"气",同刘本,藏本、茅本均作"风"。

《补注》"贲星坠而渤海决"中"渤",同刘本,藏本、茅本均作"勃"。

《补注》"四宫天阿"中"宫",同刘本,藏本、茅本均作"守"。

《补注》"东壁一名豕韦"中"豕韦",同刘本,藏本、茅本均作"承委"。

《补注》"西方曰颢天"中"颢",藏本、刘本均作"皓",茅本作"昊",仅稍后的庄本作"颢"。

《补注》"执规而治春"中"规",钱塘补曰:"圭当为规,《时则训》言阴阳大制有六度,春为规。"④同茅本,藏本、刘本均作"圭"。

《补注》"日行十二分度之一"中"日",同刘本、茅本,藏本作"日月"。

《补注》"二十八岁而周天"中"二",藏本、刘本均脱,茅本作"一"。

《补注》注文"立夏长养布恩惠"中"养",同茅本,刘本、藏本均作"善"。

《补注》"太微者主朱鸟"中"鸟",同刘本、藏本,茅本作"雀"。

《补注》"西北为號通之维"中"號",同刘本,藏本、茅本均作"踿"。

《补注》"北至北极,下至黄泉",同刘本、茅本,藏本作"下至黄泉,北至北极"。

---

① 《子藏·淮南子卷》第44册,第259页。
② 又《补注》"月行百八十二度八分度之五而夏至",钱塘补曰:"月上疑脱六字,刘绩以为月当作凡也。"这也是钱塘使用刘绩本的证据之一。
③ 《子藏·淮南子卷》第44册,第259页。
④ 《子藏·淮南子卷》第44册,第267页。

《补注》注文"火星,正中也"中"也",同刘本,藏本、茅本均作"地"。

《补注》注文"流泽而出也"中"而",同刘本、茅本,藏本作"面"。

《补注》注文"钟,聚也"中"钟",同刘本、茅本,藏本作"中"。

《补注》注文"阴吕于阳"中"吕",同藏本、刘本,茅本作"侣"。

《补注》注文"吕中于阳"中"中",同刘本、茅本,藏本作"申"。

《补注》注文"去故而致新",同刘本,藏本作"去故故新",茅本作"去故就新"。

《补注》"右徙一岁而移",钱塘补曰:"而,旧作不,误也。"① 同茅本,藏本、刘本均作"不"。

《补注》注文"故施柔惠"中"柔",同刘本、茅本,藏本作"并"。

《补注》注文"禁旧客,出新客"中"旧",同刘本、藏本、茅本均作"搜"。

《补注》"断刑罚"中"刑罚",同茅本,藏本、刘本均作"罚刑"。

《补注》注文"夷或作电"中"作",同刘本、藏本、茅本均无此字。

《补注》注文"生水上"中"上",同刘本、藏本、茅本均作"土"。

《补注》注文"李桃复荣生实"中"桃",同刘本、藏本、茅本均作"奈"。

《补注》"地气不藏"中"不",同藏本、茅本,刘本作"下"。

《补注》"为积分十七万七千一百四十七"中"十七",同刘本、茅本,藏本作"七十"。

《补注》"三与五如八"中"如",同藏本、茅本,刘本作"入"。

《补注》"十二蔈而当一粟"中"十二",同刘本、茅本,藏"十三"。

《补注》"八徙而岁终",同刘本、藏本,茅本"八"前有"故"字。

《补注》"十二岁而一康"中"而",同刘本、茅本、藏本均无此字。

《补注》"火生土"中"火",同刘本、茅本,藏本作"毋"。

《补注》"以胜击杀"中"胜",同藏本、茅本,刘本无此字。

《补注》"专而有功"中"专",同刘本、藏本、茅本无此字。

《补注》"壬子代也"中"代",同藏本、茅本作"赵",刘本作"戍"。

《补注》"天有九重"中"有",同刘本、茅本,藏本作"地"。

《补注》"蚕稻菽麦昌"中"菽",同藏本、刘本、茅本无此字。

《补注》"民食一斗"中"斗",同刘本、藏本、茅本均作"升"。

---

① 《子藏·淮南子卷》第44册,第294页。

上述46例异文中,与藏本同者9例,占总数的19.6%;与刘本同者32例,占总数的69.6%;与茅本同者20例,占总数的43.5%;与三本皆不同者4例,占总数的8.7%。其中,独与刘本同者16例,独与茅本同者6例,独与藏本同者1例。这些数据充分说明,刘绩本在《补注》文本的形成中起了主体作用,道藏本、茅坤本只起了参校作用。特别是道藏本,其作用更加微弱。同时,这些数据也完全否定了美国罗斯教授所谓茅坤本起了主导作用的观点。他之所以提出这样一个观点,大概是没有见到手抄本的缘故。

总之,钱塘虽取刘绩本为底本,但又取道藏本、茅坤本作参校,且自己加以校勘,形成了一个比较独特的文本,显示出严谨的治学精神。

四、《淮南天文训补注》的特点

若以嘉定本为统计对象,钱塘以"补曰"标明的校语约有317条,详略不一,详者近千字,略者仅三字。钱塘补注《天文训》,不像刘绩补注《淮南子》"草草书数语释之",而是有着明确的指向。他说:"窃不自揆,推以算数,稽诸载籍,于高氏所未及者,皆详言之。亦时正其舛谬,如'天一元始,正月建寅,日月入营室五度,天一以始建',即是颛顼历上元,则'天一'当为'太一',而高氏无注。'二十四时之变',反覆比十二律,故一气比一音,而注以十二月律释之。'淮南元年,太一在丙子,冬至甲午,立春丙子',历术所无,盖时己酉冬至,脱其日名,甲子自为立春之日。重言丙子,本与下文'二阴一阳成气二,二阳一阴成气三'相连,即释'太一丙子'之义,而截'立春丙子'为句,阂以注语,似立春仅去冬至四十二日,此皆舛错尤大者。予之《补注》,不为高氏作疏,正不妨直纠其失耳。"①由这段话可知,推演术数是《补注》的主要内容,稽考他书是《补注》的主要方法,补缺正谬是《补注》的主要目的。并且,钱塘对于高注也有着明确的态度,即不针对高注作疏解,亦不加以评述。这样就更能集中精力训释《天文训》原文,而又不妨碍揭示和纠正高注的失误。正因为有如此明确的指导思想,钱塘的《淮南天文训补注》才显得体例分明,并形成了自己的校注特色。

第一,重点推演术数,兼顾校勘释义。

《天文训》所述多为先秦术数,颇为古老。推演其中术数,并非一般学者所

---

① 《子藏·淮南子卷》第51册,第423—424页。

能胜任。即使身为汉末训诂名家的高诱,亦不能明其深义。对于学者而言,补注《天文训》实际上需要很大的勇气。陶澍说:"《天文训》者,特《鸿烈》之一篇,后世阴阳五行之说多祖述于此,高注或未能悉得其义例。盖畴人之学,非宿学世业不能通其奥也。"[1] 正是此意。钱塘于古代天文历法虽非宿学世业,但也精通其术,深明其理。《清史稿·钱塘传》:"塘少大昕七岁,相与共学,又与大昕弟大昭及弟坫相切磋,为实事求是之学,于声音文字、律吕推步尤有神解。"[2] 即是对钱塘这一特长的赞许。正是因为拥有这一特长,钱塘才敢于补注《天文训》,才敢于把补注的重点放在推演术数上。谢墉说:"言天文者不能不雠算,言算学者不能不求日景,尺寸从黄钟生,即从日景定。淮南之训天文,而终之以律度者,义盖取诸此。溉亭心知其意,既精其业而注之,且为之图说以章之,其旨正,其文博,以视八公、大小山大有迳庭矣。"[3] 道出了算学在《天文训》中的根本地位,由此高度评价钱塘补注《天文训》的准确定位及取得的巨大成就。

钱塘推演术数,主要包括天文、历法、律吕、测算等方面的术数,而这些方面又大都胶合在一起,难以截然分开。天文术数,主要涉及日月星辰之行。历法术数,主要涉及钱氏所谓颛顼历的各种运算。律吕术数,主要涉及音律之数及其长短。测算术数,则综合体现在《补注》后面的各种图表之中。

推演天文之数,如《天文训》:"镇星一宿……日行二十八分度之一,岁行十三度百一十二分度之五,二十八岁而周天",钱塘补注:"镇星亦以五千八百四十四为实,十六乘二十八为法,得岁行十三度四百四十八分度之二十分,各四除之,即百十二分之五也。镇星岁一见伏。见三百三十日,行八度;伏三十五日四分日之一,行五度百十二分之五也。"[4] 高诱、刘绩对此无解。根据钱塘演算,镇星岁行 $=5844/16 \times 28 = 13(20 \div 4)/(448 \div 4) = 13(5/112)$ 度。镇星见 330 日,行 8 度,则不知何据。镇星伏 $365(1/4) - 330 = 35(1/4)$ 日,行 $13(5/112) - 8 = 5(5/112)$ 度。但钱塘未解"二十八岁而周天。"实际上就是 $13(5/112) \times 28 = 365(1/4)$ 度。

推演历法之数,如《天文训》"岁迁六日,以数推之,七十岁而复至甲子",钱塘补曰:"以五子分一岁日,尚余六日,亦据壬午冬至岁言也。其他岁余

---

[1]《子藏·淮南子卷》第 51 册,第 407 页。
[2] 赵尔巽《清史稿》,中华书局 1977 年,第 13195 页。
[3]《子藏·淮南子卷》第 51 册,第 414 页。
[4]《子藏·淮南子卷》第 51 册,第 474 页。一十二,嘉定本误作"二十",今据改。

日,尚不盈六日。《淮南子》'甲子受制'之明年云'庚子受制',庚子在甲子后三十六日,是五子受制,岁迁三十六也。七十岁积二千五百二十日,适盈四十二旬周,故复至甲子。至是五子,已五十四周矣。"①高诱、刘绩对此亦无解。根据钱塘演算,七十岁岁迁总天数:$36 \times 70 = 2520$日;行42旬周无余日,即$2520 \div 60 = 42$周,所以"七十岁而复至甲子"。

推演律吕之数,如《天文训》:"黄钟位子,其数八十一,主十一月,下生林钟。林钟之数五十四。"钱塘补曰:"林钟,体中之积也。置黄钟之数二,因而三除之,得此数。以术推之,一寸之积,实有九寸,则林钟六寸,积五十四寸也。以九约六寸,则长亦五十四分,《律书》云'五寸十分四'。"②根据钱塘演算,林钟之数 = (黄钟之数 ×2) ÷3 = (81×2) ÷3 = 54;林钟之长 = 黄钟之长 × ($6 \div 9$) = 81分 × ($2/3$) = 54分 = 5($4/10$)寸。

可能是由于术数推算需要十分准确的文本,所以,钱塘在补注过程中非常注意文本校勘。同时,作为乾嘉学派代表人物钱大昕的侄子,钱塘必然会受其影响,注重文本校勘和字句训诂是他们治学的必由之路。如"道始于虚霩",钱塘补曰:"霩,古廓字。《说文》'霩,雨止云罢貌',臣铉等曰'今别本作廓,非是'。"③又如"天一元始",钱塘补曰:"天一当为太一,字之讹也。太一,即前所云'以太微为庭、紫宫为居之耀魄宝',历家谓之太岁者也。"④诸如此类还不少。庄逵吉校注《淮南子》,即受钱氏兄弟这种校勘与释义方式的影响。

第二,援引他书他说,尤重经史典籍。

钱塘自言"稽诸载籍",可知他有意大量援引他书他说,欲与《天文训》互为表里。据统计,《补注》所引用的文献多达68种,同时引用宋均、郑玄、服虔、孟康、晋灼、郭璞、祖冲之等诸人说法。其引书具体如下:

经部文献有《尚书》《尚书正义》《尚书大传》(含《洪范传》)、《周礼》(涉及《秋官》《考工记》《大宗伯》《小宗伯》《太师》诸篇及《保章氏注》《小宗伯注》)、《礼记·月令注》《大戴礼记》(含《曾子·天圆》篇)、《周易》《周易集解》《京氏易·积算传》《周易参同契》《左传》《左传》杜预注、《尔雅》(《释天》)、《说文解字》等14种,谶纬文献有《尚书纬·考灵曜》《河图·括地象》

---

① 《子藏·淮南子卷》第52册,第14—15页。
② 《子藏·淮南子卷》第52册,第59—60页。
③ 《子藏·淮南子卷》第51册,第427页。
④ 《子藏·淮南子卷》第51册,第496页。

《春秋文耀钩》《春秋合诚图》《春秋元命包》、宋均《春秋元命包注》《春秋纬考异邮》《春秋运斗枢》《易纬》《乾凿度》等9种,儒家类文献有《新书》(《六术篇》)、《春秋繁露》(涉及《治水五行篇》《人副天数篇》)、《白虎通义》等3种。

史部文献有《史记》(涉及《天官书》《律书》《日者传》《货殖传》《王翦传》诸篇)、《史记索隐》《史记正义》《汉书》(涉及《天文志》《地理志》《五行志》《礼乐志》《艺文志》《张苍传》《王莽传》《扬雄传》及《翼奉传注》诸篇)、《汉书》张晏注、《后汉书》(《朱穆传》)、《续汉书·郡国志》《三国志》(《管辂别传》)、《晋书·天文志》《宋书》《隋书·天文志》《旧唐书》(《礼仪记》)、《国语》(涉及《周语》《晋语》)、《国语》韦昭注、《越绝书》《吴越春秋》《唐六典》《山海经》《风土记》等19种。

子部文献中,术数类著述有《黄帝·素问》《灵枢经》(涉及《九宫八风篇》《五乱篇》)、《万毕术》《周髀算经》《大衍历》等5种,诸子类著述有《管子》(涉及《四时》《地员》两篇)、《墨子》(《明鬼》篇)、《庄子》《列子》(《汤问》)、《穆天子传》《韩非子》(《解老》)、《韩非子》何犿注、《吕氏春秋》(涉及《正月纪》《五月纪》《有始览》及高诱《七月纪注》《十月纪注》诸篇)、蔡邕《命论》《论衡》(涉及《说日篇》《率性篇》《偶会篇》)、杨泉《物理论》《抱朴子》(《登涉篇》)等12种,类书有《太平御览》《初学记》2种。

集部文献有《楚辞》(涉及《天问》《九叹》)、《楚辞章句》《楚辞补注》《文选注》(涉及《思远赋注》《琴赋注》)4种。

在上述68种文献中,经史文献共45种,占总数的66.2%,若算上儒者所推重的《楚辞》,则有48种,占总数的70.6%。这种现象符合谢墉对钱塘"邃于经学""以道藏证儒书"的评价。经史文献中,又以引用《礼记·月令注》《史记·天官书》《汉书·天文志》等书最为频繁。

第三,图表文字结合,考据之风极浓。

《天文训》仅有一个图表,钱塘补注时,则在卷末自增了《八十岁日复之图第一》《八十岁日复之图第二》《咸池右行四仲日所在图》《日行十六所合堪舆之图》《律应二十四气之变图》《六十律旋宫图》《七均清浊和缪之图》《候气三律图》《二十岁刑德离合图》《八合之图》《正朝夕图》《测日远勾股比例图》《测日高勾股比例图》《日景出入前表益损之图》《天维十二月小周天之图》等15幅图表,其中有9幅图表配有文字说明。这是典型的图表与文字结合的著作特征。《天文训补注》这一著作特征,在《淮南子》学史上无疑是独一无二的,即使在整个中国古代学术史上也是极为罕见的。

钱塘所增的十五幅图表,没有一幅是全抄他书,或全袭他说的,基本上是他根据《天文训》,并考以他书他说,精心绘制而成。如《天文训》:"甲戌,燕也;乙酉,齐也。丙午,越也。丁巳,楚也。庚申,秦也。辛卯,戎也。壬子,代也。癸亥,胡也。戊戌己亥,韩也。己酉己卯,魏也。戊午戊子。八合天下也。"钱塘补曰:"申当为辰,字之误也。"又补曰:"脱戊辰、己未二合。"① 先校勘文本,再据之而创《八合之图》,并配以文字说明:"此方面八合也。其占皆主四方,以戊易阳干,已易阴干,即复成八合,而占在中原及天下,所谓大会八,小会亦八也。"② 八合图看似简略,但从侧面体现了《补注》浓厚的考据之风。这是清代学者校注《淮南子》完全立于考据之学的标志,其后的学者基本沿袭这条路子,已很少再关注《淮南子》的思想性与文学性,明人研究《淮南子》的风气至此被扫荡殆尽③。钱塘与庄逵吉一道,揭开了清代学者校注《淮南子》的兴盛期。

总之,钱塘的《淮南天文训补注》以推演术数为主,兼顾校勘释义,又引证经史典籍,结合图表,是一部独具特色的《淮南子》研究之作,也是一部具有较高学术水准的《淮南子》研究之作,在某种程度上代表了古代学者对自然科技的研究水平。当然,此书亦有自身的不足,陶磊即总结出四点不足,一是对天文历法解说的失误,二是对有些数术性质的内容认识错误,三是书中有不少强辩的东西,四是缺乏对《天文训》的整体把握④。这些指摘有部分是仁者见仁,智者见智,如陶磊反对钱塘提出的刘安用颛顼历的说法,而提出用殷历的观点。若要对《淮南天文训补注》作出客观的评价,就必须先要对它进行深入的研究。这个工作有待后续推进。

第四节　庄逵吉的《淮南子》校注

梁启超在《中国近三百年学术史》中为庄逵吉留了一席之地,他说:"清儒

---

① 《子藏·淮南子卷》第52册,第135页。
② 《子藏·淮南子卷》第52册,第193页。
③ 但这并不代表钱塘没有吸取明人成果,他所用的底本就是刘绩本,他的一些说法也取自刘绩,例如,"此论丙子七十二日""此论庚子七十二日""此论壬子七十二日"等说法,即全部与刘绩相同。
④ 陶磊《淮南子天文研究》,齐鲁书社2003年,第13—16页。

首治此书者为庄伯鸿（逵吉），当乾隆末，用道藏本校俗本，而以案语申己见，虽名校实兼注也（浙刻二十二子所采即此本）。自庄书出，而诵习本书者认为唯一之善本盖百余年。"① 这应该是了不起的评价。然而，清儒之中庄逵吉未必是首治《淮南子》者，傅山、惠栋、钱坫等皆费了很多气力在此书上。因此，严格地说，庄逵吉只是清儒专治此书的第一人，而非首治此书者。梁启超提出庄本《淮南子》实兼校注，则是很恰当的评价。按照这个评价，庄氏刊《淮南子》，就如明代刘绩刊《淮南子》一样，具有与后者相同的性质、相当的价值和地位，因而值得深入讨论。关于庄逵吉校注，已有人做过专门研究②。

一、庄逵吉校注概述

庄逵吉校刊《淮南子》，缘于其读本的注文被后人删改，几无善本可读。他这一次校刊所花费的精力，可与明代的刘绩、茅一桂相提并论，其研究力度则有过之而无不及。

首先，庄氏略考了淮南王刘安作书之始末。庄氏自《汉书·淮南王传》《汉书·艺文志》入手，描述了刘安其人其书。他说："《艺文志》杂家者流，有《淮南内》二十一篇，《淮南外》三十三篇，天文有《淮南杂子星》十九卷，《传》不及《杂志星》，而《志》不载神仙黄白之作，然后代往往传《万毕术》云云，大概多黄白变幻之事，即所谓中篇遗迹欤？"③ 提出《淮南万毕术》是中篇遗迹的猜想。他又以《西京杂记》《淮南子·要略》、高诱叙中所言为据，认为《内篇》一名《鸿烈》，班固称《淮南内》《淮南外》，则是本于刘向、刘歆父子，而后世称作《淮南子》，又本于班固把《淮南内》列入"诸子十家"。庄逵吉应该是最早考述《淮南子》书名变化的学者。

其次，庄氏略考了许慎、高诱注解《淮南子》之端绪。他严厉批评了欧阳修，说："《鸿烈音》应如刘煦云何诱，不得改称高诱。欧阳不精考古，以名字相涉而乱之，如徐坚《初学记》、李善《文选注》、李昉《太平御览》引《淮南》或并有翻语，即其书也。高则已自言为之注解，并举音读矣，宁得于本注之外，别有撰作哉？"④ 翻语，即反切音读。北宋本确实存有不少反切音读，当然不可能

---

① 梁启超《中国近三百年学术史》，中华书局1936年，第237页。
② 见王军《〈淮南子〉庄逵吉注研究》，安徽大学2003年硕士学位论文。
③《子藏·淮南子卷》第19册，第291页。
④《子藏·淮南子卷》第19册，第293页。

是高诱所为,应是魏晋以后人所增,犹如茅一桂校刊《淮南子》时增入了很多自己的音读。因此,庄氏的这个观点具有一定的合理性。但由于《鸿烈音》早佚,其内容已不得而知,所以,很难断定其中音读就是反切音读。抑或是好事者将高注中的音读辑出,单独成书,故有所谓《鸿烈音》一书。欧阳修改何诱为高诱,自有其据,未可遽定其非。庄氏又以史志、私家书目及类书等为据,首次提出后人误合许高两注为一的见解。关于这个问题,将在本编第七章详述。

再次,庄氏以钱坫批校本为底本,参以各本,精校《淮南子》文本,即所谓"校其同异,正其讹舛"①。他采用"逵吉按"形式声明自己的校注,多达410条左右②。其中,《叙目》约6条、《原道训》约20条、《俶真训》约16条、《天文训》约44条、《地形训》约43条、《时则训》约30条、《览冥训》约9条、《精神训》约8条、《本经训》约12条、《主术训》约19条、《缪称训》约7条、《齐俗训》约20条、《道应训》约17条、《氾论训》约17条、《诠言训》约7条、《兵略训》约25条、《说山训》约12条、《说林训》约11条、《人间训》约40条、《修务训》约24条、《泰族训》约17条、《要略》约6条。

总之,庄氏校注《淮南子》,不像傅山、惠栋校注参半,而更像钱大昕、卢文弨、钱坫诸人校多注少。换句话说,庄氏是以文本校勘为主,旁及音义训释。

二、庄逵吉的文本校勘

据统计,庄氏校注中涉及文本校勘的注语约有259条,占总数的63.3%③,足见其分量之重。校勘的对象不止于正文,注文也在其列。校勘的内容不外乎列异文、校讹误、明脱衍三类。

第一类:列异文。所谓列异文,既包括列出《淮南子》各本的文本差异,又包括列出《淮南子》与其他文献的文本差异。这一内容无疑是庄氏校勘中比重最大的一项,约占校勘总数的65%。

先看庄氏列《淮南子》诸本异文。庄本是多本融合的产物,虽然道藏本和钱坫校本起了主干作用,但并不能完全否定其他版本异文的合理性。于是,庄氏就以校注的形式把一些重要异文列举出来,供读者参考。在庄氏心目中,道

---

① 《子藏·淮南子卷》第19册,第291页。
② 王军统计仅有320余条,当误。见《〈淮南子〉庄逵吉注研究》,第6页。
③ 王军统计仅为1/3强,亦误。

藏本为正，其他各本为俗。因而校勘时，他常以道藏本为参照标准，列举其他各本异文。

庄氏有时会同时指明道藏本与其他各本之别。例如，《天文训》："壬子代也"，庄逵吉按："'代'诸本皆作'赵'，惟藏本作'代'。"① 此为藏本与诸本的异文。经查，所谓诸本，当包括《中立四子》本、茅一桂本、张烒如本，这些版本"代"皆作"赵"。又此篇"西方曰颢天"，庄逵吉按："俗本此字皆作'昊'，惟藏本作'颢'。"② 此为藏本与俗本的异文。俗本似是蔑称，一般指删削了注文的版本。经查，茅一桂本、张烒如本等所谓俗本均作"昊"。但是，道藏本并不作"颢"而作"皓"，若庄氏不失检，则他所见道藏本不是原本。

庄氏有时只会指明道藏本，而不言其他各本。例如，《精神训》"珍怪奇异"，庄逵吉按："奇异，本皆作'味'，唯藏本作'异'。"③ 经查，茅一桂本、张烒如本均作"味"。又如，《本经训》"皆乘人气者也"，庄逵吉按："本作'乘一气'，唯藏本作'人'。"④ 经查，茅一桂本亦作"乘人气"，而刘绩本、《中立四子》本、张烒如本均作"乘一气"。应该注意的是，此处"本皆作""本作"两个术语，意谓原来作"味"、作"一"，后依道藏本改正。这似乎说明了庄氏使用钱坫校本的事实。如果以这两例异文为据，那么，钱坫校本的底本最有可能是张烒如本，而非茅坤本。且钱坫自言："道书中亦非全本，然较之流俗所行者多十之五六。"⑤ 这一数据，也只有在钱坫用道藏本批校俗本之后才能得出。张烒如本所删除的注文正好是60%左右，符合钱坫的描述，而茅坤本只删除了30%至40%的注文，不符合钱坫的描述。因此，钱坫校本最有可能是用道藏本批校张烒如本而成。

庄氏有时只会指明他本，而不言道藏本。例如，《时则训》"天子乌始乘舟"，庄逵吉按："乌始乘舟，各本'乌'皆作'焉'；注'乌犹安也'，各本皆作'焉犹于也'。"⑥ 经查，道藏本作"乌"，注文作"乌犹安也"，而汪一鸾本、茅一桂本、张烒如本均作"焉"，注文均作"焉犹于也"。又如，《精神训》"无益情者

---

① 《子藏·淮南子卷》第19册，第405页。
② 《子藏·淮南子卷》第19册，第375页。
③ 《子藏·淮南子卷》第19册，第256页。
④ 《子藏·淮南子卷》第19册，第545页。
⑤ 《子藏·淮南子卷》第19册，第290页。
⑥ 《子藏·淮南子卷》第19册，第450页。

不以累德,而便性者不以滑和",庄逵吉按:"诸本作'无益于情者不以累德,不便于性者不以滑和'。"①经查,道藏本、茅一桂本同庄本,而刘绩本、汪一鸾本、张烒如本均作"无益于情者不以累德,不便于性者不以滑和"。再如,《修务训》"禹沐浴霪雨,栉扶风",庄逵吉按:"《中立府四子》本作'沐浴霪雨,梳栉扶风',《太平御览》引无'浴''梳'二字。"②经查,刘绩本、叶近山本亦有'梳'字,茅一桂本、张烒如本同道藏本。

上述各例,庄氏只列异文,不作评价,但充分体现了他以道藏本为正的版本意识。有时,庄氏也会对异文发表意见,例如,《俶真训》"撄挻挏世之风俗",庄逵吉按:"挻,各本皆作'挺'。考《说文解字》'挻,拔也'、'挻,长也',挻挏双声,应从藏本作'挻'为是。"③经查,刘绩本、茅一桂本、张烒如本作"挺",道藏本、叶近山本、《中立四子》本作"挻"。庄氏从音义入手力主道藏本为是。又如,《人间训》"人莫蹪于山而蹪于垤",庄逵吉按:"各本皆作垤,唯藏本作'蛭',依义作'垤'为是。"④经查,《中立四子》本、茅一桂本、张烒如本均作"垤"。庄氏从字义入手,认为各本更合理。诸如此类,庄氏校注中还有多例。

再看庄氏列《淮南子》与其他文献异文。关于这一方面,刘绩补注《淮南子》时就很注意了。与刘绩相比,庄氏拓展了其他文献的范围。据统计,庄氏列举了《太平御览》《意林》《大戴礼记》《大戴礼记》卢辩注、《周礼注》、王肃《孔子家语注》《说文解字》《汉书·地理志》《周书》《山海经》《山海经》郭璞注、《文选注》《吕氏春秋》《列子释文》等十几种文献的异文。其中数量最多的莫过于《太平御览》,约近200例,约占校勘总数的77%。《齐俗训》《道应训》《氾论训》《兵略训》《说山训》《说林训》《人间训》《修务训》《泰族训》《要略》十篇的文本校勘,几乎全是根据《太平御览》一书而展开,足见庄逵吉对这部类书的依赖程度。

庄氏对这一类异文,绝大多数不作出评价,仅单纯列举而已。例如,《缪称训》"柱不可以摘齿",庄逵吉按:"《太平御览》引'摘'作'刺'。"⑤这是个别文

---

① 《子藏·淮南子卷》第19册,第535页。
② 《子藏·淮南子卷》第20册,第411页。
③ 《子藏·淮南子卷》第19册,第346页。
④ 《子藏·淮南子卷》第20册,第360页。
⑤ 《子藏·淮南子卷》第20册,第89页。

字的差异。又如,《主术训》"寒暑不能伤",庄逵吉按:"《太平御览》作'燥湿不能伤'。"① 这是个别词语的差异。再如,《兵略训》"兴兵而功,因以诛罪人,遣人成陈",庄逵吉按:"《太平御览》作'举兵而征之,因诛罪人,遣卒成陈'。"② 这是多个文句的差异。

但有时候庄氏也会发表自己的校勘意见。意见无非有两种,一种是认同其他文献的异文。例如,《主术训》"外邪不入谓之塞",庄逵吉按:"《吕览》作'外欲不入谓之闭',据下'中扃外闭'云云,则此句疑当如《吕览》。"③ 又如,《齐俗训》"涕之出于目",庄逵吉按:"《太平御览》引'目'作'鼻',疑是。"④ 但庄氏并未完全认同,用"疑"字以示谨慎。另一种是反对其他文献的异文。例如,《地形训》"食水者善游能寒,……食谷者知慧而夭",庄逵吉按:"唐马总《意林》引此云:'食水者善浮而耐寒,鱼属也。食土者无心而惠,蚯蚓是也。食木者多力而愚,麋鹿是也。食桑者有丝而蛾,蚕属也。食肉者勇敢而悍,虎豹是也。食气者神明而寿,鱼蛇之类、王乔赤松是也。食谷者知慧而夭,人是也。'与本文不同。盖所见之本异,又并注语相乱故耳。浮即游,耐古能字,惠与慧字通用。食木者多力而愚,并两语为一,其误甚矣。总所案引诸子书,多以意删改,无所依据,不足取信者也。"⑤ 这是不迷信《意林》,而且颇多真知灼见。又如,《齐俗训》"生自宂之兽",庄逵吉按:"《太平御览》'自宂'作'食肉',疑非。"⑥ 再如,《氾论训》"不胜霜雪雾露",庄逵吉按:"《太平御览》作'寒露',似非。"⑦ 这两例都是不迷信《太平御览》。

第二类:校讹误。讹误之文不同于异文,在校勘者看来,前者必非,而后者未必非。校出文本的讹误之处,这也是庄氏校勘的重要内容,大概可分为以下几类:

其一,校诸本讹误。此类校勘,有各本可参照。例如,《天文训》"气有涯垠",庄逵吉按:"涯,俗本作'汉',误。"⑧ 经查,道藏本、刘绩本、《中立四子》

---

① 《子藏·淮南子卷》第20册,第3页。
② 《子藏·淮南子卷》第20册,第381页。
③ 《子藏·淮南子卷》第20册,第36页。
④ 《子藏·淮南子卷》第20册,第95页。
⑤ 《子藏·淮南子卷》第19册,第425页。
⑥ 《子藏·淮南子卷》第20册,第86页。
⑦ 《子藏·淮南子卷》第20册,第170页。
⑧ 《子藏·淮南子卷》第19册,第371页。

本、茅一桂本、张炜如本均作"汉",北宋本亦作"汉",诸本之中无一作"涯"者。庄氏作"涯",未知所本,当为钱坫所校。又如,《地形训》"凡寏者生于庶人",庄逵吉按:"此字,藏本作'容',恐非是,故从各本仍作'寏'。"①经查,道藏本、茅一桂本作"容",刘绩本、《中立四子》本、张炜如本作"寏"。道藏本作"容"必非,但为谨慎起见,故庄氏仍在"非是"前加一"恐"字。又如,《天文训》"东井三十三",庄逵吉按:"三十三,藏本作'三十',叶近山本作'三十四','四'字非,今以《汉书》考正。"②经查,茅一桂本、张炜如本同道藏本,刘绩本、《中立四子》本作"三十三"。再如,《诠言训》"非以智,不争也",庄逵吉按:"吴处士江声云应作'非以智也,以不争也',参之下文,当是。考明《中立四子》本,作'非以智也,以不争也',知传刻原有异同,但藏本如是,故不遵改。"③经查,刘绩本亦作"非以智也,以不争也",茅一桂本、张炜如本同道藏本。这条校语也是庄氏以道藏本为正的意识的流露。

其二,校原书讹误。此类校勘,无他本可参照。庄氏勘误,或以理推之,或据以旧注,或参以他书。

以理推之。所谓以理推之,即指按照自己的分析或已知的常理加以推断。如《地形训》"睢出荆山",庄逵吉按:"睢出荆山,'睢'字误,当为'洛',古字作'雒',故误为'睢'也。"④《齐俗训》"屠牛吐一朝解九牛而刀以剃发",庄逵吉按:"《太平御览》'吐'作'坦',疑'垣'字之讹。"⑤这两例皆是依形近而误之理,特别是后一例激起了后世校勘家的争议⑥。《主术训》注文"曰郭洛带位铫镐也",庄逵吉按:"藏本如是,本或作'曰郭洛带系铫镐也',文义皆难通,疑有

---

① 《子藏·淮南子卷》第 19 册,第 437 页。
② 《子藏·淮南子卷》第 19 册,第 402 页。《中立四子》本被庄氏提及两次,但此处校勘,庄氏未予以运用,说明他并没有仔细比对各本文字差异。
③ 《子藏·淮南子卷》第 20 册,第 241 页。
④ 《子藏·淮南子卷》第 19 册,第 434 页。
⑤ 《子藏·淮南子卷》第 20 册,第 107 页。
⑥ 刘文典云:"庄说非也。《初学记·武部》《白帖》十三、《御览》三百四十六、八百二十八引此文,并作'屠牛坦'。《管子·制分篇》'屠牛坦朝解九牛,而刀可以莫铁',《庄子·养生主》篇释文引《管子》作'有屠牛坦,一朝解九牛,刀可剃毛',与《淮南》此文正合,皆'吐'当为'坦'之证。"杨树达、王叔岷皆同刘说。但于大成云:"《韩诗外传》九'齐王厚送女,欲妻屠牛吐,屠牛吐辞以疾',此文作'吐',许注云'齐之大屠'本乎此也。是许本自作'吐',今本不误。至若《御览》引作'坦',其连引下文文、注并与今许本异,刘氏疑为高注,是也。则作'坦'者是高本,《初学记》《白帖》并高本也,高本作'坦'自本于《管子》。《齐俗》篇是许本,字当作'吐'为是。"见张双棣《淮南子校释》(增订本),第 1198 页。

误字。"① 此是依义乱而误之理。《地形训》注文"河内共县北",庄逵吉按:"河内共县,诸本及藏本皆作'邜',考河内无邜县,当作'共',故改之。"② 此是依不合常识而误之理。

据以旧注。所谓据以旧注,即指根据许高注文来校正文字。如《天文训》"天下大饥",高注"谷不熟为饥也",庄逵吉按:"饥,依高义应作饉。饥,饿也;饉,谷不熟也。两字训异。"③《本经训》"其行倪而顺情",高注"倪,读射倪取不觉之倪",庄逵吉曰:"'倪取不觉',义当是敓字。敓,今之'夺'字也。"④ 这两例校勘都是依据高诱的释义。

参以他书,如《地形训》"有角者指而无后",庄逵吉按:"'指'应作'脂',见《周礼注》,所谓'戴角者脂,无角者膏'是也。又王肃《家语注》引本书正作'脂'。"⑤ 其实,刘绩本、《中立四子》本"指"作"脂",惜庄氏失检。又如《齐俗训》"钳且得道以处昆仑",庄逵吉按:"《庄子·大宗师》篇'堪坏袭昆仑',陆德明《释文》云:'堪坏,神人,人面兽形,《淮南》作'钦负'。是唐本'钳且'作'钦负'也,字形近故误耳。"⑥ 庄氏此校得到了王念孙的肯定。

上述各例,庄氏都说明了校勘理由。但还有不少此类校勘,庄氏只指出疑误之处,并未说明校勘理由,多用"疑当作"这一术语。例如,《原道训》"物穆无穷",庄逵吉按:"物穆,疑当作'沕穆'。"⑦《俶真训》注文"芥,中也",庄逵吉按:"中字疑当作'艸'。"⑧《览冥训》注文"瀷,读燕人强春言敕同也",庄逵吉按:"强春,疑当作'强秦'。"⑨ 这三例似乎都是因形近而误,但庄氏未予明说。庄氏有时还直接在文中改正误字。如《人间训》"虽可而修不足",庄逵吉按:"修,各本作'长',依《太平御览》改。"⑩ 庄氏虽未表明理由,但明显是根据刘安避父讳"长"皆作"修"这条规律而改。

第三类:校脱衍。校出书中脱文、衍文,也是文本校勘的常见内容。庄氏

---

① 《子藏·淮南子卷》第20册,第38页。
② 《子藏·淮南子卷》第19册,第435页。
③ 《子藏·淮南子卷》第19册,第378页。
④ 《子藏·淮南子卷》第19册,第541页。
⑤ 《子藏·淮南子卷》第19册,第427页。
⑥ 《子藏·淮南子卷》第20册,第105页。
⑦ 《子藏·淮南子卷》第19册,第325页。
⑧ 《子藏·淮南子卷》第19册,第361页。
⑨ 《子藏·淮南子卷》第19册,第508页。
⑩ 《子藏·淮南子卷》第20册,第317页。

校勘自然也少不了这一方面的内容。他在校出脱文时，要么根据他本补入，要么根据他书指明或补入。

根据他本补入，如《时则训》注文"太皞之神治东方也"，庄逵吉按："'太皞之神治东方也'八字，藏本无之，明叶近山本有，据下'孟夏''孟秋''孟冬'注语，则有者是也，因从之。"① 经查，道藏本实际上有此八字，且此八字亦见于《中立四子》本、茅一桂本，唯不见于张烒如本。这不仅说明庄氏可能失检，抑或未见到道藏原本，还似能佐证钱坫批校的底本更可能是张烒如本。又如，《览冥训》注文"文王在春秋前，成王不以告，故不书也"，庄逵吉按："'文王'至'不书'十四字，叶近山、茅一桂二本皆有，藏本无，今增入。"② 经查，道藏本实际上有此十四字，茅一桂本反而没有，这愈发说明庄氏可能未见到道藏原本。

根据他书指明脱文，如《道应训》"庄王许诺"，庄逵吉按："《太平御览》引下有'子佩期之于京台，庄王不往，明日'共十三字，当是脱文。"③ 这是指明正文脱文。王念孙认同此说。经查，包括北宋本在内的各本均无此十三字，可知此文在北宋中期即脱。又《齐俗训》"短褐不掩形，而炀灶口"，庄逵吉按："《太平御览》引注作：'炀，炙也，向灶口自温。炀读高尚之尚也。'解读甚精，当是今本脱之。"④ 这是指明注文脱文。然今本此篇为许注，《御览》所引非此篇脱文，而是高注佚文。庄氏未能明之。根据他书补入脱文，如《天文训》"万物螾螾也"，庄逵吉按："本皆作'万物螾'，《太平御览》作'螾螾也'。依义，《御览》是，今从之。"⑤ 经查，诸本皆无后"螾也"二字。庄氏视为脱文，故增入此二字。

校出书中衍文。如《地形训》注文"洋水经陇西氐道，东至武都为汉阳，或作'养水'也"，庄逵吉按："洋或作养，养应作瀁，亦作漾，即汉水也。东至武都为汉阳，'阳'字疑衍。"⑥ 经查，养水，影宋本、道藏本、刘绩本、《中立四子》本均作"养"，茅一桂本、张烒如本无此句，且庄氏自称"洋或作养"，故庄本自衍"水"字。刘家立不赞成庄说，认为"阳"乃误字。他说："'阳'乃'洋'之误

---

① 《子藏·淮南子卷》第19册，第443页。
② 《子藏·淮南子卷》第19册，第493页。
③ 《子藏·淮南子卷》第20册，第141页。
④ 《子藏·淮南子卷》第20册，第120页。
⑤ 《子藏·淮南子卷》第19册，第393页。
⑥ 《子藏·淮南子卷》第19册，第418页。

字。此注应作'东至武都为汉。洋,或作瀁也'。"① 可备一说。庄氏此类校勘极少。

三、庄逵吉的音义训释

庄氏训释文字音义,数量约有 151 条,约占总数的 37%。但若除去庄氏辑出的《太平御览》等书保留的旧注,则仅有 90 条左右,约占总数的 22%。具体来说,主要包括以下几个方面的内容:

第一,钩沉旧注。庄氏校勘《淮南子》的过程中,已经意识到后人误把许高两家合二为一的事实,因此,很注意搜求不同于今本的旧注。据统计,庄本所钩沉的旧注约 60 余条,为此本增色不少。庄氏并不是专业的辑佚者,他几乎把所有的目光集聚在《太平御览》这部类书上,尽力把这部书所保留的旧注引入到他所校刻的《淮南子》之中,多集中在《天文训》《地形训》《时则训》《兵略训》四篇。

当然,庄氏并不像孙冯翼等人那样只做辑佚而不作辨识,相反,他从《太平御览》引文中认识到《淮南子》存在异本、别本的情况。如《齐俗训》"冬则羊裘解札",庄逵吉按:"《太平御览》两引,一引'解札'作'蔽体',一引仍作'解札',有注云:'解札,为裘如铠甲之札,言其破坏也。'当是异本,故两引两异耳。"②《兵略训》"羊肠道",庄逵吉按:"《太平御览》此下有注云:'羊肠,一屈一伸。'此二注,别本亦或有之。"③ 这里的异本、别本,是指与今本相异之本,而非指今本的不同刻本。尽管庄氏当时还未有"许本""高本"的意识,但他在钩沉旧注之时,注意辨明注家。对于这一点,同时代的周中孚给予了较高评价,他说:"逵吉钩稽其中之注,同一事而注文有互异者,又以《文选注》《艺文类聚》《太平御览》诸书所引许注、高注互证,乃知今本为后人合两家注为一,而不加标判耳,详见其前庄序中,盖宋以来疑不能明者,至此乃涣然冰释矣。"④ 日本学者仓石武四郎作了更高评价:"彼对于《吕览》之高诱注,与《淮南子》之高诱注,不一致者,及在《淮南子》中,其注之互相矛盾者,而从《文选注》《列子释文》《艺文类聚》、元应《一切经音义》《太平御览》等所引之许慎注,

---

① 见张双棣《淮南子校释》(增订本),第 459 页。
②《子藏·淮南子卷》第 20 册,第 120 页。
③《子藏·淮南子卷》第 20 册,第 267 页。
④ 周中孚《郑堂读书记》,《清人书目题跋丛刊》第八册,中华书局 1992 年,第 511 页。

分别为三:(一)与今本之注,完全相同者,(二)完全相异者,(三)为今之注所无者,而导出'此乃后人误合两家为一'之结论。此等贵重之结论,岂惟钱塘,即黄丕烈、顾千里辈,亦对于今之高诱注,不过囫囵吞枣耳。故彼之见识,以视王念孙之精核,何多让焉?"①庄氏对今本注文的辨析,或已超过王念孙,但分辨许高两家,还远达不到令人涣然冰释的地步。当然,庄氏无疑是这方面的先行者。

第二,疏通旧注。明代学者较少关注《淮南子》旧注,仅刘绩对此作过不少辩驳。庄氏则耗费了很多精力在旧注上,除钩沉旧注外,他还喜好疏通旧注。所谓疏通旧注,是指对旧注文义的进一步梳理和注释,具体包括佐证旧注、疏解旧注和辨驳旧注等内容。据统计,关于这一方面的校注,约有43条,主要集中在《原道训》《天文训》《地形训》《时则训》《本经训》《修务训》六篇。

庄逵吉对待旧注,并不像刘绩一样总是加以否定,而以肯定为主。例如,《原道训》注文:"常事曰视,非常曰观,《春秋》'鲁隐公观渔于棠'是也。"庄逵吉按:"《易》'观盥而不观荐',非常视也,故夫子曰'禘自既灌,不欲观'。《说文解字》:'观,谛视也。'古字古义自有一定,诱解得之矣。"②又如,《时则训》注文:"皆不害人,易得,故言取。蛟有鳞甲,能害人,难得,故言伐。龟神可决吉凶,入宗庙,尊之,故言登。"庄逵吉按:"古登有升义,三字疏解为精。"③"得之""为精",都是对旧注表示肯定,表示赞赏。在这种意识的支配下,庄氏十分注意援引他书他说来佐证和疏解旧注。

所谓佐证旧注,即指援引他书他说以证明旧注的正确性。例如,《地形训》注文"句婴读为九婴,北方之国也",庄逵吉按:"古句、九同声,故齐桓公九合,即纠合,此读句为九之证。"④此是援引《左传》以证旧注。又如,《精神训》注文"篅笞,受谷器",庄逵吉按:"《说文解字》'笞,篅也'、'篅,以判竹圜以盛谷也',《急就篇》所云'笔篅,筱筥篡算篝'是也,与注义合。"⑤此是援引《说文》《急就篇》以证旧注。

———————

① 江侠庵编译《先秦经籍考》下册,第345—346页。
②《子藏·淮南子卷》第19册,第322页。
③《子藏·淮南子卷》第19册,第459页。
④《子藏·淮南子卷》第19册,第431页。
⑤《子藏·淮南子卷》第19册,第532页。

所谓疏解旧注,是指或解释旧注释义的原因,或解释旧注的文义。解释旧注释义的原因,例如,《时则训》注文"坚致,功牢也",庄逵吉按:"坚致,《礼记》作'功致',故注云'功牢'也。"① 这是解释旧注将"坚致"释作"功牢"的原因。又如,《氾论训》注文"訽读夏后之后也",庄逵吉按:"《说文解字》'诟或作訽',此用或字,故读如后。"② 这是解释旧注将"訽"读作"后"的原因。解释旧注的文义,例如,《道应训》注文"纣死,箕子亡之朝鲜,旧居空,故柴护之也",庄逵吉按:"柴护之者,设军士护之也。柴,即俗'寨'字。"③ 这是解释旧注"柴护之"之义。又如,《修务训》注文"颂或作容",庄逵吉按:"《周礼》'和容',杜子春读作和颂。考古'容貌',字作'颂','容纳',字作'容',实两分,今则通用之也。"④ 这是解释旧注"颂或作容"之义。

所谓辩驳旧注,就是对旧注不正确之处予以驳正。例如,《说林训》注文:"若辱,自同于众人。若不足者,实若虚之貌。"庄逵吉按:"郑康成《仪礼注》曰'以白造缁曰辱',辱者,污辱也,故与白对。注家皆未得其义。"⑤ 但这一类的注语极少见,远不能与刘绩相比。

第三,补注正文。也就是旧注没有触及的文字,庄氏予以补注。然而,这一类的注语亦不多见。例如,《时则训》"厚席蓐",庄逵吉按:"《说文解字》'葬'字,从死,在草中,一其中,所以荐之。此云'厚席蓐',盖言葬义,故下云'以送万物归也'。"⑥ 此文旧注未释,庄氏引《说文》释为"葬"义。又如,《主术训》"挩棁而狎犬也",庄逵吉按:"棁,《说文解字》云'木杖也',考祢衡执棁以骂曹操,亦是杖。此挩棁,义当从之。"⑦ 棁字旧注未释,庄氏引《说文》释为"杖"义。

第四,辨明古字古音。辨明古字这一内容,刘绩补注《淮南子》时经常出现,惠栋批校《淮南子》时也屡次出现。与他们相比,庄逵吉有过之而无不及。其中原由,一是庄氏很擅长此类训诂和考据,二是钱坫校本多有钱氏自改的古字,即卢文弨说:"知书中古字,多出钱君献之所改,非藏本之旧也。如赡作

---

① 《子藏·淮南子卷》第19册,第471页。
② 《子藏·淮南子卷》第20册,第178页。
③ 《子藏·淮南子卷》第20册,第161页。
④ 《子藏·淮南子卷》第20册,第437页。
⑤ 《子藏·淮南子卷》第20册,第345—346页。
⑥ 《子藏·淮南子卷》第19册,第459页。
⑦ 《子藏·淮南子卷》第20册,第4页。

澹,能作耐,尭作沇,让作攘,霸作伯,憾作感,施作敀之类,殊可不必。"①庄氏校注时,须予以指明。例如,《主术训》"威行也,若发城决唐",庄逵吉按:"唐,古'塘'。"②经查,其他各本无有作"唐"者。庄本作"唐",当是钱坫所改。《晏子春秋·问下》"治唐园",孙星衍音义:"古塘字作唐。"③庄氏与孙星衍交往密切,或受其影响。又如,《原道训》"是故响不肆应而景不一设",庄逵吉按:"古无影字,故用景字。"④茅一桂本有增注,云:"景,古影字。"庄氏说法虽异,但本质与之相同。以上两例皆是古字合一之例。

庄氏有时也指明古字通用之例。例如,《地形训》注文"巨鹿,黄河泽是也",庄逵吉按:"黄阿泽,即广阿。古字黄、广通用。"⑤又如,《诠言训》"楚胜乎诸夏而败乎柏莒",庄逵吉按:"柏莒,即柏举,古字通用也。"⑥黄、广皆属阳部,莒、举不仅同属鱼部,且读音亦同。可见,以上两例皆是古音相近而通用。庄氏似乎很精通古音,其校注中以古音辨古字通用之例多达10余例。例如,《氾论训》"楚恭王战于阴陵",庄逵吉按:"古声阴、鄢同,故以鄢陵为阴陵,非九江之阴陵也。"⑦又此篇注文"孟卯,齐人也……《战国策》曰'芒卯'也",庄逵吉按:"古孟、芒同声,故通用。"⑧当然,庄氏并未指明这些文字古音同在何处,故很难借此了解他的古音韵学。

四、关于庄逵吉校注的评价

综上可见,庄逵吉校注的内容很丰富,诸如校勘、辑佚、释义、辨字、审音,皆见于其中。相对刘绩、傅山、惠栋诸人来说,庄氏校注《淮南子》也有自己的特点。其一,校勘与辑佚同存,成为其校注的绝对主流。校勘与辑佚近320条,占全部内容的78%。尤其是辑佚,即钩沉旧注这一项内容,当是庄氏首创。其后的孙冯翼、蒋曰豫、陶方琦、易顺鼎、王仁俊、叶德辉等把许注辑佚推向了高峰。其二,广泛吸收当时学者的校注成果。据统计,庄氏校注引用了当

---

① 《子藏·淮南子卷》第20册,第529页。
② 《子藏·淮南子卷》第20册,第39页。
③ 吴则虞《晏子春秋集释》,中华书局1962年,第279页。
④ 《子藏·淮南子卷》第19册,第305页。
⑤ 《子藏·淮南子卷》第19册,第459页。
⑥ 《子藏·淮南子卷》第20册,第227页。
⑦ 《子藏·淮南子卷》第20册,第193页。
⑧ 《子藏·淮南子卷》第20册,第201页。

时学者卢文弨、钱坫、程敦、孙星衍、孙继涵等人的成果。其中,以引用钱坫成果为最多,约有 15 处。从这个方面说,庄氏校注实际上是居于当时《淮南子》研究的前沿。其三,旁征博引,首重类书。据王军统计,庄氏校注征引经部典籍 23 种,史部典籍 6 种,子部典籍 12 种,集部典籍 5 种,总计约 46 种[①]。实际上,惠栋校注《淮南子》也旁征博引,也重视《太平御览》。与之相比,庄氏将《太平御览》居于校勘用书之首,则开了首重类书的先河。据统计,庄氏校注涉及《太平御览》的约有 228 条,约占总数的 56%。换句话说,有超过一半的校注与《太平御览》有关。近代刘文典即受其影响,把利用类书推向新的高度。

然而,庄逵吉的校注受到了当时一些学者的猛烈抨击,如王念孙、顾广圻等。《续修四库全书提要》承袭王、顾二人意见,批驳更加猛烈。《提要》云:"念孙所言,最能洞见其症结矣。文不合者,如《原道训》'非谓其底滞而不发,凝结而不流',藏本'结'作'竭',此妄从刘绩本也。注不合者,如《原道训注》:'策,筴也。末世之御,言不能与冯夷、大丙争在前也。'藏本'末世之御'作'未之感也',此盖改从茅一桂本,不知藏固非,茅本亦未是也。妄生异说者,《俶真》篇'太行石涧,飞狐句望之险,不能难也',句望本为句注之讹,而逵吉谓《汉书·地理志》句注为句汪之误,汪、望同声',不知本书《地形训》亦作句注,《汉书·文帝纪》'屯句注',句注叠韵,且诸书并作句注,无作句望者,何竟不学至此也!……逵吉不学无术,而又自作聪明,染明人之恶习,改易古书以欺世,即使择善而从,亦当注明于下。逵吉全不明著书之体例,以此校刻古籍,不如不刻之为愈矣。"[②] 庄逵吉二十四岁开始校注《淮南子》,至二十九岁结束,当时学问未深,学术尚浅,出现失误甚至臆说,也在所难免。其中,最大的失误就在于过分倚重《太平御览》,且不对它作文本校勘。但《提要》以一二例失误臆说,就否定庄氏全部校注,甚至进行人身攻击,显然过于极端,犯了只见树木不见森林的错误。即使博学如王念孙,也没有完全否定庄氏校注,其《淮南内篇杂志》亦时见肯定庄校之处。因此,《提要》所评不足为凭。

当然,抨击之外也有赞誉。与庄氏同时代的周中孚就说:"故是本无从一一辨其孰为许注,孰为高注,并补足其脱,逵吉仅加案语其上。然以视明人

[①] 详见王军《淮南子庄逵吉注研究》,第 23—27 页。
[②]《续修四库全书总目提要》第 13 册,齐鲁书社 1996 年影印本,第 491—492 页。

所刊,已不可以道里计,故程敦、孙星衍诸家俱称为善本耳。"① 认为庄氏的校注远远高于明代学者。日本学者评价说:"彼之书虽有缺陷,而亦未尝无所长。当时茅坤之删节本,横行于学者间,而此书经局刻本,流传于四方,未尝不稍杀其狂焰。……由今观之,庄氏刻本虽有不满之处,然而一读其序文,觉彼之见识,实有不可侮者存焉。"② 客观地说,庄氏校注是利远大于弊,二百年来流行学界,岂可一言否诀!

---

① 《清人书目题跋丛刊》第 8 册,第 601 页。
② 江侠庵编译《先秦经籍考》下册,第 345 页。

第五章 清代《淮南子》校注的鼎盛期

第一节 陈昌齐等人的《淮南子》校注

钱塘撰写《淮南天文训补注》，庄逵吉校刊《淮南子》，开始把清代学者校注《淮南子》推向鼎盛阶段，其后的陈昌齐、刘台拱、梁玉绳、梁履绳等人又推波助澜，直至王念孙《淮南内篇杂志》的出现，表明清代学者对《淮南子》的校注进入最盛时期。

一、陈昌齐的《淮南子正误》

陈昌齐(1743—1820)，字宾臣，号观楼，海康(今属广东雷州)人。乾隆三十六年(1771)进士，长于考据，尤精于天文、地理、历算，曾任四库馆校勘，还主修《雷州府志》《海康县志》。陈氏曾被阮元聘为《广东通志》总纂，主讲粤秀书院，亦为王念孙所推重，誉为"粤东硕儒"[①]。著有《测天约术》《吕氏春秋正误》《楚辞音义》《新谕正误》《经典释文附录》《临池琐语》《淮南子正误》《赐书堂诗文钞》等[②]。《淮南子正误》载录在嘉庆间刻印的《赐书堂全集》中，共十二卷。此外，《清史列传》卷七十五《循吏传二》载录有陈氏《淮南子考证》六卷[③]，当是《淮南子正误》之别名。《淮南子正误》虽载录在《赐书堂全集》中，但仍作为独本刊行，书末附有"后学嘉应吴兰修、年侄海丰林光绂、后学南海曾钊、受业南海陈昌运全校刊"等字样。今《子藏·淮南子卷》第四十四至四十五册影印收录。

[①] 王念孙《赐书堂集钞序》："陈观楼先生，粤东硕儒也。生平于书无所不读，自经史子集以及乾象坤舆之奥，六书四声九赋五刑之属，星算医卜百家众技之流，靡不贯穿其胸中。"(《清代诗文集汇编》第406册，第525页。)
[②]《民国岭南遗书》又收录有《楚词辨韵》一卷，或与《楚辞音义》为同一书。
[③] 见王钟翰点校《清史列传》，中华书局1987年，第6223页。

(一)《淮南子正误》的写作时间

陈昌齐撰写《淮南子正误》的时间,各类文献均无明确记载。唯王念孙写于嘉庆二十四年(1819)的《赐书堂集钞序》有言:"故所著书,如《经典释文附录》《天学脞说》《测天约术》,及《大戴礼记》《老子》《荀子》《楚词》《吕览》《淮南》诸书考证,皆有以发前人所未发。先生为余词馆先辈,后又同值谏垣,公事之暇,屡以古义相告语。其学旁推交通之中,加以正讹纠缪,每发一论,皆得古人之意义,而动合自然。故余所著《广雅疏证》《淮南内篇杂志》,辄引先生之说以为楷式。"① 细究王念孙这段话,是说《淮南内篇杂志》引用了陈氏的说法。而陈氏关于《淮南子》的说法,自然是体现在《淮南子考证》即《淮南子正误》一书中。这说明陈氏的《淮南子正误》要早于王念孙的《淮南内篇杂志》。

《淮南内篇杂志》"此所谓筦子枭飞而维绳者"条,王念孙说:"陈氏观楼曰:此所谓筦子,当作'此筦子所谓';枭飞而维绳,当作'鸟飞准绳'。案,《管子·宙合》篇曰'鸟飞准绳,此言大人之义也'云云,大意谓鸟飞虽不必如绳之直,然意南而南,意北而北,总期于还山集谷而后止,则亦与准于绳者无异。所谓苟大意得,不以小缺为伤也。故此云'大人之行,不掩以绳,至所极而已矣',此筦子所谓鸟飞而维绳者。今本鸟误作枭,准误作维,则义不可通。"② 今查证《淮南子正误》,卷八《道应训》确有此说,自开头至"不以小缺为伤也",袭取陈氏之说。此句之后,陈氏说:"鸟枭、准绳,以形近致误,高氏迷其所出,因文附会以为注,谬矣。"③ 可见,王念孙的结论与之并无二致,此条校勘可谓是全取陈氏之说。这个例子正可与王念孙序文所言相印证,因此,陈氏写作《淮南子正误》的时间,要早于王念孙撰写《淮南内篇杂志》。

王念孙撰写《淮南内篇杂志》,经历了较长一段时间,开始时间已不能确定,最终定稿时间则在嘉庆二十年(1815)。推此而言,陈氏写成《淮南子正误》必在1815年之前。值得注意的是,《淮南子正误》也引用了王念孙的说法,据统计,约有24次之多。其中大部分可与《淮南内篇杂志》相印证,如《览冥训》"矢蹠风追猋归",陈昌齐按:"别本矢上有纵字,归下有忽字。石臞云:

---

① 《清代诗文集汇编》第406册,第525页。
② 《子藏·淮南子卷》第45册,第624—625页。
③ 《子藏·淮南子卷》第45册,第17页。

猋忽,皆谓疾风也。"①所引王说全同于《淮南内篇杂志》。也有少数溢出《淮南内篇杂志》之外,如《精神训》"且惟无我而物无不备者乎",陈昌齐按:"石臞云:惟疑作虽。"②乾嘉学者常把未成的书稿互递传阅,也常以书信方式讨论学术。《淮南子正误》引用王念孙说法的情况,或可说明当时《淮南内篇杂志》还未定稿,抑或是陈氏根据已出版的《淮南内篇杂志》来修订《淮南子考证》,最终定为《淮南子正误》。总之,陈昌齐写作《淮南子正误》的时间,要略早于王念孙撰写《淮南内篇杂志》,但两者相距很近,当在1810至1815年之间③。

(二)《淮南子正误》的所用底本

《淮南子正误》采用了先摘录正文再辅以按语的撰写体例,因而所摘录的正文会直接影响陈氏正误的成效,所以,弄清陈昌齐所用底本就显得很有必要。《淮南子正误》明确提到了"道藏本""别本""一本""各本",很显然,这些都不是它据用的底本。想要弄清其底本,就必须要从陈氏所摘录的具体文本中求之。

《淮南子正误》不像《淮南天文训补注》一样既摘正文又摘注文,它只摘正文。但这并不代表陈氏所用本是无注本。前文例证所谓"高氏迷其所出"云云,其他各处还见"注意""据注""据本注"字样,这些都表明他据用的底本无疑是有注本。因此,陈氏所用本就可以排除像王莹本、吴勉学本之类的白文本。《原道训》"犹不能与罗者兢多",陈昌齐按:"兢当作競。"④又《俶真训》"相与优游,兢畅于宇宙之间",陈昌齐按:"兢当作競。"⑤今查诸本,唯刘绩本两例皆作"兢",吴勉学本前例作"競",后例才作"兢",但吴本是白文本,应在排除之列,其他各本均作"競"。仅以此例即可判断,《淮南子正误》所用底本就是刘绩本。当然,证据还远不止这些。如《原道训》"继嗣绝祠",陈昌齐按:"祠当作祀。"⑥诸本之中,唯刘本、吴本作"祠",其他各本作"祀"。又如《天文训》"壬子戊也",陈昌齐按:"戊当作代。"⑦诸本之中,唯刘绩本误作"戊",其

---

① 《子藏·淮南子卷》第44册,第497页。
② 《子藏·淮南子卷》第44册,第506页。
③ 关于《淮南内篇杂志》的撰写时间,详见于本章第二节。
④ 《子藏·淮南子卷》第44册,第396页。
⑤ 《子藏·淮南子卷》第44册,第437页。
⑥ 《子藏·淮南子卷》第44册,第405页。
⑦ 《子藏·淮南子卷》第44册,第466页。

他各本或作"代",或作"赵"。当然,最直接的证据莫过于《天文训》"帝张四维"一段文字的位置。此篇"道曰规,始于一,一而不生",陈昌齐按:"下文'帝张四维'至'为四时根',道藏本在此二句之上。"① 诸中之本,唯刘绩本、王蓥本将这段文字错置,但王蓥本是无注本,也在排除之列。

综上所述,《淮南子正误》所用底本是刘绩本,这一点可以确定无疑。因此,所谓《淮南子正误》,实际上就是正刘绩本之误,可以视为陈氏对刘绩本的一次十分全面的校勘。

(三)《淮南子正误》的主要特色

《淮南子正误》的体例及行文,在同类著作中更显简洁明了。据统计,此书共有陈氏校注约1268条,其中《原道训》125条、《俶真训》65条、《天文训》65条、《地形训》46条、《览冥训》47条、《精神训》42条、《本经训》55条、《主术训》127条、《缪称训》46条、《齐俗训》61条、《道应训》63条、《氾论训》61条、《诠言训》55条、《兵略训》55条、《说山训》60条、《说林训》66条、《人间训》87条、《修务训》54条、《泰族训》75条、《要略》13条。就数量而言,《淮南子正误》显然是同类著作中最多的一部。其内容不外乎校勘与释义,即使与同类著作相比,也能形成自己的特色。

其一,校勘成为绝对主体,释义完全沦为附属。

庄逵吉校注《淮南子》时,释义还占二三成,但至陈昌齐之时,校勘成为绝对主体,释义则沦为附属,基本是校而不注。有时,释义只是为校勘服务。如《缪称训》"洞同覆载而无所碍",陈昌齐按:"《广韵》'絯,挂也',出《淮南子》。疑此'碍'字作'絯'。"② 先释义,后用以校勘。当然,偶尔也会单独释义。如《齐俗训》"故有所员有所随者,所自窥之异也",陈昌齐按:"随,读当为椭。"③ 这是音义兼释。但此类校注在全书中极为少见。

陈氏校勘的内容十分丰富,几乎涉及了古籍文本可能出现的各种问题。校误字讹字,多用术语"当作""当为"。如《缪称训》"武之所制者小矣铎以声自毁",陈昌齐按:"矣字,据注当为吴字之误。"④ 此是传写之误。又如《兵略训》"楚国之强,大地计众,中分天下",陈昌齐按:"大地,据文当为丈地之讹,

---

① 《子藏·淮南子卷》第44册,第464页。
② 《子藏·淮南子卷》第44册,第561页。
③ 《子藏·淮南子卷》第44册,第585页。
④ 《子藏·淮南子卷》第44册,第567页。

大与丈形近也。"① 这是形近而讹。校脱文衍文,多有术语"疑脱""疑衍"。如《俶真训》"人性安静而嗜欲乱之",陈昌齐按:"人下疑脱之字。"② 又如《人间训》"是故不溺于难者成",陈昌齐按:"'不溺于难'下,据文不得有'者成'二字,当是衍文。"③ 诸如此类极多。校位置误倒,多用术语"疑倒""乙转"。如《缪称训》"察一曲者,不可与言化。审一时者,不可与言大。日不知夜,月不知昼",陈昌齐按:"日不知夜二句疑倒,盖夜、化为韵。"④ 从文句用韵判断其位置误倒。又如,《氾论训》"非智不能道而先称古",陈昌齐按:"道而二字,据文当乙转。道先称古,对举之文也。"⑤ 从文句对举判断其位置误倒。校文本互窜,主要是注文窜入正文,如《主术训》"唯神化为贵,至精为神",陈昌齐按:"至精为神四字,当是注文。"⑥ 尽管校勘内容很丰富,但绝大多数校勘无具体过程,精彩程度不足。

其二,熟练运用校勘方法,尤重对校、他校。

陈氏在校勘刘绩本的过程中,熟练运用了理校、本校、对校和他校等各种校勘方法。理校法,大多是结合《淮南子》的用韵情况而推断,下文将详述。本校法,则主要根据他篇文字、篇中上下文及注文之意而推断,如《人间训》"故仁者不以俗伤生",陈昌齐按:"俗,据《泰族训》作'欲'。"⑦ 然而,这两种校勘方法,陈氏使用并不是很频繁,他使用最频繁的莫过于对校法和他校法。

为了对校其他版本,陈氏陆续引入了多个参校本。其中,能明确版本名称的只有道藏本,这个参校本自陈氏校《俶真训》时引入。除道藏本外,书中还频繁出现了别本、一本的称呼。据统计,"道藏本"出现约35次,"别本"出现约287次,"一本"出现约78次。"别本"与"一本"共涉及大约365条校勘,约占总数的29%,因而不可小觑。

"别本"自陈氏校勘《时则训》时引入。经仔细比对,陈氏所谓"别本",并不是特指某一个版本,而是指他所见到的凡是与刘绩本相别的文本。"别本"只是一个统称,并没有特定的指向,但大多指向二十一卷本的茅一桂本及子版

---

① 《子藏·淮南子卷》第45册,第50页。
② 《子藏·淮南子卷》第44册,第447页。
③ 《子藏·淮南子卷》第45册,第92页。
④ 《子藏·淮南子卷》第44册,第571页。
⑤ 《子藏·淮南子卷》第45册,第21—22页。
⑥ 《子藏·淮南子卷》第44册,第532页。
⑦ 《子藏·淮南子卷》第45册,第104页。

本。此外,陈氏甚至把王念孙的校勘也称为别本。如《览冥训》"井植生梓而不容甕",陈昌齐按:"梓,据别本作桦。"现存诸本之中,无一作"桦"者。王念孙说:"'梓'皆当为'桦'。'桦',古'欁'字也。"① 显然,陈氏把这个观点吸纳入他书中。因此,严格地说,"别本"不能被指为《淮南子》的版本。"一本"自陈氏校勘《精神训》时引入。仔细比对,陈氏所谓"一本",实际上与"别本"并没有本质的不同,只是不再指向某些学者的校对,更多指向《淮南子》的某些版本。客观地说,陈氏提出"别本""一本",肯定受了刘绩的影响,其作用不过是罗列异文,于校勘而言价值不高。

引证他书校勘,这在《淮南子正误》中同样很普遍。据统计,陈氏引证的文献有《左传》《大戴礼记》《韩诗外传》《仪礼郑玄注》《尔雅》《尔雅疏》《急就篇》《玉篇》《说文系传》《广雅》《广韵》《一切经音义》《山海经》《水经注》《老子》《管子》《庄子》《庄子释文》《列子》《文子》《荀子》《吕氏春秋》《吕氏春秋注》《新书》《论衡》《刘子新论》《酉阳杂俎》《太平御览》《初学记》《北堂书钞》《艺文类聚》《楚辞章句》《楚辞补注》《文选注》等 34 种。与惠栋、钱塘、庄逵吉等人相比,陈昌齐不但拓展了类书的种类,而且对他书所引文本有更深一层的认识。如《齐俗训》"钳且得道以处昆仑",陈昌齐按:"《庄子·大宗师》篇'堪坏得之以袭昆仑',《释文》'堪坏,《淮南》作钦负',盖许本也。凡《庄子释文》引《淮南》,皆许本。"② 庄逵吉亦引证此文,但并没有得出许本的结论,更没有分辨许本和高本的意识。陈氏显然比他认识更深。

其三,首次聚焦文句用韵,并灵活应用于校勘。

关于《淮南子》用韵的集中考察,陈氏之前还未有学者涉足。陈氏是第一个聚焦《淮南子》用韵情况的清代学者。这也是《淮南子正误》最具特色的一个方面。《原道训》:"夫道者覆天载地,廓四方,柝八极,高不可际,深不可测,包裹天地,禀授无形,源流泉浡,冲而徐盈,混混汩汩,浊而徐清。"陈昌齐按:"地、极、测一韵,形、盈、清一韵。考地字,古音在歌戈麻部,与之咍部不协,然自《庄子》接舆歌'祸重如地,莫之知避',已先用之矣。古人文多用韵,此书尤多,举此篇以见例。"③ 陈氏认为,较之其他古书,《淮南子》用韵更为普遍。为

---

① 《子藏·淮南子卷》第 45 册,第 398 页。
② 《子藏·淮南子卷》第 44 册,第 581 页。
③ 《子藏·淮南子卷》第 44 册,第 387 页。

了说明这个问题,他特举《原道训》一篇为例。据统计,《原道训》125条校注中,有94条涉及用韵,约占总数的75%。这个数据并能说明《淮南子》用韵的普遍性。

陈氏在考察《淮南子》用韵时,特别注意汉人的音转现象。《原道训》:"其德优天地而和阴阳,节四时而调五行。呴谕覆育,万物群生,润于草木,浸于金石,禽兽硕大,毫毛润泽。"陈昌齐按:"以生韵阳、行,乃汉人之音转,傅毅《舞赋》、马融《广成颂》同。石、泽一韵。"① 生在耕部,而阳、行在阳部,故谓音转。又《原道训》:"幽兮冥兮,应无形兮。遂兮洞兮,不虚动兮。与刚柔卷舒兮,与阴阳俛仰兮。"陈昌齐按:"此以冥、形为一韵,洞、动、仰为一韵。考仰字,古在阳唐部,与东冬钟江不协。此汉时音转也。本书此例甚多,《老子》《韩非子》《楚辞》固先用之矣。"② 说明汉人音转也是承先秦古书而来。当然,音转亦须有前提,一般读音相近的字才能相转。《原道训》:"形性不可易,势居不可移也。是故达于道者,反于清静;究于物者,终于无为。"陈昌齐按:"移字不入脂微部,本书内用此字甚多,亦皆不以韵脂微部之字。此以易、移、为为韵。《诗·斯干》以裼韵地、瓦、仪、议、罹,是其例也。易字自支佳部转入歌麻部,以近而通。"③ "易"因与"移"音近,故能转音相协。

陈氏还揭示了《淮南子》的用韵方式,除句末韵之外,还有句中韵、互韵。所谓句中韵,即句中用韵,较隐蔽、间隔不长,故又称藏韵、短韵。如《原道训》"钧旋毂转",陈昌齐按:"旋、转为句中韵。"④ 又此篇"转化推移",陈昌齐按:"化、移为句中韵。"⑤ 所谓互韵,多指因双声而起的押韵。如《原道训》:"忽兮恍兮,不可为象兮;恍兮忽兮,用不屈兮。"陈昌齐按:"忽、恍双声字,恍象一韵,忽屈一韵。此为二句互韵之例。"⑥ 相对来说,句中韵和互韵的用韵方式在《淮南子》中并不多见。

陈氏研究《淮南子》的用韵情况,一个很直接的目的就是为他的文本校勘服务。陈氏善于将这方面的研究成果转化成校勘实践。例如,《原道训》"是

---

① 《子藏·淮南子卷》第44册,第390页。
② 《子藏·淮南子卷》第44册,第392页。
③ 《子藏·淮南子卷》第44册,第402页。
④ 《子藏·淮南子卷》第44册,第389页。
⑤ 《子藏·淮南子卷》第44册,第410页。
⑥ 《子藏·淮南子卷》第44册,第392页。

故疾而不摇,远而不劳,四支不动,聪明不损",陈昌齐按:"摇、劳一韵。动字,据《修务训》改作'勤',与损为韵。"①王念孙即借鉴了陈氏此说。又如,《诠言训》"动有章则词,行有迹则议",陈昌齐按:"词当作诃,《说林训》云'有为则议,多事固苛',苛与诃通,与此皆以诃、议为韵。"②王引之即吸纳陈氏此说。大量使用音韵校勘法,这是《淮南子》校注中的新现象,陈昌齐的《淮南子正误》可谓是开路先锋。

总之,陈昌齐的《淮南子正误》本质上是对刘绩本的一次全面校勘,不仅校正刘本的错误,大量搜罗各种异文,而且首次聚焦《淮南子》的用韵情况,频繁使用音韵校勘法。这在《淮南子》学史上显然独树一帜。王念孙父子校勘《淮南子》颇受陈昌齐的影响,李慈铭批读《淮南子》时也大力称赞陈氏:"《淮南子》校,本家怀祖先生校出误处二百十一条,陈观楼先生校出十五条,皆精当不可易。"③但《淮南子正误》的不足亦显而易见。一是笼统称"别本""一本",不指明出处;二是多数只列异文而无校勘;三是自误自校。如《俶真训》"是故举事而而顺于道者",陈昌齐按:"一而字疑衍。"④今查刘本,仅有一个"而"字,可知此处陈氏完全是自误自校。

二、梁玉绳的《淮南子》校注

梁玉绳出身显贵,濡染家学,默而湛思,专精于《史记》《汉书》,著有《史记志疑》《瞥记》《吕子校补》《元号略》《志铭广例》《蜕稿》等,其子梁学昌将后五种与《人表考》汇成《清白士集》二十八卷。梁氏并未像陈昌齐那样对《淮南子》全书作出校注,只有一些零星的读书札记。据统计,这些读书札记约有17条,另有1条考证《左传》"羊斟"之名而引证《淮南子·缪称训》,皆被收录在《瞥记》卷五。根据《瞥记》前梁氏自写的一段题识,此书成于嘉庆三年(1798)⑤。其名作《史记志疑》成于乾隆四十八年(1783),《瞥记》当是作于此后。所以,梁氏校注《淮南子》的时间应是在1783年至1798年之间。

---

① 《子藏·淮南子卷》第44册,第395页。
② 《子藏·淮南子卷》第45册,第36页。
③ 李慈铭《越缦堂读书记》,辽宁教育出版社2001年,730页。
④ 《子藏·淮南子卷》第44册,第442页。
⑤ 题识说:"余三时学暇,每有所得,辄舐笔以备遗忘,短书琐语,积久遂多,删存为《瞥记》七卷。……戊午三月谷雨后二日。"(《续修四库全书》第1157册,第1页。)

对于梁氏校注《淮南子》的情况，严灵峰作过说明："《瞥记》中所校者有《俶真》《天文》《地形》《时则》《修务》《人间》《主术》《道应》《原道》《说林》《说山》《览冥》诸篇文字，并引其他典籍及《尔雅》《初学记》《文选注》等书为之。"① 但所谓诸篇文字，显然言过其实，不过是择取上述十二篇各一二条文句略加考校而已。梁玉绳校注《淮南子》，既不能与其弟梁履绳批校《淮南子》全书相比，也不能与陈昌齐、刘台拱等大力校勘《淮南子》相比。

梁玉绳的专长并非校勘文字，而是博通史学，所以，他校注《淮南子》明显偏于注解，明显偏于辨析。说得再准确一些，梁氏长于注解和辨析《淮南子》中的人名、地名、史事及传说。辨析人名最为常见，如梁氏说："高诱《淮南子序》言：'安与苏飞、李尚、左吴、田由、雷被、毛被、伍被、晋昌八人，及大山、小山徒著此书。'《文选》卷三十注引作'苏非、李上、陈由'，古字通用。寿春八公山以八人得名。《水经·肥水注》言'左吴与王春、傅生等寻安，全诣玄洲，还为著记，号曰《八公记》。'则八公名目又与高序异矣。"② 关于八公之名，《论衡》《楚辞章句》等书皆有论及，但均未提出具体人名，直至高诱作序明载八人之名，但后世愈传愈虚，杂有神仙之说。而梁氏引《水经注》为据，揭示历史上八公名目的不同指称。注解地名，如梁氏说："《时则训》'中央之极自昆仑东绝两恒山'，注云'两，未闻'，处素案，江都刘师峻《北岳考》曰：'曲阳在隋为恒阳县，恒山距县西北百四十里，若浑源州在元初为恒阴县，恒山在州南二十里。'山南曰阳，山北曰阴。此两恒山，盖指山南山北而言，犹上党郡，《战国西周策》称两上党也。"③ 通过引述其弟梁履绳的说法，详细解释了高诱所不能明白的"两恒山"之义，可谓有理有据。《淮南子》中，史事和传说常胶合在一起，梁氏多从历史的角度加以辨析。如梁氏说："《览冥》《道应》《说山》并言'阳侯之波'，注谓'陵阳国侯（一作阳陵），其国近水，溺死，其神能为大波，为人作害'，案《汉书·杨雄传注》应劭曰：'阳侯有罪，自投江，其神为大波。'此当别有所据。然陶潜《四八目》本《论语摘辅象》，以阳侯为伏羲六佐之一，主江海，《路史》所云'阳侯，司海也'。《淮南子》云所称，当指此阳侯。周方叔《卮林》亦依斯说。"④ 在辨析阳侯这一史事传说的同时，潜含了梁氏对旧注的不认同。

---

① 严灵峰《周秦汉魏诸子知见书目》第五卷，第95页。
② 《续修四库全书》第1157册，第53页。
③ 《续修四库全书》第1157册，第53页。
④ 《续修四库全书》第1157册，第54页。

梁氏有时还以今事证古俗,如梁氏说:"《氾论训》'世俗言曰飨大高者而凳为上牲,葬死人者裘不可以藏',此二事至今如是。"①从中可以见出他作为史学家的学术视野。

当然,梁玉绳校注《淮南子》并不只是关注人名、地名、史事和传说,有时也关注文字音义。如梁氏说:"《原道》云'刘览徧照',注:'刘览,回观也。刘读留连之留,非刘氏之刘。'回观之解,似未安。且刘留二字同音,无所分别,义亦相通。故刘古作鎦。尧后有留氏。刘既与留同,而留又与流通,则刘览犹流览矣。(《尔雅·释诂》"刘,陈也",又一义。)"②通过辨析刘、留、流的音义,梁氏基本否定了高注将"刘览"解为"回观"的说法。梁氏还较早注意到今本《淮南子》同存许高旧注。他说:"《说山》'羿死桃部',注'地名'(部即棓字),与《左传》'死穷门'异。但《诠言训》亦有'羿死于桃棓'语,注云:'棓,大杖,桃木为之,以击杀羿,由是以来鬼畏桃也。'两注不同,当是高许二家之别,后人合并,无从分对,似依桃杖之说为是。"③在许高二注没有被分辨出来之前,梁氏能将《说山训》此注归属高诱,《诠言训》此注归属许慎。这等于解答了顾炎武读此二注的困惑,实在是很高明。可见,尽管梁玉绳校注《淮南子》不能与陈昌齐等人相比,但从其札记中仍然能够看出他扎实的考据功底。

三、刘台拱的《淮南子补校》

刘台拱(1751—1805),字端临,江苏宝应人,乾隆三十五年(1770)举人。刘氏长于训诂、考据,亦精天文、律吕之学,并有志于理学,与王念孙、段玉裁、汪中交往最密。他的著作大多零落,其后人辑成《论语骈枝》《仪礼传注》《经传小记》《荀子补注》《汉学拾遗》《方言补校》《淮南子补校》《国语补》等,汇为《刘氏遗书》八卷,有广雅书局光绪十五年刻本。其中,卷五为《淮南子补校》。又阮元《刘端临先生墓表》:"《淮南子定本》诸书,亦未卒业。"④有论者说:"阮元所称的《淮南子定本》,应该便是《刘端临先生遗书》与《刘氏遗书》中的《淮南子补校》,同书异名而已,当然也不排除两者前后篇章次序略有差

---

① 《续修四库全书》第1157册,第54页。
② 《续修四库全书》第1157册,第54页。
③ 《续修四库全书》第1157册,第54页。
④ 张连生等点校《宝应刘氏集》,广陵书社2006年,第40页。

异。"① 此说恐怕不符合事实。今观《淮南子补校》，其涉及自《原道训》至《泰族训》多篇，似已完工，与阮元"亦未卒业"的描述不符。且"补校"与"定本"二名，含义相距甚远，前者指校勘释义，后者指文本考定，侧重点不同。论者所谓"篇章次序略有差异"，亦不知所云。

刘氏写作《淮南子补校》的时间，现存文献均无明载。自刘氏卒年来看，自然要早于王念孙的《淮南内篇杂志》，甚至也要早于陈昌齐的《淮南子正误》。这个问题亦可从刘氏所用底本入手。首先，可以排除道藏本。《氾论训》"尝一哈水而甘苦知矣"，刘台拱曰："卢校藏本'而'作'如'，案古而、如通。"② 卢校藏本，即卢文弨所校道藏本，今查道藏原本，"而"亦作"如"，由此可以排除道藏本。其次，异文有独特之处。《齐俗训》注文"鳞施，玉纽也"，刘台拱案："《续汉书·礼仪志》'金缕玉柙'注引《汉旧仪》曰：'腰以下以玉为札，长一尺二寸半为柙，下至足缝以黄金缕。'纽当是柙误。"③ 今查诸本，唯庄逵吉本作"玉纽"，道藏本、茅一桂本、叶近山本、汪一鸾本、《中立四子》本均作"玉田"，刘绩本则无此注。又《修务训》"故夫孪子之相似者"，刘台拱案："孪，卢校各本作欒。欒，音以水涮壶之涮。"④ 今查诸本，唯叶本、庄本作"孪"，其他各本均作"欒"。由此可见，刘氏所用底本最大可能是庄本，当然也不排除有多个底本。但可以确定的是，刘台拱一定使用过庄本，而庄本刊于1788年，因此，他补校《淮南子》，必定在1788年至1805年之间。

《淮南子补校》仅一卷，且篇幅短小。据统计，该书校注总共约81条，详略不一，略者仅四字，详者亦不超二百字。与《淮南子正误》相比，《淮南子补校》大部分校勘都有具体过程，引经据典，辨析入微。其内容也十分丰富，校讹误、校脱衍、列异文、辨音读、释字义、明通假等均见于该书。其中，以校讹误、校脱衍、列异文为主，以辨音读、释字义、明通假为辅。

辨音读、明通假，颇能体现刘氏的治学风范。《原道训》"雪霜滚瀎"，刘台拱案："《氾论训》'黄衰微'，注云：'衰读縗绳之縗，微读抆灭之抆。'又《精神训》'芒芠漠闵'，注云：'芠读抆灭之抆。'并与此注同。或疑瀎微二字不当读抆，是不然。文欣二韵偏傍，隋唐人多收入微韵，故从军之字多读挥，从斤之字

---

① 张连生等点校《宝应刘氏集》，第3页。
② 《子藏·淮南子卷》第46册，第425页。
③ 《子藏·淮南子卷》第46册，第421页。
④ 《子藏·淮南子卷》第46册，第433页。

多读祈。又殷读为衣,君读为威,贲读为肥之类,不一而足。维绳之维,《广韵》'苏内切'。抆灭之抆,高盖读如昧。滚濔、衰微,皆迭韵字也。滚濔,犹霢微也。人名衰微者,取小弱之意,若草木之稚弱为霾靡也。芒芠,双声字也,芒芠即芒昧。《缪称训》引黄帝曰'芒芒昧昧,从天之道,与元同气'是也。抆之读为'昧',犹玫瑰之读为枚。"① 注文"抆灭之抆",唯庄本如此,藏本、《中立四子》本、叶本均作"校灭之校",刘本作"没灭之没",更加能够证明刘氏所用底本应是庄本。针对学者"濔微二字不当读抆"的观点,刘氏引证博洽,条分缕析,加以辩驳,体现了他极重考据的治学风范。《齐俗训》"则必有穿窬拊捷、抽箕踊备之奸",刘台拱案:"下文'凿培而遁之',注云:'培屋,后墙。'备与培同,培正字,备借字。"② 据以本证,说服力很强。

刘氏校注《淮南子》,虽然数量不多,但颇为精当。即便是王念孙、王引之父子,对他的说法也多有采纳。如《说山训》"鼎错日用而不足贵",注"错,小鼎",刘台拱案:"错当作鐕,《说林训》'水火相憎,鐕在其间',注'鐕,小鼎',又曰'鼎无耳为鐕,鐕读曰彗'。"③ 王引之亦云:"古无谓小鼎为错者,错当为鐕。鐕字本在鼎字上,鐕鼎,小鼎也。言小鼎虽日用而不足贵,周鼎虽不爨而不可贱也。"④ 又引《说林训》"水火相憎"云云,与刘说相同。又如《泰族训》"所在先后而已矣",刘台拱案:"'所在'当倒。"⑤ 王念孙亦云:"所在,当为'在所'。"⑥ 由于王氏父子与刘台拱交往密切,而《淮南子补注》又在《淮南内篇杂志》之前,说明王氏父子确实吸纳了刘台拱的校勘成果。

第二节 王念孙的《淮南内篇杂志》

王念孙(1744—1832),字怀祖,号石臞,亦作石渠,江苏高邮人。乾隆四十年(1775)进士,选翰林院庶吉士,转工部主事,升郎中,擢陕西道御史,后任山东运河道、永宁河道。曾师从戴震,受声音、文字、训诂之学,又精于校勘,

---

① 《子藏·淮南子卷》第46册,第417—418页。
② 《子藏·淮南子卷》第46册,第420页。
③ 《子藏·淮南子卷》第46册,第428页。
④ 《子藏·淮南子卷》第46册,第134页。
⑤ 《子藏·淮南子卷》第46册,第434页。
⑥ 《子藏·淮南子卷》第46册,第305页。

与其子王引之并称"高邮二王"。著有《广雅疏证》《读书杂志》《校正广雅音》《广雅疏证补正》《方言疏证补》等。与《广雅疏证》一样，王念孙的《读书杂志》在当时学术界也享有盛誉，可谓是王氏最有代表性的校勘之作，谓之清代朴学的代表作亦不为过。该书共八十二卷，《余编》二卷，计一百万余字，包括《逸周书杂志》四卷、《战国策杂志》三卷、《史记杂志》六卷、《汉书杂志》十六卷、《管子杂志》十二卷、《晏子春秋杂志》二卷、《墨子杂志》六卷、《荀子杂志》八卷及《补遗》一卷、《淮南内篇杂志》二十二卷及《补遗》一卷、《汉隶拾遗》一卷。可见，《淮南内篇杂志》卷帙最多，足见王念孙对《淮南子》的重视及花费精力之多。

一、《淮南内篇杂志》的成书时间

《读书杂志》虽是王氏晚年之作，但其完整成书的过程颇为漫长，且各书独立成书的过程也颇为复杂。《淮南内篇杂志》亦是如此。

据闵尔昌《王石臞先生年谱》载："十五年庚午，六十七岁。七月壬戌永定河溢，先生自请治罪，以六品休致。子引之方自河南学政差旋，乃迎养于京寓。先生既罢职，乃以著述自娱，亟取所校《淮南子内篇》，重加校正，博考诸书，以订讹误。由是校《战国策》《史记》《管子》《晏子春秋》《荀子》《逸周书》及旧所校《汉书》《墨子》，附以《汉隶拾遗》凡十种八十二卷，名曰《读书杂志》。自壬申以后陆续付梓。"① 若以此为据，则王念孙撰写《读书杂志》，是以《淮南子》为先，即始于嘉庆十五年（1810）。但闵尔昌认为，此年之前王氏即有校勘草稿。黄丕烈在写于辛酉九月（即嘉庆六年，1801年）的题识中说："顷从都中归，高邮王伯申编修闻余收《淮南》本极多，属为传校。"② 王引之嘱托黄丕烈传校《淮南子》，这应是受王念孙之命，说明王念孙在嘉庆初期就开始校勘《淮南子》了，可证闵尔昌所言不虚。

但是，直到1810年，王念孙才开始实施《读书杂志》的撰写计划，而《淮南子》首当其冲，往年旧稿被翻出，于是重加修改、校正。王引之在《淮南内篇杂志·顾校〈淮南子〉各条》前写有题记，他说："家大人既以数年之力，校成《淮南杂志》，而又得文学所校以补而缀之，盖至是搜剔靡遗矣。今年将补刻所校，

---

① 陈祖武编《乾嘉名儒年谱》第9册，北京图书馆出版社2006年，第37页。
② 国家图书馆编《国家图书馆藏古籍题跋丛刊》第8册，北京图书馆出版社2002年，第777页。

爱扬搉之,以为读书者法。"① 这表明王念孙完成《淮南内篇杂志》花费了数年时间。又据王氏《淮南内篇杂志第廿二》自记:"嘉庆廿年,岁在乙亥季冬之廿日,高邮王念孙书。时年七十有二。"② 可知《淮南内篇杂志》撰成于嘉庆二十年(1815)。若以 1810 年为开始之年,则此书用去了王氏六年的时间③。

《淮南内篇杂志》最早由王引之刻于道光元年(1821),世称家刻本。同治九年(1870),金陵书局据王氏家刻本重刊。光绪年间,上海鸿文书局、上海点石斋书局、上海鸿宝斋书局亦取王氏家刻本付诸石印。上海商务印书馆在 1930 年排印成《万有文库》本,可谓是最早的整理本。1933 年,商务印书馆编《国学基本丛书》时又影印此本。1985 年,中国书店亦据《万有文库》本影印,而江苏古籍出版社则据家刻本影印。1991 年,中华书局据金陵书局本断句影印。2015 年,上海古籍出版社出版了徐炜君等人校点的整理本。以上诸本,现均传于学界,能方便学人。

二、《淮南内篇杂志》的校勘内容

王念孙颇看重《淮南内篇杂志》,自称:"兹以藏本为主,参以群书所引,凡所订正共九百余条。"④ 若按王书自列条目统计,《淮南内篇杂志》共有校注 912 条,与王氏所说相合。但由于很多条目又有分条目,因此,《淮南内篇杂志》所订正远不止九百余条。据统计,总共有 1098 条,其中《原道训》61 条、《俶真训》44 条、《天文训》90 条、《地形训》40 条、《时则训》15 条、《览冥训》41 条、《精神训》29 条、《本经训》31 条、《主术训》90 条、《缪称训》38 条、《齐俗训》53 条、《道应训》89 条、《氾论训》61 条、《诠言训》56 条、《兵略训》48 条、《说山训》42 条、《说林训》44 条、《人间训》89 条、《修务训》53 条、《泰族训》68 条、《要略》16 条。就校注数量而言,《淮南内篇杂志》在《淮南子》所有校注

---

① 《子藏·淮南子卷》第 46 册,第 389 页。
② 《子藏·淮南子卷》第 46 册,第 387 页。
③ 关于《淮南内篇杂志》的成书时间,虞万里《〈读书杂志〉整理本序》亦有言及,他说:"《读淮南子杂志书后》未记具体年月,末署'嘉庆二十年(一八一五)岁在乙亥季冬之二十日'。然《行状》谓怀祖致仕后'乃以著述自娱,亟取所校《淮南子内篇》重加校正,博考诸书以订讹误',知嘉庆十五年前曾校此书,致仕后复加增订,或如《管子杂志》先校异同,而后撮其可深发者写成《杂志》。就篇幅及《书后》概括古书错乱六十二例观之,怀祖于此书颇为用心,其前后校订或曾颇费时日。"(徐炜君等校点《读书杂志》,上海古籍出版社 2014 年,第 8—9 页。)
④ 《子藏·淮南子卷》第 46 册,第 332 页。

作品中无疑是名列前茅的。

　　事实上,《淮南内篇杂志》并不是王念孙一人的独著,他的儿子王引之也为此书的形成作了巨大贡献。据统计,书中以"引之曰"形式辑录王引之校注107条,以"引之按"形式辑录王引之校注18条,总计125条,占全书数量的14%。可见,王引之于《淮南子》亦不可谓不用力。

　　王氏竭尽所能校勘古书,并非要逞才于世人,而是对古书抱有深切的责任感。他感叹说:"嗟乎！学者读古人书,而不能正其传写之误,又取不误之文而妄改之,岂非古书之大不幸乎？"① 在批评庄逵吉以非藏本为藏本时又说:"窃恐学者误以为藏本而从之,则新刻行而旧本愈微,故不得不辩。"② 不唯《淮南内篇杂志》,就是整部《读书杂志》,也都是在这种责任感下形成的。因此,文本校勘成了《读书杂志》最主要的内容。而《淮南内篇杂志》尤为典型,前面所统计的1098条校注,几乎是清一色的文本校勘,其中所涉及的字句训释、注文辨析也多是为文本校勘服务的。

　　与其他校注著作一样,《淮南内篇杂志》的校勘内容也不外乎校误文、校脱文、校衍文和校倒文。但王氏并不是单纯地为校勘而校勘,他通过校勘《淮南子》而思考了古书文本致误的原因及类型。从这个方面说,《淮南内篇杂志》既是王念孙校勘理论的总结,又是王念孙校勘理论的实践。他在分析《淮南子》文本致误的原因时说:"推其致误之由,则传写讹脱者半,凭意妄改者亦半也。"③ 即客观原因与主观原因各居其半。王氏又详细总结了《淮南子》文本致误的六十二种类型。若以这些类型去校勘其他古书的文本讹误,也同样适用,故历来为校勘者所重④。由于王氏对文本致误类型的划分过于琐细,今将其

---

① 《子藏·淮南子卷》第46册,第381页。
② 《子藏·淮南子卷》第46册,第381—382页。
③ 《子藏·淮南子卷》第46册,第332页。
④ 王氏自计"六十四事",实则只有六十二事。对此,虞万里评价说:"以上六十二条,先言误字,继言衍脱错简,继言不明古书体例、文字假借、衍脱错简而妄加妄删妄改,继言误倒衍脱而失其韵,大较为四类。其误固在于《淮南》,而其例则存于《杂志》乃至一切古书。近有论者谓此六十二例未能包容《杂志》所有之误,盖不知其作在嘉庆末年,且专就《淮南》而言,道光元年以后所校作所著溢出其外者已无法涵盖。四类六十二例,固不能尽古书所有之误,然其总结古书钞刻、流传中滋生讹误之举,诚远迈古人而启导来者也。有此六十二例,而后有《经义述闻·通说下》'语词误解以实义''经传平列二字上下同义''经文数句平列上下不当歧异''经文上下两义不可合解'诸例,而后有俞曲园之《古书疑义举例》(八十八例),而后有刘申叔之《补》(十一例)、杨遇夫之《续补》(二十八例)、马彝初之《校录》(二十五例)、姚维锐之《增补》(十五例)、徐仁甫之《广》(百二十例),而后有陈援庵《校勘学释例》(五十例),而后有王叔岷《斠雠学·通例》(百二十四例)。推而广之,会而通之,(转下页)

归为几大类：

第一大类：因形近而致误。形近而致误，大多属于无心而误。由于致误的方式很多，所以致误的类型也不少，具体来说可以细分为七种情况：其一，有因字不习见而误者，即某字因不常见而误为形近之字。此类误文比较常见，多为后人误改。其二，有因假借之字而误者，即某字假借为某字后又因形近而误为他字。据统计，《淮南内篇杂志》校出此类误文约 16 例。其三，有因古字而误者，即后人不明古字而误改为形近之字。据统计，《淮南内篇杂志》校出此类误文约 52 例。其四，有因隶书而误者，即某字因隶体而被后人误改为形近之字。据统计，《淮南内篇杂志》校出此类误文约 80 余例。其五，有因草书而误者，即某字因草体而被后人误改为形近之字。据统计，《淮南内篇杂志》校出此类误文约 18 例。其六，有因俗书而误者，即某字因俗字作某而被后人误改为形近之字。据统计，《淮南内篇杂志》校出此类误文约 39 例。其七，有两字误为一字者，即原本为两字，后因转写而误作一字。此类误文仅见 1 例。《说林篇》："婴儿詈老，莫之疾也，贼心亡也。"王念孙说："贼，害也。亡，无也。言狂者与婴儿，皆无害人之心也。各本'亡也'之'也'误为'山'，又与'亡'字合而为'㐹'矣。"① "亡也"误为"㐹"，亦属于形近而致误。

第二大类，因脱衍、错简、颠倒而致误。这一类的误文很常见，王氏又将其分作五种情况：其一，有衍至数字者。古书衍一二字很正常，而衍至数字者则不多见。据统计，《淮南内篇杂志》校出衍文，计约 146 例。其二，有脱数字至十数字者。此类误文亦很常见，大多属于无心之失。据统计，《淮南内篇杂志》校出脱文，计约 225 例。其三，有误而兼脱者。此类误文是既有误字又有脱文，《淮南内篇杂志》校出约 20 余例。其四，有错简者。错简是指古书因装订不当而导致文字次序错乱。此类误文，《淮南内篇杂志》仅校出 4 例。其五，有不识假借之字而颠倒其文者。倒文的情况较常见，不唯出于不识假借字。据统计，《淮南内篇杂志》校出此类误文约 26 例。

第三大类，因混淆正文、注文、校记而致误。此类误文也多是校者无心之失，于古书还不少见。王氏又将其分作四种情况：其一，有校书者旁记之字而

（接上页）而后有孙受之之《古书读法略例》，而后有胡朴安之《古书校读法》，而后有陈钟凡之《古书读校法》。是其绳究古人，辩诬求真，溉沾后学，息疑启牖之功岂浅尟哉！"（徐炜君等校点《读书杂志》，第 14—15 页。）

① 《子藏·淮南子卷》第 46 册，第 338 页。

阑入正文者,即后人把校书者的校记之字误入正文。此类误文不多,《淮南内篇杂志》仅校出4例。其二,有正文误入注者。此类误文也不常见,《淮南内篇杂志》仅校出3例。其三,有注文误入正文者。此类误文稍微多一些,《淮南内篇杂志》校出了15例。其四,有误字与本字并存者。误字多是校者误校而成,因不慎将本字和误字同留在文本中。此类误文很少见,《淮南内篇杂志》仅校出2例。

第四大类,因妄改、妄加、妄删而致误。"妄"字,即已说明此类误文多是校者主观之失,跟校者的水平有着很大关系。妄改在古书校勘中很常见,《淮南内篇杂志》校出此类误文约47例。王氏又把妄改这类误文分作五种情况:其一,有不审文义而妄改者。其二,有因字不习见而妄改者。其三,有不识假借之字而妄改者。其四,有既误而又妄改者。其五,有因误字而误改者。前面三种情况,都是因为校者不研究上下文义,不研究古文字,水平低下,仅凭主观意志而妄改。后面二种情况,都是因为校者不仅不能正误,而且还误上妄改、误改。妄加在古书校勘中也比较常见,《淮南内篇杂志》校出此类误文约36例。王氏又把妄加这类误文分作八种情况:其一,有不审文义而妄加者;其二,有不识假借之字而妄加者;其三,有妄加字而失其句读者;其四,有妄加数字至二十余字者;其五,有既衍而又妄加者;其六,有既误而又妄加者;其七,有既脱而又妄加者;其八,有既脱且误而又妄增者。前面四种情况,多是校者水平不足而妄意校改;后四种情况,是校者既不能正误,反而又误上加误。妄删、妄移在古书校勘中也不少见,《淮南内篇杂志》校出此类误文约10余例。王氏又把此类误文分作八种情况,其一,不审文义而妄删者;其二,有不识假借之字而妄删者;其三,有既误而又妄删者;其四,有既脱而又妄删者;其五,有既衍而又妄删者;其六,有失其句读而妄移注文者;其七,有既误而又移注文者;其八,有句倒而又移注文者。其中,妄移注文在茅一桂本中最为常见,于此可窥见后人妄改古书面貌之一斑。

第五大类,因正文增删注文而致误。经典古书往往都有注释。王氏认为,校者有时会出现根据正文而增删和更改注文的现象。据统计,《淮南内篇杂志》校出此类误文近40余例。王氏还将这类误文细分为七种情况:其一,有既误而又改注文者;其二,有既误而又增注文者;其三,有既改而又改注文者;其四,有既改而复增注文者;其五,有既改而复删注文者;其六,有既误且改而又改注文者;其七,有既误且衍而又妄加注释者。

此外，还有一大类，不能算是文本致误类型，而是因讹脱、误倒、妄改导致原本入韵的文句失去了韵语。王念孙精通上古音韵，经常运用音韵法校勘《淮南子》文本。据统计，《淮南内篇杂志》以"失其韵"校出文本讹误者约120余例。王氏还对造成"失其韵"的原因作了总结，并分成以下十六种情况：其一，有因字误而失其韵者；其二，有因字脱而失其韵者；其三，有因字倒而失其韵者；其四，有因句倒而失其韵者；其五，有错简而失其韵者；其六，有改字而失其韵者；其七，有改字以合韵而实非韵者；其八，有改字而失其韵，又改注文者；其九，有改字而失其韵，又删注文者；其十，有加字而失其韵者；其十一，有句读误而又加字以失其韵者；其十二，有既误且脱而失其韵者；其十三，有既误且倒而失其韵者；其十四，有既误且改而失其韵者；其十五，有既误而又加字以失其韵者；其十六，有既脱而又加字以失其韵者。足见王念孙既细致入微又富有体系的校勘理论。

三、《淮南内篇杂志》的校勘特色

《读书杂志》是清代朴学著作的杰出代表，具有非常浓厚的朴学气息。作为其中一部分，《淮南内篇杂志》当然也不例外。相对于《淮南子》其他校注作品而言，《淮南内篇杂志》显得体例更严密、考据更成熟，同时也形成了自己的特色，主要体现在以下几方面：

第一，频繁引证古代文献，远迈前人。

以往的同类著作也引证古代文献，但就所引文献的种类、范围及标准而言，皆远不及《淮南内篇杂志》。现按照经、史、子、集的次序，对《淮南内篇杂志》所引古代文献进行统计和分类。兹罗列如下：

一是经部文献，共引53种，引证次数总计约923见。具体包括：易类4种：《易传》（约6见）、《易林》（约5见）、《易干凿度》（1见）、《易通卦验》（约2见）；书类2种：《尚书》（约28见）[1]、《尚书大传》（约3见）；诗类5种：《毛诗》（约72见）[2]、《毛诗传》（约9见）、《毛诗郑笺》（约12见）、《毛诗正义》

---

[1] 总称《尚书》者仅1见，其余皆称单篇之名，凡27见，其中《甘誓》1见、《禹贡》9见、《顾命》2见、《皋陶谟》4见、《尧典》6见、《洪范》3见、《商书》2见。

[2] 总称《毛诗》者仅7见，其余皆称单篇之名，凡65见，其中《大雅》之诗18见、《小雅》之诗17见、《颂》诗8见、《风》诗21见。

（约3见）、《韩诗外传》（约17见）；礼类9种：《周礼》（约41见）①、《仪礼》（约8见）②、《仪礼郑注》（约8见）、《礼记》（约73见）、《礼记郑注》（约13见）③、《礼记正义》（约2见）、《大戴礼记》（约22见）、《月令章句》（1见）、《礼书》（约5见）；春秋类5种：《左传》（约28见）、《左传正义》（含杜注，约5见）、《公羊传》（约5见）、《公羊传疏》（1见）、《穀梁传》（约6见）；五经总义类3种：《白虎通义》（约6见）、《经典释文》（约49见）、《唐石经》（1见）；四书类2种：《论语》（约4见）、《孟子》（约7见）；乐类1种：唐武后《乐书要录》（1见）。

经部文献中，王氏引用小学类著作最多，约有22种：《尔雅》（约33见）、《尔雅注》（约10见）、《尔雅疏》（约9见）、《方言》（约20见）、《释名》（约8见）、《广雅》（约68见）、《埤苍》（约2见）、《匡谬正俗》（约3见）、《埤雅》（约13见）、《尔雅翼》（约6见）、《急就篇》颜师古注（约2见）、《三仓》（约2见）、《说文》（约154见）、《字林》（1见）、《玉篇》（约66见）、《干禄字书》（约2见）、《类篇》（约4见）、《汉隶字原》（1见）、《广韵》（约42见）、《集韵》（约25见）、《五音集韵》（1见）、杨慎《古音余》（约8见）。

二是史部文献，共引29种，引证次数总计约577见，具体包括：正史类15种：《史记》（约127见）、《续史记》（1见）、《史记集解》（约20见）、《史记索隐》（约19见）、《史记正义》（约7见）、《汉书》（约110见）、《汉书注》（约47见）、《续汉书》（约6见）、《后汉书》（约11见）、《后汉书注》（约19见）、《三国志注》（约15见）、《晋书》（约10见）、《宋书》（约16见）、《隋书》（1见）、《两汉刊误》（1见）；编年类1种：《竹书纪年》（1见）；别史类2种：《逸周书》（约16见）、《路史》（约3见）；杂史类4种：《国语》（约34见）④、《国语注》（约6见）、《战国策》（约53见）⑤、《渚宫旧事》（1见）；总录类1种：《列

---

① 称《周礼》仅1见，其余称《周官》27见，称《考工记》13见。
② 无有称《仪礼》者，皆称单篇之名。其中《士冠礼》1见、《士昏礼》2见、《乡饮酒义》1见、《乡射礼》1见、《聘礼》2见、《士丧礼》1见。
③ 总称《礼记》者仅1见，其余皆称单篇之名，凡72见，其中《曲礼》4见、《王制》3见、《月令》35见、《礼运》3见、《礼器》1见、《郊特牲》4见、《内则》3见、《玉藻》1见、《少仪》2见、《乐记》4见、《杂记》1见、《丧大记》1见、《经解》1见、《哀公问》1见、《祭义》1见、《中庸》3见、《大学》1见、《表记》1见、《儒行》1见、《射义》1见。
④ 总称《国语》者仅3见，其余皆称单篇之名，凡31见，其中《周语》3见、《鲁语》3见、《齐语》4见、《晋语》11见、《楚语》2见、《吴语》3见、《越语》5见。
⑤ 总称战国策者仅2见，其余皆称单篇之名，凡51见，其中《东周策》2见、《西周策》1见、《秦策》12见、《赵策》17见、《齐策》10见、《楚策》2见、《魏策》2见、《韩策》2见、《燕策》3见。

女传》(约2见);载记类1种:《吴越春秋》(约4见);地理类3种:《山海经》(约25见)、《水经注》(约18见)、《括地志》(1见);时令类1种:《大衍历议》(1见);政书类1种:《通典》(约2见)。

三是子部文献:共引53种,引证次数总计约1623见,具体包括:儒家类10种:《晏子春秋》(约12见)、《荀子》(约43见)、《贾子》(约18见)、《春秋繁露》(约8见)、《盐铁论》(约6见)、《说苑》(约37见)、《新序》(约15见)、《潜夫论》(1见)、《孔子家语》(约11见)、魏征《群书治要》(约72见);道家类5种:《老子》(约20见)、《列子》(约37见)、《列子释文》(约3见)、《庄子》(约107见)、《文子》(约273见);法家类2种:《管子》(约47见)、《韩非子》(约57见);兵家类2种:《孙子》(约2见)、《司马法》(约3见);杂家类11种:《墨子》(约12见)、《鹖冠子》(约2见)、《鬼谷子》(约2见)、《吕氏春秋》(约165见)、《论衡》(约31见)、《风俗通义》(约5见)、《独断》(约2见)、刘昼《新论》(约3见)、《颜氏家训》(约2见)、《意林》(约17见)、《困学纪闻》(2见);农医类7种:《齐民要术》(约8见)、《素问》及王冰注(约2见)、《神农经》(约2见)、《本草图经》(约3见)、宋《证类本草》(1见)、寇宗奭《本草衍义序例》(1见)、《名医别录》(1见);艺术类1种:《琴操》(1见);术数类3种:《太玄经》(约7见)、《五行大义》(约5见)、《开元占经》(约24见);谱录类1种:《竹谱》(约4见);小说家类4种:《世说新语》(1见)、《穆天子传》(1见)、《续博物志》(约3见)、《酉阳杂俎》(约4见);类书类6种:《北堂书钞》(约35见)、《艺文类聚》(约63见)、《初学记》(约31见)、《白帖》(14见)、《太平御览》(约386见)、《小学绀珠》(1见);释家类1种:《一切经音义》(约10见)。

四是集部文献,共引6种,引证次数总计约172见,具体包括:《文选》(约22见)、《文选注》(约91见)、《楚辞》(约28见)、《楚辞章句》(约21见)、《楚辞补注》(约9见)、《玉台新咏》(1见)。此外,集部文献中,王氏还引用了许多单篇文章。据统计,《淮南内篇杂志》共引单篇文献约44种,引证次数总计约51见。具体包括:石碑文20种:《汉绵竹令王君神道》《汉合阳令曹全碑》《汉殽坑君神祠碑》《汉唐公房碑》《汉鲁相史晨飨孔庙后碑》《汉北海相景君碑阴》《鲁相韩敕造孔庙礼器碑》《北海相景君碑阴》《桐柏淮源庙碑》《汉巴郡太守张纳功德叙》《司隶校尉鲁峻碑阴》《汉仙人唐公房碑》《成阳灵台碑》《汉司隶校尉杨涣石门颂》《冀州从事郭君碑》《汉督邮班碑》《卫尉衡方碑》《汉郎中马江碑》《汉西岳华山亭碑》《汉富春丞张君碑》;铭文1种:武王《户铭》；诗文赋23种，有《神女赋》《鵩鸟赋》《上林赋》《大人赋》《封禅文》《七谏》《羽猎赋》《光禄勋箴》《甘泉赋》《剧秦美新》《西京赋》《南都赋》《长笛赋》《广成颂》《鹪鹩赋》《武都太守李翕西狭颂》《武都太守李翕析里桥郙阁颂》《诮青衣赋》《鼙舞歌》《蜀都赋》《吴都赋》《甘橘赞》《枯树赋》。

综上所述，《淮南内篇杂志》引证古代文献总计约185种，引证次数总计约3346见。从所引文献的种类、数量及引证的频率来说，《淮南内篇杂志》绝对远超清代同类著作。尤其是引用小学类古文献达22种，反映了王氏父子深厚的训诂学知识，也最能体现此书的朴学特征。而且，王念孙对引证古代文献有严格的要求：其一，尽所可能标明具体篇名、卷数。清代大多数学者如陈昌齐、庄逵吉等，在引证古书时一般只称书名，王念孙则尽可能标明具体的篇名、卷数，这样不仅可以方便读者查验，也是保证引文准确性的一种方式。其二，尽可能查看多种版本，选择其中最好的版本。对校勘文本来说，版本的重要性不言而喻。例如，王氏引证《北堂书钞》时，即使用了两种版本，一种是旧本，一种是明人陈禹谟刻本，两本文字差异较多，王氏时常批驳陈氏刻本。又如，王氏引证《太平御览》时，也使用了两种版本，一种是刻本，一种是钞本。《俶真》篇"营宇狭小"条王氏校曰："刘昼《新论·观量篇》'蹄洼之内，不生蛟龙；培塿之上，不植松柏，营宇隘也'，意皆本于《淮南》。彼言'营宇隘'，犹此言'营宇狭小'耳，亦足证刻本《御览》无'营宇'二字之误。'尺'上无'径'字，并足证钞本《御览》之误。"①这个例证不仅说明王氏很注重引书的版本，也说明王氏不盲从类书。

第二，广采当代学者成果，时加批判。

所谓当代学者成果，是指与王念孙生活年代相差不远的清代学者的成果。庄逵吉校刊《淮南子》就非常注意吸收当代学者的研究成果。王氏也不例外，其《淮南内篇杂志》同样体现得很明显。

据统计，《淮南内篇杂志》引用吴任臣的说法5次②，引用顾炎武的说法25次③，引用秦蕙田的说法1次④，引用卢文弨的说法2次⑤，引用"钱氏晓征"

---

① 《子藏·淮南子卷》第45册，第222页。
② 全部来自《字汇补》。
③ 1次称"顾氏宁人"，2次称《日知录》，22次称《唐韵正》。
④ 来自秦氏《五礼注通考》。
⑤ 1次称"辩见卢氏绍弓校定本"，1次称《钟山札记》。

的说法4次①,引用"钱氏献之"的说法2次,引用"段氏若膺"的说法2次②,引用"陈氏观楼"的说法29次,引用"梁氏处素"的说法1次,引用"孙氏颐谷"的说法1次③,引用"庄氏伯鸿"的说法12次,总计11位清代学者,84种说法。

除引用同时代学者的说法外,王氏父子还把自己最新的研究成果吸收进来。据统计,《淮南内篇杂志》以"以辩见《广雅疏证》"形式吸收王念孙最新成果2次,"说详《经义述闻》""说见《经义述闻》""辩见《经义述闻》"等形式吸收王氏父子最新成果7次,以"说见《释词》""说详《释词》"形式吸收王引之最新成果2次,以"详见《太岁考》""见《太岁考》"形式吸收王引之最新成果2次,总计约13次。

自《广雅疏证》问世以后,王念孙的学术声名已攀至顶峰。但王氏并未以学术权威自居,反而更加注意吸收当代学者的研究成果。武进庄逵吉校刊《淮南子》时才二十余岁,王念孙不会因为庄氏年轻就对他的著作视而不见。《淮南内篇杂志》对庄说虽多见批驳,但也有不少赞同和补证庄说之处。如《主术》篇"故中欲不出谓之扃,外邪不入谓之塞",庄氏伯鸿曰:"《吕览》作'外欲不入谓之闭'(《君守篇》),据下'中扃外闭'云云,则此句疑当如《吕览》。"王念孙案:"'扃'与'闭'皆以门为喻,'闭'字是也。《文子·上仁篇》亦作'闭'。"④一方面赞成庄说,另一方面引用《文子》又为庄说作了补证。这体现了他不故步自封的宏阔视野和务实求真的治学精神。同时,王氏还注意运用自己最新的研究成果,这说明他的治学富有体系和注重贯通的特点。

作为卓有识见的一代大家,王念孙当然只是批判地吸收当代学者的成果。即使他所崇敬的顾炎武,也要指正其失误之处,更别说卢文弨、钱大昕、庄逵吉诸人了。而且,这个批判的锋芒并不止于当代学者,也延及至东汉训诂学家高诱身上。据统计,王氏以"高说非也""失之"等语批驳高氏训解约有14次。次数虽不多,但这是清代杰出训诂学家与东汉杰出训诂学家的一次次碰撞。如《览冥》"凤皇之翔至德也,燕雀佼之,以为不能与之争于宇宙之间",高注曰:"燕雀以为能佼健于凤皇也。"王念孙案:"高说非也。'佼'读为'姣'。

---

① 2次来自《三礼答问》,2次来自《潜研堂文集》。
② 所引说法皆出自卢文弨的《钟山札记》。
③ 即孙志祖的说法,来自《读书脞录》。
④ 《子藏·淮南子卷》第45册,第487页。

《广雅》曰：'姣，侮也。'言燕雀轻侮凤皇也。上文云'赤螭青虬之游冀州也，蛇鳝轻之，以为不能与之争于江海之中'，是其证也。作'佼'者，借字耳。'姣侮'之'姣'通作'佼'，犹'姣好'之'姣'通作'佼'。《陈风·月出篇》'佼人僚兮'是也。"① 实际上，此处是批评高诱不能辨明假借之字，却望文生义。

第三，使用多种校勘方法，系统而严密。

陈垣所提出的校勘四法，即对校、本校、他校和理校之法，当然也适用于归纳《淮南内篇杂志》的校勘方法。但是，王氏因为自身极高的训诂和考据能力，所以他使用的校勘方法更多样，也更严密、更系统。总结起来说，主要有以下几个方面：

其一，善于利用不同版本进行校勘。

在校勘《淮南子》时，王氏总是竭尽所能去搜集《淮南子》的版本。《淮南内篇杂志》提到的版本有道藏本、刘绩本、朱东光本、茅一桂本、《汉魏丛书》本和庄逵吉本等6个版本。与此同时，王氏还嘱咐王引之、顾广圻、陈奂等人为他搜求或影写北宋本。可见，王氏十分重视利用不同版本进行校勘这一方法。

据统计，《淮南内篇杂志》言及道藏本约164次；言及刘绩本约123次，言及刘绩说法约39次；言及朱东光本约24次；言及茅一桂本约20次，言及茅一桂校语约6次；言及《汉魏丛书》本约10次；言及庄逵吉本96次，言及庄逵吉说法约12次。此外，王氏言及"各本"162次，言及"诸本"26次。这些数据充分说明，王氏善于利用不同版本对《淮南子》文本进行频繁对校，辨其正误，极大地推进了王氏的整体校勘。《淮南内篇杂志》完成以后，王氏还对他所使用的六个版本作了评价："余未得见宋本，所见诸本中，唯《道藏》本为优，明刘绩本次之，其余各本皆出二本之下。"② 这个评价能够帮助研究者认识《淮南子》各本之优劣。

其二，善于利用《淮南》本书进行校勘。

《淮南子》出于众手，所以言论多有繁复之处，同时高注又详密。王念孙充分利用这些特点展开校勘。据统计，《淮南内篇杂志》反复提及《原道》篇约55次，《俶真》篇约32次，《天文》篇约25次，《地形》篇约8次，《时则》篇约13次，《览冥》篇约21次，《精神》篇约27次，《本经》篇约26次，《主术》篇约

---

① 《子藏·淮南子卷》第45册，第381—382页。
② 《子藏·淮南子卷》第46册，第331页。

40次,《缪称》篇约10次,《齐俗》篇约39次,《道应》篇约26次,《氾论》篇约25次,《兵略》篇约30次,《说山》篇约28次,《说林》篇约41次,《人间》篇约22次,《修务》篇约27次,《泰族》篇约38次,《要略》篇约11次。这其中有相当一部分是作为本证而用于校勘的。如《俶真》篇"吟德怀和",高注曰:"吟咏其德,含怀其和气。"王念孙案:"'吟'非'吟咏'之'吟',乃'含'字也。《原道篇》'含德之所致也',高彼注曰:'含,怀也。'此云'含德怀和',《本经篇》云'含德怀道','含'、'怀'一声之转,其义一也。"①引《原道》《本经》之文以校正《俶真》之文,颇有说服力。

其三,善于利用文字之学进行校勘。

古文字在书写过程中常常会发生形体的演变,也会出现书写体式的不同。这些变化容易导致古书文本的错讹。王念孙善于利用自己这方面的知识进行校勘。他总结出古书文本容易因篆书、隶书、草书、俗书而致误,根据这一点,王氏共校理此类文本约138例。如《地形》篇"谷气多痹,丘气多狂",王念孙案:"'狂'当为'尪'。《说文》:'尢,跛曲胫也。从大,象偏曲之形,古文作尪。'《一切经音义》十八引《苍颉篇》曰:'痹,手足不仁也。'痹与尪皆肢体之疾,故连类而及之。若'狂',则非其类矣。篆书'尪'、'狂'二字相似,隶书亦相似,故'尪'误为'狂'。《天官书正义》《太平御览》引此作'狂',亦传写之误。《酉阳杂俎》正作'尪'。"②从训义上列出理据之后,王氏又指出尪、狂二字因篆书、隶书而易误。

除书写体式外,文字的形体演变也会导致文本错讹。文字的形体演变主要表现在字体不同以及异体字、古今字上。特别是古今字,世人已难辨认,故发生错讹最常见。王氏认为古书文本也容易因不常见字、古字而致误,根据这一点,王氏共校理此类文本约65例。

其四,善于利用音韵之学进行校勘。

利用音韵之学校勘文本,最重要的无非是以声求义和入韵与否这两点。

以声求义,自戴震明确提出以后,王氏父子将其发扬光大,几乎将这个理论贯穿了他们所有的校注作品中。王氏说:"诂训之指,存乎声音。字之声同声近者,经传往往假借。学者以声求义,破其假借之字而读以本字,则涣然冰

---

① 《子藏·淮南子卷》第45册,第223—224页。
② 《子藏·淮南子卷》第45册,第332—333页。

释。如其假借之字而强为之解,则诘籒为病矣。"① 根据这一点,《淮南内篇杂志》共校理此类文本近30例。如《道应》篇"失从心志,而有不能成衡之事",道藏本、刘本皆如是。王念孙案:"'有'与'又'同。此言魏王既不能合从,又不能连衡也。《吕氏春秋·离谓篇》作'失从之意,又失横之事',是其证。《汉魏丛书》本改'有'为'又',而庄本从之,则昧于假借之义矣。"② 有、又声近而义同,故得通假。在王氏看来,《汉魏丛书》本、庄本改为"又",不仅多此一举,而且有失古书文本旧貌。

古书用韵很常见,以入韵与否作为校勘之法,颇见其效。《淮南内篇杂志》极多此类校勘。如《氾论》篇"其德生而不辱,予而不夺",王念孙案:"'不辱'本作'不杀',故高注云:'刑措不用。'今作'辱'者,后人妄改之也。'杀'与'生'相对,'夺'与'予'相对,若改'杀'为'辱',则非其指矣。且'杀'与'夺'为韵,若作'辱',则失其韵矣。《太平御览·皇王部二》引此已误作'辱'。张载《魏都赋》注及旧本《北堂书钞·衣冠部三》引此并作'杀'。"③ 即是将入韵与否作为一条重要的校勘依据,很有说服力。

四、《淮南内篇杂志》的学术影响

《读书杂志》在出版前,即受到了当时大多数学者的关注,出版之后,更是几乎到了无人不晓、无人不读的地步。后来许多崇尚朴学的学者无不受其沾溉④。作为其中一部分,《淮南内篇杂志》也得到了同样待遇。这无疑得益于王氏父子精湛的学术功力。这上千条校注,几乎没有一条是草草而论,绝大多数都是深发其蕴的佳作。《淮南内篇杂志》无疑是《淮南子》学史上的一座丰碑。

其后校注《淮南子》的学者没有人能够绕开这座丰碑,他们不仅将《淮南内篇杂志》作为模本,还自觉学习王氏父子的校勘理论和校勘方法。王绍兰、洪颐煊、罗士琳、汪文台等人校注《淮南子》无不受王氏父子的影响。晚清以来,追捧王氏父子仍是主流,但也有不少学者开始用批判的眼光对待《淮南内

---

① 王引之《经义述闻》(自序),第1页。
②《子藏·淮南子卷》第45册,第622页。
③《子藏·淮南子卷》第46册,第1页。
④ 虞万里说:"即以《杂志》为矜式,后有俞曲园之《诸子平议》、陶鸿庆之《读诸子札记》、高亨之《诸子新笺》、于省吾之《双剑誃诸子新证》、徐士复之《后读书杂志》,绳续转精之著不一而足,其澄清古书迷雾,张扬乾嘉学术,奠基导夫之功岂容疑哉!"(徐炜君等校点《读书杂志》,第15页。)

篇杂志》,甚至以驳倒王氏父子之说为荣。张文虎、俞樾、王仁俊、于鬯、刘文典、吴承仕、于省吾、杨树达等皆是如此。这从侧面彰显了《淮南内篇杂志》巨大的学术影响力。

第三节　王绍兰、洪颐煊的《淮南子》校注

王绍兰、洪颐煊二人,不仅生活年代很接近,而且同是浙江人,他们校注《淮南子》的形式也相同,都受到了王念孙《淮南内篇杂志》的影响,都是以读书札记的形式进行。

一、王绍兰的《淮南子杂记》

王绍兰(1760—1835),字畹馨,号南陔,浙江萧山人。乾隆五十八年(1793)进士,官至福建巡抚。王氏博通经传,为当时名人,著有《诗说》《尚书说》《易说》《周人经说》《王氏经说》《许郑学庐存稿》《礼堂集义》《说文段注订补》《小学字解》《汉书地理志校注》《列女传补注正讹》《潜夫论校记》《管子地员篇注》《读书杂记》等,另有辑佚七种[①]。从这些著述看,王氏治学几乎都在经史,旁及诸子,是名副其实的考据学家,同时又是知名的藏书家。他的《读书杂记》仅一卷,依次对《荀子》《墨子》《商子》《吕氏春秋》《淮南子》《贾子》《白虎通》《盐铁论》《广雅》《楚辞》《春秋纬》《水经》做了读书札记。其中,以《吕氏春秋》和《淮南子》居多。

关于王绍兰《淮南子杂记》的写作时间,各类文献亦无明确记载。《清史稿·王绍兰传》云:"嘉庆十九年,擢巡抚,始终未出福建。寻汪志伊来为总督,与布政使李赓芸不合,因评告受赂,劾治,属吏希指罗织,赓芸愤而自缢。志伊获谴,绍兰坐不能匡正,牵连罢职。少嗜学,究经史大义。去官后,一意著述,以许慎、郑康成为宗,于《仪礼》《说文》致力尤深,著书皆可传。"[②] 也就是说,自嘉庆十九年(1814)后,王氏一意著书,则《淮南子杂记》抑或作于此间。据统计,《淮南子杂记》仅录校注12条。相对来说,每一条皆是长篇大论,体

[①] 包括《漆书古文尚书逸文考》(附《杜林训故逸文》)、《汉桑钦古文尚书说地理志考逸》(附《中古文尚书》)、《驺氏春秋说》《齐论语问王知道逸文》《夏大正逸文考》《弟子职古本考注》《凡将篇逸文注》。
[②] 赵尔巽《清史稿》,第11362页。

现出王氏精于考据的治学风格。归纳而言，其内容基本是辨驳他人之说，有驳所谓高注者，有驳《读书杂志》者，有驳庄逵吉者，当然也有校勘本书文字者，皆条分缕析，引证博洽。

由于王氏还未能分辨今本《淮南子》的许高注文，所以在《淮南子杂记》中均称'高诱'云云。这当然不符合事实。《淮南子杂记》驳高注者4条。如"子虎"一条，王氏说："《淮南子·修务训》'又申包胥至于秦庭告急，秦王乃发车千乘，步卒七万，属之子虎'，高诱注：'秦大夫子车针虎。'绍兰案，《左氏·定六年传》：'申包胥以秦师至，秦子蒲、子虎帅车五百乘以救楚。'又案，《文六年传》：'秦伯任好卒，以子车氏之三子奄息、仲行、针虎为殉。'是子车针虎殉穆公而葬矣。遍考书传，未闻其死而复生也。即使复生，且自文六年至定五年计一百十七年，《秦风·黄鸟》篇'维此针虎，百夫之御'，当殉葬时最少亦得二十岁，则秦师救楚之年，针虎已百三十七岁。即使复生，安得尚能帅师？明子虎非针虎也。高氏此注，校之以'莫嚣大心为成大心'，尤为不敏矣。"① 针对高诱以子虎为子车针虎的说法，王氏引证《左传》《诗经》，并推之以常理，得出子虎非针虎的结论，颇能切中高注之误。又如"元元至砀而运照"一条，王氏说："《淮南子·本经训》'元元至砀而运照'，高注：'砀，大也。'绍兰按，《说文·石部》'砀，文石也'，无大谊。《口部》：'唐，大言也。喝，古文唐，从口、昜。'是《淮南》假砀为喝。"② 虽未正面批驳高诱，但实际上是从侧面揭示高诱不能辨明假借字。

王念孙的《淮南内篇杂志》写成以后，迅速在学者之间传播开来。顾广圻曾托人向王引之索要《读书杂志》，引之则以《淮南内篇杂志》赠之。这事颇能说明学者对此书的关注。王绍兰距离王念孙不远，关注《读书杂志》也是很正常的事。然而，他在《淮南子杂记》中对王念孙说法大多展开批驳，体现了不盲从的治学主张。《淮南子杂记》驳王氏之说者4条。如"撞白钟"一条，王氏说："《淮南子·时则训》'孟秋之月，西宫御女白色，衣白采，撞白钟'，《读书杂志》云：'白钟之白，因上文而衍。春鼓琴瑟，夏吹竽笙，秋撞钟，冬击磬石，钟上不宜有白字，而《北堂书钞·岁时部二》《艺文类聚·岁时部上》《太平御览·时序部九》引此皆有白字，则其误久矣。'绍兰按，白钟之白非衍文，春言

---

① 王绍兰《读书杂记》，《丛书集成续编》第92册，上海书店1994年影印本，第780页。
② 《丛书集成续编》第92册，第782页。

鼓琴瑟,夏言吹竽笙,冬言击磬石,皆三字为句,若此文无白字,但言撞钟,则句法参差,非其例矣。且石即磬也,磬下加石以足句,犹钟上加白以足句耳。《管子·五行》篇:'昔者黄帝以其缓急作五声,以政五钟。令其五钟,一曰青钟大音,二曰赤钟重心,三曰黄钟洒光,四曰景钟昧其明,五曰黑钟隐其常。'景钟与青钟、赤钟、黄钟、黑钟并列,则白钟即景钟也。《说文》'颢,白貌,从页从景',是景为白之证。"①客观地说,王念孙以白为衍文的说法,证据不足,臆测居多。反观王绍兰之说,则逻辑严密,证据丰富,很有说服力。类似批驳还有3条,兹不赘述。这说明考据之学发展到嘉庆之时,已经非常成熟。当然,从《淮南子杂记》以关键语句为每条名称的体例看,明显是受到了王念孙《淮南内篇杂志》的影响。

庄逵吉校刊《淮南子》以后,庄本也迅速风靡于学者之间。将它置于案头加以细读,对学者来说恐怕是习以为常的事。王氏亦有针对庄校的批驳。如"涕之出于目"条,王氏说:"《淮南子·齐俗训》'涕之出于目',庄氏伯鸿云:'《太平御览》引目作鼻,疑是。'绍兰按,《陈风·泽陂》篇'涕泗滂沱',《毛传》'自目曰涕,自鼻曰泗',泗即洟之借字。《说文》'洟,鼻液也',《易萃》'上六,赍咨涕洟',《释文》引郑'自目曰涕,自鼻曰洟'(虞翻同),然则目涕之义古矣。王褒《僮约》云'目泪下落,鼻涕长一尺',非经训也。庄氏疑《御览》引目作鼻为是,失之。"②庄逵吉校刊《淮南子》,确实很依赖《太平御览》,时有盲从且不作校勘的缺点。王氏于此引经据典,力证庄逵吉之失。从某种意义上说,这个时期的学者利用类书显得更为理性。

除批驳他人之说外,王氏也校正本书文字,约有2条。如"蹎蹈"一条,王氏说:"《淮南子·原道训》'而蹎蹈于污壑穿陷之中',绍兰案,上文云:'其行也,足蹎跲垎,头抵植木,而不自知也。'高诱注:'蹎,踬也。楚人谓踬为蹎。'此文'蹈'当为'垎'。蹎垎,即是足蹎跲垎也。垎,即陷之今字。《说文·阜部》'陷,高下也',谓从高陷下也,《臼部》'臽,小阱也'。读《淮南》者见下有穿陷字,辄改垎为蹈,不知正文本当作'蹎陷于污壑穿臽之中',非重复也。若如今本作'蹎蹈',《说文》'蹈,践也',既蹎踬矣,何能复蹈践乎?于文亦不

---

① 《丛书集成续编》第92册,第781页。
② 《丛书集成续编》第92册,第782页。

词。"① 此例，王氏运用理校法，通过分析陷、臽、蹈三字的字义，再结合文意，得出"蹪蹈"当为"蹪陷"的结论，具有一定的说服力。

《淮南子杂记》所采用的读书札记式的创作模式，分条罗列的校注体例，引证博洽、细致入微的校勘模式，其实《淮南内篇杂志》已早开先例，由此也可以见出王念孙之学对清代学者的影响之深。

二、洪颐煊的《淮南子丛录》

洪颐煊（1765—1837），字旌贤，号筠轩，晚号倦舫老人，浙江临海人，嘉庆六年（1801）拔贡生。洪氏曾为孙星衍幕僚，又受阮元知遇，故在当时名重一时。他治学尤精研经训，且熟习天文，贯穿子史，有《筠轩诗钞》《筠轩文钞》《台州札记》《平津读碑记》《孔子三朝记》《管子义证》《汉志水道疏证》《读书丛录》《礼经宫室答问》《竹书纪年考证》《穆天子传校正》《经典集林》《孝经郑注补证》《尚书洪范五行传论集本》《诸史考异》《倦舫碑目》《倦舫书画金石目录》等20余种著述②。其中，《读书丛录》共二十四卷，卷十六录有《淮南子》。该书有道光二年（1822）广东富文斋初刊本、光绪十三年（1887）吴氏醉六堂重刊本等版本。

关于洪氏《淮南子丛录》的写作时间，其《读书丛录自序》略有记载。洪氏说："余受性椎鲁，寡所嗜慕，少年读书里中，藏书之家借览无虚日。及壮，遨游吴越，来往燕齐，蹋通德之门，窥礼堂之奥，左右采获，渐成撰述。五十以后，始抵粤东，一官鲍系，非吾所好，趋走之暇，闭门却埽。于是重取经史百家，朝研夕稽，证其异同，辨其得失，以声音文字通其原，以转写讹舛穷其变，勿敢向壁虚造，勿敢剿袭陈言，浅见眇闻，聊以自适。后之览者，其或谅斯。"③ 可见，洪氏此书的形成有一个较长的积淀过程，壮年时期或已有初步想法，但真正写作的时间则是从他五十岁赴广东任职之后。据胡正武《洪颐煊年谱》，洪氏于嘉庆十九年（1814）以直隶州州判身份分发广东候补，此年正月自京赴任，四月底抵达目的地④。也就是说，《读书丛录》写于1814年之后。又洪氏自序的落款时间为"道光元年十二月廿一日"，表明《读书丛录》成于1821年。根据洪

---

① 《丛书集成续编》第92册，第782页。
② 见胡正武等点校《洪颐煊集》，上海古籍出版社2017年，第2762页。
③ 洪颐煊《读书丛录》，《续修四库全书》1157册，第553页。
④ 见胡正武等点校《洪颐煊集》，第2827页。

氏先经史后百家的说法，《淮南子丛录》当写于1814年至1821年这段时间的后半期。

洪氏是闻名一方的藏书家，所藏之书在四万卷以上。他当见过多个《淮南子》版本，如《道应训》"孔子劲杓国门之关"，高注："杓，引也，古者县门下，从上杓引之者难也。"洪颐煊案："杓当作抈。《说文》：'抈，疾击也，从手勺声。'《兵略训》'为人抈者死'，高注：'抈，所击也。'《史记·天官书》'抈云如绳者，居前亘天'，索隐：'《说文》音丁了反，许慎注《淮南》云抈引也。'今诸本皆讹作杓。"① 所谓今诸本，即不止一个版本。洪氏虽未明言何本，但他见过多本，则是事实。当然，洪氏所用底本只能有一个主本。经比对分析，洪氏所用底本最有可能是庄逵吉本。

首先，洪氏所用本只题"高诱注"。《淮南子丛录》前有"淮南子注"一条，洪氏说："《淮南子》二十一卷，《隋书·经籍志》一云许慎注，一云高诱注。陈振孙《书录解题》云：'今本记题许慎注，而详序文即是高诱。'颐煊案，《魏书·刘芳传》引《孟春令》云'迎春于东郊'，许慎云：'东郊，八里郊也。'高诱云：'迎春气于东方八里郊也。'《孟夏令》云'迎夏于南郊'，许慎云：'南郊，七里郊也。'高诱云：'南郊，七里之郊也。'……两注并行，非一书明矣。"② 洪氏引《魏书》驳斥陈振孙之说，反映出他对今本许高二注相混的情况认识不足。这也表明，他可能仅见过署名为"高诱注"的版本，而未见过署名为"太尉祭酒臣许慎记上"的版本。且《淮南子丛录》皆称"高诱""高注"，更能说明这一点。诸本之中，唯茅一桂本、庄逵吉本题"高诱注"。

其次，洪氏所用本异文与庄逵吉本相合。《主术训》："是以上多故，则下多诈"，高注："故，诈。"洪颐煊案："《原道训》'不设智故，而方圆曲直弗能逃也'，高注：'智故，巧饰也。'《俶真训》'不以曲故，是非相见'，高注：'曲故，曲巧也。'《本经训》'怀机械巧故之心，而性失矣'，《俶真训》'巧故萌生'，《吕氏春秋·下贤》篇'空空乎其不为巧故也'，'故'当训为'巧'，不为'诈'也。"③ 洪氏的考证无疑很精彩，但他所用的这个版本本身有误。今查，诸本之中唯庄本作"故，诈"，而其他各本均作"故，巧"。这正好说明洪氏所用本就是

---

① 《子藏·淮南子卷》第47册，第111—112页。
② 《子藏·淮南子卷》第47册，第99页。
③ 《子藏·淮南子卷》第47册，第109页。

庄本。又《原道训》"弯棊卫之箭",高注:"棊,美箭所出,地名也。卫,利也。"洪颐煊案:"'棊'当作'淇'。《兵略训》'淇卫箘簬',高注:'淇卫箘簬,箭之所出也。'淇在卫地,故曰淇卫。"①今查,诸本之中道藏本、叶近山本、庄本作"棊",其他各本作"綦"。而藏本、叶本均署名"太尉祭酒臣许慎记上",故此处亦能证明庄氏所用本为庄本。

《淮南子丛录》篇幅亦不长,据统计,洪氏校注仅有33条。其主要内容包括文本校勘(不涉及注文)、驳正高注(洪氏皆视为高注)和增补高注三类。

洪氏校勘文本,最主要是校出文本的讹误及脱衍之处。此类内容有14条,约占总数的42%。校讹误,如"外景内景"一条,《天文训》:"明者,吐气者也,是故火曰外景。幽者,含气者也,是故水曰内景。"洪颐煊案:"《大戴礼·天圆》篇:'明者,吐气者也,是故外景。幽者,含气者也,是故内景。故火日外景而金水内景。'张衡《灵宪》:'日譬犹火,月譬犹水。火则外光,水则含景。'此本作'火日外景,水月内景',两'曰'字是俗人所改。"②洪氏此校引证博洽,颇为精当。于大成说:"赵君卿注《周髀算经》曰:'日者,阳之精,譬犹火光。月者,阴之精,譬犹水光。月含影,故月光生于日之所照。'亦以火日水月相喻,则洪说是也。"③即对洪氏此校作了肯定。校脱衍,如"四守"一条,《天文训》:"紫宫,太微,轩辕,咸池,四守,天阿。"高注:"皆星名,下自解。"洪颐煊案:"下文:'太微者,太一之庭也。紫宫者,太一之居也。轩辕者,帝妃之舍也。咸池者,水鱼之囿也。天阿者,群神之阙也。四宫者,所以为司赏罚。'高注:'四宫,紫宫、轩辕、咸池、天阿。'此'天阿'上不应有'四守'二字,当是衍文,涉下'四宫'而讹。"④刘绩本"四守"作"四宫"。洪氏此校用本校法。自"太微"至"天阿"句,皆是《天文训》自解星名之义,但无解"四守"之义,且高注四宫亦无"四守"这一星名,故洪氏以为"四守"不应列入"紫宫、太微"等五星之中,属于衍文。

驳正高注是《淮南子丛录》的又一重要内容。据统计,此类内容约有10条,约占总数的30%。驳正高注时,洪氏常用"高注非""高注失之"作结。如"击戾"一条,《主术训》"曲得其宜,无所击戾。"高注:"击,掌也。戾,破也。"

---

① 《子藏·淮南子卷》第47册,第101页。
② 《子藏·淮南子卷》第47册,第104页。
③ 见张双棣《淮南子校释》(增订本),第284页。
④ 《子藏·淮南子卷》第47册,第105页。

洪颐煊案："《荀子·修身篇》：'行而俯项，非击戾也。'《尚书·益稷》'戛击鸣球'，《文选·长杨赋》作'拮隔'，韦昭曰：'古文隔为击。'击戾即隔背，高注非。"① 高诱是把"击戾"分开训解，洪氏则引经据典，提出"击戾"即"隔背"之义，故以高注为非。又如"照謉"一条，《缪称训》："目之精者，可以消泽，而不可以昭謉。"高注："昭，道。謉，诫也。不可以教导戒人。"洪颐煊案："上文'可以形势接，而不可以照謉'，《齐俗训》'日月之所照謉'，《盐铁论·相刺》篇'天设三光以照记'，昭、照古字通用，謉即记字。高注失之。"② 《缪称训》实属许注篇，洪氏误为高注。洪氏认为，此注亦是失之割裂词语。驳正旧注，并非洪氏首创，可以远溯至北宋陆佃《埤雅》、南宋罗愿《尔雅翼》，明代刘绩的《淮南子补注》也多见此类内容。刘绩驳正旧注多立足义理诠释，洪氏则全在字句训诂，颇能体现明清两代学者治学方法及兴趣的不同。

增补高注，即是洪氏针对高注未尽之处予以增补。此类内容，约有5条。如"贞虫"一条，《原道训》"蚑蛲贞虫"，高注："贞虫，细腰之属。"《说山训》"贞虫之动以毒螫"，高注："贞虫，细腰蜂、蜾蠃之属。无牝牡之合曰贞。"洪颐煊案："贞虫不专是蜂，贞虫犹言昆虫。《地形训》'万物贞虫，各有以生'，《大戴礼·易本命》作'昆虫'。昆虫，即众虫也。"③ 高诱以贞虫为蜂类，洪氏则将其义扩大至昆虫。又如"解构"一条，《俶真训》："孰肯解构人间之事，以物烦其性命乎？"高注："解构，犹合会也。"洪颐煊案："《后汉书·隗嚣传》'勿用傍人解构之言'，《窦融传》'乱惑真心，转相解构'，《庄子·胠箧》篇'解垢同异之变'，《诗·野有蔓草》'邂逅相遇'，《绸缪》'见此邂逅'，其音义并同。"④ 洪氏运用以音求义之法，引经据典，得到"解构"即"邂逅"之义，显然是对高注"合会"之义的补充。

除上述三类内容之外，《淮南子丛录》还涉及补释原文、辨明字形及通假字等内容，但数量极少，兹不赘述。

总之，洪氏校注《淮南子》，重点在于校勘文字和辨析旧注这两个方面。辨析旧注，既驳正旧注，又增释旧注，可谓是洪氏校注的一大特色。从《淮南子丛录》的分条体例及写作方法来看，洪氏明显受到了王念孙《淮南内篇杂志》

---

① 《子藏·淮南子卷》第47册，第109页。
② 《子藏·淮南子卷》第47册，第110—111页。
③ 《子藏·淮南子卷》第47册，第101—102页。
④ 《子藏·淮南子卷》第47册，第102—103页。

的影响。洪氏与王念孙父子有过亲密交往,受其影响也在情理之中。客观地说,洪氏的校注大部分信而有征,颇显精当,其成果被今人张双棣《淮南子校释》收录。

第四节 罗士琳、汪文台的《淮南子》校注

罗士琳、汪文台二人,都生活在清代中期走向晚期之际,他们校注《淮南子》,实际上也代表着清代学者校注《淮南子》的鼎盛期的结束。自此之后,学者校注《淮南子》虽有起伏,但已没有像《淮南内篇杂志》这样高水平的著作产生,鼎盛期一去不复返了。

一、罗士琳的《淮南天文训存疑》

罗士琳(1789—1853),字次璆,号茗香,甘泉(今属江苏扬州市)人。循例贡成国子生,并考取天文生,以推算道光初元日月合璧、五星联珠知名于当时。后受著名学者阮元推重与提携,成为一名道行极深的数学家。罗氏少时治经学,精六书,壮年以后则专力步算,著有《春秋朔闰异同》《淮南天文训存疑》《周无专鼎考》《四元玉鉴细草》《续畴人传》等十余种。张之洞在《国朝著述家姓名略》中说:"五十年来,为此学者甚多。此举其著述最显著者,梅文鼎、罗、李为最。"[①] 罗即罗士琳,张之洞认为他的著述不仅数量多,而且质量也属上乘。依此而言,罗士琳可谓是清代术数家的典型代表。

罗氏《淮南天文训存疑》,目前仅知有手抄本。该手抄本前有鲍桂星(1764—1824)为次璆先生题写的书名,末有王萱铃的跋语。跋语云:"戊子二月十五日北堂王萱铃录于潞河。"[②] 戊子,即道光八年(1828)。可见,该手抄本写成于1828年,由王萱铃在北京潞河抄录。该本四周无边,亦无行格,每页八行,每行十九字,以楷书抄录。今存北京图书馆,《子藏·淮南子卷》第四十七册影印收录。

关于《淮南天文训存疑》的写作缘由及时间,罗士琳在书中有明确交待。罗氏于书前题识中说:"《淮南子》一书久无善本,加以千余年来几经笔误,以

---

① 赵德馨主编《张之洞全集》第十二册,武汉出版社2008年,第301页。
② 《子藏·淮南子卷》第47册,第170页。

致帝虎明蜧，传抄悉舛，秋千瑚琏，颠倒全非。吾乡王怀祖封君，暨其哲嗣伯申少宰，著有《读书杂志》若干种，内载《淮南子》一种，辨正矫讹，诚不刊之论也。而且，虚心好问，下及管蒯，以余习算数书来属将《天文训》篇校其可否。爰举其中稍涉疑似者凡七条，为刍荛之献。弟恐日久大忘，用是录而成。帙名之曰存疑，并志其颠末云。时道光癸未十有一月，日南至小雅。"① 鉴于《淮南子》久无善本，且王念孙父子在写成《淮南内篇杂志》之后，仍余味未尽，又嘱托罗氏再校《天文训》，罗氏因此而著《淮南天文训存疑》。道光癸未，即道光三年（1823）。也就是说，《淮南天文训存疑》在1823年就已抄录成帙。然而，现存手抄本的时间则在1828年，由此推测，该书当不止这一个手抄本。

罗氏自称"稍涉疑似者凡七条"，这实际上就是《淮南天文训存疑》的主要内容。所谓疑似者，即文本上疑似有误者。所以称为疑似者，是因为虽发现原书有误，但又不能完全正之。疑似者七条包括：其一，"日行一度而岁有奇四分度之一"；其二，"雨水惊蛰、清明谷雨"；其三，"太一在丙子"；其四，"冬至甲午"；其五，"立春丙子"；其六，"十二月日所建之星"；其七，"斗牵牛赵须女吴"。

这七条，罗氏表面上是在进行文本校勘，本质上却是借此长篇讨论古代天文及历法之数，其中以第三、第四条最为详备。今举第一条为例：

> 案，日行一度之日字，似作时日之日解，与岁字成对待之文。日（犹言每日也）行一度，而岁（犹言每岁也）有奇四分度之一（犹言余四分度之一也）。如"日行"下添一危字，似觉格碍。盖上文既云："天一元始，正月建寅，日月俱入营室五度。天一以始建七十六岁，日月复以正月入营室五度无余分。"（以上两日字乃作星日之日解）下文又云："故四岁而积千四百六十一日，而复合故舍。"（天可以有零度，岁不能有零日。每日既行一度，则是所余之四分度之一，必四倍之始成一整日，故积四岁而成日。）"复合故舍"者，复合营室五度之故舍也。若谓附余数于度所止之宿，则是立春时起于营室五度，何以不曰"日行营室四度而岁有奇四分度之一"，而曰"日行危一度而岁有奇四分度之一"？若谓星度多少，古今不同，惟第一度不异，又何以不曰"日行营室一度而岁有奇四分度之一"，而

---

① 《子藏·淮南子卷》第47册，第122—124页。

曰"日行危一度而岁有奇四分度之一"？且下文星分度，箕十一四分一已明，将余数附于箕矣，则此危字似有可疑。①

王引之早于罗氏而校勘此文，他说：

> 日行一度，本作"日行危一度"，后人删去危字耳。日行危一度，而岁有奇四分度之一者，言每岁日行至危之一度，而有四分一之奇零也。盖四分度之一，微茫难辨，其所在本无定处，推步者视周天之度起于何宿，则附余数于度所止之宿，如殷历以冬至日躔起度，则度起牵牛，而以四分度之一附于斗。《开元占经·北方七宿占篇》引石氏曰"斗二十六度四分度之一"是也。斗、牵牛为星纪，度起星纪，则以四分度之一附于析木，下文曰"星分度箕十一四分一"是也。（尾、箕，析木也。）颛顼历以立春日躔起度，则度起营室，而以四分度之一附于危，即此所云"日行危一度而岁有奇四分度之一"是也。《广雅》说七耀行道曰："日月五星行黄道，始营室、东壁。"又曰："行须女、虚、危，复至营室。"是度起营室而止于危，《月令》所谓"日穷于次"也，故以四分度之一附于危焉。危不止一度，而独附于一度者，是度多少，古今不同，唯第一度不异，故附于此耳。《开元占经·日占篇》引此正作"日行危一度"，又引注曰："危，北方宿也。"则有危字明矣。若如今本作"日行一度"，则所谓四分度之一者，不知附于何宿矣。甚矣，其不可通也。②

两相对照，罗氏此条校勘，显然是针对王引之所校而发。关于"日行一度"句，现传诸本均如此，无有作"日行危一度"者。王引之以《开元占经》为据，提出应作"日行危一度"的说法。罗氏肯定看到了他这一说法，因此提出质疑。罗氏主要罗列了三条理由：一是"日行"与"岁有"成对，"日行"中间不应有"危"字；二是度所止哪一星宿，并没有一成不变的规定，若从《天文训》所记，度所止星宿应是"营室"而非"危"；三是下文已经将"四分度之一"附于"箕"，似无必要再附于"危"。罗氏虽无明确反对王氏之说，但事实上已不赞成"日行"下有一"危"字这一说法。从王、罗二人的论证看，至清代中叶以后，不仅术数之学大兴，而且考据之学已非常精密，并成为清代朴学最为典型的特征。

---

① 《子藏·淮南子卷》第47册，第122—124页。
② 《子藏·淮南子卷》第45册，第260—262页。

《淮南天文训存疑》的亮点，不仅在于罗氏严密的推理和考证，还在于书末附有不同的"正朝夕图"，及各种勾股比例图。罗氏在书后附录序文中说："癸未秋八月二十六日，扬州会馆行秋季祀神礼，凡合郡之寓京都者，莫不与焉。时伯申少宰亦在座，属将是法代为推算，因作此图解以呈，附志于此，以备遗忘。小雅又识。"① 可见，罗氏作出这些图解，也是受王引之嘱托。今以"《淮南》正朝夕图解"和"《考工记》匠人为规识景图"为例，略作分析：

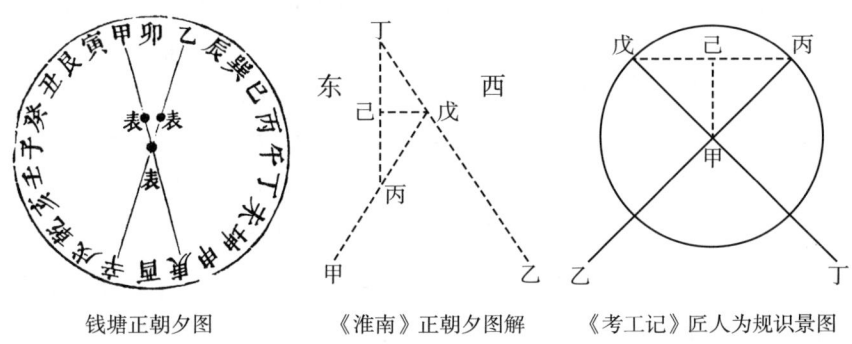

钱塘正朝夕图　　《淮南》正朝夕图解　　《考工记》匠人为规识景图

罗氏对这两个图均作了文字说明。前图云："此正东西也，与《周礼·考工记》匠人为规识日出之景与日入之景法同。"又云："甲为日始出北廉，丙为东方先树之表，戊为所操却去十步之表。戊、丙、甲相参望，直入丁为东方，又树之表，因西方之表戊以参望，日入北廉乙，则定东方。丙丁两表之中，己必与西方之表戊为东西之正也。"② 后图云："甲为表，亦即为心，四周规圆之。乙为日始出，其景斜射于丙，识之。丁为日将入，其景斜射于戊，亦识之。则丙戊为东西之正，折中于己，则甲己即南北之正也。"③ 又云："此法已较捷《淮南》之法，然尚不及元郭守敬用正方景，外设水渠，中用重规，景少移辄识之，尤密也。（郭法详《元史·天文志》中）"④

其实，钱塘早在撰写《淮南天文训补注》时，即绘有正朝夕图。而且，他也作了说明："正朝日在甲，树一表东方，景到庚，又树一表西方，从北廉望日，是西表在景北也。正夕日在辛，复树一表东方，亦从北廉望日，即西表，则在景

---

① 《子藏·淮南子卷》第47册，第159页。
② 《子藏·淮南子卷》第47册，第160页。
③ 《子藏·淮南子卷》第47册，第161页。
④ 《子藏·淮南子卷》第47册，第162页。

南,而景至乙。此则二景交于西表之东,而为正中也。故取东二表之中,以直西方之表,而得正东方。此即后世三角法之祖。"① 对照钱塘、罗士琳二人的图解,可以发现前者的图解显得较为粗疏,且操作性不强,而后者的图解则更具体、更精准,可操作性强,甚至据此能够计算出各点之间的距离,已具有现代数学的特征。这说明清代学者对《天文训》的研究在不断深入,并取得了进步。由此也可以说明,在朴学的直接影响下,清代的术数之学得到了长足的发展,张之洞所谓"五十年来,为此学者甚多",诚不为虚言。

二、汪文台的《淮南子校勘记》

汪文台(1796—1844),字南士,安徽黟县人。汪氏治学长于考据,是徽派重要成员,受阮元赏识。程寿保的《十三经注疏校勘记识语后序》对其生平略有介绍:"先生讳文台,府廪生,居父丧哀,善事母,博学强记。家产不及中人,然犹聚书万卷。治经宗汉儒,有《胜稿》《论语外传》《十三经注疏校勘记识语》《后汉书辑》《说文校字录》《小学札记》《夜余录》《思问录》《酒评日记》《红毛番英吉利考略》。惟《考略》贵筑黄编修彭年刻于都门。"② 独缺《淮南子校勘记》一书,但《清史稿》本传及《艺文志》均见著录。

《淮南子校勘记》目前仅见手抄本。该抄本采用刻本常见版式,四周单边,黑鱼尾,有行格,半页十行,每行字数不等,以正楷抄录。但抄本写成后,又见许多修改,有的直接改于正文,有的则列于书眉,已失原抄本之美观。该抄本今藏中国科学院图书馆,《子藏·淮南子卷》第四十七册影印收录。

从程寿保的描述来看,汪氏本无《淮南子校勘记》一书。不然,作为汪氏的私淑弟子,他应当不会有所遗漏。该书手抄本前有佚名题写的几段识语。识语云:"南士先生手校书数十种,《十三经校勘记识语》已刊行,哲嗣已缮所校《淮南子》校语。"又云:"南士本录庄校刊本上,鄂本已改者不录,章大令寿康后校,体例尚未归一,属夏生已重校□写,存崇文书局,附鄂本之后。"③ 鄂本,即湖北崇文书局光绪元年(1875)刊行的《淮南子》版本,说明这几段识语必写在1875年之后。从识语看,汪氏原有《淮南子》庄本批校本,他的儿子则从

---

① 《子藏·淮南子卷》第52册,第195页。
② 《续修四库全书》第183册,上海古籍出版社2002年,第607—608页。
③ 《子藏·淮南子卷》第47册,第171页。

批校本中辑出其校语,缮写成书,即所谓《淮南子校勘记》。此书仍然保留着庄本的痕迹,如《天文训》"宇宙生气,气有涯垠",汪氏校记:"《御览·天部一》引作'宇宙生元气,元气有涯垠'。"① 其中"涯"字,《淮南子》诸本之中,唯庄本作"涯",其他各本均作"汉"。这是汪氏使用庄本的明显证据。《淮南子校勘记》后经多人重校、修改,已不复原书之旧。

至于汪氏何时校勘《淮南子》,现存文献均无明确记载。按照清代学者先经史后百家的一般治学程序,则《淮南子校勘记》当作于《十三经注疏校勘记识语》之后。汪氏说:"向借读《十三经注疏校勘记》,甚好之,不能竟学。道光庚寅,买得南昌卢本,点看一遍,意有未安,别为表识,实求其是云尔。此记成于众书,故时有驳文,然实有益于后学。之书初出时,翁学士方纲有违言,闽陈编修寿祺移书争之,翁为失纠。今之校语,亦未敢自信。阮宫保位尊地隔,既无由就正,录为一册,庶好学深思如陈君者之有以教我也。辛卯二月十二日。"② 由此可知,汪氏是在道光十年(1830)开始点看《十三经注疏校勘记》,于次年即道光十一年写成《识语》。所以,汪氏校勘《淮南子》,当在道光十一年(1831)至二十四年(1844)年之间。

《淮南子校勘记》这个书名,不知是否为汪氏原意。观此书体例,似有意模仿《十三经注疏校勘记》,则更可证汪氏此书是写于《十三经注疏校勘记识语》之后。所谓校勘记,就是把校勘的情况或成果记述下来。《淮南子校勘记》的内容主要有三类:

第一类,记录他书所引异文。这是所有校勘家最为常见的工作。据统计,《淮南子校勘记》记录了《尔雅》《尔雅疏》《五经文字》《说文解字》《说文系传》《玉篇》《广韵注》《三国志注》《后汉书注》《史记索隐》《宋书·天文志》《隋书·天文志》《旧唐书》《国语》《山海经》《水经注》《管子》《文子》《列子》《韩非子》《吕氏春秋》《吕氏春秋注》《新书》《齐民要术》《五行大义》《开元占经》《云笈七签》《一切经音义》《旧本北堂书钞》《群书治要》《初学记》《艺文类聚》《意林》《太平御览》《文选注》《楚辞章句》等35种文献所引异文。这些异文都出于汪氏自校,其中以《初学记》《太平御览》等类书的异文为最多,而《五行大义》《五经文字》《群书治要》《云笈七签》等,则少见

---

① 《子藏·淮南子卷》第47册,第184页。
② 《续修四库全书》第183册,第607页。

于其他学者的校勘之中。客观地说,记录《太平御览》等类书的异文,自惠栋以来,庄逵吉、梁履绳、陈昌齐、王念孙等人已经搜罗殆尽,汪氏所做的大多数是重复工作。

第二类,记录他人的校勘成果。汪氏之前,《淮南子》的文本校勘正逐步到达鼎盛,特别是王念孙父子的《淮南内篇杂志》出现以后,再无能与之相比肩的校勘著作。汪氏将各个学者的重要校勘成果记述在他的《淮南子校勘记》中。据统计,罗氏主要记述了刘绩、王念孙、王引之、陈昌齐、钱坫、卢文弨、顾广圻等人的校勘成果。其中,以王念孙、王引之的校勘最多,几乎将《淮南内篇杂志》的结论全部记述下来,足见王念孙父子在这个领域的影响之深。汪氏一般以"王怀祖校某作某""王校某作某""伯申曰""伯申校某作某"等语记述其成果,但不引述其校勘过程。王氏父子之后,以刘绩、陈昌齐的成果次之,而钱坫、卢文弨、顾广圻的成果在个位数之内。当然,《淮南子校勘记》还远不能囊括学者的校勘成就,只是择其要录之而已。

第三类,记录不同版本的异文。汪氏藏书在万卷以上,但他所见《淮南子》版本并不多。据统计,《淮南子校勘记》据用的版本,除庄本之外,还有道藏本、刘绩本、茅一桂本及所谓古本。道藏本异文,汪氏一般以"道藏本某作某""道藏本无某字"等语标明。刘绩本异文,汪氏一般以"刘绩本(刘本)某作某"模式标明。至于茅一桂本,汪氏只称"茅本",多与道藏本合于一起。汪氏所谓古本,仅出现1次。《氾论训》"然而不能自知,车裂而死",汪氏校记:"古本'车'作'铍'。"[1] 这条校注实际上也是来自王念孙。王念孙说:"《庄子·胠箧》篇'苌弘胣',《释文》:'崔云:胣,裂也。《淮南子》曰苌弘铍裂而死。'据此,则古本本作'铍裂'。今本'车裂',涉下文'苏秦车裂'而误也。"[2] 可见,古本实是与今本相对而言,并非指传世的古本。除记录不同版本的异文外,汪氏也记录类似性质的异文,如钱塘的《淮南天文训补注》和原书《说山训注》的异文。

总之,汪氏的《淮南子校勘记》是一部总结前人成果和记录各种异文的著作,他自己几乎不作校勘。在记录各种异文这方面,此书与陈昌齐的《淮南子正误》很接近,但它具体标明他书引用情况及各个版本的名称,比《淮南子正误》只称书名及"别本""一本"显然要进步许多。

---

[1]《子藏·淮南子卷》第47册,第236页。
[2]《子藏·淮南子卷》第46册,第21—22页。

第六章 清代《淮南子》校注的渐退期

第一节 曾国藩等人的《淮南子》校注

晚清伊始,学者校注《淮南子》的热潮渐渐消退,其校注方式也大多转向读书笔记之类,吉光片羽,不能自成著述,如曾国藩、张文虎、徐时栋诸人校注《淮南子》皆是如此。

一、曾国藩的《淮南子读书录》

曾国藩(1811—1872),字伯涵,号涤生,湘乡(今湖南娄底)人。道光十八年(1838)进士,官至两江总督、直隶总督、武英殿大学士,谥号"文正",世称曾文正。曾国藩位列晚清名臣之首,影响极为深远。其成就虽然不在学术上,但朴学盛行下,他的学术颇具个性。曾国藩服膺程朱理学,同时又吸取陆王心学,从而形成了自己独到的理学思想。曾氏不好考据之学,于学无所不窥,经史之外,亦重诸子百家之书,爱读《庄子》,崇尚王阳明的事功精神,这在晚清也极为少见。著述极丰,有《求阙斋读书录》《求阙斋日记类钞》等十余种。光绪二年(1876),湖南传忠书局刻有《曾文正公全集》传世。

《求阙斋读书录》是曾氏的读书札记,共十卷,其中卷五列有《淮南子》,集中汇录了曾氏的校注,严灵峰称之为《淮南子读书录》。此外,曾氏的《求阙斋日记类钞》亦存有他评说《淮南子》若干条。两者合起来观照,更能全面反映曾氏对《淮南子》的研究水平。至于曾氏何时评注《淮南子》,其《求阙斋日记类钞》似有明确的记载。曾氏日记云:"读《淮南子·精神训》,至'大禹竭力以劳万民'句,若有所感。庚申十一月。"又云:"阅《淮南子·俶真训》,言'有道之士,亦须遇时',为之增感。庚申十二月。"[①] 就内容而言,均是读书感悟。自这两则日记来看,曾氏研读《淮南子》,并没有遵照篇章原有的次序,明显带有

---

① 王启原辑《求阙斋日记类钞》,《续修四库全书》第559册,第854页。

选择性。庚申，即咸丰十年（1860）。此年正是湘军与太平军激战之际，曾国藩仍在坚持阅读《淮南子》，并用日记形式记录下来，这不是一般人所能做到的。当然，曾氏于咸丰十年阅读《淮南子》，并不代表《求阙斋读书录》中的内容也是作于此时。曾氏或有多次阅读《淮南子》的情况，亦未可知。若《求阙斋读书录》之名乃曾氏本意，则可知此书必作于道光二十五年（1846）之后。《曾文正公年谱》卷一云："道光二十五年，公三十五岁。……公名位渐显，而堂上重庆，门祚鼎盛。公每以盈满为戒，自名其书舍曰'求阙斋'。其说云：'求阙于他事，而求全于堂上也。'"① 因此，无论如何，曾国藩研读和校注《淮南子》，必在1846至1860年之间。

从《求阙斋读书录》与《求阙斋日记类钞》的内容看，曾氏校注《淮南子》，与其他学者存在明显的不同，形成了自己的特色。归纳起来说，主要有以下三点：

其一，注重对《淮南子》的言论求本溯源。所谓求本溯源，是指曾氏研读《淮南子》注意揭示其观点及言论的来源，意在寻本正末。曾氏在写于1860年的日记中说："诸子中惟老、庄、荀子、孙子自成一家之言，余皆不免于剽袭。"② 很明显，在他看来《淮南子》是一部不免于剽袭的子书。这恐怕是曾氏重视对《淮南子》求本溯源的根本原因。关于这方面的内容，《淮南子读书录》中约有14条。如下：

《俶真训》1条："夫大块载我以形，劳我以生，逸我以老，休我以死。善我生者，乃所以善我死也。"数句袭《庄子·大宗师》篇③。

《道应训》8条："太清问于无穷曰"节，此段袭《庄子·知北游》篇。"啮缺问道于披衣"节，此段本《庄子·知北游》篇。"太王亶父居邠"节，太王事本《庄子·让王》篇。"中山公子牟谓詹子曰"节，公子牟事本《庄子·让王篇》。"桓公读书于堂"节，轮扁事本《庄子·天道》篇。"大司马捶钩者年八十矣"节，捶钩事本《庄子·知北游》篇。跖之徒问跖曰："盗亦有道乎？"本《庄子·胠箧》篇。"光耀问于无有曰"，光耀事本《庄子·知北游》篇④。

《诠言训》2条："故通性之情者，不务性之所无以为；通命之情者，不忧命

---

① 黎昌庶编《曾文正公年谱》，《续修四库全书》第557册，第364页。
② 《续修四库全书》第559册，第854页。
③ 曾国藩《求阙斋读书录》卷五，《续修四库全书》第1161册，第199页。
④ 《续修四库全书》第1161册，第199—200页。

之所无奈何",四句本《庄子·达生》篇。"方船济乎江",虚舟事本《庄子·山木》篇①。

《说山训》2条:"故玉在山而草木润,渊生珠而岸不枯",二句本《荀子·劝学》篇。"食草之兽,不疾易薮。水居之虫,不疾易水。行小变而不失其常。"数句本《庄子·田子方》篇②。

《人间训》1条:"单豹倍世离俗"节,本《庄子·达生》篇③。

上述求本溯源之例,并不是曾国藩肇其始,宋代高似孙、明代刘绩和茅坤诸人皆有这方面的揭示。但揭示得如此频繁,如此详实,实自曾氏开始。曾国藩熟读经史和诸子,对《淮南子》观点及言论的来源自然可以轻易道明。

其二,注意揭示篇章大旨。这是明代学者评点《淮南子》的常见手段。曾氏校注《淮南子》,不惟考据是从,善于从整体上把握各篇大旨。他评《缪称训》说:"《要略》云'断短为节,以应小具',故此篇嘉言雨集,妙义云来,皆短章零节,无长言繁称者也。"④认为《缪称训》汇集嘉言妙义,文字又洗练。评《道应训》说:"此篇杂征事实,而证之以老子《道德》之言。意以已验之事,皆与昔之言道者相应也,故题曰道应。每节之末皆引《老子》语证之,凡引五十二处。"⑤这是对《道应训》的篇名含义、写作体例和主要内容的总结。评《诠言训》说:"此篇大指不以功名自章,不以贤智先人,即《庄子》'无成无亏'之义。"⑥这是对《诠言训》思想主旨的归纳,并比以庄子之言,显示出曾氏注重融会贯通的治学精神。而且,曾氏在把握各篇大旨的同时,注意揭示其思想的统一性。他在日记中说:"读《修务训》中'功可强成,名可强立',若有所会。《淮南子》本道家者流,而此篇之旨,与《荀子》相近,大抵理之足以见极者,百家未尝不相合也。"⑦曾氏从《修务训》与《荀子》大旨相近的情况,看到了诸子百家未尝不相合的一面,体现了他宏大的学术视野。在读到《本经训》"凡人之性"一节时又说:"此段杂袭儒家者言,与本篇大旨不合。"⑧曾氏认为《淮南子》属

---

① 《续修四库全书》第1161册,第200页。
② 《续修四库全书》第1161册,第200页。
③ 《续修四库全书》第1161册,第200页。
④ 《续修四库全书》第1161册,第199页。
⑤ 《续修四库全书》第1161册,第199页。
⑥ 《续修四库全书》第1161册,第200页。
⑦ 《续修四库全书》第559册,第854页。
⑧ 《续修四库全书》第1161册,第199页。

于道家之书,而《本经训》杂有儒家之言,造成了思想上的不统一。

其三,注意摘录重要字句加以解释。这一方面明显是受考据盛行之风的影响,主要包括校释字词和疏解文句深意两类。

解释字词,如《天文训》"右背德",曾氏曰:"背即后也,孙子曰:'右背山陵,前左水泽。'亦以背与前为对。"①《道应训》"柴箕子之门",曾氏曰:"《后汉书·杨震传》'柴门谢客',《三国志》'以万兵柴道',与此柴字义同,即塞也。"②背、柴二字,旧注均无解,而曾氏引证他书作了精确解释。曾氏还对《泰族训》的题解作了补释,他说:"族,聚也,群道众妙之所聚萃也。泰族者,聚而又聚者也。始之又始,曰泰始。一之又一,曰泰一。伯之前有伯,曰泰伯。极之上有极,曰泰极。以及泰山、泰庙、泰坛、泰折,皆尊之之辞。"③亦体现了精于考据的学风。又如《览冥训》"使俗人不得其君形者",曾氏曰:"君形,主宰乎形骸者也。"④《主术训》:"凡此六反者,不可不察也。"曾氏曰:"六反者,小与大反、方与圆反、多与鲜反。"⑤关于前者,高注云:"君形者,言至精为形也。"⑥关于后者,高注云:"六反谓孔、墨、苌弘、孟贲、吴起、张仪也,其行相反,故曰六反也。"⑦显然,曾氏对这两例高注皆不予认同,自己重新作了解释。

校勘文本,如《诠言训》"通于道者,物莫不足滑其调",曾氏曰:"'莫'字疑误。"⑧此处确实有误,王念孙认为是衍"不"字,曾氏以"莫"为误,不言其衍。又如,《本经训》"勾爪居牙",曾氏曰:"庾信赋作'钩爪锯牙'。"⑨这是列异文。

疏解文句深意,如《兵略训》"将者必有三隧四义五行十守"一节,曾氏曰:"三隧、四义、五行、十守、三隐、八善,皆不足贵,惟独见、独知、审量、虚实为足贵。"⑩曾国藩以文臣带兵作战,于此最有发言权。又如,《修务训》:"夫事有易成者名小,难成者功大,君子虽未有利,福将在后至。"曾氏曰:"言美成

---

① 《续修四库全书》第1161册,第199页。
② 《续修四库全书》第1161册,第200页。
③ 《续修四库全书》第1161册,第200页。
④ 《续修四库全书》第1161册,第199页。
⑤ 《续修四库全书》第1161册,第199页。
⑥ 张双棣《淮南子校释》(增订本),第652页。
⑦ 张双棣《淮南子校释》(增订本),第1048页。
⑧ 《续修四库全书》第1161册,第200页。
⑨ 《续修四库全书》第1161册,第199页。
⑩ 《续修四库全书》第1161册,第200页。

在久,后世当有知者,犹扬雄言'后世有子云则知之矣'。"①像是在谈自己的人生经验,于读者亦极有教育意义。可见,曾氏校读《淮南子》,颇有古为今用的意图。

此外,曾国藩对刘安的《谏伐闽越书》似乎很感兴趣。该文最早见于《汉书·严助传》。曾氏说:"淮南王安收养文士,著《淮南子》,亦犹吕不韦好客养士,著《吕览》一书也。此篇盖亦八公辈所为,陈义甚高,擒辞居要,无《淮南子》冗蔓之弊,而精警处相似。"②认为此文与《淮南子》都是八公等人所作,虽有相似之处,但文字表达更精练简要,没有《淮南子》冗长枝蔓的弊病。将《谏伐闽越书》与《淮南子》进行对照研究,曾国藩当是第一人。由此也可以见出,曾氏研究《淮南子》颇有自己的个性。

二、张文虎的《淮南子随笔》

张文虎(1808—1885),字孟彪,一字啸山,南汇(今上海浦东)人。张氏博览古籍,精于名物训诂、音韵乐律和中西算术之学,尤精于校勘之学,曾任曾国藩幕僚,并受聘于金陵书局。他著述极丰,有《春秋朔闰考》《古今乐律考》《史记札记》《舒艺室随笔》等十余种。其中,《舒艺室随笔》卷六有《淮南子》校注仅4条。虽然数量很少,但皆精当。李慈铭说:"卷六《后汉书》本纪、《续汉书》《律历总》《逸周书》《战国策》《管子》《韩非子》《墨子》《吕氏春秋》《淮南子》《庄子》《文选》《乐府诗集》,而《管子》所校最多,余不过数条或一二条。其书实事求是,钩贯邃密,而《说文》为尤精,于近儒段、桂、钱、严之说,多有所补正,卓然不刊者也。"③即对张文虎校注诸子作了高度评价。

关于张文虎《淮南子随笔》的写作时间,唐仁寿的跋文有所交待。他说:"同治丙寅春之金陵,舍于书局,乃获与先生同研席。时方校刊《太史公书》,每遇疑义,辄钩稽同异,往复商榷。先生所为别纂札记者也。……此《随笔》六卷,乃笔于群书简端者,暇日自录成帙,仁寿因写藏其副。癸酉冬,先生以年老告归,亟从叟其先授之梓。"④同治丙寅,即同治五年(1866)。同治癸酉,即同治十二年(1873)。自跋文看,唐仁寿与张文虎自1866至1873年在金陵书局

---

① 《续修四库全书》第1161册,第200页。
② 曾国藩编《鸣原堂论文》卷上,清光绪二年传忠书局刻本。
③ 李慈铭《越缦堂读书记》,第688页。
④ 张文虎《舒艺室随笔》,《续修四库全书》第1164册,第402页。

相识相处,以校刊群书为业。校勘同时,张氏又别纂读书札记。因此,《淮南子随笔》当写在1866至1873年这段时间的后半期,属张氏晚年著作。

张氏校注《淮南子》时,已指明所用底本是庄逵吉本。《天文训》"太阴在卯,岁名曰单阏",注"单,读为明阳之明",此文下张氏自注:"据庄刻本。"又案:"单字断无明音,盖本作阐扬之阐,误写耳。然单虽有啴善一切,读为啴缓之啴,而据下文'单阏之岁'注云'单,尽',则本读为殚。此读阐之音,盖后人旁增,非高注也。"① 张氏先判定"单"无读"明"之例,认为"明"本作"阐",继而又否定这个音读来自高诱。但北宋本、道藏本皆有此音读,张氏视为后人旁增则无依据。

张氏对王念孙的《淮南内篇杂志》多有补正。例如,《览冥训》"田无立禾,路无莎蒴(《杂志》云当作蒴莎),金积折廉,壁袭无理",《杂志》云:"理,《文子·上礼》篇作'嬴','嬴'当作'蠃',与禾、莎、施为韵。"张文虎案:"理字本作'蠡'。蠡有力底、力戈二音,此文与禾、莎、施为韵,当读力戈反,后人误读力底反,音近误为'理'。然《文子》自作'蠃',故误为蠃。若非《文子》,则无从悟此文'理'字为'蠡'之误矣。"② 张氏在王念孙的基础上,通过韵读法得出"理为蠡之误"的结论,但未作进一步释义。当蠡读力戈反时,其义与蠃相同,古字亦通。可见,张氏此校确可视为王校的补正。又如,《齐俗训》"其兵戈铢而无刃",《杂志》谓"衍戈字",引《文子》"其兵钝而无刃"为证,张文虎案:"高注云'楚人谓刃顿为铢',字书、韵书无训'铢'为'顿'者,直是钝字之讹,钝古通作顿。"③ 指出"顿"乃"钝"之讹,又是对王校的补充。由此也可以反映王念孙的《读书杂志》在清代校勘学上有着举足轻重的地位。

总之,张文虎的《淮南子随笔》擅长运用音韵校读法,多言他人之所未言,但因校注的数量太少,无法从整体上反映张氏研究《淮南子》的水平。

三、徐时栋的《淮南子读书志》

徐时栋(1814—1873),字定宇,一字同叔,世称柳泉先生,鄞县(今宁波市鄞州区)人,道光二十六年(1846)举人,著述极丰,有《徐偃王志》《尚书·逸

---

① 《续修四库全书》第1164册,第400页。
② 《续修四库全书》第1164册,第400—401页。
③ 《续修四库全书》第1164册,第401页。

汤誓考》等几十种。徐氏也是当时著名的藏书家。关于其生平事迹，董沛《清内阁中书舍人徐先生墓表》有详细记述。

徐时栋的《烟屿楼读书志》，刻于民国十七年，并非徐氏生前手定之书。他的长孙徐方来说："先大父笔记，非先大父手定本也。大父殁后，先府君倾资刻其遗著，复裒辑剩墨，凡书隙纸尾、零篇断句，手抄成帙，名曰《烟屿楼笔记》。请吾师陈咏桥、董觉轩两先生审定，藏之箧衍。……及今不编订成书，恐遂散佚，以兹皋戾，乃取原稿重抄一过，属吾友慈溪冯孟颛贞群校阅。孟颛读书精审，于凡征引必取原书校定。其可类分者，釐为《读书志》十六卷，审慎别择，编为定本。"① 可知此书是徐时栋的后人搜集其笔记而成，徐氏本无此书。其中，卷十五列有《淮南子》，收录校注仅5条，可谓之《淮南子读书志》。

至于徐氏校注《淮南子》的具体时间，已难考定。董沛说："旋中丙午举人，以输饷授内阁中书。自其少时有志著述，两上春官，即家居不复出。湖西烟屿楼藏四部书六万卷，尽发而读之。"② 可见，徐氏系统而又深入的读书活动是发生在1846年以后。从这个方面说，徐氏校注《淮南子》的时间当在1846年以后。

《淮南子读书志》皆在于"辨"，辨原书之说，辨高注之失，在辨析之中体现徐氏独到的见解。辨原书之说，多斥之以虚妄。《读书志》云："《览冥训》'援戈挥日，日反三舍'，挥日影乎？日不知之也。挥天上乎？戈不及也。既反之后，将疾驰倍道及此三舍而后止乎？抑自韩楚构难以后，卒迟三舍而不能复其常行之次宿乎？理所必无，而事传至今，其何因而漫为此妄乎？信知乎此，而屈子《天问》不作可矣。"③ 徐氏以机械的唯物论，以日月有常行的道理，否定了《览冥训》这个神话，并斥之为虚妄，甚至波及屈原的《天问》。可见，徐氏还不能明白神话的本质。辨原书名家之说，《读书志》云："《说山训》曰：'小马大目，不可谓大马；大马之目眇，可谓之眇马。物固有似然，而似不然者。'按，此等语似乎奇快，实则坚白之余流耳。目无见可谓瞽人，目有见可谓明人耶？耳无闻可谓聋人，耳能闻可谓聪人耶？王安石眼多白，不能谓之白人。阮籍好作青白眼，不能谓之青白人。"④ 原文在界定小马、大马和眇马的概念，其中小、大、

---

① 徐时栋《烟屿楼读书志》，《续修四库全书》第1162册，第477页。
② 《续修四库全书》第1162册，第475页。
③ 《续修四库全书》第1162册，第586—587页。
④ 《续修四库全书》第1162册，第587页。

眇皆是界定词。小马虽然眼睛大,但不能改变其小马的属性。大马瞎了一只眼,谓之眇马,表明定义范畴已经发生改变。小马与大马在同一范畴,而眇马不在此范畴。徐氏之辨,偷换概念,显然不达此旨。综上所述,徐氏之辨,颇像王充《论衡》之辨,见解虽然独到,但难以切中要害。

辨高注之失,《读书志》云:"《览冥训》:'故召远者使无为焉,亲近者使无事焉,惟夜行者为能有之。'高诱注曰:'远者,四夷也。欲致化四夷者当以无为,无为则夷荒自至也。近者,诸夏也。欲亲近者当以无事,无事则近人自亲附之。夜行,谕阴行也。阴行神化,故能有天下也。'又载一说云:'言入道者,如夜行幽冥之中,为能有召远亲近之道也。'盖高氏亦不深达'夜行'之语,故存两说。愚按,'夜行'二字甚奇,而于上文义不通贯。所注别说,固是妄语,即高自注亦复难通。盖夜行者,古论道书名也。《鹖冠子》有《夜行》篇,盖阐发是书之义,即以名篇,篇末曰'故圣人贵夜行',又其《武灵王》篇曰:'昔夏广而汤狭,殷大而周小,越弱而吴强,此所谓不战而胜,善之善者也。此阴经之法,夜行之道,天武之类也。'其云不战而胜,与《淮南子》说无为无事绝相类,而同称夜行。其称夜行,与阴经连类并举,是夜行之为古论道书无疑也。陆佃注《鹖冠》云:'《阴经》,黄帝之书也。'夜行无注,亦不知夜行为古书名耳。愚但读《鹖冠子》亦未敢定其为书名,至读《淮南子》始决。"①高诱注"夜行",以一般名词对待,有顾名思义之嫌,徐氏则旁敲侧击,又引《鹖冠子》作证,认为"夜行"是古代论道之书的名称,不能不说见解独到。董沛称赞他:"治经有心得,不傍汉,不徇宋,常主先秦之书,以平众难,故不蹈近人墨守之弊。"②诚非虚言。

第二节 俞樾的《淮南内篇平议》

俞樾(1821—1907),字荫甫,号曲园居士,浙江德清人。道光三十年(1850)进士,曾受曾国藩赏识,官至翰林院编修、河南学政。罢职后潜心学术,主讲杭州诂经精舍长达三十年,弟子众多,章太炎、吴昌硕等皆出其门。俞氏治学,首在经学,旁及史学、诸子,亦擅长文学研究,是晚清学术界最具声名者。著有《群经平议》《诸子平议》《古书疑义举例》《春在堂随笔》等。

---

① 《续修四库全书》第1162册,第587页。
② 《续修四库全书》第1162册,第475页。

一、《淮南内篇平议》的写作时间

《诸子平议》为《群经平议》所衍生。俞樾于《序目》中说："然诸子之书，文词奥衍，且多古文假借字，注家不能尽通，而儒者又屏置弗道，传写苟且，莫或订正，颠到错乱，读者难之。樾治经之暇，旁及诸子，不揣鄙陋，用《群经平议》之例，为《诸子平议》，亦三十五卷。"① 可见，他是在治经之暇兼及诸子，以为诸子之书一方面注者不能尽释，另一方面文本亦多见错讹，有必要再作校注，故成《诸子平议》。俞樾于《序目》中又说："诸君子闻有此书，乃谋醵钱而刻之，经始于强圉单阏之岁，至上章敦牂而始观厥成。盖非一日之功，亦非一人之力也。"② 强圉单阏之岁，即丁卯岁，同治六年（1867）。上章敦牂之岁，即庚午岁，同治九年（1870）。由此可知，俞樾撰写《诸子平议》，始于1867年而成于1870年，最后由俞氏弟子合资出版。

《诸子平议》共三十五卷，目录依次为《管子平议》六卷、《晏子春秋平议》一卷、《老子平议》一卷、《墨子平议》三卷、《荀子平议》四卷、《列子平议》一卷、《庄子平议》三卷、《商子平议》一卷、《韩非子平议》一卷、《吕氏春秋平议》三卷、《董〈春秋繁露〉平议》二卷、《贾子平议》二卷、《淮南内经平议》四卷、《杨子〈太元经〉平议》一卷、《杨子〈法言〉平议》二卷。各类文献无有称《淮南内经》者，《淮南内经平议》当为《淮南内篇平议》，俞书正文亦称《淮南内篇》。从排列次序来看，《淮南内篇平议》应是写于1867年至1870年之后半期。

二、《淮南内篇平议》的校注内容

《淮南内篇平议》居于《诸子平议》卷二十九至卷三十二，其中卷二十九为《原道》至《时则》五篇，卷三十为《览冥》至《齐俗》六篇，卷三十一为《道应》至《说山》五篇，卷三十二为《说林》至《要略》五篇。尽管《淮南内篇平议》未讲明所用底本，但从书中文字看，其底本就是庄逵吉本。《时则》"草木旱落"，俞樾谨按："《月令》作'草木蚤落'，《吕氏春秋》作'草木早槁'。此旱字，即早字之误。"③ 今查《淮南子》诸本，仅庄本作"旱"，其他各本均作"早"。又《本经》"元元至砀而运照"，俞樾谨按："高注曰：'元，天也。元，气也。'分

---

① 俞樾《诸子平议》，《续修四库全书》第1161册，第567页。
② 《续修四库全书》第1161册，第568页。
③ 《续修四库全书》第1162册，第215页。

两字为两义,殊不可通。疑正文及注均误。"① 元元,其他各本皆作"玄元",庄本为避康熙名讳,改"玄"为"元"。这两例文本异文可证《淮南内篇平议》所用底本就是庄本。况且,俞樾对庄本尤为熟悉,1870年他在浙江书局主持刊行《二十二子》时,《淮南子》的校刻底本便是庄本。

俞樾治学亦以高邮二王为宗,他的《诸子平议》多取法《读书杂志》。但与《淮南内篇杂志》相比,《淮南内篇平议》的校注数量仅265条,只有王书的四分之一多。就其内容看,最主要的有三类,一是文本校勘,约有208条,占总数的78.5%;二是辨析高注,约有37条,占总数的14%;三是补充注释,约有19条,占总的7.2%。还有1条是辨析正文。可见,《淮南内篇平议》仍以文本校勘为主,以字句训释为辅。

俞樾校勘文本,不外乎校误文、校脱文、校衍文和校倒文。所谓误文,是对古书中错讹之文的统称。这是校勘者最主要的校勘任务。俞樾共校出误文近130处。脱文、衍文亦常在校勘者的视野之中。据统计,俞樾共校出脱文约32处,其中校出一字脱文约16处,二字和三字脱文各5处,四字脱文2处,五字脱文1处,还有3处未能明确所脱何文;共校出衍文约36处,其中校出一字衍文约31处,三字衍文3处,四字衍文1处,七字衍文1处。所谓倒文,不仅仅指上下颠倒之文,也包括次序错乱之文。俞樾多用"移""误倒""错乱"等术语予以明示。俞樾共校出倒文约11处。

至于字句训释,则主要是在辨析高注的过程中实现的。俞樾沿用庄本,把《淮南子》所有注文都视为高注。《淮南内篇平议》成于1870年,此时徐养原、劳格、陆心源皆已将同存于一书的许高二注区分开来,俞樾亦有所知晓。《人间》:"武王荫喝人于樾下",俞樾谨按:"越、樾古同字,而前后异说,疑有许高之异。《缪称》《齐俗》《道应》《诠言》《兵略》《人间》《泰族》《要略》八篇标目下,无"因以题篇"四字,与它篇不同,或许注也,因无确证,故不别言之。"②在他看来,劳格等人的结论并无确证,故不予采纳,仍统称为高注。所谓辨析高注,实质上是批驳高注,只有极少数在于疏证高注。批驳高注时,俞樾多用"迂曲""转迂""曲说""失之""非是""未安""非也""未得""未合""未尽""失其义""大谬""非其旨"等术语贬低或否定高注。此类批驳高注之训

---

① 《续修四库全书》第1162册,第220页。
② 《续修四库全书》第1162册,第243页。

释,《淮南内篇平议》约有35条,仅有2条是用以疏证高注的。如《精神》"天有四时五行九解",俞樾谨按:"高注'九解'有三说,当以'八方中央'之义为确。《天文》篇:'天有九野:中央曰钧天,东方曰苍天,东北曰变天,北方曰玄天,西北方曰幽天,西方曰颢天,西南方曰朱天,南方曰炎天,东南方曰阳天。'即此九解矣。解者,分也。谓分周天三百六十五度四分度之一而为九也。"① 既疏证了高注"八方中央"之说,又训释了"九解"之义。

除辨析高注外,俞樾也自己补充高诱所未训之字句。此类注释约19条,最能反映俞氏的训诂之学。俞樾应是受了王氏父子的影响,十分注意以声求义,常用"读为"这个术语从声音上来揭示文字的意义。如《道应》:"可以窈,可以明。"俞樾谨按:"窈读为幽,故与明相对。《礼记·玉藻篇》'再命赤韨幽衡',郑注曰'幽读为黝',窈之通作幽,犹幽之通作黝也。"② 俞氏以声求义,得出窈有幽之义。此类训诂还有不少,无需赘述。俞樾有时也引用字书进行训释。如《俶真》"芒然仿佯于尘埃之外,而消摇于无事之业",俞樾谨按:"《广雅·释诂》:'业,始也。'无事之业,谓无事之始也。《文子·精神篇》作'无事之际',乃浅人不得其义而臆改。《九守篇》亦作'无事之业'。"③ 引《广雅》为据,解释"无事之业",亦兼校勘。

三、《淮南内篇平议》的校注特色

《淮南内篇平议》虽然只是《诸子平议》中的一小部分,但与其他《淮南子》校注作品相比,仍然可以见出俞樾的校注特色。这主要表现在三个方面:

第一,引证古代文献,有选择有节制。

虽然学宗王氏父子,但俞樾校注《淮南子》,并不像王氏父子那样博及群书,要穷尽每一个证据,而是对引用古籍有选择、有节制。因此,在引用古籍的种类和次数方面,《淮南内篇平议》远不能与《淮南内篇杂志》相提并论。

据统计,《淮南内篇平议》引证古代文献约51种,引用次数总计约334次,具体包括《周易》及《正义》(约9见)、《尚书》(约2见)、《诗经》及《毛传》(约9见)、《仪礼》及《注》(约4见)、《周礼》及《注》(约12见)、《礼记》

---

① 《续修四库全书》第1162册,第218页。
② 《续修四库全书》第1162册,第228页。
③ 《续修四库全书》第1162册,第209页。

(约25见)、《礼记注》(约5见)、《礼记正义》(约2见)、《大戴记》及《注》(约5见)、《左传》及《注》(约6见)、《公羊传》及《疏》(约4见)、《白虎通义》(1见)、《经典释文》(约14见)、《孟子》(约3见)、《尔雅》(约6见)、《释名》(约4见)、《方言》(约4见)、《说文》(约30见)、《六书故》(1见)、《史记》(约10见)、《史记集解》(约3见)、《史记索隐》(约3见)、《汉书》及注(约5见)、《周书》(约3见)、《国语》及《注》(约8见)、《战国策》(约6见)、《家语》(约2见)、《荀子》(约8见)、《贾子》(1见)、《说苑》(约3见)、《文子》(约60见)、《列子》(约4见)、《庄子》(约25见)、《抱朴子》(1见)、《管子》(约10见)、《韩非子》(约5见)、《吕氏春秋》(约25见)、《吕氏春秋注》(约2见)、《太玄》(1见)、《论衡》(约3见)、《开元占经》(1见)、《艺文类聚》(约3见)、《太平御览》(约12见)、《穆天子传》(1见)、《一切经音义》(1见)、《楚辞》(约3见)、《文选》(约5见)、《文选注》(约11见),以及《杨君石门颂》《圉令赵君碑》《桐柏庙碑》《汉高祖功臣颂》4种单篇文献。

从上述统计数据看,《文子》《说文》《吕氏春秋》《礼记》是俞樾校注《淮南子》最为倚重的四种文献。而王念孙比较看重的类书,《淮南内篇平议》中不仅引用种类极少,并且引用次数也很少。这可能跟俞樾对类书所包含的校勘价值的认识有关。如《本经》:"尧乃使羿诛凿齿于畴华之野,杀九婴于凶水之上,缴大风于青丘之泽。"俞樾谨按:"王氏念孙谓:'畴华之野,野本作泽;青丘之泽,泽本作野。'引《北堂书钞》《太平御览》为证。然刘孝标《辨命论》曰'凿齿奋于华野',华野者,畴华之野也。若本作'畴华之泽',何不曰华泽,而曰华野乎?然则古本自作'畴华之野''青丘之泽',类书所引,殆未足据。"①认为类书引文并不可靠,所以他在校勘时几乎不予引证。当然,俞樾这种做法未免有些过头。

第二,多引王念孙说,时而补正王说。

在引证古籍方面,俞樾虽然与王氏父子认识有分歧,但他写《淮南内篇平议》明显受到了王氏父子《淮南内篇杂志》的影响②。

首先,俞樾运用汉字形体校勘文本,即受王念孙启发。王念孙曾归纳出古

---

① 《续修四库全书》第1162册,第221页。
② 章太炎《俞先生传》:"既免官,年三十八,始读高邮王氏书。自是说经依王氏律令。五岁,成《群经平议》,以剿《述闻》,又规《杂志》作《诸子平议》,最后作《古书疑义举例》。"(《章太炎全集》第四册,上海人民出版社1985年,第211页。)可为证明。

籍文本因篆书、隶书、草书、俗书而致误等类型，俞樾即用以校勘，多见其例。据统计，《淮南内篇平议》以隶书校勘约7例，以草书校勘约3例，以俗书校勘约2例。如《诠言》"行成兽，止成文"，俞樾谨按："成兽之文，殊不成义。高注曲为之说，非也。兽，疑献字之误。隶书兽或作獣，见《桐柏庙碑》，形与献似，故献或误为兽。《周官·庖人职》'宾客之禽献'，注曰'献，古文为兽，杜子春云当为献'，是其例也。《论语·八佾篇》'文献不足故也'，文、献对文，自有所本。'行成献，止成文'者，献，贤也，言行则成贤善，止则成文采也。字误作兽，则不可通矣。"①所用校法与王念孙如出一辙。

其次，俞樾注意引用清代学者的说法，尤重王念孙之说，并时加补正。据统计，《淮南内篇平议》引用了程瑶田、翁方纲、段玉裁、金榜、王念孙、钱坫、庄逵吉、阮元、顾千里、王引之、陈寿祺等十一位学者的说法，其中引用王氏父子之说最多，约有32例，其他各家均为个例。所引王氏父子说法，皆来自《读书杂志》和《经传释词》。所谓补正，既包括补充王说，又包括驳正王说。补充之例少，而驳正之例多。补充之例，俞樾先用"其说是也""已辨正""已订正""其说得之"等术语肯定王说，再补充其未尽之义。驳正之例，俞樾多用"失之""误矣""谬矣""非也""不可从"等术语否定王说，并申述己说。如《道应》："惠子为惠王为国法，已成而示诸先生，先生皆善之。"俞樾谨按："《吕氏春秋·淫辞篇》'先生'，皆作'民人'，旧校云'一作良人'。此当以'良人'为是。《序意篇》'良人请问十二纪'，高注曰：'良人，君子也。'然则'诸良人'即诸先生也。若是'民人'，则惠子岂能一一示之？且使民人皆以为善，则其可行也必矣，下文翟煎何以云'善而不可行'乎？王氏念孙反以'民人'为是，而欲改《淮南》以从之，误矣。"②通过审视文义、引证《吕氏春秋》来驳正王念孙以"民人"为是的说法。

第三，不注重搜集他证，而重视推理及本证。

这主要是与王念孙的《淮南内篇杂志》相比较而言。俞樾在校勘《淮南子》文本时，几乎完全摒弃了唐宋类书中的证据，也不注重搜集魏晋六朝以来古书中的证据。此与王氏书简直有天壤之别。他最为倚重的一本古籍，无疑就是《文子》。据统计，《淮南内篇平议》提及《文子》约60次，俞樾以"当从

---

① 《续修四库全书》第1162册，第234页。
② 《续修四库全书》第1162册，第228页。

之""当据补""当据订正"等术语,用《文子》订正《淮南子》达42例。这一现象在《淮南子》其他校注作品中是极为少见的。

除倚重《文子》一书外,俞樾也倚重《淮南子》本书,并对自己审读文义和推理演绎的能力非常自信。据统计,《淮南内篇平议》提及《天文》《地形》《时则》《览冥》《本经》《缪称》《修务》《泰族》《要略》等篇各1次,提及《俶真》《齐俗》《诠言》《说林》《人间》等篇各2次,提及《道应》《氾论》等篇各3次,提及《主术》《说山》等篇各4次,提及《精神》《兵略》等篇各5次,且大多数是用作校勘的本证。这虽然远不能与王氏书相比,但仍可看出俞樾对于本证的重视。朴学家一般都讲究无征不信,然而俞氏似乎很看重自己的推理演绎和审读文本的能力,所以其中有一些校勘仅凭推理得来。如《原道》:"神托于秋豪之末,而大宇宙之总。"俞樾谨按:"'大'下疑脱'于'字。谓神虽托于秋豪之末,而视宇宙之总合更大也。今脱'于'字,文义未明。"[①]这一结论显然仅是审读文义得来,但无实际证据。

四、《淮南内篇平议》的评价及影响

由于俞樾在晚清学术界的盛名,他的《诸子平议》也因此广受关注,其影响恐怕仅次于王念孙的《读书杂志》。俞樾的学生章太炎评价说:"治群经,不如《述闻》谛,诸子乃与《杂志》抗衡。"[②]但就《淮南内篇平议》而言,这个评价显然有过誉之嫌。该书虽然在文本校勘上也卓有成效,但其不足也是易而显见的,可谓功过参半。这主要反映在两个方面:

一是过度倚重《文子》。众所周知,今本《文子》乃是伪书,基本靠抄袭和窜改《淮南子》拼凑而成,由于年代久远,确实具有很高的校勘价值。但纵观《淮南内篇平议》,俞樾几乎都是倾向于相信《文子》的文本。如《原道》"藏于不敢",俞樾谨按:"《文子·道原篇》作'藏于不取',当从之,即所谓'百姓足,君孰与不足也'。取与敢,形似而误。"[③]这一条校勘,遭到刘文典、杨树达、蒋礼鸿、于大成等人的一致反对。刘文典以"藏于不敢"为道家卑弱自持之意,于大成又提供了《管子·势篇》《文子·道德篇》《申子·大体篇》作"不敢"的

---

① 《续修四库全书》第1162册,第205页。
② 《章太炎全集》第四册,第211页。
③ 《续修四库全书》第1162册,第206页。

文献依据①，由此足可否定俞氏之校。显然，俞樾过度倚重《文子》，必定会导致校勘上的失误。

二是过度倚重理校法。理校法一般是与其他方法结合使用，或在缺乏文献证据、其他方法不能奏效的情况下使用。俞樾似乎很倚重理校法，在校勘《淮南子》时频繁使用。这虽然容易产生创见，但也容易产生臆说。胡适对此即有所不满，他说："中世儒者排斥异己，忽略百家，坐令此绝代奇书沉埋不显。迄乎近世，经师旁求故训，博览者始稍稍整治秦、汉诸子，而淮南王书，治之者尤众。其用力最勤而成功较大者，莫如高邮王氏父子，德清俞氏间有创获，已多臆说矣。"②是为确评。

总之，俞樾的《淮南内篇平议》，一方面取得了杰出的成就，与王念孙的《淮南内篇杂志》成为清代《淮南子》校注作品的双子星座，也是后世校勘者无法绕开的一部作品；另一方面又存在明显的不足，受到了民国学者如刘文典、于省吾、杨树达等人的嘲讽，他们皆因此以为自己的校勘水平不输于俞樾。当然，这从反面体现出俞书不同凡响的影响力。

第三节　蒋超伯等人的《淮南子》校注

蒋超伯、杨琪光的生活年代很接近，皆写有《读淮南子》一文，前者是清人朴学的典型风格，而后者承袭了明人好议论的风格。两相对照，自有一番风景。同治、光绪之间，蒋、杨之后，又有署名为"璟"的《淮南释音》，以及胡兆鸾撰写的《淮南子周易古义》，展现出不同于一般校注作品的特征，显示了晚清学者想要开辟《淮南子》校注新路的愿望。

一、蒋超伯的《读淮南子》

蒋超伯（1821—1875），字叔起，号通斋居士，江都（今江苏扬州）人。道光二十五年（1845）进士，咸丰七年（1857）由刑部主事入直，官广东候补道。蒋超伯治学承接乾嘉遗风，埋首考订，博贯群书，著作等身，有《南漘楛语》《南行纪程》《通斋诗文集》等三十余种。其中，《南漘楛语》是蒋氏重要的学术笔

---

① 详见张双棣《淮南子校释》（增订本），第81页。
②《子藏·淮南子卷》第53册，第383—384页。

记,世传版本有清同治十年两罍山房校刊本、民国上海进步书局校印本、民国新文化书社1934年铅印本和民国大连图书供应社1935年铅印本。上海进步书局校印本前有《提要》,其文曰:"此为江都蒋超伯先生所辑,乃平日随笔缀录,不名一门,共分八卷。博采旁摭,多人间未见之书,自经籍志乘、诸子百家、逸文阙史之疑窦,靡不研究详审,证佐精确,洵是读书有得之作。"从这段文字来看,《南漘楛语》是一部力主考疑的读书笔记。该书卷七列有《读淮南子》,汇集了蒋氏针对《淮南子》的学术随笔。

至于蒋氏何时校读《淮南子》,各类文献均无明确记载,即使蒋氏自撰的年谱,亦未提及。根据《南漘楛语》保留的一些信息,只能推测其大致时间。书中附有一组名为《五十自述》的七言诗。第一首诗说:"少年通倪世情疏,结习于今一未除。懒向蝇须营别馆,肯从鼠壤觅余蔬?安心只炼无求诀,养目慵披有注书。"①按蒋氏的说法,他到五十岁时仍然不能适应官场生活,只想安心在家读书做学问。又《通斋自记》云:"壬申五十二岁,……三月二十八日抵里,适《南漘楛语》剞劂告成,里人来索者颇夥。"②《南漘楛语》最初刻本为同治辛未(1871)校刊本,正与蒋氏自述相合。根据这些信息推测,《南漘楛语》当作于1870年左右,而成书于1871年。因此,蒋氏校读《淮南子》也应是在1870年前后。

至于蒋氏所用底本,《读淮南子》已交待得很明确。该文除引用所谓高诱注外,就是引用庄逵吉的校注,如蒋氏说:"《齐俗训》则云:'一朝解九牛,而刀以剃毛。庖丁用刀十九年,而刀如新剖硎。'高诱注:'屠牛吐,齐之大屠。'庄逵吉云:'吐疑坦字之讹'。"③这样的征引约有5次。由此表明,蒋氏所用底本就是庄逵吉本。

自王念孙《淮南内篇杂志》首开读书札记的体例以来,仿效者甚多。蒋氏的《读淮南子》亦是如此,考据之风十分浓厚。据统计,《读淮南子》约有读书札记61条。其间次序并未遵照原书篇目的顺序,随意性明显,其内容基本是以考疑为导向,所讨论的问题大多属于细微的训诂及校勘问题,可以分为指明来源、校勘文本、解字释音、辨误原书、辨析注文、增释旧注等六类。其中,校勘

---

① 蒋超伯《南漘楛语》,《续修四库全书》第1161册,第272页。
② 《北京图书馆藏珍本年谱丛刊》第164册,第644页。
③ 《续修四库全书》第1161册,第359页。

文本、解字释音、增释旧注,乃乾嘉学者校注《淮南子》的常见内容。蒋氏一承其风,《读淮南子》也颇多此类内容。今取少见于其他学者的内容,略加分析。

指明来源,即指明《淮南子》言论的渊源所自。如《氾论训》:"夫醉者俯入城门以为七尺之闺也,超江淮以为寻常之沟也,酒浊其神也。怯者夜见立表以为鬼也,见寝石以为虎也,惧掩其气也。"蒋氏说:"此一节悉本《荀子》。《荀子·解蔽》篇:'冥冥而行者,见寝石以为伏虎也,见植林以为后人也,冥冥蔽其明也。醉者越百步之沟,以为蹞步之浍也,俯而出城门,以为小之闺也,酒乱其神也。'"① 这里所谓"本",即是渊源所自之义,与曾国藩所说的"本"也是同一个意思。但"本"并不代表抄袭,《氾论训》这一节文字虽取自于《荀子》,但也作了修改和发挥,蒋氏称之为"仿其意"。蒋氏说:"《荀子·劝学》篇:'干越夷貉之子,生而同声,长而异俗,教使之然也。'《齐俗训》仿其意云:'羌氏僰翟,婴儿生皆同声,及其长也,虽重象狄鞮,不能通其言,教俗殊也。'"② 仿其意,只是化用其意,显然有异于抄袭。与曾国藩揭示《淮南子》多本于《庄子》不同,蒋氏注意揭示它与《荀子》的关系。而且,蒋氏有时还会指出旧注的来源。他说:"高诱注《原道训》云:'舜藏金于崭岩之山,藏珠于五湖之渊,以塞贪淫之欲。'按,此三语系引陆贾《新语》。"③ 这也是道学者之所未道。

辨误原书,即质疑原书的说法,并予以纠正。这类内容多为辨明史事,在以往的《淮南子》校注中并不多见。例如,《道应训》"夫差之所以自刭于干遂也",蒋氏曰:"左哀二十二年十一月丁卯,越灭吴,请使吴王居甬东,辞曰:'孤老矣,焉能事君。'乃缢,越人以归。《淮南》以为自刭,误矣。《韩非子》云:'勾践入宦于吴,身执干戈,为吴王洗马,故能杀夫差于姑苏。'夫差究非越人所刃,韩非亦误。"④ 此处,蒋氏以《左传》否定《淮南子》《韩非子》的记述。然《史记·吴太伯世家》亦记为"自刭",《吴越春秋·夫差内传》记为"伏剑",皆与《淮南子》相合,由此反映了蒋氏以经义为准的意识。又如,《氾论训》:"大夫种辅翼越王勾践,而为之报怨雪耻,擒夫差之身,开地数千里,然而身伏属镂

---

① 《续修四库全书》第1161册,第360页。
② 《续修四库全书》第1161册,第360页。
③ 《续修四库全书》第1161册,第360页。上海进步书局校印本蒋氏按语作"不知何本,疑出于古纬书"。今查,陆贾《新语》作:"圣人不用珠玉而宝其身,故舜弃黄金于崭岩之山,捐珠玉于五湖之渊,将以杜淫邪之欲,绝琦玮之情。"(卷上《术事第二》,《四部丛刊》本。)故应以同治刻本为准。
④ 《续修四库全书》第1161册,第360页。

而死。"蒋氏曰:"然《韩非子》云'子胥忠直夫差而诛于属镂',则王赐之属镂以死乃子胥,非大夫种也。"① 实际上,《左传·哀公十一年》《史记·吴太伯世家》《吴越春秋·夫差内传》均记载了夫差赐伍子胥属镂以死一事,蒋氏判定《淮南子》此处记事失实是有道理的。

辨析注文,刘绩《淮南子补注》、洪颐煊《淮南子丛录》皆较常见,但都以驳正注文为主,而蒋氏《读淮南子》辨析注文,是肯定与驳正并存。如蒋氏说:"俗儒多以折冲为制胜,不求甚解。按,冲,兵车也。《管子·事语》篇'无委致围,城脆致冲',尹知章注:'冲,冲车也。城不坚,则人思毁之。'《说山训》'故国有贤君,折冲万里',高诱注:'冲,兵车也。言贤君德不可伐,故能折远敌之冲车于千里之外,使敌不敢至也。'此解得之矣。"② 这是肯定注文。蒋氏又说:"《诗》'既有淫威',《毛传》'淫,大也'。《文选·七发》'血脉淫濯',李善注'淫濯,谓过度而且大也',善盖本《尔雅》以为训。《尔雅·释诂》濯与淫并训大也,《淮南·说山》'瓠巴鼓瑟,而淫鱼出听',谓大鱼也,高诱注非。"③ 高诱是把淫鱼作为一种鱼来解,蒋氏则旁征博引,力证其非。有时,蒋氏还比较高注与同时代学者的说法,并加以评判。如《本经训》"公输、王尔无所错其剞劂削锯",蒋氏曰:"剞劂二字之义,高诱此注与《原道训》不同。许氏《说文》以剞劂为曲刀,与诱注又不同。按,《甘泉赋》'般倕弃其剞劂兮,王尔投其钩绳',应劭曰:'剞,曲刀也。劂,曲凿也。'其解较确。"④ 应劭与高诱均是东汉末年人,将两者相比较,可以见出字义训诂的不统一性。

蒋氏不仅辨析旧注,也辨析庄逵吉注文。如蒋氏说:"《诠言训》'驰者不贪最先,不恐独后',高诱注'驰,竞驱也',庄逵吉曰'驰,即骋之省文。'此说可从。若《人间训》云'祸之所从生者,始于鸡距',庄氏谓当从藏本作'鸡定',未免太好奇矣。"⑤ 肯定与批驳兼有。蒋氏还将庄注与高注一同加以辨析。如

---

① 《续修四库全书》第1161册,第361页。
② 《续修四库全书》第1161册,第362页。对于今本注文,蒋超伯均视为高注。这意味着他对于许高二注相混的情况还未明晰,但已有查觉问题的苗头。《诠言训》"王子庆忌死于剑,羿死于桃棓",注:"棓,大杖,以桃木为之,以击杀羿,由是以来鬼畏桃也。"又《说山训》云"羿死桃部不给射,庆忌死剑锋不给搏",注:"桃部,地名。"蒋超伯说:"不应一事两解,或是许君注耳。"(《续修四库全书》第1161册,第362页。)此篇确为许慎注,而《说山训》为高诱注。
③ 《续修四库全书》第1161册,第361页。
④ 《续修四库全书》第1161册,第363页。
⑤ 《续修四库全书》第1161册,第362页。

《原道训》"终身运枯形于连嵝列埒之门",蒋氏曰:"庄补注以麤廉释之,非也。连嵝,当依高注'委曲之貌'。《汉书·地理志》交阯有赢陵县,殆因山厓曲岪而名,语言繁絮为嗹喽,转而为颙缕。《广韵》'颙缕,委曲也',其义一耳。《尔雅》'山上有水埒',《列子·汤问》篇'一源分为四埒',张湛注'山上水流曰埒',高诱注'不平均也',似亦非。"① 上述情况说明,蒋氏对《淮南子》的注文作了广泛而深入的研究。

总之,蒋超伯的《读淮南子》集中体现了他对《淮南子》的考据成果,具有明显的乾嘉学派治学之遗风。此外,他还把《淮南子》应用到其他典籍的考据之中。可见,《淮南子》对他来说也是一部重要的古书。

二、杨琪光的《读淮南子》

与蒋超伯的《读淮南子》相比,杨琪光的《读淮南子》很不相同,前者全是考据,后者仅为评说而已。杨琪光,生卒年不详②,字仲琳,武陵(今湖北竹溪县)人。他精通《史记》《汉书》,著成《史汉求是》十二卷,又有《经义寻中》《百子辨正》《博约堂文钞》《瑞芝室家传志铭》《读史臆说》《带星草堂诗钞》《莨楚斋书目》等著作。其中,《百子辨正》二卷,卷二录有杨氏《读淮南子》一文。

至于《读淮南子》的写作时间,应是与《百子辨正》成书的时间相近。杨氏在此书自序中说:"楚北崇文书局镂刻子集百家,范子月槎先生购以饷余。余受而浏览,见其尚浮尚怪者不一足。虽有宏编巨牍,多可增益人神智者,糅杂其中,而曲学士喜新异,每厌弃正轨物英谈,而以矜夸谩为津筏,即有损膺臆,其为世道累也匪细,且儒与释与道同繁,岂岂人所为哉? 余不揣,亟思有以绳之。因各系以尾,语于丑正者,必力诟无贷。"③ 可见,杨氏撰写《百子辨正》,就是明确针对湖北崇文书局刻印的《百子全书》这套丛书而发。揣摩杨氏自序,似是这套丛书刚一出版,友人即购买赠予他。崇文书局的这套丛书刻印于光绪元年(1875),由此可知,杨琪光的《读淮南子》必定是写于1875年之后一二年。

按照杨氏自序的说法,他撰写《读淮南子》是要纠偏返正,要驳斥学者尚

---

① 《续修四库全书》第1161册,第363页。
② 杨氏《经义寻中》前有一篇洪良品的《祭文》,时间为"光绪十六年十一月"。杨琪光或于此年(1890年)卒。
③ 杨琪光《百子辨正序》,清光绪年间杨氏自刻本。

浮尚怪的不良之风。此文不长，兹录于下：

> 世称《鸿烈》篇，为刘安鸠集诸儒大山、小山之徒总纂者。含味其文，似一人巧绮，或合群臆，审谛是非，而后辏辑欤？不然，安先举其纲，凡俾群旁乐附载，方成巨制也。究以一手口纂述者为说长也。考安素以辩达、善属文著称，晨试骚词，日未映已就。书非累笥者，宏材驰思，匝月已可蕆，然指为合众经纬者，奚所据耶？或以语为纯驳杂糅、清浊离合之不律哉？岂知元仗之不晢，问道者等没渊索鱼，适有出其侧者，即为所攫抓矣。安遑审谛必于某者而后抄略耶？此所以入出经道，而莫为轩轾而取弃也。又如苏尚等八人者，皆无有淑闻誉于时口，而助成淮南逆谋。若其为方闻硕德者，必为矢言不沮，败不释矣。乃仅有伍被为游移之计，终出奇画策，竟同殄绝，莫为救也，不亦可哀也哉！吾读其书而论其世，知有求士之未审欤。①

客观地说，杨氏这篇评论文字并无多少新意，基本是拾人陈语而已。他所谓纠偏返正，无非是要对《淮南子》的作者作一驳正，以突出刘安的主体作用。杨氏之前，明代的顾起元就已提出刘安对全书作了统一裁剪的观点。杨氏所谓"似一人巧绮""以一手口纂述"，均是主张《淮南子》乃刘安一人主纂，甚至独纂，并以刘安文才天纵又提出《淮南子》可用一月即成的主张。为了论证这些观点，杨氏竟逞臆说，一方面反对《淮南子》成于众手的传统说法，轻视书中自相舛乱的事实；另一方面极力渲染八公的无德，不足以担负起编撰《淮南子》的重任。至于刘安求士不审的说法，宋代的高似孙、黄震等人早已提及。因此，杨氏的《读淮南子》实无多少新意，且作为"百子辨正"之一，又未达到辨正的目的，反而歧出臆说，难怪《续修四库全书总目提要》评价："唐以前诸书，琪光学力亦不足以通之。"② 即使肯定他的《读淮南子》："以此虽为宾客所撰，实是淮南王总纂，说似可信，盖亦积石中之碎玉矣。"③ 其实也有过誉之嫌。

三、署名"璟"的《淮南释音》

《旧唐书·经籍志》《新唐书·艺文志》皆著录有《淮南鸿烈音》一书。这

---

① 《子藏·淮南子卷》第51册，第311—312页。
② 《续修四库全书总目提要》第13册，齐鲁书社1996年，第752页。
③ 《续修四库全书总目提要》第13册，第753页。

是最早专门针对《淮南子》音读的一部著作,但随后便失传,其后一千年再未见有此类著作,直到署名为"璟"的《淮南释音》的出现。从这个方面说,《淮南释音》可谓是《淮南子》学史上一部很有特色的校注作品。此书目前仅有稿本流传,《子藏·淮南子卷》第五十二册影印收录。

关于《淮南释音》的基本情况,稿本前有一段由近人叶景葵在1940年写成的题识,描述得较为详细。题识云:"此稿自首叶至五十二叶已佚失。著者名璟,未著姓,惟眉批及所加签校系宝应刘叔俛先生恭冕墨迹,则著者为同、光间绩学士也。后附校语二叶,因《刘氏遗书》有《淮南子补校》,故署曰附校,其人盖服膺端临之学者。"①可见,《淮南释音》传至民国已成残本②,书后附录有《淮南子附校》,而著者有名无姓,是同治、光绪年间的学者,大概很推崇清代中期刘台拱的学问。自此而言,《淮南释音》也当是成于同治、光绪年间。

《淮南释音》一书,它的内容正如书名所说,全部是解释《淮南子》中一些文词的读音。但这些读音绝大多数不是作者新增加的,而是取自许高二注,只不过作者对这些旧音读作了比较详细的解释③。众所周知,今本《淮南子》注文是由许高二注拼合而成,大体分成许注八篇和高注十三篇。许注八篇音读极少,而高注音读极多,《淮南释音》的内容亦清楚地反映了这种现象。由此推测,《淮南释音》所丢失的五十二页,其内容肯定是对《原道训》至《时则训》这五篇中高注音读的解释。据统计,《淮南释音》残本共有音释约122条,其中许注八篇仅有2条,然皆是据《太平御览》所引而补,实为高注。因此,《淮南释音》本质上是对高诱音读的再解释。此外,还有不少仅引述高诱音读而无解释的条文。

纵观《淮南释音》这一百余条音释,其特征主要体现在三个方面:第一,具有非常浓厚的乾嘉学术的气息;第二,释音往往与释义同行;第三,释音往往兼有校勘。例如,《说山训》:"譬犹陶人为器也,揲挺其土而不益厚,破乃愈疾。"注:"揲,读揲脉之揲。"释音:"揲,《易释文》引《说文》云:'阅持也。'郑康成云:'揲,取也。'揲挺,取而和柔之义。注'揲脉'者,《史记·扁鹊传》

---

① 《子藏·淮南子卷》第52册,第249页。
② 据查,《淮南释音》稿本今存第五三至九三页,共四十一页。
③ 仅有数条不属于许高旧注,如《览冥训》"径蹑都广",注:"蹑,至也。蹑或作绝。径,过;绝,历也。"释音:"蹑、绝,音近而讹,然二义并通。'径过绝历也'当作'径遂绝度也'。"(《子藏·淮南子卷》第52册,第259—260页。)可知此类音释大多是针对高注中"某或作某"而发,且兼有文字校勘。

'诀脉结筋,搦髓脑,揲荒爪幕',徐广曰:'揲,音舌。'揲、搦,皆以手按视之意,通作'撅',《泰族训》:'所以贵扁鹊者,非贵其随病而调药,贵其擪息脉血,知病所从生也。'"①这条不足百字的音释,即引证了《经典释文》《史记》及徐广注和《淮南子》本书,可谓是《淮南释音》旁征博引的一个缩影。而且,在释音的同时,又兼释了"揲"及相近字"挻""搦""撅"之义。又如,《说林训》:"水火相憎,鏪在其间,五味以和。"注:"鏪,小鼎。"又曰:"鼎无耳为鏪。鏪读曰彗。"释音:"《说山训》'鼎错日用而不足贵',注'错,小鼎',错即鏪之讹。《说文》:'鏪,鼎也,从金彗声,读若彗。'《广雅》云:'鏪,鼎也。'《玉篇》:'鏪,铜器,三足,有耳也。'与高义殊。"②这条音释可谓释音、释义、校勘三者兼具,体现出明显的朴学气息。由此可见,《淮南释音》并非纯粹的解释音读之作,而是一部以音读为脉络的校注作品,可以视为高诱注文的一种重要补充。

四、胡兆鸾的《淮南子周易古义》

胡兆鸾(？—1900),湖南长沙人,生平事迹不详,主要生活在清末,辑有《西学通考》《淮南子周易古义》《墨子尚书古义》等书,又撰有《论湘中所兴新政》等文。他的《淮南子周易古义》,虽与马国翰所辑《淮南九师道训》非常接近,但所做的疏证更详细、更严密,所定的书名也更科学。马氏以《淮南子》涉《易》之论为据,仓卒定名为《淮南九师道训》,显然有失严谨,因为两者是两部不同的书,不能将它们的内容等同起来。反观胡氏所定《淮南子周易古义》,既名实相副,又不与《淮南九师道训》相舛乱。从这个方面说,胡兆鸾的《淮南子周易古义》是《淮南子》学史上一部很有个性的著作,它是学者对《淮南子》展开专题研究的滥觞。此书目前仅有稿本传世,稿本分成上、下两卷及《补佚》一卷,其上钤有"七略盦"三字印章,《子藏·淮南子卷》第五十一册影印收录。

据统计,《淮南子周易古义》共辑得《淮南子》涉《易》条文22条,其中《俶真训》1条、《天文训》3条、《精神训》1条、《缪称训》6条、《齐俗训》1条、《氾论训》1条、《诠言训》2条、《人间训》3条、《泰族训》3条、《要略》1条。此外,《淮南子周易古义补佚》从《九师道训》和《谏伐闽越书》共辑得涉《易》条

---

①《子藏淮南子卷》第52册,第325页。
②《子藏淮南子卷》第52册,第337页。

文 2 条。与马国翰所辑相比，胡氏增加了《俶真训》《天文训》《精神训》《要略》等篇的涉《易》条文。并且，胡氏对每条辑文均作了十分详细的疏证，最能体现《淮南子周易古义》的学术价值。

胡氏擅长《易》学，他的疏证主要是对《淮南子》涉《易》条文作出自己的解释。如《天文训》："二阴一阳成气二，二阳一阴成气三。"胡兆鸾案："此淮南述说参天两地而倚数之义。盖阳之数以三而奇，阴之数以二而偶也，《周书·武顺》篇'男生而成三，女生而成两'，即其义也。二阴一阳则二二如四，一三如三，其数七，除五生数，则得成数二，所谓二阴一阳成气二也。二阳一阴则二三如六，一二如二，其数八，除五生数，则得成数三，所谓二阳一阴成气三也。此即《易》少阴、少阳之数也。"[①]高诱注《天文训》此文曰："阴粗犉故得气少，阳精微故得气多。一说：上得二，下得三，合为五，故曰合气而为音，音数五也。"[②]可知高注未从《易》义来解释，也未疏通"气二""气三"之由来。所以，胡氏的疏证显然为读者提供了另一种说法，显示了较高的学术价值，同时也可以视为是对原书的一种补注。

当然，胡氏所辑涉《易》条文有的也有捕风捉影之嫌。如《俶真训》："莫窥形于生铁，而窥于明镜者，以睹其易也。"胡兆鸾案："此淮南述'易'字之义。……《易纬·乾凿度》云：'易一名而含三义，所谓易也，变易也。'郑康成依此义作《易赞》及《易论》云：'易一名而含三义：易简一也，变易二也，不易三也。'"[③]《俶真训》用"易"字，只是把它作为一个普通的文字来对待，胡氏却以《周易》之"易"来解释，颇显牵强。又如《精神训》："生生者未尝死也，其所生则死矣。化物者未尝化也，其所化则化矣。"胡兆鸾案："此'生生者'二语，乃淮南述《系辞·上篇》'生生之谓易'之义。"[④]《精神训》讲"生生者"，是取自《庄子》而非《周易》，近于造物者之义。《系辞》所谓"生生"，孔颖达说："生生，不绝之辞。"也是"不息"之义，与《淮南子》不是同一个概念。可见，胡氏这条辑文也很牵强。但瑕不掩瑜，《淮南子周易古义》仍可称得上是《淮南子》学史上一部很特别的校注作品。

---

① 《子藏·淮南子卷》第 51 册，第 165—166 页。
② 张双棣《淮南子校释》（增订本），第 350 页。
③ 《子藏·淮南子卷》第 51 册，第 161—162 页。
④ 《子藏·淮南子卷》第 51 册，第 181 页。

第四节 孙诒让等人的《淮南子》校注

孙诒让、王仁俊、于鬯三人,均生活在清代末年,他们都是博学多识的校勘家,又同时校注《淮南子》,成为清代学者校注《淮南子》最后的几缕光辉。

一、孙诒让的《札迻·淮南子》

孙诒让(1848—1908),字仲容,别号籀庼,浙江瑞安人。同治六年(1867)举人,官刑部主事。孙氏不久辞官,专攻学术,研治古学近四十年,深于经术,亦及诸子,校注古籍七十余种,著述如《周礼正义》《墨子间诂》《札迻》《温州经籍志》等达三十余种,是与俞樾、黄以周齐名的朴学大师。《札迻》是他校注古籍的代表作品,共十二卷,其中卷七录有《淮南子》,是他校注《淮南子》的成果体现。

关于孙氏校注《淮南子》的具体时间,已不可考。他在《札迻自序》中说:"今春多暇,检理箧藏,自以卅年览涉所得,不欲弃置,辄取秦、汉以逮齐、梁故书雅记都七十余家,丹铅所识,按册迻录,申证厥谊,间依卢氏《拾补》例,附识旧本异文,以备甄择。汉唐旧注,及近儒校释,或有回穴,亦附纠正,写成十有二卷。"① 据此序落款"光绪十有九年十一月,瑞安孙诒让叙",则所谓"今春",即光绪十九年(1893)春。这一年是《札迻》成书的时间,但并不是孙氏校注《淮南子》的时间。孙氏自言《札迻》乃三十年读书所得,即自1864至1893年之间的读书笔记。据孙延钊《孙衣言、孙诒让父子年谱》,孙诒让从十六岁随父开始研读经、史、小学类书籍,次年又涉猎金文之学,此后十余年皆着力于这两个方面。可见,孙氏校读诸子之书,当是在他壮年以后。由此推测,孙氏校注《淮南子》,当是在1878至1893年之间。

《札迻》保存的《淮南子》校注并不多,据统计,约有46条。虽然数量不多,但孙氏显得极为认真。就参校的对象而言,孙氏自称就有"庄逵吉校刊本""传校宋刊本""王念孙《读书杂志》校""俞樾《诸子平议》校"等多种②。此外,孙氏还在文中屡称"今本"。如《原道训》"如是,则万物之化无不遇,而百事之变无不应",高注云:"遇,时也。"孙氏说:"今本脱此注,据宋本补。又

---

① 孙诒让《札迻》(自序),中华书局1989年,第2页。
② 孙诒让《札迻》,第222页。

宋本并题许注,今据庄本及劳格《读书杂识》考定,后凡高注并同。"①将今本与宋本、庄本对举,说明所谓今本并不是宋本,也不是庄本。又《地形训》"崑崙之丘",孙氏说:"庄本作'昆仑'。"②这就进一步排除了所谓今本是庄本的可能。今查《淮南子》诸本,唯张烒如本、黄锡禧本、庄本《原道训》脱注,"昆仑"作"崑崙"。若依此而言,所谓今本似是指张本或黄本。但黄本出于张本,都删减了三分之二的注文,而孙氏在校注中又大量引用注文,故使用张本或黄本的可能很小。综合起来看,孙氏所谓今本当是一种概称,是对宋本、庄本、《中立四子》本、道藏本以外各本的笼统称呼③。多种版本的联合使用,无疑体现了孙氏校勘的审慎和严密。

孙氏46条校注,校极多而注极少。就其校勘而言,大多精密而得法。除运用不同版本对校外,孙氏还综合运用理校、他校和本校之法。如《时则训》"其树杏",高注云:"杏有窍在中。"庄校云:"《太平御览》注云:'杏有核在中。'"孙诒让案:"杏不可言有窍,窍当作覈,覈、核古今字。后'三月树李',注云'李亦有核',说与杏同。蒙此注而言,《御览》是也。"④"杏不可言有窍",此是理校;引证庄说,此是他校;后"三月树李",则是本校。三种校法合理运用,使得结论令人信服。又如《齐俗训》"鹈胡饮水数斗而不足,鱣鲔入口若露而死",许注云:"鱣鲔,鱼名。"孙诒让案:"鱣鲔生于水,无入口若露而死之理。窃疑此'鱣鲔'当作'蝉蜠',蝉、鱣古字通用。《周书·王会》篇'欧人蝉蛇',彼以'蝉'为'鱣',与此以'鱣'为'蝉',可互证。《说文·虫部》云:'蜩,蝉也,或从舟,作蜠。'与'鲔'形近,因而致误。'死'当为'饱',亦形之误。(草书二字相似。)《地形训》云'蝉饮而不食',《荀子·大略》篇亦云'饮而不食者蝉也',是蝉蜠虽饮而不多,故云'入口若露而饱'也。然许注已以鱼名为释,或后人所增窜与?"⑤亦是理校、他校和本校三种方法综合运用,充分体现了孙氏校勘的严密。俞樾称赞孙氏:"至其精熟训诂,通达假借,援据古籍以补正讹夺,根柢经义以诠释古言,每下一说,辄使前后文皆怡然理顺。"⑥当不是

---

① 孙诒让《札迻》,第223页。
② 孙诒让《札迻》,第224页。丘原作上,乃传刻之误,据改。
③ 《氾论训》"羿除天下之害,死而为宗布",孙氏说:"死而二字,今本到,此据宋本乙正。"(《札迻》,第231页。)今查,道藏本、《中立四子》本均同于宋本,说明孙氏未见到此二本。
④ 孙诒让《札迻》,第224页。
⑤ 孙诒让《札迻》,第229页。
⑥ 孙诒让《札迻》(俞序),第1页。

虚夸。

孙氏在自序中曾极力夸赞王念孙父子,他说:"乾嘉大师,唯王氏父子郅为精博,凡举一谊,皆确凿不刊。"① 尽管满是崇敬之情,但孙氏也不迷信王氏父子。如《泰族训》"初緌而亲迎",王引之云:"'初'当作'冠'。"孙诒让案:"'初'当为'袀',形近而误。緌者,谓玄衣而冕。《礼记·郊特牲》说昏礼云'玄冕齐戒',又《哀公问》云'冕而亲迎',袀冕,即玄冕也。前《齐俗训》云:'尸祝袀袨,大夫端冕。'注云:'袀,纯服。'是其义也。(《文选·闲居赋》李注引《左传》服虔注云:'袀服,黑服也。'又引《说文》云:'袀服,玄服也。'今本《说文·衣部》作'袗,玄服也。')王校未确。"② 辨析入微,引经据典,力证王引之所校不确。同时,孙氏也不迷信旧注。如《地形训》"东至会稽、浮石",高注云:"会稽,山名也。浮石,随水高下,言不没。皆在辽西界。一说会稽山在太山下,封于太山,禅于会稽是也。'会稽',或作'沧海'。"孙诒让案:"高谓会稽、浮石在辽西界,今无考。窃谓会稽即扬州镇山。《周礼·职方氏》及《吕氏春秋·有始览》并云'东南曰扬州',则会稽于方位自得为东。《庄子·外物》篇云'蹲乎会稽,投竿东海',明今浙东之海亦为东海,不必别求之辽西及太山下也。《楚辞·九思·伤时》云:'超五岭兮嵯峨,观浮石兮崔嵬。'王注云:'东海有浮石之山。'然则,浮石在五岭之东,准之地望,其不在辽西,明矣。"③ 显示了他不墨守古训的独立精神。

孙氏在校注中还善于吸收新的成果。一直以来,宋明学者均认为《淮南子》抄袭《文子》,乾嘉学者惠栋率先提出《文子》抄袭《淮南子》,这可以说是一种新的认识,但附和者极少。孙氏的《札迻》则反复附和。如《原道训》"万物之化无不遇",高注云:"遇,时也。"孙诒让案:"'遇'与'耦'通,《齐俗训》云'夫以一世之变,欲以耦化应时',《要略》云'所以应待万方,览耦百变也',许注云:'耦,通也,字亦作偶。'《说林训》云'圣人之偶物也',高注云:'偶,犹周也。'此云'无不遇',亦即周、通之义。高释遇为时,失之。《文子·守弱》篇袭此文,'遇'作'偶',正与《说林训》'偶物'字同。"④《道应训》:"故慎子曰:'匠人知为门,能以门,所以不知门也,故必杜然后能门。'"许注云:"不知门之

---

① 孙诒让《札迻》(自序),第2页。
② 孙诒让《札迻》,第234—235页。
③ 孙诒让《札迻》,第231页。
④ 孙诒让《札迻》,第223页。

要也，门之要在门外。"孙诒让案："今本《慎子》残缺，无此文，义亦难通。《文子·精诚》篇袭此云：'故匠人智为不以能以时闭，不知闭也，故必杜而后开。'文亦有讹捝。"① 反复提及《文子》抄袭《淮南子》，而非《淮南子》抄袭《文子》。此外，孙氏又在《札迻》中根据劳格的《读书杂识》，明确将《原道训》等篇标为高诱注，《齐俗训》等篇标为许慎注。孙氏的这一做法尚属首次，是他善于吸取新成果的最佳体现。

二、王仁俊的《淮南子扬搉》

王仁俊（1866—1913），字捍郑，号籀许，吴县（今江苏苏州）人，光绪十八年（1892）与蔡元培、张元济等人为同科进士。王氏治学重在经史，尤精史学，擅长考据，其著述多属笺经补史，著有《辽文萃》《辽史艺文志补正》等数十种。王氏也是有名的辑佚学家，纂有《玉函山房辑佚书补编》等。同时，他在敦煌学的开创上亦有重要贡献。其实，王仁俊还花了不少精力在研究《淮南子》上，写下了《淮南许注异同诂三续》《淮南子扬搉》《淮南子许注考证附万毕术》《许君说文多采用淮南说》等著作，可谓是名副其实的《淮南子》研究专家。关于王仁俊对许注的研究，下一章将详述，本节仅讨论他的《淮南子扬搉》。

《淮南子扬搉》目前仅见稿本，《子藏·淮南子卷》第五十册影印收录。从该稿本看，《淮南子扬搉》似是未完之作，仅有《原道训》至《地形训》四篇的校注。该稿本前有王氏自叙。叙文云：

> 读《淮南子扬搉》，何为而名也？昔《国语》韦序曰"凡所发正三百七事"，汪君远孙遂有《国语发正》之作。本书《俶真训》"物岂可谓无大扬搉乎"，《文选·蜀都赋》《江赋》注引许注："扬搉，粗略也。"《汉书·叙传》有"扬搉古今"语。扬搉，盖古语，犹之商确，《文选·吴趋行》注引许说"商搉，粗略也"。仁俊自幼即喜《鸿烈》之学，尝按日分卷，抽引其绪，丹黄细书，书眉为溢。既娭精辑补《许注异同诂》，涉猎所及，遂有此作。不敢云著述，若曰得《淮南》之大略耳。光绪十九年癸巳夏六月初七日夜，识于广州电局之寓斋。②

---

① 孙诒让《札迻》，第230页。
②《子藏·淮南子卷》第50册，第295—296页。

王氏用较长篇幅解释了书名的含义,即所谓"得《淮南》之大略"。这似乎更像是一个谦辞,而非指《淮南子》大致包含的思想内容。因为《淮南子扬搉》基本止于校注这个层面,并不涉及原书的思想内容,故难与"得《淮南》之大略"相称。王氏接着又解释了此书形成的缘由,是因《淮南许注异同诂三续》而衍生。从王氏落款的时间来看,《淮南子扬搉》是成于光绪十九年(1893)。

《淮南子扬搉》所用底本应是庄逵吉本。证据有三:其一,该书《原道训》前有《叙目》一篇,以"叙目"总称《淮南子》序文,诸本之中惟庄本如此。其二,《原道训》"策蹠马"中"蹠"字,诸本之中惟王鏊本与庄本如此,其余各本均作"骐",王本微茫难求,而庄本最易得到。又《天文训》"西方曰颢天"中"颢"字,诸本之中惟庄本如此,道藏本、刘绩本均作"皓",茅一桂本作"昊"。其三,《地形训》王仁俊引庄氏逵吉云"'食木者多力而愚'并两语为一,其误甚矣",并作案语:"今鄂局本、《意林》并非并两语为一,不知庄所据何本。"① 王氏案语虽误,但足证他所用底本就是庄本,同时表明他还以湖北崇文书局刊本为参校本。

王氏长于考据,这在《淮南子扬搉》中体现得非常明显,其内容不外乎校勘与释义,以校为主而注为辅。据统计,《淮南子扬搉》共有校注约71条。与其他校注作品相比,该书也形成了自己的一些特色。

第一,旁征博引之中引入了《玉烛宝典》等新出现的古籍。据统计,《淮南子扬搉》引证了《尔雅》、汪辑《尸子》《礼记》《汉书》《汉书注》《诗经》郑玄注、《玉篇》《文选》《玉烛宝典》《群书治要》《匡谬正俗》《初学记》《意林》《开元占经》《太平御览》《事类赋》《岁时广记》等十几种古籍。其中,《玉烛宝典》、汪辑《尸子》是同类作品中很少见的古籍。《玉烛宝典》在国内久佚,由杨守敬于光绪八年(1882)至光绪十年(1884)之间从日本传回。王氏大量引证此书,表明他善用当时文献整理的最新成果。汪辑《尸子》则是由汪继培(1751—1819)所辑,也表明王氏善用前辈学者的辑佚成果。

第二,校注时十分注意许高二本之别。这个特点集中体现在《天文训》的校注中。王氏之前,已有陶方琦等人对今本注文作了细致分辨,许注、高注和许本、高本的观念在《淮南子》研究者的头脑中也因此变得清晰,《淮南子扬搉》即反映了这一点。如《天文训》"道始于虚霩,虚霩生宇宙,宇宙生气",

---

① 《子藏·淮南子卷》第50册,第330—331页。

王仁俊曰:"《开元占经三·天占》引作'道始虚虚,虚虚生宇宙,宇宙生气',《占经》所引必是许本,下皆同。"①认定《开元占经》所引来自许本。除《开元占经》外,王氏又认为《意林》引文全是据用许本,《玉烛宝典》绝大部分引文属于许本,而《初学记》《太平御览》部分引文为许本。如《天文训》"去稽留",王仁俊按:"此高本。若许本,则'留'当作'死',《逸宝典·孟寿纪》引是也。"②许高二本之别的意识表现得非常明显,这在乾嘉时期的著作中极少见到,不能不说清代学者对《淮南子》的研究仍在不断拓展和深入。

第三,注意补苴王念孙校勘之未及者。王念孙的《淮南内篇杂志》对许多清代学者来说,都是一座很难逾越的学术高峰。其后的学者大多引用其成果,当然也有指摘王念孙之失误,还有补苴王念孙之缺漏。王仁俊即注意补苴王念孙校注的缺漏。如《原道训》"乘云车",王仁俊引王氏念孙曰"云当为雷",并作按语:"《览冥训》正言'垂雷车',王氏未之及。"③此处,王氏为王念孙之校补充了一个本证。又《原道训》"于越生葛絺",王仁俊引王氏曰"'于'当作'干'",并作按语:"《群书治要》载《尸子》'使干越之工',《太平御览》七百六十引同,又《新序·杂事》一曰'剑产干越',此数事王氏未取证。"④这里,王氏为王念孙之校补充了三个他证。

第四,主张《月令》杂集《淮南子》之语。可能是出于尊经崇儒的潜意识,历来的学者如蔡邕、罗泌等,都认为《礼记》成书早于《淮南子》,从而主张《淮南子·时则训》是取自《礼记·月令》。王仁俊则大胆提出《礼记》后于《淮南子》成书。《原道训》:"人生而静,天之性也。感而复动,性之害也。物至而神应,知之动也。知与物接,而好憎生焉。好憎成形,而知诱于外,不能反己,而天理灭矣。"王仁俊曰:"《礼记·乐记》与此数语大同小异,《礼记》由汉儒杂集而成,即本此书。"⑤这颠覆了大多数学者的认识,尽管没有什么切实的依据,但体现了王氏不墨守经义的治学精神。

总之,《淮南子扬搉》虽然是一部未完之作,但由于王仁俊善于利用和吸取当时最新的学术成果,使之呈现出一些不同于以往校注作品的特征,值得

---

① 《子藏·淮南子卷》第50册,第306页。
② 《子藏·淮南子卷》第50册,第311页。
③ 《子藏·淮南子卷》第50册,第298—299页。
④ 《子藏·淮南子卷》第50册,第301页。
⑤ 《子藏·淮南子卷》第50册,第300页。复,原书作"后",王氏误写。

关注。

三、于鬯的《淮南子校书》

于鬯(1854—1910),字醴尊,号香草,南汇(今属上海市)人。于鬯是光绪二十三年(1897)拔贡生,但未入仕途,专心致力于校书,自称"校书数十年"。曾师事张文虎、王先谦等人,与俞樾亦有交往,治学路径深受其影响,体现了长于考据的特点。于鬯著述宏富,有《周易读异》《尚书读异》《香草校书》《香草续校书》等二十余种。他的《香草校书》是以校勘经书为对象,包括《周易》《尚书》《诗经》等十七种,《香草续校书》则是以校勘子书为对象,包括《老子》《管子》《晏子春秋》等十四种子书,又有史书一种,即《水经注》。显然,《淮南子》是被归入《香草续校书》中,且位列最末一种,严灵峰称之为《淮南子校书》。该书无刻本,仅有手稿本及中华书局的整理本。

于鬯校注《淮南子》的具体时间,各类文献均无明确记载。于鬯自序说:"校书数十年,前后所见,必无不异。善哉,俞太史论《易》曰'机之所触,象即呈焉',今日观之如是,明日观之或未必如是。"[①] 可见,《香草校书》是积于鬯数十年校书之成果,而各书的校勘时间已无法一一指实。此序落款时间为"光绪二十九年二月四日晨",则知《香草校书》写成于 1903 年。《续校书》与《校书》一体,也当是成于 1903 年。清儒治学往往先经史而后百家,所以,于鬯校注《淮南子》当发生在他晚年之时[②]。可以确定的是,《淮南子校书》最后成于 1903 年,可谓是清代学者校注《淮南子》的收关之作。

据统计,《淮南子校书》共辑录于鬯校注约 169 条。校注引用庄逵吉校语 4 条,提及庄本 3 次,由此推知,于鬯所用底本应为庄逵吉本。此外,校注又提及道藏本 7 次,多是将它作为参校本来使用。于鬯的校注,就如《校书》之名,内容几乎都是校勘,即使讨论文句诂训也是为校勘服务。他的校勘,不外乎校误文、校脱文、校衍文和校倒文。

校误文是于鬯校勘的主要任务。据统计,单校误字就约有 38 条,其中出

---

① 于鬯《香草校书》(原序),中华书局 1984 年,第 2 页。
② 《淮南子·原道训》有于鬯校语云:"说见鬯前校《周礼》卷,兹不赘及。"(《香草续校书》,中华书局 1963 年,第 523 页)这便是明证。而且,于鬯校注《淮南子》也在《吕氏春秋》之后。《地形训》校语云:"说见《吕氏春秋·有始览》校。"(《香草续校书》,第 530 页。)也就是说,《淮南子》是校于群籍之后。故发生在于氏晚年这一推测,当合乎事实。

现最多的是因形近而误。如《主术训》："国虽若存，古之人曰亡矣。"于鬯案："古，盖占字形误。占，当读为觇。觇之人者，觇国之人也。言国虽若存，觇国之人已早以其国为亡矣。'占'误为'古'，义不可通。"①对于此类校勘，于鬯多用"盖""疑"二字，主要在于他多从文意来推断，很难提供切实的证据。

校脱文，前人所校已极多，于鬯仍然能发前人所未发。如《俶真训》"故不免于虚"，于鬯案："高注云'故曰不免于虚疾'，则正文'虚'下亦当有疾字。疾，盖与上文世、泄音近相叶也。《文子·精神》篇作'故不免于累'，累亦与世、泄叶也。"②刘绩认为"虚"当从《文子》作"累"，但于鬯另辟新说，以本校法、音训法提出"虚"下脱"疾"字。对于此类校勘，于鬯一般用"疑脱""恐脱"或脱"等术语，以示谨慎。

校衍文，亦经常出现在于鬯的校勘之中。据统计，此类校勘约有15条。于鬯校衍文，大多会提供自己的依据。如《地形训》："八殥之外而有八纮，亦方千里。"于鬯案："此'亦方千里'四字，疑涉上文而衍。上文云：'九州之大，纯方千里。'是九州统方千里也。故又云：'九州之外乃有八殥，亦方千里。'是八殥各方千里也，然则统方三千里矣。此云'八殥之外而有八纮'，是八纮又在统方三千里之外，则安得亦方千里乎？据下文'八纮之外乃有八极'，下不言方里，故疑此'亦方千里'四字涉上而衍。若必言其数，则八纮当各方三千里也。"③这纯是以理推之，故反复用"疑"字。有时于鬯自己不能定夺，同存两说。如《天文训》："加十五日指乙，则清明风至。"于鬯案："'风至'二字当衍。上文言'八风'，故曰清明风至。此言二十四时，不必著'风至'二字。（今案，以下文'白露'下著降字例之，此'风至'二字亦可有。）"④所谓今案，表示于鬯又修改了此说。他在自序中解释了这种情况："书中两存之例，今写洁本，亦不复定从一说，并分注今案云云，多所见有不同、与前义有不尽者也，犹不悉出，读者自会之矣。"⑤言外之意，让读者自己去领会。然而，作为文本校勘，这种做法并不妥当，容易产生歧说。

校倒文，并不常见于《淮南子校书》中。于鬯一般用"倒"字、"乙"字表

---

① 于鬯《香草续校书》，第540页。
② 于鬯《香草续校书》，第527页。
③ 于鬯《香草续校书》，第530页。
④ 于鬯《香草续校书》，第529页。
⑤ 于鬯《香草续校书》（原序），第2页。

示倒文,用"某某之上""某某之下"表示倒文应有的正确位置。如《原道训》"扶摇抮抱羊角而上",于鬯案:"据高注,则正文'抮抱'二字当在'扶摇'之上。正以许注在前,校者因之误乙耳。"① 误乙,即倒文。于氏此校,是以高注为据。又如《览冥训》"与之争于江海之中,若乃至于玄云之素朝",于鬯案:"'若乃'二字当在'与之'之上,倒。"② 于氏此校,只是臆测。原书此两句本不相连属,若"若乃"二字在"与之"之上,则不知所云,于校失之。

虽然校勘的内容与其他学者并无不同,但于鬯在校勘之中提出了一些新的认识,也形成了一些自己的特色。这主要表现在以下两方面:

第一,尝试区分同一篇中的许高二注。

至于鬯之时,今本《淮南子》许高二注的相杂及区分,已为陆心源等人整理清楚,于鬯对此也略知一二。如《缪称训》"鹰翔川,鱼鳖沉",于鬯案:"注云:'禹以德服三苗,犹鹰翔川上,鱼鳖恐,皆潜。'此注谬甚。且上文既言'三苗畔禹,禹风以礼乐而服苗',则何必复言'禹以德服三苗'。下文注云'鹰怀欲害之心',与禹正相反,何得言'禹以德服三苗,犹鹰翔川上'乎?疑'禹以德服三苗犹'七字,后人妄加。否则,此注及下'飞扬'注云'鸟见鹰而扬去'并二十二字,与上下文注当为两家之说。盖下注既总言'鸟鱼知其情实必远之',亦不烦析言'鱼鳖恐,皆潜','鸟见鹰而扬去'矣。特孰高孰许,无以别之,论义则上下文注是而此非也。陆心源《淮南子高许二注考》,以此篇皆为许注,则仍不可通。(陆以《缪称》《齐俗》《道应》《诠言》《兵略》《人间》《泰族》《要略》八篇为许注。)"③ 可见,于鬯通过陆心源的研究,已知晓今本《缪称》等八篇为许注,但他仍不愿接纳这个成果,反而更相信《缪称》篇中杂有许高二注。

于鬯虽言"无以别之",可在其他校注中又尝试区分同一篇中的许高二注。如《原道训》"射者扜乌号之弓,弯棊卫之箭",于鬯案:"注云'扜,张也。弯,引也。棊,美箭所出地名也。卫,利也。乌号、桑柘,其材坚劲'云云,此注先释'棊卫',后释'乌号',与正文倒。或'扜,张也'至'卫,利也'十七字亦许注,'乌号'以下为高注。"④ 于氏根据注文与正文文序相反,就推测何者为许

---

① 于鬯《香草续校书》,第 524 页。
② 于鬯《香草续校书》,第 535 页。
③ 于鬯《香草续校书》,第 542—543 页。
④ 于鬯《香草续校书》,第 524 页。

注,何者为高注。这种见解固然新颖,但终归捕风捉影,于校勘无益。

第二,批判地吸收前辈及同时代学者的成果。

旁征博引一直是清代考据学家的显著特征,于鬯校注《淮南子》也是如此。据统计,他的《淮南子校书》引证了《尚书》《国语》《墨子》《列子》《文子》《庄子》《孟子》《韩非子》《素问》《战国策》《吕氏春秋》《小尔雅》《诗经》毛传、《新书》《春秋繁露》《史记》《盐铁论》《小戴礼记》《汉书》《说文解字》《吕氏春秋》高诱注、《周礼》郑玄注、《礼记》郑玄注、《孔子家语》《论语集解》《广雅》《博物志》《尔雅》郭璞注、《穆天子传》郭璞注、《后汉书》《玉篇》《文选》李善注、《水经注》《经典释文》《荀子》杨倞注、《周礼注疏》《艺文类聚》《太平御览》《广韵》《集韵》《类篇》等古书41种,引证前辈及同时代学者的著述有《吕氏春秋》毕沅校本、《淮南子》庄逵吉校本、王念孙《读书杂志》、陆心源《淮南子高许二注考》、朱骏声《说文通训定声》和俞樾《诸子平议》等6种,又引证前辈及同时代学者的观点,有卢文弨、顾广圻、姚广文等人。

值得指出的是,于鬯在引证前辈及同时代学者的著述和观点时,大多带有批判性,体现了他独立的治学精神。据统计,《淮南子校书》引证庄逵吉说约6处,引证王念孙说约15处,引证俞樾说约5处,引证姚广文说约19处,引证卢文弨等人之说皆一二处而已。此可谓广采众说,但其中大部分说法都受到了于鬯的批判。

他批评庄逵吉之说,如《原道训》"故圣人不以人滑天",于鬯案:"高注云'天,身也',以'身'训'天',如上文所谓'牛岐蹏而戴角,马被髦而全足者,天也'。然则人身之五官四体,亦是天也,故曰'天,身也'。此不以声训也。庄校云:'天竺即身毒,故天有身义。'恐失高意。凡庄校多迂。"①指出庄氏机械地使用声训法,以"多迂"批判庄说。于鬯用一个"凡"字,将这个批判覆盖了全部的庄逵吉校注,表达了他对庄校的不认同。

他批评王念孙之说,15处引证之中占了8处,占比为53.3%。校勘精审者如孙诒让,其批评王念孙之说也不过一二处。如此频繁地批评王说,在清代同类著作中,只有《淮南子校书》能见到。于鬯主要批评了王念孙既通于古音又泥于古音的校勘缺点。如《地形训》"丹水出高褚",于鬯案:"王《杂志》引刘

---

① 于鬯《香草续校书》,第524—525页。

绩说'高褚为高都之讹',云:'此作高褚,岂都字古通作诸,因误为褚与?'邑谓都、诸、褚皆谐者声,通在借例,何必都字可通诸,独不可通褚,而谓之误?王氏滞于音学,于此犹不能无拘,惜矣。《战国·秦策·五都》《史记·苏代传》作'五渚',亦其比也。"① 事实上,于邑之说也是似是而非。都、褚虽可谐声,但古书中无此二字假借通用之例,于说凭空臆测,当不可取。

于邑与俞樾有过交往,对俞氏尊崇有加,俞氏对他也赞赏不已。但在《淮南子校书》中,对待俞说,于邑仍然是批判地加以吸收。如《氾论训》"国之所以存者道德也,家之所以亡者理塞也",于邑案:"俞《平议》谓'德当为得',是也。得、德古多通用。此当读德为得,与'理塞'字义方偶。俞又据下文'存在得道而不在于大也,亡在失道而不在于小也',疑此塞字亦失字之误,则非也。德、塞韵叶也,若作失,戾其韵矣。"② 此处,于邑虽有肯定俞说的一面,但于邑提出"此当读德为得",实际上含蓄地表明他不赞成俞氏将"德"校改成"得"的观点。同时,他还以韵叶规律否定了俞氏所谓"塞字亦失字之误"的观点,批判的锋芒显而易见。

姚广文生平无考,他是于邑的从舅,其说法被引次数最多。然而,于邑也没有因为亲戚关系而对他的说法全盘接受,有时亦加修正。如《时则训》"饰钟磬",于邑案:"姚艺谐广文云:'饰当作饬,《礼·月令》'饬钟、磬、柷、敔',郑注云:'饬者,治其器物、习其事之言。'案,《吕氏春秋·仲夏纪》亦同,《月令》作'饬',饬、饰字通。读饰为饬,不必改字。"③ 姚氏未用音训法解释饰、饬二字可相通,于邑予以补充并修正。

总之,作为清代学者校注《淮南子》的收尾之作,《淮南子校书》体现了于邑博采众书、善立新说和敢于批判的治学精神。然而,于邑的校注也存在明显的缺陷。其中,最大的缺陷就是理校法运用过多,致使很多校勘显得随意性强,凭空臆说者居多。

---

① 于邑《香草续校书》,第531页。
② 于邑《香草续校书》,第548页。
③ 于邑《香草校书》,第532页。

第七章　清代学者对《淮南子》许高二注的整理

第一节　许高二注相混问题的逐步发现

北宋仁宗年间的苏颂，是已知最早发现许高二注相混于一书的学者。他的《校淮南子题序》，则是清理许高二注最重要的一篇文献。苏颂也成功分辨出了相混于一书的许高二注，但他的成果很快湮没不闻。其后，仅有陈振孙对《淮南子》传本感到了异样，王应麟提及苏序的某些内容。元明时期的学者几乎不讨论这个问题，明茅一桂刊本还统一署名为高诱，使许高二注相混的问题更加沉而不显。直至清代，考据之学大兴，整理古籍成了这个时期最流行的学问。许高二注相混一书的问题被再次发现，并得到众多学者的关注。顾炎武、王鸣盛、钱塘、梁玉绳、王念孙、庄逵吉、洪亮吉等人，是这个方面的先行者。

一、顾炎武、王鸣盛对《淮南子》注文的初步讨论

顾炎武（1613—1682），字宁人，世称亭林先生，江苏昆山人。明崇祯十六年（1643）成国子监生，清康熙十八年（1679）举博学鸿儒科。顾氏反对自明中叶以来百余年的言心言性之学，提出经学即理学的思想主张。他重视经世之学，经史百家、天文仪象、地理水利、典章制度无一不通，尤精音韵之学，实开清代朴学先风，被誉为清代治学最有根柢者。著述极丰，有《天下郡国利病书》《日知录》《音学五书》等五十余种。

顾炎武治学虽然立足经史，但对子书也很有研究。他说："子书自《孟》《荀》之外，如《老》《庄》《管》《商》《申》《韩》，皆自成一家言。至《吕氏春秋》《淮南子》，则不能自成，故取诸子之言汇而为书，此子书之一变也。今人

书集，一一尽出其手，必不能多，大抵如《吕览》《淮南》之类耳。"① 认为子书发展到《吕氏春秋》《淮南子》出现一大变革，即以汇合其他诸子之言为能事，而不能自成一家之言。虽然《淮南子》的原创性不足，但顾氏对此书亦颇为重视，曾频繁征引此书以著书立说②。据统计，其《日知录》引用《淮南子》正文约46次，引用《淮南子》注文约15次；其《亭林诗文集》引用《淮南子》约5次。

《日知录》中有一条引用值得注意。卷二十七"《淮南子注》"条云："《淮南子·诠言训》'羿死于桃棓'，注云：'棓，大杖，以桃木为之，以击杀羿。自是以来，鬼畏桃也。'《说山训》'羿死桃部不给射'，注云：'桃部，地名。'按，'部'即'棓'字，一人注书，而前后不同若此。"③《淮南子》注文对"桃棓"与"桃部"的不同解释，给顾炎武造成了很大的困惑。所谓一人注书，即指高诱注《淮南子》。《日知录》引用注文时，顾氏有2次称"高诱《淮南子注》"，1次称"高诱注《淮南子》"，4次称"高诱注"，4次称"《淮南子注》"，4次称"注"，没有一次称"许慎"。很显然，顾氏所说的"一人"，就是指高诱，而非许慎。这也说明，顾氏所见本仅署名高诱。

最早统一署名为"高诱注"的版本是明万历间茅一桂刻本。茅本删除了道藏本、刘绩本中"太尉祭酒臣许慎记上"的署名，还统一题为"汉河东高诱注"，使得后世读者误以为《淮南子》全是高诱一人所注。从《日知录》引述的情况看，顾氏所见本当是茅本。这从引文可以得到进一步的证明。《日知录》卷七"孟子弟子"条引《淮南子》："黄帝亡其玄珠，使离朱、捷剟索之。"④ 其中"捷"字，刘本、茅本均有，而影宋本、道藏本均无。《答李子德书》引《淮南子原道训》"乘云陵霄"中"陵"字，同于影宋本、道藏本、茅本，而刘本作"凌"。这两处异文全同于茅本，可知顾氏所见本应是茅本。

---

① 华东师范大学古籍研究所整理《顾炎武全集》第19册，上海古籍出版社2011年，第741页。
② 顾炎武不止于单纯引用《淮南子》，有时还作出自己的校正。如王念孙校"阴阳为御"条引顾氏宁人《唐韵正》曰："'御'本作'驭'。'驭'，古音则俱反，与'俱''区''骤'为韵。(《说文》："驭，从马、㕚声。"《曲礼》"车驱而驭"，《释文》："驭，仕救反，又七须反。"《荀子·礼论篇》"趋中韶护"，《正论篇》"趋"作"驭"。)注'驭，御也'，'御'字正释'驭'字，而今本为不通音者竟改本文'驭'字为'御'。案《韵补》引此正作'驭'。"(《子藏·淮南子卷》第45册，第165页。) 此外，顾氏还批评了高诱，他说："《淮南·天文训》'淮南元年冬，太一在丙子'，谓淮南王安始立之年也。注者不达，乃曰'淮南王作书之元年'，又曰'淮南王僭号'，此为未读《史记》《汉书》者矣。"(《顾炎武全集》第19册，第781页。) 顾氏旁征博引，论证严密，与傅山一起实开清代《淮南子》校注之序幕。
③ 《顾炎武全集》第19册，第1033页。
④ 《顾炎武全集》第18册，第336页。

茅本剥夺了许慎的题名,让高诱成了唯一的注者。顾氏校读茅本,自然不可能得到有关许注的任何信息。但精于学术的他很敏锐地察觉到这其中存在的问题,从而发出"一人注书而前后不同若此"的感慨。这种感慨,实际上也是对《淮南子》注文前后不一致的一种困惑。这种困惑足以启发后来学者继续思考《淮南子》注文的问题。从这个方面说,顾炎武的认识可谓是探寻许高二注相混问题的先声。

顾炎武之后,史学家、考据学家王鸣盛是另一位较早对许高二注进行讨论的学者。王鸣盛(1722—1797),字凤喈,号西庄,嘉定(今属上海)人,乾隆十九年(1754)进士,先后师从沈德潜、惠栋,著有《尚书后案》《十七史商榷》《蛾术编》等。《蛾术编》乃王氏晚年著作,其体例类似于顾炎武的《日知录》,主要汇集经、史、子等各类考证。《蛾术编·说录十四》载有《淮南子》,其内容基本是对许高二注的辨析。

首先,辨析道藏本许注乃是道士误改题名所致。他说:"今本总二十一卷,……明万历中新安汪一鸾刻。江布衣声、余布衣萧客先后语予,《淮南子》世传高诱注,而许慎注无闻,独道藏中许注足本,与高注不同。予属彭进士绍升,从元妙观道士顾姓借得《道藏·太清部》动字、神字、疲字三函,系明正统十年刻,以校汪刻。二本多同,惟汪刻题汉河东高诱注,藏本题太尉祭酒臣许慎记上,如第三卷注'钟律上下相生'云:'诱不敏也。'第一卷'蛟龙水居'注:'蛟,读人情性交易之交,缓气言乃得。'第十三卷'䠠其肘'注:'䠠读近茸,急察言之。'此等读法,与诱《吕氏春秋》《战国策》注略同,其为诱注无疑。……乃知藏本道流无知漫改题许慎耳。"① 通过对校道藏本与汪一鸾本,王氏发现尽管两本题名不同,但注文大多数相同。他又将注文与高注他书相比,得出今本注文皆属高诱而道藏本题名许慎为无知道士所改的结论。这个结论与明代刘绩承认高注而否定许注的看法相近,但皆不符合事实。道藏本题许慎记上,非由道士所改,而是许高注本相混于一书所致。

其次,辨析他书所引许高二注的真伪。王氏说:"高诱注见李善《文选注》所引者约二三十条,惟宋玉《风赋》注引《主术训》'譬之犹扬堁而弭尘',许慎曰:'堁,尘堁也。'刘孝标《广绝交论》注引《齐俗训》'浇天下之淳',许慎曰:'浇,薄也。'只此与高注同,其余无一同者。即有江文通《诣建平王上书》注引

---

① 王鸣盛《蛾术编》,《续修四库全书》第1150册,第161页。

《览冥训》'庶女告天,雷电下击'云云,许慎注与高注多异同参差,故李善引许注,又引高注,未尝混而为一。其他如《史记·龟策传》'渊生珠而岸枯,明月之珠藏于蚌中,蚨龙伏之',徐广注俱引许慎《淮南子注》,《后汉书·王望传》李贤注引许慎《淮南子注》,今藏本皆无之。杜工部《赴奉先县咏怀诗》'忧端齐终南,澒洞不可掇',近儒注云:'许慎注《淮南子》澒读如项羽之项,洞读如同游之同。'其实是高诱注。……恐亦是高诱注。"[①] 可见,通过对他书所引许高二注的分析,王鸣盛并不否定许慎曾注解《淮南子》这一事实,甚至认为许注在唐代仍与高注并行流传,所否定的只是道藏本中所署名的许注。这一点与刘绩不同。同时,他还发现宋代以来学者著书引用所谓许注实际上属于高注。言外之意,许注自宋代以来已失传,或者已混入高注之中。

总之,王鸣盛虽然未能分辨今本《淮南子》中的许高二注,但他是较早对许高二注相混问题作出讨论的清代学者。

二、钱塘、王念孙的许注羼入高注论

《淮南子》许高二注相混问题,在顾炎武之后近百年内无有进展。直到乾嘉学者的大量涌现,这个问题又不断被探讨。钱塘、王念孙等学者对于许高二注提出了一种新的看法,即羼入论。

钱塘在1788年写成的《淮南天文训补注自序》中率先提出许注羼入高注论。他说:

> 《淮南鸿烈解》有许慎、高诱两家注,《隋书·经籍志》并列于篇,至刘昫作《唐书·经籍志》唯载高注,则许注已佚于五季之乱矣。而《新唐书》及《宋史·艺文志》仍并列两家,谓唐时许注犹存,欧阳氏得其故籍,以为志可也。宋时安得复有许注,而修史志者犹采入之欤?观陈氏《书录解题》有曰"既题许慎记上,而序文则用高诱",然则许注既佚,宋人以其零落仅存者,羼入高注,遂题许慎之名,而其未羼入者,仍名高注可知也。要其冠以高诱之序,则高注为多矣。今世所传高氏《训解》,已非全书,而明正统十年道藏刊本,首有高诱之序,内则题"太尉祭酒臣许慎记上",一如陈氏所云,是即宋时羼入之本,以校高注增多十三四,其间当有许注也。[②]

---

① 《续修四库全书》第1150册,第161—162页。岸枯,《史记》本作"岸不枯"。
② 《子藏·淮南子卷》第51册,第421—422页。

《淮南子》原有许高二注,这是事实。钱塘根据《旧唐书》记载,认为许注已佚于五代。这并不符合事实。《旧唐书·经籍志》除载高注二十一卷外,又载"《淮南商诂》二十一卷",此是许注本。许注虽然不亡于五代,但却又散乱于五代宋初之际。钱塘批评《宋史》不加分辨而直接著录许注二十一卷,这是有道理的。故而,他提出宋人把仅存的零星许注羼入高注,形成了一种既有高诱序文又题"许慎记上"的版本,明代道藏本即是来自宋代的这种羼入之本。这个观点也经得起推敲。在钱塘看来,道藏本保留了全部的高注,用以校对俗本高注则多了十分之三四,而这多出的高注之中应羼有许注。众所周知,茅一桂本及其子本对原注作了大量删削,钱塘把羼入的许注限定在被删削的注文之中,显然不符合事实。总之,钱塘的羼入论已把许高二注相混于今本的事实明朗化,但还不足以解决这个问题。

王念孙同样持羼入论,只是说法更具体、更切实。他说:"《淮南内篇》旧有许氏、高氏注,其存于今者则高注,非许注也。前有高氏《叙》一篇。《天文》篇注又云'钟律上下相生,诱不敏也',则其为高注无疑。"① 在王氏看来,《淮南子》虽有许高二注,但存世的仅有高注。言外之意,许注已经散佚。这与钱塘所论如出一辙。王念孙又说:"其自唐以前诸书所引许注,有与今本同者,乃后人取许注附入,非高氏原文也。宋人书中所引《淮南注》,略与今本同而谓之许注,则考之未审也。《道藏》本题'许慎记上',盖沿宋本之误。是书自北宋已有讹脱,故《尔雅疏》《埤雅》《集韵》《太平御览》诸书所引,已多与今本同误者,而南宋以后无论已。"② 在许注羼入高注这一点上,王氏与钱塘的看法略有不同。王氏认为,后人所羼入的许注并不是原书残留的许注,而是宋代以前诸书所引的许注③,宋代以来诸书所引同于今本却谓之许注者,则失之详考。这实际上仍然主张今本注文基本出于高诱,只有小部分的许注被后人羼入。

王念孙进而提出鉴别被羼入的许注的方法,他说:"凡注内称'一曰'云云

---

① 《子藏·淮南子卷》第46册,第331页。
② 《子藏·淮南子卷》第46册,第331页。
③ 王引之同意其父王念孙的观点,他在校勘《天文训》"四守"一条时说:"据前注,则四守亦星名。据后注,则四守乃总括四星之称,非星名也。前、后注意迥殊。今细绎原文,前注是也。紫宫、太微、轩辕、咸池、四守、天阿,列其名也。太一之庭、太一之居、帝妃之舍、水鱼之圃、群神之阙及所以司赏罚,则明其职也。故前注曰:'皆星名,下自解。'后注以四守为紫宫、轩辕、咸池、天阿,其不可通有三:太微、紫宫并举,何以数紫宫而不数太微,其不可通一也;四守若为紫宫、轩辕、咸池、天阿之总称,则上文'四守'二字当列于'紫宫'前为统下之词,或列于'天阿'后为统上之词,其义乃通,何以(转下页)

者,多系许注,则其为后人附入可知。"① 将高注中的"一曰"之说多视作后人移入的许注。然而,这个观点值得商榷。据统计,《淮南子》注文以"一曰""一说""或曰""或说"等术语引述另一种说法,共计约有133例,几乎全部集中在高注十三篇②。若如王氏所言,那为何其他八篇所附入的许注会如此之少?显然不合常理。细味王念孙所谓后人,当是指唐以后人。然《玉烛宝典》引《时则训》高注曰:"季夏,中央也。剑有两刃,喻无所主也。一曰:喻无所不主,皆主人。"③ 与今本高注完全相同,说明高注中"一曰"之说者并非由后人附入。因此,王氏所提出的鉴别方法,并不能真正分辨出今本中的许注,他对许高二注相混问题的认识,仍然没有取得实质性的进展。

三、庄逵吉、洪亮吉的许高二注混于一书论

与钱塘、王念孙、洪亮吉相比,庄逵吉要年轻许多,但他二十余岁就开始校刊《淮南子》,对《淮南子》的研究也起步很早。就在钱塘提出许注羼入高注论的同时,庄逵吉也发表了他的看法,并在某些方面取得了突破性的认识。

在校勘完《淮南子》之后,庄逵吉对许高二注相混问题似乎更有发言权。他认为,今本《淮南子》注文是后人误合许、高两家而形成的。庄氏在自叙中说:

> 公武谓许注题"记上",陈振孙谓今本皆云许注,而详叙文即是高诱。逵吉以为此乃后人误合两家为一,故溷而不分也。如《地形训》"大汾",诱注云"在晋",《吕览》则云"未闻",同为一人语释,未必闻于此而不闻于彼也。《俶真训》"刿",注云:"刿剧,巧工钩刀。剧者,规度刺画墨边笺,所以刻镂之具也。"《本经训》则云:"刿,巧刺画尽头黑边笺也。剧,锯刀。"同为一书语释,未必前后惑乱如是也。此亦两家不分之明验矣。……盖唐宋以

(接上页)杂厕诸星之间,而云'紫宫、太微、轩辕、咸池、四守、天阿'邪?其不可通二也;'轩辕,帝妃之舍','咸池,水鱼之囿',皆与赏罚之事无涉,其不可通三也。《初学记》《太平御览》并引许慎注曰:'四守,紫宫、轩辕、咸池、天阿也。'然则此乃许注,后人移入高本,而前后遂相矛盾矣。"(《子藏·淮南子卷》第45册,第249—251页。)为王念孙的说法提供了切实的依据。
① 《子藏·淮南子卷》第46册,第331页。
② 许注八篇中,仅《缪称》《道应》两篇以"一曰"形式出现4例,《兵略》《人间》两篇以"或曰"形式出现3例。
③ 杜台卿《玉烛宝典》,《续修四库全书》第885册,第66页。

前,古本尚存,皆得辗转引据。今亡之,又为庸夫散乱,难言考正耳。"①

所谓误合两家为一,是指后世校刻者把许注本、高注本混淆,各取一部分而误成一本。庄逵吉并没有明说许高两家是全本混合还是残本混合,细味"又为庸夫散乱"之语,应是残本混合。他的这一认识,已非钱塘羼入论所能涵盖,是对许高二注相混问题的突破。其突破点就在于揭示了今本是许本和高本的混合体。然而,庄氏所罗列的依据明显受了顾炎武的影响,只是从注文的不一致性来说明问题,显然还不足以使人信服。实际上,他所罗列的这两个证据,并不能表明注文有本质的不同。高诱注《吕览》是在注《淮南》之后,注以"未闻",对前注进行修正亦未尝不可。至于注解"剖剚"一证,反而能说明《俶真训》和《本经训》是一人所为。因此,庄氏虽然提出了今本是许本和高本的混合体,但还不能真正分辨出许注和高注。

尽管还不能真正分辨出许注与高注,但庄氏已敏锐察觉到今本某些篇章的不同。他在《缪称训》题解下注云:"此下三篇标目下皆无'因以题篇'四字,注又简略,盖亦不全者也。但各本皆同,缺无据证,并仍其旧,不敢妄有增加也。"②表明庄氏看到了《缪称训》《齐俗训》和《道应训》三篇的题解与其他各篇在形式上有所不同,缺了"因以题篇"四字,而且注文也较简略。在未见到苏颂《校淮南子题序》的情况下,庄氏能发现这些不同,不可谓不是远见卓识。事实上,这三篇和《诠言训》等五篇的题解皆无"因以题篇",注文皆简略,属于许注本。从这个方面说,庄逵吉"误合两家为一"的认识无疑是一大突破。

洪亮吉(1746—1809),字君直,号更生居士,阳湖(今江苏常州市)人,乾隆五十五年(1790)进士,精通经史音韵之学。洪氏在《晓读书斋杂录·初录》中说:"《淮南王书》旧有许慎、高诱注二家,《新唐书·艺文志》并列之,《旧唐书》无注,而元修《宋史志》亦止称高诱注十三卷。盖宋时已误合两家之注为一,而许注遂淆入高注中,不可复辨矣。然考宋初修三大书,其时许高二家尚各有专本,故《太平广记》一百六十一卷引《淮南子》'东风至而酒泛溢',许慎曰:'东方,震方也。酒泛,清酒也。木味酸,相感故也。'高诱:'酒泛为米麹糵之泛者,风至而沸动。'皆与今注不同,是许注之亡当在北宋末可知。"③在《复

---

① 《子藏·淮南子卷》第19册,第293—296页。
② 《子藏·淮南子卷》第20册,第293—296页。
③ 《续修四库全书》第1155册,第586—587页。

臧文学镛堂问通俗文书》中又说："明《通俗文》系服虔所作,而李虔续之,名既相同,阮孝绪等遂混二书为一,如许慎《淮南王书注》半淆入高诱注中,亦赖有《御览》系北宋初年所辑,尚分标二人之名,后人则亦混为一矣。"① 显然,他与庄逵吉持相同意见,也认为后人把许高二注误合为一书。不同的是,洪氏不仅提出二注误合一书是发生在北宋末年,还提出有一半的许注混入高注。然而,他所提供的依据并无说服力,因为《太平广记》所引《淮南子》及许高注文,大都是转引自他书。实际上,许高二注混合于一书,应是发生在晚唐五代时期,但各自保持了相对独立。洪氏之说,臆测居多。

在主张许高二注误合一书的同时,洪亮吉又主张许注有大半淆入高注。此与钱塘、王念孙的主张并无二致。但他所谓淆入的许注,并非指高注中的"一曰"之说,而是根据他书所引或者许慎治学的特点来界定的。洪氏说:"注家前后不画一,高诱注《淮南王书·诠言训》'羿死于桃棓'云:'大杖,以桃木为之,以击杀羿。'注《说山训》又云:'桃部,地名。'"不知棓、部本一字,传写异耳。《御览·兵部八十七》'棓'下引前一条作许慎注,是前说属慎,后一说乃诱耳。又诱注《吕氏春秋》'白公死于法室'云'法室,狱也',注《淮南王书》'白公死于浴室'云'楚地名',彼此不同,岂亦叔重注淆入诱注中耶?"② 这是借助他书辨别《淮南子》中的许注,大体符合事实。然并非淆入的许注,因为《诠言训》本就属于许注篇目。洪氏又说:"汉儒许叔重、王叔师皆楚人,故其注《淮南王书》《楚辞》等喜引楚言。如《淮南注》所云'楚人以厌为昧','楚人谓扇曰箑'……又云'蹟,楚人谓踬也','楚人名布为曹'……虽半已淆入高诱注中,然大略皆许注也。其在《说文》者,如楚人以卜问吉凶为祟……"③

---

① 刘德权点校《洪亮吉集》,中华书局 2001 年,第 971 页。此信或写于嘉庆六年(1801)。据《洪北江先生年谱》:"六年辛酉,先生五十六岁。……其于庄大令述祖、臧明经镛堂,则时时相与商榷经义,屡有辨证焉。"(《洪亮吉集》,第 2348 页。)此年,臧镛堂三十六岁,学术已成熟,正可与洪亮吉讨论经义。
② 《续修四库全书》第 1155 册,第 589 页。
③ 《续修四库全书》第 1155 册,第 684 页。洪亮吉精通古音,著有《汉魏音》,善于从古音及方言分析许高二注。其《汉魏音自叙》云:"又尝考之汉廷诸儒,精研声训,厥惟许君,而康成次之。许君之义,均见《说文》外,又有注《淮南王书》,今不传,惟道藏中《淮南鸿烈篇》二十八卷,尚题汉南阁祭酒许慎注,或当有据。然世所盛行之本,则皆题汉涿郡高诱注。今考许君之注,有淆入诱注中者,或本诱采用许君之说,后人遂误以为诱也。今略论之,《淮南王书》'斮其胻',高诱注:'斮,读近苇,急察言之。'又'鼾者扣舟',高诱注:'今沅州人积柴水中搏鱼为鼾。'皆与《说文》之说同。此类甚多,以是知许君之注有淆入诱者矣。"(《洪亮吉集》,第 178 页。)但所谓急言、缓言、兖州人等语,高注《吕氏春秋》亦见使用。所以,洪氏说此类注文多为淆入的许注,并不贴合事实。

这是依据许慎治学喜引楚言的特点来辨别渗入的许注。然而,洪说并不十分具有说服力,因为高注《吕氏春秋》亦见此类音释。

总之,洪亮吉集钱塘、王念孙与庄逵吉的说法于一体,较为深入地讨论了许高二注相混问题,对后来的陶方琦研究这个问题产生了一定的影响。

第二节　许高二注相混问题的初步解决

钱塘、王念孙、庄逵吉、洪亮吉等人,虽然已注意到并讨论过许高二注相混这个问题,但终究没有取得准确的认识。随后,徐养原、劳格、陆心源等人继续深入地研究这个问题,最终完成了对相杂在今本中的许高二注的清理,成为《淮南子》学史上最重要的成果之一。

一、徐养原的《校淮南子》

在庄逵吉、洪亮吉取得突破性认识以后,最重要的问题就成了如何分辨出混于一书的许高二注。而这个时候,徐养原的《校淮南子》横空出世,把这个最重要的问题给解决了。

徐养原(1758—1825),字新田,浙江德清人,嘉庆六年(1801)副贡生。他通贯经传,尤精文字、音韵、历算之学。阮元任浙江巡抚时,被征入诂经精舍主校《尚书》和《仪礼》。著有《顽石庐经说》《周官故书考》《春秋三家异同考》《顽石庐文集》等二十余种,大多数为稿本,未刊行于世。他的《校淮南子》原有讽字室写本,《子藏·淮南子卷》第四十六册影印收录。后被收进《顽石庐文集》卷十,改名为《跋淮南子注》,可称之为《顽石庐文集》钞本,《清代诗文集汇编》第四百五十三册影印收录。

《校淮南子》一文写于何时,已不能确考。《顽石庐文集》卷十收录有29篇序文,其中大部分没有落款时间,只有小部分写明了时间,《书娱亲小言后》为"嘉庆七年(1802)一月",《跋仪礼要义》为"嘉庆甲子(1804)嘉平月",《尔雅匡名序》为"嘉庆辛未(1811)春二月"。按照清儒治学先经史后百家的惯例,且《跋淮南子注》又被排在《跋仪礼要义》和《尔雅匡名序》之后,故此文或作于1811年之后。

由于《校淮南子》未有刻本传世,所以流传极为有限,几乎没有引起著名学者的注意。但从学术史的角度看,《校淮南子》一文在《淮南子》学史上无疑具有里程碑意义。鉴于这种意义，很有必要将全文兹录于下：

《淮南子》有许慎、高诱两家注，见于隋唐史志。今本每篇皆题"许慎记上"，而首载高诱训叙，先儒多以为疑。及读苏颂《校定淮南子序》，而先儒之疑可以尽释。盖《原道》《俶真》《天文》《地形》《时则》《览冥》《精神》《本经》《主术》《氾论》《说山》《说林》《修务》凡十三篇皆高氏注，其《缪称》《齐俗》《道应》《诠言》《兵略》《人间》《泰族》①《要略》八篇则许君注也。

高注详，而许注略。许标其首，皆是"间诂"，"鸿烈"之下，谓之"记上"。高题卷首，谓之"鸿烈解经"，解经之下曰"高氏注"，每篇之下皆曰"训"，又分数篇为上、下。又，高注篇名皆有"故曰因以题篇"之语，其间奇字并载音读，许于篇下粗论大意，卷内或有假借用字，以"周"为"舟"，以"楯"为"循"，以"而"为"如"，以"恬"为"惔"，如此非一。此两家不同之验。《旧唐志》云"淮南商诂二十一卷，刘安撰"，此即许慎注也，"商诂"乃"间诂"之误耳。颂以崇文旧书与川蜀印本既颂家书凡七部，互相校雠，皆有高氏训叙，题卷仍各不同，或于解经下云"许慎记上"，或于"间诂"下云"高氏"，或但云"鸿烈解"，或不言"高氏注"。是宋初之本业已淆讹，至明本而益误，标题尽改旧观，注文复多刊落。

惟芦泉刘绩本及道藏本注文较为完善，而标题亦非古式。刘本末卷尚有"间诂"二字，但以"间诂"承"要略"之下，以"要略"承"鸿烈"之下，又别出《要略》篇题，俱与苏序不合。又诸本《要略》一篇独无"训"字，尚仍许注之旧。刘本凡二十八卷，《原道》《俶真》《天文》《地形》《时则》《主术》《氾论》七篇俱分上、下，盖高氏元本如是。隋唐《志》于高注云"二十一卷"，直计本书篇数耳。藏本不分上、下，竟作二十一卷，殆非也。又藏本于《缪称》等八篇题下注末虽不云"因以题篇"，犹有"故曰缪称"等四字。刘本并此四字无之，当以刘本为正。

苏颂所校许注凡十八篇②，是所缺者三篇而已。《崇文目》云"本书文句亦有小异"，盖许注十八篇，其中八篇高本所无，其余十篇高本亦有之，因得互校以知其文句之异同。后人既爱高注，遂割许注以补其缺，而许注

---

① 原稿泰族误为泰俗，今据改。
② 讽字室写本重"所校"二字，今据《顽石庐文集》钞本删。

又佚十篇矣。惜哉！今人读《淮南子》知有高诱,不知有许慎,岂知许注不尽佚,高注不尽传？赖有魏公一序,犹得寻讨之,识别之,亦读是书者之快事也夫！①

徐氏此文的重要性,足可与苏颂《校淮南子题序》并驾齐驱。可以说,至徐氏,许高二注的相混问题已基本得到解决,后面的学者不过是把他的研究向纵深推进而已。他分辨出今本相混的许高二注所使用的法宝,无疑就是苏颂这篇序文。苏文详细记述了许高二本的版本差异,这就为分辨今本相混的许高二注提供了依据。徐氏所谓今本,是指刘绩本和道藏本。茅一桂本尽改旧观,又删改注文,已非原本之旧。当然,从徐氏的描述看,他并没有见到道藏本原本,因为道藏本原本《原道》等七篇分上下,计二十八卷,《缪称》等八篇题下注末并没有"故曰某某"四字。他见到的道藏本当是校道藏本,或是与庄逵吉本相当的版本。因此,徐氏所谓今本就主要指刘绩本。他以苏文的描述对照刘绩本,从而分辨出《原道》等十三篇为高注,《缪称》等八篇为许注。其实,北宋本较之刘绩本,更能反映苏文的描述。徐氏在未见到北宋本的情况下,仅凭刘绩本就作出准确的辨别,显示了他深厚的考据能力。他的这个成果,无疑是《淮南子》学史上划时代的成果,只可惜传播未广。

文章末尾,徐氏还考述了许高二注相混于一本的过程,认为许注至苏颂时存十八篇,后人因为喜爱高注,故从许注十八篇中割裂出八篇,以补高本之缺,这样就形成了许高二注混合本,并使得许注又散佚十篇。这个过程当然只是徐氏的猜测,未可据以为真。

二、劳格的《淮南子许高二注》

劳格(1819—1864),字季言,仁和(今杭州余杭区)人,诸生。他通晓史学,致力于唐史研究,尤精校勘。劳格离世后十余年间,其友人丁宝书搜得其遗稿,编成《读书杂识》十二卷、《唐御史台精舍题名考》三卷、《郎官石柱题名考》二十六卷。其中,《读书杂识》由丁氏刻印于光绪四年(1878),卷二收录了《淮南子许高二注》一文。

至于劳格写作《淮南子许高二注》的具体时间,文献未予明载。其兄长劳

---

① 《子藏·淮南子卷》第46册,第435—438页。

检作《亡弟季言司训事略》时说:"居丧,尽发先人所藏书遍读之,于是其学益邃矣。其平居阅书时,每置空册于案间,遇有疑义,辄笔诸上方。暇时翻阅诸书,互相考证,必至精审而后已。阅十余年,而其册已成巨帙,皆密行细书,有见之者无不叹其精确。"① 又劳检作《唐折冲府考跋》时说:"先君著此书创稿于丁酉之冬,逮戊戌秋弃养,未及绪正。"② 由此可知,劳格的父亲劳经原,卒于道光十八年(1838)秋。劳格居父丧,就是从这一年开始,他遍读藏书,校勘群书,也是从这一年开始。因此,《淮南子许高二注》当作于公元 1838 至 1848 年之间。

劳格是否见到过徐养原的《校淮南子》,已难确考。但他的父亲劳经元与徐养原是常在一起切磋学问的好友。劳检说:"先君讳某,字笙士,少尝问字于武进臧在东先生镛堂之门,故学有根柢。嗜收书,恣意流览。与归安严修能茂才元照、德清徐新田明经养原为问难之友。"③ 可见,劳格应该非常熟悉徐养原。然而,徐养原去世时,劳格仅七岁,似不能了解徐氏的著作,故难判断劳格是否见过《校淮南子》。他在研读《淮南子》之后,写下《淮南子许高二注》一文,得出了与徐氏相同的结论。这篇文章前面大半部分,都是在罗列晁公武《郡斋读书志》、陈振孙《直解书录解题》以及苏颂《校淮南子题序》的内容,最后才说:

> 格按,今道藏本题"许慎记",与陈氏所见本正同。据苏序高注篇名皆有"因以题篇"之语订正今本,知高注仅存十三篇。其《缪称》《齐俗》《道应》《诠言》《兵略》《人间》《泰族》《要略》八篇注,皆无是句,又注文简约,与高注颇殊,与诸书所引许注相合,当是许注无疑。较晁本少《原道》《俶真》《天文》《时则》《览冥》《精神》《本经》《主术》《氾论》《说山》《说林》十一篇,多《人间》《泰族》《要略》三篇。高注十三篇,《宋史》亦作十三卷,仅据见存残本而言耳。又苏颂校本于高注所阙卷但载本书,许本仍不叙录,今本以许注补高本之阙者,盖别是一本也。④

很显然,劳格也是根据苏序来区分混于今本之中的许高二注。劳格所谓今本,应是指他所提及的道藏本。劳氏家族世代藏书,收得道藏本并非难事。

---

① 劳格《读书杂识》,《续修四库全书》第 1163 册,第 191 页。
② 劳经原《唐折冲府考》,《续修四库全书》第 748 册,第 169 页。
③ 《续修四库全书》第 1163 册,第 190 页。
④ 《续修四库全书》第 1163 册,第 206—207 页。

道藏本中,《缪称训》等八篇题解正好没有"因以题篇"字样,且注文又简约,故能得出与徐养原相同的结论。同时,劳格还提供了一条徐氏所没有的证据,即这八篇的注文"与诸书所引许注相合"。他虽然没有举出具体的例证,但若以陶方琦《淮南许注异同诂》所辑出的许注,与这八篇注文相对照,就很容易发现两者相合的比例在 90% 以上,足证劳格所言不虚。在清理出八篇许注之后,其余十三篇自然属于高注。同时,劳格认为今本与苏颂校本不属同一本,今本是用许本补高本而成,这也与徐氏的看法相同。

后来,清末学者曾朴进一步充实和拓展了劳格的观点。他说:"劳氏谓诸书所引许注与《缪称》《齐俗》等八篇合。今考《缪称训》许注,《原本玉篇·言部》引'謄,传也',与今本'子产誊辞'句注合,……钩稽诸书所引许注,与此八篇几无一不合。且亦无诸书引之而八篇阙佚者,则知此八篇尚完袠也。惟注则用许,而本文则仍是高本。何以知之?《泰族训》'蛟龙伏寝于渊,而卵割于陵',《开元占经》百二十所引许本作'卵乳于陵',而今本此下注亦曰'乳于陵而伏于渊',则亦不从割字解,痕迹显然。……诸如此类,不一而足。"① 显然,曾朴完全接受了劳格的观点,并通过钩稽《原本玉篇》《史记索隐》《后汉书注》《路史》《文选注》《史记集解》《太平御览》《开元占经》《初学记》等书所引许注加以实证。在此基础上,他又提出今本许注八篇正文仍用高诱注本的新见解,可以视为是对劳格原有观点的一种拓展。

三、陆心源的《淮南子高许二注考》

陆心源(1834—1894),字刚甫,归安(今浙江湖州)人,咸丰九年(1859)举人。他精通经学和金石之学,著作等身,又是著名的藏书家,藏书数量在十万卷以上。因仰慕顾炎武,名其堂为仪顾堂,名其文集为《仪顾堂集》。该书国家图书馆藏有八卷本、十二卷本、十六卷本和二十卷本四个版本,其中八卷本刊行最早,在同治五年(1866)以后②。今二十卷本卷二载有《淮南子高许二注考》,且此卷其他一些篇目与八卷本卷二篇目相同,故可以推知《淮南子高许二注考》应该很早就被收录在八卷本中。因此,《淮南子高许二注考》当写于

---

① 曾朴《补后汉书艺文志并考》,《二十五史艺文经籍志考补萃编》第八卷,清华大学出版社 2011 年,第 252—255 页。
② 关于这个问题,张燕婴《仪顾堂集的版本》一文有详细讨论。根据张文,《仪顾堂集》四个版本之间是依次扩充的关系。

1866年之前。

相对于徐养原、劳格而言，陆心源额外考证了《淮南子》高注、许注缺失的原始，他说：

> 《隋书·经籍志》"《淮南子》二十一篇，许慎注"，又"高诱注二十一卷"，《新唐书·艺文志》同。至宋而高许二注相混，故陈氏《书录解题》谓："今本题许慎注，而详序文即是高诱，殊不可晓。"嘉庆中，庄逵吉重刊《淮南子》，《叙》始谓"后人误合两家为一，混而不分"，似矣。至据《地形训》"大汾"注与《吕览》注异，《俶真训》"剞劂"注与《本经训》注异以证之，则未知古人注书，先后互异者甚多，未可以为证也。以愚考之，高注十三篇自汉迄今无异，许注二十一篇至北宋时存十八篇，今惟存八篇。何以明之？高氏自序云："弁揖借八篇刺之，会揖身丧，遂亡不得。"是诱在时已亡八篇矣。隋唐之后，何以反得廿一篇乎？此高注原本有十三篇，无二十一篇之明证也。苏魏公《校正淮南子序》云……此北宋时许注存十八篇之明证也。①

陆氏以高氏自序证明高注原本就只有十三篇，以苏颂《校淮南子题序》证明许注至北宋存有十八篇。这个结论看似无可辩驳，但认为高注原本只有十三篇，显然不符合事实。首先，高诱后来又说建安十七年升迁河东郡府吏时，将丢失的八篇注文再次补全，陆氏却无视于此，断章取义。其次，唐宋类书及各种诗文集引用了大量溢于十三篇之外的高注，陆氏对此也无法作出合理解释。当然，今本只保留了十三篇高注，或与弁揖弄丢八篇存在某种关联。

在考证高注存十三篇、许注宋时存十八篇之后，陆氏接着详细论述了他如何区分相混于一书的高许二注。陆氏说：

> 余初读《淮南子》，颇怪《原道》《俶真》《天文》《地形》《时则》《览冥》《精神》《本经》《主术》《氾论》《说山》《说林》《修务》十三篇，注何以详且有句读？其余八篇，注何以略且无音读？截然如出两手。及读《苏魏公集》，且细绎高氏序，而千载之疑乃释。案《原道》《俶真》《天文》《地形》《时则》《览冥》《精神》《本经》《主术》《氾论》《说山》《说林》《修务》十三篇，每篇名注皆有"因以题篇"四字，注中载音读，如"滑读曰

---

① 陆心源《仪顾堂集》，《续修四库全书》第1560册，第392—393页。

骨""哥读曰讴歌"之类甚夥，则此十三篇乃高注也。《缪称》《齐俗》《道应》《诠言》《兵略》《人间》《泰族》《要略》八篇，篇下无"因以题篇"四字，注皆粗解大意，且无音读，则此八篇乃许注也。①

可见，陆心源也是见到苏序之后，才最终解开他以前对《淮南子》注文的疑惑，其结论与徐养原、劳格相同。除了考察有无"因以题篇"之语及两注详略不同之外，陆心源又突出了注文有无音读这一特征。陆氏称其余八篇注无音读，说明他可能未见过北宋本和道藏本，因为这两个本子仍存在少量音读。但注音方法与东汉人不类，可能为后人添加。即使仅从有无音读这一特征看，高注十三篇与许注八篇，也诚如陆心源所说"截然如出两手"。

文章末尾，陆氏进一步发挥了庄逵吉"后人误合两家为一"的主张，并对自己区分高许二注的结果深信不疑。他说：

> 想魏晋以后，因高书不全，遂以许书补之，犹范晔书无志，以司马彪补之也，故隋唐志皆云二十一卷。许注略于高注，后人喜详轻略，高书行而许书遂微。宋时尚存十八篇，至明十八篇亦不可见矣。独怪孙氏星衍、钱氏坫、程氏敦、庄氏逵吉于淮南书用功颇深，但知二注之混，而不知其混而实分，则矜言汉学读书不多之弊也。后有校正《淮南子》者，于《缪称》八篇宜题曰许慎记上，于《原道》等十三篇宜题曰高诱注，斯乃高许之功臣矣。②

钱塘、王念孙认为是唐以后人把许注羼入高注，庄逵吉只笼统地说后人误合两家为一家，陆心源则认为是魏晋六朝的人用许书补高书所缺八篇。由于前提不成立，陆说当然属于臆说。陆氏还认为，由于后人更喜欢详细的高注，而轻视简略的许注，致使许书不断散佚，最终只剩下混于高书的八篇。这一看法亦与徐养原之说大致相同。从《淮南子高许二注考》全文来看，陆心源显然认真地研读了庄逵吉本，或许他就是以庄本为底本来区分高许二注的。同时，陆氏既肯定了庄逵吉等人"后人误合两家为一"的先见之明，又微讽了他们不能区分两家。他进而希望后世的《淮南子》校刊者能够更改署名，从而把许注篇与高注篇真正区分开来。可惜，陆氏的这个愿望至今未能实现。这跟后世

---

① 《续修四库全书》第1560册，第393页。
② 《续修四库全书》第1560册，第393页。

一些学者不接受这个成果有关,如于鬯校《淮南子》,虽然参考了陆心源这篇文章,但仍以"仍不可通"为由拒绝接受陆氏的说法。

第三节 陶方琦对二注相混问题的纵深推进

徐养原、劳格、陆心源等人在区分出相混于一书的许高二注之后,就没有再深入追究下去。其后的陶方琦不仅是研究《淮南子》的专家,也是研究许高二注相混问题的集大成者。他不断把这个问题向纵深推进,取得了丰硕的成果。

一、名副其实的《淮南子》研究专家

陶方琦(1845—1884),字子珍①,会稽(今浙江绍兴)人,光绪二年(1876)进士,官至翰林院编修。他师从李慈铭,博综群籍,尤精郑玄、许慎之学,著述极丰。同时,他又专治《淮南子》。《清史稿·文苑传》称赞他:"治淮南王书,力以推究经训,搜采许注,拾补高诱。再三属草,矻矻十年,实事求是。"②事实上,陶方琦致力于研究《淮南子》有二十余载③,专门著述有近十种,是名副其实的《淮南子》研究专家。

至于陶方琦研究《淮南子》的著述种类,陶氏自己以及徐友兰皆有记述。陶氏《淮南宋本道藏本校正庄本序》载:"方琦校读《淮南》有年,曾为《许注异同诂》四卷、《许注存疑》二卷、《许注八篇征》四卷,又《淮南参正》二十余卷。……当局颇韪余言,并思以方琦是书六卷附于后,故聊以踣暑余闲卒成是册,校其误文夺句,凡二千余科,以还夙志。"④徐友兰《汉孳室文钞》跋语又载:"因《说文》而推知许君《淮南间诂》多燬乱于涿郡,援苏魏公言,左以《说文》及群籍所采,剖泮而疏通之,定《间诂》二十一卷,为《许注异同诂》四卷、《补遗》一卷、《续补》一卷、《说文补诂》八卷、《存疑》四卷。其著录宋藏二本博册旧说,理而董之,别为《参正》二十四卷、《庄本校勘记》六卷、《旧音》一卷。"⑤

---

① 《汉孳室文钞》徐友兰跋语又写作"子缜"。
② 赵尔巽《清史稿》,第13441页。
③ 《淮南许注异同诂续叙》:"方琦辑许君注廿载,构缀乃就斯编。"(《续修四库全书》第1121册,第475页。)仅辑录许慎注就二十年,说明他研究《淮南子》的时间超过二十年。
④ 陶方琦《汉孳室文钞》,《续修四库全书》第1567册,第511页。
⑤ 《续修四库全书》第1567册,第551页。

综合起来,陶方琦专门研究《淮南子》的著述有《淮南许注异同诂》《淮南许注异同诂补遗》《淮南许注异同诂续补》《淮南说文补诂》《淮南许注存疑》《淮南参正》《淮南许注八篇征》《庄本校勘记》《淮南旧音》等九种著述。若算上陶氏所定《淮南间诂》二十一卷,则有十种之多。在这十种著述中,仅《淮南许注异同诂》及《补遗》《续补》有刻本流传,其余皆手稿,或多已失传。

《淮南参正》应是最早写成的著作。陶氏在《淮南许注异同诂自叙》中说:"《淮南》道藏本较通行本为楸密,而踳敚亦甚,方琦读而病之,遂为《淮南参正》一书。"[①] 此序作于同治辛未(1871年),这说明《淮南参正》的成书应在1871年之前。当然,由于《淮南参正》为手稿,陶氏又喜修订,所以它的最终成书时间已难考定。从陶序看,此书的主要内容是校正道藏本,当属于校勘记之类。在校正道藏本之后,陶氏又以道藏本和北宋本校正庄逵吉本,于光绪元年(1875)形成《庄本校勘记》一书。

《淮南许注异同诂》是陶氏的代表作,其成书时间在《淮南参正》之后,即1871年。此书的前身应是《淮南许高注二家异同考》,目前仅见手稿本,分上、下两卷,《子藏·淮南子卷》第四十八册影印收录。经仔细对照,两书文字大同小异,可基本判断后者是前者的稿本。《淮南许注异同诂》目前有光绪七年(1881)刻本及张氏仪许庐钞本[②],是研究《淮南子》旧注的专门著作。随着所接触的文献越来越多,陶方琦晚年又作《淮南许注异同诂补遗》和《淮南许注异同诂续补》各一卷。《补遗》当成于光绪八年(1882),《续补》则成于光绪十年(1884)[③]。它们与《淮南许注异同诂》一道,代表了陶方琦研究《淮南子》的最高水平。

《淮南许注存疑》的成书,经历了较长一段时间。据《淮南许注异同诂自叙》载:"故为《异同诂》四卷。方琦复著《淮南许注存疑》一书,以辑存其剩义。凡《北堂书钞》《初学记》《艺文类聚》《太平御览》诸书所引《淮南》旧注,不标许君注者,虽与高氏注异,亦退入《存疑》中,非得确征不轻采入。"[④] 可

[①]《子藏·淮南子卷》第48册,第405页。
[②] 此钞本仅分两卷,今《淮南子卷》第四十九册影印收录。张氏仪许庐,即清末藏书家张炳翔。张炳翔,生卒年不详,字叔朋,举人,藏书百余箧。
[③]《补遗》扉页题有"光绪八年壬午十有一月既望诸可宝署"之语,《续补》陶方琦跋语的落款时间为"甲申秋日"。
[④]《子藏·淮南子卷》第48册,第416页。

见,《淮南许注存疑》最初是作于1871年之后,其主要内容为辑录唐宋类书中异于高注的引文。这些引文未标明注者,出于谨慎,陶氏名之为《许注存疑》。《许注淮南存疑叙》又载:"余自读苏魏公《校正淮南叙》,而知八篇十三篇之分,又博采史传志注、字书音义、唐人选注类书,几引及《淮南》旧注有与今本不同者,存为许注。又本书中有云一曰某某及或作某某者,皆许高二注羼乱之久,后人别白于此。虽不尽出许本,而许义为多,更以高氏《吕览注》及本书中注文前后互异者,判擘一是,归之泫长,名曰《存疑》,存其真也。……覃讨有年,尚未成书。今春乞假还里,颐奉高堂之暇,挐擎先籍之余,杜门豢病,获有休闲,写定是书,以成夙志,附诸《淮南许注异同诂》后。"① 显然,陶氏所辑注文又从唐宋类书拓展至史传志注、字书音义及《淮南子》本书,因此耗费了许多时间。所谓"今春",已难考定。陶氏《淮南许诂八篇征序》中有"又得《许诂存疑》四卷"云云,此序作于光绪三年(1877)。由此推知,《淮南许注存疑》是作于1871年至1877年之间。

《淮南许注八篇征》则作于《淮南许注存疑》之后。陶氏在此书序文中说:"今岁逭暑沪西门家,退葬方伯家,楼外绿阴如海,朝爽时至,复校篇籍为《许注八篇征》凡八卷,理而董之,是在异日。"② 可见,此书至1877年仍是草稿。由于徐友兰跋语中不及此书,仅有卷数相同的《淮南说文补诂》,故疑《淮南许注八篇征》是《淮南说文补诂》的前身。陶氏《淮南说文补诂叙》载:"今复逭暑邢上,参考是书,搜其诂说,都为八卷,引伸触类,靡不综萃,冀有达者,理而正之。"③ 细味"今复逭暑"之语,当是指光绪三年后一年,即1878年。此年,陶氏修改《淮南许注八篇征》而成《淮南说文补诂》。

综上所述,陶方琦九种著述中,有六种专门研究《淮南子》旧注,尤重许慎之注。这是《淮南子》学史上前无古人、后无来者的壮举。他还开创性地把许注与《说文》进行比较研究,多能发前人之所未发,故在《淮南子》学史上具有重要的地位。

二、力证《文子》抄袭《淮南子》

清代以前的学者,以周端朝、刘绩、陈深为代表,都主张《淮南子》抄袭《文

---

① 《续修四库全书》第1567册,第508—509页。此中"几"字,当作"凡"。
② 《续修四库全书》第1567册,第508页。
③ 《续修四库全书》第1567册,第540页。

子》,清代以来,惠栋首倡《文子》抄袭《淮南子》之说,王念孙、孙诒让、陶方琦附和此说。但惠栋、王念孙、孙诒让并未作专门研究,而陶方琦则著有《文子非古书说》一文,力证《文子》抄袭《淮南子》。

《文子非古书说》作于何时,文献未予明载。从文中内容来看,陶方琦对《淮南子》的文本如数家珍,说明他这时极有可能已著成《淮南子》各种研究之书。《淮南许注异同诂》成于同治十年(1871),《淮南许注八篇征》成于光绪三年(1878),由此推知,《文子非古书说》当作于这个时期。

文章开头在综述刘向、班固、李暹、柳宗元诸人的说法之后,直接提出《文子》抄袭《淮南子》的主张。陶方琦说:"今所传者,乃魏晋以后人剽《淮南》一书而成者也。魏晋之间,竞宗老子玄虚之旨,当时惟《淮南》一书多引《老子》之言,遂窃其全书以实之,以合班氏《艺文》之志。而又以《淮南》有博采诸子之说,因割窜附改以动后人之轻信,并以是书先于《淮南》,不使后人之议。"①认为魏晋人窃据《淮南子》伪撰《文子》,为使后人不疑,又做了许多掩饰。

陶方琦相信这些掩饰实是欲盖弥彰,进而详细阐述了其中存在的五大可疑之处。他说:

> 是书既列于道家,乃言玄旨者十之二,言王治者十之四,言名法者十之二,言兵刑礼乐者十之二,言杂喻者十之一,则似杂家者言,而非道家者言,与班氏列《文子》于道家、列《淮南》于杂家其说不合。是明明袭《淮南》之书,而不知其体,此可疑者一也。《文子》一书多冠以老子之语,不应所引《道经》《德经》之说复加以"故曰"等字,且其所引《道经》《德经》中语,皆不外乎《淮南》之所援征,如《道原》引"天下之至柔,驰骋天下之至坚",与《淮南·原道训》引同……辗转泛引,不离《淮南》。此可疑者二也。《文子》既袭用《淮南》,而颠倒割裂,自相矛盾,不可毛举。《淮南》以《原道》为首篇,而此亦以《原道》为始章,其《精诚》即《淮南·精神》中语也,其《上德》即《淮南·说林》中语也,其《上义》即《淮南·兵略》中之语也。章句纷纷,皆祖构于《鸿烈》,间有异文,亦不外老庄韩非诸子之语。此可疑者三也。至若《淮南·道应》一篇,多先引旧事,末系

---

① 《续修四库全书》第1567册,第501页。

老聃之言,此则悉删节旧事,而并传为老子之语。……又如惠盎对宋康王问、李克对魏武王问、翟煎告惠王举重劝力之歌、屈宜咎告吴起兵者凶器之论,《列》《韩》《吕览》并与《淮南》同,其人皆后于老子,而今本《文子》亦并传为老子语矣,事理踳滞,意谊乖硋。此可疑者四也。且文子既与孔子同时,定为春秋时人,而《自然》篇言"孔子不黔突",复云"墨子不暖席",墨子战国时人,文子何由论及?此明明剿《淮南·修务》之言,而不暇检饰者矣。……而相坐之法、减爵之令,老子何从知之?此可疑者五也。①

这些鞭辟入里的分析,皆是发前人之所未发,具有很强的说服力,足以逆转《淮南子》抄袭《文子》的传统观点。更加可贵的是,陶方琦区分了今本《文子》与古本《文子》。他说:"今《道藏》中之《文子》,已非旧本,不过魏晋后人剽《淮南》一书以成之者。魏晋至唐崇尚老子之言,故相传不废,亦无人显指为出于《淮南》者。"②可见,陶氏并未否定古本《文子》的存在,只是认为今本《文子》乃抄袭《淮南子》而成。随着竹简《文子》的出土,陶方琦的结论似乎又增添了说服力,反映了他超群的考据能力。

即便今本《文子》是伪书,陶氏也未否定它的价值。他说:"此书既为魏晋间人剽《淮南》一书而成,其书实为《淮南》之善本。《淮南》通行已久,怪谬鏬起,《道藏》中《文子》之本虽非真书,而为当世稀觏,其未经屡乱,而可以是正今时《鸿烈》之书者不少,未始非读《淮南》之一助也。"③强调了今本《文子》对于《淮南子》的校勘价值。陶氏又说:"明刘绩及国朝王怀祖,皆以《文子》校《淮南》。王氏《读淮南杂志》谓《文子》本于《淮南》,与余说正有相同。芦泉刘氏谓《淮南》多本《文子》,明季人读书多不深考,无足怪者。独博雅如孙先生,亦以《淮南》多引《文子》,增损其辞,何其随时抑扬,哗异取宠耶?"④肯定刘绩和王念孙用《文子》校勘《淮南子》的举动,但同时又批评了刘绩和孙星衍《淮南子》本于《文子》的观点。总之,陶氏力证《文子》抄袭《淮南子》,足可为《淮南子》正名,后世持相同观点者当以陶说为宗。

---

① 《续修四库全书》第1567册,第501—502页。
② 《续修四库全书》第1567册,第502页。
③ 《续修四库全书》第1567册,第502页。
④ 《续修四库全书》第1567册,第502页。

三、推进徐养原等人对许高二注的厘别

与徐养原、劳格、陆心源等人相比,陶方琦厘别许高二注最大的不同,就在于他不仅仅以篇章的形式与注文的特征为依据,还深入到注文的具体内容去寻找依据,使两者的区分真正做到了信而有征。这显然是对徐养原、劳格、陆心源等人成果的进一步推进。

由于陶氏其他著作大多失传,《淮南许注异同诂》及《补遗》《续补》就成了陶氏研究《淮南子》旧注的代表之作。其中,厘别许高二注是此书的最大宗旨。陶氏在自叙中详细记述了他厘别许高二注的情形:

> 己巳之岁,闲居无事,翻帑旧册,刺取许氏之逸说,荟为一卷。旧传道藏本有许注羼入,相沿累代,畴能厘析?尝疑《原道》以次十三篇多详,《缪称》以次八篇多略,详者当是许高注杂,略者必系一家之言,解故简确,尤近许氏。后读宋苏魏公《文集》,内有《校淮南子题叙》,略云……共得高注十三篇,许注十八篇。此与方琦旧说适相吻合。《原道》以次十三篇,皆有"故曰因以题篇"字,高注本也。《缪称》以次八篇,皆无"故曰因以题篇"等字,许注本也。遂取旧辑许氏逸注,比而勘之,《原道》以次十三篇,许注与高注文义多异,《缪称》以次八篇,许注与今注文义多同。其异者正见二注之并参,其同者益见许注之不谬。……方琦又读宋本《淮南》,其《缪称》篇题首有"淮南鸿烈间诂",于《要略》篇亦题"间诂"二字。间诂,许注本也,知《缪称》至《要略》八篇,确为许注旧本无疑,而前人志别之苦心,不绝如缕矣。千古沉惑,重相剖晰,所望同志,信以传信。①

这篇序文作于1871年,六年之后,陶方琦又作《淮南许诂八篇征序》,亦详细记述了他厘别许高二注的情形:

> 方琦于癸亥之岁,侍宦闽中,从苏观察得其家刻《苏魏公集》。见其集中有《校淮南子题叙》一篇,有云:"'故曰因以题篇'者十三篇,为高注本;无'故曰因以题篇'者八篇,为许注本。"始知今道藏本每篇目下皆有

---

① 《子藏·淮南子卷》第48册,第405—410页。所谓《原道》以次十三篇,陶氏自注:"《原道》《俶真》《天文》《地形》《时则》《览冥》《精神》《本经》《主术》《氾论》《说山》《说林》《修务》。"所谓《缪称》以次八篇,陶氏自注:"《缪称》《齐俗》《道应》《诠言》《兵略》《人间》《泰族》《要略》。"皆与徐养原、劳格、陆心源所分相同。

"故曰因以题篇"等字,惟《缪称》至《要略》八篇独无,盖即许注本也。今庄本即本道藏,故于《缪称》篇题序,乃云"题序不全,并无题篇等字",不知此正许高二注之分也。十三篇中音读最详,与高注《吕览》正合。八篇中音读甚尠,注义又简,其为许诂无疑。……又从友人谭仲修得过录宋本,于《缪称训》题叙上作"淮南鸿烈间诂卷十"等字,至末篇《要略训》又题"间诂"二字。由是观之,高氏既阙八篇,后人遂益以许注八篇,而别以有题篇无题篇字,并题"间诂"以志厘别。相传已久,不得其解,遂有谓许注尽亡者,有谓许但有"记上"而并无注者,更有谓十三篇中高注即许注者,望文生义,谬论踵起。……余十年以来,又刺取史传志注、唐人类书及释藏等书,其得五卷。凡昔人所引许诂,在十三篇中者注文多异,在八篇中者则尽同,益喜故人之言信而有征。①

从上述两段文字看,陶方琦似乎没有见到徐养原、劳格和陆心源三人的成果,只见到了钱塘、王念孙和庄逵吉的说法②。由于陶氏最重许慎之学,《淮南子》许慎注自然成了他重点关注的对象。同治八年(1869),陶氏辑得许慎佚注一卷。而在此之前,他读《淮南子》道藏本,对其注文产生了怀疑,直到同治二年(1863)读到苏颂的《校淮南子题序》,心中疑惑才完全释然。此与徐养原等三人以苏序为据完全一样,显示出苏序在鉴别《淮南子》许高旧注中的关键作用。陶氏依靠苏序的记述,先区分了道藏本中有无"故曰因以题篇"等的篇目,后从友人谭献手里得到了校宋本,又区分了其中有"间诂"二字的篇目。实际上,徐养原也谈到了"间诂"二字,但由于他只见到了刘绩本,故无法论及《缪称》篇,陶氏之说无疑可以视为徐氏说法的一个补证。此外,陶氏还根据注义的详略及音读的差别,进一步笃定他对许高二注的厘别,这与劳格、陆心源的说法也并无二致。而且,他还认为今本乃后人取许注八篇补缺高本而成。这与陆心源的说法亦相同。他又认为"故曰因以题篇""间诂"是后人为厘别许高二注而题,则有异于陆说。但这并不符合事实,"故曰""因以题篇"为高诱自用之语,"间诂"为许慎自命其注之语,并非后人增题。

若仅从上述情形看,那么,陶方琦对许高二注的厘别,与徐养原等人相比

---

① 《续修四库全书》第1567册,第507—508页。
② 所谓旧传道藏本有许注羼入,即是钱塘观点。此外,《异同诂自叙》中还有"钱溉亭曰"云云,可为明证。至于王念孙,则见于《文子非古书说》一文。

并没有提供新的东西。但他没有停留于此,而是用自己多年来所辑得的许慎佚注,与今本旧注相对照,得出了这些许注多异于《原道》以次十三篇,而尽同于《缪称》以次八篇的结论,使得许高二注的区分更加翔实,也更具系统性,真正做到了"信而有征"。以《淮南许注异同诂》为例,《原道》以次十三篇中,陶氏辑得许注约 214 条,异于今注者 169 条,占总数的 79%,符合陶氏所说的"多异";《缪称》以次八篇中,陶氏辑得许注约 82 条,同于今注者 74 条,占总数的 90%,若算上《缪称训》所脱去的 6 条许注,则占总数的 98%,符合陶氏所说的"尽同"。可见,《淮南许注异同诂》为陶氏厘别许高二注奠定了坚实的文献依据。这无疑是对徐养原等人说法的巨大推进。

总之,陶方琦不愧是清代学者厘别许高二注成果的集大成者,其《淮南许注异同诂》以无可争辩的事实证明了他的结论。著名学者谭献称赞他:"独取宋苏氏之说,精为厘别,卓识博闻,旷世无两。"① 诚不为虚言。

四、推进钱塘等人的许注羼入高注论

在推进徐养原等人的许高二注厘别论的同时,陶方琦又大力推进了钱塘、王念孙的许注羼入高注论。通过多年的积累和研究,陶方琦认定高注十三篇必定羼入了许注,许注八篇则纯正不杂。他说:"惟《宋史·艺文志》载'许慎注二十一卷,高诱注十三卷',今《原道》以次有题篇者适十三篇,意者北宋时高注仅存此数,与苏魏公高注得十三篇之说如出一揆。至云'许注二十一卷',乃合高注而言之。知高注篇内必杂附许氏残注,故宋本及道藏本并题为'汉太尉祭酒许慎记上',而《缪称》以下八篇全无高注,斯尽存许氏残说,故注独简质,并无'故曰因以题篇'等字。"② 今本高注十三篇羼入了许注,当属事实。前面的统计数据颇能说明这个问题。在陶氏所辑 214 条许注中,竟有 21% 的注文与今本高注相近,此非偶然现象,许注被羼入高注之中是最合理的解释。

陶方琦接受了王念孙关于高注中一曰之说多为许注的观点。他说:"注中有言某或作某者,有言一曰某某者,多为许说。"③ 言外之意,注文中"某或作某""一曰某某",大多是羼入的许注。陶氏又说:"高注中云某或作某者,

---

① 《子藏·淮南子卷》第 49 册,第 63 页。
② 《子藏·淮南子卷》第 48 册,第 409—410 页。
③ 《子藏·淮南子卷》第 48 册,第 413 页。

多是许本,虽为后人校别之处,亦许高注文之异也。"① 又认为高注中"某或作某"之文,大多是后人参照许本所做的校别。前后观点不一致。考今本《淮南子》注文,共出现"一曰"之文约 81 例,其中高注十三篇约 77 例,许注八篇约 4 例;出现"某或作某"之文约 66 例,全部来自高注十三篇,许注八篇无一例。再考《吕氏春秋》高注,出现"一曰某某"之文约 26 例,"某或作某"之文亦约 26 例。其中,两书还有不少重合之例。例如,《时则训》"祭先心",高注:"心,火也,用所胜也。一曰:心,土也,自用其藏也。"② 《吕氏春秋·季夏纪》"祭先心",高注:"祭祀之肉先进心。心,火也,用所胜也。一曰:心,土,自用其藏也。"③ 自"心,火也"后的注文几乎全同。又如,《时则训》"其祀井",高注:"井或作行。行,门内地。冬守在内,故祀也。"④ 《吕氏春秋·孟冬纪》"其祀行",高注:"行,门内地也,冬守在内,故祀之。行或作井。"⑤ 只是将井、行二字的位置互换了一下,释义完全相同。这些情况足以说明,"一曰某某""某或作某"是高诱一贯的注释风格。特别是"某或作某"之文,是高诱自己依照他本所做的校勘,而非陶氏所说的"后人校别之处"。从这个方面说,陶方琦以"一曰某某""某或作某"多为许注,完全是夸大事实。

当然,陶方琦对于许注羼入高注问题的研究,并不局限在"一曰某某""某或作某"之文上,同时也扩展到其他注文。他通过比照许慎逸注与原书注文,指出今本高注中存在近 30 条羼入的许注。具体如下:

《原道训》4 条:其一,"八尺曰仞"。陶方琦按:"今在高注中,乃许注羼入之故也。《览冥训》高注云'百仞,七百尺也',又《说林训》高注云'七尺曰仞……',此云八尺,乃许义也。《说文》'仞'字下云'伸臂一寻八尺',知许君注《淮南》说必同。"⑥ 其二,《齐俗篇》:"要褭,马名也,日行万里。"陶方琦按:"《原道训》'驷要褭'注,亦当是许注羼入高注者。"⑦ 其三,"聚木曰榛。"陶方琦按:"此许注羼入高注中者。"⑧ 其四,"妪伏以气剖卵也。"陶方琦按:"此许注

---

① 《子藏·淮南子卷》第 48 册,第 423 页。
② 张双棣《淮南子校释》(增订本),第 578 页。
③ 许维遹《吕氏春秋集释》,第 134 页。
④ 张双棣《淮南子校释》(增订本),第 607 页。
⑤ 许维遹《吕氏春秋集释》,第 216 页。
⑥ 《子藏·淮南子卷》第 48 册,第 429 页。
⑦ 《子藏·淮南子卷》第 48 册,第 579 页。
⑧ 《子藏·淮南子卷》第 49 册,第 74—75 页。

羼入高注中者。《玉烛宝典》为隋时人著,所引许注必可征信。"①

《俶真训》1条:"魏阙,王者门外阙也。所以县教象之书于象魏也,巍巍高大,故曰魏阙。"陶方琦按:"高注前一说,《文选注》所引许注相同,当是许说羼入高注。……且高注内作两说,多系许高之异。"②

《天文训》2条:其一,"效,见。"陶方琦按:"此许注羼入高注中者,故同。"其二,"四宫,紫宫、轩辕、咸池、天阿。"陶方琦按:"王氏《淮南杂志》曰'上文紫宫……矛盾若此,盖后人以许注羼入高注中,遂至于此',王说是也。"③

《地形训》2条:其一,"纮,维也。"陶方琦按:"此许高并用旧训,故同,或即羼入之说。"其二,"汤遭旱,作土龙,以象龙,云从龙,故致雨也。"陶方琦按:"此亦疑许说羼入高注本,故同。"④

《时则训》2条:其一,"在木曰果,在地曰蓏。"陶方琦按:"当是许注羼入高注中,不然高注《地形》与注《时则》,一人之注何先后歧说也?"⑤ 其二,"酸之为言钻也,万物钻地而生。"陶方琦按:"二注文异,'酸之言钻'十二字,疑许注羼入高注中者。"⑥

《览冥训》4条:其一,"东风,木风也。酒湛,清酒也。米物下湛,故曰湛。木味酸,酸风入酒,故酒酢而湛者沸溢,物类相感也。"陶方琦按:"《太平广记》引许注后又引高注云'酒汜,为米䵄麴之汎者,风至而沸动',此乃高注,故与许注文异。益知今高注本中羼入许注不少,惜无明证厘出之也。"⑦ 其二,"运者,军也。将有军事相围守,则月运出也,以芦草灰随牖下月光中,令圜画缺其一面,则月运亦缺于上也。"陶方琦按:"'运者,军也'以下,或即许注羼入高注中者。"⑧ 其三,"飞黄,乘黄也,出西方,状如狐,背上有角,寿千岁。"陶方琦按:"《占经》引皆许注,虽高注多同,或即羼入之义也。"⑨ 其四,"軵,推也。"陶方琦

---

① 《子藏·淮南子卷》第49册,第141页。
② 《子藏·淮南子卷》第48册,第445页。
③ 《天文训》引文均见于《子藏·淮南子卷》第48册,第479页。
④ 《地形训》引文均见于《子藏·淮南子卷》第48册,第489页。
⑤ 《子藏·淮南子卷》第48册,第502页。
⑥ 《子藏·淮南子卷》第49册,第87页。
⑦ 《子藏·淮南子卷》第48册,第510—511页。
⑧ 《子藏·淮南子卷》第48册,第511—512页。
⑨ 《子藏·淮南子卷》第48册,第514页。

按："此亦许注羼入高注中。"①

《精神训》1条："洿水,犹澹水也。"陶方琦按："此高承许说,或即羼入之许注。"②

《本经训》4条:其一,"蚤,蝉,蠛蠓之属也。"陶方琦按："高注'蚤蝉'下'蠛蠓之属'四字,乃许注羼入。"③ 其二,"大风,风伯也,能坏人屋舍。"陶方琦按："此许注羼入高注本者。高注当作'大风,鸷鸟也',《御览》九百二十七引《淮南注》曰:'大风,鸷鸟也,在东方。一云:大风,风伯也。'今本高注当有脱文,所谓一曰乃许说也。"④ 其三,"(芒烦纷挐)皆屋饰也。"陶方琦按："疑即许氏旧注羼入高注中。"⑤ 其四,"天子不灭国,诸侯不灭同姓,古之政也。"陶方琦按："此许注羼入高注中者。"⑥

《主术训》3条:其一,"堁,尘壒也,楚人谓之堁。"陶方琦按："此许注羼入高注本者,《说文》'壒,尘也'。"⑦ 其二,"言甚易也。"陶方琦按："此许注羼入高注本者,'其'即'甚'字之讹。"⑧ 其三,"商容,殷之贤人,老子师。"陶方琦按："此许注羼入高注中,故同。"⑨

《氾论训》2条:其一,"夜光之珠,有似月光,故曰明月。"陶方琦按："此许注羼入高注本者,故同。"⑩ 其二,"才过千人为俊。"陶方琦按："此皆本之本书《泰族训》,然亦许注之羼入者,故同。"⑪

《说山训》3条:其一,"衰、杀,皆喻俭也。《传》曰:'上之所好,下尤甚焉。'故有九杀也。"陶方琦按："此许注羼入高注者,《治要》引皆许注本,故可凭也。"⑫ 其二,"措,置也。"陶方琦按："此许注羼入高注中者。《说文》'措,置

---

① 《子藏·淮南子卷》第49册,第147页。
② 《子藏·淮南子卷》第48册,第530页。
③ 《子藏·淮南子卷》第48册,第535页。
④ 《子藏·淮南子卷》第48册,第537页。
⑤ 《子藏·淮南子卷》第48册,第541页。
⑥ 《子藏·淮南子卷》第48册,第544页。
⑦ 《子藏·淮南子卷》第48册,第546页。
⑧ 《子藏·淮南子卷》第48册,第554页。
⑨ 《子藏·淮南子卷》第48册,第560页。
⑩ 《子藏·淮南子卷》第49册,第4页。
⑪ 《子藏·淮南子卷》第49册,第111—112页。
⑫ 《子藏·淮南子卷》第49册,第122页。

也',训正同。"① 其三,"百舌,鸟名也,能易其舌,效百鸟之声,故曰百舌也。"陶方琦按:"此许注羼入高注中,故同。非有杜氏明引,乌能别而出之?"②

《说林训》1条:"柳下惠,鲁大夫展无骇之子,名获,字禽。家有大柳树,惠德,因号柳下惠。一曰:柳下,邑名。"陶方琦按:"二注文略异,然乃许注羼入高注中者。"③

从上述例证看,陶方琦在判断高注中某注文是否为羼入时,多次使用"当是""或即""疑"等词,表明他自己也无法做出肯定。这些所谓羼入的许注,其实只有很小一部分合乎情理,其他绝大部分明显值得争议。今举几例,略加辨析。如《原道训》第二条,《吕氏·离俗览》高注云:"飞兔、要褭,皆马名也,日行万里。"④ 与《原道训》高注正同,而《齐俗训》许注曰:"騕褭,良马。飞兔,其子。褭兔走,盖皆一日万里也。"⑤ 与高注正异,何来羼入之说?《时则训》第一条,除陶氏所引外,《吕氏·贵信》篇高注亦曰:"在木曰实,在地曰蓏。"⑥ 故陶说不能服人。《主术训》第一条,《说山训》高注又曰:"堁,土尘也,楚人谓之堁也。"《说林训》高注亦曰:"堁,土尘,楚人谓之堁。"⑦ 很难说这些都是羼入所致。《氾论训》第二条,《修务训》高注曰:"才千人为俊。"《吕氏·孟夏纪》高注亦曰:"千人为俊,万人为杰。"⑧ 《吕氏·孟秋纪》高注并曰:"材过万人曰桀,千人曰隽。"⑨ 虽与《一切经音义》引许注相同,但确系高注无疑。《说山训》第二条,《吕氏·孟春纪》高注:"措,置也。"⑩ 亦与许氏《说文》同,当是古义旧训或高承许说,为何一定要说成是羼入?

陶方琦所认定羼入的许注,之所以有很多值得商榷,主要是因为他在处理文献材料时存在两大误区:一是,只要许慎逸注中有与今本十三篇高注相同或相近者,即以为是羼入所致。陶氏虽然也承认许高二注相同或相近,可能是出于同用旧训或者高承许说,但在他的意识里明显倾向于许高二注应该互异,否

---

① 《子藏·淮南子卷》第49册,第124页。
② 《子藏·淮南子卷》第49册,第162页。
③ 《子藏·淮南子卷》第49册,第32页。
④ 许维遹《吕氏春秋集释》,第509—510页。
⑤ 张双棣《淮南子校释》(增订本),第1216页。
⑥ 许维遹《吕氏春秋集释》,第536页。
⑦ 张双棣《淮南子校释》(增订本),第1669页。
⑧ 许维遹《吕氏春秋集释》,第85页。
⑨ 许维遹《吕氏春秋集释》,第156页。
⑩ 许维遹《吕氏春秋集释》,第9页。

则即为羼入。古人注疏同用一说者甚多，许高二注亦当有此情况。如《原道训》高注云："夷，平也。"《玉烛宝典》引《天文训》许注亦云："夷，平也。"① 故不可全部视作羼入。二是，从不怀疑其他文献所引许注的真实性。陶氏过分依赖他书所引许注，而不加任何辨别，这就可能会犯下一些错误。如《说山训》第三条，《玉烛宝典》虽引作许注，但又引高注曰："反舌，百舌也，变易其声，效百鸟之鸣，故谓之百舌也。"② 两注基本相同，而《吕氏·仲夏纪》高注亦曰："反舌，伯舌也，能辨反其舌，变易其声，效百鸟之鸣，故谓之百舌。"③ 说明杜台卿引用时发生错乱，误将此条高注引作许注。又如《览冥训》第三条，《开元占经》所引未标明是许注，而《文选》卷十四李善注《赭白马赋》又引高注："飞黄如狐，背上有角，乘之寿三千岁也。"④ 近似于今注，应是高注约文，陶氏之说显然未顾及到这则材料。由此可见，陶方琦所谓："有题篇者十三篇中甚多许注，安能别而识之？"⑤ 明显夸大了许注羼入高注的数量。余嘉锡对陶氏的说法也表示了不认可，他说："盖高在许后，不容不见其书，则从之采获，增损入注，亦属事理所有，未必定是后人羼入高注。"⑥

由于陶方琦把主要精力用在辑校许慎逸注上，未能关注高诱逸注与许注八篇的异同，故而片面地以为许注八篇纯正不杂。事实上，若将两者对比，就可以发现其中也有部分注释相同或相近。于大成认为许注八篇中也可能羼入了高注。他在校理《泰族训》许注时说："《恨赋注》引高注'山木之呕，歌曲也'，与今注同，故疑今注是高注阑入。"⑦ 除此之外，诸书所引高注中，还有一些与许注八篇相同或相近者。例如，《文选》卷十五李善注《思玄赋》引高注曰："禾穗向根，故君子不忘本也。"⑧ 与《缪称训》许注几乎全同。又卷二十三李善注《出郡传舍哭范仆射》引高注："所鉴者玄德，故为狂生。"⑨《诠言训》许

---

① 杜台卿《玉烛宝典》，《续修四库全书》第 885 册，第 57 页。《说文·大部》云："夷，平也。"《吕氏·先职览·察微》篇、《贵直论·知化》篇、《似顺论·似顺》篇高注皆云："夷，平也。"
② 杜台卿《玉烛宝典》，《续修四库全书》第 885 册，第 52 页。
③ 许维遹《吕氏春秋集释》，第 103 页。
④ 萧统《文选》，中华书局 1977 年，第 204 页。
⑤ 《子藏·淮南子卷》第 49 册，第 4 页。
⑥ 余嘉锡《四库提要辨正》，中华书局 1980 年，第 833 页。
⑦ 见张双棣《淮南子校释》，第 2153 页。
⑧ 萧统《文选》，第 220 页。《后汉书》卷五十九《张衡传》李贤注亦引高注曰："禾穟向根，君子不忘本也。"（范晔《后汉书》，第 1933 页。）
⑨ 萧统《文选》，第 333 页。

注作："所鉴者非元德,故谓狂生。"两注相较,盖今本避唐玄宗帝号,改"玄"为"元",根据注文原意,李善注引当脱一"非"字,所以二注实同。又卷二十九李善注《杂诗十首》引高注："黑蜺,黑蛇也,潜于神泉,能致云雨。"①《齐俗训》许注："黑蜺,神蛇也,潜于神渊,盖能兴云雨。"两注大同小异。又如,《太平御览》卷三百五十七引高注："栝,蒴栝也。淇卫箘簬,箭所出也。戴,饰也,饰蒴以银锡。"②与《兵略训》许注几乎全同。这些与许注八篇相同或相近的注文,由于缺乏足够的依据,很难断定全部是羼入所致。以《文选》卷二十九所引高注为例,卷十二李善注《江赋》又引作许注："黑蜺,神蛇也,潜于神泉。"③一书同引而注者互异。可见,他书引用也未必可以尽信。

总之,今本许高二注互有羼入是客观存在的事实,但陶方琦过分夸大了这一事实。高步瀛即说："陶氏考其异同,用力尤勤,而终不能悉为剖别。辟置甄录旧注,不复标为某氏者,殆以此欤?"④当然,通过陶氏的剖别,能让我们从另一个角度看到,今本高注十三篇和许注八篇虽互有羼入,但大体保持着各自独立的面貌。

第四节 清代学者的《淮南子》许注辑佚

经过清代学者的努力,原以为全部亡佚的二十一篇许注,被幸运地发现还保存了《缪称》《齐俗》《道应》《诠言》《兵略》《人间》《泰族》《要略》等八篇。这八篇许注相对比较完整,使我们能够窥测许慎《淮南子注》的大致特征。清人流行辑佚之学,鉴于许慎的影响,他们投入很大精力对许注佚文加以钩沉,先后出现了孙冯翼的《许慎淮南子注》、黄奭的《许慎淮南子注》、蒋曰豫的《许叔重淮南子注》、陶方琦的《淮南许注异同诂》、易顺鼎的《淮南许注钩

---

① 萧统《文选》,第423页。
② 李昉《太平御览》,中华书局1960年,第1641页。
③ 陶方琦对此条注文作了辨析:"张景阳《杂诗》注引作高诱,误也。其'能致云雨'四字据以补入。《说文·虫部》:'蝓,蛇属也,潜于神渊之中,能兴致云雨。蝓,或从尾作蜺。'许氏《说文》即采用《淮南注》。《初学记》引《淮南注》:'蜺,神蛇,潜渊而居,将雨则跃。'即许说而引文稍异。《御览》九百三十三引此注:'黑蜺,黑色,蛇属也。蜺潜于水,神象,能致雨也。'文又小异,或即许高之别。然《江赋》注引许注,文正同今注,与《说文》符合,确为许说无疑。'神渊'作'神泉',乃唐人避讳而改。"(《子藏·淮南子卷》第48册,第572—573页。)
④ 见何宁《淮南子集释》,第1532页。

沉》、王仁俊《淮南子许注异同诂三续》、叶德辉的《淮南鸿烈间诂》等多种辑佚之作，蔚为大观。尽管辑出的这些许注大多只是原注约文，但在一定程度上仍体现了许注的水平，因而具有较高的学术价值。同时，王仁俊还对许注作了较为深入的研究，有《淮南子许注考证》《许君说文多采用淮南说》等文章。

一、孙冯翼、黄奭的许注辑佚

孙冯翼，生卒年不详。近人金毓黻《四库全书辑永乐大典本书目叙》中略有小传："清代辽东先正精校勘学，而又勇于刻书者，吾得数人焉，曰：辽阳蒋氏，萝村国祥、梅中祚兄弟，千山曹氏楝亭，而沈阳孙凤卿先生其一人也。先生名冯翼，一名彤，字凤卿，为葆年中丞之仲子，中丞官山东江宁布政使时，尝与阳湖孙渊如过从，《平津馆集》屡称家方伯者是也。先生随宦南游，闻见颇广，生平喜辑逸书，其著录者，曰《世本》，曰《许慎淮南子注》，曰《桓子新论》，曰《淮南毕万术》，曰《典论》，曰《皇览》。又与渊如同辑《神农本草经》，与王石华同辑《说文正字》。再合其校订诸书，汇而刻之，颜曰《问经堂丛书》，为世人所珍重者久矣。"① 可知孙氏精于校勘，长于辑佚，又爱刻书。他所辑佚的《许慎淮南子注》和《淮南万毕术》，亦被收进《问经堂丛书》。这套丛书初刻于嘉庆七年（1802）九月，且《许慎淮南子注》和《淮南万毕术》均被列入最后一册《逸子书》中，可知此二书大约辑于1802年。

《许慎淮南子注》前有孙氏一篇自序，阐述了他对许注流传状况的看法。孙氏说："《后汉书·儒林传》载许慎撰《五经异义》《说文解字》，而不言其注《淮南子》。《隋经籍志》有慎注《淮南》二十一卷，与高诱注并列杂家。《旧唐志》惟列诱注，《新唐志》则慎、诱二家均载。迨元人修《宋史志》，复存诱而遗慎。考《郡斋读书志》及《书录解题》，宋晁公武、陈振孙尚目验慎注本，大抵其书亡于宋末，故陈氏所见已将高诱注序混合慎注本中，而慎序先亡，至宋元易代，遂并全书沦没。今明人所刻高诱注本，亦非完书。"② 可能孙氏未深入研究《淮南子》，也可能是因为文献所限，所以他的这些说法并不准确。晁公武、陈振孙所看到的只是题"许慎记上"的混合本，并非完整的许注本。而且，许注并不亡于宋末，至苏颂时也只剩下十八篇，随后不久又佚十篇，所谓全书沦

---

① 孙冯翼《四库全书辑永乐大典本书目》，《丛书集成续编》第67册，上海书店1994年，第765页。
②《子藏·淮南子卷》第46册，439页。

没亦非其实。

孙氏并在序文中交待了《许慎淮南子注》的编写体例,他说:"慎所据《淮南》本,多异明人刻本,兹辑录慎注于诸书征引,有《淮南》正文者,则并附记所出,而以明本考其异同。"① 简言之,就是有正文者,则并引正文与注文,以明本作校勘记;无正文者,则引注文,其正文以明本补之。所谓明本,孙氏在书中是以"今本"指称,但未明确具体的版本名称。明本无非有道藏本、刘绩本和茅一桂本三大版本。《兵略训》"绾抱而鼓",孙冯翼曰:"今本《淮南》作'维枹绾而鼓之'。"② 今查此三本,唯茅一桂本"抱"作"枹",道藏本作"抱",刘绩本作"炮"。可见,孙氏所说的今本就是指茅一桂本。

孙氏所辑出的许注,均是各类文献所明引。据统计,《许慎淮南子注》辑得许注,总计约107条,来自《北堂书钞》《经典释文》《北史》《文选注》《华严经音义》《史记索隐》《史记正义》《后汉书注》《初学记》《列子释文》《一切经音义》《白氏六帖》《尔雅正义》《太平广记》《太平御览》等十五种文献,其中以《文选》李善注为最多。孙氏的《许慎淮南子注》,是《淮南子》学史上最早一部关于许注的辑佚之作。

在《许慎淮南子注》之后,孙氏又辑录了《淮南万毕术》。《汉书·淮南王传》《汉书·艺文志》均未载录此书。孙氏说:"《隋志·五行家》曰'梁有《淮南万毕经》《淮南变化术》各一卷,《淮南中经》四卷',至隋而亡,《中经》或《中篇》,而卷数不符。诸书惟引《万毕》逸句,皆称《万毕术》,《唐志》载之亦称为术。《太平御览》征引至数十事,其书正文多四言为句,注文乃悉言之。淮南好方技,后世或依托其名以成书,未必《万毕》即刘安《外书》。但司马贞、欧阳询、徐坚已采其词,且又著于阮孝绪《七录》,则书亦近古矣。兹附录许慎注《内书》后,窃比于《外书》遗意焉。"③ 一方面认为《淮南万毕术》可能是伪书,另一方面又倾向于《淮南万毕术》当是刘安所著《外书》。《淮南万毕术》辑得佚文约69条,来自《史记集解》《艺文类聚》《法苑珠林》《史记索隐》《开元占经》《太平御览》六种文献,其中以《太平御览》为最多。此书亦是最早一部关于《万毕术》的辑佚之作。

---

① 《子藏·淮南子卷》第46册,440页。
② 《子藏·淮南子卷》第46册,第461页。
③ 《子藏·淮南子卷》第46册,第441—442页。

与孙冯翼一样,黄奭也是清代著名的辑佚学家,他同样辑有《许慎淮南子注》和《淮南万毕术》。黄奭(1809—1853),字右原,江苏甘泉人,道光中钦赐举人。他出身经商家庭,却嗜好古学,专精汉学,平生以辑钞古逸书为务,所辑佚书达270余种。其《许慎淮南子注》和《淮南万毕术》均收录在《黄氏逸书考·子史钩沉》中。今取孙冯翼《许慎淮南子注》与黄氏《许慎淮南子注》相对照,可以发现后者是全袭前者,无有变化。也就是说,黄奭将孙冯翼的辑佚成果窃为己有,却不作任何说明。这明显有违于他作为著名辑佚学家的身份,也有违于清人崇尚实事求是的治学精神。其《淮南万毕术》,则异于孙冯翼之书,应是黄氏亲手所辑,但不过是重复劳动,价值不大。

二、蒋曰豫、陶方琦的许注辑佚

蒋曰豫(1830—1875),字侑石,江苏阳湖人,监生。蒋氏为学,重在经史,同时旁及声音、训诂之学,著有《滂喜斋学录》《诗古文词》。其《许叔重淮南子注》被收录于《滂喜斋学录》卷九,有光绪三年(1877)莲池书局刊本。至于此书的具体辑录时间,已不可考。蒋氏《冰说》谓"己未腊嘉平,蒋子读书","首读经","继而读史","又读子"①,据此推测,《许叔重淮南子注》的辑录时间,当在咸丰九年(1859)以后。

据统计,蒋氏的《许叔重淮南子注》共辑得许注约138条,较孙冯翼的《许慎淮南子注》多出约31条。蒋氏辑录此书时,应当参照了孙氏一书。理由有二:其一,《精神训》:"苦洿之家,注'洿,澹也',《御览》三百七十一。"蒋氏于此条辑文下案曰:"今《御览》三百七十一引《淮南子》仅有'文王洿膺',而无注文。"② 这条辑文与孙冯翼《许慎淮南子注》完全一样。若完全是自己所辑,则断无作出如此说明的道理。其二,蒋氏辑文的文献来源与孙冯翼基本相同,仅多出了《汉书注》《唐开元占经》《读书杂志》三种。若完全是自己所辑,两书的文献来源当不会如此相似。

尽管《许叔重淮南子注》参照了《许慎淮南子注》,但从编写体例看,蒋氏书远不如孙氏书严密,不仅辑文简略,而且未作校勘记。蒋氏书不严密,还体现在其辑佚的标准不严格。他一方面以王念孙校文为依据辑录佚注,另一方

---

① 《蒋侑石遗书问奇室文集》,清光绪三年刊本,第9页。
② 《子藏·淮南子卷》第47册,第337页。

面又把疑似许注一并收录。蒋氏迷信王念孙说法,其书收录了4条王氏所校出的许注,如《修务训》"困夏南巢,谯以其过,放之历山",蒋氏曰:"《史记·夏本纪正义》引《淮南子》:'汤放桀于历山,与末喜同舟浮江,奔南巢之山而死。'王念孙谓所引盖许注。"①《史记正义》仅称《淮南子》,不言许注,且王念孙也只是概言,而蒋氏加以收录,显然有失缜密。蒋氏还收录疑似许注,如《天文训》"十二月一荒",注"蔬不熟为荒也",蒋氏说:"《御览》与高注异,疑亦许注。"②自言疑似许注,却不加考证而收录。辑佚标准的不严格,可能会导致书名与内容名不副实。从这个方面说,蒋氏《许叔重淮南子注》虽然补录了一些孙氏《许慎淮南子注》所遗漏的佚注,但可靠度则下降了不少。

陶方琦的《淮南许注异同诂》,前文已多有讨论。从性质上说,此书又是一部辑佚之作。据统计,《淮南许注异同诂》辑得许注约396条,其中有文无注者5条;《补遗》辑得许注约111条,其中与前重复者约30条;《续补》辑得许注约51条,其中与前重复者约20条。除去有文无注及重复者,陶氏共辑得许注约503条,远远超过孙、蒋二人所辑许注之数,可谓网罗殆尽,令人叹为观止。除孙冯翼、蒋曰豫所用文献外,陶方琦又增加了《说文解字》《世说新语》《玉篇残卷》《史记集解》《齐民要术》《玉烛宝典》《五行大义》《群书治要》《汉书注》《意林》《白氏六帖》《续博物志》《事类赋》《校淮南子题序》等十四种,许注来源文献总计近三十种。不论是辑录的许注数量,还是所用文献的数量,《淮南许注异同诂》在所有辑佚著作中均是首屈一指。当然,陶氏所辑出的这些许注,并非全部属于明引,有相当一部分得之类推,这样会导致很多佚注不够牢靠。不过,陶氏在辑佚的同时又加之以自己的分析、考证,故此书仍是许注辑佚著作中最有分量者。

三、易顺鼎、王仁俊及叶德辉的许注辑佚

易顺鼎、王仁俊、叶德辉三人,皆为晚清民国时期的著名学者,年纪相差不大,曾先后辑佚许注,且各自特色,可谓是清代许注辑佚之学最后的辉煌。

(一)易顺鼎的《淮南许注钩沉》

易顺鼎(1858—1920),字中硕,号实甫,晚号哭盦,室名宝瓠斋、琴志楼,

---

① 《子藏·淮南子卷》第47册,第349页。
② 《子藏·淮南子卷》第47册,第333页。

湖南龙阳人。光绪乙亥(1875年)举人,著有《琴志楼集》等。他的《淮南许注钩沉》被收录在《宝瓠斋杂俎》,世传光绪十六年(1890)刻本。

《淮南许注钩沉》是易氏热爱许学的产物,它的成书经历了较长一段时间。易氏在《自叙》中有详细记述:

> 《记上》久佚,徒存问经之辑文,刺取止于百八,罣屚类夫千一,古义盖阙,良足悕已。余自当年好为此学,翻绌群册,撷拾单词,积有岁时,颇成卷帙。后会见会稽陶编修方琦亦有辑本,采获斯富,厘别稍严。余兼收两宋,并取诸家,若罗氏翼《雅》,兴祖注《骚》,史炤《释文》,容斋《五笔》,凡所称引,皆从甄录,而陶以《御览》断代,不与余同。然如萧吉《大义》详举五藏之文,杜佑《通典》粗引曼长之诂,陶亦未睹,是其疏也。陶本既行,余之所辑,遂置高阁。岁月舟壑,此帙邈然,敝帚之亡,元珠亦失。天监斯文,奇书出于日本。《一切经音义》者,唐沙门慧琳之所纂也,其书宏博,为小学渊海。余游沪渎,获窥此本,所引许君之注,较诸元应为多,一字一缣,未足相喻,藏之枕笥,忽已五年。人事侵寻,未遑卒业,一官来汳,此事都废。偶因假日,暂抽坠绪,其为群书所未引者,凡若干条,粗加诠次,名曰《钩沉》。①

《记上》即许注。易氏辑佚许注,出于两个原因:一是看到孙冯翼的《许慎淮南子注》遗漏过多,二是自少爱好许学,览阅群籍之时常留心许注,如此累积成帙。后来,易氏又看到了陶方琦的《淮南许注异同诂》,感觉此书水平甚高,遂搁置他的辑佚计划。从易氏的描述看,其许注辑佚似乎已经成书,并收录了《太平御览》以后两宋诸书所引许注。而且,易氏还认为,即使是《太平御览》以前诸书所引许注,陶书也有遗漏。事实上,《太平御览》以后两宋诸书所引许注,确实显得混乱,因为在这个时期《淮南子》只有许高二注混合本流传,并非全是真正的许注。从这个方面看,易顺鼎显得很有识见,而其后的叶德辉无法达到这种认识水平。

既然陶方琦的《淮南许注异同诂》不能被超越,那就应该另辟蹊径。易氏选择了刚从日本传回的慧琳所著《一切经音义》作为取材对象,自光绪十年(1884)至光绪十四年(1888)间辑出许注若干条,并附之以详细的考校,结

---

① 《子藏·淮南子卷》第49册,第389—391页。

成《淮南许注钩沉》一书。据统计,《淮南许注钩沉》辑得许注约81条。是书所辑许注,虽然基本不出陶书范围,但注文内容略有不同。易氏此书,甚至可以视为陶方琦《淮南许注异同诂》的补充。只要陶方琦考校过的许注,易书皆云"已见陶氏辑本"。同时,易氏还将陶方琦厘别许高二注的成果运用其中,遇《原道训》以次十三篇皆云"此篇乃高注本",遇《缪称训》以次八篇皆云"此篇乃许注本"。总之,《淮南许注钩沉》是所有许注辑佚中最具特色的辑本,其考校之精亦不输于陶书。

(二)王仁俊的《淮南子许注异同诂三续》

王仁俊一生博览群书,尤好治经史,擅长目录和金石之学。从他的字号看,王氏最重东汉许氏和郑氏之学。他补辑许注,当是出于这一原因。所辑许注名为《淮南子许注异同诂三续》,共九卷,目前仅见稿本,从属《籀许誃扞郑纂述类稿》,《子藏·淮南子卷》第五十册影印收录。

从书名看,《淮南子许注异同诂三续》显然与陶方琦的《淮南许注异同诂》有着非常亲密的关系。与易顺鼎一样,王氏也把陶书作为自己辑佚许注的一个参照标准。王氏《自叙》云:

> 仁俊少耆许君之学,戊子为同郡张氏校刊《许学丛书》,假得陶先生方琦《淮南异同诂》,喜而校读。盖其时陶书《补遗》及《续补》固未见也,因从《唐玉篇》《玉烛宝典》《水经注》《五行大义》《大藏音义》《文选注》《事类赋注》《事物纪原》诸书辑近百事,时作时辍,未敢谓定稿也。壬辰春,在都从李木斋师假得陶书补刻本,细斠旧稿,乃知《玉篇》《宝典》二书,陶先生采之,逾十之八九。即从先生之弟心云舍人乞得一本,凡旧稿为陶书所有者,汰之近半。又从江太史师许假《绀珠集》《岁时广纪》《岁时纪丽》,得数事,即拟写一清本,质舍人而未暇也。癸巳夏,游粤东,适舍人校书官局,重理旧说,俊乃从粤东购《初学记》《御览》,粤雅本《群书治要》《帝范注》,海山仙馆本之《古今谗》《龙筋凤髓判注》,一一辑注。又从舍人假《路史》《唐类函》校补,作疏证,一依陶书原例,共得二百余条,拟分四卷。属因秋风遂动,菀鲈之感,先写清本之半,就正舍人,请为勘误。陶先生又有《许注存疑》,俊未之见,窃尝依元例,凡各书引许注无确证者,纂《许注扬搉》,未成书也。嗟乎!创始者难为功,继事者易为力,

俊于先生之学,无能为役,而私淑南阁则同志也。①

这篇序文写于光绪十九年(1893),详细记述了《淮南子许注异同诂三续》的成书始末。王氏也是因为喜爱许慎之学,而与许注结缘,又因光绪十四年(1888)参与校刊《许学丛书》,而与陶方琦的《淮南许注异同诂》结缘。他撰写《淮南子许注异同诂三续》,就是围绕陶书而展开。先是仅依陶书,而不及《补遗》《续补》,从唐本《玉篇》等书辑得许注近百条,光绪十八年(1892)又依《补遗》《续补》二书淘汰近半②。为了真正达到"三续"的目的,王氏不仅大量购买古籍,也大量借读古籍,共辑得许注二百余条。他仿照陶书体例,详作疏证,最终形成了《淮南子许注异同诂三续》。序文称拟分四卷,但事实上共有九卷。这说明序文写成的时候,王氏可能还未完成誊写全书的任务。

据统计,《淮南子许注异同诂三续》共辑得许注约232条,其中有很少一部分与陶书相同,只是文献来源不一样。若算上陶氏三书,总共辑得许注730余条。这恐怕是真正的网罗殆尽。除陶书29种文献来源之外,王氏又增加了原书本注、《裴氏新语》、唐本《玉篇》《逸琱玉集》、日本汉籍《秘府略》《六壬神定经》、明本《事物纪原》《会稽三赋》史铸注、《绀珠集》《西溪丛语》《路史》《草堂诗笺》《黄山谷外集》史容注、《帝范注》《唐类函》、宋袁文《甕牖间评》、明陈士元《孟子杂记》《龙筋凤髓判》明刘允鹏注、明董斯张《吹景集》、孙冯翼《许慎淮南子注》等二十种。客观而论,王氏《三续》的主要长处,一在于最大限度地补续了陶书,二在于几乎对每条佚文都进行了详细疏证,且水平不亚于陶方琦。

然而,王氏《三续》的缺陷也是显而易见的。其中,最大的缺陷在于辑佚不严。为了达到所谓"三续"的目的,王氏把所有疑似的、可能的,甚至明显不属许注的他书引文,全部网罗书中,实有大杂烩之嫌。陶书以《太平御览》为断代,这是非常明智的做法。即使是《太平御览》,由于正处在《淮南子》许高二注残缺、相混之际,其引用《淮南子》旧注时也存在张冠李戴、混乱不清的情况。王氏不但把陶方琦所有未辑录的《太平御览》引文搜罗其中,而且还把

---

① 《子藏·淮南子卷》第50册,第55—56页。
② 王仁俊曾为《淮南许注异同诂》张氏钞本撰写识语,亦有相近描述。他说:"是书为张君仪许录本。始仁俊假钞,遂有补陶君辑之作,未脱稿。壬辰在都门,陶君之弟心云赠刻本,见末附《续补遗》一卷,则仁俊所辑者十之三四在焉。"(《子藏·淮南子卷》第49册,第171页。)

《太平御览》以后的两宋古书甚至明代书籍引文搜罗进来。南宋已不再有独立刊行的许高注本流传，更遑论明代，这是王氏明显的失误。

例如，王氏在《叙》中辑录《黄山谷外集》史容注引文："安袭封淮南王，方术之士多往归焉，遂与苏飞、李尚、左吴、田由、雷被、毛披、伍被、晋昌等八人，及诸儒大山、小山之徒，共讲论道德，总统仁义，而著此书。"并作疏证曰："今本高诱《叙》有云：'天下方术之士多往归焉，于是遂与苏飞、李尚、左吴、田由、雷被、毛被、伍被、晋昌等八人，及诸儒大山、小山之徒，共讲论道德，总统仁义，而著此书。'据《山谷外集》卷十史容注曰'按许子解《淮南鸿烈》，其叙'云云，则史容明见许君自叙，今高与之同，盖高用许叙也。《淮南》为许君手注之书，故著《说文解字》时见称述，如《草部》'芸'、《鬼部》'甂'、《鱼部》'鳝'、《虫部》'蜩'、《田部》'畜'下引'淮南王曰'是也。史容为南宋时人，据钱文子叙称'嘉定元年'可证。叙称'史蜀青衣人，名容，尝为《补韵》《三国地名》，皆极精密'，则史在宋亦一著作家，所引许序断可信据。"①史容是南宋时人，为南宋一著作家，这自然不错。问题在于他所见到的《淮南子》版本，并不是独立流传的许慎注本，而是许高二注相杂之本。史容见到的版本，当与北宋本一致，仅题"许慎记上"，而叙文则是高诱之叙。由于史容未作专门研究，故对叙文中的"自诱之少"及注文中的"诱不敏"视而不见，仅据题名就误以为是许慎序文，王氏却认为"断可信据"，收录进《三续》。史容所引序文，明明同于高诱序文，王氏却不肯承认事实，反而以'高用许叙'加以解释，显然是崇许情结作祟。

《三续》辑录《太平御览》以后诸书所引，大都存在这种情况，不足为据。王氏还笃信陶方琦"一曰某某""某或作某"多为许注的主张，在《三续》中辑录了不少原书高注中的此类注文，显得不够谨慎。关于这一点，前面已有讨论，兹不赘述。

《淮南子许注异同诂三续》末尾附有王仁俊《淮南子许注考证》一文。此文或是仿照《文献通考·经籍考》《古今图书集成·淮南子部·汇考》的体例，依次列举了《汉书·艺文志》、钱大昭《补续〈汉书·艺文志〉》、侯康《补〈后汉书·艺文志〉》《隋书·经籍志》《唐书·艺文志》《旧唐书·艺文志》《宋史·艺文志》、晁公武《郡斋读书志》、陈振孙《直斋书录解题》、王应麟《〈汉

---

① 《子藏·淮南子卷》第50册，第59—60页。

书・艺文志〉考证》《苏魏公文集・校淮南子叙略》及劳格案语、洪迈《容斋随笔》《周氏涉笔》、高似孙《子略》、王应麟《困学纪闻》《四库全书提要》、庄逵吉《刻淮南子叙》、周必大《淮南子辨》、芦泉刘氏题识、王氏《文训》、王氏《卮言》、孙矿评语、《西溪丛语》《容斋续笔》《芥隐笔记》《焦氏笔乘》《丹铅总录》、弇州山人《艺苑卮言》、弇州山人《宛委余编》《日知录》、俞正燮《癸巳类稿》、洪亮吉《晓读书斋初录》和《四录》、洪颐煊《读书丛录》、陆心源《仪顾堂集》、黄丕烈《士礼居藏书题跋记》、钱塘《淮南天文训补注自序》、王念孙《读书杂志》、劳格《读书杂识》、俞樾《诸子平议》、孙冯翼《淮南子许注辑本序》、洪亮吉《汉魏音自叙》、王鸣盛《蛾术编》、连鹤寿《蛾术编》案语、曾朴《补后汉书艺文志考》等有关《淮南子》的文献资料，或著录，或考证，或征引，或评论，内容庞杂不一。名为《淮南子许注考证》，实是文献材料的大汇合，不仅自己没有作出考证，而且材料之间的排列亦无逻辑可言，甚至还有重复之处。因此，王氏此文只有文献参考价值。

除辑佚许注和汇集《淮南子》文献资料外，王仁俊还专门研究了许慎《说文解字》与《淮南子》的关系，著有《许君说文多采用淮南说》一文。此文仅见手稿，《子藏・淮南子卷》第五十册影印收录。这篇文章是王氏系统研究《说文解字》《淮南子》及其许注的成果总结，当作于《淮南子许注异同诂三续》成书之后，即光绪十九年（1893）之后。

该文开宗明义，直言："许君说文叙中云'博采通人'，信而有征。《淮南》为许君手注之书，宜其甄采之多也。"①末尾又言："《说文》一书采引古册，皆有左验。《淮南》既为许君手注之书，且又汉初淮南宾客最博，宜许君之《说文解字》内，累累若贯也。抒为此篇，未始非读许书之一快尔。"②反复强调《说文解字》采用了《淮南子》之说。该文中间，则详细罗列许慎采用《淮南子》及注文之处，并说："大抵《说文》一书成于诂注《淮南》之后，故采引必多。"③据王氏所列，有采用《淮南》而明著其书者5处，有采《淮南》而不著其书者4处，有许君自采《淮南》注中之说难以计数，有《说文》部内字出诸《淮南》及注者约224处。当然，这其中多有牵强之处，但也足以说明许慎《说文解字》与《淮

---

① 《子藏・淮南子卷》第50册，第333页。
② 《子藏・淮南子卷》第50册，第358页。
③ 《子藏・淮南子卷》第50册，第334页。

南子》及其自注之间的亲密关系。王氏此文,是继陶方琦《淮南说文补诂》之后研究《说文》与《淮南》关系的又一力作,值得深入关注。

(三)叶德辉的《淮南鸿烈间诂》

几乎在易顺鼎、王仁俊辑佚许注的同时,叶德辉也辑有《淮南鸿烈间诂》。叶德辉(1864—1927),字奂彬,号郋园,湖南湘潭人,光绪十八年(1892)进士。他以提振经学为己任,与王先谦过从甚密,同时他又是著名的藏书家和版本学家,所著《书林清话》《书林余话》最显声名。叶氏积十年之功而成《淮南鸿烈间诂》一书,也可谓是他精心结撰的一部著述①。此书目前传有光绪乙未(1895年)叶氏郋园刊本。虽然刊刻于1895年,但《淮南鸿烈间诂》的成书却要更早。此书前有叶德辉自撰的《辑淮南鸿烈间诂序》,落款时间为"光绪十七年辛卯岁四月",可知《淮南鸿烈间诂》写成于1891年。

与孙冯翼、陶方琦、易顺鼎、王仁俊称名"许注"不同,叶德辉将许注冠以"间诂"之名。这与他对许慎《淮南子注》名称的考证有关。叶氏说:

> 《淮南子》汉人注凡二家,其标题云"淮南鸿烈解经"者高诱注也,"淮南鸿烈间诂"者许慎注也。隋唐《志》皆二家并载,《旧唐志》许本题作"淮南商诂"。"商诂"即"间诂"之讹,非异名也。唐人注书及类书亦皆二家并引,字句音读,划然不同。北宋时二书淆乱,《苏魏公集·淮南子题序》已云……据此,则苏氏所见已屡乱如此,而晁、陈二家书目乃有许注,无高注,殆以许书名重,夺高属许,不复考其分合之故耶?明本相沿,亦题"汉太尉祭酒许慎记上",而首冠以高诱序,书中音切有缓急言等,文亦与高注《吕览》同例,其决非许本可知,而世人犹其珍秘,以为孤本廑存,非深知此书源流者也。②

从这段文字的描述看,叶德辉肯定没有见到徐养原、劳格、陆心源、陶方琦等人区分许高二注的成果,故考证并不十分准确。南宋有许注无高注,不是因为夺高属许,而是因为许高二注相混一书,仅题"许慎记上"而已。明道藏本、刘绩本皆出于宋本,也只题"许慎记上",但既非纯粹的许本,亦非纯粹的高本。因此,叶氏的考证不是很准确。然而,他确定许注之名为"间诂",这是

---

① 叶德炯《淮南鸿烈间诂跋》云:"伯兄辑此书竭十年之力,冥搜博采,始克成编。"(《子藏·淮南子卷》第49册,第544页。)
② 《子藏·淮南子卷》第49册,第453—454页。

符合事实的。叶德炯并在跋文中进一步论证他哥哥叶德辉的这个观点。叶德炯说：

> 间诂，犹言夹注，与笺同实而异名。《说文》"间，隙也"，《墨子·经说上》"间，谓夹者也"，又云"间不及旁也"。盖其书为许君未卒业之书，仅约略笺识其旁，若夹注然，故谓之间诂。其书本传不载，隋唐《志》始著录，题作"许慎注"，《旧唐志》有"《淮南间诂》二十一卷，刘安撰"，不言注人，下有"《淮南子注解》二十一卷，高诱撰"，则题"间诂"者是许注本矣。间诂，义不可通。近人俞正燮《癸巳类稿·书〈开元占经目录〉后》云："《淮南间诂》者，许慎所上也，《占经》引至多。程张学俗，改作'闲话'，阁本疑之，改作《淮南·人间训》云。"是以"间诂"为"间诂"。又赵之谦《勇卢间诂序》云："间诂云者，《淮南》之佚，单文廑存，散见他籍。太史公所谓书缺有间，间则诂之，儒者之责。"亦与俞说同，而不知皆非也。古人著书无以"诂"名者，《孔丛子》有《诂墨篇》，乃伪书，不可信。且诂者驳义之名，非训诂之名。许君训诂详明，何为而名"诂"乎？①

叶氏详细疏证了"间诂"二字的含义，认为许慎以《间诂》为其书名，表明只是简略笺注而已，随后又考证了"间诂"在流传中被讹写为"间诂"和"间诂"的情况，从而进一步突出许注之名即为间诂的观点。正是基于这种认识，叶德辉才将所辑许注命名为《淮南鸿烈间诂》。

客观地说，叶德辉辑《淮南鸿烈间诂》，在很大程度上是一种重复劳动，因为他之前的孙冯翼、陶方琦两人已经将许注搜罗殆尽，并且分别刻板印行。作为藏书在十万卷以上的藏书家，叶德辉没有理由见不到这两人的辑佚之作。因此，最大的可能是他不满意孙、陶二人的辑佚，才重新对许注进行辑佚。这种不满意，或许体现在叶氏认为他们辑佚不严。叶氏于自序中说："余从《说文解字》……史炤《通鉴释文》《事物纪原》等书，辑得文注全者三百五十余事，有文无注者三十余事，皆明题许注，确然可据者也。《太平御览》引无名人注与今高诱注不同，顾氏广圻校道藏本，附辑于后，疑为许注，兹以别无他证，未敢著录。惟《治要》《意林》，虽未明称许注，而证以他书同引者可以类推，且唐人所见时，许高二本尚未羼合，则其异于高注者，可灼知其为许注矣。《开

---

① 《子藏·淮南子卷》第49册，第543—544页。

占经》或称'淮南间诂',或上称'淮南子',下称'记曰',自是许注。……其余诸书所引与高注异者,既无明文又无互证,概从捐弃,以成一家之言。"[1] 非常清楚表明了他辑佚的态度,就是要排除那些既无明文又无互证的引文,使之真正成为许慎的一家之言。这种辑佚标准,即使与陶方琦《淮南许注异同诂》相比,也要更加严格。

据统计,《淮南鸿烈间诂》辑得许注约353条,有文无注者约32条,总计约385条。显然,此书所辑许注数量,与陶氏三书相比仍有不少差距。虽然执行了严格的辑佚标准,但叶氏因考证不精,导致此书存在明显的纰漏。同时,他也没有参考徐养原等人区分许高二注的成果,直接辑录了《证类本草》《岁时广记》《通鉴释文》《事物纪原》等书所引许注,故而多有同于今本高注者。例如,《事物纪原》乃北宋后期之书,其所据本为许高二注相杂之本。《淮南鸿烈间诂》共辑录该书所引许注10条,其中有7条与今本高注相同,出自《地形训》《主术训》《氾论训》《说林训》四篇。这未免有失精审。此外,《淮南鸿烈间诂》一般仅罗列佚文,只有很少一部分作了简略校勘,还不能与附有长篇疏证的《淮南许注钩沉》《淮南许注异同诂三续》相比。此书为叶德辉年轻时所作,故略显稚嫩。

---

[1]《子藏·淮南子卷》第49册,第455—456页。

第六编

民国《淮南子》学的转型

第一章　民国《淮南子》学概说

第一节　民国《淮南子》学的时代背景

民国四十年,本质上说是一个分裂的社会。但这种分裂并不像魏晋南北朝,也不像晚唐五代,而更像是政治多元化、思想多元化、学术多元化、教育多元化的体现。民国四十年,本质上说又是一个转型的社会,总在传统与现代之间徘徊和转换,但最终从一个帝制国家转型成为一个共和制国家,传统退居其次,而现代化被提上日程。当然,民国这样一个多元和转型的社会,并不是凭空产生的。它实际上由来已久。自鸦片战争西方列强敲开中国的大门开始,西方科技与西方思想不断传入中国,这种多元和转型就在蕴育着,只是辛亥革命一声惊雷将它惊醒,终于破土而出。

首先是政治的多元与转型。自中国知识分子睁眼看世界以来,东西方政治的差异就吸引着他们。以孙中山为首的革命党人率先向传统的帝制发难,进而推翻了盘根中国两千余年的帝制,使中国的政治模式走入一个崭新的时代。这期间虽然有袁世凯和张勋短暂的复辟,但西方的共和制已在中国古老的土地上生根发芽。然而,由于共和制是新生事物,力量还很弱小,无法控制全国,致使各地军阀能够各自为政,造成政权林立的政治局面。民国四十年,大大小小、长长短短共出现政权近 20 个。这看似是分裂,但实际上是政治多元化的结果。不管民国时期的政权如何林林总总,但本质上都与过去的封建政权有了分别,完成了现代意义上的转型。民国政治的多元与转型,客观上造就了一个自由开放、包容兼收的社会。

其次是思想的多元与转型。政治和思想的多元与转型,实际上是互相促进的。政治的多元与转型为思想的多元与转型提供了更好的条件,而思想的多元与转型又为政治的多元与转型提供了不断进化的营养。民国思想界最大的事件,莫过于新文化运动。这场运动萌芽于章士钊等人在日本创办《甲寅》杂志之时,产生于陈独秀等人在上海创办《新青年》杂志之时。胡适在杂志上发表《文学改良刍议》，陈独秀发表《文学革命论》，宣告了这场运动的正式开始。直到"五四运动"以后，新文化运动才走向成熟，社会思想更加多元化，逐渐完成现代转型，对中国社会产生了巨深巨远的影响。

五四以后，西方的哲学家、思想家不断受邀来华讲学，有美国实验主义派哲学家杜威博士、教育学家孟禄，有英国哲学家罗素，有德国哲学家杜里舒等。特别是杜威博士，他是新文化运动主将胡适的导师，其实用主义思想深刻影响了胡适。胡适自己说："我在1915年的暑假中，发愤尽读杜威先生的著作，做有详细的英文提要，都不曾收在札记里。从此以后，实验主义成了我的生活和思想的一个向导，成了我自己的哲学基础。"① 这并不是虚言，胡适在三十年代撰写《淮南王书》，就多用实验主义思想剖析《淮南子》中的言论。除邀请西方思想家来讲学外，本土的学者又不断翻译西方的哲学思想之书，使得西方学者的一套术语和方法论系统地传入中国，学者用以研究中国古代哲学思想，逐渐完成了学术研究上的现代转型。二十年代陈炳琨、卢锡烺、苏玉麟、江国柱等人研究《淮南子》的政治思想、人生哲学、伦理学、教育学说等，都深刻打上了西方思想文化的烙印。三十年代钟泰、胡适、冯友兰、姚璋等人研究《淮南子》学说，同样有着西方思想文化的影子。

除了西方的民主与科学等思想大行其道外，还有马克思主义思想传入中国，并迅速发展起来。这也是民国思想多元化的表现。其实，马克思主义在中国的传播，远在清末梁启超创办《新民丛报》就开始了，只是影响不大。直至俄国十月革命成功后，马克思主义思想才在中国学者的心里生根发芽，进而在经济、政治、文化等方方面面深刻改变着中国的社会。四十年代侯外庐撰写《中国古代思想学说史》、吕振羽撰写《中国政治思想史》，大量使用马克思主义理论来研究中国古代的思想。特别是吕振羽在分析《淮南子》的政治思想时，便用上了马克思主义的唯物史观和阶级斗争等理论。

政治、思想的多元与转型，当然也促进了学术的多元与转型。尽管西方思想如火如荼地在中国传播，但中国本土的传统思想仍然有着极强的势力，两者并存碰撞，反映在学术上就呈现出多元和融合的趋向。当很多学者醉心于西学，研究于西学的同时，也有很多学者固守国学阵地，固守传统的学术路径。特别是在经过多次的东西方文化论战之后，学者清楚看到了西学与中学各自

---

① 曹伯言《胡适日记全集》第一册，联经出版事业公司2004年，第110页。

的优劣及特点,大都以兼容并包的态度看待两者。五四运动以后,国学研究并没有萎缩,反而得到了更好的发展。乾嘉学派虽然退出了历史舞台,但他们创下的考据之学并没有退出历史舞台,民国学者用以发展考古学、辨析和整理古代史、考证古代小说戏剧和研究文字音韵学。就民国《淮南子》学而言,考据学占了半壁江山,造就了《淮南子》校注在民国的再次盛行。刘文典、刘家立、吴承仕、刘盼遂、于省吾、杨树达等考据专家,都留下了精彩的校注作品。同时,西学的治学方法也渗透进了校注作品中,沈德鸿选注《淮南子》就是这样一部作品。学术的多元与转型,还体现在治学形式的多样性上。旧式治学常以读书札记形式展开,多见手稿和刻本。民国时期,西方现代化的出版技术传入中国,使出版业得到了前所未有的发展。特别是报纸、杂志、期刊的创办数量远超晚清,仅1936年全国各地的期刊出版达到了2700多种[1],其中不乏专业的学术刊物。这种情况促使学者多用论文的形式展开研究。民国时期,即有不少关于《淮南子》的学术论文发表在《国学论丛》《学艺》《新时代》等期刊上。这实际上也是民国《淮南子》学的转型体现。

　　学术的多元与转型又促进了教育的多元与转型。新文化运动之前,民国政府就着手改革教育。在保证国文教育的前提下,尽量向西方教育模式靠拢。1912年,民国临时政府制定了《壬子癸丑学制》,颁布《大学令》《专门学校令》。《大学令》规定:"大学以教授高深学术,养成硕学宏材,应国家需要。"分文科、理科、法科、商科、医科等。《专门学校令》规定:"专门学校以教授高等学术,养成专门人才。"并将学校分为国立、公立和私立三种类型[2]。五四运动后,教育的多元与转型更加明显。这个时期,西方新式的教育思想不断传入中国,职业教育也开始建立,还统一用白话文教学,统一注音字母,普及国语。《淮南子》的传播和研究,也要适应这些变化。例如,上海中华书局编《淮南子精华》、沈德鸿编《淮南子选注》、陆翔编《淮南子精华》,都是面向国学教育中的学生用书。此外,向承周撰《淮南子校文》、杨树达撰《淮南子证闻》,都是与他们在大学开设《淮南子》课程相结合的产物。

---

[1] 详见许晚成《1936年全国期刊统计表》,张静庐辑《中国现代出版史料》(乙编),中华书局1995年,第422—423页。
[2] 以上详见董宝良编《中国近现代高等教育史》,华中科技大学出版社2007年,第110—115页。

第二节　民国《淮南子》学的演进过程

总体而言,民国《淮南子》学虽然发展时间只有四十年,但成果却是丰硕的,在《淮南子》学史上占有承上启下的重要地位。特别是这个时期《淮南子》学完成了现代转型,对当代的《淮南子》研究者产生了深远影响。民国《淮南子》学的演进过程,大体呈现了两条比较明显的脉络:一是《淮南子》考据学的持续流行,二是《淮南子》研究逐渐实现了现代化的转型。但这两条脉络并非完全不相干,有时又会相互交织在一起,相互产生作用。

民国前十年,即1912年至1920年。这个时期,《淮南子》学的现代转型还不明显,传统治学形式仍成为主导。就版本而言,大多是承袭旧本。这个时期,上海扫叶山房翻印了湖北崇文书局光绪元年(1875)刻本,上海五凤楼翻印了浙江书局光绪二年(1876)重刊庄逵吉本。除翻印旧式全本外,为适应大学国学教育和国学研究,又有学者编辑了节选本,主要有上海中华书局的《淮南子精华》本和张之纯的《评注诸子菁华录》本。前者基本服务于教学,后者因为有较高的学术水平,也服务于国学研究。这可以视为民国《淮南子》学现代转型的萌芽。这个时期,还有一些前清遗老如王秉恩、秦树声、朱孝臧等人的批校本,但具体年代并不明确。就校注而言,主要有陶鸿庆的《读淮南子札记》、张之纯的《评注淮南子菁华录》两种。前者是典型的清人读书札记式校注,后者则是典型的明人古书评点式校注,各有特色。这个时期,《淮南子》也迎来了新式研究的开端,谢无量撰写《中国哲学史》,主要讨论了《淮南子》的道论、伦理学及思想主旨,其中不乏西学术语,可以视为民国《淮南子》学现代转型的最初体现。

二十年代是民国《淮南子》学的黄金时期。考据学和新式研究都很活跃,这恐怕与五四运动有莫大关系。考据学方面,既包括版本的发展与繁荣,又包括校注作品的不断涌现。新式研究更是得到了很大开拓,主要包括对《淮南子》哲学思想、政治思想和文学艺术的研究。

一是版本的发展与繁荣。这个时期,《淮南子》迎来了一个革命性的新版本,即刘文典的《淮南鸿烈集解》本。这个版本虽然仿照清人的模式,但对于《淮南子》版本而言,则是一个新生事物。《集解》本汇集了二十余位清代学者的校注,同时又附上刘文典自己几百条校注,使得此本既有很好的版本价值,又有很高的学术价值,迅速取代流传已久的庄逵吉本而成为民国最流行的版本。就在《集解》本产生的同时，刘家立又出版了《淮南集证》本，虽反响不如《集解》本，却是《淮南子》这种集解本模式的先锋。这个时期也产生了旧本的翻印本，如上海广益书局翻印了浙江书局重刊本，上海中华书局则重新排印了浙江书局重刊本，世称《四部备要》本。这个时期，《淮南子》还拥有了一个著名的影印本，即《四部丛刊》本。此本是用当时新型技术影印晚清刘泖生的影宋本，因而在质量上颇有保证，遂成为另一个十分流行的版本。这个时期，节选本有张谔的《评注鬻子精华》本、陆翔的《广注四部精华》本。前者低劣不堪，无足道哉，后者则主要服务于在校学生。这个时期，还有前清时期遗留下来的一个评点本，即吴汝纶点勘本，但他的儿子及学生均做了许多额外校刊，又正式出版于此时，因而可视为民国刊本。另外，还有王瀣、单不厂、王国维、赵熙等人的批校本。

  二是校注作品的不断涌现。二十年代也可谓是民国学者校注《淮南子》的鼎盛时代。这个时期，有刘文典的《淮南鸿烈集解》和《淮南子校补》、刘家立的《淮南集证》、吴承仕的《淮南旧注校理》、吕传元的《淮南子斠补》、刘盼遂的《淮南子许注汉语疏》、方光的《淮南子要略篇释》和陈准的《淮南子札记》等八种。其中以刘文典《淮南鸿烈集解》《淮南子校补》和吴承仕《淮南旧注校理》的校注质量为最高，以《淮南子许注汉语疏》及《淮南子要略篇释》最有特色。刘文典奉行无征不信的校勘原则，谨小慎微，其校注虽有纰漏，但即使与清代王念孙、俞樾的校注并列，亦无愧色。吴承仕专以许高二注为校理对象，言出有据，实事求是，补充了前人许多未曾触及的校勘成果，其书学术水平很高，堪称《淮南子》学史上独一无二的校注作品。《淮南子许注汉语疏》《淮南子要略篇释》属于学术论文，前者专门讨论许注词汇，后者则专门解释《要略》一篇，都颇具特色。

  三是新式研究的全面展开。卢锡荣在云南大学工作时编辑并校订了一部名为《读淮南子》的论文集，汇聚了卢锡烃、苏玉麟、江国柱、俞荣宣、刘麟春、杨恩浓、赵乃广、陈德文、熊韵篁等人的研究论文，主要讨论了《淮南子》的哲学思想、政治思想、人生哲学、教育哲学、伦理学和文学价值，是民国学者研究《淮南子》向现代转型的重要体现，惜憾之处在于水平都不是很高。此外，陈炳琨在《新时代》杂志上发表《淮南子教育学说》，杨没累在《学艺》上发表《淮南子的乐律学》，均为专题论文，尤其是后者近三万字，又是女学者所为，在《淮南子》学史上写下了非常特别的一笔。除这些期刊论文外，著名学者钟泰在他的

《中国哲学史》也列有"淮南王安"一章,虽然有意避免使用西式术语,但依然可以见出西学的渗透。

三十年代,民国《淮南子》学稍稍放缓了前进的步伐。就版本而言,这个时期较有特色的要属两种古籍整理本,一种是上海世界书局印行的《诸子集成》本,另一种是上海广益书局印行的《淮南子集解》本。这两种版本的底本都是浙江书局重刊庄逵吉本,但命运截然不同,前者风行几十年,至今还在流传,而后者已成文物。这个时期,上海商务印书馆又印行了《丛书集成初编》本。此本影印清代中期的《增订汉魏丛书》本,质量不佳,故影响不大。此外,面向国学教育的节选本,有沈德鸿的《淮南子选注》本和张文治的《国学治要》本。前者率先使用民国政府颁行的注音字母,后者成为大学畅销之书。就校注而言,这个时期有胡怀琛的《淮南鸿烈集解补正》、向承周的《淮南子校文》、刘文典的《淮南子校录拾遗》和于省吾的《双剑誃淮南子新证》。其中,于省吾的《淮南子新证》,大胆引入甲骨金石之文和唐钞本作为证据,确能新人耳目,也是一部独具特色的高水平著作。就新式研究而言,三十年代所取得的成就,则达到了民国《淮南子》学的顶点。这个时期有胡适的《淮南王书》以及冯友兰《中国哲学史》、吕振羽《中国政治思想史》、杨幼炯《中国政治思想史》、杨鸿烈《中国法律思想史》中的相关论述。这些人大都是民国时期哲学思想界的著名学者,研究水平自然很高。特别是《淮南王书》,其讨论的深度和取得的成就都是其他研究者所不能企及的。此外,又有发表在期刊上的一些专论文章,如姚璋的《淮南王书中的哲理》、管道中的《淮南书中修养之要旨》和朱锦江的《老子与淮南子》等,反映出三十年的《淮南子》新式研究已完成现代转型。

四十年代,民国《淮南子》学明显放慢了脚步。这可能与中日战争有关。这个时期,《淮南子》版本毫无建树,校注方面则稍有可观,出现了郭翠轩的《淮南子注本考略》、中法汉学研究所编写的工具书《淮南子通检》、杨树达的《淮南子证闻》、金其源的《读淮南子管见》,以及刘文典为其《集解》所作的批语。其中,杨树达的《淮南子证闻》最值得称道。此书一反常态,不仅注释远多于校勘,还穿插了许多评论性文字,是融明人评点与清人考据之长的一部高水平著作。新式研究方面,仅有著名学者萧公权、陶希圣等人在《中国政治思想史》中对《淮南子》所做的相关论述。他们的论述颇有识见,或是四十年代《淮南子》学的一抹光亮。

第二章 民国《淮南子》版本的新变——集解本

第一节 刘文典《淮南鸿烈集解》本的形成与出版

民国时期，以研究《淮南子》而蜚声学界的，恐怕只有刘文典一人而已。他的《淮南鸿烈集解》本，明显体现了民国《淮南子》版本相对于以往版本的最大变化，在《淮南子》版本史上无疑具有新创之功。

一、《淮南鸿烈集解》本的由来

刘文典(1889—1958)，字叔雅，安徽合肥人。他恃才傲物，被后人视为体现"民国风骨"的一代名士。刘文典年少时热衷民主革命，先后加入中国同盟会和中华革命党。1908年东渡日本，求学早稻田大学，主攻哲学，1913年再渡日本，1916年年底回国后，开始潜心学术。1917年，经陈独秀介绍，担任北京大学预科教授兼国文门研究所教员，有十年之久[①]。这是刘文典学术形成与成熟的主要时期。也正是北京大学这个最高学府，为他提供了极好的学术平台，成为他研究《淮南子》的强大后盾。

至于刘文典为何选择《淮南子》作为自己最初的治学对象，其中原因已不得而知。他在《淮南鸿烈集解·自序》中说："《淮南王书》博极古今，总统仁义，牢笼天地，弹压山川，诚眇义之渊丛，嘉言之林府，太史公所谓'因阴阳之大顺，采儒墨之善，撮名法之要'者也。"[②] 看到了《淮南子》在思想史上的地位，觉得有必要重视它、研究它，这大概是刘文典选择《淮南子》作为治学对象的内在原因。同时，安徽合肥是淮南王刘安的大本营，身为同乡，刘文典对刘

[①] 见章玉政《刘文典年表》，诸伟奇编《刘文典全集》(增订本)第5册，安徽大学出版社2013年，第806—808页。

[②]《子藏·淮南子卷》第53册，第397页。

安的著作显然有一种天然的亲切感。在完成《淮南鸿烈集解》且获得声名之后，刘文典对《淮南子》的热情依然不减，1927年又完成了《淮南子校补》《淮南子逸文》《淮南子校录拾遗》①。即使是在晚年，他也念念不忘《淮南子》，曾于1948年批校已出版多年的《淮南鸿烈集解》②。尽管刘文典还著有《论衡校注》《庄子补正》《说苑斠补》等书，但奠定他学术地位的仍然是其早年所作《淮南鸿烈集解》③。

刘文典曾在日本攻读哲学，却从考据学方向来研究《淮南子》。这与他的兴趣爱好有关。刘氏在《自序》中说："予少好校书，长而弥笃，讲诵多暇，有怀综缉，聊以锥指，增演前修。"④也与他的治学理念有关。刘氏弟子张文勋回忆说："先师叔雅先生尝谓余曰：'古籍汗漫，流传千载，转钞之讹误，刊刻之错简者，时或有之。如不加以校勘考证，则句读难通，文义失真，以讹传讹，贻误后人，故校雠之学兴焉。'"⑤而《淮南子》的文本流传，其状况确实堪忧。刘文典敏锐地看到了这一点，他说："惟西汉迄今，历二千祀，钞刊屡改，流失遂多。许高以之涸澜，句读由其相乱，后之览者，每用病诸。虽清代诸师如卢文弨、洪颐煊、王念孙、俞樾、孙诒让、陶方琦之伦，各有记述，咸多匡正，而书传繁博，条流踣散，卷分帙异，检覈难周，用使修学之士回遑岐途，沿波讨原，未知攸适。"⑥因此，刘氏认为对《淮南子》的文本进行集中校理，汇聚前说，确属必要，《淮南鸿烈集解》也就成了他首要的一个研究课题。

---

① 刘氏《三余札记题记》载："民国十六年春，薄游沪渎，床头金尽，乃杂钞箧中书上眉批，缮写为二册，卖之书贾，以偿饭钱，非敢有心灾梨祸枣也。刻成，自读一过，唯《淮南子》《论衡校录》差可采览，余皆芜杂无纪之言也。"（《刘文典全集》[增订本]第5册，第175页。）
② 刘氏批语云："民国三十五年春，霖生自南京惠寄此本，今春端居多暇，复以朱笔点一通。三十七年四月十七日。文典记。"（《刘文典全集》[增订本]第1册，第12页。）
③ 其实，在这些著作中，刘文典并不是最看重《淮南鸿烈集解》的。他在写给胡适的信中说："今天接上海商务书馆高君梦旦的信，说拙著的事已经函托兄和弟接洽。这部书分量实在《淮南》之上（《淮南》二十一卷二十一篇，《论衡》八十篇），弟的创获也比《淮南》多，又加上校对的劳力，就要《淮南》的价也不为过奢，因为急卖，已经答应减少一两百圆了。不知道他们的所谓'接洽'是怎样的。"（《刘文典全集》[增订本]第5册，第478页。）至于《庄子补正》，刘文典在写给王云五的信中说："弟以十年精力著成《庄子补正》十卷三十三篇，较少年时所作《淮南集解》迥不侔矣。"（《刘文典全集》[增订本]第5册，第512页。）其整理者也评价说："自一九二三年动意，时断时续，至一九三八年完成，前后达十五年之久。叔雅先生一生治学，于庄子最为用力，亦最为自矜，《补正》一书堪称其心血之所系。"（《刘文典全集》[增订本]第2册，第3页。）
④ 《子藏·淮南子卷》第53册，第397页。
⑤ 张文勋《淮南鸿烈集解跋》，见刘文典《淮南鸿烈集解》，安徽大学出版社1997年，第867页。
⑥ 《子藏·淮南子卷》第53册，第397页。

二、《淮南鸿烈集解》本的形成

刘文典具体在何时展开这个课题,没有文献明确记载。胡适于1921年9月24日写的日记中说:"刘叔雅近来费了一年多的工夫,把《淮南子》整理了一遍,做成《淮南鸿烈集解》一部大书。"① 而刘文典此书自序落款时间为"中华民国十年六月十五日",即1921年6月15日。若按胡适的说法,刘文典大概是从1920年初开始撰写《淮南鸿烈集解》的。但这部书十分宏大,又是校勘整理之类,比较费时费力,"一年多的工夫"恐怕不足以完成。张文勋《刘文典传略》谓:"刘文典初进北大,年方二十七岁,深感自己的学术根柢还不深,要在这人才济济的学府中从事教学,不著书立说,自成名家,那是不能立足的。于是,他发愤从事古籍校勘,把重点放在诸子著作,并集中精力,先从《淮南子》入手。……经数年勤奋,终于完成了他的学术专著《淮南鸿烈集解》。"② 若按这个说法,则刘文典自1917年进入北京大学后,就开始了《淮南鸿烈集解》的准备与撰写工作。

这个工作异常艰辛。一方面,《淮南子》本身的难度较大,要对它进行校勘整理,更是难上加难。刘文典在1921年10月9日写给胡适的信中说:"关于《淮南子》的事,典想请你把拙稿送给蔡先生看一看,并且代典略吹几句,因为我之做过校勘的工夫,素来无人晓得,《淮南子》虽是汉朝人著的书,却比先秦诸子还要难弄些。典去年初做的时候,就有人听了冷笑的,你现在'逢人说项',当时'冷笑'的人见了我,也热笑着问长问短了。"③ 难度大,那花的工夫就多。另一方面,收集资料不易,要雇人抄书,导致经济困窘,甚至难以为继。刘文典在10月16日写给胡适的信中说:"典编这部书的时候,因为购买类书,雇人钞写,以及一切的杂费都无所出,曾经和梦麟先生商量,在学校里借了两回钱,一次二百,一次四百,这一笔钱虽然未曾用完,但是实用在这书上的,确有五百圆以上。当日言明,俟书成后设法清理,现在急于要把这笔钱还给学校里,顷以此事往谒蔡先生,蔡先生云'校款须在薪金中扣除,惟可请商务书馆

---

① 曹伯言整理《胡适日记全集》第3册,台湾联经出版事业公司2004年,第332页。
② 《刘文典全集》第4册,安徽大学出版社1999年,第934—935页。
③ 《刘文典全集》(增订本)第5册,第455页。刘文典致胡适的信,全无年份,只有月份日期,而《全集》的编者亦无考证标明。此信年份,根据《胡适论学往来书信选》的确定而定。(见河北人民出版社1998年,第458页。)所以,文中所引信件的年份,除特别注明外,都是根据实际情况推测而来。

代垫若干',他因为足疾,正要上医院,所以也没有细谈。回来一想,只有请你代向商务书馆交涉之一法,因为两三个月薪水一扣,典年内就无以为生了。"①可见,年轻的刘文典为了这部书不仅倾尽所有,还负债累累。当然,这也是一种为学术而忘我的境界体现。张文勋描述说:"他把《淮南子》全文背诵得烂熟,广泛收集资料,夜以继日,废寝忘食。有时,半夜躺在床上,只要想起一条材料或一个问题,就一骨碌爬起来工作。……有时,为了查一条材料而通夜不眠。"②凭借这种艰苦卓绝的努力,刘文典终于在1921年6月完成了《淮南鸿烈集解》初稿的撰写。

同年9月24日,他即把这部书稿送给胡适审阅。胡适审阅后,称此书为"不朽之作"。他说:"我略翻几处,即知他确然费了一番很严密的工夫。他把各类书中引此书的句子都抄出来,逐句寻出他的'娘家'。……凡清代校勘此书之诸家,皆广为搜辑。他自己也随时参加一点校语,以校勘为限,不涉及主观的见解。他用的方法极精密——几乎有机械的谨严——故能逼榨出许多前人不能见到的新发现。……叔雅性最懒,不意他竟能发愤下此死工夫,作此一部可以不朽之作!"③胡适是当时有名的大学者,学术交际圈很广,人脉资源丰富,又热心助人。这一天正好商务印书馆经理张元济来访,胡适便把这部书推荐给了他④,并主动为刘文典这部书的出版忙前忙后,付出了不少辛劳。

三、《淮南鸿烈集解》本的出版

《集解》本的出版过程似乎很漫长,费了近两年的时间才完成。出版过程漫长,缘于多种原因,其中最大的恐怕是钱的问题。这在刘文典致胡适的信中被反复提及。10月16日的信说:"拙作承你的盛情,代典办出版的事,实在不

---

① 《刘文典全集》(增订本)第5册,第454页。按照《全集》编者"同一收信人信件亦按时间先后排列"的说明,此信排在最前,当是最早,排在其后的信件时间是1921年10月9日,则此信应是写于1920年10月16日。但是,此时《淮南鸿烈集解》正在撰写中,而此信大谈出版及酬劳之事,时间上似不合情理。事实上,《全集》中刘文典致胡适的信件,其先后排列大多令人疑惑,不足取信。周乾《刘文典与胡适交往的历史考察》一文,把此信时间先说是1921年,后来又说是1922年,自相矛盾,亦不足取信。(见《学术界》2007年第4期,第243页。)
② 《刘文典全集》第4册,第936页。
③ 《胡适日记全集》第3册,第322—324页。
④ 张元济当天的日记载有此事:"在胡适之处见其友刘君辑成《淮南子集注佚文》稿本,将各家注本汇辑成编,甚便读者。适之云,将列入《大学丛书》。询知名文典,安徽合肥人,自言尚拟辑《史通》《文心雕龙》二书。"(《张元济全集》第七卷,商务印书馆2008年,第267页。)

胜心感,作为北大《国故丛刊》的第一种,尤其是典的荣幸。不过有一件事,还要费你的精神,就是钱的问题。……典想拙作将来销路总不会十分错的,借重你的面子,和张菊生先生商量,垫几百圆,总该可望办到。拙作比起平常的书来,费的心血也多些,将来定价也要贵些,并且价值比较的永远些,无论多少年后都可以有销路,究非那些风行'一时'的书可比,先垫一笔款,早迟准可以捞得回来的。"① 刘文典希望商务印书馆能够提前支付稿费,以缓解他因为编撰《淮南鸿烈集解》而带来的经济窘境,可商务印书馆总不如他愿,因而经常生发出一些不良情绪和摩擦②。

这些不良情绪延伸到了他对北京大学的看法上来。1922年10月22日

---

① 《刘文典全集》(增订本)第5册,第453—454页。
② 刘文典由于自身经济状况,对稿酬十分在意,信里常提及此事,盼望借助胡适的关系加以解决。所谓垫款,就是提前支付稿酬。并且,刘文典对垫款的数目有要求,他在1922年10月22日的信中说:"《淮南子》与《印度思想史》合到一块儿办,典是很愿意的,不过因此又起了一个奢望,看起来好像近于无厌之求,其实和原议差也不远。就是《淮南子》的垫款六百,加上《印度思想史》的二百,共计有八百圆,如果能添二百,就可以凑成一千整数。典想拙作费了一年多的心血,花去几百圆的血本,(但是老实说来我也落得几部精本的书,不能说是全然消耗了。)请前途多垫两百圆,或者不甚费事。如果仗着你的大力,如数办到,典情愿受良友美意的干涉,就请你代典存放一个妥当的地方,以备有甚么急事时支用,平常也不去动他,至于学校的借款,只得让他分期按月扣除罢。"《刘文典全集》[增订本]第5册,第460—461页。)垫款是分期支付的,刘文典有些不满,他在12月8日的信中又说:"承赐之支票,收到,谢谢。《淮南子》事,既然你这样说,典无有不依。他们对于销路虞其不广,恐系误认这部书是考证,嫌其过于专门,要说是'集解',和王先谦、先慎的荀子、韩非一样,自然就释然了。不过既然是照版税的办法,当然由典在印花上盖章,以使稽核销数,这都是小节。请你催他们把五百圆由别国银行寄来,愈速愈妙。"《刘文典全集》[增订本]第5册,第462页。)不仅如此,刘文典甚至要求商务印书馆不遵照合同而全额支付,他在12月25日的信中说:"乃书局方面不明此意,坚欲以分期付款相劫持,其不以君子待人为可恨,其全然不解吾辈学者之用心,亦可怜也。现已校至十七章,所余四章耳。《要略》乃作者自叙,不过数页,一日可毕,实只三章而已。现校薪欠至五月,日用极其艰窘,价金尚有五十圆,京华方面恐非至校毕不肯付,(一似弟得金即得宵遁者,岂非笑话?)而弟又不能待,计惟有请兄代向炎佐兄一言,说明弟万不肯不校之理由,并为弟担保一下,(以应得之钱,而受驵会劫持至此,言之令人丧气。)请其作一交情,将余款即行惠下,好在只剩三四章,连《附录》《叙目》,亦不过二十天即可完事,在彼惠而不费,在我涸辙鲋鱼受益非浅也。弟之经济状况已濒绝境,务请你即刻替弟和他交涉一下。"《刘文典全集》[增订本]第5册,第464—465页。)在1923年1月3日的信中又说:"炎佐至今未送钱来,想系谨遵契约,不肯通融,驵会行事,固无足怪,吾辈学者而与此曹交涉,又宁有幸者。"《刘文典全集》[增订本]第5册,第466页。)刘文典如此频繁地讨论钱的问题,以致给胡适带来不悦。胡适在1923年12月22日的回信中说:"我怪你的是你有一次信上说,你有许多材料,非有重价,不肯拿出来。我后来曾婉辞劝过你,但我心里实在有点不好过:我觉得你以书贾待人,而以市侩自待,未免教我难堪。校一书而酬千金,在今日不为低价;在历史上则为创举;而你要要玩一个把戏,留一部分为奇货。我在这种介绍上,只图救人之急,成人之名,丝毫不想及自身,并且还赔工夫写信作序,究竟所为何来?为的是要替国家开一条生路,如是而已。"(《胡适全集》第23卷,安徽教育出版社2003年,第363页。)

的信说:"学校里每年冤枉钱花得着实不少,对于有益文化的事,却是吝啬到万分。教员要研究一种学问,要编一种书,竟得不到一点补助,连借书的助力都不肯出的,宁肯每年把整千整万的洋钱去养饭桶,却不肯出一圆一毛的研究费。即如典这次编这部书,耗去的心力、财力也不算少了,但是书编成了,马上就索起债来,幸亏你肯极力代我设法,要是不然,典就算是费一两年的光阴、力气,挣得一身臭债,没有半年几个月不得翻身,试问在这样的情况之下,谁还肯去著书呢?"① 显然,刘文典的这种观念和不良情绪影响到了《淮南鸿烈集解》的出版。

出版过程漫长,还缘于刘文典精益求精的治学态度以及对自己著作的高标准要求。这主要体现在不断修订与严格校对两个方面。刘文典在1921年10月31日致胡适的信中说:"拙作出版的事,承你的盛情,代典去办,典是感谢无既的。但是稿子上很有几处要修正的,总要在成交之前再修改校订一番才好。你能见客,就请约个时间,典好来取,要是不能见客,就请你交给尊纪,典到你的门房里取去也是一样的。至于那'进呈御览'的几章,让典自己到蔡先生那里去取也可以的。"② 初稿完成后,他送给胡适审阅,又请胡适转给当时北大校长蔡元培审阅几章,一发现有问题,便要取回书稿修正,同时决定在与商务印书馆达成合约前再作一次全面修订。甚至在商务印书馆已排版付印之际,刘文典还要求修改。他在1923年8月17日写给胡适的信中有记述:"最近在《淮南》上还有几条发见(录如别纸),添进入罢,又要叫商务毁几片版,他们不情愿;弃了不要罢,我又万万舍不得。你可以写几个字给高梦旦先生,代弟说一说么?弟近来所发见的,在老大哥面前,说句狂话,实在比石臞、伯申贤乔梓的东西坏不了许多,要比起曲园来,竟可以说好些呢!弟在另外一张竹纸上摘录了四条,你看看这样的东西谁舍得不要?"③ 即使是让出版社毁版重排,也要坚持修改,他自己没能力办到这件事,便抬出胡适来帮忙。据查,此信依次摘录的《原道篇》《齐俗篇》《道应篇》《俶真篇》四条校语,均被商务印书馆采入④。这种精益求精的修订肯定会延缓此书出版的进程。

---

① 《刘文典全集》(增订本)第5册,第461页。
② 《刘文典全集》(增订本)第5册,第460页。
③ 《刘文典全集》(增订本)第5册,第475—476页。
④ 《原道篇》《齐俗篇》两条采入时略有改动,其他两条采入时基本无改动。这说明在胡适的帮助下,商务印书馆确实接受了刘文典的修订意见。《淮南鸿烈集解》初版于三月,此信写于八月,(转下页)

在刘文典看来,校对与修订同等重要,所以他把校对的责任全部揽在自己身上。刘文典在1922年12月25日写给胡适的信中说:"拙著《淮南鸿烈集解》,当售卖之日,本由我们这方面要求自己校对,这是我所晓得的。弟目睹刘绩、庄逵吉辈被王念孙父子骂得太苦,心里十分恐惧,生怕脱去一字,后人说我是妄删;多出一字,后人说我是妄增;错了一字,后人说我是妄改。不说手民弄错而说我是不学,所以非自校不能放心,将来身后虚名,全系于今日之校对也。"① 他把校对上升到对后人负责的高度,心里担负了沉重的包袱,以至于造成了精神上的疾病。2月2日写给胡适的信说:"典因为校对《淮南子》,劳苦过度,得了很重的神经衰弱症,养息半年才渐渐好些,预备在寒假里'畅所欲为'地大舒服几天,就努力译书,清偿书债了。"② 生怕"脱去一字","多出一字","错了一字",心里战战兢兢,这样的校对自然要花上更长的时间,据估计,刘文典校对《淮南鸿烈集解》至少花了半年以上的时间③。这么长的校对期同样会延缓此书出版的进程。

出版过程长,可能还跟胡适的序文迟迟不能按时交付有关。作为刘文典最佩服的学者,也作为他最亲近的朋友,胡适自然逃不掉为《淮南鸿烈集解》作序的请托。但当时同样年轻的胡适早已名满天下,庶务繁多,以致序文一再拖延,不能按时交付,影响到了出版。这在刘文典写给胡适的信中并有记述。刘氏在1923年1月3日的信中催促说:"兄许我之序,务请于最短期间作成,免误出版之期。"④ 2月2日的信又催促了一番:"拙著《淮南子集解》已经全部

（接上页）故采入的应是次年再版,或是1926年三版。刘文典曾还想把他的《淮南子逸文》附录上去,但商务印书馆未答应。1923年3月1日他写给胡适的信说:"有一篇《淮南子逸文》,本预备给商务书馆印到《集解》上去的,现在他既不要,我就送给《季刊》罢。"(《刘文典全集》[增订本]第5册,第473页。)此外,刘文典不甚满意俞樾的《淮南内篇平议》,也想把他的反驳意见采入。同年1月3日写给胡适的信说:"再者俞曲园之《淮南平议》瘢病百出,弟本拟逐条驳之,然专门寻彼过失,又似不甚忠厚,故有许多处仅写在平议上,并未采入《集解》,然弃置又觉可惜,事出两难,请兄一决。"(《刘文典全集》[增订本]第5册,第466页。)

① 《刘文典全集》(增订本)第5册,第464—465页。
② 《刘文典全集》(增订本)第5册,第467页。
③ 1922年12月25日的信说:"现已校至十七章,所余四章耳。《要略》乃作者自叙,不过数页,一日可毕,实只三章而已。"1923年1月3日的信又说:"拙作现已校至十八章(《人间训》)矣,余《修务》《泰族》《要略》三章,共计不过数十页,大约两星期可以毕事。"(《刘文典全集》[增订本]第5册,466页。)1923年2月2日的信又说:"拙著《淮南子集解》已经全部完成。"按照40天4章的校对速度,理论上需要7个月左右的时间,但实际所花费的时间恐怕要超过这个数。
④ 《刘文典全集》(增订本)第5册,第466页。

完成，许多学生们都急于要想看看，盼望早一天出版。现在就因为等你那篇序，不能付印，总要请你从速才好。至于文体，似乎以文言为宜，古色古香的书上，配上一篇白话的序，好比是身上穿了深衣，头上戴着西式帽子似的。典想平易的文言和白话也差不多啊，如果你一定不肯做文言，也只得就是白话罢。"① 并要求正在推广白话的胡适用文言作序，显然有些强人所难。因为胡适的序仍然没有交付，刘文典在2月26日又去了一封信，像是用了激将法，他说："弟这几天因为受了寒，得了个重伤风，睡在家里不能出门。学校里也告了假，拙著的校样一时还用不着，承赐的那篇序尽管慢慢地做罢。"② 在刘文典的再三催促下，胡适终于在3月6日用文言作好了序文。请人作序，本来最忌催促。可能因为两人既是同乡又是好友，刘文典才无所顾忌。可能还有一层原因，就是刘文典急于要有堪称代表作的学术专著在高手林立的北大站稳脚跟。他在1923年2月22日致胡适的信中有所表露，他说："拙著《淮南鸿烈集解》京华印刷局已经拿去印不曾？如果还没有拿去，请你催他们一声，典因为一种关系，急于要挂块招牌，总希望他们快快地印才好。"③ 这种"急于要挂块招牌"的心态，使刘文典迫切希望见到他的专著早一点面世。

就在胡适写成序文的当月，商务印书馆正式印刷出版《淮南鸿烈集解》，宣告了《淮南子》版本史上又一个崭新版本的诞生。民国十二年三月只是《淮南鸿烈集解》初版的时间，实际上民国十三年再版了一次，至民国十五年六月已是三版了。这个时期，新文化运动虽渐入尾声，但新式标点已颁布实施，正被推广使用。但商务印书馆出版的这部《淮南鸿烈集解》依然谨遵古籍版式，大有刘文典自己说的"古色古香"，不同的只是采用了更具效率的铅印技术。该本四周双边，黑口，单鱼尾，半页十一行，行大字二十三，小字三十一，有行格。该本版心顶端题"淮南鸿烈集解"，鱼尾下题对应卷数及页码，卷首名题"淮南鸿烈集解"及对应卷数，次行署名"汉涿郡高诱注"，其下仅卷一署名"合肥刘文典集解"，余卷皆无。该本前有《庄序》、胡适的《淮南鸿烈集解序》、刘文典的《自序》及高诱的《叙目》，随后是二十一卷目次。该本虽一函六册，但实际内容只有五册，最后一册为《附录》，附录了清人钱塘的《淮南天文训补注》，这

---

① 《刘文典全集》（增订本）第5册，第467页。
② 《刘文典全集》（增订本）第5册，第471页。
③ 《刘文典全集》（增订本）第5册，第459页。

在《淮南子》所有版本中也是非常独特的做法。相比于古本,《淮南鸿烈集解》本虽然行距字距更稠密,但整体观感上更整洁、清楚,这是铅印技术的优势体现。

第二节　刘文典《淮南鸿烈集解》本的底本及影响

《淮南鸿烈集解》本的底本本来很显明,就是庄逵吉本。但由于庄本的版本比较复杂,后有多种复制本,尤其是浙江书局重刊本极为流行,故有必要作更细致的分析。《集解》本出版以后,迅速替代庄本成为最流行的版本,产生了巨大影响。

一、《淮南鸿烈集解》本的底本

《集解》本的底本,刘文典自序以及胡适序虽无明指,但也极为显明,即乾隆五十三年所刊的庄逵吉本①。但是,庄逵吉本产生后,又出现了许多翻刻本,那《集解》本的底本所据庄本的哪一种,则有必要作出考究。在庄本的翻刻本中,浙江书局1876年所刊《二十二子》本,校勘最精审,文本也与原本略有不同,且流传最广。利用许在衡《淮南子庄、浙本异文补校》一文②,我们可以对比《集解》本与庄本、浙本的主要异文。具体如下:

《原道训》2例:"土处下不争高",同庄本,浙本"争"作"在";"放准循绳",同庄本,浙本"放"作"故"。

《俶真训》1例:"寂寞萧条",庄本"寞"作"莫",同浙本。

《天文训》2例:"斗牛女虚危室壁",庄本"壁"作"璧",同浙本;"音比大吕",庄本"大"作"太",同浙本。

《地形训》2例:"月建在申",庄本"申"作"中",同浙本;"寒水之所积土也",同庄本,浙本"水"作"冰"。

《时则训》8例:"犦牛持牛也",庄本"持"作"特",同浙本;"才过千人为杰",同庄本,浙本"千"作"于";"暴布则脆伤也",庄本"脆"作"脃",同浙本;

---

① 《集解》本不仅保留了庄逵吉的序文和按语,且版式上亦多有模仿。
② 许氏一文,也存在不少错误,可能他所据用的庄本并不是原刻本。《子藏·淮南子卷》第52册影印收录。

"白与黑为黼",庄本"黼"作"黻",同浙本;"黑与赤为文",庄本"黑"作"青",同浙本;"二十五月之数也",庄本"二十"作"廿",同浙本;"时雪当降而不降",庄本"当"作"将",同浙本;"以土德王天下",庄本"德"作"得",同浙本。

《览冥训》9例:"雍门子名周善弹琴",庄本"周"作"固",同浙本;"见于外如珥也",庄本"珥"作"弭",同浙本;"忽然来至无形兆也",庄本"兆"作"逃",同浙本;"人槱薄食荐梅",庄本"人"作"入",同浙本;"一同也",庄本"同"作"同心",同浙本;"言所有馀",庄本"馀"作"余",同浙本;"但数占龟莫得吉兆也",庄本"占"作"卜",同浙本;"道路辽远",庄本"路"作"马",同浙本;"格搒床也",庄本"床"作"楚",同浙本。

《精神训》4例:"神明之宅也",同庄本,浙本"宅"作"定";"蝘蜓蜥蜴也",庄本"蜴"作"易",同浙本;"喜缘壁非守宫",庄本"宫"作"空",同浙本;"西卿士之子司城乐喜也",庄本"卿"作"乡",同浙本。

《本经训》9例:"竭泽漏池也",庄本"竭"作"渴",同浙本;"孕妇妊身将就草之妇也",庄本"草"作"孕",同浙本;"巧伪纷挐以相摧错",庄本"伪"作"为",同浙本;"莲读莲羊鱼之莲也",庄本"羊"作"芊",同浙本;"稻梁饶馀",同庄本,浙本"梁"作"粱";"接径历远直道夷险",庄本"径"作"经";"道读道布之道也",庄本"读"作"谓",同浙本;"橐冶炉排橐也",庄本"冶"作"治",同浙本;"本伤义丧也",庄本"伤"作"丧",同浙本。

《主术训》8例:"冬日仁物归阳",庄本"仁"作"人",同浙本;"傅说为高宗谋",庄本"傅"作"传",同浙本;"行堕于国则不能专制",庄本"制"作"致",同浙本;"茅茨不剪",庄本"剪"作"翦",同浙本;"采椽不断",庄本作"采橼不断",浙本作"采椽不斲";"言之而非,虽贵罚也",庄本"贵"作"责",同浙本;"夫据除而窥井底",同庄本,浙本"除"作"斡";"未蛰不得用烧田也",庄本"不得用"作"用不得",同浙本。

《缪称训》3例:"不兢其容",庄本"兢"作"竞",同浙本;"商鞅为秦孝公立治法",庄本"公"作"分",同浙本;"行无常宜",同庄本,浙本"常"作"尝"。

《齐俗训》3例:"欲遍澹万民",同庄本,浙本"澹"作"赡";"故圣人裁制物也",同庄本,浙本"裁"作"财";"由是发其原而壅其流也",同庄本,"由是"浙本作"是由"。

《道应训》4例:"枉则直",同庄本,"直"浙本作"正";"三玉为一工也",庄本"三"作"二",同浙本;"无所不及",同庄本,浙本"及"作"极";"守房心则地动也",同庄本,浙本"房"作"庚"。

《氾论训》4例:"凡六畜自来而取之曰攘也",庄本"也"作"之",同浙本;"历说万乘之君",庄本"历"作"麻",同浙本;"佐翼武王伐纣也",庄本"佐"作"左",同浙本;"内合于君",庄本"合"作"君",同浙本。

《诠言训》2例:"一身之身既数变矣",同庄本,浙本"身"作"人";"持无所监",庄本"持"作"时",同浙本。

《兵略训》2例:"锥金簇箭羽之矢也",同庄本,浙本作"箭"作"蔮";"彼若有间急",同庄本,浙本"间"作"问"。

《说山训》2例:"有玉杯必有熊蹯豹胎",庄本"蹯"作"番",同浙本;"虽贪者不搏",庄本"贪"作"贫",同浙本。

《说林训》2例:"故使小儿之畴自矜大也",庄本"儿"作"人",同浙本;"鬼憎神巫",庄本"巫"作"筮",同浙本。

《人间训》5例:"后有庄丘",庄本"丘"作"邱",浙本"庄"作"庄","丘"作"邱";"燕常侵魏八城",同庄本,浙本"八"作"人";"搏善拾于物",庄本"搏"作"博",同浙本;"戏,地名,在新豐",庄本"豐"作"豊",同浙本;"武王荫喝人于樾下",庄本"人"作"入",同浙本。

《修务训》15例:"禹定千八百国",庄本无"百"字,同浙本;"不死子纠之难而奔鲁",庄本"鲁"作"秦",同浙本;"不可教化而非学",庄本"化"作"也",同浙本;"禹母修己感石而生禹",庄本"母"作"毋",同浙本;"黄帝垂衣裳",庄本"裳"作"常",同浙本;"惟此故也",庄本"惟"作"推",同浙本;"欲速得秦救也",庄本"得"作"则",同浙本;"率车五百乘以救楚",庄本"率"作"卒",同浙本;"踰塞而东",庄本"踰"作"喻",同浙本;"柱桡曲弱",同庄本,浙本"桡"作"挠"。"服剑者期恬利",同庄本,浙本"恬"作"銛";"阿细縠锡细布",庄本"縠"作"榖",同浙本;"车轮倒也",庄本"倒"作"到",同浙本;"浸渍渐于教",庄本"渍"作"溃",同浙本;"梗柟豫章之生也",庄本"梗"作"梗",同浙本。

《泰族训》5例:"气之侵人者也",同庄本,浙本"人"作"入";"夫妇之辨",庄本"辨"作"辩",同浙本;"礼义修而任贤德也",同庄本,浙本"德"作"得";"师延为平公鼓朝歌北鄙之音",同庄本,浙本"延"作"涓";"见祸福于重闭之内",庄本"于"作"之",同浙本。

《要略》3例:"纯朴太素也",庄本"太"作"大",同浙本;"江水通别为九",

庄本"别"作"则",同浙本;"线细丝也",庄本"细"作"曰",同浙本。

所谓主要异文,并不包括异体字所造成的异文。若计算异体字所造成的异文,庄本与浙本的异文总数远不止上列之数。上述95例异文中,《集解》本有24例与庄氏原刻本一致,占总数的25%;有69例与浙局翻刻本一致,占总数的73%;另有2例为刘氏自校改。如果从统计数据看,《集解》本的底本无疑就是浙江书局重刊庄本。

客观上说,浙本的文本质量确实要比庄氏原刻本高出不少,主要是因为它既吸收了王念孙和俞樾等人的校勘成果,又纠正了原刻本中明显的误刻字。当然,浙本也有不少误改之处。刘文典在选择底本时显然认识到了这一点,并未简单机械地把某一版本作为底本,而是以质量更优的浙本为主,以庄氏原刻本为辅,合取两本之长,同弃两本之短。此外,他在做校勘时还参校了茅一桂本、刘绩本、道藏本①。正因为如此,《集解》本的文本质量在所有《淮南子》版本中当属上乘。

二、《淮南鸿烈集解》本的版本价值

《集解》本的版本价值,其焦点并不在文本质量上,而是在"集解"二字上。以"集解"的方式整理古籍,古代学者很早就懂得运用,诸如何晏的《论语集解》、裴骃的《史记集解》、薛蕙的《老子集解》。刘文典使用"集解"的方式整理校勘《淮南子》,多是受晚清王先谦的影响,后者于诸子学用力甚勤,有《庄子集解》《荀子集解》传世②。就先秦两汉诸子而言,重要子书大都有《集解》本流传,唯独《淮南子》两千余年来未见类似版本出现,不能不说是一大缺憾。而《淮南鸿烈集解》的问世正好填补了这一缺憾,因而在《淮南子》版本史上具有里程碑意义。胡朴安说:"《淮南子》一书,清高邮王氏、临海洪氏、宝应刘氏、德清俞氏、瑞安孙氏,皆有校读札记,而会稽陶氏专为许高二注异同之诂,然皆未全书注解。至民国时,合肥刘文典以《淮南子》全书为之集解。"③即是

---

① 《原道训》"俗本有注云'景,古影字'",这里的俗本即茅一桂本。又此篇"刘绩本锻作鍜""道藏本于作干"云云,可证刘氏参校过刘本和藏本。
② 王先谦的《荀子集解》汇集了卢文弨、俞樾、王念孙、王引之、郝懿行、刘台拱等十五名学者的研究成果,并广引唐宋类书用以校勘。这个模式很明显地体现在《淮南鸿烈集解》中,刘文典亦认为自己的书与王先谦的《荀子集解》和王先慎的《韩非子集解》为同类。
③ 《子藏·淮南子卷》第59册,第587页。

将《集解》视为超越清代学者的崭新版本和著述。后来何宁的《淮南子集释》和张双棣的《淮南子校释》无不受其润泽。

何谓集解式古籍整理？胡适对此有非常清楚的解释，他说："总帐式者，向来集注、集传、集说之类似之。……上下二千年，颠倒数万卷，辨各家之同异得失，去其糟粕，拾其精华，于以结前哲千载之讼争，而省后人无穷之智力，若商家之岁终结帐然，综观往岁之盈折，正所以为来日之经营导其先路也。"①可见，集解式古籍整理其实就是"总帐式之整理"，是集前人之注、集前人之传、集前人之说，其结果必定是集大成。胡适高度肯定了这种古籍整理的作用，同时也从侧面高度肯定了《淮南鸿烈集解》本的作用。据统计，《集解》本汇聚了刘绩、王念孙等二十六位前人的说法②。这在以往的《淮南子》版本中是从未出现的景象，对其后的《淮南子》研究发挥了"导其先路"的作用，因而具有里程碑意义。

三、《淮南鸿烈集解》本的影响

《淮南鸿烈集解》于1923年3月初版后，很快就风靡学术界，刘文典也从北大一个不受人待见的教员一跃成为受人尊敬的学者，足见此书的影响力③。而且，此本的销路极佳，上海商务印书馆在1924年再版一次，到1926年即已三版。刘文典联系商务印书馆出版《庄子补正》之时，对此仍记忆犹新。他在1934年12月18日写给书馆总经理王云五的信中说："先生试一稽考《淮南》之销路，则《庄子补正》之销数可以推而知之，中国销路犹在其次，日本图书馆林立，以三分一计之，必可售数千部也。"④试图用《集解》本的销量来打消商务印书馆对《庄子补正》出版后销售的顾虑，足能从侧面反映《集解》本传播的广泛。作为刘文典的同门，鲁迅曾购买过此本，他在1924年2月2日的日记中写道："往商务印书馆买《淮南鸿烈集解》，一部六册，三元。"⑤这也可以作为

---

① 《子藏·淮南子卷》第53册，第381—382页。
② 详见本编第五章第一节。
③ 除此书本身的魅力外，胡适的鼎力帮助和"逢人说项"也不可忽视。刘文典自己深明这一点，他在1923年12月18日给胡适的信中说："总之，你是弟所最敬爱的朋友，弟的学业上深深受你的益处。近年薄有虚名，也全是出于你的'说项'，拙作的出版，更是你极力帮忙、极力奖进的结果。"（《刘文典全集》[增订本]第5册，第481页。）
④ 《刘文典全集》（增订本）第5册，第512页。此信并未标明年月日，但据王云五回信中"奉十二月十八日惠翰"之语及王信落款"二十三.十二.二十四"便可确知。
⑤ 《鲁迅全集》（第十五卷《日记》），人民文学出版社2005年，第500页。

《集解》本畅销的佐证。

除畅销外，《集解》本在当时也引起了学者的各种反响。胡适是最早作出书评的著名学者。他不仅称赞《淮南鸿烈集解》为不朽之作，而且还在自序中认为此书"最精严有法"。就在此书出版次年一月，杨树达又在《太平洋》第四卷第六号发表长篇书评——《读刘文典君〈淮南鸿烈集解〉》。他虽然指出《集解》本存在"所据本之失择""本文之失校""高注之失校""成说之失勘与失引""体裁之失""标题之失"六大缺陷，但最后得出结论说：

> 近数十年来读《淮南子》者，普通莫不用庄本。今读者若仍用庄本，则清儒校勘成说，皆不可得见。又刘君自校颇多，亦多有可取之处。故吾谓刘君此书，足以取庄本而代之也无疑。初学之士欲读《淮南》者，在今日吾未能证实另一刘君之胜于此种以前，吾自当推刘君《集解》为最善之本。①

"取庄本而代之""最善之本"，这无疑是极高的评价。自清代以来，学者一般视北宋本、道藏本为最善之本，杨树达认为《集解》本已超越了此二本，更勿论庄逵吉本了，对于初学《淮南子》者而言，选择《集解》本是不二法门。三十年代初，另一名杰出学者胡怀琛写有《淮南鸿烈集解补正》一文，被收入至《朴学斋丛书》第一集。此文云："《淮南书》浩繁渊博，在诸子中为不易读，注家自许高而还，以近人刘叔雅《集解》为最备。"②最备即最全，认为《集解》本汇集注家之说最全，这也是一种很高的赞誉，他也因此与刘文典有书信往来③。这些事例都说明《集解》本虽有瑕疵，但在当时的学术界得到了普遍肯

---

① 《刘文典全集》（增订本）第5册，第609页。所谓"另一刘君"，是指刘家立。其文开头说："余久闻有二刘君校释《淮南》，渴欲先读者久矣。今北大教授刘文典君之《集解》已由商务印书馆出版，（闻另一刘君之本，当由中华书局出版）。其书体例大致仿王氏先谦集解《荀子》之法，荟萃清代诸儒成说，而复广取唐宋类书所引《淮南》本文，详加勘校，用力甚勤，信为初学读者极便利之本。顾千虑之失，智者不免。余以事忙，未暇卒读，但仅就余所已读诸卷，颇多私心不惬之点。兹愿条举以质之刘君及诸同好；意欲以真理为归，非求为苟异也。"（《刘文典全集》[增订本] 第5册，第601页。）经查，中华书局于1924年出版了刘家立编撰的《淮南内篇证闻》。杨树达还在《积微翁回忆录》中载录了一些与《集解》本相关的事情："一九二四年一月一日，撰读刘叔雅《淮南鸿烈集解》。十九日，学界公开戴东原生日二百年纪念会于安徽会馆。梁任公师、胡适之、钱玄同、沈兼士、朱逖先皆有演说。余初坐东厢听讲，适之见余，邀往演台，并于彼之作序赞刘叔雅《淮南书》有所辨解，盖见余评刘文字也。"（《刘文典全集》[增订本] 第5册，第610页。）

② 《新文丰丛书集成续编》第40册，第477页。

③ 文章末尾云："此卷既成，得叔雅七月六日来书，谓日内当逐条奉答，为之欣慰。他日叔雅书来，再为补刊于后焉。八月十八日记。"（《刘文典全集》[增订本] 第5册，第480页。）

定①,产生了良好的影响。

四、《淮南鸿烈集解》本的流传

　　正因为《集解》本的自身实力,商务印书馆在随后的几十年内不断重印和翻印此本。二十年代末至三十年代,王云五主管商务印书馆,策划并主编了著名的《万有文库》。刘文典的《淮南鸿烈集解》被列入《国学基本丛书》,收录在《万有文库第一集一千种》中。此本并非是初版的重印本,而是重新编辑的排印本。采用排印技术,更加经济适用,也更利于书籍的传播②。《集解》本能够快速传播,显然也得益于此。相对于二十年代的铅印本来说,出版于1931年4月的《集解》排印本(以下称《万有文库》本),因要降低成本,故其版式不再遵守古本样式,而是采用了行更密、字更小的现代版式(仍然是竖行),每页(相当于古本版式半页)有十四行,每行多达四十字。尽管容量有大幅增加,却是以牺牲阅读的舒适感为代价的。《万有文库》本除了价格低廉外,还有一大优势,就是进行了简单的句读。虽不能与新式标点相提并论,但也便于初学者。其句读统一采用黑圆点的形式,正文句读是用稍大一些的黑圆点标在文字的右下边,注文句读则用稍小一些的黑圆点标在文字的右下角。为了方便阅读,《万有文库》本还增加了一个包括每册目录的总目录。可见,这个版本确实遵循了王云五"最经济适用"与"贡献于社会"的出版理念。1971年,台湾粹文堂书局影印了《万有文库》本;1989年,上海书店也影印了《万有文库》本,将它列入《民国丛书》第五编;2015年,上海科学技术文献出版社再次影印《万有文库》本,将它列入《民国首版学术经典丛书·第2辑》。

　　除改编、翻印《集解》本外,商务印书馆还总是重印《集解》本。1932年初,日本侵略者轰炸了商务印书馆总部,致使资产损失达80%以上,40余万藏书被焚毁。但商务印书馆似是浴火重生,半年后宣布复业,许多古籍被重印。1933年8月,《集解》本亦被重印,其版权页特别标明"中华民国二十

---

① 当然亦有批评之声。胡适在1934年3月28日的日记中写道:"唐桂梁蟒邀吃饭,有张远伯、危道丰、陈博生诸人,都能喝酒,我也喝了不少,颇有醉意。又同到美仙园喝了不少啤酒。同席有湖南杨昭寯,字潜庵,近校注《淮南子》,席上与我谈,他颇不满意于刘叔雅的《集解》。"(《胡适日记全集》第七册,第92—93页。)杨昭寯(1881—?),字奉贻,湖南湘潭人,著有《净乐宦题跋稿》六卷、《汉书笺遗》十二卷、《吕氏春秋补注》一卷等,未见有《淮南子校注》一书。
② 王云五在《万有文库印行缘起》中说:"本文库之目的,一方在以整个的普通图书馆用书贡献于社会,一方则采用最经济与适用之排印方法,俾前此一二千元所不能致之图书,今可三、四百元致之。"

年八月国难后第一版"。强调"国难后第一版",当是为了纪念这段特殊的苦难岁月。1968年3月,台湾商务印书馆再次重印了二十年代的铅印本,被王云五列入《国学基本丛书四百种》。除商务印书馆重印外,日本株式会社1980年8月亦影印了二十年代的铅印本。

1949年以后,《集解》本在大陆沉寂了很长一段时间。直到1989年5月,中华书局将其纳入《新编诸子集成》中,以二十年代的铅印本为底本,予以重新编辑出版,可称之为《新编诸子集成》本。此本相较于《集解》本来说,主要有三个方面的变化。其一,添加新式标点;其二,增加附录一《淮南子校补》和附录二《淮南子佚文》,原有附录钱塘的《淮南天文训补注》成了附录三;其三,参校相关书籍作了改动①。显然,《新编诸子集成》本更有利于初学者与研究者。2017年6月中华书局又重版了此本,版式更精美。

1998年8月,安徽大学出版社联合云南大学出版社,在参照《新编诸子集成》本的情况下,又整理出版了商务印书馆的铅印本。由于此本是由殷光熹整理,刘文典的弟子张文勋审订,故可称之为张文勋审订本。此本除使用新式标点外,还对文本作了分段处理。与《新编诸子集成》相比,张氏审订本仅仅保留了原书的附录,并在每卷末尾出示比较详细的校记②。当然,最大的不同之处是增加了刘文典在云南大学任教时对原书的批语③。这是张氏审订本的最大特色。此本于1999年、2013年先后被收录在《刘文典全集》及《刘文典全集》(增订本)中。

第三节 刘家立的《淮南集证》本

就在商务印书馆出版刘文典《淮南鸿集解》的同时,另一个著名出版社

---

① 此本由冯逸和乔华点校,其《点校说明》云:"我们这次整理,除加全式标点外,还参校了有关书籍,凡有改动及存疑之处,均一一出校。为保持原书面貌,不另作分段。刘文典另有《三馀札记》,其中《淮南子校补》一百六十九条,《淮南子逸文》二十九条,今一并作为附录,以飨读者。"
② 此本《点校说明》云:"在点校全书时,凡有出入和存疑之处,均在每卷末出示校记。凡属倒字、缺字、坏字者,则随文改正或补入,一般不再出校。"
③ 此本《点校说明》云:"需要特别指出的是,一九四八年,刘文典先生在云南大学任教时,曾用朱笔对此书点读一通,中间又留下若干批语,至今未曾发表过。这次我们整理此书时,特将这些批语补入该书有关正文下的注文中。凡注文中标明'批语'二字者,即指刘先生的批语。至此,当使本书成为更完善的本子。"

中华书局也出版了刘家立的《淮南集证》。此即为杨树达所说的"二刘君校释《淮南》"。而且,两书的性质十分相似,名称中都带有"集"字,即汇聚众家之说。然而,两书的流传广度及产生的影响,却不能相提并论,《淮南集解》蜚声学界,而《淮南集证》几近无声。尽管如此,《集证》本在《淮南子》版本史上仍然有它特殊的意义,有必要作一番考究。

一、《淮南集证》本的形成

刘家立,自号耴翁,河北宛平人①,生平不详。《淮南集证》前有一篇《校正淮南内篇札记》,文中出现"本书""余之《集证》""此书"字样,故可知这篇札记实际上就是一篇自序,而且《淮南集证》已经成书,并准备出版。根据文章末尾的落款"七十七老人耴翁自识",可知刘家立在此书出版之际已七十七岁。已知《淮南集证》初版于民国十三年五月,即 1924 年 5 月。由此推算,刘氏大约生于 1848 年。可见,刘家立的主要生活年代还是在晚清,而非民国。若论资排辈,刘文典只是刘家立的晚辈后生,然而,《淮南鸿烈集解》的出版却早于《淮南集证》,并轰动学术界,完美诠释了"后生可畏"一语。

像这样汇集众家之说的著作,似乎都要经过一个较长的编撰过程,《淮南集证》也不例外。刘家立在《札记》中记述了他编撰此书的一些情况:"予于辛卯年在京口时,从友人处假顾氏千里《淮南校勘记》一册,系以道藏本校庄刻者,因迻录于庄本之上,是为校读《淮南》之始。"②辛卯年,即光绪十七年(1891)。刘家立在这一年过录了庄逵吉本顾广圻校语,这是他校读《淮南子》的开始,也是他编撰《淮南集证》的发轫期。所谓发轫,只是在庄本上过录他人校语,并未有创成一书的计划。

这个计划是在刘家立传录陈奂北宋本校语时产生的,他说:"世传《淮南》北宋本由黄氏士礼居转归汪阆原,道光年时陈氏硕甫曾有校本传钞于世。黄学士仲弢有迻录本,校勘一过,自比藏本为优,然亦不能无讹舛处。……予既传录藏本宋本校文,亦刺取诸先生之说,简端详记。岁月既久,眷集浸多,乃别写清本,分列各条之下,取便省览,非云述作。"③以前是直接在庄本书眉上过录

---

① 刘氏曾撰写过两篇校勘记,署名落款为"宛平刘家立",可见他是河北宛平人。中华书局《淮南集证》本又署名"北平刘家立"。盖北平乃大称谓,为一市,宛平是其中一小县城。
②《子藏·淮南子卷》第 57 册,第 421 页。
③《子藏·淮南子卷》第 57 册,第 421—422 页。

他人校语,因为太多而致繁琐,所以要"别写清本""分列各条之下"。所谓清本,相当于校正誊写好的文稿本。所谓分列各条之下,相当于组织架构。这实际上就是《淮南集证》的雏形。

自此之后,刘家立陆续集录王念孙等众家之说,最终形成皇皇大作。刘氏说:"此书自光绪辛卯年起,至丙申春藏事,当日仅一草订本存于箧笥,尚待誊真。壬子、癸丑间侨寓南昌,友人丰城熊君译元见而好之,谓可作《淮南》读本,因命写官录一清本。兹假得谭氏李氏两书,又增订数十条,实为幸事。"① 丙申,即光绪二十二年(1896)。此书自1891年开始编撰,至其草成,也有六年之久。壬子,即民国元年(1912)。癸丑,即民国二年(1913)。《淮南集证》草成之后,一直静待书箧十五年,在藏书家熊译元的推动和帮助下,才请人写成稿本。此后又有增订,直至1924年由中华书局正式出版,这个过程长达三十余年。如果仅从汇集众说这种撰著方式来说,刘文典并不是《淮南子》学史上的第一人,明代很多评点本的编辑者都是先行者。而将这种方式发展成一种清晰的编撰理念和系统性的方法,刘家立应该也是早于刘文典的②。不同的是,刘文典将这种理念和方法作了延伸性发展,以"文典谨按"的形式摆脱纯粹堆积资料的嫌疑,并最早出版这方面的成果,因此,他的《集解》本具有里程碑意义,而非刘家立的《淮南集证》。

二、《淮南集证》本的特征

就像《淮南集解》一样,《淮南集证》的出版也经历了一段较长时间,但由于资料阙如,难以详考其过程。在此书出版之前,杨树达就知道了它的出版机构,这说明当时此书的一些信息已在学术界传播。《淮南集证》交付当时名气仅次于商务印书馆的中华书局出版,从侧面印证了此书亦非泛泛之作。中华书局对此书版式作了精心设计,使用了刚收购不久的丁氏兄弟监造的聚珍仿宋字体,整体观感较佳。

---

① 《子藏·淮南子卷》第57册,第426页。
② 确切地说,刘家立也不是这种方法的发明者。他自己说:"《淮南书》博大精深,网罗先秦古籍至为完备。谭复堂氏谓为九流之钤钥,欲求百家之学者,当以此为权舆。谭氏曾于庄本校录诸家之说,友人徐君行可有迻录本,向其假阅,其搜辑与予大致相同,其自校各条采入书内。"(《子藏·淮南子卷》第57册,第425页。)可见,谭献早在刘氏之前,就汇录诸家校勘之说,并留有自己的校语。事实上,清代很多批校本都有过录众家校语的现象。但这不能看成是一种撰书的行为,只是学者校阅古书的一种札记。

《集证》本亦遵古籍版式，四周单边，双黑鱼尾，有行格，版心顶端题"淮南集证"，上鱼尾下题卷数，下鱼尾下题页码，版心底端题"中华书局聚珍仿宋版印"。此本每半页十一行，每行二十字，卷首名题"淮南内篇集证"及相应卷数，次行署名"北平刘家立纂"。为方便阅读，此本还作了简单的句读，即正文以白圆点标记于文字的右边中部位置，引用各家之说则以小黑点标记于文字的右下角位置，但原书注文并无句读[1]，似乎不太协调，其目的可能是为了突出所汇集的各家之说。此本扉页有题字，内容为"淮南集证""野侯题耑"[2]，封底有版权声明及出版时间[3]。此本共分十册，前九册每册两卷，最后一册三卷。

《淮南集证》的性质虽与《淮南集解》相类似，但"集证"与"集解"一字之差，也代表着两者之间的细微差别。刘家立在采辑钱塘的《淮南天文训补注》时说："予之集证，以文字为主，不及义释。钱氏溉亭《天文训补注》乃补高氏所未释，今于其书中有关乎讹误者录之，其注文概不采入。"[4]所谓以文字为主，就是文本校勘，以文从字顺为依归，不深究其中义理。从这一点说，《淮南集证》所汇集的仅是清儒与《淮南子》文本相关的校勘成果，而不涉及义理注释。这也可以从书前的《采辑诸家书目》看出："陈氏奂校宋本；顾氏千里校道藏本；谭氏献校庄氏本；王氏念孙《读书杂志》；刘氏台拱《淮南子补校》；钱氏塘《淮南天文训补注》；蔡氏云《注月令章句》；卢氏文弨《钟山札记》；洪氏颐煊《读书丛录》；桂氏馥《札朴》；梁氏玉绳《瞥记》；俞氏樾《淮南内篇平议》；陶氏方琦《淮南许注异同诂》；孙氏诒让《札迻》；蒋氏超伯《南漘楛语》；李氏哲明《淮南义训疏补》。"[5]其中有不少批校本，也有读书札记，还有校释专著，都是围绕《淮南子》文本校勘而展开。

三、《淮南集证》本的底本

除《采辑诸家书目》所列著述外，《淮南集证》实际上还引用了很多庄逵吉的校语，却不被刘家立列入《书目》。尽管这些校语都来自庄氏校刊本，但刘

---

[1] 原书注文，此本使用稍小字体，但与正文同占一行，只是用"注"字标明，以示区别。
[2] "野侯"，即高野侯。高野侯（1878—1952），字时显，号欣木、可庵，浙江杭县（今余杭）人，清末举人，书画家。
[3] 版权声明为"有著作权，不准翻印"；出版时间为"民国十三年五月印刷，民国十三年五月发行"。
[4] 《子藏·淮南子卷》第57册，第425页。
[5] 《子藏·淮南子卷》第57册，第429—430页。

家立对庄逵吉本评价很低,他说:"《淮南内篇》自宋刻外,昔人所称以道藏本、刘绩本为最古,然已不可多见。乾隆间武进庄氏本出,当时以为得藏本之真,高邮王氏抉择而参证之,而后知其书之不足据也。"① 又说:"庄本讹舛脱误不可殚述,又其付刊时未曾细意校雠,故于附案各条中帝虎陶阴亦复时见,宜顾氏取以为消也。此录采择其言,兼刊其误,庶不没前人校订之苦心。"② "书之不足据""讹舛脱误不可殚述",均是非常严厉的批评。

然而,奇怪的是,在刘氏眼里如此不堪的庄逵吉本,居然成了《淮南集证》本的底本。这一点无可怀疑,不仅刘氏自称"迻录于庄本之上"③,而且《淮南集证》本有许多庄本的独特异文。例如,《俶真训》注文:"许由,阳城人也。尧所聘而不到者也。"此中"到"字,除庄本外,以前所有版本均作"利"。又如,《天文训》:"西方曰颢天。"此中"颢"字,惟庄本作"颢",道藏本、刘绩本作"皓",景宋本、茅一桂本作"昊"。又如,《地形训》注文:"离气所生也,一曰恺风也。"此中"恺"字,惟庄本作"恺",以前所有版本均作"凯";又此篇注文"文皮,虎豹之皮也"与"纳虎豹之皮以请和诸戎",此中两"虎豹",惟庄本皆作"虎豹",道藏本、刘绩本、朱东光本、影宋本均作"豹虎",叶近山本前作"虎豹",后作"豹虎",茅一桂本及其子本前作"豹虎",后注文被删。再如,《览冥训》注文:"蹞,读猿猴蹯蹂之蹯。"此中"蹂"字,惟庄本作"蹂",道藏本、刘绩本、影宋本作"噪",叶近山本作"躁"。基于这些证据,《淮南集证》的底本无疑就是庄逵吉本。

然而,其底本是庄氏原刊本还是浙江书局重刊本?从刘家立对庄本"兼刊其误"的评语来看,《淮南集证》的底本似乎就是原刊本。因为浙江书局重刊本订正了原刊本十之七八的误字,其文本质量在《淮南子》所有版本中已属于前列。若是以重刊本为底本,应该不会发出"讹舛脱误不可殚述"的批评。事实上,将《淮南集证》、原刻本和重刊本的一些主要异文进行对比,我们会发现《淮南集证》与《淮南集解》一样更接近于重刊本。具体如下:

《原道训》2例:"土处下不争高",同庄本,浙本"争"作"在";"放准循绳",同庄本,浙本"放"作"故"。

---

① 《子藏·淮南子卷》第57册,第421页。
② 《子藏·淮南子卷》第57册,第423页。
③ 根据刘氏自己的说法,他最初校读《淮南子》时,是把各家学说纂辑在庄逵吉本上。但是,后面又有两次"别写清本",是否还是用庄逵吉本为底本誊写,刘氏并未作出说明。

《俶真训》1例:"寂漠萧条",庄本"漠"作"莫",浙本"漠"作"寞"。

《天文训》1例:"音比大吕",庄本"大"作"太",同浙本。

《地形训》2例:"月建在申",庄本"申"作"中",同浙本;"寒冰之所积也",庄本"冰"作"水",同浙本。

《时则训》8例:"犦牛特牛也",同庄本,浙本"特"作"持";"才过千人为杰",同庄本,浙本"千"作"于";"暴布则脆伤也",同庄本,浙本"脆"作"脃";"白与黑为黼",庄本"黼"作"黻",同浙本;"黑与赤为文",庄本"黑"作"青",同浙本;"二十五月之数也",庄本"二十"作"廿",同浙本;"时雪当降而不降",庄本"当"作"将",同浙本;"以土德王天下",庄本"德"作"得",同浙本。

《览冥训》9例:"雍门子名周善弹琴",庄本"周"作"固",同浙本;"见于外如珥也",庄本"珥"作"弭",同浙本;"忽然来至无形兆也",庄本"兆"作"逃",同浙本;"入榛薄食荐梅",同庄本,浙本"入"作"人";"一同也",庄本"同"下有"心"字,同浙本;"言所有馀",庄本"馀"作"余",同浙本;"但数占龟莫得吉兆也",庄本"占"作"卜",同浙本;"道路辽远",庄本"路"作"马",同浙本;"格榜床也",庄本"床"作"楚",浙本"榜"作"搒"。

《精神训》4例:"神明之宅也",同庄本,浙本"宅"作"定";"蝘蜓蜥蜴也",庄本"蜴"作"易",同浙本;"喜缘壁非守宫",庄本"宫"作"空",同浙本;"西乡士之子司城乐喜也",同庄本,浙本"卿"作"乡"。

《本经训》8例:"竭泽漏池也",庄本"竭"作"渴",同浙本;"孕妇妊身将就草之妇也",庄本"草"作"孕",同浙本;"巧伪纷挐以相攉错",庄本"伪"作"为",同浙本;"稻粱饶馀",庄本"粱"作"梁",同浙本;"接径历远",庄本"径"作"经",同浙本;"道读道路之道也",庄本作"道谓道布之道也",浙本"路"作"布";"橐冶炉排橐也",庄本"冶"作"治",同浙本;"本伤义丧也",庄本"伤"作"丧",同浙本。

《主术训》8例:"冬日仁物归阳",庄本"仁"作"人",同浙本;"傅说为高宗谋",庄本"傅"作"传",同浙本;"专制",庄本"制"作"致",同浙本;"茅茨不翦",庄本"翦"作"剪",同浙本;"采椽不斲",庄本"椽"作"掾","斲"作"断",同浙本;"言之而非虽贵罚也",庄本"贵"作"责",同浙本;"夫据榦而窥井底",庄本"榦"作"除",同浙本;"未蛰不得用烧田也",庄本"不得用"作"用不得",同浙本。

《缪称训》3例:"不兢其容",同庄本,浙本"兢"作"兛";"商鞅为秦孝公立治法"，庄本"公"作"分"，同浙本；"行无常宜"，同庄本，浙本"常"作"尝"。

《齐俗训》3例："欲遍澹万民"，同庄本，浙本"澹"作"赡"；"故圣人裁制物也"，同庄本，浙本"裁"作"财"；"是犹发其源而壅其流也"，庄本作"是犹"作"由是"，浙本"是犹"作"是由"。

《道应训》4例："轮扁斲轮于堂下"，庄本"扁"作"人"，同浙本；"柱则正"，庄本"正"作"直"，同浙本；"无所不极"，庄本"极"作"及"，同浙本；"守房心则地动也"，同庄本，浙本"房"作"庚"。

《氾论训》3例："凡六畜自来而取之曰攘也"，庄本"也"作"之"，同浙本；"佐翼武王伐纣也"，庄本"佐"作"左"，同浙本；"内合于君"，庄本"合"作"君"，同浙本。

《诠言训》1例："一人之身既数变矣"，庄本"人"作"身"，同浙本。

《兵略训》2例："鹔羽之矢也"，庄本"鹔"作"箭"，同浙本；"彼若有间急填其隙"，同庄本，浙本"间"作"问"。

《说山训》2例："有玉杯必有熊膰豹胎"，庄本"膰"作"番"，浙本"膰"作"蹯"；"虽贪者不搏"，庄本"贪"作"贫"，同浙本。

《说林训》2例："故使小儿之畴自矜大也"，庄本"儿"作"人"，同浙本；"鬼憎神巫"，庄本"巫"作"筮"，同浙本。

《人间训》4例："后有庡丘"，庄本作"后有庄邱"，浙本作"后有庄邱"；"燕常侵魏八城"，同庄本，浙本"八"作"入"；"戏地名在新豊"，庄本"豊"作"豊"，同浙本；"武王荫暍人于樾下"，庄本"人"作"入"，同浙本。

《修务训》14例："禹定千八百国"，庄本无"百"字，同浙本；"不死子纠之难而奔鲁"，庄本"鲁"作"秦"，同浙本；"不可教化而非学"，庄本"化"作"也"，同浙本；"黄帝垂衣裳"，庄本"裳"作"常"，同浙本；"惟此故也"，庄本"惟"作"推"，同浙本；"欲速得秦救也"，庄本"得"作"则"，同浙本；"率车五百乘以救楚"，庄本"率"作"卒"，同浙本；"踰塞而东"，庄本"踰"作"喻"，同浙本；"柱桡曲弱"，同庄本，浙本"桡"作"挠"；"服剑者期銛利"，庄本"銛"作"恬"，同浙本；"阿细縠锡细布"，庄本"縠"作"穀"，同浙本；"车轮倒也"，庄本"倒"作"到"，同浙本；"淹久也浸渍也"，庄本作"淹久浸渍"，浙本作"淹久浸渍"；"梗柟豫章之生"，庄本作"梗柟豫章之生也"，浙本末尾有"也"字。

《泰族训》4例："气之侵入者也"，同庄本，浙本"入"作"人"；"夫妇之辨"，庄本"辨"作"辩"，同浙本；"礼义修而任贤得也"，庄本"得"作"德"，同浙本；"师涓为平公鼓朝歌北鄙之音"，庄本"涓"作"延"，同浙本。

《要略》3 例："纯朴太素也"，庄本"太"作"大"，同浙本；"江水通别为九"，庄本"别"作"则"，同浙本；"线曰丝也"，同庄本，浙本"曰"作"细"。

上述 88 例异文中，《集证》本同于庄氏原刊本的有 17 例，占 19.3%；同于重刊本的有 62 例，占 70.5%；另有 9 例为刘氏校改，占 10.2%。在这 71 例不同于庄氏原刊本的异文中，仅有少数异文刘氏列出了校者说法，更多的是直接袭取于重刊本。这种情况说明，刘氏虽然自称"迻录于庄本之上"，但这个庄本更有可能是浙江书局重刊本，或者他用重刊本对原刻本直接做了校改。

四、《淮南集证》本的不足

尽管用庄本作了《淮南集证》的底本，但刘家立并未将它"放在眼里"，而是肆意直改，致其原貌全非[①]。这与刘文典的校勘理念有着天壤之别。《集解》本中，"文典谨案"中"谨"字，代表刘文典在处理文本时的谨小慎微，从不轻易直改原文。而刘家立本着"庶不没前人校订之苦心"的愿望，欲以《淮南集证》为载体将清儒的校勘成果转化，便直接在庄本上校改原文，期望创造出他心目中的完善之本。这可谓《集证》本的一大特色。在《淮南子》版本史上，明人校刊往往好改原文，不作说明。与之不同的是，刘家立作了说明，他在校正的文本下先引用清儒校勘之说，或罗列自家校语[②]，最后以"今据改""今据增""今据删""今改正""今删去"等语作结。这种校改现象在二十一篇中很常见，导致《集证》本与其底本渐行渐远。

刘家立热衷于直改原文，其主要原因还是在于他的校书理念。刘氏说："今本牴牾纰缪，虽诸家参考详密，时复见于行间。宋宣献有言：'校书如拂几上尘，旋拂旋生是也。'今复细加钩析，敓字既增，误文亦削，其义类所触，或撦实略虚，或舍新征旧，要亦因其有可征者而妄参之，拘学抱呡尺之义，惟文字是求，而传讹沿误之说不取焉。"[③]他相信校书就如拂拭桌上的灰尘，需要时时拂拭清除，否则会越积越多，遮蔽原来的面目。所谓拂拭清除，就是要直接在原

[①] 从版式上说，《集证》本舍弃了庄本的庄序和目录，把原来的《叙目》改回为《淮南鸿烈解叙》，仅保留了"汉涿郡高诱撰"的署名。
[②] 说到底，《淮南集证》是由批校本演化而来，除引用别家校语之外，刘氏也以"家立按"的形式发表自己的看法。与《淮南集解》相比，《淮南集证》中此类自家按语要少许多。
[③] 《子藏·淮南子卷》第 57 册，第 425—426 页。

文上校改，不可隔靴搔痒。当然，刘氏对清儒的校勘也不是不加分辨地吸收，那些蹈虚追新之说、传讹沿误之说一概不取。因此，在刘氏看来，他的每一处校改就像对症下药，药到病除。

但事实上，校书也会常常出现误诊和乱开药的情况。很多学者并不认同直接校改原文的校书行为。所以，《集证》本出现以后，并不像《集解》本那样受到广泛关注。相反，它遭到了非常严厉的批评。例如，杨树达在四十年代写就的《淮南子证闻》中评价说："《集证》虽有一二可取处，然其校勘立说多疏，往往不通句读，妄为改乙，浅陋殊甚。余间施纠驳，不暇一一诘正，特发凡于此，以祛疑惑。"① 六十年代初，吴则虞在《淮南子书录》评价说："此书与刘文典《集解》后先刊行，取材亦相埒。惟李明哲、蒋超伯诸书，文典未引耳。书内好据王念孙之说改字，引诸家疏说，亦多节略。美意传书，未臻大雅。"② 七十年代末，台湾学者于大成在《淮南王书考》一文中说："《集证》之刻，后《集解》一年，取材不逮《集解》，然亦有五六种为《集解》失收者。书内每据王氏《杂志》、俞氏《平议》改字，引诸家校语亦多节略。其自为说者不多，而非多于是。……甚且有在高注十三篇中前人校语有引及类书所引许注者，即据以删去今本原有高注而代之以许注者，如此甚多。校书而书亡，于《集证》见之矣。熊译元谓其书可作《淮南》读本，闻朏翁之意，亦复如此。意则媺矣，其奈力有不足何！"③ 九十年代初，何宁在《淮南子集释自序》中说："既有刘家立《淮南集证》，其书多依王、俞说轻改原书，或不言所据，臆为窜易，不足为训。"④ 以上诸人评说，其批评的焦点就在于《集证》本轻改原书，以致校书而书亡。可见，直改原书文本既是《集证》本的一大特色，又成了它的最大软肋。

尽管《集证》本历来评价不高，但也不是一无所用。中华书局在初版之后，于1934年8月再版了一次，1978年台北广文书局又重印了一版，这说明《集证》本仍在不断被使用与流通。而且，在它问世后，用以学术研究的资用者亦不在少数。据统计，杨树达的《淮南子证闻》引证《集证》本约有23处，马宗霍的《淮南旧注参正》约有9处，郑良树的《淮南子斠理》约有1处，于大成

---

① 《子藏·淮南子卷》第60册，第384页。
② 《文史》第二辑，第308页。《集证》本不仅仅是根据王念孙之说改字，还据顾广圻、俞樾、陶方琦等人以及他自己的说法改字、删字、补字。
③ 于大成《淮南鸿烈论文集》，里仁书局2005年，第47—48页。
④ 何宁《淮南子集释》，中华书局1998年，第1页。

的《淮南子校释》约有 12 处,张双棣的《淮南子校释》引证最多,约有 71 处,据《集证》本更正道藏本约有 5 处。值得指出的是,张双棣或受刘氏影响,亦好直改原书,但取证更加谨慎、严密。总之,《集证》本虽在《集解》本后一年问世,但其书稿成形及编撰理念与方法要远早于《集解》本,在《淮南子》版本史上亦值得书写一笔。

第三章 民国《淮南子》版本的转型——节选本

第一节 面向国学教育的《淮南子》节选本

明代节选本的数量虽然很多,但其目的基本是为举子举业服务的。进入清代,节选本不受关注,因而数量极少,质量也无足称道。自民国建立以来,新的节选本不断涌现,除了服务学术之外,其中还有一个目的,就是服务于大学的国学教育和大学生的阅读,从而走上了现代转型之路。

一、上海中华书局的《淮南子精华》本

上海中华书局所编的《淮南子精华》本(简称《精华》本),是民国时期最早服务于国学教育和大学生阅读的《淮南子》节选本。该本序文云:"士生今日,不得多觏古籍,笃耆者至撢讨类书,辑佚之以成一家言,订立篇目,条附件系,存其辜较,葆之有逾于恒,矧乎此书之为古籍渊海也。大梁侯氏撷其箐华,楮叶具备,并采评注,序而刊之,其诸好古者亦有乐于斯焉。"① 所谓士生,多指在读大学生,当然也不仅限于此,好读古书者亦在其列。正因为《淮南子》乃"古籍渊海",所以河南开封人侯氏执笔编撰了《淮南子精华》,以便于阅读和教学之用。该本特别标记"教科自修适用""教科适用",明确其用途,这在《淮南子》版本史上还是首次。

根据版权页,《精华》本最初在民国四年(1915)一月由中华书局出版。该本虽从属于《文学精华廿二种》,但作为单行本发行,共上、下两卷。该本古籍版式,四周双边,黑口,单鱼尾,有书眉栏,无行格。此本正文每半页十二行,每行二十九字,版心上端题"淮南子精华",鱼尾下题卷数及页码,版心下端题"中华

---

① 《子藏·淮南子卷》第56册,第247页。

书局印行",前有《序》和《淮南子精华目录》,书眉栏印有评语,正文亦有圈点。可见,《精华》本并非单纯的节选本,而是兼具评点,可谓是评点类节选本。

《精华》本虽然首次面向"教科自修适用",但是绝少创新,全靠承袭、因仍而成。该本仅节选篇目,正文则皆全录,不做删节,上卷全录《俶真训》《缪称训》和《诠言训》三篇,下卷全录《兵略训》和《泰族训》两篇,每篇末尾附有音释。查其评语,所录"茅鹿门""袁石公""张宾王"三人评语全部来自明末张炜如集评本,无有例外①。查其圈点,尽管圈点符号有所差异,但被圈点的文字也基本与张炜如集评本相同。查其音释,绝大部分来自张炜如集评本,只是文前贯以"高云"二字。从这个方面说,《精华》本应视为对古本的一种整理,绝少有编选者自己的研究心得②。

查明了《精华》本承袭和因仍的对象,实际上就等于查明了它的底本,即张炜如集评本。除了评语、圈点全部来自张炜如集评本外,此本还有张本的其他痕迹。评语方面,张炜如集评本还有一些未标明姓名的评语,当是张氏自评,《淮南子精华》也同样辑录。例如,《俶真训》"衰音差"、"茅本'渐'字为句,张本'有衰渐'五字为句"③,皆原封不动袭自张炜如集评本。文本方面,张炜如集评本存在一些独特的异文,《淮南子精华》也同样保留。例如《俶真训》"其形虽有所小用哉"中"用",仅张炜如本作"用",以前所有版本均作"周";又如《缪称训》"而明有所害"中"所",仅张炜如本作"所",以前所用版本均作"不"。这些异文后被庄逵吉本吸纳,但《精华》本并未将庄本作为底本。这是有据可依的。例如《俶真训》"灌以瀿水",该本音释:"高云:瀿,波暴溢也。"④这条注文,庄本所无。当然,《精华》本也参考了庄本的成果。例如,《俶真训》"引楯万物",该本音释:"庄逵吉谓引楯当作擂,从手旁。"⑤据统计,《精华》本以"庄逵吉谓""庄氏谓"引用庄本校语,约有38条,足以说明庄逵吉本是侯氏编辑《精华》本的最重要参校本。

节选本多是以撷取原书精华,节省读者时间为目的,《精华》本也不例外,

---

① 除此三人评语之外,《淮南子精华》还辑录了少数几条潘文在、徐太生、李维垣的评语。
② 在此书所录五篇中,《缪称训》《诠言训》《兵略训》《泰族训》四篇的古注均为许慎之注,而编者于音释中皆贯以"高云"二字,反映出编者对《淮南子》并未有过深入研究。
③ 《子藏·淮南子卷》第56册,第261页。
④ 《子藏·淮南子卷》第56册,第270页。
⑤ 《子藏·淮南子卷》第56册,第268页。

它在推广语中宣称"删繁节要,时半功倍",即是明证。尽管《精华》本绝少有编选者的研究心得,但作为资料汇编,又是面向"教科自修适用""教科适用",所以它的销售量十分惊人,至民国十七年(1928)九月时已发行六版。不过,自此之后便罕见针对此本的重印本了。

二、陆翔的《淮南子精华》本

陆翔,江苏吴江人,著名书画家陆恢(1851—1920)之子,生平不详。陆翔编撰《广注四部精华》,因明确其读者是青年、学生,所以将经史与词章之书也收揽进来,使选文范围得到了极大拓展,这是节选本的一大进步。《广注四部精华》以经、史、子、集分类,《淮南子》被列入《子部》,命名为《淮南子精华》。

《广注四部精华》最初由世界书局在民国十二年(1923)五月分成三十册出版,所以,《淮南子精华》本最初也是在1923年发行的。该本仿造古本样式,以古版半页作为一页,无版心,无鱼尾,四周单边,每页十六行,分行格,每行三十六字。该本不分卷,仅选录《诠言训》和《兵略训》两篇,篇中文字也不作删节[1]。每篇皆有简单句读,正文之后附有注释。察其注释,几乎全部来自原书旧注,纂辑者只做了精简和整理的工作。

对于为何仅选录《诠言》《兵略》两篇,陆翔并未作出说明。《四部精华·例言》云:"是书当编选之际,确定'精华'二字为宗旨,故每书中或仅取一二篇,或广收至数十百篇,或寥寥数十字,而神味渊厚者收之,或长至万言,而精神弥满、结构谨严者亦收之。长短多寡,皆所不计,惟神采精义之有无,为去取之断。"[2]《诠言训》六千余言,《兵略训》近八千言,可谓名副其实的长篇。按照《例言》所说,则此两篇应该属于"精神弥满、结构谨严者",富有"神采精义"者。所谓神采,多指行文奇恣;所谓精义,多指义理精新[3]。览观《诠言训》

---

[1]《四部精华》对于删节十分谨慎,此书《例言》云:"选辑古书,以割裂为深戒,然是书重在诵读,往往有极长之文,其精彩处只有一二处,若因一二处之可采,而录其全篇,则卷帙将因是而累重,若因可采处少而悉弃之,则又未免可惜。故不得不用节录之法,惟节录之一段,仍以自成首尾为断,决不使有割裂之痕。而于目次之中,则既列原书篇名以存其真,又以摘录之节名,分注于下,以核其实。"(世界书局1934年,第1—2页。)

[2] 陆翔《四部精华》,第1页。

[3] 此书《例言》说:"陈义最精新、行文最奇恣者,莫如子部。治国故者,不可不多读子书,以窥古人之微言奥义。治文学者,亦不可不多读子书,以探文字伟丽变幻之观。故本书于子部搜罗特详,入选者有六十余种。惟选择之际,力求审慎,或于数十篇中存其四五,或于长篇中摘取数节,一以义精辞伟为断。"(陆翔《四部精华》,第2页。)

《兵略训》两篇,或差可似之。

对所录《诠言训》《兵略训》两篇所据何本,陆翔仍然未予说明。今用这两篇的文本与诸本相对照,通过异文来确定它的底本。具体如下:

《诠言训》异文27例:"故动而谓之生"中"谓",同刘本、王本、张本、庄本,而宋本、藏本、茅本作"为";"圣人不为名尸"中"为",同刘本、王本、张本、庄本,而宋本、藏本、茅本作"以";"有虚舟从一方来"中"舟",同刘本、王本、张本,而宋本、藏本、茅本、庄本作"船";"所生者弗德"中"德",同宋本、藏本、刘本、王本、茅本、张本,而庄本作"得";"而可以退而修身"中前"而",同宋本、藏本、刘本、王本、茅本、张本,而庄本作"不";"人伪灭也"中"伪",同藏本、张本、茅本、庄本,而宋本、刘本、王本作"为";"故世有盛名"中"盛",同刘本、王本、张本、庄本,而宋本、藏本、茅本作"圣";"背数而任己"中"背",同浙江书局重刊庄本,而宋本、藏本、刘本、王本、茅本、张本、庄本均作"货";"桀纣非以汤武之贤暴也"中"贤暴",同宋本、藏本、茅本、张本、庄本,而刘本、王本作"贤而暴";"则为名者不伐无罪"中"名",同茅本、张本、庄本,而宋本、藏本、刘本、王本作"民";"仁者不以位为患"中"患",同宋本、藏本、茅本、张本、庄本,而刘本、王本作"惠";"一人之身既数变矣"中"人",同王本、庄本,而宋本、藏本、刘本、茅本、张本作"身";"以御强敌"中"御",同刘本、王本、张本、庄本,而宋本、藏本、茅本作"围";"重于滋味"中"重",同刘本、王本、张本、庄本,而宋本、藏本、茅本作"推";"一置一废"中"置",同王本、张本、庄本,而藏本、刘本作"值",宋本、茅本作"植";"扶其情者害其神"中"扶",同宋本、刘本、王本、张本、庄本,而藏本、茅本作"失";"喜德者必多怨"中"德",同刘本、王本、张本、庄本,而宋本、藏本、茅本作"得";"善见则怨从之"中"怨",同宋本、藏本、茅本、张本、庄本,而刘本、王本作"恶";"岂加故为哉"中"为",同宋本、茅本、张本、庄本,而藏本、刘本、王本作"焉";"虽不能必先载"中"载",同刘本、王本、张本、庄本,而宋本、藏本、茅本作"哉";"淑人君子其仪一也其仪一也心如结也"中"其仪一也其仪一也",同宋本、茅本、张本、庄本,而藏本、刘本、王本作"其仪一也";"周公殽膰"中"殽",同刘本、王本、张本、庄本,而宋本、藏本、茅本作"散";"弗能无亏"中"无",同宋本、茅本、张本、庄本,而藏本、刘本、王本脱;"非以智不争也",同宋本、藏本、茅本、张本、庄本,而刘本、王本作"非以智也以不争也";"故廉而能乐"中"廉",同刘本、王本、张本、庄本,而宋本、藏本、茅本作"兼";"自死而天地无穷亦滔矣"中"地",同宋本、藏本、刘本、王本、茅本、张本，而庄本作"下"；"葬其骸于旷野之中"中"旷"，同宋本、藏本、刘本、王本、茅本、张本，而庄本作"广"。

《兵略训》异文20例："皆有小过而莫之讨也"中"讨"，同宋本、茅本、张本、庄本，而藏本、刘本、王本作"计"；"而齐桓晋文之所以成霸也"，同宋本、藏本、刘本、王本、茅本、张本，而庄本脱"晋文"二字；"生长而无计量"中"生"，同刘本、王本、张本、庄本，而宋本、藏本、茅本作"出"；"象日月之运行"中"运行"，同刘本、王本、张本、庄本，而宋本、藏本、茅本无"运"字；"察行陈解赎之数"中"赎"，同宋本、藏本、茅本、张本、庄本，而刘本、王本作"续"；"疾如锥矢"中"锥"，同宋本、藏本、茅本、张本、庄本，而刘本、王本作"鍭"；"而天下得矣"中"得"，同刘本、王本、张本、庄本，而宋本、藏本、茅本作"传"；"而威之所制者广"中"而"，同张本、庄本，而宋本、藏本、刘本、王本、茅本作"则"；当以生击死中"击"，同刘本、王本、张本、庄本，而宋本、藏本、茅本作"系"；"凌之若波"中"凌"，同刘本、王本、张本、庄本，而宋本、藏本、茅本作"陵"；"什伍搏"中"搏"，同张本、庄本，而宋本、藏本、刘本、王本、茅本作"抟"；"不摆䗪喙"中"䗪"，同张本、庄本，而宋本、藏本、刘本、王本、茅本作"唇"；"而无人力之奉"中"奉"，同宋本、藏本、庄本，而刘本、王本、茅本、张本作"捧"；"此世传之所以为仪表者固也"中"固"，同茅本、张本、庄本，而宋本、藏本、刘本、王本作"因"；"上视下如弟"中"视"，同王本，而宋本、藏本、刘本、茅本、张本、庄本作"亲"；"然后敢饮"中"然"，同刘本、王本、茅本、张本、庄本，而宋本、藏本作"而"；"国虽大人虽众"中"大人虽"，同宋本、茅本、张本、庄本，而藏本、刘本、王本脱此三字；"出入解续"中"续"，同刘本、王本、茅本、张本、庄本，而宋本、藏本作"赎"；"退斋服"中"斋"，同张本、庄本，而宋本、藏本、刘本、王本、茅本作"齐"；"无道国也"，同张本、庄本，而宋本、藏本、刘本、王本、茅本作"无道之国也"。

上述47例异文中，有43例与张烒如本相同，占比91.5%；有40例与庄逵吉本相同，占比85.1%；有25例与王蓥本相同，占比53.2%；有23例与刘绩本相同，占比48.9%；有18例与影宋本相同，占比38.3%；有17例与茅一桂本相同，占比36.2%；有13例与道藏本相同，占比27.7%。根据这一组数据，我们可以基本确定《精华》本的底本就是张烒如本。当然，这一组数据也告诉我们，除了底本之外，《精华》本必定还有参校本，这个参校本就是庄逵吉本。还有1例异文值得注意，即"背数而任己"，诸本之中仅浙江书局重刊庄逵吉本作"背",余本均作"货"。很显然,《精华》本所用的庄逵吉本应是浙江书局重刊本。

《四部精华》初版以后,被多次重版、改版发行,《淮南子精华》的版本也随之变化。初版是分成三十册发行,至1934年9月则被改成三册发行,其中经部、史部为一册,子部为一册,集部为一册。仅过了两个月,三册本的《四部精华》已发行至第三版;至1935年1月,又发行了第四版。此年2月,世界书局再次改版《四部精华》,将二十年代的石印本改成了容量更大的排印本,自名为"普及本"。这些版本的变化,足以能够说明《四部精华》的畅销程度,同时也反映了《淮南子精华》的广泛传播①。改革开放后,《四部精华》仍然活跃于书肆。1988年10月,北京古籍出版社影印出版了《四部精华》世界书局1934年石印本,1990年6月精装重印,1994年6月再版,1996年6月又一次再版。除影印本外,岳麓书社于1991年1月出版了宇林等点校的《四部精华》整理本。1995年1月,河北人民出版社进一步出版了文白对照的《四部精华》整理本。众多新版本的产生,对于传播《淮南子精华》起到了一定作用。

三、沈德鸿的《淮南子选注》本

较之《淮南子精华》,沈德鸿编撰的《淮南子选注》本(以下简称《选注》本),其服务对象更加明确,即在读学生。因而,此本也更具有现代气息,是首次使用新式标点的《淮南子》节选本。

沈德鸿(1896—1981),字雁冰,笔名茅盾,浙江桐乡人。他1916年入职上海商务印书馆,开启了长达十年的编辑和撰稿工作,其《淮南子选注》就是完成于这个时期。根据书前《绪言》的落款②,该书在民国十四年(1925)即已成形。可能是因为要纳入《万有文库第一二集简编五百种·学生国学丛书》的缘故,《淮南子选注》直到民国十九年(1930)十月才得以正式出版。

《选注》本前有《学生国学丛书编例》《绪言》《凡例》《目录》,其中《绪言》《凡例》乃选注者自撰。《绪言》主要论述了编选者对刘安及其《淮南子》的认识,里面多有学术见解,也反映出沈德鸿曾对此书做过一定的研究。正因

---

① 畅销的原因恐怕在很大程度上是此书专门面向学生发行。《例言》云:"本书传供学生课外自修之用,故四部入选之篇,凡奇句奥义,均加注释于篇末,以节读者翻检探索之劳。"
② 落款为"十四年三月十七日,沈德鸿",见《子藏·淮南子卷》第56册,第399页。

为如此，《选注》本的质量颇高，非一般节选本可比。该本选录了《俶真》《览冥》《精神》《齐俗》《道应》《诠言》《人间》《要略》八篇，对每篇的内容不作删节，而是作进一步的整理，如划分段落、用上标点、标注音读、附以注释等。这些新的变化都是遵循《学生国学丛书》的要求而来①。就实用这一点看，该本无疑比以往的节选本更便于学生学习。

那为何只选中了这八篇的文字？沈德鸿自己回答说："《淮南子》非一人撰著，非一家之言，故全书无所谓'中心思想'。此篇所选，无非根据了选者主观的嗜好，并无若何深长之意义。"②在他看来，因为《淮南子》原书没有一个中心思想，所以并不需要一个统一的客观标准来取舍，单纯凭选者的主观喜好即可。然而，作为《学生国学基本丛书》中的一种，《淮南子选注》仍然要遵循《编例》中所规定的一个客观标准，即足以表现其书、其作家的思想精神和文学技术。览观沈氏所选各篇，基本能够集中体现《淮南子》的思想精神和文学技法。特别是文学技法，沈德鸿尤其给予了关注。他总结说："古来文人很多爱读此书，大概就取它的材料诡异和文词奇丽罢了。"③可见，《选注》本虽依凭主观喜好而定，但仍然有一定标准可循。

至于这八篇所据何本？沈德鸿在此书《凡例》中也说得非常明白。他说："现代刘文典搜集众说，间附己意，为《淮南鸿烈集解》，翻阅甚便。今注所选各篇，即以《集解》为底本，但取解释明白，不复详其出处；此则无非要节省读者的时间而已。"又说："标点所用之本，为浙江局刻庄鸿逵校本。遇有讹字衍文为各家所已证明者，则于字上加〔 〕符号，而注改正之字于下方右偏。"④庄鸿逵是庄逵吉（字伯鸿）之误。显然，《淮南子选注》的底本是刘文典的《淮南鸿烈集解》，参校本是浙江书局重刊庄逵吉本。

但是，沈德鸿所选文本并没有完全局限在《集解》本与浙江书局重刊本之中，而是依据清代校勘家的意见作了一些校改。这些校改尽管都没有写明依据，但都用了〔 〕符号及小字体来标记，这样既能使读者一目了然，又不至于窜

---

① 该丛书《编例》云："诸书选辑各篇，以足以表见其书、其作家之思想精神、文学技术者为准。其无关宏旨者，概从删削。所选之篇类不省节，以免割裂之病。"又云："诸书均为分段落，作句读，以便省览。"又云："诸书均有注释。古籍异释纷如，则采其较长者。"又云："诸书较为罕见之字，均注音切，并附注音字母，以便讽诵。"（《子藏·淮南子卷》第56册，第385—386页。）
② 《子藏·淮南子卷》第56册，第401页。
③ 《子藏·淮南子卷》第56册，第399页。
④ 《子藏·淮南子卷》第56册，第401页。

乱原书，显得十分审慎。今以《俶真篇》为例，略加分析：

"未有形埒垠堮"，沈说："'垠堮'，衍文。"是据王念孙校语，见《集解》本。"无无蠕蠕"，沈说："'无无'，作'冯冯'。"是据李哲明校语，见《集证》本。"若光耀之间于无有"，沈说："'间'，作'问'。"是据陈昌齐校语，见《集解》本。"昔公牛哀转病也"，沈说："'也'，衍文。"校勘依据不明，当是自校。"櫎枪衡杓之气"（浙局本），沈说："'衡'，作'冲'。"是据王引之校语，见《集解》本。"茫茫沈沈"，沈说："'沈沈'，作'沉沉'。"是据王念孙校语，见《集解》本。"而万物杂累焉"，沈说："'杂'，作'炊'。"是据孙诒让校语，见《集解》本。"而和以天地者乎"，沈说："'地'作'倪'。"是据俞樾校语，见《集解》本。"炊以炉炭"，沈说："'炊'，作'灼'。"是据王念孙校语，见《集解》本。"唯体道能不败"，沈说："六字皆衍文。"是据洪颐煊校语、王念孙校语，见《集解》本。"引楯万物"，沈说："'楯'，作'揗'。"是据庄逵吉校语，见《集解》本。"犹盖之无一橑，而轮之无一辐"，沈说："两'无'字，衍文。"是据王念孙校语，见《集解》本。"辽巢彭濞而为雨，"沈说："'濞'，作'薄'。"是据王念孙校语，见《集解》本。"而蚊虻适足以翱翔"，沈说："'翱翔'，作'翾'。"是据王念孙校语，见《集解》本。"夫受形于一圈"，沈说："'夫'，衍文。"是据王念孙校语，见《集解》本。"以声华呕苻妪"，沈说："'呕'，作'煦'。"校勘依据不明，杨树达《淮南子证闻》持相同意见。"使知之䜣䜣然"，沈说："'知'，衍文。"是王念孙校语，见《集解》本。"壹比牺尊沟中之断"，沈说："'壹'，衍文。"是据刘文典校语，见《集解》本。"所断差跌者"，沈说："此句作'所断者差跌'。"是据刘家立校语，见《集证》本。"不知耳目之宣"，沈说："'宣'，作'宜'。"是据俞樾校语，见《集解》本。"楱木色青翳"，沈说："'色'，作'已'。"是据王引之校语，见《集解》本。"蠃瘱蜗睆"，沈说："此句作'蠃蠡瘱烛睆'。"是据王引之校语，见《集解》本。"必其有命在于外也"，沈说："'有命在于外'作'命有在于外'。"是据王念孙校语，见《集解》本。"而知乃始昧昧琳琳"，沈说："琳琳，作'楸楸'。"是据王念孙校语，见《集解》本。"重九䵾"，沈说："'䵾'，作'磬'。"是据王念孙校语，见《集解》本。"施及周室之衰"，沈说："'之衰'，衍文。"是据王引之校语，见《集解》本。"杂道以伪"，沈说："'杂'，作'离'。"是据王念孙校语，见《集解》本。"不若尚羊物之终始也"，沈说："'也'，衍文。"是据俞樾校语，见《集解》本。"口鼻之于芳臭也"，沈说："'芳臭'，作'臭味'。"是据王念孙校语，见《集解》本。"渊清者智明矣"（浙局本），沈说："作'神清则智明矣'。"是据王念孙校语,见《集解》本。"人莫镜于流沫",沈说:"'沫',作'潦'。"是据俞樾校语,见《集解》本。"以睹其易也",沈说:"'睹',衍文。"是王念孙校语,见《集解》本。"用也必假之于弗用也",沈说:"两'也'字,均作'者'。"是据王念孙校语,见《集解》本。"必无以趋行求者也",沈说:"'趋',作'越'。"是据俞樾校语,见《集解》本。"此真人之道也",沈说:"'道'作'游'。"是据王念孙校语,见《集解》本。"智终天地",沈说:"'终'作'络'。"是据刘文典校语,见《集解》本。"泽润玉石",沈说:"'泽'作'辞'。"是据王念孙校语,见《集解》本。"一人养之,十人拔之",沈说:"'一'作'十';'十'作'一'。"是据王念孙校语,见《集解》本。"九鼎重味",沈说:"'味',衍文。"[①] 是据庄逵吉校语,见《集解》本。

上述 39 例校改中,有 35 例(占比 90%)是根据刘文典《淮南鸿烈集解》中的校语转化而来,其余 4 例中有 2 例是依据刘家立的《淮南内篇集证》,另有 2 例当为沈德鸿自校。尽管有些校改殊可不必,但从中反映出沈氏在编撰《淮南子选注》时的审慎态度和钻研精神。

这种审慎态度和钻研精神,在《选注》本的注释中同样得到了体现。首先,沈德鸿所做的注释大部分取自《集解》本的许高旧注,所谓取其所长。以《要略》为例,篇中注释共 48 条,其中取自许高旧注的就有 28 条,占比 58%。其次,不少注释出自沈德鸿之手,是其研究心得。《要略》篇 48 条注释中,有 20 条为沈氏自注,一些自注颇有识见,如此篇沈氏注释:"縩,高注'绡煞也',不明其旨,疑有脱误。縩字音义未详,或疑作緻(师骏切),衣破也。(縩字通常读若菜,衣声也。)"[②] "縩",影宋本正作"緻",《集韵》云:"緻,师骇切,衣破也。"即为沈德鸿所本。再次,很多注释针对难字、偏字皆标记了音读,其音读形式结合了古代的反切法与现代的注音字母[③],这在《淮南子》版本史上尚属首次。总之,沈德鸿的这种审慎态度和钻研精神保证了《选注》本的质量。

作为面向学生的一个节选本,《选注》本在 20 世纪 30 年代曾被密集地印刷出版。1930 年 10 月,最早被纳入《万有文库·第一二集简编五百种》出版。1931 年 4 月,又被纳入《万有文库·第一集第一千种》出版。这两个版本

---

① 以上 39 例《选注》本引文,均见于《子藏·淮南子卷》第 56 册,第 405—427 页。
② 《子藏·淮南子卷》第 56 册,第 595 页。
③ 所谓注音字母,是指民国政府于 1918 年正式颁发的第一套全国使用的汉字注音字母,与新中国成立以后颁布的《汉语拼音方案》中的字母不同。

实际上没有差别，都贯以"学生国学丛书"之名。1933年11月，《选注》本列入《学生国学丛书》，不再附属《万有文库》，开始单独发行，商务印书馆称之为"国难后第一版"，次年二月很快就发行了第二版。1939年12月，商务印书馆又把它列入《简编五百种》予以重印。很显然，这个时期《选注》本得到了广泛传播。最近几年，商务印书馆启动了《学生国学丛书》的新编工作，《淮南子选注》被列入第五辑，于2020年2月得到重新整理和出版。此本由卢福咸负责校订，版式改为简体横排，对原注作了一定的增删，其目的是为了更好地适应当代学生的需要。

第二节　面向学者的《淮南子》节选本

民国时期面向学者的《淮南子》节选本，主要有张之纯的《评注诸子菁华录》本、张谔的《评注皕子精华》本、张文治的《国学治要》本。其中，以张之纯节选本的学术水平为最高。

一、张之纯的《评注诸子菁华录》本

张之纯，生卒年不详，字尔常，一字二敝，号痴山，江苏江阴人。他是光绪庚子（1900年）的恩贡生，做过安徽省的州判。张之纯雅好诗词，著有《叔苴吟》《听鼓闲吟》等集。曾作诗一首，题为《予腰腹本大，今年七十顿瘦减，慨然有感》，可知他年过七十。又据武进人恽毓龄为《诗源辨体》所作跋文："助予搜辑者江阴张之纯尔常，校勘者武进沈湛钧仲盉，例得备书。"① 可知他也喜好搜辑和整理古籍，著有《评注诸子菁华录》传世。

《评注诸子菁华录》评注儒家典籍《晏子春秋》《荀子》《贾子新书》《春秋繁露》《扬子法言》5种，评注道家典籍《老子》《文子》《庄子》《列子》《鹖冠子》5种，评注法家典籍《管子》《商君书》《韩非子》3种，评注墨家典籍《墨子》1种，评注杂家典籍《尸子》《吕氏春秋》《淮南子》3种，评注兵家典籍《孙子》1种。《评注诸子菁华录》虽合为一书，但初版时各子皆单独发行。此书共十八卷，其中《淮南子》位列卷十七，可称之为《评注诸子菁华录》本（以下简称《菁

---

① 周维德集校《全明诗话》，齐鲁书社2005年，第3431页。这篇跋文末尾落款"宣统纪元之后十三年壬戌之秋，后学阳湖恽毓龄灵萱谨跋"，可知是写于民国十一年（1922）。

华录》本）。该本由上海商务印书馆于民国七年（1918）十二月发行，仍采用古书版式，四周双边，无鱼尾，每半页十三行，有行格，每行正文二十七字，注文则为蝇头小字，每行双排，高达六十六字。该本书眉印有张之纯的评语，正文亦被圈点，易与文中句读相混淆[①]。该本前有《评注诸子菁华录卷十七目次》，卷首名题"评注诸子菁华录卷十七"，次行题"淮南子"，版心依次题"诸子菁华录""卷十七""淮南子"及相应页码。该本节选了除《要略》以外其他二十篇的文字，每篇篇名下皆标有"节录"二字。不仅如此，正文中还会出具文字来说明被删节之处。这是以前的节选本所没有的现象，显示了作者的独具匠心。

至于《菁华录》本的底本，张之纯在《评注诸子菁华录编辑大意》中作了说明。他说："浙江书局向有《二十二子》刊本，篇帙繁博，学者一时未能卒读，兹就其切于实用者择尤采录，名曰《诸子菁华录》。"这表明《评注诸子菁华录》是把浙江书局所刊《二十二子》作为辑录对象，其正文内容都是选自这套丛书。因此，《菁华录》本的底本就是浙江书局重刊庄逵吉本。这在该本中亦有所体现。如《天文训》"是以月虚而鱼脑减"，张氏注曰："减，浙本作'流'，高注'减，少也'，知原本作'减'，传刻误也。"[②] 所谓浙本，即指浙江书局重刊庄逵吉本。据查，庄逵吉原刻本作"减"，影宋本、道藏本、刘绩本同庄本，可知浙本作"流"，应是误字。由此证明，《菁华录》本确是以浙本为底本。此外，《菁华录》本还经常根据《太平御览》而直改原书。经查，这些校改基本是取自庄逵吉校语。如《俶真训》"草木不夭死"，张氏注曰："原本无'死'字，据《御览》补。"[③] 关于此文，庄逵吉校语云："《御览》作'草木不夭死，九鼎重'。"[④] 可见，张之纯是直接采纳庄氏校语。这也可以看成是《菁华录》本把庄本作为底本的表现之一。

《菁华录》本不应视为面向一般读者的节选本，它的学术性很强，颇有自己的特色，是张之纯研究《淮南子》的成果体现。按照张氏的说法，此本的节选标准为"切于实用者择尤采录"。至于什么是切于实用者，张氏未加说明。按照平常的理解，所谓切于实用，就是要摒弃书中玄虚空洞和繁复藻丽的表述，而撷取平实有用的文字。至于优与不优，则全在选者的一念之间。从这个方

[①] 正文圈点是以句号和顿号的形式标记于文字右中边位置，而文中句读也是用句号标记在相同位置，不易分辨。
[②] 《子藏·淮南子卷》第59册，第484页。
[③] 《子藏·淮南子卷》第59册，第481页。
[④] 《子藏·淮南子卷》第19册，第367页。

面说,《菁华录》本深深打上了张之纯的烙印。

《菁华录》本最大的特色便是张氏独创的评语。明代有不少评选本,其评语大多陈陈相因,抄袭成风,质量堪忧。而张氏的评语不仅数量多,而且大都独出机杼,不依傍前人,内容也比较广泛,涵盖文字校勘、语义训诂、文意梳理、辞章钩索、义理阐释等方面,具有较高的学术价值。该本的第二大特色,注文并非全是提炼原书旧注而成,其中有不少是张氏自注。自注的内容同样广泛,涵盖校勘、字释、音读、义理阐释和旧注辨正,反映了张之纯对《淮南子》做过深入且全面的研究。从这个方面说,《菁华录》本是一个名副其实的既评且注的节选本,可谓是民国《淮南子》节选本中的佼佼者,绝非一般节选本可比。

当然,《菁华录》本亦非十全十美,最大的不足就是喜好直改原文。在《菁华录》本中,直改原文的频率非常高,甚至可以用触目皆是来形容。有些直改提出了依据,例如《原道训》"故莫能与之争"中"能",张氏注云:"原本误作'敢',据《道德经》改。"① 又如《俶真训》"神清则知明矣",张氏注云:"神,原本作'渊'。陈默之云:'以下二句例之渊清,当作神清。'今从之。"② 但是,大部分直改仅作了说明,并未提供依据。例如《地形训》"蠢愚而寿",张氏注云:"愚下旧有禽兽字,衍文也。"③ 又如《时则形》"振贫穷",张氏注云:"振贫穷,旧讹在'惠孤寡'上,今正之。"④ 诸如此类,不胜枚举。这种校勘之法,虽可以展示校勘者的见解,但过于轻率,殊不可取,很不利于原本的流传。

《菁华录》本作为单行本初版以后,商务印书馆又在民国二十八年(1939)六月将它与其他诸子合于一书,分成七册,予以重印出版。

二、张谔的《评注巵子精华》本

张谔,字匋庵,江苏无锡人,生平不详。与张之纯的《评注诸子菁华录》本相比,张谔的《评注巵子精华》本不能算是名副其实的评注本,甚至不能算是节选本,实际上只是他的读书摘记而已。《评注巵子精华》前有同乡邹弢撰写的一篇序文,序文说:"庚申之岁,长夏无事,张君匋庵以所编《评注巵子精华》一编嘱序。自战国至今,竟得名贤二百家,皆节取精英,辞简意该,又加以诸名

---

① 《子藏·淮南子卷》第59册,第469页。
② 《子藏·淮南子卷》第59册,第478—479页。
③ 《子藏·淮南子卷》第59册,第490页。
④ 《子藏·淮南子卷》第59册,第491页。

家评注,提要钩玄,足为行文津逮,因亟为较正,付之手民。他日传之艺林,知不弟洛阳纸贵已也。"① 可知,此书在民国九年夏季之前即已成编,竟然辑得自古至今二百种子书及部分名家评注,足见编者的用心之苦和用力之勤。尽管辑录的子书众多,但《评注皕子精华》并不是一部大书,仅有六册十卷。这就决定了大多选录的子书只是走走过场而已。

作为子书较长的一部,《淮南子》被辑录的内容可能要多一些。据统计,此书辑录《淮南子》之文约有 27 段,每段篇幅不一,另有 2 段并非《淮南子》原文,亦误入书中。这从侧面反映了张氏编纂《评注皕子精华》并不精审。

《评注皕子精华》本(以下简称《精华》本)成于民国九年,但出版时间并不在这一年。据版权页所记,《精华》本是在民国十年(1921)五月由上海文瑞楼书庄发行、上海子学社印行。其版式仍遵古例,四周单边,无鱼尾,版心上端题"评注皕子精华",中间题"卷六",下端题相应页码。此本每半页十四行,每行三十字,被辑录的《淮南子》列于卷六,只是卷六中的一部分。

题名"评注",当然是有评有注。此本在所辑录的每段文字书眉处,都以一句话来概括其内容,并在每段文字末尾附上一位名家的评语②。这些便是《精华》本的"评"。至于"注",更无需称道,不过是辑录许高旧注而已。所以,《精华》本并非名副其实的评注本。同时,此本在辑录《淮南子》文本时,既没有标明篇目名称,也没有依照篇目次序,甚至出现重复辑录,显得杂乱无章,无规律可循。因此,《精华》本也不是名副其实的节选本,更像是一种读书摘记。

《精华》本之所以显得杂乱无章,是因为它并不是从《淮南子》原书辑录而来,而是转录自明代郭伟所编的《新镌分类评注文武合编百子金丹》一书。《新镌分类评注文武合编百子金丹》原书体例严明,所辑内容皆是以类相从,十分精细③。张谔在转录时,既未说明文献来源,又未按照原书体例,只是将原

---

① 张谔《评注皕子精华》,民国十年上海文瑞楼书庄排印本。
② 这些评语分别署名陈眉公(2 次)、王阳明(7 次)、王凤洲(8 次)、袁了凡(9 次)、唐荆川(3 次),但事实上,这只是托名而已。
③ 此书分为文编、武编、内编、外编、奇编和正编。文编又分帝王类、圣化类、君道类、臣道类、治道类、储雨类、用人类、贤奸类、法制类、刑赏类、灾祥类、风俗类;武编又分任将类、将道类、筹画类、人和类、地利类、攻战类、守御类、农战类、论勇类;内编又分心性类、道体类、彝伦类、为学类、节义类、礼乐类、儆微类、知能类、名实类、是非毁誉类;外编又分天地类、生物类、鸟兽类、感通类、机巧类、艺术类、异端类、爱憎类、人事类;奇编又分为九流三教类、幻说类、名言名理类、死生类;正编又分为修身类、圣贤类、言语类、文章类、六经类、运命类、穷达类、持盈类、隐逸类。

书有关《淮南子》的内容汇录在一起,故而显得杂乱无章。为了揭示张谔编辑《精华》本时的抄袭和窜改行为,今逐一将两本进行比勘,并略加说明,具体如下:

题为"圣人忧勤百姓"一段,出自《修务训》。文本全同于《新镌分类评注文武合编百子金丹》(以下简称《百子金丹》),见《四库存目丛书·子部》第153册第20页。《精华》本将原书评语中"于念东评"改成了"陈眉公曰"。

题为"镜万物之情"一段,出自《齐俗训》。文本全同于《百子金丹》,见《四库存目丛书·子部》第153册第21页。《精华》本将"郭士俊评"改成了"陈眉公曰"。

题为"成教易俗"一段,文本全同于《百子金丹》,见《四库存目丛书·子部》第153册第23页。这段文字实出自《庄子》,而《精华》本误为《淮南子》,又将"王带河评"改成了"王阳明曰"。

题为"圣人内修其本"一段,出自《原道训》。文本微异于《百子金丹》,见《四库存目丛书·子部》第153册第23至24页。《精华》本误"澹然无治"为"澹然而治",《百子金丹》此句末有"也"字。《精华》本将"王阳明评"改成了"王阳明曰"。

题为"无为而天下自和"一段,出自《本经训》。文本全同于《百子金丹》,见《四库存目丛书·子部》第153册第24页。《精华》本将"相宾明评"改成了"王阳明曰"。

题为"天下均平"一段,出自《齐俗训》。文本全同于《百子金丹》,见《四库存目丛书·子部》第153册第24页。《精华》本将"茅鹿门评"改成了"王阳明曰"。

题为"人君之柄"一段,文本全同于《百子金丹》,见《四库存目丛书·子部》第153册第28页。但这段文字不出《淮南子》,且出处不明。《精华》本将"陆葵日评"改成了"王阳明曰"。

题为"君臣上下同心"一段,出自《原道训》。文本全同于《百子金丹》,见《四库存目丛书·子部》第153册第28页。《精华》本将"李九我评"改成了"王阳明曰"。

题为"玄德化驰"一段,出自《原道训》。文本全同于《百子金丹》,见《四库存目丛书·子部》第153册第29页。这段文字,《百子金丹》误标为《庄子》。《精华》本将"陈二何评"改成了"王凤洲曰"。

题为"人臣各守其职"一段,出自《说林训》。文本全同于《百子金丹》,见《四库存目丛书·子部》第153册第45页。《精华》本将"张玄超评"改成了"王阳明曰"。

题为"无私故能成其私"一段,出自《道应训》。文本全同于《百子金丹》,见《四库存目丛书·子部》第153册第45页。《精华》本将"傅汤铭评"改成了"袁了凡曰"。

题为"善乘之资"一段,出自《道应训》。文本全同于《百子金丹》,见《四库存目丛书·子部》第153册第76页。这段文字,《百子金丹》标题作"善乘人之资"。《精华》本将"袁石浦评"改成了"袁了凡曰"。

题为"治道得神明"一段,出自《齐俗训》。文本微异于《百子金丹》,见《四库存目丛书·子部》第153册第101页。《精华》本"清明玄圣"作"清明元圣",因避讳而改,又将"何宗元评"改成了"袁了凡曰"。

题为"明主刑赏以为国"一段,出自《缪称训》。文本全同于《百子金丹》,见《四库存目丛书·子部》第153册第101页。《精华》本将"王弘岳评"改成了"袁了凡曰"。

题为"安危治乱在君刑赏"一段,出自《道应训》。文本全同于《百子金丹》,见《四库存目丛书·子部》第153册第101页。《精华》本将"李九我评"改成了"袁了凡曰"。

题为"治乱殊风"一段,出自《齐俗训》。文本全同于《百子金丹》,见《四库存目丛书·子部》第153册第117页。《精华》本将"申瑶泉评"改成了"袁了凡曰"。

题为"道者覆天载地"一段,出自《原道训》。文本全同于《百子金丹》,见《四库存目丛书·子部》第153册第195—196页。《精华》本将"翁青阳评"改成了"袁了凡曰"。

题为"太上之道"一段,出自《原道训》。文本全同于《百子金丹》,见《四库存目丛书·子部》第153册第195—196页。《精华》本将"贺道星评"改成了"袁了凡曰"。

题为"圣人从事于无形"一段,出自《人间训》。文本微异于《百子金丹》,见《四库存目丛书·子部》第153册第234页。《精华》本"患祸"作"祸患",又将"李光垣评"改成了"袁了凡曰"。

题为"修城以备己"一段,出自《人间训》。文本全同于《百子金丹》,见

《四库存目丛书·子部》第153册第234页。《精华》本将"郑岑阳评"改成了"王凤洲曰"。

题为"天设日月列星辰"一段，出自《泰族训》。文本全同于《百子金丹》，见《四库存目丛书·子部》第153册第255页。《精华》本将"钱谦之评"改成了"王凤洲曰"。

题为"地形所载"一段，出自《地形训》。文本全同于《百子金丹》，见《四库存目丛书·子部》第153册第256页。《精华》本将"陈明卿评"改成了"王凤洲曰"。

题为"曲则全枉则直"一段，出自《道应训》。文本全同于《百子金丹》，见《四库存目丛书·子部》第153册第291页。《精华》本将"何宗元评"改成了"王凤洲曰"。

题为"焚书而舞"一段，出自《道应训》。文本全同于《百子金丹》，见《四库存目丛书·子部》第153册第291页。《精华》本将"张子发评"改成了"王凤洲曰"。

题为"真人之游"一段，出自《精神训》。文本全同于《百子金丹》，见《四库存目丛书·子部》第153册第307—308页。《精华》本将"李光垣评"改成了"王凤洲曰"。

题为"自得为真乐"一段，出自《原道训》。文本全同于《百子金丹》，见《四库存目丛书·子部》第153册第329—330页。《精华》本将"袁中郎评"改成了"王凤洲曰"。

题为"圣人与造化为人"一段，出自《原道训》。文本全同于《百子金丹》，见《四库存目丛书·子部》第153册第330页。《精华》本将"袁中郎评"改成了"王凤洲曰"。

题为"圣人效法天地"一段，出自《精神训》。文本全同于《百子金丹》，见《四库存目丛书·子部》第153册第344—345页。《精华》本将"唐士雅评"改成了"唐荆川曰"。

题为"圣心自得"一段，出自《原道训》。文本全同于《百子金丹》，见《四库存目丛书·子部》第153册第345页。《精华》本将"吴宁野评"改成了"唐荆川曰"。

由上可知，《精华》本所录29段文本，全部转录自明代郭伟所编的《新镌分类评注文武合编百子金丹》，并把原书的评点者随意变换成其他人，抄袭和窜改的痕迹十分明显。尤其是随意变换评点者姓名,乃是晚明坊间恶劣学术风气的延续,容易造成鱼目混珠之恶果,必须提出来加以批判。从这个方面说,张谔的《精华》本简直是粗制滥造之作,毫无学术价值可言。

实际上,《新镌分类评注文武合编百子金丹》在辑录名人评语时同样不严谨,多是托名。例如,题为"圣人内修其本"一段的评语谓:"王阳明评:起头数句,意义玄奥,令人如何解会?末'无治'四句,有绝处逢生之妙。"①"王阳明评",《精华》本作"王阳明曰"。明代《诸子汇函》本载:"王阳明曰:此等玄奥,令人如何解会?"又载:"陈白沙曰:绝处逢生。"②显然,《百子金丹》这条评语是糅合二者而成,张谔在转录时不加辨别,殊为失当③。此外,《精华》本还转录了《百子金丹》夹在行间以蝇头小字书写的评语,这类评语数量不多,主要是评论文章的技巧与气势,有一定的参考价值。由于《精华》本质量低下,所以流传并不广泛,仅有初版传世。

三、张文治的《国学治要》本

张文治(1898—1956),字润之,号立斋,原籍湖南常德④,生于江西南昌。他十六岁考入江西省立第二中学,以优异成绩毕业,后留校任职于校图书馆两年,在此期间即致力于《国学治要》的编纂工作。1931年,经引荐进入上海中华书局担任编辑,从事编辑工作二十余年。他热衷于古典文学的研究和校注,具有深厚的古学底蕴,纂辑各类著述达数十种。值得指出的是,张文治非常熟悉中学国文教学,曾在上海中华书局编著《新编高中国文》《中学国文教师手册》等书,因而他的《国学治要》也有服务于高中国文教学的目的。

据张文治自叙,《治要》这个书名是取自于魏征的《群书治要》。虽然同名《治要》,但选录内容的侧重点颇为不同,《群书治要》侧重于总结治国安民的思想及经验教训,《国学治要》则侧重于揭示古代学术的构成与发展⑤。《国学

---

① 《四库全书存目丛书·子部》第153册,第24页。
② 《子藏·淮南子卷》第52册,第479页。
③ 张谔失当的地方还体现在对《新镌分类评注文武合编百子金丹》所引《淮南子》文本亦不加辨别。例如,"五帝三王,轻天下,细万物,齐死生,同变化,抱大圣之心,以镜万物之情,上与神明为友,下与造化为人"一段,在重复引用时,文本发生变异,"轻天下"变成"经天地","细万物"变成"理万物","镜万物之情"变成"齐万物之情",皆是误字,而张氏不加辨别予以辑录。
④ 张氏自称"武陵张文治",所谓武陵,即现湖南省常德市的武陵区。
⑤ 实际上,编者自己对两书作了比较,他说:"此书之名《治要》,凡几经更改,其后读唐魏征之(转下页)

治要》由《经传治要》《史书治要》《诸子治要》《理学治要》《古文治要》《诗词治要》《书目治要》七编组成,即反映了这一点。《淮南子》被列入《诸子治要·诸子十七种》,可称之为《国学治要》本(以下简称《治要》本)。

《国学治要》初版时,各编都是独立发行,《诸子治要》于民国十九年(1930)五月由上海文明书局、中华书局共同出版。可见,《淮南子》之《治要》本产生于1930年。该本是一个无注的节选本,已脱古籍版式,采用新式排版,颇有现代气息。从篇幅上说,《治要》本不如魏征的《群书治要》本,仅选录了《原道训》《本经训》《齐俗训》《氾论训》《泰族训》《要略训》六篇的内容,其中《原道训》篇名下注以"节录,以下各篇并同"字样。

对《治要》本所据何本,张氏并未作出说明。只有将《治要》本与《淮南子》各本的文本逐一比对,才能作出正确的判断。兹列于下:

《原道训》异文6例:"策蹇马而欲教之"中"蹇",同王本、庄本,而宋本、藏本、刘本、茅本、张本作"骎";"欲害之心亡于中"中"害",同刘本、王本、茅本、张本、庄本,而宋本作"肉",藏本作"寅";"不能见渊中之鱼",同宋本、藏本、茅本、张本、庄本,而刘本、王本句首有"而"字;"倒生挫伤"中"倒",同张本、庄本,而宋本、藏本、刘本、王本、茅本作"到";"而与俗交者也",同王本、张本、庄本,而宋本、藏本、刘本、茅本句末无"也"字;"钓于河滨"中"滨",同宋本、王本、张本、庄本,而藏本、刘本、茅本作"浜"。

《本经训》异文2例:"则财足而人赡矣",同藏本、茅本、张本,而庄本"赡"作"澹",宋本、刘本、王本重"财足"二字;"古者圣人在上"中"人",同张本、庄本,而宋本、藏本、刘本、王本、茅本作"王"。

《氾论训》异文1例:"而作为之揉轮建舆"中"揉",同刘本、王本,而宋本、藏本、茅本、张本、庄本作"楺"。

《泰族训》异文5例:"拊循其所有而涤汤之"中"拊",同张本、庄本,而宋本、藏本、刘本、王本、茅本作"柎";"绳之以法法虽残贼",同茅本、张本、庄本,而宋本、藏本无"以"字,刘本、王本"以法法"作"以法";"以无贤人也"

(接上页)《群书治要》,见其采撷经传子史之文,略存菁华,以便诵读,合以此书体例,颇为相近,于是其名遂定。惟魏氏之书,乃奉敕编撰,专备人君乙夜所披览,关系治道政教者,固为详尽,而于一国学术之大体,斯文之精粹,以今时学者之所求断之,仍多缺憾。故此书特扩充其范围,选四部名著,斟酌繁简,定为七编,庶足为现今高级中学教本之用。"(张文治《国学治要》,上海文明书局1930年,第3—4页。)

中"贤",同张本、庄本,而宋本、藏本、刘本、王本、茅本作"圣";"阒其无人"中"阒",同宋本、浙江书局重刊庄本,而藏本、刘本、王本、茅本、张本、庄本作"闻";"礼义修而任贤得也"中"得",同宋本、藏本、庄本、茅本,而刘本、王本、张本作"德"。

《要略》篇异文9例:"戮杀无止",同宋本、藏本、刘本、王本、茅本,而张本、庄本作"杀戮无止";"作为炮烙之刑"中"烙",同藏本、刘本、王本、茅本、张本、庄本,而宋本作"格";"久服伤生而害事"中"久服",宋本、藏本、刘本、王本、茅本、张本、庄本均作"服",张氏据王念孙校改;"剔河而道九歧"中"歧",同宋本,而藏本、刘本、王本、茅本、张本、庄本作"岐";"东负海而北障河"中"障",同庄本,而宋本、藏本、刘本、王本作"鄣",茅本作"彰",张本作"漳";"猎射亡归"中"亡",同藏本、刘本、王本、茅本、张本、庄本,而宋本作"忘";"好色无辨"中"辨",同宋本、藏本、刘本、王本、茅本,而张本、庄本作"辩";"通古今之事"中"事",同藏本、刘本、王本、茅本、张本、庄本,而宋本作"论";"拘系牵连于物"中"于",同宋本、藏本、刘本、王本、茅本、张本,而庄本作"之"。

上述23例异文中,《治要》本有15例与庄逵吉本相同,占比65.2%;有14例与张炜如本相同,占比60.9%;有11例与茅一桂本相同,占比47.8%;11例与王鏊本相同,占比47.8%;有9例与道藏本相同,占比39.1%;有8例各与影宋本、刘绩本相同,分别占比34.8%。根据这一组数据,我们大致可以确定《治要》本的底本应是庄逵吉本,庄逵吉曾据张炜如本、茅一桂本校刊文本,所以相同比例也很高。但是,从这一组数据来看,张文治自己也做过不少校改。他所用的参校本大概有影宋本和浙江书局重刊本,甚至还参考了清儒对《淮南子》的校勘成果。

《国学治要》的选文标准是唯"学术"是从。张氏在《诸子十七种序》中又一次申明了这个标准,他说:"故是编特深维古义,斟酌今情,于古有而今不传者缺之,或今虽传,而浅率虚伪,无重要关系于学术者,亦皆不取。"[①] 在张氏看来,《淮南子》是关系古代传统学术的重要著作,故被选录。他在评论《淮南子》时说:"此书大旨原本道德,而纵横曼衍,多所旁涉,盖安生当盛汉,多见古书,加以精心纂述,故能上抗《吕览》,并垂至今。惟每篇文字,动辄数千,犹不

---

① 张文治《国学治要第三编·诸子治要》,第1页。

及吕书之简洁而便于讽诵耳。"[1]就学术而言,《淮南子》是汉代黄老学发展的重要一环,张文治在节录时亦多从这个角度入手。此外,他爱好"简洁而便于讽诵"的文章风格,所以,所节录的文字也多符合这一风格。鉴于《治要》本是纯粹的节选本,无评语,无圈点,没有多余的附加值,因而,它的价值就主要体现在作者的甄选理念上。

虽然以服务学术为己任,但《国学治要》在出版以后,很快被各院校列为学生的必读书目,逐渐为世人所重。进入二十一世纪以来,尤其是最近十年,不断被影印和翻印,传播非常广泛,体现了它独有的魅力。在这种情况下,《淮南子》之《治要》本,也就拥有了多个版本。在大陆,中国书店于2012年1月影印出版了民国十九年的排印本,全八册;北京理工大学于2014年6月点校出版了民国排印本,版式改为横排,字体改为简体,全三册;南海出版公司2015年12月亦以横排、简体字的样式点校出版了《国学治要》,全八册。为了进一步面向普通读者,团结出版社于2018年1月出版了石岗等人用白话翻译的《国学治要》,题名为《国学治要今译》,全七册。在台湾省,世界书局于2011年以民国初版为底本,修整内文,校排目录,统一体例,而重新整理出版;中华书局股份有限公司于2015年亦重印了民国初版。如此众多的版本,必会促进《淮南子治要》的进一步传播。

---

[1]《子藏·淮南子卷》第56册,第231页。

第四章　民国《淮南子》版本的袭旧

第一节　评点本的延续——《淮南子点勘》本

吴汝纶乃晚清名家,他的《淮南子点勘》属于其《群书点勘》中的一种[①],显然是在民国之前完成的,本应归之于清代评点本中。但其原本类似于批校本,并未正式出版,吴则虞曾求其原本而不得[②]。直到民国十年(1921),吴汝纶的弟子高步瀛和他的儿子吴闿生,才把原本整理加工并正式出版。所以,《淮南子点勘》的主体虽完成于晚清,但它的正式版本产生于民国,将其归属民国时期的版本并无问题。

一、《淮南子点勘》本的形成

吴汝纶(1840—1903),字挚父,安徽桐城人,同治四年(1865)进士。曾任曾国藩、李鸿章幕僚,长期主讲莲池书院,为桐城派后期代表作家。他研读《淮南子》颇有一段时间,吴氏说:"余往年徇众人之说,以《淮南书》非自作,又以淮南反诛,遂谓八公之徒劝王毋反之书也,……则《淮南书》固自作,独汉廷疑忌异甚,时有忧危之旨耳。光绪甲午六月病中记。"[③] 光绪甲午,即光绪二十年(1894)。自"往年"至"光绪甲午",说明吴氏研读《淮南子》经历了一段较长时间。其子吴闿生题记亦说:"先大夫读《淮南子》前后凡两过,前用朱笔,后用青笔。"[④] 表明他的父亲曾经两次细读并点勘《淮南子》。经过长时间和多频次的研读,吴汝纶对《淮南子》一书的认识也在不断深化,并把这些

---

① 吴汝纶点勘的古籍极多,单诸子就包括《老子》《管子》《墨子》《庄子》《荀子》《韩非子》《吕氏春秋》《淮南子》《扬子法言》《太玄》十种。除《吕氏春秋》《淮南子》《法言》外,其余七种刊印于宣统二年(1910),属于清刻本。
② 《淮南书录》:"余思得原本一观,询其孙女采君,卒不可得。"(《文史》第二辑,第306页。)
③ 《子藏·淮南子卷》第47册,第359页。
④ 《子藏·淮南子卷》第47册,第359页。

认识抒写在他的评点中①。可见，《淮南子点勘》的主体部分在1894年就基本完成。

当然，这并不代表只要将它付诸板刻就行了。实际上，吴闿生在后续的整理中付出了大量精力，并做了很多"增值"工作。吴闿生（1877—1950）②，字辟畺，号北江，安徽桐城人，吴汝纶之子。他是清代监生，曾留学日本，回国后任袁世凯幕僚，著述宏富，有《晚清四十家诗钞》《吉金文录》《北江先生文集》《吴门弟子集》《尚书大义》《周易大义》等。吴闿生对《淮南子点勘》本的形成与出版起了非常重要的作用。据高步瀛跋文记述，吴闿生所做的工作主要是从《群书点勘》中辑出《淮南子》，并甄录旧注和校勘全书③。所谓甄录旧注，就是对许慎、高诱的注文作出甄选，再加以节略，使注文内容更清晰明了，以帮助读者快速读懂原文。据粗略估算，吴闿生节略的注文数量，大概只有原注的5%至10%。吴氏校勘全书，也不仅仅是核对原文而已，他以"闿生案"的形式在《淮南子点勘》中附上了自己的校注。据统计，整部《淮南子点勘》出现"闿生案"标记的按语，约有52条，其内容包括标注音读、校理文字、辨正注文和解释文本，远非校勘所能涵盖。

此外，吴闿生还负责分辨和整理他父亲前后两次的圈点。他说："今朱笔圈识以圜形志之，青笔圈识以锐形志之。青掷则易为双掷，青截则易为勾股，以资辨别。"④为区别两次圈点做了卓有成效的工作。可见，吴汝纶的《淮南子点勘》民国刊本，已非他个人的著作了，而是吴氏父子共同完成的著作。

与吴闿生同司校勘之责的还有高步瀛。高步瀛（1873—1940），字阆仙，河北霸州人，光绪二十年（1894）举人，吴汝纶弟子。他有一篇《淮南子跋》附在书末，但正文中并未见到与他相关的文字。

《点勘》本的出版时间是根据高氏跋文而定的。此文落款为"辛酉七月霸

---

① 例如，他评《览冥训》"昔者王良造父之御也"一段："元评：此喻汉御诸侯。今案：此喻治国得其道。"（《子藏·淮南子卷》第47册，第474页。）前后之不同，这是认识深化的表现。在《淮南子点勘》中，"元评""今案"二语经常出现，这是吴汝纶两次点勘的反映。
② 关于吴闿生的生卒年，说法不一，《安庆人物传》载为1879—1950年。白兆麟《左传微·弁言》载为1877—1948年。
③ 高氏跋文云："先师吴挚父先生《淮南子评点》由辟畺录出，旧注之善者并录存之。步瀛与辟畺同司校勘之役。"（《子藏·淮南子卷》第48册，第287页。）又云："陶氏考其异同，用力尤勤，而终不能悉为剖别。辟畺甄录旧注，不复标为某氏者，殆以此欤？"（《子藏·淮南子卷》第48册，第288页。）
④ 《子藏·淮南子卷》第47册，第359页。

县高步瀛跋",辛酉年即民国十年,公元1921年,距离上一批诸子《点勘》本出版已有十余年之久。此本书名题为"桐城吴先生群书点勘子部之九淮南子",由莲池书社印行。吴汝纶曾长期在莲池书社讲学,吴氏父子的著作大都由莲池书社印行,可能与此有关。《点勘》本依然采用古籍版式,但极简略,四周单边,无鱼尾,无行格,每半页十一行,每行二十七字。此本前有《淮南子目录》及《附淮南子选目》,版心上端题"淮南子"及对应的卷数,下端题页码,每卷皆不署原书作者及注家之名。此本吴氏评语皆录于书眉处,圈点则载于正文中。此评点本每卷皆录全文,非节选本,与茅坤本相类,而与明代其他评选本相异。

二、《淮南子点勘》本的底本

《点勘》本的底本是庄逵吉本,这一点无可怀疑。此本注文中以"庄云"的形式,大量引用庄逵吉一人的校语,即使《俶真训》注文所引用的"钱坫云"校语,亦是出自庄本①。这是力证之一。力证之二为高氏跋文有提及,高氏云:"又今《淮南书》通行者为庄氏校道藏本,虽黄尧圃力诋之,然其长终不可没,故并择录庄校以助学者参考云。"②不受前人评论的影响,承认庄本之长,肯定庄校之善,这是他们选择以庄本为底本的主要原因。或许吴汝纶一开始便是在庄本上评点,从而奠定其底本。

当然,这里仍然有一个问题,即它的底本是庄逵吉原刻本还是浙江书局重刊本?为解决这个问题,可将《点勘》本与庄本、浙本的部分文本加以对比,即可见一斑。具体如下:

《原道训》2例:"土处下不在高"中"在",庄本作"争",同浙本;"放准循绳"中"放",同庄本,浙本作"故"。

《天文训》1例:"音比大吕"中"大",庄本作"太",同浙本。

《地形训》1例:"寒冰之所积也"中"冰",庄本作"水",同浙本。

《时则训》2例:"螺牛持牛也"中"持",庄本"特",同浙本;"暴布则脆伤"中"脆",庄本作"胞",同浙本。

《览冥训》3例:"入榛薄食荐梅"中"入",同庄本,浙本作"人";"道路辽远"中"路",庄本作"马",同浙本;"格㧬床也"中"床",庄本作"楚",同浙本。

---

① 民国刊本中"钱坫云",在庄本中为"钱别驾坫云",见《子藏·淮南子卷》第19册,第349页。
② 《子藏·淮南子卷》第48册,第288页。

《精神训》1例："神明之定也"中"定",庄本作"宅",同浙本。

《本经训》2例："稻梁饶馀"中"梁",同庄本,浙本作"粱";"接径历远"中"径",庄本作"经",同浙本。

《主术训》4例："则不能专制"中"制",庄本作"致",同浙本;"茅茨不翦"中"翦",庄本作"剪",同浙本;"采椽不斲"中"斲",庄本作"断",同浙本;"夫据榦而窥井底"中"榦",庄本作"除",同浙本。

《缪称训》1例："不竞其容"中"竞",同庄本,浙本作"兢"。

《齐俗训》3例："而欲遍赡万民"中"赡",庄本作"澹",同浙本;"故圣人财制物也"中"财",庄本作"裁",同浙本;"是由发其原而壅其流也"中"是由",庄本作"由是",同浙本。

《道应训》3例："枉则正"中"正",庄本作"直",同浙本;"三玉为一工也"中"三",庄本作"二",同浙本;"无所不极"中"极",庄本作"及",同浙本。

《诠言训》1例："一人之身既数变矣"中"人",庄本作"身",同浙本。

《兵略训》1例："彼若有间急"中"间",同庄本,浙本作"问"。

《说山训》1例："虽贪者不搏"中"贪",庄本作"贫",同浙本。

《说林训》1例："鬼憎神巫"中"巫",庄本作"筮",同浙本。

《人间训》3例："燕常侵魏八城"中"八",同庄本,浙本作"入";"搏善拾于物"中"搏",庄本作"博",同浙本;"戏地名在新豐"中"豐",庄本作"豊",同浙本。

《修务训》4例："踰塞而东击吴浊水之上"中"踰",庄本作"喻",同浙本;"枉挠曲弱"中"挠",庄本作"桡",同浙本;"阿细縠锡细布"中"縠",同庄本,浙本作"穀";"楩柟豫章之生也"中"楩",庄本作"梗",同浙本。

《泰族训》5例："气之侵人者也"中"人",庄本作"入",同浙本;"夫妇之辨"中"辨",庄本作"辩",同浙本;"礼义修而任贤德也"中"得",庄本作"德",同浙本;"师涓为平公鼓朝歌北鄙之音"中"涓",庄本作"延",同浙本;"见祸福于重闭之内"中"于",庄本作"之",同浙本。

《要略》1例："纯朴太素也"中"太",庄本作"大",同浙本。

上述40例异文中,仅有7例与庄氏原刻本相同,占17.5%;其余33例与浙江书局重刊本相同,占82.5%。且有2例是浙本所独有的异文,《点勘》本同样沿用。这是该本取浙本以为底本的最有力证据。因此,《点勘》本的底本是浙江书局重刊本无疑。

作为评点本，《点勘》本的主要价值还是体现在吴汝纶的评语和圈点上。与明代评点本相比，《点勘》本的评语不多。据统计，大概有104条，其中《天文训》《地形训》《时则训》三篇未作评点①。此本评点的内容较广，主要涉及校勘、思想、文法等方面。吴则虞评价说："此书分段太粗，评议颇有新意，其说颇为近世哲学史家所采，但隐其名。"②此本初版以后，未见有重印本，即使是2016年广陵书社出版的李松生主编的《桐城吴先生集》，也没有将此本收录。

第二节 《淮南子》旧本的民国翻印本

这里的旧本，主要指清代盛极一时的庄逵吉本，以及清光绪元年刊行的崇文书局本。上海扫叶山房多次翻印崇文书局本，而上海五凤楼、上海广益书局、上海中华书局又不断地翻印庄逵吉本。

一、上海扫叶山房石印本

扫叶山房是清代至民国时期一家著名的书坊。在石印术引入上海并广泛应用之后，扫叶山房用它翻印了许多古籍，《淮南子》是其中一种，可称之为扫叶山房石印本。该本扉页首面依次题"民国四年出版""淮南子""扫叶山房石印"，背面又题"民国十二年石印"，并印有"扫叶山房"环形书牌。根据这些题字，可知上海扫叶山房在民国四年（1915）就以石印方式出版了《淮南子》，民国十二年（1923）修订并重印了初版。如今，初版已难觅其踪影，民国十二年石印本则较为常见。

扫叶山房石印本仍依古本版式，四周双边，黑口，单鱼尾，版心上端题"淮南子"，鱼尾下题卷数及页码，版心下端题"扫叶山房石印"。该本一函四册，每半页十五行，每行三十二字，无行格，前有《淮南鸿烈解序》《淮南鸿烈解总目》，每卷仅题篇名，无署名。该本为白文无注本，但对正文作了简单的句读。相对于明清时期的白文本而言，扫叶山房石印本这一变化显然是为了便于读

---

① 这些评语中，《原道》4条，《俶真》《修务》各6条，《览冥》22条，《精神》7条，《本经》15条，《主术》《诠言》各9条，《缪称》5条，《齐俗》8条，《道应》《说山》《要略》各1条，《氾论》《兵略》各2条，《人间》《泰族》各3条，《说林》仅见圈点，未有评语。
② 《淮南子书录》，《文史》第二辑，第306页。

者阅读,客观上加大了《淮南子》的传播力度。

虽然扫叶山房石印本进行了简单的句读,但并不代表这是一个新造的版本,它实际上是对湖北崇文书局光绪元年(1875)刻本的翻印。首先,扫叶山房石印本与崇文书局本都是白文本,且书前皆依次有相同题名的《淮南鸿烈解序》《淮南鸿烈解总目》,每卷的首行题名与次行篇名亦完全相同。其次,《淮南鸿烈解序》一文末尾皆有"汉河东高诱撰"的署名,这种署名方式不见于其他版本。再次,《淮南鸿烈解总目》完全相同,尤其是最后一条"要略训",这个篇名异于原本"要略"之名,多增了一个"训"字,应是崇文书局本的误刻,而石印本完全照搬,并未加以修正。此外,两者的文本也高度相似。例如,石印本《要略》篇"东负海而北彰河"中"彰",影宋本、道藏本、刘绩本、朱东光本、叶近山本作"鄣",汪一鸾本、吴勉学本、庄逵吉本作"障",张㷆如本、黄锡禧本作"漳",茅一桂本、茅坤本、崇文书局本作"彰"。显然,石印本是袭用了崇文书局本。基于上述事实,可以判定上海扫叶山房石印本是对崇文书局刻本的翻印。

民国十二年石印本虽然比较常见,但此前上海扫叶山房还将初版纳入到一套名为《大字精校圈点注释三十六子全书》之中。这套丛书出版于民国八年(1919),《淮南子》被列入第六函,并进行了圈点。所谓圈点,实际上就是简单的句读,可见,民国十二年石印本实际上是重印了民国八年的圈点本。民国十七年(1928)二月,上海扫叶山房又翻印了民国十二年的石印本,由原来的每半页十五行变成了十六行,内容则保持了一致。由此可知,上海扫叶山房关于《淮南子》的各种石印本,都是对湖北崇文书局本的翻印。

二、上海五凤楼石印本与广益书局精校本

就在上海扫叶山房翻印子书古本之际,上海的五凤楼也加入到了翻印行列,编辑出版了《子书四十八种》,《淮南子》位列其中,名为《圈句大字淮南子》。该本也是采用石印技术,扉页正面依次题字"汉涿郡高诱注""淮南子""君宜署",背面则题"中华民国九年庚申上海五凤楼印行",可称之为上海五凤楼石印本。根据题字,可知五凤楼石印本发行于民国九年(1920),"君宜"则不知何许人。

五凤楼石印本同样遵照古本版式,四周双边,黑口,单鱼尾,版心上端题"淮南子",鱼尾下题卷数及页码。该本每半页十四行,每行大字三十五字,有行格。因为题名"圈句",自然会对正文作出简单的句读。与扫叶山房石印本相比,五凤楼石印本最大的不同在于它不是白文本,而是有注本。同时,它的底本也十分显明,为武进庄逵吉校刊本①,再确切地说,它的底本是光绪二年浙江书局重刊庄逵吉本。其证据比较显明,例如,五凤楼石印本中的"玄"字,是依照浙江书局重刊本以缺笔避讳,而非依原刊本改"玄"为"元";又如,《俶真训》"是以人自乐其閒"中"閒",同于浙江书局重刊本,而原刊本作"间"。

尽管底本显明,但五凤楼石印本并不是对浙江书局重刊本的直接翻印,而是对上海鸿文书局光绪十九年石印本的翻印。其主要依据为:第一,书中署名的方式大致相同,两者除了《叙目》署名"武进庄逵吉校刊"之外,二十一卷均不再有关于庄氏的署名②;第二,各卷之间不像浙本那样分隔开来,而是不留空行空页,直接相连③。第三,书中异体字亦多同于鸿文书局石印本。例如,浙本中"囘"字,五凤楼石印本作"回",同于鸿文书局本;又如,《原道训》"先者隤陷"中"陷",同鸿文书局本,而浙本作"陷"。五凤楼石印本发行后,不如扫叶山房石印本知名,所以鲜有销路,更遑重印了。

民国十一年(1922),上海广益书局出版了题名为"精校淮南子"的石印本。此本扉页正面也题"汉涿郡高诱注""淮南子""君宜署",背页则题"中华民国十一年上海广益书局印行",与五凤楼石印本高度相似,而且两者的底本都是庄逵吉本。这说明两本可能存在亲缘关系。广益书局精校本亦为古本版式,四周双边,黑口,单鱼尾,版心上端题"淮南子",鱼尾下题卷数及页码,版心下端题"上海广益书局印行"。该本每半页十九行,每行正文四十六字,有行格,远比五凤楼石印本要稠密,印刷质量也很一般,因而价格更低廉,销路要好一些。

三、上海中华书局《四部备要》本

民国时期翻印《淮南子》古本质量最好、最有影响力的,当然要属中华书

---

① 五凤楼石印本保留了一些庄逵吉本的痕迹,如书前的《叙目》及正文中的庄逵吉校语。
② 关于"汉涿郡高诱注"的署名方式,两本也大致相同。鸿文书局石印本由于未分册,故仅在"卷一"下署名"汉涿郡高诱注",其他各卷均无;五凤楼石印本由于分成四册,故"卷一""卷六""卷十二""卷十七"下皆署名"汉涿郡高诱注",其他各卷均无。
③ 鸿文书局石印本因为不分册,所以二十一卷之间全部直接相连,五凤楼石印本则分成四册,所以卷五与卷六、卷十一与卷十二、卷十六与卷十七之间并不直接相连。

局印行的《四部备要》本。在二十世纪二三十年代,《四部备要》是能与《四部丛刊》相提并论的一套大型丛书,二者可谓相互辉映。中华书局创始人陆费逵在《校印四部备要缘起》中说:"吾国学术统于四部,然《四库》著录之书,浩如烟海,坊肆流传之籍,棼若乱丝,承学之士别择维艰,善本价昂,购置匪易。本局同人有鉴于此,爰于前年择吾人应读之书,求通行善本,汇而集之,颜曰《四部备要》,提纲挈领,取便研求,廉价发行,以广传布。惟是普通铅字既欠美观,照相影印更难清晰。适杭州丁氏创制聚珍仿宋版,归诸本局,方形欧体,古雅动人,以之刊行古书,当可与宋椠元刊媲美。"[1] 显然,在市场流通方面,《四部备要》坚持物美价廉的原则;在汇集古书方面,《四部丛刊》坚持择录"应读之书""通行善本"的原则。《淮南子》作为读书人的"应读之书",被列入子部。其具体出版时间不明,据写于1924年10月的《增辑四部备要缘起》所载:"第一集出版颇为海内所赞许,今第二集植校及半矣,此后进行较速,或可年刊一集。"[2]《淮南子》作为子书,一般是被编排在第二集之后,按照每年刊一集的进度,《淮南子》的刊行应是在民国十五年(1926)左右,世称《四部备要》本。

《四部备要》本一依古本版式,四周粗黑边,黑口,双鱼尾,版心上端题"淮南子",两鱼尾之间题卷数及页码,版心下端题"中华书局聚珍仿宋版印"。该本每半页十三行,每行二十字,字体美观,行格疏朗。该本扉页印有书牌,内容为"《四部备要·子部》,上海中华书局据武进庄氏本校刊,桐乡陆费逵总勘,杭县高时显、吴汝霖辑校,杭县丁辅之监造",另有"版权所有,不许翻印"之声明。《四部备要》本一函六册,采用线装,古色古香,中华书局自诩"可与宋椠元刊媲美",并自称为"线装本"。

根据书牌,可知《四部备要》本的底本是庄逵吉本。又察此书内容,可知它的确切底本则是浙江书局重刊本。其主要依据为:第一,两本《叙目》及各卷的署名完全一致,《叙目》署名"武进庄逵吉校刊"[3]、"汉涿郡高诱撰",各卷则署名"武进庄氏校本""汉涿郡高诱撰"。第二,浙本修订了庄氏原刻本中的许多文字,《四部备要》本则一并予以承袭,甚至连浙本新产生的误改字也

---

[1] 陆费逵《四部备要书目提要·集部》,中华书局1936年。
[2] 此文亦是陆费逵所作,其落款时间为"中华民国十三年十月"。(见《四部备要书目提要·集部》。)
[3] 浙江书局重刊本误刻"吉"为"古",《四部备要》本已订正。

不加订正,照单全收。例如,《原道训》"土处下不争高"中"争"字,浙本误为"在",《四部备要》本一并误;又此篇"放准循绳"中"放"字,浙本误为"故",《四部备要》本一并误;《精神训》"神明之宅也"中"宅"字,浙本误为"定",《四部备要》本一并误;《道应训》"轮人斲轮于堂下"中"人"字,浙本改为"扁",《四部备要》本一并改;《兵略训》"彼若有间,急填其隙"中"间"字,浙本误为"问",《四部备要》本一并误;《人间训》"燕常侵魏八城"中"八"字,浙本误为"人",《四部备要》本一并误。这些依据可以确定《四部备要》本的底本就是浙江书局重刊本。但从另一方面来说,这种不加任何修正的做法使得《四部备要》本在文本校勘方面毫无建树,只能看成是对浙本的翻印而已。当然,由于浙本的整体质量在《淮南子》所有版本中可谓佼佼者,所以《四部备要》本仍然遵循了"求通行善本"的原则。

尽管只是对古本的翻印,但由于采取了高标准、高要求,应用了新字体,《四部备要》本还是深受赞誉和广受欢迎的。为了满足读者的不同需求,中华书局不断重印和改版此本。至民国二十五年(1936)八月,《四部备要》本已重印五版,其中有一版还贯以"袖珍古书读本淮南子"之名[①]。1968年4月,台湾中华书局将六册合为一册重印了二次。从民国二十四年(1935)十一月开始,中华书局又将原来的线装版改印为洋装版,并将大本四页合为一页、分作两层进行缩印[②],可称之为洋装本。洋装本节省了成本,减少了册数,更为实用便捷,故多为高等院校图书馆购买。1989年3月,北京中华书局又影印出版了洋装本。不管是线装本还是洋装本,其版本样式和文本编排都是一样的,并未有任何改变。不停地重印、影印或者改版,都足以说明《四部备要》本的影响之大和流传之广。

[①]《重印聚珍仿宋版五开本四部备要缘起》云:"敝局自民国九年从事《四部备要》之辑印,迄今十四年矣。……选辑之谨严,校对之精审,字体之优美,印刷之精良,早为艺林所共赏。前辈严范孙、梁任公诸先生无不赞许,甚至称为旷古所无,自古印书者从无如此之精且多者也。……今幸全书告成,特改用五开大本,天地放宽,书品阔大,并发售预约,以餍海内藏书家、读书者之望,并分子丑寅卯辰巳午未申酉戌亥十二种。"(陆费逵《四部备要书目提要·集部》)。

[②]《聚珍仿宋版四部备要改印洋装缘起》详细记述了改版的来龙去脉,其文云:"改用大本四叶合一叶,分两层缩印。较之原本,每行约短十分之三,字尚不小,原来二号者约缩为三号,原来三号者约缩为四号,原来四号者约缩为五号。盖用大本两层印,上下左右空白比原本减少,故能以一半之纸而得三分二之用也。"又云:"本书分三种装订,甲种装布面金字,乙种装布面印字,……丙种纸面并装。"(陆费逵《四部备要书目提要·集部》)。

第三节 《淮南子》旧本的民国影印本

这里的旧本,主要指清人刘履芬的影宋钞本,以及清人黄锡禧校刊的《汉魏丛书》本。上海涵芬楼张元济主持影印前者,世称《四部丛刊》本;其下属王云五则主持影印了后者,世称《丛书集成初编》本。他们的努力,使《淮南子》版本走进了影印技术的新时代。

一、上海商务印书馆《四部丛刊》本

古人很早就掌握了影写技术,但影印技术在晚清时期才从西方传入中国。影写技术实际上就是一种人工临摹,影印技术则是须使用现代器械的一种照相制版技术。在《淮南子》版本史上,所知最早的影写本是钱曾影宋本,最早的影印本则是《四部丛刊》本。由于《四部丛刊》选本精良、制作严谨,自产生以来,便在学术界享有盛名。对《淮南子》来说,《四部丛刊》本亦是近世影印本中最为著名的一种,传播十分广泛。

由于影印本不需要涉及到原本文字的校对,所以它最核心的一条原则,就是择善本而从,择孤本而从。《四部丛刊》被世人称赞,无非是它择本精良。那么,《淮南子》入选《四部丛刊》,其版本的选择就显得格外重要。《印行〈四部丛刊〉启》称:"书贵旧本,昔人明训,麻沙恶椠,安用流传;此则广事购借,类多秘帙。"[①] 《淮南子》旧本之中,当以北宋本、道藏本为佳,尤其是北宋本,乃海内孤本,可谓秘帙,不易获得。《四部丛刊》的主持者张元济曾手创涵芬楼,其《涵芬楼原存善本草目》著录《淮南子》的情况为:"《淮南子》,元刊本;《淮南子》,明朱东光校刊本;《淮南子》,庄氏刊本,丁敬身校,玉雨堂结一庐藏印。"[②] 虽然称之为善本,但是张元济并没有选择其中一种作为《四部丛刊》的底本。显然,他不满足于此,仍要继续访求善本、珍本。

民国八年(1919)十月,《四部丛刊初编》开始启动。这时,北宋本正秘藏在山东聊城海源阁,不轻易示人。张元济想要直接影印北宋本原本,无疑是困难重重,只能退而求其次,选择北宋本的影写本。当时,莫棠也应邀参与了这

---

① 张人凤编《张元济古籍书目序跋汇编》,商务印书馆2003年,第857页。张元济在《涵芬楼烬余书录序》中表达了同样的理念,他说:"古籍散亡,印术日新,余恒思择要影印,以饷读者,然必须先得善本。"(《张元济古籍书目序跋汇编》,343页。)
② 《张元济古籍书目序跋汇编》,第798页。

个项目,他手里正藏有陈奂请人影钞的北宋本副本。但这个本子不完整,并未补录北宋本原本的缺页,影印此本恐怕有违于《四部丛刊》欲普及学界的初衷。就在访求善本、珍本的过程中,张元济得到了江山人刘履芬影写的北宋本。实际上,刘履芬并未见到北宋本原本,他影写的只是陈奂影钞本。这在张元济《涵芬楼烬余书录》中有著录①,可谓是涵芬楼藏本。今《子藏·淮南子卷》第二十七至二十八册影印收录此本,上面钤有"涵芬楼""海盐张元济经收"等印,即为明证。相较于北宋本原本及其影钞本而言,刘履芬影钞本虽然是副本的副本,但由于补录了原缺的五页,从实用性角度看,它成为《四部丛刊》的影印底本更合情合理②。《四部丛刊初编》截止民国十一年(1922)十二月完工,可知《四部丛刊》本是成于1920年至1922年之间。

《四部丛刊》本扉页题"淮南子二十一卷""四部丛刊子部",次页印有书牌,内容为"上海涵芬楼景印刘泖生影写北宋本,原书叶心高营造尺五寸三分,宽三寸六分"。这个牌记讲明了影印底本和原书大小。所谓叶心,是指半页的版框;所谓营造尺,是指清代的度量单位。1营造尺约合32厘米,1寸约合3.2厘米,1分约合0.32厘米。据此而言,《四部丛刊》本所影印的刘履芬影钞本,原书半页版框高16.96厘米,宽11.52厘米。作为《淮南子》的第一个影印本,《四部丛刊》本无论是选本之严,还是制作之精,皆可谓后无来者。

《四部丛刊》问世以后,即为学术界所推重,销路极畅。民国十五年(1926)初冬,上海商务印书馆开启重印工作,至民国十八年(1929)结束。当然,重印并非简单的再次印刷,而是做了版本变更、卷页增补、校正纰漏的工作③,但《淮南子》的《四部丛刊》重印本与原本相比并未有任何变化,这可能跟张元济谋求购买海源阁所藏北宋本原本而不得有关。三十年代,上海商务印书馆又对《四部丛刊初编》进行了缩印,将原来的四页合为一页、分上下两层影印出版,书前有牌记,内容为"上海商务印书馆缩印影钞北宋本"。这个版

---

① 此书著录为:"《淮南鸿烈解》二十一卷,汉刘安撰,汉许慎注,影宋钞本,四册,刘泖生钞藏。"下有题解云:"宋椠原书,藏黄荛圃百宋一廛中,后归汪阆源,陈硕甫借得影写。卷首有题词'此为江山刘泖生传录之本'。半叶十二行,行二十一至二十五字,小注双行,行二十五、六字。叙连正文。每卷题'太尉祭酒臣许慎记上'。宋讳避至'贞'字。"(《张元济古籍书目序跋汇编》,第588页。)
② 《四部丛刊刊成记》:"采用底本,涵芬楼所藏外,尤承海内外同志之助,得宋本三十九,金本二,元本十八,影宋写本十六,影写本五,校本十八,明活字本八,高丽旧刻本四,《释》《道藏》本二,余亦皆出明、清精刻。"(《张元济古籍书目序跋汇编》,第858页。)
③ 见《重印四部丛刊刊成记》,《张元济古籍书目序跋汇编》,第860—862页。

本可称之为《四部丛刊初编》缩本。五十年代以来,《四部丛刊》仍然活跃在出版界,1965年8月和1967年9月,台湾商务印书馆两次重印了《四部丛刊初编》缩本;2016年高等教育出版社影印、再版了《四部丛刊》。这些都说明了《四部丛刊》本的流传之广。

二、上海商务印书馆《丛书集成初编》本

除《四部丛刊》本之外,上海商务印书馆还影印出版了《汉魏丛书》本。由于《汉魏丛书》被王云五收入《丛书集成初编》中,故《淮南子》的这个影印本又被称为《丛书集成初编》本。相比于《四部丛刊》本,《丛书集成初编》本的底本是原丛书所决定的,是不能选择的,所以两者的版本价值自不能相提并论。

《丛书集成初编》本前有牌记,内容为"本馆据《汉魏丛书》本影印,初编各丛书仅有此本"。前面一句讲明了影印的底本,后一句讲明了不会因为版本不同而重复影印同一部书。因此,《丛书集成初编》本实质上就是清中期王谟、黄锡禧校刊的《汉魏丛书》本。《汉魏丛书》本来自明代张燮如本,不仅广删原注,又无张本评语,故《初编》本的版本价值不高,远不能与《四部丛刊》本相媲美。《初编》本后有版权页,写明了出版时间为"中华民国二十六年十二月初版",即1937年12月。从忠诚于原本的角度来说,《丛书集成初编》本的影印处理方式,也不如《四部丛刊》本。前者以半页影印之时,将原本的版心、鱼尾全部剔除,大失原本版式之旧,大概是为了追求简洁、实用的结果。1985年,台湾新文丰出版公司重版了《丛书集成初编》本,将原本九页(半页为一页)合成一页加以影印,严重影响了阅读的舒适感,在版本方面亦无附加价值。

第四节 《淮南子》旧本的民国整理本

这里的旧本,主要是指浙江书局光绪二年重刊的庄逵吉本。上海世界书局、广益书局另辟蹊径,对以前的旧本进行整理,加以简单句读,重新排印出版,成为后世古籍整理本的雏形。特别是世界书局的《诸子集成》本,对后世《淮南子》整理本产生了深远影响。

一、上海世界书局《诸子集成》本

就在商务印书馆、中华书局忙着影印、翻印古籍的同时，另一个富有影响力的出版机构——世界书局则着重于整理古籍。三十年代中期，世界书局出版发行了由国学整理社辑校的《诸子集成》。这套丛书汇集了先秦至汉魏六朝诸子著作的注释本或校本达28种，在当时产生了广泛而深远的影响，至今仍表现出旺盛的生命力。

《诸子集成》共八册，《淮南子》与《新语》《法言》《论衡》《申鉴》一起被列入第七册。辑校者在《诸子集成刊行旨趣》中对《淮南子》作了很高的评价，认为此书："纵横蔓延，道家言占十之六七，所述多秦汉间佚事，为秦以后子书之最出色者。"[①] 又说："研究国学者所不可不读也。"[②]《诸子集成》收录《淮南子》，将《淮南子》与周秦诸子并列，实际上极大地提升了《淮南子》在子书中的地位。借助这套丛书，《淮南子》也得到了更为广泛的传播。

作为整理本，《诸子集成》本已褪去古籍刻本的特征，采用了当时先进的铅活字排印技术，版式为繁体竖排，并对正文作了简单的句读。此本前有高诱《叙》、庄逵吉《叙》和《淮南子目次》，后有版权页，写明初版时间为"中华民国二十四年十二月"，即1935年12月。正是庄《叙》这个特征，可以表明《诸子集成》本的底本就是庄逵吉本。此外，该本注文中的庄逵吉按语也是其底本为庄本的重要证据。以庄本为底本自然不错，但更准确地说，应该是浙江书局重刊本为底本，毕竟浙本对庄氏原刻本作了很多校改，不能简单地等同。其主要依据在于：

第一，《诸子集成》本随同浙本更正了庄本许多的误字。例如，《时则训》注文"白与黑为黼"中"黼"，庄本误作"黻"，《集成》本随浙本一并更正；又《时则训》注文"黑与赤为文"中"黑"，庄本误作"青"，《集成》本随浙本一并更正；《缪称训》注文"商鞅为秦孝公立治法"中"公"，庄本误作"分"，《集成》本随浙本一并更正；《修务训》注文"黄帝垂衣裳"中"裳"，庄本误作"常"，《集成》本随浙本一并更正。

第二，《诸子集成》本随同浙本产生了不少自改字和误改字。例如，《原道

[①] 国学整理社辑《诸子集成》，世界书局1935年，第11页。
[②] 国学整理社辑《诸子集成》，第12页。

训》"土处下不争高"中"争",《集成》本随同浙本自改为"在";又《原道训》"放准循绳"中"放",《集成》本随同浙本误改为"故";《览冥训》"入榛薄,食荐梅"中"入",《集成》本随同浙本误改为"人";《精神训》"神明之宅也"中"宅",《集成》本随同浙本误改为"定";《道应训》"轮人斲轮于堂下"中"人",《集成》本随同浙本自改为"扁";《兵略训》"彼若有间,急填其隙"中"间",《集成》本随同浙本误改为"问";《人间训》"燕常侵魏八城"中"八",《集成》本随同浙本误改为"人"。

由此可见,《诸子集成》本的真正底本是浙江书局重刊本。当然,《诸子集成》本亦非完全等同于浙本,它不仅删除了每卷"武进庄氏校本"的署名,对文本也作了一定的校改。例如,《时则训》注文"蝼牛,特牛也"中"特",浙本误为"持",《集成》本则随同庄刻原本校正。

《集成》本自产生之际,就非常受欢迎,被重印、影印的频次皆非《四部丛刊》本、《四部备要》本可比。1935年初版后第二年九月,世界书局便再版了一次。1949年后,中华书局替代世界书局于1954年、1956年、1959年分别用原纸型予以重印,至1996年2月重印次数达到了9次。上世纪七十年代以来,《集成》本被重印、影印更是家常便饭。1972年10月,台湾世界书局在原有《诸子集成》的基础上辑成《新编诸子集成》,删除了一些体例不合的著作,收书增加至34种,《淮南子》仍列第七册。相比原本,新本对注文亦作了句读。《新编诸子集成》本出版后也不断被重印,1974年7月二版,1978年7月三版,1983年4月四版。1986年4月,河北人民出版社分成十二册影印《诸子集成》,《淮南子》列入第十一册[①]。同年7月,上海书店出版社也影印了《诸子集成》,至1994年12月这套丛书重印达7次之多。1996年10月,岳麓书社采用简体横排的形式,以新标点整理出版了《诸子集成》。这套丛书共分十册,《淮南子》列入第八册。同年12月,团结出版社亦以简体、横排、点校的方式整理出版了《诸子集成》。至此,《淮南子》又多了两个版式新颖的《诸子集成》本。除此之外,中华书局从1982年开始编辑《新编诸子集成》,分别于1989年5月、1998年10月整理出版了刘文典的《淮南鸿烈集解》和何宁的《淮南子集释》,无不深深打上了《诸子集成》本的烙印。

总之,近百年来,世界书局所印行的《诸子集成》本不仅重印次数最多,而

[①] 1992年4月,河北人民出版社又精装重印了这套《诸子集成》。

且传播范围最广,足能在《淮南子》版本史上留下浓厚一笔。

二、上海广益书局《淮南子集解》本

《诸子集成》本产生后不久,上海广益书局也推出了针对《淮南子》的整理本,即《淮南子集解》。虽然题名为"淮南子集解",似与刘文典的《淮南鸿烈集解》相同,但这不过是对庄逵吉本的整理与校勘①。《淮南子集解》本虽出自庄本,但并非是按照每卷一篇的格式编排,而是将二十一篇分成上、下两卷,卷上自《原道训》至《齐俗训》共十一篇,卷下自《道应训》至《要略》共十篇,仅题篇名。此本采用繁体竖排版式,前有《叙》和《淮南子集解目次》,正文有圈句。书末有版权权,写明出版时间为"中华民国二十五年五月",即1936年5月,并写明校勘者为叶昀。叶昀,未知何许人。他曾与叶玉麟合作,编辑了《白话选译韩非子集解》和《白话译解墨子》,《淮南子集解》则是他独立承担整理和校勘的。

很显然,广益书局的这本《淮南子集解》是基于它十几年前所印行的《精校淮南子》。所以,确切地说,它的底本是浙江书局重刊庄逵吉本。前文所列的浙本自改字和误改字"在""故""人""定""扁""问""人",《淮南子集解》本一并随同浙本;前文所列的浙本校正字"黼""黑""公""裳",《淮南子集解》本也一并随同浙本。这些是《淮南子集解》本的底本为浙本的最直接证据。在文本圈句方面,《淮南子集解》本似要优于《诸子集成》本。例如,《淮南子集解》本圈句《览冥训》:"毒兽不作。飞鸟不骇。人榛薄食荐梅。"② 而《诸子集成》本则圈句为:"毒兽不作。飞鸟不骇人。榛薄食荐梅。"③ "不作"与"不骇"相对,显然《集成》本有误。然而,此处的"骇",《集解》本误为"骸",表明虽有叶氏作为校勘者,《淮南子集解》仍显得不够精审。再加上广益书局"价低质次"的形象,《集解》本在产生以后并未得到多少关注,很快就被遗忘了。

---

① 证据很明显:其一,此书之《叙》来自庄逵吉本的《叙目》;其二,此书注文中的庄逵吉校语全部袭自庄本;其三,此书除庄氏校语外,再无其他学者的校注,题名"集解",只是有其名而无其实。
② 《子藏·淮南子卷》第57册,第101页。
③ 国学整理社《淮南子》,世界书局1935年,第93页。

第五节 《淮南子》旧本的民国批校本

相对于清代而言,民国时期学者批校《淮南子》古本的种数要少得多。而且,大部分批校者都是晚清过渡到民国的学者,实际上很难划定他们的时代归属。据统计,这个时期出现的批校本大约有 10 余种,其中不少批校本已难见天日。今择王秉恩批校本、王瀣批校本,略加讨论,其余批校本则列于文末,以俟后考。

一、王秉恩批校本

王秉恩(1845—1928),字雪岑,又写作雪澄、雪丞、雪城,号茶龛,四川华阳县人,同治十二年(1873)举人。经由张之洞提携,声名鹊起。光绪十三年(1887),受张之洞委派担任广雅书局提调,负责刊刻《广雅丛书》,产生了较大的影响。王氏精于校勘,工于书画,又是著名的藏书家。批校古籍对于他来说,是十分平常的事。《淮南子》亦传有他的批校本,《子藏·淮南子卷》第二十至二十二册影印收录。

然而,《淮南子》王秉恩批校本显得很复杂,并非王氏新批本,而是转手多人的一个批校本。因为该本《叙目》首页钤有"唐栖朱氏结一庐图书记""朱学勤印""修伯过读"等方印。朱学勤(1823—1875),字修伯,仁和塘栖(今属浙江杭州)人,咸丰三年(1853)进士。他平常喜欢搜罗古籍善本,是名闻四方的大藏书家,编有《结一庐书目》。这说明此批校本是一个旧本,曾为仁和朱学勤所藏。王秉恩在获得此本后,钤上了"华阳王氏秉恩印""王秉恩审定旧椠精钞书籍记""王秉恩""雪岑"等方印。单从藏书印看,王秉恩所得到的这批校本就不简单,应是一个转手多人的旧本。此外,再看此本的批校手迹,至少有三种以上,这也说明了这个批校本的复杂性。

除藏书印和手迹的繁多之外,王秉恩批校本的内容同样很庞杂,过录了清代许多学者的校语。这个批校本是对庄逵吉原刻本的批校,其《叙目》末尾依次附有阳湖赵烈文题记一则,写于光绪元年(1875)的刘履芬题记一则,写于乾隆、嘉庆年间的顾广圻题记四则。此本卷一至卷二十一的天头、地脚甚至正文之中,都记有校语,过录了钱坫、卢文弨、赵曦明、孙志祖、梁玉绳、钱大昕、顾广圻等人的校语。卷一之末、卷二十一之末还过录有卢文弨题记两则。

总之,王秉恩批校本的内容极为广博复杂,已难辨认王氏是否亲自做过批校。吴则虞说:"伦哲如称雪澄积数十年力遍校《淮南》异本,即此本欤?今在上海市文献图书馆。"[①] 若是该批校本,显然称不上遍校《淮南子》异本。但这个批校本可以视为一个非常珍贵的汇集清代中期学者校注《淮南子》的文献资料库,等待我们去利用、去挖掘。

二、王瀣批校本

王瀣(1871—1944),字伯沆,晚号冬饮、无想居士,江苏南京人,原籍江苏溧水,光绪十四年(1888)秀才。王氏能诗善文,被誉为"一代耆儒",也是著名的书画家和藏书家,撰有《冬饮庐藏书题记》。他所抄校批识之书,多达数百种。尤其是《红楼梦》,王氏前后批校二十余年,批语达一万二千余条。《淮南子》也是王氏批校的对象,花费了王氏许多心血。

与王秉恩批校本一样,王瀣批校本也是以庄逵吉原刻本为底本,《子藏·淮南子卷》第二十二至二十三册影印收录。这个批校本在庄逵吉本《叙目》末尾过录了康熙五十三年(1714)南丰刘都手校茅一桂本的题记一则,以及王瀣自己校录庄逵吉本的题记两则。王瀣第一则题记说:

> 阏逢困敦之岁,余寄家吴门,从友人南丰刘夔□假得明茅一桂所刊《淮南鸿烈解》,盖其远祖天部先生都手校本,卷中有"刘都之印"一方。慈民先生所藏卷首有"臣庠慈民"方印二,"刘"字圆印一,"慈民收藏经籍金石书画"长方印一。全书朱墨烂然,所录茅鹿门、袁石公、张宾王各家评释,皆蝇头细书,精雅绝伦。按其自记,则康熙五十三年甲午五月校毕也。先生自记有云:"淮南子刻本于高注多删节,花斋本亦然,总不及茅本注解独全。"余取庄刻校之,亦时有异同。又有称据茅本者,按之不合,因并笺于眉,以俟再考。庄校本已通行,茅本罕见,爰就在庄校本用黄笔钩乙,务存茅本之旧云尔。梅蒙赤奋若正月人日冬饮记于双修楼。[②]

所谓阏逢困敦之岁,即甲子年,民国十三年(1924)。所谓梅蒙赤奋若,即乙丑年,民国十四年(1925)。可知,这则题记是写于民国十四年,批校庄本则是从民国十三年开始,不到一年即告完工。这一次批校,主要是用庄逵吉本对

[①]《淮南子书录》,《文史》第二辑,第305页。
[②]《子藏·淮南子卷》第22册,第204页。

校刘都手校过的茅一桂本,把刘都校语中不合茅本者加以笺注,并且用黄色笔墨将茅本原貌钩乙在庄本上。所谓钩乙,就是把茅本的版式、文本等原貌摹写在庄本上。这样做的目的,是为了保存已为罕见的茅本之旧貌。

王瀣第二则题记说：

> 余就此本以存茅本之旧,已详前记。又六年复假读之,凡天部先生所校用墨笔录之。间有数条字迹不类,疑为慈民先生所补,惜夔□□无能证之矣。余反复细阅,茅本多讹字,然亦有足正庄刻之讹者。庄据藏本,注诚完备,然亦有大段脱去、茅本独存者。盖藏本所据注,似未一字增损,茅本所据注,或较藏本为尤完,惟时有节其繁复处,故致不同。合两本观之,自易了然矣。所可异者,庄校于明刻亦参考茅本,而按语中有称各本皆作某,惟藏本作某者,今按之茅本正同。又有称藏本所无,据茅本增此十余字者,今按之茅本并无此,或偶误,亦非小失也。诸家评语既以三色笔录其八九,更以紫笔点阅一过,其再识之。玄黓涒滩且月大暑节乙酉日溧水王瀣校毕于冬饮庐。①

所谓玄黓涒滩,即壬申年,民国二十一年。可知第二则题记是写于1932年。根据这则题记,王氏第二次批校是从1931年开始,至次年农历六月二十日结束。此次批校,主要工作是用黑色笔传录刘都校语,并分别用蓝色笔、绿色笔、红色笔传录袁石公、茅鹿门、张宾王三家大概十之八九的评语,最后用紫色笔对全书圈阅一遍。通过这次批校,王瀣发现庄本与茅本的紧密关系,深刻认识到庄本与茅本实际上是互有长处,庄刻可正茅本之讹,茅本亦可补庄刻之失。

根据上面两则题记的内容来看,王瀣确实花费了很多精力在批校《淮南子》上。他不仅反复细阅原书,还屡次批点庄本,为世人留下了一部质量颇高的批校本。首先,王瀣批校本传录了大量刘都关于茅本与花斋本的校语,鉴于花斋本不常见,所以这些校语体现了较高的文献价值。其次,王瀣并非只是传录者,他在批校中以"瀣按""瀣案"的形式写下了自己的校勘心得。据统计,王氏写下了校勘心得约94条,其内容绝大部分是文本校勘,如《精神训》"千变万抮而未始有极",王瀣批校曰："瀣按,下文'万紾',注'转也',此亦当

---

① 《子藏·淮南子卷》第22册,第204页。

作'紾'。"① 也有小部分属于注音释义，如《原道训》"纯兮若朴"，王瀣批校曰："瀣按，凡器之未成者通谓之朴。"② 这说明王瀣仍保留着清代重考据、重训诂的治学风格。

三、其他学者的批校本

民国学者批校古书，仍是承接清人之余绪，他们大部是前清遗老。据统计，除王秉恩和王瀣两种批校本外，还有大约八种，具体如下：

单不厂批校本二十一卷。批校底本及时间皆不明。《淮南子书录》云："某过录单不厂校本，今在浙江图书馆，未见。"③

朱孝臧批校本二十一卷。朱孝臧（1857—1931），改名朱祖谋，字藿生，一字古微，号沤尹，又号彊村，浙江归安人，光绪九年（1883）进士。朱氏批校本底本及批校时间皆不明。《淮南子书录》云："过录王念孙、秦树声校语，未到完。古微一代词宗，此校亦足备一格，今在吴县潘氏著砚楼，景郑学长寄以示余。"④

秦树声批校本二十一卷。秦树声（1861—1926），字宥横，一字晦鸣，号乖庵，河南固始人。朱氏光绪十二年（1886）首中进士，光绪二十九年（1903）再中经济科进士。清史馆曾聘他为《地理志》总纂，直至成书。著有《西洋史》等，也是睁眼看世界的前清遗老。其批校本详情不明。朱孝臧曾过录其校语。

赵熙批校本二十一卷。赵熙（1867—1948），光绪十八年（1892）进士。家有藏书数千卷，多经他评点。其批校本详情不明。《淮南子书录》云："熙，字尧生，四川荣县人，诗人也，清才俊朗，考据非其专诣，此书今入四川省图书馆。"⑤

王国维批校本二十一卷。王国维（1877—1927），字静安，晚号观堂，浙江海宁人。他是融会旧学与新学的著名学者，其《传书堂藏书志》著录有《淮南子》一书。《淮南子书录》云："校涵芬楼景印刘泖生钞本，著墨无多，今在北京图书馆。"⑥

沈祖绵批校本二十一卷。沈祖绵（1878—1968），字念尔，号瓞民，浙江杭

---

① 《子藏·淮南子卷》第 22 册，第 430 页。
② 《子藏·淮南子卷》第 22 册，第 229 页。
③ 《文史》第二辑，第 305 页。
④ 《文史》第二辑，第 305 页。
⑤ 《文史》第二辑，第 305 页。
⑥ 《文史》第二辑，第 305 页。

县人。他治学亦承清人之见,精于小学,著有《素问臆断》。《淮南子书录》云:"祖绵,字飚民,丙子余在苏州,尝从其问《易》义,不相见者二十余年矣,今以校本寄科学院,乃得见之,眉间过录顾校,亦略有笺记,有本之学也。"①

邵瑞彭批校本二十一卷。邵瑞彭(1887—1937),字次公,浙江淳安县人。其批校底本及时间皆不明。《淮南子书录》云:"抗日军兴时,此书藏庐州丁缦卿家,允借录,未果,乃失所在,闻第四、五两册细批密校,字小如蚁。"②

此外,刘文典曾在四十年代,自己批校自己的上海商务印书馆初版《淮南鸿烈集解》,这也可以视为一种批校本,详见本编第五章第五节。

---

① 《文史》第二辑,第306页。
② 《文史》第二辑,第306页。

第五章　民国《淮南子》校注的再次盛行

第一节　民国早期的《淮南子》校注(一)

于鬯的《淮南子校书》,可谓是清代学者校注《淮南子》的收关之作。经过短暂的沉寂后,到民国初期,这股校注之风又开始流行起来。陶鸿庆、张之纯揭开了这个序幕,刘文典、刘家立、吴承仕等人将其推向高峰。他们的经典著作皆诞生于民国早期(1911—1925),这是一部分民国学者谨守清代朴学的反映。张之纯的《评注淮南子菁华录》前已讨论,兹不赘述。

一、陶鸿庆的《读淮南子札记》

陶鸿庆(1859—1918),字瘪石,号艮斋,江苏盐城人,著有《读礼志疑》《左传别疏》《读通鉴札记》《读诸子札记》等书。其中,《读诸子札记》共二十五卷,校注诸子十七家,部分内容曾发表在《国学丛刊》和《制言月刊》上,《淮南子》被列为第四,分作二卷。此书目前有文字同盟社民国初排印本、中华书局1959年整理本、台北艺文印书馆1971年整理本、台湾世界书局1975年整理本。

至于陶氏写作《读淮南子札记》的具体时间,亦难考定。中华书局整理本前载有章炳麟写于民国九年(1920)的一篇序文。序文说:"余家居,盐城胡启东以其县人陶瘪石遗书来,其目曰《读礼志疑》《左传别疏》《读诸子札记》。"[①]《读礼志疑》作于1898年,世传1917年王家驹抄本,上有陶氏本人手改笔迹,而后陶氏又相继撰写《左传别疏》和《读通鉴札记》。依此推测,《读诸子札记》当写于诸书之后,大概成于民国初年。所以,《读淮南子札记》也应是写于这个时期。至于陶氏所用底本,《读淮南子札记》则已明确交待,即是浙江书局1876年重刻的武进庄逵吉本。

---

① 陶鸿庆《读诸子札记》,中华书局1959年,第2页。

据统计,《读淮南子札记》共有校注约177条。从内容上看,几乎是清一色的文本校勘,纯粹的音义训释仅有12例,只占总数的7%左右。其文本校勘,无非是校误文、校脱文、校衍文和校倒文。以往的同类著作都是校误文最多,而《读淮南子札记》这四种情况几乎相当,特别是校倒文(包括位置错乱之文)的数量,要远远多于以往的同类著作。校勘的方法也多样化,最为常见的是本校法、理校法和他校法。本校法多利用上下文和高诱注文,理校法以推断文意为主,他校法则过多信赖《文子》。因此,陶氏校勘与以前的校勘家相比,明显削弱了旁征博引的特征。

尽管如此,陶氏还敢于在释义中驳正高诱,在校勘中驳正王念孙和俞樾。驳正高诱,如《俶真训》:"夫人之拘于世也,必形系而神泄,故不免于虚。"陶氏案:"高注云:'形系者,身形疾而精神越泄,不虚其守,故曰不免于虚。'此未得虚字之义。《庄子·秋水篇》云'井蛙不可以语于海者,拘于虚也',陆氏《释文》云'虚音墟,本亦作墟',盖虚之本义为大丘,而与居同声,故引申有居止之义。昭十七年,《左转》'大辰之虚也',疏云'虚者,旧居之处'是也。然则,'不免于虚'者,犹言不免于系著也。《文子·精诚篇》作'故不免于累',文异而义同。"① 陶氏引证《庄子释文》《左传正义》解释"虚"字,自然不错,但各本(含浙江书局庄本)高注均作"不免于虚疾",所以,此处的"虚"就不能与"墟"字相通。陶氏断章其义,有失审慎。《读淮南子札记》引用了不少王念孙和俞樾的说法,对前者只有一处驳正,其余皆为补证,对后者则只有一处补证,其余皆为驳正。如《本经训》"故德之所总,道弗能害也",陶氏案:"俞氏以'总'为'利'字之误,然本篇下文云:'晚世学者,不知道之所一体,德之所总要。'又云:'德与天地参,明与日月并,精与鬼神总。'则此文'总'非误字。"② 他以本证力辨俞说之非,很有说服力。后来,刘文典、向承周均驳斥俞氏此说,与陶氏持相同意见。这从侧面能反映陶氏校勘颇有精当之处。

然而,陶氏校勘也有明显的不足,主要表现在:其一,不用对校法,缺少可靠的参校本。陶书165条校勘中,除使用庄本外,见不到其他任何一个版本。这在得书相对容易的民国时期确属不应该。如《齐俗训》"故老子曰'不上贤'者,言不致鱼于水,沉鸟于渊",陶鸿庆案:"水为木字之误,《文子·自然》

---

① 《子藏·淮南子卷》第52册,第358—359页。
② 《子藏·淮南子卷》第52册,第369页。

篇作'不放鱼于木,不沉鸟于渊'。"① 陶氏所校无误,道藏本、刘绩本、茅一桂本"水"均作"木"。若能添上这些对校之证,则他的说法足可成定论。其二,轻用音韵校勘法,多生异说。如《说山训》:"撰良马者,非以逐狐狸,将以射麋鹿。砥利剑者,非以斩缟衣,将以断兕犀。"陶鸿庆案:"'麋鹿'当为'鹿麋',麋与犀为韵。"② 道藏本"狸"作"狢",刘绩本作"貉",狢、貉古字同。张双棣说:"狢、鹿,铎屋合韵;衣、犀,微脂合韵。"③ 陶氏为使麋、犀为韵,强将"麋鹿"乙转,与原书用韵不合,当属异说。其三,主观随意性大,常见无谓之校。如《诠言训》"所生者弗得,所杀者非怨",陶鸿庆案:"'非怨'亦当作'弗怨',今本涉上下文而误。"④ 弗、无、不、非四字,古义常同,陶氏认为"非怨"当作"弗怨",实属无谓之校。又如《泰族训》:"以食狗马鸿雁之费养士,则名誉必荣矣。"陶鸿庆案:"食乃养之坏字。"⑤ 《说山训》高注:"食,养也。"可见,"食"本有"养"义,何必"养"之坏字?蒋礼鸿说:"食,即孟子'治于人者食人,治人者食于人'之'食',不得谓'养'之坏字。"⑥ 诸如此类的校勘,《读淮南子札记》中还有不少,这些都属于无谓之校。

综上所述,陶鸿庆的《读淮南子札记》虽正误参半,但它拉开了民国学者校注《淮南子》的序幕,是清代考据之学的继承和延续。张双棣《淮南子校释》采录陶校约146条,足见其价值。

二、刘文典的《淮南鸿烈集解》

刘文典创造了《淮南子》一个新的版本模式即集解本,前面已有详细讨论。同时,他的《淮南鸿烈集解》也把民国学者对《淮南子》的校注推上一个新台阶。据统计,该书以"文典谨按"标识刘氏校注,总计约808条。其中,《原道训》43条、《俶真训》40条、《天文训》53条、《地形训》21条、《时则训》15条、《览冥训》36条、《精神训》21条、《本经训》33条、《主术训》68条、《缪称训》20条、《齐俗训》72条、《道应训》20条、《氾论训》74条、《诠言训》16

---

① 《子藏·淮南子卷》第52册,第380页。
② 《子藏·淮南子卷》第52册,第394页。
③ 张双棣《淮南子校释》(增订本),第1730页。
④ 《子藏·淮南子卷》第52册,第388页。
⑤ 《子藏·淮南子卷》第52册,第410页。
⑥ 见张双棣《淮南子校释》(增订本),第2148页。

条、《兵略训》41条、《说山训》65条、《说林训》35条、《人间训》30条、《修务训》27条、《泰族训》66条、《要略训》12条。就数量而言,仅次于陈昌齐的《淮南子正误》和王念孙的《淮南内篇杂志》。就质量而言,刘氏校注严守清代朴学的治学方法,体现了较高的学术水平。

与以往的校注著作相比,《淮南鸿烈集解》也形成了自己的鲜明特色。归纳起来,大体有以下三点:

第一,博采众家,前无古人。

在清代学者校注《淮南子》的过程中,真正能称为博采众家者,应是庄逵吉和王念孙。庄逵吉校注《淮南子》,采用了卢文弨、钱坫等六人的说法,其后王念孙撰《淮南内篇杂志》采用了陈昌齐等人的说法,其余著作虽有偶采他人之说,但均不能谓之博采众家。直至刘文典校注《淮南子》,他采用众家之说,超远庄逵吉、王念孙二人。据统计,《淮南鸿烈集解》博采刘绩、朱芹、顾炎武、姚范(1702—1771)、胡鸣玉、卢文弨、钱大昕、钱塘、桂馥(1736—1805)、孙志祖、陈昌齐、王念孙、洪亮吉、梁履绳、李赓芸(1754—1817)、郝懿行(1755—1823)、庄逵吉、王绍兰、洪颐煊、王引之、沈涛(约1792—1855)、汪文台、曾国藩、俞樾、陶方琦、孙诒让、黄桢等二十七家的说法。其中,以王念孙父子、庄逵吉、俞樾、陶方琦的说法为最多,而朱芹、黄桢的说法仅有一二条。刘氏此举,在《淮南子》学史上真可谓是前无古人。梁启超评价说:"最近则刘叔雅文典著《淮南鸿烈集解》二十一卷(民国十年刻成),博采先辈之说(刘端临、陈观楼、胡荄甫之书皆未见征引),参以己所心得,又从《御览》《选注》等书采辑佚文、佚注甚备,价值足与王氏《荀子集解》相埒。"① 正因为博采众家,又参以己见,故能与王先谦的《荀子集解》相提并论。让梁启超稍感遗憾的是,《淮南鸿烈集解》未采入刘台拱、陈昌齐和胡澍的说法。实际上,除刘、胡二说未采外,陈说则被采录较多,梁启超明显失检。

刘氏博采众家之说,并非全是罗列,有时也会对诸说或作补证,或作驳正。胡适对此评价说:"及其为《集解》,则凡其所自得有与前人合者,皆归功于前人;其有足为诸家佐证,或匡纠其过误者,则先举诸家而以己所得新佐证附焉。"② 可见,刘氏未作补证、未作批驳的诸家之说,大都是他所认同的,即胡适

---

① 梁启超《中国近三百年学术史》,中华书局1936年,第237页。
② 《子藏·淮南子卷》第53册,第386页。

所谓归功于前人者。即使他所认同的,只要有新证,则必定附录其上。对于所不认同的,并不作主观的否定,也必定要附上新证。

补证诸家之说,即补充诸家未能顾及的证据。如补证王说,《兵略训》"以共安危也",王念孙云:"上文云'所以程寒暑'、'所以齐劳佚'、'所以同饥渴',则此'以共安危'上,亦当有'所'字。"刘文典按:"王说是也。《意林》引有'所'字,是其证。"① 为王说补充了他证。又如补证俞说,《泰族训》"使人左据天下之图而右刎喉",俞樾云:"'刎'下当有'其'字。《文子》上义篇作'左手据天下之图而右手刎其喉'。"刘文典按:"俞说是也。本书《精神》篇亦正作'使之左据天下之图而右手刎其喉'。"② 则为俞说补充了本证。

驳正诸家之失,即驳正诸家之说欠妥当处。对于这个方面,刘氏显得殊为谨慎。胡适评价说:"叔雅于前人之说,乐为之助证,而不欲轻斥其失,多此类也。然亦有前人谬误显然,而叔雅宁自匿其创见而为之隐者……此则忠厚太过,非吾人所望于学者求诚之意者矣。"③ 不轻易指斥前人之失,必得证而后可。即使博学如王念孙、俞樾,所校如有不妥之处,刘氏也一一指出。对于王说,刘氏指斥颇为温和。如《地形训》"食叶者有丝而娥",王念孙云:"'食叶'本作'食桑',后人以虫之食叶者多化为蛾,故改'食桑'为'食叶'。不知正文本作'食桑',故高注专训为蚕。若作'食叶',则与高注不合矣。"刘文典按:"上文'食木者'、'食草者',下文'食肉者'、'食谷者',木也,草也,肉也,谷也,皆共名也,此似不应独举专名曰'食桑者'。虫之食叶者多化为蛾,此生民之所共见,且据《艺文类聚》高注实作'蚕属是也',此'蚕是也'乃许注也。既曰蚕属,则非专训为蚕可知,王说泥矣。"④ 以"泥矣"指斥王说,表示刘氏不敢轻易否定王说,即便有《艺文类聚》为证。对于俞说,刘氏则往往直斥其非,且驳正次数最多。例如,《览冥训》"知不能论",俞樾云:"论者,知也。《说山》篇'以小明大,以近论远',高注曰:'论,知也。'此'论'字不训为知,盖以正文已有'知'字故耳。不知正文'知'字当读为'智','知不能论',谓智者不能知也。《说文·心部》:'愉,欲知之貌。'论与愉通。下文曰'心意之论,不足以

---

① 《子藏·淮南子卷》第54册,第445页。关于此条校勘,刘文典后来的《淮南子校补》略有修改:"《意林》引作'所以同安危也','共'虽作'同','以'上尚未敚'所'字,可证王说。"
② 《子藏·淮南子卷》第55册,第34页。
③ 《子藏·淮南子卷》第53册,第387—389页。
④ 《子藏·淮南子卷》第53册,第586页。

定是非',论亦知也。"刘文典按:"俞说非也。下文'得失之度,深微窈冥,难以知论,不可以辩说也',正与此文一例,'论'与'说'为对文,非作'知'解明矣。"①俞氏训'论'为'知',刘氏则认为'论'当作'说'解。两说各有依凭,似皆可通。

刘氏有时还会对同一个问题的不同说法作一评断。如《时则训》"撞白钟",王念孙云:"'白钟'之'白',因上文而衍。春鼓琴瑟,夏吹竽笙,秋撞钟,冬击磬石,'钟'上不宜有'白'字。"王绍兰云:"'白钟'之'白'非衍文。春言鼓琴瑟,夏言吹竽笙,冬言击磬石,皆三字为句。若此文无一'白'字,但言撞钟,则句法参差,非其例矣。"刘文典按:"王绍兰说是也。本篇'撞白钟'句凡三见,岂得尽为衍文?"②刘氏依据本证,评断虽简略,但极有说服力。

总之,刘文典博采众家之说,并不是单纯地为集解而集解,而是有机地将它们融进自己对《淮南子》的系统校勘之中,使《淮南鸿烈集解》成为《淮南子》学史上最重要的著作之一。

第二,无征不信,杜绝臆断。

《淮南鸿烈集解》虽是刘文典年轻时之作,但处处透出无征不信的理念,体现了刘氏深厚的朴学素养。胡适对此评价说:"至其所自立说,则仅列其证据充足,无可复疑者。往往有新义,卒以佐证不备而终弃之;友朋或争之,叔雅终不愿也。"③完全是秉着无征不信的理念来自立己说。在前面的统计数据中,各篇校注数量不等,其实都是他书引用各篇文字多少的反映。这是根于刘文典无征不信理念的结果。若无本证和他证,刘氏基本不立己说,以杜绝臆断。在刘氏808条校注中,仅有一条不见有证据。《说山训》"以浴而傈则不可",刘文典按:"'以浴'疑当作'先浴'。"④虽无证据,但刘氏推测极有道理。此句前有"先傈",后又有"先祭""先飨",最后以"物之先后,各有所宜也"结句,则"以浴"当作"先浴",合乎上下文意。可见,刘氏此校也不为臆断。

无征不信最明显的体现,就是刘氏大量引用古籍以资佐证。据统计,《淮南鸿烈集解》所引古籍,按经、史、子、集次序排列,有《毛诗笺》《周礼》《礼记》《大戴礼记》《礼记注》《礼记正义》《尔雅》《说文解字》《广雅》《一切经

---

① 《子藏·淮南子卷》第54册,第5页。
② 《子藏·淮南子卷》第53册,第625页。
③ 《子藏·淮南子卷》第53册,第386页。
④ 《子藏·淮南子卷》第54册,第495页。

音义》《广韵》《史记集解》《史记索隐》《汉书注》《后汉书注》《水经注》《荀子》《孔子家语》《黄氏日抄》《庄子》《文子》《列子》《韩非子》《吕氏春秋》《吕氏春秋注》《论衡》《风俗通义》《金楼子》《意林》《山海经》《山海经注》《博物志》《世说新语注》《芦浦笔记》《北堂书钞》《艺文类聚》《群书治要》《初学记》《白氏六帖》《太平御览》《事物纪原》《楚辞章句》《文选注》等43种。此外,刘氏校注引证本书之例也不在少数。

  刘氏引用这些古籍,绝大部分是为校勘服务,其中几部类书及《意林》《文选注》发挥了最大作用。胡适评价说:"叔雅初从事此书,遍取《书钞》《治要》《御览》及《文选注》诸书,凡引及《淮南》原文或许高旧注者,一字一句,皆采辑无遗。辑成之后,则熟读之,皆使成诵;然后取原书,一一注其所自出;然后比较其文字之同异,其无异文者,则舍之;其文异者,或订其得失,或存而不论;其可推知为许慎注者,则明言之;其疑不能明者,亦存之以俟考。计《御览》一书,已逾千条;《文选注》中,亦五六百条。其功力之坚苦如此,宜其成就独多也。"① 又说:"类书之不可尽恃,近人盖尝言之。叔雅校此书,其采类书,断制有法。……其他一文再见或三见而先后互异者,或各书同引一文而彼此互异者,或仅一见而与今本微异者,其为差异,虽甚微细,亦必并存之,以供后人之考校。"② 由于刘氏笃信无征不信的治学理念,诸书所引异文,若无他证,均"存而不论"。因此,有关这方面的校注,占了所有校注的十之六七。尽管只是罗列异文,但刘氏仍然显得一丝不苟。即使异文仅是一个"也"字,刘氏也照录不误。可见,胡适赞其"成就独多",诚为确论。

  当觅得可靠证据后,刘氏也会当仁不让加以校正。对于深信不疑者,刘氏径直更改原书文字。如《要略》"此所以言兵者也",刘文典按:"各段皆作'者也',此不得独无'者'字。《文选·晋纪总论》注引,正作'此所以言兵者也',今据补。"③ 有本证,又有他书引文作佐证,刘氏对此深信不疑,故而在原本上增一"者"字。对于有凭据而不敢擅断者,刘氏只写校语,一般使用"当有""当作""疑本作"等术语。如《精神训》"甘瞑太宵之宅",刘文典按:"'甘瞑'下当有'于'字,始与下句'觉视于昭昭之宇'一律。《文选·辛丑岁七月赴假还

---

① 《子藏·淮南子卷》第53册,第385页。
② 《子藏·淮南子卷》第53册,第392—393页。
③ 《子藏·淮南子卷》第55册,第62页。

江陵夜行涂口诗》注引,作'甘瞑于大霄之宅',文虽小异,然足补今本敚失。"①既有本证,又有他书引证,但刘氏仍不直接校改,以杜绝臆断。

校勘文本无疑是刘文典校注《淮南子》的最主要工作,但有时他又会训释字句,或辨析旧注。在辨析旧注方面,刘氏也是引经据典,同样体现了无征不信的特点。如《道应训》"白公胜虑乱",许注:"白公将为父复雠,起兵乱,因思虑之也。"刘文典按:"《尔雅·释诂》、《广雅·释诂》四:'虑,谋也。'《吕氏春秋·安死》篇高注:'虑,谋也。'《国策·秦策》注:'虑,计也。''白公胜虑乱',犹言白公胜谋乱也。虑,当训'谋'、训'计',不当训'思'。"②即便是大学者许慎所注,其不当之处,刘氏亦广引他说予以指正。

第三,明分旧注,传之后世。

清代学者陆心源曾希望后世出现许慎和高诱的功臣,将《缪称训》等八篇题名"许慎记上",《原道训》等十三篇题名"高诱注"。刘文典校刊《淮南子》,虽然没有明确做到这一点,但可谓是差可完成。对于《缪称训》等八篇,刘氏都明确了许慎的著作权。于《缪称训》篇首,刘文典按:"此篇序目,无'因以题篇'字,又宋本此篇与《要略》并题作'淮南鸿烈间诂',其为许慎注本无疑。"③于《齐俗训》篇首,刘文典按:"此篇叙目无'因以题篇'字,乃许慎注本。"④其后《道应训》《诠言训》《兵略训》《人间训》《泰族训》五篇篇首,皆有与《齐俗训》相同的刘氏按语。于《要略》篇首,刘文典又按:"此篇宋本、道藏本并题作'淮南鸿烈要略间诂',叙目复无'因以题篇'字,其为许慎注本无疑。"⑤这样,《缪称训》等八篇就都标明为许慎注本了。对《原道训》等十三篇,刘氏虽未在题首作明确说明,但在校注中他以为是高诱注本。如《俶真训》旧注:"一梅不足为百人酸也",刘文典按:"高注'一梅不足为百人酸也','百'字盖'一'字之误。"⑥这里明确指明为高诱注,其他篇目亦有类似情况。因此,《淮南鸿烈集解》实际上已将《缪称训》等八篇指明为许慎注本,《原道训》等十三篇指明为高诱注本。鉴于《集解》的影响力,刘文典此举就相当于在新刊本中

---

① 《子藏·淮南子卷》第54册,第48页。
② 《子藏·淮南子卷》第54册,第299页。
③ 《子藏·淮南子卷》第54册,第169页。
④ 《子藏·淮南子卷》第54册,第205页。
⑤ 《子藏·淮南子卷》第55册,第55页。
⑥ 《子藏·淮南子卷》第53册,第467页。

明分了旧注,使徐养原、劳格、陆心源和陶方琦等的成果大众化,实是许高之功臣矣。

刘文典还把区分旧注的成果用以校勘,如《要略》"同九夷之风气,通古今之论,贯万物之理",刘文典按:"《文选·啸赋》注引,作'通古之风气,以贯谭万物之理','理'下又有'谭犹着也'四字,疑是注语。《要略》乃许注本,《文选》注所引殆高本也。"① 许本《要略》篇此处无注,刘氏以《文选》注所引有异文,又有注语,故判断《文选》注所引应为高注本。

总之,《淮南鸿烈集解》是继王念孙父子《淮南内篇杂志》之后,又一部校注《淮南子》的力作。既博采众家,前无古人,又无征不信,杜绝臆断,表现了极为严谨的治学精神。将其与清代杰出考据学家的同类著作并列,亦不愧色。

第二节　民国早期的《淮南子》校注(二)

刘文典的《淮南鸿烈集解》之后,刘家立的《淮南集证》和吴承仕的《淮南旧注校理》在同一年出版,皆是民国学者校注《淮南子》的重要著述,也是《淮南子》校注之风开始盛行的产物。

一、刘家立的《淮南集证》

刘家立所著《淮南集证》,与刘文典《淮南鸿烈集解》一书的性质极为相似,都是汇集众家之说的巨篇。《淮南集证》汇集了王念孙、陶方琦、俞樾等十八家说法,较刘文典书少了近十家,但集录了蔡云、顾广圻、陈奂、刘台拱、蒋超伯、谭献等刘文典书所未集录的六家说法。从这个方面看,二刘之书可互补参看。

与刘文典一样,刘家立也自创校注。然《淮南集证》以"家立按"的自创校注不足百条,远不如刘文典之书。刘氏校注亦引证诸书,据统计,约有《礼记》《仪礼》《礼记注》《礼记正义》《尔雅》《说文解字》《广雅》《玉篇》《集韵》《史记》《史记正义》《汉书》《汉书注》《后汉书》《山海经》《山海经注》《盐铁论》《孔子家语》《管子》《文子》《荀子》《吕氏春秋》《吕氏春秋注》《太平御览》《湛渊静语》《炳烛篇》《钟山札记》《窥豹集》等28种。但他运

---

① 《子藏·淮南子卷》第55册,第60—61页。

用古书不如刘文典频次高,范围广,因而在校勘时未能发挥应有的作用。

刘氏校勘文本,喜用理校法,因而缺少刘文典书所体现的"无征不信"的特点。如《氾论训》"夫蛰户、鹊巢皆向天一者",刘家立按:"'蛰虫鹊巢'当作'蛰户鹊巢'。天一方位向阳,故蛰、鹊皆向阳而坏户架巢也,作'蛰虫'则义不可通矣。此传写之误,今改正。"① 完全以推理断之,且擅改原文。如此校勘,若推理有误,极易产生新的文本问题。于大成即对刘氏此校表示不满,他说:"《天文》篇云'太阴所建,蛰虫首穴而处,鹊巢乡而为户',与此文义同,安见作'蛰虫'则义不可通耶!"② 可见,刘氏不取本证,仅凭己意而校,难免不可靠。有时,刘氏也取高诱注为本证校改原文。如《原道训》:"未发号施令而移风易俗者,其唯仁化者乎!"刘家立按:"今本'其唯心行者乎','心行'二字,义不可通,疑'仁化'之误。高注云'惟仁化为能然也',下注云'明不如仁化之为大也',是正文作'仁化'之证。且移风易俗,正即所谓仁化也。今依高注改正。"③ 此校看似有依凭,然而也值得商榷。首先,《文子》袭取《淮南子》此文亦作"心行"。其次,"心行"一词又见于《管子》。《形势》篇:"四方所归,心行者也。"此书自解:"能心行德,则天下莫能与之争矣。"④《淮南子》所用"心行",正与之相近,何来"义不可通"?再者,刘氏所据高注"仁化",实是对"心行"一词的解释,而非原文。刘氏据此轻改原书,确实过于轻率,容易窜乱原书,殊不可取。诸如此类的校勘,《淮南集证》中甚多,兹不赘述。

刘家立引用陶方琦之说极多,能把陶氏区分许高二注的成果非常清楚地标示在《淮南集证》中。这一点较之刘文典的《淮南鸿烈集解》要更明确。他于《原道训》篇首引陶氏曰:"序目有'因以题篇'语,乃高注本也。与旧辑许君残注本较之,说多异。"⑤ 于《俶真训》篇首引陶氏曰:"此篇高注。"⑥ 其后《天文训》《地形训》《时则训》《览冥训》《精神训》《本经训》《主术训》《氾论训》《说山训》《说林训》《修务训》十一篇均引有陶氏此语。这相当于把高注十三篇全部标示出来了。刘氏于《缪称篇》篇首引陶氏曰:"此篇许注。宋苏

---

① 《子藏·淮南子卷》第58册,第640—641页。
② 见张双棣《淮南子校释》(增订本),第1493页。
③ 《子藏·淮南子卷》第57册,第469页。
④ 黎翔凤《管子校注》,第1175页。
⑤ 《子藏·淮南子卷》第57册,第431页。
⑥ 《子藏·淮南子卷》第57册,第509页。

颂《淮南子叙》云'高氏注每篇下皆曰训',今本皆用高氏,故皆称训。称篇者乃许氏之本也。今用许注,故改称篇。"①原本作《缪称训》,刘氏据陶说直改为《缪称篇》。其后原本《齐俗训》《道应训》《诠言训》《兵略训》《人间训》《泰族训》六篇篇名中"训"字,刘氏据陶说均改作"篇",《要略》之名仍依原本,他并在这七篇篇首下均引有陶氏"此篇许注"之语。这样,不但更改了原本篇名,而且把许注八篇也全部标示出来了。而刘文典的《淮南鸿烈集解》在篇首仅明示了许注八篇,对于高注则未在篇首予以明示。从这个方面说,刘家立更加坚定地吸取了清代学者区分许高二注的成果。然而,许注篇目名称中是否有"篇"字,现存文献皆未见记述,认为有"篇"字,乃陶方琦一家之言,而刘氏以其说为据,径直更改原本,稍欠谨慎。

总之,刘家立校注《淮南子》,虽然取得了一定的成绩,但他好用推理校勘文本,又喜用己意直改原文,因而出现了很多的失误,可谓是功不抵过。他的《淮南集证》,并不能与刘文典的《淮南鸿烈集解》相提并论。

二、吴承仕的《淮南旧注校理》

吴承仕(1884—1939),字检斋,安徽歙县人,清末举人。他与黄侃同为章炳麟弟子,有"北吴南黄"之称。吴氏治学,精研音韵、诂训及名物典章,亦精于校勘,成绩斐然。就在《淮南鸿烈集解》出版次年,即1924年,他撰写了《淮南旧注校理》三卷,及《校理之余》一卷,并刻板刊行。

关于《淮南旧注校理》的写作缘由,吴氏在写于1924年的自叙中交待得很清楚。他说:"知前人勤治本文,于训说未皇厝意也。陶氏有作,志在专辑许说,本不旁及高义,文句讹夺,又未能一二正之也。往时辑录经籍音切,尝取《淮南》旧读疏通证明之,得四十七事。今观刘氏《集解》,于注文沿误显白可知者,多未发正。颇以暇日从事校雠,寻庄逵吉刊本,自谓依据道藏,昔人已讥其妄有删易,未足保信。庄本既世所行用,《集解》又因而不革,惧其诖误后学,故今一依庄本而以异本勘之。"②其一,前人勤治《淮南子》正文,而未暇顾及注文;其二,陶方琦虽然研治注文,但他把重心放在辑校许注之上,未暇顾及高注;其三,庄逵吉本注文多见错谬,刘文典《集解》本又因仍不改,而两书盛

---

①《子藏·淮南子卷》第58册,第373页。
②《子藏·淮南子卷》第53册,第151—152页。

行于学界,恐其贻误后学。鉴于这三点,吴氏取出往年有关《淮南子》注文的读书札记47条,勤加拓展,终成《淮南旧注校理》一书。据统计,该书校勘许高二注,总计约403条,足足比原有札记增加了356条。

《淮南旧注校理》板刻之后,吴氏又获睹《道藏辑要》本,觅得校注若干条。他说:"校理旧注毕讫,始假得蜀刊《道藏辑要》二十八卷本读之,其胜于各本者十得二三,足以证成余说者十得四五。《校理》既写定上板,续有所见,不得追改,故校录如左方。"① 据统计,吴氏从《辑要》本觅得校勘新见约33条,与《淮南旧注校理》合约436条。其实,庄逵吉校刊《淮南子》,也对注文略有校勘,但数量很少。直至吴氏此书,无论数量还是成就均达到鼎盛。与其他《淮南子》校注著作相比,《淮南旧注校理》也形成了自己的特点。主要体现在以下三点:

其一,专理旧注,专校讹乱。

这个特点是吴氏自己总结出来的。他在初次引证邵瑞彭的观点之后,作题识云:"邵瑞彭,字次公,治《淮南》少后于余。《校理》既写定,往视其草稿,与余说冥符者十得三四。初欲除其复重,合为一书。继思余书专理旧注,邵则并及本文,余书专校讹乱,邵则兼疏隐义,其持说互异者,又莫能相夺也。故邵书自别行其说,与余同者则于当条题识之。"② 所谓"专理旧注""专校讹乱",虽是与邵书相比较得出,实则与其他同类著作相比也是如此。吴氏为书取名《淮南旧注校理》,也明显包含这个目的和特点。他说:"班孟坚云:'校理秘文,校者校其短长,理者理其肴乱。'窃取斯言,命曰《校理》。"③ 从中亦可见出,他校理旧注,是以校正文字上的讹乱为主要内容,基本不涉及注文内在隐义。

吴氏校正注文讹乱,不外乎校误文、校脱文、校衍文和校倒文四种情况。这四种情况又大致可分为两类。

第一类是诸本互校,以校正庄本注文之讹乱为主,兼顾他本。所谓诸本,包括庄逵吉本、刘泖生影写北宋本、朱东光《中立四子》本、坊间通行《汉魏丛书》本和刘文典的《淮南鸿烈集解》本。后两本只是偶尔提及,基本不参与互校。而前三本经常出现在吴氏校语中,两两互校十分频繁。《校理之余》则

---

① 《子藏·淮南子卷》第53册,第353—354页。
② 《子藏·淮南子卷》第53册,第171页。
③ 《子藏·淮南子卷》第53册,第152页。

以《道藏辑要》本与其他各本互校。据统计，《淮南旧注校理》诸本互校，约有121条，约占三成。可见，这是吴氏校理旧注的主要内容之一。由于吴氏是以庄本为底本，因此，在诸本互校中，一般是用影宋本、朱本来校正庄本之讹乱。例如，《原道训》旧注："清，和净也。"朱本"净"作"洁"，影宋本作"静"。吴承仕案："作'静'是也。后文云：'清静者，道之至；柔弱者，道之要。'文与此同，《御览》四百一引注正作'静'。"① 这是用影宋本校正庄本。又如，《修务训》旧注："不蹑遂曰跋涉。"朱本"不"下有"从"字。吴承仕案："朱本是也。上文'跋涉山川'，注云'不从蹑遂曰跋涉'，是其证。"② 这是用朱本校正庄本。再如，《地形训》旧注："连石，西北山。"朱本、影宋本并作"西北山名也"。吴承仕案："《初学记》一引亦作'西北山名'，寻上下文'鸟次''蒙谷'，并云山名。庄本误夺'名'字，应据补。"③ 这是用朱本、影宋本一起校正庄本。有时遇到异文不能定夺时，吴氏多用"近之"加以判断。如《缪称训》旧注："志或发中之于大。"朱本作"志诚发之于中也"。吴承仕案："朱本近之。庄本'诚'讹为'或'，文又倒乱，故不可通。"④ 除校正庄本外，若遇到朱本、影宋本有讹乱时，吴氏也会一并校正。

第二类是校正诸本均已讹乱的注文。不论是庄本，还是朱本、影宋本，或者其他各本，当注文均已讹乱时，吴氏一般统称为"今本""各本"。这一类校勘的数量，约占七成，无疑是《淮南旧注校理》最主要的内容。例如，《精神训》旧注"缀宅身也"，吴承仕案："戒形损心、缀宅耗精，皆对文成义。此注以身训宅，缀字别有训释之词，而今本夺之。"⑤ 此是以"今本"统称。又如，《说林训》旧注"知所知，所不知以成明矣"，吴承仕案："注文'所不知以成明'，'所'上合有'待'字，寻义自明，各本并夺。"⑥ 此是以各本统称。当遇到今本注文无法校正时，吴氏多用"无可据校"一语加以说明。如《缪称训》旧注"贪忧闭塞，故害智也"，吴承仕案："上文'多欲亏义'，注云'欲则贪，贪损义'，此云'多忧害智'，自与上文贪义无涉。注作'贪忧闭塞'，语不可通，定有讹文，无可据

---

① 《子藏·淮南子卷》第53册，第162页。
② 《子藏·淮南子卷》第53册，第341页。
③ 《子藏·淮南子卷》第53册，第193页。
④ 《子藏·淮南子卷》第53册，第283页。
⑤ 《子藏·淮南子卷》第53册，第245页。
⑥ 《子藏·淮南子卷》第53册，第321页。

校。"① 这种情况还不少,例不烦举。

其二,引证宏富,时见批驳。

吴承仕是民国期间皖派朴学的后继者,其《淮南旧注校理》反映了明显的朴学风格。他校勘文字,引证宏富,又时见批驳。

据统计,《淮南旧注校理》引证典籍,按照经、史、子、集次序排列,有《诗经》《毛诗传》《毛诗陆疏广要》《尚书大传》《尚书正义》《周礼》《礼记》《大戴礼记》《礼记注》《礼记正义》《左传》《左传集解》《左传正义》《春秋感精符》《孟子》《白虎通义》《五经异义》《经典释文》《说文解字》《小尔雅》《释名》《尔雅注》《唐本玉篇》《埤雅》《尔雅翼》《尔雅翼注》《尔雅义疏》《蒙求注》《史记》《汉书》《续汉志注》《史记索隐》《帝王世纪》《国语注》《战国策》《战国策注》《山海经》《郡国志》《水经注》《通典》《通志》《太平寰宇记》《岁时广记》《文子》《庄子》《荀子》《韩非子》《吕氏春秋》《春秋繁露》《说苑》《论衡》《潜夫论》《吕氏春秋注》《古今注》《颜氏家训》《齐民要术》《玉烛宝典》《荀子注》《酉阳杂俎》《太平广记》《本草图经》《政和证类本草》《靖康缃素记》《西溪丛语》《纬略》《能改斋漫录》《容斋随笔》《渊湛静语》《学斋佔毕》《初学记》《太平御览》《文选注》《楚辞补注》《离骚草木疏》等74种,远超过《淮南鸿烈集解》征引古书的数量,流露出浓厚的朴学之风。

同时,吴承仕还广引清代及同时代学者的校勘之说。据统计,引有毕沅、段玉裁、钱塘、王念孙、陈昌齐、庄逵吉、洪颐煊、王引之、陈乔枞、俞樾、陶方琦、孙诒让、杨树达、陈世宜、邵瑞彭、刘文典等十六家说法。对所引说法,吴氏并非一概认同,有的也被他批驳。其中,被批驳最多的是庄逵吉和刘文典。如《原道训》旧注:"天,身也。"庄逵吉曰:"天竺即身毒,故'天'有'身'义。"吴承仕案:"'天身'云者,叠韵为训,亦高氏之常诂也。梵音印度,此土言月②。汉魏间或言身毒、身竺、捐毒、贤豆,皆音译之殊,不关义训。至玄奘乃定名'印度'耳。庄说失之。"③ 这是批评庄逵吉误用音训之法。又如《道应训》旧注"汉高祖刘季也",刘文典曰:"高氏汉人,不当言刘季。'刘季'二字,后人所加也,《御览》三百二十七引注无此二字。"吴承仕案:"汉人讳'邦'字曰'国',不闻讳'季'也,

---

① 《子藏·淮南子卷》第53册,第285页。
② "此土言月",当作"此土言耳",月、耳形近而误。
③ 《子藏·淮南子卷》第53册,第160—161页。

《御览》引注自有删削耳。古人讳名不讳字,刘氏谓高诱不当言'季',愚所不解。"① 这是批评刘文典误用历史知识。上述两例可说明,吴氏治学极为严谨和精密。

其三,明辨许高二注,质疑羼入之说。

《淮南旧注校理》大量引用了陶方琦的说法,表明吴氏对陶方琦的研究成果非常熟悉,也颇为推崇。吴氏说:"《淮南注》旧有许高二家,自全宋来,已捆不可理。陶方琦始为《异同诂》,识别异谊,使各有分序,不相干乱。其文理密察,诚诸师所不能到。"② 他在校勘旧注之时注意分辨许高二注,在引证他书之时又注意分辨著者所使用的版本,即是对陶方琦研究成果的运用。如《俶真训》旧注:"镈,今之金尊也。"吴承仕案:"洪焱祖注《尔雅翼》引此文许注云:'镈,今之金镈也。'盖汉人以金饰物谓之金镈,高诱以见行语释之,犹今江南人之称锡薄矣。今本作'金尊'者,涉下文尊彝字而误也。又案,《俶真》篇为高注本,此处亦无许高错杂之文。……然而洪氏盖误高为许耳。寻宋人引淮南注,大抵以高为许,或称许慎注,或称许慎记,如陆佃《埤雅》、黄朝英《靖康缃素记》……白珽《湛渊静语》等皆是也。证知宋元间流布最广之本,实与见行景宋本同。"③ 指出洪焱祖等人是误高为许,并由此作出宋元期间流传的《淮南子》版本实与影宋本相同的判断。这无疑是对陶方琦研究成果的准确运用。

当然,吴承仕并非百分百地相信清代学者对许高注本所作的结论,他对王念孙、陶方琦等人所主张的许注羼入高注论就表示了异议。《俶真训》旧注:"阳阿,古之名倡也。绿水,舞曲也。一曰:绿水,古诗也。趋,投节也。"吴承仕案:"《文选·吴都赋注》引高注曰:'绿水,古诗也。趣,节也。'《舞赋注》引高注曰:'阳阿,古之名倡也。'据此,则高注自有'一曰',盖不敢质言,故兼存两说,以广异闻耳。且《时则》篇注中所有'一说',每与《吕氏·十二纪》注文相应,其非许高异义灼然可知。苟无他证,唯以'一曰'别异许高,则近于鲁莽矣。"④ 这是质疑王、陶二人以"一曰"之说为许注的观点。《地形训》旧注:"掘,犹平也。地或作池。"吴承仕案:"《水经·河水注》引此文,并引高诱曰:

---

① 《子藏·淮南子卷》第53册,第299页。
② 《子藏·淮南子卷》第53册,第151页。
③ 《子藏·淮南子卷》第53册,第178—179页。
④ 《子藏·淮南子卷》第53册,第182—183页。

'地或作池。'然则注中'某或作某'云者,皆旧注文,非后人校语。"① 这是直接反对陶方琦"某或作某"多为后人校别之语的观点。吴氏的这些质疑有根有据,无疑是对陶方琦某些说法的拨正。

总之,在《淮南子》校注史上,吴承仕的《淮南旧注校理》显然别具特色,它专理旧注,专校讹乱,言出有据,实事求是,补充了前人未全面触及的校勘成果。从这个方面说,《淮南旧注校理》也是一部前无古人的著作。

第三节　二十年代后期的《淮南子》校注

二十年代后期,国民党讨伐北洋军阀,局势日益动荡。但学者校注《淮南子》的热情似乎不减前期,出现了沈德鸿的《淮南子选注》②、吕传元的《淮南子斠补》、刘盼遂的《淮南子许注汉语疏》、刘文典的《淮南子校补》、方光的《淮南子要略篇释》和陈准的《淮南子札记》③。其中,以《淮南子校补》质量最高,《淮南子许注汉语疏》及《淮南子要略篇释》则最有特色。

一、吕传元的《淮南子斠补》

吕传元(1907—1984),字贞白④,江西九江人,师从清末学者陈祺寿(1863—1929),具有较好的旧学功底。他的《淮南子斠补》成于民国十五年(1926),收录在《戴庵丛书》,《子藏·淮南子卷》第五十五册有影印本。陈祺寿为此书作序说:"九江吕生传元沉潜好学,年十七从余游,授《尔雅》《说文》,昕夕孜孜,志在由小学以通经学,礼家之大戴,尤所笃嗜。旁涉诸子,醉心《淮南》,尝据景宋、道藏诸本暨唐宋类书称引者,校庄氏逵吉椠本,又遍观近儒说

---

① 《子藏·淮南子卷》第53册,第200页。
② 详见本编第三章第一节。
③ 陈准此书一卷,仅有手稿,现或已失传。陈氏自序说:"近来合肥刘氏文典、北平刘氏家立,复为《集解》《集证》,熙然并行,观古辨言,殆无剩义矣。曩余校读此书,仅以陈奂校本逐录书眉,以资研核。甲子岁,复得上虞罗子经先生家藏明嘉靖闽中王鏊、寿春范庆校正本……余以累月之功录成一帙。又从东京岛田翰氏《古文旧书考·校淮南考》一卷,复记之,以补两家所未备。余性迂拙,不识考证,然浏览篇章自以为乐也。晨夕自诵,遇有荆棘难通者,或缀识简端,或另纸识录,以正各本之异,得此书有所匡正解惑,间附己意,辄成《札记》一卷。"(《图书馆学季刊》1929年第3卷第3期,第365页。)可见,《淮南子札记》成于1924年,但后又增入日本学者的校勘,故最终成书应是在二十年代后期。
④ 《淮南子斠补》陈邦怀跋文中又作"贞伯"。

《淮南》之书,补其不逮。每有所得,以质于余,为别是非,久之,得若干条,写成定本,请为序。"① 可知《淮南子斠补》乃是吕氏年轻时校读《淮南子》的札记。

凡校《淮南子》者,均须有一个固定的底本。《淮南子斠补》已明言其底本是"庄氏逵吉校刻本",也就意味着吕传元的校勘皆是在此本基础上而展开。据统计,《淮南子斠补》共有校勘约172条。校勘的对象是以正文为主,兼顾注文。注文校勘之数,大约十之二三。校勘的内容是以校误文为主,以校脱文、校衍文和校倒文为辅。与《淮南旧注校理》一样,《淮南子斠补》的校勘情况也可分为两类。第一类是以他本校庄本。《原道训》"混混滑滑,浊而徐清",吕传元按:"滑滑,刘氏泖生景写宋本、《道藏辑要》本、汪一鸾本、茅一桂本皆作'汩汩'。《云笈七签》一引,亦作'汩汩'。当改正。"② 明确了是以影宋本、藏本、汪本和茅本作为参校本。在其他校语中,也再未出现新的参校本,故所谓他本就是指这四本。据统计,这一类校勘总计约67条,占比约39%。第二类是对庄本、宋本、藏本、汪本、茅本均误的文本作校勘。此类校勘约占六成,一般使用本校法、他校法和理校法,多数是吕氏的独见。

《淮南子斠补》虽是吕氏年轻时所撰,但也旁征博引,体现出较浓厚的朴学气息。据统计,吕氏此书引证古籍有《毛诗笺》《诗毛氏传疏》《周礼》《周礼注疏》《大戴礼记》《论语》《孟子》《经典释文》《九经古义》《说文解字》《玉篇》《尔雅注》《说文解字注》《汉书》《后汉书》《三国志注》《后汉书注》《国语》《战国策》《管子》《墨子》《文子》《列子》《庄子》《邓析子》《荀子》《韩非子》《吕氏春秋》《新书》《盐铁论》《新序》《说苑》《论衡》《孔子家语》《玉烛宝典》《群书治要》《艺文类聚》《初学记》《开元占经》《一切经音义》《意林》《酉阳杂俎》《太平御览》《文选注》《楚辞补注》等45种,引用前辈学者说法如王念孙、陈昌齐、刘台拱、庄逵吉、王引之、顾广圻、俞樾、孙诒让、刘文典、吉城等十家。清代以来学者研治《淮南子》有三十余家,吕氏仅引十家,可知陈祺寿所谓"遍观近儒说《淮南》之书",略有虚夸。对于所引十家之说,吕氏的批驳多于认同。据统计,他批驳俞樾之说约13次,批驳庄逵吉之说约3次,批驳顾广圻1次,批驳孙诒让1次。这表现了吕氏敢发己见的治学精神。

也许是吕氏年轻时所作,《淮南子斠补》也存在明显的不足,主要表现在

---

① 《子藏·淮南子卷》第55册,第405页。
② 《子藏·淮南子卷》第55册,第409页。

以下几方面：

其一，在用他本校庄本时，过分信任宋本和藏本。关于这一点，他的好友陈邦怀在跋语中已指出。陈氏说："君所斠订多据宋本、藏本，然二本恐未可尽信。如《原道训》'混混滑滑'，注'滑读曰骨也'，君据宋本、藏本及《云笈七签》订今本'滑滑'当作'汨汨'，邦怀案，注'滑读曰骨也'可证原书是作'滑'矣。《本经训》'野莽白素'，注'莽，草也'，君据宋本、藏本谓'莽'字下脱'槁'字，邦怀按，《泰族训》'食莽饮水'，注亦作'莽，草也'，可互证也。《主术训》'万民之所公见也'，君据宋本、藏本谓'公见'当作'容见'，邦怀按，《原道训》'此俗世庸民之所公见也'，注'公，祥也'，可互证也。此皆有待商榷于君者也。"①陈邦怀的这个观点自然不错，但他所举的例子不够典型。《说林训》："狂者伤人，莫之怨也；婴儿詈老，莫之疾也；贼心亡。"吕传元按："宋本作'贼心亡止'。'亡'犹'毋'也，言狂者伤人、婴儿詈老，人莫之怨之疾之②，狂者与婴儿无知而为害之心毋止也。马总所据者盖误本。"③傅山、陈昌齐均认为是两字误合为一字，前者以为是"亡"和一个语助词，后者以为是"亡也"之讹。整句话的意思，就是说被伤的人、被骂的人不去怨恨狂者、婴儿，是因为他们知道狂者、婴儿没有害人之心。然而，吕氏依据宋本，强解"亡止"二字，逆反文意而不自知。

其二，不熟悉古字古音，致使校勘失误。如《俶真训》注文："老子曰：'以道涖天下，其鬼不神。'此谓俱没也。"吕传元按："高注'涖'，宋本作'治'，藏本作'莅'。考《老子·居位第六十》云：'以道莅天下，其鬼不神。'《释文》出'以道莅'字云：'古无此字，《说文》作涖。'此本作'涖'，正与陆元朗合，宋本、藏本误矣。"④《集韵·至韵》："涖，或作莅、蒞、位。"显然，涖乃莅之古字。庄本作"涖"，是据钱坫校本所改。吕氏不明于此，反说藏本字误。又如《道应训》"问之而故贤者也"，吕传元按："'故'当作'固'，《吕览·举难篇》《新序·杂事五》皆作'固'，是其证也。"⑤王引之《经义述闻》："故，读当为固。固者，必

---

① 《子藏·淮南子卷》第55册，第502—503页。
② 此处有误，当作"人莫之怨、莫之疾"。
③ 《子藏·淮南子卷》第55册，第493页。
④ 《子藏·淮南子卷》第55册，第414页。
⑤ 《子藏·淮南子卷》第55册，第459页。

也。"① 说明故、固二字,古字相通。吕氏不明于此,作了无谓之校。

除了上述不足外,《淮南子斠补》还把《缪称训》等八篇注文称作高注,显然没有吸取陶方琦在区分许高二注方面的成果,也对刘文典《淮南鸿烈集解》关于这八篇的明辨视而不见,故不能视为成熟之作。张双棣的《淮南子校释》未辑录吕说,颇为明智。

二、刘盼遂《淮南子许注汉语疏》

刘盼遂(1896—1966),名铭志,河南信阳人。其父乃前清举人,具有良好的家学渊源,20年代初师从黄侃,延续清代学者的治学方法,重视古音、古训、古本等。1925年,刘氏考入清华学校研究院,次年即在该研究院主办的《国学论丛》第一卷第一号上发表了《淮南子许注汉语疏》一文。此文许注来源,一是《原道训》等篇皆出于诸书明引,二是刘氏汲取陶方琦的分辨成果,《缪称篇》等篇名皆出于陶书②。所谓汉语疏,是指对许注中某些词汇的疏证。《淮南子许注汉语疏》是《淮南子》学史上第一篇专门疏证许注词汇的论文。

据统计,刘氏此文共疏证许注词汇14条。从其内容看,这些词汇中有11条属于楚地方言,还有1条属于楚地风俗,两者占比86%。关于这方面的讨论,清代学者洪亮吉在《晓读书斋四录》中已有涉及,但未作疏证。刘氏所撰《淮南子许注汉语疏》,可视为对洪亮吉说法的补充。如《齐俗篇》许注:"楚人谓士为武。"刘氏疏证:"《览冥训》高诱注:'江淮间谓士为武。'《史记·淮南王列传》徐广注:'淮南人名士曰武。'皆本许氏之说。盼遂按,'武'以变声借为'夫',《山海经》有'武夫之邱',为双声达语。《风俗通》'夫,赋也',是夫、武古通之证。《说文》:'夫,丈夫也'。《郊特牲》:'夫也者,以知帅人者也。'《风俗通》:'夫者肤,言其知肤敏也。'故夫与士可同类而共称矣。"③ 运用声训法,揭示了武、夫、士之间的内在关联。而且,对于学者不能明了的"请龙"之俗,刘氏也有自己独到的见解。《要略篇》许注:"中国以鬼神之亡日为忌,北胡、南越皆谓之请龙。"刘氏按:"请龙二字无义。'龙'当为'灵'之借。张平子《南都赋》'赤灵解角',李注:'赤灵,赤龙也。'蔡邕《独断》:'灵星,火星

---

① 王引之《经义述闻》,第1463页。
② 刘盼遂说:"陶方琦谓叔重注《淮南鸿烈内篇》称'篇'不称'训',今依之。"(《国学论丛》第一卷第一号,第121页。)
③ 刘盼遂《淮南子许注汉语疏》,《国学论丛》第一卷第一号,第120—121页。达语,当作"迭韵"。

也,一曰龙星。'《汉书·郊祀志》'立灵星祠',颜注引张晏曰:'龙星左角曰天田,则农祥也。'此皆龙、灵通用之证。……故胡越语得转灵为龙,谓请灵为请龙矣。……《墨子·贵义篇》:'子墨子北之济,遇日者,曰:帝以今日杀黑龙于北方,而先生之色黑,不可以北。'孙仲容《间诂》引许君此注,说曰:'案《墨子》'遇日者',以五色之龙定吉凶,疑即所谓龙忌。许氏请龙之说,未祥所出,恐非吉术也。'孙氏盖不知《淮南》'龙忌'之为'灵忌','请龙'之为'请灵',故有是说。实则龙仅为天地间神祇之一,未能代表诸神也。"① 考析入微,很有说服力。

《淮南子许注汉语疏》篇幅虽然不长,但体现出十分浓厚的考据之风。据统计,此文引证了《毛诗正义》《礼记》《大戴礼记》《周礼注》《白虎通义》《说文解字》《古文官书》《苍颉训诂》《通俗文》《说文解字注》《方言》《唐韵》《广韵》《方言笺疏》《汉书》《史记集解》《汉书注》《后汉书注》《新唐书》《山海经》《墨子》《风俗通义》《独断》《列子释文》《读书杂志》《淮南子平议》《墨子间诂》《艺文类聚》《初学记》《太平御览》《文选》《文选注》《楚辞注》等33种文献,引用前辈如洪颐煊、朱骏声、陶方琦、刘师培等四家之说。除旁征博引外,刘氏此文另一个明显的特征,就是擅长运用古字古音训诂法。

总之,刘盼遂的《淮南子许注汉语疏》虽是一篇简短的学术论文,但它专门针对许注中的方言及难解之词展开疏证,因而颇具特色,值得关注。张双棣的《淮南子校释》即有辑录刘氏说法。

三、刘文典的《淮南子校补》

刘文典在出版《淮南鸿烈集解》之后,并没有停止继续校注《淮南子》。他以王念孙的《淮南内篇杂志》、俞樾的《淮南内篇平议》和孙诒让的《淮南子札迻》为主要参照对象②,抒发己见,汇成《淮南子校补》,又辑有《淮南子佚文》,均被收入《三余札记》。《三余札记》共有四卷,其中卷一、卷二由商务印书馆初版于民国十七年(1928),卷三、卷四由商务印书馆初版于民国二十七年

---

① 《国学论丛》第1卷第1号,第121—122页。
② 此是刘文典自己所说。他在《淮南子校补》之下标注:"王念孙《淮南子杂志》校、俞樾《淮南子平议》校、孙诒让《札迻》校。"但事实上,《校补》还引用了顾炎武、钱大昕、陈昌齐、庄逵吉、王引之诸人之说。

(1938)。《淮南子校补》列于卷一,《淮南子佚文》则列于卷二①。

据统计,《淮南子校补》共汇录刘氏校注约 169 条。就其内容而言,《淮南子校补》要比《淮南鸿烈集解》更加多样化。归纳起来说,有补证《集解》已校者,有补校《集解》未校者,有驳正《集解》已校者,有补证诸家之说者,有驳正诸家之校者,有辨析许高二注者,有区分许高二本者,有自加注释者。

补校《集解》未校者,是指补充校勘《集解》所未涉及的文本。此类校勘约有 37 条。如《道应》篇"筑长城",刘文典案:"淮南王父名长,故书中皆以长为修。此文与《主术》篇'鱼不长尺不得取',字仍作'长',疑后人改之也。《人间》篇'使蒙公、杨翁子将筑修城',《泰族》篇'戍五岭以备越,筑修城以守胡',字并作'修',此不得独作'长'。"②此类校勘大都理据与证据俱存,极为精审,可补《集解》之缺。

补证《集解》已校者,是指针对《集解》已校勘的文本,刘氏在原校之上再增加证据或理据。此类校勘约有 20 条。如《览冥训》"夫道者,无私就也,无私去也",高注:"天道无私就去。"刘文典按:"'夫'当为'天'字之误也。《文子·精诚》篇、《御览》二十七引此文并作'天道'。《主术》篇'天道玄默,无容无则',是'天道'二字见于本书者。"③《文子》《御览》及高注三证,皆是《集解》原有,刘氏于此增补了《主术》篇的本证。除补证《集解》已校者之外,《淮南子校补》还有不少未作明显修改的校勘,约有 23 条。

驳正《集解》已校者,是指纠正《集解》中刘氏自己的错误校勘。此类校注极少。如《集解》中,《齐俗训》"从城上视牛如羊,视羊如豕",刘文典原校:"羊与豕大小不甚相远,视牛如羊,视羊不得如豕大也。此疑本作'从城上视牛,如羊如豕'。《御览》八百九十九引此文,即无'视羊'二字。"④在《校补》中,刘文典新校:"《吕氏春秋·壅塞》篇:'夫登山而视牛若羊,视羊若豚。牛之性不若羊,羊之性不若豚,所自视之势过也。'即《淮南》此文所本。余前

---

① 《淮南子佚文》实际上很早就有初成的手稿,只是出版于 1928 年。据统计,该篇共辑得《淮南子》佚文 29 条,其文献来源有《后汉书注》《文选注》《北堂书钞》《艺文类聚》《太平御览》《白氏六帖》《史记索隐》《史记正义》《初学记》等 9 种,从《太平御览》单独辑得佚文 16 条,居半数以上。其中,有 18 条佚文刘氏作了考证。虽命名为《淮南子佚文》,但经刘氏考证,有为《淮南万毕术》文者,有为注文者,有为误引他书者,鱼目混珠,也难定夺。
② 刘文典《三余札记》卷一,商务印书馆 1928 年,第 34 页。
③ 刘文典《三余札记》卷一,第 19 页。
④ 《子藏·淮南子卷》第 54 册,第 237 页。

据《御览》八百九十九引文无'视羊'二字,谓此文当作'从城上视牛,如羊如豕',实为大误。"① 以前所校未顾及《吕氏春秋》,后发现《吕氏春秋》相近文字,故大胆否定自己前面的观点。

补证诸家之说者,是指接受诸家之说,再补以诸家未举之证。此类校注约有30条,全部见于《集解》。其中,未作明显修改者8条,补证诸家之说者22条。后一种情况又可分为两类:一类是《集解》已补证而《校补》再增证,约有8条,如《兵略》篇"上亲下如弟,则不难为之死",王念孙云:"'上亲下如弟','亲'亦当为'视'字之误也。上文正作'上视下如弟'。"刘文典案:"王谓'亲'当为'视',是也。《御览》二百八十一引此文正作'上视下如弟',《文子·上义篇》作'上视下如弟,即必难为之死','不'虽误为'必','视'字尚不误,皆其证矣。"②《文子》这个证据,乃刘氏增补。另一类是《集解》无补证而《校补》加以补证,约有14条,如《说山》篇"兽不可以虚气召也",俞樾云:"'气'当作'器',《文子·上德》篇正作'兽不可以空器召'。"刘文典案:"俞说是也。传写宋本字正作'器'。"③《集解》仅引俞说,刘氏在《校补》中为俞说补充了影宋本的证据。

驳正诸家之说者,是指不认同诸家之说,并举证加以反驳。此类校注约有35条,其中驳正王念孙和俞樾之说最多,前者有约14条,后者约16条,其余诸家皆偶见。被驳正的说法有时不见于《集解》,如《原道训》:"昔舜耕于历山,期年而田者争处硗埆,以封壤肥饶相让;钓于河滨,期年而渔者争处湍濑,以曲隈深潭相予。"顾炎武云:"《淮南子》'舜钓于河滨,期年而渔者争处湍濑,以曲隈深潭相予',《尔雅注》引之曰'渔者不争隈',此略其文而用其意也。"刘文典案:"《尔雅·释丘》'隩隈'注所引'渔者不争隈'五字,乃《览冥》篇之文,非略《原道》篇此文而用其意也。引书用意,古籍类然。顾先生所说诚是,惟举例偶失检耳。"④ 顾炎武此说不见于《集解》,《校补》增引并加以纠正。有时见于《集解》,但当时未作驳正,刘氏在《校补》中再加以驳正。如《齐俗》篇:"秦王之时,或人菹子,利不足也。"俞樾云:"或人,即国人也。或、国古通用。"刘文典案:"'或人菹子',言人或有杀菹其子者耳。若作国人,则

---

① 刘文典《三余札记》卷一,第26—27页。
② 刘文典《三余札记》卷一,第39页。
③ 刘文典《三余札记》卷一,第40页。
④ 刘文典《三余札记》卷一,第8—9页。

是举国之人皆菹其子矣。事固不尔,文亦失经,俞说未安,不可从也。"①《集解》仅引述俞说,未加评判,而《校补》予以驳正。

辨析许高二注者,既指刘氏对许高二注作出分辨,又指对许高二注之得失作出评判。此类校注约有 13 条,大都与《集解》相近。区分许高二本者,是指对正文的异文分出何者为许本,何者为高本。此类校注很少,约有 2 条。如《泰族训》"食荓饮水,枕块而死",注:"荓,草也。"刘文典案:"《御览·果部》十二'菱'条下引此文作'食菱饮水,枕块而死',《泰族》篇乃许注本,此文注'荓,草也',是许君所见本字正作'荓'。《说文·舜部》'舜,众艸也',亦与此注正合。惟《御览》引文在《果部》'菱'条下,则菱亦非误字。此当是许本作'荓',高本作'菱'耳。"② 正文有"荓""菱"之异,刘氏条分缕析,指出它们分属许高二本。除辨析旧注外,刘氏还自加注释。此类校注也很少,约有 4 条,多是对某个文字的训释。

总体上看,《淮南子校补》展现了刘文典校勘的一贯风格,即博采众家、无征不信。补校未校者、补证已校者、驳正众说者这几类校勘,最能说明刘氏在出版《集解》以后,并未停止对《淮南子》的进一步校勘,反映了他严谨立说、精益求精的治学精神。当然,《淮南子校补》也有一些校勘存在瑕疵。如《修务》篇"公输,天下之巧士",刘文典案:"古书无言'巧士'者,'士'当为'工'字之误也。《吕氏春秋·爱类》篇正作'公输般,天下之巧工也',《慎大览》注同。"③ 刘氏说古书无言"巧士"者,这是武断之见。《墨子·杂守》篇有"有谋士,有勇士,有巧士,有使士"一句,《孙膑兵法·势备》有"惟巧士不能进"④ 一句,均早于《吕氏春秋》和《淮南子》,何来古书无言"巧士"者?显然,刘氏此校亦有可商榷之处。但瑕不掩瑜,刘文典的《淮南子》校勘,当可与清代学者王念孙、俞樾并列而无愧色。

四、方光的《淮南子要略篇释》

方光,生卒年不详,字玄父,自称"岭表布衣",其斋名"方山山馆",广东惠阳人。方氏治学重在经史,亦精诸子,著有《庄子天下篇释》《荀子非十二子

---

① 刘文典《三余札记》卷一,第 28 页。
② 刘文典《三余札记》卷一,第 48 页。
③ 刘文典《三余札记》卷一,第 46 页。
④ 张震泽《孙膑兵法校理》,中华书局 1984 年,第 79 页。

篇释》《淮南子要略篇释》《史公论六家要指篇释》等。前三者合为一书,收入《国学别录》,由方山山馆于民国十七年(1928)校刊。其中,《淮南子要略篇释》是以刘家立本为底本,综合诸家校勘。如《要略》"惧人之惛惛然",影宋本、道藏本均作"则为人之惛惛然",刘绩本、茅一桂本、庄逵吉本、刘文典《集解》本均作"惧为人之惛惛然",惟同于刘家立本,下并引俞樾之说,又与刘家立本相同,由此可证此书是取用刘家立本为主。

方氏所谓释,实际上就是校与注的结合。在这篇释文中,方光首先指出了《要略》篇的性质。他说:"此篇为《内书》篇第二十一,盖即《淮南内书》之序。古人著书体例,往往于本书末篇始置序言,如《庄子》之《天下》,《荀子》之《尧问》等篇之类是也。"①认为《要略》是《淮南子》的序言,只是置于篇末而已,如同《庄子·天下》《荀子·尧问》篇一样。《天下》为《庄子》一书的序文,这是学界所公认,而以《尧问》为《荀子》之序文,则学界对此未必公认。以《要略》为《淮南子》全书的序言,这种观点亦非方氏首创,明代茅坤、陈深早已提出。

其次,方光大量征引王念孙、庄逵吉、俞樾、李哲明、孙诒让、刘家立、刘文典等学者的说法,并以"光案"的形式附录了方光自己的校注。所引用的诸家之说,基本囿于文本校勘。而方光自己的校注,总计约有18条,则基本属于字词音义训释范畴。如《要略》"辞虽坛卷连漫",方光案:"《正韵》'坛,杜晏切,音但,宽广貌。'"②方氏大都是训释字词中不常见的音义。当然,他有时也作文本校勘,如《要略》"墨子学儒者之业,受孔子之术",方光案:"'学'当为'非','受'当为'薄'。墨子有《非儒》篇,且墨子学儒者之业,受孔子之术,于古无征。夫已学其业,受其术,安有背驰如此者?其讹误可知。"③此处,方氏以理校法校勘,显属臆说,不足为据。

再次,方光在篇末具体分析了《要略》的内容。他说:"本篇前则历序《内书》要旨,叙述明了,已无余蕴。后则首言太公之谋,生于纣之无道;次言儒者之学,生于孔子修成康之道,述周公之训,以教七十子;次言墨子之学,生于非孔氏,故背周道用夏政;次言管子之书,生于周室衰微,诸侯内乱,夷狄外侵;次言晏子之谏,生于齐景公之荒淫无度;次言纵横修短,生于六国之各相雄长;

---

① 《子藏·淮南子卷》第55册,第510页。
② 《子藏·淮南子卷》第55册,第525页。
③ 《子藏·淮南子卷》第55册,第529—530页。

次言刑名之书,生于晋韩之政治紊乱,法令纷更;次言商鞅之法,生于秦之民顽,地险国富,孝公且欲乘其虎狼之势以吞诸侯。末复以己说附于诸家之后,陈论刘氏之书,观天地,通古今,精摇玄眇,统理因应,高出群流,是其大较者也。"①对《要略》内容作如此清晰的分析,方光是第一人,也显示了他对此篇的重视。

最后,方光论述了《要略》篇的独特价值。他说:"夫以《要略》之九说,与《庄子·天下》篇之六家,《荀子·非十二子》篇之七说,相与衡量,儒、墨、名、法大致从同,其太公、管、晏、纵横四学,管本法家鼻祖,晏又儒术前矛,太公兵谋之残民以逞,纵横修短之空言无实,皆卑无足道,不可名家,故为《庄》《荀》之所不道。《淮南内书》,归本老庄,篇中重为编列,《淮南》盖以所学上承老庄,而总厥汇归者也。"又说:"此篇论述专主自序,略纪太公、儒、墨、管、晏、名、法诸家,虽于周秦学说仅言崖略,然亦《庄》《荀》以后叙列学派之文,治国学者,宜览观焉。"②认为《庄子》《荀子》仅评述了儒、墨、名、法四家,而《要略》篇又增加了太公、管、晏、纵横四学,是《庄》《荀》之后阐述学派的专论之文,颇有观览的价值。

总之,方光是最早对《淮南子》单篇文章作专门研究的学者,他的《淮南子要略篇释》虽然自创不多,但在《淮南子》学史上有其独特的地位。

第四节　三十年代的《淮南子》校注

三十年代,学者明显放缓了校注《淮南子》的脚步,最直接的原因可能是国势进一步动荡不安。尽管如此,但仍然产生了像胡怀琛《淮南鸿烈集解补正》、向承周《淮南子校文》、刘文典《淮南子校录拾遗》、于省吾《双剑誃淮南子新证》这样具有较高水平的校注作品。

一、胡怀琛的《淮南鸿烈集解补正》

胡怀琛(1886—1938),原名有怀,字季仁,入沪求学改名怀琛,改字寄尘,别号秋山,安徽泾县人。胡氏治学极广,涉及哲学、诗学、文学史、地方志、目录

---

① 《子藏·淮南子卷》第55册,第535—536页。
② 《子藏·淮南子卷》第55册,第536—537页。

学、考据学、佛学等领域,著述达数十种。他的《淮南鸿烈集解补正》被其兄长胡朴安收入《朴学斋丛书》中,于民国二十九年(1940)排印出版,《子藏·淮南子卷》第五十九册影印收录。

《淮南鸿烈集解补正》成于1931年,是对刘文典《淮南鸿烈集解》的补充和纠正。胡氏自序云:"淮南书浩繁渊博,在诸子中为不易读,注家自许高而还,以近人刘叔雅《集解》最备。余于民国二十年读《集解》一过,觉可商者二十余则,随笔记之,以备遗忘,并录副寄呈叔雅焉。"① 胡朴安跋云:"寄尘此书,即补正刘之《集解》也。刘此书本为作总帐式之整理,未能字字悉注解,如'而手会绿水之趋',高注'趋,投节',刘氏集高注,别无注解,寄尘谓'趋'即'曲',其说极确,而'手会绿水之趋',即手弹绿水之曲也。其他诸条皆可为刘书之补正。"② 专门为一部注书作补正,这在《淮南子》学史上也尚属首次。

《补正》共有23则,其体例依照王念孙的《淮南内篇杂志》,即先列条目,再加以疏证。此书补正的对象不专是刘文典的校注,也包括他所引用的诸家之说以及诸书之证。如《氾论》篇"杀一人,则必有继之者",刘文典仅引《群书治要》异文:"杀一人,即必或继之者矣。"胡氏补正:"则、即可通,'必有'肯定词,'或'为未定词,既言'必',不当复言'或',《群书治要》不可从。"③ 为刘书作了判断。《补正》大率皆此类疏证,亦具有浓厚的朴学气息。

二、向承周的《淮南子校文》

向承周(1895—1941),字宗鲁,巴县(今属重庆市)人,是民国时期有名的文献学家,著有《说苑校证》《校雠学》等。他的《淮南子校文》仅存稿本,《子藏·淮南子卷》第五十五册影印收录。向氏于1931年回到四川,先后在重庆大学、四川大学任教,讲授《淮南子》《文选》《管子》等课程。因此,《淮南子校文》当写于这个时期。

《淮南子校文》所用底本应是庄逵吉本。《原道训》注文:"慊,读辟向慊之慊",向氏校语:"庄本'辟'讹'僻',宋本作'辟'。"④ 说明作此文时,他使用了

---

① 《子藏·淮南子卷》第59册,第573页。胡氏书后又有跋语:"此卷既成,得叔雅七月六日来书,谓日内当逐条奉答,为之欣慰,他日叔雅书来,再为补刊于后焉。"(《子藏·淮南子卷》第59册,第585页。)
② 《子藏·淮南子卷》第59册,第587页。
③ 《子藏·淮南子卷》第59册,第581页。
④ 《子藏·淮南子卷》第55册,第347页。

庄逵吉本和影宋本。又《主术训》"文王周公观得失",向氏校语:"《治要》引无'公'字,是也。所以羡'公'字者,则因校者注周公字于文王之旁,遂混入正文耳。"①实际上,宋本、藏本、刘绩本、茅一桂本等均无"公"字,唯叶近山本、庄逵吉本有"公"字。这是《淮南子校文》以庄本为底本的明证。

《淮南子校文》全为文本校勘,不涉及字句训释。据统计,《淮南子校文》辑有48条校勘,其对象是以正文为主,兼及注文,其内容是以校误文为主,兼及校脱文,偶及校衍文、倒文。尽管校勘的数量不多,但《淮南子校文》体现了明显的朴学之风。向氏校勘文本,引证古籍有《诗经》《韩诗外传》《尚书》《仪礼注》《郑氏易注》《春秋公羊传》《孟子章句》《尔雅》《说文解字》《史记》《汉书》《后汉书》《史记索隐》《后汉书注》《墨子》《文子》《庄子》《庄子注》《列子》《荀子》《韩非子》《吕氏春秋》《说苑》《孔子家语》《酉阳杂俎》《意林》《楚辞章句》等27种,引用王念孙、庄逵吉、俞樾、陈季子等四家之说。其中,有部分校勘颇显精当。如《道应训》"人可以微言",向承周案:"'言'下挽'乎'字,下文'人固不可以微言乎',两文相应,则'乎'字不可省。《列子·说符》《吕子·精谕》《文子·微明》皆有'乎'字。"②举一本证,列三他证,向氏此校可无疑问。

然而,《淮南子校文》也有明显的不足。首先,无视当时学者的校勘成果,以致出现不少重复校勘。向氏写《校文》之时,刘文典的《淮南鸿烈集解》已出版近二十年,但刘文典已校过的文本,《校文》中仍有同样的校勘。如《齐俗训》"鲁至三十二世而亡",刘文典校曰:"'二'疑'四'误,鲁自伯禽至顷公雠适三十四世,《吕览·长见》篇、《韩诗外传》'二'并作'四'。"③向承周校曰:"'二'当作'四',《吕览·长见》《韩诗外传》四皆作'三十四世'。《史记·鲁世家》亦云:'鲁起周公,至顷公三十四世。'并足据正。"④两者几无差别,向氏显然没有再校的必要。其次,有些校勘失于精考,时见臆说。如《本经训》"质真而素朴",向承周案:"本书多言'质直',无言'质真'者,《原道训》'质直皓白,纯粹朴素',宜据正。"⑤据查,《淮南子》出现"质直""质真"各一次,何来

---

① 《子藏·淮南子卷》第55册,第362页。
② 《子藏·淮南子卷》第55册,第369页。
③ 《子藏·淮南子卷》第54册,第209页。
④ 《子藏·淮南子卷》第55册,第365页。
⑤ 《子藏·淮南子卷》第55册,第355页。

本书多言"质直"而无言"质真"者？且高注："质，性也。真，不变也。"① 是高诱所见本即作"质真"。又《文子·下德》篇袭《淮南》文亦作"质真"。可见，向氏此校失于详考，当不可从。

总之，《淮南子校文》作为向承周在大学授课时的读书札记，其校勘水平还难与刘文典、吴承仕等人相比肩。

三、刘文典的《淮南子校录拾遗》

《淮南子校录拾遗》是拾《淮南鸿烈集解》《淮南子校补》之遗。刘文典于此有一段写于民国二十五年（1936）十二月的题记："余少时，尝辑清代诸师校录，为《淮南鸿烈集解》，未加搜讨，遽付剞劂，粗疏荒陋，受嗤大雅。然版式久定，不及改订。民国十五年春，有所增益，为《淮南子校补》。今又十年矣！偶检平日读书札记，续得若干事，命曰《淮南子校录拾遗》，其荒陋固犹昔也。呜乎！马齿加长，而所学乃无寸进，此古人所以惧乎时之过已。"② 可见，《拾遗》是刘氏在出版《校补》之后十年中的读书札记，直至1936年才成篇制。

论学术影响，《拾遗》远不如《集解》和《校补》，但论学术水平，则有过之而无不及③。据统计，《拾遗》共汇录校注约49条。其内容较之《集解》《校补》略有改观，即辨正旧注和训释字句的比例明显增加，两者合约20余条，几占总数的一半。其态度较之《集解》《校补》也显得更加谨慎。如《原道》篇"橘树之江北，则化而为枳"，王念孙校云："'枳'本作'橙'，此后人依《考工记》改之也。"刘文典案："余上卷据《埤雅》《列子·汤问》篇、《说苑·奉使》篇、《韩诗外传》十辩其不然。偶检《晏子春秋·杂下》篇云：'婴闻之：橘生淮南则为橘，生于淮北则为枳。'文虽小异，字亦正作'枳'，可为《淮南子》字本作'枳'增一旁证。王氏过信类书，好改正文以就之，诚为一病。然《晏子春秋》为习见之书，余竟漏而未举，其荒陋粗疏，更可骇笑。漫记于此，非敢轻议前贤，实以识吾过耳。"④ 为疏漏一证而自我批判，实是至审至慎之表现。为了谋得更多

---

① 张双棣《淮南子校释》（增订本），第818页。
② 《刘文典全集》（增订本）第3册，第551页。
③ 于大成评价说："刘氏别有《三余札记》，乃中岁用功之作，其卷一《淮南子校补》，卷二《淮南子逸文》，卷四《淮南子校录拾遗》，大胜《集解》，亦可以觇其学之日进亡已矣。"（《淮南鸿烈论文集》，里仁书局2005年，第1543页。）
④ 《刘文典全集》（增订本）第3册，第551—552页

证据,刘氏还不断扩大读书范围,如余知古的《渚宫旧事》、刘昌诗的《芦浦笔记》等,都是《集解》《校补》所不见的古籍。

于大成称赞刘文典的学问日进无止,在《拾遗》中的体现便是其古音韵学的功力大进。《集解》使用古代音韵学的知识不多,《校补》有所提升,至《拾遗》则俯拾即是。以古音求本义,如《齐俗》篇"峻木寻枝",刘文典案:"'寻枝'即'樳枝'。《楚辞·哀时命》'擥瑶木之樳枝兮',古侵、覃通为一韵,故以'樳'为'寻'。《方言》:'自关以西,秦、晋、梁、益间,凡物长谓之寻。'寻枝,长枝也。"① 古音樳、寻互通,樳枝即寻枝之义。以古音辨异文,常用"一声之转"这一术语揭示其相同实质,如《地形》篇"岐出石桥,呼沱出鲁平",刘文典案:"呼沱,即今之滹沱河。'滹沱',《墨子》作'嘑池',《山海经》作'虖池',《汉书·地理志》同,《水经注》作'雩池'。滹、虖、嘑、雩,皆一声之转。"② 尽管各书文字不一,但是从读音上来说都是指向同一条河流。

总之,《淮南子校录拾遗》虽然只是刘文典的读书札记,但一如既往地体现了他无征不信的治学精神,在学术上较之《集解》《校补》也更加老成和稳重。

四、于省吾的《双剑誃淮南子新证》

于省吾(1896—1984),字思泊,号双剑誃主人、泽螺居士,辽宁海城人。他治学以研究和考释甲骨文、金文以及考证古代典籍为主,著述宏富,有《双剑誃尚书新证》《双剑誃诗经新证》《双剑誃诸子新证》等十余种。在于氏看来,《淮南子》是汉代一部十分重要的子书。他说:"《淮南》一书,撷传记之精英,为百家之钤键,究极玄眇,总该道要。而其著书,适当西汉赋体昌隆之际,故其词气瓌玮,与贾、马相颉颃。"③ 正因为如此出色,于氏撰作《诸子新证》,也就把《淮南子》纳入其中。《双剑誃淮南子新证》虽然从属于《诸子新证》,但是由上海中华书局单独刊行,可以视为一部独立的著作。《淮南子新证》共四卷,根据书前于氏自序,该书成于民国二十八年(1939)④。

于省吾撰写《淮南子新证》,其所用底本当是刘文典的《淮南鸿烈集解》

---

① 《刘文典全集》(增订本)第3册,第562页。
② 《刘文典全集》(增订本)第3册,第558页。
③ 《子藏·淮南子卷》第55册,第71页。
④ 自序落款为:"中华民国二十八年三月海城于省吾。"(《子藏·淮南子卷》第55册,第71页。)

本。于氏自序"是编所证,仅就刘文典《集解》识其私见"云云。此为一证。《原道》"而大宇宙之总",景宋本、刘绩本、茅一桂本等"大"字下均有"与"字,唯道藏本、庄逵吉本、《集解》本无"与"字。又《修务》注"齿,齿",于氏按:"注文'齿'字,景宋本作'缺'是也,庄本亦误作'齿'。"①此处"亦"字,说明庄本只是参校本。且《淮南子新证》未提及道藏本,可予以排除。因此,只有《集解》本符合上举两例的情况。此为二证。于氏以《集解》本为底本外,又以影宋本、庄本为参校本。

据统计,《淮南子新证》共有校注约 282 条,其内容可谓是"校""注"参半。"校",即文本校勘,以正文为主要校勘对象,偶及注文。"注",即字句训释,以补充和修正旧注为主,同时又自创注释,大多集中在许注八篇。与民国其他校注著作相比,《淮南子新证》形成了鲜明的个性,主要体现以下四个方面:

第一,积极引入各种新证。

于省吾以《新证》为书名,当有特别的用意,意欲对前人的同类著作有所超越。当然,新证不是从推理中得来,而是从实物中得来。于氏所谓新证,主要体现在甲骨金石文字和日本所藏唐钞本之中。

于省吾是民国时期著名的古文字学家,对甲骨金石文字甚有研究,曾出版了《甲骨文字释林》《双剑誃殷契骈枝》《双剑誃殷契骈枝续编》《双剑誃殷契骈枝三编》《双剑誃吉金文选》《双剑誃吉金图录》《双剑誃古器物图录》《商周金文录遗》等著作。由于有这方面的深厚积淀,所以他能在校注《淮南子》时甲骨金石文字信手拈来。例如,《俶真》"然未可以保于周室之九鼎",于省吾按:"保、宝字通。《书·大诰》'用宁王遗我大宝龟',魏《三体石经》'宝'作'保',汉李氏《镜铭》'明如日月,世之保'。假'保'为'宝',此例不胜繁举。"②又如《天文》"音比姑洗",于省吾按:"余所藏周代石磬,'姑洗'作'古先'。"③这是使用石文、铭文中的例证。再如,《览冥》"狡虫死",注:"虫,狩也。"于省吾按:"狩、兽古字通。甲骨文'狩'字作'兽',即古兽字。"④这是使用甲骨文的例证。书中还经常出现金文某作某这样的句子,足见于氏对甲

---

① 《子藏·淮南子卷》第 56 册,第 217 页。
② 《子藏·淮南子卷》第 56 册,第 83 页。
③ 《子藏·淮南子卷》第 56 册,第 90 页。
④ 《子藏·淮南子卷》第 56 册,第 110 页。

骨文和金文的熟悉程度。此外，《淮南子新证》还出现了"秦公簋""奠井叔钟""邨王壶"等出土实物的名称。这在以往所有的《淮南子》校注著作中是不能见到的现象。于氏自称新证，可谓实至名归。

于氏所说的唐钞本，即指日本东京国立博物馆收藏的唐钞本。该钞本已非完本，只保存了《兵略》篇，全称为《淮南鸿烈兵略间诂第廿》，且已残损。该钞本的文字是写在日本书法名作秋萩帖第二段纸以下各纸的背面。于氏在校注《兵略》篇时，即频繁使用了这个钞本。据统计，于氏用唐钞本对校今本，在《淮南子新证》中列出了大约35条异文，并对其中多数异文作了评判和疏证。于氏一般以"当从之""是也""于义为长"等术语来肯定唐钞本。如《兵略》"含牙带角"，于省吾按："唐钞本'带'作'戴'，当从之。"① 此即直接肯定。又如《兵略》"力敌则智者胜愚"，于省吾按："唐钞本'胜愚'作'制遇'，是也。上言德均则众者胜寡，下言智倖则有数者禽无数，（'智'旧作'势'，依王念孙说改，唐钞本亦作'智'。）三句平列，今本'制'作'胜'，则与'胜寡'之胜复。愚、遇古籍多通用。"② 此即通过校勘加以肯定，并且为王念孙说提供了新证据。于氏最早使用唐钞本对校今本，自称新证，亦可谓实至名归。

第二，喜好驳正前辈说法。

驳正前辈说法，在《淮南子》校注作品中较为常见。然而，频繁地驳正前辈说法，则甚为少见。《淮南子新证》即体现了这种频繁驳正前辈说法的倾向，在某种程度上可以视为一部驳正前辈说法的著作。据统计，《淮南子新证》引用了前辈学者王念孙、陈昌齐、刘台拱、庄逵吉、王引之、沈涛、俞樾、许印林、陶方琦、章炳麟、孙诒让、吴承仕、刘文典、赵万里等14人的说法，其中驳正王念孙约19次，刘台拱1次，庄逵吉1次，王引之4次，俞樾25次，孙诒让1次，陶方琦1次，吴承仕8次，刘文典2次，总计约62次。这种频率可谓是前无古人。

当然，于氏并不是以攻讦他人之短为乐，而是本着学术求真的原则展开。他的许多批驳都有理有据。如《修务》"钝闻条达"，注："钝闻，犹钝悟也。"王念孙云："案闵与悟声相近，故高注云'钝闵犹钝悟'，《方言》曰'钝憨，悟也'，江湘之间谓之顿憨，《文子·精诚》篇作'屯闵条达'，并与'钝闵'同。旧

---

① 《子藏·淮南子卷》第56册，第176页。
② 《子藏·淮南子卷》第56册，第184页。

本'闵'误作'闻',今改正。"于省吾按:"王说非是。金文'闻'字通作'聒',与惛字通。详《晏子春秋·问上第七》'荆楚惛忧'下,聒之通惛,并谐昏声也。"①按理说,王念孙这条校注似无懈可击,但于氏从金文"闻"通"聒"入手,证明原文不误,从而驳倒王念孙之说。又如《诠言》"虽有圣贤之宝",俞樾云:"宝字无义,疑当作资。《荀子·性恶篇》'离其资',杨注曰:'资,材也。'谓虽有圣贤之材也,资与宝形似而误。"于省吾按:"俞说非是。《论语·阳货》'怀其宝而迷其邦',皇疏:'宝,道也。'《广雅·释诂》'宝,道也',王氏《疏证》云:宝与道同义,故书传多并举之。《礼运》云'天不爱其道,地不爱其宝',《吕氏春秋·知度篇》云'以不知为道,以奈何为宝',《太元·元冲》云'晔,君道也;驯,臣保也',保与宝同。按,王说是也。可证俞改'宝'为'资'之误。"②引皇侃《论语疏》及王念孙《广雅疏证》以驳正俞樾之说,不为无据。于氏喜好驳正前辈说法,表明他不盲从、敢于自抒己说的治学精神。

第三,擅长利用古字古音。

自刘绩补注《淮南子》以来,善辨古字,善识古音,就经常出现在学者的校注中。研究古字古音是于省吾的专长,他在《淮南子新证》中就广泛利用古字古音校勘文本,训释字句。

以前学者揭示《淮南子》中的古字,大都笼统不清,于氏则具体到甲骨文、金文。如《原道》"与造化者为人",于省吾按:"王引之训'人'为'偶',义则近是,而未尽得之。按甲骨文、金文,人、尸字通。尸古夷字,与造化者为夷,言与造化者为等夷也。详《庄子新证·大宗师》篇。"③又如《地形》"西方有形残之尸",注:"西方金,金断割,攻战之事,有形残之尸也。"于省吾按:"注读尸如字,非是。尸、夷古字通,金文凡言蛮夷之'夷',均作'尸'。《易·丰》九四'遇其夷主',即遇其尸主,详《易经新证》。《周礼·凌人》'大丧,共夷槃冰',注'夷之言尸也',《礼记·丧大记》'男女奉尸夷于堂',注'夷之言尸也',是经传亦尸夷互通。西方有形残之夷,与上句'东方有君子之国'对文。淮南书杂采古籍,此犹存古字,可宝也。"④此二例以甲骨文、金文为桥梁,以经传为依据,寻绎出人、尸、夷三字在古义上的关联,从而使原有的字句得到了新的训

---

① 《子藏·淮南子卷》第56册,第215—216页。
② 《子藏·淮南子卷》第56册,第170—171页。
③ 《子藏·淮南子卷》第56册,第78页。
④ 《子藏·淮南子卷》第56册,第93—94页。

释,颇有说服力。

于氏训释字义,最喜以古音求本义,一般使用"应读作"术语加以明示。例如,《齐俗》"瞽师之放意相物,写神愈舞,而形乎弦者",于省吾按:"愈应读作喻,谓比喻舞蹈之意,而形乎弦也。"① 愈若读如本字,则无比喻之义,于氏以古音通假而得"喻"义,遂使句意更加明朗。又如,《人间》"羸弱服格于道",于省吾按:"格应读作辂,服格即服辂。《晏子春秋·谏下第二十》'吾将左手拥格',王念孙谓格即辂字,是其证。"②《说文·车部》:"辂,车輅前横木也。"《说文·木部》:"格,木长貌。"格若读如本字,则无"横木"之义,于氏以古音通假而得"辂"义,又引王念孙之说佐证,遂使句意更加明朗。以古音求古义,成为于氏注释《淮南子》的一大法宝。

第四,补充驳正许高旧注。

自宋代陆佃、罗愿引述和辨驳《淮南子》注文以来,历代学者就一直把许高旧注作为校注的对象之一,刘绩、庄逵吉、刘文典、吴承仕等皆是如此。于省吾虽然以校释正文为主,但对于注文也有大量涉及,其内容基本上是补充和修正许高旧注。

所谓补充许高旧注,就是以旧注为基础再增以新的内容。有时佐证旧注,如《道应》"啮缺继以雠夷",注:"雠夷,熟视不言貌。"于省吾按:"雠夷即雠眱,《广雅·释训》:'雠眱,直视也。'与注义符。"③《广雅》成于汉魏之时,与许慎的生活年代相距不远。于氏取其释义佐证许注,十分恰当。有时疏证旧注,如《说山》"尾生死其梁柱之下",注:"尾生,炊人。"于省吾按:"炊,古旅字。《说文》'旅'之古文,及《古文四声韵》引石经古文,旅并作炊。旅、鲁音近字通,《史记·周本纪》'鲁天子之命',《书序·嘉禾》篇作'旅天子之命',是其证。宋本注文作'尾生,鲁人',是改'旅'为'鲁',仍应作'炊',以存古文也。"④ 于氏仍从古文字入手,疏证了庄本"炊人"即鲁人,颇为精彩。

驳正许高旧注,正如驳正前辈说法一样,都是出于对原有观点的不认同。据统计,《淮南子新证》驳正许高旧注,约有36例。于氏常用"注说非是""非是"等术语,以表达自己对许高旧注的否定态度。如《览冥》"注喙江裔",注:

---

① 《子藏·淮南子卷》第56册,第152页。
② 《子藏·淮南子卷》第56册,第209页。
③ 《子藏·淮南子卷》第56册,第154页。
④ 《子藏·淮南子卷》第56册,第194页。

"注喙,喙注地不敢动也。"于省吾按:"注说非是。上云'鸿鹄鸧鹳,莫不惮惊伏窜',此言'注喙江裔',注喙即拄喙,谓喙不动也。《文选·枚叔〈七发〉》'蚑蟜蝼蚁闻之,拄喙而不能前',拄、注字通。拄喙谓其喙之不动,非谓其注地也。"① 高诱所谓"注地",确实于义不明,于氏利用古字通假,引证《七发》,得出"注喙"是"喙之不动"之义,可信度极高。

总之,于省吾的《淮南子新证》,大胆引入甲骨金石之文和唐钞本作为证据,相比于以往的校注之作,确有新人耳目之处,同时又大胆批驳许高旧注和前辈说法,有理有据,令人信服,是一部具有较高学术水平的著作,在《淮南子》学史上也可谓是独树一帜。

第五节 四十年代的《淮南子》校注

四十年代,国势仍然动荡不安,学者校注《淮南子》的频率亦与三十年代相当,有郭翠轩的《淮南子注本考略》②,有中法汉学研究所编写的工具书《淮南子通检》③,有杨树达的《淮南子证闻》,有金其源的《读淮南子管见》,以及刘文典为其《集解》所作的批语。

一、杨树达的《淮南子证闻》

杨树达(1885—1956),字遇夫,号积微,湖南长沙人。十五岁师从叶德辉,打下了很好的旧学基础。二十六岁赴日本留学,回国后历任北京高等师范学校、北京大学、清华大学、湖南大学、湖南师范学院教授,1947 年被聘为中央研究院院士。他毕生从事语言文字学的研究,精通训诂学、音韵学等,著有《周易古义》《老子古义》等 20 余种。

《淮南子证闻》是杨树达将训诂学、音韵学运用至诸子研究的典范之作。此书共七卷,传有中国科学院 1953 年排印本。然杨氏在自序中说:"检斋喜

---

① 《子藏·淮南子卷》第 56 册,第 109—110 页。
② 该文发表在河南大学文学院《学术丛刊》1941 年第一卷,其内容无非是列举许高注本在各家书目的著录情况,无甚价值。
③ 该书是《淮南子》学史上第一部用以检索的工具书,是中法汉学研究所《通检丛刊》第五种,由中法汉学研究所于民国三十三年(1944)十二月出版发行。该书以《四部丛刊》本为正,通检包括庄逵吉本、刘文典《集解》本在内的其他各本文字。但由于编撰体例及计算方式太过复杂,学者应用较少。时至今日,就更无人使用了。

治音韵校勘之学,尝辑《经籍音》一卷,草稿为册者数十。又尝校淮南王书,为《旧注校理》三卷,说多精到,而次公亦治《淮南》。余时虽颇读淮南王书,顾以他有所务,未暇专治,故检斋书所列余说未能审核也。一九三六年冬,余读《淮南》数周,始成此书,颇自喜。……倭寇难作,余以侍父病先归长沙,因留乡里,设教于湖南大学,以淮南书授诸生者三,且教且治,复时时有所增益。自谓精博不逮高邮王君,而意欲胜俞荫甫,其于检斋,殆欲与抗手矣。"①此序写于1942年3月。所以,《淮南子证闻》虽出版于新中国成立后,但成书则是在四十年代初期。具体来说,该书的成书过程比较复杂,先草成于1936年,而次年杨氏入职湖南大学之后又时时增益,直至1942年结束。杨氏在另篇自序中又说:"余此书写定后,得见刘君叔雅《三余札记》,内有《淮南子校补》若干则,乃刘君补订其所著《集解》者,中有与余说相同者凡十一事。余初拟尽刊余说,继加勘对,颇有结论相同而论证详略殊异者,因遂存之,不加刊剟。今将付印,于诸条下记《校补》说同以备参考云。"②此篇自序写于1946年8月。也就是说,《淮南子证闻》在四十年代初期写定后,又因刘文典《淮南子校补》而作了修改。总之,《淮南子证闻》草成于三十年代中后期,最终定稿则在四十年代中后期。

以"证闻"为书名,最早见于清代嘉庆年间钱仪吉所著的《三国志证闻》。钱书是以纂集众说为主的一部考证类著作,杨树达的《淮南子证闻》也大略属于此类著述。不同的是,杨氏虽纂集众说,但自己作了非常全面的考订,形成了一部水平较高的校注著作。据统计,《淮南子证闻》共有校注约846条,其中以《原道训》《俶真训》《主术训》《齐俗训》《道应训》五篇为最多,均在60条以上。与以往的校注著作相比,《淮南子证闻》是"注"多而"校"少。以《原道训》为例,在77条校注中,字句训释约47条,占61%;文本校勘约21条,占27%。此外,标注文本来源约6条,评论性文字约3条。其他各篇大体皆如此。这一比例上的变化,能反映出《淮南子证闻》所具有的独特个性。

字句训释成为全书的主体,这跟杨氏的研究专长有关。杨氏精通训诂和音韵之学,训释《淮南子》字句似乎成为他的一种偏好。杨氏在训释时常旁征博引,如《原道训》"原流泉浡",高注云:"浡,涌也。"杨树达按:"浡,《说文》

---

① 《子藏·淮南子卷》第60册,第377页。
② 《子藏·淮南子卷》第60册,第377页。

作'沸',《水部》云:'沸,毕沸,滥泉也。'《诗·小雅·采菽》云:'觱沸槛泉。'觱沸即毕沸,许君用今文诗也。《毛传》云:'觱沸,泉出貌。'《尔雅·释水》云:'滥泉,正出;正出,涌出也。'高训浡为涌,涌湧字同,与《尔雅》说正合。《汉书·司马相如传》载《上林赋》云'潏弗宓汩',弗与沸同,《史记·相如传》作'潏浡汩'。《史记》以浡为沸,与《淮南》正同。"①为训释一个"浡"字,杨氏就引证了《诗经》《毛传》《尔雅》《说文》《史记》《汉书》六种古籍,显示了他广博的训诂学知识。同时,"觱、毕、潏""沸、弗",皆一声之转,也是他擅长运用音韵学的体现。

  文本校勘是全书的第二大主要内容。由于前人校勘几乎巨细靡遗,所以杨氏校勘文本,常是对前辈学者说法的驳正与补证。驳正前辈校勘,其中以驳正王念孙、俞樾为最多,甚至有时将各家汇在一起同时驳正。如《览冥训》:"其得之乃失之,其失之非乃得之也?"高注云:"自谓得,乃失道者也。自谓失道,未必不得道也。"王念孙云:"非字义不可通,衍文也。高注云'自谓失道,未必不得道也',则无非字明矣。刘本作'其失之也乃得之也',此依《文子·精诚篇》改。"俞樾云:"非上脱'未始'二字,非下衍乃字,本作'其失之未始得之也'。"杨树达按:"王、俞二说皆非也。也与邪同,其失之非乃得之邪?乃反问之辞。伪撰《文子》者不知《淮南》之也字当读为邪,故去非字,不可从也。乃王氏据以衍非字,俞氏又据注文校增'未始'二字,皆未免庸人自扰,而俞氏尤谬。果本文作'其失之未始非得之也',则文义已明,高氏不必设注矣。刘家立《集证》不知俞说之谬,径改本文以从之,可谓大谬矣。"②把王、俞两家放在一起加以驳正,尤其对俞说及其认同者刘家立作了不留情面的批驳。即使杨氏使用《淮南鸿烈集解》作为《淮南子证闻》的底本,但他对此书的某些说法仍有批驳。如《齐俗训》"廉有所在而不可公行也",《集解》云:"《群书治要》引,'在'上有'不'字,于义为长。"杨树达按:"'廉有所在而不可公行',承'子赣让而止善'言之,'在'上不当有'不'字。"③直接否定了刘文典的说法。至于补证前辈学者说法,与其他同类著作大致相似,兹不赘述。

  标注文本来源,这并不是杨氏首创,曾国藩的《淮南子读书录》曾大量出

---

① 《子藏·淮南子卷》第60册,第381页。
② 《子藏·淮南子卷》第60册,第415页。
③ 《子藏·淮南子卷》第60册,第456页。

现此类校注。杨氏在这一方面则要更进一步,不仅所标注的来源更加细致,而且数量也要更多。例如,《缪称训》"子曰:钧之哭也",许注云:"子,孔子。"杨树达按:"《淮南书》称子曰者,他篇绝未见。盖此篇多本自子思子,详具上下文,子思子书多称子曰,此节盖亦本之而仍其称耳。"① 认为《缪称》篇多本于《子思子》,这是发前人之所未发。又如,《齐俗训》:"豫让、要离非不知乐家室、安妻子以偷生也。"杨树达按:"豫让事见《国策·赵策一》,要离事见《吕氏春秋·忠廉篇》。"这一类校注有助于揭示《淮南子》与前代典籍之间的关系。

所谓评论性文字,即类似于明代的评点。此类校注,也少见于其他同类著作。二十一篇之中,杨氏有选择性地评述了《原道训》《俶真训》《缪称训》《道应训》四篇。他评《原道训》:"此篇全衍《老子》之旨,故以《原道》名篇,《汉志》列《淮南》于杂家,而其主旨实在道家,观此篇衍老,次篇《俶真》述庄,其明证也。高诱云'物事之类,无所不载,然其大较归之于道',信矣。盖汉世道家思想最盛,风会所成,《淮南》不能异趣耳。"② 借《原道》篇评述全书主旨,以及隐约表达对班固列《淮南子》于杂家的不满。他评《俶真训》:"《淮南》此篇全衍庄子之旨,故以《俶真》名篇,《俶真》犹首篇之名《原道》也。高注训真为实,非其义矣。"③ 认为"俶真"即"原道"之义。他评《缪称训》:"此篇多引经证义,皆儒家之说也。今校知与《子思子》佚文同者,凡七八节之多,疑皆采自彼也。惜《子思子》不存,不得尽校耳。"④ 不仅指出该篇是儒家者言,还认为该篇多数言论出自《子思子》。他评《道应训》:"此篇体裁效《韩非·喻老篇》。"⑤ 揭示此篇对《喻老》篇的模仿。这一类评述性文字无疑能够表现杨氏对《淮南子》全书的整体把握。还有一类评述性文字,是针对篇中言论有感而发。如《原道训》"夫有天下者,岂必摄权持势,操杀生之柄,而以行其号令耶?吾所谓有天下者,非谓此也,自得而已。"杨树达按:"淮南王觊觎帝位,至于杀身,与此言正相反,抑何言行不相顾也!然此书实成于门客之手,岂其客先有所见,以此微言相讽者邪!"⑥ 杨氏依正史观照淮南王,自然会有言行不一

---

① 《子藏·淮南子卷》第60册,第452页。
② 《子藏·淮南子卷》第60册,第381页。
③ 《子藏·淮南子卷》第60册,第394页。
④ 《子藏·淮南子卷》第60册,第447页。
⑤ 《子藏·淮南子卷》第60册,第465页。
⑥ 《子藏·淮南子卷》第60册,第391页。

致的感慨。他进而提出这条言论是淮南王宾客为讽谏淮南王而作,亦与其他学者以淮南王宾客为不贤的观点迥异。

总之,杨树达的《淮南子证闻》较之民国同类著作,颇有自己的特色,不仅注释远多于校勘,而且还穿插了不少评论性文字,似是融明代学者评点与清代学者考据之长的一部高水平著作。

二、金其源《读淮南子管见》

金其源,生卒年不详,字巨山,上海宝山人。近人沈其光对金其源有一番评述,他说:"有清朴学,度越前代,乾嘉诸儒,或借训诂为沟通,或引百氏为佐证,于是经子之难解者,咸有门径可寻,其敝也往往失之穿凿。近时,宝山金巨山先生其源专精斯学,巨老少从其里人施琴南广文(赞唐)受经,广文有所论撰,辄命为检校,故蚤岁了然于汉学之渊源。乃积数十年之心得,成《读书管见》一书,太仓唐蔚老(文治)、如皋冒鹤老(广生)为序行之。是书于晚明顾氏《日知录》、晚清俞氏经子《平议》外,独能湛思博辨,别辟畦畛,洵为现代经师巨著。余庚寅春尝一访之于海上之寓庐,巨老年已七十余,须鬘皓然,言谈渊懿,望而知为好古之士。"① 庚寅春,即 1950 年春。此时金氏已七十有余,则金氏大概出生在 1880 年后几年。从这段引文看,金氏专精朴学,《读书管见》是他在这方面最重要的著作。此书不分卷帙,《淮南子》列于《韩非子》与《论衡》之间,可谓之《读淮南子管见》。

至于《读淮南子管见》的写作时间,书前唐文治的序文有所交待。他说:"余于戊寅岁避地沪上,得交宝山同乡金君巨山,古道君子也,拥书数十万卷,涵泳其中,由博反约,精进无疆。春秋佳日,辄招诸同乡小饮,一觞一咏,尘襟为之一涤,至足乐也。癸未孟夏,携所著《读书管见》,问序于余。"② 唐文治在 1938 年与金氏相识,至 1943 年 4 月,金氏已完成《读书管见》。由此可知,《读淮南子管见》也是写于这个时期。但《读书管见》直到民国三十七年(1948)才由商务印书馆排印出版。

据书前目录所列,《读淮南子管见》共汇录校注 53 条。金氏虽未明言他所使用的底本,但基本上可以肯定就是庄逵吉本。《缪称训》"侏儒鼓师,人之

---

① 沈其光《瓶粟斋诗话四编》下卷,1952 年油印本。
② 金其源《读书管见》,商务印书馆 1948 年,第 1 页。

困慰者也",金氏引庄氏逵吉云:"'困慰'本或作'困忿',注并同,疑作'忿'者是。"① 此是明引庄逵吉之说。又《说林训》"人莫踬于山,而踬于蛭",金氏引校注谓:"各本皆作'垤',惟藏本作'蚁',依义作'垤'为是。"② 此是暗引庄逵吉之说。可见,金氏据用本是庄本无疑。

《读淮南子管见》的内容,基本上是字句训释、疏通旧注和驳正旧注,文本校勘极为少见。这其中较有特色的要属疏通旧注。如《泰族训》"教之以金目则快射",高注:"金目,深目,所以望远近射准也。"金其源按:"《易·蒙卦》'见金夫',注'阳为金,一阳而二阴',金目者一目也,盖射者取准,如木工审曲,只用一目,故曰金目。而注以'深目'释之者,《山海经·海外北经》云'深目国,为人举一手一目',殆因其国人皆一目而号深目,故以'深目'释'金目'欤?"③ 引证《周易注》《山海经》以疏通金目、一目和深目在意义上的关联,颇有清代学者朴学风范。

然而,《读淮南子管见》本质上只是读书札记,其不足也显而易见。最大不足就是不关注相同领域的学者研究成果,致使出现不少重复训释,以及某些失误。如《俶真训》"形苑而神壮",高注:"苑,枯病也。壮,伤也。"金其源说:"窃谓壮之训伤,虽同《广雅·释诂》,然《淮南子》欲明'形神不至俱没',故'形苑而神壮'与'神尽而形有余'相反,当依《易·大壮》释文王肃云'壮,盛也'解。"④ 出版于二十年代的《淮南旧注校理》早有此说。又如《主术训》"故务功修业,不受赣于君",高注:"赣,物也。"金其源按:"《尔雅》《说文》'赣'均训'赐',高于《精神训》亦训'赐',是句亦当训'赐'。"⑤《淮南旧注校理》同样已指出"物"乃"赐"字之误。金氏未关注吴承仕此书,所以上引两例皆是老调重弹。而且,金氏亦未关注陶方琦等人区分许高旧注的成果,仍把《缪称》等篇的旧注视为高注,是其疏漏之处。

三、刘文典《淮南鸿烈集解批语》

四十年代,刘文典又一次对他的《淮南鸿烈集解》作了一些校补,只是用

---

① 《子藏·淮南子卷》第60册,第359页。
② 《子藏·淮南子卷》第60册,第366页。
③ 《子藏·淮南子卷》第60册,第370页。
④ 《子藏·淮南子卷》第60册,第354页。
⑤ 《子藏·淮南子卷》第60册,第358页。

了批校的形式。刘氏于自序旁批语云:"民国三十五年春,霖生自南京惠寄此本,今春端居多暇,复以朱笔点一通。三十七年四月十七日,刘文典记于昆明。"① 又书末刘氏批语云:"三十七年三月,以朱笔点一通,凡五日而毕,时在昆明。"② 可知他是在1948年完成了对《集解》的批校。但《刘文典全集》(增订本)又辑有一条1949年的批语③。这说明刘氏的批校一直在进行中。刘文典自二十余岁写成《集解》,三十余岁又写成《校补》,四十余岁再写成《拾遗》,五十余岁再作《批语》,留下了他在不同人生阶段校注《淮南子》的痕迹,成为《淮南子》学史上独一无二的景观。这也是他作为民国时期校注《淮南子》最杰出代表的体现。

据统计,刘氏批校《集解》,共写下批语约27条。其内容大体包含校、注、评三类。校即文本校勘,既有对《集解》原有校勘的推进,又有反戈一击。《俶真训》"智终天地",文典谨按:"终当为络,形近而讹也。《庄子·天道》篇'故古之王天下者,知虽落天地,不自虑也',即此文所本。落与络同。《秋水》篇'落马首,穿牛鼻,是谓人',本书《原道》篇作'络马之口,穿牛之鼻者,人也'。《御览》四百六十四引此文正作'智络天地',尤其明证矣。"刘氏批语:"《庄子·盗跖》篇:'知维天地。''维'当为'雒',借为'络'字。此条甚确,往年邵君次公虽颇斥其悖谬,愚不敢承也。《宋书·顾觊之传》:'智络天地,犹罹沉痛之灾;明照日月,必婴深匡之难。'即用此文。字正作'络',尤其确证矣。"④ 这是补充他证,推进原有校勘。《俶真训》"燔生人,辜谏者",文典谨按:"辜当为罪,字之误也。罪古作辠,传写遂误为辜耳。《御览》六百四十七引,辜正作辠。"刘氏批语:"'辜'字不误,《周礼·掌戮》可证。余据类书改之,实为大谬。《庄子·则阳》篇:'至齐见辜人马,推而强之,解朝服而幕之。'郑注:'辜之官枯也,谓磔之。'《说林》篇:'桀辜谏者,汤使人哭之。'是桀实磔辜谏者,淮南书中固屡言之也。余乃荒陋至此,真愧死矣!"⑤ 列出多证,严厉批判自己盲从类书的错误,可谓是反戈一击。

---

① 《刘文典全集》(增订本)第一册,第12页。
② 《刘文典全集》(增订本)第一册,第782页。
③ 这条批语是批驳王念孙说,落款为"民国三十八年九月六日,叔翁校于昆明晚翠园之一适斋"。见《刘文典全集》(增订本)第一册,第725页。
④ 《刘文典全集》(增订本)第一册,第93页。
⑤ 《刘文典全集》(增订本)第一册,第96页。

评即文本评述,实际上与"注"相近。如《本经训》:"今至人生乱世之中,含德怀道,拘无穷之智,钳口寝说,遂不言而死者众矣,然天下莫知贵其不言也。故道可道,非常道;名可名,非常名。"刘氏批语:"此《老子》之确诂也。后世注解,徒为纷纷耳。"①认为《本经训》这段文字是对老子"道可道"几句最准确的解释。《淮南子》诠释老庄,常常将其实化,虽有其独创性,但刘氏以为是"确诂",未免过誉。

总之,刘文典的《淮南鸿烈集解批语》较之以往的校注著作,内容要更活泼,更富有个性,但同时又能鞭辟入里,显示了纯熟的学术水平。

---

① 《刘文典全集》(增订本)第一册,第288页。

第六章　民国时期《淮南子》研究的现代转型

第一节　民国前期的《淮南子》转型研究

所谓现代转型,是相对传统学术而言。自傅山评注《淮南子》以来,朴学就基本上支配了学者对《淮南子》的研究,出现了不计其数的校注作品,进入民国之后亦犹如此。但与此同时,由于西学的传入与渗透,民国学者对《淮南子》的研究亦开始慢慢发生变化,从原初的考据、训诂这个方向分出了义理研究的新方向,并大量贯以西方各类学科术语,足以新人耳目,最终完成了研究《淮南子》的现代转型。

民国前期是民国学者转型研究《淮南子》的初始阶段。所谓民国前期,是指北洋政府统治时期,即 1912—1928 年。这个时期,部分学者接受西学影响,不再按照传统治学的路径研究《淮南子》,开始了现代转型。谢无量是拉开这个序幕的第一人,其后《东陆大学丛书》收录九位研究者的论文,贯以《读淮南子》"改造特别号"之名,吹响了转向西式研究模式的号角。此后,赵兰坪撰写《中国哲学史》偶及《淮南子》,至陈炳琨、杨没累,《淮南子》转型研究则始有专题论文问世。

一、谢无量论《淮南子》

谢无量(1884—1964),原名蒙,字大澄,号希范,四川乐至人。其学术研究覆盖文学、史学、哲学、经学等众多领域,尤擅长研究学术史,著有《中国大文学史》《中国哲学史》《古代政治思想研究》《朱子学派》等。谢氏所撰《中国哲学史》,最初由中华书局在民国五年(1916)十月出版。此书是近代中国最早的一部哲学史著作,也为后来学者撰写同类著作奠定了一个写作模式。谢氏在此书《绪论》中说:"兹编所录,起自上古,暨于近代,凡哲人巨子,树风声于当时,标新义于后来者,皆摄其学说之要,用今世哲学分类之法述之,以其条纪贯串,便易观省也。"① 所谓今世哲学分类之法,实际上就是运用西学的概念及方法。这显然有别于传统的训诂、考据之学,代表了民国学者在学术研究上的转型。《中国哲学史》分上古哲学史、中古哲学史、近世哲学史三编,其中《淮南子》位于第二编《中古哲学史》之中。谢氏主要论述了《淮南子》的道论、伦理说及全书宗旨。

(一) 谢氏论《淮南子》之道

首先,认为《淮南子》之道与老庄之道相同。他说:"《淮南子》所谓道,与老庄所谓道同,盖无始无终,能生万物,而万物又由之以变化消长者也。"② 又说:"大道廓然无际,不增不减,无形无迹……世间万物无不从道而生,复归于道……无生不灭,无往不复,故用《黄帝书》之语,以明宇宙终始之故,要不过推衍老聃、列御寇之说矣。"③ 无始无终、无形无迹、廓然无际、不增不减、不生不灭,都是揭示道的抽象性,即"形而上"之体现。万物从道而生、由道而变化消长,都是阐明道是万物的本源和发展根据。《淮南子》之道的这些特征,确实与老子、列子之道很相像。

其次,认为道能流行于人间,能成无为之功。他说:"道统天地万物,无所不包也。其道之流行在人间者,则为无为之极功,伏羲、神农之治,庶几近之。……此言人间之治,顺自然之化,而无容心焉,故与道合,谓之太上之道。"④ 道流行在人间,即为太上之道。这里是谈道的功用,即"形而下"之体现。

(二) 谢氏论《淮南子》伦理说

"伦理"一词,最早见于《礼记·乐记》,但并未被古代学者作为专有的哲学术语而加以阐述。谢氏使用"伦理"一词,显然受到了西式概念的影响。

人性论是伦理学的前提和基础,有什么样的人性论,就有什么样的伦理学。谢氏论述《淮南子》的伦理说,也是从人性论入手。他说:"《淮南子》之伦理说,亦渊源于道家,盖主养其一己之性,则万事自定,而天下国家,自然化成也。以为人性本静本善,动则或入于恶。此虽近于孟子之所谓性善,然孟子言性善,在充而达之以行仁义礼智之德;《淮南子》言性善,则在复其清静之

---

① 谢无量《中国哲学史》,《谢无量文集》第二卷,中国人民大学出版社2011年,第5页。
② 《谢无量文集》第二卷,第240页。
③ 《谢无量文集》第二卷,第241页。
④ 《谢无量文集》第二卷,第241页。

本，而无事于仁义礼智之纷纷者。此其所异也。"①认为《淮南子》的伦理说也是出自道家，因为它主张人性本静本善，这与道家相近。主张人性本静本善，就要反对造成人性之动的各种纲常，如孟子极力宣扬的仁义礼智。

谢氏由此认为，《淮南子》伦理说的本质就是复归于人的清静本性。他说："于是《淮南》乃以人间至善之正鹄，不外率其清静之本性，而为之礼义云为，则反以滋乱。……盖善恶本相对之物，息其所谓善者，则所谓恶者亦息，此道家经世之意也。"②把为善之念、为善之行息灭，为恶之念、为恶之行自然随之息灭，人们复归于清静本性，社会自会达到至善之境。显然，《淮南子》的伦理说与道家相近，富有浓厚的理想色彩。

（三）谢氏论《淮南子》之宗旨

综上可知，谢氏是将《淮南子》一书的宗旨归之道家思想，这与高诱的观点一致。他说："《淮南书》亦众手聚敛而成，故其中多古说，惟取于道家者尤多矣。"③又说："《淮南》之学，虽本于道家者为多，然善论宇宙之大法，由形而上学而兼为物理学之考索，如《天文》《地形》等训，言阴阳交感变化，万物生灭凝散之理，皆有至精之论。盖所取材者广，上本易老，下兼儒墨名法，故文章辩博，自成一家。……汉世申道家者，惟存此书而已。"④在谢氏看来，以道家为《淮南子》的思想宗旨，这一点无须疑问，但其特别之处就在于，《淮南子》能把道家形而上的理论，贯穿至形而下的物理学中。谢氏的这一看法，无疑很精到，也是继高诱之后申述《淮南子》出于道家的第一人，其后梁启超、胡适均持相近观点。

二、陈炳琨的《淮南子教育学说》

陈炳琨的《淮南子教育学说》发表在《新时代》1923年第1卷第2号期刊上，是民国时期最早一篇运用西方理论研究《淮南子》教育思想的专题论文。

首先，陈氏认为，《淮南子》天人并重的哲学应用到教育上，便是一面注重与生俱来的性——本能，一面注重人为的学——教育。陈氏从《泰族训》《说林训》两段文字中看到，先天的本能是教育的根据或起点，而后天的教育又可

---

① 《谢无量文集》第二卷，第242页。
② 《谢无量文集》第二卷，第242页。
③ 《谢无量文集》第二卷，第240页。
④ 《谢无量文集》第二卷，第242—243页。

使先天的本能得以修养或改换。他说:"人类具有先天能力——性——才有学习各种事物之容量或可能,只是学者须努力地去学,忍耐地去学,日积月累地去学,才能收得学习的效果。"① 这是讨论现代教育学中人的本能与人的教育问题。

其次,陈氏认为,《淮南子》具有比老庄更精澈的进化学说,很合近代生物学者所说的适者生存的道理,这种学说应用到教育上便是教育要适应环境,教育就是适应。他针对《原道训》"九疑之南,陆事寡而水事众"这段文字分析说:"人类的环境繁复不定,其需要亦随之而有变迁,人有适应的能力和经验,足以应付周遭的困难,而去害就利,以满足其需要。所以适应作用不只是被动的,机械的,而是活动的,且有生气的了。"② 这是讨论进化论在教育学中的体现。

再次,陈氏认为,《淮南子》注意到教学应该先使学者觉悟其需要,引起他的动机,学者有了动机,方才乐意去学。他针对《原道训》"故从外入者,无主于中"一段文字分析说:"教学徒然从事注入,没有动机;或是有了动机,没有供给活动的外境;或是有了兴味,没有探索动机的来源——反诸性——去引起动机;都足以使学习的不能应用。"③ 这是讨论现代教育学中动机的作用问题。

最后,陈氏认为,《淮南子》的教育学说主张人格感化。《俶真训》说:"坐而不教,立而不议,虚而往者实而归,故不言而能饮人以和。"陈氏以为此中反映了《淮南子》主张教育应重视人格感化的体现。④ 这是讨论现代教育学中的陶冶教育。

总之,陈炳琨依据现代教育学的各种理论,对《淮南子》所包含的教育学说进行了归纳与分析,具有与古代学者研究《淮南子》迥然相异的风格,深刻展示了《淮南子》研究的现代转型。

三、卢锡烁的《读淮南子》

卢锡烁的《读淮南子》从属于卢锡荣校订的《读淮南子》。卢锡荣(1895—1958),云南陆良人,1914年公费留学美国哥伦比亚大学,回国后任东陆大学

---

① 陈炳琨《淮南子教育学说》,《新时代》1923年第1卷第2号,第5页。
② 《新时代》1923年第1卷第2号,第8页。
③ 《新时代》1923年第1卷第2号,第9页。
④ 见《新时代》1923年第1卷第2号,第9—10页。

副校长。他曾组织卢锡烁、苏玉麟、江国柱、俞荣宣、杨恩浓、赵乃广、陈德文、刘麟春、熊韵篁等一批学者研究《淮南子》，汇成一部论文集，命名为《读淮南子》，并贯以"改造特别号"的专题之名。所谓改造，当是指突破传统的研究门径，大胆采用西式研究方法。因此，该论文集集中反映了民国前期《淮南子》转型研究的成果。

若根据该论文集后面的版权页，则知出版于1921年。然而，这是不可能发生的事情。一是东陆大学成立于1922年；二是卢锡烁的论文引用了梁启超《中国近三百年学术史》中的说法，而该书成于1923年以后；三是苏玉麟的论文引用了胡适的《淮南鸿烈集解序》，而该序写于1923年；四是俞荣宣的论文后面落款为"十三，八，十，于东陆大学"①，即1924年8月10日。因此，《读淮南子》绝不可能出版于1921年。《子藏·淮南子卷》第五十二至五十三册影印收录该论文集时，误为1921年。从俞氏论文的落款看，卢锡荣校订的《读淮南子》当写成于1924年8月前后。

卢锡烁，生平不详，年纪当与卢锡荣相仿。他的论文是《读淮南子》中篇幅最长，内容最全面和体例最严密的。卢文分序论和本论两编，前编分别阐述淮南王生平、《淮南子》学术的渊源和《淮南子》哲学的根本思想；后编分别阐述《淮南子》的政治思想、人生哲学、伦理学、教育哲学和宇宙论。今择其精华，略加分析。

（一）卢氏论《淮南子》的学术渊源

关于《淮南子》的学术渊源问题，明代学者的评点、清代学者的校注均有涉及，但并未将这个问题明朗化。卢氏是较早明确提出这个问题的民国学者。他说："淮南子生际汉初，百家之风未衰，其学说源于周秦诸子，《要略训》曰：'弃其畛絜，斟其淑静，……非循一途之路，守一隅之旨。'自《淮南》出，古代之思想，告一结束。溯其源，略有四端：（一）源于儒家，（二）源于法家，（三）源于墨家，（四）源于道家。"②他认为，源于儒家是因为《淮南子》人治思想与《中庸》《孟子》相通，源于法家是因为《淮南子》赞扬法治之美，源于墨家是因为《淮南子》得《墨子》名学之精华，源于道家是因为《淮南子》多袭老子之言，且胜过儒、法、墨三家。可见，卢氏亦主张《淮南子》是以道家思想为主。

---

① 《子藏·淮南子卷》第53册，第111页。东陆，原误为"陆东"，今据改。
② 《子藏·淮南子卷》第52册，第517页。

(二)卢氏论《淮南子》的根本思想

首先,卢氏认为《淮南子》所主张的根本思想是植根于当时的时势。他说:"吾人欲知《淮南子》哲学之根本思想,须先明其所处之时势。汉承战国秦楚兵戈扰攘之余,民困于峻法,君逾乎礼义。且是时天下大定,高祖惨戮功臣,厉王又死于雍上,诸侯惶惧。安远惩战国暴秦之乱,迫感汉家法治之酷,慨儒法之陵替也,乃倡道家'自然'、'无为'之旨。"①认为《淮南子》高唱道家之言,是针对当时兵戈不息、严刑峻法而发。此论颇有见地,刘安给汉武帝的《谏伐闽越书》可证。

其次,卢氏认为《淮南子》的根本思想包括道、自然、无欲、无为四个方面。卢氏论述《淮南子》的道论、自然及无为思想,多袭梁启超、谢无量等人之说,无甚创见,而论述《淮南子》的无欲思想,不仅最详细,也颇多创见。他认为《淮南子》所主张的无欲即是安分守己,追求一种精神上的内生活。卢氏说:"此种无欲主义,将人类创造之能力,剥夺几净矣!生活之意味,鄙斥无遗矣!噫,《淮南子》岂真无欲耶?特其欲超乎物质,而为精神上之快乐耳。"②又说:"此种精神生活,不以生活为达任何目的之手段,生活即是目的,为生活而生活,一切皆'无所为而为'。虽非尽人可能,然智慧愈多者,其可能性愈大,则章章也。夫天下之大患,在有智慧之人,耽溺于私欲,日出其智慧,以扩张其贪饕之欲,于是所产生劣等文化愈丰,而毒害社会亦愈甚。道家以为欲救此弊,首在寡欲。《淮南子》际汉之初叶,慨夫七国之扰攘,楚汉之分争,诸侯之悖叛,皆多欲之害。故其哲学之根本思想,首在'无欲',其次'无为',皆根于'道'与'自然'之观念也。"③将《淮南子》所主张的无欲与当时的形势紧密相连,并将其置于《淮南子》根本思想的首位,这也是卢氏一家之言。

(三)卢氏论《淮南子》的政治思想

卢氏之前,很少有人系统讨论《淮南子》的政治思想,卢氏是为第一人。他依次从无治主义、法治主义、人治主义、改进主义、足民和用兵六个方面系统论述了《淮南子》的政治思想。

所谓无治主义,就是无为而治的主张,反映在《淮南子》中就是顺天地之

---

① 《子藏·淮南子卷》第 52 册,第 521 页。
② 《子藏·淮南子卷》第 52 册,第 528 页。
③ 《子藏·淮南子卷》第 52 册,第 531 页。

自然、因民众之性情。卢氏特意比较了《淮南子》的无为与老子的无为,他说:"盖老子之'无为',纯乎放任者也。《淮南子》之'无为',非'无为'也,——至为不为——特不为己为耳。"①"不为己为",即不自作主张,不自作行动,一切在于因任。所以,卢氏总结说:"《淮南子》之'无为'主义:顺天地之自然,因民性而利导之,使各得其宜;苟一加人为,即不啻代大匠斲,鲜有不伤其手者矣。"②然而,这与老子的无为主义并没有实质性的不同。

所谓法治主义,就是依法治国、一断于法的主张,反映在《淮南子》中就是立其良法、守其良法、因时变法以治国。卢氏特意关注了《淮南子》中道、法二家思想的冲突问题。他说:"《淮南子》书中,主张法治者最多。盖道法二家,未流合一,事实昭然也。夫以尊自由、宗虚无之道家,与主干涉、综核名实之法家,其精神若绝不相容,何故能结合以冶诸一炉耶?盖两家有一共同之立脚点,曰'机械的人生观'。道家认宇宙为现成的,宇宙之自然法,当然亦为现成的,人类则与万物等夷,同受治于此种一定的因果律之下。其结果必与法家所谓法治思想相契合而冶为一,有固然也。"③道、法二家能合流,其根本原因在于都强调对自然法则的遵守。所以,卢氏认为《淮南子》要实现无为之治,就必须兼采法家。

所谓人治主义,就是以礼治国,或以德治国的主张,反映在《淮南子》中就是得其贤圣之人以治国。卢氏认为,即使道家的无治与法家的法治,互为表里,但仍有不少弊端,须用儒家的人治主义救之,故《淮南子》又重视人治。卢氏说:"儒法纷纷于人治法治之争,而各是其所是,非其所非,实则俱不能有利而无弊,《淮南子》其亦审之熟而知之深矣,故既言人治,复言法治,既言法治,复非法治。"④《淮南子》合道家"无治"、法家"法治"、儒家"人治"于一书,其目的是为了互救其失。卢氏不以驳杂简单视之,这不能不说很独到。

所谓改进主义,就是治国要因势、因时而制宜的主张,反映在《淮南子》中就是不拘于古、不悖于今,因时为治。卢氏对《淮南子》的这些主张非常赏识,赞其胆识超卓,前无古人,后无来者。他进而论述说:"盖为政而不知通变之道,则不足言改进;改进在乎变古,变古所以适今也。明改进之旨,则政治常进

---

① 《子藏·淮南子卷》第52册,第536页。
② 《子藏·淮南子卷》第52册,第541页。
③ 《子藏·淮南子卷》第52册,第542页。
④ 《子藏·淮南子卷》第52册,第555页。

步。"① 这明显可以看到达尔文进化论的渗透。然而,《淮南子》变古适今的主张,实际上是受韩非子历史进步论的影响,然卢氏似乎没有看到这一层。

足民、用兵都属于具体的治国措施,卢氏认为《淮南子》足民的主张实是《管子》"仓廪实而知礼节"和儒家民本邦宁思想的发挥,用兵则完全受老子慎用兵、反乱战思想的影响。这些说法并无出彩之处。

(四)卢氏论《淮南子》的人生哲学

人生哲学这个词语,不见于古书,显然是西方传入的哲学概念。卢氏当是第一个讨论《淮南子》人生哲学的学者。他依次从唯心论、死生论、祸福论、是非论、毁誉论五个方面展开论述,系统而全面。

所谓唯心论,是指讨论精神决定人生苦乐这一问题,反映在《淮南子》中就是"心治则百节皆安,心劳则百节皆扰"(《缪称训》)、"以神为主者,形从而利;以形为制者,神从而害"(《原道训》)。卢氏进而评论说:"此种唯心论,完全撇却物质的快乐,而追寻精神的快乐。离开外生活,以完成内生活,乃道家最大特色,至《淮南子》更阐发尽致也。"②认为《淮南子》这种追求内在精神生活的人生哲学依然来自道家,只是发挥得更加淋漓尽致。

所谓死生论,是指讨论死与生这一问题,体现在《淮南子》中就是死生乃生物自然变化之理、不置喜憎利害于其间、生乃劳我、死乃休我等说法。卢氏虽然总结出了《淮南子》死生论的内容,但未揭示它与《庄子》的紧密关系。所谓祸福论,是指讨论祸、福相生互转这一问题,体现在《淮南子》就是"福为祸先""不求福者为无祸"等说法。卢氏认为这些说法完全本于道家。

所谓是非论,是指讨论孰是孰非的标准问题,体现在《淮南子》中就是"天下是非无所定""是与非各异"等说法。卢氏还引用了西方观点来论述这个问题,他说:"'是非'随时随地而转移,亚里斯多德言'类',达尔文出而类之'是'破矣;哥仑布航海归,而天圆地方之说破矣。一地有一地之是非,一时代有一时代之是非,是非之不同,乃社会进步之原因也。"③虽受西学的影响,但卢氏此论仍是对《淮南子》是非论的阐发。所谓毁誉论,是指讨论人如何对待名誉问题。这个问题由是非论衍生,体现在《淮南子》中就是"誉之足以败之""毁之

---

① 《子藏・淮南子卷》第52册,第558页。
② 《子藏・淮南子卷》第52册,第569页。
③ 《子藏・淮南子卷》第52册,第575—576页。

乃以成之"、毁誉不入于心等说法。这完全承袭《庄子》的观点,而卢氏亦未予明示。

(五)卢氏论《淮南子》的伦理学和教育哲学

卢氏将原属人生哲学的"摄生""立身""处世""恕",另辟一章,归之于伦理学。这不仅与谢无量所论有所不同,似乎也不够严谨。伦理是指人伦道德之理,卢氏将《淮南子》的养生说归为伦理学,显然失之严谨。但他以"守性""制欲"为《淮南子》养生说的核心观点,以"不争""积善"为《淮南子》立身说的核心观点,以"蹈虚守静"为《淮南子》处世说的核心观点,以为《淮南子》"恕"的说法纯根于儒家,都是很有见地的。

教育哲学这个概念,也是从西方传入,卢氏最早将它运用到《淮南子》的研究中。他认为,《淮南子》首先阐述了教育的必要性,即人鲜生而知之者,必待学而后知,其次阐述了教育要注重发展个性,同时教育又多受环境而改变。这些都是发前人之所未发。但卢氏未揭示《淮南子》的教育哲学实出自《荀子》。

(六)卢氏论《淮南子》的思想与文学价值

卢氏在论文末尾对《淮南子》作了总结性评论,他说:"淮南子生际汉世,沐百家之余风,其言国家治忽兴废之故,万物生灭凝散之理,明而冠裳礼乐典章文物之纷披,幽而鬼怪神奇俳优方技之杂出,下暨昆虫飞走之情状,龟鱼草木异宝奇卉之名汇,兼综并包。其文则磅礴郁积,气势浩瀚,奔放似《庄》《孟》,雄健似《国策》。洵哉,一代之巨制也。独依人篱墙,不能陶铸先秦诸子,自成一家。在文学上之价值虽优,而思想上之价值极微,惜哉!"[①]认为《淮南子》的内容兼综并包,文风奔放雄健,不愧是一代巨制,但由于不能自创一家之言,因而思想价值极微。

尽管如此,卢氏仍认为《淮南子》在思想也有独到之处。如《齐俗训》"神农之法"一段,卢氏评曰:"此种平均功苦、不均享受之经济学说,大有今社会主义各尽所能、各取所需之色彩。《淮南》发明之于千年前,西人不能专美矣。"[②]用当时流行的社会主义理论比附《淮南子》之说,亦是转型研究的典型标志。

[①]《子藏·淮南子卷》第52册,第593—594页。
[②]《子藏·淮南子卷》第52册,第592页。

四、苏玉麟的《读淮南子》

苏玉麟的《读淮南子》是仅次卢文的又一篇长文,内容也多有重合之处,今择其要而述之。苏文自第一章至第三章是论述淮南王及《淮南子》,第四章至第十章是讨论《淮南子》的哲学思想,第十一章是讨论《淮南子》的政治思想,最后一章是作总结。

(一)苏氏论《淮南子》的哲学思想

一是宇宙本体论。卢文仅谈宇宙生成论,而不及本体论。所谓宇宙本体论,是指探讨宇宙本原或基质的学说。苏氏认为,《淮南子》论宇宙本体以"道"为主,故首章以《原道训》开宗,且《淮南子》以为宇宙之本体,乃不可以迹相求[①]。

二是名相论。苏氏所谓名相论,并不是古代名家的理论,而是指宇宙生成论。在这个方面,卢锡烁已有研究。他认为,《淮南子》的宇宙观本于老子,主张宇宙进化是由简趋繁,由浑而析,而且,《淮南子》对宇宙形成的初始状态的描述,与近代科学家暗合,但又杂合神话传说,是迷信的表现。苏氏基本认同卢锡烁的这些看法,不同的是苏氏强调了"道"的本体作用。

三是作用论。所谓作用,是指道的作用。苏氏从目的(即"生而不有,成而不宰")和方法(即"无欲"与"无为")两个方面阐述了道的作用论,其中观点也多有与卢文重合之处。他分析《淮南子》的无欲主义时说:"此种无欲主义,与近世经济学所谓人类进步起于欲望之理相反。若滞其欲望,不啻滞其进步,故对于世界文明,甚觉有碍。但以人之欲望无穷,而求满足之也又不易:一欲望满足后,他欲望又起焉,此人之欲望与他人冲突时,诚不免于争,争而至于残害,如欧洲前次大战,摧残世界几许文明,又未尝无害。然中国物质文明滞而不进,又未始非受此种学说之影响也。"[②]有意结合当时社会的现状,显然极具现代性。苏氏在总结《淮南子》所主张的无欲、无为时又说:"若'无欲'而谓'知足','无为'而谓'不为',则何足以言创造?世人见其正,不见其反,知其一,不知其二。是以《淮南子》以矛盾之言而明相反之理,以破人迷妄。"[③]为"无欲""无为"赋予"创造"的意涵,这也是非常具有时代性的见解。

[①] 见《子藏·淮南子卷》第53册,第6—8页。
[②] 《子藏·淮南子卷》第53册,第14—15页。
[③] 《子藏·淮南子卷》第53册,第31页。

四是人性论。人性论一词也是从西方传入,十八世纪英国哲学家休谟曾以《人性论》为书名出版了一部专著。苏氏可谓是第一个明言《淮南子》人性论的学者,但他的观点基本是承袭谢无量而来,无甚创新。

五是为学论。卢锡烱用"教育哲学",苏氏用"为学论",其实质都一样,只不过前者重在"教",后者重在"学"。苏氏认为,《淮南子》重视后天的学习,并提出学习的方法"在勤""在不畏难""在博学""在究其所以然",最终的目的是要"死有遗业,生有荣名"。

六是立身论。这方面,苏氏完全承袭卢文而来,以为《淮南子》立身在于积善。

七是名学。所谓名学,实际上就是逻辑学。苏氏列举四个例子加以分析,如《说山训》"见一叶落而知岁之将暮",苏氏说:"以三段论推之如次,叶落则岁将暮——大前提,我见一叶落——小前提,故我知岁将暮——结论。"① 三段论推理是逻辑学中的一种简单推理判断,苏氏用以分析《淮南子》的文本,显然非常具有现代性。

(二)苏氏论《淮南子》的政治思想

关于《淮南子》的政治思想,卢锡烱已有详细论述。苏氏虽然多承袭卢文的观点,但从无治、力治、礼治、法治四个方面展开论述,其思路显得更加清晰、严密。他认为,老子的无治主义是《淮南子》政治思想的根本;后因天下纷争,非力不足以图治,故又重力治;后又见力治的严重危害,故又主张礼治;既重礼治,又恐人君专横,故立法以限之,法治由此而成。力治,当是苏氏自创之语,其含义就是依靠武力征伐治理国家。显然,这种政治模式不具有长效性,所以苏氏撇开力治,总结说:"《淮南子》虽言'法治',然仍以'德治'为重,'无治'为归。"② 强调了德治在《淮南子》政治思想中的重要地位,以及无治的根本地位。

五、江国柱等人的《读淮南子》

江国柱的《读淮南子》,其最大特色就是大畅《淮南子》的道家意旨。江氏说:"即谓《淮南子》为《老子》之注释,亦无不可也。盖其解老之功,与庄周、

---

① 《子藏·淮南子卷》第53册,第40页。
② 《子藏·淮南子卷》第53册,第53页。

韩非并美矣。"①认为《淮南子》阐述《老子》意旨,足能与《庄子》《韩非子》相媲美。这是发前人之所未发。在江氏看来,"自然""无为"是《淮南子》哲学的根本观念,而其本皆在《老子》。而且,这两个观念又主导了《淮南子》的政治哲学,即任自然、主无为、因民性、贵适宜。前三点学者已多有讨论,而贵适宜则少有谈及。江氏说:"《淮南子》以为政既贵因,而一切政令组织,尤须适宜。宜则事简利多,人民悦服,而天下易治矣。……其对于民事行政,亦主因地制宜。开实利,谋幸福,则民众归之。……非然者,则措置失宜,必至劳而寡功,甚且有害。"②这些解释显然带有强烈的时代性。"自然""无为"的观念,不仅主导了《淮南子》的政治哲学,也主导了《淮南子》的人生哲学。江氏说:"彼本老庄之旨,一切摄生处世之道,均守'自然''无为'。彼以为天地大公,一切'得失''毁誉',均有分定,人苟欲强力为之,必致反受其害。不如守顺蹈常,听其自然,则自可得佳果。"③可见,无论是政治哲学,还是人生哲学,江氏都将"自然""无为"的根本观念贯穿其中,较为深刻地揭示了《淮南子》的道家意旨。

俞荣宣(1901—1960),字崇哲,云南陆良县人。他的《读淮南子》包括《淮南子》考、《淮南子》哲学之基本观念、《淮南子》之人生哲学、《淮南子》之政治哲学、《淮南子》之文学、对于《淮南子》之批评六个方面的内容。前四个方面与其他学者的论述大同小异,后两个方面则皆其他学者所未道,是俞氏论文的独特之处。俞氏似乎很倾心《淮南子》的文风,他赞叹说:"美哉!《淮南子》之文也!上承老庄孟荀之风,下启两晋六朝之华。其劲干苍老似《老》《孙》,其气魄雄健如《孟》《荀》,其淋漓酣畅,如长江大河,一泻千里,浩浩荡荡,无所阻碍者,则胎息乎《庄子》。"④不仅揭示出《淮南子》作为文章在文学史中的承上启下作用,而且揭示了《淮南子》文风的多样化,是诸子文章的综合体。俞氏从美妙之精神、通俗性、艺术性三个方面具体阐述了《淮南子》之文学。美妙之精神,表现在《淮南子》能引动读者之心。通俗性,表现在《淮南子》每述一种思想,必举例作证,以明其意义,使老庄儒墨暗晦难明之思想,了然毕呈于阅者之心目中,而且多杂汉时方言,明白晓畅,与一般贵族文学务

---

① 《子藏・淮南子卷》第53册,第58页。
② 《子藏・淮南子卷》第53册,第66—67页。
③ 《子藏・淮南子卷》第53册,第68页。
④ 《子藏・淮南子卷》第53册,第105页。

以艰深相尚者,大相径庭。艺术性,表现在《淮南子》极重修辞,其章法句法,立意求工,甚至一字之微,亦皆具匠心之巧,加以网罗之富,取择之精,故藻华典丽,开骈文之先河。俞氏认为这是淮南王刘安生逢文风极盛之世,其自身又爱好文学所致①。文章末尾,俞氏从《淮南子》的弱点与优点对《淮南子》作了批评。他认为《淮南子》有"无特别独创之思想"和"多神话"两大弱点,也有"结束先秦思想"和"博而得其要"两大优点。

刘麟春的《读淮南子》有一个副题,即《淮南子之实用主义》。实用主义产生于十九世纪七十年代,到十九世纪末二十世纪初,杜威等人的出现使实用主义发展为美国影响最大的哲学流派。也正在这个时候,实用主义传入中国。刘麟春应是最早以实用主义理论研究《淮南子》的学者。他主要聚焦于《淮南子》对有用与无用的论述。刘氏说:"有用同无用,是以适应环境为标准。这环境的标准,就是地的关系。但是时代不同,虽同在一地,也要分有用与无用。水可以行舟,陆可以行车,这是地之关系。冬天穿裘,夏天穿葛,这是时候的不同。"②此是对《说山训》"鲁人身善制冠"和"和氏之璧"两段文字的阐发。刘氏又说:"社会为一有机体,动一部则全部皆受影响。仅从事于一部,见其不能动,就以为无用,确实真是无用么?"③此是对《说山训》"走不以手"一段文字的阐发。最后,刘氏得出《淮南子》的实用主义是因时因地因人的这一结论,欲以纠正当时实用主义的某些弊端。

此外,杨恩浓、赵乃广、陈德文、熊韵篁皆有《读淮南子》。杨氏文包括淮南王略传、《淮南鸿烈》、宇宙论、无为主义等内容,与前面卢、苏等文大同小异,观点亦无特异之处。赵氏文则专论《淮南子》对儒家和法家的看法,陈氏文则专论《淮南子》的道论,熊氏文则专论许高二注,皆简略不堪,无甚新见,兹不赘述。

六、杨没累的《淮南子的乐律学》

杨没累(1897—1928),湖南长沙人,毕业于上海南洋女子师范学校,1921年入北京大学音乐传习所学习。曾任教于厦门大学,后卜居杭州西湖,潜心

---

① 见《子藏·淮南子卷》第53册,第106—108页。
② 《子藏·淮南子卷》第53册,第142页。
③ 《子藏·淮南子卷》第53册,第143页。

研究中国乐律学史，著有《没累文存》。在杨没累之前，郑心南写有《淮南子十二律数之正误》一文，专门针对《淮南子》十二律数的错误作出辨正，发表于《学艺》杂志1922年第9期上，但极简略。而杨氏的《淮南子的乐律学》，可谓是最早专门研究《淮南子》音乐学说的宏篇巨制，前无古人，应该也是后无来者。该文最初发表在《民铎杂志》一九二六年第八卷第一号上，共四十一页，粗略估算，大概有三万字左右。该文也是民国女学者研究《淮南子》最有分量者。

《淮南子的乐律学》当是杨氏潜心研究中国乐律学史的阶段性成果。该文包括《淮南子》在乐律学上的位置、《淮南子》以前的乐律学、《淮南子》的音乐观、《淮南子》乐学的影响以及结论五个部分，是一篇具有较高水准的音乐学研究论文。

杨氏以淮南子称呼淮南王刘安。对于刘安在中国乐律学上的位置，她说："他在中国乐律史上，简直是个继往开来的中心人物！因为周秦以来的乐书，都是空谈妙理，真个论到乐律的文章，总不过寥寥数语。一直到淮南子才肯在他《天文训》上说了一大篇论乐律的话，他把从前那些片段的、零星的、暧昧不详的各种乐律学，都整理清楚，使得后来讲乐律的人不得不和他有直接或间接的关系。"① 她以表格的形式列出了前后与《淮南子》有直接关系的典籍或人物。

杨氏讨论《淮南子》以前的乐律学，其实质是想为《淮南子》的乐律学寻找渊源，以及比较《淮南子》乐律与上古乐律的异同。她研究发现，《逸周书·月令解》乃《淮南子》乐律学的主要来源，而《管子·地圆篇》的五音之数，则是《淮南子》"黄钟之数"的源头，《吕氏春秋》"十二律相生"亦为《淮南子》所取。杨氏并以表格的形式列出了《淮南子》乐律与《管子》《吕氏春秋》《国语》《礼记·礼运》《周礼·大师》所载乐律的异同。

杨氏相信研究刘安的思想和音乐观是研究《淮南子》乐律的前提。她认为《淮南子》的音乐观主要体现在三个方面：其一，特别看重音乐的感动力。杨氏说："本来音乐的功用纯然在乎感动，可是这感动二字含有两种意义，一是吾人内有所感，乐声从心而生，一是外感于乐，心随乐声而变。何况淮南子那么野心极大，怀抱很深的人，怎么不想学那虞舜周公孔子诸人的样子，利用这

---

① 杨没累《淮南子的乐律学》，《民铎杂志》一九二六年第八卷第一号，第91页。

种感众施远、谐和万物的音乐,来达他得人心、王天下的目的呢?所以他也特别看重音乐的感动力。"① 其二,崇信乐教的力量,相信音乐万能。其三,主张因时变而制礼乐。

在弄清楚了《淮南子》的音乐观之后,杨氏详细探讨了《淮南子》的乐律学。这是杨氏文章的主体部分。她重点诠释了《天文训》所记载的乐律之数。其一,始言黄钟之律九寸;其二,始用八十一起推算十二律相生之数;其三,始定黄钟大数为十七万七千一百四十七;其四,始说七声所应之律;其五,始定五音十二律相生不出均。她还指出了《淮南子》与上古乐法相同的三个地方:一是黄钟分数,二是十二律相生次序,三是三分损益法。杨氏随后又详细阐述了蔡元定《律吕新书》对《淮南子》的接受,最后她总结说:"淮南子是集上古乐律大成,开后代乐律之先路,于中古乐律界尤有极大的影响。"又说:"我看中国音乐史上有三位集大成的人物。第一位孔丘,是上古音乐界的中心人物;第二位淮南子,是中古乐律界的中心人物。第三位蔡元定,是近代乐律界的中心人物。"② 对刘安及其《淮南子》在中国音乐史上的地位作了极高评价。

总之,杨没累的《淮南子的乐律学》虽然旨在推演《淮南子》所载录的律吕之数,但她屡次用西方钢琴五线谱的理论加以比附,实际上也反映了学者研究古学意欲古为今用的现代转型。

第二节　民国中期的《淮南子》转型研究

所谓民国中期,是指南京政府统治前期,即1928—1936年。这个时期是《淮南子》转型现代的成熟阶段。谓之成熟阶段,主要是因为这个时期涌现了不少著名学者如钟泰、胡适、冯友兰的研究成果,他们都是学贯中西的学术巨擘,以西学理论研究古代诸子,实现现代转型,无疑具有很强的典型性。

一、钟泰论《淮南子》的思想源流

钟泰(1888—1979),字斋,号钟山,江苏南京人,毕业于日本东京大学。钟泰治学主宋学,但又不轻视清人朴学,尤精于周秦诸子。著有《中国哲学史》

---

① 《民铎杂志》一九二六年第八卷第一号,第99—100页。
② 《民铎杂志》一九二六年第八卷第一号,第130—131页。

《庄子发微》《顾诗笺校订》等。关于中西之学，钟泰在《中国哲学史凡例》中说："中西学术，各有统系，强为比附，转失本真。此书命名释义，一用旧文。近人影响牵扯之谈，多为葛藤，不敢妄和。"① 显然不赞成学者以西学理论来裁决中国古书之义，在他看来，中西之学各有系统，不适宜牵扯比附。所以，钟氏的《中国哲学史》仍然固守古书义理，仍然使用文言书写。但是，从《中国哲学史》的编撰体例及思路来看，钟氏还是深受西学影响，其研究仍然属于现代转型一类。

《中国哲学史》分上古哲学史、中古哲学史、近古哲学史、近世哲学史四编。钟泰在中古哲学史为《淮南子》留了一席之地，列为"第四章"，名为"淮南王安"。《中国哲学史》最初由商务印书馆出版于1929年。书前有金松岑之序，金序云："钟子钟山，为教授之江大学。三年纂《中国哲学史》竟，督余为之序。钟山富于理性，纯于学，其为书立例谨严，忾乎独肩砥柱东流之责，可谓忧世之深矣！"② 可见，钟泰是在1924年担任之江大学教授之后写就《中国哲学史》，《淮南子》一章也当是写在1924至1928年之间。

由于不用西学理论研究中国古代哲学，故钟泰研究《淮南子》就重在梳理其学术源流，特别注重梳理《淮南子》思想与先秦思想之间的关系。

首先，他认为《淮南子》不全是道家思想，而是儒道杂糅。钟泰从《原道训》与《修务训》、《缪称训》与《泰族训》两组相互矛盾的文字中得出结论说："先后乖迕，不皆道家之言。然当汉时，儒道杂糅，即诸家不免。《淮南》如是，又无足异也。淮南王安后坐谋反诛，其事甚冤。而世或传其仙去，则固诞妄不足道。"③ 对近代梁启超、胡适所倡导的道家说有所补充，突出其儒家思想成分，同时又对淮南王因谋反罪被诛而打抱不平，这在历代学者中极为少见。

其次，钟泰专以《原道训》探讨《淮南子》之道。他说："淮南之言道，一本于老庄。观其《原道训》，可见也。然亦有发老庄之蕴，而为老庄之所言之而未尽者。……老庄只言后，而淮南则先后并言焉。然其言刚者，非异于柔之谓也，柔以成刚，刚之用在柔，柔之道在刚也。其言先者，亦非异于后之谓也，后

---

① 钟泰《中国哲学史》（凡例），商务印书馆1934年，第1页。
② 钟泰《中国哲学史》（金序），第1页。
③ 钟泰《中国哲学史》，第107页。

以处先,先之要在后,后之效在先也。是故得淮南之言,而后老庄尚柔主后之意,乃明。而后为老庄之学者,乃于刚柔先后之间,知所以用而无有失。是则淮南为老庄之功臣也。"① 认为《淮南子》之道虽本于老庄,但能挖掘老庄未尽意蕴,弘扬其学说。又说:"吾曩论庄、孟,谓其有极相似处,因以为儒道用有不同,而其于道之本原则无二。观于淮南,而益信吾之所见不妄也。"② 认为《淮南子》与《孟子》在论养心、论养气方面多有相似,说明儒道两家在道的本原上并无二致。钟泰又专以《人间训》中有关"损益"的思想与《易》相联,提出"知命之学,儒与道之所共之者",意在以《淮南子》证明儒道之相融。

最后,钟泰专论《天文训》《地形训》中两段文字。说《天文训》"天地未形"至"则凝而为霜雪"这段文字,是言"天地之所以生成也";说《地形训》"土地各以其类生"至"多牛羊及六畜"这段文字,是言"人物之所以变化也"。实际上,钟泰所揭示的仍然是宇宙生成论,只不过用的是"旧文"解释,而非西方术语。

总之,钟泰《中国哲学史》所论《淮南子》,与谢无量《中国哲学史》所论《淮南子》的风格相近,都尽量防止西学术语和西学思想的渗透。然而,无论从书名还是总体的架构来看,西学的影响依然显而易见。

二、胡适的《淮南王书》

胡适(1891—1962),字适之,安徽绩溪人。1910 年留学美国康奈尔大学,师从实用主义哲学家杜威。1917 年回国,受聘为北京大学教授,倡导白话文运动。著有《中国哲学史大纲》《白话文学史》《中国中古思想史长编》等名作。胡适对民国学术贡献良多,在很多领域皆开一代风气之先。

胡适与《淮南子》颇有渊源。刘安曾久居安徽寿州为淮南王,与胡适算是半个老乡,《淮南子》自然会引起胡适的关注。二十年代初,胡适与同样来自安徽的学者刘文典交往密切,曾为他的《淮南鸿烈集解》作序,序文中识见精到,说明胡适对《淮南子》已有很深的研究。因此,胡适撰写《淮南王书》也是水到渠成的事。该书篇幅不长,约有两万四千字,故胡适自称为"小书"。该书最初由上海新月书店在 1931 年 12 月单独出版发行,后被收入《中国中古

---

① 钟泰《中国哲学史》,第 107—108 页。
② 钟泰《中国哲学史》,第 108 页。

思想史长编》之中①。据书末的落款时间,可知《淮南王书》作于民国十九年(1930)四月十六日至四月三十日之间,费时半个月。

(一)胡适总论刘安及《淮南子》

胡适论刘安及《淮南子》,很能体现他的旧学功底。胡适依靠《史记》《汉书》《吕氏春秋》《论衡》等书,严谨地考述了刘安的为人和他的著作,并没有多少出彩的地方。但他在论述刘安提倡神仙变化之说时,使用了当时流行的词语。胡适说:"此说若确,淮南王的提倡神仙方术颇有假借此事号召革命之意。革命虽不成,然淮南王好神仙的名誉却流传很久远。他曾拊循百姓,颇得人心,故民间传说他不曾诛死,乃是得道升天去了。"②古人称汤武革命,顺天应人,革命于此为褒义词。这个词语至清末民初流行起来,亦作褒义词。胡适使用"革命"来代替正史中的"谋反",不仅新人耳目,而且含义隽永,或代表他不认同谋反,或表达他的同情。这是封建时代下不可能出现的一种评论。

胡适在评价《淮南子》的思想性质时,继承了他在《淮南鸿烈集解序》中的观点,即"折衷周秦诸子""结古代思想之总账者"。但他又进一步揭示了淮南王这样做的意义所在。胡适说:"所谓'大',所谓'通',便是这混合折衷运动的意义。"③包容百家故能"大",不守一家故能"通",这是刘安在为大帝国寻求一种大混合折衷的思想系统。胡适这些识见无疑远迈前代。

(二)胡适论《淮南子》之道

《淮南子》的道论,常被视为道家著作的一种标志。胡适即说:"道家集古代思想的大成,而淮南王书又集道家的大成。道家兼收并蓄,但其中心思想终是那自然无为而无不为的'道'。"④在胡适之前,谢无量、卢锡烺、苏玉麟等人都对《淮南子》的道论作过阐述,多注意道的形而上特点。但胡适却能别出心

---

① 台湾商务印书馆影印此书时,胡适作有《淮南王书序》。他说:"这本小书是我在民国十九年在上海写的《中古思想史长编》的第五章,专讨论《淮南王书》(通常叫做《淮南子》)里面的几个主要问题。"(《胡适文集6》,第616页。)又说:"只有第五章《淮南王书》是曾经整篇出版流行了多年的。最初有上海新月书店排印本,大约是民国二十年出版的。后来新月的纸版归了商务印书馆,故又有商务的重印本。……所以我写稿子的戒律是要'手民先生'不排错。这一章《淮南王书》的手稿两万四千字,当然不是书家的字,只是实行我自己的戒律'不潦草,不苟且,个个字清楚,排字工人不会排错'的一个样子罢了。"(《胡适文集6》,第618—619页。)
② 《子藏·淮南子卷》第55册,第553页。此说,是指《论衡·道虚篇》中关于淮南王升仙的说法。
③ 《子藏·淮南子卷》第55册,第557页。
④ 《子藏·淮南子卷》第55册,第559页。

裁,借助韩非子《解老》篇,将道下沉至事物各异的理,从而得出"道即是一切理之理"的新见解,刻意剔除《淮南子》之道的玄虚的一面。

当然,胡适论《淮南子》之道,与谢无量诸人最大的不同是在他爱用实用主义哲学及批判笔调。他一面认为《淮南子》默认了老子对"道"的假设,作为其基本思想;一面又从整体上对道家(包括《淮南子》在内)所假设的道进行了批判。胡适说:"老子和后来道家的大贡献在此,他们的大错也在此。他们的大贡献在于超出天地万物之外,别假设一个'独立而不改,周行而不殆'的道,使中国思想从此可以脱离鬼神主宰的迷信思想。然而他们忘了这道的观念不过是一个假设,他们把自己的假设认作了有真实的存在,遂以为已寻得了宇宙万物的最后原理,'万物各异理,而道总稽万物之理',有了这总稽万物之理的原理,便可以不必寻求那各个的理了。故道的观念在哲学史上有破除迷信的功用,而其结果也可以阻碍科学的发达。人人自谓知'道',而不用求知物物之理,这是最大的害处。"①借《淮南子》之道,批判了整个道家的道。五四运动以来,西方民主与科学的观念已深入人心,并广泛流行。胡适认为《淮南子》之道虽有破除迷信的功用,但又阻碍了科学的发展。这显然是以西方科学观念来衡量中国古人思想的结果。

胡适接着批判说:"况且他们又悬想出这个'道'有某种某种的特别德性,如'清静''柔弱''无为''虚无'等等。这些德性还等不到证实,就被应用到人生观和政治观上去了。这些观念的本身意义还不曾弄清楚,却早已被一种似是而非的逻辑建立为人生哲学和政治思想的基本原则了。这也是早期的道家思想的最大害处。"②这里所谓"等不到证实""似是而非的逻辑",都是胡适运用实用主义哲学的体现。同时,胡适还不断用这个实用主义哲学评价《淮南子》的宇宙论,认为这个宇宙论的最大长处在于纯粹用自然演变的见解来说明宇宙万物的起源,但又批评说:"即使有形之物真是出于那些无形之物,这也不过是一个先后的次序,其中并没有什么优劣高下的分别。然而道家却把先后认作优劣高下的标准:有生于无,故无贵于有;有形生于无形,故无形贵于有形。……这种主观的推论遂造成崇虚无而轻实有的人生观,流毒无穷,其实全没有根据,又不合逻辑。"③这里所谓"全没有根据""不合逻辑",也都是胡适

---

① 《子藏·淮南子卷》第55册,第567页。
② 《子藏·淮南子卷》第55册,第568页。
③ 《子藏·淮南子卷》第55册,第576—578页。

运用实用主义哲学的体现。

可见,胡适评论《淮南子》之道,处处以科学的观念为标准,烙下了深深的西方实用哲学与经验哲学的痕迹。这些评论不仅发前人之所未发,而且逻辑严谨,无疑是《淮南子》转型研究的成熟标志。

(三)胡适论《淮南子》的无为有为

自先秦以来,无为与有为就是一个热门话题,在《淮南子》中体现尤多。历代研究者对无为与有为也作了自己的解释,但基本上是大同小异。胡适对《淮南子》所阐述的无为与有为,则提出了一个崭新的观点,即《淮南子》意在调和无为与有为的对立。

胡适分析《原道训》"所谓后者,非谓其底滞而不发"一段文字时说:"这是无为与有为之间的一种调和论调。自然的宇宙论含有两种意义:一是纯粹自然的演变,而一切生物只能随顺自然;二是在自然演进上的历程上,生物——尤其是人类——可以自动的适应变迁,甚至促进变迁。"[①]庄子、慎到等人持论前者,荀子、韩非等人持论后者。胡适又说:"《淮南》颇因袭《吕氏春秋》,两书都显出荀卿、韩非的影响,故尽管高谈无为,而都不能不顾到这种人为主义与变法哲学。但从无为跳到积极有为的变法,这是很不可能的事,故不能不有一种调和的说法。故说不为物先,又不为物后;先之则太过,后之则不逮。变是要变的,但不可不先看看时机是否成熟。时机未成熟,却勉强要改革,便是'先之',先之必须冒险犯难,这是'抱雌节'的哲学所不为的。别人冒了险,犯了难,造成了时势,时机已成熟了,我来顺水推船,便'指约而易操,事少而功多'了。"[②]所谓调和,就是除去两个极端,取中间值。如不去争先,这是无为;不居末尾,这是有为。说得玄虚一点,就是无为而有为,有为而无为。但胡适并不认可这种调和,他说:"但这种调和论终是很勉强的。他们一面要主张无为,一面又承认人功的必要,故把一切行得通的事都归到'无为',只留那'用己而背自然'的事如'以火燠井'之类叫做'有为'。这不过是在名词上变把戏,终究遮不住两种不同的哲学的相违性。"[③]因此,胡适更相信《淮南子》书中存在两种不同的无为观念:一种是从庄周、慎到一系的思想出来的,注重一

[①]《子藏·淮南子卷》第55册,第592页。
[②]《子藏·淮南子卷》第55册,第594页。
[③]《子藏·淮南子卷》第55册,第594页。

个"因"字;一种是《修务》《氾论》诸篇从荀卿、韩非一系的思想出来的,注重时变革新。

(四)胡适论《淮南子》的政治思想

胡适之前,很多学者都讨论过《淮南子》的政治思想,无非是讲无治、法治、礼治等。而胡适又能别开生面,认为《淮南子》的政治思想其实只有一个无为主义,只是老子没有想出一个可以实行无为主义的办法,而《淮南子》想到了。他认为《淮南子》想到了无为政治的三个要义:一是虚君的法治,一是充分地用众智众力,一是变法而不拘守故常①。

所谓虚君的法治,以诸子思想来看,就是道家与法家政治思想的结合体。但古代并没有"虚君"这个概念,胡适是从《淮南子·主术训》"君人之道,其犹零星之尸也"这句话概括出来的。胡适引入虚君概念,显然是受了西方君主立宪思想的影响。

《淮南子》所主张的用众智,用众力,在胡适看来,又含有民治的意味。他说:"无为的政治还有一个思义,就是说,君主的知识有限,能力有限,必须靠全国的耳目为耳目,靠全国的手足为手足。这便是'众智众力'的政治,颇含有民治的意味。"②他在分析《主术训》的几段文字时说:"这些议论里很有民治主义的精神。《吕氏春秋》不主张民主政治的理由是因为治乱存亡'如可知,如不可知;如可见,如不可见',群众人的知识必不如少数贤智之士。《淮南王书》出于百年之后,封建社会已完全崩溃了,屠狗卖缯的无赖都可以建国作将相了,故此书对于群众人的知识能力,比较有进一步的认识。"③又说:"民治的精神不在有无君主,而在能否使全国的人有各尽其能的平等机会。"④民治是民主政治的要义之一,胡适以民治比附《淮南子》"用众智""用众力"的政治主张,显然是辛亥革命以来民治观念流行于全国的反映,也是深受西方民主政治思想影响的结果。

前面胡适说淮南王号召革命,讨论其政治思想时又说淮南王主张变法。革命与变法,是近代中国很流行的词汇,可见,胡适研究古书常常紧扣当下的时代,富有极强的现实性,无疑也是他运用实用主义哲学的反映。胡适说:"淮

---

① 《子藏·淮南子卷》第56册,第1页。
② 《子藏·淮南子卷》第56册,第5页。
③ 《子藏·淮南子卷》第56册,第7—8页。
④ 《子藏·淮南子卷》第56册,第10页。

南之书出于韩非、李斯之后,终不能避免战国晚期变法论的影响,故《氾论》《修务》诸篇多有很明白主张变法的议论。"①主张变法,就需要有"与世推移,应物变化"的勇气和决心。但同时胡适又毫不留情地批评了《淮南子》倒退的古史观。他说:"这样假造的上古史观,人名可以随便捏造,时代可以随便倒置,内容也不妨彼此矛盾冲突,决没有人去追求考证。"②《淮南子》一方面主张与世推移,另一方面又厚古薄今,甚至捏造上古历史。这对于笃信实用主义哲学和经验哲学的胡适来说,自然是不可容忍的。

(五)胡适论《淮南子》的出世思想

《淮南子》出世的思想,历代学者都未曾加以阐述,胡适可谓第一人。胡适曾说,庄子的哲学,总而言之,只是一个出世主义③。《淮南子》虽然也有出世思想,但与《庄子》还是存在差异,所以胡适特意在"出世"前面加了"神仙"二字,变成了神仙出世思想。他说:"淮南王最提倡道术,他的内书叫做'鸿烈',而中篇叫做'鸿宝',两书本是相辅翼的伴侣书,《鸿宝万毕》之书多说神仙黄白变化的方术,而《鸿烈》之书虽包罗天文地形以及齐俗治国之道,然而主旨所在实是神仙出世的理论。"④换句话说,《淮南子》谈理论,《万毕术》谈实践,那么,淮南王刘安就是一个实实在在的神仙出世主义者。

在胡适看来,刘安代表了中国中古时代的神仙出世主义,与庄子代表上古时代作为达观者的出世主义还是有着很大差别的。差别在于,刘安所代表的是一种暮气的出世哲学。胡适判断其暮气与否,仍然是根据他的实用主义和经验主义哲学而定。他说:"不幸这种向外的寻求一变而为向内的冥想,幼稚的物理试探一变而为暮气的出世哲学,这才是走上万劫不复的死路上去了。"⑤冥想不需要实证,也不需要实验,笃信实证的胡适自然要加以反对。

胡适还把《淮南子》这种冥想的出世思想称为"精神哲学"。他说:"这种哲学可叫做精神哲学,其主旨有二:在天地万物之中,则贱物而贵身;在一身之中,则贱形而贵神。"⑥黑格尔著有《精神哲学》一书,显然与胡适所谓"精神

---

① 《子藏·淮南子卷》第56册,第12页。
② 《子藏·淮南子卷》第56册,第20页。
③ 胡适《中国哲学史大纲》,上海古籍出版社1997年,第200页。
④ 《子藏·淮南子卷》第56册,第25页。
⑤ 《子藏·淮南子卷》第56册,第33页。
⑥ 《子藏·淮南子卷》第56册,第34页。

哲学"的概念完全不同。尽管换了一个好听的名称，但胡适仍然对它进行了无情的批判。他说："故他们那种无所喜怒苦乐的理想境界，其实还够不上说'同于禽兽'，只是槁木而已，死灰而已。"① 可见，胡适对《淮南子》中的出世思想大体持否定态度。

此外，胡适在书的最后一章还讨论了《淮南子》阴阳感应之类的思想，及在此基础建立起的宗教，同样是发前人之所未发。总之，胡适总是以自己所笃信的实用主义哲学为准则，对《淮南子》作了非常深入的研究，得出的许多见解都富有批判性。他批判的不仅仅是《淮南子》，而是整个中国古代的道家，渗透出浓厚的科学与民主的气息，具有明显的西学特征。《淮南王书》的出版，标志着民国学者研究《淮南子》实现了彻底的现代转型。

三、冯友兰论《淮南子》的宇宙论

冯友兰（1895—1990），字芝生，河南南阳人，1918年毕业于北京大学哲学系，1924年获美国哥伦比亚大学哲学博士学位，师从约翰·杜威。著有《中国哲学史》《中国哲学简史》《中国哲学史新编》《贞元六书》等，在国内外产生了极深远的影响。他在成于1930年的《中国哲学史》上册中为《淮南子》留了一席之地，但这一席之地又仅仅留给了《淮南子》中的宇宙论。因为在冯氏看来，《淮南鸿烈》为汉淮南王刘安宾客所共著之书，杂取各家之言，无中心思想，惟其中宇宙发生之部分，比以前哲学家所讲，皆较详明②。显然，冯氏并不认同梁启超、胡适等人的道家说，而是支持班固的杂家说，并批评《淮南子》无中心思想，只有宇宙论能够稍稍超越前人。

冯氏选取了《俶真训》开篇"有始者"至"退而自失也"、《天文训》开篇"天地未形"至"贲星坠而勃海决"这两段文字，作为《淮南子》阐述其宇宙论的基础材料。冯氏分析说："此本一极有系统之宇宙论，对于天地万物之发生，皆有有系统的解释。但中间忽插'共工与颛顼争帝'一段神话，与前后文皆不类。盖淮南宾客之为别一家学者所加入也。"③ 冯氏为学，极重系统。所谓系统，是指具有严格逻辑性和条理性，能自成体系的整体。他连用两个"系

---

① 《子藏·淮南子卷》第56册，第40页。
② 冯友兰《中国哲学史》，中华书局1947年，第477—478页。
③ 冯友兰《中国哲学史》，第480页。"颛顼"，原书误为"项颛"，今据改。

统"赞扬《淮南子》的宇宙论,足见其确有超越前人之处。在冯氏看来,这超越前人之处还体现在《淮南子》论述了人与宇宙的关系,及人在宇宙中的地位。他以《精神训》"古未有天地之时"至"精神何能久驰骋而不既乎"、《诠言训》"洞同天地"至"未始分于太一者也"这两段文字为据,认为《淮南子》认识到了天地为一大宇宙而人身为一小宇宙,以及真人能与天地万物为一体的道理。

总之,冯友兰论《淮南子》的宇宙论,虽然比较简略,但是较之卢锡烃、苏玉麟等人的论述来说,更为精当,更能揭示《淮南子》宇宙论在整个中国哲学史中的地位,也无疑是民国《淮南子》转型研究的成熟标志。

四、民国期刊中的《淮南子》研究

除在专著中论及《淮南子》外,民国学者也在期刊上发表研究《淮南子》的专题论文。这个时期的专题论文,主要有笔名不失的《同胡适之先生讨论淮南子"吉祥受福"句》①、姚璋的《淮南王书中的哲理》、管道中的《淮南书中修养之要旨》和朱锦江的《老子与淮南子》等。

姚璋(1902—1970),又名姚舜钦,江苏武进人,1927年毕业于私立光华大学,曾任光华大学教授、华东师范大学教授。著有《八大派人生哲学》《近世西洋哲学史纲要》《秦汉哲学史》等。他的《淮南王书中的哲理》是一篇长文,连载于《光华》1935年第四卷第一、二、三期。该文分为淮南王与淮南王书、道与宇宙万物、道与处世为人、道与治国平天下四个部分。显然,所阐述的都是以《淮南子》之道为基础的哲理。所谓道与宇宙万物,实际上所讨论的仍是宇宙生成论和宇宙本体论,与卢锡烃、苏玉麟等人所论大同小异,只是提出了"道是一元的"这个新观点。同时,姚氏又袭用冯友兰"大宇宙""小宇宙"的观点,讨论了《淮南子》的天人关系,不同的是增入了天人感应的内容。所谓道与处世为人,实际上所讨论的仍是道支配下的人生哲学。姚氏认为,得道而行与背道而行决定着两种不同的人生结果,人可以通过柔弱刚强、清静无为从心神上修得处世为人之道。所谓道与治国平天下,实际上所讨论的是道支配下的政治哲学。姚氏认为,《淮南子》的治道强调从心性上下工夫,主张"以中制外"。姚氏又把《淮南子》的治道划分为无治与智治、人治与法治。其中,较有

---

① 该文发表在《鞭策周刊》1932年第1卷第24期,主要是义理解释上的异议。

特色的就是智治概念的提出,姚氏把它看成是无治的对立面。总之,姚文虽基于文本本身解释其中的哲理,但仍然使用了不少西学术语,渗透着现代学术的气味。

管道中,生平不详,他的《淮南书中修养之要旨》发表在《光华大学半月刊》1935年第四卷第十期。文章首先批驳了学界以《淮南子》为无用之书的观点。他说:"此书虽为杂家之作,其于修养一法,特具精详,其间阐明老庄之秘旨,为魏晋六朝玄学之张本,岂得以其集客著书,而遂指为无价值之作耶?"① 认为《淮南子》的修养论为魏晋玄学张本,无疑是发前人之所未发。接着,文章讨论了《淮南子》修养方法与老庄的关系,提出《淮南子》修养方法虽多本于老庄,但在论性论情方面早已混入儒家色彩,并认为其修养方法的目的既非要成儒家之"圣人",亦非要成所谓"神仙",而是在于得道。文章在后半部分详细讨论了《淮南子》的养形之法、养性之法、养心之法和养神之法,极有条理。管氏文章应是较早探讨《淮南子》养生思想的专题论文。可惜,他在文中未能揭示《淮南子》如何为玄学张本这个问题。

朱锦江,生平不详②,他的《老子与淮南子》也是一篇长文,粗略估算近2万字。朱文初稿完成于1936年,被收录在陈新雄、于大成主编的《淮南子论文集》之中。该文可谓是最早将《老子》与《淮南子》放在一起进行比较研究的一篇专题论文。该文分别从考略、论道、论政治、论人生四个方面对《老子》与《淮南子》作了对比。最后他得出结论说:"老子论道指归于自然,论政治指归于无为无不为,论人生指归于见素抱朴,少私寡欲,绝学无忧,其思想前后一贯,可以互为诠释。《淮南子》之思想虽大体宗风老子,然其书颇多矛盾之点,如《本经篇》之崇尚礼乐,与《精神篇》之见解不符。《修务篇》始论无为之旨,发挥老学,而终则归宗学问,有背老子之思想。《览冥篇》斥申商韩非之法治,而《氾论》则畅论刑赏以收治效。《精神篇》颇攻儒家之思想,而《主术》则又重儒家仁义之说矣。淮南之作,不出一人之手,盖信然矣。"③ 所论大体符合事实,然亦无出彩之处。

---

① 陈新雄编《淮南子论文集》,台北西南书局1979年,第83页。
② 有书画家名为朱锦江者,号冰庐,江苏南京人。朱氏工诗词书画,与沈子善、商承祚编辑《书学》,著有《冰庐论书》等。未知是否为同一人。
③ 陈新雄编《淮南子论文集》,第58页。

第三节 民国后期的《淮南子》转型研究

所谓民国后期,是指南京政府在大陆统治的后期,即1937—1949年。这个时期,由于国势更加动荡不安,学术环境趋向恶劣,学者对《淮南子》的研究力度也随之减弱,其成果基本集中在学者的专著中。但是,这个时期的研究也有一个明显的特色,即《淮南子》的政治思想与法律思想得到了空前重视,学者的研究视野大部分聚焦于此。

一、吕振羽论《淮南子》的政治思想

吕振羽(1900—1980),原名典爱,字行仁,湖南邵阳人。吕氏在众多研究《淮南子》的民国学者当中,身份较为特殊,他是早期的马克思主义史学家,也是中国共产党员,著有《史前期中国社会研究》《殷周时代的中国社会》《中国政治思想史》等。其《中国政治思想史》初成于1936年,1937年由上海黎明书局出版,1943年又作了增订。此书也为《淮南子》留有一席之地,列之于第六编"专制主义的封建制初期政治思想各流派及其演变"第一章"由初期封建制到专制主义封建制交换期之封建地主政治学说的演变"之中。从这些章节的题目就可以看出,吕氏所运用的理论是马克思主义的唯物史观、阶级论。因此,吕氏所论《淮南子》的政治思想可谓独树一帜。

吕氏并不认同《淮南子》是杂乱之杂的杂家,他说:"《淮南子》一书虽系多人编述,然大体上亦有其一贯体系,此无用指申而自见者也。"① 有一贯体系,就不能指其为杂乱之杂的杂家。吕氏按照从认识论到政治论的逻辑,对《淮南子》所代表的政治思想作了较为深入的论述。

首先是《淮南子》的认识论。其认识论最初表现在对宇宙万物形成的认识上。吕氏以《天文训》"天地未形"至"地受水潦尘埃"这段文字为依据,分析说:"由始于'虚霩'之道生太空,太空生气,裂为阴阳而创天造地,以至派生万物。而其最原始的独自存在着的便是'道',易言之,宇宙万物都是'道'的派生物,故他认为宇宙万物是存在的,但同时又是被'道'所派生的,从而成为问题的便是他之所谓'道',是独自存在的物质原素,还是精神的东西。"② 实际

---

① 吕振羽《中国政治思想史》,上海生活书店1947年,第240页。
② 吕振羽《中国政治思想史》,第241—242页。

上就是在追究《淮南子》的认识论是唯物的还是唯心的。吕氏又说:"当他追究到物质的东西,如日月之明,星历之行,动物之动,与人类之有知觉等现象时,他从物质的本身上不能获得解答,于是乃转入二元论的见解,把'道'和存在的万物对立起来,且从而达到'道'为创造宇宙万物的主宰的结论。"①说明《淮南子》的认识论由唯物滑向了唯心。吕氏最后总结说:"他在认识论上的这种结论,一方面,由于当时社会诸阶级地位变动的事实,以及淮南王安自身所遭的境遇,给予他达到唯物论的认识;但另一方面,由于要维护其阶级的支配地位,不能不在究极上,对变动的存在的东西予以静止的玄学的说明,而归结为最高主宰权力的'道'。所以他终于达到精神和物质之对立的二元论,并由二元论而归结到观念论'道'的一元论——本来二元论者在其本质上自始便是观念论的。"②所谓观念论,就是与唯物论对立的唯心论。不管《淮南子》的认识论是二元论还是一元论,但其本质终究是唯心论。对《淮南子》认识论定性唯物或唯心,这在《淮南子》学史上尚属首次。

其次是《淮南子》的政治论。1. 阶级论。吕氏以《泰族训》《缪称训》关于君子与小人的论述为依据,将其视为阶级论。吕氏说:"这种阶级理论,在本质上和孔丘、孟轲是完全一致的。认为统治人是'君子'的责任,提供剩余劳动是'小人'的本分。"③2. 制度论。吕氏以《氾论训》"先王之制……而循俗未足多也"和《修务训》"世俗之人多尊古而贱今……正领而诵之"这两段文字为依据,分析说:"制度虽然要随时空条件的不同而变易,但又自有'常''经'的,即'仁义,本也',是不可变动的;'法度,末也',是可以改变的。而法度的改变也是有限度的,因为法度本身又有其'常''经'。"④制度之中,法度是极其重要的一环。吕氏认为,刘安把法的作用绝对化,使法能有效力是巩固统治的第一义。3. 政体论。吕氏以《主术训》的相关论述为依据,分析说:"对于后期封建制的政体,他也同样主张专制主义,让君主成为掌握阶级政权的最高独裁者。"⑤吕氏认为,《淮南子》虽然提出用法制礼义制约独裁者,但事实上又是完全无效的,故转而希望独裁者能够清静无为。4. 君权论。吕氏分析说:"《淮

---

① 吕振羽《中国政治思想史》,第 242 页。
② 吕振羽《中国政治思想史》,第 244 页。
③ 吕振羽《中国政治思想史》,第 245 页。
④ 吕振羽《中国政治思想史》,第 245 页。
⑤ 吕振羽《中国政治思想史》,第 246 页。

南子》对君权的解释,堕落到最反动的有神论,认为一切自然现象都由于'道'即神的意识在主宰着,'人主'便是代表神来执行统治的,因而'人主'的举动是否合于神意,便反映为自然现象的变易;易言之,一切自然现象的变易,都是'天'对于'人主'的一种暗示。"① 虽然宣扬君权神授,但亦倡导君主的举动要符合神意,实现神对君主的制约。吕氏把《淮南子》之"道"解读为"神的意识",与胡适等人完全相反。

综上所述,吕振羽对《淮南子》的认识论和政治论是以批评为主。然而,他对《天文训》《地形训》两篇则以肯定为主。吕氏说:"《淮南子》著者在《地形训》中所叙述的地理学,完全是从商人们的经济观点上去叙述的,在这一点上,他较之邹衍和《吕氏春秋》的著者有其一步前进。同时在《天文训》中对天文历数亦有其相当的发明。"② 总之,吕氏以唯物论、阶级论来分析、评价《淮南子》的政治思想,也是民国《淮南子》转型研究中的一道独特风景线。

二、杨幼炯论《淮南子》的政治思想

杨幼炯(1901—1973),字熙清,号复斋,湖南常德人。杨氏早年留学日本,后毕业于复旦大学,其研究专长是政治学,撰有《中国政治思想史》《中国政党史》《近代中国立法史》等著述近三十种。其《中国政治思想史》最初由上海商务印书馆于1937年出版,也为《淮南子》留有一席之地,但并未单独成章节,而是列于第六章"两汉诸子之政治思想"之中。

杨氏并不赞同吕振羽认为《淮南子》有一贯体系的看法,他说:"因此书系成于众手,故思想驳杂,缺乏系统,矛盾之处颇多。《淮南子》之思想以老子学说为根据,而杂取儒法阴阳各家之说,《齐俗篇》曰:'百家之言,指奏相反,其合道一也。'则居然以折衷诸子自任。但《淮南子》思想之本体,大半取之于老庄,故其政治思想,亦多有与老庄相似处。"③ 杨氏所谓折衷诸子,应是受了胡适《淮南王书》的影响。他用"居然"二字,则显然有轻蔑《淮南子》作者之意。

杨氏认为,《淮南子》的政治思想本于老庄,其最核心的体现就是无为主义。杨氏说:"《淮南子》所谓无为,乃在'因顺自然''当于世事''无为而无

---

① 吕振羽《中国政治思想史》,第247页。
② 吕振羽《中国政治思想史》,第248页。
③ 杨幼炯《中国政治思想史》,上海商务印书馆1937年,第175—176页。

不为''无治而无不治'。故政治之建立,乃由于世衰,苟衰世不可返于太清,则有治安能复于无治。且世之由淳厚而入于浇薄,由无君而至于有君,实有其不得已之势在。"①无为主义本无需政治,也无需君长,但由于世衰风薄,政治与君长乃不得已而产生。但又由于无为主义本质上是要排斥政治,所以必然会主张虚君政治,而虚君政治又必须需要法度,以禁君之擅断。杨氏这一观点也是受胡适的影响。

与胡适不同的是,杨氏看到了《淮南子》政治思想中的民本思想。他以《主术训》中的两段文字为依据,分析说:"此则言人主须尊重人民之公意,而治者与被治者处于对等之地位,所谓'君臣之施者,相报之势也'。即是谓治者与被治者,只有相互之报施,而无绝对服从之义务。"②以现代政治中的"公意""对等"理念来比附《淮南子》的民本思想,未免有些夸诞,但杨氏无疑是众多学者中首次强调《淮南子》民本思想的一位学者。

三、杨鸿烈论《淮南子》的法律思想

杨鸿烈(1903—1977),又名炳堃,别名宪武,号知不足斋主,云南晋宁人。杨氏曾考入清华大学国学研究所,师从梁启超、王国维、陈寅恪等人,后又留学日本,获博士学位。他对中国古代法律制度、法律思想史有较为深入的研究,著有《大思想家袁枚评传》《史学通论》《中国法制史》《中国法律发达史》《中国法律思想史》《中国法律在东亚诸国之影响》等。

杨氏《中国法律思想史》最初由上海商务印书馆于1937年出版。书中也留有《淮南子》一席之地,但与杨幼炯书一样亦未单独成章节,且只有一小段论述。这一小段论述体现在目录中是"《淮南子》论法律的独立性与客观性"。杨氏选取了《主术训》"夫权衡规矩,一定而不易……而以无为为之""法者天下之度量……而私道塞矣""古之置有司也……以其言莫从己出也"这几段文字作为材料,用以证明《淮南子》对法律独立性与客观性已有自己的认识。他说:"这'莫从己出'即是法律的独立性与客观性,所以贵贱贤不肖都受绝对平等的待遇,诛赏予夺,皆不从君心出。西汉时代的司法也确能独立。"③所谓绝

---

① 杨幼炯《中国政治思想史》,第176—177页。
② 杨幼炯《中国政治思想史》,第180页。
③ 杨鸿烈《中国法律思想史》,商务印书馆1937年,第94页。

对平等的待遇,是指法律面前人人平等,此为法律的客观性之体现。所谓不从君心出,是指立法与执法皆非长官意志,此为法律的独立性之体现。可惜杨氏未能用更多笔墨讨论《淮南子》所涉及的这个问题。

四、萧公权论《淮南子》的政治思想

萧公权(1897—1981),原名笃平,自号迹园,江西泰和人。萧氏1918年考入清华学校高等科,1920年赴美留学,1926年回国,先后在南开大学、东北大学、燕京大学、清华大学等校任教,著有《政治多元论》《中国政治思想史》《中国乡村》《康有为研究》等。其《中国政治思想史》脱稿于1940年,1945年由商务印书馆出版发行。该书也为《淮南子》留有一席之地,且单独成节,题为"淮南鸿烈"。

首先,萧氏对《淮南子》的思想主旨作了界定,他完全同意高诱的说法。萧氏说:"吾人如谓《吕氏春秋》为汉代杂家之先河,则《淮南鸿烈》足当'道家'之正统。"① 又说:"高诱序之则谓'其旨近老子……',今观《要略》篇列举太公、孔子以及申子、商鞅等八家学术,而不及黄老,二十篇中于儒、墨、名、法、神仙诸家言各有所驳正而不及道家,则作者殆阴奉黄老为正统,复'采儒墨之善,撮名法之要',以极其用。高氏之论洵属至当。"② 梁启超、胡适皆以《淮南子》奉道家为主,萧公权则在此基础上具体指称为道家之黄老派。他又分析了《淮南子》为何要以奉黄老为正统的原因。萧氏说:"昔秦用鞅斯之术,吕不韦欲倾始皇,故力反法家,而别开门户,以贵生、顺民为群言之宗旨。刘安著书之用意亦在颠覆时君,其所采之体例亦为兼收众说。然其宗旨独重黄老而与吕氏相殊者,殆以《鸿烈》成书适当汉代黄老骤盛转衰,儒家初受朝廷尊崇之际,故偏重虚静,图与'内多欲而外施仁义'者相抗,藉以收取士民之心欤?"③ 认为刘安著书,其用意正如吕不韦一样,也是要暗与皇帝相抗衡,不同的是吕书反法家,而刘书反儒家。萧氏此论似有道理,但也只是一家之言。

其次,萧氏论及了《淮南子》对政治起源的认识。萧氏认为,《淮南子》本于老子,把道作为宇宙的本体,相信一切矫揉造作之礼俗皆有害于道而不足

---

① 萧公权《中国政治思想史》,商务印书馆2011年,第336页。
② 萧公权《中国政治思想史》,第337页。
③ 萧公权《中国政治思想史》,第337页。

取,率性而为乃人类生活的本来面目,所以政治之起,在于衰世,且道散德失之后,天人之祸交迫,圣人出而救之,君道遂以成立。在萧氏看来,《淮南子》尽管崇尚无为政治,但仍坚持立君在于消弭人祸的看法。他说:"就实际上之需要言,则道失世衰,祸乱相迫。体道者有系于世,'世乱则智者不能独治',帝王南面之术,又为当务之急。"①

再次,萧氏论及了《淮南子》对治国之术的主张。其治术当然是以无为自然为本,治国者就应该摒弃高压统治政策,因任自然,使各得其宜。在这一点,萧氏的看法与其他学者并无二致,但他作了更为系统和深入的论述。萧氏说:"无为乃治术之大纲。其重要之条目则不外用人、明法、行化、足食诸端。《鸿烈》于此充分表现道家因阴阳、采儒墨、撮名法之技俩。故论用人则采申韩君逸臣劳、分任责成之说,论明法则取管商君臣共守、赏罚无私、因时改制之说,论行化则从儒家修身正己、仁义为本、刑政为末之说,论足食亦奉孔孟民本食天、薄敛节欲之说。此皆毫无新义,无待赘述。至其杂采五行阴阳以与老庄之自然主义调和,虽立说之内容与董子无多差异,其门户固与《春秋繁露》之宗儒者不同也。"②将法治、德化、民本统摄在无为政治之下,这一点与胡适所论相同。不同的是,萧氏突出了《淮南子》作为黄老之书而博采各家政治思想的特征。

总之,萧公权论述《淮南子》的政治思想有条贯,也有重点,颇近原书之意,可以视为民国后期学者研究《淮南子》政治思想的一个典型代表。

五、陶希圣论《淮南子》的政治思想

陶希圣(1899—1988),名汇曾,以字行,湖北黄冈人。曾任《中央日报》总主笔,是国民党的权威理论家。主要著作有《中国社会之史的分析》《中国政治思想史》《中国封建社会史》《中国民族战史》等。其中,《中国政治思想史》初稿成于抗战之前,抗战以来多有修订,1942年由重庆南方印书馆出版,后又有增订,1948年由中华印刷出版公司出版。该书有小一节的内容,专以"淮南子"为名,详细地讨论了《淮南子》的政治思想。尽管民国后期研究《淮南子》政治思想的学者颇多,但陶氏仍然可以提出自己独到的见解。

---

① 萧公权《中国政治思想史》,第340页。
② 萧公权《中国政治思想史》,第342—343页。

与萧公权一样,陶氏也认为《淮南子》的思想属于黄老道家一派,并将此书与司马谈的《论六家要旨》视为西汉初期最重要的道家著作,以及黄老思想发达的重要体现。他的这些识见,显然受到了胡适的影响。但陶氏更加强调《淮南子》道家思想的"综合"特征。他说:"道家既认定自己的学说应当是各家思想的综合,所以淮南王《内书》包含各家的学说,与《吕氏春秋》相类。但《吕氏春秋》直述各家学说,不问他们是不是互相抵触,都兼收并蓄起来。淮南王《内书》则虽包各种学说,却有一贯的思想贯通于其中。"① 正是在这种认识下,陶氏在讨论《淮南子》的政治思想时,十分注重阐述"综合"这一思想特质。

在陶氏看来,《淮南子》能做到"综合"各家之说,是因为它从本根上运用了一正一反相互作用的原理。陶氏在论述《淮南子》的宇宙发生论时说:"最初是那包含着'有'的'无',叫做道。此'无'中包含的'有'本身又是'有'与'无'的综合。包含'有'的'无'被否定而后'有'与'无'相对立的综合("有")乃出现。这个综合又别为'有'与'无'之两对立物。"② 在论述其人生论又说:"淮南书以为宇宙发生的过程,是由无而生有,此有又是有和无的综合。他以为人身发生的过程也是一样的。人是一个有。这有是生于无的,这有又是有与无的综合。有乃是躯体,无乃是精神。"③ 无与有乃一正一反,正反能互相作用,即无能综合有,有又能综合无。因此,不论是宇宙论还是人生论,《淮南子》都强调正反双方的相互综合。《淮南子》综合各家之说,正是运用了正反双方的否定之否定这一原理。显然,陶氏的这种认识与其他民国学者颇有不同,可谓别具一格。

而且,陶氏还认为《淮南子》的政治思想也渗透着有无双方相互综合的原理。他以《俶真训》"至德之世"至"而巧故萌生"一段文字为依据,分析说:"这一段话把从无生有的法则应用到社会变化上面。社会由淳朴转变为雕琢,由无知无欲转变为有知有欲,乃是衰落,乃是退化。"④ 根据有无双方相互综合的原理,要治理这个有知有欲的衰落与退化之社会,就必须用无知无欲来加以否定,加以综合,由此即引出了政治上的无为主义。陶氏认为,《淮南子》的

---

① 陶希圣《中国政治思想史》(第二册),中华印刷出版公司1948年,第42页。
② 陶希圣《中国政治思想史》(第二册),第45—46页。
③ 陶希圣《中国政治思想史》(第二册),第47页。
④ 陶希圣《中国政治思想史》(第二册),第50页。

无为主义又用法家的法治主义来加以修正。他说:"淮南书的无为主义分明是当时的安集政策,却运用法治的无为主义。'因循而任下',这正是汲黯的治术。'责成而不劳'这正是陈平的话头。简单些说:淮南书的无为主义乃是用法治的无为主义,不是老子反法治的无为主义。"① 老子的无为主义并不具备这种"综合"特质,而《淮南子》是用老子的无为综合法家的有为,主张君主以无为用法,以法治返于无为。如何以法治返于无为?陶氏认为《淮南子》提出了"因"的观念来解决这个问题。他认为,《淮南子》在"因"观念的影响下,其政治思想就包含了由无为到有为、由反朴论到变古论、寡欲及省事、用众智众力、常后而不先等调和各家的言论。客观地说,陶氏的这些见解颇能揭示《淮南子》政治思想的内在关系,同时也极富有个性。

除此之外,陶氏还探讨了《淮南子》轻税重农及商业放任的主张。他以《主术训》"夫民之为生也"至"则人之生闵矣"、《齐俗训》"富人则车舆衣纂锦"至"是由发其原而壅其流也"两段文字为据分析说,刘安时代小农的生活既苦,而工商业者却很豪华,故《淮南子》认为统治者必须轻税、积谷、用民以时而不扰,而对待人民终取放任政策②。这些见解皆是发前人之所未发,惜陶氏未能深入阐述。尽管如此,陶希圣所论《淮南子》之政治思想,颇能别开生面,显示出民国《淮南子》学转型研究的多样化色彩。

---

① 陶希圣《中国政治思想史》(第二册),第51页。
② 详见陶希圣《中国政治思想史》(第二册),第59—60页。

结语——《淮南子》学的总体特征

通过对两千年来《淮南子》传播、接受和研究历史的一番系统而全面的梳理及探讨,我们认为,汉代是《淮南子》学的形成与初兴时期,魏晋至唐五代则是《淮南子》学的一段低迷时期,进入宋元,《淮南子》学又渐渐兴起,至明代中晚期则呈现出一片勃兴景象,此后,这种景象一直延续了四百余年,只是清代《淮南子》学走入偏锋,而民国《淮南子》学开始了现代转型。总括起来说,这两千余年的《淮南子》学显示出发展不平衡、文本校释与利用为绝对主流、思想阐释十分薄弱三大特征。

第一,发展不平衡。

首先体现在各个历史时期《淮南子》学发展的不平衡上。当然,这个不平衡是以各个时期现存的文献为依据归纳出来的,可能会因为文献的丢失而产生偏差。但总体而言,偏差系数不大。汉代距离现在最远,现存文献并不多,然而从中仍可以发现这个时期的《淮南子》学得到了巨大发展,达到了第一次勃兴的局面。因此,文献的丢失与否并不是决定因素,从现存文献所归纳出的《淮南子》学的总体特征,仍然具有较大的客观性和可信性。汉代《淮南子》学不过三百年,却奠定了《淮南子》学以后发展的基本方向,即文本校释、文本利用、思想阐释等。这个时期产生了许慎、马融、高诱等名家的《淮南子注》,尤其是许高二人的校注,足可彪炳千秋,他们所取得的成就,亦足可与清代民国时期的学术大师相提并论。

魏晋至唐五代,《淮南子》学由兴盛渐入低迷。若按常理推测,这个时期的《淮南子》学本应该更兴盛才对,因为这个时期道家和道教学说取得了前所未有的发展,而《淮南子》多被视为道家和道教的典籍,至少没有理由陷入低迷状态。可事实就是魏晋至唐五代这七百余年间,竟然没有出现一部或者一篇专门研究《淮南子》的文献。究其原因,最根本的还是在于《淮南子》本身。这部汉代子书作为对先秦学术的一次大总结,杂合了道、儒、名、法、墨、阴阳、兵、农等诸家的言论,并吸纳了上古时期的天文、历法、地理等知识,虽然以黄老道家的思想加以统领,但仍然存在许多前后矛盾、不相连贯的情况,无法自成一家之言。故而,班固又将《淮南子》与《吕氏春秋》同等对待,列入杂家。"杂家"这个名称,本身就潜含了儒家学者对此类著作的轻蔑。由于班固巨大的影响力,后世学者大多数认同他的观点。萧绎就很看不起这类出于众手又不能自成一家之言的著作,他说:"常笑淮南之假手,每蚩不韦之托人。由是年在志学,躬自搜纂,以为一家之言。"① 又说:"予尝切齿淮南、不韦之书,谓为宾游所制,每至著述之间,不令宾客窥之也。"② 就很能代表当时很大一部分学者的心态。同时,魏晋至唐五代又是《五经》《孔》《老》《庄》等书及佛教大流行之时,学者忽略《淮南子》,对《淮南子》不作专门研究,亦在情理之中。这些情况最终导致了《淮南子》学陷入长时间的低迷状态。

宋元至民国这九百余年来,《淮南子》学渐有起色,直至兴盛。但这期间亦存在不平衡性。两宋三百余年,《淮南子》得到愈来愈多的重视,不仅出现了多种用新型雕版技术印行的版本,还产生了多篇专门评论和研究《淮南子》的文章。但自元以来至明中期这二百余年,《淮南子》学又陷入发展的低潮,只有几篇零星的短论文章。这恐怕与动荡的社会形势以及统治者的政治文化政策有着莫大关系。明代正统道藏本刊行以后,《淮南子》学才走向快速发展的道路,一直延续到民国后期。其中原因,一方面在于《淮南子》因各种版本的大量涌现而流传渐广,学者对它的阅读与关注自然水涨船高;另一方面在于学者治学观念和视野的改变,他们从正统的经史之学设法分身转向子学,希望从子学汲取营养以辅翼经史之学,《淮南子》作为一般的子书自然也进入了他们的治学范畴。关于这一方面,不惟《淮南子》受益,其他不如《淮南子》有名的子书亦同样受益。子学自明代晚期以来得到了长足的发展,《淮南子》学只是其中一部分。

其次体现在《淮南子》学内部的发展不平衡上。古人学问大体有汉学与宋学之分,汉学立足于文本校释,而宋学多倚赖思想阐释。那些流行的儒家经典,如四书五经,从整体来看,学者们对它们的研习,其文本校释与思想阐释大体保持平衡,而非执于一端。即便是流行的子书,如《老》《庄》,也是如此。但《淮南子》作为不断流传的子书并没有得到这样的待遇,而是内部发展极不平衡,即文本校释与利用这方面成为绝对主导,思想阐释这方面则非常薄

---

① 许逸民《金楼子校笺》,第 1 页。
② 许逸民《金楼子校笺》,第 1402 页。

弱。造成这一现象的根本原因可能还是在于《淮南子》本身。曾国藩说过,古代诸子之书惟《老子》《庄子》《荀子》《孙子》能自成一家之言,其他子书都不免抄袭。《淮南子》虽然属于子书,但它是杂合诸家而成,定然不免于抄袭,其大量袭用《庄子》《吕氏春秋》即为明证,再加上内容庞杂,当然无法自成一家之言。学者并不是很在意《淮南子》所载的思想言论,因为这些思想言论大多数已出现在其他更有名的子书中,他们更在意《淮南子》所载的各种知识和传说,更在意《淮南子》的文本状况。这就从根本上决定了《淮南子》学内部的发展不平衡。至于其内部发展不平衡的具体体现,下文将详述。

第二,文本校释与利用成为绝对主流。

《淮南子》学内部发展不平衡,最典型的标志就是文本校释与利用成为绝对的主流。众所周知,中国的古籍浩如烟海,我们的祖先很早就形成了专门的学问来对它们进行整理和研究。这专门的学问主要包括校勘学和训诂学,这也是古代学者研究子书的必不可少的两门学问。历代学者利用这两门学问研究《淮南子》,就集中表现在对《淮南子》的文本校释这个方面,一直占据着两千年来《淮南子》学的主体地位。

据现有文献可知,刘向率先开启了对《淮南子》的文本校释,当然只是校而不释,其后许慎、马融、高诱等人相继加入,清代学者还认为延笃、应劭也有针对《淮南子》的校释著作,从而形成了一股校释《淮南子》的热潮。虽然大部分成果已经失传,但许高二注仍流传至今,成为后世学者研习《淮南子》的重要法宝。这股热潮退去之后,学者对《淮南子》的文本校释暂告一段落,然时间长达七百余年,期间或有官方组织的校书活动涉及《淮南子》,不过皆湮没无闻。直至宋仁宗年间,苏颂又拉开了学者校释《淮南子》的序幕。他的《校淮南子题序》成为清代学者校理《淮南子》文本的一篇关键文献,具有极重要的价值。与此同时,针对《淮南子》的刻本也相继出现,多达10余个,掀起了《淮南子》文本校释的一个小高潮。高潮过后,则陷入一段三百余年的低落期。这段时间虽偶见藏书家关于《淮南子》的著录文字,但鲜有新的校刻本问世。明正统年间刊行道藏本,则再一次拉开了学者校释《淮南子》的序幕,其后一直兴盛不衰。据统计,明代中晚期学者针对《淮南子》的校刻本约有50个,还诞生了校释名作——刘绩的《淮南子补注》。清代学者更是将这股文本校释的热潮推向了顶峰,他们针对《淮南子》的校释著作约有37种,针对《淮南子》的新刻本约18个,影钞本约4个,批校本达45种,可谓极盛一时。这期间还诞生了创成一体、垂范后世的校释名作——王念孙的《淮南内篇杂志》。民国四十年，面对西学的冲击，仍有很多学者承继清人的治学风格，将《淮南子》的文本校释继续向前推进，他们针对《淮南子》的校释著作约有22种，针对《淮南子》的新印本约18个，批校本约10种，亦可谓兴盛不衰。上述数据足以说明文本校释在《淮南子》学中的主体地位。

文本利用，是指学者为著书立说而引述《淮南子》文本，但不作专门的阐释和研究。两千年来，文人学者对《淮南子》文本的利用从来就没有停息，无论是在《淮南子》学的兴盛期还是低落期。最早利用《淮南子》文本的学者，当属司马迁。他撰写《史记·天官书》，便对《淮南子》多有借鉴。其后，刘向、桓谭、王充、班固、许慎、马融、蔡邕、高诱等人或明引，或暗用，均借助《淮南子》的文本以著书立说。魏晋至唐五代虽是《淮南子》学的低迷期，但学者利用《淮南子》文本仍然方兴未艾，特别是刘勰、刘昼、萧绎、李善、陆德明、欧阳询、瞿昙悉达、徐坚、白居易、段成式诸人，或用以建构思想，或用以注释古书，或用以编纂类书，或用以撰写笔记，成为学者治学的重要资用对象。宋元以来，随着《淮南子》传播的不断拓展，其文本利用的频率越来越高，包括科技著作在内的数以千计的文人著述皆有引用《淮南子》的情况。其中，最典型的著作当属《太平御览》，其引用的《淮南子》文本居然覆盖到了原书三分之一的文字。从学者利用《淮南子》文本的历史看，《淮南子》在中国古代文化中显然拥有一定的地位。

第三，思想阐释显得十分薄弱。

尽管《淮南子》载录了很多天文、地理、历法、神话、传说等知识，但思想性强仍是该书的主要性质。由于《淮南子》中的思想言论大部分是袭用前人旧说，极少有自己的创见，故历来为学者所忽视，导致思想阐释这个方面在《淮南子》学中显得非常薄弱，成为一个十分明显的特征。

最早对《淮南子》作出思想阐释的当属高诱。高氏之前，司马迁、刘向、王充、许慎等人虽借鉴《淮南子》以建构自己的学说，但基本不对《淮南子》的思想言论作阐释或研究。高诱不仅在序文总结出《淮南子》思想以老子学说为宗的属性，还在注文中对《淮南子》一些新颖的观点如"君臣异道则治，同道则乱"等，作了自己的阐释。其后，北朝时期的《刘子》虽然大量吸纳《淮南子》的思想言论，但只是利用而非阐释。唐开元时期的《长短经》也同样如此。宋元时期稍有改观，朱熹虽未专门阐释《淮南子》的思想言论，但在建构自己的理学思想时亦有所吸纳。后面的黄震也只略微涉及，元代的杨维桢则写有一篇《后斋记》，集中阐释了《淮南子》的持后论，可谓《淮南子》思想阐释中一篇较有特色的文章。然而，明代前中期学者对《淮南子》思想的阐释又一次陷入沉寂，即使是刘绩补注《淮南子》，亦很少涉猎思想阐释。直到明代后期，茅坤评点《淮南子》才大量挖掘文本所潜含的意蕴，在一定程度上可以视为是一种思想阐释。此外，坊刻本出现了大量托名为当时著名理学家的评点。这些评点多以理学言论比附《淮南子》中的思想言论，也可视为某种意义上的思想阐释。由于都是零星、琐屑的评点，故其思想史的价值不大。进入清代，对《淮南子》思想的阐释几乎难觅其踪影，只有曾国藩略微谈到了它的兵家思想。民国以后，随着西学渐近，关于《淮南子》思想的阐释才迎来了春天。各类哲学史、思想史著作，各类国学期刊，都见有涉及《淮南子》思想阐释的论述或文章。尤其是胡适《淮南王书》的出版，标志着民国学者对《淮南子》思想阐释达到了新的高峰，也宣告了《淮南子》转型研究的完成。

然而，相对于文本校释来说，《淮南子》的思想阐释还是十分薄弱的，故而在本书所占的比例极其微小，从而造成了一种极度的不平衡，容易使人误解为本书只有文献史上的梳理，而无思想史上的梳理。当然，本书作者也有一定的主观责任。《淮南子》与魏晋玄学、两宋理学、明代心学之间应该具有一定的关联，但这种关联是隐含的，由于作者才识有限，不能通读所有有关玄学、理学、心学的思想文献，把握其理论，从而无法很好地揭示《淮南子》在中国古代思想发展中的作用。此外，本书也未能很好地揭示《淮南子》在道教以及中国古代科技发展中的作用。道教文献极其繁多，且年代难以断定，要想找出其与《淮南子》之间的联系是非常困难的。同时，古代天文历法、山川地理等知识也需要有极高的学术素养才能全盘把握，非能一朝一夕解决，只有留待以后再深入探讨。

主要征引文献

《安徽歙县志》，台北成文出版社1983年《中国方志丛书》本。
《白虎通疏证》，陈立撰，中华书局1994年版。
《白氏六帖事类集》，白居易编，文物出版社1987年影印宋刻本。
《百家类纂》，沈津编，齐鲁书社1997年《四库全书存目丛书》本。
《百子辨正》，杨琪光撰，清光绪十一年杨氏自刻本。
《拜经日记》，臧庸撰，《续修四库全书》影印清乾隆五十九年武进臧氏拜经堂刻本。
《宝应刘氏集》，张连生等点校，广陵书社2006年版。
《抱经堂文集》，卢文弨撰，《四部丛刊》本。
《抱朴子内篇校释》，王明撰，中华书局1985年版。
《抱朴子外篇校笺》上册，杨明照撰，中华书局1991年版。
《抱朴子外篇校笺》下册，杨明照撰，中华书局1997年版。
《北史》，李延寿撰，中华书局1974年版。
《北堂书钞》，虞世南编，天津古籍出版社1988年影印清光绪十四年孔氏影宋刊本。
《备急千金药方》，孙思邈撰，清光绪四年黄学熙刊江户医学影宋刻本。
《碧山学士集》，黄洪宪撰，《四库禁毁书丛刊》影印明万历刻本。
《编珠》，杜公瞻等编，台湾商务印书馆1986年《景印文渊阁四库全书》本。
《博物志校证》，范宁撰，中华书局1980年版。
《补后汉书艺文志并考》，曾朴撰，清华大学出版社2011年《二十五史艺文经籍志考补萃编》本。
《蔡中郎集》，蔡邕撰，明嘉靖二十七年任城杨贤刊本。
《蔡中郎文集》，蔡邕撰，《四部丛刊》本。
《藏书纪事诗》，叶昌炽撰，上海古籍出版社1989年版。
《藏园群书经眼录》，傅增湘撰，中华书局1983年版。
《藏园群书题记》，傅增湘撰，上海古籍出版社1989年版。

《长短经》,赵蕤撰,中华书局2017年版。
《陈太史无梦园初集》,陈仁锡撰,《四库禁毁书丛刊》影印明崇祯六年张一鸣刻本。
《诚斋集》,杨万里撰,台湾商务印书馆1986年《景印文渊阁四库全书》本。
《初学记》,徐坚编,中华书局1962年版。
《楚辞补注》,洪兴祖撰,中华书局1983年版。
《传书堂藏书志》,王国维撰,上海古籍出版社2014年版。
《春秋穀梁传注疏》,杨士勋撰,北京大学出版社2000年版。
《春秋左传正义》,孔颖达撰,北京大学出版社2000年版。
《春在堂随笔》,俞樾撰,《续修四库全书》影印清光绪二十五年刻《春在堂全书》本。
《慈湖诗传》,杨简撰,台湾商务印书馆1986年《景印文渊阁四库全书》本。
《大戴礼记解诂》,王聘珍撰,中华书局1983年版。
《大明一统纪要》,顾充纂辑,日本早稻田大学图书馆藏明万历元年叶近山刻本。
《道藏源流考》,陈国符撰,中华书局1949年版。
《道德真经衍义手钞》,王守正撰,华夏出版社2004年《中华道藏》本。
《道光滕县志》,王政等纂修,凤凰出版社2008年《中国地方志集成》本。
《道光万州志》,胡端书等纂修,上海书店1991年《中国地方志集成》本。
《东观汉记校注》,吴树平撰,中华书局2008年版。
《东明县志》,储元升纂修,台北成文出版社1976年《中国方志丛书》本。
《读淮南子》,卢锡荣校订,《子藏·淮南子卷》影印民国间云南东陆大学排印本。
《读淮南子》,杨琪光撰,《子藏·淮南子卷》影印清光绪十一年刊《柾川别集·百子辨正》本。
《读淮南子札记》,陶鸿庆撰,《子藏·淮南子卷》影印民国间文字同盟社排印《读诸子札记》本。
《读书丛录》,洪颐煊撰,《续修四库全书》影印清道光二年富文斋刻本。
《读书管见》,金其源撰,商务印书馆1948年版。
《读书后》,王世贞撰,中华书局2006年《宋元明清书目题跋丛刊》影印本。
《读书敏求记校证》,管庭芬撰,上海古籍出版社2007年版。

《读书杂记》，王绍兰撰，上海书店1994年《丛书集成续编》本。
《读书杂识》，劳格撰，《续修四库全书》影印清光绪四年刻本。
《读书杂志》，王念孙撰，徐炜君等校点，上海古籍出版社2015年版。
《读诸子札记》，陶鸿庆撰，中华书局1959年版。
《尔雅翼》，罗愿撰，石云孙点校，黄山书社1991年版。
《尔雅注疏》，邢昺等撰，北京大学出版社2000年版。
《法门名义集》，李师政撰，新文丰出版公司1983年《大藏经》影印本。
《法言义疏》，汪荣宝撰，中华书局1987年版。
《范文澜全集》，范文澜撰，河北教育出版社2002年版。
《方言》，扬雄撰，《四部丛刊》本。
《非石日记钞》，钮树玉撰，商务印书馆1939年《丛书集成初编》本。
《风俗通义校注》，王利器撰，中华书局1981年版。
《佛学大辞典》，丁福保编撰，文物出版社1984年版。
《福建通志》，郝玉麟等监修，台湾商务印书馆1986年《景印文渊阁四库全书》本。
《复堂日记》，谭献撰，新文丰出版公司1988年《丛书集成续编》本。
《傅山全书》，尹协理编，山西人民出版社2016年版。
《高僧传》，释慧皎撰，中华书局1992年版。
《古红梅阁集》，刘履芬撰，清光绪六年刻本。
《古今律历考》，邢云路撰，台湾商务印书馆1986年《景印文渊阁四库全书》本。
《古今事文类聚》，祝穆撰，台湾商务印书馆1986年《景印文渊阁四库全书》本。
《古今同姓名录》，萧绎编，台湾商务印书馆1986年《景印文渊阁四库全书》本。
《古今注》，崔豹撰，商务印书馆1937年《丛书集成初编》本。
《古四家选》，施观民编，明万历二年华露刊本。
《顾千里集》，王欣夫辑，中华书局2007年版。
《顾廷龙文集》，顾廷龙撰，上海科技文献出版社2002年版。
《顾炎武全集》，华东师范大学古籍研究所整理，上海古籍出版社2011年版。
《管子校注》，黎翔凤撰，中华书局2004年版。
《光绪归安县志》，陆心源等纂修，上海书店1993年《中国地方志集成》本。
《光绪宁阳县志》，高升荣等纂修，上海书店1991年《中国地方志集成》本。
《光绪寿州志》，曾道唯等纂修，上海书店1998年《中国地方志集成》本。

《光绪顺天府志》，周家楣纂修，北京古籍出版社1987年版。
《光绪武进阳湖县志》，王其淦等纂修，上海书店1991年《中国地方志集成》本。
《光绪余姚县志》，周炳麟纂修，台北成文出版社1983年《中国方志丛书》本。
《广东通志》，郝玉麟纂修，台湾商务印书馆1986年《景印文渊阁四库全书》本。
《广雅疏证》，王念孙撰，中华书局1983年影印本。
《广韵》，陈彭年等撰，《四部丛刊》本。
《国学治要》，张文治编，上海文明书局1930年版。
《海源阁研究资料》，曹景英、马明琴主编，山东友谊书社1990年版。
《韩昌黎文集校注》，马其昶撰，上海古籍出版社1986年版。
《韩非子集解》，王先慎撰，中华书局1998年版。
《韩诗外传集释》，许维遹撰，中华书局1980年版。
《汉代思想史》，金春峰撰，中国社会科学出版社1997年版。
《汉书》，班固撰，中华书局1962年版。
《汉书艺文志通释》，张舜徽撰，湖北教育出版社1990年版。
《汉艺文志考证》，王应麟撰，台湾商务印书馆1986年《景印文渊阁四库全书》本。
《汉孳室文钞》，陶方琦撰，《续修四库全书》影印清光绪十八年徐氏铸学斋刻本。
《河北通志稿》，张国淦等纂修，北京燕山出版社1993年版。
《河防一览》，潘季驯撰，台湾学生书局1965年影印本。
《洪亮吉集》，洪亮吉撰，中华书局2001年版。
《后汉书》，范晔撰，中华书局1965年版。
《后汉书八家辑注》，周天游撰，上海古籍出版社1986年版。
《后山诗注》，任渊撰，《四部丛刊》本。
《胡适论学往来书信选》，杜春和等编，河北人民出版社1998年版。
《胡适全集》，胡适撰，安徽教育出版社2003年版。
《胡适日记全集》，曹伯言编，联经出版事业公司2004年版。
《胡适文存》，欧阳哲生编，北京大学出版社1998年版。
《华严法界玄镜》，澄观撰，中华书局1995年《中华大藏经》本。
《华阳国志》，常璩撰，《四部丛刊》本。
《化书》，谭峭撰，华夏出版社2004年《中华道藏》本。
《淮南鸿烈》，许慎记上、黄丕烈批校，《子藏·淮南子卷》影印明钞本。
《淮南鸿烈集解》，刘文典撰，安徽大学出版社1997年版。

《淮南鸿烈集解》，刘文典撰，《子藏·淮南子卷》影印民国十二年上海商务印书馆排印本。

《淮南鸿烈集解补正》，胡怀琛撰，《子藏·淮南子卷》影印民国二十九年安吴胡氏排印《朴学斋丛书》本。

《淮南鸿烈辑略》，张榜评选，《子藏·淮南子卷》影印明刊本。

《淮南鸿烈间诂》，叶德辉辑，《子藏·淮南子卷》影印清光绪二十一年湘潭叶氏刊本。

《淮南鸿烈解》，刘安撰、高诱注，《摛藻堂四库全书荟要》本。

《淮南鸿烈解》，刘安著，商务印书馆1937年《丛书集成初编》本。

《淮南鸿烈解》，张烒如集评，北京大学图书馆善本室藏明刊本。

《淮南鸿烈解》，许慎记上，《子藏·淮南子卷》影印清光绪三十二年成都二仙庵刊《道藏辑要》本。

《淮南鸿烈解》，许慎记上，《子藏·淮南子卷》影印明《正统道藏》本。

《淮南鸿烈解》，许慎记上，《子藏·淮南子卷》影印清同治十年刘履芬抄本。

《淮南鸿烈解》，许慎记上、高诱注释，《子藏·淮南子卷》影印明万历七年朱东光刊《中都四子集》本。

《淮南鸿烈解》，许慎记上、刘绩补注、浦起龙批校，《子藏·淮南子卷》影印明嘉靖九年黄焯永州刊本。

《淮南鸿烈解》，许慎记上、佚名批校，《子藏·淮南子卷》影印明万历二十一年建阳刘氏安正堂刊本。

《淮南鸿烈解》，高诱注、何焯校跋，《子藏·淮南子卷》影印明万历间张象贤刊本。

《淮南鸿烈解》，高诱注、江声批校，《子藏·淮南子卷》影印明万历八年茅一桂刊本。

《淮南鸿烈解》，高诱注、钱大昕批校，《子藏·淮南子卷》影印明万历二十二年吴郡张维城刊本。

《淮南鸿烈解》，高诱注、王欣夫录清人校语，《子藏·淮南子卷》影印明刊本。

《淮南鸿烈解》，高诱注、徐波校并跋，《子藏·淮南子卷》影印明万历间吴郡顾氏刊本。

《淮南鸿烈解》，许慎记上、陈奂校并跋，《子藏·淮南子卷》影印清道光四年影宋抄本。

《淮南鸿烈解》,许慎记上、顾广圻跋,《子藏·淮南子卷》影印清影宋抄本。
《淮南鸿烈论文集》,于大成撰,台北里仁书局2005年版。
《淮南鸿烈批评》,茅坤评,日本宽文四年(1664)京都前川权兵卫刊本。
《淮南集证》,刘家立撰,《子藏·淮南子卷》影印民国二十三年上海中华书局排印本。
《淮南旧注校理》,吴承仕撰,《子藏·淮南子卷》影印民国十三年古歙吴氏付文楷斋刊本。
《淮南论文三种》,于大成撰,台北文史哲出版社1975年版。
《淮南内篇杂志》,王念孙撰,《子藏·淮南子卷》影印清同治九年南京金陵书局刊《读书杂志》本。
《淮南天文训补注》,钱塘撰,《子藏·淮南子卷》影印清道光八年嘉定县署刊本。
《淮南天文训存疑》,罗士琳撰,《子藏·淮南子卷》影印清道光八年王宣灵抄本。
《淮南万毕术》,茆泮林辑,民国六年(1917)潮阳郑氏刻《龙溪精舍丛书》本。
《淮南王书》,胡适撰,《子藏·淮南子卷》影印民国间商务印书馆排印本。
《淮南许注钩沉》,易顺鼎撰,《子藏·淮南子卷》影印清光绪十六年刊《宝瓠斋杂俎》本。
《淮南许注异同诂》,陶方琦撰,《子藏·淮南子卷》影印清光绪七至十年刊本。
《淮南许注异同诂三续》,王仁俊撰,《子藏·淮南子卷》影印稿本。
《淮南扬榷》,王仁俊撰,《子藏·淮南子卷》影印清抄本。
《淮南子》,陈仁锡评选,《子藏·淮南子卷》影印明刊《子品金函》本。
《淮南子》,黄礼选辑录,《子藏·淮南子卷》影印清嘉庆十五年刊《艺林述记》本。
《淮南子》,沈德鸿选注,《子藏·淮南子卷》影印民国十九年上海商务印书馆排印《万有文库》本。
《淮南子》,荪园辑校,《子藏·淮南子卷》影印明万历三十九年刊《诸子十五种》本。
《淮南子》,归有光辑评,《子藏·淮南子卷》影印明天启五年刊《诸子汇函》本。
《淮南子》,高诱注,《子藏·淮南子卷》影印清嘉庆九年姑苏聚文堂刊《十子全书》本。

《淮南子》,高诱注、谭献校跋,《子藏·淮南子卷》影印清光绪二年浙江书局刊本。

《淮南子》,高诱注、王秉恩批校,《子藏·淮南子卷》影印清乾隆五十三年庄逵吉咸宁官署刊本。

《淮南子》,高诱注、王濬批校,《子藏·淮南子卷》影印清乾隆五十三年庄逵吉咸宁官署刊本。

《淮南子》,高诱注、许克勤校,《子藏·淮南子卷》影印清光绪二年浙江书局刊本。

《淮南子》,高诱注、佚名批校,《子藏·淮南子卷》影印清嘉庆九年宝庆经纶堂刊本。

《淮南子》,刘安撰、吴勉学校,《子藏·淮南子卷》影印明刊《二十子全书》本。

《淮南子》,沈津编选,《子藏·淮南子卷》影印明隆庆元年含山县儒学刊《百家类纂》本。

《淮南子别解》,黄澍等评选,《子藏·淮南子卷》影印明崇祯十一年香谷山房刊《汉魏别解》本。

《淮南子补校》,刘台拱撰,《子藏·淮南子卷》影印清光绪十五年广雅书局刊《刘氏遗书》本。

《淮南子丛录》,洪颐煊撰,《子藏·淮南子卷》影印清光绪十三年醉六堂刊《传经堂丛书·读书丛录》本。

《淮南子粹言》,陈继儒选,《子藏·淮南子卷》影印明刊《艺林粹言》本。

《淮南子的乐律学》,杨没累撰,《民铎杂志》1926年第8卷第1号。

《淮南子点勘》,吴汝纶评点,《子藏·淮南子卷》影印民国十年莲池书社排印《桐城吴先生群书点勘》本。

《淮南子》,高诱注、李慈铭校并跋,《子藏·淮南子卷》影印清乾隆五十三年庄逵吉咸宁官署刊本。

《淮南子管见》,金其源撰,《子藏·淮南子卷》影印民国三十七年上海商务印书馆排印《读书管见》本。

《淮南子集解》,叶昀校勘,《子藏·淮南子卷》影印民国二十年广益书局排印本。

《淮南子集释》,何宁撰,中华书局1998年版。

《淮南子教育学说》,陈炳琨撰,《新时代》1923年第1卷第2号。

《淮南子斠补》，吕传元撰，《子藏·淮南子卷》影印民国十五年排印《戴庵丛书》本。

《淮南子菁华录》，张之纯评选，《子藏·淮南子卷》影印民国二十八年上海商务印书馆排印《评注诸子菁华录》本。

《淮南子精华》，上海中华书局编，《子藏·淮南子卷》影印民国十九年上海中华书局排印本。

《淮南子精华》，陆翔评注，《子藏·淮南子卷》影印民国二十三年上海世界书局石印《四部精华》本。

《淮南子儁语》，穆文熙批选，《子藏·淮南子卷》影印明万历二十一年周氏万卷楼刊《诸家儁语》本。

《淮南子论文集》，陈新雄编，台北西南书局1979年版。

《淮南子品节》，陈深选评，《子藏·淮南子卷》影印明万历间刊《诸子品节》本。

《淮南子奇赏》，陈仁锡评选，《子藏·淮南子卷》影印明天启六年刊《诸子奇赏》本。

《淮南子删评》，汪明际删评，《子藏·淮南子卷》影印明刊本。

《淮南子书录》，吴则虞撰，《文史》（第二辑），中华书局1963年版。

《淮南天文训补注》，钱塘撰，《子藏·淮南子卷》影印清抄本。

《〈淮南子·天文〉研究》，陶磊撰，齐鲁书社2003年版。

《淮南子文粹》，李宝洤编选，《子藏·淮南子卷》影印民国六年上海商务印书馆排印《诸子文粹》本。

《淮南子校勘记》，汪文台撰，《子藏·淮南子卷》影印稿本。

《淮南子校释》（增订本），张双棣撰，北京大学出版社2013年版。

《淮南子校书》，于鬯撰《子藏·淮南子卷》影印手稿本《香草续校书》。

《淮南子校文》，向承周撰，《子藏·淮南子卷》影印民国间抄本。

《淮南子许注汉语疏》，刘盼遂撰，《国学论丛》第1卷第1号。

《淮南子选》，张道绪选评，《子藏·淮南子卷》影印清嘉庆十六年人境轩刊《文选十三种》本。

《淮南子选》，施观民选，《子藏·淮南子卷》影印明华露刊《古四家选》本。

《淮南子选》，陈文烛辑，《子藏·淮南子卷》影印明万历元年刊本。

《淮南子要略篇释》，方光撰，《子藏·淮南子卷》影印民国十七年方山山馆排印《国学别录》本。

主要征引文献

《淮南子折衷汇锦》,《子藏·淮南子卷》影印明万历间金陵龚少冈三衢书林刊《两翰林纂解诸子折衷汇锦》本。
《淮南子正误》,陈昌齐撰,《子藏·淮南子卷》影印清刊《赐书堂全集》本。
《淮南子证闻》,杨树达撰,《子藏·淮南子卷》影印1953年中国科学院出版社排印本。
《淮南子治要》,张文治编选,《子藏·淮南子卷》影印民国十九年上海文明书局排印《诸子治要》本。
《淮南子庄浙本异文补校小识》,许在衡撰,《子藏·淮南子卷》影印稿本。
《黄荛圃先生年谱》,江标撰,北京图书馆出版社1999年《北京图书馆藏珍本年谱丛刊》本。
《黄以周全集》,詹亚园主编,上海古籍出版社2014年版。
《黄震全集》,张伟主编,浙江大学出版社2013年版。
《会稽三赋》,王十朋撰,《宋集珍本丛刊》影印清嘉庆刻本。
《晦庵先生朱文公文集》,朱熹撰,《四部丛刊》本。
《鸡肋集》,晁补之撰,《四部丛刊》本。
《积微居小学述林全编》,杨树达撰,上海古籍出版社2007年版。
《集韵》,丁度等重修,台湾商务印书馆1986年《景印文渊阁四库全书》本。
《记纂渊海》,潘自牧编,书目文献出版社2000年《北京图书馆古籍珍本丛刊》本。
《寄园寄所寄》,赵吉士撰,《续修四库全书》影印清康熙三十五年刻本。
《嘉定钱大昕全集》,陈文和编,凤凰出版社2016年版。
《嘉定县志》,赵昕等纂修,清康熙十二年刊本。
《坚瓠集·丙集》,褚人获撰,《续修四库全书》影印清康熙刻本。
《蒋侑石遗书问奇室文集》,蒋曰豫撰,清光绪三年刊本。
《椒邱文集》,何乔新撰,台湾商务印书馆1986年《景印文渊阁四库全书》本。
《焦太史编辑国朝献征录》,焦竑撰,《四库全书存目丛书》影印明万历四十四年徐象橒曼山馆刻本。
《焦轩随录》,方浚师撰,中华书局1995年版。
《鲒埼亭集选辑》,全祖望撰,台湾银行经济研究室《台湾文献丛刊》本。
《金匮要略》,张仲景撰,《四部丛刊》本。
《金楼子校笺》,许逸民撰,中华书局2011年版。

《金明馆丛刊二编》，陈寅恪撰，三联书店2001年版。
《金石录》，赵明诚撰，《四部丛刊》本。
《京氏易传》，京房撰，《四部丛刊》本。
《经典释文》，陆德明撰，上海古籍出版社1985年影印宋元递修本。
《经义考》，朱彝尊撰，台湾中研院中国文哲研究所筹备处1997年版。
《经义述闻》，王引之撰，上海古籍出版社2018年版。
《九章算术》，张苍等撰，《四部丛刊》本。
《郡斋读书志校证》，孙猛撰，上海古籍出版社1990年版。
《开元占经》，瞿昙悉达编，台湾商务印书馆1986年《景印文渊阁四库全书》本。
《考古图》，吕大临撰，海南出版社2001年《故宫珍本丛刊》本。
《客座赘语》，顾起元撰，中华书局1987年版。
《孔丛子》，孔鲋等撰，上海古籍出版社1990年版。
《困学纪闻》，王应麟撰，《四部丛刊》本。
《老子考》，王重民撰，中华图书馆协会1927年版。
《老子校释》，朱谦之撰，中华书局1984年版。
《乐府诗集》，郭茂倩编，中华书局1979年版。
《礼记正义》，孔颖达等撰，北京大学出版社2000年版。
《李贽文集》，张幼生整理，社会科学文献出版社2000年版。
《历代文话》，王水照编，复旦大学出版社2007年版。
《历世真仙体道通鉴》，赵道一撰，华夏出版社2004年《中华道藏》本。
《隶释》，洪适撰，《四部丛刊》本。
《楝亭集笺注》，胡绍棠撰，北京图书馆出版社2007年版。
《楝亭书目》，曹寅编，新文丰出版公司1988年《丛书集成续编》本。
《列子集释》，杨伯峻撰，中华书局1979年版。
《麟台故事校证》，张富祥撰，中华书局2000年版。
《刘安评传》，王云度撰，南京大学出版社1997年版。
《刘文典全集》（增订本），诸伟奇编，安徽大学出版社2013年版。
《刘文典全集》，安徽大学出版社1999年版。
《刘子校释》，傅亚庶撰，中华书局1998年版。
《琉璃厂书肆记》，李文藻撰，新文丰出版公司1996年《丛书集成三编》本。
《六臣注文选》，李善等撰，中华书局1987年版。

《六书故》，戴侗撰，清乾隆四十九年李鼎元校刊本。
《六韬》，旧题姜尚撰，《四部丛刊》本。
《鲁迅全集》（第十五卷），鲁迅撰，人民文学出版社 2005 年版。
《路史》，罗泌撰，台湾商务印书馆 1986 年《景印文渊阁四库全书》本。
《论衡校释》，黄晖撰，中华书局 1990 年版。
《论语集解义疏》，皇侃撰，上海古书流通处 1921 年影印《知不足斋丛书》本。
《论语注疏》，邢昺等撰，北京大学出版社 2000 年版。
《吕氏春秋集释》，许维遹撰，中华书局 2009 年版。
《〈吕氏春秋〉〈淮南子〉思想研究》，牟钟鉴撰，齐鲁书社 1987 年版。
《毛诗草木鸟兽虫鱼疏》，陆机撰，台湾商务印书馆 1986 年《景印文渊阁四库全书》本。
《毛诗名物解》，蔡卞撰，台湾商务印书馆 1986 年《景印文渊阁四库全书》本。
《毛诗正义》，孔颖达等撰，北京大学出版社 2000 年版。
《茅坤集》，茅坤撰，张梦新等校点，浙江古籍出版社 1993 年版。
《孟子注疏》，孙奭等撰，北京大学出版社 2000 年版。
《民国南平县志》，吴栻纂修，凤凰出版社 2011 年《中国地方志集成》本。
《闽中理学渊源考》，李清馥撰，台湾商务印书馆 1986 年《景印文渊阁四库全书》本。
《名义考》，周祈撰，台湾商务印书馆 1986 年《景印文渊阁四库全书》本。
《明季北略》，计六奇撰，中华书局 1984 年版。
《明诗话全编》，吴文治编，江苏古籍出版社 1997 年版。
《明史》，张廷玉等撰，中华书局 1974 年版。
《明孝宗实录》，张懋监修，台湾中研院史语所 1962 年校印本。
《明一统志》，李贤等纂，台湾商务印书馆 1986 年《景印文渊阁四库全书》本。
《明英宗实录》，孙继宗监修，台湾中研院史语所 1962 年校印本。
《明文海》，黄宗羲编，中华书局 1987 年版。
《鸣原堂论文》，曾国藩编，清光绪二年传忠书局刻本。
《穆天子传》，洪颐煊注，清嘉庆十一年平津馆刊本。
《南漘楛语》，蒋超伯撰，《续修四库全书》影印清同治十年两虙山房刻本。
《南漘楛语》，蒋超伯撰，上海进步书局校印本。
《南齐书》，萧子显撰，中华书局 1972 年版。

《埤雅》,陆佃撰,书目文献出版社1998年《北京图书馆古籍珍本丛刊》影印明刻本。

《瞥记》,梁玉绳撰,《续修四库全书》影印清嘉庆刻《清白士集》本。

《评注莳子精华》,张谔编,民国十年上海文瑞楼书庄排印本。

《评注淮南子精华》,张谔编选,《子藏·淮南子卷》影印民国九年上海子学社石印《评注莳子精华》本。

《瓶粟斋诗话四编》,沈其光撰,1952年油印本。

《齐东野语》,周密撰,中华书局1983年版。

《齐民要术校释》,缪启愉撰,中国农业出版社1998年版。

《千顷堂书目》,黄虞稷撰,上海古籍出版社2001年版。

《前汉纪》,荀悦撰,《四部丛刊》本。

《乾嘉名儒年谱》,陈祖武选,北京图书馆出版社2006年版。

《乾隆福州府志》,徐景熙等纂修,上海书店1991年《中国地方志集成》本。

《乾隆忻州志》,窦容邃增订,上海书店1998年《中国地方志集成》本。

《乾隆镇江府志》,高得贵纂,上海书店1991年《中国地方志集成》本。

《清容居士集》,袁桷撰,《四部丛刊》本。

《清史稿》,赵尔巽撰,中华书局1977年版。

《清史列传》,王钟翰点校,中华书局1987年版。

《秋涧先生大全文集》,王恽撰,《四部丛刊》本。

《求古居宋本书目》,黄丕烈编,上海书店出版社1994年《丛书集成续编》本。

《求阙斋读书录》,曾国藩撰,《续修四库全书》影印清光绪二年传忠书局刻本。

《求阙斋日记类钞》,曾国藩撰,《续修四库全书》影印清光绪二年传忠书局刻本。

《全明散曲》,谢伯阳编,齐鲁书社1994年版。

《全明诗话》,周维德集校,齐鲁书社2005年版。

《全清词》(雍乾卷),张宏生主编,南京大学出版社2012年版。

《全上古三代秦汉三国六朝文》,严可均辑,中华书局1958年影印本。

《全宋文》,曾枣庄主编,上海辞书出版社2006年版。

《全元文》,李修生主编,凤凰出版社2004年版。

《群经平议》,俞樾撰,《续修四库全书》影印清光绪二十五年刻本。

《群书治要》,魏征等编,《续修四库全书》影印宛委别藏日本天明年间刻本。

《荛圃藏书题识》,黄丕烈撰,上海远东出版社1999年版。
《容斋随笔》,洪迈撰,上海古籍出版社1978年版。
《三国志》,陈寿撰,中华书局1959年版。
《三余札记》,刘文典撰,商务印书馆1928年版。
《僧宝正续传》,祖琇撰,北京图书馆出版社2004年《禅宗全书》本。
《山谷外集诗注》,史容撰,《四部丛刊》本。
《山海经》,郭璞注,《四部丛刊》本。
《陕西通志》,刘于义纂修,台湾商务印书馆1986年《景印文渊阁四库全书》本。
《善本书室藏书志》,丁丙撰,中华书局1990年《清人书目题跋丛刊》本。
《善本书所见录》,罗振常撰,商务印书馆1958年版。
《商君书锥指》,蒋礼鸿撰,中华书局1986年版。
《尚书正义》,孔颖达撰,北京大学出版社2000年版。
《少室山房笔丛》,胡应麟撰,中华书局1958年版。
《神仙传》,葛洪撰,台湾商务印书馆1986年《景印文渊阁四库全书》本。
《升菴全集》,杨慎撰,商务印书馆1937年《万有文库》本。
《十三经注疏校勘记识语》,汪文台撰,《续修四库全书》影印清嘉庆阮氏文选楼刻本。
《拾遗记》,王嘉撰,台湾商务印书馆1986年《景印文渊阁四库全书》本。
《史记》,司马迁撰,中华书局1959年版。
《世说新语》,刘义庆编、刘孝标注,《四部丛刊》本。
《世说新语笺疏》,余嘉锡撰,中华书局1983年版。
《事类赋注》,吴淑编,中华书局1989年版。
《事实类苑》,江少虞撰,台湾商务印书馆1986年《景印文渊阁四库全书》本。
《事物纪原》,高承撰,中华书局1989年版。
《适园藏书志》,张均衡,民国五年南林张氏家塾刻本。
《书传会选》,刘三吾撰,台湾商务印书馆1986年《景印文渊阁四库全书》本。
《书林清话》,叶德辉撰,中华书局1957年版。
《舒艺室随笔》,张文虎撰,《续修四库全书》影印清同治十三年金陵冶城宾馆刊本。
《双剑誃淮南子新证》,于省吾撰,《子藏·淮南子卷》影印民国间排印《双剑誃诸子新证》本。

《水经注校证》,陈桥驿撰,中华书局2007年版。
《说郛》,陶宗仪纂,北京市中国书店1986年影印涵芬楼1927年排印本。
《说文解字》,许慎撰,中华书局1963年影印本。
《说文解字系传》,徐锴撰,中华书局1987年影印清道光十九年刻本。
《说文解字义证》,桂馥撰,《续修四库全书》影印清咸丰二年许瀚校刊本。
《说文解字注》,段玉裁撰,上海古籍出版社1981年影印经韵楼原刻本。
《说苑校证》,向宗鲁撰,中华书局1987年版。
《四部备要书目提要》,陆费逵撰,中华书局1936年版。
《四部精华》,陆翔撰,世界书局1934年版。
《四库全书辑永乐大典本书目》,孙冯翼辑,上海书店1994年《丛书集成续编》本。
《四库全书简明目录》,永瑢等撰,古典文学出版社1957年版。
《四库全书考证》,王太岳等撰,商务印书馆1936年《丛书集成初编》本。
《四库全书总目》,永瑢等撰,中华书局1965年影印本。
《四书通证》,张存中撰,台湾商务印书馆1986年《景印文渊阁四库全书》本。
《四友斋丛说》,何良俊撰,中华书局1959年版。
《宋会要辑稿》,徐松辑,上海古籍出版社2014年版。
《宋名臣奏议》,赵汝愚编,台湾商务印书馆1986年《景印文渊阁四库全书》本。
《宋儒学案》,黄宗羲原著、全祖望补修,中华书局1986年版。
《宋诗话全编》,吴文治编,江苏古籍出版社1998年版。
《宋史》,脱脱等撰,中华书局1977年版。
《宋书》,沈约撰,中华书局1974年版。
《苏轼文集》,孔凡礼点校,中华书局1986年版。
《苏魏公文集》,苏颂撰,中华书局1988年版。
《隋书》,魏征等撰,中华书局1973年版。
《遂初堂书目》,尤袤编,商务印书馆1935年《丛书集成初编》本。
《孙膑兵法校理》,张震泽撰,中华书局1984年版。
《太平广记》,李昉等编,中华书局1961年版。
《太平寰宇记》,乐史编,中华书局2007年版。
《太平御览》,李昉等编,中华书局1960年影印本。
《唐钞本》,大阪市立美术馆编,日本明文书局1981年版。
《唐国史补》,李肇撰,上海古籍出版社1979年版。

《唐会要》，王溥撰，中华书局1955年版。

《唐折冲府考》，劳经原撰，《续修四库全书》影印清道光二十一年劳氏丹铅精舍刻本。

《铁琴铜剑楼藏书目录》，瞿镛编，中华书局1990年《清人书目题跋丛刊》本。

《通典》，杜佑撰，中华书局1988年版。

《通斋自记》，蒋超伯撰，北京图书馆出版社1999年《北京图书馆藏珍本年谱丛刊》本。

《推十书》，刘咸炘撰，成都古籍书店1996年版。

《万历承天府志》，书目文献出版社1992年《日本藏中国罕见地方志丛刊》本。

《万历滕县志》，书目文献出版社1992年《日本藏中国罕见地方志丛刊》本。

《王文简公文集》，王引之撰，《续修四库全书》影印民国十四年罗氏铅印高邮王氏遗书本。

《王惺所先生文集》，王以悟撰，黄山书社2015年《明别集丛刊》本。

《纬略》，高似孙撰，商务印书馆1939年《丛书集成初编》本。

《魏源集》，魏源撰，中华书局1976年版。

《文献通考》，马端临编，中华书局1986年影印本。

《文选》，萧统编，上海古籍出版社1986年版。

《文渊阁书目》，杨士奇编，商务印书馆1939年《丛书集成初编》本。

《问学集》，周祖谟撰，中华书局1966年版。

《无梦园初集》，陈仁锡撰，《续修四库全书》影印明崇祯六年张一鸣刻本。

《五百家注韩昌黎集》，魏仲举编，中华书局2019年版。

《五经异义疏证》，陈寿祺撰，《续修四库全书》影印清嘉庆十八年刻本。

《西溪丛语》，姚宽撰，中华书局1993年版。

《先秦经籍考》，日本内藤虎次郎等撰，商务印书馆1931年版。

《香草校书》，于鬯撰，中华书局1984年版。

《晓读书斋杂录》，洪亮吉撰，《续修四库全书》影印清道光二十二年刻本。

《校淮南子》，徐养原撰，《子藏·淮南子卷》影印清讽字室抄本。

《新编古今事文类聚》，祝穆编，明万历三十二年唐富春刻本。

《新方言》，章炳麟撰，民国八年浙江图书馆校刊《章氏丛书》本。

《新镌淮南子玄言评苑》，陆可教选、李廷机订，《子藏·淮南子卷》影印明刊《新镌诸子玄言评苑》本。

《新锲二太史汇选注释淮南子全书评林》，焦循校正、翁正春评林，《子藏·淮南子卷》影印明万历二十二年刊本。

《新锲翰林三状元会选淮南子品汇释评》，焦循校正，翁正春参阅，《子藏·淮南子卷》影印明万历四十四年刊本。

《新书》，贾谊撰，《四部丛刊》本。

《新序校释》，石光瑛撰，中华书局 2001 年版。

《新语》，陆贾撰，《四部丛刊》本。

《新著训诂学引论》，白兆麟撰，上海辞书出版社 2005 年版。

《许君说文多采用淮南说》，王仁俊撰，《子藏·淮南子卷》影印民国间抄本。

《许慎淮南子注》，孙冯翼辑，《子藏·淮南子卷》影印清嘉庆七年刊《问经堂丛书》本。

《许慎年谱》，张震泽撰，辽宁大学出版社 1986 年版。

《许叔重淮南子注》，蒋曰豫辑，《子藏·淮南子卷》影印清光绪三年莲池书局刊《滂喜斋学录》本。

《续高僧传》，释道宣撰，《续修四库全书》影印碛砂藏本。

《续通志》，嵇璜等纂，台湾商务印书馆 1986 年《景印文渊阁四库全书》本。

《续修四库全书总目提要》，中国科学院图书馆整理，齐鲁书社 1996 年影印本。

《学林》，王观国撰，商务印书馆 1939 年《丛书集成初编》本。

《学斋占毕》，史绳祖撰，商务印书馆 1939 年《丛书集成初编》本。

《荀子集解》，王先谦撰，中华书局 1988 年版。

《烟屿楼读书志》，徐时栋撰，《续修四库全书》影印民国十七年铅印本。

《盐铁论校注》，王利器撰，中华书局 1992 年版。

《揅经室集外集》，阮元撰，《四部丛刊》本。

《颜氏家训集解》，王利器撰，中华书局 1993 年版。

《弇山堂别集》，王世贞撰，台湾学生书局 1965 年影印本。

《弇州四部稿》，王世贞撰，台湾商务印书馆 1986 年《景印文渊阁四库全书》本。

《晏子春秋集释》，吴则虞撰，中华书局 1962 年版。

《一切经音义》，释慧琳撰，《续修四库全书》影印扶桑洛东狮谷白莲社藏板。

《一切经音义三种校本合刊》，徐时仪点校，上海古籍出版社 2008 年版。

《猗觉寮杂记》，朱翌撰，商务印书馆 1939 年《丛书集成初编》本。

《仪顾堂集》，陆心源撰，《续修四库全书》影印清光绪刻本。

《艺风堂藏书记》，缪荃孙撰，上海古籍出版社2006年版。
《艺文类聚》，欧阳询等编，上海古籍出版社1965年版。
《艺苑卮言》，王世贞撰，凤凰出版社2009年版。
《亦玉堂稿》，沈鲤撰，台湾商务印书馆1986年《景印文渊阁四库全书》本。
《易经证释》，陆宗舆撰，天津救世新教会1938年铅印本。
《绎史摭遗》，李瑶撰，明文书局1991年《明代传记丛刊》本。
《逸周书集训校释》，朱曾右撰，商务印书馆1937年版。
《意林校释》，王天海撰，中华书局2014年版。
《楹书隅录》，杨绍和撰，《续修四库全书》影印清光绪二十年聊城海源阁刻本。
《雍正处州府志》，台湾成文出版社1983年《中国方志丛书》本。
《酉阳杂俎》，段成式撰，《四部丛刊》本。
《雨花和尚语录》，嗣法门人记，台湾新文丰出版公司1987年《嘉兴大藏经》影印本。
《禹贡论》，程大昌撰，台湾商务印书馆1986年《景印文渊阁四库全书》本。
《庾子山集注》，倪璠撰，中华书局1980年版。
《玉海》，王应麟编撰，上海书店1987年影印清光绪九年浙江书局刻本。
《玉篇》，顾野王撰，《续修四库全书》影印《古逸丛书》本。
《玉烛宝典》，杜台卿撰，《续修四库全书》影印《古逸丛书》本。
《御定佩文韵府》，张玉书等编，台湾商务印书馆1986年《景印文渊阁四库全书》本。
《御定渊鉴类函》，张英等编，台湾商务印书馆1986年《景印印文渊阁四库全书》本。
《豫章文集》，罗从彦撰，台湾商务印书馆1986年《景印文渊阁四库全书》本。
《元和姓纂》，林宝撰，中华书局1994年版。
《袁宏道集笺校》，钱伯城撰，上海古籍出版社1981年版。
《袁宏道评传》，周群撰，南京大学出版社1999年版。
《越缦堂读书记》，李慈铭撰，辽宁教育出版社2001年版。
《云笈七签》，张君房编，《四部丛刊》本。
《韵补》，吴棫撰，台湾商务印书馆1986年《景印文渊阁四库全书》本。
《增订四库简明目录标注》，邵懿辰撰，上海古籍出版社1979年版。
《增订文心雕龙校注》，杨明照撰，中华书局2000年版。

《曾文正公年谱》,黎昌庶编,《续修四库全书》影印清光绪二年传忠书局刻本。
《札迻》,孙诒让撰,中华书局1989年版。
《战国策》,刘向集录,上海古籍出版社1985年版。
《战国策校注》,鲍彪撰,《四部丛刊》本。
《张元济古籍书目序跋汇编》,张人凤编,商务印书馆2003年版。
《张元济全集》,张元济撰,商务印书馆2008年版。
《张之洞全集》,赵德馨主编,武汉出版社2008年版。
《章太炎全集》,章太炎撰,上海人民出版社1985年版。
《昭代经师手简二编》,罗振玉辑,民国七年影印本。
《浙江通志》,嵇曾筠纂修,台湾商务印书馆1986年《景印文渊阁四库全书》本。
《征君陈先生年谱》,管庆祺撰,北京图书馆出版社1999年《北京图书馆藏珍本年谱丛刊》本。
《郑堂读书记》,周中孚撰,中华书局1992年《清人书目题跋丛刊》本。
《芝园外集》,张时彻撰,《续修四库全书》影印明嘉靖刻本。
《直斋书录解题》,陈振孙撰,上海古籍出版社1987年版。
《中国法律思想史》,杨鸿烈撰,上海商务印书馆1937年版。
《中国古代避讳史》,王建撰,贵州人民出版社2002年。
《中国古代印章史》,王廷洽撰,上海人民出版社2006年版。
《中国近三百年学术史》,梁启超撰,中华书局1936年版。
《中国近现代高等教育史》,董宝良编,华中科技大学出版社2007年版。
《中国善本书提要》,王重民撰,上海古籍出版社1983年版。
《中国史探研》,齐思和撰,中华书局1981年版。
《中国私家藏书史》,范凤书撰,大象出版社2001年版。
《中国文祸史》,胡奇光撰,上海人民出版社1993年版。
《中国现代出版史料》(乙编),张静庐辑,中华书局1995年版。
《中国印刷史》,张爱民撰,浙江古籍出版社2006年版。
《中国哲学史》,冯友兰撰,中华书局1947年版。
《中国哲学史》,谢无量撰,中国人民大学出版社2011年版。
《中国哲学史》,钟泰撰,商务印书馆1934年版。
《中国哲学史大纲》,胡适撰,上海古籍出版社1997年版。
《中国政治思想史》,吕振羽撰,上海生活书店1947年版。

《中国政治思想史》，陶希圣撰，中华印刷出版公司1948年版。
《中国政治思想史》，萧公权撰，上海商务印书馆2011年版。
《中国政治思想史》，杨幼炯撰，上海商务印书馆1937年版。
《重修政和证类本草》，唐慎微撰，《四部丛刊》本。
《周秦汉魏诸子知见目录》，严灵峰编，台北正中书局1978年版。
《周易正义》，孔颖达等撰，北京大学出版社2000年版。
《朱子语类》，黎靖德编，中华书局1986年版。
《诸子辨》，宋濂著，顾颉刚校点，朴社1928年版。
《诸子集成》，国学整理社辑，世界书局1935年版。
《诸子平议》，俞樾撰，《续修四库全书》影印清光绪二十五年刻《春在堂全书》本。
《诸子奇赏》，陈仁锡编撰，明天启六年奇赏斋刻本。
《诸子文粹》，李宝洤编，商务印书馆民国六年（1917）排印本。
《庄子集释》，郭庆藩撰，中华书局1961年版。
《资治通鉴》，司马光撰，中华书局1956年版。
《资治通鉴纲目三编》，张廷玉编，台湾商务印书馆1986年《景印文渊阁四库全书》本。
《自由与秩序的困惑：〈淮南子〉研究》，陈静撰，云南大学出版社2004年版。

后 记

是书之作，历时弥久。岁次辛巳，余求学鮀城。期间，颇好老庄，慕其旷远，心亦向往之。是时，偶涉淮南王书，顿觉其旨与老庄不远，遂购置此书口袋版，随身携带，暇时观之，常有所得。此可谓余读《淮南》之始也。

岁月忽忽，丁亥之年，余再求学申城，忝列浦江方山子先生门下。先生专治旧学，尤长庄周之学。彼时，同门学友已各领治老庄题目，余亦欲求之而不可得，故转而求治《淮南书》。先生颇嘉此举，谓之深契其治学蓝图。于是，余笃定目标，遂与淮南王书朝夕相伴。研读弥长，感慨愈深。既叹《淮南书》之宏博，又悲淮南王之命苦，既赏其著书美意，又怪其未臻大雅，故而一探究竟之心更烈。余初欲以学史治《淮南》，然文献阙如，时间不允，遂搁置于心，仅治许慎、高诱之注。此可谓余治《淮南》之始也。

庚寅季夏，余出沪入浙，谋得大学教职，遂寓居临海古郡。教学之余，端居多暇，又重拾淮南王书，向之治学之愿，亦时时浮于脑海。余勤览文献，遍观学林，未见有《淮南》学史之成果，心自窃喜，暗谓此当可以大做文章也。于是，一面将旧作稍加润色，付之枣梨，一面架构《淮南子》学史，循序而进。此间，亦随时潮，屡以申报国家课题，但均铩羽而归。丙申孟夏，此题终得忝列其中。同门师友多来道贺，余亦谓之幸事，以为必可为研治《淮南》学史推波助澜也。

然福祸不定，人生无常。丁酉腊月，余之小儿，早产两月有余。不十日，又罹患肠疾，命垂一线。余夫妇常相拥而泣，整夜难眠，惨怛之痛未有逾于斯也。余因此深恨上天之不公，志意沉沦，早将学术之事抛诸脑后。为救儿一命，余夫妇悲痛之余，辗转多地，幸遇名医，妙手回春。此间，余奔波于医馆，几近一年，每见绝症患儿，其父母之痛有甚于余，又何怨乎天？余之痛楚，至此涣然冰释，心中愈加坚信，唯有砥砺前行，无所畏惧，才能安度劫难，遂提振消沉之心，以完成未竟之事。

时光荏苒，寒暑又几载。《淮南》学史，初稿草成，质之于同行专家，谓其有弥补时阙之价值与意义，于辨字、审音、释义、校勘、辑佚、考证、文献搜集及整理，皆见功力，鉴定为优秀。余既喜且忧，喜则努力终有收获，忧则恐其名实不符。于是对其重加审视，查漏补缺，巨细靡遗，补充三万字，校改上千处，庶几有所成也。《淮南》学史，历十余祀，终告竣工矣。虽有万般难舍，亦当敛裳望远，敬待来者。

此稿今交由中华书局，付之剞劂。因字数近百万，工程浩大，其间校印之苦辛，自是不言而明，借此对责任编辑及工作人员，深表谢忱。对师友同仁之提携与帮助，亦感念在心。余斯愿得偿，如今想来，上天实待吾不薄，何敢恨之？只有敬天、畏天耳。乾嘉之时，庄逵吉校刊《淮南》，欲附书传名。余亦仿之曰："此书若不见笑于大方，斯为厚幸云尔！"是为记。

玄默摄提格季春之月
李秀华记于临海谷朴书斋